Rechtsvergleichung und Rechtsvereinheitlichung

herausgegeben von der

Gesellschaft für Rechtsvergleichung e. V.

95

Paul Schulteß

Originär außervertragliche Fahrlässigkeitshaftung für reine Vermögensschäden

Zugleich ein Beitrag zur rezeptionsorientierten Rechtskreislehre

Mohr Siebeck

Paul Schulteß, geboren 1992; Studium der Rechtswissenschaften an der Universität zu Köln; 2018 Erstes Juristisches Staatsexamen; wissenschaftlicher Mitarbeiter am Lehrstuhl für Bürgerliches Recht, Wirtschaftsrecht und Arbeitsrecht der RWTH Aachen; wissenschaftlicher Mitarbeiter am Institut für Versicherungsrecht der Goethe-Universität Frankfurt am Main; Rechtsreferendariat am Landgericht Wiesbaden; 2022 Promotion an der Rheinischen Friedrich-Wilhelms-Universität Bonn; 2023 Gastprofessor für deutsches Verfassungsrecht an der Université Lumière Lyon 2.

Gedruckt mit Unterstützung des Vereins Versicherungswirtschaft e. V., der Johanna und Fritz Buch Gedächtnis-Stiftung und der Studienstiftung ius vivum.

ISBN 978-3-16-162390-5 / eISBN 978-3-16-162540-4
DOI 10.1628/978-3-16-162540-4

ISSN 1861-5449 / eISSN 2569-426X (Rechtsvergleichung und Rechtsvereinheitlichung)

Die Deutsche Nationalbibliothek verzeichnet diese Publikation in der Deutschen Nationalbibliographie; detaillierte bibliographische Daten sind über *http://dnb.dnb.de* abrufbar.

© 2024 Mohr Siebeck Tübingen. www.mohrsiebeck.com

Das Werk einschließlich aller seiner Teile ist urheberrechtlich geschützt. Jede Verwertung außerhalb der engen Grenzen des Urheberrechtsgesetzes ist ohne Zustimmung des Verlags unzulässig und strafbar. Das gilt insbesondere für die Verbreitung, Vervielfältigung, Übersetzung und die Einspeicherung und Verarbeitung in elektronischen Systemen.

Das Buch wurde von SatzWeise in Bad Wünnenberg aus der Times gesetzt und von Gulde Druck in Tübingen auf alterungsbeständiges Werkdruckpapier gedruckt und gebunden.

Printed in Germany.

Vorwort

Diese Arbeit wurde von der Rechts- und Staatswissenschaftlichen Fakultät der Rheinischen Friedrich-Wilhelms-Universität Bonn im Wintersemester 2022/2023 als Dissertation angenommen. Literatur und Rechtsprechung wurden bis zum Spätsommer 2022 berücksichtigt.

Eine Disseration verfasst man alleine – ermöglicht wurde mir das aber erst durch vielstimmige Unterstützung, Motivation, Anregung und Kritik.
    Ich danke insbesondere meinem verehrten Doktorvater Prof. Dr. Christian Huber Mag. rer. soc. oec., der mich fachlich stets gefordert und in jeder Hinsicht gefördert hat und an dessen Aachener Lehrstuhl ich drei prägende Jahre verbringen durfte. Prof. Dr. Raimund Waltermann danke ich für die rasche und wohlwollende Zweitbegutachtung, der Bonner Fakultät für die Möglichkeit, mich dort als Externen zu promovieren.
    Schweizerische Quellen konnte ich im Rahmen eines Forschungsaufenthalts an der Universität St. Gallen auswerten. Mein besonderer Dank gilt Prof. Dr. Hardy Landolt, LL.M (CWSL) und seiner LaKal-Stiftung, deren großzügige Unterstützung den Forschungsaufenthalt überhaupt erst ermöglicht haben. Prof. Dr. Vito Roberto, LL.M (Berkeley) und dem Institut für Rechtswissenschaft und Rechtspraxis danke ich für die Möglichkeit, unter besten Umständen an der Universität St. Gallen forschen zu können.
    Ich danke Prof. Dr. Manfred Wandt, an dessen Frankfurter Institut für Versicherungsrecht ich dieser Arbeit den letzten Schliff geben und dabei größtmögliche Freiheiten genießen durfte.
    Dr. Konstantina Ntzemou danke ich für anregende Diskussionen und stets schonungslose Kritik.
    Besonderer Dank gilt schließlich meiner Familie, insbesondere meinen Großeltern Marlen und Jürgen Höhfeld, die mich schon früh in meinem Werdegang unterstützt haben, zuletzt mit einem äußerst großzügigen Zuschuss zu den Druckkosten dieser Arbeit.
    Für die großzügige Gewährung von Druckkostenzuschüssen danke ich auch dem Verein Versicherungswirtschaft e.V., der Johanna und Fritz Buch Gedächtnis-Stiftung und Prof. Dr. Haimo Schack und seiner Studienstiftung ius vivum.

Der größte Dank aber gebührt meiner Frau, Lic. Andu Chavez. Ohne ihre Unterstützung, ihr Verständnis und ihren Zuspruch hätte ich diese Arbeit nicht verfasst. Ihr und unseren Kindern ist dieses Buch gewidmet.

Inhaltsverzeichnis

Vorwort V

Abkürzungsverzeichnis XXIX

A. Einleitung 1

I. Notwendige Vorüberlegungen 3
1. Standort der Problematik 3
   a) Ursprung der Problematik – die Grundkonzeption des bürgerlich-rechtlichen Deliktsrechts 4
   b) Dogmatische Hürden – der Grundsatz der Nichtersatzfähigkeit und die Suche nach Ausnahmen 5
2. Ziele dieser Untersuchung – (noch einmal?) zur Haftung für reine Vermögensschäden 6
   a) Der Gegengrundsatz – Elemente der Haftung für reine Vermögensschäden 7
   b) Vorfrage – Legitimation der grundsätzlichen Nichtersatzfähigkeit 7
   c) Anknüpfungspunkt – der Stand der Forschung und der bisherige und methodische Fokus 8
3. Materielle und methodische Rechtsvergleichung 9
4. Die Struktur der Untersuchung 10

II. Fallbeispiele 11

B. Rechtsvergleichung als Methode und Materie 13

I. Rechtsvergleichung als Methode der Impulsfindung 14

II. Die Eignung des Untersuchungsgegenstandes zur rechtsvergleichenden Betrachtung und die Attraktivität der Vergleichssubjekte 16
1. Rechtsvergleich in der Sache: die außervertragliche Fahrlässigkeitshaftung für reine Vermögensschäden 16
2. Auswahl der Vergleichssubjekte unter der Prämisse der Gebrauchstauglichkeit der Vergleichsergebnisse 17

III. Die Verheißung rezeptionsfähiger Impulse aus dem rechtskreisinternen Vergleich 18
1. Der rechtskreisinterne Vergleich und die Kritik an der klassischen Rechtskreislehre 18
   a) Abgesang auf die Rechtskreislehre 19
   b) Nichtsdestotrotz: die rezeptionsorientierte Rechtskreislehre 20
2. Rechtskreis durch Rezeption 22
   a) Rezeption als primäres Merkmal des deutschen Rechtskreises 22
   b) Die rechtskreisinterne Rezeption begünstigende Faktoren 23
   c) Haftpflichtrechtliche Normtransplantate 24
   d) Ideenrezeption als rechtskreiskonstituierendes Element 25
   e) Besondere Rezeptionsdichte im Bereich der Haftung für fahrlässig verursachte reine Vermögensschäden 27
3. Der deutsche Rechtskreis? 27
   a) Der deutsche Rechtskreis im weiteren Sinne 28
   b) Der deutsche Rechtskreis im engeren Sinne 29
   c) Der deutsche Rechtskreis im engsten Sinne! 29

IV. Zwischenergebnis 31

C. Begriff des reinen Vermögensschadens und Prinzipienparallele zum Reflexschadenersatzverbot 33

I. Begriff des reinen Vermögensschadens 34
1. Definitionsansätze in Deutschland 35
   a) Definitionshybride zwischen Schadenersatz- und Versicherungsrecht 35
   b) Definition aus deliktischer Perspektive 37
   c) Zusammenfassung 38
2. Definitionsansätze in Österreich 38

3. Definitionsansätze in der Schweiz 40
4. Zwischenergebnis 42

II. *Prinzipienparallelen – der reine Vermögensschaden und der Reflex- bzw. Drittschaden* 43
1. Grundsatz: Kein Ersatzanspruch des nur mittelbar Geschädigten . 43
2. Die eigentliche Frage: Haftung für fahrlässig verursachte reine Vermögensschäden? 46
   a) Ersatz reflektorischer Sach- und Personenschäden 47
   b) Schadensverlagerung und Liquidation reiner Drittvermögensschäden 49
   c) Differenzierung des Reflexschadens nach verletztem Rechtsgut 51
3. Zwischenergebnis 52

D. **Der Grundsatz der Haftungsverneinung für außervertraglich fahrlässig verursachte reine Vermögensschäden – die gesetzliche Grundkonzeption und die Rolle der Rechtswidrigkeitsdogmatik** 54

I. *Die deutsche Ausgangsposition außervertraglicher Haftung für reine Vermögensschäden* 54
1. Drei „kleine" Generalklauseln der §§ 823 Abs. 1 und 2, 826 BGB 55
   a) Entscheidung gegen eine große deliktische Generalklausel 55
   b) Einzeltatbestände mit Minimum an notwendiger Generalisierung 56
2. Der Schutz des reinen Vermögens im Zusammenwirken der drei Grundtatbestände 57
   a) Verletzung von Vermögensschutzgesetzen 58
      aa) Gesetze zum Schutze des reinen Vermögens 58
      bb) Marginale Fahrlässigkeitshaftung aus Vermögensschutzgesetzverletzung 60
      cc) Zwischenergebnis 60
   b) Vorsätzliche, sittenwidrige Vermögensschädigung 61
      aa) Funktionale Interpretation der Sittenwidrigkeit 61
      bb) Verhältnis von Sittenwidrigkeit und Rechtswidrigkeit . . . 62
      cc) Verschwimmende Grenze zwischen Vorsatz- und Fahrlässigkeitshaftung 64
3. Zwischenergebnis 64

II. Die österreichische Ausgangsposition außervertraglicher Haftung für reine Vermögensschäden ... 65

1. Die schuldhafte, widerrechtliche Schädigung, § 1295 Abs. 1 ABGB   65
   a) Das österreichische Widerrechtlichkeitsverständnis – Verhaltensunrecht und Indizwirkung ... 66
   b) Die Haftung für fahrlässig verursachte reine Vermögensschäden nach dem gängigen Widerrechtlichkeitsverständnis ... 68
2. Absichtliche, sittenwidrige Schädigung, § 1295 Abs. 2 ABGB ... 69
3. Rechtswidrige Schädigung durch Schutzgesetzverstoß, § 1311 S. 2 HS 2 ABGB ... 71
   a) Kein Einfluss der deutschen Dogmatik zur Rechtsgutsorientierung ... 72
   b) Bedeutung des schutzgesetzimmanenten Verschuldens ... 73
4. Zwischenergebnis ... 74

III. Die schweizerische Ausgangsposition außervertraglicher Haftung für reine Vermögensschäden ... 75

1. Die schuldhafte, widerrechtliche Schädigung ... 75
   a) Kein absoluter Schutz des reinen Vermögens unter der objektiven Widerrechtlichkeitstheorie ... 76
   b) Restriktion durch Rezeption deutscher Dogmatik ... 77
2. Die Verletzung vermögensschützender Normen ... 78
   a) Zurückhaltung bei der Qualifizierung von Vermögensschutznormen ... 79
   b) Marginale Fahrlässigkeitshaftung aus Vermögensschutzgesetzverletzung ... 80
3. Absichtliche, sittenwidrige Schädigung ... 81
   a) Daseinsberechtigung der Sittenwidrigkeitsklausel im OR ... 82
   b) Sittenwidrigkeit unterhalb der Widerrechtlichkeit ... 82
4. Zwischenergebnis ... 83

IV. Zusammenfassung und Zwischenergebnis zu I.–III. ... 84

1. Die Ausgangsposition der Fahrlässigkeitshaftung für reine Vermögensschäden im rechtskreisinternen Vergleich ... 84
2. Die Ausrichtung des haftpflichtrechtlichen Grundgefüges – eine rezeptionistische Goldgrube ... 85

E.	Motive und Gegenmotive des eingeschränkten Reinvermögensschutzes im originär außervertraglichen Bereich	87
I.	*Motive der grundsätzlichen Nichtersatzfähigkeit*	89
	1. Hierarchie der deliktisch zu schützenden Rechtsgüter	89
	a) Keine originäre Rechtsgutshierarchie im Haftpflichtrecht ...	90
	b) Hierarchie ohne zwingende Rechtsfolgen	91
	2. Eigenverantwortung für das Vermögen	92
	a) „Haftpflichtrechtliche Eigenverantwortung" – Besonderheit reiner Vermögensschäden?	93
	aa) „Eigenverantwortung" als schlichtes Spiegelbild des positiven Rechts	93
	bb) Miteinander einhergehende Verschiebung von Haftpflichtrecht und „Eigenverantwortung"	93
	(1) Schockschadenersatz – Eigenverantwortung oder Schutzzweckreichweite?	94
	(2) Immaterielle Schäden, insbesondere Abgeltung von Trauer	94
	(3) Novellierte Haftung des Gerichtssachverständigen ..	96
	(4) Zwischenergebnis	96
	b) Fehlender Vertrauensschutz auch als Begründung für grundsätzliche Haftungsverneinung?	96
	aa) Fehlende Relevanz des Vertrauensgedankens	97
	bb) Reichweite des Vertrauensschutzes	97
	(1) Exkurs ins Verkehrsunfallrecht	98
	(2) Besonderes Vertrauen als Ausnahmegrund	99
	cc) Kein Vertrauensschutz für Vermögensintegrität: Ursache oder Produkt?	99
	c) Gefahr des Zirkelschlusses	100
	3. Regelmäßig keine volkswirtschaftliche Relevanz reiner Vermögensschäden	101
	a) Grundthese: Kein Ersatz bei fehlendem Wohlfahrtsverlust ..	101
	b) Ergänzende rechts-ökonomische Kritik	103
	aa) Kurze Reichweite des Wohlfahrtsverlustarguments	103
	bb) Ergänzende Berechnung des sozialen Schadens unter Berücksichtigung der Vorhaltekosten	104
	c) Grundsätzliche Kritik	105
	aa) Keine strikte Trennung zwischen individuellem und sozialem Schaden	105
	bb) Lebensferne Fokussierung auf Vorhaltekosten	106
	(1) Praxisferner Schadenersatz	106
	(2) Vorhaltekosten als frei gegriffene Größe	108
	(3) Entgangener Gewinn oder entgangener Umsatz? ...	108

d) Zwischenergebnis 109
4. Spartanisches Zentralargument – Furcht vor dem
   haftungsrechtlichen Dammbruch 110
   a) Überfordernde Inanspruchnahme der Justiz 112
      aa) Nur temporäre Notwendigkeit der umfassenden gerichtlichen Inanspruchnahme 112
      bb) Argumentsfacetten: zu hohe Rechtsdurchsetzungskosten und drohende Rechtsunsicherheit 114
   b) Tendenz zur Ausweitung der Schadensersatzpflicht –
      Ursache oder Wirkung? 115
   c) Überforderung des Schädigers durch Ersatzpflicht gegenüber ausufernd vielen Geschädigten 116
      aa) Resonanz dieses Arguments in der haftungsrechtlichen Praxis 117
         (1) Berücksichtigung der möglichen Gläubigerzahl im Sonderdeliktsrecht 117
         (2) Begrenzung der Gläubigerzahl als Voraussetzung für vertragliche Schutzwirkung zugunsten Dritter 118
         (3) Widerhall in der österreichischen Rechtsprechung .. 120
            (a) Ausdrückliche Verneinung der Ausuferungsgefahr im Kontext reiner Vermögensschäden 120
            (b) Exkurs: Ausdrückliche Verneinung der Ausuferungsgefahr bei Personen- und Sachschäden 122
      bb) Argumentative Parallele zum sog. Tatbestandsprinzip bzw. Reflexschadensersatzverbot 123
      cc) Ausufernde Haftung nach der Gläubigerzahl kein Unikum reiner Vermögensschäden 124
      dd) Funktionelle Grenzen des Uferlosigkeits-Arguments ... 126
         (1) Geltung des Uferlosigkeits-Arguments nur im Bereich der Fahrlässigkeitshaftung 126
            (a) Keine Geltung des Uferlosigkeits-Arguments im Bereich der Gefährdungshaftung 126
            (b) Kein Schutzbedürfnis bei qualifiziertem Verschulden 127
         (2) Zwischenergebnis: Wertungsunterschiede 128
      ee) Zwischenergebnis 128
   d) Der Schutz der allgemeinen Handlungsfreiheit als Essenz des Dammbruch-Arguments 129
      aa) Keine Fahrlässigkeitshaftung für reine Vermögensschäden zugunsten der allgemeinen Handlungsfreiheit 130
      bb) Exkurs: Grundsätzliche Nichthaftung als „kollektive Versicherung"? 132
      cc) Praktische Bewährung des Freiheitsarguments 133
         (1) Keine allgemeine Handlungsfreiheit des Staates ... 133
         (2) Rückausnahme für die unabhängige Justiz 134

        (3) Schutz der inneren Freiheit des Gerichts-
            sachverständigen 136
        (4) Erkennbare Grenzen des Freiheitsschutzes bei
            qualifiziertem Verschulden 136
        (5) Sittenwidrigkeitshaftung – erst bei Freiheitsmissbrauch 137
      dd) Einige (unzutreffende) Kritik am Freiheitsargument ... 138
        (1) Keine Einschränkung des Kraftverkehrs trotz hohem
            Schadens- und Haftungspotential 138
        (2) Fortbestand des Gutachterberufs trotz Haftungs-
            androhung 139
      ee) Zutreffende Kritik *G. Wagners* und Entgegnung mit der
          Facette der sozialtypischen Offenkundigkeit 141
        (1) Fehlende sozialtypische Offenkundigkeit des reinen
            Vermögens als Trennlinie des haftungsrechtlich
            privilegierten Freiheitsschutzes 142
        (2) Handlungsfreiheitschutz allein durch „Freiheit zur
            fahrlässigen Vermögensschädigung" 143
        (3) Praktische Bewährung – Haftung bei Offenkundigkeit
            bzw. Erkennbarkeit 144
          (a) Berücksichtigung der Erkennbarkeit fremden
              Vermögens im Sonderdeliktsrecht 145
          (b) „Erkennbarkeit" als Tatbestandsvoraussetzung der
              Dritthaftung aus VSD 145
          (c) Haftung nach österreichischem Recht bei
              Beeinträchtigung „sozial-typisch erkennbarer"
              Forderungsrechte 146
    e) Zwischenergebnis 147
  5. Schutz des Vertragsrechts – ein eigenständiges Argument? 147
    a) Grund für scharfe Vertragshaftung 149
    b) Vertragshaftung als Spiegel der eigentlichen Argumente gegen
       einen allgemeinen deliktischen Vermögensschutz 150
    c) Zwischenergebnis 151
  6. Zusammenfassung und Zwischenergebnis 152

II. *Notwendigkeit einer Ausweitung der außervertraglichen Haftung
    für fahrlässig verursachte reine Vermögensschäden? –
    ein Stimmungsbild* 153
  1. Stimmen und Gegenstimmen 153
  2. Berücksichtigung der Haftung für reine Vermögensschäden in
     Gesetzesreformvorhaben 154
    a) Schuldrechtsmodernisierungsgesetz in Deutschland 154
    b) OR 2020 – das jüngste Reformvorhaben in der Schweiz 155
      aa) Abkehr von erfolgsbezogener Haftung nach deutschem
          Vorbild 155

   bb) Weitergehender Vermögensschutz als noch im Revisionsentwurf von *Widmer/Wessner* 157
  c) Entwurf und Gegenentwurf eines neuen österreichischen Schadenersatzrechts 157
   aa) Haftungsbegründung im beweglichen System 158
   bb) Berücksichtigung reiner Vermögensschäden 158
   cc) Kritik und Gegenentwurf 160
   dd) Zwischenergebnis 161
  d) Exkurs: Reine Vermögensschäden in den Vereinheitlichungsversuchen des europäischen Haftungsrechts 161
 3. Zwischenergebnis 163

F. Parameter des Gegengrundsatzes: Erscheinungsformen der originär außervertraglichen Haftung für fahrlässig verursachte reine Vermögensschäden 164

I. *Insbesondere: Deliktische Sondertatbestände* 165

 1. Kreditgefährdung – reine Vermögensschäden durch Verletzung des wirtschaftlichen Rufs 165
  a) § 824 Abs. 1 BGB – Kreditgefährdungshaftung in Deutschland 165
   aa) Schutzgut der Kreditgefährdung 166
   bb) Ersatzpflicht bei fahrlässig falscher Tatsachenbehauptung 167
   cc) Besondere Schutzwürdigkeit der wirtschaftlichen Wertschätzung 167
  b) Österreichische Kreditgefährdungshaftung – § 1330 Abs. 2 ABGB 168
   aa) Österreichische Kreditgefährdungshaftung – deutsches Exportgut? 169
   bb) Dogmatische Unterschiede in der Schutzbewertung des wirtschaftlichen Rufes 169
   cc) Erhöhte Wertigkeit des wirtschaftlichen Rufes 170
  c) Schweizerische Ehrschutzhaftung – Art. 28 ZGB iVm Art. 41 OR 171
   aa) Vormals Kreditschutz durch Schutzgesetzhaftung 171
   bb) Allgemein-zivilrechtlicher Schutz der beruflichen Ehre .. 171
   cc) Zivilrechtliche Kreditgefährdung als Unterfall der beruflichen Ehrverletzung 172
    (1) Strafrechtlich gefärbte Kreditschutzdogmatik im Haftpflichtrecht 173
    (2) Beruflicher Kredit als Unterfall des guten Rufes und der allgemeinen Ehre 174
   dd) Berufliche Ehrverletzung verursacht keine reinen Vermögensschäden 174

     d) Zwischenergebnis 175
          aa) Bedeutung eines intakten Kredits für die eigen-
              wirtschaftliche Lebensführung 175
          bb) Keine Gefahr einer ausufernden Haftung 176
2. Spezialgesetzliche Sachverständigenhaftung 176
     a) Haftung des gerichtlich bestellten Sachverständigen für reine
        Vermögensschäden nach § 839a Abs. 1 BGB 176
          aa) Erweiterung der eingeschränkten Deliktshaftung für reine
              Vermögensschäden 177
          bb) Besondere Haftung wegen besonderer Stellung des
              Gerichtssachverständigen 179
              (1) Vorrangige Haftung der letztlich Urteils-
                  verantwortlichen 179
              (2) Schutz der inneren Freiheit nur bis zur Grenze der
                  groben Fahrlässigkeit 181
     b) Österreichische Sachverständigenhaftung nach §§ 1295, 1299,
        1300 ABGB 181
          aa) Erhöhter Sorgfaltsmaßstab des (gerichtlich bestellten)
              Sachverständigen 182
          bb) Haftung des Gerichtssachverständigen gegenüber
              Prozessparteien und prozessfremden Dritten 183
          cc) Exkurs: Positivierung einer „allgemeinen" Gutachterhaf-
              tung in § 1300 ABGB? 185
              (1) Gegenüber Deutschland erweiterte Auskunftshaftung
                  nach § 1300 S. 1 ABGB 185
                  (a) Haftung innerhalb jeder Sonderbeziehung bei
                      fehlender Selbstlosigkeit 186
                  (b) Primat der vertraglichen Verortung der deutschen
                      Auskunftshaftung? 188
              (2) Allgemeine Haftung erst bei wissentlicher Falsch-
                  auskunft, § 1300 S. 2 ABGB 188
     c) Die Haftung des Gerichtssachverständigen in der Schweiz .. 189
     d) Zwischenergebnis 191
3. Relativ einheitliche Deliktshaftung für reine Vermögensschäden
   Dritter bei fahrlässiger Tötung 192
     a) Bestattungskosten 192
     b) Unterhalts- bzw. Versorgungsschaden 193
     c) § 845 BGB – Ersatzansprüche wegen entgangener Dienste .. 195
     d) Zwischenergebnis – Wertungen und Haftungsgebot 196
          aa) Zivilrechtliches Sanktionierungsbedürfnis der Tötung? .. 196
          bb) Besondere Bedeutung des Unterhaltsschadens 197
          cc) Konturierte Haftung für den Unterhaltsschaden 198

4. Haftung des Inhabers eines kryptografischen Schlüssels – deliktische Positivierung im schweizerischen OR 199
   a) Deliktische Verankerung der schweizerischen Inhaberhaftung 199
      aa) Haftung für reine Vermögensschäden nach Art. 59a Abs. 1 OR 200
      bb) Enttäuschtes Vertrauen als Haftungsanknüpfung 200
   b) Exkurs: Die Haftung des Signaturschlüsselinhabers in Deutschland 201
   c) Exkurs: Die Haftung des Signaturschlüsselinhabers in Österreich 202
   d) Zwischenergebnis 203
5. §§ 874, 1300 S. 1 ABGB, § 311 Abs. 3 BGB – positivierte Ausgangspunkte der Haftung für reine Vermögensschäden aufgrund von Falschauskunft im Vor- und Umfeld von Verträgen 203
   a) Die Fahrlässigkeitshaftung in Österreich und Deutschland im Zweipersonenverhältnis 204
      aa) Die Haftung des Täuschenden/Drohenden in Österreich nach § 874 ABGB 204
      bb) Fahrlässigkeitshaftung des designierten Vertragspartners allein aus culpa in contrahendo 204
      cc) Grundsätzliches Vorsatzerfordernis zur Haftungsbegründung eines vertragsfremden Dritten 206
   b) Haftung des Dritten in Österreich ausnahmsweise auch bei fahrlässiger Vermögensschädigung – praktischer Schulterschluss mit § 311 Abs. 3 BGB 206
      aa) Ausnahmsweise Fahrlässigkeitshaftung bei Verletzung eigener Aufklärungspflichten 207
         (1) Unklare Verortung der ausnahmsweisen Fahrlässigkeitshaftung nach der Rechtsprechung des OGH ... 208
         (2) OGH 8 Ob 66/12g – die Brücke zur deutschen Sachwalterhaftung? 210
            (a) Sachverhalt 210
            (b) Haftungsbegründung über die vertrauensheischende Sachverständigeneigenschaft 211
      bb) § 311 Abs. 3 S. 2 BGB – Normative Parallelen im deutschen positiven Recht 213
      cc) (Weitgehend) parallele Fahrlässigkeitshaftung für vertragsvermittelnden Dritten in Deutschland und Österreich ... 215
   c) Fahrlässigkeitshaftung für reine Vermögensschäden durch Irrtumserregung vor Vertragsschluss in der Schweiz 217
      aa) Allgemein-deliktische Haftung für fahrlässig erteilte Falschauskunft 218
         (1) Widerrechtlichkeit iSv Art. 41 Abs. 1 OR bei Verstoß gegen das Gebot von Treu und Glauben 218

(2) Widerrechtlichkeit iSv Art. 41 Abs. 1 OR im Falle der Auskunftshaftung bei Verstoß gegen ungeschriebene Schutznormen 219
(3) Normative Parallelen der Haftungsbegründung für fahrlässige Falschauskunft im deutschen Rechtskreis 221
bb) Weitere Ansätze zur Begründung einer Fahrlässigkeitshaftung für reine Vermögensschäden bei vorvertraglicher Falschauskunft 223
(1) Haftung des designierten Vertragspartners aus culpa in contrahendo 223
(2) Vergleichsweise geringe Bedeutung der Haftung aus culpa in contrahendo 224
(3) Spezielle Eigenhaftung des vertragsfremden Dritten für vorvertragliche Irrtumserregung 225
(a) Ansätze zur Begründung der Haftung vertragsfremder Dritter in der Literatur 225
(b) Der Sonderweg der Rechtsprechung – Vertrauenshaftung für fahrlässig verursachte reine Vermögensschäden 227
(c) Behauptung der Vertrauenshaftung gegenüber der deliktischen Auskunftshaftung? 228
d) Zusammenfassung und Zwischenergebnis 230
aa) Gründe für die Ausnahmehaftung bei fahrlässiger Falschauskunft 231
(1) Überragende Bedeutung des Ausnahmemotivs des Vertrauensschutzes 231
(2) Fehlende Schutzbedürftigkeit bei eigenem Gewinnstreben 232
(3) Geringe Schlagkraft der Gegenmotive 233
bb) Rezeptionsvorgänge betreffend die Haftung bei fahrlässiger Irrtumserregung 234
6. Prospekthaftung – in der Schweiz nach bürgerlichem Deliktsrecht 236
a) Schweizerische Prospekthaftung nach Art. 752, 1156 Abs. 3 OR 237
b) Spezialgesetzliche Prospekthaftung in Deutschland und Österreich 238
aa) Deutsche Prospekthaftung u. a. nach WpPG und aus culpa in contrahendo 239
bb) Österreichische Prospekthaftung nach KMG und aus culpa in contrahendo 240
c) Der Streit um die Rechtnatur der schweizerischen Prospekthaftung 241
d) Zwischenergebnis 243

7. Amtshaftung für fahrlässig verursachte reine Vermögensschäden ... 244
   a) Deutsche Amtshaftung nach § 839 Abs. 1 S. 1 BGB iVm Art. 34 GG ... 244
      aa) Drittbezogenheit der Amtspflicht – Haftungsbegründung und Haftungsbegrenzung ... 245
         (1) Erweiterung des deliktischen Haftungsgefüges im Falle der Amtshaftung ... 246
         (2) Beispiel: Staatliche Auskunftshaftung ... 247
      bb) Relative Weiterung des reinen Vermögensschutzes bei hoheitlicher Schädigung ... 248
      cc) Fehlende Schutzwürdigkeit des hoheitlichen Schädigers ... 249
   b) Österreichische Amtshaftung nach § 1 Abs. 1 AHG ... 250
      aa) Haftung bei hoheitlicher Verletzung von Vermögensschutzgesetzen ... 252
      bb) Beschränkte Reichweite der Haftung aus Schutzgesetzverletzung ... 253
   c) Schweizerische Haftung für amtliche Verrichtung nach Art. 61 OR, Art. 3 Abs. 1 VG ... 255
      aa) Objektive Widerrechtlichkeitstheorie im Amtshaftungsrecht ... 255
      bb) Restriktiver Vermögensschutz in der Rechtsprechung des BG ... 257
      cc) Ausblick: Amtshaftung für reine Vermögensschäden unter dem Titel „Treu und Glauben"? ... 258
         (1) Grundrechtlicher Vertrauensschutz als Vermögensschutznorm? ... 258
         (2) Die Entscheidung des BVGer im Kontext der deutschen Auskunfts-Amtshaftung ... 259
   d) Zwischenergebnis ... 261
      aa) Unterschiedliche Reichweite der Amtshaftung für reine Vermögensschäden ... 261
      bb) Überschießender Fokus auf dem zum allgemeinen Haftpflichtrecht rezipierten Rechtswidrigkeitsverständnis ... 262
      cc) Unterschiedliche Bewertung der Schutzwürdigkeit des hoheitlichen Schädigers ... 262
8. Zusammenfassung und Zwischenergebnis ... 264
   a) Ausnahmeregelungen zur Begründung einer originär außervertraglichen Haftung für fahrlässig verursachte reine Vermögensschäden ... 264
   b) Gründe der jeweiligen Ausnahmehaftung ... 265
      aa) Ausnahmemotive der Haftungsbegründung ... 265
         (1) Besonderer Vertrauensschutz ... 265
         (2) Besondere Abhängigkeit des Geschädigten vom Schädiger im Vorfeld der Schädigung ... 266

(3) Besondere Bedeutsamkeit des verletzten Vermögens
für die eigene Lebensführung des Geschädigten ... 267
bb) Geltungsverlust der Argumente des Grundsatzes der
außervertraglichen Nichtersatzfähigkeit 268
(1) Beschneidung der Handlungs- und Bewegungsfreiheit 268
(2) Keine nach der Gläubigerzahl ausufernde Haftung .. 269
c) Hohe Dichte an Rezeptionsvorgängen 270

II. Ansätze zur Lockerung des deliktischen Korsetts 272
1. Innerdeliktische Weiterungen 272
a) Alternative Bestimmung des Rechtswidrigkeitsbegriffs 272
aa) Tradierte subjektive Widerrechtlichkeitstheorie 273
bb) Modernster Ansatz: die „dritte" Widerrechtlichkeitstheorie 275
(1) Dritte Widerrechtlichkeitstheorie als Sammelbecken
der Verhaltensunrechtslehren 276
(2) Notwendige Haftungsbeschränkung durch Schutzzweckerwägungen 277
cc) Bewegliches System auch für die Schweiz? –
die Interessentheorie 278
dd) Zusammenfassung und Zwischenergebnis 279
b) Überdehnung der „sonstigen Rechte" des § 823 Abs. 1 BGB .. 280
aa) Schutz des unternehmerischen Vermögens 281
bb) Platzfindung im System der außervertraglichen Haftung . 283
(1) Ergebnisorientierter Selbstzweck als dogmatische
Existenzberechtigung? 284
(2) Daseinsberechtigung trotz UWG-Novelle und
Subsidiarität 285
(3) Kritik und Zustimmung 286
cc) Konturierung des unternehmerischen Vermögensschutzes 286
(1) Fahrlässigkeitshaftung trotz „Betriebsbezogenheit" des
Eingriffs? 286
(2) Haftungskonturierung über die Rechtswidrigkeit ... 288
dd) Vorbildfunktion des unternehmerischen Vermögensschutzes für den deutschen Rechtskreis? 290
(1) Resonanz in Österreich 290
(2) Resonanz in der Schweiz 292
(a) Schutz der wirtschaftlichen Persönlichkeit 293
(b) Individualvermögensschutz bei Eingriff in
öffentlichen Betrieb 294
(3) Zwischenergebnis 295
ee) Zwischenergebnis und Schlussfolgerungen 296
(1) Motiv des unternehmerischen Vermögensschutzes .. 296
(2) Keine rechtskreisinterne Rezeption 297

c) Abschleifen des Vorsatzerfordernisses des § 826 BGB 298
   aa) Leichtfertigkeit als Attribut einer vorsätzlichen
       Schädigung? 298
   bb) Einige Beispiele der jüngeren Rechtsprechung 300
   cc) Das Gros und die Grenzfälle 302
   dd) Keine Entsprechung im österreichischen und
       schweizerischen Recht 303
   ee) Zwischenergebnis und Perspektive: Haftung für grobe
       Fahrlässigkeit de lege ferenda? 304
d) Zwischenergebnis 305
2. Zwischen Vertrag und Delikt – Annäherung originär
außervertraglicher Sachverhalte an das vertragliche
Haftungsregime 306
a) culpa in contrahendo 307
   aa) Entwicklung und Verortung der culpa in contrahendo im
       deutschen Rechtskreis 307
      (1) Über hundertjährige Praxis in Deutschland 308
      (2) Noch längere Tradition in der Schweiz 309
      (3) Spätes Erwachen der Doktrin in Österreich 310
   bb) Funktion der Haftung aus culpa in contrahendo 311
   cc) Faktisches Schicksal als schadenersatzrechtliches
       Sammelbecken 313
      (1) § 311 Abs. 3 BGB – Erweiterung der Haftung aus culpa
          in contrahendo auf Drei-Personen-Verhältnisse 314
      (2) Fazit: Entwicklungspotential der Haftung aus culpa in
          contrahendo 316
   dd) Zwischenergebnis 317
b) Isolierungsfähigkeit des Vertrauensgedankens 317
   aa) Institutionalisierte Vertrauenshaftung in der Schweiz ... 318
   bb) Institutionalisierte Vertrauenshaftung – aus dem deutschen
       Recht 320
      (1) Rezeption deutschen Rechtsdenkens 321
      (2) Allein schadenersatzrechtliche Vertrauenshaftung in
          der Schweiz 322
   cc) Institutionalisierte Vertrauenshaftung – für das deutsche
       Recht? 323
      (1) Mehrdeutige Begriffsverwendung in der Recht-
          sprechung 325
      (2) Partielles Bekenntnis zur Vertrauenshaftung in § 311
          Abs. 3 S. 2 BGB 326
   dd) Institutionalisierte Vertrauenshaftung – für das
       österreichische Recht? 327
      (1) Tatbestandliche Parallelen zwischen § 1300 S. 1 ABGB
          und der Vertrauenshaftung 328

(2) Objektiv-rechtliche Sorgfaltspflichten gegenüber vertrauenden Dritten	329
(3) Im Ergebnis: Vertrauensbasierte Auskunftshaftung	332
ee) Zwischenergebnis	332
c) Schuldverhältnis mit Schutzwirkung zugunsten Dritter	334
aa) Umgehung der deliktsrechtlichen Restriktionen – in drei Leitentscheiden	334
(1) Ausgangsfall – Tuberkulose-Entscheidung, RGZ 91, 21	336
(2) Drittschutz reiner Vermögensinteressen – Testament-Fall, BGH NJW 1965, 1955	336
(3) Horizontale Substitution der Deliktshaftung – Gemüseblatt-Fall, BGHZ 66, 52 = NJW 1976, 712	338
(4) Synthese der drei Leitentscheide – Drittvermögensschutz in Schuldverhältnissen	338
bb) Voraussetzungen und Begrenzung des Drittschutzes in Deutschland und Österreich	339
(1) Begrenzung des Kreises der Aktivlegitimierten mit Blick auf den Geschädigten	340
(a) Besondere Gefährdung von Drittinteressen	340
(b) Sonderbeziehung zwischen einer Vertragspartei und Geschädigtem	341
(aa) Gegenläufige Interessen des Gläubigers und des zu schützenden Dritten	342
(bb) Gutachterliche Pflicht zur Unparteilichkeit als Substitut des Gläubigerinteresses?	343
(cc) Besinnung auf alternative Haftpflichtbegründung	346
(2) Begrenzung aus Sicht des potentiell Ersatzpflichtigen	347
(3) Begrenzung unter dem Gesichtspunkt der Schutzbedürftigkeit	348
(a) Keine Schutzbedürftigkeit bei Uneinbringbarkeit	349
(b) Vermeintliche Ausnahme: Bezweckter Schutz des Dritten vor Insolvenz	350
cc) Abgestufte Bedeutung des vertraglichen Drittvermögensschutz im deutschen Rechtskreis	352
(1) In Deutschland: Bekenntnis zum Drittvermögensschutz	352
(a) Näheverhältnis zwischen Vertragspartei und in Vermögen geschädigtem Dritten	352
(b) Redundante Restriktionen	353
(2) In Österreich: Verhaltener Drittvermögensschutz	355
(a) Argumente gegen einen vertraglichen Drittvermögensschutz	355
(b) Rosinenpickende Ausnahmefindung	356

(3) In der Schweiz: Allgemein bislang (fast) kein
vertraglicher Drittschutz 358
   (a) Verhaltenes Interesse an vertraglichem Drittschutz 359
   (b) Kein ausdrückliches Bekenntnis – trotz BG
       4C.139/2005 363
   (c) Perspektive des vertraglichen Drittschutzes im
       schweizerischen Recht 365
dd) Zusammenfassung und Ergebnis 366
d) Drittschadensliquidation 367
aa) Beispiel: Ersatz des Entgeltfortzahlungsschadens 367
   (1) Aktivlegitimation des Arbeitgebers? 368
   (2) Keine zusätzliche Belastung, aber auch keine
       Entlastung des Schädigers durch Schadensverlagerung. 369
       (a) Schadensverlagerung ohne Schadenspotenzierung 370
       (b) Keine Entlastung des Schädigers bei gleich-
           bleibendem Schadensumfang 370
bb) Außergesetzliche Drittschadensliquidation 371
   (1) Anerkannte Fallgruppen im deutschen und
       österreichischen Recht 371
   (2) Drittschadensliquidation im schweizerischen Recht? 373
   (3) Entwicklungsfähigkeit der Drittschadensliquidation? 374
cc) Zwischenergebnis 376
e) Expertenhaftung – eine eigene Anspruchskategorie? 377
aa) Heterogene Ansätze eines homogenen Anliegens 378
bb) Verallgemeinerungsfähige Wertungen 379
f) Zwischenergebnis – Haftung im Zwischenbereich aus
Sonderverbindung 380

III. Zusammenfassung und Zwischenergebnis 382
   1. Haftungsbegründung in deliktischen Sondertatbeständen 382
   2. Haftungsbegründung in Sonderverbindungen 383
   3. Sammelbecken der Rechtsrezeption 383

G. Haftung in Bewegung – Fallgruppen reiner
Vermögensschäden 385

I. Erste Fallgruppe: Reflektorisch verursachte reine
Vermögensschäden 386
   1. Unterbrechung von Versorgungslinien: der Kabelbruchfall 386
   a) Kabelbruchfälle in Deutschland 387
   aa) Deliktische Haftung 387
   bb) Haftung aus Sonderverbindung 389
   cc) Ergebniskorrektur mittels Drittschadensliquidation? ... 390

b) Kabelbruchfälle in Österreich 390
   aa) Erste Phase: Ersatz von reflektorischen Sachschäden ... 391
   bb) Zweite Phase: Verneinung der Haftung für alle Reflexschäden 393
   cc) Heute allzu pauschale Betrachtungsweise 394
c) Kabelbruchfälle in der Schweiz 395
d) Zusammenfassung und Stellungnahme 397
   aa) Schweizerischer Sonderweg 398
   bb) Vermittelnde Ansicht beim Ersatz reflektorisch verursachter Sachschäden 398
2. Unterbrechung von Verkehrslinien 399
   a) Vier beispielhafte Schadenskonstellationen 400
   b) Falllösungen 400
      aa) Das Nadelöhr der deutschen Rechtsprechung – die Grundsätze des Fleet-Falls, BGHZ 55, 153 = NJW 1971, 886 ... 401
      bb) Ersatzfähigkeit des Schadens des Arztes 402
      cc) Die Ersatzfähigkeit des Schadens des Raststätteninhabers . 404
         (1) Die Rechtsprechung des OGH und BGH 404
         (2) Vereitelung des bestimmungsgemäßen Gebrauchs? ... 404
      dd) Die Ersatzfähigkeit des Schadens des Lebensmittelhändlers 406
      ee) Die Ersatzfähigkeit der Schäden des selbstständigen Profiboxers 407
         (1) Eigentumsverletzung des Boxers? 407
            (a) Eigentumsverletzung nach der Fleet-Fall-Formel 408
            (b) Eigentumsverletzung nach österreichischem Recht 409
            (c) Eigentumsverletzung nach schweizerischem Recht 411
         (2) Nutzungsausfall als Schaden? 412
            (a) Ersatzfähigkeit nach deutschem Recht 413
            (b) Ersatzfähigkeit nach österreichischem Recht ... 414
            (c) Ersatzfähigkeit nach schweizerischem Recht ... 414
   c) Zusammenfassung und Stellungnahme. 415
      aa) Verschwimmende Linie zwischen Eigentum und reinem Vermögen 416
      bb) Grenzen des Fleet-Fall-Judizes bei wirtschaftlicher Unverwertbarkeit 416
      cc) Funktionale Abgrenzung von Eigentum und reinem Vermögen 417
3. Zwischenergebnis zur ersten Fallgruppe 418

II. Zweite Fallgruppe: Haftung des Herstellers durch die Absatzkette 419

1. Der Baustromverteiler-Fall 420
2. Deliktische Haftungsbegründung 421
   a) Eigentumsverletzung, Schutzgesetzverstoß,
      Sittenwidrigkeitshaftung und culpa in eligendo 421
   b) Eingriff in den eingerichteten und ausgeübten Gewerbebetrieb 422
      aa) Fehlende Betriebsbezogenheit 422
      bb) Verschuldensabhängige Produkthaftung für reine
          Vermögensschäden von Unternehmern? 424
      cc) Kein Schutz der wirtschaftlichen Persönlichkeit 424
   c) Zwischenergebnis – verbleibendes Haftungsbedürfnis? 425
3. Ergebniskorrektur mittels Drittschadensliquidation 426
4. Haftung aus Sonderverbindung 427
   a) Schutzwirkung des Erstvertrages für Endabnehmer als Partei
      des Zweitvertrages 427
      aa) Drittschutzwirkung des Erstvertrages in Deutschland? ... 429
          (1) Strikte Handhabung des Gläubigerinteresses durch die
              Rechtsprechung 429
          (2) Expertise und Vertrauensschutz statt personeller Nähe
              und Fürsorgepflicht? 430
          (3) Zwischenergebnis 431
      bb) Drittschutzwirkung des Erstvertrages in Österreich 432
          (1) Gläubigerinteresse oder Vertrauensschutz 432
          (2) Bedenken der Literatur 434
          (3) Zwischenergebnis 435
      cc) Kreuzende Ansichten in Deutschland und Österreich ... 435
      dd) Drittschutz des Erstvertrages in der Schweiz? 436
   b) Vertrauenshaftung des Herstellers 437
      aa) Vertrauensbasierte Haftung in Österreich 438
      bb) Vertrauenshaftung in der Schweiz 438
      cc) Anwendungsfall des § 311 Abs. 3 S. 2 BGB? 439
          (1) Warenvertrauen und Markenvertrauen – insbesondere
              am Beispiel des Abgasskandals 439
          (2) Stellungnahme zur deutschen Vertrauenshaftung ... 441
5. Zusammenfassung und Stellungnahme 442
   a) Haftungsbedürfnis? 442
      aa) Begrenztes Risiko der Haftungsausuferung 443
      bb) Sorgfaltspflichten und Produktsicherheit durch spezial-
          gesetzliche Produkthaftung 444
   b) Rezeptionsvorgänge im Bereich der Herstellerdritthaftung .. 445

III. Dritte Fallgruppe: Fahrlässige Falschauskunft ... 445

1. Auskunft im Zweipersonenverhältnis ... 446
   a) Haftungsbegründung in Deutschland ... 447
      aa) Konkludent geschlossener Auskunftsvertrag ... 447
         (1) Rechtsbindungswille oder reine Gefälligkeitsauskunft 447
         (2) Auskunftsvertrag zwischen Antiquitätenhändler und Kunstexperte? ... 449
      bb) Haftung aus Schuldverhältnis nach § 311 Abs. 3 S. 2 BGB 450
         (1) Normative Begründung einer Sonderverbindung ... 451
         (2) Haftung aus Sonderverbindung im vorliegenden Fall 451
   b) Haftungsbegründung in Österreich – primär in § 1300 S. 1 ABGB ... 453
      aa) Konkludenter Vertragsschluss vs. originäre Auskunftshaftung ... 453
      bb) Haftung im vorliegenden Fall ... 454
   c) Dreifache Haftungsbegründung in der Schweiz ... 455
      aa) Haftung des Kunstexperten aus Delikt ... 455
      bb) Vertragsfiktion und Vertrauenshaftung ... 457
   d) Zusammenfassung und Stellungnahme ... 458
      aa) Auskunftshaftung aus erwecktem Vertrauen ... 459
      bb) Vertrauenshaftung erst bei Vertrauensprämie ... 459
2. Auskunft im Dreipersonenverhältnis ... 460
   a) Fall: Haftung des Liegenschaftsgutachters – Sachverhalt ... 461
      aa) Haftungsbegründung in Deutschland ... 461
         (1) Schutzwirkung des Werkvertrags über die Gutachtenserstellung zugunsten des Käufers? ... 461
         (2) Haftung des Sachverständigen aus §§ 280 Abs. 1, 311 Abs. 3, 241 Abs. 2 BGB ... 463
            (a) § 311 Abs. 3 S. 2 BGB – Vertrauensinanspruchs- und Einflussnahme ... 464
            (b) Bejahung des Schuldverhältnisses bei Verneinung der Ausuferungsgefahr ... 464
         (3) Zwischenergebnis ... 465
      bb) Haftungsbegründung in Österreich ... 466
         (1) Drittschutz des Werkvertrages? ... 466
         (2) Objektiv-rechtliche Pflichten gegenüber dem vertrauensbildenden Dritten ... 467
         (3) Zwischenergebnis ... 469
      cc) Haftungsbegründung in der Schweiz ... 470
         (1) Weder deliktische Auskunftshaftung noch vertraglicher Drittschutz ... 470

                (2) Vertrauenshaftung des Sachverständigen 470
                    (a) Voraussetzungen der Sonderverbindung zwischen
                        Käufer und Gutachter 471
                    (b) Sonderverbindung – gegenüber wem? 471
                (3) Zwischenergebnis: Vertrauenshaftung des Gutachters . 472
            dd) Zwischenergebnis 474
        b) Fall: Haftung des früheren Arbeitgebers 475
            aa) Sachverhalt 476
            bb) Drei Haftungsbegründungen in vier Leitentscheiden . . . 476
            cc) Stellungnahme 479
                (1) Haftung aus Schutzgesetzverletzung 479
                (2) Ersatzpflicht bei vorsätzlich-sittenwidriger Schädigung 481
                (3) Haftung aus Sonderverbindung 482
                    (a) Erstreckung der Schutzwirkung des Erstarbeits-
                        vertrages auf den Folgearbeitgeber? 483
                    (b) Vertrauensbasierte Auskunftshaftung 484
                        (aa) Haftung nach §§ 280, 241 Abs. 2, 311
                             Abs. 3 S. 2 BGB 484
                            (aaa) Vertrauensinanspruchnahme in
                                  besonderem Maße 484
                            (bbb) Beschränkung der Haftung aus
                                  Sonderverbindung auf Vorsatz und
                                  grobe Fahrlässigkeit? 486
                        (bb) Schweizerische Vertrauenshaftung 488
                        (cc) Haftung des Arbeitgebers nach § 1300 S. 1
                             ABGB 489
            dd) Zusammenfassung und Zwischenergebnis 490
    3. Zwischenergebnis: Vertrauensbasierte Auskunftshaftung 491

H. Ergebnisse 492

I. *Hauptthesen* 492

1. Das Fundament – die zehn Regeln *Koziols* 492
2. Das Tragwerk – Implementierungsfähigkeit der hiesigen
   Ergebnisse im deutschen Recht – § 311 Abs. 3 S. 1 BGB 493
3. Das Innenleben – Elemente der originär außervertraglichen
   Haftung für fahrlässig verursachte reine Vermögensschäden . . . 494
   a) Keine uferlose, freiheitsbedrohende Haftung 494
   b) Schutz(un)würdigkeit von Schädiger und Geschädigtem 495
      aa) Enttäuschung berechtigten Vertrauens 495
      bb) Verfolgung eigener Interessen 496
      cc) Beherrschende Stellung des Schädigers im Vorfeld der
          Schädigung 497

dd) Bedeutsamkeit des beeinträchtigten Vermögens für die
eigenwirtschaftliche Lebensführung des Geschädigten .. 498
ee) Grad des Verschuldens 499
c) Kernergebnis 500

II. *Nebenthesen* 500
1. Deutscher Rechtskreis durch Rechtsrezeption 500
2. Abschied vom Reflexschadenersatzverbot 501
3. Haftungsverneinung zwecks Freiheitsschutz – keine
Diskriminierung reiner Vermögensschäden 502

Literaturverzeichnis 503

Rechtsprechungsverzeichnis 535

Sachregister 555

Abkürzungsverzeichnis

aA/AA	anderer Ansicht/Anderer Ansicht
aaO	an angegebenem Ort
ABGB	Allgemeines Bürgerliches Gesetzbuch (Österreich)
ABGB-ON	Online-Kommentar zum Allgemeinen Bürgerlichen Gesetzbuch
Abs.	Absatz
AcP	Archiv für die civilistische Praxis (Zeitschrift Deutschland)
aF	alte Fassung
AG	Amtsgericht
AG (mit Jahreszahlzusatz)	Die Aktiengesellschaft (Zeitschrift Deutschland)
AHB	Allgemeine Versicherungsbedingungen für die Haftpflichtversicherung (Deutschland)
AHB-AVG	Allgemeine Versicherungsbedingungen für die Vermögensschaden-Haftpflichtversicherung von Aufsichtsräten, Vorständen und Geschäftsführern (Deutschland)
AHG	Amtshaftungsgesetz (Österreich)
AHVB	Allgemeine und Ergänzende Bedingungen für die Haftpflichtversicherung (Österreich)
AJP	Aktuelle Juristische Praxis (Zeitschrift Schweiz)
ALJ	Austrian Law Journal (Zeitschrift Österreich)
ALR	Allgemeines Landrecht für die Preußischen Staaten
AMG	Arzneimittelgesetz (Deutschland)
Ancilla Iuris	Zeitschrift Schweiz
AngG	Angestelltengesetz (Österreich)
Anwaltsrevue	Zeitschrift Schweiz
AnwBl	Anwaltsblatt (Zeitschrift Deutschland)
aOR	„altes" Obligationenrecht von 14.6.1881 (Schweiz)
AöR	Archiv des öffentlichen Rechts (Zeitschrift Deutschland)
ArbR	Mitteilungen des Instituts für Schweizerisches Arbeitsrecht (Zeitschrift)
ArbG-E	Arbeitsgruppenentwurf eines neuen österreichischen Schadenersatzrechts
ARGE	Arbeitsgemeinschaft
Art.	Artikel
AT	Allgemeiner Teil
AtG	Atomgesetz (Deutschland)
AtomHG	Atomhaftungsgesetz (Österreich)
AtomR	Atomrecht

Aufl.	Auflage
bauaktuell	Fachzeitschrift für Baurecht, Baubetriebswirtschaft und Baumanagement (Österreich)
BauO	Bauordnung
BauR	Zeitschrift für das Baurecht (Deutschland)
BayObLG	Bayrisches Oberstes Landesgericht
bbl	Baurechtliche Blätter (Zeitschrift Österreich)
BeckOGK	beck-online Großkommentar
BeckOK	beck-online Kommentar
BeckRS	beck-online-Rechtsprechung
Begr.	Begründer
BerGer	Berufungsgericht
Beschl.	Beschluss
BGB	Bürgerliches Gesetzbuch
BGB-E	Entwurfsfassung des BGB
BG	Bundesgericht (Schweiz)
BGE	Entscheidungen des Schweizerischen Bundesgerichts (amtliche Sammlung)
BGH	Bundesgerichtshof (Deutschland)
BGHZ	Entscheidungen des Bundesgerichtshofes in Zivilsachen (amtliche Sammlung)
BJM	Basler Juristische Mitteilungen (Zeitschrift Schweiz)
BR	Zeitschrift für Baurecht und Vergabewesen (Schweiz)
Bsp.	Beispiel
BStGer	Bundesstrafgericht (Schweiz)
BT	Besonderer Teil
BT.-Drs.	Bundestagsdrucksache
BV	Bundesverfassung der Schweizerischen Eidgenossenschaft
BVGer	Bundesverwaltungsgericht (Schweiz)
CHK	Handkommentar zum Schweizer Privatrecht
chKG	Schweizerisches Kartellgesetz
chStGB	schweizerisches Strafgesetzbuch
DAR	Deutsches Autorecht (Zeitschrift Deutschland)
DB	Der Betrieb (Zeitschrift Deutschland)
dBGBl.	deutsches Bundesgesetzblatt
ders.	derselbe
dess.	desselben
dies.	dieselbe/dieselben
Diss	Dissertation
d.h.	das heißt
D&O	Directors & Officers
DNotZ	Deutsche Notar-Zeitschrift
DS	Der Sachverständige (Zeitschrift Deutschland)
DSL	Drittschadensliquidation
dStGB	deutsches Strafgesetzbuch
DStRE	Deutsches Steuerrecht (Zeitschrift)
E	Entscheidung
EGBGB	Einführungsgesetz zum Bürgerlichen Gesetzbuch

Abkürzungsverzeichnis XXXI

ecolex	Fachzeitschrift für Wirtschaftsrecht (Österreich)
Ed.	Edition
EF-Z	Zeitschrift für Familien- und Erbrecht (Österreich)
EHVB	Ergänzende Allgemeine Bedingungen für die Haftpflichtversicherung (Österreich)
Einf.	Einführung
EKHG	Eisenbahn- und Kraftfahrzeughaftpflichtgesetz (Österreich)
EL	Ergänzungslieferung (Deutschland)
EMRK	Europäische Menschenrechtskonvention
engl.	englisch
EO	Exekutionsordnung (Österreich)
EuGH	Gerichtshof der Europäischen Union
EvBl	Evidenzblatt der Rechtsmittelentscheidungen in Österreichische Juristen-Zeitung
EvBl-LS	Evidenzblatt-Leitsätze der Rechtsmittelentscheidungen in Österreichische Juristen-Zeitung
EnWG	Energiewirtschaftsgesetz (Deutschland)
EntgFG	Entgeltfortzahlungsgesetz (Deutschland)
f., ff.	folgend, folgende
FPR	Familie, Partnerschaft, Recht (Zeitschrift Deutschland)
frz.	französisch
FS	Festschrift
GbR	Gesellschaft bürgerlichen Rechts
GDV	Gesamtverband der Deutschen Versicherungswirtschaft e. V.
GesRZ	Der Gesellschafter – Zeitschrift für Gesellschafts- und Unternehmensrecht (Österreich)
Gegen-E	Gegenentwurf für ein neues österreichisches Schadenersatzrechts
GG	Grundgesetz für die Bundesrepublik Deutschland
GO NRW	Gemeindeordnung für das Land Nordrhein-Westfalen
GWB	Gesetz gegen Wettbewerbsbeschränkungen (Deutschland)
HaftpflichtKomm	Kommentar zu den schweizerischen Haftpflichtbestimmungen
HanseLR	Hanse Law Review (Zeitschrift Deutschland)
HAVE	Haftung und Versicherung (Zeitschrift Schweiz)
HGB	Handelsgesetzbuch (Deutschland)
Hist.-krit. Komm	Historisch-kritischer Kommentar
hM	herrschende Meinung
hL	herrschende Lehre
Hrsg.	Herausgeber
HS	Halbsatz
idS	in diesem Sinne
iE	im Ergebnis
immolex	Neues Miet- und Wohnrecht (Zeitschrift Österreich)
insb.	insbesondere
InsO	Insolvenzordnung (Deutschland)

IPR	Internationales Privatrecht
iRd	im Rahmen des
iSv/iSd	im Sinne von/im Sinne des/der
ital.	italienisch
iVm	in Verbindung mit
JA	Juristische Arbeitsblätter (Zeitschrift Deutschland)
JBl	Juristische Blätter (Zeitschrift Österreich)
JURA	Juristische Ausbildung (Zeitschrift Deutschland)
jurisPraxKomm	juris Praxis-Kommentar
jurisPR-HaGesR	Juris PraxisReport Handels- und Gesellschaftsrecht (online-Zeitschrift Deutschland)
jurisPR-VerkR	Juris PraxisReport Verkehrsrecht (online-Zeitschrift Deutschland)
JuS	Juristische Schulung (Zeitschrift Deutschland)
Jusletter	online-Zeitschrift Schweiz
JZ	Juristenzeitung (Deutschland)
KAGB	Kapitalanlagegesetzbuch (Deutschland)
Kap.	Kapitel
KassGer	Kassationsgerichtshof des Kantons Zürich
KBB ABGB	Koziol/F. Bydlinski/Bollenberger, Kurzkommentar zum ABGB
KFG	Kraftfahrgesetz (Österreich)
KHG	Kernenergiehaftpflichtgesetz (Schweiz)
KHVG	Kraftfahrzeug-Haftpflichtversicherungsgesetz (Österreich)
Komm	Kommentar
KuKo OR	Kurzkommentar Obligationenrecht
KMG	Kapitalmarktgesetz (Österreich)
LG	Landgericht
mAnm	mit Anmerkung
MDR	Monatsschrift für deutsches Recht (Zeitschrift)
mkritAnm	mit kritischer Anmerkung
MMR	Zeitschrift für IT-Recht und Recht der Digitalisierung (Deutschland)
MR	Medien und Recht (Zeitschrift Österreich)
MüKo	Münchener Kommentar
mwN	mit weiteren Nachweisen
mzustAnm	mit zustimmender Anmerkung
NJOZ	Neue Juristische Online-Zeitschrift (Deutschland)
NJW	Neue Juristische Wochenschrift (Zeitschrift Deutschland)
NJW-RR	Neue Juristische Wochenschrift – Rechtsprechungs-Report
Nr.	Nummer
NRW	Nordrhein-Westfalen
NVwZ	Neue Zeitschrift für Verwaltungsrecht (Deutschland)
NVwZ-RR	Neue Zeitschrift für Verwaltungsrecht-Rechtsprechungs-Report
NZ	Österreichische Notariatszeitung

NZA	Neue Zeitschrift für Arbeitsrecht (Deutschland)
NZA-RR	Rechtsprechungs-Report Arbeitsrecht (Zeitschrift Deutschland)
NZBau	Neue Zeitschrift für Baurecht und Vergaberecht (Deutschland)
NZI	Neue Zeitschrift für Insolvenz- und Sanierungsrecht (Deutschland)
NZG	Neue Zeitschrift für Gesellschaftsrecht (Deutschland)
NZM	Neue Zeitschrift für Miet- und Wohnungsrecht (Deutschland)
NZV	Neue Zeitschrift für Verkehrsrecht (Deutschland)
öarr	österreichisches Archiv für Recht und Religion
ÖBA	Zeitschrift für das gesamte Bank- und Börsenwesen (Österreich)
OGH	Oberster Gerichtshof (Österreich)
ÖJZ	Österreichische Juristen-Zeitung
OLG	Oberlandesgericht
OR	Obligationenrecht (Schweiz)
öStGB	österreichisches Strafgesetzbuch
PEL	Principles of European Law
PETL	Principles of European Tort Law
PflVG	Pflichtversicherungsgesetz (Deutschland)
PHG	Produkthaftungsgesetz (Österreich)
PHi	Haftpflicht International (Zeitschrift Deutschland)
plädoyer	Magazin für Recht und Politik (Zeitschrift Schweiz)
PraxKomm	Praxis Kommentar ABGB
PrHG	Produktehaftpflichtgesetz (Schweiz)
ProdHaftG	Produkthaftungsgesetz (Deutschland)
Prot. II	Protokolle der (zweiten) Kommission für die zweite Lesung des Entwurfs des Bürgerlichen Gesetzbuches
RabelsZ	Rabels Zeitschrift für ausländisches und internationales Privatrecht (Deutschland)
RdA	Recht der Arbeit (Zeitschrift Deutschland)
RdTW	Zeitschrift für das Recht der Transportwirtschaft (Deutschland)
RdU	Recht der Umwelt (Zeitschrift Österreich)
RdW	Österreichisches Recht der Wirtschaft (Zeitschrift)
recht	Zeitschrift für juristische Weiterbildung und Praxis (Schweiz)
RIS	Rechtsinformationssystem des Bundes (Österreich)
RG	Reichsgericht (Deutschland)
RGRK	Reichsgerichtsräte-Kommentar zum BGB
RGZ	Entscheidungen des Reichsgerichts in Zivilsachen (amtliche Sammlung)
RIDC	Revue internationale de droit comparé (Zeitschrift Frankreich)
Rn.	Randnummer
RPA	Zeitschrift für Vergaberecht (Österreich)
Rummel ABGB	Kommentar zum ABGB

r + s	Recht und Schaden (Zeitschrift Deutschland)
Rspr	Rechtsprechung
S.	Satz
SE	Schadensersatz
ZGB	Schweizerisches Zivilgesetzbuch
SJZ	Schweizerische Juristen-Zeitung
SP	Schaden-Praxis (Zeitschrift Deutschland)
SpuRt	Zeitschrift für Sport und Recht (Deutschland)
St. Rspr.	Ständige Rechtsprechung
StG	Strafgesetz über Verbrechen, Vergehen und Uebertretungen (Österreich)
StVG	Straßenverkehrsgesetz (Deutschland)
SVG	Strassenverkehrsgesetz (Schweiz)
SVLR-Bulletin	Schweizer Fachzeitschrift für Luft- und Weltraumrecht
SZ	Entscheidungen des österreichischen OGH in Zivilsachen
SZW	Schweizerische Zeitschrift für Wirtschafts- und Finanzmarktrecht
TaKomm	Taschenkommentar
teilw.	teilweise
TranspR	Zeitschrift für Transportrecht (Deutschland)
ua	unter anderem
u. a.	und andere
Urt.	Urteil
UVG	Bundesgesetz über die Unfallversicherung (Schweiz)
UWG	Gesetz gegen den unlauteren Wettbewerb (Deutschland)
VbR	Zeitschrift für Verbraucherrecht (Österreich)
VermAnlG	Vermögensanlagengesetz (Deutschland)
veröff.	veröffentlicht
VersR	Zeitschrift für Versicherungsrecht, Haftungs- und Schadensrecht (Deutschland)
VersVG	Versicherungsvertragsgesetz (Österreich)
VG	Verantwortlichkeitsgesetz (Schweiz)
vgl.	vergleiche
Vorb.	Vorbemerkung
VSD	Vertrag mit Schutzwirkung zugunsten Dritter
VVG	Versicherungsvertragsgesetz (Deutschland)
wbl	Wirtschaftsrechtliche Blätter – Zeitschrift für österreichisches und europäisches Wirtschaftsrecht
WpPG	Wertpapierprospektgesetz (Deutschand)
WM	Wertpapier-Mitteilungen (Zeitschrift Deutschland)
wobl	Wohnrechtliche Blätter (Zeitschrift Österreich)
Zak	Zivilrecht aktuell (Zeitschrift Österreich)
ZaöRV	Zeitschrift für ausländisches öffentliches Recht und Völkerrecht (Deutschland)
ZBJV	Zeitschrift des Berner Juristenvereins (Schweiz)
ZD	Zeitschrift für Datenschutz (Deutschland)
ZEuP	Zeitschrift für Europäisches Privatrecht (Deutschland)

ZfPW	Zeitschrift für die gesamte Privatrechtswissenschaft (Deutschland)
ZfRV	Zeitschrift für Europarecht, internationales Privatrecht und Rechtsvergleichung (Österreich)
zfs	Zeitschrift für Schadensrecht (Deutschland)
ZGS	Zeitschrift für das gesamte Schuldrecht (Deutschland)
Ziff.	Ziffer
ZIK	Zeitschrift für Insolvenzrecht & Kreditschutz (Österreich)
ZIP	Zeitschrift für Wirtschaftsrecht (Deutschland)
zit.	zitiert als
ZHR	Zeitschrift für das gesamte Handelsrecht und Wirtschaftsrecht (Deutschland)
ZLB	Österreichische Zeitschrift für Liegenschaftsbewertung
ZSR	Zeitschrift für Schweizerisches Recht
ZUM-RD	Zeitschrift für Urheber- und Medienrecht – Rechtsprechungsdienst (Deuschland)
Zürcher Komm	Zürcher Kommentar
ZVertriebsR	Zeitschrift für Vertriebsrecht (Deutschland)
ZVglRWiss	Zeitschrift für Vergleichende Rechtswissenschaft (Deutschland)
ZVR	Zeitschrift für Verkehrsrecht (Österreich)

A. Einleitung

Reine Vermögensschäden sind außerhalb vertraglicher Beziehungen, respektive nach Deliktsrecht, nicht bzw. nur nach den §§ 823 Abs. 2, 826 BGB zu ersetzen – so grundsätzlich formulieren es in Deutschland (Ausbildungs-) Literatur und Rechtsprechung.[1] Dieses Postulat ist in seiner Einfachheit unzutreffend und zu ergänzen: Allein *fahrlässig* verursachte reine Vermögensschäden sind außerhalb vertraglicher Beziehungen *grundsätzlich* nicht zu ersetzen, *so denn auch keiner der heute zahlreichen Ausnahmetatbestände Anwendung findet.*

Wer damit nach der *außervertraglichen Haftung für fahrlässig verursachte reine Vermögensschäden* fragt und dabei auf eine *prägnante* und gleichzeitig *allgemein gültige, im besten Fall lehrbuchartige* Antwort hofft, dürfte rasch enttäuscht werden. Die Haftung für reine Vermögensschäden hängt vielmehr regelmäßig von Wertungsentscheidungen im Einzelfall ab. Es gilt bis zuletzt, dass die Beantwortung der Frage nach der außervertraglichen Haftung für reine Vermögensschaden ein „schwieriges Unterfangen" ist.[2]

Das liegt bereits daran, dass reine Vermögensschäden – also solche Einbußen, die für den Geschädigten nicht aus der Beeinträchtigung eines seiner absolut geschützten Rechtsgüter entspringen – im außervertraglichen Bereich in vollkommen unterschiedlich gelagerten, auf den ersten Blick kaum vergleichbaren Konstellation auftreten. Um nur einige Beispiele aus der jüngeren Rechtsprechung zu nennen: Sowohl dem *Teilnehmer einer Sportwette*, der aufgrund einer falschen Schiedsrichterentscheidung um seinen Wettgewinn gebracht wird,[3] als auch der *gesetzlichen Krankenkasse*, deren Vermögenszuwachs dadurch gemindert wird, dass ein Mitglied aufgrund unfallbedingter Invalidität zukünftig geringere Krankenkassenbeiträge zahlt,[4] entstehen *reine Vermögensschäden*. Dasselbe gilt für den *Rechtsanwalt*, dem durch die verspätete Erteilung eines werbewirksamen Fachanwaltstitel lu-

---

[1] Verkürzend etwa in OLG Köln NJOZ 2015, 676 (677); OLG Brandenburg BeckRS 2015, 11829; BeckRS 2008, 41807; vgl. *L. Hübner/Sagan*, JA 2013, 741 (742); *G. Wagner/Thole*, VersR 2004, 275; für Österreich OGH SZ 56/135 = JBl 1984, 669 (670).
[2] *Roberto/Fisch*, in: Fuhrer/Kieser/Weber (Hrsg.), Mehrspuriger Schadensausgleich (2022), 67 (74).
[3] AG Nürnberg SpuRt 2020, 40 mAnm *Brugger*.
[4] KG jurisPR-VerkR 17/2020 mAnm 2 *Lang*.

krative Spezialmandate entgehen,[5] den *Bauträger*, dessen von Demonstranten besetzte Baustelle zeitweise zum Erliegen kommt und deshalb Stehzeitkosten verursacht[6] und die *Erben* eines verunglückten Unfallopfers, denen Kosten bei der Erteilung eines Erbscheins entstehen.[7] Die Schnittmenge dieser so konträren Fälle liegt einzig darin, dass sich die Einbuße *im Reinvermögen der Beeinträchtigten* zeigt.

Angesichts der Vielzahl an möglichen Fallkonstellationen wird sich eingangs beschriebener Fragesteller mit einer Vielzahl verschiedener Antworten auf seine Frage nach der Haftung für reine Vermögensschäden konfrontiert sehen. *Prägnant* – aber eben unzutreffend – wäre die Entgegnung, dass es eine *außervertragliche Haftung für fahrlässig verursachte reine Vermögensschäden* überhaupt nicht gäbe, schließlich schütze § 823 Abs. 1 BGB als deliktische Grundnorm nicht das Reinvermögen. Der Antwortende könnte hierbei den Willen des historischen Gesetzgebers heranziehen, würde aber verkennen, dass seine Antwort in ihrer Einfachheit weder vollkommen dem gesetzgeberischen Willen noch der haftungsrechtlichen Gegenwart entspricht. Wahrscheinlicher wäre daher eine – längst *nicht mehr prägnante, dafür allgemein zutreffendere* – Antwort, die zunächst auf die Schwächen des Deliktsrechts und sodann auf die Stärken des Vertragsrechts hinweisen und ihren Platz letztlich irgendwo in der Mitte zwischen diesen beiden Polen suchen würde. Eine dritte Antwort würde alle möglichen Fallkonstellationen aufzählen, in denen fahrlässig verursachte reine Vermögensschäden auftreten und für jede Fallkonstellation eine eigene Unterantwort geben müssen. Damit wäre auch die typischste aller juristischen Antworten gegeben: *Es kommt darauf an*, um welchen konkreten Fall des fahrlässig verursachten reinen Vermögensschadens es sich handelt. Diese Unterantworten wären zwar in ihren einzelnen Facetten zutreffend, insgesamt jedoch *weder prägnant noch ansatzweise allgemein gültig*.

Dieser Befund überrascht, ist die außervertragliche Haftung für reine Vermögensschäden doch ein ausgiebig und seit langem diskutiertes Thema.[8] In den Protokollen der Zweiten BGB-Kommission hieß es noch, für die Normierung einer außervertraglichen Fahrlässigkeitshaftung *bestünde kein Be-*

---

[5] LG Köln VersR 2012, 621.
[6] OGH EvBl 2019/155 mAnm *Brenn*.
[7] OLG München VersR 2022, 56 mkritAnm *Schultess*.
[8] Dies zeigt schon die immer gleiche Einschätzung durch die Jahrzehnte, *Picker*, AcP 183 (1983), 369 (374): Frage besteht „bis heute in voller Schärfe"; *U. Hübner*, VersR 1991, 497 (498): „Kernproblem des deutschen Deliktsrechts"; *G. Hager*, Strukturen des Privatrechts in Europa (2012), 122: „Thema von ungebrochener Aktualität"; *Brüggemeier*, AcP 219 (2019), 771 (808): „Einzelheiten sind jedoch nach wie vor streitig"; *Roberto/Fisch*, in: Fuhrer/Kieser/Weber (Hrsg.), Mehrspuriger Schadensausgleich (2022), 67 (74): „schwieriges Unterfangen"; bezeichnend auch der einleitende Satz bei *Peyer*, recht 2002, 99: kaum ein Thema, über das so viel diskutiert wird.

dürfnis, weil fahrlässige Vermögensverletzungen praktisch selten vorkämen.[9] Tatsächlich ist das Gegenteil der Fall[10] und Rechtsprechung und Literatur sehen sich seit Jahrzehnten mit der Sisyphusaufgabe konfrontiert, trotz mangelnder Positivierung – ja geradezu entgegen der deliktischen *„Diskriminierung"* des reinen Vermögens[11] – im Einzelfall eine außervertragliche Haftung für fahrlässig verursachte reine Vermögensschäden begründen zu können.

Im deutschen Recht sind reine Vermögensschäden damit ein Paradoxon. Aus der deliktischen Zentralnorm des § 823 Abs. 1 BGB tatbestandlich zwar verbannt, ist die Frage nach ihrer Ersatzfähigkeit trotzdem von ungebrochener Aktualität[12] – ähnlich der Frucht des verbotenen Baumes, die gerade wegen der das Verbot umgebenden Aura des Geheimnisvollen besonders anziehend wirkt. Auch die vorliegende Untersuchung ist augenscheinlich diesem Bann erlegen. *Ihr übergeordnetes Ziel ist es aber, ihn so weit wie möglich zu brechen und dafür die eingangs gestellte Frage nach der originär außervertraglichen Fahrlässigkeitshaftung für reine Vermögensschäden sowohl möglichst präzise als auch möglichst allgemeingültig zu beantworten.*

I. Notwendige Vorüberlegungen

Der eigentlichen Untersuchung sind im Folgenden einige einleitende Erläuterungen vorauszuschicken, die ihren *Ausgangspunkt*, ihren *Gang* und ihr *Ziel* veranschaulichen sollen.

1. Standort der Problematik

Die hier vorgenommene Untersuchung bewegt sich auf dem Gebiet des *originär außervertraglichen* Haftpflichtrechts Deutschlands, Österreichs und der Schweiz. Gegenstand der Untersuchung sind damit Schadenskonstellationen, bei denen zwischen Schädiger und Geschädigtem *jedenfalls im Ausgangspunkt* keine vertragliche Beziehung besteht.[13] Nach der den hier be-

---

[9] Prot. II 566 ff., 576, übereinstimmend zitiert nach *Oechsler*, in: Staudinger (2021), § 826 Rn. 8; *G. Wagner*, Deliktsrecht[14], 5/134.
[10] Pointiert *G. Wagner*, Deliktsrecht[14], 5/134: Naive Einschätzung.
[11] Von einer „Diskriminierung" reiner Vermögensschäden sprechen insbesondere Schweizer Literaten, zuerst *Kramer*, recht 1984, 128 (132); ferner *Gauch/Sweet*, in: FS Keller (1989), 117 (119); *Schönenberger*, Haftung für Rat und Auskunft gegenüber Dritten (1999), 8; *C. Widmer*, ZSR 2001, 101 (104); *Verde*, in: Jusletter 18.4.2016 Rn. 14; *Fisch*, Eigentumsgarantie und Nichtersatzfähigkeit reiner Vermögensschäden (2020), Rn. 3; mit dieser Wortwahl für das deutsche Recht *G. Wagner*, in: MüKo BGB[8], § 826 Rn. 13.
[12] *G. Hager*, Strukturen des Privatrechts in Europa (2012), 122.
[13] *Kersting*, Dritthaftung für Informationen (2007), 121 spricht hier von den Schädigungen, die sich außerhalb „genuiner Vertragsverhältnisse" zutragen, fasst hierunter Fälle der deliktischen Haftung, der Erstreckung der Haftung fremder Verträge und die Einstands-

trachteten Rechtsordnungen gemeinsamen Begrifflichkeit ist damit *zunächst der Bereich der unerlaubten Handlungen*[14] bzw. synonym des *Deliktsrechts*[15] gemeint, also die Gesamtheit aller Normen, die für den Fall einer rechtswidrigen und schuldhaften Schädigung eine Ersatzpflicht anordnen, ohne dass zwischen Schädiger und Geschädigtem eine Sonderbeziehung bestehen muss. Insbesondere das deutsche Deliktsrecht stößt in den hier behandelten Fragen rasch an seine konzeptionellen Grenzen. In der Konsequenz wurden von Lehre und Rechtsprechung Rechtsfiguren entwickelt, die das außervertragliche Haftungsrecht in Richtung der Vertragshaftung erweitern – etwa die Haftung aus culpa in contrahendo oder aus vertraglichem Drittschutz. Neben der rein deliktischen Haftung werden daher auch solche Haftungsfiguren behandelt, die *zwar originär außervertragliche Schadenskonstellationen* erfassen, *im Ergebnis* jedoch im Vorhof des Vertragsrechts anzuordnen sind.

a) Ursprung der Problematik – die Grundkonzeption des bürgerlichrechtlichen Deliktsrechts

Der BGB-Gesetzgeber hat in § 823 Abs. 1 BGB zwar auch für Fälle fahrlässiger Schadensverursachung eine Ersatzpflicht angeordnet, diese aber auf die Verletzung der dort enumerativ genannten Rechtsgüter beschränkt. Während also eine Ersatzpflicht für die Verletzung des Lebens, des Körpers, der Gesundheit, der Freiheit, des Eigentums oder eines sonstigen Rechts normiert wird, ist das Vermögen als solches mangels expliziter Erwähnung an dieser Stelle gerade nicht geschützt. Außervertraglichen Schutz kann das reine Vermögen nach der Grundkonzeption des BGB nur bei Verletzung eines Schutzgesetzes iSv § 823 Abs. 2 BGB erfahren bzw. bei vorsätzlicher sittenwidriger Schädigung gem. § 826 BGB. Schutzgesetze iSd § 823 Abs. 2 BGB, welche allein durch fahrlässiges Verhalten verletzt werden können, sind allerdings rar. Der nach der gesetzlichen Konzeption zwar mögliche Vermögensschutz des § 826 BGB greift weiterhin nur bei *kumulativ vorsätzlicher* und *sittenwidriger* Schädigung.

Diese Grundtatbestände der §§ 823 Abs. 1, Abs. 2, 826 BGB werden durch eine Reihe von Folgetatbeständen ergänzt, die zwar eine Ersatzpflicht für

---

pflicht aus Sonderverbindungen – was das gleiche meint, wie die originär außervertragliche Haftung nach hiesigem Verständnis.

[14] Vergleiche nur die in Teilen identische Bezeichnung des Zweiten Abschnitts im Ersten Titel des schweizerischen OR mit der des 27. Titels im Achten Abschnitt des Zweiten Buches des deutschen BGB; zur begrifflichen Gemeinsamkeit in Deutschland und der Schweiz *Immenhauser*, in: Büchler/Ernst/Oberhammer (Hrsg.), Vinculum iuris (2008), 65.

[15] Zur Bezeichnung in Deutschland siehe nur das entsprechend betitelte Standardlehrbuch von *G. Wagner*, Deliktsrecht[14]; in Österreich, *Koziol*, Haftpflichtrecht II (2018), A/2/7 f.; *Wittwer*, in: TaKomm ABGB[5], Vorb. §§ 1293 ff. Rn. 1, § 1295 Rn. 1, 5; in der Schweiz, *Landolt*, in: Zürcher Komm OR[3], Vorb. Art. 45/46, Überschrift zu Rn. 48 ff.

fahrlässig verursachte reine Vermögensschäden anordnen, tatbestandlich aber äußerst eng gefasst sind. § 823 BGB unmittelbar hintenangestellt gewährt § 824 BGB bei Kreditgefährdung durch *fahrlässig wahrheitswidrige Tatsachenbehauptungen* Ersatz etwaiger reiner Vermögensschäden.[16] Wird ein reiner Vermögensschaden durch Verletzung einer *drittbezogenen Amtspflicht* verursacht, kommt die Amtshaftung nach § 839 BGB iVm Art. 34 GG in Betracht. Nach § 839a BGB haftet der *gerichtlich bestellte Sachverständige* für (grob) fahrlässig verursachte reine Vermögensschäden. Gemäß §§ 844, 845 BGB hat der Schädiger im Falle der *fahrlässigen Tötung* einer Person die reinen Vermögenseinbußen der Hinterbliebenen bzw. Dienstberechtigten zu ersetzen.[17] Von diesen eng gefassten Ausnahmen abgesehen, löst die fahrlässige Verursachung reiner Vermögensschäden außerhalb von (vor-)vertraglichen Beziehungen nach der Grundkonzeption des BGB regelmäßig keine Ersatzpflicht aus.

Das bürgerlich-rechtliche Deliktsrecht wird zwar zunehmend von einzelnen Spezialgesetzen flankiert, die auch den Ersatz von fahrlässig verursachten reinen Vermögensschäden vorsehen. Hierbei handelt es sich aber häufig um die Regelung *höchst exotischer Einzelfälle*[18] und gerade nicht um eine auch nur ansatzweise flächendeckende Haftungsanordnung.

b) Dogmatische Hürden – der Grundsatz der Nichtersatzfähigkeit und die Suche nach Ausnahmen

Nach den vorstehenden Ausführungen ergibt sich aus den §§ 823 ff. BGB also ein Grundsatz, der als Ausganspunkt aller Überlegungen auf diesem Gebiet dienen muss und auch die Weichen für die hiesige Untersuchung stellt: Fahrlässig verursachte reine Vermögensschäden sind nach deutschem Deliktsrecht grundsätzlich nicht, sondern nur höchst ausnahmsweise ersatzfähig. Mit diesem simplen Befund ist es aber keineswegs getan. Vielmehr ist dieser erst Anstoßpunkt der eigentlichen Problematik: In verschiedensten und von etwaigen inner- und außerdeliktischen Normen gerade nicht erfassten Fallkonstellationen drängt sich nämlich seit jeher die Frage auf, ob und wie zu Gunsten des durch Fahrlässigkeit in seinem reinen Vermögen Geschädigten doch (und damit über die gesetzliche Grundkonzeption des Deliktsrechts hinaus) ein Ersatz stattzufinden hat. Schulbeispiel ist etwa die

---

[16] Zu § 824 BGB im bürgerlich-rechtlichen System der Fahrlässigkeitshaftung für reine Vermögensschäden insb. *Hellgardt*, Kapitalmarktdeliktsrecht (2008), 56 ff.
[17] Zur ausführlichen Darstellung des Ersatzes des Unterhaltsschadens gerade auch im österreichischen und schweizerischen Recht *Ranieri*, Europäisches Obligationenrecht (2009), 1465 ff.
[18] Bezeichnend etwa die Haftung nach §§ 17d, 17e EnWG für durch die Nichtverfügbarkeit der Netzanbindung von Offshore-Windenergieanlagen verursachte reine Vermögensschäden; ausführlich hierzu *Coors*, PHi 2015, 116 ff.

Haftung eines Gutachters gegenüber einem ihm nicht vertraglich verbundenen Dritten.

Diese Frage stellt sich dabei nicht isoliert in Deutschland. Der Grundsatz, außerhalb vertraglicher Beziehungen keine Haftung für fahrlässig verursachte reine Vermögensschäden anzuordnen, und die Suche nach Möglichkeiten, eine solche nun *ausnahmsweise doch zuzulassen*, finden sich rund um den Globus,[19] darunter auch in den hier vergleichend betrachteten Rechtsordnungen Österreichs und der Schweiz.

*2. Ziele dieser Untersuchung – (noch einmal?)
zur Haftung für reine Vermögensschäden*

Bereits 1987 wies *Picker*[20] darauf hin, dass ein immer schnellerer Leistungs- und Absatzverkehr und die hierbei immer häufigere Ein- und Hintereinanderschaltung Dritter, die gerade außerhalb von vertraglichen Beziehungen stehend schädigen und geschädigt werden können, zu einer zunehmenden Gefährdung reiner Vermögensinteressen außerhalb bestehender Vertragsbeziehungen führen. Entsprechend viel Tinte ist im Laufe der Jahre und mit zunehmender Tertiärisierung zum Komplex der außervertraglichen Haftung für reine Vermögensschäden geflossen. Mehr als dreißig Jahre später scheint *Pickers* Befund allerdings relevanter denn je, in Deutschland ebenso wie in Österreich und der Schweiz.[21] Zur Ruhe kommt der Komplex der Haftung für reine Vermögensschäden nicht, allen literarischen Ausführungen und richterlichen Kunstgriffen zum Trotz. Grund hierfür ist, dass häufig nur an der thematischen Oberfläche gekratzt wird, tieferliegende Grundsätze aber kaum jemals zu Tage gefördert werden. Diese Untersuchung darf und will sich nicht in eben diesen Wiederholungen erschöpfen, sondern gerade die Felder beackern, die die (allermeisten) Autoren bislang unbestellt ließen.[22]

---

[19] Vgl. exemplarisch ausgewählte Beiträge in *Koziol* (Hrsg.), Grundfragen des SE-Rechts aus rechtsvergleichender Sicht (2014): Für Polen *Ludwichowska-Redo,* 3/102 ff.; für Ungarn *Menyhárd,* 4/111 ff.; für England im Speziellen und das Commonwealth im Allgemeinen *Oliphant,* 5/70, 75 und insb. 122 ff.; für die USA *Green/Cardi,* 6/24.
[20] JZ 1987, 1041 (1043).
[21] Siehe nur (um jeweils einen schweizerischen und österreichischen Autor zu zitieren) 23 bzw. 25 Jahre nach *Picker* mit dem gleichen Befund *P. Widmer*, in: FS Koziol (2010), 943 (944); *Koziol*, in: Remien (Hrsg.), Schadenersatz im europäischen Privat- und Wirtschaftsrecht (2012), 5 (9): zunehmend bedeutsamer Bereich der reinen Vermögensschäden.
[22] IdS zuletzt das Petitum bei *von Hein*, in: FS Kren Kostkiewicz (2018), 773 (793), „den gordischen Knoten der reinen Vermögensschäden durch weitere dogmatische, rechtsvergleichende und ökonomische Analysen zu entwirren"; ebenso *Koziol,* in: van Boom/Koziol/Witting (Hrsg.), Pure Economic Loss (2004), 141 (161 Rn. 66).

a) Der Gegengrundsatz – Elemente der Haftung für reine Vermögensschäden

Der Grundsatz der Nichtersatzfähigkeit fahrlässig verursachter reiner Vermögensschäden außerhalb vertraglicher Beziehungen ergibt sich in Deutschland unmittelbar aus dem positiven bürgerlichen Recht. Gleichwohl findet in vielzähligen Konstellationen eine Haftung statt, die aber allesamt eigenen Vorgaben zu folgen scheinen.[23] Trotz der jahrzehntelangen Diskussion findet sich in der Literatur bis in die jüngste Zeit immer wieder der Vorwurf – wahlweise an den Gesetzgeber, das Höchstgericht oder mit Reformvorschlägen betraute Arbeitsgruppen – es bislang versäumt zu haben, für die außervertragliche Haftung für reine Vermögensschäden hinreichend bestimmte Regeln formuliert oder zumindest allgemeine Prinzipien identifiziert zu haben.[24]

Dieses Defizit liefert den Ansatzpunkt und das *Untersuchungsziel*: Dieser Untersuchung geht es nicht darum, erneut den Grundsatz der Nichtersatzfähigkeit zu skizzieren, sondern gerade um die Einnahme der konträren Perspektive: *Die vielzähligen Ausnahmen, die den Nichtersatzfähigkeitsgrundsatz durchbrechen, sollen zum – existenten, aber bislang kaum greifbaren – Gegengrundsatz gebündelt und herausgearbeitet werden, unter welchen normativen Vorzeichen fahrlässig verursachte reine Vermögensschäden außerhalb originärer Vertragsbeziehungen doch zu ersetzen sind.*[25]

b) Vorfrage – Legitimation der grundsätzlichen Nichtersatzfähigkeit

Um vorgenannten *Gegengrundsatz* aufstellen zu können, ist zunächst die vorgelagerte Frage nach dem *Grund der Nichtersatzfähigkeit reiner Vermögensschäden* zu beantworten. Obwohl sich die Literatur mit dem Gesamtkomplex der Haftung für reine Vermögensschäden intensiv auseinander gesetzt hat, wurde dem *Grund der Nichthaftung* bislang kaum nachgegangen, insbesondere nicht aus normativer Perspektive.[26] Wie zu zeigen sein wird,

---

[23] Vgl. *G. Wagner*, Deliktsrecht[14], 7/66: „Rundflug über die Rechtsgrundlagen der Haftung für reine Vermögensschäden" ergibt „äußerst vielgestaltiges Bild", Zersplitterung ist „in jedem Fall der Einheit des Haftungssystems für reine Vermögensschäden abträglich".

[24] Vgl. zuletzt und den Gesetzgeber in die Pflicht nehmend, Orientierungspunkte zu setzen *von Hein*, in: FS Kren Kostkiewicz (2018), 773 (793); mit Kritik an den PETL *Jansen*, RabelsZ 70 (2006) 732 (762); für die Schweiz *Roberto*, AJP 1999, 511 (514); für eine Systematisierung der Haftung für reine Vermögensschäden im Bereich „zwischen" Vertrag und Delikt *Fellmann*, ZSR 2009, 473 (495); *ders.*, recht 1997, 95 (106).

[25] Bereits *Jansen*, Struktur des Haftungsrechts (2003), 531 hat diese Frage als das eigentliche Hauptproblem der Haftung für reine Vermögensschäden erkannt.

[26] Mit diesem Befund *G. Wagner*, in: MüKo BGB[8], § 826 Rn. 13, der für das deutsche Recht gerade zu den ganz wenigen Autoren gehört, die dieser Frage bereits ausgiebiger nachgespürt haben; ähnlich *Doobe*, Ersatz reiner Vermögensschäden Dritter (2014), 3, der für das deutsche Recht die erste monographische Untersuchung zu dieser Frage geliefert hat, deren rechtsökonomischen Kernthesen hier aber ausdrücklich widersprochen wird.

liefert aber erst die Beachtung des Zentralmotivs für die Absage an einen allgemeinen deliktischen Vermögensschutz – nach hier vertretener Ansicht, soviel sei vorweggenommen, die Gewährleistung der allgemeinen Handlungs- und Bewegungsfreiheit – die notwendigen Konturen, innerhalb derer sich der Gegengrundsatz der Ausnahmehaftung aufstellen lassen kann.

c) Anknüpfungspunkt – der Stand der Forschung und der bisherige Fokus

Die meisten Arbeiten zur Haftung für reine Vermögensschäden widmen sich isoliert einer einzelnen Fallgruppe, etwa der *Auskunftshaftung*[27] oder der Einstandspflicht einzelner *Berufsgruppen*[28] für reine Vermögensschäden. Unter den Monographien nehmen bislang (soweit erkennbar) nur die Arbeiten von *Misteli*,[29] *Fisch*[30] und *Doobe*[31] eine (jedenfalls etwas) globalere Perspektive ein; unter den Sammelbänden sind die von *Bussani/Palmer*[32] und von *van Boom/Koziol/Wittig*[33] herausgegebenen Werke zu nennen. Es sind insbesondere diese Vorarbeiten, an denen die hiesige Untersuchung anknüpfen kann.

Der Komplex der Haftung für reine Vermögensschäden wird häufig als *Problem der Dritthaftung* beschrieben.[34] Hinter dieser Perspektive verbirgt sich einerseits die Tatsache, dass Schädiger und Geschädigter nicht vertraglich verbunden sind, andererseits die Besonderheit, dass der Schädiger aber mit einem „Zweiten" in Vertragsbeziehung steht, der aber eben nicht der in

---

[27] Zentral für die Schweiz *Schönenberger*, Haftung für Rat und Auskunft gegenüber Dritten (1999); für Deutschland *Kersting*, Dritthaftung für Informationen (2007); *Marschall*, Ersatz reiner Vermögensschäden in der Geschichte des englischen Rechts am Beispiel der Auskunftshaftung (2002).
[28] Etwa *Richter*, Die Dritthaftung der Abschlussprüfer (2007); *Seifert*, Die Haftung des Rechtsanwalts für primäre Vermögensschäden Dritter in Deutschland und England (2003); *Hirte*, Berufshaftung (1996).
[29] *Misteli*, La responsabilité pour le dommage purement économique (1999) ist die wohl grundlegendste Arbeit für das schweizerische Recht.
[30] Für das schweizerische Recht zuletzt *Fisch*, Eigentumsgarantie und Nichtersatzfähigkeit reiner Vermögensschäden (2020).
[31] *Doobe*, Der Ersatz fahrlässig verursachter reiner Vermögensschäden Dritter in Deutschland und England (2014), der dem Grund für die außervertragliche Nichtersatzfähigkeit reiner Vermögensschäden im deutschen und englischen Recht nachspürt. *Doobe* sucht bewusst die globale Sichtweise auf die Thematik (3) und begründet seine Thesen – wie hier darzulegen ist, nicht überzeugend – in erster Linie rechtsökonomisch.
[32] *Bussani/Palmer* (Hrsg.), Pure Economic Loss in Europe (2003).
[33] *van Boom/Koziol/Wittig* (Hrsg.), Pure Economic Loss (2004).
[34] Exemplarisch unter den vorgenannten Werken *Doobe*, Ersatz reiner Vermögensschäden Dritter (2014); *Richter*, Die Dritthaftung der Abschlussprüfer (2007); *Kersting*, Dritthaftung für Informationen (2007); *Quiring*, Dritthaftung von Sachverständigen (2006); *Seifert*, Die Haftung des Rechtsanwalts für primäre Vermögensschäden Dritter in Deutschland und England (2003); *Schönenberger*, Haftung für Rat und Auskunft gegenüber Dritten (1999).

seinem Reinvermögen geschädigte Dritte ist. Nun können aber reine Vermögensschäden auch im schlichten Zweipersonenverhältnis außerhalb von Vertragsbeziehungen verursacht werden. Wie zu zeigen sein wird, lassen sich diesen (häufig bereits deliktsrechtlich erfassbaren) Konstellationen ebenso relevante Wertungen entnehmen, wie den prominenten Fällen der Dritthaftung in Dreipersonenverhältnissen. Um eine möglichst globale Perspektive einnehmen zu können, betrachtet diese Untersuchung sowohl Zwei- als auch Mehrpersonenverhältnisse – einzige Prämisse ist, dass zwischen Schädiger und Geschädigter *im Ausgangspunkt* kein Vertragsband besteht (Stichwort: *originär außervertragliche* Haftung).

Regelmäßig wird die Haftung für reine Vermögensschäden zudem unter der Überschrift des *Reflexschadens* behandelt. Gemeint ist damit, dass der reine Vermögensschaden des Einen erst von der Beeinträchtigung eines absolut geschützten Rechtsguts eines Anderen herrührt, eben von diesem her „reflektiert". Auch diese Sichtweise verkürzt die hier verfolgte, möglichst allgemeine Perspektive. Zum Begriff des Reflexschadens und zur Bedeutung des sog. *Reflexschadenersatzverbots* für die Frage nach der außervertraglichen Haftung für reine Vermögensschäden wird hier an späterer Stelle im Detail Stellung genommen. Vorwegzuschicken ist aber Folgendes: Reine Vermögensschäden sind häufig, aber nicht immer Reflexschäden. Und nicht alle Reflexschäden sind reine Vermögensschäden. Diese Untersuchung behandelt daher den reflektorisch verursachten reinen Vermögensschaden lediglich als einen phänotypisch besonderen Reinvermögensschaden unter vielen.

3. Materielle und methodische Rechtsvergleichung

Diese Untersuchung verfolgt neben der Identifikation von normativen Haftungselementen ein weiteres Anliegen. In zweierlei Hinsicht soll Rechtsvergleichung betrieben werden: *Einerseits* wird die Rechtslage in den Rechtsordnungen Deutschlands, Österreichs und der Schweiz bezüglich des gemeinsamen Untersuchungsgegenstandes der außervertraglichen Haftung für reine Vermögensschäden gegenübergestellt und verglichen, also in methodisch-klassischer Weise ein *materieller Rechtsvergleich* angestellt. *Andererseits* soll diese Untersuchung einen Beitrag zu den Grundlagen der Rechtsvergleichung als Materie leisten. Wie zu zeigen sein wird, unterliegt das außervertragliche Haftungsrecht im Allgemeinen und der Komplex der Haftung für reine Vermögensschäden im Speziellen einer langen Tradition *rechtskreisinterner Rezeptionsvorgängen*. Die Verwebung der Haftungsordnungen durch grenzübergreifende Dogmatik und den Austausch von Rechtsfiguren ist nach hier vertretener Auffassung ein Beleg für die besondere Legitimation eines *deutschen Rechtskreises* innerhalb der globalen Rechtskreiseinteilung. Wenn diese Untersuchung in erster Linie nach den

Elementen der Haftung für reine Vermögensschäden spürt, möchte sie damit gleichzeitig und in zweiter Linie einen Beitrag zur *rezeptionsorientierten Rechtskreislehre* liefern – ein Dogma, das zum Teil (und zu Unrecht!) schon in die Besenkammer der Rechtsvergleichung verwiesen wurde.

4. Die Struktur der Untersuchung

Der *Antwort auf die zentrale Frage nach den normativen Haftungselementen für reine Vermögensschäden* ist eine Vielzahl an aufeinander aufbauenden Vorfragen vorauszuschicken. Diese seien hier überblicksartig beschrieben.

Bereits dem Titel nach verschreibt sich diese Untersuchung dem außervertraglichen Haftungsrecht im deutschen Rechtskreis und der Leistung eines Beitrags zur *rezeptionsorientierten Rechtskreislehre*. Als Vorstufe zum eigentlichen Vergleich werden daher zunächst die Rechtskreislehre im Allgemeinen, die besondere Verheißung des hiesigen Vergleichs und der *Begriff des deutschen Rechtskreises im hier verwendete*n Sinne umrissen.

Auf die theoretische Skizze zur Rechtsvergleichung folgt der eigentliche Vergleich. Als kleinster gemeinsamer Nenner ist zunächst eine in allen Ländern des deutschen Rechtskreises gültige *Definition des reinen Vermögensschadens* herauszuarbeiten, die den sich anschließenden Untersuchungsschritten zugrunde gelegt werden kann. Sodann wird ein den Grundsatz der Nichtersatzfähigkeit fahrlässig verursachter reiner Vermögensschäden im gesamten deutschen Rechtskreis begleitendes Parallelprinzip aufgezeigt, welches es aber nach den hiesigen Ausführungen zu vernachlässigen gilt – das *Reflexschadenersatzverbot*.

In einem nächsten Schritt wird die *Grundkonzeption der außervertraglichen Haftung* für reine Vermögensschäden in den Blick genommen. Die Ausführungen beschränken sich dabei nicht auf die jeweiligen Grundnormen, sondern verfolgen das Ziel, möglichst das gesamte Haftungsgefüge darzustellen. Ein notwendiger Fokus liegt hier auf der insbesondere für Österreich und die Schweiz wegweisenden *Rezeption ausländischen Rechts*. Um das Ergebnis an dieser Stelle vorwegzunehmen: Trotz einer im Ausgangspunkt weit weniger restriktiven gesetzlichen Grundstruktur als in Deutschland herrscht auch in Österreich und der Schweiz ein vergleichbares, tendenziell sogar noch strengeres Grundsatz-Ausnahme-Verhältnis zulasten der Ersatzfähigkeit fahrlässig verursachter reiner Vermögensschäden.

In einem nächsten Schritt wird festgestellt, welche gemeinsamen *Begründungen* es für die Ablehnung des grundsätzlichen außervertraglichen Schutzes des reinen Vermögens gibt. Je nach Überzeugungskraft dieser Begründungen sind diese bei den sich anschließenden Überlegungen entweder außer Acht zu lassen oder gerade bewusst als Leitlinien heranzuziehen.

Sodann wird dargestellt, *unter welchen Parametern* die außervertragliche Haftung im deutschen Rechtskreis bislang stattfindet. Ausgangspunkt ist das positive deutsche, österreichische und schweizerische Deliktsrecht. Es wird gezeigt, dass das Pendel der haftpflichtrechtlichen Realität – der grundsätzlichen Nichtersatzfähigkeit und einigen mahnenden Stimmen zum Trotz – stark in die Richtung einer Haftungsausweitung schwingt. Im Ergebnis führt die Haftungsbegründung aber regelmäßig auf verschlungenen Wegen in Richtung des Vertragsrechts. Abermals liegt hier der Fokus auf den Rezeptionsvorgängen und der Analyse, welche Rechtsinstitute zum Zwecke der praktischen Anwendung übernommen bzw. (bislang) bewusst nicht rezipiert wurden.

Darauf aufbauend wird anhand von in allen Ländern aktuellen, wiederholt auftretenden und *von der Rechtsprechung geprägten Fallkonstellationen* vergleichend festgestellt, in welchem Umfang und auf welcher dogmatischen Grundlage eine außervertragliche Haftung für fahrlässig verursachte Vermögensschäden bislang besteht.

In einem letzten Schritt ist schließlich die zentrale Frage zu beantworten, welche normativen *Elemente* die originär außervertragliche Haftung für fahrlässig verursachte reine Vermögensschäden bestimmen. Aus den Beobachtungen bei der Beantwortung der einzelnen Vorfragen sollen für die deutscher Perspektive, aber unter der *Impulsgebung* der anderen Rechtsordnungen, möglichst *allgemeine Haftungsregeln formuliert* werden.

II. Fallbeispiele

Die folgenden drei (prominenten) Konstellationen sollen dieser Untersuchung als ständige Beispielsfälle dienen, auf die immer wieder rückverwiesen wird.

Fallbeispiel 1: Kabelbruch[35]
Ein Stromkabel wird fahrlässig beschädigt, etwa durch Tiefbauarbeiten oder die Durchtrennung einer Hochleitung. Hierdurch kommt es bei den an das Stromnetz angeschlossenen Personen, die aber selbst nicht Eigentümer des zerstörten Kabels sind, zu einem Stromausfall. Ist hiervon ein Unternehmen betroffen, das für seine Tätigkeit auf eine funktionierende Stromversorgung angewiesen ist (heute wohl der absolute Regelfall), kommt es für die Zeit des Stromausfalls zum Unternehmensstillstand und hierdurch zu Gewinnentgang. Diesen verlangt das Unternehmen vom Kabelschädiger ersetzt.

---

[35] Diese Fallgruppe tritt immer wieder in allen hier betrachteten Rechtsordnungen auf und beschäftigt die Gerichte durch den gesamten Instanzenzug, zuletzt in Österreich, OGH EvBl-LS 2020/66 mAnm *Painsi*.

Fallbeispiel 2: Kunstexperte und Partygänger[36]
Ein Antiquitätenhändler lädt zu einer Feier in sein Haus ein und fragt bei einem Glas Wein und zu später Stunde einen der Gäste, einen befreundeten Kunstexperten, nach Urheberschaft und Wert eines erst kürzlich im Wohnzimmer aufgehängten Gemäldes. Da er des Bildes schon wieder überdrüssig werde, so der Antiquitätenhändler, spiele er mit dem Gedanken, es wieder zu verkaufen. Der Kunstexperte besieht das Werk des ihm auch bekannten Malers nur flüchtig und taxiert den Wert deutlich zu niedrig. Er verwechselt das Gemälde mit einem Werk aus der früheren Schaffensphase des Künstlers, wobei er die gut lesbare Jahreszahl neben der Signatur nicht beachtet. Der Antiquitätenhändler verkauft das Gemälde daraufhin deutlich unter Wert an eine Galerie, die das Werk umgehend weiterveräußert. Inzwischen über den tatsächlichen Wert des Gemäldes aufgeklärt, verlangt der Antiquitätenhändler vom Kunstexperten Schadenersatz.

Fallbeispiel 3: Liegenschaftsgutachten[37]
Der Eigentümer einer Liegenschaft plant deren Verkauf und beauftragt einen öffentlich bestellten und vereidigten Sachverständigen mit der Erstellung eines Wertgutachtens. Der Sachverständige weiß, dass sein Gutachten auch potentiellen Kaufinteressenten vorgelegt werden soll. So erstellt er ein Verkehrswertgutachten, vergisst jedoch, die von ihm festgestellten Mängel des Hausdaches in seine Werttaxierung miteinzubeziehen. Der im Gutachten ausgewiesene Verkehrswert wird so zu hoch angesetzt und entspricht dem Wert des Hauses im mangelfreien Zustand. Der Verkäufer legt das Wertgutachten einem Kaufinteressenten vor, der sich auf dessen Grundlage für den Kauf entscheidet. Die Sachmängelgewährleistungsansprüche gegen den Verkäufer werden wirksam ausgeschlossen. Als dem Liegenschaftskäufer die Mängel am Dach auffallen, nimmt er den Gutachter auf Ersatz seiner Mangelbeseitigungskosten in Anspruch.

---

[36] Das Beispiel stammt (dort in vereinfachter Form) von *Kersting*, Dritthaftung für Informationen (2007), 472.
[37] Sachverhalt insbesondere angelehnt an BGE 130 III 345 = AJP 2005, 350 mAnm *Plotke*; für Deutschland vgl. insb. den sog. Dachboden-Fall BGHZ 127, 378 = NJW 1995, 392.

B. Rechtsvergleichung als Methode und Materie

Der Großteil der auf dem Gebiet der Haftung für reine Vermögensschäden bislang verfassten Studien widmet sich allein dem deutschen Recht und sich dort stellenden, ausgewählten Sonderfragen. In einzelnen Monographien wird eine rechtsvergleichende Untersuchung vorgenommen, wobei der Vergleich überwiegend mit dem anglo-amerikanischen Recht gesucht wird.[1] Einen ausführlichen Vergleich der außervertraglichen Fahrlässigkeitshaftung für reine Vermögensschäden Deutschlands, Österreichs und der Schweiz als Kernländer des deutschen Rechtskreises gibt es bislang noch nicht – obwohl gerade dieser, das sei im Folgenden ausgeführt, besonders lohnenswert erscheint.

Nun soll diese Untersuchung nicht die Vorzüge der Rechtsvergleichung in allen Einzelheiten beschreiben. Dies würde sowohl den Rahmen der Untersuchung sprengen als auch dazu beitragen, ihr Ziel zu verfehlen. Allerdings ist die Rechtsvergleichung nicht nur *Methode*, sondern auch *Materie* dieser Untersuchung: Primär wird die Haftung für reine Vermögensschäden in Deutschland mit der in Österreich und der Schweiz verglichen. Gleichzeitig dienen aber die im Rahmen des Vergleichs beschriebenen Rezeptionsvorgänge als Beleg für die *Legitimation eines deutschen Rechtskreises* und damit als Beitrag zur *rezeptionsorientierten Rechtskreislehre*.

Dem rechtskreisinternen Vergleich – als eigentlichem Gegenstand dieser Untersuchung – ist daher zumindest eine Begriffsbestimmung des *deutschen Rechtskreises im Sinne dieser Untersuchung* und die diesbezügliche Theorie zur Rechtskreislehre im Allgemeinen vorauszuschicken. Auch soll im Folgenden zumindest skizziert werden, warum gerade der Rechtsvergleich innerhalb des gemeinsamen Rechtskreises für das hier verfolgte primäre Untersuchungsziel der außervertraglichen Haftung für reine Vermögensschäden besonders lohnenswert erscheint:

---

[1] Zuletzt *Doobe*, Der Ersatz fahrlässig verursachter reiner Vermögensschäden Dritter in Deutschland und England (2014); davor u. a. *Richter*, Die Dritthaftung der Abschlussprüfer (2007); *Marschall*, Ersatz reiner Vermögensschäden in der Geschichte des englischen Rechts am Beispiel der Auskunftshaftung (2002); *Seifert*, Die Haftung des Rechtsanwalts für primäre Vermögensschäden Dritter in Deutschland und England (2003); *Schönenberger*, Haftung für Rat und Auskunft gegenüber Dritten (1999).

I. Rechtsvergleichung als Methode der Impulsfindung[2]

In einer globalisierten Welt und einem zunehmend rechtsharmonisierten Europa wird der Blick über den Tellerrand der eigenen nationalen Rechtsordnung für Rechtswissenschaft und Rechtsprechung immer bedeutsamer.[3] Die deutschsprachige Literatur hat auf dem vielschichtigen Feld des internationalen Rechts vor allem den allgegenwärtigen Einfluss des europäischen auf das nationale Recht in den Fokus genommen. Kaum eine thematisch etwas breiter aufgestellte deutsche und österreichische Fachzeitschrift erscheint heutzutage, ohne dabei regelmäßig Urteile des EuGH zu veröffentlichen oder in Aufsätzen unionsrechtliche Fragestellung zu beleuchten.[4] Die Fokussierung der international ausgerichteten Rechtswissenschaft auf das Unionsrechts geschieht dabei aus einem zwingenden Anlass: Unionsrecht übt teilweise unmittelbaren Einfluss auf die nationalen Rechtsordnungen aus. Die Auseinandersetzung mit aktuellsten Fragen des Unionsrechts ist daher zur richtigen und vollständigen Abbildung eines rechtlichen Sachverhaltes schlicht notwendig geworden.[5]

Anders verhält es sich mit der in Forschung und Rechtsprechung weniger allgegenwärtigen Disziplin der *Rechtsvergleichung* im klassischen Sinne, also der Gegenüberstellung und miteinander Inbezugsetzung mehrerer Rechtsordnungen.[6] Eine generelle Notwendigkeit oder gar eine Pflicht des Rechtsanwenders zur Rechtsvergleichung dürfte, wenn überhaupt, nur in seltenen Fällen bestehen.[7] Vielmehr wird die Rechtsvergleichung in den aller meisten

---

[2] Angelehnt an *Riesenhuber*, Rechtsvergleichung als Methode der Rechtsfindung?, AcP 218 (2018), 693.

[3] Vgl. nur *Basedow*, RabelsZ 81 (2017), 1, sowie den Hinweis auf die steigende Nachfrage der „Kunden" der Rechtsvergleichung, *ders.*, JZ 2016, 269.

[4] Exemplarisch zu unionsrechtlichen Facetten der hier behandelten Thematik, namentlich die Frage nach dem europäischen Deliktsgerichtsstand bei reinen Vermögensschäden: EuGH NZG 2016, 792 mAnm *Bach* = VbR 2016/132; NJW 2004, 2441 = ZfRV 2004/34; dazu auch *Melcher*, VbR 2017, 126 ff.; *Oberhammer*, JBl 2018, 750 ff.

[5] Vgl. (freilich aus schweizerischer Perspektive) *Peyer*, recht 2004, 104 (109); mit Blick auf die nationale europäische Gesetzgebung *Forster*, Ancilla Iuris 2018, 98 (102).

[6] *Bucher*, RabelsZ 74 (2010), 251 (253); *Zweigert/Kötz*, Einführung in die Rechtsvergleichung (1996), 6; eine gesteigerte Bedeutung der Rechtsvergleichung feststellend *Peyer*, recht 2004, 104, (107 ff.).

[7] *Riesenhuber*, AcP 218 (2018), 693 (722 f.); aA *Basedow*, JZ 2016, 269 (279), der die Rechtsvergleichung inzwischen in weiten Teilen als „obligatorischen Methode der Rechtsanwendung" sieht; auch *Gruber*, ZVglRWiss 101 (2002), 38 (44), der die Rechtsvergleichung jedenfalls *nach* der deutschen Schuldrechtsreform als „Mittel alltäglicher Rechtsanwendung" bezeichnet; *Rainer*, Europäisches Privatrecht (2007), 79, der die Rechtsvergleichung als „unverzichtbare Bereicherung" und „unentbehrliches Kontrollinstrument" empfindet; vgl. auch *Kötz*, JZ 2002, 257 (258) zur seltenen Pflicht des Richters zur Rechtsvergleichung; ähnlich schon *ders.*, in: FS 50 Jahre BGH (2000), 825 (826 f.); wie selbstverständlich etwa das schweizerische BG Rechtsvergleichung anwendet und ausländische Dogmatik für sich handhabbar macht, veranschaulicht *Wiegand*, in: FS Canaris II (2007), 881 (883).

Fällen bewusst und zwanglos als spezielle und ergänzende Untersuchungsmethode gewählt.

Die Rechtsvergleichung im Allgemeinen dient zunächst als Methode zum Auffinden, Untersuchen und Beschreiben von Unterschieden zwischen verschiedenen Rechtsordnungen.[8] Ergebnis dieses Prozesses – und nach modernem Verständnis zentrales Anliegen der Rechtsvergleichung – ist der im bestenfalls zu erzielende Erkenntnisgewinn[9] und die dadurch zu bewirkende Weitung der eigenen, grundsätzlich nationalrechtlich verengten Perspektive.[10]

Ob, wie und zu welchem Zweck die aus dem Vergleich gewonnene Erkenntnis verwertet wird, ist freilich eine Frage der den Rechtsvergleicher antreibenden *Vergleichsmotivation*. Gerade eine einzelfall- bzw. problembezogene Rechtsvergleichung kann die ausländische Lösung als die vermeintlich „bessere" identifizieren und so weitere Argumente für die Kritik an der eigenen Rechtsordnung liefern.[11] Im besten Fall schafft der Erkenntnisgewinn aber den Boden für eine über reine Kritikverstärkung hinausgehende konstruktive Verwertung der gewonnenen Erkenntnisse: die Fruchtbarmachung ausländischer Ansätze für die eigene inländische Rechtsordnung.[12]

Diese Verheißung, internationale Impulse zur Beantwortung der eigenen nationalen Frage nach der außervertraglichen Haftung für reine Vermögensschäden mithilfe des Blicks durch die rechtsvergleichende Brille aufspüren und gegebenenfalls sogar der Rezeption zugänglich machen zu können, ist Motivation des hiesigen Vergleichs.

---

[8] *Sacco/Rossi*, Rechtsvergleichung (2017), Kap. 1, § 1 Rn. 47 ff.; vgl. auch *Koch/Magnus/Winkler v. Mohrenfels*, IPR und Rechtsvergleichung (2010), § 13 Rn. 2 f.
[9] *Basedow*, JZ 2016, 269 (270, 279); *Gruber*, ZVglRWiss 101 (2002), 38 (43 f.); *Koch/Magnus/Winkler v. Mohrenfels*, IPR und Rechtsvergleichung (2010), § 13 Rn. 5; *Zweigert/Kötz*, Einführung in die Rechtsvergleichung (1996), 14.
[10] *Basedow*, JZ 2016, 269 (270); *Rainer*, Europäisches Privatrecht (2007), 79; *Forster*, Ancilla Iuris 2018, 98 (101 f.).
[11] *Zweigert/Kötz*, Einführung in die Rechtsvergleichung (1996), 8, 14; *Kern*, ZVglRWiss 116 (2017), 419 (427).
[12] *Sacco/Rossi*, Rechtsvergleichung (2017), Kap. 1 § 1 Rn. 84.

II. Die Eignung des Untersuchungsgegenstandes zur rechtsvergleichenden Betrachtung und die Attraktivität der Vergleichssubjekte

Der rechtskreisinterne Vergleich Deutschlands, Österreichs und der Schweiz verspricht gerade solche rezipierfähigen Impulse. Wie hier gezeigt wird, gilt dies in besonders hohem Maße für den Komplex der originär außervertraglichen Haftung für reine Vermögensschäden.

1. Rechtsvergleich in der Sache: die außervertragliche Fahrlässigkeitshaftung für reine Vermögensschäden

Bei einer wie hier angestellten *Mikrovergleichung*,[13] also der selektiven Betrachtung von Einzelfragen, muss sich zunächst der konkrete Untersuchungsgegenstand für eine vergleichende Betrachtung eignen. Grundvoraussetzung eines solchen Mikrovergleichs ist, dass sich die zu vergleichende Frage überhaupt grenzübergreifend stellt.[14] Ist dies der Fall, so ist ein Indikator für eine *Vergleichsgeeignetheit* der Thematik vor allem deren Relevanz in Forschung und Rechtsprechung.[15] Gerade in den zu vergleichenden Ländern historisch gewachsene, d.h. in ihrem Ursprung auf eine gesetzgeberische Entscheidung zurückführbare, über Jahre von der Literatur diskutierte und von der Rechtsprechung geformte Einzelprobleme sind der Mikrovergleichung besonders zugänglich.

Bei der außervertraglichen Haftung für fahrlässig verursachte reine Vermögensschäden handelt es sich gerade um den Prototyp einer solchen Thematik. Seit Jahrzehnten beschäftigen Facetten dieser Materie die Literatur und Rechtsprechung in den Ländern des deutschen Rechtskreises, ohne dass hier ein absehbares Ende in Sicht käme.[16] Einen Beitrag in diese Richtung könnte jedoch die rechtsvergleichende Methode liefern, sofern es mit ihrer Hilfe gelingt, ausländische Lösungsansätze auszumachen, den inländischen gegenüberzustellen und aus dem Vergleich Lösungsansätze zu synthetisieren.

---

[13] *Zweigert/Kötz*, Einführung in die Rechtsvergleichung (1996), 4 f.; anders *Sacco/Rossi*, Rechtsvergleichung (2017), Kap. 1 § 1 Rn. 28, welche als Mikrovergleichung die Untersuchung sich ähnelnder Systeme bezeichnen.
[14] Vgl. *Bernhardt*, ZaöRV 1964, 431 (452).
[15] Siehe aber auch *Zweigert/Kötz*, Einführung in die Rechtsvergleichung (1996), 34 mit dem Hinweis, dass sich gerade auch aus der fehlenden Relevanz eines rechtlichen Problems im Ausland Schlüsse ziehen lassen.
[16] Siehe nur *Brüggemeier*, AcP 219 (2019), 771 (808) mit dem Befund, dass Einzelheiten der Fahrlässigkeitshaftung für reine Vermögensschäden, insbesondere der sog. Expertenhaftung, nach wie vor streitig sind.

Rechtsvergleichung als Methode der Impulsfindung bietet sich im Umkehrschluss nicht bei jeder denkbaren Einzelfragstellung an.[17] Zwar mag ein Vergleich zwischen jedweder Rechtsordnung grundsätzlich möglich sein;[18] ob sich ein solcher angesichts der wohl zu erzielenden Ergebnisse auch lohnt, ist eine andere Frage. Ein für die allgemeine Rechtsvergleichung gültiger Maßstab zur Auswahl der Vergleichssubjekte lässt sich dabei kaum aufstellen.[19]

2. Auswahl der Vergleichssubjekte unter der Prämisse der Gebrauchstauglichkeit der Vergleichsergebnisse

Zumindest anhand der abzuschätzenden *Gebrauchstauglichkeit* der aus dem Vergleich zu erzielenden Ergebnisse lassen sich die zu vergleichenden Rechtsordnungen auswählen. In der Literatur findet sich zwar der Hinweis, Rechtsvergleichung sei grundsätzlich frei von Zweckbindung und erfolge vielmehr „nur" um ihrer selbst willen;[20] sofern man sich jedoch der Rechtsvergleichung bewusst als methodisches Werkzeug bedient, ist eine Zweckbindung des Vergleichs unvermeidbar und sogar legitime Triebfeder bei der Auswahl der Vergleichssubjekte.[21]

Jedenfalls für Untersuchungen der hier vorgenommenen, einzelfragenbezogener Art ist daher die *Ausgangsattraktivität* der gegenüberzustellenden Rechtsordnungen von zentraler Bedeutung. Zwar erfordert bereits die Qualifikation der ausländischen Rechtsordnung als zum Vergleich „attraktiv" oder „unattraktiv" eine erste gegenüberstellende Betrachtung und damit eigentlich bereits den ersten oberflächlichen Vergleich; eine solche Einschätzung dürfte in den meisten Fällen jedoch bereits überblicksartig gelingen.[22] Wenn, wie vorstehend beschrieben, am Ende des Vergleichsprozesses ein

---

[17] Zu Fehlschlag und Unmöglichkeit der Rechtsvergleichung siehe nur *Sacco/Rossi*, Rechtsvergleichung (2017), Kap. 1 § 2 Rn. 2 ff.
[18] *Sacco/Rossi*, Rechtsvergleichung (2017), Kap. 1 § 2 Rn. 11, 13, 18 ff.
[19] *Zweigert/Kötz*, Einführung in die Rechtsvergleichung (1996), 40 f.; verschiedene Ansätze zur Auswahl bei *Rainer*, Europäisches Privatrecht (2007), 35 ff.
[20] *Sacco/Rossi*, Rechtsvergleichung (2017), Kap. 1 § 1 Rn. 4 ff., 10; *Bernhardt*, ZaöRV 1964, 431 (434 f.) mwN; vgl. auch *Riesenhuber*, in: FS Canaris (2017), 181 (198); dagegen mit dem anschaulichen Hinweis auf das Ineinandergreifen von Grund und Zweck der Rechtsvergleichung *Basedow*, JZ 2016, 269 (270).
[21] *Forster*, Ancilla Iuris 2018, 98 (105); *Kötz*, ZEuP 1998, 493 (494); zu den verschiedenen (zweckgebundenen) Einsatzmöglichkeiten von Rechtsvergleichung *Koch/Magnus/Winkler v. Mohrenfels*, IPR und Rechtsvergleichung (2010), § 13 Rn. 7; *Bernhardt*, ZaöRV 1964, 431 (434 f.) bzgl. der Ziele der Rechtsvergleichung im öffentlichen Recht. Die dortigen Argumente sind jedoch ohne weiteres auf die Rechtsvergleichung im Privatrecht übertragbar.
[22] Vgl. *Kern*, ZVglRWiss 116 (2017), 419 (432 f.); siehe allerdings auch zu voreiligen Schlüssen durch den Rechtsvergleicher *Zweigert/Kötz*, Einführung in die Rechtsvergleichung (1996), 33 f.

Erkenntnisgewinn stehen und im besten Fall sogar eine rezeptionsfähige Impulsfindung stattfinden soll, dann lässt sich als Indikator der Vergleichsattraktivität jedenfalls eine bereits in der Ausgangssituation feststellbare, möglichst hohe *Verheißung impulsreicher Vergleichsbefunde* ausmachen.[23]

III. Die Verheißung rezeptionsfähiger Impulse aus dem rechtskreisinternen Vergleich

Gerade der rechtskreisinterne Vergleich verspricht solche impulsreichen Ergebnisse. Diese Untersuchung hat sich daher bewusst gegen den Vergleich mit einer „exotischen" Rechtsordnung entschieden. Ein solcher Vergleich böte zwar möglichst gegensätzliche Blickwinkel auf und damit eventuell gerade unterschiedliche Lösungsansätze für dasselbe Problem;[24] der Vergleich mit näher verwandten Rechtsordnungen – eben der Österreichs und der Schweiz – verspricht dagegen Vergleichsbefunde, die der eigenen Perspektive weniger fremd[25] und so nach Möglichkeit *realistischer zu rezipieren* sind.[26]

1. Der rechtskreisinterne Vergleich und die Kritik an der klassischen Rechtskreislehre

Die hier vorgenommene Untersuchung widmet sich dem Vergleich der außervertraglichen Haftung für fahrlässig verursachte reine Vermögensschäden in Deutschland, Österreich und der Schweiz. Bereits dem Titel nach wird auf den *deutschen Rechtskreis* geblickt und diese Untersuchung soll einen Beitrag zur *rezeptionsorientierten Rechtskreislehre* liefern. In jüngerer Zeit haben die Rechtskreislehren jedoch grundsätzliche Kritik erfahren. Deshalb ist im Folgenden zunächst der Standort der Untersuchung innerhalb dieser Kritik zu bestimmen.

---

[23] Vgl. auch *Basedow*, JZ 2016, 269 (270).
[24] Aus diesem Grund wurde bislang England häufig als Vergleichsgröße gewählt, siehe nur *Doobe*, Ersatz reiner Vermögensschäden Dritter (2014), 10 f.
[25] Vgl. zum Versuch, die Berechnung immaterieller Schäden im deutschen, österreichischen und schweizerischen Recht anhand gemeinsamer zentraler Parameter festzumachen *Ch. Huber/Schultess*, in: Fuhrer/Kieser/Weber (Hrsg.), Mehrspuriger Schadensausgleich (2022), 258 (262 f.).
[26] *Großfeld*, Macht und Ohnmacht der Rechtsvergleichung (1984), 127 f.; *Stoll*, in: FS Canaris II (2007), 827 (832); anders zuletzt *von Graffenried*, Schadloshaltung des Dritten (2019), Rn. 822, die einen Vergleich mit möglichst andersartigen Rechtsordnungen für lohnenswert hält.

a) Abgesang auf die Rechtskreislehre

Es gab vielfach Versuche, die verschiedenen Rechtsordnungen der Welt zu systematisieren und in Gruppen zusammenzufassen.[27] Wahlweise wird eine solche Gruppe von Rechtsordnungen als System, Familie oder – wie im deutschen Sprachraum vorherrschend – als Rechtskreis zusammengefasst.[28] Je nach Autor, dessen Perspektive und Untersuchungszeitpunkt wurden die Rechtsordnungen nach verschiedenen Kriterien und so mit unterschiedlichen Ergebnissen eingeteilt. Auf die breiteste Akzeptanz stieß insbesondere die heute vorherrschende Einteilung nach *Zweigert/Kötz*.[29] An der Grundausrichtung der letztgenannten Autoren, die einzelne Rechtsordnungen primär anhand ihres vergleichbaren „*Rechtsstils*" zu einem Rechtskreis zusammenfassen,[30] knüpft die hiesige Untersuchung an.

Die Einteilung in Rechtskreise nach diesen klassischen Rechtskreislehren findet jedoch nicht nur Zustimmung, sondern ist breiter und in Teilen durchaus berechtigter Kritik ausgesetzt. Diese ist so vielschichtig, dass eine vollständige Darstellung den Rahmen dieser Untersuchung sprengen würde.[31] Im Folgenden werden daher nur die beiden häufigsten Kritikpunkte skizziert:

Typischerweise zielt die Kritik auf die vermeintlich zu statische und zugleich *willkürliche Einteilung* der Rechtskreise ab.[32] Diesbezüglich wird insbesondere bemängelt, dass zu einer allgemeingültigen Einteilung ein hierfür erforderliches, allgemeingültiges Einteilungskriterium fehle.[33] Vielmehr richte sich die jeweilige Einteilung opportunistisch nach dem jeweiligen Einteilungszweck.[34] Weiterhin wird die klassische Rechtskreislehre als zu *euro- bzw. amerikazentrisch* kritisiert.[35] Die vorwiegend europäischen oder ame-

---

[27] Zu herkömmlichen und ungewöhnlichen Einteilungsversuchen, *Kischel*, Rechtsvergleichung (2015), § 4 Rn. 3 ff.

[28] *Kischel*, Rechtsvergleichung (2015), § 4 Rn. 9.; *Sacco/Rossi*, Rechtsvergleichung (2017), Kap. 7 § 1 Rn. 13 ff.; sehr differenziert *Scholler*, ZVglRWiss 99 (2000), 373 (378).

[29] Mit dieser Bewertung *Kischel*, Rechtsvergleichung (2015), § 4 Rn. 3; *Müller-Chen/Müller/Widmer Lüchinger*, Comparative Private Law (2015), Rn. 201.

[30] *Zweigert/Kötz*, Einführung in die Rechtsvergleichung (1996), 67.

[31] Eine auch dort bereits akzentuierte Übersicht findet sich bei *Müller-Chen/Müller/Widmer Lüchinger*, Comparative Private Law (2015), Rn. 218 ff.

[32] *Müller-Chen/Müller/Widmer Lüchinger*, Comparative Private Law (2015), Rn. 220, 222; *Heiss*, in: Büchler/Ernst/Oberhammer (Hrsg.), Vinculum iuris (2008), 133 (140); *Kischel*, Rechtsvergleichung (2015), § 4 Rn. 22.

[33] *Glenn*, in: Reimann/Zimmermann (Hrsg.), Oxford Handbook of Comparative Law (2008), 437 f.; *Heiss*, in: Büchler/Ernst/Oberhammer (Hrsg.), Vinculum iuris (2008), 133 (140 f.); *Müller-Chen/Müller/Widmer Lüchinger*, Comparative Private Law (2015), Rn. 219.

[34] *Kötz*, ZEuP 1998, 493 (494); *Heiss*, in: Büchler/Ernst/Oberhammer (Hrsg.), Vinculum iuris (2008), 133 (140); dies auch zugebend *Zweigert/Kötz*, Einführung in die Rechtsvergleichung (1996), 72.

[35] *Glenn*, in: Reimann/Zimmermann (Hrsg.), Oxford Handbook of Comparative Law (2008), 434 f.; *Heiss*, in: Büchler/Ernst/Oberhammer (Hrsg.), Vinculum iuris (2008), 133 (136); *Kischel*, Rechtsvergleichung (2015), § 4 Rn. 21.

rikanischen Verfechter der klassischen Rechtskreiseinteilungen legten den Fokus – so der Vorwurf – zu sehr auf die eigenen Rechtssysteme.[36] Während über die Systematisierung westlicher Rechtssysteme bis ins Detail gestritten werde, würden geographisch fernere Rechtsordnungen bei ihrer Einteilung nur allzu pauschal behandelt.[37]

Die Dimension der vorstehend beschriebenen Kritik vermag beinahe den Eindruck zu vermitteln, dass die klassische Rechtskreislehre bereits vor Jahren zum Auslaufmodell erklärt worden ist.[38] Dieser Kritik ist zuzugeben, dass sich mit bloßer Kategorisierungsarbeit, wie sie die klassische Rechtskreislehre nun einmal betreibt, in der Sache grundsätzlich noch nicht viel gewinnen lässt.

b) Nichtsdestotrotz: die rezeptionsorientierte Rechtskreislehre

Aus dreierlei Gründen widmet sich diese Untersuchung trotz aller Kritik und bereits nach ihrem Titel zentralen Aspekten der (rezeptionsorientierten) Rechtskreislehre. *Erstens* ist die Kritik an der Rechtskreislehre nicht absolut. Nahezu jede kritische Stimme hebt auch relativierend wahlweise die „*Berechtigung*"[39] oder zumindest den „*bescheidenen Nutzen*"[40] der Rechtskreiseinteilung hervor. Typischerweise schließen auch die noch so verheerenden Kritiken nicht, ohne vorher noch die jedenfalls im Kern nicht zu leugnende Legitimation der Rechtskreislehre betonen zu müssen.[41] Selbst *Kötz*, der immerhin ausdrücklich nach dem „*Abschied von der Rechtskreislehre*"[42] fragt, erteilt der Rechtskreislehre im Ergebnis gerade keine allgemeine Absage.[43]

Die vorstehend beschriebene Kritik lässt sich, *zweitens*, nur teilweise auf die in dieser Untersuchung gegenständliche *rezeptionsorientierte Rechtskreislehre* beziehen. Hierunter ist der Ansatz in der Lehre zu verstehen, der bei der Rechtskreisbildung zumindest diejenigen Rechtsordnungen zusammenfasst, die sich durch Rechtsrezeption einander besonders angenähert

---

[36] Vgl. *Sacco/Rossi*, Rechtsvergleichung (2017), Kap. 7 § 1 Rn. 24.
[37] *Heiss*, in: Büchler/Ernst/Oberhammer (Hrsg.), Vinculum iuris (2008), 133 (136 f.); vgl. exemplarisch *Baum*, RabelsZ 59 (1995), 258 (259 ff.) zur Kritik an der stiefmütterlichen Behandlung Japans in der Rechtsvergleichung.
[38] *Kötz*, ZEuP 1998, 493; mit dieser Einschätzung aus Schweizer Perspektive und unter Bezugnahme auf *Kötz* auch *Kunz*, recht 2006, 37 (50); *Glenn*, in: Reimann/Zimmermann (Hrsg.), Oxford Handbook of Comparative Law (2008), 422; siehe auch den Titel bei *Husa*, Classification of Legal Families – Is it Time for a Memorial Hymn?, RIDC 2004, 11.
[39] *Kischel*, Rechtsvergleichung (2015), § 4 Rn. 26.
[40] *Kötz*, ZEuP 1998, 493 (504).
[41] *Kötz*, ZEuP 1998, 493 (504); *Kischel*, Rechtsvergleichung (2015), § 4 Rn. 26; aus Schweizer Perspektive *Kunz*, recht 2006, 37 (51).
[42] So der Titel seines Beitrags in ZEuP 1998, 493.
[43] Vgl. auch *Kötz*, JZ 2002, 257 (262).

haben.⁴⁴ Ob die Lehre von den Rechtskreisen überhaupt und die heute vorherrschenden Einteilungen und Klassifizierung des „deutschen Rechtskreises" als solchem von allgemeinem Nutzen sind, hängt – das ist zuzugeben – sicherlich von dem mit diesen Einteilungen verfolgtem Zweck ab. Jedenfalls der *Vorwurf der willkürlichen Einteilung* lässt sich jedoch speziell für den deutschen Rechtskreis entkräften. Der deutsche Rechtskreis kann, wie hier zu zeigen sein wird, gerade aufgrund der rechtskreisinternen, wechselseitigen Rezeption und der damit einhergehenden Verwebung der Rechtsdogmatik besondere Legitimation seiner selbst für sich in Anspruch nehmen. Auch der Vorwurf der *euro- bzw. amerikazentrischen Rechtskreiseinteilung* mag allgemein zutreffen. Zu dem hier konkret behandelten *deutschen Rechtskreis im engsten Sinne*⁴⁵ zählen jedoch nur zentraleuropäische Länder. Eine andere Perspektive als eine „eurozentrische" bietet sich zumindest in dieser Untersuchung schlicht nicht an.⁴⁶

Drittens besteht die Hoffnung, dass die durch diese Untersuchung gegen alle Kritik geförderte *Legitimation des deutschen Rechtskreises* dazu beitragen kann, praktische Berührungsängste mit der zumindest rechtskreisinternen Rechtsvergleichung abzubauen und stattdessen ihren Nutzen hervorzuheben. Bezeichnend ist das Urteil des OLG München, welches erstmals über den Anspruch eines Nasciturus auf Hinterbliebenengeld gemäß § 844 Abs. 3 BGB entscheiden musste und diesen im Ergebnis verneint hat.⁴⁷ Die hierzu erwogene Rechtsprechung des OGH konnte es im Ergebnis nicht überzeugen. Hätte es auch die Rechtsprechung des BG in den Blick genommen, in der trotz tatbestandlich vergleichbarer Voraussetzungen⁴⁸ bereits 1946 unter eingängiger Argumentation ein so solcher Anspruch anerkannt⁴⁹ und seitdem in mehreren Folgeentscheidungen bestätigt wurde,⁵⁰ hätte das Münchener Judiz eigentlich gegenteilig ausfallen müssen.⁵¹

Die vorliegende Arbeit soll daher – trotz und gerade unter Beachtung der Kritik an den allgemeinen Rechtskreislehren – einen Beitrag jedenfalls zur *rezeptionsorientierten Rechtskreislehre* liefern.

---

⁴⁴ Einen guten Überblick zur rezeptionsorientierten Rechtskreislehre und insbesondere ihrer Kritik bietet *Heiss*, in: Büchler/Ernst/Oberhammer (Hrsg.), Vinculum iuris (2008), 133 (146f.).
⁴⁵ Hierzu siehe unter B./III./3./c)
⁴⁶ Vgl. auch *Kern*, ZVglRWiss 116 (2017), 419 (433) „Europäischen Autoren Eurozentrismus vorzuwerfen ist wohlfeil".
⁴⁷ OLG München VersR 2022, 56 mkritAnm *Schultess*.
⁴⁸ Auch Art. 47 OR hebt – ganz wie § 844 Abs. 3 BGB – den Nasciturus tatbestandlich nicht gesondert hervor, sondern spricht nur allgemein von den anspruchsberechtigten „Angehörigen des Getöteten".
⁴⁹ BGE 72 II 165 (171).
⁵⁰ BG, Urt. v. 27.2.2008 – 4A_29/2008, E.6.3.1 (ital.); BGE 121 III 252 (253).
⁵¹ Hierzu *Schultess*, VersR 2022, 58 (61).

2. Rechtskreis durch Rezeption

Die Existenz eines deutschen Rechtskreises ist selbst unter den eigentlichen Anhängern der Rechtskreislehren nicht unbestritten. Es finden sich Vertreter, die dem romanischen und deutschen Rechtskreis deren Eigenständigkeit absprechen und, diese zusammenfassend, stattdessen von einem kontinental-europäischen Rechtskreis ausgehen.[52] Nach der hier im Folgenden vertretenen, rezeptionsorientierten Ansicht sprechen jedoch gute Gründe dafür, an einem deutschen Rechtskreis festzuhalten.

a) Rezeption als primäres Merkmal des deutschen Rechtskreises

Nach *Zweigert/Kötz* lassen sich Rechtskreise zunächst anhand des Rechtsstils und den jeweils entsprechend stilbildenden Faktoren einteilen.[53] Als solche stil- und damit rechtskreisbildenden Faktoren werden unter anderem gemeinsame rechtsgeschichtliche Wurzeln, juristische Denk- und Auslegungsweisen und der Charakter der zentralen Rechtsquellen identifiziert.[54] Je mehr sich verschiedene Rechtsordnungen also hinsichtlich dieser Faktoren gleichen, desto ähnlicher ihr Rechtsstil als Ganzes. Es liegt auf der Hand, dass eine besonders hohe stilistische Gleichheit zwischen zwei Rechtsordnungen insbesondere dann erreicht wird, wenn die eine Rechtsordnung von der anderen deren Rechtsinstitute – und damit den dort jeweils inkorporierten Rechtsstil – übernimmt. Diese *Rechtsrezeption* kann als ganzheitliche *Textrezeption* durch den Gesetzgeber oder als reine *Ideenrezeption* durch die Rechtsprechung – und häufig auf dem durch die Wissenschaft bereiteten Boden – erfolgen.[55]

Diese verschiedenen Formen der Rechtsrezeption finden bereits seit Langem zwischen den Rechtsordnungen des deutschen Rechtskreises wechselwirkend (wenn auch Österreich und die Schweiz mehr deutsches Recht rezipieren, als dies andersherum der Fall ist)[56] statt.[57] Nach *Jung*[58] ist gerade die Rezeption die Besonderheit, die *„unsere Rechtskreiswelt im Innersten zusammenhält"*.

---

[52] Etwa *Rainer*, Europäisches Privatrecht (2007), 61 ff.
[53] *Zweigert/Kötz*, Einführung in die Rechtsvergleichung (1996), 67; zu weiteren Einteilungsversuchen *Kischel*, Rechtsvergleichung (2015), § 4 Rn. 6 ff.
[54] *Zweigert/Kötz*, Einführung in die Rechtsvergleichung (1996), 67 ff.
[55] *Heiss*, in: Büchler/Ernst/Oberhammer (Hrsg.), Vinculum iuris (2008), 133 (146 ff., 151); *Wiegand*, in: FS Canaris II (2007), 881 (882).
[56] Dies zuletzt aus vergleichender Perspektive erklärend, aber auch bedauernd *Doralt*, RabelsZ 84 (2020), 268 (275 Fn. 14 f.).
[57] Besonders instruktiv *Kramer*, AcP 200 (2000), 365 ff.
[58] *Jung*, in: Büchler/Ernst/Oberhammer (Hrsg.), Vinculum iuris (2008), 35 (63).

b) Die rechtskreisinterne Rezeption begünstigende Faktoren

Die Gründe, die die Rezeption rechtskreisintern in einem gesteigerten Maße ermöglichen, liegen auf der Hand: Deutschland, Österreich und die Schweiz sind kulturell eng verwandt, pflegen ähnliche Traditionen im strukturellen Aufbau des Rechtswesens und der Juristenausbildung und teilen insbesondere die gleiche Sprache.[59] Alle diese für sich schon rezeptionsbegünstigenden Faktoren ermöglichen zusammen weiterhin die verstärkte Migration von Hochschullehrern[60] und den Austausch von Studenten und Berufsträgern[61] zwischen den Ländern. Dieser so ermöglichte persönliche Austausch *über* das Recht schafft den Boden für einen Austausch *des* Rechts.[62] So können in mehreren Ländern lehrende Professoren grenzübergreifende Dogmen etablieren und der mit dem ausländischen Recht vertraute, und vor ein Problem seiner eigenen, lösungsarmen Rechtsordnung gestellte Richter bei der Argumentationsfindung den Blick über die Grenze wagen.[63]

Von allen rezeptionsbegünstigenden Faktoren im deutschen Rechtskreis ist die gemeinsame Sprache besonders bedeutsam.[64] Je näher sich zwei Rechtsordnungen stehen, desto genauer, und insbesondere desto schonender, kann eine wechselseitige Rezeption stattfinden. Dieser erstrebenswerte, möglichst *konservative Rezeptionsprozess* hängt dabei unmittelbar mit der Sprachverwandtschaft zusammen. Eine reine Rechtsidee kann über Sprachbarrieren hinweg bereits einfacher übernommen werden, wenn jedenfalls die dogmatische Landschaft und kulturelle Prägung der aufnehmenden Rechtsordnung dies zulassen.[65] Die *Transplantation* ganzer Normen in eine

---

[59] *Koch/Magnus/Winkler v. Mohrenfels*, IPR und Rechtsvergleichung (2010), § 14 Rn. 1; zum direkten Vergleich des Rechtswesens und der Ausbildung in Deutschland und der Schweiz *Müller-Chen/Müller/Widmer Lüchinger*, Comparative Private Law (2015), Rn. 513 ff., 584 ff.

[60] *Gauch*, in: FS Wiegand (2005), 823 (836); *Peter*, in: FS Bader (1965), 321 (327); *Kischel*, Rechtsvergleichung (2015), § 7 Rn. 2; *Jung*, in: Büchler/Ernst/Oberhammer (Hrsg.), Vinculum iuris (2008), 35 (52); *Müller-Chen/Müller/Widmer Lüchinger*, Comparative Private Law (2015), Rn. 314; speziell zur Migration österreichischer Wissenschaftler in die Schweiz *Oberhammer*, in: FS 200 Jahre ABGB (2011), 219 (228 f.).

[61] *Peter*, in: FS Bader (1965), 321 (328); *Jung*, in: Büchler/Ernst/Oberhammer (Hrsg.), Vinculum iuris (2008), 35 (52); *Schwenzer*, in: Büchler/Ernst/Oberhammer (Hrsg.), Schuldrecht, Rechtsvergleichung und Rechtsvereinheitlichung, (1999), 59 (80).

[62] Vgl. *Jung*, in: Büchler/Ernst/Oberhammer (Hrsg.), Vinculum iuris (2008), 35 (54): Juristenmigration schafft Offenheit gegenüber dem Import ausländischer Rechtsinstitute.

[63] Vgl. *Mankowski*, in: FS 200 Jahre ABGB (2011), 195 (198), der der deutschen Rechtsprechung hier allerdings noch ein Defizit attestiert (209); ebenso *Kötz*, JZ 2002, 257 (258).

[64] *Schwenzer*, in: Schuldrecht, Rechtsvergleichung und Rechtsvereinheitlichung, (1999), 59 (60); *Jung*, in: Büchler/Ernst/Oberhammer (Hrsg.), Vinculum iuris (2008), 35 (50); *Gauch*, in: FS Wiegand (2005), 823 (836); wohl aA *Heldrich*, in: FS Kitagawa (1992), 157 (164 f.).

[65] *Großfeld*, Macht und Ohnmacht der Rechtsvergleichung (1984), 127 f.; *Müller-Chen/Müller/Widmer Lüchinger*, Comparative Private Law (2015), Rn. 260; vgl. *Peyer*, recht 2004, 104 (110).

anderssprachige Rechtsordnung erfordert weiterhin eine Textübersetzung.[66] Diese wiederum kann im Extremfall ein wenig behutsames begriffliches Zurechtstutzen des Rechtstransplantats mit sich bringen.[67] In jedem Fall birgt sie das Risiko, durch den Übersetzungsprozess die jeweils sprachimmanente begriffliche Schärfe einzubüßen.[68] Nicht so im rechtskreisinternen und insbesondere gleichsprachigen Rezeptionsprozess: Der zu riskierende Befund „Lost in Translation" kann hier sowohl bei der Text- als auch bei der Ideenrezeption gerade bestenfalls vermieden werden.[69]

c) Haftpflichtrechtliche Normtransplantate

Die „große" Variante der Textrezeption hat in der Vergangenheit des deutschen Rechtskreises gerade im Haftpflichtrecht eine Rolle gespielt. Im Zuge von Gesetzesnovellen dienten ausländische Rechtsordnungen als attraktive Quellen, aus denen sich der reformierende Gesetzgeber bedienen konnte. Prominente und auch für diese Untersuchung relevante Beispiele hierfür sind die dem deutschen Vorbild des § 826 BGB nachempfundenen Haftungsanordnungen für sittenwidrige Schädigung im österreichischen ABGB (§ 1295 Abs. 2) und dem schweizerische OR (Art. 41 Abs. 2).[70] Die Übernahme ganzer Texttransplantate durch den Gesetzgeber birgt stets das Risiko, entweder aufgrund von Sprach- und Bedeutungsverlust im Rezeptionsprozess[71] oder wegen fehlender Aufnahmefähigkeit der rezipierenden Rechtsordnung[72] seine bezweckte Wirkung zu verfehlen. Ursächlich für dieses Transplantationsrisiko ist der abstrakt-generelle Charakter eines Normtransplantats, das sich in seiner Gänze – und im besten Fall zu den bereits vorhandenen Normen ergänzend – in die aufnehmende Rechtsordnung einfügen muss. Gibt das dogmatische Gepräge der aufnehmenden Rechtsordnung dem Normtransplantat nicht genügend Freiraum, um seinen für eine Vielzahl von Fällen gedachten Anwendungsbereich zu eröffnen und den ihm durch seinen Transplantationszweck zugewiesenen Adressatenkreis zu erreichen, so führt die rezipierte Norm zwangsläufig ein Schattendasein.[73]

---

[66] Vgl. *Heldrich*, in: FS Kitagawa (1992), 157 (163); zum Begriff „Legal Transplant" und dessen Begriffsgeschichte *Deipenbrock*, ZVglRWiss 107 (2008), 343 (345 ff.).
[67] *Heldrich*, in: FS Kitagawa (1992), 157 (163); vgl. auch *Rehm*, RabelsZ 72 (2008), 1 (11.).
[68] *Großfeld*, Macht und Ohnmacht der Rechtsvergleichung (1984), 179 f.; vgl. auch *Heiss*, in: Büchler/Ernst/Oberhammer (Hrsg.), Vinculum iuris (2008) 133 (148); siehe auch *Huguenin*, RabelsZ 72 (2008), 755 (762 ff.) zu den Schwierigkeiten der grammatikalischen Auslegung sogar innerhalb des dreisprachigen Schweizer ZGB.
[69] *Heiss*, in: Büchler/Ernst/Oberhammer (Hrsg.), Vinculum iuris (2008), 133 (148 f.); vgl. auch *Doralt*, RabelsZ 84 (2020), 268 (275 Fn. 15).
[70] *Kramer*, AcP 200 (2000), 365 (387); *Immenhauser*, Das Dogma von Vertrag und Delikt (2006), 386; ausführlich und kritisch *P. Widmer*, in: FS Koziol (2010), 943 (947 ff.).
[71] *Rehm*, RabelsZ 72 (2008), 1 (25).
[72] *Jung*, in: Büchler/Ernst/Oberhammer (Hrsg.), Vinculum iuris (2008), 35 (58 f.).
[73] Vgl. *Rehm*, RabelsZ 72 (2008), 1 (11.).

Dieses Szenario trifft gerade auf das zuvor genannte Beispiel zu. Das die Haftung wegen sittenwidriger Schädigung konstituierende Normtransplantat des Art. 41 Abs. 2 ist seit rund hundert Jahren fester Bestandteile des schweizerischen OR. Seine praktische Bedeutung ist jedoch nach wie vor gering,[74] da entsprechende Haftungssachverhalte bereits häufig originären Normen unterfallen.[75] Die österreichische Zwillingsnorm hat zwar inzwischen seinen – auf überschaubare Einzelfälle[76] begrenzten – Anwendungsbereich gefunden; zu seiner systemkonformen Integration waren jedoch erhebliche Anstrengungen seitens der Lehre nötig.[77]

d) Ideenrezeption als rechtskreiskonstituierendes Element

Für den deutschen Rechtskreis ist heute vor allem die Ideenrezeption durch Wissenschaft und Rechtsprechung relevant.[78] Durch das Rezeptionsmedium des Richters oder des Hochschullehrers lassen sich fremde Rechtsideen in der für den jeweiligen persönlichen Einzelfall genau benötigten Dosis übernehmen.[79] Anders als bei einer Normtransplantation durch den Gesetzgeber, gibt das personelle Rezeptionsmedium die rezipierte Idee hier nicht aus der Hand, sondern begleitet den Rezeptionsprozess unter eigener Aufsicht bis zu seinem Abschluss. *Heiss*[80] sieht daher gerade diese Form von *Ideenrezeption* als das „*den deutschen Rechtskreis konstituierende Element*" an.

Hinzu kommt, dass die Ideenrezeption trotz der Möglichkeit einer „stillen" Übernahme regelmäßig nachweisbar bleibt. Werden rechtswissenschaftliche Ideen im Ausland weiterentwickelt, baut dies zumeist auf dem Stand der fremden Forschung auf und wird entsprechend ausgewiesen.[81] Exemplarisch sind hier die Übernahme des in der deutschen Lehre ent-

---

[74] *Gabriel*, Die Widerrechtlichkeit in Art. 41 Abs. 1 OR (1987), Rn. 924 plädiert sogar dafür, bei einem Wandel des schweizerischen Widerrechtlichkeitsverständnisses die Gunst der Stunde zu nutzen und Art. 41 Abs. 2 OR ersatzlos wieder zu streichen, was „angesichts der geringen praktischen Bedeutung […] nicht auf großen Widerstand stossen" dürfte.
[75] Vgl. BGE 124 III 297 (302 f.); *Brehm*, in: Berner Komm OR⁵, Art. 41 Rn. 235 f.; *P. Widmer*, in: FS Koziol (2010), 943 (949).
[76] Eine gute Übersicht der Fallgruppen bieten *Harrer/E. Wagner*, in: PraxKomm ABGB⁴, § 1295 Rn. 149 ff.
[77] Hierzu *Koziol*, Haftpflichtrecht II (2018), A/4/10 ff., 17.
[78] *Heiss*, in: Büchler/Ernst/Oberhammer (Hrsg.), Vinculum iuris (2008), 133 (152, 155); *Doralt*, RabelsZ 84 (2020), 268 (275) mit dem Hinweis auf die seit dem 19. Jahrhundert andauernden Rezeptionsvorgänge vom deutschen ins österreichische Recht.
[79] *Heiss*, in: Büchler/Ernst/Oberhammer (Hrsg.), Vinculum iuris (2008), 133 (152); *Jung*, in: Büchler/Ernst/Oberhammer (Hrsg.), Vinculum iuris (2008), 35 (54).
[80] *Heiss*, in: Büchler/Ernst/Oberhammer (Hrsg.), Vinculum iuris (2008), 133 (155).
[81] Zurecht kritisch allerdings *Stoll*, in: FS Canaris II (2007), 827 (836 f.), der dem BGH vorhält, diesbezüglich gerade nicht für hinreichende Klarheit zu sorgen und die rechtsvergleichenden Beweggründe nicht mit entsprechender Deutlichkeit offenzulegen.

wickelten Konzepts der *Vertrauenshaftung* und diese rezipierende und dabei ausdrücklich auf ihren ausländischen Ursprung hinweisende schweizerische Lehre und Rechtsprechung.[82] Und rezipieren inländische Gerichte ausländische Rechtsprechung, so tun sie dies regelmäßig aus der Not heraus, mit den eigenen rechtlichen Instrumentarien nicht das gewünschte Ergebnis erzielen zu können.[83] Die Pflicht, solche Importinitiativen auch für den eigenen, konkret zu entscheidenden Fall rechtfertigen zu können, ist besonders hoch – entsprechend ausführlich muss mit ausländischen Quellen gearbeitet und darauf hingewiesen werden, dass die Interessenlage hier und dort schließlich vergleichbar sei.[84] So überrascht es nicht, wenn *Honsell*[85] und *Koziol*[86] mit Blick auf den Austausch unter den deutschsprachigen Höchstgerichten resümieren, dass sich das BG, der BGH und der OGH unter allen ausländischen Gerichten gegenseitig am häufigsten zitieren. Begünstigt, wenn nicht sogar erst ermöglicht wird dies gerade dadurch, dass Leitentscheide des jeweiligen Höchstgerichts häufig auch in den führenden ausländischen Fachzeitschriften veröffentlicht werden.[87]

Zusammenfassend lässt sich – insbesondere mit schweizerischen Autoren[88] – festzuhalten, dass die besondere Legitimation des deutschen Rechtskreises als solchem zu großen Teilen auf der grenzübergreifenden Rechts-

---

[82] So das BG zur Figur der Vertrauenshaftung, BGE 121 III 350 (355) (frz.): „Développée en droit allemand"; zum deutschen Ursprung der Vertrauenshaftung aus der Perspektive der schweizerischen Literatur vor allem *Wiegand*, in: FS Canaris II (2007), 881 ff.; ferner *Walter*, ZSR 2001, 79 (82 f.); *Loser*, recht 1999, 73 (75 Fn. 1).

[83] Vgl. *Kötz*, in: FS 50 Jahre BGH (2000), 825 (826).

[84] Exemplarisch OGH SZ 70/147 = ÖBA 1998, 230 (232) zur Haftung eines Kapitalanlagevermittlers; etwa OGH EvBl 2019/103 (727) mAnm *Weixelbraun-Mohr*, der sich im Kontext der Amtshaftung für Grundbuchfehler ganz entscheidend – iE aber unpräzise – an vorangegangener BGH-Rechtsprechung orientiert, hierzu siehe unter F./I./7./b)/bb); vgl. auch *Forster*, Ancilla Iuris 2018, 98 (103): „Wertung fremder Rechtsordnung [...] beinahe analog übernommen".

[85] *Honsell*, in: FS 50 Jahre BGH (2000), 927 (942 mwN in Fn. 75).

[86] *Koziol*, in: FS 50 Jahre BGH (2000), 943.

[87] So veröffentlicht VersR (Deutschland) seit jeher österreichische Leitentscheide im Versicherungsrecht, soweit erkennbar erstmals OGH VersR 1952, 56, jüngst zB OGH VersR 2022, 658, eidgenössische Entscheidungen, etwa BG VersR 1952, 72 und BG VersR 1975, 458, dagegen verhältnismäßig selten; in ZVR (Österreich) werden regelmäßig die zentralen BGH-Entscheide des Verkehrshaftungsrechts wiedergegeben, zB ZVR 2021/ 115 mAnm *Ch. Huber*, ebenso die einschlägigen Urteile des BG, zB ZVR 2021/171 mAnm *Ch. Huber*; in RdW (Österreich) findet sich seit einigen Jahren in beinahe jedem Heft die Kurzrubrik „Blick nach Deutschland"; HAVE (Schweiz) bringt dem schweizerischen Juristen ausgewählte, kommentierte deutsche und österreichische Rechtsprechung näher, exemplarisch OGH HAVE 2002, 285 mAnm *Doralt*; HAVE 2009, 389 mAnm *Küppers*; OLG Bamberg HAVE 2006, 238 mAnm *Landolt*; BGH HAVE 2014, 275 mAnm Wittmann; BGH HAVE 2019, 53 mAnm *Ch. Huber*.

[88] *Kramer*, AcP 200 (2000), 365 (369 f.); *Heiss*, in: Büchler/Ernst/Oberhammer (Hrsg.), Vinculum iuris (2008), 133 (134 f., 152, 155); *Jung*, in: Büchler/Ernst/Oberhammer (Hrsg.), Vinculum iuris (2008), 35 (60 f.).

rezeption und dem so durch dogmatische Wechselwirkung zwischen den einzelnen Rechtsordnungen ermöglichten Stilaustausch fußt.

e) Besondere Rezeptionsdichte im Bereich der Haftung für fahrlässig verursachte reine Vermögensschäden

Die rechtskreisinternen Rezeptionsvorgänge zeigen sich an der Materie der *außervertraglichen Fahrlässigkeitshaftung für reine Vermögensschäden* besonders eindrücklich.[89] Wie zu zeigen sein wird, lassen sich bei nahezu allen Facetten dieser Materie deutliche Rezeptionsspuren nachweisen – vom unmittelbaren Texttransplantat (etwa die Sittenwidrigkeits- und die Kreditschutzhaftung) über die rechtswissenschaftliche Dogmenübernahme (z. B. die Rezeption der „deutschen" Vertrauenshaftung in der Schweiz)[90] bis zur ausdrücklichen Angleichung der eigenen Rechtslage an ausländische Dogmatik durch das jeweilige Höchstgericht. Besonders unverwunden formuliert dies etwa der OGH im Kontext der Haftung eines Anlageberaters für den reinen Vermögensschaden eines Dritten: Es sei

„nicht einzusehen, weshalb diese Grundsätze" (gemeint ist die vom BGH in ständiger Rechtsprechung aufgestellte und von der deutschen Literatur gebilligte Eigenhaftung des Anlageberaters) „nicht auch im Geltungsbereich des österreichischen Privatrechts Anwendung finden sollten, kann doch die Interessenlage der daran Beteiligten in Österreich nicht anders beurteilt werden als in der Bundesrepublik Deutschland und ist auch die Rechtslage in den beiden Staaten durchaus vergleichbar".[91]

3. Der deutsche Rechtskreis?

Welche Rechtsordnungen konkret zum deutschen Rechtskreis gehören, wird in der einschlägigen Literatur nicht mit der vielleicht zu erwartenden Einheitlichkeit beantwortet.[92] Es finden sich Einteilungen mit den verschiedensten Rechtskreismitgliedern. Einige davon erscheinen auf den ersten Blick sprachlich wie geografisch fernliegend. Der deutsche Rechtskreis im Sinne dieser Untersuchung ist dagegen denkbar eng formuliert und soll allein die Rechtsordnungen Deutschlands, Österreichs und der Schweiz umfassen. Dies bedarf folgender Erläuterung:

---

[89] Vgl. auch *Jung*, in: Büchler/Ernst/Oberhammer (Hrsg.), Vinculum iuris (2008), 35 (46 mwN der rechtsgleichenden Rspr in Fn. 68–72) mit dem allgemeinen Befund, dass die Rezeption zwischen Deutschland, Österreich und der Schweiz im Schadensrecht besonders ausgeprägt ist.
[90] Hierzu siehe unter F./II./2./b)/bb).
[91] OGH SZ 70/147 = ÖBA 1998, 230 (232).
[92] Vgl. *Heiss*, in: Büchler/Ernst/Oberhammer (Hrsg.), Vinculum iuris (2008), 133 ff., der dem Titel seines Beitrags „Deutscher Rechtskreis?" bezeichnender Weise ein Fragezeichen hintanstellt.

Wie vorstehend beschrieben kommt der Rechtsrezeption innerhalb des deutschen Rechtskreises überragende Bedeutung zu. Es bietet sich daher an, die verschiedenen, sich in der Literatur findenden Mitgliedereinteilungen auch gerade nach dem Kriterium der Rezeption einzuteilen. Je nach *Art* und *Richtung* der Rezeption lassen sich drei verschiedene Mitgliedszuteilungen zum deutschen Rechtskreis ausmachen.

a) Der deutsche Rechtskreis im weiteren Sinne

Alle gängigen Einteilungen des deutschen Rechtskreises haben gemein, dass sie als Herzstück des Rechtskreises die *Leitkodifikationen*[93] Deutschlands, Österreichs und der Schweiz ansehen. Von diesen Rechtsordnungen als kleinstem gemeinsamen Nenner ausgehend wird der deutsche Rechtskreis je nach Zuteilungen um verschiedene Mitglieder ergänzt. Nach der weitreichendsten Mitgliederzuteilung zählen zum deutschen Rechtskreis auch all jene Rechtsordnungen, auf die die vorgenannten Leitkodifikationen im Lauf der Geschichte „ausgestrahlt"[94] haben. Hiermit ist die Übernahme ganzer Normen aus oder zumindest die starke Orientierung an den Leitkodifikationen gemeint. Beispiele hierfür sind vielfältig. Die prominentesten sind sicherlich die Ausrichtung des japanischen bürgerlichen Rechts an den Entwürfen zum BGB Ende des 19. Jahrhunderts[95], die Orientierung Griechenlands am BGB[96] bzw. Ungarns am ABGB[97] und die Übernahme des Schweizer ZGB[98] in der Türkei.[99]

Nach diesem umfänglichsten Verständnis vom deutschen Rechtskreis würde eine Rechtsordnung dann zum deutschen Rechtskreis zählen, wenn dort das geschriebene Recht der Leitkodifikationen hinreichend rezipiert worden ist. Diese Einteilungsform soll hier als *deutscher Rechtskreis im weiteren Sinne* bezeichnet werden.[100] Heutzutage finden sich allerdings kaum noch Vertreter, die den deutschen Rechtskreis als so weitreichend begreifen.[101]

---

[93] So bezeichnet bei *Hertel*, Notarius International, 2009, 157 (164).
[94] *Koch/Magnus/Winkler v. Mohrenfels*, IPR und Rechtsvergleichung (2010), § 14 Rn. 6 ff.
[95] Gerade mit Blick auf das japanische Deliktsrecht *Brüggemeier*, AcP 219 (2019), 771 (781 f.); ausführlich *Rahn*, Rechtsdenken und Rechtsauffassung in Japan (1990), 111 ff., 116 f.; *Zweigert/Kötz*, Einführung in die Rechtsvergleichung (1996), 291 f.
[96] *Georgiades/Stathopoulos*, in: FS Canaris (2017), 1159 ff.; *Zweigert/Kötz*, Einführung in die Rechtsvergleichung (1996), 154 f.
[97] *Immenhauser*, Das Dogma von Vertrag und Delikt (2006), 43.
[98] Mit Beispielen der globalen Ausstrahlung des ZGB *Bucher*, RabelsZ 72 (2008), 661 (682 ff.).
[99] Einen detaillierten Überblick hierzu bietet *Atamer*, RabelsZ 72 (2008), 723; ferner *Zweigert/Kötz*, Einführung in die Rechtsvergleichung (1996), 175 f.
[100] In diese Richtung auch *Hertel*, Notarius International, 2009, 157 (164).
[101] Zur Ablehnung des so weiten Rechtskreisverständnisses siehe nur *Heiss*, in: Büchler/Ernst/Oberhammer (Hrsg.), Vinculum iuris (2008), 133 (153 f.); aA *Georgiades/Stathopou-*

Gründe hierfür sind zum einen die zwischenzeitliche Emanzipation der rezipierenden Rechtsordnungen von den Mutterrechtsordnungen durch eigenständige Rechtsentwicklung.[102] Zum anderen wird bewusst auf allzu zwanghafte Zuteilungsversuche verzichtet und zugegeben, dass sich „hybride" Rechtsordnungen schlicht nicht bzw. nur in einzelnen Facetten sammelbeckenartig zuteilen lassen.[103] Allein die historische Ausstrahlung deutschen bzw. deutschsprachigen Rechts auf eine Rechtsordnung ist heute also kein verbreitetes konstitutives Kriterium mehr für die Zuweisung dieser Rechtsordnung zum deutschen Rechtskreis.

b) Der deutsche Rechtskreis im engeren Sinne

Nach engerem Einteilungsbestreben besteht der deutsche Rechtskreis aus den Leitkodifikationen als Stammmitgliedern und Liechtenstein, welches umfassend zunächst von österreichischem und in der jüngeren Vergangenheit verstärkt von schweizerischem Recht geprägt ist.[104]

Geläufig ist für diese Einteilung auch die Bezeichnung als deutsch*sprachiger* Rechtskreis.[105] Konstitutive Merkmale für die Rechtskreiszugehörigkeit sind also primär die Rezeption deutschsprachigen Rechts und sekundär die deutsche Sprache des Rezipienten. Diese Rechtskreiszuteilung soll hier als *deutscher Rechtskreis im engeren Sinne* bezeichnet werden.

c) Der deutsche Rechtskreis im engsten Sinne!

Am mitgliedschaftlich engsten lässt sich der deutsche Rechtskreis fassen, wenn nur Deutschland, Österreich und die Schweiz in den Blick genommen

---

los, in: FS Canaris (2017), 1159; wohl auch *Hertel*, Notarius International, 2009, 157 (164f.), auch wenn das dort geäußerte, weite Rechtskreisverständnis vor allem der vereinfachten Darstellung dient.

[102] *Rahn*, Rechtsdenken und Rechtsauffassung in Japan (1990), 371, 400 ff.; die Vorbildfunktion des deutschen Rechts für Japan sogar von Anfang an relativierend *Yamamoto*, in: FS Canaris (2017), 1221 (1222 f.).

[103] *Zweigert/Kötz*, Einführung in die Rechtsvergleichung (1996), 72; *Kötz*, ZEuP 1998, 493 (494); anders *Georgiades/Stathopoulos*, in: FS Canaris (2017), 1159, die die „hybride" griechische Rechtsordnung uneingeschränkt zum deutschen Rechtskreis zählen.

[104] *Kunz*, recht 2006, 37 (50); *Heiss*, in: Büchler/Ernst/Oberhammer (Hrsg.), Vinculum iuris (2008), 133 (149 f.); dieser Einteilung scheint auch *Jung*, in: Büchler/Ernst/Oberhammer (Hrsg.), Vinculum iuris (2008), 35 ff. zu folgen, wenn er von „unserem Rechtskreis" und anschließend von Deutschland, Österreich, der Schweiz und Liechtenstein spricht; sehr gute Darstellung der liechtensteinischen Rezeptionsgeschichte bei *Berger*, in: Berger (Hrsg.), Österreichs Allgemeines Bürgerliches Gesetzbuch, Band III (2010), 13 ff.; ferner *Ebke/Schurr*, ZVglRWiss 111 (2012), 337.

[105] *Hertel*, Notarius International, 2009, 157 (164); vgl. auch *Kunz*, recht 2006, 37 (50); mit beachtlichen Argumenten gegen die sprachbasierte Rechtskreiszuordnung *Rainer*, Europäisches Privatrecht (2007), 65.

werden. Diese Einteilung ist, wenn auch häufig ohne entsprechend differenzierte Begründung, die geläufigste.[106]

Aus folgendem Grund folgt auch die hier vorgenommene Untersuchung dieser Einteilung und lässt insbesondere Liechtenstein bei der Betrachtung außen vor: Wenn der deutsche Rechtskreis seine besondere Legitimation gerade auf die besonders starke Verwebung durch Rezeptionsprozesse stützten soll, so müssen die für diesen Rechtskreis konstitutiven Mitglieder in besonderer Weise an diesen Rezeptionsprozessen beteiligt sein. Die einseitige Rolle des reinen Rezipienten (Liechtenstein) reicht jedenfalls für die hier gewählte Betrachtung nicht aus. Vielmehr ist der Blick auf die zunächst vorrangig als *Rezeptionsgeber,* und darüber hinaus auch reziprok als *Rezipient*[107] fungierenden Rechtsordnungen zu richten. Dieses Merkmal der wechselwirkenden Rezeption erfüllen, wenn auch in erkennbar unterschiedlichem Maße,[108] die drei Leitkodifikationen.[109] Liechtenstein dagegen fehlt es, im Ge-

---

[106] *Zweigert/Kötz,* Einführung in die Rechtsvergleichung (1996), 130 ff.; *Kischel,* Rechtsvergleichung (2015), § 7 Rn. 2 f.; *Immenhauser,* recht 2006, 1 (2, Fn. 13); vgl. *Koziol,* AcP 212 (2012), 1 (62); *G. Wagner,* in: Zimmermann (Hrsg.), Grundstrukturen (2003), 189 (275).

[107] Die Begriffe „Rezeptionsgeber" und „Rezipient" entstammen, wenn auch dort in anderem Kontext verwendet, *Liebknechts* Studien über die Bewegungsgesetze der gesellschaftlichen Entwicklung, (1922) 159.

[108] Vorrangig wird deutsche Dogmatik in die Alpenländer übernommen, dies für das deutsch-österreichische Verhältnis erklärend, aber auch bedauernd *Doralt,* RabelsZ 84 (2020), 268 (275 Fn. 14 f.); ähnlich für das schweizerische Recht *Gauch,* in: FS Wiegand (2005), 823 (836); mit einem Erklärungsversuch auch *Jung,* in: Büchler/Ernst/Oberhammer (Hrsg.), Vinculum iuris (2008), 35 (59), der das schweizerische und österreichische Recht ob seiner Flexibilität für aufnahmefähiger gegenüber ausländischer Dogmatik hält als das starre deutsche Normgefüge; auch *Stoll,* in: FS Canaris II (2007), 827 (837 f.) hält gerade das schweizerische Recht für die Rechtsvergleichung besonders aufgeschlossen und führt in Fn. 40–44 entsprechende Rechtsprechungsbeispiele an; ebenso *Wiegand,* in: FS Canaris II (2007), 881 (883).

[109] Zur Wechselseitigkeit der Rezeption zwischen Deutschland, Österreich und der Schweiz ganz allgemein *Jung,* in: Büchler/Ernst/Oberhammer (Hrsg.), Vinculum iuris (2008), 35 (37 ff.); einzelne Beispiele für den Einfluss schweizerischer Dogmatik auf den deutschen Gesetzgeber und den BGH bietet *ders.,* in: Büchler/Ernst/Oberhammer (Hrsg.), Vinculum iuris (2008), 35 (38 f); exemplarisch BGHZ 35, 363 = NJW 1961, 2059 (2060): Persönlichkeitsverletzung nur in schweren Fällen, Verweis auf Art. 49 OR, der eine Genugtuung von der Schwere der Verletzung abhängig macht; hierzu *Kötz,* in: FS 50 Jahre BGH (2000), 825 (833); ein weiteres markantes Beispiele für eine frühe Orientierung der BGH-Rechtsprechung am Schweizer Obligationenrecht stellt etwa BGHZ 21, 112 = NJW 1956, 1473 (1474) dar (Schadenersatz und Entgeltfortzahlung); ferner BGHZ 24, 214 = NJW 1957, 1029 (1030); weitere Beispiele der schweizerisch beeinflussten BGH-Rechtsprechung bei *Stoll,* in: FS Canaris II (2007), 827 (836 in Fn. 38). Zum (verhältnismäßig geringen) Einfluss des ABGB auf deutsche Rechtsprechung und Gesetzgebung *Mankowski,* in: FS 200 Jahre ABGB (2011), 195 (210 ff.); *Schermaier/Stagl,* in: FS 200 Jahre ABGB (2011), 253 ff.; *Dölemeyer/Schubert,* in: Berger (Hrsg.), Österreichs Allgemeines Bürgerliches Gesetzbuch, Band III (2010), 393 (365 ff.); zum starken Einfluss des österreichischen und schweizerischen GmbH-Rechts auf Deutschland aber *Stoll,* in: FS Canaris II (2007), 827 (835 f.). Zum Einfluss österreichischen Rechtsdenkens auf die Schweiz *Oberhammer,* in: FS 200 Jahre ABGB (2011), 219 (insb. 225 ff. und Fn. 28 mwN der nach Österreich blicken-

gensatz zu Deutschland, Österreich und der Schweiz, an einer eigenen, rezipierfähigen Kodifikation.[110]

Geht man von der Existenz eines deutschen Rechtskreises aus, ist Liechtenstein als Hybrid des österreichischen und schweizerischen Rechts zu diesem zu zählen. Die hiesige Untersuchung sucht jedoch nach der Legitimation des deutschen Rechtskreises und findet diese – so viel sei vorweggenommen – in der Verwebung der drei Leitkodifikationen durch *wechselseitige* Rechtsrezeption, an welcher Lichtenstein (noch?)[111] nicht beidseitig beteiligt ist. Betrachtet werden daher ausschließlich Deutschland, Österreich und die Schweiz. Diese dritte Rechtskreisunterteilung soll daher, als Grundlage dieser Untersuchung, als *deutscher Rechtskreis im engsten Sinne* bezeichnet werden. Sofern in dieser Untersuchung ohne weitere Differenzierung vom „deutschen Rechtskreis" die Rede ist, so sind darunter die objektiv primär als Rezeptionsgeber, untereinander aber auch als Rezipienten auftretenden Rechtsordnungen zu verstehen.

IV. Zwischenergebnis

Der hier gewählte Untersuchungsgegenstand der außervertraglichen Haftung für fahrlässig verursachte reine Vermögensschäden eignet sich besonders für eine vergleichende Betrachtung. Dies zeigt sich bereits an den bisherigen, zahlreichen Vergleichen mit dem anglo-amerikanischen Raum. Die Grundausrichtung, das Vermögen nicht dem deliktsrechtlichen Schutz zu unterstellen, findet sich in vielen weiteren Rechtsordnungen rund um den Globus. Angesichts der ungebrochenen Relevanz der Thematik bietet es sich an, zum Auffinden von Lösungsansätzen den Blick nicht nur auf die eigene Rechtsordnung zu richten, sondern gerade den Vergleich mit weiteren ausländischen Herangehensweisen zu suchen.

---

den Rspr des BG) und *Dölemeyer*, in: Berger (Hrsg.), Österreichs Allgemeines Bürgerliches Gesetzbuch, Band III (2010), 319 ff. Zum Einfluss der deutschen Rechtsordnung auf Österreich und die Schweiz *Kramer*, AcP 200 (2000), 365 ff.; *Oberhammer*, in: FS 200 Jahre ABGB (2011), 219 (230); gerade bezüglich der Rezeptionsvorgänge im Deliktsrecht *Schwenzer*, in: Schwenzer (Hrsg.), Schuldrecht, Rechtsvergleichung und Rechtsvereinheitlichung (1999), 59 (60 ff.); weiterführend allgemein *Heiss*, in: Büchler/Ernst/Oberhammer (Hrsg.), Vinculum iuris (2008), 133 ff.; *Peter*, in: FS Bader (1965), 321 ff.; speziell zur Rezeption der BGH-Rechtsprechung in Österreich *Koziol*, in: FS 50 Jahre BGH (2000), 943 ff. und in der Schweiz *Honsell*, in: FS 50 Jahre BGH (2000), 927 ff.

[110] *Jung*, in: Büchler/Ernst/Oberhammer (Hrsg.), Vinculum iuris (2008), 35 (41, 60): Liechtenstein verfügt weder über umfangreiche Rechtsprechung und Literatur noch über ein Zivilgesetzbuch mit „eigenem Gepräge".

[111] Vgl. etwa *Jung*, in: Büchler/Ernst/Oberhammer (Hrsg.), Vinculum iuris (2008), 35 (38) zur möglichen Orientierung der Schweiz am Vorbild der liechtensteinischen Treuhänderschaft.

Die hierzu als Vergleichsgrößen ausgewählten Rechtsordnungen Deutschlands, Österreichs und der Schweiz versprechen dabei möglichst attraktive, weil konservativ rezipierfähige Vergleichsergebnisse. Zwar ist die Rechtskreislehre im Allgemeinen und die Herausstellung eines eigenen deutschen Rechtskreises im Speziellen besonderer Kritik ausgesetzt. Sogar die Verfechter eines deutschen Rechtskreises sind sich uneins, welche Rechtsordnungen zu diesem denn gehören sollen. Nach dieser Untersuchung kann jedoch der *deutsche Rechtskreis im engsten Sinne* mit den drei Leitkodifikationen Deutschlands, Österreichs und der Schweiz wegen der dort wechselwirkenden Rezeptionsprozesse besondere Legitimation für sich beanspruchen. Wenn in dieser Untersuchung ohne weitere Differenzierung vom deutschen Rechtskreis die Rede ist, wird darunter also dieser *deutsche Rechtskreis im engsten Sinne* verstanden.

C. Begriff des reinen Vermögensschadens und Prinzipienparallele zum Reflexschadenersatzverbot

Um eine allgemeingültige *Definition* des „reinen Vermögensschadens" hat sich eine Vielzahl von internationalen Autoren bereits bemüht, ohne dass sich eine Definition erkennbar als universal durchgesetzt hätte.[1] Je nach Perspektive des Definierenden werden engere und weitere Definitionen vorgeschlagen. Diese Breite des Definitionsspektrums gipfelt darin, dass einige Autoren inzwischen sogar auf jeglichen Definitionsversuch verzichten.[2] Letztlich ist auch zuzugeben, dass der Nutzen schlichter Definitionsarbeit recht begrenzt sein dürfte.[3] Im Laufe der Untersuchung wird sich jedoch zeigen, dass im Kontext der tatbestandlichen Betrachtung an einigen Stellen auf die exakte Begriffsdefinition zurückzugreifen ist. Um den hier anzustellenden *Rechtsvergleich* möglichst gewinnbringend durchführen zu können, ist es zudem erforderlich, hinsichtlich des Untersuchungsgegenstandes durch Definitionsarbeit begrifflich jedenfalls die gleichen Vorzeichen zu setzen.

In einem weiteren Schritt ist auf das sog. Reflex- bzw. Drittschadenersatzverbot[4] einzugehen. Es wird gezeigt, dass es sich hierbei um eine mit anderen haftungsrechtlichen Prinzipien deckungsgleiche Regel handelt, die zugunsten der Methodenehrlichkeit hintenangestellt werden sollte.

---

[1] Am ehesten noch die Definition nach *Feldthusen*, Economic Negligence (1984), 1, „a pure economic loss is a financial loss which is not causally consequent upon physical injury to the plaintiff's *own* person or property".

[2] *Dari-Mattiacci/Schäfer*, in: Eger/Schäfer (Hrsg.), Ökonomische Analyse der europäischen Zivilrechtsentwicklung (2007), 516, Fn. 1.

[3] Diese Bedenken schickt auch *Doobe*, Ersatz reiner Vermögensschäden Dritter (2014), 33 seiner Definitionsarbeit voraus.

[4] So bezeichnet von *Landolt*, in: Koller (Hrsg.), Haftpflicht- und Versicherungsrechtstagung St. Gallen 2005 (2005), 23 (35).

I. Begriff des reinen Vermögensschadens

Das Setzen gleicher Vorzeichen beginnt bereits vor der eigentlichen Definitionsarbeit an den hier verwendeten Begriffen selbst: So ist im deutschsprachigen Raum nicht nur von *„reinen"*, sondern häufig auch von *„primären"*[5] oder „bloßen" Vermögensschäden die Rede.[6] Alleine bei Schweizer Autoren finden sich darüber hinaus noch mindestens sieben weitere Bezeichnungen.[7] Je nach Unmittelbarkeitszusammenhang zwischen schädigender Handlung und Schadenseintritt bietet sich entweder die eine oder die andere Bezeichnung an. Entsteht durch das Handeln des Schädigers der Vermögensschaden direkt beim Geschädigten, liegt es auf der Hand, diesen als „primär" zu bezeichnen. Tritt der Vermögensschaden eines Dritten dagegen erst als indirekte Folge einer Körperverletzung oder Sachbeschädigung eines „Zweiten" ein, ist diese Einbuße schon begrifflich nicht mehr „primär" (sondern höchstens „sekundär")[8] verursacht worden. Die Mittelbarkeit des Eintritts des Vermögensschadens ist für die hier gegenständlichen Fragen jedoch ohne Bedeutung. Vermögensschäden können direkt und indirekt eintreten, die sich stellenden Probleme der außervertraglichen Haftung für reine Vermögensschäden sind grundsätzlich die gleichen.[9] Im Kontext der außervertraglichen Haftung für Vermögensschäden werden diese Adjektive, allen voran „rein", „primär" und „bloß" in allen drei Rechtsordnungen daher weitgehend unterschiedslos verwendet.[10] Exemplarisch hierfür ist die Rechtsprechung des OGH, in welcher die Adjektive ausdrücklich als gegenseitige Synonyme angeführt werden: *„Bloße (reine oder primäre) Vermögensschäden sind …"*.[11] Der unterschiedlichen Verwendung der Adjektive kommt also erkennbar keine weitere Bedeutung zu. Da die Bezeichnung als „reine" Vermögenschä-

---

[5] Als Gegenstück zum „sekundären" Vermögensfolgeschaden, der aus der Beeinträchtigung eines absolut geschützten Rechtsgutes entsteht und bei Bejahung der haftpflichtausfüllenden Adäquanz durchaus ersatzfähig ist.

[6] Ausführlich und mwN *Doobe*, Ersatz reiner Vermögensschäden Dritter (2014), 33; *Medicus*, in: E. Lorenz (Hrsg.), Karlsruher Forum 1998, 98 (99): „schlichter" Vermögensschaden; missverständlich *Deutsch*, in: FS Henckel (1995), 79 (84): „reine Vermögensschäden […], soweit dies primäre Vermögensschäden sind".

[7] *Lorandi*, recht 1990, 19 f.: „i. e. S.", „sonstiger", „übriger", „weiterer"; *P. Widmer*, in: FS Koziol (2010), 943 (944): „nackter"; *Schnyder/Portmann/Müller-Chen*, Ausservertragliches Haftpflichtrecht (2013), Rn. 36: „allgemeiner"; zu den verschiedenen französischen Synonymen *Misteli*, La responsabilité pour le dommage purement économique (1999), 40.

[8] *Karampatzos*, Vertrag mit Schutzwirkung für Dritte (2005), 45.

[9] Hierzu ausführlich unter C./II./2.

[10] Siehe nur *Welser/Zöchling-Jud*, Bürgerliches Recht II (2015), Rn. 1352, 1397 f.; dies auch für die Schweiz klarstellend *Gabriel*, Die Widerrechtlichkeit in Art. 41 Abs. 1 OR (1987), Rn. 269.

[11] OGH RPA 2018, 340 (342) mAnm *Götzl/Thiele*; ecolex 2017/213.

den im deutschen Rechtskreis jedenfalls am gängigsten ist,[12] wird sie auch in dieser Untersuchung verwendet.

Hinsichtlich der *Definition des reinen Vermögensschadens* bietet sich indes kein solch einheitliches Bild. Wie zu zeigen sein wird, finden sich in Deutschland, Österreich und der Schweiz ähnliche, jedoch nicht unbedingt deckungsgleiche Definitionen des reinen Vermögensschadens.[13] Dies ist darauf zurückzuführen, dass die jeweilige Definition das Produkt der nationalrechtlichen Perspektive des Definierenden auf die für ihn relevanten und im Vergleich zu den Nachbarrechtsordnungen strukturell anders aufgebauten Normen ist. In der Schnittmenge dieser einzelnen Definitionen soll die im deutschen Rechtskreis geltende Definition ausgemacht werden.

In allen drei hier untersuchten Rechtsordnungen findet sich ein grundsätzlich dreiteiliges Vermögensschadensverständnis. Grob unterteilt wird der Vermögensschaden in Personen-, Sach- oder (reinen) Vermögensschaden. Bereits hier ist erkennbar, dass sich die Schadenskategorisierung herkömmlicherweise danach richtet, welche Art von Rechtsgutsverletzung zum Eintritt des Vermögensschadens führt. Dem Vermögensschaden wird der ideelle, also nicht das Vermögen betreffende Schaden gegenübergestellt. Diese ohnehin kaum jemals ersatzfähigen[14] Nichtvermögensschäden (ersatzfähig insbesondere in Form des Schmerzens- und Hinterbliebenengelds) sind für diese Untersuchung von untergeordneter Bedeutung und werden hier nur gelegentlich tangiert.[15]

1. Definitionsansätze in Deutschland

In Deutschland finden sich gerade in jüngerer Zeit und sowohl im Schadensersatz- als auch im Versicherungsrecht verschiedene Definitionsversuche.

a) Definitionshybride zwischen Schadenersatz- und Versicherungsrecht

Nach einem vermehrt vertretenen Ansatz[16] sind reine Vermögensschäden solche Schäden, die sich nicht aus Personen- oder Sachverletzungen bzw. der Restitution solcher Personen- oder Sachschäden herleiten. Eine ähnliche Definition ergibt sich für das Versicherungsvertragsrecht aus der Zusam-

---

[12] Für die Schweiz *Roberto*, AJP 1999, 511; für Österreich OGH RdW 2010/164: „Der Begriff „reine Vermögensschäden" ist im österreichischen Recht eindeutig".
[13] Vgl. auch *von Bar*, Gemeineuropäisches Deliktsrecht II (1999), Rn. 25, der dies von Land zu Land unterschiedlich definiert sieht, allerdings zwei dominierende Ansätze ausmachen kann.
[14] Vgl. § 253 Abs. 1 BGB: „Entschädigung in Geld nur in den durch das Gesetz bestimmten Fällen".
[15] ZB unter E./I./2./a)/bb)/(2).
[16] *Karampatzos*, Vertrag mit Schutzwirkung für Dritte (2005), 45; *Coors*, PHi 2015, 116 (117).

menschau von Ziff. 1.1 und Ziff. 2.1 der Allgemeinen Versicherungsbedingungen für die Haftpflichtversicherung,[17] indem für Schadensereignisse, die *„einen Personen-, Sach- oder sich daraus ergebenden Vermögensschaden zur Folge hatten"* Deckungsschutz gewährt wird, darüber hinaus (also bei reinen Vermögensschäden) aber verwehrt bleibt.[18] Für die hiesige Untersuchung ist dieser Definitionsansatz zu weit und unpräzise, da er – aus schadensersatzrechtlicher Perspektive – auf die weiteren verletzbaren Persönlichkeitsrechte wie Freiheit, Ehre usw. keinen Bezug nimmt.

Alternativ versucht *Doobe*,[19] sich der passenden Definition durch die Verquickung der Einzeldefinitionen des Schadens und des Vermögens zu nähern. Er schlägt vor, unter reinem Vermögensschaden denjenigen Schaden zu verstehen, der für den in seinem Vermögen Geschädigten

„weder Personen- (Verletzung von Leben, Körper, Gesundheit, Freiheit oder sonstigen Persönlichkeitsrechten des Geschädigten) noch Sachschaden (Zerstörung, Beschädigung, Beeinträchtigung oder Verlust einer Sache des Geschädigten) ist und sich auch nicht aus einem solchen Schaden herleitet".[20]

Der schadenersatzrechtliche Ansatz *Doobes* entspricht dabei erneut einer versicherungsvertragsrechtlichen Definition[21] und findet sich – mit Ausnahme der Persönlichkeits- und Freiheitsrechte – praktisch deckungsgleich in den Allgemeinen Versicherungsbedingungen[22] für die Vermögensschaden-Haftpflichtversicherung von Aufsichtsräten, Vorständen und Geschäftsführern.[23]

Dass sich gerade im Versicherungsvertragsrecht möglichst feingliedrige Definitionen des reinen Vermögensschadens zur klaren Umreißung der Versicherungsreichweite etablieren, überrascht nicht. Bei der D&O-Versicherung ist dies sogar unbedingt notwendig, dient diese doch allein dem Zweck, die Ersatzpflicht für reine Vermögensschäden zu versichern.[24] Die allgemeinen Versicherungsbedingungen für die Haftpflichtversicherung verfolgen dagegen das konträre Ziel, reine Vermögensschäden möglichst präzise von

---

[17] AHB, Musterbedingungen des GDV, Stand Februar 2016; *Büsken*, in: MüKo VVG III², 300. Allgemeine Haftpflichtversicherung, Rn. 46.
[18] *Büsken*, in: MüKo VVG III², 300. Allgemeine Haftpflichtversicherung, Rn. 46; *Lücke*, in: Prölss/Martin VVG³¹, AHB Ziff. 1 Rn. 37.
[19] *Doobe*, Ersatz reiner Vermögensschäden Dritter (2014), 33 f.
[20] *Doobe*, Ersatz reiner Vermögensschäden Dritter (2014), 36 f.
[21] Ausführlich *Ihlas*, in: MüKo VVG III², 320. Directors & Officers-Versicherung, Rn. 202 ff. mit Bezug auf den bürgerlich-rechtlichen Begriff des Vermögensschadens.
[22] Ziff. A-1 Abs. 2 AVB-AVG, Musterbedingungen des GDV, Stand Mai 2020.
[23] Die gängigere Bezeichnung ist die Directors-and-Officers-Versicherung, kurz D&O-Versicherung.
[24] *Ihlas*, in: MüKo VVG III², 320. Directors & Officers-Versicherung, Rn. 202; *Dreher*, ZHR 165 (2001), 293 (296); für Österreich *Lanner*, in: Gisch/Koban/Ratka (Hrsg.), Haftpflichtversicherung (2016), 59.

der Deckung auszunehmen.[25] Auffallend ist vielmehr, dass sich die schadensersatzrechtliche Literatur bei ihrer Definitionsfindung *kaum ausdrücklich auf die im Versicherungsvertragsrecht bestehenden Begriffsparallelen beziehen.*[26] An einer etwaigen, erst jungen Definitionsarbeit im Versicherungsvertragsrecht kann dies kaum liegen, steht dort doch der Ausschluss reiner Vermögensschäden und die dafür erforderliche Definition solcher Schäden in langer Tradition: Schon das RG[27] orientierte sich an der in den damaligen Versicherungsbedingungen für die Haftpflichtversicherung aufzufindenden Definition, die bis heute inhaltlich unverändert geblieben ist.

b) Definition aus deliktischer Perspektive

Aus schadensersatzrechtlicher Definitionsperspektive fällt weiterhin auf, dass der sich am Wortlaut des Gesetzes orientierende und damit eigentlich am nächsten liegende Definitionsansatz kaum verfolgt wurde.[28] § 823 Abs. 1 BGB ordnet eine Ersatzpflicht für die Verletzung der in seinem Katalog aufgeführten Rechtsgüter an. Das Vermögen findet hier – auch als sonstiges Recht – bekanntlich keinen Schutz. *G. Wagner*[29] bezeichnet es sogar gerade als „die inhaltliche Pointe des Deliktssystems des BGB", dass § 823 Abs. 1 BGB nur den Schutz absoluter Rechte, nicht aber des Vermögens gewährt. Damit ergibt sich bereits unmittelbar aus dem Gesetz eine klare Abgrenzung und Gegenüberstellung von einerseits geschützten Rechtsgütern (Leben, Körper, Gesundheit, Freiheit, Eigentum oder sonstiges Recht) und andererseits nicht geschützten Rechtsgütern (reines Vermögen).

Nach dieser innerdeliktischen Betrachtungsweise lässt sich daher der reine Vermögensschaden denkbar knapp als der Schaden definieren, *der für den Geschädigten nicht aus einer Verletzung eines von § 823 Abs. 1 BGB geschützten Rechtsgutes resultiert.*[30]

---

[25] Vgl. Ziff. 1.1, 2.1 AHB, Musterbedingungen des GDV, Stand Februar 2016; ferner BGH VersR 2013, 709 (710 f.); OLG Karlsruhe NJW-RR 2014, 464 f.
[26] Seltene Ausnahmen darstellend *Brüggemeier*, Strukturen, Prinzipien, Schutzbereich (2006), 349; *Coors*, PHi 2015, 116 (117 f., Fn. 20, 22, 23); auch in Österreich wird bzgl. des reinen Vermögensschadens auf die begriffliche Parallele zwischen Schadenersatz- und Versicherungsrecht hingewiesen, so *Koziol*, in: FS Fenyves (2013), 241 (243).
[27] RGZ 160, 48 (50).
[28] Soweit ersichtlich nur *Faust*, AcP 210 (2010), 555 f.; *Magnus*, in: NK-BGB[4], § 249 Rn. 70; unter Verweis auf *Faust* und *Magnus* nun auch *Koch*, in: Bruck/Möller VVG[9] IV, AHB 2012, Ziff. 2 Rn. 4; *Thomale*, ZVglRWiss 119 (2020), 59 (62 f.).
[29] *G. Wagner*, in: MüKo BGB[8], § 823 Rn. 423.
[30] *Röthel*, JURA 2021, 258 (259); *Thomale*, ZVglRWiss 119 (2020), 59 (62 f.); *Faust*, AcP 210 (2010), 556; vgl. *S. Lorenz*, JuS 2019, 852.

c) Zusammenfassung

Es lassen sich zusammenfassend in Deutschland zwei Definitionsansätze beobachten: den schadensersatzrechtlichen Ansatz, der sich am Wortlaut des § 823 Abs. 1 BGB orientiert und den versicherungsvertragsrechtlichen Ansatz, der sich in verschiedenen AHB niedergeschlagen hat. Die eingangs erwähnten jüngeren Definitionsversuche sind zwar allesamt im schadensersatzrechtlichen Kontext verfasst worden, entsprechen jedoch (bewusst oder unbewusst) in Inhalt und Herangehensweise mehr oder weniger den im Versicherungsvertragsrecht etablierten Definitionen, sodass sie dem versicherungsvertragsrechtlichen Ansatz zuzuordnen sind.

Der versicherungsvertragsrechtliche und der schadensersatzrechtliche Definitionsansatz weisen zwar die gleichen zwei Grundkomponenten auf:[31] Zum einen werden Schäden durch Verletzungen absolut geschützter Rechtsgüter bzw. Personen- und Sachschäden dem reinen Vermögensschaden gegenübergestellt. Zum anderen wird der reine Vermögensschaden stets negativ definiert.[32] Im Ergebnis ist die schadensersatzrechtliche Definition aber inhaltlich weiter gefasst, da sie – anders als nach AHB üblich – auch Schäden durch Verletzungen der Freiheit sowie der sonstigen von § 823 Abs. 1 BGB geschützten absoluten Rechte dem reinen Vermögensschaden gegenüberstellt.[33]

Die schadensersatzrechtliche Definition ergibt sich unmittelbar aus prominenter Stelle im Gesetz, und erscheint schon deshalb vorzugswürdig. Dies verdeutlichen auch die folgenden Definitionsansätze in Österreich und der Schweiz, wo sich an vergleichbarer Stelle im außervertraglichen Haftpflichtrecht jeweils eine Generalklausel anstelle eines Rechtsgutskatalogs findet, dem Definitionssuchenden die in Deutschland noch einfachste Orientierung am Gesetzeswortlaut so gerade verwehrt bleibt und im Ergebnis dennoch die Gegenüberstellung mit den deliktisch nicht geschützten Positionen gesucht wird.

2. Definitionsansätze in Österreich

In Österreich finden sich ähnliche Definitionsansätze wie in Deutschland. Die Definitionen im Versicherungsvertragsrecht entsprechen denen in Deutschland. In den gängigen Allgemeinen Bedingungen der österreichischen D&O-Versicherung findet sich eine mit dem oben erläuterten deutschen Bedingungswerk deckungsgleiche Definition des reinen Vermögensschadens.[34]

---

[31] Vgl. *Doobe*, Ersatz reiner Vermögensschäden Dritter (2014), 35 f.
[32] *Faust*, AcP 210 (2010), 556; *Koch*, in: Bruck/Möller VVG⁹ IV, AHB 2012, Ziff. 2 Rn. 4.
[33] *Koch*, in: Bruck/Möller VVG⁹ IV, AHB 2012, Ziff. 2 Rn. 4; vgl. auch *Lücke*, in: Prölss/Martin VVG³¹, AHB Ziff. 1 Rn. 37.
[34] Vgl. *Lanner*, in: Gisch/Koban/Ratka (Hrsg.), Haftpflichtversicherung (2016), 59.

Im Kontext der allgemeinen Haftpflichtversicherung wird – wie in Deutschland – der reine Vermögensschaden als Nichtsach- und Nichtpersonenschaden definiert.[35] Stärker als in Deutschland wird hier allerdings auch aus schadensersatzrechtlicher Perspektive ein versicherungsvertragsrechtlicher Definitionsansatz verfolgt und auf die zwischen diesen beiden Rechtsgebieten bestehenden Parallelen hingewiesen.[36]

Weit überwiegend finden sich jedoch ausschließlich schadensersatzrechtliche Definitionsansätze. So gelten reine Vermögensschäden in Rechtsprechung und Literatur als die Schäden, die *nicht auf der Verletzung eines absolut geschützten Rechtsgutes beruhen.*[37] *Koziol*[38] ergänzt diese Formel um Regelbeispiele und präzisiert reine Vermögensschäden als

„nachteilige Vermögensveränderungen, die ohne Verletzung eines sogenannten absolut geschützten Rechtsgutes, also insbesondere der Persönlichkeitsrechte, der dinglichen Rechte und Immaterialgüterrechte herbeigeführt werden".

Wie nach der oben beschriebenen schadensersatzrechtlichen Definition in Deutschland wird auch in Österreich der reine Vermögensschaden negativ definiert und den Schäden aus der Verletzung *absolut geschützter Rechtsgüter* gegenübergestellt.

Die in § 823 Abs. 1 BGB enumerierten absoluten Rechtsgüter und die von § 1295 Abs. 1 ABGB geschützten absoluten Rechtsgüter gleichen sich weitestgehend.[39] Die österreichische Definition stellt das reine Vermögen den absoluten Rechtsgütern gegenüber und entspricht damit im Ergebnis der deutschen, sich am Wortlaut des § 823 Abs. 1 BGB orientierenden Definition.

---

[35] OGH RdW 2007/421; *Grubmann*, VersVG (2017), III, AHVB 2.9.1, E 22; *Maitz*, AHVB/EHVB (2018), 324.
[36] *Koziol*, in: FS Fenyves (2013), 241 (243 mwN in Fn. 5).
[37] OGH RPA 2018, 340 (342) mAnm *Götzl/Thiele*; OGH ecolex 2017/213; *Wittwer*, in: TaKomm ABGB⁵, § 1295 Rn. 42; *Karner*, in: KBB ABGB⁶, § 1295 Rn. 2; *Perner/Spitzer/Kodek*, Bürgerliches Recht (2019), 322; *Schmaranzer*, Vertrag mit Schutzwirkung zugunsten Dritter (2006), 113; *Klement*, ecolex 2020, 394 (395); *Weiß*, RdU 2017, 83 (86); ähnlich, allerdings ohne die Bezugnahme auf die Absolutheit der anderen Rechtsgüter *Melcher*, VbR 2017, 126 (127).
[38] JBl 2004, 273; *ders.*, Haftpflichtrecht II (2018) A/2/96; sich *Koziols* Definition augenscheinlich anschließend *Welser/Zöchling-Jud*, Bürgerliches Recht II (2015), Rn. 1352, 1397.
[39] Vgl. *Harrer/E. Wagner*, in: PraxKomm ABGB⁴, § 1295 Rn. 1; *Koziol*, ZEuP 1995, 359 (360); eine Ausnahme stellt das Recht am eingerichteten und ausgeübten Gewerbebetrieb als sonstiges Recht iSd § 823 Abs. 1 BGB dar. Während es in Deutschland den absoluten Rechtsgütern weitgehend gleichgestellt über § 823 Abs. 1 BGB Schutz findet (BGHZ 208, 119 = NJW 2016, 2110 [2112] mAnm *Vohwinkel/Huff*; OLG Frankfurt GRUR-RR 2017, 461 [463]; OLG München NJOZ 2015, 1960 [1961]; OLG Köln VersR 2011, 87), hat es in Österreich keine entsprechende Anerkennung gefunden; hierzu *Koziol*, Haftpflichtrecht II (2018), A/2/188 f.; *Wittwer*, in: TaKomm ABGB⁵, § 1295 Rn. 4; hierzu weiterführend unter F./II./1./b)/dd)/(1).

3. Definitionsansätze in der Schweiz

Die Art und Weise der Definitionsbildung in der Schweiz ähnelt der in den Nachbarrechtsordnungen. Der reine Vermögensschaden wird negativ definiert, indem er anderen Schadensarten gegenübergestellt wird. Die unterschiedlichen schweizerischen Definitionsansätze unterscheiden sich in ihrer Reichweite und gleichen vor allem den hybriden Begriffsbeschreibungen in Deutschland. Die in der schweizerischen Lehre (schadensersatz-[40] wie versicherungsrechtlich)[41] *verbreitetste Definition* versteht den reinen Vermögensschaden als *den Schaden, der weder Sach- noch Personenschaden ist*. Nach dieser sehr weiten Definition führt allerdings auch die Verletzung von Persönlichkeitsrechten und Immaterialgüterrechten zu reinen Vermögensschäden im Sinne dieser Untersuchung.[42]

Wohl auch aufgrund der Weite der vorstehenden Definition finden sich einzelne, differenziertere Definitionsansätze, die die Schäden durch Persönlichkeits- und Immaterialgüterrechtsverletzung aus dem Bereich des reinen Vermögensschadens herausnehmen.[43] So beschreibt *Roberto*[44] die reine Vermögensbeeinträchtigung als Eingriff in das Vermögen, „ohne dass ein persönliches Rechtsgut oder das Eigentum (bzw. ein sonstiges ‚dinglich verfestigtes' Rechtsgut) betroffen ist".

Das BG und Teile der Lehre verfolgen einen Ansatz, der der schadenersatzrechtlichen Definition in Deutschland und Österreich gleicht. Hiernach sind reine Vermögensschäden solche Schäden, die nicht auf der Verletzung *absolut geschützter Rechtsgüter* beruhen.[45] Welche Rechtsgüter im

---

[40] *Brehm*, in: Berner Komm OR⁵, Art. 41 Rn. 75d, 85; *Fellmann*, in: Haftpflichtprozess 2019, 91 (93); *Fellmann/Kottmann*, Haftpflichtrecht I (2012), Rn. 267; *M. Keller/Gabi/Gabi*, Haftpflichtrecht (2012), 17; *Lorandi*, recht 1990, 119 (120); *Müller*, in: CHK³, Art. 41 OR Rn. 25; *Schönenberger*, Haftung für Rat und Auskunft (1999), 4; *Roberto*, AJP 1999, 511.
[41] Zur entsprechenden Definition in der Betriebshaftpflichtversicherung *Spicher/Otz*, HAVE 2018, 462 (466 f.); zum Einfluss der schadenersatzrechtlichen Kategorie der reinen Vermögensschäden auf die Allgemeinen Bedingungen der Betriebshaftpflichtversicherung *Fuhrer*, HAVE 2015, 334.
[42] So *Schönenberger*, Haftung für Rat und Auskunft (1999), 5; *M. Keller/Gabi/Gabi*, Haftpflichtrecht (2012), 17; *Gabriel*, Die Widerrechtlichkeit in Art. 41 Abs. 1 OR (1987), Rn. 273; ferner *Kessler*, in: BaslerKomm OR, Art. 41 Rn. 12; dagegen zurecht *Probst*, in: Probst/Werro (Hrsg.), Strassenverkehrsrechtstagung 2012 (2012), 1 (37 f.).
[43] *W. Fischer*, in: HaftpflichtKomm (2016), Art. 41 OR Rn. 53, allerdings mit einer eigenwilligen Terminologie, die in dieser Form exklusiv zwischen „*sonstigen*", d.h. dort ersatzfähigen und „*reinen*", d.h. dort nichtersatzfähigen Vermögensschäden unterscheidet.
[44] Haftpflichtrecht (2018), § 5 Rn. 65; bemerkenswert ist insbesondere, dass *Roberto* zuvor (AJP 1999, 511) noch eine weitgefasstere Definition verwendete: „weder Personennoch […] Sachschaden".
[45] BGE 119 II 127 (129); im vorangegangenen Jahr verstand das BG den reinen Vermögensschaden in einer versicherungsrechtlichen Entscheidung, aber mit explizitem Bezug auf haftpflichtrechtliche Literatur, dagegen noch umfassender als „Vermögenseinbusse […], ohne dass eine Person verletzt oder getötet oder eine Sache beschädigt oder zerstört wird", BGE 118 II 176 (179); *Koller*, AJP 2020, 1381; *Fisch*, Eigentumsgarantie und

schweizerischen Recht nun absoluten Schutz genießen, ergibt sich, mit Ausnahme des in Art. 28 ZGB normierten Persönlichkeitsrecht, nicht unmittelbar aus dem Gesetz.[46] Wie im österreichischen Recht enthält auch die schweizerische Entsprechungsnorm in Art. 41 Abs. 1 OR keinen die absolut geschützten Rechtsgüter aufzählenden Katalog, sondern eine Generalklausel. Nach dieser schuldet Ersatz, wer widerrechtlich und schuldhaft einen Schaden verursacht. Ebenso wie in Österreich erfolgt die Konkretisierung dieser Generalklausel über die Merkmale der Kausalität und vor allem der Rechtswidrigkeit. Zu den verschiedenen Rechtswidrigkeitstheorien sei auf die unten stehenden, ausführlichen Ausführungen verwiesen.[47] Als absolute Rechte, die gegenüber jedermann gelten und deren Verletzung stets rechtswidrig ist, sind jedenfalls anerkannt: die höchstpersönlichen Rechte wie das Leben, die körperliche Integrität, die Freiheit und die Ehre, dingliche Rechte wie Eigentum, Besitz und weitere beschränkt dingliche Rechte sowie die Immaterialgüterrechte.[48]

Mit der letztgenannten Definition ist damit ein reiner Vermögensschaden nur ein solcher Schaden, der nicht auf der Verletzung eines der vorgenannten Rechtsgüter beruht. Diese Definition ist damit die denkbar engste aus Schweizer Perspektive und nimmt nun auch die Schäden durch Verletzung der Persönlichkeits- und Immaterialgüterrechte vom reinen Vermögensschaden aus. Weiterhin entspricht sie der deutschen und österreichischen schadensersatzrechtlichen Definition.

Insbesondere dann, wenn Autoren aus Schweizer Perspektive in Festschriften für deutsche oder österreichische Kollegen den reinen Vermögensschaden definieren, verfolgen sie ebenfalls diesen möglichst engen Definitionsansatz.[49] Auch dies deutet darauf hin, dass sich die in der Lehre herrschende schweizerische Definition spätestens bei einer grenzübergreifenden Betrachtung als zu weit gefasst erweist.

Nichtersatzfähigkeit reiner Vermögensschäden (2020), Rn. 472; *Fellmann*, in: Haftpflichtprozess 2019, 91 (93, 96); *Gauch*, recht 1996, 225 (227); *ders./Sweet*, in: FS Keller, 119; *Kessler*, in: Basler Komm OR I⁷, Art. 41 Rn. 34; *Stehle*, Versorgungsschaden (2010), 11; vgl. auch *Kramer*, recht 1984, 128 (131).

[46] *Oftinger/Stark*, Schweizerisches Haftpflichtrecht (1995), § 4 Rn. 26.
[47] Hierzu siehe unter F./II./1./a).
[48] *W. Fischer*, in: HaftpflichtKomm (2016), Art. 41 OR Rn. 64; *Oftinger/Stark*, Schweizerisches Haftpflichtrecht (1995), § 4 Rn. 26; *Schnyder/Portmann/Müller-Chen*, Ausservertragliches Haftpflichtrecht (2013), Rn. 150; ausführlich zum absoluten Schutz der Immaterialgüterrechte *Probst*, in: Probst/Werro (Hrsg.), Strassenverkehrsrechtstagung 2012 (2012), 1 (37 f.).
[49] Als Schweizer zu Ehren eines österreichischen Kollegen *P. Widmer*, in: FS Koziol (2010), 943 (944); als in der Schweiz lehrender Deutscher zu Ehren eines deutschen Kollegen *Honsell*, in: FS W. Lorenz (2001), 483.

4. Zwischenergebnis

In allen Rechtsordnungen des deutschen Rechtskreises finden sich jeweils mehrere Ansätze zur Definition des reinen Vermögensschadens. Gemeinsam ist allen Definitionen, dass sie dem reinen Vermögensschaden andere Schadensarten gegenüberstellen und ihn so negativ definieren. Insbesondere in Deutschland, aber auch in Österreich lassen sich einerseits ein versicherungsvertragsrechtlicher und andererseits ein schadensersatzrechtlicher Definitionsansatz erkennen. Der überwiegende Teil der schweizerischen Lehre vertritt eine weitgehende Definition, die den reinen Vermögensschaden allein als Nichtsach- und Nichtpersonenschaden versteht. Hiernach wären auch Schäden durch Persönlichkeits- und Immaterialgüterrechtsverletzungen als reine Vermögensschäden zu begreifen.

Aus der Schnittmenge der verschiedenen Definitionen ergibt sich ein Ansatz, der in allen drei Ländern verfolgt wird. Hiernach ist der *reine Vermögensschaden ein Schaden, der nicht auf der Verletzung eines absolut geschützten Rechtsgutes des Geschädigten beruht.*

Diese Definition wird auch dieser Untersuchung zugrunde gelegt. Zum einen handelt es sich hierbei um die weiteste und gleichzeitig universellste, das heißt in allen Ländern des deutschen Rechtskreises auftretende Definition. Auch die Definitionsreichweite in den einzelnen Ländern gleicht sich, da in Deutschland, Österreich und der Schweiz grundsätzlich dieselben Rechtsgüter absoluten Schutz erfahren.

Zum anderen sprechen auch hinsichtlich jeder einzelnen Rechtsordnung die besseren Argumente für diesen Definitionsansatz: In Deutschland drängt bereits die Tatbestandsformulierung des § 823 Abs. 1 BGB diese Definition auf. In Österreich findet sich diese Definition bereits fast ausschließlich in Rechtsprechung und Literatur. In der Schweiz wird in der Lehre überwiegend eine weit gefasstere Definition vertreten und der reine Vermögensschaden schlicht als Nichtpersonen- und Nichtsachschaden verstanden. Schäden an Persönlichkeits- und Immaterialgüterrechten gelten damit als reine Vermögensschäden. Gleichzeitig sind entsprechende Schädigungen jedoch grundsätzlich rechtswidrig und damit haftpflichtbegründend.[50] Gegenstand der hiesigen Untersuchung ist jedoch der reine Vermögensschaden als der Schaden, dessen fahrlässige Verursachung in allen drei Rechtsordnungen grundsätzlich nicht, sondern nur ausnahmsweise rechtswidrig ist.[51] Für den hier verfolgten Ansatz ist die herrschende schweizerische Definition damit zu weit. Die Arbeit legt hier stattdessen die Auffassung des BG und einzelner Teile der Lehre zugrunde, die den reinen Vermögensschaden dem Scha-

---

[50] *Lorandi*, recht 1990, 119 (22 f.).
[51] Siehe insbesondere zur im Umgang mit reinen Vermögensschäden wegweisenden Widerrechtlichkeitskonzeption in Österreich und der Schweiz unter D./II./1. und D./III./1./a).

den aus der Verletzung absolut geschützter Rechtsgüter (und damit Persönlichkeits- und Immaterialgüterrechte einschließend) gegenübergestellt. Die Vorzugswürdigkeit dieser präziseren Definition belegen insbesondere die Stimmen in der Schweizer Literatur, die um einen engeren Ansatz bemüht sind oder gerade bei rechtskreisinterner, grenzübergreifend relevanter Literatur diesen engen Ansatz verfolgen.

II. Prinzipienparallelen – der reine Vermögensschaden und der Reflex- bzw. Drittschaden

Für diese Untersuchung von zentraler Bedeutung ist die sich unmittelbar aus dem BGB bzw. dem Widerrechtlichkeitsverständnis des ABGB und OR ergebende Regel, dass fahrlässig verursachte reine Vermögensschäden grundsätzlich nicht ersatzfähig sein sollen. Diese Regel geht einher mit einem weiteren, aber eigentlich weitgehend deckungsgleichen haftungsrechtlichen Grundprinzip – dem *Dritt- bzw. Reflexschadenersatzverbot*. Wie im Folgenden gezeigt wird, lässt sich dieses Prinzip vernachlässigen, indem stattdessen die parallel laufende, aber präzisere Frage nach dem *grundsätzlichen außervertraglichen Schutz des reinen Vermögens* gestellt wird.

1. Grundsatz: Kein Ersatzanspruch des nur mittelbar Geschädigten

In allen drei hier untersuchten Rechtordnungen gilt als zentraler Grundsatz, dass sog. Reflex- oder auch Drittschäden nicht zu ersetzen sind.[52] Anspruchsberechtigt ist nur der *unmittelbar Geschädigte,* nicht aber der nur *mittelbar* bzw. *reflektorisch Geschädigte.*[53] In der deutschen (Ausbildungs-)

---

[52] Die Terminologie ist im deutschen Rechtskreis uneinheitlich. In Deutschland und Österreich wird die hier angesprochene Konstellation in erster Linie als *Drittschaden* bzw. als Schaden des *mittelbar Geschädigten* bezeichnet. Als Reflexschaden gilt dort wiederum die bestimmte gesellschaftsrechtliche Drittschadenskonstellation, in der Verminderungen des Gesellschaftsvermögens sich als sekundäre Schädigung des Aktionärs auswirken. In der Schweiz dagegen wird der *Reflexschaden* insbesondere als Synonym für den deutschen und österreichischen Oberbegriff des Drittschadens verwendet (zum speziellen gesellschaftsrechtlichen Reflexschaden BGE 148 III 11 [14]). Diese terminologischen Unterschiede wirken sich praktisch nicht aus. Der dahinterstehende Grundsatz ist in allen hier behandelten Rechtsordnungen in der Sache gleich, vgl. nur die Beispiele aus der jüngeren Rechtsprechung, BGH NJW 2004, 2894 (2895); KG jurisPR-VerkR 17/2020 mAnm. 2 *Lang*; OGH NZ 2018/141; BGE 147 III 402 (412); 138 III 276 (279).

[53] Lehrbuchartig OGH JBl 2020, 115 (117) und BG, Urt. v. 18.6.2019 – 2C_809/2018 E.5.5, 5.6; *Ch. Huber*, ZVR 2018, 193 (195); diese Regel wird als sog. *Tatbestandsprinzip* bzw. *Gläubigerinteresse* bezeichnet, zuletzt *von Graffenried*, Schadloshaltung des Dritten (2019), Rn. 118 ff.; *Brüggemeier*, Strukturen, Prinzipien, Schutzbereich (2006), 547; *Koller*, in: Koller (Hrsg.), Haftpflicht- und Versicherungsrechtstagung St. Gallen 2005 (2005), 1 (4); *Oetker*, in: MüKo BGB^9, § 249 Rn. 280 f. mwN.

Literatur wird dieser Grundsatz spezifischeren Ausführungen häufig als zentrale Regel vorangestellt.[54] Weiter differenziert wird dieses Reflexschadenersatzverbot dabei kaum.[55]

Als Reflex- bzw. Drittschäden gelten solche Schäden, die einer Person als Folge eines haftungsbegründenden Ereignisses entstehen, durch welches zunächst absolut geschützte Rechtsgüter *einer anderen Person* verletzt wurden.[56] Das hierzu vielfach bemühte Schulbeispiel ist der sog. *Kabelbruch-Fall* (Fallbeispiel 1):[57] Die Zerstörung eines Stromkabels stellt für dessen Eigentümer (häufig eine Stromversorgungsgesellschaft) einen ersatzfähigen, weil auf einer Eigentumsverletzung beruhenden Sachschaden dar. Der an das Stromnetz angeschlossene Strombezieher, der aufgrund der das fremde Eigentum beschädigenden Handlung nun Strom- und damit Gewinnausfälle erleidet, ist mangels eigener *Eigentums*verletzung nur reflektorisch geschädigt. Sein reflektorisch verursachter (reiner Vermögens-)Schaden ist also nicht zu ersetzen. Ausschlaggebendes Kriterium für die Ersatzfähigkeit des Direktschadens einerseits und der Nichtersatzfähigkeit des (indirekten) Reflexschadens ist die Unmittelbarkeit, d.h. die Beziehungsnähe zwischen haftungsbegründendem Verhalten und Schadenseintritt.[58]

Das Reflexschadenersatzverbot ist auch für die hiesige Untersuchung von Bedeutung: Reflexschäden können als Sach- oder Personenschaden aus der indirekten Verletzung absolut geschützter Rechtsgüter entstehen.[59] In aller Regel handelt es sich jedoch um *reflektorisch verursachte reine Vermögensschäden*.[60] Hierbei fällt auf, dass sich etwaige Diskussionen in den Fällen, in denen ein Reflexschaden gleichzeitig ein reiner Vermögensschaden ist, stets

---

[54] *Brüggemeier*, Struktur, Prinzipien, Schutzbereich (2006), 547; *Deutsch/Ahrens*, Deliktsrecht (2014), Rn. 623; *Fuchs/Pauker/Baumgärtner*, Delikts- und Schadensersatzrecht (2017), 215; *Goerth*, JA 2005, 29; *Looschelders*, Schuldrecht BT (2021), § 71 Rn. 8; *von Schroeter*, JURA 1997, 343; *Traugott*, ZIP 1997, 872; *von Caemmerer*, in: FS Deutscher Juristentag (1960), 49 (68).

[55] Mit dem differenzierenden Bezug auf Dritt*vermögens*schäden zB *Larenz/Canaris*, Schuldrecht BT (1994), 357; *Wandt*, Gesetzliche Schuldverhältnisse (2020), § 24 Rn. 53; im Ansatz differenzierend auch *Looschelders*, Schuldrecht BT (2021), § 71 Rn. 8.

[56] BGH NJW-RR 2005, 673 (674); *Landolt*, in: Zürcher Komm OR³, Vorb. Art. 45/46 Rn. 97; vgl. *Harrer*, in: FS 200 Jahre ABGB, 381 (393).

[57] Siehe unter A./II.

[58] *Landolt*, in: Koller (Hrsg.), Haftpflicht- und Versicherungsrechtstagung St. Gallen 2005 (2005), 23 (38).

[59] *Meierhans*, recht 1994, 202 (203 Fn. 15); siehe hierzu unter C./II./2./a).

[60] OLG München VersR 2022, 56 (57) mAnm *Schultess*: „Es handelt sich […] um einen reinen Vermögensschaden, die Hinterbliebenen sind insofern mittelbar geschädigt"; *Canaris*, in: FS Larenz (1983), 27 (37); *Fisch*, Eigentumsgarantie und Nichtersatzfähigkeit reiner Vermögensschäden (2020), Rn. 376 Fn. 48; *Schönenberger*, in: KuKo OR, Art. 41 Rn. 11; *Meierhans*, recht 1994, 202 (203); *Gauch*, recht 1996, 225 (227); *Wandt*, Gesetzliche Schuldverhältnisse (2020), § 24 Rn. 53; exemplarisch OGH, Urt. v. 24.1.2013 – 2 Ob 6/13s, teilw. veröff. in Zak 2013/228: „Beim Schaden des Bundes […] handelt es sich um einen bloßen Vermögensschaden, der Bund ist nicht unmittelbar, sondern nur mittelbar Geschädigter".

um das Reflexschadencharakteristikum drehen, nicht jedoch um den (dieser Untersuchung näher liegenden) *Aspekt der (Nicht-)Haftung für reine Vermögensschäden*.[61] Exemplarisch hierfür ist die Behandlung des Unterhalts- bzw. Versorgungsschadens nach §844 Abs.2 BGB, §1327 ABGB bzw. Art.45 Abs.3 OR. Nach all diese Normen wird dem Unterhaltsgläubiger ausnahmsweise ein Ersatzspruch für seinen reinen Vermögensschaden gewährt, der ihm aufgrund der Tötung des ihn Unterhaltenden entsteht.[62] Hierin wird überwiegend nur eine bemerkenswerte Ausnahme vom Reflexschadenersatzverbot gesehen.[63] Dies ist zwar zutreffend, die Singularität dieses Befundes aber eigentlich keine Selbstverständlichkeit – ist hierin doch genauso eine *ausnahmsweise angeordnete Haftung* für reine Vermögensschäden zu erblicken.[64]

Letztendlich decken sich das Reflexschadenersatzverbot und die grundsätzliche Verneinung der deliktischen Haftung für fahrlässig verursachte reine Vermögensschäden in ihrem Kern.[65] Unmittelbar Geschädigter ist der, *in dessen Person* sich eine deliktsrechtlich relevante Rechtsguts- bzw. Schutzgesetzverletzung verwirklicht. Reflexgeschädigter dagegen ist derjenige, dem ein Schaden ohne Verletzung eigener absolut geschützter Rechtsgüter bzw. ihn adressierender Schutzgesetze entsteht[66] – es bleibt also nur die Verletzung des noch nicht einmal Schutzgesetzen unterstellten reinen Vermögens. Die Qualifikation als einerseits Reflex- und andererseits reiner Ver-

---

[61] Für die Schweiz soweit erkennbar nur *Lorandi*, recht 1990, 19 (22) und *Roberto*, AJP 1999, 511 (522), der sich der Kritik an der Reflexschadendogmatik anschließt und stattdessen die Haftung für reinen Vermögensschaden als die eigentliche Frage identifiziert; für Deutschland *Glückert*, AcP 166 (1966), 311 (315).

[62] Siehe hierzu ausführlich unter F./I./3/b), d).

[63] BGE 147 III 402 (412); *Ch. Huber*, in: NK-BGB⁴, §844 Rn.1; *Katzenmeier*, AcP 203 (2003), 79 (112, Fn.173); *Danzl*, in: KBB ABGB⁶, §1327 Rn.1; *Magnus*, HAVE 2017, 25 (26).

[64] *Jansen*, RabelsZ 70 (2006), 732 (739 f.); *Probst*, in: Probst/Werro (Hrsg.), Strassenverkehrsrechtstagung 2012 (2012), 1 (26, 40), der allerdings übersieht, dass der Unterhaltsschaden sowohl Reflex- als auch reiner Vermögensschaden ist; vgl. *Gauch*, recht 1996, 225 (227); *Schiemann*, in: Hist.-Krit. Komm BGB, §§ 823–830, 840, 842–853 Rn. 28.

[65] Ganz idS BGHZ 66, 388 = NJW 1976, 1740 (1741): „Schadensersatz für mittelbaren Schaden (den Vermögensschaden, den ein Dritter bei Verletzung eines fremden Rechtsgutes durch bloße Reflexwirkung erleidet)"; dies impliziert auch das der *objektiven Widerrechtlichkeitstheorie* (siehe hierzu unter D./III./1./a) folgende BG, wenn es ausführt, dass sich die Frage, nach dem direkten (ersatzfähigen) oder reflektorischen (nicht ersatzfähigen) Schaden mit der Frage nach der Widerrechtlichkeit der Schädigung deckt, BGE 138 III 276 (279); *Kramer*, AcP 200 (2000), 365 (381): Ersatzfähigkeit von Reflexschäden richtet sich nach Qualität des beeinträchtigten Rechtsgutes; *Jansen*, Struktur des Haftungsrechts (2003), 527 Fn. 440; *Larenz/Canaris*, Schuldrecht BT (1994), 357: „Aus der mangelnden Ersatzfähigkeit reiner Vermögensschäden folgt zugleich, dass mittelbar Beschädigte grundsätzlich keinen Deliktsanspruch gegen den Verletzer haben"; *von Gerlach*, in: FS Steffen (1995), 147 (150); *Förster*, in: BeckOK BGB (62. Ed.), §824 Rn. 29; vgl. ferner BGH NJW 1963, 1871 f. und OGH JBl 2020, 115 (117).

[66] *Wandt*, Gesetzliche Schuldverhältnisse (2020), §24 Rn. 53.

mögensschaden stellt damit nicht einmal die berühmten zwei Seiten einer Medaille dar, sondern ist vielmehr auf der gleichen Medaillenseite, nur aus anderem Blickwinkel zu verorten. Wird nach der Unmittelbarkeit zwischen haftungsbegründendem Ereignis und Schadenseintritt gefragt, lässt sich ein Reflexschaden feststellen.[67] Wird derselbe Schaden nach der Qualität des verletzten Rechtsguts bestimmt, lässt er sich als reiner Vermögensschaden qualifizieren. Die Argumente, die diesen beiden Schadenstypen ihre Ersatzfähigkeit absprechen, sind überdies die gleichen. Um nur das in allen drei Rechtsordnungen zentralste Argument anzuführen: Bei beiden Schadenstypen wird zuvorderst vor der *Gefahr einer ausufernden Haftung* gewarnt.[68] Ohne dass dies in der deutschen Literatur erkennbar thematisiert wird,[69] überlagern sich hier nicht nur zwei die Ersatzfähigkeit ausschließende Grundsätze, sondern stellen sich bei genauerer Betrachtung als unterschiedlich lautende Regeln zu ein und demselben haftungsbegrenzenden Zweck dar. Allein die Perspektive und damit die Verortung des Problemstandpunkts ist eine andere.

2. Die eigentliche Frage: *Haftung für fahrlässig verursachte reine Vermögensschäden?*

Diese Untersuchung betrachtet die hier relevanten Fälle reflektorischer Schädigung allein unter der Prämisse der *Haftung für fahrlässig verursachte reine Vermögensschäden*. Hierfür spricht schon die Tatsache, dass zwar die überwiegenden Reflexschäden reine Vermögensschäden sind,[70] umgekehrt

---

[67] *Landolt*, in: Koller (Hrsg.), Haftpflicht- und Versicherungsrechtstagung St. Gallen 2005 (2005), 23 (38).

[68] Siehe hierzu ausführlich unter E./I./4./c)/bb); mit dem ausdrücklichen Hinweis auf die rechtspolitische Parallelbehandlung von Reflex- und reinen Vermögensschäden *Rey/Wildhaber*, Ausservertragliches Haftpflichtrecht (2018), Rn. 415; ähnlich *G. Wagner*, Deliktsrecht[14], 5/131 Nr. 1, die die Diskriminierung des reinen Vermögensschadens mit der vom Gesetzgeber verfolgten Kanalisierung der Schadenersatzansprüche auf den unmittelbar Verletzten erklären; vgl. *Ch. Huber*, JuS 2018, 744; *ders.*, ZVR 2018, 193 (195 f.); im Einzelnen zur Haftungsbegrenzung BGH NJW 1991, 2340 (2341); OGH AnwBl 2014, 595; mit dem Hinweis auf vernünftige Haftungsgrenzen BG, Urt. v. 18.6.2019 – 2C_809/2018 E.5.5; BGE 142 III 433 (438 f.) = ZVR 2017/136 (271) mAnm *Ch. Huber*; BGE 138 III 276 (279); *Brehm*, in: Berner Komm OR[5], Art. 41 Rn. 22b, 38d; *Landolt*, in: Koller (Hrsg.), Haftpflicht- und Versicherungsrechtstagung St. Gallen 2005 (2005), 23 (38); *Larenz/Canaris*, Schuldrecht BT (1994), 358; *Canaris*, in: FS Larenz (1983), 27 (37); *Höpfner*, in: Staudinger BGB (2021), Vorb. §§ 249 ff. Rn. 49; *Wandt*, Gesetzliche Schuldverhältnisse (2020), § 24 Rn. 53.

[69] Ausnahmen darstellend *von Gerlach*, in: FS Steffen (1995), 147 (149 f.); *Larenz/Canaris*, Schuldrecht BT (1994), 357; *G. Wagner*, Deliktsrecht[14], 5/131 Nr. 1; präzise auch schon *Glückert*, AcP 166 (1966), 311 (315).

[70] *Canaris*, in: FS Larenz (1983), 27 (37); *Schönenberger*, in: KuKo OR, Art. 41 Rn. 11; *Meierhans*, recht 1994, 202 (203); *Gauch*, recht 1996, 225 (227); *Wandt*, Gesetzliche Schuldverhältnisse (2020), § 24 Rn. 53.

aber nur eine verhältnismäßig kleine Gruppe reiner Vermögensschäden reflektorisch verursacht wird.[71] Weiterhin ergibt sich der Grundsatz, das fahrlässig geschädigte reine Vermögen im außervertraglichen Bereich überwiegend nicht zu schützen, jedenfalls in Deutschland unmittelbar aus dem Gefüge der §§ 823 ff. BGB. Das Reflexschadenersatzverbot dagegen ist zwar in Rechtsprechung und Lehre fest verankert, ausdrücklich im Gesetz selbst jedoch nicht.[72]

a) Ersatz reflektorischer Sach- und Personenschäden

Außerdem ist das Reflexschadenersatzverbot dort, wo ihm singuläre Bedeutung zukommen könnte, nämlich abseits der reflektorischen Vermögensschädigung, nicht einmal konsistent. Reflektorisch verursachte Sach- oder Personenschäden können durchaus ersatzfähig sein.[73] Man denke erneut an den vorstehend erläuterten *Kabelbruch-Fall*. Führt die Kabelunterbrechung zu einem Stromausfall und in dessen Folge „lediglich" zu einem Produktionsstillstand mit Gewinneinbußen, liegt ein grundsätzlich nicht ersatzfähiger reiner Vermögensschaden vor. Verderben aber aufgrund des Stromausfalls auf Stromversorgung angewiesene Produkte,[74] werden elektronische Daten verändert bzw. gelöscht[75] oder kommen Endgeräte durch Überspannung zu

---

[71] Vgl. *Loser*, in: Koller (Hrsg.), Haftpflicht- und Versicherungsrechtstagung St. Gallen 2005 (2005), 111 (122 f.); *Kramer*, recht 1984, 128 (132); *Schönenberger*, Haftung für Rat und Auskunft (1999), 32 Fn. 128; *Jansen*, Struktur des Haftungsrechts (2003), 541, *Roberto*, AJP 1999, 511 (522) und *Misteli*, La responsabilité pour le dommage purement économique (1999), 50 ff., nach deren Kategorisierung reflektorische Vermögensschäden nur eine unter mehreren Fallgruppen reiner Vermögensschäden ausmachen; ferner *Lorandi*, recht 1990, 19 (25).

[72] Vgl. *Schiemann*, in: Staudinger BGB (2016), Vorb. §§ 249 ff. Rn. 49, der die Dritthaftungsbeschränkung als rechtspolitisches Ziel des allgemeinen Schadenersatzrechts begreift; *von Schroeter*, JURA 1997, 343.

[73] *Probst*, in: Probst/Werro (Hrsg.), Strassenverkehrsrechtstagung 2012 (2012), 1 (39); kritisch *G. Hager*, JZ 1979, 53 (56), der hier eine sachgerechte Haftungsbegrenzung vermisst.

[74] So jedenfalls in Deutschland und der Schweiz, BGHZ 41, 123 = NJW 1964, 720 (722): Eier in einem elektrischen Brutapparat; LG Wuppertal NJW 1965, 304 (305): Lack infolge Erkaltens der Trockenanlage; BGE 106 II 75 (79): unbrauchbar gewordener Asphalt; hierzu *Ranieri*, Europäisches Obligationenrecht (2009), 1508 ff.; zu weiteren Beispielen *Honsell*, in: FS W. Lorenz (2001), 483 (492 f.); für Österreich anders (inzwischen) der OGH JBl 1976, 210: Ersatzpflicht bei Verderb von auf Stromzufuhr angewiesener Bakterienkulturen verneint, Rechtsprechungsänderung zur noch stattgebenden Vorentscheidung OGH EvBl 1972/296; kritisch und rechtsvergleichend *Picker*, in: FS Koziol (2010), 813 (817 ff.); *G. Hager*, JZ 1979, 53 (56).

[75] OLG Oldenburg ZD 2012, 177; idS auch *G. Wagner*, in: MüKo BGB[8], § 823 Rn. 246; zur Qualifikation von Daten als dem Eigentum unterfallende Sachen für die Schweiz *Brehm*, in: Berner Komm OR[5], Art. 41 Rn. 78c; *Fellmann*, in: Haftpflichtprozess 2019, 91 (93); aA LG Konstanz NJW 1996, 2662; sich anschließend OLG Dresden NJW-RR 2013, 27 (28); *Sprau*, in: Grüneberg BGB[81], § 823 Rn. 9; so auch schon *Honsell*, in: FS W. Lorenz (2001), 483 (493).

Schaden,⁷⁶ geht die Rechtsprechung länderübergreifend von einer Eigentumsschädigung und einem grundsätzlich *ersatzfähigen Sachschaden* aus. Der Tatsache, dass diese sekundären Sachschäden von dem primären Sachschaden am Stromkabel her „reflektieren", wird dabei keine Bedeutung beigemessen.⁷⁷

Gleiches gilt für *Personenschäden*: Erlebt jemand den (tödlichen oder zumindest zu schwersten Verletzungen führenden) Unfall eines nahen Angehörigen mit, kann dies zu einem *Schock* und hierdurch zu einer körperlichen Beeinträchtigung führen. Dies kann auch dann geschehen, wenn der Sekundär- oder sogar Tertiärgeschädigte den Unfall des Primärgeschädigten nicht unmittelbar räumlich-zeitlich miterlebt: Der Schock durch die *Nachricht vom Unfalltod* des Kindsvaters kann zu einer körperlichen Beeinträchtigung der schwangeren Mutter und hierdurch wiederum sogar zu einer körperlichen Schädigung des ungeborenen Kindes führen.⁷⁸ Die vorstehenden Ausführungen legen eigentlich nahe, bei solchen sog. *Schock- bzw. Fernwirkungsschäden*⁷⁹ eine reflektorische Schädigung anzunehmen.⁸⁰ Gerade aber wegen der eigenen körperlichen Beeinträchtigung werden solche Schäden durchweg – und im Ergebnis zu Recht – nicht als ersatzunfähige Reflexschäden, sondern als mittelbar verursachte, *ersatzfähige Direktschäden* der

---

⁷⁶ OGH EvBl 1972/296; diese Rechtsprechung hat der OGH aber inzwischen wieder aufgegeben, genau gegenteilig daher OGH ZVR 1979/93; zuletzt OGH EvBl-LS 2020/66 mAnm *Painsi*.

⁷⁷ Vgl. *Kramer*, AcP 200 (2000), 365 (381), mit dem Verweis auf die schweizerische Rspr, die die Ersatzfähigkeit von Reflexschäden davon abhängig macht, ob ein absolut geschütztes Rechtsgut verletzt wurde.

⁷⁸ BGH NJW 1985, 1390 mAnm *Deubner;* ähnlich OGH ZVR 1980/299: schwangere Frau wird bei Unfall verletzt, wodurch Frühgeburt ausgelöst wird – das hirngeschädigte Kind (unabhängig, ob direkt durch den Unfall verletzt oder erst durch die durch Unfallverletzungen der Mutter ausgelöste Frühgeburt beeinträchtigt) ist nicht mittelbar, sondern unmittelbar Geschädigter.

⁷⁹ Zur Abgrenzung von Schock- bzw. Fernwirkungsschadens *Ch. Huber*, in: TaKomm ABGB⁵, § 1325 Rn. 134; *ders.*, in: NK-BGB⁴, § 253 Rn. 64, § 844 Rn. 127 f.

⁸⁰ So verwendet das BG den Begriff des „reflektorischen Schockschadens", BGE 138 III 276 (286) und führt zudem am Beispiel des Personenschadens aus, dass mittelbare Beeinträchtigungen absolut geschützter Rechtsgüter nicht dem Reflexschadenersatzverbot unterfallen, BG, Urt. v. 18. 6. 2019 – 2C_809/2018 E.5.5; zum Schockschaden als Reflexschaden zuletzt *Kramer*, in: FS Schnyder (2018), 621 (624 f.); *Brehm*, in: Berner Komm OR⁵, Art 41 Rn. 24 sieht den Schockschaden als Ausnahme zum Reflexschadenersatzverbot und bezeichnet ihn als „unechten Reflexschaden"; idS auch *Ch. Huber*, in: TaKomm ABGB⁵, § 1325 Rn. 134; *Schönenberger*, in: KuKo OR, Art. 41 Rn. 11; *Diederichsen*, NJW 2013, 641 (641, 647); ferner *Brüggemeier*, Struktur, Prinzipien, Schutzbereich (2006), 547; *J. Flume*, in: BeckOK BGB (62. Ed.), § 249 Rn. 357 f.; *Kreße*, ZEuP 2014, 504 (515 f.); *G. Hager*, Strukturen des Privatrechts in Europa (2012), 82; *Ranieri*, Europäisches Obligationenrecht (2009), 1557 f.; vgl. *Müller*, in: CHK³, Art. 41 OR Rn. 27; *Studer/Juvet/Zanoni*, HAVE 2019, 219 (221); ferner *Honsell/Isenring/Kessler*, Haftpflichtrecht (2013), § 1 Rn. 48, die Reflex- und Schockschaden nicht etwa nach dem Unmittelbarkeitszusammenhang, sondern (vom Ergebnis betrachtet) nach der Ersatzfähigkeit voneinander abgrenzen.

in ihrer körperlichen Unversehrtheit Beeinträchtigten verstanden.[81] Das Ur-Anliegen der Schockschadenrechtsprechung lässt sich sogar allein darauf reduzieren, den Schockgeschädigten als unmittelbar Verletzten ausweisen zu können.[82] Gleiches gilt für den Fall, dass sich eine Person bei einer Bluttransfusion mit dem HI-Virus infiziert und diese Primärinfektion mangels gebotener ärztlicher Risikoaufklärung zu weiteren Ansteckungen führt. So gilt auch der in der Folge ebenfalls infizierte Ehepartner als durch den Aufklärungsfehler unmittelbar Geschädigter – selbst wenn sich der Erstinfizierte und der zweitinfizierte Ehepartner zum Zeitpunkt der Bluttransfusion und dem Bestehen der Aufklärungsplicht noch nicht einmal kannten.[83]

b) Schadensverlagerung und Liquidation reiner Drittvermögensschäden

Die vorstehend ausgeführten Differenzierungen treten auch bei der sog. *Drittschadensliquidation*[84] zu Tage. Mithilfe dieser Konstruktion, so wird sie insbesondere für das österreichische Recht zu erläutern versucht, soll dem *mittelbar Geschädigten* zu Ersatz verholfen werden.[85] Tatsächlich geht es aber auch hier nur um den *ausnahmsweisen Ersatz reiner Vermögensschäden*;[86] dem Aspekt der reflektorischen Schädigung kommt gar keine eigenständige Bedeutung zu.[87] In den Anwendungsfällen der Drittschadensliquidation ist ein Körperverletzter, ein sachgeschädigter Eigentümer oder ein

---

[81] BGH VersR 2022, 586 (588) = ZVR 2022/116 mAnm *Ch. Huber*; BGHZ 56, 163, = NJW 1971, 1883 (1184); NJW 1985, 1390 mAnm *Deubner*; OGH ZVR 2018/102 (191) mAnm *Danzl/Ch. Huber*; ZVR 1980/299; BG, Urt. v. 18.6.2019 – 2C_809/2018 E.5.5; BGE 138 III 276 (279); *Katzenmeier*, AcP 203 (2003), 79 (112, Fn. 173); *Landolt*, in: FS Jaeger (2014), 355 (359 mwN); *Kreße*, ZEuP 2014, 504 (515 f.); *Ranieri*, Europäisches Obligationenrecht (2009), 1564; so bereits *Glückert*, AcP 166 (1966), 311 (315); die neuste deutsche Rspr. überträgt diesen Grundsatz auch auf das Arzthaftungsrecht, BGHZ 222, 125 = VersR 2019, 960.
[82] BGHZ 56, 163, = NJW 1971, 1883 (1184): Dritter ist „in einem der Rechtsgüter des § 823 Abs 1 BGB betroffen und deshalb unmittelbar Geschädigter".
[83] BGHZ 163, 209 = NJW 2005, 2614 (2617 f.), *in casu* nahm der BGH eine Direktschaden an, indem er den unbekannten, erst zukünftig kennenzulernenden Partner selbst in den Schutzbereich der ärztlichen Aufklärungspflicht miteinbezog. Ob dies sogar für jeden dritten (Sexual-)Partner gilt, wurde ausdrücklich offengelassen; hierzu ausführlich *von Gerlach*, in: FS Steffen (1995), 147 (151 ff.).
[84] Siehe zur Drittschadensliquidation ausführlich unter F./II./2./d).
[85] So ausdrücklich OGH wobl 2020/85 (265); JBl 2017, 796 (797); *Krenmayr*, NZ 2021, 454 (455); *Reischauer*, in: *Rummel* ABGB³, § 1295 Rn. 27; *Karner*, in: KBB ABGB⁶, § 1295 Rn. 17; idS auch OGH ÖBA 2019/2631; *Kodek*, in: ABGB-ON (Stand: 1.1.2018), § 1295 Rn. 45; die Fälle der Drittschadensliquidation als Problem der mittelbaren Schädigung behandelnd *Apathy*, JBl 2009, 69 ff.; für das deutsche Recht *Doobe*, Ersatz reiner Vermögensschäden Dritter (2014), 79 f.; *J. Flume*, in: BeckOK BGB (62. Ed.), § 249 Rn. 367.
[86] Zutreffend *Leitner*, ecolex 2001, 511; auch auf das Charakteristikum des reinen Vermögensschadens abstellend *Koziol*, JBl 2004, 273 (277).
[87] Überzeugend *Kreße*, ZEuP 2014, 504 (511): Dritter ist gar nicht mittelbar geschädigt, sondern macht den auf ihn entfallenden Direktschaden des Verletzten geltend.

Vertragsgläubiger grundsätzlich zur Ersatzforderung aktivlegitimiert. Da ihm seitens eines Dritten aber bereits ein Ausgleich bzw. ein Äquivalent zufließt, fehlt es ihm trotz Verletzung an einem ersatzbedürftigen Schaden. Die Paradebeispiele sind die Verletzung eines Arbeitnehmers, dessen Verdienstausfall durch die Entgeltfortzahlung seines Arbeitgebers aufgefangen wird und die Zerstörung der Kaufsache beim Versendungskauf, wobei die Preisgefahr schon auf den Käufer übergegangen ist.[88] Tatsächlich Vermögensgeschädigte sind in diesen Fällen der Arbeitgeber, der ohne arbeitnehmerische Gegenleistung zur Entgeltfortzahlung verpflichtet ist, und der um die Leistung gebrachte Käufer, für den die Preisgefahr sich nun verwirklicht hat. In Deutschland und Österreich wird diesen Drittgeschädigten unter dem Gesichtspunkt der *Schadensverlagerung* bzw. *Drittschadensliquidation* gleichwohl zum Ersatz verholfen.[89]

Betrachtet man nun diese Schadensverlagerung genauer, zeigt sich folgendes Bild: Im Fall des Entgeltfortzahlungsschadens stellt der Verdienstentgang zunächst eine Facette des *ersatzfähigen Personenschadens* des Verletzten dar. Erst durch die Entgeltfortzahlung wandelt sich dieser Personenschaden zu einem grundsätzlich nicht ersatzfähigen reinen Vermögensschaden des Arbeitgebers. Ebenso liegt es im Falle des Versendungskaufs. Der ersatzfähige Sachschaden tritt grundsätzlich beim Noch-Eigentümer (Verkäufer) ein, zeigt sich aber aufgrund der Gefahrtragungsregeln nur als reiner Vermögensschaden des Noch-Nicht-Eigentümers (Käufer). Das eigentlich relevante Charakteristikum dieses Drittschadens liegt also auch hier nicht darin, dass der Geschädigte mittelbar oder unmittelbar betroffen ist, sondern darin, dass die Schadensverlagerung den *zunächst ersatzfähigen Personen- oder Sachschaden zum reinen Vermögensschaden transformiert*[90] und diesem ein außervertraglicher Ersatz grundsätzlich verwehrt ist.

Eine Parallele zeigt sich schließlich im Bereich des Unterhaltsschadens. Die § 844 Abs. 2 BGB, § 1327 ABGB bzw. Art. 45 Abs. 3 OR ermöglichen den Ersatz reflexartig verursachter reiner Vermögensschäden – nämlich den durch die Tötung des Versorgers seinen hinterbliebenen Versorgten entstandenen Unterhaltsausfall. Wäre der Getötete aber „nur" schwer verletzt worden, könnte er selbst für seinen verletzungsbedingten Erwerbsschaden *als Facette eines Personenschadens* Ersatz verlangen. Durch seinen Tod fällt er als Anspruchsinhaber weg. Die §§ 844, 845 BGB, § 1327 ABGB, Art. 45 Abs. 1, 3 OR setzen die Ersatzpflicht des Schädigers nun – ausnahmsweise – fort, wobei sich der reflexartig verursachte Unterhaltsschaden (reiner Ver-

---

[88] Siehe hierzu unter F./II./2./d)/aa), bb)/(1).
[89] Siehe hierzu unter F./II./2./d)/bb)/(1).
[90] Hervorragend *Leitner*, ecolex 2001, 511: verlagerter Schaden ist definitionsgemäß ein reiner Vermögensschaden; vgl. *Koziol*, JBl 2004, 273 (277).

mögensschaden) als *Ausschnitt aus dem eigentlichen Erwerbsschaden* (Personenschaden) darstellt.[91]

c) Differenzierung des Reflexschadens nach verletztem Rechtsgut

Es zeigt sich also, dass auch innerhalb der verschieden möglichen Reflexschäden nach der Qualität des reflektorisch verletzten Rechtsguts unterschieden wird.[92] Sobald es, wie in den *Fällen des Schock- bzw. Fernwirkungsschadens*, zur reflektorischen Schädigung eines absolut geschützten Rechtsgutes kommt, stellt die höchste tatbestandliche Hürde auf dem Weg zu einem Ersatzanspruch daher nicht etwa das Reflexschadenersatzverbot als vermeintlich unumstößliches Dogma dar. Um den eigentlich reflektorisch Geschädigten doch noch als *direktgeschädigt* zu qualifizieren, kommt es stattdessen in erster Linie auf die Bejahung des *Schutzzwecks* und eines immer noch *adäquaten Kausalzusammenhanges* an.[93]

Das schweizerische BG[94] hat die Beschränkung des Reflexschadenersatzverbots auf reine Vermögensschäden in Abgrenzung zu reflektorischen Personenschäden zuletzt in aller Klarheit zum Ausdruck gebracht:

„Eine Ausnahme [Verf.: vom Reflexschadenersatzverbot], macht die Rechtsprechung zu Kausalhaftungen in Konstellationen, in welchen der mittelbar Geschädigte in absoluten, von der Rechtsprechung geschützten Rechten (wie in seiner psychischen oder physischen Integrität) verletzt worden ist: Die Person, die als Folge etwa eines Unfalls in ihrer körperlichen Integrität und damit in einem absolut geschützten Rechtsgut verletzt ist, ist im Lichte der allgemeinen Grundsätze des (Kausal-) Haftpflichtrechts direkt durch eine widerrechtliche Handlung Geschädigter und kann vom Verursacher des daraus resultierenden Schadens Ersatz verlangen, unabhängig davon, ob die Kausalkette kürzer oder länger ist, d. h. ob die Beeinträchtigung direkt

---

[91] *Ch. Huber*, in: NK-BGB⁴, § 844 Rn. 4; *ders.*, JuS 2018, 744; ihm folgend *Schultess*, VersR 2022, 58 (59).
[92] Für das schweizerische Recht *Stehle*, Versorgungsschaden (2010), 17 f., Rn. 62, 64 mwN: Das BG geht nur dann von einem Reflexschaden aus, wenn es sich gleichzeitig um einen reinen Vermögensschaden handelt; *Honsell/Isenring/Kessler*, Haftpflichtrecht (2013), § 4 Rn. 20 definieren die Reflexschäden als „reine Vermögensschäden Dritter".
[93] *Sprau*, in: Grüneberg BGB⁸¹, § 823 Rn. 74; *Ebert*, in: Erman BGB¹⁶, Vorb. § 249 Rn. 119; *Landolt*, in: FS Jaeger (2014), 355 (364 f.); *Probst*, in: Probst/Werro (Hrsg.), Strassenverkehrsrechtstagung 2012 (2012), 1 (24, 33 f.); *Studer/Juvet/Zanoni*, HAVE 2019, 219 (222 f., 230); das BG hat die Frage nach der Direktschädigung eines reflektorisch Körperverletzten zuletzt ausdrücklich offen gelassen und stattdessen behelfsmäßig auf die *in casu* fehlende Adäquanz verwiesen, BGE 142 III 433 (435) = ZVR 2017/136 (271) mAnm *Ch. Huber*; zum Schutzzweck bei der reflektorischen Eigentumsverletzung BGHZ 41, 123 = NJW 1964, 720 (722); zum reflektorischen Personenschaden ausführlich *von Gerlach*, in: FS Steffen (1995), 147 (150 ff.); kritisch zur diesbezüglichen schweizerischen Rechtsprechung *Kramer*, recht 1984, 128 (133 f.); *ders.*, in: FS Schnyder (2018), 621 (625 ff., 629); mit Kritik an der österreichischen Rechtsprechung *ders.*, ZVR 1974, 129 (132); *ders.*, ZVR 1971, 141 (146).
[94] BG, Urt. v. 18.6.2019 – 2C_809/2018 E.5.5.

durch den Unfall verursacht ist oder bloss eine Person betrifft, die mit dem Unfallopfer direkt verbunden ist".

Wenn das Reflexschadenersatzverbot mit dem BG also nicht für mittelbare Beeinträchtigungen absolut geschützter Rechtsgüter Anwendung findet, wo soll es denn überhaupt gelten? Die Antwort, die das Judiz des BG hier richtigerweise zwingend nahelegt, lautet: Im Bereich der reflektorisch verursachten *reinen Vermögensschäden*.

3. Zwischenergebnis

Nach den vorstehenden Ausführungen verbleibt der *Reflexschadendogmatik im eigentlichen Sinne* in erster Linie das ihr angestammte Gebiet der *reflektorisch verursachten reinen Vermögensschäden*.[95] Von größerer, weil genereller Bedeutung ist hier aber mit *Roberto*[96] die *eigentliche Frage nach dem grundsätzlichen deliktsrechtlichen Schutz des reinen Vermögens* – und nicht die Differenzierung zwischen Direkt- und Reflexschaden.[97] Insbesondere in der Schweiz hat man erkannt, dass sich das Reflexschadenersatzverbot einerseits und der eingeschränkte Schutz des reinen Vermögens im außervertraglichen Bereich auf Grundlage der objektiven Widerrechtlichkeitstheorie andererseits als Haftungsprinzipien in ihrem Kernbereich decken.[98] Damit lässt sich erkennen, dass jede Schädigung, direkt oder reflektorisch, allein unter dem Gesichtspunkt der *Qualität des verletzten Rechtsgutes* zu betrachten ist.[99] Handelt es sich um Sach- oder Personenschäden, sind diese als Direktschäden ersatzfähig, sofern der haftungsbegründende Tatbestand und dort insbesondere die Merkmale der Rechtswidrigkeit und die adäquate Kausalität erfüllt sind.[100] Dasselbe gilt für reine Vermögensschäden – aller-

---

[95] So auch ausdrücklich BGHZ 163, 209 = NJW 2005, 2614 (2617): „Der Grundsatz, dass für mittelbare Schäden [...] deliktisch nicht gehaftet wird, gilt nur für Vermögensschäden, die aus der Verletzung eines Rechtsguts des Primärgeschädigten bei Dritten hervorgehen. Er beansprucht dagegen keine Geltung, wenn der Geschädigte [...] einen Schaden erleidet, der in der Verletzung eines eigenen Rechtsguts des § 823 I BGB besteht".

[96] AJP 1999, 511 (522).

[97] So auch schon treffend *Glückert*, AcP 166 (1966), 311 (315): Als mittelbar Geschädigter nur der zu bezeichnen, der durch Verletzung des Erstbetroffenen lediglich in Vermögen beeinträchtigt wird.

[98] BGE 138 III 276 (279); ausdrücklich *Rey/Wildhaber*, Ausservertragliches Haftpflichtrecht (2018), Rn. 415; *Lorandi*, recht 1990, 19 (22 mwN in Fn. 32, 33); *Gauch*, recht 1996, 225 (227); *Meierhans*, recht 1994, 202 (204 mwN in Fn. 32); *Fellmann*, AJP 1995, 878 (885); vgl. auch *Roberto*, AJP 1999, 511 (522).

[99] IdS schon *Fabricius*, AcP 160 (1961), 273 (302), der den §§ 844, 845 BGB nicht deshalb Ausnahmecharakter bescheinigt, weil sie dem mittelbar Geschädigten Ersatz gewähren, sondern weil hier die Verletzung eines Rechtsgutes (reines Vermögen) ersatzpflichtig macht, welchem – anders als den von § 823 Abs. 1 BGB geschützten Interessen – die sog. sozialtypische Offenkundigkeit fehlt; siehe hierzu unter E./4./d)/ee)/(1).

[100] *Probst*, in: Probst/Werro (Hrsg.), Strassenverkehrsrechtstagung 2012 (2012), 1 (24); *Kramer*, in: FS Schnyder (2018), 621 (629); *Deubner*, NJW 1985, 1390 (1392), der dafür

dings mit der Prämisse, dass diese bereits im Ausgangspunkt regelmäßig mangels haftpflichtbegründender Ersatznorm nicht ersatzfähig sind.

Auch der deutschen Lehre sind diese Perspektive und damit ein Abschied vom Dogma des Reflex- bzw. Drittschadens zu empfehlen.[101] Letztlich handelt es sich hierbei freilich nur um eine begriffliche Spitzfindigkeit, schließlich geht das eine Prinzip in dem anderen auf. So ließe sich aber der *Kern des Reflexschadenersatzverbotes*, nämlich die Vermeidung einer ausufernden Haftung für *fahrlässig verursachte reine Vermögensschäden*, methodenehrlich beim Namen nennen.

---

plädiert, den Schockschaden als schlichten Fall der Anwendung des § 823 Abs. 1 BGB zu betiteln; für das französische Recht *Honsell*, in: FS W. Lorenz (2001), 483 (487).

[101] Dies ausdrücklich für die Schweiz fordernd *Schönenberger*, in: KuKo OR, Art. 41 Rn. 11.

D. Der Grundsatz der Haftungsverneinung für außervertraglich fahrlässig verursachte reine Vermögensschäden – die gesetzliche Grundkonzeption und die Rolle der Rechtswidrigkeitsdogmatik

Wird außerhalb vertraglicher Beziehungen ein reiner Vermögensschaden verursacht, so findet sich die Antwort auf die Frage nach einer entsprechenden Haftung grundsätzlich im außervertraglichen Haftpflichtrecht. Im Folgenden wird dessen jeweilige Grundkonzeption mit Blick auf die Ersatzmöglichkeit reiner Vermögensschäden dargestellt. Der Erkenntnisgewinn dieser rein deskriptiven Skizze mag noch begrenzt sein. Um den Umgang des österreichischen und schweizerischen Rechts mit außervertraglich verursachten reinen Vermögensschäden aber nachvollziehen zu können, ist dieser notwendigerweise in den Kontext seines deliktischen Grundgefüges einzuordnen – welcher wiederum maßgeblich vom Vorbild der deutschen Grundkonzeption beeinflusst wird.

Die Grundstruktur des Haftpflichtrechts ist in Deutschland, Österreich und der Schweiz höchst unterschiedlich. Als offensichtlichste Gemeinsamkeit ist den folgenden Ausführungen nur vorauszuschicken, dass all diese Haftungsgefüge ihren Ausgangspunkt in einer in den Anfangsbereich gestellten Grundnorm finden, welche durch hintangestellte, spezielle Haftungstatbestände ergänzt wird.

I. Die deutsche Ausgangsposition außervertraglicher Haftung für reine Vermögensschäden

Das deutsche Deliktsrecht gilt mit seiner einleitenden Katalogsnorm des § 823 Abs. 1 BGB im europäischen Vergleich als Exot.[1] Während andere Rechtsordnungen, gerade auch in Österreich und der Schweiz, eine denkbar weitgefasste Generalklausel zum Ausgangspunkt ihres Deliktsrechts mach-

---

[1] Vgl. *Roberto*, Haftpflichtrecht (2018), § 3 Rn. 19 f.; *von Caemmerer*, in: FS Deutscher Juristentag (1960), 49 (65); *Harrer/E. Wagner*, in: PraxKomm ABGB⁴, § 1295 Rn. 1; vgl. ferner den Überblick über das europäische Deliktsrecht bei *Ranieri*, Europäisches Obligationenrecht (2009), 1442.

ten, wählte der deutsche Gesetzgeber gesetzestechnisch einen Sonderweg. Er entschied sich für ein System auf dem Boden *dreier „kleiner Generalklauseln"*[2] in Gestalt der §§ 823 Abs. 1 und 2, 826 BGB und einer Reihe flankierender Sondertatbestände. Wie im Folgenden erläutert wird, stellt diese gesetzestechnische Grundausrichtung unmittelbar die Weichen für den deliktsrechtlichen Umgang mit fahrlässig verursachten reinen Vermögensschäden.

1. Drei „kleine" Generalklauseln der §§ 823 Abs. 1 und 2, 826 BGB

Die geschichtliche Entwicklung des Deliktsrechts – von der römischen *lex Aquilia* bis in die Gegenwart – ist in der Literatur bereits ausführlichst behandelt worden.[3] Die folgenden Ausführungen beschränken sich diesbezüglich auf ein notwendiges Minimum.

a) Entscheidung gegen eine große deliktische Generalklausel

Der Gesetzgeber des BGB entschied sich bewusst für ein differenziertes deliktsrechtliches System und gegen eine umfassende Generalklausel. Aus historischer und vergleichender Perspektive betrachtet ist dies keine Selbstverständlichkeit. Die folgenden Beispiele verdeutlichen dies. In den gegenüber dem BGB knapp einhundert Jahre älteren Zivilrechtskodifikationen Österreichs und Frankreichs findet sich heute noch eine Generalklausel. Das Allgemeine Landrecht für die Preußischen Staaten (ALR) von 1794 enthielt zwar keine Generalklausel im eigentlichen Sinne, definierte den Schaden in § 1 I 6[4] aber unter Einschluss des *reinen Vermögensschadens* und erzielte im Zusammenspiel der § 8, 10 I 6 ALR zumindest in der Beschreibung der ersatzfähigen Schäden eine generalklauselartige Reichweite.[5] Auch der schweizerische Gesetzgeber entschied sich zum Ende des 19. Jahrhunderts bewusst für eine Generalklausel in Art. 41 Abs. 1 OR als Herzstück seines Deliktsrechts.[6] Auf die zeitgleich stattfindenden Beratungen über die

---

[2] *Schiemann*, in: Hist.-krit. Komm BGB, §§ 823–830, 840, 842–853 Rn. 16; *Canaris*, VersR 2005, 577 (581).

[3] Einen präzisen Überblick bieten z.B. *Benöhr*, in: Zimmermann (Hrsg.), Rechtsgeschichte und Privatrechtsdogmatik (2000), 499 (501 ff.); *Immenhauser*, in: Büchler/Ernst/Oberhammer (Hrsg.), Vinculum iuris (2008), 65 (70 ff.).

[4] § 1 des 6. Titels des 1. Theils des ALR „Schade heißt jede Verschlimmerung des Zustandes eines Menschen, in Absicht seines Körpers, seiner Freyheit, oder Ehre, oder seines Vermögens".

[5] Zum fehlenden (generalklauselartigen) Grundtatbestand im ALR *Benöhr*, in: Zimmermann (Hrsg.), Rechtsgeschichte und Privatrechtsdogmatik (2000), 499 (503); zur gleichwohl umfassenden Reichweite vgl. *Brüggemeier*, Strukturen, Prinzipien, Schutzbereich (2006), 14; *Honsell*, in: FS W. Lorenz (2001), 483 (485); *Katzenmeier*, AcP 203 (2003), 79 (84); *Schiemann*, in: Hist.-Krit. Komm BGB, §§ 823–830, 840, 842–853 Rn. 52 f.

[6] Ausführlich *Schwenzer*, in: Schwenzer (Hrsg.), Schuldrecht, Rechtsvergleichung und Rechtsvereinheitlichung (1999), 59 (60 ff.).

Konzeption des BGB übte das schweizerische Modell aber – anders als später auf andere Rechtsordnungen[7] – keinen nachhaltigen Einfluss aus. Bei der Genese des deutschen Deliktsrechts spielten die eigentlich als Vorbilder prädestinierten Kodifikationen Österreichs und der Schweiz insgesamt keine bedeutende Rolle.[8] Der erste Entwurf zum BGB enthielt in § 704 BGB-E noch eine Generalklausel, die auf jedwede rechtsgutsorientierte Differenzierung verzichtete. Erkennbar ist hier noch eine Orientierung an den Vorbildern in ALR und ABGB.[9] Ergänzt wurde § 704 damals durch § 705 BGB-E, der bereits eine Haftung bei schädigendem Sittenverstoß vorsah. Im Fortgang der Beratung wurde § 704 Abs. 1 BGB-E jedoch Stück für Stück geändert, fiel schließlich wieder aus dem Gesetzesentwurf heraus und wurde durch die beiden Absätze des § 823 BGB in heute bekannter Form ersetzt.[10] Die Haftungsanordnung für sittenwidrige vorsätzliche Schädigung des § 705 BGB-E überstand den Beratungsprozess dagegen schonender. In weiterentwickelter und insbesondere um das Vorsatzerfordernis ergänzter Form findet sie sich heute in § 826 BGB wieder.[11] Die § 823 Abs. 1, § 823 Abs. 2 und § 826 BGB bilden damit die sich ergänzenden *Grundtatbestände* des deutschen bürgerlich-rechtlichen Deliktsrechts.[12]

b) Einzeltatbestände mit Minimum an notwendiger Generalisierung

Bemerkenswert ist, dass diese Grundtatbestände, die ja nun das Endergebnis eines bewussten Abkehrprozesses von der „großen" Generalklausel darstellen, trotzdem nicht ganz ohne generalisierende Tatbestandselemente auskommen.[13] § 823 Abs. 1 BGB schützt konkretisierungsbedürftige „*sonstige Rechte*",[14] § 823 Abs. 2 BGB gewährt Ersatz bei der Verletzung im Ein-

---

[7] *Atamer*, Rabels des Z 72 (2008), 723 (731 f.) mit dem Hinweis, dass sich die Türkei gerade für eine Rezeption des vielfach generalisierten und so flexibleren schweizerischen ZGB und Teilen des OR und gegen eine Rezeption des BGB entschieden hat.

[8] Vgl. *Dölemeyer/Schubert*, in: Berger (Hrsg.), Österreichs Allgemeines Bürgerliches Gesetzbuch, Band III (2010), 393 (365 f.), die alleine im Erbrecht einen nachhaltigen Einfluss des ABGB auf das BGB feststellen; zu beachten ist allerdings auch der Hinweis, dass in Deutschland die Eigenart herrscht, rechtsvergleichende Vorbereitungsarbeiten bei der Gesetzgebung nur rudimentär zu dokumentieren, *Mankowski*, in: FS 200 Jahre ABGB (2011), 195 (213).

[9] *Katzenmeier*, AcP 203 (2003), 79 (84) mwN.

[10] *Benöhr*, in: Zimmermann (Hrsg.), Rechtsgeschichte und Privatrechtsdogmatik (2000), 499 (540 ff.); *Katzenmeier*, AcP 203 (2003), 79 (107 ff.); *Larenz/Canaris*, Schuldrecht BT (1994), 354.

[11] *Oechsler*, in: Staudinger BGB (2021), § 826 Rn. 8; zum Redaktionsprozess des § 705 BGB-E hin zu § 826 BGB *Katzenmeier*, AcP 203 (2003), 79 (84, 109 ff.).

[12] *Brüggemeier*, AcP 219 (2019), 771 (778 f.); *Katzenmeier*, AcP 203 (2003), 79 (111); *Knöpfle*, NJW 1967, 697 (700); *Magnus*, HAVE 2017, 25 (26).

[13] *Medicus/S. Lorenz*, Schuldrecht II[18], § 71 Rn. 10; *Katzenmeier*, AcP 203 (2003), 79 (111).

[14] Zu den systematischen Grenzen des „sonstigen Rechts" als eben nur „kleine" Ge-

zelfall aufzufindender Schutzgesetze und § 826 BGB selbst lässt offen, was unter „*sittenwidriger Schädigung*" zu verstehen ist. In der Literatur hat sich deshalb der Ausdruck der „*drei kleinen Generalklauseln*" etabliert.[15] Wie im Laufe dieser Untersuchung zu zeigen sein wird, sind es gerade diese generalisierenden Elemente, die bei der Frage nach der Ersatzpflicht für fahrlässig verursachte reine Vermögensschäden eine besondere Rolle spielen.

Allein nach diesen Grundtatbeständen sind fahrlässig verursachte reine Vermögensschäden in den überwiegenden Fällen nicht zu ersetzen. Das Zusammenspiel dieser Normen ergibt nämlich ein Schutzgefüge, das alle möglichen Schäden mit der Anordnung einer Ersatzpflicht auffängt, fahrlässig verursachte reine Vermögensschäden aber gerade bewusst durch sein Raster fallen lässt.

2. Der Schutz des reinen Vermögens im Zusammenwirken der drei Grundtatbestände

§ 823 Abs. 1 BGB sieht zwar auch für Fälle *fahrlässiger Schadensverursachung* eine Ersatzpflicht vor, diese besteht aber nur bei Verletzung eines dort enumerierten Rechtsgutes. Anders als das Leben, der Körper, die Gesundheit, die Freiheit, das Eigentum oder sonstige Rechte ist *das Vermögen als solches*, also der noch nicht zu Eigentum verfestigten *Gesamtheit der übrigen Wirtschaftsgüter einer Person*,[16] an dieser Stelle gerade nicht geschützt.[17] Wegen der historischen Absage an eine „große" Generalklausel verbietet sich auch der Versuch, das Vermögen als sonstiges Recht iSd § 823 Abs. 1 BGB zu interpretieren.[18]

Einen direkten Schutz des reinen Vermögens bietet § 823 Abs. 1 BGB damit nicht. Einen zumindest indirekten Vermögensschutz für Unternehmer erreichte die Rechtsprechung erst „durch die Hintertür" mit der Entwicklung des *Rechts am eingerichteten und ausgeübten Gewerbebetrieb*.[19]

---

neralklausel vor dem Hintergrund der gesetzgeberischen Absage an eine „große" Generalklausel *Schiemann*, in: FS Deutsch (2009), 895 (900).

[15] Im Kontext des Dieselabgasskandals *Heese*, JZ 2020, 178 (179); *Armbrüster*, ZIP 2019, 837 (838); ferner *Sprau*, in: Grüneberg BGB[81], Einf. § 823 Rn. 2; *Schiemann*, in: Hist.-krit. Komm BGB, §§ 823–830, 840, 842–853 Rn. 16; *Canaris*, VersR 2005, 577 (581).

[16] *Horn*, JuS 1995, 377 (379).

[17] Zuweilen sehen sich die Instanzgerichte gedrängt, dies klarstellen zu müssen, etwa OLG Braunschweig NJW 2007, 609: „Reine Vermögensschäden werden vom Schutzzweck des § 823 I BGB nicht umfasst".

[18] *Sprau*, in: Grüneberg BGB[81], § 823 Rn. 11; *Medicus/S. Lorenz*, Schuldrecht II[18], § 71 Rn. 11; *Ranieri*, Europäisches Obligationenrecht (2009), 1508; ähnlich *Larenz/Canaris*, Schuldrecht BT (1994), 356; *Immenhauser*, Das Dogma von Vertrag und Delikt (2006), 360; vgl. *Karampatzos*, Vertrag mit Schutzwirkung für Dritte (2005), 209 f.; weniger apodiktisch *Hellgardt*, Kapitalmarktdeliktsrecht (2008), 204 f.: Nicht zwingend logisch, dass das Vermögen kein sonstiges Recht ist.

[19] Siehe hierzu unter F./II./1./b)/aa).

a) Verletzung von Vermögensschutzgesetzen

§ 823 Abs. 2 BGB verpflichtet denjenigen zu Schadenersatz, welcher gegen ein den Schutz eines anderen bezweckendes Gesetz verstößt. Anders als nach § 823 Abs. 1 BGB wird die Ersatzpflicht also nicht an die Verletzung bestimmter Rechtsgüter geknüpft, sondern an die Verletzung von außen hinzutretender Schutzgesetze.[20] Da § 823 Abs. 2 BGB generalisierend auf die nicht näher beschriebene Schutzgesetzverletzung abstellt und – anders als Abs. 1 – das reine Vermögen nicht bereits tatbestandlich außen vor lässt, besteht hier grundsätzlich die Pflicht zum Ersatz auch fahrlässig verursachter reiner Vermögensschäden.[21] Als Schutzgesetz kommt dabei jede Rechtsnorm[22] in Betracht, mithin auch Vorschriften des Straf- und des öffentlichen Rechts sowie untergesetzliche Normakte.[23] Der Gesetzgeber hat sich mit § 823 Abs. 2 BGB selbst die Möglichkeit geschaffen, durch immer neue, maßgeschneiderte Schutzgesetze präzise Haftungsanordnungen nach seinem Bedarf zu formulieren.[24] Gleichzeitig wird dem Richter die Möglichkeit eröffnet bzw. die Pflicht auferlegt, den Schutzgesetzcharakter eines Gesetzes im Einzelfall zu bestimmen. Diese selbst gewährte Flexibilität der Schutznormschaffung bzw. -findung ist es, welche § 823 Abs. 2 BGB und seine Schutzgesetzverletzung zur größten unter den drei kleinen Generalklauseln macht. Um trotz dieser Unbestimmtheit eine ausufernde Haftung zu vermeiden, kennt § 823 Abs. 2 die haftungsbegrenzenden Filter des *Normschutzzweckes* und des *Normschutzbereichs*.

aa) Gesetze zum Schutze des reinen Vermögens

Nach der Lehre vom Normschutzzweck gilt nicht jedes Gesetz gleich als Schutzgesetz. Vielmehr muss eine Norm *ihrem Zweck nach* nicht nur Allgemein-, sondern vorrangig Individualinteressen schützen. Lässt sich einer Norm ein solcher Individualschutzcharakter zusprechen, muss im Weiteren auch ihr *Schutzbereich* eröffnet sein.[25] Dies setzt voraus, dass sowohl die verletzte Person und das von ihr konkret geltend gemachte Interesse zu dem vom Schutzgesetz umfassten Personen- und Interessenkreis gehört als auch,

---

[20] *Deutsch*, JZ 1963, 385 (389); vgl. *Katzenmeier*, in: NK-BGB⁴, § 823 Rn. 525.
[21] *Armbrüster*, ZIP 2019, 837 (838): Schutzgesetzhaftung „praktisch bedeutsam [...] für sog. reine Vermögensschäden"; ebenso *Katzenmeier*, in: NK-BGB⁴, § 823 Rn. 525.
[22] Art. 2 des Einführungsgesetzes zum Bürgerlichen Gesetzbuch (EGBGB): „Gesetz im Sinne des Bürgerlichen Gesetzbuchs und dieses Gesetzes ist jede Rechtsnorm".
[23] *Katzenmeier*, in: NK-BGB⁴, § 823 Rn. 526.
[24] Vgl. *Franck*, Marktordnung durch Haftung (2016), 308; *Doobe*, Ersatz reiner Vermögensschäden Dritter (2014), 72; *Canaris*, VersR 2005, 577 (581); *ders.*, in: FS Larenz (1983), 68.
[25] Plastisch *Deutsch*, in: FS Henckel (1995) 79 (89): „Sogar Normen, die reine Vermögensinteressen schützen, gewähren nicht immer umfassenden Vermögensschutz".

dass das Schutzgesetz gerade vor dem so eingetretenen und nun ersetzt verlangten Schaden schützen sollte.[26]

Praktisch tendiert die deutsche Rechtsprechung dazu, Schutznormen zugunsten des reinen Vermögens nur äußerst zurückhaltend als eben solche zu qualifizieren. Schließlich soll die gesetzgeberische Grundentscheidung, reinen Vermögensinteressen keinen Schutz durch § 823 Abs. 1 BGB zukommen zu lassen, nicht „durch die Hintertür" der großzügigen Annahme von Vermögensschutzgesetzen ausgehöhlt werden.[27] So erwägt der BGH – auch wenn die in Rede stehende Vorschrift ihrer Struktur nach eigentlichen Schutzgesetzcharakter hat – stets, ob der Zuspruch eines Schadensersatzanspruchs aufgrund einer Schutzgesetzverletzung *„sinnvoll und im Lichte des haftungsrechtlichen Gesamtsystems tragbar"* erscheint.[28] Erkennbar ist hier die in der Literatur propagierte *rechtsgutsorientierte Schutzgesetzbestimmung* in Anlehnung an den Rechtsgutskatalog des § 823 Abs. 1 BGB: Im Zweifel für absolute Rechtsgüter wahrende Schutzgesetze, dagegen nur mit äußerster Zurückhaltung für reine Vermögensschutzgesetze.[29]

Die Lehre vom Normschutzzweck ist lebendiger Beleg für deliktsrechtliche Rezeptionsvorgänge: Heute im ganzen deutschen Rechtskreis verbreitet und aus dem jeweiligen nationalen Haftpflichtrecht nicht mehr wegzudenken, findet sie ihre Wurzeln in Österreich. Autoren aus allen drei Rechtsordnungen schreiben die „Entdeckung" der Normschutzzwecklehre übereinstimmend *Ehrenzweig* zu, dessen Ansätze zunächst in der österreichischen Rechtswissenschaft Widerhall fanden und sodann auch in das deutsche und schweizerische Haftpflichtrecht übertragen wurden.[30]

---

[26] Lehrbuchartig BGH JZ 2015, 680 (681) Rn. 10 mAnm *G. Wagner* = ZVR 2015/110 mAnm *Ch. Huber*; BGH VersR 2020, 1452 (1453): Modaler und sachlicher Schutzbereich des § 34c GewO erstreckt sich allein auf den Schutz vor unseriösen Anlagevermittlern, nicht aber allgemein auf den Schutz des Kapitalanlegers vor Vermögensschäden durch die Vermittlung von Anlagegeschäften; lehrreich auch OLG Karlsruhe NZM 2022, 189 (192): reiner Vermögensschutz nicht mehr vom Schutzbereich des § 238 Abs. 1 dStGB umfasst; *Armbrüster*, ZIP 2019, 837 (838); *Katzenmeier*, in: NK-BGB[4], § 823 Rn. 530.

[27] BGHZ 175, 276 = VersR 2008, 966 (968); BGHZ 192, 90 = NJW 2012, 1800 (1803); *Canaris*, in: FS Larenz (1983), 27 (48); *G. Wagner*, in: MüKo BGB[8], § 823 Rn. 534.

[28] BGH NJW 2019, 3003 (3005); VersR 2018, 741 (744); BGHZ 175, 276 = VersR 2008, 966 (967); *Armbrüster*, ZIP 2019, 837 (840); zustimmend *Franck*, Marktordnung durch Haftung (2016), 314, 326; zur systematischen Einfügung des § 823 Abs. 2 BGB, *Knöpfle*, NJW 1967, 697 (699 f.).

[29] BGHZ 192, 90 = NJW 2012, 1800 (1803); vgl. *Canaris*, in: FS Larenz (1983), 27 (48, 58, 70); dessen restriktiver Dogmatik folgend *Krebs*, Sonderverbindung und außerdeliktische Schutzpflichten (2000), 30, 81; ferner *Knöpfle*, NJW 1967, 697 (700); *Franck*, Marktordnung durch Haftung (2016), 311; referierend *Armbrüster*, ZIP 2019, 837 (840); kritisch *G. Wagner*, in: MüKo BGB[8], § 823 Rn. 535; mit ausführlicher Kritik an der restriktiven deutschen Dogmatik aus österreichischer Perspektive, *Karollus*, Haftung aus Schutzgesetzverletzung (1992), 125 ff.

[30] Zu den Ursprüngen der Ehrenzweigschen Schutzzwecklehre und ihrer grenzüberschreitenden Fortentwicklung, *Roberto*, Schadensrecht (1997), 83 f.; *Bürge*, JBl 1981, 57

bb) Marginale Fahrlässigkeitshaftung aus Vermögensschutzgesetzverletzung

Für diese Untersuchung ergibt sich neben Schutzzweck und Schutzbereich eine weitere *de-facto-Einschränkung*; zwar nicht unmittelbar aus § 823 Abs. 2 BGB selbst, jedoch aus einem Großteil der in Frage kommenden, das reine Vermögen protegierenden Schutzgesetze: Die Ersatzpflicht nach § 823 Abs. 2 BGB setzt in jedem Fall ein Verschulden des Schädigers voraus.[31] Die Qualität des erforderlichen Verschuldens richtet sich dabei nach den *immanenten Bestimmungen des jeweiligen Schutzgesetzes*.[32] Vermögensschutzgesetze, die bereits durch fahrlässiges Verhalten verletzt werden können, sind rar.[33] Insbesondere das deutsche StGB, welches sich in anderen Konstellationen als zuverlässiger „Schutzgesetzlieferant" erweist, versagt an dieser Stelle. Es kennt zwar eine Reihe von *Vermögensdelikten*, bei diesen handelt es sich aber weit überwiegend um Vorsatzdelikte.[34]

cc) Zwischenergebnis

Für die Frage nach der Haftung für fahrlässig verursachte reine Vermögensschäden bedeuten die vorstehenden Ausführungen Folgendes: Ein etwaiges Schutzgesetz muss zunächst seiner Grundintention nach dem Individualschutz gelten. Weiterhin muss diese Norm gerade das Ziel verfolgen, das reine Vermögen des konkret Geschädigten vor der sich gerade verwirklichten Schädigung zu schützen. Für diese Untersuchung stellt sich außerdem die Frage, ob bereits fahrlässiges Verhalten das Schutzgesetz verletzen kann. Der Linie der Rechtsprechung folgend darf die Annahme eines Vermögensschutzgesetzes auch nicht aus dem Gesamtgefüge des Deliktsrechts fallen, um die Wertung des § 823 Abs. 1 BGB nicht zu unterlaufen. Sind diese beschränkenden Voraussetzungen erfüllt, gewährt § 823 Abs. 2 BGB Ersatz des fahrlässig verursachten reinen Vermögensschadens.

(58 mwN in Fn. 10–12); *Posch/Bernat*, JBl 1985, 603 (604); *Koziol*, Grundfragen des Schadenersatzrechts (2010), 7/15; *Deutsch/Ahrens*, Deliktsrecht (2014), Rn. 113.

[31] Vgl. § 823 Abs. 2 S. 2 BGB: „Ist nach dem Inhalt des Gesetzes ein Verstoß gegen dieses auch ohne Verschulden möglich, so tritt die Ersatzpflicht nur im Falle des Verschuldens ein"; *Wandt*, Gesetzliche Schuldverhältnisse (2020), § 17 Rn. 12.

[32] BGHZ 46, 17 = NJW 1966, 2014 (2016); vgl. BGH VersR 2012, 1038 (1039).; *Wandt*, Gesetzliche Schuldverhältnisse (2020), § 17 Rn. 11; *Verde*, HAVE 2016, 141 (151) spricht – zwar für die Schweiz, aber in der Sache gleichbedeutend – zutreffend von sog. „Verschuldensformakzessorietät".

[33] *Canaris*, VersR 2005, 577 (581); vgl. *Doobe*, Ersatz reiner Vermögensschäden Dritter (2014), 74.

[34] So auch *Magnus*, HAVE 2017, 25 (31 Fn. 65).

b) Vorsätzliche, sittenwidrige Vermögensschädigung

§ 826 BGB belegt die vorsätzliche, sittenwidrige Schädigung mit einer Ersatzpflicht und verzichtet dabei auf etwaige rechtsgutsbezogene Differenzierungen. Dieser dritte Grundtatbestand gilt damit als *zentraler* (und genau genommen einzig originärer) *Pfeiler des deliktischen Vermögensschutzes*.[35] Was sich im Einzelnen hinter dem Tatbestandsmerkmal der Sittenwidrigkeit verbirgt, ist bis heute nicht einheitlich ans Licht gebracht. In der Rechtsprechung hat sich als Kurzformel des sittenwidrigen Verhaltens der Verstoß gegen das *„Anstandsgefühl aller billig und gerecht Denkenden"* etabliert.[36] Dieser Stehsatz bleibt abstrakt und wird durch die Literatur weiter konkretisiert.[37]

aa) Funktionale Interpretation der Sittenwidrigkeit

Präziser und überzeugend, wenn auch erkennbar vom Ergebnis her gedacht, ist die Definition, die bei der Frage nach der Bedeutung des Sittenwidrigkeitsmerkmals auf seine *deliktische Filterfunktion* abstellt.[38] Wenn § 826 BGB als Grundpfeiler des deliktischen Vermögensschutzes eine Haftung für reine Vermögensschäden bei Vorsatz und Sittenwidrigkeit ermöglicht, dann muss dieses letzte Merkmal so interpretiert werden, dass es die Absage an einen allgemeinen Vermögensschutz und damit das deliktische Gesamtgefüge in seiner Feinjustierung nicht von innen heraus sprengt.[39] Sittenwid-

---

[35] *G. Wagner*, Deliktsrecht[14], 5/126; *Röthel*, JURA 2021, 258; *von Bar*, Gemeineuropäisches Deliktsrecht I (1996), Rn. 37: Akzent auf Haftung für reine Vermögensschäden.

[36] St. Rspr., zuletzt im Kontext des Dieselabgasskandals BGH WM 2021, 354 (356); NJW 2020, 1962 (1963) = RdW 2020/304 = AJP 2020, 1205 mzustAnm *Rusch/Schwizer*; zuvor etwa BGH NZI 2017, 753 (754); *Weller/Smela/Habrich*, JZ 2019, 1015 (1022); vgl. die Langformel bei *Heese*, JZ 2020, 178 (183); kritisch *G. Wagner*, in: MüKo BGB[8], § 826 Rn. 10.

[37] Etwa *Deutsch*, in: FS Henckel (1995) 79 (89), der den Begriff der Sittenwidrigkeit als Verstoß gegen grundlegende Verfassungswerte deutet; *Katzenmeier*, in: NK-BGB[4], § 826 Rn. 2: Nur solche Regeln als Sittengebot, deren Beachtung grundsätzlich von jedermann zu erwarten ist; mit einzelnen Fallgruppen *Röthel*, JURA 2021, 258 (259 ff.).

[38] *G. Wagner*, in: MüKo BGB[8], § 826 Rn. 13; *ders.*, Deliktsrecht[14], 5/131 plädiert daher plastisch für eine funktionale Interpretation des Sittenwidrigkeitsmerkmals; diesem unter dem Eindruck des Dieselskandals auch für das schweizerische Recht folgend *Rusch/Schwizer*, in: Probst/Werro (Hrsg.), Strassenverkehrsrechtstagung 2016 (2016), 187 (201); ähnlich auch *Franck*, Marktordnung durch Haftung (2016), 335; vgl. auch *Buck-Heeb*, AG 2022, 337: enge Tatbestandsfassung des § 826 BGB soll deliktische Generalklausel vermeiden.

[39] *Franck*, Marktordnung durch Haftung (2016), 335; *Schwarzfischer/Falk*, ZIP 2021, 547 (556): „Erheblichkeitsschwelle in [...] Tatbestand des § 826 BGB"; idS auch *Röthel*, JURA 2021, 258 f.

rig iSd § 826 BGB⁴⁰ sind daher solche reinen Vermögensschädigungen, die *rechtssystematisch und -politisch ersatzbedürftig* erscheinen.[41]

Wo dieses Haftungs- bzw. beinahe schon Sanktionsbedürfnis beginnt, trägt § 826 BGB selbst in sich: Indem die Haftungsschwelle erst bei Vorsatz und kumulativer Sittenwidrigkeit erreicht ist, wird zum Ausdruck gebracht, dass selbst vorsätzliche Vermögensschädigungen grundsätzlich erlaubt, ja im Konkurrenzkampf auf dem Markt sogar erwünscht sind – solange sie eben ohne den nebulösen Sittenverstoß geschehen. Die dem Einzelnen so eingeräumte Freiheit sogar zur vorsätzlichen Schädigung ist so erkennbar nicht grenzenlos, sondern kann nur soweit – nämlich bis zur dann erreichten Schwelle der Sittenwidrigkeit – reichen, wie sie noch *nicht als missbräuchlich* zu qualifizieren ist.[42] Eben dort, wo *Freiheitsausübung zu Freiheitsmissbrauch* wird – so lassen sich die jüngeren Erwägungen des BGH[43] zusammenfassen – ist die Grenze zur Sittenwidrigkeit überschritten und damit die haftungsfreie Sphäre verlassen.[44]

bb) Verhältnis von Sittenwidrigkeit und Rechtswidrigkeit

Hinsichtlich des Unrechtsgehalts der Schadenszufügung ist die sittenwidrige Schädigung *unterhalb* der rechtswidrigen Schädigung anzusiedeln.[45] Insbesondere ist nicht von einem Gleichlauf von Sitten- und Rechtswidrigkeit

---

[40] *G. Wagner*, Deliktsrecht (2016), 5/131: Sittenwidrigkeit des § 826 BGB ist daher eine andere als die des § 138 BGB; vgl. *Franck*, Marktordnung durch Haftung (2016), 332; aA *Förster*, in: BeckOK BGB (62. Ed.), § 826 Rn. 9; *Spindler*, in: BeckOGK BGB (Stand: 1.7.2022), § 826 Rn. 5; *Sprau*, in: Grüneberg BGB⁸¹, § 826 Rn. 4.

[41] *Franck*, Marktordnung durch Haftung (2016), 335; *G. Wagner*, Deliktsrecht¹⁴, 5/132; *ders.*, in: MüKo BGB⁸, § 826 Rn. 20 bietet eine formelhafte Aufzählung der vier Merkmale, die eine Vermögensschädigung aufweisen muss, um sittenwidrig sein zu können. Diese Untersuchung stimmt diesen vier Merkmalen in der Sache nur teilweise zu, der Hauptgrund für die Ablehnung einer allgemeinen Haftung für reine Vermögensschäden – und spiegelbildlich die Wertung, wann eine solche doch zuzulassen ist – wird anders, nämlich in der Facette des allgemeinen Freiheitsschutzes verortet; siehe hierzu unter E./I./4./d).

[42] *G. Wagner*, Deliktsrecht¹⁴, 5/132: Sittenwidriges Verhalten ist Missbrauch der (wirtschaftlichen) Freiheit; vgl. auch für die Schweiz BGE 124 III 297 (303): „Gegen die guten Sitten verstösst [...] ein Verhalten, das nicht der Wahrnehmung eigener Interessen dient, sondern ausschliesslich oder primär darauf abzielt, andere zu schädigen".

[43] BGHZ 221, 229 = NJW 2019, 3638 (3640 f.): Beeinträchtigung des freien Wettbewerbs der Bieter einer Zwangsversteigerung durch Abgabe von missbräuchlichen Störgeboten.

[44] Auf eben diese BGH-Entscheidung verweisend *G. Wagner*, Deliktsrecht¹⁴, 5/132; *ders.*, in: MüKo BGB⁸, § 826 Rn. 20; vgl. auch im Kontext der Haftung im Dieselskandal *Schaub*, NJW 2020, 1028 (1030): Sittenwidrigkeit wegen Missbrauch des Vertrauens in „berufliche Kompetenz des Fahrzeugherstellers".

[45] IdS auch die ältere Rspr, BGH NJW 1951, 596 (597) mAnm *Coing*; OLG Frankfurt NJW 1948, 23 = NJW 2017, 3094 mAnm *G. Wagner*; *Deutsch*, JZ 1963, 385 (390); *Wilhelmi*, in: Erman BGB¹⁶, § 826 Rn. 2; zum entsprechenden Verständnis im schweizerischen Recht siehe unter D./III./3./b).

auszugehen[46] bzw. die Sittenwidrigkeit als gesteigerte Form der Rechtswidrigkeit anzusehen.[47] Die Sittenwidrigkeit ist vielmehr bereits begrifflich im Vorhof der Rechtswidrigkeit zu verorten: Ein Verstoß gegen bestimmte Sitten mag ausnahmsweise eine Ersatzpflicht rechtfertigen, ist aber eben noch kein Verstoß gegen geltendes Recht.[48] Der Sittenwidrigkeitshaftung kommt so eine lückenfüllende Funktion zu,[49] nämlich mit der Anordnung einer Haftung dort, wo die Rechtswidrigkeit noch nicht erreicht ist, nach dem juristischen Bauchgefühl („Anstandsgefühl aller billig und gerecht Denkenden") aber jedenfalls in der Rechtsfolge erreicht sein müsste.[50]

Dieses Verständnis der Sittenwidrigkeit unterhalb der Rechtswidrigkeitsschwelle gewährleistet, dass § 826 BGB umfassend eigene Anwendungsnischen abseits des § 823 BGB besetzen kann. Dass die Sittenwidrigkeit sinnvollerweise unterhalb der Rechtswidrigkeit zu verorten ist, verdeutlicht auch ein Blick in die schweizerischen Parallelnormen. Dort hat der Gesetzgeber in Art. 41 Abs. 1 OR in Gestalt einer Generalklausel eine Ersatzpflicht für widerrechtliche Schädigungen normiert. Im Rahmen einer Gesetzesrevision sah er sich dazu bewegt, dieser Generalklausel einen Abs. 2 hintanzustellen und dort eine Haftung für sittenwidrige Schädigung anzuordnen. Da bereits jede rechtswidrige Schädigung Art. 41 Abs. 1 OR unterfällt, muss Abs. 2 mit seiner Sittenwidrigkeit zwingend eine eigene Domäne besetzen – es bleibt allein die Schädigung *unterhalb* der Rechtswidrigkeitsschwelle.[51]

---

[46] So aber die heute ganz hM, vgl. statt vieler *Oechsler*, in: Staudinger BGB (2021), § 826 Rn. 42 mwN.
[47] So aber ua *Canaris*, in: FS Larenz (1983), 27 (32); *Deutsch* JZ 1963, 385 (389 f.); *Sack*, Das Recht am Gewerbebetrieb (2007), 181 mwN in Fn. 633.
[48] Ganz idS BGHZ 221, 229 = NJW 2019, 3638 (3640) eben zur Frage der Sittenwidrigkeit, die dort aus einem missbräuchlichen Gebot in der Zwangsvollstreckung abgeleitet wurde: „Ausübung prozessualer Befugnisse ist rechtsmissbräuchlich und damit unzulässig, wenn sie […], nicht notwendig unerlaubten, aber funktionsfremden und rechtlich zu missbilligenden Zwecken dient"; *Röthel*, JURA 2021, 258 (560); *Deutsch*, JZ 1963, 385 (390).
[49] *Sack*, NJW 2006, 945 (949).
[50] So für die schweizerische Parallelnorm BGE 108 II 305 (312): Ersatzpflicht in Fällen, „wo zwar keine Widerrechtlichkeit vorliegt, das Rechtsgefühl aber dennoch eine Ersatzpflicht verlangt".
[51] In schweizerischer Lehre und Rspr. wird daher dann nach der Sittenwidrigkeit einer Schädigung gefragt, wenn noch keine Widerrechtlichkeit erreicht ist, zentral BGE 108 II 305 (312); ferner *Rusch/Schwizer*, in: Probst/Werro (Hrsg.), Strassenverkehrsrechtstagung 2016 (2016), 187 (200); *Schwenzer*, OR AT[7], § 51 Rn. 1; *Bieri*, AJP 2008, 249 (551); *Kessler*, in: Basler Komm OR I[7], Art. 41 Rn. 40; vgl. auch *Honsell/Isenring/Kessler*, Haftpflichtrecht (2013), § 7 Rn. 1; unzutreffend daher *von Caemmerer*, in: FS Deutscher Juristentag (1960), 49 (70), der Widerrechtlichkeit mit Sittenwidrigkeit im schweizerischen Obligationenrecht gleichsetzt.

cc) Verschwimmende Grenze zwischen Vorsatz- und Fahrlässigkeitshaftung

§ 826 BGB normiert eine umfassende Ersatzpflicht, koppelt diese aber explizit an ein Vorsatzerfordernis. Diese Norm eignet sich damit jedenfalls nach ihrer Urkonzeption nicht als Anspruchsgrundlage für den Ersatz der hier behandelten Fälle der fahrlässig verursachten reinen Vermögensschäden. Die Rechtsprechung neigt jedoch zu einer äußerst großzügigen Auslegung des Vorsatzerfordernisses und lässt die Trennlinie zwischen (schon bedingtem) Vorsatz und (noch) grober Fahrlässigkeit verschwimmen.[52] In diesen Grenzfällen, in denen die Ersatzpflicht für sittenwidrige Schädigung auch für fahrlässige Verursachung brauchbar gemacht wird, bleibt § 826 BGB – wenn auch methodisch fragwürdig – für diese Untersuchung relevant.

3. Zwischenergebnis

Die drei Grundtatbestände des deutschen Deliktsrechts gewähren in ihrem Zusammenspiel einen äußerst eingeschränkten Schutz des fahrlässig geschädigten reinen Vermögens. Für die hiesige Untersuchung ist grundsätzlich nur die Ersatzpflicht wegen der Verletzung eines das Individualvermögen schützenden Gesetzes nach § 823 Abs. 2 BGB von Bedeutung. Haftungsbegründende Hürde stellt hierbei jedoch nicht nur die Feststellung des Schutzgesetzcharakters dar, sondern vor allem das häufige Vorsatzerfordernis. § 823 Abs. 1 BGB lässt den reinen Vermögensschutz bewusst außen vor. § 826 BGB greift nicht bei fahrlässiger, sondern erst vorsätzlicher Schädigung. Die beiden letztgenannten Vorschriften bleiben im Folgenden punktuell trotzdem relevant. Im Laufe dieser Untersuchung wird gezeigt, wie die Konturen dieser Normen verwischt werden, um sie im Einzelfall für die Haftungsbegründung für fahrlässig verursachte reine Vermögensschäden doch noch handhabbar zu machen.

Als *rezeptionistische Randnotiz* bleibt Folgendes festzuhalten: Bei der Genese der §§ 823, 826 BGB standen die eigentlich als Vorbilder geeigneten Kodifikationen Österreichs und der Schweiz in deutlich geringerem Umfang Pate, als man dies vermuten mag. Insbesondere die damals junge und moderne Struktur des schweizerischen Obligationenrechts mit seiner vorangestellten Generalklausel vermochte es nicht, sich im BGB niederzuschlagen. Die drei Grundtatbestände des deutschen Deliktsrechts stellen vielmehr den Gegenentwurf zur großen Generalklausel dar. Einen Beleg für eine (wenn auch erst später einsetzende) Rezeption liefert zumindest die Tatsache, dass die für § 823 Abs. 2 BGB zentrale Lehre vom Normschutzzweck in Deutschland (und in der Schweiz für Art. 41 Abs. 1 OR) in ihren Ursprüngen auf die in Österreich begründete *Ehrenzweigsche Lehre vom*

---

[52] *Spindler*, in: BeckOGK BGB (Stand: 1.7.2022), § 826 Rn. 20; *Canaris*, in: FS Larenz (1983), 27 (38 f.); vgl. *Koziol*, AcP 212 (2012), 1 (13, 49); siehe hierzu unter F./II./1./c).

Rechtswidrigkeitszusammenhang zurückgeht. Es zeigt sich damit an einer für die Frage nach der Haftung für fahrlässig verursachte reine Vermögensschäden bedeutsamen Stelle die Wechselwirkung zwischen den Rechtsordnungen innerhalb des deutschen Rechtskreises.

II. Die österreichische Ausgangsposition außervertraglicher Haftung für reine Vermögensschäden

In Österreich folgt das Haftungsrecht einer anderen Struktur als in Deutschland und in der Schweiz. Die §§ 1293 ff. ABGB regeln Grund und Umfang der Schadenersatzansprüche und entsprechen damit weitestgehend den 823 ff. und §§ 249 ff. BGB. Anders als in Deutschland trennt das österreichische Schadenersatzrecht aber nicht strikt zwischen vertraglicher und außervertraglicher Haftung.[53] Solange keine vertragsrechtlichen *leges speciales* Anwendung finden (z.B. die eine vertragliche Verbindung voraussetzende Erfüllungsgehilfenhaftung nach § 1313a ABGB), gelten damit die allgemeinen Haftungsanordnungen der §§ 1293 ff. ABGB sowohl im außervertraglichen als auch im vertraglichen Bereich.[54]

1. Die schuldhafte, widerrechtliche Schädigung, § 1295 Abs. 1 ABGB

Die Grundnorm des österreichischen Schadenersatzrechts ist die Generalklausel des § 1295 Abs. 1 ABGB. Anders als § 823 Abs. 1 BGB in Deutschland und Art. 41 OR Abs. 1 in der Schweiz ist § 1295 Abs. 1 ABGB seinem Gesetzesabschnitt nicht vorangestellt, sondern folgt auf die das 30. Hauptstück eröffnenden Definitionen des *Schadens* (§ 1293 ABGB), der *Widerrechtlichkeit* und des *Verschuldens* (§ 1294 ABGB) und ordnet den Ersatz eben jenes zuvor definierten schuldhaft und widerrechtlich verursachten Schadens an. Aus deutscher Sicht bemerkenswert verzichtet § 1295 Abs. 1 ABGB auf jegliche rechtsgutsorientierte Differenzierung und ist denkbar offen formuliert – jedermann ist berechtigt, vom schuldhaften Schädiger Ersatz seines Schadens zu fordern. Auf den ersten Blick scheint § 1295 Abs. 1 ABGB damit auch eine Ersatzpflicht für jeden Schaden – auch den fahrlässig verursachten reinen Vermögensschaden – anzuordnen.[55]

---

[53] Vgl. den Wortlaut des § 1295 Abs. 1 S. 2 ABGB: „der Schade mag durch Übertretung einer Vertragspflicht oder ohne Beziehung auf einen Vertrag verursacht worden sein".
[54] *Immenhauser*, Das Dogma von Vertrag und Delikt (2006), 41 f.
[55] *Honsell*, in: FS Nobel (2005), 939 (941); vgl. *Schmaranzer*, Vertrag mit Schutzwirkung zugunsten Dritter (2006), 113.

Dem ist freilich nicht so.⁵⁶ Die Haftung nach § 1295 Abs. 1 ABGB setzt zwar ihrem Wortlaut nach keine qualifizierte Rechtsgutsverletzung voraus, greift aber nur bei *schuldhafter* und *widerrechtlicher* Schädigung. Insbesondere das Tatbestandsmerkmal der *Widerrechtlichkeit* stellt sich als Einfalltor für dogmatische Haftungseinschränkungen dar – in Abhängigkeit von ihrem Verständnis ändert sich die Reichweite der Ersatzpflicht nach § 1295 Abs. 1 ABGB.

a) Das österreichische Widerrechtlichkeitsverständnis – Verhaltensunrecht und Indizwirkung

Die Haftung für jeden Schaden steht und fällt also mit der Frage, ob seine Verursachung *widerrechtlich* iSd § 1294 ABGB ist. Die §§ 1294, 1295 ABGB selbst enthalten keine Anhaltspunkte dafür, wann das schädigende Verhalten rechtswidrig ist.⁵⁷ Mangels eines verbindlich geschützten Rechtsgüterkatalogs vermag es – nach heutiger Doktrin⁵⁸ – allein der Erfolgseintritt auch noch nicht, die Rechtswidrigkeit einer Schädigung zu begründen. Anders als in Deutschland folgt man in Österreich der Lehre vom *Handlungsunrecht*.⁵⁹ Rechtswidrig soll nicht ein etwaiger Verletzungserfolg sein, sondern nur das ihn herbeiführende Verhalten.⁶⁰ Ein Verhalten gilt dann als rechtswidrig, wenn der Schädiger objektiv sorgfaltswidrig gegen eine Verhaltensnorm verstößt.⁶¹ Unproblematisch wird hiervon der Fall der *Schutzgesetzverletzung* erfasst (§ 1311 ABGB, Äquivalent zu § 823 Abs. 2 BGB), die gerade den Prototyp eines rechtswidrigen Normverstoßes darstellt.

Fehlt es an einer eindeutigen Schutzgesetzverletzung, stellt sich weiterhin die Frage, unter welchen Voraussetzungen ein Schädigerverhalten trotzdem als rechtswidriger Verhaltensnormverstoß anzusehen ist. Ein solcher soll sich nur durch eine Abwägung der berührten individuellen und öffentlichen

---

⁵⁶ Exemplarisch OGH JBl 1956, 124: Keine Haftung gegenüber „jedermann", Korrektur der Berufungsinstanz, die den Kreis der Ersatzberechtigten hier noch im Wortsinne verstand und entsprechend weit zog; ausführlich und mwN der Rspr *Danzl*, ZVR 2002, 363 (366).
⁵⁷ So *Koziol*, Haftpflichtrecht II (2018), A/2/1; *ders.*, ALJ 2017, 160 (163).
⁵⁸ *Roberto*, in: FS Schweizerischer Juristentag (2000), 137 (149); *ders.*, recht 2002, 145 (149) weist darauf hin, dass auch das österreichische Haftpflichtrecht streckenweise der Erfolgsunrechtslehre „nach deutschem Vorbild" folgte, dies aber inzwischen wieder abgelegt hat; zum Erfolgsunrecht im ABGB etwa *Reischauer*, in: Rummel ABGB³, § 1294 Rn. 7.
⁵⁹ OGH EvBl 2016/147 mAnm *Ch. Huber*; ZVR 1996/78; Umkehrschluss aus OGH EvBl-LS 2013/61 mAnm *Brenn*; *Wittwer*, in: TaKomm ABGB⁵, § 1295 Rn. 4; *Harrer/E. Wagner*, in: PraxKomm ABGB⁴, § 1294 Rn. 7 mwN in Fn. 15; dies aus schweizerischer Perspektive beobachtend *Roberto*, in: FS Schweizerischer Juristentag (2000), 137 (149).
⁶⁰ OGH ZVR 1996/78.
⁶¹ *Karner*, in: KBB ABGB⁶, § 1294 Rn. 4; *Reischauer*, in: Rummel ABGB³, § 1294 Rn. 11; *Wittwer*, in: TaKomm ABGB⁵, § 1295 Rn. 4; vgl. *Kodek*, in: ABGB-ON (Stand: 1.1.2018), § 1294 Rn. 7.

Interessen ermitteln lassen.⁶² Allein die Verletzung hochrangiger Individualrechtsgüter determiniert noch nicht die Rechtswidrigkeit des Schädigerverhaltens – anders als unter dem Eindruck des § 823 Abs. 1 BGB, dessen Enumerationsprinzip im Ausgangspunkt erkennbar die Annahme des *Erfolgsunrechts* und eine damit bereits vorweggenommene Interessenabwägung zugrunde liegt.⁶³

Und trotzdem: Auch wenn die österreichische Rechtsprechung stets das Erfordernis einer *umfassenden Interessenabwägung* zur Rechtswidrigkeitsbestimmung proklamiert, fällt gleichwohl eine Ähnlichkeit zur deutschen Doktrin ins Auge: Wird ein absolut geschütztes Rechtsgut verletzt, *muss* dies zwar nicht zwingend⁶⁴ durch eine rechtswidrige Schädigung geschehen, gleichwohl legt eine solche Verletzung die Annahme ihrer Rechtswidrigkeit nahe.⁶⁵ Dass essentielle und klar konturierte Rechtsgüter, allen voran das Leben, die Gesundheit, die Freiheit, das Eigentum und die Persönlichkeitsrechte in hohem Maße geschützt werden müssen und eine Verletzung dieser Güter regelmäßig rechtswidrig sein wird, liegt schließlich für jeden auf der Hand.⁶⁶

Vor diesem Hintergrund lässt sich die Frage nach einem rechtswidrigen Verstoß gegen Verhaltensnormen mit der Rechtsprechung des OGH auf folgende – dem System der §§ 823, 826 BGB ganz ähnliche,⁶⁷ ja sogar angeglichene – Formel bringen: Außerhalb vertraglicher Beziehungen sind *regelmäßig rechtswidrig* entweder die Verletzung eines *absolut geschützten Rechtsgutes,* der Verstoß gegen ein *Schutzgesetz* oder die *vorsätzliche, sittenwidrige Schädigung.*⁶⁸

---

⁶² OGH JBl 2015, 587 (589); Zak 2011/484; EvBl-LS 2011/85; JBl 2009, 437 (439); ZVR 1992/177; *Koziol,* Haftpflichtrecht II (2018), A/2/3; *Karner,* in: KBB ABGB⁶, § 1294 Rn. 4; *Welser/Zöchling-Jud,* Bürgerliches Recht II (2015), Rn. 1394; aA *E. Wagner,* in: PraxKomm ABGB⁴, § 1294 Rn. 8.
⁶³ *G. Wagner,* in: MüKo BGB⁸, § 823 Rn. 4.
⁶⁴ OGH SZ 56/124 = JBl 1984, 492 (494).
⁶⁵ Ausdrücklich von Indizwirkung sprechend: OGH EvBl-LS 2011/85; JBl 2009, 437 (439); ZVR 1992/177; SZ 56/124 = JBl 1984, 492 (494); *Ch. Huber,* in: TaKomm ABGB⁵, § 1311 Rn. 2; die Rspr. des OGH zur Indizwirkung der Verletzung absolut geschützter Rechtsgüter ausführlich referierend *Koziol,* in: FS 50 Jahre BGH (2000), 943 (945).
⁶⁶ Ausdrücklich am Beispiel der Körperverletzung OGH ZVR 2001/58; SZ 51/89 = EvBL 1979/10; *Koziol,* Haftpflichtrecht II (2018), A/2/2f., 17, 20ff.; *Karner,* in: KBB ABGB⁶, § 1294 Rn. 4; *Welser/Zöchling-Jud,* Bürgerliches Recht II (2015), Rn. 1388; vgl. auch *Bussani/Palmer,* in: Bussani/Palmer (Hrsg.), Pure Economic Loss in Europe (2003), 120 (152 f.).
⁶⁷ *Kodek,* in: ABGB-ON (Stand: 1.1.2018), § 1294 Rn. 6: Unterschiede zwischen deutschem und österreichischem Deliktsmodell „geringer, als dies der bloße Gesetzeswortlaut vermuten ließe".
⁶⁸ OGH EvBl 2021/134 (948) mAnm *Ziegelbauer;* ecolex 2021/652; ÖBA 2019/2631; SZ 72/175; bbl 2007, 236; ÖBA 1994/436 (404); Urt. v. 23.3.1999 – 1 Ob 313/98f, RIS; *Kodek,* in: ABGB-ON (Stand: 1.1.2018), § 1294 Rn. 6; *Perner/Spitzer/Kodek,* Bürgerliches Recht (2019), 319 ff.

b) Die Haftung für fahrlässig verursachte reine Vermögensschäden nach dem gängigen Widerrechtlichkeitsverständnis

Für die Haftung für fahrlässig verursachte reine Vermögensschäden wirkt sich das österreichische Rechtswidrigkeitsverständnis entscheidend aus: Das reine Vermögen gilt nach heute ganz herrschender Meinung nicht als absolut geschütztes Rechtsgut[69] – seine Verletzung ist auch unter intensiver Interessenabwägung regelmäßig nicht rechtswidrig. Zur Haftungsbegründung wegen rechtswidriger Schädigung bleibt allein die Annahme einer Schutzgesetzverletzung nach § 1311 ABGB bzw. der Sonderfall der kumulativ absichtlichen und sittenwidrigen Schädigung. Der OGH[70] fasst es selbst am prägnantesten zusammen:

„Ein reiner Vermögensschaden ist bei fahrlässiger Zufügung außerhalb (vor-)vertraglicher Beziehungen grundsätzlich nicht ersatzfähig. Anderes gilt, wenn sich die Rechtswidrigkeit des schädigenden Verhaltens aus der Rechtsordnung ableiten lässt, insb. bei Schutzgesetzverletzungen, bei sittenwidrigem Verhalten des Schädigers [...] sowie bei der Verletzung von [...] vorvertraglichen Pflichten".

Der deutschrechtlich geprägte Leser wird bei diesem OGH-Zitat hellhörig – ließe es sich doch ähnlich auch in einem Lehrbuch zum deutschen Deliktsrecht unterbringen. An dieser Stelle ist daher aus rezeptionistischer Sicht Folgendes festzuhalten: Mit seiner offenen Formulierung bringt § 1295 Abs. 1 ABGB eigentlich alle Voraussetzungen mit, auch fahrlässig verursachte reine Vermögensschäden abseits von Sonderverbindungen einer Ersatzpflicht zuzuführen. Die haftpflichtrechtliche „*Diskriminierung*" *des reinen Vermögens* in Österreich trotz Generalklausel ist daher keine Selbstverständlichkeit, sondern steht und fällt allein mit dem etablierten Rechtswidrigkeitsverständnis.[71] Dessen weitreichendste Einschränkungen sind – und das ist für die Behandlung reiner Vermögensschäden geradezu schicksalhaft – an entscheidender Stelle der deutschen Deliktsdogmatik entlehnt. Wird die Rechtswidrigkeit verstärkt an die Verletzung absoluter Rechtsgüter geknüpft und dieses Charakteristikum für das reine Vermögen gerade verneint, so ist dies erkennbar der restriktiven Ausstrahlung des § 823 Abs. 1

---

[69] OGH EvBl 2021/134 (948) mAnm *Ziegelbauer;* ecolex 2021/652; ÖBA 2019/2631; ecolex 2019/121 mAnm *Ertl;* RdTW 2019, 113 (114); SZ 2016/143 = RdU 2017/71 mAnm *Weiß*; ecolex 2003/161 mAnm *Rabl*; SZ 56/199 = JBl 1985, 231 (232 f.); ÖBA 1994/436 (403); *Karner*, in: KBB ABGB⁶, § 1295 Rn. 2 mwN; *Harrer*, in: FS 200 Jahre ABGB (2011), 381 (389 mwN in Fn. 49).

[70] OGH SZ 2016/143 = RdU 2017/71 (85) mAnm *Weiß*; ähnlich und in deutscher Zeitschrift veröffentlicht, OGH RdTW 2019, 113 (114); auch OGH, Urt. v. 28.1.1997 – 1 Ob 2312/96y, RIS; ähnlich im Kontext der Amtshaftung OGH JBl 2013, 183 (186).

[71] *Jung*, in: Büchler/Ernst/Oberhammer (Hrsg.), Vinculum iuris (2008), 35 (59) spricht mit Blick auf den deutscher Dogmatik entlehnten, zweigliedrigen Rechtswidrigkeitsbegriff sogar von einer „Rezeption contra legem".

BGB geschuldet.⁷² Die so letztlich bestehenden Parallelen⁷³ zur deutschen Ausgangsposition außervertraglicher Haftung für fahrlässig verursachte reine Vermögensschäden sind kaum zu übersehen: Das österreichische Rechtswidrigkeitsverständnis schleift den eigentlich als Generalklausel formulierten § 1295 Abs. 1 ABGB im Bereich des reinen Vermögensschutzes zu einem ähnlich stumpfen Schwert wie § 823 Abs. 1 BGB. Während § 823 Abs. 1 BGB bereits in seinem Ausgangspunkt jeder Vermögensschutz verwehrt ist, findet die Restriktion in Österreich erst durch die Hintertür der Rechtswidrigkeit statt – das Ergebnis der grundsätzlichen Haftungsverneinung bleibt freilich das gleiche.

Dass diese einschränkende Entwicklung nicht zwingend war, zeigt auch ein Blick auf die – von deutscher Dogmatik noch *ungetrübten*⁷⁴ – Anfänge: Der historische Gesetzgeber des ABGB dürfte die grundsätzliche Schutzlosstellung des reinen Vermögens jedenfalls nicht in der heute verstandenen Absolutheit verfolgt haben.⁷⁵

2. Absichtliche, sittenwidrige Schädigung, § 1295 Abs. 2 ABGB

Abseits der absolut geschützten Rechtsgüter ist eine Schädigung ferner dann rechtswidrig, wenn sie *absichtlich* und *sittenwidrig* geschieht, § 1295 Abs. 2 ABGB. Auch und gerade reine Vermögensschäden sind hier zu ersetzen⁷⁶ – nicht der etwaige Rang des verletzten Rechtsguts lässt auf die Rechtswidrigkeit schließen, sondern der *personale Handlungsunwert*, der der Kombination aus zielgerichteter und gleichzeitig sittenwidriger Schädigung zugrunde liegt.⁷⁷ Aufgrund des Vorsatzerfordernisses – entgegen des Wortlauts meint „Absicht" zwar keinen *dolus directus* ersten Grades, mindestens aber *dolus*

---

⁷² *Kramer*, AcP 200 (2000), 365 (398); *Reischauer*, in: Rummel ABGB³, § 1294 Rn. 16; *Koziol*, in: FS 200 Jahre ABGB (2011), 469 (480); kritisch *Wittwer*, in: TaKomm ABGB⁵, § 1295 Rn. 4 f.

⁷³ *Thomale*, ZVglRWiss 119 (2020), 59 (63): Österreichische Haftung nach §§ 1295 Abs. 1, 2, 1311 ABGB konvergiert weitgehend mit deutscher Lösung; vgl. auch *Kodek*, in: ABGB-ON (Stand: 1.1.2018), § 1294 Rn. 6.

⁷⁴ *Reischauer*, in: Rummel ABGB³, § 1294 Rn. 16: „offenkundig [hat] das dauernde Schielen auf das BGB den Blick getrübt"; ihm in dieser Terminologie auch für die Schweiz folgend *Roberto*, in: FS Schweizerischer Juristentag (2000), 137 (149).

⁷⁵ *Karollus*, Haftung aus Schutzgesetzverletzung (1992), 5 f.; *Kramer*, AcP 200 (2000), 365 (398, Fn. 177); vgl. *Koziol*, in: FS 200 Jahre ABGB (2011), 469 (480); aA *Harrer*, in: FS 200 Jahre ABGB (2011), 381 (389, 400), wobei dessen zentrales und auf § 1300 ABGB fußendes Systemargument von *Karollus*, aaO, eindrucksvoll widerlegt wird; einschränkend schließlich OGH SZ 61/64 = RdW 1988, 287.

⁷⁶ OGH ecolex 2019/148 (338) mAnm *Reich-Rohrwig*; ecolex 2017/213; *von Bar*, Gemeineuropäisches Deliktsrecht I (1996), Rn. 37: Akzent auf Haftung für reine Vermögensschäden.

⁷⁷ *Karollus*, Haftung aus Schutzgesetzverletzung (1992), 51; *Kodek*, in: ABGB-ON (Stand: 1.1.2018), § 1294 Rn. 79; *Karner*, in: KBB ABGB⁶, § 1295 Rn. 21.

eventualis[78] – stellt der Fall des § 1295 Abs. 2 ABGB allerdings keine relevante Grundlage für die hier untersuchte Haftung für *fahrlässig verursachte reine Vermögensschäden* dar. Anders als in Deutschland wird das Absichtserfordernis nämlich noch ernst genommen, und Fälle grober Fahrlässigkeit von § 1295 Abs. 2 ABGB zurecht nicht erfasst.[79] Auch weil § 1295 Abs. 2 ABGB in seiner Anwendung bewusst – aber schließlich normgerecht – auf die seltene Vorsatzschädigung beschränkt wird, spielt die Vorschrift innerhalb des österreichischen Haftpflichtrechts nur eine untergeordnete Rolle.[80]

Sowohl unter rezeptionistischen als auch gesetzessystematischen Gesichtspunkten ist aber allein die Existenz des § 1295 Abs. 2 ABGB bemerkenswert: § 1295 Abs. 2 ist kein Eigengewächs des ABGB, sondern wurde erst im Rahmen der Dritten Teilnovelle 1916 nach dem Vorbild des § 826 BGB an prominenter Stelle ins ABGB eingefügt.[81] Tatbestandliche laufen § 826 BGB und § 1295 Abs. 2 ABGB parallel.

Während aber § 826 BGB erkennbare Lücken neben § 823 Abs. 1 und 2 BGB schließt, systematisch also originär daseinsberechtigt ist, trifft das auf § 1295 Abs. 2 ABGB nicht in gleicher Weise zu. Denn schließlich ist § 1295 Abs. 1 ABGB als eigentlich allumfassende Generalklausel konzipiert, die neben sich keiner weiteren Haftungsanordnung für schuldhafte und rechtswidrige/sittenwidrige Schädigung bedarf.[82] Naheliegend wäre daher die – auch auf das deutsche und schweizerische Recht zutreffende – Annahme, die *Sittenwidrigkeit unterhalb der Rechtswidrigkeit* anzusiedeln und § 1295 Abs. 2 ABGB so eine eigene Anwendungsnische neben Abs. 1 zuzuweisen.[83]

Die systematische Einordnung des § 1295 Abs. 2 ABGB findet in der haftpflichtrechtlichen Realität freilich weniger eindeutig statt. Der OGH bejaht in jüngeren Entscheiden die Sittenwidrigkeit dann, wenn zwischen den Interessen des Geschädigten und des Schädigers ein *grobes Missverhältnis* besteht.[84] Nimmt man hiermit aber nicht erneut die Perspektive ein (Stichwort: Interessenabwägung), die auch dem Rechtswidrigkeitsurteil in seinem Kern

---

[78] OGH EvBl 2019/155 mAnm *Brenn*; ecolex 2019/148 (338) mAnm *Reich-Rohrwig*; *Harrer/E. Wagner*, in: PraxKomm ABGB⁴, § 1295 Rn. 146.
[79] Mit deutlicher Kritik an der extensiven Anwendung des § 826 BGB aus österreichischer Perspektive, *Koziol*, AcP 212 (2012), 1 (49); weiterführend unter F./II./1./c)/dd).
[80] *Koziol*, Haftpflichtrecht II (2018), A/4/18; vgl. *P. Widmer*, in: FS Koziol (2010), 943 (948f).
[81] Ausführlich *Karollus*, Haftung aus Schutzgesetzverletzung (1992), 30 f.; *Kramer*, AcP 200 (2000), 365 (386f); *P. Widmer*, in: FS Koziol (2010), 943 (948); *Koziol*, Haftpflichtrecht II (2018), A/4/1; *von Bar*, Gemeineuropäisches Deliktsrecht I (1996), Rn. 36, Fn. 169.
[82] *Ranieri*, Europäisches Obligationenrecht (2009), 1447; kritisch daher *Koziol*, Haftpflichtrecht II (2018), A/4/2 f., 10 ff. mwN; vgl. *P. Widmer*, in: FS Koziol (2010), 943 (948); zur selben Problematik im schweizerischen OR siehe unter D./III./1.
[83] IdS *Koziol*, Haftpflichtrecht II (2018), A/4/10 f.; vgl. auch *Kodek*, in: ABGB-ON (Stand: 1. 1. 2018), § 1295 Rn. 76 im Anschluss an *Reischauer*, in: Rummel ABGB³, § 1295 Rn. 54 mit einem Sittenwidrigkeitsverständis erkennbar abseits der Rechtswidrigkeit.
[84] Etwa OGH EvBl 2019/155 (1077) mAnm *Brenn;* wobl 2014/141 mAnm *Limberg*.

zugrunde liegen soll? Auch folgender Gedanke legt nahe, dass die Sittenwidrigkeit weitgehend mit der Rechtswidrigkeit gleichgesetzt wird:[85] Nicht die ursprünglich weite Konzeption des § 1295 Abs. 1 BGB, sondern erst die bewusste Restriktion der Generalklausel durch das vorstehend beschriebene, deutschrechtlich gefärbte Rechtswidrigkeitsverständnis und die dadurch erreichte Schutzlosstellung des reinen Vermögens schaffen überhaupt den Anlass, diese selbst auferlegten dogmatischen Fesseln durch die Anwendung der Vorsatz- und Sittenwidrigkeitshaftung punktuell wieder abzustreifen. Das Ergebnis ist – nach dem ausdrücklichen Willen des österreichischen Gesetzgebers[86] – die Klarstellung mit § 1295 Abs. 2 ABGB, dass zumindest die vorsätzliche und sittenwidrige Schadenzufügung *rechtswidrig* im Sinne des Haftpflichtrechts ist.[87] Dies eröffnet ausnahmsweise die Haftungsmöglichkeit für jedenfalls solchermaßen qualifiziert zugefügte reine Vermögensschäden.

3. Rechtswidrige Schädigung durch Schutzgesetzverstoß, *§ 1311 S. 2 HS 2 ABGB*

Das Paradebeispiel eines die Rechtswidrigkeit begründenden Verhaltensnormverstoßes ist die schuldhafte Verletzung eines Schutzgesetzes. § 1311 S. 2 HS 2 ABGB ordnet die Haftung desjenigen an, der ein Gesetz[88] übertritt, das der zufälligen Beschädigung vorzubeugen sucht und entspricht damit in seiner Regelungsabsicht dem § 823 Abs. 2 BGB. Streng genommen gleicht § 823 Abs. 2 BGB seinem österreichischen Zwilling und nicht andersrum – die ausdrückliche Anordnung einer Ersatzpflicht für Schutzgesetzverletzungen des ABGB und die ihr zugrundeliegende und zuerst in Österreich von *Ehrenzweig* entwickelte Lehre vom Normschutzzweck[89] ist schließlich älter als § 823 Abs. 2 BGB.

Die relevanten Determinanten, die ein Gesetz im Einzelfall zum Schutzgesetz machen, entsprechen denen des § 823 Abs. 2 BGB: Ersatz kann nur fordern, wer sowohl persönlich (Reichweite des vom konkreten Gesetz um-

---

[85] *Wittwer*, in: TaKomm ABGB⁵, § 1295 Rn. 53 setzt Rechtswidrigkeit mit Sittenwidrigkeit gleich; ebenso *Harrer/E. Wagner*, in: PraxKomm ABGB⁴, § 1295 Rn. 167; vgl. die Ausführungen bei *Koziol*, Haftpflichtrecht II (2018), A/4/1 f.

[86] Mit ausführlicher Kritik und der Wiedergabe des Wortlauts der gesetzgeberischen Motive *Koziol*, Haftpflichtrecht II (2018), A/4/1 f.

[87] Ausdrücklich im Kontext reiner Vermögensschäden OGH SZ 2016/143 = RdU 2017/71 (85) mAnm *Weiß*: „wenn sich die Rechtswidrigkeit des schädigenden Verhaltens aus der Rechtsordnung ableiten lässt, insb [...] bei sittenwidrigem Verhalten des Schädigers"; ebenso OGH RdTW 2019, 113 (114); ferner OGH SZ 68/64 = JBl 1995, 651 mAnm *Mader*: sittenwidrig, wenn offenbar rechtswidrig (hier allerdings im Kontext des § 879 ABGB).

[88] Wie weit der Kreis der potentiellen „Schutzgesetze" gefasst ist, zeigt etwa OGH, Urt. v. 19. 12. 2000 – 1 Ob 178/00h, teilw. veröff. in RdW 2001/366: Schutzgesetzverletzung auch dann, wenn behördlichem Bescheid zuwidergehandelt wird.

[89] Siehe unter D./I./2./a)/aa).

fassten Personenkreises), sachlich (Verletzung des vom konkreten Gesetz umfassten Interesses) als auch modal (Interessenverletzung in der vom konkreten Gesetz eigentlich zu vermeiden gedachten Weise) vom Schutzgesetz adressiert wird.[90]

Die Rechtswidrigkeit einer Verletzung absolut geschützter Rechtsgüter und die daraus folgende Haftung kann sich sowohl aus §§ 1294, 1295 ABGB als auch aus § 1311 S. 2 HS 2 ABGB ergeben. Besondere *eigenständige* Bedeutung kommt der Schutzgesetzverletzung daher dann zu, wenn außerhalb vertraglicher Beziehungen der Ersatz fahrlässig verursachter, reiner Vermögensschäden in Rede steht, der von § 1295 Abs. 1 ABGB nicht umfasst wird und mangels Absicht (und Sittenwidrigkeit) auch § 1295 Abs. 2 ABGB nicht unterfällt.[91]

a) Kein Einfluss der deutschen Dogmatik zur Rechtsgutsorientierung

§ 1311 S. 2 HS 2 ABGB bleibt damit – wie § 823 Abs. 2 BGB – die primäre Haftungsanordnung für fahrlässig verursachte reine Vermögensschäden. Anders als im Rahmen des § 823 Abs. 2 BGB haben sich in Österreich bislang die Restriktionsbemühungen nicht niederschlagen können, die eine *rechtsgutsorientierte Schutzbereichsbestimmung* verfolgen[92] und so die Schutzgesetzanwendung letztlich den absolut geschützten Rechtsgütern vorbehalten wollen.[93] Diese *bewusste Verweigerung* gegen die Rezeption deutscher Lehren überzeugt: Da das Haftpflichtrecht des ABGB keinen mit dem § 823 Abs. 1 BGB vergleichbaren Rechtsgüterkatalog kennt, erfordern es systematische Gründe auch nicht, § 1311 S. 2 HS 2 ABGB im Bereich des Vermögensschutzes auf die Linie einer vermeintlich grundsätzlichen Haftungsverneinung zu bringen.[94]

---

[90] *Schacherreiter*, in: ABGB-ON (31.7.2021), § 1311 Rn. 12; *Ch. Huber*, in: TaKomm ABGB⁵, § 1311 Rn. 6; ausführlich zum Schutzgesetzcharakter am Beispiel der versammlungsrechtlichen Normen zuletzt OGH EvBl 2021/96 mAnm *Hargassner, Ecker/Wiesinger*; siehe auch unter D./I./2./a)/aa).

[91] *Ch. Huber*, in: TaKomm ABGB⁵, § 1311 Rn. 2; *Schacherreiter*, in: ABGB-ON (Stand: 31.7.2021), § 1311 Rn. 5; vgl. *Reischauer*, in: Rummel ABGB³, § 1311 Rn. 4a.

[92] Mit kritischer Bezugnahme auf die deutsche Dogmatik *Karollus*, Haftung aus Schutzgesetzverletzung (1992), 132 ff.; *Koziol*, Haftpflichtrecht II (2018), A/3/7.

[93] Man beachte aber auch OGH, Urt. v. 19.12.2000 – 1 Ob 178/00h, teilw. veröff. in RdW 2001/366: Fahrlässig verursachte reine Vermögensschäden (unter Schutzgesetzhaftung) nicht ersatzfähig.

[94] Vgl. *Karollus*, Haftung aus Schutzgesetzverletzung (1992), 132; *Koziol*, Haftpflichtrecht II (2018), A/3/7.

b) Bedeutung des schutzgesetzimmanenten Verschuldens

Auch in einem weiteren Punkt platzieren sich zentrale Stimmen in der Literatur bewusst abseits der herrschenden Position in der deutschen und der schweizerischen Rechtswissenschaft: Seinem Wortlaut nach setzt § 1311 S. 2 HS 2 ABGB Verschulden, d. h. zumindest einfache Fahrlässigkeit,[95] voraus, welches sich zwar nicht auf den Schaden, zumindest aber auf die Verletzung des Schutzgesetzes beziehen muss.[96] Handelt es sich bei dem Schutzgesetz um eine Norm, die selbst und sogar *qualifiziertes Verschulden* verlangt (*grobe Fahrlässigkeit* oder *vorsätzlich* zu verwirklichende Straftatbestände), stellt sich die Frage, ob eine Haftung nach § 1311 S. 2 HS 2 ABGB allein das Verschulden nach den allgemeinen zivilrechtlichen Vorschriften erfordert, oder sogar das *schutzgesetzimmanente qualifizierte Verschulden* voraussetzt. Stehen etwa Normen des öStGB als etwaige Schutzgesetze in Rede, lässt sich fragen, ob eine zivilrechtliche Haftung erst bei *gleichzeitiger Strafbarkeit* bestehen soll. Während dies in Deutschland und der Schweiz von Rechtsprechung und Lehre überwiegend bejaht[97] und auch in Österreich[98] vertreten wird, nehmen – wenige, aber prominente – österreichische Stimmen in bewusster Abkehr von der deutschen Dogmatik die Gegenposition ein.[99] Nach diesen richtet sich das Verschulden, im Anschluss an das im Schutzgesetz gerade unabhängig von der dortigen Verschuldensqualifikation angelegte Verhaltensunrecht, allein nach den zivilrechtlichen Vorschriften.

Folgt man dieser Ansicht, lässt man eine Haftungseinschränkung bezüglich fahrlässig verursachter reiner Vermögensschäden anders als in Deutschland und der Schweiz gar nicht erst entstehen. Dort scheitert eine Fahrlässigkeitshaftung wegen Verletzung eines Vermögensschutzgesetzes aus dem deutschen bzw. schweizerischen StGB an dem praktisch durchgängigen strafrechtlichen Vorsatzerfordernis. Auch die österreichischen Vermögens-

---

[95] Objektiver Verstoß gegen Schutznorm löst noch keine Haftung aus, erst ihre schuldhafte Übertretung, OGH JBl 2000, 790; *E. Wagner*, in: PraxKomm ABGB⁴, § 1311 Rn. 33.
[96] OGH ZVR 1976/292; *Karner*, in: KBB ABGB⁶, 1311 Rn. 3; *E. Wagner*, in: PraxKomm ABGB⁴, § 1311 Rn. 33.
[97] Siehe unter D./I./2./a)/bb) und D./III./2./a).
[98] Etwa *Rüffler*, JBl 2011, 69 (73): Strafrechtliches Vorsatzerfordernis „muss natürlich auch im zivilrechtlichen Kontext gelten".
[99] Ausführlich *Karollus*, Haftung aus Schutzgesetzverletzung (1992), 298 ff., insb. 303 f., 309; sich anschließend *Koziol*, Haftpflichtrecht II (2018), A/3/23 f.; ebenfalls *Karollus* folgend OGH JBl 2000, 113: „Der Umstand, dass § 286 StGB nur die vorsätzliche Nichtverhinderung [...] unter Strafe stellt [...], steht somit dem von der Lehre als vorrangig angesehenen Zweck des § 286 StGB (Schutz des durch die strafbare Handlung bedrohten Rechtsgutes) nicht entgegen"; tatsächlicher Diskussionsbedarf scheint in der österreichischen Rechtswissenschaft an dieser Stelle nicht zu bestehen. Wird in der Literatur auf diese vermeintliche Gegenposition verwiesen, werden die zentralen deutschen Quelle zitiert, vgl. *Karollus*, Haftung aus Schutzgesetzverletzung (1992), 300 f., Fn. 7 ff., 302 Rn. 24; *Koziol*, Haftpflichtrecht II (2018), A/3/24, Fn. 81, 83.

straftatbestände erfordern überwiegend Vorsatz,[100] unter Zugrundelegung vorgenannter Literatur muss dies einer zivilrechtlichen Fahrlässigkeitshaftung nach den allgemeinen Regeln des ABGB jedoch gerade nicht entgegenstehen.

4. Zwischenergebnis

Die Haftung für fahrlässig verursachte reine Vermögensschäden nach dem haftpflichtrechtlichen Grundgerüst in Österreich gleicht der in Deutschland und der Schweiz.

§ 1295 Abs. 1 ABGB ist als große Generalklausel konzipiert, sodass sie in ihrem Ausgangspunkt eigentlich eine Haftungsbegründung für fahrlässig verursachte reine Vermögensschäden ermöglicht. Durch die aus Deutschland importierte Rechtswidrigkeitsdogmatik wird das Potential des § 1295 Abs. 1 ABGB im Bereich des reinen Vermögensschutzes allerdings auf das gehemmte Niveau des § 823 Abs. 1 BGB heruntergestutzt.[101] Ohne dass sich dies unmittelbar aus dem Gesetz ergäbe, formuliert der OGH[102] den Ausspruch, *„dass ein umfassender Schutz des reinen Vermögens von Personen außerhalb vertraglicher oder vorvertraglicher Pflichten dem österreichischen Recht fremd ist"*. Die fahrlässige Verursachung reiner Vermögensschäden außerhalb vertraglicher Beziehungen zieht damit regelmäßig keine Haftung nach § 1295 Abs. 1 BGB nach sich.[103]

Auch um sich aus dieser selbstauferlegten Restriktion zumindest punktuell wieder zu befreien, wird § 1295 Abs. 1 ABGB durch die Anwendung der Sittenwidrigkeitshaftung des Abs. 2 substituiert. Dem Vorbild des § 826 BGB nachempfunden, haftet der Schädiger jedenfalls dann, wenn reine Vermögensschäden absichtlich und sittenwidrig verursacht werden. Das Rezeptionsprodukt ist sich dabei treuer geblieben als das Original: Die in Deutschland stattfindende Abschleifung des Vorsatzerfordernisses auf Fälle der eigentlich groben Fahrlässigkeit ist in Österreich bislang nicht zu erkennen.

Die Haftung für Schutzgesetzverletzungen nach § 1311 S. 2 HS 2 ABGB ermöglicht es grundsätzlich, auch eine Haftung für fahrlässig verursachte reine Vermögensschäden zu begründen – vorausgesetzt, es findet sich eine Schutznorm, die nach ihrem Zweck das konkret verletzte, reine Individualvermögen schützen soll. § 1311 S. 2 HS 2 ABGB gleicht in seiner Struktur § 823 Abs. 2 BGB, womit auch die dritte Säule des deutschen Deliktsrechts

---

[100] Anders ausnahmsweise z. B. der Insolvenzstraftatbestand der grob fahrlässigen Beeinträchtigung von Gläubigerinteressen (§ 159 öStGB).
[101] Zur Etablierung der grundsätzlichen Nichtersatzfähigkeit reiner Vermögensschäden in Österreich durch die Ausrichtung an „konservativer" deutscher Dogmatik *Bussani/Palmer*, in: Bussani/Palmer (Hrsg.), Pure Economic Loss in Europe (2003), 120 (125, 152 ff.).
[102] SZ 61/64 = RdW 1988, 287.
[103] Formelhaft OGH RdTW 2019, 113 (114).

ihre Entsprechung im österreichischen Haftpflichtrecht findet.[104] An einzelnen Details rund um die Schutzgesetzhaftung nach § 1311 S. 2 HS 2 ABGB zeigt sich aber, dass die österreichische Deliktsdogmatik dem *„Sog des deutschen Privatrechts"*[105] (genauer: seinen Restriktionen) noch nicht ganz erlegen ist: Teile der österreichischen Lehre verweigern sich bewusst dem verengten, rechtsgutsorientierten Ansatz zur Schutzgesetzbestimmung im Rahmen des § 823 Abs. 2 BGB. Und das zur Schutzgesetzübertretung erforderliche Verschulden soll – relevant im strafrechtlichen Kontext – autonom nach den Regeln des ABGB bestimmt und nicht an das schutzgesetzimmanente, qualifizierte Verschulden angeknüpft werden.

Trotz alledem sind es in erster Linie die großen Gemeinsamkeiten zwischen BGB und ABGB, die bei der Haftung für fahrlässig verursachte reine Vermögensschäden herausstechen. Trotz ihrer vollkommen unterschiedlichen Ausgangssituationen (hier das Enumerationsprinzip des § 823 Abs. 1 BGB, dort die Generalklausel des § 1295 Abs. 1 ABGB, jeweils ergänzt um Schutzgesetz- und Sittenwidrigkeitshaftung) ergibt sich für fahrlässig verursachte reine Vermögensschäden praktisch dasselbe Bild[106] – eine außervertragliche Haftung wird regelmäßig verneint.

III. Die schweizerische Ausgangsposition außervertraglicher Haftung für reine Vermögensschäden

Wie in Deutschland findet sich das Grundkonstrukt der außervertraglichen Haftung im schweizerischen Obligationenrecht unter der Gesetzesüberschrift der *unerlaubten Handlung*.[107]

1. Die schuldhafte, widerrechtliche Schädigung

Seinen Ausgangspunkt findet das schweizerische Deliktsrecht in der Generalklausel des Art. 41 Abs. 1 OR.[108] Die in dieser Grundnorm verankerte Verschuldenshaftung findet stets Anwendung, es sei denn, einer spezielleren Norm ist Vorrang einzuräumen.[109] Der weitgefasste Tatbestand verlangt als Haftungsvoraussetzungen „nur" einen schuldhaft, widerrechtlich und kausal verursachten Schaden. Anders als in Deutschland, aber ebenso wie in § 1295

---

[104] *Thomale*, ZVglRWiss 119 (2020), 59 (63): § 1295 Abs. 1, 2, 1311 ABGB konvergieren weitestgehend mit der deutschen Lösung.
[105] *Kramer*, AcP 200 (2000), 365 (398).
[106] *Koziol*, ZEuP 1995, 359 (367).
[107] Zweiter Abschnitt des ersten Titels des OR: Die Entstehung durch unerlaubte Handlungen.
[108] „Wer einem andern widerrechtlich einen Schaden zufügt, sei es mit Absicht, sei es aus Fahrlässigkeit, wird ihm zum Ersatze verpflichtet".
[109] *Kessler*, in: Basler Komm OR I[7], Art. 41 Rn. 1a.

Abs. 1 ABGB, verzichtet die Schweizer Grundnorm bei der Haftungsanordnung auf die Aufzählung von in ersatzpflichtiger Weise verletzbarer Rechtsgüter, sondern ist offen als Generalklausel formuliert. Ebenso wie in Österreich liegt es daher nicht auf der Hand, dass sich die Frage nach der außervertraglichen Haftung für reine Vermögensschäden überhaupt stellt. Im Gegenteil: Mit dem Verzicht auf jede rechtsgutsorientierte Differenzierung im objektiven Tatbestand scheint der Art. 41 Abs. 1 OR seinem Wortlaut nach für alle Schädigungen, auch die des reinen Vermögens, eine Ersatzflicht anzuordnen.[110]

a) Kein absoluter Schutz des reinen Vermögens unter der objektiven Widerrechtlichkeitstheorie

Eine Haftung für reine Vermögensschäden aus Art. 41 Abs. 1 OR wird im Ergebnis jedoch grundsätzlich verneint.[111] Diese Einschränkung der eigentlich weit formulierten Generalklausel wird hierbei – wie in Österreich[112] – über das Tatbestandsmerkmal der Widerrechtlichkeit erreicht.[113] Die traditionelle (und noch herrschende)[114] Lehre und ausdrücklich auch das BG legen Art. 41 Abs. 1 OR die sog. *objektive Widerrechtlichkeitstheorie* zugrunde.[115] Nach dieser muss zur Widerrechtlichkeit entweder ein absolut geschütztes Rechtsgut verletzt (Erfolgsunrecht) oder eine reine Vermögensschädigung durch Verstoß gegen eine Schutznorm verursacht werden (Verhaltensunrecht).[116] Das Vermögen ist – ebenso wie im deutschen und öster-

---

[110] *Kramer*, recht 1984, 128 (131); *Fountoulakis*, AJP 2018, 95 (98); *Schönenberger*, Haftung für Rat und Auskunft (1999), 74; *ders.*, HAVE 2004, 3 (7); *Cartier*, Begriff der Widerrechtlichkeit nach Art. 41 OR (2007), Rn. 237; *Honsell*, ZSR 2011 II, 5 (83); *ders.*, in: FS Nobel (2005), 939 (941); *C. Widmer*, ZSR 2001, 101 (104); *Müller-Chen*, BJM 2002, 289 (301); idS *Lorandi*, recht 1990, 19 (21); *Roberto*, AJP 1999, 511 (518): beschränkter Schutz des reinen Vermögens gilt keineswegs als ausgemacht; unzutreffend *R. Keller*, Anwendungsfälle der DSL und des VSD (2004), 155, der ausführlich prüft, ob der mangelnde allgemeine Vermögensschutz eine planwidrige Gesetzeslücke darstellt und dies im Ergebnis verneint, da der Gesetzgeber es bewusst unterlassen habe, eine solche Haftung zu positivieren. Das ist unzutreffend, vielmehr hat gerade nicht der Gesetzgeber eine Haftungsrestriktion in Art. 41 OR verankert, sondern erst einige Jahrzehnte später Lehre und Rspr; zutreffend vielmehr *Fisch*, Eigentumsgarantie und Nichtersatzfähigkeit reiner Vermögensschäden (2020), Rn. 464, der eine Regelungslücke eben verneint.
[111] BGE 135 V 373 (376); *Kessler*, in: Basler Komm OR I⁷, Art. 41 Rn. 34; *W. Fischer*, ZVglRWiss 83 (1984), 1 (22).
[112] Siehe hierzu unter D./II./1./a).
[113] *Schönenberger*, Haftung für Rat und Auskunft (1999), 74.
[114] *Studer/Juvet/Zanoni*, HAVE 2019, 219 (222).
[115] BGE 119 II 127 (128); 115 II 15 (18); mwN *Göksu*, in: Gauch/Aepli/Stöckli (Hrsg.), Präjudizienbuch⁹, Art. 41 OR Rn. 2; *Roberto*, Haftpflichtrecht (2018), § 4 Rn. 10 f.; *Verde*, HAVE 2016, 141.
[116] BGE 115 II 15 (18); 141 III 527 (534); *Kessler*, in: Basler Komm OR I⁷, Art. 41 Rn. 33 f.; *Studer/Juvet/Zanoni*, HAVE 2019, 219 (222); *Faust*, AcP 210 (2010), 555 (556); *Verde*, in: Jusletter 18.4.2016, Rn. 7, 13 mwN in Fn. 68 und *Fellmann*, ZSR 2009, 473 (475)

reichischen Recht – gerade kein absolut geschütztes Rechtsgut.[117] Der heute noch vorherrschenden objektiven Widerrechtlichkeitstheorie folgend ist allein dessen Beeinträchtigung nicht widerrechtlich.[118] Damit bleibt auch im Rahmen des Art. 41 Abs. 1 OR allein der *Verstoß gegen eine das Vermögen schützende Norm*, um die Widerrechtlichkeit und in der Konsequenz eine entsprechende Haftung für den fahrlässig verursachten reinen Vermögensschaden zu begründen.[119]

b) Restriktion durch Rezeption deutscher Dogmatik

Dass dieses heut tradierte Widerrechtlichkeitsverständnis in der Schweiz vorherrscht, ist keine Selbstverständlichkeit.[120] Die objektive Widerrechtlichkeitstheorie erinnert erneut stark an das den beiden Absätzen des § 823 BGB innewohnende Rechtswidrigkeitsverständnis[121] und erweist sich bei näherer Betrachtung tatsächlich als deutsches Importgut:[122] Das BG folgte ursprünglich der *subjektiven Rechtswidrigkeitslehre*, welche – vereinfacht dargestellt – schlicht jegliche Schädigung als rechtswidrig begreift, es sei denn, es besteht ausnahmsweise ein Rechtsfertigungsgrund.[123] Dieses ursprüngliche Rechtswidrigkeitsverständnis entsprach damit eher der eigentlichen Struktur der deliktischen Generalklausel.[124]

---

weisen zutreffend darauf hin, dass die Frage nach dem Verhaltensunrecht primär für den Ersatz reiner Vermögensschäden bedeutsam ist.

[117] *Rey*, in: Liber Amicorum P. Widmer (2003), 283.

[118] *Gauch*, in: FS Wiegand (2005), 823 (826): Das BG drückt dies zwar nicht ausdrücklich aus, gelangt mit seinem objektiven Widerrechtlichkeitsverständnis im Ergebnis aber gerade zum Ausschluss der reinen Vermögensschäden.

[119] BGE 141 III 527 (534); *Brehm*, in: Berner Komm OR⁵, Art. 41 Rn. 38d; *Fellmann*, ZSR 2009, 473 (475).

[120] *C. Widmer*, ZSR 2001, 101 (102 f.); *Roberto*, AJP 1999, 511 (518); *Stöckli*, in: FS Riklin (2007), 227 (230 f., 240) mit Erläuterungen der gesetzgeberischen Einlassungen, im Bereich der unerlaubten Handlungen gerade nicht der deutschen Rechtsanschauung folgen zu wollen.

[121] *Fisch*, Eigentumsgarantie und Nichtersatzfähigkeit reiner Vermögensschäden (2020), Rn. 350; *Stöckli*, in: FS Riklin (2007), 227 (232); *Karollus*, Haftung aus Schutzgesetzverletzung (1992), 55; *Werro*, recht 2003, 12 (13); *Gauch/Sweet*, in: FS Keller (1989), 117 (136); *Jung*, in: Büchler/Ernst/Oberhammer (Hrsg.), Vinculum iuris (2008), 35 (59) spricht mit Blick auf den deutscher Dogmatik entlehnten, zweigliedrigen Rechtswidrigkeitsbegriff sogar von einer „Rezeption contra legem".

[122] *Fisch*, Eigentumsgarantie und Nichtersatzfähigkeit reiner Vermögensschäden (2020), Rn. 1: de facto wendet das BG § 823 BGB anstelle des Art. 41 Abs. 1 OR an; *Roberto/Fisch*, in: Fuhrer/Kieser/Weber (Hrsg.), Mehrspuriger Schadensausgleich (2022), 67 (70 f.).

[123] BGE 10, 358 (367): Sofern Mittel der Marktkonkurrenz nicht erlaubt sind, sind sie widerrechtlich und ersatzpflichtbegründend; *Schwenzer*, in: Schwenzer (Hrsg.), Schuldrecht, Rechtsvergleichung und Rechtsvereinheitlichung (1999), 59 (62); *Immenhauser*, Das Dogma von Vertrag und Delikt (2006), 376.

[124] Vgl. *Schwenzer*, in: Schwenzer (Hrsg.), Schuldrecht, Rechtsvergleichung und Rechtsvereinheitlichung (1999), 59 (63); *Schönenberger*, Haftung für Rat und Auskunft (1999), 75.

Insbesondere[125] das literarische Wirken von *Merz*[126] bereitete aber den Boden für eine Rezeption der deutschen Dogmatik in Gestalt der offensichtlich an den Aufbau des § 823 BGB angelehnten *objektiven Widerrechtlichkeitstheorie*. Als Konsequenz etablierte sich ein einschränkendes Verständnis des Art. 41 Abs. 1 OR.[127] Anders als etwa bei der denkbar weiten französischen Generalklausel in Art. 1240 f. Code civil wird in die Grundnorm des schweizerischen Deliktsrechts ein mit dem Rechtsgüterkatalog des § 823 Abs. 1 BGB vergleichbarer Schutz der absoluten Rechte hineingelesen.[128] In der neueren schweizerischen Literatur wird die objektive Widerrechtlichkeitstheorie mit beachtlichen Argumenten kritisiert, worauf an späterer Stelle noch einzugehen ist.[129] In der bundesgerichtlichen Rechtsprechung konnten sich alternative Widerrechtlichkeitstheorien bislang jedoch noch nicht durchsetzen.[130]

2. Die Verletzung vermögensschützender Normen

Der Wortlaut des Art. 41 Abs. 1 OR enthält keinen gesonderten Hinweis darauf, dass gerade die Verletzung eines Schutzgesetzes widerrechtlich sein und zum Ersatz verpflichten soll.[131] Eine eigene Haftungsanordnung, die wie § 823 Abs. 2 BGB bzw. § 1311 S. 2 HS 2 ABGB von der Haftpflicht für

---

[125] *Schwenzer*, in: Schwenzer (Hrsg.), Schuldrecht, Rechtsvergleichung und Rechtsvereinheitlichung (1999), 59 (63 mwN in Fn. 20) weist allerdings zurecht daraufhin, dass der rudimentäre Ansatz der objektiven Widerrechtlichkeitstheorie und vor allem die Distanzierung von der subjektiven Widerrechtlichkeitstheorie auch schon deutlich vor dem *Merzschen Einfluss*, nämlich bereits in BGE 22, 175 (183) aus dem Jahre 1896, zu erkennen ist.

[126] ZBJV 1955, 301 (308 ff.); das heute herrschende Widerrechtlichkeitsverständnis unmittelbar auf *Merz* zurückführend ua *Roberto/Fisch*, in: Fuhrer/Kieser/Weber (Hrsg.), Mehrspuriger Schadensausgleich (2022), 67 (70); *Wiegand*, in: FS Canaris II (2007), 881 (884); *Kramer*, AcP 200 (2000), 365 (380 f.); *ders.*, recht 1984, 248 (131); *Immenhauser*, Das Dogma von Vertrag und Delikt (2006), 376 mwN in Fn. 1493–1495, 389; *Karollus*, Haftung aus Schutzgesetzverletzung (1992), 55, *Roberto*, AJP 1999, 511 (517); *Lorandi*, recht 1990, 19 (22).

[127] Auf den ersten Blick verwundert daher der Befund bei *Furrer/Körner*, in: Remien (Hrsg.), Schadensersatz im europäischen Privat- und Wirtschaftsrecht (2012), 233 (251), Art. 41 OR sei mit § 823 BGB vergleichbar – sind diese Normen ihrer Struktur nach doch grundverschieden. Erst die Rezeption restriktiven deutschen Deliktsdenkens führt hier zu einer dogmatisch angeglichenen Handhabung der beiden Vorschriften.

[128] *Honsell*, in: FS W. Lorenz (2001), 483 (484); *ders.*, in: FS 50 Jahre BGH (2000), 927 (930); *Roberto*, AJP 1999, 511 (519); *Immenhauser*, Das Dogma von Vertrag und Delikt (2006), 44, 386; vgl. auch *Cartier*, Begriff der Widerrechtlichkeit nach Art. 41 OR (2007), Rn. 95 ff.; diese Lesart aus deutscher Perspektive und damit wenig überraschend für „richtig" befindend *Medicus*, in: FS Keller (1989), 205 (209).

[129] Siehe hierzu unter F./II./1./a).

[130] Resümierend *von Hein*, in: FS Kren Kostkiewicz (2018), 773 (782); einer Rehabilitierung der subjektiven Widerrechtlichkeitstheorie wurde in BGE 115 II 15 (18) sogar ausdrücklich eine Absage erteilt.

[131] Dies herausstellend *Immenhauser*, Das Dogma von Vertrag und Delikt (2006), 44; *Cartier*, Begriff der Widerrechtlichkeit nach Art. 41 OR (2007), Rn. 171.

Schutzgesetzverletzungen spricht, kennt das schweizerische OR nicht. Spätestens mit der Etablierung der *objektiven Widerrechtlichkeitstheorie* in ihrer zweigliedrigen, auch auf Schutzgesetze verweisenden Form werden die Existenz solcher Schutznormen und eine entsprechende Schutznormhaftung jedoch vorausgesetzt. Die zur Umschreibung dieser Schutznormen notwendige Theorie lehnt sich an das in Deutschland herrschende Verständnis von § 823 Abs. 2 BGB an und ist heute fester Bestandteil der schweizerischen Lehre und gefestigten Rechtsprechung geworden.[132]

Damit sich Art. 41 Abs. 1 OR eine Haftung für widerrechtlich verursachte reine Vermögensschäden entnehmen lässt, muss eine das Individualvermögen schützende Norm verletzt worden sein.[133] Die zentrale Frage dieser Haftungsgrundlage besteht damit darin, die konkret verletzte Schutznorm als *individual-* und *vermögensschützend* zu qualifizieren.[134]

a) Zurückhaltung bei der Qualifizierung von Vermögensschutznormen

Grundsätzlich kommen als Schutznormen die Gesamtheit aller die schweizerische Rechtsordnung bildenden Normen in Betracht.[135] Dieses Schutznormverständnis ist dabei ähnlich weitreichend wie im Rahmen der § 823 Abs. 2 BGB und § 1311 S. 2 HS 2 ABGB.[136] Hinsichtlich der Schutznormen für absolut geschützte Rechtsgüter wird dieses weite Verständnis als zweckmäßig befunden, da es der Konkretisierung der in diesem Bereich zu wahrenden Sorgfaltspflicht dient.[137] Bei der konkreten Qualifikation einer Norm als *Vermögensschutznorm* wird dagegen zu Zurückhaltung gemahnt: Da das Vermögen im Rahmen des Art. 41 Abs. 1 OR grundsätzlich nicht, sondern nur ausnahmsweise im besonderen Fall der *Vermögensschutzgesetzverletzung* geschützt ist, gilt es, diesem Grundsatz-Ausnahme-Verhältnis bereits bei der Qualifizierung einer Norm als *vermögensschützend* Rechnung zu tragen.[138]

---

[132] *Immenhauser*, Das Dogma von Vertrag und Delikt (2006), 44; als Beleg für die in diesem Bereich bis in die Gegenwart bestehende Rezeption deutschen Rechtsdenkens siehe die Ausführungen bei *Roberto/Rickenbach*, ZSR 2012, 185 (187 ff.), die sich zur Beantwortung ihrer titelgebenden Frage „Was ist eine Schutznorm?" maßgeblich auf deutsche Quellen stützen.

[133] Zuletzt die Widerrechtlichkeit eines Verstoßes gegen eine Vermögensschutznorm bejahend BG, Urt. v. 16.6.2020 – 5A_1018/2019, E.2.1.1, BGE 146 III 290 (Ausführungen zur Schutzgesetzhaftung in BGE nicht abgedruckt).

[134] Allgemein zur Konkretisierung des Normschutzzweckes vgl. *Verde*, HAVE 2016, 141 (143 f.).

[135] BGE 141 III 527 (534); *Göksu*, in: Gauch/Aepli/Stöckli (Hrsg.), Präjudizienbuch[9], Art. 41 OR Rn. 2.

[136] Vgl. nur *G. Wagner*, in: MüKo BGB[8], § 823 Rn. 479 f.; *Ch. Huber*, in: TaKomm ABGB[5], § 1311 Rn. 4.

[137] *Roberto/Rickenbach*, ZSR 2012, 185 (186, 198).

[138] *Roberto*, Haftpflichtrecht (2018), § 4 Rn. 36: „Definition der Schutznorm muss [...] bei reinen Vermögensschäden deutlicher enger ausfallen"; *ders./Rickenbach*, ZSR 2012,

Unübersehbar ist hier die Parallele zur restriktiven deutschen Schutzgesetzdogmatik, die in Abhängigkeit von § 823 Abs. 1 BGB eine *rechtsgutsorientierte Schutzgesetzbestimmung* propagiert.[139] In der Konsequenz werden besonders strenge Voraussetzungen an die Zubilligung des vermögensschützenden Charakters gestellt. Der Vermögensschutzzweck in Frage kommender Normen muss hinreichend bestimmt sein und zumindest *auch unmittelbar* dem individuellen Vermögensschutz des Geschädigten dienen.[140] Exemplarisch hierfür ist der *Geldwäschetatbestand* nach Art. 305 chStGB, der nach Ansicht des BG zwar die Integrität der Rechtspflege, aber eben auch unmittelbar das durch die Geldwäsche geschädigte Individualvermögen schützen soll.[141] Das reine Vermögen – so lässt sich in Entsprechung zur deutschen Dogmatik schließen – soll also auch unter Zuhilfenahme eines etwaig verletzten Schutzgesetzes nur punktuellen Schutz erfahren.[142]

b) Marginale Fahrlässigkeitshaftung aus Vermögensschutzgesetzverletzung

Ein genuin vermögensschützender Charakter kommt damit vor allem den *Vermögensstraftatbeständen* zu.[143] Um als zivilrechtliche Schutzgesetze herangezogen werden zu können, erfordern diese jedoch auch aus strafrechtlicher Perspektive eine vollständige Verwirklichung – inklusive des *subjektiven Tatbestandes*.[144] Da es sich insbesondere bei den Vermögensstraftat-

---

185 (186); *Müller-Chen*, in: Fellmann/Weber (Hrsg.), Haftpflichtprozess 2008 (2008), 13 (21) spricht dagegen von einer „Jagd nach Schutznormen", um reine Vermögensschäden einer Ersatzpflicht zuführen zu können.

[139] Siehe hierzu unter D./I./2./a)./aa).

[140] BGE 148 III 11 (19 f.); BGE 119 II 127 (129); mwN *Göksu*, in: Gauch/Aepli/Stöckli (Hrsg.), Präjudizienbuch⁹, Art. 41 OR Rn. 2; *Kessler*, in: Basler Komm OR I⁷, Art. 41 Rn. 34; mit dem Verweis auf das parallele deutsche Lehre *Roberto/Rickenbach*, ZSR 2012, 185 (188, 189 Fn. 17); großzügiger *Verde*, HAVE 2016, 141 (146), der die Unmittelbarkeit für den Vermögensschutz lockern möchte.

[141] BGE 133 III 323 (330); in der Lehre ist der Schutznormcharakter des Art. 305 chStGB dagegen umstritten, *Roberto/Rickenbach*, ZSR 2012, 185 (197) mwN in Fn. 58; gegen eine Qualifikation als Schutznorm der Geldwäscheregelungen etwa *P. Lehmann*, in: Liber Amicorum Honsell (2007), 1 (26 f.), der bezeichnender Weise um die Haftungsfreiheit schweizerischer Finanzintermediäre fürchtet (30).

[142] *Brehm*, in: Berner Komm OR⁵, Art. 41 Rn. 38d; *Roberto*, Haftpflichtrecht (2018), § 4 Rn. 36; *ders./Rickenbach*, ZSR 2012, 185 (198).

[143] *Brehm*, in: Berner Komm OR⁵, Art. 41 Rn. 39; *Kessler*, in: Basler Komm OR I⁷, Art. 41 Rn. 35; vgl. *Roberto/Rickenbach*, ZSR 2012, 185 (189).

[144] BGE 133 III 323 (334); *Aepli*, SJZ 1997, 405 (408 f.); *Roberto/Rickenbach*, ZSR 2012, 185 (193); *Portmann/Przezak*, ArbR 2012, 13 (29 f.); mit beachtlichen Argumenten für im Zivil- und Strafrecht unterschiedliche Schuldmaßstäbe *Verde*, HAVE 2016, 141 (152), der insbesondere die Übertragung des dubio-pro-reo-Grundsatzes auf das Haftpflichtrecht kritisiert und *Hirschle/von der Crone*, SZW 2007, 330 (336 f.); für ein Außerachtlassen des strafrechtlich geforderten Mindestverschulden zuletzt *Koller*, AJP 2020, 1381 (1385).

beständen, wie in Deutschland, weit überwiegend um Vorsatzdelikte[145] handelt, eignen sich diese nicht, um zivilrechtlich als Schutzgesetz für eine nur fahrlässige Schädigung zu diesen.[146] Dies entspricht dem Befund für Deutschland,[147] unterscheidet sich aber von dem der österreichischen Lehre, nach welchem es bei der Haftung für Schutzgesetzverletzung gerade nicht auf das schutzgesetzimmanente Verschulden ankommen soll.[148]

3. Absichtliche, sittenwidrige Schädigung

Art. 41 Abs. 2 OR ordnet eine Ersatzpflicht im Falle absichtlicher, sittenwidriger Schädigung an.[149] In seiner Grundstruktur entspricht dieser Haftungsgrund damit nicht nur § 826 BGB und § 1295 Abs. 2 ABGB, sondern stellt sich sogar als dem deutschen Recht beinahe deckungsgleich entnommenes Normtransplantat dar.[150] Art. 41 Abs. 2 OR ist damit sowohl nach seinem objektiven Tatbestand als auch in seiner dogmatischen Prägung am Beispiel des § 826 BGB ausgerichtet.[151] Gerade der auffälligste Wortlautunterschied zwischen Art. 41 Abs. 2 OR und § 826 BGB entfaltet – ebenso wie in § 1295 Abs. 2 ABGB[152] – keine unterschiedliche Wirkung: Mag die Formulierung der einerseits *absichtlichen* und andererseits *vorsätzlichen* Schädigung noch den Schluss nahe legen, von jeweils verschiedenen Graden des Mindestverschulden auszugehen, so reicht im schweizerischen wie schon im österreichischen Recht bereits Eventualvorsatz zur Tatbestandsverwirklichung aus.[153]

---

[145] Vgl. Art. 12 Abs. 1, 137 ff. chStGB; *Verde*, HAVE 2016, 141 (151); *Schönenberger*, HAVE 2004, 3 (5).
[146] Vgl. *Hirschle/von der Crone*, SZW 2007, 330 (336 f.); *Honsell*, in: FS 50 Jahre BGH (2000), 927 (931); *ders./Isenring/Kessler*, Haftpflichtrecht (2013), § 2 Rn. 5.
[147] Siehe hierzu unter D./I./2./a)/bb).
[148] Siehe hierzu unter D./II./3./b).
[149] „Ebenso ist zum Ersatze verpflichtet, wer einem andern in einer gegen die guten Sitten verstossenden Weise absichtlich Schaden zufügt".
[150] *Schönenberger*, Haftung für Rat und Auskunft (1999), 60 f.; *Gabriel*, Die Widerrechtlichkeit in Art. 41 Abs. 1 OR (1987), Rn. 643, 880; aA *Bieri*, AJP 2008, 249 mwN in Fn. 5.
[151] *Schwenzer*, in: Schwenzer (Hrsg.), Schuldrecht, Rechtsvergleichung und Rechtsvereinheitlichung (1999), 59 (64); *von Hein*, in: FS Kren Kostkiewicz (2018), 773 (778); *Immenhauser*, Das Dogma von Vertrag und Delikt (2006), 386; *Kramer*, AcP 200 (2000), 356 (380); *P. Widmer*, in: FS Koziol (2010), 943 (947 f.).
[152] Siehe hierzu unter D./II./2.
[153] Zur Anwendung der allgemeinen Vorsatzdefinition („Wissen und Wollen der Tatbestandsverwirklichung") auf das Tatbestandsmerkmal der Absicht BGE 76 II 281 (295); *Kessler*, in: Basler Komm OR I[7], Art. 41 Rn. 42, 45; *Honsell/Isenring/Kessler*, Haftpflichtrecht (2013), § 7 Rn. 8; *Bieri*, AJP 2008, 594 (551 f.); aA *Brehm*, Berner Komm OR[5], Art. 41 Rn. 243, 244 unter Verweis auf den Gesetzeswortlaut; *Roberto*, Haftpflichtrecht (2018), § 7 Rn. 22.

a) Daseinsberechtigung der Sittenwidrigkeitsklausel im OR

Ähnlich wie im österreichischen ABGB[154] steht die Haftungsanordnung für absichtliche, sittenwidrige Schädigung als Anhängsel der Generalklausel „irgendwie schräg in der Landschaft"[155] des Haftpflichtrechts. Aus rein gesetzeskonzeptioneller Sicht besteht keine Notwendigkeit, die ihrem Wortlaut nach bereits allumschließende Generalklausel des Art. 41 Abs. 1 OR durch einen Abs. 2 zu ergänzen.[156] Art. 41 Abs. 1 OR erfasst bereits jede Form von widerrechtlicher Schädigung, auf eine etwaige „Qualität" der Widerrechtlichkeit kommt es nicht an. Die Notwendigkeit der Ergänzung durch Art. 41 Abs. 2 OR ergibt sich daher erst nachkonzeptionell – entstehen aus dem Art. 41 Abs. 1 OR von Lehre und Rechtsprechung zugrunde gelegten Widerrechtlichkeitsverständnis Einschränkungen, vermag es Art. 41 Abs. 2 OR, in diese Lücken zu stoßen. Praktisch verbleibt für Art. 41 Abs. 2 OR damit nur die Anwendungsnische, die die Generalklausel in Abs. 1 nicht bereits besetzt hält: insbesondere der *Schutz des reinen Vermögens* vor absichtlichen, sittenwidrigen Schädigungen.[157] Aus den Charakteristika „Generalklausel" und „Ergänzungstatbestand" ergibt sich damit eine logische Normenhierarchie: Nach überwiegender Auffassung geht die *schuldhafte, widerrechtliche* Schädigung nach Art. 41 Abs. 1 OR der *absichtlichen, sittenwidrigen* Schädigung nach Abs. 2 vor.[158] So soll insbesondere vermieden werden, dass eine zu übereilte Annahme der Sittenwidrigkeit das Merkmal der Widerrechtlichkeit nach Abs. 1 untergräbt.[159]

b) Sittenwidrigkeit unterhalb der Widerrechtlichkeit

Das Rangverhältnis von Art. 41 Abs. 1 und Abs. 2 OR lässt weiterhin eine klare Abgrenzung der Widerrechtlichkeit von der Sittenwidrigkeit zu. Spricht man Art. 41 Abs. 2 OR eine eigene Existenzberechtigung und damit notwendigerweise einen eigenen Anwendungsbereich zu,[160] so muss sich die-

---

[154] Siehe hierzu unter D./II./2.
[155] *P. Widmer*, in: FS Koziol (2010), 943 (948).
[156] *Ranieri*, Europäisches Obligationenrecht (2009), 1447; zum Unbehagen der schweizerischen Rspr gegenüber Art. 41 Abs. 2 OR, *P. Widmer*, in: FS Koziol (2010), 943 (949); im jüngsten Reformvorschlag für das schweizerische Obligationenrecht findet Art. 41 Abs. 2 OR daher auch keine Entsprechung mehr, hierzu Peifer, in: Harke/Riesenhuber (Hrsg.), OR 2020 – Schweizerische Schuldrechtsreform aus vergleichender Sicht (2016), 247 (262).
[157] *Kessler*, in: Basler Komm OR I⁷, Art. 41 Rn. 40; *Bieri*, AJP 2008, 249 (550).
[158] *Brehm*, in: Berner Komm OR⁵, Art. 41 Rn. 236, 236b; *Roberto*, Haftpflichtrecht (2018), § 4 Rn. 144 mwN.
[159] BGE 124 III 297 (302 f.); *Roberto*, Haftpflichtrecht (2018), § 4 Rn. 145; *P. Widmer*, in: FS Koziol (2010), 943 (949).
[160] Vgl. (wenn auch für Österreich judiziert, so doch auch auf die Schweiz übertragbar) OGH, Urt. v. 24.1.2013 – 2 Ob 6/13s, teilw. veröff. in Zak 2013/228: „Bei dieser Sichtweise hätte § [...] keinen Anwendungsbereich und wäre sinnlos. Nun sind aber Gesetze so auszulegen, dass sie einen Anwendungsbereich haben".

ser *unterhalb* der widerrechtlichen Schädigung nach Art. 41 Abs. 1 OR befinden.[161] In schweizerischer Lehre und Rechtsprechung wird daher dann nach der Sittenwidrigkeit einer Schädigung gefragt, wenn tatbestandlich gerade *noch keine* Widerrechtlichkeit erreicht ist.[162] Das in Deutschland herrschende Verständnis der *Sittenwidrigkeit als* (*gesteigerte Form der*) *Rechtswidrigkeit*[163] lässt die schweizerische Gesetzeskonzeption konsequenterweise gar nicht in Frage kommen. Vielmehr wird hier deutlich, dass die Sittenwidrigkeitshaftung insbesondere lückenfüllende Funktion hat, also dort zur Anwendung kommen kann, wo die Schwelle der Rechtswidrigkeit noch nicht erreicht ist, aber im Einzelfall gleichwohl ein Haftungsbedürfnis besteht.[164]

4. Zwischenergebnis

Für die Frage nach der Haftung für reine Vermögensschäden aus Art. 41 OR ergibt sich also folgendes, abgestuftes und schon aus dem deutschen und österreichischen Recht bekanntes Haftungsgefüge: Das reine Vermögen ist kein absolut geschütztes Rechtsgut, sodass dessen außervertragliche Verletzung nicht widerrechtlich ist. Die Widerrechtlichkeit – und mit ihr ein Anspruch nach Abs. 1 – wäre nur dann anzunehmen, wenn eine spezifisch das Individualvermögen schützende Norm verletzt worden wäre. Liegt auch eine solche Schutzgesetzverletzung nicht vor, gewährt Abs. 2 einen Ersatzanspruch zumindest für den spezifischen Fall der absichtlichen, sittenwidrigen Vermögensschädigung. Der über Art. 41 Abs. 1 OR stark eingeschränkte deliktische Vermögensschutz erfährt damit über Abs. 2 grundsätzlich eine Erweiterung für den dort beschriebenen Sonderfall der Absicht und Sittenwidrigkeit.[165] Für die Fälle der *lediglich fahrlässigen* Vermögensschädigung bietet Art. 41 Abs. 2 OR damit keine originär geeignete Haftungsgrundlage. Auch darüber hinaus ist die praktische Relevanz von Art. 41 Abs. 2 OR – ganz so wie die des § 1295 Abs. 2 ABGB und im Gegensatz zu

---

[161] IdS auch *Kwiatkwoski*, Konkretisierung der deliktsrechtlichen Generalklauseln (2020), Rn. 183; *Gabriel*, Die Widerrechtlichkeit in Art. 41 Abs. 1 OR (1987), Rn. 873.

[162] BGE 108 II 305 (312); glasklar zuletzt *Rusch/Schwizer*, AJP 2020, 1205 (1207): „Verhalten, das nicht widerrechtlich ist, kann bei Sittenwidrigkeit dennoch [...] unerlaubte Handlung [...] darstellen"; *dies.*, in: Strassenverkehrsrechtstagung 2016, 187 (200): „Die Anwendung des Art. 41 Abs. 2 OR kommt nur in Frage, wenn keine Widerrechtlichkeit vorliegt"; treffend *Gauch*, in: FS Wiegand (2005), 823 (827): Art. 41 Abs. 2 OR als „Deliktshaftung ohne Widerrechtlichkeit"; ferner *Schwenzer*, OR AT[7], § 51 Rn. 1; *Bieri*, AJP 2008, 249 (551); *Kessler*, in: Basler Komm OR I[7], Art. 41 Rn. 40; vgl. auch *Honsell/Isenring/Kessler*, Haftpflichtrecht (2013), § 7 Rn. 1.

[163] *Deutsch*, JZ 1963, 385 (389 f.).

[164] BGE 108 II 305 (312): Ersatzpflicht in Fällen, „wo zwar keine Widerrechtlichkeit vorliegt, das Rechtsgefühl aber dennoch eine Ersatzpflicht verlangt"; zu § 826 siehe unter D./I./b./(2).

[165] *Bieri*, AJP 2008, 249, (250).

§ 826 BGB – sehr überschaubar geblieben,[166] trotz der Tatsache, dass es sich hierbei um eine bewusst und damit wohl zum Zwecke der praktischen Anwendung rezipierte Haftungsgrundlage handelt.

Unübersehbar ist die Parallele sowohl zur deutschen Haftungstrias der §§ 823 Abs. 1, Abs. 2, 826 BGB als auch zu den §§ 1295 Abs. 1, Abs. 2, 1311 S. 2 HS 2 ABGB. Art. 41 Abs. 1 OR ist als deliktische Generalklausel eigentlich eine denkbar weite Haftungsperspektive eröffnet. Allerdings hat Art. 41 Abs. 1 OR dasselbe Schicksal ereilt wie seinen österreichischen Zwilling, § 1295 Abs. 1 ABGB: Unter dem Einfluss restriktiver deutscher Dogmatik hat sich der Rechtsgüterschutz, insbesondere der eingeschränkte Schutz des reinen Vermögens, der Systematik der §§ 823 Abs. 1, Abs. 2, 826 BGB angenähert.[167]

IV. Zusammenfassung und Zwischenergebnis zu I.–III.

Die Ausgangsposition der außervertraglichen Haftung für fahrlässig verursachte reine Vermögensschäden in Deutschland, Österreich und der Schweiz lässt sich wie folgt gegenüberstellen und gleichzeitig zusammenfassen:

1. Die Ausgangsposition der Fahrlässigkeitshaftung für reine Vermögensschäden im rechtskreisinternen Vergleich

Vergleicht man die jeweilige Grundkonzeption des außervertraglichen Haftpflichtrechts in Deutschland, Österreich und der Schweiz hinsichtlich der Ersatzpflicht für fahrlässig verursachte reine Vermögensschäden, fallen in erster Linie die großen, im Laufe der Zeit etablierten Gemeinsamkeiten ins Auge: Trotz ihrer vollkommen gegensätzlichen Ausgangsposition (§ 823 Abs. 1 BGB folgt einem starren Aufzählungsprinzip, § 1295 Abs. 1 ABGB und Art. 41 Abs. 1 OR enthalten grundsätzlich flexible, tatbestandlich ungehemmte Generalklauseln) verneinen alle Haftungsordnungen bereits hier regelmäßig eine Haftung für reine Vermögensschäden.

Die Stellschraube, mit der dieses Ergebnis gegenwärtig grenzübergreifend erreicht wird und für die Zukunft auch wieder verändert werden könnte, ist

---

[166] Ausführlich *Schönenberger*, Haftung für Rat und Auskunft (1999), 62; *Schwenzer*, in: Schwenzer (Hrsg.), Schuldrecht, Rechtsvergleichung und Rechtsvereinheitlichung (1999), 59 (65); *P. Widmer*, in: FS Koziol (2010), 943 (961), der den Grund des Bedeutungsunterschiedes zu Recht bereits in der jeweiligen Gesetzesstruktur angelegt sieht.

[167] *Karollus*, Haftung aus Schutzgesetzverletzung (1992), 58 f.; *Peifer*, in: Harke/Riesenhuber (Hrsg.), OR 2020 – Schweizerische Schuldrechtsreform aus vergleichender Sicht (2016), 247 (253).

das sich unter den Rechtsordnungen *angenäherte Rechtswidrigkeitsverständnis*. Insbesondere die (bei alleiniger Betrachtung des § 823 Abs. 1 BGB noch naheliegende) Annahme, die Beeinträchtigung absolut geschützter Rechtsgüter bedeute bzw. indiziere auch ihre Rechtswidrigkeit, führt für § 1295 Abs. 1 ABGB und Art. 41 Abs. 1 OR zu einer letztlich an § 823 Abs. 1 BGB ausgerichteten Gegenüberstellung: Hier die absolut geschützten Rechtsgüter, deren Verletzung rechtswidrig ist und eine Haftpflicht begründet, dort, überbleibend, das regelmäßig rechtsfolgenlos verletzbare reine Vermögen. Auch die beiden anderen Grundsäulen des deutschen Deliktsrechts, die Schutzgesetzhaftung nach § 823 Abs. 2 BGB und die Haftung für vorsätzlich, sittenwidrige Schädigung nach § 826 BGB finden sich in ABGB und OR jeweils als Ergänzung zum haftungsrechtlichen Grundtatbestand.

Für die hier untersuchte Haftung für fahrlässig verursachte reine Vermögensschäden sollte die vorsätzliche Sittenwidrigkeitshaftung eigentlich bedeutungslos sein. Diese vermeintliche Selbstverständlichkeit trifft allerdings heute nur noch auf Österreich (1295 Abs. 2 ABGB) und die Schweiz (Art. 41 Abs. 2 OR) zu. Anders als bei § 826 BGB hat die älplerische Rechtsprechung das dortige Absichtserfordernis nämlich noch nicht auf Fälle der *groben Fahrlässigkeit* abgeschliffen.

Die allgemeinste Fahrlässigkeitshaftung für reine Vermögensschäden lässt sich aus der (sich wiederum weitestgehend entsprechenden) Schutzgesetzhaftung nach § 823 Abs. 2 BGB und § 1311 S. 2 HS 2 ABGB bzw. der diese in der Schweiz inkorporierenden *objektiven Widerrechtlichkeitstheorie* entnehmen. Eine Haftung besteht allerdings auch hier nur soweit, wie diese aus dem *Schutzzweck der Norm*, also der Schutzintention für das konkret verletzte Individualvermögen, folgt. An dieser Stelle lassen sich feine dogmatische Unterschiede erkennen: Während die schweizerische Lehre heute weitestgehend auf einer Linie mit der restriktiven, am Schutz der absoluten Rechtsgüter ausgerichteten BGB-Dogmatik liegt, besticht die österreichische Literatur durch eine bewusste Verweigerung diesbezüglicher Rezeption. Eine Fahrlässigkeitshaftung für reine Vermögensschäden wird zwar auch nach § 1311 S. 2 HS 2 ABGB in der Breite nicht erreicht; ihre Perspektive ist aber auch nicht grundsätzlich nach deutschem Vorbild verengt.

2. Die Ausrichtung des haftpflichtrechtlichen Grundgefüges – eine rezeptionistische Goldgrube

Aus rezeptionistischer Sicht erweist sich der Vergleich der einzelnen Grundhaftungskonstrukte als wahre Goldgrube: Mag man die Übernahme deutscher Deliktsrechtsdogmatik für das ABGB und OR in der Sache auch für bedenklich halten, so zeugt sie doch von einem intensiven rechtswissenschaftlichen und rechtspraktischen Austausch, der sich nicht irgendwo, sondern an jeweils zentralster Stelle im Haftpflichtrecht niederschlägt.

An allen drei Grundsäulen der außervertraglichen Haftung ist diese Rezeption in unterschiedlicher Intensität zu spüren: Die Einschränkung der Generalklauseln in § 1295 Abs. 1 ABGB und Art. 41 Abs. 1 OR auf den grundsätzlichen Schutz absoluter Rechtsgüter ist unmittelbar auf die Ausstrahlung des Rechtsgüterkataloges des § 823 Abs. 1 BGB zurückzuführen. Die Schutzgesetzhaftung ist sowohl im BGB als auch ABGB kodifiziert. Dass diese aber auch – ohne Normgrundlage und allein durch die objektive Widerrechtlichkeitstheorie – ins schweizerische OR übernommen wurde, ist eine Konsequenz der Beschränkung des Art. 41 Abs. 1 OR auf den Gehalt des § 823 BGB und verfolgt das Ziel, ein den § 823 Abs. 1, Abs. 2 BGB entsprechend duales Haftungsgefüge zu erzeugen.[168]

Besonders hervorhebenswert ist in diesem Kontext weiterhin, dass die in jedem Anwendungsfall der Schutzgesetzhaftung bedeutsame Lehre vom Normschutzzweck ihren Ursprung wiederum in Österreich hat. Von dort aus fand sie den Weg in die deutsche und (über diesen Umweg)[169] schweizerische Schutzgesetzdogmatik und ist heute weder aus dem Haftpflichtrecht des BGB, noch des ABGB oder des OR wegzudenken.

Prägnantestes Rezeptionsbeispiel ist die Haftungsanordnung für vorsätzlich, sittenwidrige Schädigung. Nicht nur als rechtswissenschaftliche Lehre, sondern als gesamtes Normtransplantat aus § 826 BGB entnommen und nach § 1295 Abs. 2 ABGB und Art. 41 Abs. 2 OR verpflanzt, markiert sie die sich so auch gesetzlich niedergeschlagene, rechtskreisinterne Rezeption.

Letztlich ist festzuhalten, dass heute nicht nur die dogmatische Formung, sondern gerade die *Existenz der Haftungstrias* aus Grundnorm, Schutzgesetzverstoß und Sittenwidrigkeitshaftung in Österreich und der Schweiz unmittelbar auf die Rezeption deutschen Rechtsdenkens und die bewusst verfolgte Annäherung an §§ 823 Abs. 1, Abs. 2, 826 BGB zurückzuführen ist.

---

[168] Vgl. *Karollus*, Haftung aus Schutzgesetzverletzung (1992), 57.
[169] Man führe sich nur die heute noch spürbare Orientierung der schweizerischen Schutzgesetzdogmatik am deutschen Deliktsrecht vor Augen, exemplarisch *Roberto/Rickenbach*, ZSR 2012, 185 (187 ff.).

E. Motive und Gegenmotive des eingeschränkten Reinvermögensschutzes im originär außervertraglichen Bereich

Reine Vermögensschäden sind außerhalb vertraglicher Beziehungen, respektive nach Deliktsrecht, nicht bzw. nur nach den §§ 823 Abs. 2, 826 BGB zu ersetzen – so grundsätzlich formulieren es in die Deutschland (Ausbildungs-) Literatur und Rechtsprechung.[1] Richtigerweise ist dieses Postulat zu ergänzen: Allein *fahrlässig* verursachte reine Vermögensschäden sind außerhalb vertraglicher Beziehungen grundsätzlich nicht zu ersetzen, *so denn auch keiner der zahlreichen Ausnahmetatbestände Anwendung findet.* Auf die relevanten Ausnahmekonstellationen ist später zurückzukommen.

Dieser Grundsatz ergibt sich in Deutschland aus dem Zusammenspiel der §§ 823, 826 BGB, in Österreich und der Schweiz aus der Anwendung der aus Deutschland rezipierten, bewusst verengten Rechtswidrigkeitsdogmatik. Mag es auch trivial klingen – dieser Grundsatz ist *nicht gottgegeben*[2] und auch *kein Naturgesetz,*[3] auch wenn die herkömmliche Lehre diesen Eindruck zu vermitteln scheint.[4] Fahrlässig verursachte reine Vermögensschäden außerhalb vertraglicher Beziehungen weitgehend für ersatzunfähig zu erklären, ist schlicht das Produkt bewusster menschlicher Entscheidungen: In Deutschland durch den Gesetzgeber, in den Alpenländern durch die aktive

---

[1] Verkürzende Darstellung etwa bei *L. Hübner/Sagan,* JA 2013, 741 (742); vgl. ferner OLG Köln NJOZ 2015, 676 (677); OLG Brandenburg BeckRS 2008, 41807; BeckRS 2015, 11829; *G. Wagner/Thole,* VersR 2004, 275; für Österreich etwa OGH SZ 56/135 = JBl 1984, 669 (670).

[2] Treffend *Faust,* AcP 210 (2010), 555: durch und durch hausgemachtes Problem; idS für die Schweiz *Roberto,* AJP 1999, 511 (518): Nicht ausgemacht, dass eingeschränkter Vermögensschutz positivrechtlich vorgegeben.

[3] *Picker,* JZ 1987, 1041 (1051); *ders.,* AcP 183 (1983), 369 (475); zustimmend *Gauch/Sweet,* in: FS Keller (1989), 117 (137 Fn. 121); *Fisch,* Eigentumsgarantie und Nichtersatzfähigkeit reiner Vermögensschäden (2020), Rn. 372: keine dogmatische Selbstverständlichkeit.

[4] Vgl. *Picker,* JZ 1987, 1041 (1052): Der Grundsatz der Nichtersatzfähigkeit ist „*derart in Fleisch und Blut des Zivilrechtlers übergegangen*", dass er wie ein „*Satz des Naturrechts erscheint*"; für die Schweiz symptomatisch *Roberto,* AJP 1999, 511 (518 mwN in Fn. 59); zuletzt *Roberto/Fisch,* in: Fuhrer/Kieser/Weber (Hrsg.), Mehrspuriger Schadensausgleich (2022), 67 (74): Nichthaftung „gilt anscheinend als ausgemacht".

Ausrichtung am Vorbild des deutschen Deliktsrechts durch Rechtsprechung und Lehre.

Umso mehr überrascht es, dass die Gründe für die Nichtersatzfähigkeit fahrlässig verursachter reiner Vermögensschaden kaum – und wenn, dann nur fragmentarisch – erforscht sind.[5] In der deutschen Literatur wird der Grundsatz der Nichtersatzfähigkeit zumeist kritiklos hingenommen.[6] Allein in der Schweiz wird wiederholt kritisiert, dass es keine befriedigende Begründung für die „Diskriminierung"[7] fahrlässig verursachter reiner Vermögensschäden gibt.[8] Gleichzeitig halten sich die schweizerische Literatur[9] und Rechtsprechung[10] im Vergleich mit den in Deutschland und Österreich schon spärlichen Begründungsversuchen noch einmal stärker zurück.

Wird der vorstehende Grundsatz doch einmal hinterfragt, finden sich als Ergebnisse die unterschiedlichsten Antworten auf die Frage nach dem „Warum" der Nichtersatzfähigkeit. Ziel der folgenden Ausführungen ist es, diese verschiedenen Ansätze zu systematisieren, ihre jeweilige argumentative Tragfähigkeit auszuloten und eine für den deutschen Rechtskreis möglichst überzeugende Begründung für die Nichtersatzfähigkeit fahrlässig verursachter reiner Vermögensschäden herauszuarbeiten.

---

[5] *G. Wagner*, in: MüKo BGB[8], 826 Rn. 13: „*Frage nach den Gründen für die Diskriminierung reiner Vermögensschäden weithin ignoriert*"; die erste monographische Untersuchung hierzu liefert nun *Doobe*, Ersatz reiner Vermögensschäden Dritter (2014), insb. 210 ff.; einen groben Überblick über zwei Begründungsstränge bietet *J. Hager*, in: Staudinger BGB (2017), Vorb. § 823 Rn. 20.

[6] Vgl. *Picker*, JZ 1987, 1041 (1052); *Jansen*, RabelsZ 70 (2006), 732 (740), der festhält, dass „*eine teleologische und dogmatische Erklärung gleichwohl schwierig*" ist; *Bussani/Palmer*, in: Bussani/Palmer (Hrsg.), Pure Economic Loss in Europe (2003), 1 (21) weisen darauf hin, dass die Regel der Nichtersatzfähigkeit in Österreich unter dem Einfluss deutscher Dogmatik „almost unquestioned" übernommen wurde.

[7] Von einer Diskriminierung sprechend zB *Kramer*, recht 1984, 128 (132); *Gauch/Sweet*, in: FS Keller (1989), 117 (119); *Schönenberger*, Haftung für Rat und Auskunft gegenüber Dritten (1999), 8; *C. Widmer*, ZSR 2001, 101 (104); *Verde*, in: Jusletter 18.4.2016, Rn. 14; *Fisch*, Eigentumsgarantie und Nichtersatzfähigkeit reiner Vermögensschäden (2020), Rn. 3; mit dieser Wortwahl für das deutsche Recht *G. Wagner*, in: MüKo BGB[8], § 826 Rn. 13.

[8] *Cartier*, Begriff der Widerrechtlichkeit nach Art. 41 OR (2007), Rn. 238; *Lorandi*, recht 1990, 24 f.; *Gauch/Sweet*, in: FS Keller (1989), 117 (137): es fehlt an überzeugenden Sachargumenten.

[9] Für das schweizerische Recht geht nun jedenfalls *Fisch*, Eigentumsgarantie und Nichtersatzfähigkeit reiner Vermögensschäden (2020), Rn. 694 ff. diesen Fragen nach; im Ansatz bereits *Schönenberger*, Haftung für Rat und Auskunft (1999), 8 ff.

[10] *Fisch*, Eigentumsgarantie und Nichtersatzfähigkeit reiner Vermögensschäden (2020), Rn. 367 konstatiert, dass sich das BG selbst nie zu den Motiven der grundsätzlichen Nichtersatzfähigkeit reiner Vermögensschäden geäußert hat.

I. Motive der grundsätzlichen Nichtersatzfähigkeit

Es lassen sich in der deutschsprachigen Literatur vor allem *drei breiter angelegte Untersuchungen* ausmachen, die die Gründe der Nichtersatzfähigkeit erforschen. In Österreich wird dies von *Koziol*[11] betrieben, in der deutschen Lehre in erster Linie von *G. Wagner*.[12] Die einzige monographische Untersuchung stammt von *Doobe*,[13] der hierzu Vergleiche mit dem englischen Recht anstellt und – ähnlich wie schon *G. Wagner* – ganz entscheidend die ökonomische Analyse des Rechts bemüht. Zu erwähnen sind auch die Ausführungen *Fischs*,[14] der sich im Wesentlichen an den Positionen gerade der vorgenannten Literaten abarbeitet, damit aber für die in dieser Frage bis dato auffallend zurückhaltende schweizerische Perspektive Pionierarbeit leistet. Die hiesige Untersuchung kann auf den Ergebnissen der vorgenannten Autoren aufbauen, diese allerdings auch präzisieren und ergänzen. Anders als insbesondere bei *G. Wagner* und *Doobe* wird hier – so viel sei vorweggenommen – der überzeugendste Begründungsansatz rein rechtsdogmatisch verortet; von den rechtsökonomischen Erwägungen wird Abstand genommen.

1. Hierarchie der deliktisch zu schützenden Rechtsgüter

Insbesondere *Koziol*[15] sieht den unterschiedlichen deliktischen Schutz reiner Vermögensschäden einerseits und absolut geschützter Rechtsgüter andererseits in ihrer hierarchischen Ordnung angelegt: Während elementare (Menschen-)Rechte auch außervertraglich möglichst umfassend zu schützen

---

[11] Insb. *Koziol*, in: van Boom/Koziol/Witting (Hrsg.), Pure Economic Loss (2004), 141 (142 ff.); *ders.*, Haftpflichtrecht II (2018), A/2/99 ff.; *ders.*, JBl 2004, 273 (274 f.); ferner *ders.*, ZEuP 1995, 359 (361 ff.); *ders.*, JBl 1994, 209 (212 f.).

[12] Insb. *G. Wagner*, in: Zimmermann (Hrsg.), Grundstrukturen (2003), 189 (233 ff.); *ders.*, in: MüKo BGB[8], § 826 Rn. 14 ff.; ferner *ders.*, JZ 2015, 680 (684); *ders./Thole*, VersR 2004, 275 (279).

[13] *Doobe*, Ersatz reiner Vermögensschäden Dritter (2014), insb. 210 ff.: Rechtsvergleich mit England und Fokussierung auf ökonomische Analyse des Rechts.

[14] Eigentumsgarantie und Nichtersatzfähigkeit reiner Vermögensschäden (2020), Rn. 694 ff.

[15] Haftpflichtrecht II (2018), A/2/102; *ders.*, in: Bussani/Palmer (Hrsg.), Pure Economic Loss (2004), 141 (144 Rn. 10); *ders.*, JBl 2004, 273 (275); der Diskussionsentwurf der um *Koziol* zusammengetretenen Kommission für ein neues österreichisches Schadenersatzrecht hält in der überarbeiteten Fassung vom Juni 2007 (veröffentlicht in JBl 2008, 365 = ZVR 2008/71) in § 1293-E ABGB eine solche Hierarchie sogar ausdrücklich fest; idS und für die Schweiz, wenn auch deutlich zurückhaltender *Lorandi*, recht 1990, 19 (24); das Hierarchie-Argument nur referierend *Bussani/Palmer*, in: Bussani/Palmer (Hrsg.), Pure Economic Loss in Europe (2003), 1 (22 f.); *Dari-Mattiacci/Schäfer*, in: Eger/Schäfer (Hrsg.), Ökonomische Analyse der europäischen Zivilrechtsentwicklung (2007), 516 (517 f., 525); ausführlich und kritisch mwN aus der englischsprachigen Literatur *Doobe*, Ersatz reiner Vermögensschäden Dritter (2014), 221 ff.

seien, gelte dies nur in abgeschwächter Form für dingliche Rechte und Immaterialgüterrechte und jedenfalls kaum für reine Vermögensinteressen, die sich auf der hierarchisch untersten Stufe wiederfänden.[16] Allein aus dieser Bedeutungsabstufung der einzelnen Rechtsgüter wird gefolgert, dass sich diese praktisch auch auswirken müsse, eben in Form einer Ungleichbehandlung im außervertraglichen Haftungsrecht.

Zuzugeben ist diesem Argument, dass sich eine *Rechtsgutshierarchie in der Gesamtrechtsordnung* ganz grundsätzlich feststellen lässt:[17] So wird niemand ernsthaft bezweifeln, dass an der Spitze – welcher hierarchischen Ordnung auch immer – das Rechtsgut des Lebens steht[18] oder etwa die körperliche Unversehrtheit höherwertiger sein muss als Vermögensinteressen.[19] Auch die deutsche Verfassung bringt diese Hierarchie zum Ausdruck: Personengüter genießen den höchsten Schutz vor staatlichen Eingriffen, gefolgt vom (im Vergleich zum Zivilrecht begrifflich deutlich weitreichenderen) Eigentum iSd Art. 14 GG und wiederum gefolgt vom reinen, von der Eigentumsgarantie nicht mehr umfassten Vermögen.[20]

a) Keine originäre Rechtsgutshierarchie im Haftpflichtrecht

Das Argument der Rechtsguthierarchie kann im hiesigen Kontext allerdings nicht überzeugen, geschweige denn den *zentralen Grundsatz der Nichtersatzfähigkeit* tragen. Betrachtet man mit § 823 Abs. 1 BGB die Grundnorm des deutschen Deliktsrechts, liegt der Schluss nahe, dort eine Bedeutungsabstufung der deliktisch geschützten Rechtsgüter zu erkennen: Hier die enumerierten – und damit geschützten – Rechtsgüter, ergänzt um die sonstigen Rechte, dort das mangels expliziter Katalogserwähnung überbleibende und dadurch ungeschützte reine Vermögen. Wenn aber hier nach dem *Grund für diese Ungleichbehandlung* gefragt wird, dann kann die entsprechende Antwort nicht erneut in einem schlichten Verweis auf § 823 Abs. 1 BGB und

---

[16] Von einer Rechtsgutshierarchie sprechen auch *Canaris*, in: FS Larenz (1983), 27 (31); idS auch *ders.*, VersR 2005, 577 (582) mit Kritik am Recht des eingerichteten und ausgeübten Gewerbetriebes, welches, als „sonstiges Recht" letztlich nur das reine unternehmerische Vermögen schützend, nicht auf einer Wertigkeitsstufe mit den anderen von § 823 Abs. 1 BGB geschützten Rechten anzusiedeln sei; *Köndgen*, in: E. Lorenz (Hrsg.), Karlsruher Forum 1998, 3 (10).
[17] AA wohl *Doobe*, Ersatz reiner Vermögensschäden Dritter (2014), 222 f., allerdings nur für das Verhältnis von reinem Vermögen zum Eigentum.
[18] *Cartier*, Begriff der Widerrechtlichkeit nach Art. 41 OR (2007), Rn. 363.
[19] *Schönenberger*, Haftung für Rat und Auskunft (1999), 8; vgl. auch *ders.*, HAVE 2004, 3 (9 Fn. 60); *Jansen*, RabelsZ 70 (2006), 732 (762).
[20] *Deutsch*, in: FS Henckel (1995), 79 f.; ausführlich und mwN *Schultess*, VersR 2019, 1331 (1332); für die Schweiz *Fisch*, Eigentumsgarantie und Nichtersatzfähigkeit reiner Vermögensschäden (2020), der in seiner Untersuchung gerade der Frage nachgeht, ob die richterrechtlich etablierte zivilrechtliche „Diskriminierung" reiner Vermögensschäden der grundrechtlichen Eigentumsgarantie zuwiderläuft.

dessen dort (angeblich) verbriefte Rechtsgutshierarchie bestehen – dies würde in einem Zirkelschluss enden.

Hierzu lässt sich auch nicht anführen, dass die Formulierung des § 823 Abs. 1 BGB ebenso Begründung wie Symptom einer Rechtsgutshierarchie sein muss, die (wie auch immer vorgegebene) Bedeutungsabstufung zwischen den deliktisch zu schützenden bzw. nicht zu schützenden Rechtsgütern die Konzeption des § 823 Abs. 1 BGB also praktisch vordefiniere. Denn dem außervertraglichen Haftpflichtrecht als solchem ist die Annahme einer Rechtsgutshierarchie – und einer aus ihr vermeintlich zwingend abzuleitenden, grundsätzlichen Nichtersatzfähigkeit reiner Vermögensschäden – gerade nicht immanent.[21] Das preußische ALR etwa stellte das reine Vermögen noch ausdrücklich in eine Reihe mit den anderen deliktisch zu schützenden Rechtsgütern[22] und das schweizerische Deliktsrecht ermöglichte – vor der restringierenden Rezeption deutscher Widerrechtlichkeitsdogmatik – ohne weiteres auch den deliktischen Ersatz reiner Vermögensschäden.[23] Die Formung des § 823 Abs. 1 BGB folgt nicht der vermeintlich vorgegebenen Bedeutungsabstufung unter den zu schützenden Rechtsgütern, sondern es ist gerade andersherum – die vermeintlich originär aus § 823 Abs. 1 BGB herauszulesende Hierarchie ist erst Produkt der rechtspolitischen Entscheidung, reine Vermögensschäden aus dem Bereich des Deliktsrechts weitgehend auszuklammern.

b) Hierarchie ohne zwingende Rechtsfolgen

Selbst wenn man eine grundsätzliche Hierarchie der deliktisch geschützten Rechtsgüter annähme, ließe sich ihr alleine noch nicht die Begründung für eine Ungleichbehandlung des reinen Vermögens durch das Haftpflichtrecht entnehmen.[24] Nur weil ein bestimmtes Interesse auf einer hierarchisch niedrigen Stufe steht, bedeutet dies aus sich heraus nicht zwingend, dass es haftpflichtrechtlich eine andere Behandlung erfahren muss als das nächsthöhere Gut.[25] Im Gegenteil: Die Personenrechte sind objektiv betrachtet höherwer-

---

[21] Mit beachtlichen Argumenten *Jansen*, RabelsZ 70 (2006), 732 (762 f.); ders., Struktur des Haftungsrechts (2003), 573; idS auch *Cartier*, Begriff der Widerrechtlichkeit nach Art. 41 OR (2007), Rn. 365.
[22] Hierzu insb. *Honsell*, in: FS W. Lorenz (2001), 484 (485).
[23] Insbesondere BGE 30 II 258 (267 f.) aus dem Jahr 1904, welche den Grundstein legte für die bis in die Gegenwart fortgeschriebene deliktische Auskunftshaftung. In jüngerer Vergangenheit nimmt das BG hier von der rein deliktischen Haftungsverordnung allerdings zunehmend Abstand und bemüht stattdessen – und oftmals ohne erkennbare Notwendigkeit – die Figur der Vertrauenshaftung, siehe hierzu unter F./I./5./c)/bb)/(3)/(b), (c).
[24] Genau wie hier *Fisch*, Eigentumsgarantie und Nichtersatzfähigkeit reiner Vermögensschäden (2020), Rn. 736.
[25] Ganz idS *van Boom*, in: van Boom/Koziol/Witting (Hrsg.), Pure Economic Loss (2004), 1 (36, Rn. 94), der die Notwendigkeit einer haftungsrechtlichen Differenzierung vor dem Hintergrund einer Rechtsgutshierarchie verneint.

tiger als das Eigentum, trotzdem stellt sie die deliktische Grundnorm des § 823 Abs. 1 BGB nebeneinander auf eine Stufe.[26] Und eine Tötung – und damit eine Verletzung des Lebens als höchstes aller Rechtsgüter – bleibt häufig mangels aktivlegitimiertem Überlebenden haftpflichtrechtlich sogar folgenloser als eine schlichte Eigentumsschädigung.[27]

2. Eigenverantwortung für das Vermögen

Zur Begründung der grundsätzlichen Nichtersatzfähigkeit reiner Vermögensschäden im außervertraglichen Bereich wird weiterhin auf die vorgebliche *Eigenverantwortung des Geschädigten für die Integrität seines Vermögens* verwiesen. Insbesondere *Jansen*[28] führt an, dass auf die Wahrung absolut geschützter Rechtsgüter von jedermann allgemein vertraut werden dürfe, auf die Integrität des eigenen reinen Vermögens aber regelmäßig nicht – hierfür habe stattdessen jeder *in Eigenverantwortung selbst Vorkehrungen* zu treffen.[29] Als insofern zutreffendes Beispiel dient ihm hierzu die Teilnahme am freien Markt, welche sich gerade dadurch auszeichnet, dass sich Konkurrenten im Wettbewerb erlaubte und gesellschaftlich-ökonomisch sogar erwünschte reine Vermögensschäden zufügen[30] und der einzelne

---

[26] Vgl. *Ch. Huber*, in: NK-BGB⁴, § 253 Rn. 83h: Auch wenn „Gesundheit immer als höchstes Gut gepriesen, sieht die Realität – im deutschen Recht – oft ganz anders aus"; ausführlich zum *„Stellenwert von Blut und Blech"* im deutschen Schadensrecht siehe den so betitelten Beitrag *dess.*, in: FS Jaeger (2014), 309 ff.

[27] *Jansen*, RabelsZ 70 (2006), 732 (762); rechtshistorisch *Schönenberger*, Haftung für Rat und Auskunft (1999), 8.

[28] RabelsZ 70 (2006), 732 (739); ferner *ders.*, Struktur des Haftungsrechts (2003), 527 f. mwN in Fn. 438 im Anschluss an ua *von Bar*, RabelsZ 44 (1980), 455 (482 ff.).

[29] Auch in diese Richtung etwa *Schönenberger*, HAVE 2004, 3 (8); insgesamt vorsichtiger und weniger apodiktisch, *Faust*, AcP 210 (2010), 555 (559) mit dem Hinweis, dass bei reinen Vermögensschäden der Geschädigte häufig selbst gut Vorsorge treffen könne; vgl. zur Möglichkeit der Versicherung des Ausfallschadens in der Betriebsunterbrechungsversicherung OGH EvBl-LS 2020/13 mAnm *Hoch*: Betriebsausfall einer Restaurantbetreiberin nach Brand in von ihr gemieteten Räumlichkeiten; vgl. ferner dazu korrespondierend BGHZ 41, 123 = NJW 1964, 720 (Bruteierfall), mit dem Postulat, dass ein Eigentümer, also der Inhaber eines absolut geschützten Rechtsgutes, einer Eigentumsverletzung durch Dritte nicht in uneingeschränkter Eigenverantwortung vorbeugen muss – anders eben als der Inhaber reinen Vermögens; sofern die Versicherbarkeit als Argument für und gegen die Haftung für reine Vermögenschäden herangezogen wird, ist aber ganz grundsätzlich zu fragen, warum hier nun – ausnahmsweise – die Haftungsfrage der Versicherbarkeit folgen soll.

[30] *Jansen*, RabelsZ 70 (2006), 732 (739); *G. Wagner*, in: MüKo BGB⁸, § 823 Rn. 371; zum Beispiel der erlaubten Vermögensschädigung durch lauteren Wettbewerb auch *Faust*, AcP 210 (2010), 555 (558); *Loser*, in: Koller (Hrsg.), Haftpflicht- und Versicherungsrechtstagung St. Gallen 2005 (2005), 111 (121); *Magnus*, HAVE 2017, 25 (31); mit anschaulichem Beispiel *Fisch*, Eigentumsgarantie und Nichtersatzfähigkeit reiner Vermögensschäden (2020), Rn. 906 ff.

Marktteilnehmer hiergegen im Rahmen des lauteren Wettbewerbs selbst Vorsorge treffen muss.

a) „Haftpflichtrechtliche Eigenverantwortung" – Besonderheit reiner Vermögensschäden?

Das Argument der Eigenverantwortlichkeit ist allerdings kaum geeignet, um mit *Jansen*[31] den *Grundsatz der Nichtersatzfähigkeit reiner Vermögensschäden im außervertraglichen Bereich* tragen zu können.

aa) „Eigenverantwortung" als schlichtes Spiegelbild des positiven Rechts

Das „Argument" der Eigenverantwortung lässt sich allgemeiner – und damit völlig unabhängig von der Haftung für reine Vermögensschäden – formulieren: Dort, wo eine Haftung Dritter angeordnet ist, darf man von der Integritätswahrung der eigenen Interessen ausgehen; man selbst muss weniger Vorsorge treffen, schließlich werden sich Dritte zur Vermeidung ihrer Haftung schon sorgfältig verhalten und im Schadensfall wird man jedenfalls kompensiert. Dort aber, wo keine Haftung angeordnet ist, darf man auch nicht davon ausgehen, dass sich andere rücksichtsvoll verhalten und Schädigungen vermeiden – es beginnt die Eigenverantwortung.

Es zeigt sich, dass das vermeintliche „Argument" der Eigenverantwortung dem Kontext des reinen Vermögensschadens gerade *nicht genuin* ist. Vielmehr lässt es sich überall dort anbringen, wo Haftung und Nichthaftung klar konturiert und gegeneinander abgrenzbar sind und so beschreiben, wer das Risiko einer Schädigung im Schadensfall tragen muss. Es handelt sich hier letztlich um nicht mehr als die umständliche Umschreibung des Grundsatzes *casum sentit dominus* – der Geschädigte muss den Schaden grundsätzlich selbst tragen, es sei denn, eine Norm erlaubt ausnahmsweise die Schadensabwälzung auf den Schädiger.

bb) Miteinander einhergehende Verschiebung von Haftpflichtrecht und „Eigenverantwortung"

Die folgenden Beispiele skizzieren, dass hinter dem Prinzip der „Eigenverantwortung" letztlich nichts anderes steht als die primär durch das positive Haftpflichtrecht vorgegebene Risikozuweisung, bestimmte Schäden abwälzen zu können oder selbst tragen zu müssen.

---

[31] Ausdrücklich *Jansen*, Struktur des Haftungsrechts (2003), 527: „Daß für primäre Vermögensschäden grundsätzlich nicht gehaftet wird, muß deshalb auf weiteren Gründen beruhen; insbesondere ist dies der Gedanke, daß in einer ökonomisch liberalen, freiheitlichen Gesellschaft jedermann für sein Vermögen grundsätzlich selbst verantwortlich zu sein hat".

(1) Schockschadenersatz – Eigenverantwortung oder Schutzzweckreichweite?

Das gilt etwa bei Schockschäden „Dritter", die durch das Miterleben eines Unfalls eine eigene physische Beeinträchtigung erleiden, anders aber als dem Primärgeschädigten nahestehende „Zweite" selbst nicht aktivlegitimiert sind, sondern entsprechende Geschehnisse als die *Verwirklichung eines allgemeinen Lebensrisikos* abtun müssen und für die Regulierung der schadensrechtlichen Folgen (Behandlung etc.) eben selbst „*verantwortlich*" sind.[32] Praktisch wird ein Richter den Anspruch dieses reflektorisch Schockgeschädigten hier mit Blick auf Schutzzweckerwägungen und fehlende Adäquanz verneinen;[33] *Jansen*[34] bemüht aber in diesem Kontext die Kategorie der Eigenverantwortung und führt hierzu aus, dass aus der *Eigenverantwortung des reflexgeschädigten Dritten* der haftungsausschließende Grundsatz des Reflexschadensersatzverbots entspringe.[35]

(2) Immaterielle Schäden, insbesondere Abgeltung von Trauer

Ähnliches ist auch mit Blick auf die Haftung für *immaterielle Schäden* festzuhalten: Wenn diese nur ausnahmsweise, nämlich in den wenigen gesetzlich bestimmten Fällen (§ 253 Abs. 1 BGB), zu einer Ersatzpflicht führen, ließe sich argumentieren, dass in diesen einzelnen Ausnahmesituationen bestimmte Wertungen eben eine Haftung anzeigten, in allen weiteren Fällen der Geschädigte aber keinen Ersatz fordern könne und schließlich selbst und *eigenverantwortlich Vorsorge dafür zu treffen habe*, keine immateriellen Einbußen zu erleiden. Dies gibt *Jansen* zu, wenn er im Kontext der reinen Vermögensschäden als weiteres Beispiel für eine umfassende deliktische Eigenverantwortlichkeit anführt, dass ein Vertrauen in die Wahrung der „emotionalen Verfassung eines Menschen" nicht bestehe, man vielmehr mit dem Risiko leben müsse, „*unter dem Verlust […] eines Lieben (auch an einen anderen) zu leiden*", da schließlich jeder für sein „*persönliches Glück verantwortlich*" sei.[36]

Hieran zeigt sich zum einen erneut, dass sich das Prinzip der Eigenverantwortung nicht im Bereich des reinen Vermögensschutzes erschöpft und zum anderen vor allem eines: Das „Argument" der Eigenverantwortung ist nicht

---

[32] Ähnlich liegt der Fall, dass ein Polizist aufgrund eines Einsatzes eine behandlungsbedürftige Belastungsstörung erleidet und dies in der Regel als Verwirklichung des spezifischen Berufsrisikos abgetan wird (BGHZ 172, 263 = NJW 2007, 2764 [2765]: Miterleben eines tödlichen Autounfalls), was dann aber anders sein soll, wenn der Schädiger die Tat, anlässlich derer der Polizist ausrückt, vorsätzlich begeht (BGHZ 218, 220 = NJW 2018, 3250 [3251]: Amoklauf).
[33] Vgl. OLG Düsseldorf NJW-RR 1995, 159; *Pardey*, in: Geigel, Haftpflichtprozess[28], Kap. 6 Rn. 61; *Larenz/Canaris*, Schuldrecht BT (1994), 381.
[34] Struktur des Haftungsrechts (2003), 527, 532.
[35] Siehe allgemein zum Reflexschadensersatzverbot unter C./II.
[36] *Jansen*, RabelsZ 70 (2006), 732 (739).

mehr als ein Abbild des jeweils gegenwärtigen (positiven) Rechts; die Reichweite der „Verantwortung" ändert sich mit diesem. Jedenfalls handelt es sich bei der Verantwortungszuweisung – auch im Bereich reiner Vermögensschäden – nicht um einen über dem Haftpflichtrecht schwebenden Satz überpositivistischen Naturrechts.[37]

Das illustriert für die vorstehenden Ausführungen *Jansens* zu den immateriellen Einbußen insbesondere der neu eingeführten § 844 Abs. 3 BGB, nach dem seelisches Leid für den Verlust nahestehender Angehöriger nun endlich[38] auch in Deutschland zu kompensieren ist. Folgte man dem Postulat von *Jansen* müsste man folgerichtig festhalten, dass seine vorstehend zitierten Ausführungen heute so nicht mehr zutreffen, sondern sich die „Verantwortung" bzw. die partielle Risikozuweisung für das seelische Leid beim Verlust eines Liebsten durch dessen fremdverursachten Tod hier verschoben haben. Immaterielle Beeinträchtigungen, die früher noch als allgemeines Lebensrisiko des Geschädigten abgetan wurde,[39] also in *Jansens* Duktus in die *Eigenverantwortung des Hinterbliebenen* fallen, wurden hier von einem auf den anderen Tag für haftpflichtrechtlich relevant befunden. Und auch *Jansens* Befund, man müsse mit dem Risiko leben (gemeint ist, man müsse dies haftpflichtrechtlich folgenlos hinnehmen), seinen Liebsten *an einen anderen – den Nebenbuhler – zu verlieren*, trifft jedenfalls auf das schweizerische und österreichische Recht gerade *nicht* in dieser Absolutheit zu.[40]

---

[37] Vgl. *Picker*, JZ 1987, 1041 (1052).

[38] Erst am 22. 7. 2017 trat der in § 844 Abs. 3 BGB verankerte Anspruch auf *Hinterbliebenengeld* in Kraft, dBGBl. I 2017, 2421. In Österreich wird ein vergleichbarer Anspruch auf *Trauerschmerzengeld* bereits seit einem bedeutenden obiter dictum aus dem Jahr 2001 (SZ 74/90 = ZVR 2001/73 mAnm *Karner*) in nun stRspr bejaht und dabei auf § 1325 ABGB (entspricht §§ 253, 842 f. BGB) gestützt, etwa OGH ZVR 2020/88 mAnm *Steininger* (in casu verneint); ZVR 2020/210 mAnm *Ch. Huber*; zu den Ursprüngen dieser Rechtsprechung *Griss*, in: FS 200 Jahre ABGB (2011), 1521 (1531 f.); ausführlich *Danzl*, ZVR 2002, 363 (371 f.). Das schweizerische Pendant, der Anspruch auf *Angehörigengenugtuung*, ist sogar schon seit 1912 in Art. 47 OR verankert.

[39] *Ch. Huber*, in: NK-BGB[4], § 844 Rn. 125; plastisch *ders.*, aaO Rn. 129: „Man wolle keine Mimosen züchten".

[40] Im schweizerischen Haftpflichtrecht wird der Ehebruch als Persönlichkeitsverletzung des gehörnten Ehegatten angesehen wird und kann einen Genugtuungsanspruch gegen den ehestörenden Dritten auslösen, BGE 109 II 4 (5); BGE 108 II 344 (frz.); ausführlich *Landolt*, in: Koller (Hrsg.), Haftpflicht- und Versicherungsrechtstagung St. Gallen 2005 (2005), 23 (74 f.); *Brehm*, in: Berner Komm OR[5], Art. 49 Rn. 69 f.; in Österreich steht dem gehörnten Ehegatten zwar kein Schmerzengeld zu (OGH Zak 2012/641; SZ 2003/16 = ZVR 2004/5) und durch Untreue ausgelöste Depressionen sind auch nicht als Schockschaden zu ersetzen (OGH iFamZ 2020/66 mAnm *Deixler-Hübner*), gleichwohl sieht der OGH die sich aus dem Wesen der Ehe ergebenden Rechte als absolut geschützt an (OGH JBl 2021, 721 mkritAnm *Schmid*; iFamZ 2012/107 mAnm *Deixler-Hübner*; SZ 2003/16 = ZVR 2004/5; SZ 70/163 = JBl 1998, 243) und verpflichtet sowohl den untreuen Ehegatten als auch den fremden Ehestörer zum Ersatz der dem gehörnten Ehegatten anfallenden Kosten eines Privatdetektives, OGH JBl 2019, 580; EF-Z 2016/96 mAnm *E. Wagner*; iFamZ 2012/107 mAnm *Deixler-Hübner*; iFamZ 2009/244 mAnm *Deixler-Hübner*; Urt. v. 30. 10. 2002 –

(3) Novellierte Haftung des Gerichtssachverständigen

Gleiches – und hier schließt sich der Kreis – ist für reine Vermögensschäden zu sagen, etwa mit Blick auf den im Zuge der Schuldrechtsreform ins Gesetz aufgenommenen § 839a BGB.[41] Während eine Fahrlässigkeitshaftung des gerichtlichen Sachverständigen für reine Vermögensschäden zuvor vom Zufall der (in der Praxis kaum vorkommenden) Beeidigung abhing, statuiert § 839a BGB nun eine Haftung für reine Vermögensschäden bei grober Fahrlässigkeit. Und wenn morgen eine deliktische Haftung desjenigen positiviert werden würde, der einem Dritten durch das Zertrennen eines Stromkabels einen Betriebsausfall und hierdurch einen reinen Vermögensschaden verursacht (vgl. Fallbeispiel 1),[42] würde sich auch hier im gleichen Zuge „nur" die Risiko- bzw. „Verantwortlichkeitszuweisung" verändern – weg vom in seinem reinen Vermögen Geschädigten hin zum das reine Vermögen Schädigenden.

(4) Zwischenergebnis

Es zeigt sich: *Jansens* Ansatz von der *Eigenverantwortlichkeit* ist *erstens* nicht auf das reine Vermögen beschränkt und umschreibt, *zweitens,* nicht mehr und nicht weniger als die Konturen der einzelnen, zusammenspielenden Tatbestände des außervertraglichen Haftpflichtrechts. Eine tragfähige Begründung eben *für den Verlauf dieser Konturen*, respektive die grundsätzliche Schutzlosstellung des fahrlässig beeinträchtigten Vermögens kann er damit aber noch nicht liefern.

b) Fehlender Vertrauensschutz auch als Begründung für grundsätzliche Haftungsverneinung?

Aus dem Postulat der Eigenverantwortung leitet *Jansen* noch einen weiteren, in diesem Kontext viel bedeutsameren Aspekt ab: die Haftung für reine Vermögensschäden unter dem Motiv *besonders schutzwürdigem, weil berechtigtem Vertrauen*. Mit der gesetzlichen Risikozuweisung bzw. „Rechtsgutverantwortung" ginge das Vertrauen einher, in rechtlich geschützten Positionen nicht verletzt zu werden.[43] Für das reine Vermögen gälte dies – mangels umfassenden haftpflichtrechtlichen Schutzes – dabei regelmäßig nicht. Sind reine Vermögensschäden außerhalb vertraglicher Beziehungen aber doch

---

7 Ob 195/02f, ausführlich und äußerst kritisch zu diesem Komplex *Schoditsch*, ÖJZ 2020, 953; *Schmid*, JBl 2021, 722 ff.; auch in Deutschland gibt es Stimmen, die den Verlust eines Liebsten an den Nebenbuhler dadurch einer Ersatzpflicht zuführen wollen, dass sie den ungestörten Bestand der ehelichen Gemeinschaft als sonstiges Recht iSd § 823 Abs. 1 BGB anerkennen wollen, so etwa schon *Fabricius*, AcP 160 (1961), 273 (316 ff.).

[41] Siehe hierzu ausführlich unter F./I./2./a).
[42] Siehe unter A./II.
[43] *Jansen*, RabelsZ 70 (2006), 732 (739).

einmal zu ersetzen, dann nur, so *Jansen*,[44] wenn enttäuschtes Vertrauen *punktuell besonders schützenswert* ist und eine Haftung rechtfertigt. Unter Verweis auf die Ausnahmehaftung bei besonders schützenswertem Vermögen wird nun auf den vermeintlich dazugehörigen *Grundsatz der Haftungsverneinung* rückgeschlossen: Für reine Vermögensschäden sei grundsätzlich nicht zu haften, weil man – einhergehend mit der unterstellten Eigenverantwortung für das jeweilige Individualvermögen[45] – *auf die bloße Vermögensintegrität regelmäßig nicht vertrauen dürfe.*[46]

Diese Überlegungen zum Vertrauensschutz sind im Ausgangspunkt zwar ganz im Sinne dieser Untersuchung,[47] an dieser Stelle aber bereits in dreifacher Hinsicht zu ergänzen:

aa) Fehlende Relevanz des Vertrauensgedankens

Erstens gibt es Fälle einer ausnahmsweisen außervertraglichen Haftung für reine Vermögensschäden, bei denen der Vertrauensgedanke wertungsmäßig keine Rolle spielt – etwa nach §§ 824, 844 Abs. 2 BGB und bei Beeinträchtigung des Rechts am Gewerbebetrieb, wo die Ausnahmehaftung durch die besondere Bedeutung des verletzten Vermögens für die eigene Lebensführung gerechtfertigt wird.[48]

bb) Reichweite des Vertrauensschutzes

Zweitens: Wenn *Jansen*[49] auch mit Hinblick auf §§ 844 f. BGB als Ausnahme vom Grundsatz der Nichtersatzfähigkeit von einem „*objektiven gesetzlichen Vertrauenstatbestand*" spricht, muss man sich fragen, wie weit denn dieses Konzept eines schützenswerten Vertrauens (in die Rechtsordnung als solche?) reichen soll und ob diese Konzeptualisierung als solche überhaupt trägt. Ist schützenswertes „Vertrauen" (eben in nicht mehr oder weniger als die Nichtverwirklichung bestimmter Haftungstatbestände) hier noch etwas

---

[44] *Jansen*, RabelsZ 70 (2006), 732 (739, 759 f.); *ders.*, Struktur des Haftungsrechts (2003), 529 ff., 541 f.
[45] *Jansen*, Struktur des Haftungsrechts (2003), 530.
[46] *Jansen*, RabelsZ 70 (2006), 732 (739): „Sofern ein Schädiger das berechtigte Vertrauen des Geschädigten in die Integrität seiner Rechte enttäuscht hat, muß diesem folgerichtig ein Anspruch auf Ersatz [...] zustehen. Umgekehrt kann ein solches Vertrauen hinsichtlich des Vermögens als solchem [...] offenbar nicht geschützt werden", (759): „Während man nämlich auf die Integrität von Interessen, die als absolute subjektive Recht anerkannt sind, von Recht wegen vertrauen darf, gilt das für die Integrität des Vermögens grundsätzlich nicht".
[47] Zum besonderen Vertrauensschutz als zentrales haftungsbegründendes Motiv siehe insb. unter F./II./2./b).
[48] Siehe hierzu unter F./I./1./d)/aa), unter F./I./3./d)/bb), unter F./II./1./b)/ee)/(1). und unter F./III./1.
[49] Struktur des Haftungsrechts (2003), 532; *ders.*, RabelsZ 70 (2006), 732 (739 f.).

Anderes als die schlichte (und wiederholte)[50] Beschreibung des positiven Haftpflichtrechts; das „Vertrauen" also nicht mehr als die beruhigende Gewissheit des Einzelnen, dass man schon nicht geschädigt werde und, falls dies entgegen allen „Vertrauens" doch einmal passiert, den in fremde Positionen eingreifenden Schädiger bestimmte schadensersatzrechtlichen Sanktionen treffen?[51]

(1) Exkurs ins Verkehrsunfallrecht

Wie wenig aussagekräftig dieses Vertrauensschutzkonzept für die grundlegende Frage nach dem Motiv der außervertragliche Nichtersatzfähigkeit reiner Vermögensschäden ist, zeigt auch ein Blick ins Verkehrsunfallrecht. Dort findet sich ein in diese Richtung gehendes Verständnis von allgemeinem „Vertrauensschutz" – dem einzelnen Verkehrsteilnehmer kommt der sog. *Vertrauensgrundsatz* zu Gute. Dieser besagt, dass der regeltreue Verkehrsteilnehmer bei der Auslotung der eigenen im Verkehr an den Tag zu legenden Sorgfalt nicht zu jeder Zeit mit Verkehrsverstößen anderer Verkehrsteilnehmer rechnen muss, sondern sich stattdessen darauf verlassen darf, dass sich im Straßenverkehr jeder vorschriftsgemäß verhält.[52] Handelt ein schädigender Verkehrsteilnehmer aber verkehrswidrig und damit dem „Vertrauen" der Anderen zuwider, kann sich der selbst verkehrstreue Geschädigte auf den Vertrauensgrundsatz berufen, anführen, mit dem Verkehrsregelverstoß nicht habe rechnen zu müssen und so dem Vorwurf eigener Fahrlässigkeit entgegentreten.[53] Damit zurück zu dieser Untersuchung: Selbst der als solche anerkannte *straßenverkehrsrechtliche Vertrauensgrundsatz* besagt einerseits in seinem Regelungskern tatsächlich nicht mehr, als dass von jedem Verkehrsteilnehmer Regel- und Gesetzestreue erwartet wird und zeigt damit andererseits auf, dass sich die Frage nach dem „Vertrauensschutz" (sofern man tatsächlich bei dieser Terminologie bleiben möchte) gerade auch auf dem Gebiet der Sach- und Personenschäden – und damit abseits des reinen Vermögensschadens – stellen kann.

---

[50] Siehe vorstehend unter E./I./2./a) das Argument der Eigenverantwortung, womit letztlich nur die Reichweite des positiven Haftpflichtrechts beschrieben wird.
[51] Vgl. *Jansen*, Struktur des Haftungsrechts (2003), 528; ganz idS für die Schweiz *Schwenzer*, OR AT[7], § 52 Rn. 3: „Praktisch knüpft jegliche Haftung – egal ob aus Vertrag oder Delikt – an enttäuschtes Vertrauen an"; plastisch *Picker*, AcP 183 (1983), 369 (421 f.): Blindes Vertrauens desjenigen, der eine Ampel bei „Grün" überquert – totale Irrelevanz des Vertrauensgesichtspunktes als haftungskonstituierender Moment; ähnlich *ders.*, in: FS Medicus (1999), 397 (423 f.); mit eben diesem Beispiel der grünen Ampel und kritisch zum allzu verallgemeinerten Vertrauensgedanken *Wendelstein*, JURA 2018, 144 (151); genauso für die Schweiz *Fisch*, Eigentumsgarantie und Nichtersatzfähigkeit reiner Vermögensschäden (2020), Rn. 466 f.
[52] *Freymann*, in: Geigel, Haftpflichtprozess[28], Kap. 27 Rn. 12.
[53] *Freymann*, in: Geigel, Haftpflichtprozess[28], Kap. 27 Rn. 12.

(2) Besonderes Vertrauen als Ausnahmegrund

Wenn *Jansen* zur Begründung der Nichtersatzfähigkeit fahrlässig verursachter reiner Vermögensschäden auf den (fehlenden) allgemeinen Vertrauensschutzgedanken abstellt, ist vielmehr Folgendes klarzustellen: Eine ausnahmsweise außervertragliche Haftung aus enttäuschtem Vertrauen speist sich typischerweise daraus, dass der Geschädigte vom Schädiger nicht einfach nur allgemeine Gesetzestreue erwarten, sondern ihm gerade *besonderes persönliches Vertrauen* entgegenbringen darf.[54] Paradebeispiele ist hier etwa die *Sachwalterhaftung* nach § 311 Abs. 3 S. 2 BGB oder ganz allgemein die ihr zugrunde liegende Einstandspflicht aus culpa in contrahendo.[55] Das von *Jansen* aber beschworene *objektive Vertrauen* im Kontext der §§ 844 f. BGB lässt sich (so es denn, was höchst fraglich scheint, überhaupt besteht) hiermit nicht vergleichen – stellte man etwa auf § 844 Abs. 2 BGB ab, ginge es schließlich um das „Vertrauen" des aktivlegitimierten Hinterbliebenen in den ihm regelmäßig *unbekannten*, seinen Versorger Tötenden.

Vermag das besondere Vertrauen eine Ausnahmehaftung zu begründen, lässt dies gleichzeitig noch nicht den Rückschluss zu, als Grundsatz aufstellen zu können, wegen dem regelmäßigen Mangel an (besonderem) Vertrauen seien reine Vermögensschäden im Allgemeinen nicht zu ersetzen.[56]

cc) Kein Vertrauensschutz für Vermögensintegrität: Ursache oder Produkt?

Nach den vorstehenden Ausführungen hilft das Argument des fehlenden Vertrauensschutzes, *drittens*, bei der hier in Rede stehenden Suche nach einer überzeugenden Begründung für den Grundsatz der Ersatzfähigkeit kaum weiter. *Jansen*[57] kehrt zwar die von ihm – grundsätzlich auch zutreffend[58] – aufgestellte Ausnahmeregel (reine Vermögensschäden sind nur bei *berechtigtem Vertrauen* ausnahmsweise zu ersetzen) um und formuliert den Grundsatz, dass man grundsätzlich eben nicht auf die Integrität des eigenen Vermögens vertrauen dürfe. Dies ergibt sich aber schlicht aus der Betrachtung des positiven Haftungsrechts, welches das reine Vermögen nur rudimentär schützt. Festzuhalten, man dürfte auf allgemeinen Vermögensschutz nicht vertrauen, gibt nur den Grundsatz wieder, dass außerhalb vertraglicher Beziehungen reine Vermögensschäden nicht zu ersetzen sind – eine stichhaltige Begründung desselben liefert sie gerade nicht. Hierzu müsste man auf den Spuren *Jansens* erst in einem nächsten Schritt fragen, *warum* denn das

---
[54] *Wendelstein*, JURA 2018, 144 (151); so auch *Jansen* selbst, Struktur des Haftungsrechts (2003), 530, 538.
[55] Siehe hierzu ausführlich unter F./II./2./a).
[56] IdS aber eben *Jansen*, RabelsZ 70 (2006), 732 (739, 759).
[57] RabelsZ 70 (2006), 732 (739, 759); *ders.*, Struktur des Haftungsrechts (2003), 530.
[58] Ausführlich zum Vertrauensschutz als haftpflichtbegründender Faktor unter F./II./2./b).

Vertrauen in die Integrität des reinen Vermögens grundsätzlich nicht geschützt ist. Er selbst macht dies, wie vorstehend ausgeführt, an der mit dem Vertrauensschutz (vermeintlich) einhergehenden *Eigenverantwortlichkeit für das eigene Vermögen* fest.[59]

c) Gefahr des Zirkelschlusses

Auch dieser Gedanke ist für sich genommen nicht unzutreffend, folgt aber, wie bereits erläutert, ebenso wie das an die Eigenverantwortlichkeit anknüpfende Vertrauen, letztlich schlicht dem positiven Recht, gilt also für jede Haftungsanordnung – auch abseits reiner Vermögensschäden – und hilft bei der Suche nach einer überzeugenden dogmatischen Begründung des Nichtersatzfähigkeitsgrundsatzes kaum weiter.

Es droht hier vielmehr die Gefahr eines Zirkelschlusses – *Jansens* Argumentation zur Begründung der grundsätzlichen Nichtersatzfähigkeit wegen mangelndem Vertrauen angesichts der Eigenverantwortlichkeit für das eigene Vermögen ließe sich mit anderen Worten ergänzen und wie folgt ausdrücken: *Das Vertrauen auf die Vermögensintegrität ist grundsätzlich nicht schützenswert und deswegen nicht haftpflichtbewehrt, weil man für die Integritätswahrung selbst verantwortlich ist.*

Nach den hiesigen Ausführungen *steht und fällt die „Selbstverantwortung" in ihrer Reichweite aber mit der veränderungsfähigen Verantwortungszuweisung durch das* (positive) *Recht*. Die deliktische Grundkonzeption des BGB sieht eine Haftung für fahrlässig verursachte reine Vermögensschäden und damit eine grundsätzliche Begrenzung der Vermögensverantwortlichkeit nicht vor. Hier schließt sich nun der Kreis – *ohne Verantwortungszuweisung durch das (positive) Recht kein schützenswertes Vertrauen und ohne schützenswertes Vertrauen keine Haftung für reine Vermögensschäden.*

Der Nichtersatzfähigkeitsgrundsatz lässt sich mit dieser Argumentationskette kaum überzeugend begründen. Denn noch zugespitzter ließen sich die vorstehenden Ausführungen so formulieren: *Es gibt keine Haftung, weil es keine Haftung gibt.*

---

[59] *Jansen*, Struktur des Haftungsrechts (2003), 530: „Ein bloßes Vertrauen kann ja gerade nicht einen Haftungsgrund bilden, wenn umgekehrt der Grundsatz gilt, daß der einzelne für sein Vermögen selbst verantwortlich sei."; *ders.*, RabelsZ 70 (2006), 732 (739): „Umgekehrt kann ein solches Vertrauen hinsichtlich des Vermögens als solchem [...] offenbar nicht geschützt werden: Der Gedanke eines freien Marktes setzt ja voraus, daß man auf Kosten anderer Geld verdienen darf [...]. In einer freien Gesellschaft muß jedermann also grundsätzlich selbst für sein Vermögen [...] verantwortlich sein".

3. Regelmäßig keine volkswirtschaftliche Relevanz reiner Vermögensschäden

Ein weiterer Ansatz zur Begründung der Nichtersatzfähigkeit reiner Vermögensschäden außerhalb vertraglicher Beziehungen entstammt dem Bereich der *ökonomischen Analyse des Haftpflichtrechts*. Diese vor allem in der US-amerikanischen Rechtswissenschaft etablierte, aber auch immer stärker im deutschen Rechtskreis Einzug haltende Methode[60] versucht, wirtschaftswissenschaftliche Theorien in die Rechtswissenschaft zu überführen und die Funktionsweise rechtlicher Systeme unter ökonomischen Gesichtspunkten zu betrachten – auf die hier in Rede stehende Thematik bezogen konkret, den Grundsatz der Nichtersatzfähigkeit reiner Vermögensschäden mit volkswirtschaftlichen Argumenten zu begründen.

a) Grundthese: Kein Ersatz bei fehlendem Wohlfahrtsverlust

Die folgenden Darstellungen beschränken sich allein auf den zentralsten Ansatz der *ökonomischen Analyse des Haftpflichtrechts für reine Vermögensschäden*, der, in der US-amerikanischen Rechtswissenschaft begründet, auch am spürbarsten Einzug in die deutsche Literatur halten konnte.[61] Das dort aufgebaute Argument versucht insbesondere die grundsätzliche Nichtersatzfähigkeit reiner Vermögensschäden gegenüber der Ersatzfähigkeit von Sachschäden nach Eigentumsverletzungen zu begründen und lautet wie folgt:

Es sei zu unterscheiden zwischen einerseits dem *rein individuellen Schaden* – der nur dem einzelnen Rechtsgutsinhaber entsteht – und andererseits *dem gesellschaftlichen/sozialen Schaden*, den die Allgemeinheit erleidet.[62] Werde eine Sache, etwa ein Gebäude zerstört, sei nicht nur privates Eigentum verletzt, sondern auch die Volkswirtschaft um eine Ressource ärmer.[63]

---

[60] Allgemein zur ökonomischen Analyse des Rechts in den USA, Deutschland und England *Doobe*, Ersatz reiner Vermögensschäden Dritter (2014), 233 ff.

[61] Übereinstimmend führen *Dari-Mattiacci/Schäfer*, in: Eger/Schäfer (Hrsg.), Ökonomische Analyse der europäischen Zivilrechtsentwicklung (2007), 516 (518, 526) und *Doobe*, Ersatz reiner Vermögensschäden Dritter (2014), 284 die ökonomische Analyse des Haftpflichtrechts für reine Vermögensschäden auf *Bishop* zurück.

[62] *G. Wagner*, JZ 2015, 680 (684); *Doobe*, Ersatz reiner Vermögensschäden Dritter (2014), 284.

[63] *Schäfer*, AcP 202 (2002), 808 (812 f.); *G. Wagner*, in: Zimmermann (Hrsg.), Grundstrukturen (2003), 189 (238); *ders.*, in: MüKo BGB[8], § 826 Rn. 15; *ders.*, Deliktsrecht[14], 5/131 Nr. 3; *ders./Thole*, VersR 2004, 275 (279); allgemein *Parisi*, in: Bussani/Palmer (Hrsg.), Pure Economic Loss in Europe (2003), 75 (79); vgl. *Dari-Mattiacci/Schäfer*, in: Eger/Schäfer (Hrsg.), Ökonomische Analyse der europäischen Zivilrechtsentwicklung (2007), 516 (527); *Kötz/Schäfer*, Judex oeconomicus (2003), 107; *Franck*, Marktordnung durch Haftung (2016), 116, 335; anzumerken ist hier schon, dass diese Sichtweise die Annahme voraussetzt, jeder körperlichen Sache komme per se volkswirtschaftlicher Wert zu, was ganz grundsätzlich bezweifelt werden muss.

Bei reinen Vermögensschädigungen sei die gesellschaftliche Dimension des Schadens dagegen häufig geringer bzw. sogar gar nicht vorhanden:[64] Der reine Vermögensschaden des Einen stelle sich hier regelmäßig als Vermögensgewinn des Anderen dar.[65] Zwar trete hier ein Individualschaden ein, da es aber an anderer Stelle durch das schädigende Ereignis zu einem Vermögenszuwachs kommt, lasse sich gesamtwirtschaftlich eben kein gleich hoher bzw. gar kein *sozialer Schaden* feststellen.[66] *Dari-Mattiacci/Schäfer*[67] bringen es formelhaft auf den Punkt: Der – vermeintlich allein bedeutsame – Wohlfahrtsverlust ist der Schaden des Individualgeschädigten abzüglich der Gewinne Dritter.

Am Beispiel des *fehlerhaften Prozessgutachtens* lässt sich verbildlichen, wie es trotz privatem Schaden zu keinerlei Wohlfahrtsverlust kommt, die Vermögenseinbußen des Einen also deckungsgleich mit dem Vermögenszuwachs des Anderen aufgewogen werden: Ein Beklagter wird wegen eines das Urteil maßgeblich beeinflussenden, fehlerhaften Gutachtens zur Zahlung eines überhöhten Betrages verurteilt. Er erleidet einen individuellen Schaden; da der fehlerhaft zu hoch berechnete Überschuss aber stattdessen an den Kläger fließt, kommt es lediglich zur *Vermögensumverteilung*.[68]

Die Gretchenfrage aus rechtsökonomischer Perspektive soll also lauten, ob der Individualschaden gleichbedeutend mit dem gesamtwirtschaftlichen, dem *sozialen Schaden* ist – falls nicht, so der Ansatz zur Begründung des Nichtersatzfähigkeitsgrundsatzes, etwa weil sich der soziale Schaden durch Gewinne Dritter egalisiert, sei es auch nicht angezeigt Ersatz für den überbleibenden *rein individuellen reinen Vermögensschaden* zu gewähren.[69]

---

[64] *Parisi*, in: Bussani/Palmer (Hrsg.), Pure Economic Loss in Europe (2003), 75 (79).
[65] *Hellgardt*, Kapitalmarktdeliktsrecht (2008), 209; *Schäfer*, AcP 202 (2002), 808 (813); *G. Wagner*, JZ 2015, 680 (684); *ders.*, in: MüKo BGB[8], § 826 Rn. 15; *ders./Thole*, VersR 2004, 275 (279); *Dari-Mattiacci/Schäfer*, in: Eger/Schäfer (Hrsg.), Ökonomische Analyse der europäischen Zivilrechtsentwicklung (2007), 516 (526 f.); *Kötz/Schäfer*, Judex oeconomicus (2003), 108; *Doobe*, Ersatz reiner Vermögensschäden Dritter (2014), 285; *Leyens*, JuS 2018, 217 (218); im Anschluss an *G. Wagner* auch für die schweizerische Perspektive *Fisch*, Eigentumsgarantie und Nichtersatzfähigkeit reiner Vermögensschäden (2020), Rn. 696 f.; ebenfalls *G. Wagner* folgend *Franck*, Marktordnung durch Haftung (2016), 335.
[66] *G. Wagner*, in: Zimmermann (Hrsg.), Grundstrukturen (2003), 189 (238); *ders.*, in: MüKo BGB[8], § 826 Rn. 15; *ders*, Deliktsrecht[14], 5/131 Nr. 3: lediglich Umverteilung.
[67] *Dari-Mattiacci/Schäfer*, in: Eger/Schäfer (Hrsg.), Ökonomische Analyse der europäischen Zivilrechtsentwicklung (2007), 516 (519).
[68] *G. Wagner*, in: MüKo BGB[8], § 839a Rn. 5; mit weiteren Beispielen *ders.*, in: MüKo BGB[8], § 826 Rn. 16; mit dem Beispiel eines fehlerhaften Wertgutachtens im Zwangsvollstreckungsverfahren *ders./Thole*, VersR 2004, 275 (279); besonders an dieser Konstellation ist allein, dass das deutsche und österreichische Haftpflichtrecht dem geschädigten Beklagten hier ausnahmsweise die Möglichkeit einräumen, diesen reinen Vermögensschaden auf den Gerichtssachverständigen abzuwälzen – nach § 839a BGB freilich erst bei grob fahrlässiger Falschbegutachtung, in Österreich bereits bei einfacher Fahrlässigkeit siehe hierzu unter F./I./2./a), b).
[69] *Hellgardt*, Kapitalmarktdeliktsrecht (2008), 209 mwN; *G. Wagner*, in: Zimmermann (Hrsg.), Grundstrukturen (2003), 189 (238) mwN in Fn. 244; diesen Begründungsansatz

b) Ergänzende rechts-ökonomische Kritik

Der vorstehend beschriebene Ansatz – ohne Wohlfahrtsverlust kein Ersatz – erfährt auch innerhalb des Lagers der Rechtsökonomen Kritik. Die vorstehend beschriebene These wird dabei zwar zum Ausgangspunkt einer rechtsökonomischen Begründung der Nichtersatzfähigkeit reiner Vermögensschäden gemacht, jedoch für präzisierungs- bzw. ergänzungsbedürftig gehalten.

aa) Kurze Reichweite des Wohlfahrtsverlustarguments

Zutreffend wird angeführt, dass die auf dem Wohlfahrtsverlustargument fußende strikte Trennung zwischen der Ersatzwürdigkeit von Sachschäden (vermeintlich stets mit Wohlfahrtsverlust) und reinen Vermögensschäden (vermeintlich stets ohne Wohlfahrtsverlust) nicht absolut formuliert werden kann, sondern recht schnell an ihre Grenzen stößt.[70] Wird etwa ein Eigentümer lediglich vorübergehend im Gebrauch seiner Sache eingeschränkt, kann dies schon einen Wohlfahrtsverlust bedeuten.[71] Die Sache muss nicht erst in letzter Konsequenz zerstört werden, um eine wirtschaftliche Nutzungserzielung unmöglich zu machen. Der soziale Schaden kann hier also durch reine Beeinträchtigung einer Sache und bereits unterhalb der Schwelle zur individuellen Eigentumsverletzung entstehen.[72]

Zu ergänzen ist, dass auch andersherum Fälle reiner Vermögensschäden denkbar sind, bei denen keine Vermögensverschiebung stattfindet und es bei einem gesellschaftsrelevanten Individualschaden bleibt – etwa die Konstellationen der § 844 Abs. 2 BGB, § 1327 ABGB und Art. 45 Abs. 3 OR, in denen die Einstandspflicht des für eine Tötung Verantwortlichen die Existenz der Hinterbliebenen sichert und hierdurch wiederum die Entlastung der ansonsten möglicherweise beanspruchten Sozialsysteme[73] gewährleistet.[74]

---

referierend *Dari-Mattiacci/Schäfer*, in: Eger/Schäfer (Hrsg.), Ökonomische Analyse der europäischen Zivilrechtsentwicklung (2007), 516 (525); am Beispiel des Kabelbruchfalls *Kötz/Schäfer*, Judex oeconomicus (2003), 43; *Doobe*, Ersatz reiner Vermögensschäden Dritter (2014), 285.

[70] Ausführlich *Doobe*, Ersatz reiner Vermögensschäden Dritter (2014), 285 ff.

[71] *Dari-Mattiacci/Schäfer*, in: Eger/Schäfer (Hrsg.), Ökonomische Analyse der europäischen Zivilrechtsentwicklung (2007), 516 (527); diesen folgend *Doobe*, Ersatz reiner Vermögensschäden Dritter (2014), 286 f.

[72] Vgl. hierzu BGH JZ 2015, 680 mAnm *G. Wagner* = ZVR 2015/110 mAnm *Ch. Huber*: keine Sachbeschädigung bzw. Eigentumsverletzung bei Beeinträchtigung der Nutzungsmöglichkeit einer Autobahnraststätte wegen mehrtätiger Straßensperrung; ähnlich schon BGHZ 86, 152 = NJW 1983, 2313: keine Eigentumsverletzung des Umsatzeinbußen verzeichnenden Anliegers einer unfallbedingt gesperrten Wasserstraße; ferner BGHZ 55, 153 = NJW 1971, 886 (Fleet-Fall) mit Blick auf die vom Hafen ausgesperrten Schiffe.

[73] *Pardey*, in: Geigel, Haftpflichtprozess, Kap. 8 Rn. 15.

[74] Siehe hierzu unter F./I./3/b), d).

Der *Schwäche des Wohlfahrtsverlustarguments* offenbart sich aber vor allem an folgendem Gedanken: Die Überlegungen zum Schaden des einen und gleichzeitigem Gewinn des anderen lassen sich nicht auf den Bereich des reinen Vermögensschadens begrenzen. Werden Waren des einen Händlers zerstört (Sachschaden aus Eigentumsverletzung) und können so nicht mehr vertrieben werden, kann dies dazu führen, dass sein Konkurrent entsprechend höhere Absätze erzielen kann und (vermeintlich) ein Wohlfahrtsverlust ausbleibt.[75] Hielte man strikt an dem Erfordernis eines sozialen Schadens für die Ersatzpflicht des Schädigers fest, dürfte der in seinem Eigentum verletzte Händler keinen Ersatz fordern, da sich sein Schaden und der Gewinn der Konkurrenz gegenseitig die Waagschale halten – ein Ergebnis, welches kaum ernsthaft befürwortet werden dürfte.

bb) Ergänzende Berechnung des sozialen Schadens unter Berücksichtigung der Vorhaltekosten

Bei der Frage, welcher konkrete Schaden unter ökonomischen Gesichtspunkten denn nun für ersatzwürdig zu befinden ist – der individuelle, der soziale oder der soziale in Höhe des individuellen?[76] – wird versucht, die vorstehend beschriebene *Grundthese vom ersatzwürdigen Wohlfahrtschaden* zu präzisieren.

Ausgangspunkt dieser Überlegungen ist die (wie im Folgenden gezeigt, viel zu indifferente) Annahme, dass derjenige, der im Schadensfall eines Konkurrenten unmittelbar höhere Gewinne verzeichnen will, hierfür erst und überhaupt *Überkapazitäten* bereithalten müsse.[77] Als Beispiel ist hier erneut der Händler zu nennen, der, um beim Ausfall seines Konkurrenten überhaupt einen höheren Absatz erzielen zu können, entsprechende Mehrware auch vorrätig auf Lager haben müsse. Gleiches soll für den Hotelbetreiber gelten, der nur dann vom Schaden des Konkurrenten profitieren könne, wenn er den sich nun vermehrt an ihn wendenden Gästen bis dahin leerstehende Zimmer anbieten kann.[78] Gelingt es, diese Überkapazitäten abzusetzen – so jedenfalls das Credo – verringere oder egalisiere sich sogar der soziale Schaden.[79]

---

[75] Vgl. *Doobe*, Ersatz reiner Vermögensschäden Dritter (2014), 286 mwN in Fn. 1402.
[76] Hierzu *Doobe*, Ersatz reiner Vermögensschäden Dritter (2014), 286 f. mwN in Fn. 1403 ff.
[77] *Dari-Mattiacci/Schäfer*, in: Eger/Schäfer (Hrsg.), Ökonomische Analyse der europäischen Zivilrechtsentwicklung (2007), 516 (528) mwN in Fn. 33; *Doobe*, Ersatz reiner Vermögensschäden Dritter (2014), 286 f. mwN in Fn. 1403 ff.; *Hellgardt*, Kapitalmarktdeliktsrecht (2008), 210.
[78] Mit diesem Beispiel *Dari-Mattiacci/Schäfer*, in: Eger/Schäfer (Hrsg.), Ökonomische Analyse der europäischen Zivilrechtsentwicklung (2007), 516 (528).
[79] *Doobe*, Ersatz reiner Vermögensschäden Dritter (2014), 288 f.

Doch auch die (vermeintlich) gesamtwirtschaftliche Schadensfreiheit hat ihren Preis: Um den individuellen Schaden des Konkurrenten durch den Absatz von bis dato vorgehaltenen Überkapazitäten auffangen und den sozialen Schaden so begrenzen zu können, soll der nun vermehrt Gewinnerzielende zunächst *Vorhaltekosten* zu tragen haben.[80] Die Gegenüberstellung von privatem und sozialem Schaden, so lautet wohl die Einsicht, ist also doch kein Nullsummenspiel: Heben sich der Schaden des Einen und der Gewinn des Anderen gegenseitig auf, blieben in der volkwirtschaftlichen Gesamtbilanz immer noch die in Höhe der zur Schadensaufwiegung erforderlichen Vorhaltekosten über.

Für die Haftung für reine Vermögensschäden wird hieraus nun – recht kurzsichtig – Folgendes abgeleitet: Der in seinem reinen Vermögen Geschädigte habe seinen Individualschaden grundsätzlich selbst zu tragen. Er könne ihn vom Schädiger allerdings in Höhe des *überbleibenden sozialen Schadens* ersetzt verlangen – also in *Höhe der Vorhaltekosten*, die einem Dritten zum Absatz seiner Überkapazitäten entstünden.[81]

c) Grundsätzliche Kritik

Der vorstehend beschriebene rechtsökonomische Ansatz zur Begründung der grundsätzlichen Nichtersatzfähigkeit reiner Vermögensschäden erscheint aus folgenden Gründen attraktiv: *Prima vista* scheint es jedenfalls nicht völlig fernliegend, einem Vermögensschaden gerade dann Ersatzwürdigkeit zuzusprechen, wenn er eine gesamtgesellschaftliche Dimension erreicht. Und der hieraus weiterentwickelte Gedanke, ausnahmsweise aber die überbleibenden Vorhaltekosten des Dritten ersetzt verlangen zu können, verspricht einen – vermeintlich – präzisen Ausgleich zwischen den Schädiger-, Individualgeschädigten- und volkswirtschaftlichen Interessen.

aa) Keine strikte Trennung zwischen individuellem und sozialem Schaden

Zur Begründung des Nichtersatzfähigkeitsgrundsatzes taugt dieser Ansatz aber nicht: Wie bereits ausgeführt, ist die strikte Annahme, erst bei substantiellen Eigentumsverletzungen entstünde ein Wohlfahrtsschaden, bei reinen Vermögensschäden aber (noch) nicht, in dieser Absolutheit nicht haltbar. Sofern dieser Gedanke in der jüngeren Literatur unter Berücksichtigung

---

[80] *Dari-Mattiacci/Schäfer*, in: Eger/Schäfer (Hrsg.), Ökonomische Analyse der europäischen Zivilrechtsentwicklung (2007), 516 (529); diesen folgend *Doobe*, Ersatz reiner Vermögensschäden Dritter (2014), 288 f.

[81] *Dari-Mattiacci/Schäfer*, in: Eger/Schäfer (Hrsg.), Ökonomische Analyse der europäischen Zivilrechtsentwicklung (2007), 516 (529, 531) sich diesen anschließend *Doobe*, Ersatz reiner Vermögensschäden Dritter (2014), 289, 290, 291; in diese Richtung auch *Hellgardt*, Kapitalmarktdeliktsrecht (2008), 209 f.

der Vorhaltekosten präzisiert wird, klingt das zwar – vermeintlich – plausibel, ändert aber an dem vorstehenden Befund nicht das Geringste. Schon aus diesem Grund scheint es wenig überzeugend anzunehmen, der für das Haftpflichtrecht zentrale Grundsatz der Nichtersatzfähigkeit reiner Vermögensschaden sei auf die – eben nicht strikt feststellbare – Trennung zwischen rein individuellem Schaden bei reinen Vermögensschäden einerseits und sozialem Schaden andererseits zurückzuführen.

bb) Lebensferne Fokussierung auf Vorhaltekosten

Insbesondere der Ansatz, der die Vorhaltekosten berücksichtigt, ist hier noch einmal näher und kritisch zu beleuchten: Es wird versucht, gesamtwirtschaftlich alle Akteure zu betrachten (im einfachsten Fall den Schädiger, den Individualgeschädigten und den profitierenden, aber Vorhaltekosten tragenden Konkurrenten) und zu ermitteln, auf welcher Seite am Ende ein Schaden überbleibt.

Diese Herangehensweise vermag nicht den hier gesuchten Nichtersatzfähigkeitsgrundsatz reiner Vermögensschäden zu begründen, versucht sich aber (immerhin?) an einer – vermeintlich – präzisen Bezifferung des volkswirtschaftlichen Schadens. In einem im Wesentlichen im vorvergangenen Jahrhundert ersonnenen Haftungssystem sind frische Gedanken und neue Ansätze gerade der ökonomischen Analyse grundsätzlich zu begrüßen – aber nur unter der Prämisse, dass diese *erstens* zutreffend sind und *zweitens* einen praktischen Fortschritt bedeuten, bestehende Probleme also lösen, keinesfalls aber neue schaffen.

(1) Praxisferner Schadenersatz

Falls sich ein neuer Ansatz insbesondere in die gerichtliche Praxis implementieren lässt und praktische Ergebnisse liefern kann, spricht grundsätzlich nichts gegen ihn. Gerade hieran sind aber größte Zweifel anzubringen. Für das Beispiel des Kabelbruch-Falles (Fallbeispiel 1)[82] wird etwa formuliert, dass der Geschädigte – also derjenige, dessen Betrieb stillsteht und Umsatz einbricht – seinen individuellen Schaden jedenfalls in Höhe der seinem Konkurrenten zur Reduzierung des Wohlfahrtsverlustes entstehenden Vorhaltekosten ersetzt bekommen sollte.[83] Wie soll die Schadensregulierung in diesem Fall vonstattengehen? Der Aktivlegitimierte müsste vor Gericht geltend machen, selbst nur den Schaden ersetzt zu bekommen, der einem Anderen durch Vorhaltekosten entstanden ist. Muss sich dieser beim Geschädigten – im Zweifel seinem unliebsamen Konkurrenten – melden und seine Vorhalte-

---

[82] Siehe unter A./II.
[83] *Doobe*, Ersatz reiner Vermögensschäden Dritter (2014), 289.

kosten mitteilen? Lassen sich alle Beteiligten hier überhaupt ermitteln, bzw. kennt der Geschädigte den Träger der Vorhaltekosten? Oder dürfen die *irgendeinem* Marktbeteiligten *wohl entstandenen* Vorhaltekosten pauschaliert und geschätzt werden?[84] So (vermeintlich) attraktiv dieser Ansatz klingen mag, so ist er doch nicht mehr als ein akademisches Glasperlenspiel, ohne ernsthafte Perspektive, in der haftungsrechtlichen Realität jemals zur Anwendung zu kommen. Das verdeutlicht auch der Blick auf den Bereich des Sachschadenersatzes: Nicht von ungefähr sind Vorhaltekosten auch als Facette eines Sachschadens nur in engen Grenzen und nur unter der Prämisse zu ersetzen, dass sie *dem Geschädigten selbst entstehen*.[85] Das Paradebeispiel ist der unfallbedingte Ausfall eines gewerblich genutzten Kraftfahrzeugs, den der Geschädigte aber dadurch auffangen kann, dass *er* ein *eigenes Ersatzfahrzeug* bereithält.[86]

Hierzu am Rande: Der rechtsökonomischen Analyse ist an dieser Stelle weiterhin vorzuwerfen, rechtsdogmatische Grundsätze allzu sehr durcheinander zu werfen. Es wird hier über die Kosten des Einen gesprochen, die nun aber ein Anderer als Eigenschaden deshalb ersetzt verlangen darf, weil sie sich in der volkswirtschaftlichen Bilanz bemerkbar machen. Diese Dreieckskonstellation stößt ohnehin schon an die äußersten Grenzen des Haftpflichtrechts. Man mag sich nun an die Figur der Drittschadensliquidation erinnert fühlen. Ihre Voraussetzungen, insbesondere eine zufällige Schadensverlagerung bzw. die Eröffnung einer ihrer anerkannten Anwendungsbereiche, sind hier freilich nicht gegeben. Dies fängt bereits damit an, dass sich der Posten der Vorhaltekosten nicht als Vermögensschaden, sondern nur als freiwillige (ggf. frustrierte) *Aufwendungen* darstellen. Die Aufwendungen fallen zeitlich vor und unabhängig vom Schaden des Konkurrenten an; gerade deshalb handelt es sich hier um eine Position, die im außervertraglichen Haftungsrecht nicht geschützt ist. Für den Bereich des Sachschadens hält die deutsche Rechtsprechung dies regelmäßig fest.[87] Diesen Posten jetzt wiederum als „Drittschaden" eines Anderen ersetzen verlangen zu dürfen, indem hierin das besonders ersatzwürdige Überbleibsel des sozialen Schadens gesehen wird, strapaziert die grundsätzliche Dogmatik des Haftpflichtrechts bis auf das Äußerste.

---

[84] In ähnlichem Kontext bereits zweifelnd *Schäfer*, AcP 202 (2002), 808 (835).
[85] Grundlegend BGHZ 32, 280 = NJW 1960, 1339; zuletzt BGHZ 220, 270 = NJW 2019, 1064 (1065): in casu Ersatzfähigkeit verneint; OLG Celle r + s 2021, 234 (236); ferner BGH NJW 1985, 2471; BGHZ 70, 199 = NJW 1978, 812.
[86] BGHZ 70, 199 = NJW 1978, 812: Ausreichend ist (sogar) Einsatz eigener Betriebsreserve, Vorhalten eines konkreten Ersatzfahrzeuges als solches nicht erforderlich.
[87] Vgl. gerade im Kontext der Vorhaltekosten BGHZ 220, 270 = NJW 2019, 1064 (1067): „Vorhaltekosten sind unabhängig vom haftungsbegründenden Schadensereignis angefallen und zu diesem nicht kausal".

(2) Vorhaltekosten als frei gegriffene Größe

Selbst wenn sich das auf den Vorhaltekosten basierende Ersatzmodell in der (außer-)gerichtlichen Praxis anwenden ließe (was ernsthaft bezweifelt werden muss!), ist ihm ferner und in aller Deutlichkeit zu attestieren, dass es bei *lebensnaher Betrachtung* auch in der Sache vollkommen fehlgeht. Dies fängt damit an, dass Vorhaltekosten heutzutage in der Breite kaum noch eine Rolle spielen dürften. Ware wird vom Händler *just-in-time* beim Hersteller geordert und an den Kunden geliefert. Die Corona-Pandemie in den Jahren 2020, 2021 und 2022 zeigt eindrücklich, wie der Onlineversandhandel bei gleichzeitigem Bedeutungsverlust der Ladengeschäfte unter diesem Prinzip floriert.

Weiterhin ist dem hier referierten Ansatz vorzuwerfen, viel zu starr auf die Vorhaltekosten als vermeintlich zentral bedeutenden Kostenposten zu blicken. Den sozialen Schaden allein mit den Vorhaltekosten abbilden zu können, ist nur in dem einen klinisch-sterilen Modell zutreffend, in dem sich der Betrieb des rein Vermögensgeschädigten und der seines nun profitierenden Konkurrenten tatsächlich *allein in den Vorhaltekosten unterscheiden*. Die parallel anfallenden und von Betrieb zu Betrieb *eben ganz unterschiedlichen Kosten* für Beschaffung, Auftragsbearbeitung, Kommission, Lieferung, Rechnungsstellung etc. bleiben dagegen ausgeblendet, sind aber doch zur Feststellung eines etwaigen Wohlfahrtsverlustes nicht minder relevant. Im Gegenteil, dies ist sogar noch auf die Spitze zu treiben: Bemüht man schon die globale Perspektive der Volkswirtschaft und fragt nach einem überbleibenden Wohlfahrtsverlust, so lässt sich dieser tatsächlich präzise doch erst ermitteln, wenn *die gesamte Wertschöpfung in der gesamten Lieferkette* sowohl des Geschädigten als auch des profitierenden Konkurrenten miteinander verglichen werden. Allein, diese Betrachtungsweise sprengt erkennbar den Rahmen des eben nur auf den Schädiger und den Geschädigten blickenden Schadenersatzrechts. Die Vorhaltekosten erscheinen damit nicht nur als heutzutage wenig relevante Größe, sondern auch als deutlich zu kurz gedacht und frei gegriffen, alleine zu dem Ziel, überhaupt irgendeine Differenzrechnung durchführen zu können. Wenn es überhaupt auf den punktuellen Vergleich des geschädigten und des profitierenden Betriebs ankommen soll, dann wäre jedenfalls der Vergleich der *Gesamtkosten* des Geschädigten und des Profitierenden dafür ausschlaggebend, in welchem Umfang der soziale Schaden *erstens* überhaupt entsteht und *zweitens* ersetzt werden sollte.

(3) Entgangener Gewinn oder entgangener Umsatz?

Der Fokussierung auf die Vorhaltekosten ist damit abschließend vorzuwerfen, dass sie es nicht schafft, klar zwischen entgangenem Gewinn und „entgangenem Umsatz" zu unterscheiden. Man stelle sich im Sinne dieses Ansatzes erneut vor, der rein Vermögensgeschädigte könne seine Ware aufgrund des schädigenden Ereignisses nicht mehr absetzen. Davon profitiert sein Konkurrent, der nun tatsächlich einen höheren Absatz verzeichnet. Unterstellt wird, dass dieser Konkurrent in der Tat Vorhaltekosten getragen hat.

Gleichzeitig organisiert dieser Konkurrent seinen Betrieb aber ungleich ineffizienter als der Geschädigte – seine Distributionskosten betragen ein Vielfaches der des Geschädigten, seine betriebliche Infrastruktur ist veraltet und fordert einen höheren Ressourcenverbrauch als die des Geschädigten etc. Hier wäre schon die Grundannahme falsch, dass der entgangene Gewinn des Geschädigten durch den Gewinn des Konkurrenten gesamtwirtschaftlich egalisiert wird – bei gleichzeitig höheren fixen und variablen Kosten erwirtschaftet der ineffiziente Konkurrent bei demselben Umsatz einen geringeren Gewinn, als dies dem effizienten Geschädigten gelungen wäre. Weiterhin müsste man zugeben, dass der soziale Schaden deutlich *über die bloßen Vorhaltekosten hinausgeht* und auch jeden *zusätzlichen Ressourcenverbrauch* des ineffizienten Konkurrenten im Vergleich zum Betrieb des Geschädigten umfasst. Soll etwa auch dieser zu ersetzen sein?

Genau das Gegenteil – *nämlich ein geringerer bzw. gar kein gesamtwirtschaftlicher Schaden* – müsste dann aber auch anzunehmen sein, wenn der profitierende Konkurrenzbetrieb effizienter organisiert ist als der Geschädigte. Wie soll es sich schadenersatzrechtlich verhalten, wenn der besonders ineffiziente Geschädigte während seines Betriebsstillstands keine Ressourcen mehr verbraucht (bzw. verschwendet), und die fixen Kosten (inklusive Vorhaltekosten) des effizient organisierten, profitierenden Konkurrenten unter dem liegen, was der Geschädigte während des Betriebsstillstands an Ressourcen einspart? An einem sozialen Schaden fehlt es dann – trotz der Tatsache, dass dem Konkurrenten irgendwann auch einmal Vorhaltekosten entstanden sind. Soll der Geschädigte diese nun trotzdem isoliert ersetzt verlangen können? Oder soll er darauf nun in altruistischer Dankbarkeit verzichten, weil der Schädiger seiner Ressourcenverschwendung Einhalt geboten und der Volkswirtschaft (und dem Konkurrenten) letztlich einen Gefallen getan hat?

d) Zwischenergebnis

Der Ansatz, die grundsätzliche Nichthaftung für fahrlässig verursachte reine Vermögensschäden mit der Rechtsökonomie begründen zu wollen, überzeugt nicht. Dies gilt insbesondere für die vermeintliche Präzisierung dieses Arguments auf den Aspekt der Vorhaltekosten. Nicht nur verlieren diese heutzutage zusehends an Bedeutung, vielmehr scheinen die Vorhaltekosten als vorgeblich zentrale Größe frei gegriffen.

Die Frage nach der Haftung für bestimmte Schäden richtet sich *nicht strikt nach ihrer volkswirtschaftlichen Ersatzwürdigkeit*. Privatrecht unterliegt normativen Erwägungen und ist mehr als statisch angewandte Ökonomie.[88] Die §§ 253 Abs. 2, 844 Abs. 3 BGB, § 1325 ABGB, Art. 47 OR bringen etwa zum Ausdruck, dass für das (der Hinterbliebenen sogar nur psychische)[89] Leiden an sich Ersatz zu gewähren ist, mithin hier immaterielle Positionen haftpflichtrechtlichen Schutz verdienen, die gerade überhaupt keine wirtschaftliche Bedeutung haben.[90] Ein Begründungsansatz, der aber gerade diese *gesamtwirtschaftliche Ersatzwürdigkeit* bestimmter Schäden als maßgebliche Größe für und gegen eine Haftung ausmacht und dabei etablierte rechtsdogmatische Grundsätze ersatzlos überwirft, kann nicht überzeugen.

4. Spartanisches Zentralargument – Furcht vor dem haftungsrechtlichen Dammbruch

In allen Rechtsordnungen des deutschen Rechtskreises wird als Zentralmotiv der grundsätzlichen Nichtersatzfähigkeit fahrlässig verursachter reiner Vermögensschäden im außervertraglichen Bereich die *andernfalls* (also bei Zulassung einer allgemeinen Fahrlässigkeitshaftung auch für reine Vermögensschäden) *drohende Gefahr einer uferlosen Haftpflicht* angeführt. Der Grundsatz, ohne vertragliche Beziehung zum Geschädigten bei einfacher Fahrlässigkeit für dessen reine Vermögensschäden nicht haften zu müssen, lässt sich als *rechtsdogmatische Dammmauer*[91] vorstellen. Bräche sie bzw. öffnete man ihre Schleusentore, würde ein bislang bewusst freigehaltener Bereich der Haftungslosigkeit überschwemmt – mit unübersehbaren haftungsrechtlichen Folgen für den Schädiger.

Deutschsprachige Autoren führen dieses *Dammbruch-Argument* (engl. floodgate) übereinstimmend auf den US-amerikanischen Richter *Cardozo* zurück.[92] Inzwischen grassiert die Angst vor einer *uferlosen außervertraglichen Haftung* – nicht nur, aber insbesondere bei reinen Vermögensschäden – allgegenwärtig spürbar auch im deutschsprachigen Haftpflichtrecht.[93]

---

[88] *Ch. Huber/Schultess*, in: Fuhrer/Kieser/Weber (Hrsg.), Mehrspuriger Schadensausgleich (2022), 258 (275).

[89] BGH VersR 2022, 586 (588 aE) = ZVR 2022/116 mAnm *Ch. Huber*: „angemessene Entschädigung in Geld für das zugefügte seelische Leid".

[90] *Magnus*, HAVE 2017, 25 (27).

[91] Mit ähnlicher Bildersprache *Honsell*, in: FS Medicus (1999), 211 (213): „wohlüberlegte Barriere".

[92] Jeweils mwN der zitierten *Ultramares-Entscheidung, von Hein*, in: FS Kren Kostkiewicz (2018), 773 (778); *von Bar*, RabelsZ 44 (1980), 455; *Jansen*, Struktur des Haftungsrechts (2003), 527; *Schönenberger*, Haftung für Rat und Auskunft (1999), 9 Fn. 42; *Fisch*, Eigentumsgarantie und Nichtersatzfähigkeit reiner Vermögensschäden (2020), Rn. 708; *Doobe*, Ersatz reiner Vermögensschäden Dritter (2014), 211.

[93] Ausdrücklich von der Angst vor uferloser Haftung sprechend *Weiss*, JuS 2015, 8; für die Schweiz etwa *Gauch*, recht 1996, 225 (233); *ders./Sweet*, in: FS Keller (1989), 117 (120); *Kramer*, recht 1984, 128 (132).

Steht in Rechtsprechung und Literatur des deutschen Rechtskreises die außervertragliche Haftung für reine Vermögensschäden in Rede und wird ausnahmsweise ein Schritt zurückgetan und die grundsätzliche Nichtersatzfähigkeit hinter- und vor allem nach ihrer Begründung gefragt, ist man sich heute über die Landesgrenzen hinweg schnell einig: Das Risiko einer ansonsten uferlosen Haftung erfordert es, fahrlässig verursachte reine Vermögenschäden außerhalb von Sonderbeziehungen von einer Ersatzpflicht auszunehmen.[94] So spartanisch dieses Argument formuliert sein mag, so vielschichtig ist es auf den zweiten Blick. Denn hinter dem *Oberargument* der drohenden Uferlosigkeit verstecken sich mehrere *Unterargumente*, die jeweils eine partielle Ausuferungsgefahr beschreiben.[95]

---

[94] Die Angst vor der Uferlosigkeit sogar ausdrücklich als Hauptargument gegen einen allgemeinen deliktischen Vermögensschutz benennend OGH SZ 2016/143 = RdU 2017/71 (86) mAnm *Weiß*; ferner OGH bbl 1999/229 mAnm *Egglmeier*; *von Hein*, in: FS Kren Kostkiewicz (2018), 773 (778); *Wandt*, Gesetzliche Schuldverhältnisse (2020), § 24 Rn. 53 aE; *Koziol*, JBl 2004, 273 (274); *ders.*, in: van Boom/Koziol/Witting (Hrsg.), Pure Economic Loss (2004), 141 (142 Rn. 3); *Schönenberger*, Haftung für Rat und Auskunft (1999), 9; ganz idS LG Stuttgart ZIP 2014, 726 (728, 730) mit dem Hinweis auf die vom Gesetzgeber bewusst zu vermeiden gesuchte, uferlose Haftung für reine Vermögensschäden; ähnlich OLG Celle VersR 2006, 1376 (1377); idS auch *S. Lorenz*, JuS 2019, 852; *Welser*, Haftung für Rat, Auskunft und Gutachten (1983), 5, 90; mit dem Nachweis der diesbezüglich Ausführungen des Berufungsgerichts OGH, Urt. v. 27.11.1984 – 2 Ob 583/84, teilw. veröff. in RdW 1985, 210; ferner BGHZ 66, 388 = NJW 1976, 1740; OGH JBl 2020, 115 (117); EvBl 2019/103 (725 f.) mAnm *Weixelbraun-Mohr;* SZ 2005/174 = EvBl 2006/43; ecolex 2003/161 mAnm *Rabl*; Urt. v. 26.1.1999 – 4 Ob 325/98t, teilw. veröff. in RdW 1999, 468; SZ 54/152 = JBl 1983, 253 (254) mAnm *Posch*; SZ 46/31 = JBl 1973, 418 (419) mit ausführlicher Bezugnahme auf deutsche Rspr und Literatur; EvBl 1972/297 (578); JBl 1956, 124; *J. Hager*, in: Staudinger BGB (2021), § 823 Rn. E7; *Schiemann*, in: Hist.-Krit. Komm BGB, §§ 823–830, 840, 842–853 Rn. 14; *Honsell*, in: FS W. Lorenz (2001), 483 (484); *van Boom*, in: van Boom/Koziol/Witting (Hrsg.), Pure Economic Loss (2004), 1 (33, Rn. 84 mwN in Fn. 205); *Larenz/Canaris*, Schuldrecht BT (1994), 358, 46C; *Karner*, in: KBB ABGB[6], § 1295 Rn. 2; *ders.*, ÖBA 2001, 893 (896); *Wyss/von der Crone*, SZW 2002, 112 (117); zur Tragweite des Uferlosigkeits-Arguments schon differenzierter OGH SZ 2013/3 = ÖBA 2013/1934 (606 f.); *G. Wagner*, in: Zimmermann (Hrsg.), Grundstrukturen (2003), 189 (238 f.); *ders.*, in: MüKo BGB[8], § 826 Rn. 19; vgl. außerdem BGE 115 II 15 (19); OGH ecolex 2003/67 mAnm *Pilz*; *Nowotny*, JBl 1987, 282 (285); *Gauch/Sweet*, in: FS Keller (1989), 117 (120); *Kramer*, recht 1984, 128 (132); diesem folgend *Gabriel*, Die Widerrechtlichkeit in Art. 41 Abs. 1 OR (1987), Rn. 848 f.; das Argument der Furcht vor einer „liability ad infinitum" referierend *Parisi*, in: Bussani/Palmer (Hrsg.), Pure Economic Loss in Europe (2003), 75 (90 f.); vor einer uferlosen Haftpflicht im Kontext der Prospekthaftung für reine Vermögensschäden ausdrücklich warnend BGH NJW 2008, 76 (78); im Kontext der Amtshaftung für reine Vermögensschäden BGHZ 195, 276 = VersR 2013, 1258 (1262); ebenso OLG Dresden NZM 2001, 96 (99); vor Uferlosigkeit warnend, in casu der Amtshaftung für reinen Vermögensschaden aber stattgebend OLG Saarbrücken VersR 2000, 1237 (1238); *P. Widmer*, HAVE 2014, 363, (369); *Roberto*, AJP 1999, 511 (523); *ders./Rickenbach*, ZSR 2012, 185 (198); zur Gefahr der Ausuferung als allgemeinem haftungsbegrenzendem Argument, in casu bei immateriellen Schäden BGHZ 63, 98 = NJW 1975, 40 (42 f.).

[95] In jüngerer Zeit wurden diese insbesondere von *Doobe*, Ersatz reiner Vermögensschäden Dritter (2014), 211 ff. herausgearbeitet und nebeneinandergestellt; soweit erkennbar folgt er dabei der Dreiteilung von *Bussani/Palmer*, in: Bussani/Palmer (Hrsg.), Pure

a) Überfordernde Inanspruchnahme der Justiz

Einzelne Autoren[96] sind überzeugt, dass die Positivierung einer allgemeinen deliktischen Fahrlässigkeitshaftung für reine Vermögensschäden eine *Überforderung der Justiz* zur Folge hätte, da über diese – um hier in der Dammbruch-Terminologie zu bleiben – eine Klagewelle ungeahnten Ausmaßes hereinbrechen würde. Um also die Zivilgerichte nicht zu überlasten, so die Argumentation, darf es außerhalb vertraglicher Beziehungen grundsätzlich keinen Ersatz für nur fahrlässig verursachte reine Vermögensschäden geben, sodass Geschädigte auch gar nicht erst auf die Idee kommen, für ihre Schadensregulierung justizielle Ressourcen über Gebühr zu binden. *Faust*[97] sieht in der Reduzierung der Schadenersatzprozesse und ihrer Kosten sogar den Hauptgrund für die außervertragliche Schutzlosstellung des Vermögens.

aa) Nur temporäre Notwendigkeit der umfassenden gerichtlichen Inanspruchnahme

Diesen Bedenken ist Folgendes zu entgegnen: Gerichte werden nur angerufen, wenn die Rechtslage unklar ist – ansonsten wird der Schadensfall außergerichtlich reguliert. Hätte sich der BGB-Gesetzgeber vor über hundert Jahren für eine Fahrlässigkeitshaftung bei reinen Vermögensschäden entschieden, bzw. würde eine solche von heute auf morgen eingeführt, wäre der Streit um die Haftung im Anfangsstadium sicher auch vor Gericht zu führen. Solange keine Präjudize im Einzelfall die Richtung weisen, könnte es hier temporär sogar zur beschworenen Klagewelle kommen. Mit fortschreitender Ausgestaltung der Haftung durch die Gerichte klärt sich aber die Rechtslage, sodass eine klageweise Durchsetzung des Ersatzbegehens auch in Detailfragen immer weniger angezeigt erscheint. Eine permanente Überforderungssituation der Gerichte wäre also sicherlich nicht gegeben, stattdessen dürfte die Klagewelle nach einem kurzen Hochstand brechen (in der Regel

---

Economic Loss in Europe (2003), 1 (16 ff.); das „floodgate"-Argument zweiteilend, *van Boom*, in: van Boom/Koziol/Witting (Hrsg.), Pure Economic Loss (2004), 1 (33, Rn. 85 ff.); dreiteilend *Koziol*, in: van Boom/Koziol/Witting (Hrsg.), Pure Economic Loss (2004), 141 (142 ff. Rn. 3 ff.); *G. Wagner*, in: MüKo BGB[8], § 826 Rn. 19 spricht etwa davon, dass sich mehrere Einzelargumente zum „floodgate"-Argument verdichten, hält diesen Ansatz aber auch für den schwächsten Grund, um die Nichtersatzfähigkeit reiner Vermögensschäden zu legitimieren.

[96] Insb. *Faust*, AcP 210 (2010), 555 (560); mit dem Hinweis auf die Verhinderung übermäßig vieler Haftpflichtprozesse im französischen Recht *Honsell*, in: FS W. Lorenz (2001), 483 (487); die Überforderung der Gerichte erwähnend, aber schon nicht für entscheidend befindend *Koziol*, in: van Boom/Koziol/Witting (Hrsg.), Pure Economic Loss (2004), 141 (142 Rn. 3) im Anschluss an den ebenfalls an diesem Argument zweifelnden *van Boom*, in: van Boom/Koziol/Witting (Hrsg.), Pure Economic Loss (2004), 1 (33, Rn. 85 f.); dieses Argument nur referierend *Bussani/Palmer*, in: Bussani/Palmer (Hrsg.), Pure Economic Loss in Europe (2003), 1 (16).

[97] *Faust*, AcP 210 (2010), 555 (560).

nach einem Machtwort des Höchstgerichts), sich schnell wieder zurückziehen und schließlich ganz verebben.[98]

Am Beispiel der unzähligen Klagen der im *Dieselabgasskandal* getäuschten Volkswagenkunden[99] seit dem Jahr 2015 lässt sich dies verbildlichen. Zumeist geht es in den hierzu ergangenen Entscheidungen um die Haftung der Volkswagen AG aus § 826 BGB gegenüber den Letztkäufern motormanipulierter Kraftfahrzeuge.[100] Hier von einer – auf der Ebene der Instanzgerichte ja durchaus feststellbaren[101] – Überforderung auf die grundsätzliche Verneinung einer Haftung rückzuschließen, wäre verfehlt. Denn *erstens* können hier – über Jahre von der beklagten Volkswagen AG durch Vergleichsschluss noch kurz vor Urteilspruch vermiedene – höchstrichterliche Entscheidungen für Entlastung sorgen.[102] Und *zweitens* nehmen die Gerichte hier mit der haftpflichtrechtlichen Aufarbeitung des größten Industrieskandals der jüngeren deutschen Geschichte den Auftrag wahr, der ihnen in einem verfassten Rechtsstaat übertragen wird[103] – auch wenn sie hierzu bis und über die Grenzen der Belastbarkeit hinaus in Anspruch genommen werden. Denn wenn es überhaupt auf die Kapazität der Gerichte ankommt, dann hat diese sich an den Umständen auszurichten, die das materielle Recht in seiner alltäglichen Anwendung hervorbringt[104] – nicht aber können andersherum die

---

[98] *Doobe*, Ersatz reiner Vermögensschäden Dritter (2014), 212; sich diesem für das schweizerische Recht anschließend *Fisch*, Eigentumsgarantie und Nichtersatzfähigkeit reiner Vermögensschäden (2020), Rn. 726; ferner *van Boom*, in: van Boom/Koziol/Witting (Hrsg.), Pure Economic Loss (2004), 1 (33, Rn. 86), der das Argument unter empirischen Gesichtspunkten ablehnt, da in Kontinentaleuropa weder ein Kollaps der Gerichte, noch der Versicherungswirtschaft drohe; ähnlich *Bussani/Palmer*, in: Bussani/Palmer (Hrsg.), Pure Economic Loss in Europe (2003), 1 (18), die sogar dem gebündelten flood-gate-Argument seine empirische Fundierung absprechen.
[99] *Heese*, JZ 2020, 178 spricht von 60.000 Individualklagen und weiteren 400.000 Klägern, die ihr Ersatzbegehr im Rahmen einer Musterfeststellungsklage vor dem OLG Braunschweig bündeln.
[100] Eine gute Übersicht der stattgebenden Instanzurteile bietet *Heese*, JZ 2020, 178 f. mwN in Fn. 11–26.
[101] Vgl. *Ch. Huber*, in: Landolt/Dähler (Hrsg.), Jahrbuch Strassenverkehrsrecht 2020 (2020), 29 (44 Fn. 41) mit dem Hinweis auf die hohe Inanspruchnahme justizieller Ressourcen und die „Tsunami-Welle" an Revisionsverfahren, die auf den BGH zurollt – und inzwischen längst erreicht hat, wie sich an der Einrichtung des nur für Dieselsachen zuständigen VIa-Hilfssenates im Sommer 2021 zeigt.
[102] Im Mai 2020 hat der BGH erstmals die Sittenwidrigkeitshaftung der VW-AG bejaht, BGH NJW 2020, 1962 (1963) = RdW 2020/304 = AJP 2020, 1205 mzustAnm *Rusch/Schwizer*; ferner NJW 2020, 2806 (2807); VersR 2021, 458; VersR 2021, 385; VersR 2020, 1331 (1332).
[103] IdS auch schon *Gauch/Sweet*, in: FS Keller (1989), 117 (136 Fn. 119); *Doobe*, Ersatz reiner Vermögensschäden Dritter (2014), 212; vgl. *Taupitz*, Haftung für Energieleitungsstörungen durch Dritte (1981), 201.
[104] *Gauch/Sweet*, in: FS Keller (1989), 117 (136 Fn. 119); *Doobe*, Ersatz reiner Vermögensschäden Dritter (2014), 212 mwN in Fn. 1001; diesem folgend *Fisch*, Eigentumsgarantie und Nichtersatzfähigkeit reiner Vermögensschäden (2020), Rn. 726.

Anspruchsgrundlagen des Haftpflichtrechts mit Blick auf die vermeintliche Leistungsunfähigkeit der Justiz zusammengekürzt werden.[105]

Ganz in diesem Sinne und Kontext wies etwa das OLG Koblenz[106] das Vorbringen der beklagten Volkswagen AG zurück, welche argumentierte, ihre außervertragliche Haftung für reine Vermögensschäden aus § 826 BGB müsse ausscheiden, da ansonsten die Gefahr einer *exorbitanten Kumulation von Schadensersatzansprüchen* drohe.[107] Mit dem OLG Koblenz ist hier vielmehr folgendes festzuhalten: Es würde ein vollkommen widersprüchliches Ergebnis darstellen, wenn sich der Schädiger umso leichter entlasten kann, je größer die Anzahl der Geschädigten und je größer der Schaden ist. Nach den vorstehenden Ausführungen ist dieses Postulat zu ergänzen: Ebenso widersprüchlich wäre es, unter dem Hinweis auf die mögliche Überforderung der Gerichte einen Schadenersatzanspruch umso grundsätzlicher zu verneinen, je mehr Einzelfälle auftreten und je regelungsbedürftiger eine Fallkonstellation durch ein (höchst-)gerichtliches Judiz damit erst erscheint.[108]

bb) Argumentsfacetten: zu hohe Rechtsdurchsetzungskosten und drohende Rechtsunsicherheit

Neben der befürchteten Überforderung der Justiz lassen sich weitere Ansätze zur Begründung der Nichtersatzfähigkeit reiner Vermögensschäden ausmachen, die sich bei näherer Betrachtung ebenfalls als *Unterfacetten des Überforderungs-Arguments* darstellen:

So wird zur Begründung der Nichtersatzfähigkeit reiner Vermögensschäden etwa angeführt, dass sich hierdurch die zur Schadensregulierung erforderlichen *Kosten reduzieren* ließen.[109] Sofern der Fokus hier tatsächlich allein auf den Rechtsdurchsetzungskosten liegt, ist dieses Argument so einfach wie zutreffend: Wo kein Anspruch besteht, ist ein solcher auch nicht kostenaufwendig durchzusetzen. Schaffte man neue Ansprüche, würden diese zukünftig auch durchzusetzen versucht werden – die hierbei notwendigerweise anfallenden Rechtsdurchsetzungskosten stiegen. Sofern sich aber hinter diesem Argumentationsansatz erneut nur die Intention verbirgt, die Zahl denk-

---

[105] In diese Richtung aber *Kötz/Schäfer*, Judex oeconomicus (2003), 47, die die „informellen Fähigkeiten der Gerichte" überstiegen sehen.
[106] OLG Koblenz VuR 2020, 198.
[107] Vgl. auch *Buck-Heeb*, AG 2022, 337 (339): Vermeidung exorbitanter Haftungskumulation durch angemessene Kausalitätsprüfung.
[108] Vgl. *Doobe*, Ersatz reiner Vermögensschäden Dritter (2014), 212 mwN in Fn. 999.
[109] *Faust*, AcP 210 (2010), 555 (560); *G. Wagner*, in: Zimmermann (Hrsg.), Grundstrukturen (2003), 189 (230.); *ders.*, in: MüKo BGB⁸, § 826 Rn. 14; das Argument der zu reduzierenden Prozesskosten referierend *Dari-Mattiacci/Schäfer*, in: Eger/Schäfer (Hrsg.), Ökonomische Analyse der europäischen Zivilrechtsentwicklung (2007), 516 (518).

barer *Schadenersatzprozesse* möglichst gering zu halten,[110] gilt auch hier das schon zuvor Gesagte: Jedenfalls gerichtliche Rechtsdurchsetzungskosten fallen regelmäßig nur dort an, wo die Inanspruchnahme eines Richters auch erforderlich ist, also gerade nicht vermeidenswert, sondern notwendig erscheint – insbesondere solange, wie die Rechtslage nicht höchstrichterlich geklärt ist. Die Furcht vor zu hohen *Rechtsdurchsetzungskosten* kann daher bei der Frage nach der Begründung der grundsätzlichen Nichtersatzfähigkeit reiner Vermögensschäden kaum überzeugen.[111]

Mit dem Argument der gerichtlichen Überforderung ist weiterhin das Argument verwandt, welches reine Vermögensschäden außerhalb vertraglicher Beziehungen schutzlos stellen will, um eine ansonsten *befürchtete Rechtsunsicherheit* zu vermeiden.[112] Auch diesem Ansatz ist das gleiche zu entgegnen wie schon dem Argument zur Überforderung der Gerichte: Rechtsunsicherheit besteht nur und solange, wie die Rechtslage tatsächlich nicht geklärt ist. Wenn die Haftung kodifiziert, richterrechtlich manifestiert oder auch nur durch mehrere Leitentscheide kanalisiert wird, ist auch die Rechtslage nicht mehr unsicher. Verknüpft man diese beiden miteinander verwandten Ansätze zur Begründung der grundsätzlichen Nichthaftung für reine Vermögensschäden (Überforderung der Justiz und Sorge vor Rechtsunsicherheit), verdeutlicht sich sogar noch einmal, warum weder der eine noch der andere tragen kann: Um *Rechtsunsicherheit* zu vermeiden, kann es gerade erforderlich sein, die *Gerichte* – und im Zweifel den ganzen Instanzenzug hinauf bis zum Höchstgericht – *umfänglich in Anspruch* zu nehmen.

b) Tendenz zur Ausweitung der Schadensersatzpflicht –
Ursache oder Wirkung?

Keine Unterfacette des floodgate-Arguments ist der vereinzelt als solche eingeordnete „*Trend zur Ausweitung der Schadensersatzhaftung*".[113] Angeführt wird, dass einer allzu extensiven Ausdehnung der deliktischen Haftung insgesamt begegnet werden müsse.[114] Dabei biete es sich an, eben bei den fahrlässig verursachten reinen Vermögensschäden anzusetzen und dort der Haftungsausweitung den ersten Riegel vorzuschieben.[115]

---
[110] Ausdrücklich *Faust*, AcP 210 (2010), 555 (560); *G. Wagner*, in: MüKo BGB[8], § 826 Rn. 14.
[111] Ablehnend schon *Doobe*, Ersatz reiner Vermögensschäden Dritter (2014), 217.
[112] *Gauch/Sweet*, in: FS Keller (1989), 117 (137) im Anschluss an *Merz*, ZBJV 1955, 301 (310).
[113] *Bussani/Palmer*, in: Bussani/Palmer (Hrsg.), Pure Economic Loss in Europe (2003), 1 (18); *Doobe*, Ersatz reiner Vermögensschäden Dritter (2014), 218.
[114] *Bussani/Palmer*, in: Bussani/Palmer (Hrsg.), Pure Economic Loss in Europe (2003), 1 (18).
[115] *Doobe*, Ersatz reiner Vermögensschäden Dritter (2014), 218 mwN in Fn. 1039.

Dieser Ansatz verwechselt Ursache und Wirkung. Die zu beobachtende Haftungsausweitung ist *nicht der Grund* für die grundsätzliche Nichtersatzfähigkeit reiner Vermögensschäden, *sondern deren praktische Folge*, also Symptom dafür, dass das Korsett der deliktischen Nichthaftung für reine Vermögensschäden zu eng geschnürt und daher an einzelnen Stellen gelockert werden muss. Eine stichhaltige *Begründung für die Nichtersatzfähigkeit* liefern diese Erscheinungen damit aber erkennbar nicht.

c) Überforderung des Schädigers durch Ersatzpflicht gegenüber ausufernd vielen Geschädigten

Das Argument der ausufernden Haftung wird aus einer weiteren Perspektive betrachtet, indem nicht auf die *Überforderung* der Gerichte, sondern *des Schädigers* abgestellt wird. Dass sich ein Schädiger einer Ersatzforderung ausgesetzt sieht, die er – insbesondere bei fehlendem Deckungsschutz durch eine Haftpflichtversicherung – nicht erfüllen kann, ist keine Besonderheit reiner Vermögensschäden. Allein weil eine Haftung für reine Vermögensschäden die Privatinsolvenz des Schädigers bedeuten kann, lässt sich die Einstandspflicht als solche noch nicht überzeugend verneinen – ansonsten verböte sich schließlich jegliche Art von Haftung.[116]

Hervorgehoben wird an dieser Stelle vielmehr ein vermeintliches Alleinstellungsmerkmal reiner Vermögensschäden: Der Schädiger sei nicht allein deswegen überfordert, weil der Einzelschaden besonders hoch ist (das kann ja nun gerade auch bei Sach- und Personenschäden der Fall sein), sondern weil ihm *insgesamt* eine überfordernde Haftung drohe, da sich der Schädiger regelmäßig einer hohen, ja vermeintlich *unbegrenzten Zahl ihm unbekannter Geschädigter* gegenübersähe.[117] Wird also als Argument zur Begründung der Nichthaftung für reine Vermögensschäden die *Uferlosigkeit der Haftung* ins Feld geführt, ist hiermit regelmäßig die *Ausuferung nach der Zahl der ersatzberechtigten Geschädigten* gemeint.[118]

---

[116] Treffend *Honsell*, in: FS W. Lorenz (2001), 483 (493).

[117] Ausführlich *Koziol*, in: van Boom/Koziol/Witting (Hrsg.), Pure Economic Loss (2004), 141 (142 ff., Rn. 5–7.); *ders.*, Haftpflichtrecht II (2018), A/2/100; *Bussani/Palmer*, in: Bussani/Palmer (Hrsg.), Pure Economic Loss in Europe (2003), 1 (16 f.); ferner *Doobe*, Ersatz reiner Vermögensschäden Dritter (2014), 213 mwN in Fn 1006 f.; vgl. *Hellgardt*, Kapitalmarktdeliktsrecht (2008), 207, der allerdings zwischen der überfordernden Haftung nach Summe und nach Gläubigerzahl zu unterscheiden scheint; ähnlich *Fisch*, Eigentumsgarantie und Nichtersatzfähigkeit reiner Vermögensschäden (2020), Rn. 709 ff., 718 ff.; dieses Argument nur referierend *Hirte*, Berufshaftung (1996), 415.

[118] OLG Köln NJOZ 2015, 676 (677); grundlegend *Picker*, JZ 1987, 1041 (1053 f.); *ders.*, ZfPW 2015, 385 (398 Fn. 59); *ders.*, in: FS Medicus (1999), 397 (436); *ders.*, schon, AcP 183 (1983), 369 (477); diesem folgend *Koziol*, JBl 1994, 209 (213); *ders.*, JBl 2020, 728 (734); ferner *ders.*, Haftpflichtrecht II (2018), A/2/100; *ders.*, JBl 2004, 273 (274); *ders.*, ZEuP 1995, 359 (363); *ders.*, in: van Boom/Koziol/Witting (Hrsg.), Pure Economic Loss (2004), 141 (142 Rn. 7); *Roberto/Fisch*, in: Fuhrer/Kieser/Weber (Hrsg.), Mehrspuriger Schadens-

aa) Resonanz dieses Arguments in der haftungsrechtlichen Praxis

Die Überzeugungskraft eines Arguments zeigt sich insbesondere daran, wie selbsterhlich es in der praktischen Anwendung ist. Auf den hiesigen Ansatz übertragen müsste dies bedeuten, dass eine außervertragliche Haftung für reine Vermögensschäden jedenfalls dort gefahrlos zuzulassen wäre, wo die Gefahr einer *ausufernden Haftung hinsichtlich der Gläubigerzahl nicht besteht.*[119]

(1) Berücksichtigung der möglichen Gläubigerzahl im Sonderdeliktsrecht

Tatsächlich sehen einzelne deliktische Spezialvorschriften dann eine Ersatzpflicht auch für fahrlässig verursachte reine Vermögensschäden vor, wenn die Zahl der möglichen Aktivlegitimierten bereits im Vorfeld der Schädigung abzusehen ist.[120]

Als prominentes Beispiel ist die *Ersatzpflicht für den Unterhaltsschaden* zu nennen, § 844 Abs. 2 BGB, § 1327 ABGB, Art. 45 Abs. 3 OR.[121] Wird eine die Familie unterhaltende Person getötet, hat der Schädiger den Hinterbliebenen den ausfallenden Unterhalt zu ersetzen. Dem Schädiger sind im Moment der Schädigung auch hier die Unterhaltsgläubiger regelmäßig nicht bekannt, ersatzberechtigt sind aber in jedem Fall nur die stets überschaubaren Mitglieder der Kernfamilie des Getöteten.[122]

---

ausgleich (2022), 67 (74 f.); *Karampatzos*, Vertrag mit Schutzwirkung für Dritte (2005), 178; grundsätzlich zustimmend *G. Wagner,* in: MüKo BGB⁸, § 826 Rn. 13; sofern *ders.,* in: MüKo BGB⁸, § 826 Rn. 19; *ders.,* in: Zimmermann (Hrsg.), Grundstrukturen (2003), 189 (238 f.); *ders.,* Deliktsrecht¹⁴, 5/131 Nr. 4 als Grund für die Diskriminierung anführt, die diffuse Aufsplittung von Schäden auf eine Vielzahl von Personen sei zu verhindern, verbirgt sich hierhinter nichts anderes als die zu vermeidende Potenzierung der Gläubigerzahl.

[119] Dies gerade als Haftungsregel einfordernd *Picker,* JZ 1987, 1041 (1053); *ders.,* AcP 183 (1983), 369 (478, 480); *ders.,* ZfPW 2015, 385 (398 Fn. 59); *ders.,* in: FS Medicus (1999), 397 (437); diesem folgend *Karampatzos,* Vertrag mit Schutzwirkung für Dritte (2005), 195, 236; ähnlich *Wendelstein,* JURA 2018, 144 (151) im Kontext des § 311 Abs. 3 BGB; aus rechts-ökonomischer Perspektive *Schäfer,* AcP 202 (2002), 808 (823); ganz idS OGH bbl 1999/229 mAnm *Egglmeier*: „[reine] Vermögensschäden sind nur dann zu ersetzen, wenn die[se] Ausuferung von vornherein ausgeschlossen ist".

[120] Nach *Picker,* AcP 183 (1983), 369 (480) besteht sogar immer dann, wenn die Gläubigerzahl feststeht, eine Haftung für reine Vermögensschäden; *ders.,* ZfPW 2015, 385 (398 Fn. 59) weist aber auch darin hin, dass diese zentrale ratio – also das Fehlen einer Ausuferungsgefahr und daher die Möglichkeit einer Haftungspositivierung – zumeist unaufgedeckt bleibt.

[121] Siehe hierzu unter F./I./3./d./(3).

[122] Mit dem Hinweis, dass die Ausuferungsgefahr hinsichtlich der Gläubigerzahl hier nicht besteht *van Boom,* in: van Boom/Koziol/Witting (Hrsg.), Pure Economic Loss (2004), 1 (25, Rn. 60); ähnlich *Hürzeler,* System und Dogmatik der Hinterlassensicherung (2014), 202 f.; der Kreis der potentiellen Gläubiger reicht im schweizerischen Recht noch am weitesten. Modernen Familienformen wird dort dergestalt Rechnung getragen, als Art. 45 Abs. 3 OR auf die faktische Unterhaltsleistung abstellt und so auch den nichtehelichen

Ähnliches gilt für die Einstandspflicht für reine Vermögensschäden im Rahmen der deliktischen Ehrschutzhaftung nach § 824 BGB.[123] Wird der Kredit einer Person durch fahrlässig falsche Tatsachenbehauptungen geschädigt, ist es für deren Urheber klar zu erkennen, wessen wirtschaftliche Wertschätzung er hier in Mitleidenschaft zieht.

Eine bereits vom deutschen Gesetzgeber konzeptionell verfolgte Eingrenzung der Anspruchsberechtigung zeigt sich besonders deutlich an der auf den *gerichtlichen Sachverständigen* zugeschnittenen Haftungsnorm, § 839a BGB.[124] Dieser haftet bei grob fahrlässiger Falschbegutachtung für reine Vermögensschäden, allerdings beschränkt bereits der Wortlaut des § 839a BGB die Aktivlegitimation allein auf die – stets überschaubaren – Verfahrensbeteiligten.

Und auch für die Sondervorschriften des *Kapitalmarktdeliktsrechts* (etwa §§ 9 ff. WpPG, §§ 20 ff. VermAnlG) ist festzuhalten, dass es hier – typischerweise zwar zu einer umfangreichen – nicht aber zu einer ausufernden Haftung gegenüber einer unbegrenzten Zahl anspruchsberechtigter Anleger kommt. Deren Ersatzanspruch gründet schließlich auf der Tatsache, dass sie (auf Grundlage unwahrer Insiderinformationen oder Prospektangaben) etwa Wertpapiere *erworben* haben, §§ 9 Abs. 1, 10 WpPG – im Rahmen dieser *Transaktion* sind sie regelmäßig dem informationsverantwortlichen und nun ersatzpflichtigen Emittenten bekannt geworden.[125]

(2) Begrenzung der Gläubigerzahl als Voraussetzung für vertragliche Schutzwirkung zugunsten Dritter

Auch bei der in Deutschland und Österreich zur Anwendung kommenden *Haftung aus Vertrag mit Schutzwirkung zugunsten Dritter* spielt die klare Umreißung der potentiellen Gläubiger eine zentrale Rolle. Wird ein selbst vertragsfremder, dem Vertragsgläubiger aber nahestehender Dritter durch den Vertragsschuldner geschädigt, stellt sich die Frage, ob der Dritte vom Vertragsschuldner Ersatz verlangen kann. Die Dritthaftung unterliegt dabei dem vertraglichen Haftungsregime, sodass die Erstreckung vertraglicher

---

Lebenspartner aktivlegitimiert – anders als in Deutschland und Österreich, wo § 844 Abs. 2 BGB, § 1327 ABGB den Ausfall gesetzlich geschuldeten Unterhalts voraussetzen.

[123] In Österreich und der Schweiz besteht eine vergleichbare Ehrschutzhaftung. Die Kreditschädigung verursacht nach dortigem Verständnis aber keinen reinen Vermögensschaden iSd Untersuchung. Vielmehr gilt die berufliche Ehre in den Alpenländern als absolut geschütztes und damit stets rechtswidrig verletztes Rechtsgut; hierzu unter F./I./1./b)/bb) und F./I./1./c)/dd).

[124] Zur Haftung aus § 839a BGB ausführlich unter F./I./2./a).

[125] *Hellgardt*, Kapitalmarktdeliktsrecht (2008), 211, ausführlich zum Transaktionserfordernis 340 ff.; vgl. auch *Picker* JZ 1987, 1041 (1058 aE).

Schutzwirkung gerade für den Ersatz reiner Vermögensschäden Dritter relevant ist.[126]

Um die Dritthaftung aber nicht uferlos werden zu lassen,[127] setzt die Annahme eines drittschützendes Vertrages voraus, dass der potentiell haftende Vertragsschuldner bereits bei Vertragsschluss[128] absehen kann, *erstens*, welche Dritten dadurch dem Risiko einer Schädigung unterliegen, dass sie – neben dem Gläubiger – bestimmungsgemäß mit der vertraglich geschuldeten Leistung in Berührung kommen[129] und, *zweitens*, ob der Gläubiger ein berechtigtes Interesse daran hat, diese Dritten in den Vertrag mit einzubeziehen. Kurz, der Kreis der potentiell ersatzberechtigten Dritten und damit das Gesamthaftungsrisiko des Vertrages muss für den Schuldner zu erkennen sein.[130] Verlangen dagegen nur beliebige, dem Schuldner gerade nicht ex ante erkennbare Dritte Ersatz aus Vertrag mit vermeintlicher Schutzwirkung zu ihren Gunsten, ist dies mit Blick auf die *ansonsten bestehende Ausuferungsgefahr* zu verneinen.[131]

---

[126] Seit dem berühmten Testaments-Fall wendet die deutsche Rechtsprechung die vertragliche Schutzwirkung ausdrücklich auch auf Fälle fahrlässig verursachter reiner Vermögensschäden an, BGH NJW 1965, 1955 (1957): „Der Erstreckung des Schutzes [...] steht auch nicht entgegen, daß es bei den in Rechtsprechung und Schrifttum anerkannten Fällen um Ersatz von Körper- oder Sachschäden ging, während hier die Ersetzung eines (reinen) Vermögensschadens in Frage steht".
[127] Plastisch BGHZ 61, 227 = NJW 1973, 2059 (2061): Es kommt „entscheidend darauf an, daß der Kreis der in den Schutzbereich fallenden Personen nicht uferlos ausgedehnt wird"; OGH EvBl 2010/87 mAnm *Liedermann:* „Um eine uferlose Ausweitung der Vertragshaftung hintanzuhalten, wird [...] der Kreis der Personen [...] eng gezogen".
[128] *Klumpp*, in: Staudinger BGB (2020), § 328 Rn. 124; für Österreich OGH EvBl 2010/87 mAnm *Liedermann*; *Reischauer*, in: Rummel ABGB³, § 1295 Rn. 30k.
[129] Erforderlich ist allerdings nicht, dass jeder einzelne Gläubiger durch den Schuldner benennbar ist, sondern vielmehr „nur", dass der Gläubigerkreis als solcher objektiv und überschaubar konturiert ist, BGHZ 159, 1 = NJW 2004, 3035 (3038); BGH NJW 1987, 1758 (1760); *Klumpp*, in: Staudinger BGB (2020), § 328 Rn. 124, für Österreich OGH EvBl 1985/63: „es muß genügen, daß dem Vertragspartner generell erkennbar ist, daß möglicherweise dritte Personen im Gefahrenbereich sein werden; wer dies im Einzelfall ist, muß bei Abschluß des Vertrages noch nicht feststellbar sein."
[130] BGH NJW 2014, 2345; BGHZ 159, 1 = NJW 2004, 3035 (3038); *Klumpp*, in: Staudinger BGB (2020), § 328 Rn. 124; *S. Lorenz*, JuS 2021, 817 (819); mit Verweis auf die deutsche Lehre OGH JBl 1987, 40 (41).
[131] Für Österreich und unter Verweis auf ansonsten uferlose Ausweitung der Vertragshaftung OGH EvBl 2010/87 mAnm *Liedermann*; vgl. auch *Reischauer*, in: Rummel ABGB³, § 1295 Rn. 33; für Deutschland OLG Hamm NJW-RR 2015, 891: keine Dritthaftung mangels Erkennbarkeit; die Haftung aus VSD unter Verweis auf die drohende Uferlosigkeit der Haftung verneinend, in concreto aber jeweils scheiternd an der Schutzbedürftigkeit des geschädigten Dritten BGH NJW 2004, 3630 (3632); BGHZ 70, 327 = NJW 1978, 883.

(3) Widerhall in der österreichischen Rechtsprechung

Insbesondere die österreichische Rechtsprechung lässt in ihre Erwägungen ausdrücklich mit einfließen, ob die Gefahr einer ausufernden Haftung der Gläubigerzahl nach besteht – falls dies sicher verneint werden kann, wird der begehrte Ersatz reiner Vermögensschäden regelmäßig zugesprochen.[132]

Während den deutschen Gerichten – und im blinden Gefolge deutscher Dogmatik dem schweizerischen BG – abseits von Sonderhaftungstatbestände bei der Frage nach einer deliktischen Haftung für fahrlässig verursachte reine Vermögensschäden oftmals die Hände gebunden sind, ist das österreichische Recht hier spürbar restriktionsfreier.

Zwar lässt sich bei der Bestimmung der Rechtswidrigkeit als tatbestandliche Haftungsvoraussetzung des § 1295 Abs. 1 ABGB auch in Österreich häufig die an § 823 Abs. 1 BGB erinnernde Gegenüberstellung absolut geschützter Rechtsgüter hier und des reinen Vermögens dort beobachten. Gerade im Bereich der Haftung aus Schutzgesetzverletzung (§ 1311 ABGB) folgt die österreichische Dogmatik aber nicht zwingend dem falschen deutschen Vorbild: Bei der Bestimmung des sachlichen Schutzbereiches jeweils in Rede stehender Normen ist es dogmatisch nicht zwingend, ja nicht einmal geboten, auf eine – im Ausgangspunkt des österreichischen Haftpflichtrechts eben nicht existente – gesetzgeberische Grundwertung Rücksicht zu nehmen, nach der der deliktische Vermögensschutz auch bei etwaiger Schutzgesetzverletzung möglichst restriktiv zu handhaben sei.[133]

(a) Ausdrückliche Verneinung der Ausuferungsgefahr im Kontext reiner Vermögensschäden

Exemplarisch bejahte der OGH die Haftung für einen reinen Vermögensschaden in folgenden Fällen:
- Ein unter Naturschutz stehender Luchs wird in einem Nationalpark ohne entsprechende Erlaubnis geschossen.[134] Der Kläger, zwar nicht Eigentümer des (wilden) Tieres, aber zumindest gesetzlich damit betraut, den Tierbestand des Nationalparks zu pflegen, verlangte die Anschaffungskosten für ein neues Tier ersetzt. Im Kern drehte sich der Rechtsstreit damit um die Frage, ob die in erster Linie naturschützenden Normen des österreichischen Strafgesetzbuchs neben der Erhaltung des Tier- oder Pflanzenbestandes auch den Schutz des reinen klägerischen Vermögens intendieren können. Der OGH bejahte dies, da insbesondere das *Haupt-*

---

[132] Vgl. mit ähnlicher Argumentation auch *Nowotny*, JBl 1987, 282 (285), der im Kontext der außervertraglichen Gutachterhaftung aus Schutzgesetzverletzung darauf abstellt, dass eine uferlose Haftungsausweitung gegenüber jedermann in diesen Fällen nicht gegeben sei.
[133] Siehe hierzu unter D./II./3./a).
[134] OGH SZ 2016/143 = RdU 2017/7 mAnm *Weiß*.

argument gegen den Ersatz bloßer Vermögensschäden, nämlich die *Gefahr einer unabsehbaren Ausuferung der Haftung* nicht zum Tragen käme – erstens klage nicht ein beliebiger Dritter, sondern gerade jener Rechtsträger, der durch Gesetz zum Schutz von Tierpopulationen eingerichtet wurde und zweitens war für den Schädiger *absehbar*, dass im Falle des rechtswidrigen Abschusses eines geschützten Tieres ein neues Exemplar kostenverursachend angeschafft werden würde.[135]

- Ähnlich entschied der OGH[136] zu einem reinen Vermögensschaden in einem *überschaubaren Drei-Personen-Verhältnis*: Ein Subunternehmer stellte für den Bauherren ein Werk her, welches bereits in dessen Eigentum übergegangen war. Vor Abnahme des Werkes wurde dieses aber von einem anderen Subunternehmer beschädigt, wobei der erste und zweite Subunternehmer zueinander nicht in vertraglicher Beziehung standen. Die Sachschäden am Werk wurden vom ersten Subunternehmer ausgebessert, der die hierfür anfallenden Reparaturkosten vom schädigenden Zweitsubunternehmer ersetzt verlangte. Obwohl der erste Subunternehmer hier in keinem absolut geschützten Recht verletzt wurde, bejahte der OGH die Haftung des Zweitsubunternehmers unter Zuhilfenahme der Grundsätze der Drittschadensliquidation und betonte dabei, dass jedenfalls in casu die *Bedenken einer uferlosen Ausweitung der Schadenersatzpflicht nicht zutreffen*.
- In einem weiteren Fall hatte der OGH[137] über die Haftung einer Bank aus Girovertrag mit Schutzwirkung zugunsten Dritter zu befinden. Ein in wirtschaftliche Schieflage geratener Landwirt unterhielt bei der beklagten Bank ein Girokonto. Der Kläger, ein Landwirtschaftsverband, belieferte den Landwirt mit Vieh, verlangte aber vor einer anstehenden Lieferung zunächst eine Bestätigung des Leistungsvermögens des Landwirtes. Dessen Bank bestätigte daraufhin gegenüber dem Landwirtschaftsverband mehrere zunächst noch getätigte, später aber mangels Kontodeckung ausbleibende Überweisungen. Obwohl nach herrschendem österreichischem Verständnis das Vermögen Dritter (hier des Landwirtschaftsverbandes) nicht in den Schutzbereich fremder Verträge fällt (hier des Girokontovertrags zwischen Bank und Landwirt) und dies in erster Linie mit der (vermeintlichen) Ausuferungsgefahr begründet wird,[138] hielt der OGH die Bank aus Schuldverhältnis mit Drittschutzwirkung ausnahmsweise für

---

[135] OGH SZ 2016/143 = RdU 2017/71 (86) mAnm *Weiß*.
[136] OGH ecolex 2003/67 mAnm *Pilz*.
[137] OGH SZ 59/51 = JBl 1986, 381.
[138] OGH SZ 59/51 = JBl 1986, 381 (383); Urt. v. 26.1.1999 – 4 Ob 325/98t, teilw. veröff. in RdW 1999, 468 im Anschluss an *Koziol*, Haftpflichtrecht II (2018), A/2/107, 372; *ders.*, JBl 2004, 273 (276); *Karner/Koziol*, JBl 2012, 141 (151, 155); siehe hierzu unter F./II./2./c)/cc)/(2)/(a).

haftbar, da eine *Uferlosigkeit der Haftung angesichts der konkret in Rede stehenden Überweisungsbeträge und –belege nicht zu befürchten war*.[139]

- Ähnlich lautete auch schon das Judiz zur Haftung eines Händlers gegenüber den Endabnehmern von Waren, die unter Urheberrechtsverstößen vertrieben wurden.[140] Der Urheberrechtsinhaber nahm eine arglose Endabnehmerin auf Unterlassung des Warenvertriebs in Anspruch. Diese wiederum begehrte Ersatz ihrer Prozesskosten (reiner Vermögensschaden) vom ursprünglich urheberrechtsverletzenden Ersthändler, mit dem sie aber selbst nicht vertraglich verbunden war – die in Rede stehende Ware hatte die Endabnehmerin von einem ebenfalls arglosen Zwischenhändler erworben. Der OGH erkannte dem Kaufvertrag zwischen dem urheberrechtsverletzenden Ersthändler und dem Zwischenverkäufer Drittschutz zugunsten der wiederum vom Zwischenverkäufer beziehenden Endabnehmerin zu. Obwohl *„das bloße Vermögen dritter Personen in der Regel nicht in den Schutzbereich einzubeziehen"*[141] sei, sah der OGH hier die Möglichkeit einer Ausnahmefindung. Da der urheberrechtsverletzende Ersthändler damit rechnen muss, dass nicht nur er selbst und seine unmittelbaren Vertragspartner, sondern auch deren Abnehmer wiederum auf Unterlassung in Anspruch genommen werden, der Anfall von Prozesskosten Dritter also „leicht vorhersehbar" war,

„*versagt hier das von der Lehre gegen den Ersatz bloßer Vermögensschäden ins Treffen geführte Argument der Gefahr der unerträglichen Ausuferung der Ersatzansprüche.*"[142]

(b) Exkurs: Ausdrückliche Verneinung der Ausuferungsgefahr bei Personen- und Sachschäden

Und nicht zuletzt abseits des Feldes reiner Vermögensschäden fließen die Überlegungen zur möglichen ausfernden Gläubigerzahl in die gerichtlichen Haftungsbegründungen ein:

So hatte der OGH[143] über die *Haftung für Reisestornokosten* nach einer den Reiseantritt verhindernden Körperverletzung zu befinden, letztlich also darüber, ob dieser Posten noch eine *ersatzfähige Facette eines Personenschadens* darstellt. Unter entscheidender Abstützung auf die deutsche Lehre bejahte der OGH dies – schließlich sei im konkreten Fall bei einem einmaligen Ersatz von Stornokosten die Gefahr eines *unabsehbaren Ausuferns von Schadenersatzansprüchen* nicht gegeben.

---

[139] OGH SZ 59/51 = JBl 1986, 381 (383).
[140] OGH SZ 54/152 = JBl 1983, 253 (254) mkritAnm *Posch*; aus schweizerischer Perspektive kritisch zu dieser Entscheidung *Heini*, in: FS Keller (1989), 175 (178 f.).
[141] OGH SZ 54/152 = JBl 1983, 253 (254) mkritAnm *Posch*.
[142] OGH SZ 54/152 = JBl 1983, 253 (254) mkritAnm *Posch*.
[143] OGH SZ 2010/11 = ZVR 2010/157 mAnm *Ch. Huber*.

Im jüngsten österreichischen *Kabelbruchfall* stand die Ersatzfähigkeit eines Sachschadens an Endgeräten in Rede, der durch die Zerstörung eines Stromverteilerkastens in einem Wohngebiet verursacht wurde. Der OGH[144] verneinte in Fortführung seiner bisherigen Rechtsprechung eine Ersatzpflicht, gab in den Urteilsgründen aber ausführlich die Gedankengänge der dem Schadenersatzbegehr stattgebenden Vorinstanz wieder. Dort wurde eine Haftung noch bejaht, da die Gefahr der Uferlosigkeit der Haftung nicht gegeben war – Verteilerkästen versorgen bekanntlich nur wenige Haushalte mit Strom, die *Zahl möglicher Gläubiger bleibt also überschaubar*.[145]

bb) Argumentative Parallele zum sog. Tatbestandsprinzip bzw. Reflexschadensersatzverbot

Es ist bemerkenswert, wie viele unterschiedliche Ansätze sich zur Begründung der Nichtersatzfähigkeit reiner Vermögensschäden ausmachen lassen, während in unmittelbarer dogmatischer Nachbarschaft das *Argument der ausufernden Gläubigerzahl* praktisch konkurrenzlos und kaum hinterfragt zur Anwendung kommt: Vorstehend wurde bereits ausgeführt, dass sich das sog. *Tatbestandsprinzip* (oder mit anderen Worten das *Reflexschadenersatzverbot*) als haftungsrechtliches Prinzip in seinem Kernbereich mit dem Grundsatz deckt, außerhalb vertraglicher Beziehungen fahrlässig verursachte reine Vermögensschäden regelmäßig nicht mit einer Ersatzpflicht zu belegen.[146]

Das Tatbestandsprinzip besagt, dass nur der Primärgeschädigte Ersatz verlangen kann, nicht aber der reflexgeschädigte Dritte. Dieser Grundsatz ist in seiner Einfachheit aber inkonsistent – erleidet der Dritte einen Reflexsach- oder Reflexpersonenschaden, kann ihm bei Bejahung von Rechtswidrigkeit und Adäquanz durchaus ein Ersatzanspruch zukommen.[147] Das Tatbestandsprinzip verfolgt damit letztlich auch nur den Zweck, *reflexartig verursachte reine Vermögensschäden* von einer Haftpflicht auszunehmen.

Wird nun nach dem tragenden *Grund des Reflexschadenersatzverbotes* gefragt, stößt man – wenig überraschend – auf bekannte Begründungsansätze: Das allgemeine *Haftungsrisiko* ist zu *begrenzen*,[148] der *Kreis der Ersatzberechtigten* ist zu beschränken (auf diejenigen, die eine Rechtsgutsverletzung iSd § 823 Abs. 1 BGB erlitten haben),[149] die Schadensabwicklung ist zu *kanalisieren* und auf die Primärgeschädigten zu *konzentrieren*,[150] kurzum, die

---

[144] OGH EvBl-LS 2020/66 mAnm *Painsi*.
[145] Ausführlich und kritisch zu diesem Urteil unter G./I./1./b)/cc).
[146] Ausführlich hierzu unter C./II./2.
[147] Siehe hierzu unter C./II./2./a).
[148] *Röthel*, in: Staudinger BGB (2015), § 844 Rn. 2.
[149] *Höpfner*, in: Staudinger BGB (2021), Vorb. §§ 249 ff. Rn. 49.
[150] *G. Wagner*, JZ 2015, 680 (683); *ders.*, in: MüKo BGB⁸, § 844 Rn. 1, § 826 Rn. 13.

Uferlosigkeit von Schadenersatzansprüchen bei Reflexschäden[151] ist zu vermeiden.[152]

Dahinter verbirgt sich erkennbar das gleiche Motiv, welches zur Begründung der Nichtersatzfähigkeit reiner Vermögensschäden angeführt wird: Eine Haftung für fahrlässig verursachte *reine Vermögensschäden* gegenüber einer unbekannten – „ausufernden" – Zahl (mittelbar bzw. Dritt-)Geschädigter soll vermieden werden.[153]

cc) Ausufernde Haftung nach der Gläubigerzahl kein Unikum reiner Vermögensschäden

Das Uferlosigkeits-Argument mit Blick auf die Gläubigerzahl findet hohen Zuspruch: Sowohl aus der Perspektive derjenigen, die die Ersatzfähigkeit und Ersatzunfähigkeit von Schäden anhand der Unmittelbarkeit zwischen haftungsbegründendem Ereignis und Schadenseintritt trennen, als auch aus der Sicht derjenigen, die allein von der Natur des beeinträchtigten Interesses auf dessen Ersatzfähigkeit schließen, liegt das zentrale Motiv einer weitgehenden Haftungsausklammerung reiner (Dritt-)Vermögensschäden in einer *Begrenzung des Kreises der Anspruchsberechtigten* begründet. Auch die Resonanz der Rechtsprechung, die dieses Motiv aufgreift, lässt erahnen, dass man bei der Suche nach dem Grund für die Schutzlosstellung des reinen Vermögens im außervertraglichen Bereich den entscheidenden Wertungen hier zumindest auf der Fährte ist.

Und trotzdem: Die Möglichkeit einer ausufernden Haftung, gerade mit Blick auf die Zahl möglicher anspruchsberechtigter Geschädigter, ist *kein Alleinstellungsmerkmal reiner Vermögensschäden*, sondern kann ebenso auf Sach- und Personenschäden zutreffen[154] – und denkt man im Rahmen von

---

[151] BGE 142 III 433 (438): „gerade bei Reflexschädigungen ausgeprägt bestehende Gefahr einer Ausuferung der Haftung"; hierzu *Kramer*, in: FS Schnyder (2018), 621 (626).

[152] *Ch. Huber*, JuS 2018, 744 mwN in Fn. 5; *Fellmann*, recht 1997, 95 (96); dieses Argument referierend *Loser*, in: Koller (Hrsg.), Haftpflicht- und Versicherungsrechtstagung St. Gallen 2005 (2005), 111 (125 mwN in Fn. 16).

[153] Ganz idS OLG Celle VersR 2006, 1376 (1377); mit dem ausdrücklichen Hinweis auf die rechtspolitische Parallelbehandlung von Reflex- und reinen Vermögensschäden in der Schweiz *Rey/Wildhaber*, Ausservertragliches Haftpflichtrecht (2018), Rn. 415; ähnlich *Picker*, in: FS Medicus (1999), 397 (436); *ders.*, AcP 183 (1983), 369 (477); insbesondere *G. Wagner* lässt dies erkennen, wenn er in seiner Kommentierung (in: MüKo BGB[8], § 844 Rn. 1) das Tatbestandsprinzip erläutert und hierbei wiederum auf seine Ausführungen zu § 826 Rn. 13 verweist, wo mit fast gleichen Worten – und wiederum auf § 844 Rn. 1 rückverweisend – die Gründe der Nichthaftung für reine Vermögensschäden beschrieben werden; ähnlich *ders.*, Deliktsrecht[14], 5/131 Nr. 1, der die Diskriminierung des reinen Vermögensschadens mit der vom Gesetzgeber verfolgten Kanalisierung der Schadenersatzansprüche auf den unmittelbar Verletzten erklärt; ferner *Hellgardt*, Kapitalmarktdeliktsrecht (2008), 207 f.; *Canaris*, in: FS Larenz (1983), 27 (38); *Karampatzos*, Vertrag mit Schutzwirkung für Dritte (2005), 236 f.

[154] Jeweils mit Beispielen *van Boom*, in: van Boom/Koziol/Witting (Hrsg.), Pure Eco-

Personenschäden an jeweils einzelne Schmerzensgeldansprüche, gilt dies sogar für immaterielle Schäden.

In geradezu lehrbuchartigen Fällen von Sach- und Personenschäden ist die Haftung gegenüber einer ausufernden, für den Schädiger nicht zu überblickenden Zahl Geschädigter denkbar. Vorstehend wurde auf die argumentative Parallele zur Begründung des *Tatbestandsprinzips* hingewiesen und verdeutlicht, dass dieses – abseits der reinen Vermögensschädigung – nicht konsistent ist. Das Argument der einzugrenzenden Gläubigeranzahl geht nämlich in *Kabelbruchfällen* (vgl. Fallbeispiel 1)[155] *mit reflektorischem Sachschaden* fehl; eine Haftung kann hier durchaus bejaht werden,[156] obwohl der das Kabel durchtrennende Schädiger auch hier nicht absehen kann, ob und wie viele Endgeräte so einen Sachschaden erleiden bzw. vom Stillstand bedrohte Betriebe an das Stromnetz angeschlossen sind.

Am drastischsten lässt sich die Ausuferung der Gläubigerzahl anhand der Haftung für *Massenkatastrophen* verbildlichen, etwa der Haftung für einen Atomunfall,[157] bei der die so geschädigten Bewohner ganzer Landstriche ersatzberechtigt sind.[158] Ein etwas alltäglicheres Beispiel einer Haftung gegenüber uferlos vielen Geschädigten stellt die *Produkthaftung* dar.[159] Kommt eine fremde Sache oder eine Person aufgrund eines Produktfehlers zu Schaden, haftet der Hersteller nach § 1 ProdHaftG, § 1 Abs. 1 PHG, Art. 1 Abs. 1

---

nomic Loss (2004), 1 (34 f., ins. Rn. 91); *Doobe*, Ersatz reiner Vermögensschäden Dritter (2014), 215; ferner *Schönenberger*, Haftung für Rat und Auskunft (1999), 9; rechtsvergleichend *Taupitz*, Haftung für Energieleitungsstörungen durch Dritte (1981), 202.

[155] Siehe unter A./II.

[156] BGHZ 41, 123 = NJW 1964, 720 (722): Eier in einem elektrischen Brutapparat; LG Wuppertal NJW 1965, 304 (305): Verderb von Lack infolge Erkaltens der Trockenanlage; OLG Oldenburg ZD 2012, 177: Löschung elektronische Daten; zu weiteren Beispielen *Honsell*, in: FS W. Lorenz (2001), 483 (492 f.); für die Schweiz BGE 106 II 75 (79): unbrauchbar gewordener Asphalt; *Probst*, in: Probst/Werro (Hrsg.), Strassenverkehrsrechtstagung 2012 (2012), 1 (39); für Österreich OGH EvBl 1972/296: Überspannungsschaden an Endgeräten; der OGH hat diese Rechtsprechung durch andere Senate allerdings wieder aufgegeben und verneint hier Ersatzansprüche für die reflektorischen Sachschäden, mit dem Nachweis der bisherigen Rspr OGH EvBl-LS 2020/66 mAnm *Painsi*.

[157] *Gauch/Sweet*, in: FS Keller (1989), 117 (137); *Doobe*, Ersatz reiner Vermögensschäden Dritter (2014), 215.

[158] § 25 Abs. 1 S. 1 AtG (Deutschland), § 3 Abs. 1 AtomHG (Österreich), Art. 3 Abs. 1 KHG (Schweiz). Die Haftungsanordnungen gleichen sich in ihren Voraussetzungen, unterscheiden sich jedoch in ihrer Reichweite: Die österreichische Norm begrenzt die Ersatzpflicht bereits nach ihrem Wortlaut auf Sach- und Personenschäden, reine Vermögensschäden sind nicht zu ersetzen (*Koziol/Apathy/Koch*, Haftpflichtrecht III (2014), A/8/54). Das deutsche Recht verpflichtet zum Ersatz von *Nuklearschäden*, wobei auch diese progressiv anmutende Schadenskategorie erneut nur Schäden an Rechtsgütern des § 823 Abs. 1 BGB im Blick hat und das reine Vermögen außen vorlässt (*Raetzke*, in: NK-AtomR, AtG, § 25 Rn. 102, 114, 118). Allein in der Schweiz umfasst die Atomhaftung auch reine Vermögensschäden, BGE 116 II 480 (491) – wovon Art. 2 Abs. 1 Nr. c KHG jedoch den entgangenen Gewinn wieder partiell rückausnimmt.

[159] *Jansen*, Struktur des Haftungsrechts (2003), 527; ferner *Doobe*, Ersatz reiner Vermögensschäden Dritter (2014), 215 mwN in Fn. 1021.

PrHG verschuldensunabhängig; und das, obwohl auch der Hersteller – sind die Produkte einmal in Verkehr gebracht und im Regelfall durch Weiterverkäufe an die Endkunden gelangt – kaum überblicken kann, wem gegenüber seine Haftung in Frage kommt. *Jansen*[160] zieht hier einen treffenden Vergleich mit der Haftung für reine Vermögensschäden durch Vertrauen auf eine Falschauskunft: Die Zahl der potentiell durch eine Fehlinformation Beeinträchtigter ist nicht per se höher als die der durch fehlerhafte Produkte Geschädigter – in beiden Fällen wird das schadensverursachende Medium (die Falschinformation bzw. das fehlerhafte Produkt) von seinem Urheber weg- und weitergegeben, wodurch sich die Zahl der potentiell Geschädigten stetig, ungehindert und uneingrenzbar vergrößert. Ähnlich liegt es etwa bei der ebenfalls als Gefährdungshaftung konzipierten Einstandspflicht des pharmazeutischen Unternehmers für durch Arzneimittel verursachte Personenschäden, § 84 Abs. 1 AMG.

dd) Funktionelle Grenzen des Uferlosigkeits-Arguments

Es lässt sich nicht leugnen, dass die *Ausuferungsgefahr nach der Zahl der Gläubiger* dem Bereich reiner Vermögensschäden nicht genuin ist, sondern überall dort vorkommen kann, wo Haftungsnormen die Aktivlegitimation nicht bereits auf Tatbestandsseite eingrenzen – bei reinen Vermögensschäden ebenso wie bei Sach-, Personen und sogar Nichtvermögensschäden.

(1) Geltung des Uferlosigkeits-Arguments nur im Bereich der Fahrlässigkeitshaftung

Der *Vergleich mit der uferlosen Gefährdungshaftung* hinkt allerdings, jedenfalls auf der Wertungsebene. Mit Blick auf die vorstehend erwähnten – eine ausufernde Haftpflicht gerade zulassenden – Gefährdungshaftungstatbestände offenbart sich nämlich, dass das Uferlosigkeits-Argument *für den Bereich der Fahrlässigkeitshaftung durchaus Geltung beanspruchen kann* und erst abseits davon – dann aber auch abrupt und erkennbar – an Überzeugungskraft verliert:

(a) Keine Geltung des Uferlosigkeits-Arguments im Bereich der Gefährdungshaftung

Erstens kann eine Haftungsverneinung mit Blick auf die hohe Zahl möglicher Gläubiger – also die Einnahme einer schädigerschützenden Perspektive – nur im Bereich der *Verschuldenshaftung* angezeigt sein. Im Bereich der

---

[160] *Jansen*, Struktur des Haftungsrechts (2003), 533; ähnlich auch *Schäfer*, AcP 202 (2002), 808 (812).

Gefährdungshaftung verbietet sich dies, obwohl gerade fehlerhafte Produkte oder Arzneimittel ein besonders hohes *Streuschadenpotential* haben. Denn die Gefährdungshaftung kann hier *nicht zufällig jedermann* treffen, sondern typischerweise nur Unternehmer – diesen wird eine lukrative aber eben risikoträchtige Tätigkeit erlaubt, allerdings zum Preis einer verschuldensunabhängigen Einstandspflicht, so sich das Risiko denn verwirklicht. Die Anordnung einer nach der Gläubigerzahl möglicherweise eben auch ausfernden Gefährdungshaftung markiert nicht mehr als den Versuch eines möglichst ausgewogenen Kompromisses zwischen dem wirtschaftlichen Betätigungsinteresse des Unternehmers und dem der Allgemeinheit an der umfassenden Schadloshaltung bei der Verwirklichung besonderer Risiken.

Etwas anders liegt es bei der *Halterhaftung in § 7 Abs. 1 StVG*, die gerade nicht an die Unternehmereigenschaft des Ersatzpflichtigen anknüpft. Die bei dieser *Jedermann-Gefährdungshaftung* widerstreitenden Wertungen, nämlich die einerseits stets hohe Gefahr, beim Betrieb eines Kraftfahrzeugs Dritte haftpflichtbedroht zu verletzen und das andererseits sozial erwünschte und jedermann – eben auch dem im Schadensfall nicht zahlungsfähigen Schädiger – zu gestattende Autofahren, lassen sich auf der Haftungsebene noch nicht miteinander in Einklang bringen. Deshalb wird die Gefährdungshaftung hier auf der Deckungsebene – sowohl opfer- als auch schädigerfreundlich – an eine Pflichthaftpflichtversicherung gekoppelt, wodurch auch bei Privatinsolvenz des Haftpflichtigen der Schadensausgleich des Opfers (weitestgehend) gesichert ist.[161]

Dass bei der Verwirklichung von Gefährdungshaftungstatbeständen also eine der Gläubigerzahl nach uferlose Haftung möglich, ja sogar wahrscheinlich scheint, ist letztlich kein bemerkenswerter Befund; der Gesetzgeber hat dies bei der Schaffung der jeweiligen Gefährdungshaftung vielmehr bewusst im Blick und reagiert im Bereich des Straßenverkehrsrecht hierauf sogar mit der Schaffung einer Versicherungspflicht.

(b) Kein Schutzbedürfnis bei qualifiziertem Verschulden

Zweitens kann innerhalb der Verschuldenshaftung eine Haftungsverneinung unter dem Verweis auf ausfernde Gläubigerzahlen – und damit im Ergebnis eine Entlastung des Schädigers – überhaupt nur dann greifen, wenn der Schädiger auch *schutzwürdig* ist. Jedenfalls bei vorsätzlicher, im Einzelfall auch bei grob fahrlässiger Schädigung, darf daher die Haftung gegenüber einer unüberschaubaren Zahl von Gläubigern nicht unter Verweis auf die Ausufferungsgefahr verneint werden. Treffend formuliert dies das OLG Koblenz[162] zur Haftung der Volkswagen AG wegen vorsätzlicher sittenwidriger

---
[161] BGHZ 127, 186 = NZV 1995, 65 (66); OLG Bremen VersR 2012, 171 (172).
[162] OLG Koblenz VuR 2020, 198.

Schädigung im sog. Dieselskandal: Eine deliktische Haftung scheidet nicht deshalb aus, weil die Gefahr einer exorbitanten Kumulation von Schadensersatzansprüchen droht – andernfalls könnte sich *gerade der vorsätzlich Schädigende* umso leichter entlasten, je größer die Anzahl der Geschädigten und je größer der Schaden ist.

(2) Zwischenergebnis: Wertungsunterschiede

Sofern eine außervertragliche Haftung also unter Verweis auf die ansonsten ausufernde Gläubigerzahl verneint wird, kann dieser Ansatz ohnehin nur im Bereich der *allgemeinen Fahrlässigkeitshaftung* Geltung beanspruchen. Anders als bei den typischen Fällen der Gefährdungshaftung kann der nach allgemeinem Deliktsrecht fahrlässig Schädigende hier im Vorfeld der Schädigung nicht regelmäßig Gewinne aus der risikobehafteten Tätigkeit ziehen. Und anders als beim vorsätzlich (bzw. grob fahrlässig) Schädigenden schließt im Falle der einfachen Fahrlässigkeit die eben noch nicht erhöhte subjektive Vorwerfbarkeit der Schädigung die rechtspolitisch noch mitzuberücksichtigende Schutzbedürftigkeit des Schädigers auch nicht per se aus.

Wird das Argument der ausufernden Gläubigerzahl bei der Begründung der Nichtersatzfähigkeit reiner Vermögensschäden mit Blick auf die schließlich auch bei Gefährdungshaftungstatbeständen mögliche Ausuferungsgefahr zu relativieren versucht, wird dabei das Gesamtbild auf der Wertungsebene verzerrt. Denn auch wenn in beiden Fällen eine uferlose Haftung gegenüber vielzähligen Geschädigten möglich ist, spielt dies jeweils eine geradezu gegensätzliche Rolle: Das hohe Schadenspotential, respektive die hohe Zahl potentieller Geschädigter ist gerade der Grund für die Anordnung einer verschuldensunabhängigen Gefährdungshaftung. Im Bereich der allgemeinen Fahrlässigkeitshaftung dient das Argument der Uferlosigkeit dem gegenteiligen Zweck der Haftungsbegrenzung.

ee) Zwischenergebnis

Wird also zur argumentativen Begründung einer deliktischen Haftungsbegrenzung auf die Gefahr der ausufernden Gläubigerzahl verwiesen, geht es darum, eine *der Gläubigerzahl nach exponentielle Fahrlässigkeitshaftung* – zugespitzt, bei einem für jedermann denkbaren *Augenblicksversagen* – zu vermeiden. Für reine Vermögensschäden wird dies durch eine weitreichende Ausklammerung aus dem Deliktsrecht erreicht, für Sach- und Personenschäden mit den Werkzeugen der objektiven Zurechnung.

Die Intention, eine nach der Gläubigerzahl ausufernde Haftung für reine Vermögensschäden zu vermeiden, findet sich allen Rechtsordnungen des deutschen Rechtskreises, in Österreich sogar in zentralen Passagen höchstrichterlicher Entscheide. Die Antwort auf die Frage nach dem Grund für die grundsätzliche Nichtersatzfähigkeit reiner Vermögensschäden liefert aber auch dieser Ansatz noch nicht.

Wird eine Ersatzpflicht mit Blick auf die hohe Zahl möglicher Gläubiger verneint, kommt dies dem dann trotz Schädigung nicht ersatzpflichtigen Schädiger zugute und geht auf Kosten der (vielzähligen) Geschädigten. Entscheidende Bedeutung für den eigentlichen Grund der Nichtersatzfähigkeit reiner Vermögensschäden kommt damit erst folgender, nachgelagerter Frage zu:

Warum wird bei der Frage nach der Haftung für fahrlässig verursachte reine Vermögensschäden die Perspektive des einzelnen Schädigers und nicht die der ja möglicherweise sogar besonders zahlreichen Geschädigten eingenommen?

d) Der Schutz der allgemeinen Handlungsfreiheit als Essenz des Dammbruch-Arguments

Die Antwort auf die vorstehend aufgeworfene Frage wird aus rechtspolitischer Perspektive gegeben: Haftete man gegenüber einer Vielzahl zunächst auch unbekannter Gläubiger, kann das für den Schädiger unangenehm sein, wäre jedoch kein Unikum reiner Vermögensschäden und scheint in Konstellationen der Gefährdungshaftung sowie bei Vorsatz (und grober Fahrlässigkeit) auch angezeigt. Bestünde aber bereits bei *einfacher Fahrlässigkeit* eine allgemeine außervertragliche Haftung – d.h. auch gegenüber jedem im Zeitpunkt der Schädigung noch unbekanntem Dritten, der lediglich eine reine Vermögenseinbuße erleidet – führte dies dazu, dass sich jedermann immer und überall einer potentiellen Haftung ausgesetzt sieht. Dieser (für den einzelnen Geschädigten ja positive) Befund muss allein rechtspolitisch auch noch nicht falsch sein, brächte aber – so die Befürchtung – folgenden, an den *allgemeinen Grundsätzen des Haftpflichtrechts* ansetzenden *Nebeneffekt* mit sich: Jede Haftungsanordnung steht in einem Spannungsverhältnis zur allgemeinen Handlungs- und Wirtschaftsfreiheit.[163] Ein bestimmtes Schädigerverhalten ist unerwünscht, wird durch die Belegung mit einer Schadenersatzpflicht sanktioniert und die allgemeine Handlungsfreiheit in diesem Bereich beschnitten – ohne eine Haftung fürchten zu müssen, kann sich der Einzelne hier nicht mehr bewegen.[164]

---

[163] *Canaris*, in: FS Larenz (1983), 27 (35); *Honsell*, ZIP 2013, 444: Haftung ist Kehrseite und Komplement der Haftungsfreiheit.

[164] Allgemein zum Verhältnis von Handlungsfreiheit und Haftpflichtrecht *Picker*, JZ 1987, 1041 (1052); *ders.*, ZfPW 2015, 385 (398); *Canaris*, in: FS Larenz (1983), 27 (35); vgl. auch OGH, Urt. v. 23.3.1999 – 1 Ob 313/98f zur Bestimmung der haftungsbegründenden Rechtswidrigkeit des Schädigerverhaltens: „Bei der [...] Fällung des Rechtswidrigkeitsurteils [...] ist [...] das allgemeine Interesse an der Bewegungsfreiheit und den Entfaltungsmöglichkeiten [...] zu berücksichtigen".

aa) Keine Fahrlässigkeitshaftung für reine Vermögensschäden zugunsten der allgemeinen Handlungsfreiheit

Das deutsche Haftpflichtrecht in seiner gegenwärtigen Gestalt zeichnet sich allerdings dadurch aus, dass es im Zusammenspiel seiner fragmentarischen Einzelregelungen die allgemeine Handlungsfreiheit relativ großzügig gewährt: § 823 BGB sanktioniert weitgehend im Gleichlauf mit den Androhungen der Strafgesetze (abgesehen von der strafrechtlich irrelevanten fahrlässigen Sachbeschädigung) die Verletzung absolut geschützter Rechtsgüter, § 826 BGB erlaubt sogar eine vorsätzliche (Vermögens-)Schädigung, so denn sie nicht sittenwidrig ist und die §§ 824, 839a, 844 Abs. 1 und 2, 845 BGB bilden punktuelle Rückausnahmen für die Fälle, bei denen das Bedürfnis an einer Haftung für nur fahrlässige Vermögensschädigungen die allgemeine Handlungsfreiheit doch einmal überwiegt.

Im Zwischenraum dieser Normen, der nicht mit einer Haftpflicht belegt ist – also die nicht den §§ 824, 839a, 844 Abs. 1 und 2, 845 BGB unterfallende fahrlässige bzw. vorsätzliche aber eben nicht sittenwidrige Schädigung des reinen Vermögens – kann sich jedermann frei bewegen, d.h. ohne Furcht vor schadensersatzrechtlichen Sanktionen auch fremdes Vermögen schädigen.[165] Aus Gefälligkeit dürfen daher regelmäßig auch falsche Informationen fahrlässig verbreitet werden[166] (vgl. Fallbeispiel 2)[167] und jeder Marktteilnehmer darf seinen Konkurrenten mit den Werkzeugen des lauteren Wettbewerbs und unterhalb der Schwelle der Sittenwidrigkeit auch vorsätzlich reine Vermögeneinbußen beibringen, etwa durch die Abwerbung von Kunden, das Angebot von Konkurrenzprodukten etc.[168]

Änderte man dies, führte man also eine allgemeine Haftung auch für nur einfach-fahrlässige Vermögensschädigungen ein, würde dies die allgemeine Handlungs- und Wirtschaftsfreiheit in dem ihr angestammten Bereich beschneiden. Niemand könnte mehr handeln, wirtschaftlich tätig werden oder Informationen verbreiten und gleichzeitig sicher sein, nicht durch eine unbedachte Äußerung oder Bewegung eine potentiell existenzvernichtende Haf-

---

[165] Vgl. *Canaris*, in: FS Larenz (1983), 27 (35 f.).
[166] *Canaris*, ZHR 163 (1999), 206 (235), der dies als allgemeinen Konsens beschreibt; vgl. OGH JBl 2011, 443 (444) mkritAnm Dullinger: es sind die „Auskunftsgeber einer strengeren Haftung zu unterwerfen, die sich von der Preisgabe der Auskunft einen Vorteil erwarten, als jene, die lediglich aus Gefälligkeit beraten"; aA aber *Faust*, AcP 210 (2010), 555 (571), der auch bei Gefälligkeitsauskünften von Experten die besondere Vertrauensinanspruchnahme des § 311 Abs. 3 S. 2 BGB erfüllt sieht.
[167] Siehe unter A./II.
[168] *Honsell*, in: FS Medicus (1999), 211 (212 f.); *Hellgardt*, Kapitalmarktdeliktsrecht (2008), 208; *Larenz/Canaris*, Schuldrecht BT (1994), 357; *Canaris*, in: FS Larenz (1983), 27 (37); *Loser*, in: Koller (Hrsg.), Haftpflicht- und Versicherungsrechtstagung St. Gallen 2005 (2005), 111 (121); vgl. *Magnus*, HAVE 2017, 25 (31).

tung loszutreten.[169] Um es mit *Jhering* zu sagen: „alle Unbefangenheit der Conversation wäre dahin, das harmloseste Wort würde zum Strick".[170]
Wenn der Grund für die weitgehende Schutzlosstellung des reinen Vermögens im außervertraglichen Bereich in der Befürchtung einer uferlosen Haftung verortet wird, dann überzeugen die Stimmen, die hier den notwendigen Schritt weiter denken: Nicht allein die potentielle Haftung gegenüber einer Vielzahl an Gläubigern ist rechtspolitisch vermeidenswert – denn dies ist *erstens* gerade kein Unikum reiner Vermögensschäden und kann *zweitens* durchaus angezeigt sein –, sondern der *Schutz einer Mindestsphäre an allgemeiner Handlungs- und Wirtschaftsfreiheit*, die eben dadurch geschaffen und erhalten wird, dass reine Vermögensschädigungen schadensersatzrechtlich „erlaubt", d. h. nicht sanktioniert werden, ist der tragende Grund für die „Diskriminierung" reiner Vermögensschäden.[171]

Der *Schutz der allgemeinen Handlungsfreiheit* ist damit die eigentliche *Essenz des Dammbruch-Arguments*:[172] Nicht die Höhe der einzelnen Haftungssumme oder der Gläubigerzahl als solche können den weitgehende Schutzlosstellung des reinen Vermögens außerhalb vertraglicher Beziehungen begründen. Es geht vielmehr darum, das *Damoklesschwert einer uferlosen Fahrlässigkeitshaftung* über dem Kopf (bzw. dem Konto) jedes Einzelnen

---

[169] *Koziol*, ZEuP 1995, 359 (363) spricht zutreffend von einem „*unüberschaubaren Risiko bei jeder Handlung*", *Picker*, JZ 1987, 1041 (1053) davon, dass vernünftige soziale Interaktion nicht mehr möglich wäre.

[170] *Jhering*, in: Gerber/Jhering (Hrsg.), Jahrbücher für die Dogmatik des Privatrechts (1861), 1 (12 f.).

[171] Zentral OGH bbl 1999/229 mAnm *Egglmeier*: „Die Begründung für diese Haftungsbegrenzung fußt auf der Überlegung, daß eine Ausdehnung der Haftung auf jeden Vermögensschaden zu einer Ausuferung der Schadenersatzansprüche und damit zu einer unerträglichen Belastung der Handlungsfreiheit des Einzelnen führte"; ausführlichst *Picker*, JZ 1987, 1041 (1053 f.); ferner *ders.*, in: FS Medicus (1999), 397 (437); *ders.*, AcP 183 (1983), 369 (478); *ders.*, in: FS Koziol (2010), 813 (823); *Kletečka*, in: FS Reischauer (2010), 287 (304); *Honsell*, ZIP 2013, 444; *ders.*, ZSR 2011 II, 5 (83); *ders.*, in: FS W. Lorenz (2001), 483 (484); *Koziol*, JBl 1994, 209 (212 f.); *ders.*, Haftpflichtrecht II (2018), A/2/100; *ders.*, JBl 2004, 273 (274); *ders.*, ZEuP 1995, 359 (363); *ders.*, in: van Boom/Koziol/Witting (Hrsg.), Pure Economic Loss (2004), 141 (142 Rn. 7); *Welser*, Haftung für Rat, Auskunft und Gutachten (1983), 5; *Canaris*, in: FS Larenz (1983), 27 (36 f.); *Larenz/Canaris*, Schuldrecht BT (1994), 356 f.; *Leyens*, JuS 2018, 217 (218); *Wendelstein*, JURA 2018, 144 (145 f., 151); *Karampatzos*, Vertrag mit Schutzwirkung für Dritte (2005), 180; idS auch *Ch. Huber*, JuS 2018, 744; dieses Argument nur referierend *Hellgardt*, Kapitalmarktdeliktsrecht (2008), 208; *J. Hager*, in: Staudinger BGB (2017), Vorb. §§ 823 ff. Rn. 20; vgl. auch *S. Lorenz*, JuS 2019, 852, der als Zentralargument zwar pauschal die drohende Uferlosigkeit anführt, dabei aber bemerkt, dass die Schutzlosstellung des reinen Vermögens die allgemeine Handlungsfreiheit stärkt; das Freiheitsargument referiert *Fisch*, Eigentumsgarantie und Nichtersatzfähigkeit reiner Vermögensschäden (2020), Rn. 370 ff.

[172] Hierzu kritisch *Thomale*, ZVglRWiss 119 (2020), 59 (62, Fn. 8), der unter Anschluss an *von Bar*, Gemeineuropäisches Deliktsrecht II (1999), Rn. 26, dem Argument des Freiheitsschutzes eine „Täterfreundlichkeit" unterstellt.

für einen so nichtigen Anlass wie ein falsches Wort oder eine falsche Bewegung zu verbannen.[173]

bb) Exkurs: Grundsätzliche Nichthaftung als „kollektive Versicherung"?

Nichts anderes beschreibt *Faust*,[174] wenn er zur Begründung der „Diskriminierung" reiner Vermögensschäden anführt, dass die grundsätzliche Nichtersatzfähigkeit *„wie eine Art kollektive Versicherung"* wirke. Die „Versicherungsprämie", die man für die Nichthaftung im Fall der eigenen Fahrlässigkeit zahle, sei wiederum, dass man in die andere Richtung auch selbst erlittene reine Vermögensschäden nicht auf den Fahrlässigkeitsschädiger abwälzen könne.[175] Diese Feststellung ist *ebenso zutreffend wie nichtssagend*. Die Aussage, dass dem Geschädigten trotz Verletzung grundsätzlich kein Ersatzanspruch zusteht, er aber bei einer vergleichbaren eigenen Schädigung auch nicht ersatzpflichtig wird, gilt überall dort, wo das positive Recht trotz Schaden keine Haftungsanordnung vorsieht. Dies gilt etwa für bagatellartige Verletzungen des Körpers und der Freiheit, bei denen der Schädiger trotz (wenn auch geringfügigen) immateriellen Schadens nicht schmerzensgeldpflichtig wird.[176] Schuldet ein Lehrer einem Schüler trotz dreier Ohrfeigen kein Schmerzensgeld,[177] dann müsste dieses Judiz im umgekehrten Fall genauso gelten und eine Haftung des Schülers für den geringfügigen immateriellen Schaden des geohrfeigten Lehrers ausscheiden. Diesen Befund, selbst keinen Ersatz verlangen zu können, diesen in die andere Richtung aber auch nicht zu schulden, mag man als „kollektive Versicherung"

---

[173] Vgl. *Immenhauser*, in: Büchler/Ernst/Oberhammer (Hrsg.), Vinculum iuris (2008), 65 (118 f.), der bei ungebremster Haftung für reine Vermögensschäden vom unerträglich hohem Lebensrisiko spricht; ähnlich *Honsell*, ZSR 2011 II, 5 (83); *ders.*, in: FS 50 Jahre BGH (2000), 927 (931).

[174] AcP 210 (2010), 555 (559).

[175] *Faust*, AcP 210 (2010), 555 (559 f.).

[176] Hierzu und einen Schaden bejahend *Ch. Huber*, in: NK-BGB⁴, § 253 Rn. 74 mwN der Gegenansicht in Fn. 553, welche nicht die Haftung wegen Geringfügigkeit, sondern bereits einen Schaden als solchen verneint; für das österreichische Recht einen Schmerzensgeldanspruch auch bei geringfügigen Verletzungen befürwortend *ders.*, in: TaKomm ABGB⁵, § 1325 Rn. 109a; idS OGH Zak 2019/691: „schon das (bloße) Verursachen von Schmerzen ist Körperverletzung, mag der Körper auch keine nachteiligen Veränderungen erleiden"; *Koziol*, Haftpflichtrecht II (2018), A/5/91 f.; aA unter dem Einfluss der deutschen Praxis *Harrer/E. Wagner*, in: PraxKomm ABGB⁴, § 1325 Rn. 83; in der Schweiz nimmt der Gesetzeswortlaut des Art. 47 OR („besondere Umstände") Bagatellverletzungen bereits von der Ersatzpflicht aus, ausführlich *Landolt*, in: Zürcher Komm OR³, Art 47 Rn. 6 f.; *Fellmann/Kottmann*, Haftpflichtrecht I (2012), Rn. 2630.

[177] LG Hanau NJW 1991, 2028; auch in der Schweiz gebührt bei Ohrfeigen kein Schmerzensgeld, BG v. 11.8.2000 – 1A.107/1999, E.2 c; *Landolt*, in: Zürcher Komm OR³, Art 47 Rn. 7; ganz anders in Österreich, OGH, Urt. v. 11.5.1983 – 1 Ob 627/83: Schmerzengeldanspruch bei Kopfschmerzen durch Ohrfeige; hierzu *Koziol*, Haftpflichtrecht II (2018), A/5/92; vgl. allgemein zur niedrigen Schwelle, ab der eine ersatzpflichtige Körperverletzung im österreichischen Recht angenommen werden kann OGH Zak 2019/691.

empfinden oder auch nicht – ein Alleinstellungsmerkmal reiner Vermögensschäden ist er jedenfalls nicht.

Noch überspitzer ist hier der (in seiner Absolutheit überholte) Grundsatz *casum sentit dominus* anzuführen, in den ganz grundsätzlich der Effekt einer „kollektiven Versicherung" hineingelesen werden kann: Jeder Schaden ist vom Geschädigten grundsätzlich selbst zu tragen (d.h. dem Schädiger ist eine Schädigung hier grundsätzlich „erlaubt", er muss keine Haftung fürchten und kann sich schädigend verhalten), es sei denn, eine Norm (derer es inzwischen sicher vieler gibt) erlaubt ausnahmsweise die Abwälzung auf den Schädiger – dies gilt dann selbstverständlich in beide Richtungen.

Hier lässt sich der Bogen zu den vorstehenden Ausführungen schlagen: Was *Faust* als kollektive Versicherung empfindet, ist schlicht das Produkt der Abgrenzung einzelner *Freiheitssphären* gegeneinander.[178] Um aus haftpflichtrechtlicher Perspektive dem Einzelnen überhaupt Handlungsfreiheit zu eröffnen, ihm also zu gestatten, in einem bestimmten Radius „austeilen" zu dürfen, ist durch allgemein verbindliche Regeln gleichzeitig festzulegen, dass er im gleichen Umfang auch „einstecken" können muss.

cc) Praktische Bewährung des Freiheitsarguments

Die Überzeugungskraft des Freiheitsarguments als Essenz der Angst vor einer uferlosen Haftung speist sich auch unmittelbar aus einzelnen Wertungen des geltenden Rechts. Denn es ist zu beobachten, dass diesem Ansatz dort abrupt keine Bedeutung mehr zukommt, wo die Handlungsfreiheit des Einzelnen keine Rolle mehr spielt und dementsprechend auch keinen haftungsrechtlichen Schutz mehr erfahren muss.

(1) Keine allgemeine Handlungsfreiheit des Staates

Das markanteste Beispiel ist die Amtshaftungsanordnung im deutschen Recht nach § 839 Abs. 1 S. 1 BGB. Als einzige große deliktische Generalklausel des BGB konzipiert, lässt sich ihr in Erweiterung des allgemeinen deliktischen Haftungsgefüges auch eine Haftung für durch fahrlässige Amtspflichtverletzung verursachte reine Vermögensschäden entnehmen.[179] Führte man jedoch an, dass diese weite Haftungskonzeption die Freiheit der aus-

---

[178] Zum haftpflichtrechtlichen Ausgleich zwischen Güterschutz und Handlungsfreiheit als Voraussetzung jeder individuellen Entfaltung *Picker*, ZfPW 2015, 385 (398); *ders.*, in: FS Medicus (1999), 397 (434); ferner *Larenz/Canaris*, Schuldrecht BT (1994), 357.
[179] BGH NJW 2018, 2264 (2266); *Dörr*, in: BeckOGK BGB (Stand: 1.5.2022), § 839 Rn. 1, 22 f.; *Mayen*, in: Erman BGB[16], § 839 Rn. 1; vgl. *Papier/Shirvani*, in: MüKo BGB[8], § 839 Rn. 327; *Reinert*, in: BeckOK BGB (62. Ed.), § 839 Rn. 1; *Wöstmann*, in: Staudinger BGB (2020), § 839 Rn. 28; *G. Wagner/Thole*, VersR 2004, 275 (279).

führenden Behörden beeinträchtige, so kann dies im Amtshaftungsrecht nicht gelten.

Zwar haben auch Behörden überhaupt und effizient zu arbeiten, staatliches Handeln geschieht jedoch nicht zum Selbstzweck;[180] insbesondere kommt dem Staat keine vergleichbare allgemeine Handlungsfreiheit zu, die es durch die Absage an eine Fahrlässigkeitshaftung für reine Vermögensschäden zu gewährleisten gälte.[181] Gleichzeitig liegt es aber in der Natur der Sache, dass „der Staat" durch seine Organe handelt, unmittelbarer hoheitlicher Schädiger also eine natürliche Person ist, die sich angesichts der großzügig ausgestalteten Amtshaftung durchaus in ihrer beruflichen Handlungs-, Bewegungs- und Entscheidungsfreiheit gehemmt fühlen kann. In diesem Verhältnis entfaltet Art. 34 S. 1 GG vermittelnde und damit freiheitswahrende Wirkung: Die aus der von einer natürlichen, aber hoheitlich handelnden Person verursachten (Vermögens-)Schädigung resultierende Ersatzpflicht wird auf die Anstellungskörperschaft übergeleitet. Die Haftung trifft so den sich nicht auf die allgemeine Handlungsfreiheit berufen könnenden Hoheitsträger. Und sofern es sich lediglich um eine Schädigung aus dem mit der Handlungsfreiheit des einzelnen Beamten in Konflikt stehenden Bereichs der (leicht-)fahrlässigen Schädigung handelt, ist nach Art. 34 S. 2 GG auch der Regress ausgeschlossen.

(2) Rückausnahme für die unabhängige Justiz

In gesteigerter Form findet sich der Gedanke der Freiheitswahrung durch Haftungsverzicht im sog. *Spruchrichterprivileg* wieder. Der Richter ist zwar Beamter; seine Stellung als Mitglied der Judikative und damit der Staatsgewalt legen es daher eigentlich nahe, ihm mit den vorstehenden Ausführungen gegenüber Privaten keinen besonderen Freiheitsschutz zukommen zu lassen. Trotzdem begrenzt § 839 Abs. 2 S. 1 BGB die Haftung des Richters auf Fälle der gleichzeitigen Straftatsverwirklichung.

Für den Bereich des reinen Vermögensschadens bedeutet dies eine Beschränkung auf wenige Vorsatzdelikte.[182] Strafrechtliche Fahrlässigkeitstaten gegen das Vermögen, deren Verwirklichung „beim Urteil in einer Rechtssache" denkbar wäre und damit auch eine zivilrechtliche Haftung auslösen könnte, gibt es nicht. Eine Fahrlässigkeitshaftung für reine Vermögensschäden scheidet so unter dem Spruchrichterprivileg grundsätzlich aus.

---

[180] Treffend LG Memmingen ZUM-RD 2004, 196 (197): Arbeit eines Politikers (in casu Bürgermeister als Kopf der Gemeindeverwaltung) erfüllt keinen Selbstzweck; wer als Vertreter der Bürger handelt, hat sich vor diesen zu verantworten.
[181] *Schultess*, VersR 2019, 1331 (1335, 1341).
[182] Siehe die aufgezählten Straftatbestände bei *Dörr*, in: BeckOGK BGB (Stand: 1.5.2022), § 839 Rn. 666.

Und selbst dann, wenn eine judikative Amtspflichtverletzung einmal nicht dem Privileg des § 839 Abs. 2 BGB, sondern der allgemeinen Amtshaftung nach § 839 Abs. 1 S. 1 unterfällt, kommt eine Haftung wegen fahrlässiger reiner Vermögensschädigung nur stark eingeschränkt in Betracht: Um die richterliche Unabhängigkeit, respektive den Schutz vor haftungsrechtlichen Konsequenzen bei einfachen Fehlurteilen zu gewährleisten, setzt die Rechtsprechung bei der Bejahung eines einfachen Amtshaftungsanspruches die *Unvertretbarkeit der richterlichen Entscheidung* voraus – letztlich läuft dies auf eine Haftung für *Vorsatz und grobe Fahrlässigkeit* hinaus.[183] Der kritische Bereich der (leicht-)fahrlässigen (Vermögens-)Schädigung wird auch hier von einer Haftung freigehalten.

Während bei hoheitlichem Handeln ein Schutz der (eben nicht bestehenden!) staatlichen Handlungsfreiheit durch Haftungsversagung grundsätzlich nicht angezeigt ist, bildet die haftpflichtrechtliche Behandlung von Richtern hierzu eine markante Rückausnahme. Diese ist wohl bedacht. Als einzige staatliche Gewalt ist der Richter in seinem (hoheitlichen) Handeln – im Kern seines Tuns also bei der Urteilsfindung – *ungebunden und unabhängig*. Um dem Richter diese seine *innere Freiheit* nicht auf dem Weg des Haftpflichtrechts zu nehmen, ist dem Richter per se eine ganz weitreichende Haftungsfreiheit einzuräumen[184] – im Prozess eben bis zur Grenze vorsätzlicher Fehlurteile. Bestünde diese Haftungsfreiheit nicht, riskierte man eine Kultur von Gefälligkeitsurteilen, die maßgeblich durch die Vorsicht des Richters beeinflusst wäre, eigene Einstandspflichten weitmöglichst zu vermeiden.

Zum Argument des Schutzes der richterlichen Unabhängigkeit durch Gewährung von Haftungsfreiheit gesellt sich – das ist zuzugeben – noch ein prozessualer Grund: Denn gäbe es eine allgemeine Fahrlässigkeitshaftung des Richters, für die außerdem die Haftungsüberwälzung auf die liquide Anstellungskörperschaft griffe, könnten so regelmäßig der Instanzenzug und die Rechtskraftwirkung umgangen und die eigentliche Klage schlicht unter dem Deckmantel der Amtshaftungsklage vorangetrieben werden.[185]

Als primäres Argument gegen eine allgemeine Fahrlässigkeitshaftung des Richters ist aber der Schutz der inneren richterlichen Freiheit hoch zu hal-

---

[183] BGHZ 155, 306 = NJW 2003, 3052 (3053); BGHZ 187, 286 = NJW 2011, 1072 (1073) mAnm *Brüning*.
[184] BGHZ 50, 14 = NJW 1968, 989 (990): „Richterliche Unabhängigkeit bedeutet damit auch, daß der Richter im Interesse seiner inneren Freiheit und Unbefangenheit keine Befürchtungen zu haben braucht, daß sein Verhalten [...] zur Grundlage eines Ersatzanspruches gemacht [...] werden könnte"; BGHZ 187, 286 = NJW 2011, 1072 (1073) mAnm *Brüning*: Berücksichtigung der richterlichen Unabhängigkeit inner- und außerhalb des Spruchrichterprivilegs.
[185] Ausführlich *Dörr*, in: BeckOGK BGB (Stand: 1.5.2022), § 839 Rn. 652.; *Ahrens*, in: FS Deutsch (2009), 701 (702), die den zentralen Sinn des Spruchrichterprivilegs im Schutz der Rechtskraft verorten; *Steege/Muthers*, in: NK-BGB[4], § 839 Rn. 308.

ten – so hoch, dass er auch bei ehrenamtlichen Schiedsrichtern und damit außerhalb der prozessualen Wertungen haftungsausschließend zur Geltung kommt.[186]

(3) Schutz der inneren Freiheit des Gerichtssachverständigen

§ 839a BGB normiert eine Haftung des Gerichtssachverständigen, eben und gerade auch für reine Vermögensschäden, allerdings erst bei grob fahrlässiger Falschbegutachtung. Zentrales gesetzgeberisches Motiv für der Haftungsbegrenzung auf grobe Fahrlässigkeit war – ähnlich wie vorstehend für den Richter beschrieben – der *Schutz der inneren Freiheit* des Sachverständigen.[187] An § 839a BGB lässt sich besonders anschaulich erkennen, wie dort im Sinne der hiesigen Untersuchung die widerstreitenden Interessen – (Haftungs-)Freiheit des schädigenden Gutachters vs. Ersatzinteresse der vermögensgeschädigten Prozesspartei – in Ausgleich zu bringen versucht wurden: Da der Gerichtssachverständige auch für reine Vermögensschäden haften soll, seine gutachterliche Freiheit dadurch aber auch nicht zu stark eingeschränkt werden darf, beginnt die Ersatzpflicht erst mit grobem Verschulden.[188]

(4) Erkennbare Grenzen des Freiheitsschutzes bei qualifiziertem Verschulden

Die Absage an eine außervertragliche Haftung für reine Vermögensschäden dient dem Schutz der individuellen Handlungsfreiheit des Schädigers. Dies kann aber nur dann überzeugen, wenn dem Schädiger *kein qualifiziertes Verschulden* vorzuwerfen ist. Die Furcht vor den unabsehbaren Folgen eines

---

[186] Besonders eindrücklich AG Nürnberg SpuRt 2020, 40 (41) mAnm *Brugger*: Eine Haftung des Fußballschiedrichters kam ohnehin nach keiner Anspruchsgrundlage in Betracht. Beachtlich sind aber die ergänzenden gerichtlichen Ausführungen, nach denen unter Anwendung des Rechtsgedanken des § 839 Abs. 2 BGB auch ein ehrenamtlicher Schiedsrichter wie ein „echter" Richter in seiner Entscheidung unabhängig sein muss; idS auch BGHZ 15, 12 = NJW 1954, 1763 (1764): gegen eine analoge Anwendung des § 839 BGB auf den Schiedsrichter im Schiedsverfahren, allerdings mit der Feststellung, dass der Schiedsrichter in den Grenzen des § 276 Abs. 3 BGB eben auch nicht strenger haften dürfe als der Berufsrichter; aA etwa *Dörr*, in: BeckOGK BGB (Stand: 1.5.2022), § 839 Rn. 651 f.

[187] BT.-Drs. 14/7752, 28; OLG Hamm VersR 2022, 1592 (1594) mAnm *Schultess*; *Linz*, DS 2020, 271 (273); *Jung*, ZVglRWiss 107 (2008), 32 (55), im Anschluss an *Spickhoff*, in: FS Heldrich (2005), 419 (423), der wiederum aus den einschlägigen Gesetzgebungsmaterialen zitiert; ebenso *Spickhoff*, in: FS Danzl (2017), 311 (315); *Ahrens*, in: FS Deutsch (2009), 701 (702); *Deutsch/Ahrens*, Deliktsrecht (2014), Rn. 506 mit gleichzeitiger Relativierung des Arguments, dass die Haftung des Gerichtssachverständigen erst für qualifiziertes Verschulden vorrangig der Rechtssicherheit diene.

[188] Von einem ausgewogenen Kompromiss der beteiligten Interessen sprechend etwa *Spickhoff*, in: FS Heldrich (2005), 419 (423).

Augenblicksversagens, etwa bei leichtester Fahrlässigkeit, soll den Einzelnen in seinem Handeln nicht zu sehr hemmen. Je ungehemmter der Einzelne seine hier eingeräumte Haftungsfreiheit nun aber auslebt, desto weniger schutzwürdig lässt ihn das wiederum erscheinen. § 826 BGB, § 1295 Abs. 2 ABGB und Art. 41 OR Abs. 2 markieren daher die absolute Grenze der Haftungsfreiheit[189] – wer vorsätzlich und sittenwidrig fremdes Vermögen schädigt, kann dies eben nicht mehr unter dem Deckmantel der eigenen Handlungsfreiheit tun.[190] Punktuell gilt das auch für grob fahrlässige Vermögensschädigungen. § 839a BGB drückt aus, dass eine allgemeine Fahrlässigkeitshaftung das Haftungsrisiko des Sachverständigen eben auch für reine Vermögensschäden allzu drastisch verschärfen würde, von ihm als gerichtlich bestelltem Experten allerdings auch erwartet werden kann, dass er nicht grob fahrlässig falsch begutachtet. Ähnliches findet sich bei der *Haftung des Richters*, dessen Ersatzpflicht unter dem Spruchrichterprivileg auf Vorsatz begrenzt ist und auch außerhalb des Spruchrichterprivilegs im Ergebnis erst (aber immerhin) ab grober Fahrlässigkeit einsetzt.[191]

(5) Sittenwidrigkeitshaftung – erst bei Freiheitsmissbrauch

Gerade bei der Sittenwidrigkeitshaftung tritt klar zu Tage, dass sich Haftung und Nichthaftung an der *dünnen Linie der schützenswerten Handlungsfreiheit* gegenüberstehen. Außerhalb von Sonderverbindungen und Schutzgesetzbereichen darf reines Vermögen auch vorsätzlich geschädigt werden – man denke erneut an den Marktteilnehmer, der durch den vermehrten Absatz der eigenen Produkte beim Konkurrenten einen Absatzrückgang herbeiführt – sofern dies eben ohne Sittenverstoß geschieht. Worin nun sittenwidriges Verhalten begründet liegen soll, ist zwar einerseits ein literarischer Dauerbrenner,[192] andererseits den §§ 826 BGB, 1295 Abs. 2 ABGB, Art. 41 Abs. 2 OR aber bereits immanent: Die dem Einzelnen durch die hohe Haftungsschwelle eingeräumte Freiheit sogar zur vorsätzlichen Schädigung reicht zwar weit, aber nur soweit, wie sie noch *nicht als missbräuchlich* zu qualifizieren ist.[193] Eben dort, *wo Freiheitsausübung aber zu Freiheitsmissbrauch* wird – so hat es der BGH[194] zuletzt auf den Punkt gebracht – ist die

---

[189] *Bussani/Palmer*, in: Bussani/Palmer (Hrsg.), Pure Economic Loss in Europe (2003), 1 (22) stellen die Vorsatzhaftung als übergreifende Gemeinsamkeit des europäischen Haftpflichtrechts heraus.
[190] Ganz idS BGHZ 221, 229 = NJW 2019, 3638 (3640 f.); *Faust*, AcP 210 (2010), 555 (558).
[191] BGHZ 155, 306 = NJW 2003, 3052 (3053); BGHZ 187, 286 = NJW 2011, 1072 (1073) mAnm *Brüning*.
[192] Hierzu siehe unter E./I./4./d)/cc)/(2).
[193] *G. Wagner*, Deliktsrecht[14], 5/132: Sittenwidriges Verhalten ist Missbrauch der [wirtschaftlichen] Freiheit.
[194] BGHZ 221, 229 = NJW 2019, 3638 (3640 f.).

Grenze zur Sittenwidrigkeit überschritten und damit die haftungsfreie Sphäre verlassen.[195]

dd) Einige (unzutreffende) Kritik am Freiheitsargument

Der auch hier vertretene Gedanke, dass eine allgemeine Fahrlässigkeitshaftung für reine Vermögensschäden deswegen nicht bestehe, damit die allgemeine Handlungsfreiheit des Einzelnen nicht zu stark beschränkt werde, ist offener Kritik ausgesetzt.

(1) Keine Einschränkung des Kraftverkehrs trotz hohem Schadens- und Haftungspotential

Doobe[196] versucht das hier verfochtene Argument des Handlungsfreiheitsschutzes dadurch zu entkräften, dass er die *Parallele zur Haftung im Straßenverkehr* zieht. Auch dort drohe dem Unfallhaftpflichtigen schließlich eine nahezu unbegrenzte Haftung für Personen- und Sachschäden. Es sei aber nicht festzustellen, dass deshalb die Bereitschaft zum risikoträchtigen Autofahren abnehmen würde. Das nicht einmal Verschulden voraussetzende Haftungsregime des Straßenverkehrsrechts zeige also, so lässt sich die Kritik hier auf den Punkt bringen, dass alleine eine umfassende Haftungsandrohung die Handlungsfreiheit, hier konkret die Bereitschaft, das gefahrträchtige Kfz in Betrieb zu nehmen, nicht einschränke.

Dem ist zweierlei zu begegnen: *Erstens* geht es bei der Haftung im (motorisierten) Straßenverkehr in erster Linie um die Gefährdungshaftung des Fahrzeughalters aus § 7 Abs. 1 StVG. Wie vorstehend bereits ausgeführt[197] wird eine Gefährdungshaftung nicht *trotz*, sondern gerade *wegen* des hohen Schadenspotentials angeordnet. Und *zweitens* – und darauf kommt es hier nun entscheidend an – muss der Kfz-Halter bei einem Unfall trotz der strengen Gefährdungshaftungsanordnung keine für ihn existenzbedrohende Einstandspflicht fürchten, denn schließlich unterfällt er dem Deckungsschutz seiner *Pflichthaftpflichtversicherung* (in Deutschland § 1 PflVG, in Österreich § 59 KFG, in der Schweiz Art. 63 SVG), die dem Geschädigten im Rahmen der *action directe* sogar selbst ein unmittelbares Vorgehen gegen den Versicherer ermöglicht (in Deutschland nach § 115 VVG, in Österreich nach § 26 KHVG, in der Schweiz nach Art. 65 Abs. 1 SVG). Die Versicherungspflicht dient zwar vorrangig dem Opferschutz und soll dem Unfallgeschädigten auch bei Privatinsolvenz des Haftpflichtigen den ihm zustehenden Ersatz

---

[195] Auf eben diese BGH-Entscheidung verweisend *G. Wagner*, Deliktsrecht[14], 5/132; *ders.*, in: MüKo BGB[8], § 826 Rn. 20.
[196] *Doobe*, Ersatz reiner Vermögensschäden Dritter (2014), 227 f., aufbauend auf *Faust*, AcP 210 (2010), 555 (558).
[197] Siehe hierzu unter E./I./c./(4)/aa.

sichern;[198] sie trägt aber gleichzeitig zentral dazu bei, *dass es der Einzelne überhaupt noch wagen kann, sich hinter ein Lenkrad zu setzen.*

Dieser Gedanke – Handlungs- und Entfaltungsfreiheit durch Versicherungsschutz – wohnt schließlich jeder Form der Haftpflichtversicherung inne.[199] Besonders eindrücklich zeigt er sich bei der D&O-Versicherung, dem Paradebeispiel einer Haftpflichtversicherung allein für reine Vermögensschäden:[200] Das Wissen um den Versicherungsschutz bei fahrlässigen Vermögensschädigungen gewährleistet erst *unternehmerische Handlungsfreiheit,*[201] da dem Deckungsschutz unterfallende Geschäftsleiter in ihren Entscheidungen nicht durch die Furcht vor einer potentiell existenzbedrohenden Haftung gehemmt sind.

Wenn mit *Doobe* schon die Parallele zum Straßenverkehrsrecht bemüht werden soll, dann müsste notwendigerweise auch einen Schritt weitergedacht und gefragt werden, ob die Handlungsfreiheit des Einzelnen jedenfalls dann beschränkt, respektive die Motivation zum Autofahren denn dann genommen wäre, wenn hinter dem Ersatzpflichtigen einmal kein Pflichthaftpflichtversicherer stünde. Gerade in Deutschland, wo es zum guten Ton gehört, beim Kfz-Sachschaden im Streit um Heller und Pfennig regelmäßig bis vor das Höchstgericht zu ziehen,[202] lautet die Antwort: *Ganz bestimmt!*

(2) Fortbestand des Gutachterberufs trotz Haftungsandrohung

Doobe[203] führt gegen das Argument des Handlungsfreiheitsschutzes weiterhin aus, dass eine grundsätzliche Haftungsandrohung jedenfalls auf dem Berufsfeld der Gutachter noch nicht dazu geführt habe, dass sich dieser Berufsstand – in ihrer freien Berufsausübung durch die Haftung behindert – auf dem Rückzug befände. Und das obwohl, so *Doobe*, Sachverständige in Deutschland (und England) seit Jahren für durch Gutachtensfehler verursachte reine Vermögensschäden haftenten.

---

[198] Lehrbuchartig BGHZ 127, 186 = NZV 1995, 65 (66); BGH VersR 2017, 296 (297); OLG Bremen VersR 2012, 171 (172): Direktanspruch und Pflichtversicherung auch aus Gründen des Opferschutzes.

[199] Denn schließlich verfolgt jede Haftpflichtversicherung in ihrem Ur-Anliegen das Ziel, den Versicherungsnehmer freizustellen und damit den Schutz seines Vermögens zu bewirken, BGHZ 76, 279 = NJW 1980, 1623 (1624).

[200] *Ihlas*, in: MüKo VVG III², 320. Directors & Officers-Versicherung, Rn. 202; *Dreher*, ZHR 165 (2001), 293 (296); für Österreich *Lanner*, in: Gisch/Koban/Ratka (Hrsg.), Haftpflichtversicherung (2016), 59.; Vgl. Ziff. A-1 Abs. 2 AVB-AVG, Musterbedingungen des GDV, Stand Mai 2020.

[201] *Dreher*, ZHR 165 (2001), 293 (310); diesem folgend OLG München VersR 2005, 540 (542); *Notthoff*, NJW 2003, 1350 (1354).

[202] Etwa BGH VersR 2020, 44 mAnm *Zwickel*: Ersatz von Beilackierungskosten iHv 643,39 €; BGH NJW 2019, 2538: Mietwagenkosten jeweils iHv mehreren hundert Euro.

[203] *Doobe*, Ersatz reiner Vermögensschäden Dritter (2014), 228.

Dies ist wie folgt zu präzisieren: *Gerichtlich bestellte Gutachter* hafteten vor der Schaffung des § 839a BGB für reine Vermögensschäden aus *fahrlässiger Falschbegutachtung* nach den allgemeinen Vorschriften (§ 823 Abs. 2 BGB iVm § 161 Abs. 1 StGB) nur dann, wenn sie vereidigt wurden – was allerdings kaum jemals vorkam.[204] Eine wirkliche Fahrlässigkeitshaftung – und um diese geht es hier ja nun – musste der Gerichtssachverständige also gar nicht fürchten. Die Neuregelung des § 839a BGB setzt zwar ebenfalls „erst" bei grober Fahrlässigkeit an, lässt daran aber gerade entgegen *Doobe* erkennen, welche Größen sie hier in Ausgleich zu bringen sucht: die – eben bis zur Schwelle des groben Verschuldens schützenswerte – (Haftungs-)Freiheit des schädigenden Gutachters und das Ersatzinteresse der vermögensgeschädigten Prozesspartei.

Und den Berufszweig des *Privatgutachters* mag es trotz der drohenden Haftung auch gegenüber Dritten – insbesondere aus Vertrag mit Schutzwirkung zugunsten Dritter – deshalb noch geben, weil sich die privatgutachterliche Tätigkeit versichern[205] und eine Dritthaftung durch entsprechenden Hinweis im Gutachten bzw. im Gutachtensauftrag grundsätzlich wirksam ausschließen[206] lässt.[207] Dies bestätigt aber gerade das, was *Doobe* hier verneint sehen möchte: Die Begrenzung des eigenen Haftungsrisikos durch Ver-

---

[204] Vgl. *Ch. Huber*, in: Dauner-Lieb/Heidel/Lepa/Ring (Hrsg.), Das neue Schuldrecht in der anwaltlichen Praxis (2002), § 16 Rn. 95; *Kilian*, VersR 2003, 683 (684); ferner *Spickhoff*, in: FS Heldrich (2005), 419 (422).

[205] Auch *Doobe*, Ersatz reiner Vermögensschäden Dritter (2014), 228 weist auf die Versicherbarkeit der privatgutachterlichen Tätigkeit hin und führt treffend aus, dass es sich bei den Stimmen, die durch zunehmende Haftung auch steigende Versicherungsprämien fürchten, eben um Lobbyisten der Gutachterbranche handelt; diesen Stimmen ist ferner zu entgegnen, dass die Deckung stets der Haftung folgt, nicht umgekehrt, und der Schutz einzelner Lobbygruppen nicht durch eine allgemeine Haftungsabsage zu verwirklichen ist, so im Kontext der ärztlichen Berufshaftpflichtversicherung *Ch. Huber*, in: NK-BGB⁴, § 253 Rn. 71 aE, 83h.

[206] OGH SV 2020, 169 mAnm *Mann-Kommenda*: Keine Dritthaftung der begutachtenden Tierärztin aus Vertrag mit Schutzwirkung zugunsten Dritter gegenüber dem Käufer, wenn das für den Verkäufer erstellte Gutachten ein entsprechendes Weitergabeverbot enthält und der Käufer hiervon auch Kenntnis hat; *Karner*, in: FS Koziol (2010), 695 (718 f.); man beachte aber (hier im Kontext des § 1330 Abs. 2 S. 3 ABGB) OGH RdW 2020/214 = ecolex 2020/170 im Anschluss an OGH JBl 1993, 518 (520) mAnm *Koziol*: Ohne besondere Vertraulichkeitsabrede muss der Privatgutachter stets damit rechnen, dass der Auftraggeber das Gutachten Dritten gegenüber verwendet wird; kritisch zu Haftungsbegrenzung durch Vertraulichkeitsabrede *Frauenberger*, ZIK 2020, 70 (73); ähnlich für die deutsche Rechtslage BGH NJW 2014, 2345 (2346): Ein entsprechendes Weitergabeverbot kann aber dann keine Haftungsbegrenzung entfalten, wenn das Gutachten gerade zur Veröffentlichung bestimmt ist, in casu das von einem Wirtschaftsprüfer zugunsten zukünftiger Kapitalanleger zu erstellende Testat; *Canaris*, ZHR 163 (1999), 206 (230); *Finn*, NJW 2004, 3752 (3753); weiterführend *Kersting*, Dritthaftung für Informationen (2007), 313, der die Perspektive des ggf. vertrauenden Geschädigten einnimmt und ganz grundsätzlich verneint, dass jeder beliebige, von dem betreffenden Testat nicht adressierte Dritte sich stets auf den Schutz berechtigten Vertrauens berufen könne; zum Weitergabeverbot in der Schweiz *Loser*, in: Koller (Hrsg.), Haftpflicht- und Versicherungsrechtstagung St. Gallen

sicherungsdeckung bzw. durch *Fixierung eines Haftungsausschlusses* ist doch symptomatisch dafür, dass eine Tätigkeit, hier die als Privatgutachter, nur solange unbefangen ausgeübt werden kann, wie der Tätige die damit einhergehende Haftungsbedrohung im Rahmen des für sich Ertragbaren halten kann.

ee) Zutreffende Kritik G. Wagners und Entgegnung mit der Facette der sozialtypischen Offenkundigkeit

Es liegt ganz allgemein auf der Hand, dass jedwede Haftungsbedrohung stets mit der Handlungsfreiheit des Einzelnen in Konflikt steht und sich die individuelle Freiheit nur in dem Bereich entfalten kann, der nicht haftungsbedroht ist. Weil dies eben auf jede Art von Haftungsanordnung zutrifft, ganz gleich ob diese nun eine Ersatzpflicht für Personen-, Sach-, reine Vermögensschäden oder sogar immaterielle Schäden normiert, kritisiert *G. Wagner*[208] – für sich genommen auch zutreffend –, das Argument, die Nichthaftung für reine Vermögensschäden diene dem Schutz der individuellen Handlungsfreiheit, sei *„ebenso zutreffend wie nichtssagend"*. Schließlich wäre die Handlungsfreiheit auch dann geschützt, ja sogar über den Status quo erweitert, würde man statt des reinen Vermögens etwa das Eigentum oder die körperliche Unversehrtheit vom außervertraglichen Schutz ausnehmen.

Ganz so nichtssagend wie von *G. Wagner* befürchtet ist der Verweis auf den Freiheitsschutz zur Begründung der Nichtersatzfähigkeit reiner Vermögensschäden allerdings nicht. Es ist vielmehr auf dem in seiner Pauschalität zutreffenden Einwand, dass jede Haftungsverneinung zur Freiheitsvergrößerung führe, eine aufbauende Folgefrage zu stellen:

Wenn sich individuelle Handlungsfreiheit nur durch allgemeine Haftungsfreiheit herstellen lässt und hierzu bestimmte Interessen im außervertraglichen Bereich als Bauernopfer für die individuelle Freiheit schutzlos gestellt werden müssen, warum hat sich der Gesetzgeber an dieser Stelle für das reine Vermögen und gegen das Eigentum und die körperliche Integrität entschieden?

Oder mit anderen Worten: *Welche Eigenschaft haftungsrechtlich relevanter Interessen ist in einer rechtspolitischen Abwägungssituation* (hier die Handlungsfreiheit, dort die einzelnen, auf Kosten der „allgemeinen Schädigungsfreiheit" nicht zu beeinträchtigenden Güter) *ausschlaggebend dafür, die In-*

2005 (2005), 111 (162 f. mwN insb. in Fn. 168 f.); zur Freizeichnung von haftungsbegründendem Vertrauen *Vischer*, Anwaltsrevue 2003, 122 (124).

[207] IdS auch der Befund von *Jansen*, Struktur des Haftungsrechts (2003), 537 f. im Anschluss an *von Bar*, RabelsZ 44 (1980), 455 (479 f.) mit dem Befund, dass die Haftung des Sachverständigen regelmäßig der Versicherbarkeit seiner Tätigkeit folgt.

[208] *G. Wagner*, in: MüKo BGB⁸, § 826 Rn. 13.

tegrität der absolut geschützten Rechtsgüter der Handlungsfreiheit überzuordnen, beim reinen Vermögen aber gerade zum gegenteiligen Ergebnis zu kommen?

(1) Fehlende sozialtypische Offenkundigkeit des reinen Vermögens als Trennlinie des haftungsrechtlich privilegierten Freiheitsschutzes

Mit Blick auf die durch Haftungsverneinung zur Geltung zu bringende Handlungsfreiheit lässt sich ein bedeutsames Merkmal feststellen, welches die (allermeisten) absolut geschützten Rechtsgütern für sich in Anspruch nehmen können, das reine Vermögen aber gerade nicht: die Eigenschaft der sog. *sozialtypischen Offenkundigkeit*,[209] vereinfacht beschrieben als *Erkennbarkeit* oder *Konturierung des individuellen Interesses*.[210]

Das Attribut der sozialtypischen Offenkundigkeit ist es, welches rechtspolitisch die Spreu vom Weizen – oder eben das zum Vorteil der allgemeinen Handlungsfreiheit schutzlos zu stellende reine Vermögen von den deliktisch umfassend zu schützenden Rechtsgütern – trennt: Geht man davon aus, dass die Handlungsfreiheit des Einzelnen bedroht wäre, falls man eine uferlose Haftpflicht auch für fahrlässig verursachte reine Vermögensschäden, nämlich gegenüber jedem Dritt-, Viert- und Fünftgeschädigten usw., zuließe, dann wird dies deshalb für bedrohlich empfunden, da die Ersatzpflicht nicht nur gegenüber unbekannten, sondern ex ante auch *nicht zu erkennenden* Gläubigern bestünde. Dem reinen, eben noch nicht zum Eigentum verdichteten Vermögen fehlen eine klare Konturierung und damit die Greifbarkeit durch Dritte. Etwaige Schädiger können reines Fremdvermögen, etwa in

---

[209] BGH VersR 2020, 1255 (1256) im Kontext des vertraglichen Drittschutzes: Keine Haftung mangels Offenkundigkeit der gefährdeten Vermögensinteressen; grundlegend *Fabricius*, AcP 160 (1961), 273 (291), der den sog. „Lebensgütern" sozialtypische Offenkundigkeit attestiert; diesem in der Begrifflichkeit folgend *Larenz/Canaris*, Schuldrecht BT (1994), 374 f.; *Canaris*, in: FS Larenz (1983), 27 (31); *Picker*, JZ 1987, 1041 (1054); ders., AcP 183 (1983), 369 (480); *Faust*, AcP 210 (2010), 555 (559); *Krebs*, Sonderverbindung und außerdeliktische Schutzpflichten (2000), 81, 486; *Karner*, in: KBB ABGB⁶, § 1295 Rn. 2.

[210] *Koziol*, JBl 2004, 273 (275); ders., Haftpflichtrecht II (2018), A/2/101; ders., JBl 1994, 209 (221); *Schiemann*, in: Hist.-Krit. Komm BGB, §§ 823–830, 840, 842–853 Rn. 12 spricht etwa von der „Unbestimmtheit" reiner Vermögensinteressen; *Welser*, Haftung für Rat, Auskunft und Gutachten (1983), 5 von der realen Angreifbarkeit absolut geschützter Rechte; *Parisi*, in: Bussani/Palmer (Hrsg.), Pure Economic Loss in Europe (2003), 75 (89) von der „foreseeability"; vgl. hierzu auch *Schäfer*, AcP 202 (2002), 808 (824); *Doobe*, Ersatz reiner Vermögensschäden Dritter (2014), 219 nennt dies die „Unvorhersehbarkeit reiner Vermögensschäden" und verneint diesen Ansatz als Begründung für eine grundsätzliche Schutzlosstellung des reinen Vermögens im außervertraglichen Bereich. Er übersieht dabei allerdings, dass sich die „Unvorhersehbarkeit" auf das jeweilige nicht zu verletzende Rechtsgut bezieht und nicht auf den Umfang des Schadens; ähnlich *Dari-Mattiacci/Schäfer*, in: Eger/Schäfer (Hrsg.), Ökonomische Analyse der europäischen Zivilrechtsentwicklung (2007), 516 (517).

Form von Gewinnchancen, vor der Beeinträchtigung kaum erkennen.[211] Dritteigentum bzw. die körperliche Integrität Anderer sind dagegen vor fahrlässiger Schädigung bereits durch ihre Erkennbarkeit[212] besser vor Schädigung geschützt.[213] Der Schädiger kann hier *erstens den Rechtsgutsträger* häufig erkennen und weiß *zweitens* jedenfalls um den Bestand der für ihr klar *konturierten, fremden Rechtsgüter.*

Besonders eindrücklich zeigt sich die fehlende sozialtypische Offenkundigkeit des reinen Vermögens am Kabelbruchfall (Fallbeispiel 1).[214] Der Bauunternehmer, der das Kabel fahrlässig durchtrennt, haftet für die Eigentumsverletzung am Kabel. Er muss damit rechnen, dass im Erdreich Kabel verlaufen; dass diese in fremdem Eigentum stehen ist ihm bewusst. Nicht erkennen kann er dagegen, *erstens* ob und welche Betriebe an das Kabel angeschlossen und nun von einem Stromausfall betroffen sind und *zweitens* ob und welche Vermögenseinbußen diese nun erleiden.

(2) Handlungsfreiheitschutz allein durch „Freiheit zur fahrlässigen Vermögensschädigung"

Der Kritik *G. Wagners* ist zu entgegnen, *dass sich das Eigentum bzw. die körperliche Integrität nicht im gleichen Maße wie das reine Vermögen eignen, zur Wahrung der allgemeinen Handlungsfreiheit schutzlos gestellt zu werden.* Der Einzelne kann seine eigene Haftung nur dann vermeiden – bzw. sich im ihm gewährten Raum der Haftungsfreiheit nur dann ohne Haftungsbedrohung bewegen –, wenn er Schadenersatzpflichten durch eigene Sorgfaltswahrung überhaupt entgehen kann.[215] Trifft eine Norm ein bestimmtes Ge- oder Verbot, muss der Normadressat dies schließlich auch entsprechend befolgen

---

[211] *Picker*, JZ 1987, 1041 (1054); *ders.*, AcP 183 (1983), 369 (481); *Canaris*, in: FS Larenz (1983), 27 (37); *Koziol*, JBl 2004, 273 (275); *ders.*, in: van Boom/Koziol/Witting (Hrsg.), Pure Economic Loss (2004), 141 (144 Rn. 8); *ders.*, ZEuP 1995, 359 (361); im Anschluss an diesen, im Ergebnis aber ablehnend *van Boom*, in: van Boom/Koziol/Witting (Hrsg.), Pure Economic Loss (2004), 1 (36 f., Rn. 95); siehe auch *Parisi*, in: Bussani/Palmer (Hrsg.), Pure Economic Loss in Europe (2003), 75 (90), der die Vorhersehbarkeit im Bereich der Kausalität (genauer: der Adäquanz) verortet.

[212] *K. Schmidt*, JuS 1993, 985 (986) spricht plastisch von Rechtsgütern, die „in der Rechtswirklichkeit vorgefunden" werden.

[213] Grundlegend *Fabricius*, AcP 160 (1961), 273 (290 f.); *Picker*, AcP 183 (1983), 369 (480 f.); *Larenz/Canaris*, Schuldrecht BT (1994), 374; *Canaris*, in: FS Larenz (1983), 27 (31, 37); vgl. *ders.*, VersR 2005, 577 (581); *Koziol*, JBl 2004, 273 (274); *Faust*, AcP 210 (2010), 555 (559); eine zentrale Rolle nimmt die Offenkundigkeit der geschützten Interessen auch im Diskussionsentwurf der um *Koziol* zusammengetretenen Kommission für ein neues österreichisches Schadenersatzrecht ein, welcher in Fassung von Juni 2007 (veröffentlicht in JBl 2008, 365 = ZVR 2008/71) in § 1293-E ABGB festhält, dass „die klar umgrenzten und offenkundigen Persönlichkeitsrechte [...] den höchsten Schutz" genießen.

[214] Siehe unter A./II.

[215] Für die Verkehrssicherungspflichten formuliert dies plastisch und allgemein der OGH SZ 2012/134 = ZVR 2013/202 mAnm *Kathrein*: „Verkehrssicherungspflichten treffen

können. Der Einzelne kann die Schädigung *klar konturierter Rechtsgüter* im Regelfall vermeiden und einer Haftung entgehen. Beim nicht zu erkennenden reinen Fremdvermögen fällt dies deutlich schwerer, einer Schädigung fremden Vermögens ist häufig nicht oder nur schwerlich vorzubeugen.

Der BGH bringt genau diesen Gedanken in seiner jüngeren Rechtsprechung zum Ausdruck wenn er festhält, die Deliktshaftung des § 823 Abs. 1 BGB sei „*sowohl nach den Schutzgütern als auch nach den durch sie gesetzten Verhaltenspflichten auf klar umrissene Tatbestände*" beschränkt.[216]

Mit *G. Wagner* würde zwar auch die Schutzlosstellung des Eigentums bzw. der körperlichen Integrität zu einem partiellen Freiheitszuwachs des Schädigers führen – allein, ein wirklicher Freiheitsgewinn ist erst dann zu spüren, wenn das reine Vermögen schutzlos gestellt wird.[217] Auch muss grundsätzlich bezweifelt werden, ob sich durch die Abschaffung der deliktischen Fahrlässigkeitshaftung bei Körperverletzung und Sachschädigung tatsächlich ein Freiheitsgewinn durch Sorgfaltspflichtlockerung einstellen würde: Schon aus genuinem Eigeninteresse wäre man doch auch weiterhin bemüht, die physische Schädigung Anderer (etwa bei einem *für alle Beteiligten* stets risikoreichen Unfall) zu vermeiden – auch wenn der dahinterstehende Antrieb wohl der Motivation entspränge, sich selbst schadlos zu halten.

(3) Praktische Bewährung – Haftung bei Offenkundigkeit bzw. Erkennbarkeit

Die *Bedeutung der Offenkundigkeit fremder Rechtsgüter* zeigt sich in der haftungsrechtlichen Praxis. Rechtfertigt der Verweis auf die dem reinen Vermögen typischerweise fehlende sozialtypische Offenkundigkeit eine grundsätzliche Haftungsverneinung, finden sich dort, wo fremdes Vermögen ausnahmsweise klar umrissen und für den Schädiger zu erkennen ist, auch entsprechende Haftungsanordnungen.

---

denjenigen, der die Gefahr erkennen und die erforderlichen Schutzmaßnahmen ergreifen kann, also jenen, der die Gefahr beherrscht"; vgl. auch *Fellmann*, recht 1997, 95 (105).

[216] BGH VersR 2022, 586 (588) = ZVR 2022/116 mAnm *Ch. Huber*; BGHZ 222, 125 = VersR 2019, 960 (961).

[217] IdS *Picker*, AcP 183 (1983), 369 (478) der mit Blick auf die Schutzlosstellung des reinen Vermögens vom „denkbar wirksamsten Anknüpfungspunkt" spricht, um Haftungsbedrohung und Freiheitsentfaltung in Ausgleich zu bringen und *ders.*, JZ 1987, 1041 (1053): Das Bemühen, das allgemeine Haftungsrisiko zu begrenzen, lässt sich „am sichersten wie am effektivsten gerade dadurch verwirklichen […], dass man primäre Vermögensschäden aus der Ersatzpflicht grundsätzlich ausnimmt"; vgl. allgemein auch *Krebs*, Sonderverbindung und außerdeliktische Schutzpflichten (2000), 486 mit dem Hinweis, dass der Offenkundigkeitsanspruch des Deliktsrechts der Handlungsfreiheit des Schädigers diene.

(a) Berücksichtigung der Erkennbarkeit fremden Vermögens im Sonderdeliktsrecht

Vorstehend wurde bereits ausgeführt, dass auch fahrlässig verursachte reine Vermögensschäden nach Sonderdeliktsrecht dann ersatzfähig sind, wenn jedenfalls nach der Zahl der Gläubiger keine Ausuferungsgefahr besteht.[218] Der Aspekt der Offenkundigkeit präzisiert dies noch einmal: Eine deliktische Ausnahmehaftung besteht häufig dann, wenn der Ersatzpflichtige jedenfalls erkennen kann, wessen Vermögen er beeinträchtigt und teilweise sogar absehen kann, in welchem Umfang ein reiner Vermögensschaden eintritt.

Ein Beispiel hierfür ist die *Kreditgefährdungshaftung*: Wird der Kredit einer Person durch fahrlässig falsche Tatsachenbehauptungen geschädigt, ist es für deren nach § 824 BGB haftenden Urheber klar zu erkennen, wessen wirtschaftliche Wertschätzung er hier in Mitleidenschaft zieht. In Österreich und der Schweiz werden der wirtschaftliche Ruf bzw. die berufliche Ehre sogar als absolut geschützte – also per se klar konturierte? – Rechtsgüter verstanden, deren Beeinträchtigung nach § 1330 Abs. 2 ABGB bzw. Art. 28 ZGB iVm Art. 41 OR zum Ersatz verpflichtet.[219] Und für den *gerichtlichen Sachverständigen*, der nach § 839a BGB für den grob fahrlässig verursachten Urteilsschaden der Prozessparteien haftet, ist abzusehen, in welchem Umfang sein Gutachten den Urteilsspruch und dadurch die letztlich (nicht) zuerkannten Forderungen beeinflusst.

(b) „Erkennbarkeit" als Tatbestandsvoraussetzung der Dritthaftung aus VSD

Als eigene haftungsbegründende Voraussetzung hat sich die *Erkennbarkeit* in der deutschen und österreichischen Dogmatik des *Vertrags mit Schutzwirkung zugunsten Dritter* etabliert. Wie vorstehend im Kontext der Ausuferungsgefahr hinsichtlich der potentiellen Gläubigerzahl bereits erläutert, dient dieses Tatbestandsmerkmal dem Zweck, die Haftung des Schuldners nicht gegenüber jedem Dritten zuzulassen, sondern auf eine Einstandspflicht gegenüber einem zumutbaren – denn eben *ex ante erkennbaren*! – Gläubigerkreis zu beschränken.[220]

Voraussetzung für die Erstreckung des vertraglichen Drittschutzes auf den vertragsfremden Geschädigten ist, dass der Schuldner die sog. *Leistungsnähe*, also die Frage, ob der geschädigte Dritte bestimmungsgemäß ebenso wie der eigentliche Gläubiger mit der Leistungsgefahr in Berührung kommt, und das sog. *Gläubigerinteresse*, also die Frage, ob dem Gläubiger mit Blick auf den konkret Verletzten ein berechtigtes Interesse am vertraglichen Dritt-

---

[218] Siehe hierzu insb. unter E./I./4./c)/aa).
[219] Siehe hierzu unter F./I./1./b)/cc) und F./I./1./c)/dd).
[220] Siehe hierzu unter E./I./4./c)/aa)/(2).

schutz zuzugestehen ist, vor der Schädigung – nämlich schon bei Vertragsschluss – *erkennen kann*.[221]

Bejahendenfalls (und unter dem Vorbehalt, dass der Dritte mangels anderweitiger Schadloshaltung überhaupt schutzbedürftig ist) haftet der Vertragsschuldner auch für den Schaden des Dritten – schließlich konnte er bei Vertragsschluss sein eben auch den Ersatz von fahrlässig verursachten reinen Vermögensschäden Dritter umfassendes *Haftungsrisiko erkennen* und abschätzen.[222] Der BGH hat an dieser Stelle auch begrifflich den Kreis geschlossen: So verneinte er eine Haftung unter vertraglichem Drittschutz unter anderem mit der Feststellung, die Gefährdung der klägerischen Vermögensinteressen sei für den Beklagten nicht *offenkundig* gewesen.[223]

(c) Haftung nach österreichischem Recht bei Beeinträchtigung „sozial-typisch erkennbarer" Forderungsrechte

Eine zentrale Rolle spielt das Merkmal der „*sozialtypischen Erkennbarkeit*" in der Rechtsprechung des OGH. Er hält fest, dass eine Haftung für reine Vermögensschäden desjenigen, der ein fremdes Forderungsrecht beeinträchtigt,[224] nicht etwa erst bei wissentlicher Beeinträchtigung, sondern ausnahmsweise bereits bei fahrlässiger Unkenntnis in Betracht kommt.[225]

Ein solcher Vorwurf schuldhafter Unkenntnis ist eben dann zu erheben, wenn die (im Regelfall für Dritte ja nicht zu erkennende) beeinträchtigte Forderung aufgrund besonderer Umstände für den Schädiger deutlich *sozialtypisch erkennbar* ist.[226] Bejaht wird diese *sozialtypische Erkennbarkeit* dann, wenn sich der letztendlich Geschädigte für den beeinträchtigenden Dritten eben in *objektiv erwartbarer Weise* als Forderungsinhaber darstellt – sei es, weil der Forderungsinhaber eine Sache bereits in Besitz genommen hat,[227] er

---

[221] Allgemein zum VSD unter F./II./2./c).
[222] BGHZ 159, 1 = NJW 2004, 3035 (3038); BGH NZG 2011, 1384 (1385); OGH EvBl 1985/63 „Es muß [*für die Annahme einer Haftung unter dem vertragsrechtlichen Regime*] genügen, daß dem Vertragspartner generell erkennbar ist, daß möglicherweise dritte Personen im Gefahrenbereich sein werden"; *Gottwald*, in: MüKo BGB[9], § 328 Rn. 191.
[223] BGH VersR 2020, 1255 (1256).
[224] Der OGH ecolex 2017/213 ordnet die Schäden aus fremder Forderungsverletzung ausdrücklich als reine Vermögensschäden ein und verortet damit die Forderung nicht – wie Teile der Literatur – in der Nähe der absolut geschützten Rechte.
[225] OGH JBl 2017, 249; ecolex 2013/83; ecolex 2011/421; NZ 2008/38; Zak 2006/134; ecolex 2000/249; grundlegend JBl 1996, 521 (523).
[226] Lehrbuchartig OGH, teilw. veröff. in ecolex 2000/249: „Sei die Forderung, die sonst für Dritte nicht erkennbar sei, durch den Besitz der Sache, deren Benützung Schuldinhalt sei, verstärkt, werde sie „sozialtypisch" erkennbar"; ähnlich, in casu aber verneinend OGH ecolex 2017/213; iaS für das deutsche Recht bereits *Fabricius*, AcP 160 (1961), 273 (295).
[227] Vgl. zuletzt OGH JBl 2017, 249; immolex 2010/38 mAnm *Limberg*: Beeinträchtigung des Besitzrechts aus Mietvertrag; allgemein zur sozialtypischen Erkennbarkeit von Forderungsrechten durch Inbesitznahme der Kaufsache OGH, teilw. veröff. in RdW 2009/422; *Ch. Huber*, in: TaKomm ABGB[5], § 1323 Rn. 11.

den Übereignungsanspruch auf eine Liegenschaft durch Errichtung eines Zaunes deutlich macht[228] oder im Grundbuch vorgemerkt ist.[229]

e) Zwischenergebnis

Die Schutzbedürftigkeit einer allgemeinen *Handlungsfreiheit* erfordert es, eine Grundsphäre an Haftungsfreiheit zu gewährleisten, innerhalb derer die einfach fahrlässige Schädigung Anderer rechtsfolgenlos bleibt. *Dies ist der tragende Grund, warum die fahrlässige Verursachung reiner Vermögensschäden außerhalb vertraglicher Beziehungen in der Regel nicht zum Ersatz verpflichtet.*[230] Das reine Vermögen lässt sich, anders als die heute als absolut geschützt geltenden Rechtsgüter, insbesondere deshalb ohne größere rechtspolitische Kollateralschäden zugunsten der allgemeinen Handlungsfreiheit opfern, weil ihm die sog. *sozial typische Offenkundigkeit* fehlt. Die allgemeine Handlungsfreiheit des Einzelnen würde nämlich dann besonders stark belastet, wenn man ihn mit dem Instrument einer deliktischen Haftungsandrohung dazu anhielte, die Integrität des für ihn häufig gar nicht zu erkennenden reinen Vermögens Dritter zu wahren.[231] Dies markiert gerade den Unterschied zu den deliktisch absolut geschützten Rechtsgütern: Fremdes Eigentum und körperliche Integrität Dritter sind grundsätzlich hinreichend konturiert, sodass der Einzelne ihre fahrlässige Beeinträchtigung erkennen und vermeiden kann, ohne dadurch in seiner Handlungs- und Entschlussfreiheit unzureichend eingeschränkt zu sein.[232]

5. Schutz des Vertragsrechts – ein eigenständiges Argument?

Als weiteres Argument zur Begründung der grundsätzlichen außervertraglichen Schutzlosstellung des reinen Vermögens wird der *Schutz* bzw. der *Vorrang des Vertragsrechts* angeführt.[233] Verletzt eine Vertragspartei ihre Vertragspflichten, sind auch die der anderen Partei hierdurch entstehenden rei-

---

[228] OGH EvBl 1963/419.
[229] OGH ecolex 2013/83; JBl 2005, 36.
[230] Ausdrücklich formuliert dies der OGH bbl 1999/229 mAnm *Egglmeier*: „Die Begründung für diese Haftungsbegrenzung fußt auf der Überlegung, daß eine Ausdehnung der Haftung auf jeden Vermögensschaden zu einer Ausuferung der Schadenersatzansprüche und damit zu einer unerträglichen Belastung der Handlungsfreiheit des Einzelnen führte".
[231] *Koziol*, Haftpflichtrecht II (2018), A/2/101; *ders.*, JBl 2004, 273 (275); *ders.*, in: van Boom/Koziol/Witting (Hrsg.), Pure Economic Loss (2004), 141 (144 Rn. 9); idS schon *ders.*, ZEuP 1995, 359 (361); *ders.*, JBl 1994, 209 (221); *Picker*, AcP 183 (1983), 369 (481); vgl. *ders.*, JZ 1987, 1041 (1053).
[232] *Canaris*, in: FS Larenz (1983), 27 (31).
[233] *G. Wagner*, in: Zimmermann (Hrsg.), Grundstrukturen (2003), 189 (231); *ders.*, in: MüKo BGB[8], § 826 Rn. 17; für die Schweiz *Roberto*, Haftpflichtrecht (2018), § 4 Rn. 113.

nen Vermögensschäden zu ersetzen.[234] Diesen zentralen Unterschied zur rein außervertraglichen Haftung gilt es nach *G. Wagner* zu konservieren und zu diesem Zweck zu verhindern, dass die scharfe Vertragshaftung durch eine allgemeine deliktische Haftung für fahrlässig verursachte reine Vermögensschäden überlagert werde.[235] Andernfalls würde das differenzierte System des vertraglichen Leistungsstörungsrechts weitgehend obsolet.[236]

So zutreffend dieser Befund ist, so fraglich ist gleichzeitig, ob der schlichte Verweis auf den *Vorrang des Vertragsrecht*s als eigenständiges Argument zur Begründung der weitgehenden deliktischen Schutzlosstellung des reinen Vermögens gelten kann. Dass reine Vermögensschäden in vertraglichen Verhältnissen ersatzfähig sind, ist schließlich auch nicht gottgegeben, sondern Folge gezielter gesetzgeberischer Entscheidungen – ebenso wie die Parallelentscheidung, im außervertraglichen Bereich eine solche Haftung nicht zuzulassen. Es klingt daher nicht nach einem zwingenden Schluss, dass das Vertragsrecht einfach aus sich heraus vorrangig sein muss. Wenn man sich also fragt, warum im außervertraglichen Bereich keine allgemeine Haftung besteht, kann die Antwort „*weil es eine solche Haftung schon im speziellen, vertraglichen Bereich gibt*" wenig befriedigen.[237] Es kommt ja auch niemand auf die Idee, absolut geschützten Rechtsgütern innerhalb vertraglicher Beziehungen ihren haftungsrechtlichen Schutz abzusprechen, da diese ja schon deliktisch geschützt seien.[238]

Die vorstehende Frage lässt sich aber umformulieren: *Warum* gibt es eine solche Haftung für fahrlässig verursachte reine Vermögensschäden im vertraglichen Bereich und im außervertraglichen Bereich nicht? Wie im Folgenden zu zeigen sein wird, führt die Antwort auf diese Frage zurück zu den schon vorstehend erläuterten Facetten des eigentlichen Zentralarguments: *Handlungsfreiheit*, *Offenkundigkeit* und die *Gefahr einer uferlosen Haftung*.

---

[234] *Karner*, in: KBB ABGB⁶, § 1295 Rn. 2; *Koziol*, JBl 2020, 728 (732); grundlegend zu Unterscheidung vertraglicher und außervertraglicher Haftung *Picker* JZ 1987, 1041.

[235] *G. Wagner*, in: Zimmermann (Hrsg.), Grundstrukturen (2003), 189 (232); idS auch *Schlechtriem*, in: FS Deutsch (1999), 317 (319, 323).

[236] *G. Wagner*, in: MüKo BGB⁸, § 826 Rn. 17; *ders*, Deliktsrecht¹⁴, 5/131 Nr. 2; für die Schweiz allg. *Bärtschi*, ZBJV 2010, 429 (437): Bedeutungsverlust des Vertragsrechts.

[237] Ganz idS *Gsell*, in: Remien (Hrsg.), Schadenersatz im europäischen Privat- und Wirtschaftsrecht (2012), 281 (291): „grundsätzlicher Ausschluss primärer Vermögensschäden" ergibt sich nicht „zwangsläufig aus dem Respekt vor den Schranken der vertraglichen Haftung"; für die Schweiz *Fisch*, Eigentumsgarantie und Nichtersatzfähigkeit reiner Vermögensschäden (2020), Rn. 699.

[238] Treffend *Gsell*, in: Remien (Hrsg.), Schadenersatz im europäischen Privat- und Wirtschaftsrecht (2012), 281 (291): Produkthaftung überlagert im Bereich des Personen- und Sachschaden Schranken des vertraglichen Haftungsregimes.

a) Grund für scharfe Vertragshaftung

Reines Vermögen, etwa in Form von geschäftlichem Gewinn, wird durch Verträge generiert. Durch die selbstgewählten vertraglichen Bindungen schaffen die Parteien erhöhte Einwirkungsmöglichkeiten auf die Interessen des jeweils anderen.[239] Erst so wird der ins Auge gefasste Gewinn kreiert, damit einhergehend aber auch das Risiko eröffnet, von seinem Vertragspartner in den erwarteten Gewinnchancen beeinträchtigt zu werden.[240] Dieser vertragstypischen Risikoverteilung wird dadurch Rechnung getragen, das beide Vertragsteile dem Regime der scharfen, auch bei leichter Fahrlässigkeit bereits den Ersatz reiner Vermögensschäden umfassenden Vertragshaftung unterfallen.[241] Denn anders als im außervertraglichen Bereich verschwimmt im Vertragsrecht die deliktisch noch relevante Unterscheidung zwischen relativ und absolut geschützten Rechtsgütern.[242] Die Tatsache, dass sich die Vertragsteile freiwillig und in Kenntnis ihres Haftungsrisikos in den Vertrag begeben, sich also sehenden Auges – mit Blick auf die eigenen, aber auch die erkennbaren fremden Vermögensinteressen – privatautonom dem erhöhten Schadensrisiko sowohl in der Rolle des Schädigers als auch in der des Geschädigten aussetzen, rechtfertigt eine gegenüber dem Deliktsrecht wechselseitig erhöhte Sorgfalts- und daraus folgend eine umfassendere Einstandspflicht auch für die ja gerade häufig im Zentrum des Vertrages stehenden reinen Vermögensinteressen.[243]

Es tritt hier ein ganz allgemeiner Gerechtigkeitsaspekt zu Tage: Schädigt ein Vertragspartner den anderen *im Streben nach dem eigenen wirtschaftlichen Vorteil* – im vertraglichen Bereich schließlich die Regel – scheint dieser unmittelbar weniger schutzbedürftig als derjenige, der nur bei Gelegenheit oder sogar altruistischem Handeln einen Nichtvertragspartner schädigt.[244]

---

[239] *Canaris*, in: FS Larenz (1983), 27 (38, 88); *Koziol*, Haftpflichtrecht II (2018), A/2/104, 241; *ders.*, JBl 1994, 209 (213); *ders.*, JBl 2004, 273 (276); *ders.*, ZEuP 1995, 359 (363).
[240] *G. Wagner*, in: Zimmermann (Hrsg.), Grundstrukturen (2003), 189 (232).
[241] *G. Wagner*, in: MüKo BGB[8], § 826 Rn. 17; *ders.*, in: Zimmermann (Hrsg.), Grundstrukturen (2003), 189 (232); berühmt der auch bei *G. Wagner* zitierte Satz von *Köndgen*, in: E. Lorenz (Hrsg.), Karlsruher Forum 1998, 3 (10): „Vermögen wird durch Verträge erworben und Vermögensverluste werden in erster Linie durch Vertragshaftung ausgeglichen"; ähnlich für Österreich *Reischauer*, in: Rummel ABGB[3], § 1295 Rn. 33: „Mittelpunkt der Vertragshaftung ist die Haftung für reine Vermögensschäden"; idS für die Schweiz *Loser*, recht 1999, 73 (77): Vermögensschutz primär, wenn vertraglich abgesichert.
[242] *Picker*, JZ 1987, 1041 (1056).
[243] *Canaris*, in: FS Larenz (1983), 27 (38); *Koziol*, Haftpflichtrecht II (2018), A/2/241; *ders.*, JBl 1994, 209 (213); *ders.*, ZEuP 1995, 359 (363); diesem folgend *Angyan*, RdW 2022, 238 (240 f.).
[244] So insbesondere in der österreichischen Literatur, etwa *Reich-Rohrwig*, Aufklärungspflichten vor Vertragsschluss (2015), 9 ff., der aufzeigt (11), dass diese Wertung unmittelbar auch § 1300 S. 1 ABGB zugrunde liegt: Haftung des Sachverständigen nur bei schädigendem Handeln „gegen Belohnung"; *Koziol*, Haftpflichtrecht II (2018), A/2/104, 124; *ders.*, JBl 2004, 273 (276); vgl. schon *F. Bydlinksi*, JBl 1960, 359 (362), der mit Blick auf die

b) Vertragshaftung als Spiegel der eigentlichen Argumente gegen einen allgemeinen deliktischen Vermögensschutz

Der schlichte Befund, dass im vertraglichen Bereich fahrlässig verursachte Vermögensschäden zu ersetzen sind, kann für sich genommen nicht zwingend begründen, dass es außervertraglich eine solche Haftung nicht geben darf. Gleichzeitig kann die Betrachtung der scharfen vertraglichen Haftung aber als *Lackmustest* für die Tragfähigkeit der vorstehend skizzierten, nach hier vertretener Ansicht zentralen Argumente dienen. Es zeigt sich nämlich, dass im Vertragsrecht reine Vermögensschäden deshalb ersetzt werden können, weil dort die Argumente, die im Deliktsrecht eine solche Haftung noch ausschließen, schon wegen der Beschaffenheit der vertraglichen Bindung keine Geltung mehr beanspruchen können.

Vorstehend wurde gezeigt, dass die Absage an eine allgemein-deliktische Haftung für reine Vermögensschäden in ihrem Kern dazu dient, die *Handlungs- und Entscheidungsfreiheit* zu bewahren. Der Einzelne soll keine existenzvernichtende, weil potentiell uneingeschränkte (uferlose) Haftung gegenüber jedermann, eben auch ihm unbekannten und im Vorfeld der Schädigung auch unmöglich erkennbaren Gläubigern fürchten müssen. Denn haftete man auch für die Beeinträchtigung jedes fremden Vermögens, welches mangels *fehlender sozialtypischer Offenkundigkeit* für den Schädiger vor der Schädigung kaum zu umreißen ist, könnte der Einzelne seiner eigenen Haftung kaum jemals wirksam vorbeugen – mit der so zu Grabe getragenen Haftungsfreiheit wäre auch jede Handlungs- und Bewegungsfreiheit dahin.

Ganz anders innerhalb vertraglicher bzw. allgemein durch sog. *Sonderverbindung* begründeter Beziehungen:[245] Eine Haftung für fahrlässig verursachte reine Vermögensschäden besteht grundsätzlich nur zwischen den Parteien, die man sich bewusst und freiwillig als solche ausgesucht hat. Die Gefahr einer Ausuferung der vertraglichen Haftung ist schon durch die *Relativität der Schuldverhältnisse*, also die Begrenzung der Ersatzpflicht aus vertraglicher Pflichtverletzung allein auf die überschaubaren Vertragspartner, gebannt.[246] Die Vertragspartner bzw. die Protagonisten einer Sonderverbin-

---

schärfere Gehilfenhaftung im Vertragsrecht plastisch festhält, dass man sich mit der Entgeltbeziehung umfassende Sorgfalt „erkauft"; idS für die Schweiz *Walter*, ZSR 2001, 79 (98); im Kontext der Expertenhaftung aus Sonderverbindung *Krebs*, Sonderverbindung und außerdeliktische Schutzpflichten (2000), 198.

[245] Zur – sich in diesem grundsätzlichen Kontext nicht auswirkenden – Unterscheidung zwischen Vertrag und Sonderverbindung *Canaris*, in: FS Larenz (1983), 27 (34).

[246] *Reich-Rohrwig*, Aufklärungspflichten vor Vertragsschluss (2015), 8; grundlegend *Picker*, JZ 1987, 1041 (1053); *ders.*, AcP 183 (1983), 369 (478 f.); *Honsell*, ZSR 2011 II, 5 (84); *Koziol*, JBl 2004, 273 (275); *ders.*, ZEuP 1995, 359 (363); *ders.*, Haftpflichtrecht II (2018), A/2/104, 241; *ders.*, JBl 2020, 728 (734), allerdings mit der Einschränkung, dass die Vertragshaftung im Bereich von Massenbeförderungen gerade nicht mehr vorhersehbar ist;

dung kennen sich, ebenso sind die Vermögensinteressen des jeweils anderen Teils für die Vertragspartner *offenkundig*.[247]

Hierzu am Rande: Im Bereich des Vertrags mit Schutzwirkung zugunsten Dritter wird die *inter-partes-Geltung der Vertragshaftung* zwar aufgeweicht,[248] am tatbestandlichen Erfordernis der *Erkennbarkeit*[249] zeigt sich aber, welch haftungsbegründende Bedeutung der Erkennbarkeit/Offenkundigkeit des geschädigten Interesses weiterhin zukommt.

Zwischen vertraglich bzw. sonderverbindlich verbundenen Personen ist damit die Handlungs- und Entschließungsfreiheit des potentiellen Schädigers durch die Anordnung einer Fahrlässigkeitshaftung für reine Vermögensschäden nicht in gleicher unzumutbarer Weise bedroht, wie im außervertraglichen Bereich des reinen Zufallskontakts.[250] Die Parteien haben es schließlich selbst in der Hand (verwirklichen damit also gerade ihre allgemeine Handlungs- und Entschließungsfreiheit), ob sie durch das privatautonome Betreten des vertraglichen Haftungsbereiches ihre Einstandspflicht in den Grenzen des Schuldverhältnisses auch auf reine Vermögensschäden erweitern.

c) Zwischenergebnis

Mit Blick auf die Haftung für reine Vermögensschäden muss das Vertragsrecht nicht als schützenswert oder vorrangig gegenüber dem Deliktsrecht angesehen werden. Als Argument zur Begründung der grundsätzlichen Haftungsverneinung für fahrlässig verursachte reine Vermögensschäden im außervertraglichen Bereich überzeugt dieser Ansatz aus sich heraus jedenfalls nicht. Mit der strengen Haftung aus Sonderverbindung lässt sich aber das Zentralargument der Haftungsverneinung im außervertraglichen Bereich – der *Schutz der allgemeinen Handlungs- und Entscheidungsfreiheit* – bestätigen. Schließlich überzeugt es, die Parteien eines Vertrages bzw. einer Sonderverbindung einer strengeren Einstandspflicht für die Verletzung des of-

---

Schmaranzer, Vertrag mit Schutzwirkung zugunsten Dritter (2006), 115; *Canaris*, in: FS Larenz (1983), 27 (38).
[247] *Koziol*, Haftpflichtrecht II (2018), A/2/104, 241; *ders.*, JBl 2004, 273 (276); *Picker*, JZ 1987, 1041 (1054); *ders.*, AcP 183 (1983), 369 (481 f.); *Honsell*, in: FS 50 Jahre BGH (2000), 927 (931); allgemein *Krebs*, Sonderverbindung und außerdeliktische Schutzpflichten (2000), 486.
[248] Hierzu *Koziol*, ZEuP 1995, 359 (364).
[249] Siehe hierzu unter E./I./4./c)/aa)/(2) und F./II./2./c)/bb)/(2).
[250] *Picker*, JZ 1987, 1041 (1058); *Koziol*, Haftpflichtrecht II (2018), A/2/104, 241; *ders.*, JBl 2004, 273 (275); plastisch *Stöckli*, in: Fuhrer/Kieser/Weber (Hrsg.), Mehrspuriger Schadensausgleich (2022), 165 (166), der Vertrags- und Außervertragshaftung gerade nach dem einerseits zufälligen und andererseits intendierten Aufeinandertreffen von Schädiger und Geschädigtem voneinander abgrenzt.

fenkundigen Vermögens der erkennbaren und zahlenmäßig klar umrissenen Gläubiger zu unterwerfen.

6. Zusammenfassung und Zwischenergebnis

Die grundsätzliche Absage an eine außervertragliche Haftung für reine Vermögensschäden wird mit den verschiedensten Ansätzen zu begründen versucht. Verwiesen wird auf die vermeintliche *Hierarchie* der deliktisch zu schützenden Rechtsgüter. Da das reine Vermögen in dieser Rangordnung ganz unten stehe, verdiene es keinen absoluten Schutz. Weiterhin wird auf die *Verantwortlichkeit jedes Einzelnen* für sein Vermögen gepocht. Grundsätzlich habe jeder selbst dafür Sorge zu tragen, dass man keine Vermögenseinbußen erfahre. Allein deshalb verbiete sich die grundsätzliche Möglichkeit, reine Vermögensschäden auf andere abzuwälzen.

Einige Autoren nehmen bei ihren Begründungsversuchen eine *ökonomische Perspektive* ein und verweisen auf die fehlende gesellschaftliche Dimension reiner Vermögensschäden. Anders als etwa Sachschäden schlügen sich reine Vermögensschäden nicht in einem physischen Substanz- und damit volkswirtschaftlichen Ressourcenverlust, sondern lediglich in individueller Gewinnenttäuschung nieder. Diese könnte aber keine allgemeine Haftungsanordnung rechtfertigen.

Das verbreiteste Argument ist die Angst vor dem ansonsten drohenden *haftungsrechtlichen Dammbruch*. Dieser Ansatz entpuppt sich bei näherer Betrachtung als Bündel mehrerer Argumentationsstränge: Während der Verweis auf die *Überforderung der Justiz* gegriffen scheint und nicht überzeugt, verbirgt sich hinter dem als eigenes Argument vorgeschobenen Aspekt der *uferlosen Haftung gegenüber einer unbegrenzten Zahl an Gläubigern* der eigentlich überzeugende Kern des Dammbrucharguments:

Die Absage an eine deliktische Fahrlässigkeitshaftung für reine Vermögensschäden dient dem *Schutz der allgemeinen Handlungs- und Entscheidungsfreiheit* jedes Einzelnen. Ein Freiheitsgewinn durch Schädigungslegitimation würde sich zwar auch bei der Schutzlosstellung des Eigentums oder der körperlichen Integrität einstellen, anders als den körperlich fassbaren bzw. jedenfalls konturierten Rechtsgütern fehlt dem reinen Vermögen aber die sog. *sozialtypische Offenkundigkeit*, welche Voraussetzung dafür ist, dass der Schädiger im Vorfeld der Schädigung eine solche überhaupt vermeiden kann. Daher eignet sich allein das reine Vermögen dafür, als *rechtspolitisches Bauernopfer* zugunsten der allgemeinen Handlungsfreiheit von einem allgemeinen deliktischen Schutz ausgenommen zu werden.

II. Notwendigkeit einer Ausweitung der außervertraglichen Haftung für fahrlässig verursachte reine Vermögensschäden? – ein Stimmungsbild

Gerade weil der Grundsatz der Nichtersatzfähigkeit fahrlässig verursachter reiner Vermögensschäden *kein Naturgesetz*,[251] sondern „nur" argumentativ legitimiert und damit letztlich umstößlich und beweglich ist, regt sich Widerstand gegen dieses Dogma.

1. Stimmen und Gegenstimmen

Vorsichtige Literaten attestieren dem deliktischen Grundkonzept des BGB zwar gute Absicht und Begründung, letztlich aber überschießende Wirkung[252] oder halten die weitgehende Schutzlosstellung des reinen Vermögens in heutigen Zeiten zumindest für „überdenkenswert".[253] Noch nachdrücklicher formulieren es die Autoren, die dort, wo die Haftung für reine Vermögensschäden als *allgemein notwendig* empfunden wird, eine solche prinzipiell einfordern.[254]

Dem stehen nicht minder vehemente Gegenstimmen gegenüber. Die Ablehnung eines allgemeinen Vermögensschutzes wird – ausdrücklich entgegen anders lautender Stimmen – als *„rechtspolitische Tat"* gepriesen.[255] Besonders plastisch drückt es *Honsell*[256] aus: Die deliktische Schutzlosigkeit des reinen Vermögens sei, eben anders als die breit vertretene Gegenmeinung,

---

[251] *Picker*, JZ 1987, 1041 (1051); *ders.*, AcP 183 (1983), 369 (475); *Faust*, AcP 210 (2010), 555: hausgemachtes Problem.

[252] G. *Wagner*, Deliktsrecht[14], 7/57.

[253] G. *Hager*, Strukturen des Privatrechts in Europa (2012), 122; ähnlich *Jansen*, RabelsZ 70 (2006), 732 (769), der mit Blick auf die PETL konstatiert, dass jedenfalls ein allgemeiner Ausschluss der Haftung für reine Vermögensschäden absurd sei; ähnlich auch G. *Wagner*, in: MüKo BGB[8], § 823 Rn. 424: gänzlicher Ausschluss der Haftung für reine Vermögensschäden reicht zu weit; vgl. auch den Befund bei *Temming/Weber*, JURA 2019, 923 (925): „Der Drang zum umfassenden Vermögensschutz […] ist seit Inkrafttreten des BGB im Jahre 1900 übermächtig geworden".

[254] *Hirte*, Berufshaftung (1996), 415: eindeutige Notwendigkeit einer Haftung für reine Vermögensschäden; *Picker*, JZ 1987, 1041 (1057) stellt darauf ab, dass der reine Vermögensschutz dort zu gewähren ist, wo er als „unabdingbar" empfunden wird und hat dabei vor allem Fälle der Auskunftshaftung im Blick, die in der Praxis in erster Linie über die Ausdehnung des Vertragsrechts gelöst werden; *Gauch/Sweet*, in: FS Keller (1989), 117 (121) sprechen von einer Haftung in Fällen, in denen der im reinen Vermögen Geschädigte „in den Augen des Rechtsanwenders Rechtsschutz verdient"; ihnen folgend *Lorandi*, recht 1990, 19 (25); ähnlich *Gauch*, recht 1996, 225 (233); *Peyer*, recht 2002, 99 (100); für Österreich statt vieler *Kodek*, in: ABGB-ON (Stand: 1.1.2018), § 1295 Rn. 61 mit einem Überblick über den Streitstand und Nachweisen der Befürwortung einer Haftungsausdehnung in den Fn. 213, 215 f.

[255] *Larenz/Canaris*, Schuldrecht BT (1994), 356; ähnlich *Canaris*, in: FS Larenz (1983), 27 (36).

[256] In: FS Medicus (1999), 211 (213); *ders.*, in: FS Nobel (2005), 939 (943).

keine Schwäche des außervertraglichen Haftungskonzeptes, sondern vielmehr „*eine wohlüberlegte Barriere gegen die heute freilich modische Tendenz einer ständigen Ausweitung des Haftpflichtrechts*". Bezeichnender Weise sprechen sich eidgenössische Autoren im Kontext der deliktischen Schutzgesetzhaftung für reine Vermögensschäden für eine möglichst zu verhindernde Haftungserweiterung aus, da sie ansonsten die Schweizer Finanzintermediäre bedroht sehen.[257]

2. Berücksichtigung der Haftung für reine Vermögensschäden in Gesetzesreformvorhaben

Ein Indiz für die zumindest punktuelle Änderungsbedürftigkeit des Status quo der außervertraglichen Haftung für reine Vermögensschäden ist, dass sich verschiedenste Gesetzesreformen bzw. Reformvorhaben diesem Thema explizit annehmen.[258]

a) Schuldrechtsmodernisierungsgesetz in Deutschland

In Deutschland ist nur das *Schuldrechtsmodernisierungsgesetz* zu nennen, welches zum 01. Januar 2002 in Kraft trat. Seine Hauptanliegen waren zwar die Integration europarechtlicher Vorgaben und die Totalrevision des Leistungsstörungsrechts, die originär außervertragliche Fahrlässigkeitshaftung für reine Vermögensschäden wurde aber stellenweise mitgeregelt. Seither sind die vorher nur richterrechtlich anerkannte Haftung aus vorvertraglichem Verschulden in § 311 Abs. 2 BGB bzw. die Eigenhaftung Dritter aus gesetzlichem Schuldverhältnis in § 311 Abs. 3 BGB verfasst. Die Diskussion, ob originär außervertragliche Vermögensschädigungen mithilfe dieser vertragsähnlichen Institute zu lösen sind, wurde spätestens mit dieser Positivierung obsolet.[259] Die Haftung für fahrlässig verursachte reine Vermögensschäden wurde hierdurch dem Grunde nach zwar nicht erweitert (auch wenn § 311 Abs. 3 S. 1 BGB nun eine Generalklausel enthält, die es für den Bereich der reinen Vermögensschäden erst mit Leben zu füllen gilt), ihr Status quo allerdings nachhaltig in Gesetzesform zementiert.

---

[257] *P. Lehmann*, in: Liber Amicorum Honsell (2007), 1 (30).

[258] *Kadner Graziano*, Europäisches Internationales Deliktsrecht (2003), 100 spricht zutreffend von der Tendenz der einzelnen Länder, in ihrem materiellen Recht die Haftung für reine Vermögensschäden zu erweitern; *Loser*, in: Koller (Hrsg.), Haftpflicht- und Versicherungsrechtstagung St. Gallen 2005 (2005), 111 (165) von einem diesbezüglichen „Trend"; *von Bar*, Gemeineuropäisches Deliktsrecht II (1999), Rn. 26 von der „zunehmenden Bereitschaft", die Haftung für reine Vermögensschäden punktuell fortzuschreiben; ebenso *Peyer*, recht 2002, 99 (105 mwN in Fn 53); allgemein zur deliktischen Haftungserweiterung *Immenhauser*, in: Büchler/Ernst/Oberhammer (Hrsg.), Vinculum iuris (2008), 65 (120f.).

[259] *Sutschet*, in: BeckOK BGB (62. Ed.), § 311 Rn. 39; allgemein zur Haftung aus culpa in contrahendo F./II./2./a).

Im deliktischen Bereich dagegen wurde § 839a BGB vollkommen neu eingeführt, nach welchem der gerichtlich bestellte Gutachter allgemein – also gerade auch für reine Vermögensschäden – bei grober Fahrlässigkeit haftet. Damit wurde die bis dato unbefriedigende Situation gelöst, die die Gerichtsgutachterhaftung vormals von dem Erfordernis der Vereidigung abhängig machte und in der Praxis damit einer beinahe ausnahmslosen Vorsatzhaftung für reine Vermögensschäden gleichkam.[260]

§ 839a BGB ist symptomatisch für die schon angesprochene Tendenz, punktuell eine Haftung für reine Vermögensschäden zuzulassen – zwar nicht schon bei jedem Verschuldensvorwurf, immerhin aber bei grober Fahrlässigkeit und damit erkennbar unterhalb der Vorsatz- und Sittenwidrigkeitsgrenze des § 826 BGB.

b) OR 2020 – das jüngste Reformvorhaben in der Schweiz

23 RechtswissenschaftlerInnen legten im Jahr 2013 mit dem „OR 2020" einen Reformvorschlag für den Allgemeinen Teil des Schweizerischen OR vor.[261] Am 31.1.2018 lehnte der Bundesrat diesen ab. Auch wenn der Entwurf OR 2020 damit keine Aussichten mehr darauf hat, in Gesetzesform gegossen zu werden, sind jedenfalls die Vorschläge zum deliktischen Umgang mit reinen Vermögensschäden weiterhin bemerkens- und im Folgenden zumindest kurz skizzierenswert:

aa) Abkehr von erfolgsbezogener Haftung nach deutschem Vorbild

Die deliktische Zentralnorm des geltenden OR, Art. 41 Abs. 1, sollte durch eine noch weitgefasstere Generalklausel in Art. 46 OR 2020[262] ersetzt werden. Diese verlangt zu ihrer Tatbestandserfüllung die ungerechtfertigte Verletzung einer *allgemeinen Verhaltenspflicht* und einen daraus entstehenden *Schaden*. Die bislang in der vom Erfolgsunrecht dominierten Dogmatik zu Art. 41 Abs. 1 OR noch getrennt voneinander beheimateten Voraussetzungen des Verschuldens und der Widerrechtlichkeit werden so miteinander verquickt:[263] Schließlich verletzt derjenige eine allgemeine Verhaltenspflicht, der sich sorgfaltswidrig verhält.[264] Und wer sich sorgfaltswidrig –

---

[260] Siehe hierzu unter F./I./2./a)/aa).
[261] Ausführlich zu Genese und Inhalt des OR 2020 *Huguenin*, plädoyer 2013, 13 ff.; *dies./Meise*, SZW 2015, 280 ff.
[262] Art. 46 OR 2020: „Wer ohne Rechtfertigung eine allgemeine Verhaltenspflicht verletzt, ist zum Ersatz des daraus entstehenden Schadens verpflichtet".
[263] *Peifer*, in: Harke/Riesenhuber (Hrsg.), OR 2020 – Schweizerische Schuldrechtsreform aus vergleichender Sicht (2016), 247 (253).
[264] IdS für Deutschland *G. Wagner*, in: MüKo BGB[8], § 823 Rn. 447 mwN der deutschen Literatur in Fn. 1812: Verkehrswidrigkeit ist gleich Sorgfaltsverstoß; auf diese dem Ansatz des OR 2020 nahekommenden Stimmen in Deutschland hinweisend *Peifer*, in: Harke/Rie-

und damit eben entgegen allgemeiner Verhaltenspflichten – verhält, tut dies iSd Art. 46 OR 2020 per se widerrechtlich.[265] Die vormalige Krux der außervertraglichen Haftung, nämlich die Qualifizierung einer Schädigung als widerrechtlich, verliert so erkennbar an Bedeutung. Ist nach der Art. 41 Abs. 1 OR noch zugrundeliegenden Dogmatik entweder die Verletzung eines absolut geschützten Rechtsguts oder einer Schutznorm widerrechtlich, liegt die Widerrechtlichkeit iSd § 46 OR 2020 bereits und ganz grundsätzlich in der Verhaltenspflichtverletzung begründet.

Indem Art. 46 OR 2020 auf die allgemeine Verhaltenspflichtverletzung abstellt, wird bewusst die Distanz zur bislang an deutscher Dogmatik ausgerichteten Erfolgsbezogenheit der außervertraglichen Haftung gesucht – weg vom vorrangigen Schutz der absoluten Rechte, hin zu einem allgemeinen Grundtatbestand, der eben auch eine Haftung für reine Vermögensschäden ermöglichen soll.[266] Dies korrespondiert weiterhin mit Art. 47 OR 2020,[267] die den ersatzfähigen Schaden schlicht als „Vermögenseinbusse" definiert, Kategorien wie Personen- oder Sachschaden dabei ausblendet und den reinen Vermögensschaden ausdrücklich miteinschließen möchte.[268] Die Unterscheidung zwischen außervertraglich absolut geschützten Rechtsgütern einerseits und dem ungeschützten reinen Vermögen andererseits ist mit den §§ 46, 47 OR 2020 dahin.

Wenn einzelne Autoren[269] befinden, die Anwendung des § 46 OR 2020 brächte keine „allzu großen Änderungen" mit sich bzw. habe nur „geringe praktische Konsequenz", kann dem jedenfalls mit Blick auf die außervertragliche Haftung für reine Vermögensschäden nur widersprochen werden. Denn das Gegenteil trifft zu: Die von 23 Wissenschaftlern aller rechtswissenschaftlichen Fakultäten der Schweiz bewusst verfolgte *Öffnung der außervertraglichen Haftung auch für reine Vermögensschäden* könnte vor dem Hintergrund jahrzehntelanger, gerade vollkommen konträr gelebter und gelehrter Rechtspraxis bedeutsamer kaum sein![270]

---

senhuber (Hrsg.), OR 2020 – Schweizerische Schuldrechtsreform aus vergleichender Sicht (2016), 247 (255).

[265] *Peifer,* in: Harke/Riesenhuber (Hrsg.), OR 2020 – Schweizerische Schuldrechtsreform aus vergleichender Sicht (2016), 247 (253).

[266] So ausdrücklich die Mitautoren dieses Revisionsentwurfes *Fellmann/Müller/Werro,* in: Huguenin/Hilty (Hrsg.), OR 2020 (2013), Vorb. Art. 46 Rn. 6; erläuternd *Peifer,* in: Harke/Riesenhuber (Hrsg.), OR 2020 – Schweizerische Schuldrechtsreform aus vergleichender Sicht (2016), 247 (255); *von Hein,* in: FS Kren Kostkiewicz (2018), 773 (782).

[267] Art. 47 OR 2020: „Der Schaden besteht in einer Vermögenseinbusse oder einer anderen Einbusse".

[268] Erläuternd *Peifer,* in: Harke/Riesenhuber (Hrsg.), OR 2020 – Schweizerische Schuldrechtsreform aus vergleichender Sicht (2016), 247 (257).

[269] *Kern/Bettinger,* ZEuP 2014, 562 (581).

[270] *Peifer,* in: Harke/Riesenhuber (Hrsg.), OR 2020 – Schweizerische Schuldrechtsreform aus vergleichender Sicht (2016), 247 (255) spricht hier vom „eigentlichen „Clou"

bb) Weitergehender Vermögensschutz als noch im Revisionsentwurf von Widmer/Wessner

Beim Schutz des reinen Vermögens emanzipiert sich das Haftungsrecht des OR 2020 auch deutlich von seinem historischen und geistigen Vorgänger,[271] dem Revisionsentwurf von *P. Widmer/Wessner*.[272] Dort wurde die Ersatzfähigkeit reiner Vermögensschäden noch als *gordischer Knoten* bezeichnet.[273] Die Autoren verzichteten aber gleichzeitig auf den Versuch einer Definition des reinen Vermögensschadens und wollten die Auslotung der Haftungsreichweite ausdrücklich allein den Gerichten überlassen.[274] Allein in einzelnen Sondertatbeständen legten *P. Widmer/Wessner* eine Einstandspflicht für reine Vermögensschäden fest, wobei hier aber in großen Teilen nur das Maß an Einstandspflicht in den Entwurf hinübergerettet wurde, der nach dem geltenden Haftpflichtrecht ohnehin schon bestand.[275] An die Lösung – bzw. das Durchtrennen – des gordischen Knotens wagten sich *P. Widmer/Wessner* gar nicht heran. Nach ihrem Entwurf sollte der Status quo erhalten und reine Vermögensschäden außerhalb vertraglicher Beziehungen grundsätzlich weiterhin ersatzlos bleiben.[276] Demgegenüber erscheint der Entwurf des Haftungsrechts in OR 2020 mit seiner ausdrücklichen Öffnung auch für reine Vermögensschäden geradezu radikal.

c) Entwurf und Gegenentwurf eines neuen österreichischen Schadenersatzrechts

Auch im österreichischen Haftpflichtrecht wurden Reformen angestrebt – in Teilen mit unmittelbarem Bezug zur Haftung für reine Vermögensschäden. Zu Anfang dieses Jahrtausends trat eine Arbeitsgruppe um *Koziol* zusammen, die 2005 erstmals den „Entwurf eines neuen österreichischen Schaden-

---

des Konzepts"; vgl. auch *Schmidlin*, SJZ 2015, 25 (26), der den Art. 46 OR 2020 zu den wichtigsten Veränderungen des Revisionsentwurfes zählt.

[271] *Peifer*, in: Harke/Riesenhuber (Hrsg.), OR 2020 – Schweizerische Schuldrechtsreform aus vergleichender Sicht (2016), 247 bezeichnet den Revisionsentwurf *P. Widmers/Wessners* plastisch als den „großen Bruder" des OR 2020.

[272] *P. Widmer/Wessner*, Revision und Vereinheitlichung des Haftpflichtrecht – Erläuternder Bericht (1999).

[273] *P. Widmer/Wessner*, Revision und Vereinheitlichung des Haftpflichtrecht – Erläuternder Bericht (1999), 26; hierzu *von Hein*, in: FS Kren Kostkiewicz (2018), 773 (775).

[274] *P. Widmer/Wessner*, Revision und Vereinheitlichung des Haftpflichtrecht – Erläuternder Bericht (1999), 76.

[275] Etwa Art. 45a des Entwurfs *P. Widmers/Wessners*, der die Haftung bei Tötung des Versorgers enthält und damit Art. 45 Abs. 3 OR entspricht.

[276] Mit einem hervorragenden Überblick *Peifer*, in: Harke/Riesenhuber (Hrsg.), OR 2020 – Schweizerische Schuldrechtsreform aus vergleichender Sicht (2016), 247 (259); ferner *Peyer*, recht 2002, 99 (106).

ersatzrechts" (im Folgenden: ArbG-E)[277] vorstellte und diesen 2007 in einer leicht überarbeiteten, vorläufigen Endfassung[278] veröffentlichte.

aa) Haftungsbegründung im beweglichen System

Das dort ersonnene Haftungssystem bricht – entgegen eigener Wahrnehmung[279] – durchaus mit hergebrachten Prinzipien der Haftungsbegründung. Von allzu starren Normen nach (falschem) deutschem Vorbild wird bewusst Abstand genommen.[280] Charakteristisch für den Entwurf ist vielmehr die Haftungsbegründung als Ergebnis einer Gesamtzusammenschau aller sich wechselseitig beeinflussenden Interessensabwägungen und Zurechnungswertungen des Einzelfalles,[281] ausdrücklich nach dem Vorbild *Wilburgs beweglichen Systems*.[282] Deutlich wird dies an § 1293 Abs. 2 ArbG-E, der ausführt, dass sich der schadenersatzrechtliche Interessenschutz insbesondere nach Rang, Wert, Abgrenzbarkeit und Offenkundigkeit, aber auch nach möglicherweise tangierten Drittinteressen richten soll. Ähnliches gilt nach § 1296 Abs. 1 ArbG-E für den Maßstab der erforderlichen Sorgfalt im jeweiligen Einzelfall. Dieser bestimme sich maßgeblich nach Rang und Wert der gefährdeten und der verfolgten Interessen, der Gefährlichkeit der Situation, dem Naheverhältnis zwischen den Beteiligten, sowie der Möglichkeit und den Kosten und Mühen der Gefahrenvermeidung.[283]

bb) Berücksichtigung reiner Vermögensschäden

Der Komplex reiner Vermögensschäden findet zunächst in § 1293 Abs. 3 ArbG-E Beachtung.[284] Satz 1 stellt klar, dass die klar umgrenzten und offen-

---

[277] Diskussionsentwurf nebst Erläuterungen in Griss/Kathrein/Koziol (Hrsg.), Entwurf eines neuen österreichischen Schadenersatzrechts (2005).
[278] Veröffentlicht in JBl 2008, 365 = ZVR 2008/71.
[279] *Koziol*, in: Griss/Kathrein/Koziol (Hrsg.), Entwurf eines neuen österreichischen Schadenersatzrechts (2005), 23 (24 Rn. 3): Ziel ist nicht eine radikale Reform; stattdessen Bemühung, bewährte Traditionen zu bewahren.
[280] *Koziol*, in: Griss/Kathrein/Koziol (Hrsg.), Entwurf eines neuen österreichischen Schadenersatzrechts (2005), 23 (27 f., Rn. 12).
[281] So bewerten dies auch *Ranieri*, Europäisches Obligationenrecht (2009), 1459; *Reischauer*, in: Reischauer/Spielbüchler/Welser (Hrsg.), Reform des Schadenersatzrechts II (2006), 23 (24).
[282] *Koziol*, in: Griss/Kathrein/Koziol (Hrsg.), Entwurf eines neuen österreichischen Schadenersatzrechts (2005), 23 (28, Rn. 13); das bewegliche System ausführlich bewertend *Kwiatkwoski*, Konkretisierung der deliktsrechtlichen Generalklauseln (2020), Rn. 455 ff.
[283] *Koziol*, in: Griss/Kathrein/Koziol (Hrsg.), Entwurf eines neuen österreichischen Schadenersatzrechts (2005), 23 (29, Rn. 16) führt ergänzend noch „die wirtschaftliche Tragfähigkeit, die Zumutbarkeit der Versicherung des Risikos, den Gedanken der Risikogemeinschaft und die Erlangung eines Vorteils durch das schädigende Ereignis" an.
[284] Einen knappen Überblick über die Regelungen des ArbG-E betreffend reine Vermögensschäden bietet *Loser*, in: Koller (Hrsg.), Haftpflicht- und Versicherungsrechtstagung St. Gallen 2005 (2005), 111 (165).

kundigen Persönlichkeitsrechte den höchsten Schutz genießen – für das eben nicht sozialtypisch offenkundige Vermögen[285] kann dies nur bedeuten, dass es auf eine hierarchisch untere Stufe verbannt wird. Satz 2 stellt dann auch (zusätzlich oder ergänzend?) klar, dass reine Vermögensinteressen außerhalb von Schuldverhältnissen nur *ausnahmsweise* geschützt werden.

Wie weitreichend diese Ausnahmen allerdings sind, macht § 1298 ArbG-E deutlich, welcher schon mit „Schutz des reinen Vermögens" überschrieben ist. Normiert werden hier Sorgfaltspflichten zur Wahrung reiner Vermögensinteressen insbesondere innerhalb von (1.) Schuldverhältnissen, (2.) bei rechtsgeschäftlichem Kontakt, (3.) bei Erklärungen, auf die der Empfänger erkennbar angewiesen ist und die darauf gerichtet sind, das Vertrauen des Empfängers zu erwecken, (4.) bei Verhaltensgeboten zum Schutz des Vermögens und dann, wenn (5.) dem Schädiger die drohende Schädigung bewusst ist und ein krasses Missverhältnis zwischen den gefährdeten und den verfolgten Interessen besteht. Abs. 2 hält außerdem fest, dass (6.) nicht bewusst in fremde Forderungsrechte einzugreifen ist.

Im Ausgangspunkt enthält § 1298 ArbG-E damit viel Vertrautes. Dass innerhalb von Schuldverhältnissen, aber auch schon alleine beim rechtsgeschäftlichen Kontakt (Stichwort: culpa in contrahendo) für reine Vermögensschäden gehaftet wird, ist nichts Neues. Ebenso wenig überrascht die Einstandspflicht beim Verstoß gegen Verhaltensgebote zum Schutze des Vermögens (Stichwort: Schutzgesetzverletzung).[286] Auch eine Haftung desjenigen, der in fremde, offenkundige Forderungen eingreift, ist in der gefestigten Rechtsprechung des OGH längst anerkannt[287] und soll mit Abs. 2 nur in Gesetzesform gegossen werden.[288]

§ 1298 ArbG-E enthält nur zwei neue, eine Haftpflicht nach sich ziehende Sorgfaltsverstöße: den Fall der (3.) Vertrauensenttäuschung des auf die Erklärung angewiesenen Erklärungsempfängers und das (5.) krasse Missverhältnis zwischen den gefährdeten Interessen des Geschädigten und den verfolgten Interessen des sich über die Schädigung bewussten Schädigers. Die Haftung des vertrauensenttäuschend Erklärenden soll als eine Art *Sammelbecken* für alle *Fälle der Auskunftshaftung* dienen, welche bislang entweder sonderdeliktisch geregelt oder mithilfe von Vertragsfiktionen zu lösen waren.[289] Die Ersatzpflicht bei bewusster Schädigung trotz krassem Missver-

---

[285] Siehe hierzu unter E./I./4./d)/ee)/(1).
[286] So interpretiert dies auch *Harrer*, Zak 2006, 403 (404).
[287] OGH JBl 2017, 249; ecolex 2013/83; ecolex 2011/421; NZ 2008/38; Zak 2006/134; ecolex 2000/249; grundlegend JBl 1996, 521 (523); hierzu weiterführend unter E./I./4./d)/ee)/(3)/(c).
[288] Mit dem Hinweis auf Gemeinsamkeiten und (kleine) Unterschiede zwischen Status quo und Entwurf *Fenyves*, in: Griss/Kathrein/Koziol (Hrsg.), Entwurf eines neuen österreichischen Schadenersatzrechts (2005), 47 (53, Rn. 20).
[289] *Fenyves*, in: Griss/Kathrein/Koziol (Hrsg.), Entwurf eines neuen österreichischen Schadenersatzrechts (2005), 47 (52, Rn. 18): Prospekthaftung, Haftung des Abschlussprü-

hältnis der kollidierenden Interessen setzt vorsätzliches Handeln voraus und entfernt sich damit von der hier betrachteten fahrlässigen Vermögensschädigung. Aller Kritik[290] an dieser Tatbestandsvariante zum Trotz ist ihr jedenfalls zugutezuhalten, dass sie nicht völlig aus der Luft gegriffen ist, sondern im Kern das wiedergibt, was der OGH schon ganz allgemein[291] und im Speziellen in jüngeren Entscheiden zur Sittenwidrigkeitshaftung[292] judiziert hat.

Die Aufzählung in § 1298 ArbG-E ist außerdem nicht abschließend, die dort genannten Fälle sind nur „insbesondere" sorgfaltswidrig. Die (vermeintliche) Ausnahme, dass reine Vermögensschäden im außervertraglichen Bereich zu ersetzen sind, lässt sich so auch zur Regel machen.[293]

cc) Kritik und Gegenentwurf

Der Entwurf der Arbeitsgruppe um *Koziol* stieß auf heftige Kritik. Um die Professoren *Reischauer*, *Spielbüchler* und *Welser* trat eine zweite Kommission zusammen, die den „Entwurf eines neuen österreichischen Schadenersatzrechts" – gerade auch im Bereich des reinen Vermögensschadens – zunächst einer kritischen Würdigung unterzog[294] und wenig später einen eigenen Gegenentwurf (im Folgenden: Gegen-E)[295] präsentierte. Dieser ist insgesamt deutlich zurückhaltender als der ArbG-E und sieht gerade bezüglich des reinen Vermögensschutzes keine Neuerungen vor.

---

fers und Sachverständigen; *Harrer*, Zak 2006, 403 (404) fragt zurecht kritisch nach der Verantwortlichkeit für (falsche) Publikationen.

[290] Etwa *Welser*, in: Reischauer/Spielbüchler/Welser (Hrsg.), Reform des Schadenersatzrechts II (2006), 1 (10): Haftungsregelung für krasses Missverhältnis der betroffenen Interessen schießt weit über Ziel hinaus; hierzu *Reischauer*, JBl 2009, 405 (410): „Von solchen Formulierungen sollte man [...] die Hände lassen".

[291] OGH wbl 1993, 329 (331): Zufügung reiner Vermögensschäden ist auch dann rechtswidrig und ersatzpflichtbegründend, wenn die Interessen des Schädigers wesentlich geringer zu bewerten sind als die des Geschädigten; hierzu *von Bar*, Gemeineuropäisches Deliktsrecht II (1999), Rn. 44, der diese Entscheidung als Beleg dafür anführt, dass die österreichische Rechtsprechung versucht, den Restriktionen des Deliktssystems im Bereich des reinen Vermögensschadens zu entkommen.

[292] Sittenwidrige Schädigung iSd § 1295 Abs. 2 ABGB bei krassem Missverhältnis der Interessen, zuletzt OGH EvBl 2019/155 mAnm *Brenn*; wobl 2014/141 mAnm *Limberg*.

[293] Vgl. *Welser*, in: Reischauer/Spielbüchler/Welser (Hrsg.), Reform des Schadenersatzrechts II (2006), 1 (11): „Gibt es also noch weitere Fälle? Welche Ersatzvoraussetzungen gelten für Sie?".

[294] Reischauer/Spielbüchler/Welser (Hrsg.), Reform des Schadenersatzrechts II (2006); kritisch zu den das reine Vermögen betreffenden Neuerungen des ArbG-E *Welser*, in: Reischauer/Spielbüchler/Welser (Hrsg.), Reform des Schadenersatzrechts II (2006), 1 (10): es drohen Haftungsfälle, die nach Reichweite und Umfang absolut unabschätzbar werden; kritisch zur Systematik des § 1298 Abs. 1 ArbG-E und zum Regelungsgehalt des Abs. 2, *Reischauer*, in: Reischauer/Spielbüchler/Welser (Hrsg.), Reform des Schadenersatzrechts II (2006), 23 (32 f.); ferner *Harrer*, Zak 2006, 403 (404): Konsequenzen unüberschaubar.

[295] *Reischauer/Spielbüchler/Welser* (Hrsg.), Reform des Schadenersatzrechts III (2008).

§ 1295 Abs. 1 Gegen-E enthält weiterhin eine große Generalklausel, die allerdings durch ihre Folgeabsätze eine Konkretisierung erfährt. Gegenüber dem geltenden Recht erfährt § 1295 Abs. 1 Gegen-E damit zwar vor allem gesetzesgestalterische Änderungen, bezüglich der Haftung für reine Vermögensschäden enthalten diese aber keine Überraschung: § 1295 Abs. 2 Gegen-E bestimmt die Haftung aus Sonderverbindung – sowohl aus Gesetz als aus Vertrag und wohl auch aus vertragsähnlichen Kontakten.[296] Abs. 3 hält – in ausdrücklicher Anlehnung an § 823 Abs. 1 BGB[297] – am Schutz der absoluten Rechtsgüter fest, und lässt das reine Vermögen damit weiterhin außen vor. Abs. 4 enthält die Haftung für Schutzgesetzverletzung, Abs. 5 die Sittenwidrigkeitsklausel. Ein Pendant zu § 1298 ArbG-E findet sich – wenig überraschend – nicht.

dd) Zwischenergebnis

Weder der Entwurf noch der Gegenentwurf sind bislang Gesetz geworden. Für diese Untersuchung zeigt sich an ihnen jedoch eindrücklich, für wie positivierungs- und im gleichen Zuge auch erweiterungsbedürftig zumindest Teile der Lehre die Haftung für reine Vermögensschäden empfinden, und wie vortrefflich hierüber in der Breite der Wissenschaft gestritten wird.[298]

d) Exkurs: Reine Vermögensschäden in den Vereinheitlichungsversuchen des europäischen Haftungsrechts

Last but not least: Auch auf gesamteuropäischer Ebene lässt sich das Bedürfnis feststellen, die Haftung für reine Vermögensschäden de lege ferenda jedenfalls stückweise zu positivieren. Zu nennen sind die beiden großen Entwürfe zur Vereinheitlichung des außervertraglichen Haftpflichtrechts in Europa, die *Principles of European Tort Law*[299] (PETL) und der *Entwurf eines europäischen Zivilgesetzbuches* der *Study Group on a European Civil Code*[300].[301]

---

[296] *Reischauer*, JBl 2009, 405 (409) stellt klar, dass die Haftung aus culpa aus contrahendo jedenfalls von § 1295 Gegen-E umfasst ist und es keinen Unterschied mache, ob diese schon Abs. 2 oder erst Abs. 4 unterfalle.
[297] *Reischauer/Spielbüchler/Welser* (Hrsg.), Reform des Schadenersatzrechts III (2008), 31.
[298] Bezeichnend etwa der auf die beiden Entwürfe folgende literarische Schlagabtausch zwischen *Koziol*, JBl 2008, 348 (349 f.), der als zentrale Figur des ArbG-E das (vermeintlich fehlende) Konzept des Vermögensschutzes im Gegen-E kritisiert und *Reischauer*, der hierzu wiederum in JBl 2009, 405 (409 f.) und JBl 2009, 484 (485 f.) repliziert.
[299] Veröffentlicht in European Group on Tort Law, Principles of European Tort Law (2005).
[300] Veröffentlicht in *v. Bar*, PEL Liab. Dam. (2009).
[301] Einen knappen aber präzisen Vergleich der beiden Entwürfe bietet *Koziol*, in: Remien (Hrsg.), Schadenersatz im europäischen Privat- und Wirtschaftsrecht (2012), 5 (7 ff.).

Hinsichtlich der Haftung für reine Vermögensschäden ähnelt der Ansatz der PETL dem des ArbG-E in Österreich. Dies überrascht insofern wenig, als sich die Besetzung der Kommissionen zur Ausarbeitung der PETL und des ArbG-E in der Person von *Koziol* überschneiden.[302] Ganz grundsätzlich verschreiben sich so auch die PETL dem von *Wilburg* begründeten und von *Koziol* vehement verfochtenen *beweglichen System*.[303] Die PETL werden daher nicht von allzu starren Einzeltatbeständen beherrscht, sondern vielmehr von elastischen Regelungen, die eine generell-abstrakte Entscheidung über die Haftung gerade nicht selbst liefern, sondern erst im Einzelfall „*alles mit allem*"[304] abgewogen sehen wollen.[305] Die ersatzpflichtig verletzbaren Interessen werden ausdrücklich hierarchisiert. Das reine Vermögen wird dabei – ähnlich wie in § 1293 Abs. 3 S. 2 ArbG-E – auf eine im Zweifel (!)[306] untere Wertigkeitsstufe gestellt. Reine Vermögensschäden werden dabei aber weder gänzlich von der Ersatzpflicht ausgeschlossen noch kategorisch für weniger ersatzunwürdig als andere Interessen befunden.[307]

Der *Entwurf eines europäischen Zivilgesetzbuches* der *Study Group on a European Civil Code* zeichnet sich dagegen durch (etwas) genauer umrissene Einzeltatbestände aus. Ersatzfähig sind nur „relevante Schäden", Art. 2:101 Abs. 1.[308] Auch einzelne Fälle reiner Vermögensschäden werden als relevant erachtet und ausdrücklich mit einer Ersatzpflicht belegt,[309] etwa im Fall der Verbreitung schadhafter Falschinformation über eine Person (Art. 2:204), der Verletzung berechtigten Vertrauens in unrichtige Auskünfte (Art. 2:207) oder – dem deutschen Juristen sofort ins Auge fallend – der

---

[302] Zu dieser personellen Parallele vgl. auch *Ranieri*, Europäisches Obligationenrecht (2009), 1532 f.

[303] Zum beweglichen System in der Haftungsbegründung der PETL *Koziol* ZEuP 2004, 234 (236); *von Hein*, in: FS Kren Kostkiewicz (2018), 773 (785); ausführlich *Jansen*, RabelsZ 70 (2006), 732 (752 ff.).

[304] *Jansen*, RabelsZ 70 (2006), 732 (753).

[305] *Jansen*, Struktur des Haftungsrechts (2003), 27 sieht einen Trend darin, der Justiz immer größere Spielräume einzuräumen; kritisch zur allzu großen richterlichen Freiheit gerade vor der eigentlich schon auf Normebene anzustrebenden Vereinheitlichung des Haftpflichtrechts *von Hein*, in: FS Kren Kostkiewicz (2018), 773 (791) im Anschluss an *van Boom*, in: van Boom/Koziol/Witting (Hrsg.), Pure Economic Loss (2004), 1 (32, Rn. 83).

[306] Art. Art. 2:102 Abs. 4 PETL: „Protection of pure economic loss [...] *may be* limited in scope".

[307] Vgl. *Jansen*, RabelsZ 70 (2006), 732 (758).

[308] Ein oberflächlicher Vergleich des ersatzfähigen Schadens nach den PETL und des Entwurfs eines europäischen Zivilgesetzbuches wiederum mit dem OR 2020 findet sich bei *Peifer*, in: Harke/Riesenhuber (Hrsg.), OR 2020 – Schweizerische Schuldrechtsreform aus vergleichender Sicht (2016), 247 (258 f.).

[309] Zweifelnd *Canaris*, VersR 2005, 577 (582 Fn. 26), der ausführt, dass die gewählte Regelungstechnik für den reinen Vermögensschaden aus deutscher Perspektive letztlich keine Haftungserweiterungen bringen; unzutreffend auch der Befund *Koziols*, in: Remien (Hrsg.), Schadenersatz im europäischen Privat- und Wirtschaftsrecht (2012), 5 (9), der dem Entwurf der Study Group vorwirft, sich reinen Vermögensschäden – anders als die PETL – nicht zu widmen.

unrechtmäßigen Beeinträchtigung der Berufsausübung bzw. des Gewerbebetriebs[310] (Art. 2:208).[311]

3. Zwischenergebnis

Auf die hier aufgeworfene Frage nach der Notwendigkeit einer Ausweitung der außervertraglichen Haftung für reine Vermögensschäden lässt sich antworten, dass zumindest in der Tendenz die *Schleusentore vorsichtig geöffnet werden sollen.* Insbesondere die ausdrückliche Berücksichtigung der außervertraglichen Haftung für reine Vermögensschäden in Gesetzesentwürfen auf nationaler und europäischer Ebene zeigt, dass hier in der Breite Handlungsbedarf gesehen wird.

Während auf akademischer Ebene aber noch über das „Ob" der Haftungserweiterung gestritten wird, ist die rechtliche Praxis längst beim „Wie" angekommen.[312] Dass etwa in Deutschland die Rechtsprechung das enge Korsett, welches die §§ 823, 826 BGB der Ersatzfähigkeit des reinen Vermögensschaden schnüren, hier und da nachhaltig gelockert hat, wird niemand bestreiten können.[313] Allerdings geschieht dies nicht nur über die deliktische Schiene, sondern häufig auch über die des „offeneren"[314] Vertragsrechts.[315]

---

[310] Kritisch zu dieser offensichtlich an die deutsche Dogmatik zum Recht am eingerichteten und ausgeübten Gewerbebetrieb angelehnten Vorschrift *Canaris*, VersR 2005, 577 (583, Fn. 41).

[311] Eine Übersicht über die reine Vermögensschäden betreffenden Artikel des Entwurfs bietet *Loser*, in: Koller (Hrsg.), Haftpflicht- und Versicherungsrechtstagung St. Gallen 2005 (2005), 111 (166); pro Einzeltatbestandslösung im Bereich reiner Vermögensschäden auch *Jansen*, RabelsZ 70 (2006), 732 (762).

[312] Vgl. *Wendelstein*, JURA 2018, 144 (147): Einigkeit darüber, dass Haftungsbegründung möglich sein muss, fraglich allein die Methode.

[313] Sofern *Doobe*, Ersatz reiner Vermögensschäden Dritter (2014), 218 den „Trend zur Ausweitung der Schadenersatzhaftung" als Argument für einen originär eingeschränkten deliktischen Vermögensschutz anführt, ist dies falsch. Der angesprochene „Trend" ist vielmehr Symptom dafür, dem strikten Grundsatz der Nichtersatzfähigkeit entkommen zu wollen, also nur Wirkung, aber keine Ursache der gesetzgeberischen Grundentscheidung gegen eine allgemeine Fahrlässigkeitshaftung.

[314] So *Immenhauser*, in: Büchler/Ernst/Oberhammer (Hrsg.), Vinculum iuris (2008), 65 (120), der auf die dem Deliktsrechts innewohnende Haftungsbegrenzungsfunktion hinweist.

[315] Hierzu *Magnus*, HAVE 2017, 25 (31), der festhält, dass das feinjustierbare Vertragsrecht zum selektiven Vermögensschutz schlicht besser geeignet sei als die grobe Keule des Deliktsrechts; kritisch *Picker* JZ 1987, 1041 (1042), der dies plastisch als „Vertragssüchtigkeit" geißelt; *Koziol*, AcP 212 (2012), 1 (48 f.); *Gauch*, recht 1996, 225 (233) spricht zutreffend von einer „Flucht in die Kategorien des Vertragsrechts", auch wenn diese in der Schweiz noch deutlich zurückhaltender stattfindet als in Deutschland, siehe hierzu insb. unter F./II./2./c)/bb)/(3).

F. Parameter des Gegengrundsatzes: Erscheinungsformen der originär außervertraglichen Haftung für fahrlässig verursachte reine Vermögensschäden

Die Floskel, fahrlässig verursachte reine Vermögensschäden seien außerhalb (vor-)vertraglicher Beziehungen nicht zu ersetzen[1], ist in dieser Einfachheit, *erstens*, unzutreffend[2] und – nach dem vorstehend eingefangenen Stimmungsbild aktueller Gesetzesreformen – *zweitens* auch de lege ferenda jedenfalls in dieser Absolutheit nicht erstrebenswert.[3] Die Grundkonzeption des außervertraglichen Haftpflichtrecht in Deutschland, namentlich die §§ 823, 826 BGB, stellt den Grundsatz einer solchen Nichtersatzfähigkeit auf. Das gleiche Ergebnis wird in Österreich und der Schweiz durch die dort vorherrschende Rechtswidrigkeitsdogmatik erreicht. Trotz dieser pauschalen Haftungsverneinung findet in einer Vielzahl von Konstellationen auch außerhalb vertraglicher Beziehungen eine Fahrlässigkeitshaftung für reine Vermögensschäden bereits statt. Zunächst ist hier an die Anwendung deliktischer Spezialnormen zu denken, sodann an die Ausweitung des vertraglichen Vermögensschutzes auf originär außervertragliche Konstellationen.

Wie eingangs erläutert, ist es das Ziel dieser Untersuchung, ein umfassendes Bild der außervertraglichen Haftung für reine Vermögensschäden darzustellen, und den folgenden – existenten, aber in Literatur und Rechtsprechung bislang nicht greifbaren – Gegengrundsatz aufzustellen: Fahrlässig verursachte reine Vermögensschäden sind auch außerhalb vertraglicher Be-

---

[1] So etwa OGH SZ 56/135 = JBl 1984, 669 (670): „Außerhalb vorvertraglicher Beziehungen ist die nur fahrlässige Zufügung reiner Vermögensschäden nicht rechtswidrig und macht daher grundsätzlich nicht ersatzpflichtig"; ebenso OGH SZ 55/84; Urt. v. 19.12.2000 – 1 Ob 178/00h, teil. veröff. in RdW 2001/366: reine Vermögensschäden bei fahrlässiger Verursachung nicht ersatzfähig; ebenso *Magnus*, HAVE 2017, 25 (31); aus vergleichender Perspektive mit Blick auf das deutsche Deliktsrecht *Bussani/Palmer*, in: Bussani/Palmer (Hrsg.), Pure Economic Loss in Europe (2003), 120 (148): „as a basic rule, pure economic loss is not recoverable in tort"; idS auch *Peifer,* in: Harke/Riesenhuber (Hrsg.), OR 2020 – Schweizerische Schuldrechtsreform aus vergleichender Sicht (2016), 247 (256 f.).

[2] *Koziol*, in: FS 200 Jahre ABGB (2011), 469 (480); vgl. auch für das schweizerische Recht *Fisch*, Eigentumsgarantie und Nichtersatzfähigkeit reiner Vermögensschäden (2020), Rn. 375.

[3] Vgl. auch *Brüggemeier*, Struktur, Prinzipien, Schutzbereich (2006), 376, der dies als „tradierten Grundsatz" ausweist und sodann salopp festhält, dass sich die Zeiten inzwischen geändert haben.

ziehungen zu ersetzen, nämlich dann, wenn die nach dieser Untersuchung aufgestellten Voraussetzungen vorliegen.

I. Insbesondere: Deliktische Sondertatbestände

Die Darstellung des deliktischen Vermögensschutzes beschränkt sich in der deutschen Literatur häufig allein auf eine Skizzierung der beiden Grundtatbestände §§ 823 Abs. 2, 826 BGB.[4] Zu Unrecht – sind diesen Grundtatbeständen doch eine Reihe von Spezialnormen hintangestellt, die sich gerade dadurch auszeichnen, in bestimmten Konstellationen auch und gerade fahrlässig verursachte reine Vermögensschäden ersatzpflichtig zu machen. Eine umfassende Darstellung der originär außervertraglichen Haftung für reine Vermögensschäden erfordert zwingend eine Auseinandersetzung mit solchen Sondertatbeständen. Wie zu zeigen sein wird, bringen diese schließlich jeweils besondere Wertungen zum Ausdruck, unter deren Eindruck der historische Gesetzgeber und die Praxis der Rechtsanwendung unter Abweichung von den strengen Grundsätzen der §§ 823, 826 BGB bzw. der klassischen Widerrechtlichkeitsdogmatik zu § 1295 Abs. 1 ABGB, Art. 41 OR ausnahmsweise eine großzügigere Haftung für reine Vermögensschäden für notwendig erachtet. Diese Wertungen sind es nun, die es hier herauszustellen und ihnen verallgemeinerungsfähige Elemente zu entziehen gilt.

1. Kreditgefährdung –
reine Vermögensschäden durch Verletzung des wirtschaftlichen Rufs

Aus allen hier betrachteten Rechtsordnungen ergibt sich eine deliktische Ersatzpflicht für den Schaden, der bereits durch fahrlässig falsche, kreditschädigende Tatsachenbehauptungen verursacht wird.

a) § 824 Abs. 1 BGB – Kreditgefährdungshaftung in Deutschland

§ 824 Abs. 1 BGB verpflichtet zum Ersatz des Schadens, der durch eine wahrheitswidrige Tatsachenbehauptung oder -verbreitung entweder am „Kredit" (gemeint ist die *Kredit-* bzw. *Geschäftswürdigkeit*[5] oder allgemeiner die *wirt-*

---

[4] Statt vieler vgl. nur die Darstellung bei *Doobe*, Ersatz reiner Vermögensschäden Dritter (2014), 65 ff.; *Karampatzos*, Vertrag mit Schutzwirkung für Dritte (2005), 62; verkürzende Darstellung ferner bei *Brockmann/Künnen*, JA 2019, 729 Fn. 8; *Katzenmeier*, in: NK-BGB[4], § 823 Rn. 92; *Wendelstein*, JURA 2018, 144 (145); *Weiss*, JuS 2015, 8 (9); *L. Hübner/Sagan*, JA 2013, 741 (742); *G. Wagner*, JZ 2015, 680 (683); *ders./Thole*, VersR 2004, 275; *U. Hübner*, VersR 1991, 497; anders, ausführlich und zutreffend dagegen *Faust*, AcP 210 (2010), 555 (557); *Sprau*, in: Grüneberg BGB[81], § 823 Rn. 11; für Österreich *Koziol*, Haftpflichtrecht II (2018), A/2/97.
[5] *G. Wagner*, in: MüKo BGB[8], § 824 Rn. 3.

schaftliche Wertschätzung[6]) des Geschädigten entsteht oder sich als sonstiger Erwerbs- oder Fortkommensnachteil niederschlägt.

aa) Schutzgut der Kreditgefährdung

Ob in § 824 Abs. 1 BGB auch eine Haftungsanordnung für reine Vermögensschäden erblickt werden kann, ist fraglich: Nach der oben aufgestellten Definition des reinen Vermögensschadens liegt ein solcher nur dann vor, wenn er nicht auf der Verletzung eines *absolut geschützten Rechtsgutes* des Geschädigten beruht. Entscheidende Bedeutung kommt also der Frage nach dem *Schutzgut* des § 824 BGB zu. In Literatur und Rechtsprechung wird dies uneinheitlich beantwortet – die Lehre ist weitestgehend zweigeteilt und das Schutzgutverständnis des BGH wenig eindeutig. So wird einerseits angenommen, § 824 BGB schütze einen speziellen Bereich des *Allgemeinen Persönlichkeitsrechts*.[7] Hiernach würde die Tatbestandsverwirklichung eine Verletzung des Allgemeinen Persönlichkeitsrechts und damit eines absolut geschützten Rechtsguts voraussetzen. Der so entstehende Vermögensschaden wäre nicht „rein" im Sinne dieser Untersuchung. Diese Lesart des § 824 BGB vermag allerdings kaum zu überzeugen. Wäre die Kredit- bzw. Geschäftswürdigkeit (der BGH spricht zusammenfassend von der „Geschäftsehre")[8] tatsächlich nur eine Unterausprägung des allgemeinen Persönlichkeitsrechts, so wäre ihre Verletzung bereits nach § 823 Abs. 1 BGB (Allgemeines Persönlichkeitsrecht als „sonstiges Recht") mit einer Ersatzpflicht belegt. § 824 käme dann nur noch deklaratorische Wirkung zu. Will man der Kreditgefährdung ihre Existenzberechtigung nicht weitgehend absprechen, scheint es angezeigt, ihren originären Anwendungsbereich bereits im Ausgangspunkt abseits der absolut geschützten Rechtsgüter des § 823 Abs. 1 BGB zu verorten. Ein weiteres systematisches Argument gegen die Interpretation als Unterfall des Persönlichkeitsrechts liefert der Vergleich mit der strafrechtlichen Parallele: Wird eine *Verleumdung* (§ 187 StGB) durch kreditgefährdende Behauptungen begangen, soll die Strafandrohung *nicht den Ehr-, sondern den Vermögensschutz* gewährleisten.[9] Die heute wohl herrschende Meinung sieht daher zurecht § 824 BGB dem Schutz der *wirtschaftlichen Wertschätzung*, sprich des *geschäftlichen Rufes* und damit einem Teilaspekt des reinen (geschäftlichen) Vermögens unterstellt.[10]

---

[6] BGH VersR 2018, 950 (952).
[7] *Förster*, in: BeckOK BGB (62. Ed.), § 824 Rn. 2; *J. Hager*, in: Staudinger BGB (2021), § 824 Rn. 1.
[8] BGHZ 70, 39 = NJW 1978, 210 (211); NJW 1983, 1183.
[9] *G. Wagner*, in: MüKo BGB[8], § 824 Rn. 3; *Valerius*, in: BeckOK StGB (53. Ed.), § 187 Rn. 4; *Steinmeyer*, JZ 1989, 781 (783, mwN in Fn. 25 f.).
[10] BGHZ 90, 113 = JZ 1984, 1099 (1100) mAnm *Schwerdtner* stellt den Schutz nach § 824 BGB dem der absoluten Rechtsgüter nach § 823 Abs. 1 BGB gerade gegenüber; VersR 2018, 950 (952); *von Bar*, Gemeineuropäisches Deliktsrecht I (1996), Rn. 45, 48; ferner

bb) Ersatzpflicht bei fahrlässig falscher Tatsachenbehauptung

§ 824 Abs. 1 BGB setzt tatbestandlich keinerlei qualifiziertes Verschulden voraus. Die Haftpflicht tritt auch dann ein, wenn der Schädiger die Unwahrheit der kommunizierten Tatsache nicht kannte, aber kennen musste, mithin bereits bei *einfacher Fahrlässigkeit*.[11] Umso erstaunlicher ist es, dass diese den beiden Grundtatbeständen des § 823 BGB unmittelbar hintangestellte Norm in der Diskussion um die außervertragliche Haftung für fahrlässig verursachte reine Vermögensschäden kaum Beachtung findet.[12]

Obwohl § 824 Abs. 1 BGB eine außervertragliche Haftung für auch fahrlässig verursachte reine Vermögensschäden konstituiert, führt dies praktisch zu einer überschaubaren Haftungserweiterung gegenüber den drei Grundtatbeständen. Denn die zum Ersatz verpflichtende Kreditgefährdung setzt eine Schadensverursachung durch eine *falsche Tatsachenbehauptung* voraus, mithin eine Äußerung, die Anspruch auf Wirklichkeitstreue erhebt und deren Richtigkeit sich mit den Mitteln der Beweiserhebung *objektiv* feststellen lässt.[13] Ein – im Alltag viel häufigeres[14] – schädigendes *Werturteil* erfüllt den Tatbestand des § 824 Abs. 1 BGB noch nicht.

cc) Besondere Schutzwürdigkeit der wirtschaftlichen Wertschätzung

Auch wenn sich die Haftungsanordnung des § 824 Abs. 1 BGB auf den voraussetzungsvollen Fall einer Tatsachenbehauptung beschränkt, offenbart sie jedenfalls eine Grundwertung: Als einzelne Facette des reinen Vermögens schien die *wirtschaftliche Wertschätzung* dem historischen Gesetz-

---

Larenz/Canaris, Schuldrecht BT (1994), 463; *G. Wagner*, in: MüKo BGB[8], § 824 Rn. 3; *ders.*, Deliktsrecht[14], 7/57; *Katzenmeier*, in: NK-BGB[4], § 824 Rn. 2; *Wilhelmi*, in: Erman BGB[16], § 824 Rn. 1; *Reimann*, in: Bussani/Palmer (Hrsg.), Pure Economic Loss in Europe (2003), 171 (483); *Steinmeyer*, JZ 1989, 781 (783 f.); aus österreichischer Perspektive *Haybäck*, JBl 1994, 667 (673); wohl auch *Spindler*, in: BeckOGK BGB (Stand: 1.7.2022), § 824 Rn. 2 f., der den Schutz wirtschaftlicher Interessen hier neben den aus Persönlichkeitsverletzung treten sieht; ähnlich *Sprau*, in: Grüneberg BGB[81], § 824 Rn. 1; gegen die Annahme des Persönlichkeitsrechtsschutzes mit beachtlichen Argumenten auch *Hellgardt*, Kapitalmarktdeliktsrecht (2008), 57; zur historischen Verortung der Haftung für Kreditgefährdung abseits des Regelungsbereichs von § 823 BGB ferner *Schiemann*, in: Hist.-Krit. Komm BGB, §§ 823–830, 840, 842–853 Rn. 78.

[11] Allg. Ansicht: *Katzenmeier*, in: NK-BGB[4], § 824 Rn. 31; *J. Hager*, in: Staudinger BGB (2021), § 824 Rn. 11; *Spindler*, in: BeckOGK BGB (Stand: 1.7.2022), § 824 Rn. 40; *Wilhelmi*, in: Erman BGB[16], § 824 Rn. 7; *Förster*, in: BeckOK BGB (62. Ed.), § 824 Rn. 35; *Reichold*, in: jurisPraxKomm BGB[9], § 824 Rn. 30; vgl. *Teichmann*, in: Jauernig BGB[18], § 824 Rn. 10; *G. Wagner*, Deliktsrecht[14], 7/57; aA *Honsell*, ZIP 2013, 444 (444, 445, 447), der hier Vorsatz für erforderlich hält, obwohl der Normwortlaut das erkennbar nicht stützt; so wohl auch *Krebs*, Sonderverbindung und außerdeliktische Schutzpflichten (2000), 213.

[12] Hierauf mit deutlichen Worten hinweisend *Hellgardt*, Kapitalmarktdeliktsrecht (2008), 56.

[13] BGH VersR 2015, 247 (248); OLG Düsseldorf NJW-RR 2018, 173.

[14] *Förster*, in: BeckOK BGB (62. Ed.), § 824 Rn. 15.2: „deutlich zahlreicher [...] sind Werturteile".

geber besonders schutzwürdig.[15] Der Grund hierfür liegt auf der Hand: Von der wirtschaftlichen Wertschätzung einer Person hängen die Möglichkeit ihrer wirtschaftlichen Betätigung und damit letztlich die Voraussetzungen zur *Bestreitung des eigenen Lebensunterhalts* in ganz bedeutsamen Maße ab.[16] Das ökonomische Ansehen einer Person bildet schließlich die zentrale Entscheidungsbasis für Dritte, mit dieser Person bestehende Verhältnisse fortzuführen oder für die Zukunft zu begründen. Dies gilt für jede Form der Erwerbsbetätigung: Der Arbeitnehmer ist gegenüber seinem Arbeitgeber ebenso auf einen intakten wirtschaftlichen Ruf angewiesen wie der Selbstständige gegenüber seinen Kunden.[17] Die Verletzung der wirtschaftlichen Wertschätzung birgt also ein besonderes, weil potentiell *existenzbedrohendes Risiko*, welches die ausnahmsweise Anordnung einer Ersatzpflicht auch für reine Vermögensschäden rechtfertigt.[18]

b) Österreichische Kreditgefährdungshaftung – § 1330 Abs. 2 ABGB

§ 1330 Abs. 2 ABGB verpflichtet – ganz wie § 824 BGB – zum Ersatz des auch nur fahrlässig[19] verursachten Schadens, der durch die Verbreitung falscher Tatsachen und hierdurch entstehende Kredit-, Erwerbs- oder Fortkommensgefährdung[20] verursacht wird. Die tatbestandlich höchste Hürde ist erneut die Qualifikation einer Äußerung als Tatsachenbehauptung und nicht (nur) als Werturteil. Schutzgut ist, ebenso wie in § 824 BGB, der wirtschaftliche Ruf natürlicher und juristische Personen.[21]

---

[15] BGHZ 90, 113 = JZ 1984, 1099 (1100) mAnm *Schwerdtner*.
[16] *Reichold*, in: jurisPraxKomm BGB⁹, § 824 Rn. 3: „wirtschaftliche Existenz"; *Steinmeyer*, JZ 1989, 781 (784); idS auch BGHZ 90, 113 = JZ 1984, 1099 f. mAnm *Schwerdtner*: § 824 BGB schützt *Existenzgrundlagen*.
[17] *Steinmeyer*, JZ 1989, 781 (784).
[18] Vgl. *Larenz/Canaris*, Schuldrecht BT (1994), 463; *Franck*, Marktordnung durch Haftung (2016), 306 f. führt allgemeiner aus, dass mit § 824 BGB Verstöße gegen Marktordnungsnormen sanktioniert werden.
[19] § 1330 Abs. 2 ABGB erfordert, dass der Schädiger die Unwahrheit der Tatsachenbehauptung kennt bzw. kennen muss. In der älteren Rechtsprechung wurde hieraus gefolgert, dass eine Haftung erst ab grobfahrlässiger Unkenntnis zu bejahen ist, hierzu *Ostheim*, ÖJZ 1974, 1 mwN der restriktiven Rechtsprechung in Fn. 1. Nach heutigem Verständnis genügt aber bereits leichte Fahrlässigkeit, ausdrücklich OGH SZ 60/138 = EvBl 1988/32; MR 1997, 254; *Kissich*, in: ABGB-ON (Stand: 1.8.2019), § 1330 Rn. 2 f., 78; *Wittwer*, in: TaKomm ABGB⁵, § 1330 Rn. 19; ferner OGH, Urt. v. 20.1.2000 – 6 Ob 78/99k.
[20] Zur Frage, wann der Kredit tatsächlich tatbestandserfüllend gefährdet ist, *Kissich*, in: ABGB-ON (Stand: 1.8.2019), § 1330 Rn. 38.
[21] OGH MR 2019, 170 (171); *Danzl*, in: KBB ABGB⁶, § 1330 Rn. 2; *Haybäck*, JBl 1994, 667 (668).

aa) Österreichische Kreditgefährdungshaftung – deutsches Exportgut?

Diese Gemeinsamkeiten zwischen österreichischer und deutscher Kreditgefährdungshaftung sind kein Zufall, sondern Produkt von auch in diesem Bereich stattfindender Rechtsrezeption. Ursprünglich beinhaltete § 1330 ABGB lediglich eine einzelne Haftungsanordnung, die sich, minimal verändert, nun in § 1330 Abs. 1 ABGB findet und damals wie heute allein die Verletzung der *persönlichen Ehre* mit einer Ersatzpflicht belegte. Hier ist aus rezeptionistischer Perspektive wiederum bemerkenswert: Gerade bei der Ausformung dieser persönlichen Ehrschutzhaftung hat sich der OGH in seiner *Leitentscheidung zur Theaterkritik* erkennbar von deutscher Literatur und Rechtsprechung leiten lassen.[22]

Im Rahmen der Dritten Teilnovelle von 1916 wurde § 1330 ABGB mit einem zweiten Absatz und damit der deliktische Ehrschutz um die Facette der *Geschäftsehre* ergänzt. Erneut blickte der österreichische Gesetzgeber hierzu auf das deutsche Deliktsrecht und schuf mit § 1330 Abs. 2 ABGB eine Norm nach dem Vorbild des § 824 BGB.[23] Nach § 1295 Abs. 2 ABGB offenbart sich nun bei § 1330 Abs. 2 ABGB erneut nicht einfach nur der Einfluss des deutschen Deliktsrechts auf die österreichische Dogmatik, sondern weist § 1330 Abs. 2 ABGB gegenüber § 824 BGB sogar als praktisch deckungsgleiches Normtransplantat aus.

bb) Dogmatische Unterschiede in der Schutzbewertung des wirtschaftlichen Rufes

Unterschiede zwischen § 824 BGB und § 1330 Abs. 2 ABGB zeigen sich allerdings bei der systematischen Verortung. § 824 BGB markiert eine positivierte Ausnahme zu dem von §§ 823, 826 BGB aufgestellten Grundsatz, dass fahrlässig verursachte reine Vermögensschäden keine deliktische Haftung auslösen. Die *wirtschaftliche Wertschätzung* ist selbst kein absolut geschütztes Rechtsgut und unterfällt nach überzeugender Ansicht auch nicht dem Persönlichkeitsrechtsschutz des § 823 Abs. 1 BGB. Allein über die Spezialnorm des § 824 BGB lässt sich eine außervertragliche Haftung für durch fahrlässige Kreditgefährdung verursachte reine Vermögensschäden begründen.

In Österreich dagegen wird auch der von § 1330 Abs. 2 ABGB geschützte *wirtschaftliche Ruf* nach ganz herrschender Meinung als *absolut geschütztes Rechtsgut* verstanden.[24] Nach der hier verwendeten und auch in Österreich

---

[22] OGH SZ 68/97 = JBl 1996, 111 (113 f.); diese Entscheidung vor dem Hintergrund der rechtskreisinternen Rezeption zwischen den deutschsprachigen Höchstgerichten referierend *Koziol*, in: FS 50 Jahre BGH (2000), 943 (945 f.).
[23] *Haybäck*, JBl 1994, 667 (670); *Ostheim*, ÖJZ 1974, 1 (2) mwN der gesetzgeberischen Motive.
[24] OGH RdW 2020/214 = ecolex 2020/170; ferner OGH JBl 1991, 796; SZ 68/97 = JBl 1996, 111 (113); SZ 56/124 = JBl 1984, 492; *Reischauer*, in: Rummel ABGB³, § 1330 Rn. 7

gängigen Definition[25] führt damit die Ruf- bzw. Kreditschädigung nicht zu einem reinen Vermögensschaden: Die Haftung für die Verletzung absolut geschützter Rechtsgüter umfasst stets die hierdurch entstehenden Vermögensschäden – „rein" im Sinne dieser Untersuchung sind diese aber gerade nicht.

Diese Unterscheidung – hier die Schäden aus der Beeinträchtigung absolut geschützter Rechtsgüter, dort, gegenübergestellt, die reinen Vermögensschäden – wird gerade im Kontext der Kreditgefährdung nicht immer stringent durchgehalten. So nahm der OGH[26] in einem Fall zur Haftung eines Wirtschaftsprüfers für unrichtige Testate einen *reinen Vermögensschaden des Geschädigten* an, prüfte aber im gleichen Atemzug die Haftung für Schädigung des wirtschaftlichen Rufes und hält dabei sogar ausdrücklich fest, dass dieser schließlich absoluten Schutz genieße.[27]

Der Unterschied in der Rechtsgutsverortung wirkt sich praktisch aber auch nicht aus. Eine Haftungsanordnung – ob nun hier für die Verletzung eines absolut geschützten Rechtsguts oder dort ausnahmsweise des reinen Vermögens – besteht allemal. Für diese Untersuchung bemerkenswert ist vielmehr die autonome Entwicklung, die § 1330 Abs. 2 ABGB seit seiner Übernahme aus dem deutschen Deliktsrecht erkennen lässt. Seit einer Grundsatzentscheidung des OGH[28] steht der *wirtschaftliche Ruf* hinsichtlich seines deliktisch absoluten Schutzes nun in einer Linie mit den anderen Persönlichkeitsrechten. § 824 BGB wird dagegen von der deutschen Lehre weiterhin bewusst abseits des absoluten Rechtsgüterschutzes verortet.

cc) Erhöhte Wertigkeit des wirtschaftlichen Rufes

Obwohl § 1330 Abs. 2 ABGB damit keine Haftung für fahrlässig verursachte reine Vermögensschäden anordnet, lässt sich ein mit § 824 BGB vergleichbares und in der Bewertung der Haftungsanordnung sogar noch über § 824 BGB hinausgehendes Fazit formulieren: § 1330 Abs. 2 ABGB bestimmt nicht lediglich – wie § 824 BGB – eine Ausnahmehaftung für reine Vermögensschäden, sondern bewahrt den Schutz des wirtschaftlichen Rufes *sogar durch die Anerkennung als absolut geschütztes Rechtsgut*. Noch mehr als bei § 824 BGB lässt dies auf die Bedeutsamkeit des wirtschaftlichen Rufes im öster-

---

mwN der Rspr.; *Wittwer*, in: TaKomm ABGB⁵, § 1295 Rn. 42; *Kissich*, in: ABGB-ON (Stand: 1.8.2019), § 1330 Rn. 4; *Vrba/Unger*, in: Vrba (Hrsg.), Schadenersatz in der Praxis (45. EL), B/XI/8, 13, 35; *Posch/Schilcher*, in: Bussani/Palmer (Hrsg.), Pure Economic Loss in Europe (2003), 171 (485); aA wohl *Danzl*, in: KBB ABGB⁶, § 1330 Rn. 2; äußerst kritisch zur Einordnung des wirtschaftlichen Rufes als absolut geschütztes Recht und unter Verweis auf die Parallelen im deutschen Deliktsrecht *Haybäck*, JBl 1994, 732 (733, 736 ff.).

[25] Siehe hierzu unter D./I/2, 4.
[26] OGH RdW 2020/214 = ecolex 2020/170.
[27] Auf diesen Widerspruch hinweisend *Klement*, ecolex 2020, 394 (395).
[28] OGH SZ 56/124 = JBl 1984, 492.

reichischen Haftpflichtrecht schließen: In den Rang eines absolut geschützten Rechtsgutes erhoben, wird die Relevanz des wirtschaftlichen Rufes unterstrichen und der Weg für eine grundsätzliche, weil regelmäßig rechtswidrigkeitsindizierte Deliktshaftung eröffnet.

c) Schweizerische Ehrschutzhaftung – Art. 28 ZGB iVm Art. 41 OR

Das schweizerische Obligationenrecht kennt keine Norm zur gesonderten Haftungsbegründung des (auch) fahrlässigen Kreditschädigers. Eine entsprechende Haftung lässt sich vielmehr erst der Zusammenschau mehrerer Normen entnehmen.

aa) Vormals Kreditschutz durch Schutzgesetzhaftung

Bis in die 1980er Jahre enthielt das schweizerische StGB in Art. 160 eine Vorschrift, die explizit die Kreditschädigung unter Strafe stellte. Diese Norm wurde inzwischen ersatzlos gestrichen. Der vormalige Wortlaut entsprach weitestgehend dem der zivilrechtlichen Haftungsnormen von § 824 BGB und § 1330 Abs. 2 ABGB – bestraft wurde, wer jemandes Kredit böswillig und wider besseres Wissen durch Behauptung oder Verbreitung unwahrer Tatsachen erheblich schädigte oder ernsthaft gefährdete.[29] Auf dem Weg der Haftung aus Schutzgesetzverletzung ließ sich so über Art. 41 OR iVm § 160 chStGB aF zumindest eine Haftung für den vorsätzlich verursachten Kreditschaden begründen.[30]

bb) Allgemein-zivilrechtlicher Schutz der beruflichen Ehre

Eine mit § 824 BGB, § 1330 Abs. 2 ABGB vergleichbare Haftung im schweizerischen Privatrecht wird heute von einem anderen Ansatz aus erreicht: Art. 28 ZGB betont ganz allgemein die *Bedeutung der Persönlichkeit* und schützt vor widerrechtlichen Eingriffen in diese.[31] Hauptfacette der schützenswerten Persönlichkeit ist dabei die Ehre – sowohl im persönlichen als auch gerade im *beruflichen*,[32] d. h. wirtschaftlichen Sinne. Das *berufliche Ansehen* wird so vom allgemeinen Ehr- und dem noch weiterreichenden, über-

---

[29] Zur alten Rechtslage, dem vormaligen Wortlaut des Art. 160 chStGB und der Feststellung, dass das gegenwärtige chStGB die Kreditgefährdung nicht mehr unter Strafe stellt, BStGer, Beschl. v. 7. 6. 2016 – BB.2016.24–25, E. 2.5.
[30] Vgl. BGE 92 IV 38 (39 f.).
[31] Ausführlich *Zweigert/Kötz*, Einführung in die Rechtsvergleichung (1996), 695, die diese Norm aus deutscher Perspektive als „vorbildlich" loben, fehlt dem deutschen Deliktsrecht doch eine vergleichbare Regelung und fühlte sich zur Gewährung deliktischen Persönlichkeitsschutzes – anders als noch das RG – erst der BGH in seiner Leserbrief-Entscheidung (BGHZ 13, 334 = NJW 1954, 1404) berufen.
[32] BGE 119 II 97 (104); *Kirchschläger*, in: HaftpflichtKomm (2016), Art. 28 ZGB Rn. 17.

geordneten Persönlichkeitsbegriff schlicht mitumfasst.[33] Indem so die berufliche Ehre als Unterfall der Persönlichkeit iSd Art. 28 ZGB in den Stand der *absolut geschützten Persönlichkeitsrechte*[34] gehoben wird, ist die berufliche Ruf- bzw. Ehrschädigung grundsätzlich widerrechtlich[35] – der Weg zur Ersatzpflichtbegründung über Art. 41 Abs. 1 OR ist eröffnet.[36] Grenzübergreifend gleichen sich weiterhin die Verletzungshandlungen, die den jeweiligen Haftungstatbestand verwirklichen können. § 824 BGB, § 1330 Abs. 2 ABGB setzten ihrem Wortlaut nach ausdrücklich *die Behauptung falscher Tatsachen* voraus. Gleiches gilt in der Schweiz – ehrverletzend und rechtswidrig iSd Art. 41 OR können zwar im Ausnahmefall auch Werturteile sein,[37] *jedenfalls widerrechtlich* sind aber *unwahre Tatsachenbehauptungen*.[38]

cc) Zivilrechtliche Kreditgefährdung als Unterfall der beruflichen Ehrverletzung

Fraglich bleibt für diese vergleichende Untersuchung allein, was unter „beruflicher Ehre" zu verstehen ist und inwieweit die (allgemeine) schweizerische Ehrschutzhaftung in diesem Bereich der (speziellen) deutschen und österreichischen Kreditgefährdungshaftung entspricht.

Wo der im denkbar weitgefassten Ehrbegriff aufgehende *berufliche Ehrschutz* beginnt und endet, ist durch das Gesetz gerade nicht konturiert. In der schweizerischen Literatur wird daher auch – wenig verwunderlich – kaum vom speziellen Fall der *„Kreditgefährdungs- bzw. -schädigungshaftung"* im eigentlichen Sinne gesprochen, sondern die Restitution der angegriffenen Berufsehre eben nur vage unter dem Oberbegriff des haftungsrechtliches *Persönlichkeits- bzw. Ehrschutzes* verortet.[39] Bei detaillierter Betrachtung des weiten Ehrbegriffes des Art. 28 ZGB lässt sich aber just eine *Kreditgefährdungshaftung im Wortsinne* in erstaunlich deutlicher Parallele

---

[33] BGE 129 III 715 (722); 111 II 209 (210 f.); 106 II 92 (96); 105 II 161 (163).
[34] *Brehm*, in: Berner Komm OR[5], Art. 41 Rn. 35; *Müller*, in: CHK[3], Art. 41 OR Rn. 44; *W. Fischer*, in: HaftpflichtKomm (2016), Art. 41 OR Rn. 64; *Roberto*, Haftpflichtrecht (2018), § 15 Rn. 7, 16.
[35] BGE 126 III 305 (306); 119 II 97; vgl. ferner 137 III 303 (310) (frz.).
[36] BGE 129 III 715 (724); grundsätzlich zur deliktischer Haftung nach Art. 41 ff. OR inklusive Genugtuung (Schmerzensgeld) bei Persönlichkeitsrechtsverletzungen BGE 109 II 4 (6); *Aebi-Müller*, in: CHK[3], Art. 28a ZGB Rn. 14.
[37] *Roberto*, Haftpflichtrecht (2018), § 15 Rn. 18.
[38] BGE 129 III 49 (51); *Aebi-Müller*, in: CHK[3], Art. 28 ZGB Rn. 19; *Roberto*, Haftpflichtrecht (2018), § 15 Rn. 17.
[39] Etwa *Oftinger/Stark*, Schweizerisches Haftpflichtrecht (1995), § 4 Rn. 29; *Kirchschläger*, in: HaftpflichtKomm (2016), Art. 28 ZGB Rn. 17 führt die (berufliche) Ehre unter dem Oberbegriff der sozialen Persönlichkeit; ähnlich *Aebi-Müller*, in: CHK[3], Art. 28 ZGB Rn. 18, die die Ehre als Teilbereich der Persönlichkeit kategorisiert und ihr die berufliche Ebene wiederum unterordnet.

zu § 824 BGB, § 1330 Abs. 2 ABGB *als Unterfall der beruflichen Ehrschutzhaftung* feststellen.

(1) Strafrechtlich gefärbte Kreditschutzdogmatik im Haftpflichtrecht

Wie nah sich nämlich – auch implizit nach rein schweizerischem Verständnis – der deliktsrechtliche Ehrschutz im Bereich der Berufsehre und der „Kreditschutz" im deutschen bzw. österreichischen Sinne sind, zeigen die Ausführungen in der Rechtsprechung, insbesondere zum inzwischen außer Kraft getretenen Art. 160 chStGB aF. Als „Kredit" im vormals strafrechtlichen Sinne wurde ein Attribut verstanden, welches seinem Träger den Ruf verleiht, seinen wirtschaftlichen Verpflichtungen nachzukommen.[40] Die Eigenschaft „Kredit" vermittelte Leistungsbereitschaft und insbesondere das Vertrauen auf die Einhaltung von Versprechen[41] – zusammenfassen lässt sich Kredit(-würdigkeit) mithin als *wirtschaftliche Zuverlässigkeit.* Dieser (strafrechtliche) Kreditbegriff findet sich im gegenwärtigen schweizerischen Strafrecht nicht mehr wieder, weder im Rahmen der Vermögens- noch der Ehrschutzdelikte. Bezeichnend ist hier die Rechtsprechung zum Straftatbestand der üblen Nachrede (Art. 173 chStGB), der gerade dann noch nicht erfüllt ist, wenn „nur" das berufliche Ansehen angegriffen wird.[42]

Da aber im schweizerischen Zivilrecht der Ehrbegriff so weit reicht und auch die berufliche Ehre umfasst,[43] kann sich zumindest hier der ehemals strafrechtliche Kreditbegriff als Facette des *beruflichen Ehrbegriffs* fortsetzen.[44] Das von Art. 28 ZGB geschützte *berufliche Ansehen*[45] ist gerade dann geschmälert, wenn öffentlich wirksam auf berufliche Funktionen und Eigenschaften des Betroffenen eingegangen wird.[46] Das Vorliegen einer beruflichen Ehrverletzung wird beispielsweise dann diskutiert, wenn der Betroffene gegenüber Berufskollegen und möglichen Klienten in ein ungünstiges Licht gerückt wird,[47] bzw. der Vorwurf eines bestimmten Geschäftsgebarens sich auf dessen berufliche Existenz auswirken kann.[48] Die wahrheitswidrige

---

[40] BGE 79 IV 16 (18); BStGer, Beschl. v. 7.6.2016 – BB.2016.24–25, E. 2.5.
[41] BGE 79 IV 16 (18).
[42] BGE 116 IV 205 (206 f.); 105 IV 111 (112).
[43] BGE 129 III 715 (722); 111 II 209 (210 f.); 106 II 92 (96); 105 II 161 (163).
[44] *Kirchschläger*, in: HaftpflichtKomm (2016), Art. 28 ZGB Rn. 17: zivilrechtlicher Ehrschutz umfassender als im Strafrecht; allgemein zur unterschiedlichen Schutzbereichsweite straf- und zivilrechtlicher Normen *Verde*, HAVE 2016, 141 (146).
[45] BGE 143 III 297 (308); 137 III 303 (310) (frz.); 129 III 715 (722); 105 II 161 (163).
[46] Vgl. die Erwägungen in BGE 137 III 303 (310 frz.) und 127 III 481 (487 f.).
[47] BG, Urt. v. 7.7.2000 – 5C.4/2000 E 2.c.bb, auszugsweise veröffentlicht in BGE 126 III 305; 137 III 303 (310 frz.): Beeinträchtigung der *réputation professionnelle.*
[48] BG, Urt. v. 7.7.2000 – 5C.4/2000 E.5.c.aa, auszugsweise veröffentlicht in BGE 126 III 305.

Suggestion *beruflicher Leichtfertigkeit* bzw. *Unsachlichkeit*[49] begründet ebenso die Verletzung der beruflichen Ehre wie das in Abrede Stellen zentraler beruflicher Fertigkeiten.[50] Ähnlich wie beim vormals strafrechtlichen Kreditbegriff lässt sich damit auch das primäre Attribut der *zivilrechtlichen Berufsehre* unter dem Stichwort der *beruflichen* bzw. *wirtschaftlichen Zuverlässigkeit* vereinen.

(2) Beruflicher Kredit als Unterfall des guten Rufes und der allgemeinen Ehre

Entsprechendes ist auch der schweizerischen Kommentar-Literatur zu entnehmen. Wenn dort ausgeführt wird, Kreditschädigungen zögen sonstige Vermögensschäden nach sich, die aber jedenfalls aus der Beeinträchtigung *absolut geschützter Rechtsgüter* herrührten,[51] so können – betrachtet man den numerus clausus der als verletzt in Frage kommenden absoluten Rechtgüter – hiermit nur Schäden aus einer *kreditschädigenden Persönlichkeitsverletzung*, mithin aus einer beruflichen Ehrverletzung, gemeint sein.

Am deutlichsten stellt *Brehm*[52] das Verhältnis zwischen *allgemeinem Ehr-* und *besonderem Kreditschutz* dar: Nach der Struktur seiner Kommentierung begründet der *berufliche Kredit* einen *Unterfall des guten Rufes*, welcher wiederum eine *Teilfacette der allgemeinen Ehre* darstellt.

Hier schließt sich auch begrifflich erkennbar der Kreis zur österreichischen und deutschen Kreditgefährdungshaftung: Schutzgut der § 824 BGB, § 1330 Abs. 2 ABGB ist die *wirtschaftliche Wertschätzung* bzw. der *wirtschaftliche Ruf* oder – mit dem BGH präzisiert[53] und wiederum stark an den schweizerischen Duktus erinnernd – die *Geschäftsehre*.

dd) Berufliche Ehrverletzung verursacht keine reinen Vermögensschäden

Nach den vorstehenden Ausführungen verursacht die schweizerische Kreditschädigung als Unterfall der beruflichen Ehrverletzung *keine reinen Vermögensschäden* im Sinne dieser Untersuchung. Dieser Befund entspricht weitestgehend dem zur österreichischen Rechtslage.[54] Das Persönlichkeitsrecht, welche die berufliche Ehre und damit den Schutz vor Kreditschädigungen in sich aufnimmt, ist ein absolut geschütztes Rechtsgut. Seine Beeinträchtigung ist grundsätzlich rechtswidrig und bereits nach Art. 41 Abs. 1 OR

---

[49] BGE 119 II 97 (104): Polizist, der wahrheitswidrig u. a. als „Waffennarr" bezeichnet wurde.
[50] Vgl. die Beispiele bei *Aebi-Müller*, in: CHK³, Art. 28 ZGB Rn. 18, 21 (zB Anwalt beherrsche Prozessführung nicht).
[51] *Kessler*, in: Basler Komm OR I⁷, Art. 41 Rn. 13.
[52] In: Berner Komm OR⁵, Art. 49 Rn. 57 ff.
[53] BGHZ 70, 39 = NJW 1978, 210 (211); NJW 1983, 1183.
[54] Siehe hierzu unter F./1./b)/cc).

ersatzpflichtig. Bei der Verortung des Kreditschutzes wird in der Schweiz damit gerade ein Weg beschritten, der in Deutschland nur von der Mindermeinung verfolgt wird, die die von § 824 BGB geschützte Geschäftsehre schlicht als spezielle Ausprägung des Allgemeinen Persönlichkeitsrechts begreift.[55]

d) Zwischenergebnis

In allen drei hier betrachteten Rechtsordnungen wird die Kreditschädigung bzw. -gefährdung einer Ersatzpflicht zugeführt, wenn auch von unterschiedlichen Standpunkten aus: In der Schweiz unterfällt der Kredit des Geschädigten letztlich dem über Art. 28 ZGB absolut geschützten Persönlichkeitsrecht, dessen Verletzung grundsätzlich widerrechtlich und ersatzpflichtbegründend ist. Nach dieser Konzeption entstehen hier also gar keine reinen Vermögensschäden. Ähnliches gilt für Österreich. § 1330 Abs. 2 ABGB ordnet explizit die Ersatzpflicht des Kreditgefährdenden an, Lehre und Rechtsprechung erheben allerdings auch dort den letztlich von § 1330 Abs. 2 ABGB geschützten wirtschaftlichen Ruf zum absolut geschützten Rechtsgut. Allein im Rahmen des § 824 BGB wird der wirtschaftliche bzw. berufliche Kredit abseits der absolut geschützten Rechtsgüter verortet. § 824 BGB stellt damit eine direkte Ausnahme zum von § 823 Abs. 1, 2, 826 BGB etablierten Grundsatz auf, fahrlässig verursachte reine Vermögensschäden grundsätzlich nicht mit einer Ersatzpflicht zu belegen.

aa) Bedeutung eines intakten Kredits für die eigenwirtschaftliche Lebensführung

Als Motiv für die Begründung dieser Ausnahme muss man sich die Bedeutung der (in diesem Kontext synonymen) *wirtschaftlichen Wertschätzung* (Deutschland), des *wirtschaftlichen Rufes* (Österreich) bzw. der *beruflichen Ehre* (Schweiz) vergegenwärtigen: Ohne intakten wirtschaftlichen Ruf ist dem Einzelnen in großen Teilen die Möglichkeit genommen, wirtschaftlich tätig zu werden – sei es als selbstständiger Unternehmer oder abhängiger Arbeitnehmer. Die professionelle Reputation ist für die persönliche Lebensführung und die Schaffung und Erhaltung der eigenen Existenzgrundlage so bedeutsam, dass ihre Verletzung auch im außervertraglichen Bereich einer Ersatzpflicht zugeführt werden muss – ob nun, wie in Deutschland, als Ausnahme von der gesetzlichen Regel, fahrlässig verursachte reine Vermögensschäden im außervertraglichen Bereich ersatzlos zu stellen, oder sogar, wie in Österreich und der Schweiz, durch die Erhebung in den Stand der absolut geschützten Rechtsgüter.

---

[55] Siehe hierzu unter F./1./a)/aa).

bb) Keine Gefahr einer ausufernden Haftung

Hinzu kommt, dass zentrale Argumente, die für die grundsätzliche Nichtersatzfähigkeit reiner Vermögensschäden im außervertraglichen Bereich angeführt werden, in den Fällen der Kreditgefährdung bzw. -schädigung versagen. Die Angst vor der Öffnung der Schleusentore ist hier deutlich zu relativieren. Die Gefahr der Schadenspotenzierung durch eine unübersehbare Anzahl von jeweils geschädigten Gläubigern ist kaum bedeutsam; ebenso wenig das hiermit verwandte Argument der fehlenden sozialen Offenkundigkeit. Denn wird der Kredit einer Person durch falsche Tatsachenbehauptungen geschädigt, ist es für deren Urheber klar zu erkennen, wessen wirtschaftliche Wertschätzung er hier in Mitleidenschaft zieht.

2. Spezialgesetzliche Sachverständigenhaftung

Die *Gutachterhaftung* ist eine stete Größe im Komplex der Haftung für reine Vermögensschäden. In erster Linie geht es hierbei um Fälle der Dritthaftung des Privatgutachters, z.B. gegenüber dem vertraglich nicht verbundenen Käufer einer Liegenschaft für ein fahrlässig falsch erstelltes Wertgutachten (Fallbeispiel 3).[56] Das deutsche und schweizerische Deliktsrecht vermag es in diesen Fällen nicht, eine Ersatzpflicht des Gutachters gegenüber vertragsfremden Dritten zu begründen. Jedenfalls die deutsche Rechtsprechung greift in diesen Fällen in erster Linie auf die Figur des Vertrags mit Schutzwirkung zugunsten Dritter zurück. Anders verhält sich dies in den Fällen, in denen ein reiner Vermögensschaden durch ein fahrlässig fehlerhaftes *Gerichtsgutachten* verursacht wird. Zum einen haben diese Konstellationen in jüngerer Zukunft an Bedeutung gewonnen.[57] Zum anderen gibt zumindest das deutsche Deliktsrecht unmittelbar deliktische Antwort auf diese spezielle Haftungsfrage.

a) Haftung des gerichtlich bestellten Sachverständigen für reine Vermögensschäden nach § 839a Abs. 1 BGB

Die jüngste deliktische Haftungsanordnung des deutschen Rechts auch für reine Vermögensschäden findet sich in § 839a Abs. 1 BGB. Nach ihr ist ein *gerichtlich bestellter Sachverständiger* zum Ersatz des Schadens verpflichtet, der einem Verfahrensbeteiligten durch eine solche gerichtliche Entscheidung entsteht, die auf einem vorsätzlich oder grob fahrlässig falsch erstatteten Sachverständigengutachten beruht. Abzugrenzen ist die Haftung des gerichtlich bestellten Sachverständigen nach § 839a BGB von der des außer-

---

[56] Siehe unter A./II.
[57] Mit dieser Einschätzung für das österreichische Recht *Sailer*, in: FS Reischauer (2010), 375 (376).

gerichtlich tätig werdenden Gutachters.⁵⁸ Dessen Haftung für reine Vermögensschäden entspringt nicht § 839a BGB und überhaupt nur in den seltensten Fällen dem Deliktsrecht (denkbar nur bei *vorsätzlich-sittenwidriger* Falschbegutachtung nach § 826 BGB⁵⁹ bzw. bei *behördlicher* Falschbegutachtung nach § 839 Abs. 1 S. 1 BGB⁶⁰), sondern ergibt sich vielmehr erst durch die Zuhilfenahme vertragsähnlicher Konstrukte.⁶¹

Es liegt auf der Hand, dass es sich bei diesen durch das fehlerhafte Gerichtsgutachten vermittelte *Urteilsschäden* weit überwiegend um reine Vermögensschäden handelt: Zwar kann das falsche Gutachten auch zur Beeinträchtigung absolut geschützter Rechtsgüter führen, insbesondere indem es den Anstoß zu einer judikativen Freiheitsverletzung durch Haft oder Unterbringung gibt.⁶² In aller Regel und gerade im Zivilprozess wird der Gutachtenfehler aber schlicht zum Prozessverlust führen – dessen Folgen für mindestens eine Prozesspartei sind *reine Vermögensschäden*.⁶³ § 839a BGB aktivlegitimiert daher – Stichwort: Ausuferungsgefahr – auch nur *die Verfahrensbeteiligten* selbst, nicht aber weitere, am Prozess unbeteiligte Dritte.⁶⁴

aa) Erweiterung der eingeschränkten Deliktshaftung für reine Vermögensschäden

Die Haftungsanordnung des § 839a BGB ist Symptom des nach dem Regime der drei „kleinen Generalklauseln" eingeschränkten reinen Vermögensschutzes. Die sich aus dem Zusammenspiel der §§ 823, 826 BGB ergebende Lücke für die Haftung (grob) fahrlässig verursachter reiner Vermögensschäden machte eine Normierung des § 839a BGB im Zuge der Schuldrechtsmodernisierung im Jahre 2002 erst erforderlich.⁶⁵ Bis zum Inkrafttreten des § 839a BGB musste die Haftung des Sachverständigen auf das allgemeine

---

⁵⁸ Vergleichend zur Haftung der verschiedenen Gutachtertypen *G. Wagner/Thole*, VersR 2004, 275 (insb. 278 f.).

⁵⁹ Vgl. BGHZ 159, 1 = NJW 2004, 3035 (3038 f.); eine Haftung des Privatgutachters aus § 826 BGB geprüft aber jeweils verneint BGH NJW 2003, 2825 (2826); NJW 1991, 3282 (3283).

⁶⁰ Hierzu ausführlich unter F./I./7.a)/aa)/(2).

⁶¹ Siehe hierzu insb. unter G./III./2./a).

⁶² BGH VersR 2019, 183; BVerfGE 49, 304 = NJW 1979, 305; OLG Nürnberg NJW-RR 1988, 791; *Ch. Huber*, in: Dauner-Lieb/Heidel/Lepa/Ring (Hrsg.), Das neue Schuldrecht in der anwaltlichen Praxis (2002), § 16 Rn. 87.

⁶³ OLG Hamm VersR 1995, 225; *Ch. Huber*, in: NK-BGB⁴, § 839a Rn. 2, 12; *G. Wagner*, in: MüKo BGB⁸, § 839a Rn. 2; *Littbarski*, VersR 2016, 154; *Thole*, AnwBl 2006, 91; detailliert *Schwab*, DS 2005, 132 (136 f.); *Kilian*, VersR 2003, 683 (684); *Quiring*, Dritthaftung von Sachverständigen (2006), 175.

⁶⁴ Der Wortlaut des § 839a BGB ist eindeutig, sodass die gerichtliche Bestellung auch keine Schutzwirkung zugunsten Dritter entfalten kann, *Ch. Huber*, in: NK-BGB⁴, § 839a Rn. 4; *G. Wagner*, in: MüKo BGB⁸, § 839a Rn. 2.

⁶⁵ Lehrbuchartig OLG Hamm MDR 2014, 681 (682).

Deliktsrecht gestützt werden – für den Regelfall der lediglich fahrlässigen Vermögensschädigung blieb nur die Suche nach einschlägigen Schutzgesetzverletzungen iSd § 823 Abs. 2 BGB.[66] War der Sachverständige vereidigt worden, wurde man in § 163 Abs. 1 dStGB aF[67] (fahrlässiger Falscheid) fündig und konnte eine Fahrlässigkeitshaftung begründen. Wurde der Sachverständige, wie im Großteil aller Fälle,[68] jedoch nicht vereidigt, schied auch eine Fahrlässigkeitshaftung nach § 823 Abs. 2 BGB aus. Der sodann in Frage kommende Tatbestand der *uneidlichen Falschaussage* (§ 153 dStGB) setzt eine *vorsätzliche* Begehung voraus.

Die Ersatzpflicht des gerichtlich bestellten Sachverständigen nach § 823 Abs. 2 BGB für *fahrlässig* verursachte reine Vermögensschäden stand und fiel also mit dem Zufall der Beeidung.[69] Aus Sicht des – durch einen unvereidigten Sachverständigen – Geschädigten war dies eine sachlich kaum überzeugende Differenzierung.[70] Entsprechend kritisch sah dies auch das letztlich angerufene BVerfG[71] und ebnete so den Weg zur Schaffung des § 839a BGB als vereinheitlichende deliktische Haftungsgrundlage.

Betrachtet man § 839a BGB vor dem Hintergrund seiner Entstehung, stellt er sich zunächst als Haftungseinschränkung dar, setzt er doch – strenger als zuvor die Haftung des vereidigten Sachverständigen nach § 823 Abs. 2 BGB iVm § 161 Abs. 1 dStGB – nicht nur einfache, sondern nun mindestens grobe Fahrlässigkeit voraus. Angesichts der schon vor der Schuldrechtsreform verschwindend geringen Bedeutung der Beeidigung[72] kommt diesem haftungsbeschränkenden Effekt aber kaum Bedeutung zu. Für diese Untersuchung und in der täglichen Praxis viel bedeutsamer *erweitert* § 839a BGB das Haftungsgefüge des allgemeinen Deliktsrechts, indem er eine nicht weiter differenzierte Haftung des gerichtlich bestellten Sachverständigen gerade auch für (grob) *fahrlässig verursachte reine Vermögensschäden* vorsieht.[73]

---

[66] Ausführlich und kritisch zu den einzelnen in Frage kommenden Schutzgesetzen *Ahrens*, in: FS Deutsch (2009), 701 (705 f.).
[67] Heute § 161 Abs. 1 dStGB.
[68] *Ch. Huber*, in: Dauner-Lieb/Heidel/Lepa/Ring (Hrsg.), Das neue Schuldrecht in der anwaltlichen Praxis (2002), § 16 Rn. 95; *Kilian*, VersR 2003, 683 (684); ferner *Spickhoff*, in: FS Heldrich (2005), 419 (422).
[69] *Kilian*, VersR 2003, 683 (684), vgl. OLG Hamm MDR 2014, 681 (682).
[70] *Katzenmeier*, in: FS Horn (2006), 67 (69); *G. Wagner/Thole*, VersR 2004, 275; *Spickhoff*, in: FS Heldrich (2005), 419 (421 f.); *ders.*, in: FS Danzl (2017), 311 (313); *Quiring*, Dritthaftung von Sachverständigen (2006), 176; wohl auch *Littbarski*, VersR 2016, 154 (155); aA *Canaris*, in: FS Larenz (1983), 27 (60, 97).
[71] BVerfGE 49, 304 = NJW 1979, 305 (305, 307): in casu ging es nicht um reine Vermögensschäden, sondern um Freiheitsentziehung durch grob fahrlässiges Falschgutachten.
[72] Praktisch haftete der Gerichtsgutachter vor der Reform nur für Vorsatz, hierzu *Honsell*, JuS 1976, 621 (629).
[73] OLG Hamm VersR 2022, 1592 (1594) mAnm *Schultess*; *Ch. Huber*, in: NK-BGB⁴, § 839a Rn. 14; *Jung*, ZVglRWiss 107 (2008), 32; *Spickhoff*, in: FS Danzl (2017), 311 (315); *Katzenmeier*, in: FS Horn (2006), 67 (70); *G. Wagner/Thole*, FPR 2003, 521 (521, 525); *Kilian*, ZGS 2004, 220 (221); *Zimmerling/Wingler*, in: jurisPraxKomm BGB⁹, § 839a Rn. 4; idS

bb) Besondere Haftung wegen besonderer Stellung des Gerichtssachverständigen

Wenn sich für das deutsche Deliktsrecht die Regel formulieren lässt, fahrlässig verursachte reine Vermögensschäden seien nur höchst ausnahmsweise zu ersetzen, stellt sich weiterhin die Frage, warum gerade der Fall des Urteilsschadens aufgrund eines grob fahrlässig fehlerhaft erstellten Sachverständigengutachtens eine normierte Ausnahme rechtfertigen soll.

Aufschluss gibt bereits die systematische Stellung des § 839a BGB. Die gerichtsgutachterliche Tätigkeit wird selbst *nicht als hoheitlich* qualifiziert, sodass sich eine Haftung des Sachverständigen nicht unmittelbar aus § 839 BGB begründen lässt.[74] Nicht umsonst ist der § 839a BGB aber der Amtshaftungsanordnung nach § 839 BGB zumindest hintangestellt,[75] welche zum einen die tatbestandlich weitreichendste deliktische Anspruchsgrundlage zum Ersatz fahrlässig verursachter reiner Vermögensschäden bietet und zum anderen systematischen Einfluss auf die Haftung des Gerichtssachverständigen nach § 839a BGB übt.[76]

(1) Vorrangige Haftung der letztlich Urteilsverantwortlichen

Aus dem Zusammenspiel der §§ 839, 839a BGB ergibt sich nämlich, dass die Haftung des gerichtlichen Sachverständigen für grob fahrlässig verursachte reine Vermögensschäden der Haftung des aufgrund des falschen Gutachtens urteilenden Richters vorgeht:

Ergeht ein fahrlässiges Fehlurteil aufgrund eines fehlerhaften Sachverständigengutachtens, lässt das *Spruchrichterprivilegs* des § 839 Abs. 2 BGB eine Fahrlässigkeitshaftung für judikativ verursachte reine Vermögensschäden gar nicht erst zu.[77] Wird ein solcher Schaden durch das Gericht *außerhalb des Spruchrichterprivilegs* fahrlässig verursacht (z.B. durch Beschlüsse im Vollstreckungs- und Insolvenzverfahren),[78] greift die allgemeine Amtshaftung nach § 839 Abs. 1 S. 1 BGB. Eine Haftung für einfache judikative Fahrlässigkeit wird im Ergebnis trotzdem höchst selten anzunehmen sein: Um die richterliche Unabhängigkeit, respektive den Schutz vor haftungsrechtlichen Konsequenzen bei einfachen Fehlentscheiden zu gewährleisten,

---

auch *Linz*, DS 2020, 271 (273), der – ohne dies zu spezifizieren – reine Vermögensschäden meint.

[74] BGH VersR 2003, 1535; OLG Frankfurt MDR 2005, 1051; *Ch. Huber*, in: NK-BGB⁴, § 839a Rn. 4.

[75] *Kannowski*, in: Hist.-Krit. Komm BGB, §§ 831–839a, 841 Rn. 97 sieht in § 839a BGB „eine Art Amtshaftung".

[76] Zur systematischen Verortung des § 839a BGB im Umfeld von § 839 BGB, *Ch. Huber*, in: NK-BGB⁴, § 839a Rn. 15.

[77] Siehe hierzu unter F./I./7./a)/bb).

[78] BGH NJW 2000, 3358 (3360); NJW-RR 1986, 412 (413); *Papier/Shirvani*, in: MüKo BGB⁸, § 839 Rn. 385.

setzt die Rechtsprechung bei der Bejahung eines einfachen Amtshaftungsanspruches die *Unvertretbarkeit der richterlichen Entscheidung* voraus – letztlich läuft dies auf eine Haftung für *Vorsatz und grobe Fahrlässigkeit* hinaus[79] und lässt Konstellationen einfacher judikativer Fahrlässigkeit praktisch außen vor. Liegt eine richterliche Schädigung nun ausnahmsweise einmal sowohl außerhalb des Spruchrichterprivilegs als auch im Bereich der groben Fahrlässigkeit, greift weiterhin das *Subsidiaritätsprinzip* des § 839 Abs. 1 S. 2 BGB. Nach diesem geht die Inanspruchnahme des grob fahrlässig handelnden Sachverständigen aus § 839a BGB – dessen Gutachten schließlich den Weg der gerichtlichen Entscheidung geebnet hat – auch hier der richterlichen Haftung stets vor.[80] Eine Haftung des Richters für judikative Schädigung ergibt sich in dieser Dreieckskonstellation zwischen Geschädigtem, Gerichtsgutachter und Gericht erst dann, wenn das Verschulden des Gerichts das des Gutachters graduell übertrifft und die Subsidiaritätsklausel so keine Anwendung finden kann: Es verbleibt hier der unwahrscheinliche Fall, dass dem Gutachter nur einfache (für seine Eigenhaftung nach § 839a BGB nicht ausreichende) Fahrlässigkeit vorzuwerfen ist, während der erkennende Richter mindestens grob fahrlässig falsch entscheidet. Diese Konstellation – dem Gericht, das mangels hinreichender Sachkunde den Sachverständigen bestellt, hätte bei seiner Entscheidung ins Auge fallen müssen, was dem einfach-fahrlässig falsch begutachtenden Sachverständigen entgangen ist – ist aber kaum vorstellbar.

Man mag nun insbesondere das Subsidiaritätsprinzip allgemein kritisieren[81] – der letztlich zum Ausdruck gebrachte Vorrang der Sachverständigenhaftung überzeugt aber. Beruht das Fehlurteil auf einem falschen Sachverständigengutachten, rückt die *Urteilsverantwortung* des nichtsachkundigen Richters in den Hintergrund.[82] Auch wenn die letztliche Urteilsfindung allein beim Richter liegt, wird dieser doch in entscheidender Weise vom Sachverständigengutachten beeinflusst.[83] Der Sachverständige wird vom Gericht zu dem Zweck bestellt, sein Spezialwissen zur Verfügung zu stellen und die fehlende gerichtliche Sachkunde auszugleichen. Ohne die etwaige Fehler-

---

[79] BGHZ 155, 306 = NJW 2003, 3052 (3053); BGHZ 187, 286 = NJW 2011, 1072 (1073) mAnm *Brüning*.

[80] *Wöstmann*, in: Staudinger BGB (2020), § 839a Rn. 26; der § 839a BGB spricht nicht „vom Urteil in einer Rechtssache", sondern allgemeiner von einer „gerichtlichen Entscheidung" und umfasst damit aus der Perspektive der richterlichen Haftung sowohl Fälle innerhalb als auch außerhalb des Spruchrichterprivilegs, vgl. *Mayen*, in: Erman BGB[16], § 839a Rn. 9; ferner *Ch. Huber*, in: NK-BGB[4], § 839a Rn. 18; *ders.*, bereits in: Dauner-Lieb/Heidel/Lepa/Ring (Hrsg.), Das neue Schuldrecht in der anwaltlichen Praxis (2002), § 16 Rn. 91; *Schwab*, DS 2005, 132 (133 f.).

[81] Hierzu, speziell aus österreichischer Perspektive, unter F./I./7./b).

[82] *Kannowski*, in: Hist.-Krit. Komm BGB, §§ 831–839a, 841 Rn. 98.

[83] *Deutsch/Ahrens*, Deliktsrecht (2014), Rn. 506: „Begutachtung führt im Zivilprozess stets dazu, dass eine Partei infolge des Gutachtens unterliegt".

haftigkeit des Sachverständigengutachtens erkennen zu können, verlässt sich der Richter bei seiner Entscheidung ganz entscheidend auf dieses.[84] So urteilt der Gutachter zwar in seiner Person nicht selbst, nimmt aber mit dem Inhalt seines Gutachtens zentral entscheidungsgebenden Einfluss auf den Ausgang des Rechtsstreits.[85] Angesichts dieser bedeutenden prozessualen Rolle erklärt sich die deliktische Haftung des gerichtlich bestellten Sachverständigen für reine Vermögensschäden unterhalb der tatbestandlichen Hürden des § 826 BGB und bereits bei grober Fahrlässigkeit.

(2) Schutz der inneren Freiheit nur bis zur Grenze der groben Fahrlässigkeit

Gerade weil der Gerichtssachverständige ausnahmsweise deliktisch auch für reine Vermögensschäden haftet, zeigt sich hier ganz offen das zentrale Gegenmotiv zur grundsätzlichen Haftungsverneinung – der *Schutz der allgemeinen Handlungs- und Bewegungsfreiheit*. § 839a BGB markiert einen erkennbaren Kompromiss: Indem die Sachverständigenhaftung zwar auch reine Vermögensschäden umfasst, gleichzeitig aber erst ab grober Fahrlässigkeit greift, soll dem Sachverständigen die zur unabhängigen Begutachtung benötigte *innere Freiheit* erhalten bleiben.[86] Dies lässt klar den Stellenwert erkennen, der dem Motiv der Handlungs- und Bewegungsfreiheit im Kontext der außervertraglichen Haftung für reine Vermögensschäden zukommt. Gleichzeitig offenbart es auch dessen Bedeutungsgrenze: Wer sich bei der Schädigung eines Anderen *qualifiziertes Verschulden* vorwerfen lassen muss, kann sich schwerlich auf die eigene Handlungsfreiheit berufen.

b) Österreichische Sachverständigenhaftung nach §§ 1295, 1299, 1300 ABGB

Anders als in Deutschland findet sich in Österreich keine mit § 839a BGB vergleichbare Norm, die alleine die Haftung des Gerichtssachverständigen

---

[84] *Ch. Huber*, in: NK-BGB⁴, § 839a Rn. 1: Richter folgt dem Gutachten in über 90 % der Fälle; *G. Wagner/Thole*, FPR 2003, 521; *dies.*, VersR 2004, 275 (276).

[85] *Kannowski*, in: Hist.-Krit. Komm BGB, §§ 831–839a, 841 Rn. 98; mit einem strafrechtlichen Beispiel *Schwab*, DS 2005, 132 (136); vgl. *Katzenmeier*, in: FS Horn (2006), 67; *Kilian*, VersR 2003, 683; *ders.*, ZGS 2004, 220 (225).

[86] BT.-Drs. 14/7752, 28; OLG Hamm VersR 2022, 1592 (1594) mAnm *Schultess*; *Linz*, DS 2020, 271 (273); *Ahrens*, in: FS Deutsch (2009), 701 (702); *Deutsch/Ahrens*, Deliktsrecht (2014), Rn. 506 mit gleichzeitiger Relativierung des Arguments, dass die Haftung für qualifiziertes Verschulden vorrangig der Rechtssicherheit diene; *Jung*, ZVglRWiss 107 (2008), 32 (55), im Anschluss an *Spickhoff*, in: FS Heldrich (2005), 419 (423), der wiederum aus den einschlägigen Gesetzgebungsmaterialen zitiert; ebenso *Spickhoff*, in: FS Danzl (2017), 311 (315); *G. Wagner*, in: MüKo BGB⁸, § 839a BGB Rn. 3; vgl. aber auch *ders./Thole*, VersR 2004, 275 (276), die die Haftungsbeschränkung auf Vorsatz und grobe Fahrlässigkeit mit der fehlenden privatautonomen Vertragsgestaltung seitens des gerichtlich bestellten Sachverständigen begründen.

regelt. Anzuwenden sind daher die allgemeinen Vorschriften der §§ 1295 ff. ABGB,[87] die allerdings in § 1299 ABGB eine Spezifizierung hinsichtlich der allgemeinen Sachverständigenhaftung enthalten.[88] Die Haftung des Privatgutachters unterliegt dagegen der Vorschrift des § 1300 ABGB.[89]

aa) Erhöhter Sorgfaltsmaßstab des (gerichtlich bestellten) Sachverständigen

§ 1299 ABGB bestimmt, dass derjenige, der ein qualifiziertes Gewerbe ausübt, die hierzu erforderliche Sorgfalt zu wahren hat.[90] Damit stellt § 1299 ABGB keine eigene Anspruchsgrundlage dar,[91] sondern enthält gegenüber § 1297 ABGB eine Verschärfung des Sorgfaltsmaßstabs: Sorgfaltswidrig und damit in haftpflichtbegründender Weise regelmäßig rechtswidrig ist, anders als nach § 1297 ABGB, nicht erst der Verstoß gegen die *gewöhnliche*, d.h. auch *subjektive Komponenten* miteinschließende Sorgfalt,[92] sondern schon das Zurückbleiben hinter dem objektiven Sorgfaltsstandard einzelner Berufsgruppen.[93] Mit anderen Worten: Wer ein qualifiziertes Gewerbe ausübt, übernimmt also bereits dadurch die Gewähr, auch den *gewerbeimmanenten Sorgfaltsstandard* einzuhalten, ohne dass es auf die konkreten persönlichen Fertigkeiten überhaupt ankäme.[94]

Die Überschrift des § 1299 ABGB, „insbesondere: a) der Sachverständigen", verdeutlicht, dass der erhöhte Sorgfaltsmaßstab jeden *Sachverständigen* trifft. Der Sachverständigenbegriff ist hierbei denkbar weit und im Wortsinn zu verstehen – Sachverständiger ist der, dessen Tätigkeit auf einen fachlich entsprechenden *Sachverstand* schließen lässt. So sind sowohl

---

[87] OGH SZ 50/98 = EvBl 1978/189; Urt. v. 20.10.2005 – 3 Ob 93/05f, RIS; Urt. v. 10.4.1986 – 8 Ob 505/86: Haftung des Gerichtssachverständigen nach §§ 1295, 1299 ABGB.

[88] Vergleichend *Spickhoff*, in: FS Danzl (2017), 311 (312).

[89] Nach der Rspr des OGH (SZ 50/98 = EvBl 1978/189; Urt. v. 10.4.1986 – 8 Ob 505/86) setzt § 1300 ABGB im Kontext der Gerichtssachverständigenhaftung einen Rat „an eine Partei" voraus (dem Normwortlaut ist das so streng freilich nicht zu entnehmen), was für das Gerichtsgutachten, das objektiv dem Gericht und nicht den Parteien unterbreitet wird, gerade nicht erfüllt sein soll.

[90] Im Wortlaut: „… gibt dadurch zu erkennen, daß er sich den nothwendigen Fleiß und die erforderlichen, nicht gewöhnlichen Kenntnisse zutraue".

[91] *Karner*, in: FS Koziol (2010), 695 (698) mwN in Fn. 18; äußerst missverständlich daher etwa OGH SZ 2018/41 = ZVR 2019/8 (25) und OGH Zak 2019/815: Gerichtssachverständiger haftet „den Parteien gegenüber pers nach § 1299 ABGB".

[92] OGH JBl 1982, 145 (147).

[93] Eindrücklich OGH SZ 49/47; zuletzt OGH, Urt. v. 25.9.2019 – 1 Ob 165/19z; ÖBA 2012/1811 mAnm *Heinrich*; *Wittwer*, in: TaKomm ABGB[5], § 1295 Rn. 1; *Koziol*, Haftpflichtrecht II (2018), A/6/1; kein Sorgfaltsverstoß daher bei objektivem Handeln lege artis, OGH SZ 2017/74 = JBl 2018, 248.

[94] OGH JBl 1982, 145 (147); Beschl. v. 26.4.1989 – 1 Ob 529/89, auszugsweise veröffentlicht in RdW 1989, 328; *Vrba/Unger*, in: Vrba (Hrsg.), Schadenersatz in der Praxis (45. EL), B/VIII/1; *Koziol*, Haftpflichtrecht II (2018), A/6/2; *Karner*, in: KBB ABGB[6], § 1299 Rn. 1; zur Berücksichtigung subjektiver Umstände iRd § 1299 ABGB bei subjektiver Unzumutbarkeit sorgfaltsgemäßen Verhaltens OGH JBl 2004, 327.

Rechtsanwalt[95] und Tierarzt[96] als auch Gebrauchtwagenhändler,[97] Versicherungsmakler,[98] IT-Fachmann,[99] Friseurmeister[100] und Baustellenkoordinator[101] *Sachverständige ihrer jeweilig angestammten Domäne.*[102] Nach diesem weiten Sachverständigenbegriff gilt § 1299 ABGB mit seiner erhöhten Sorgfaltspflicht in jedem Fall auch für denjenigen *Sachverständigen*, der wegen seines Fachwissens zur *gerichtlichen Begutachtung* bestellt wird.

bb) Haftung des Gerichtssachverständigen gegenüber Prozessparteien und prozessfremden Dritten

Ergeht eine gerichtliche Entscheidung auf Grund eines fahrlässig falsch erstatteten Sachverständigengutachtens, haftet der Gerichtssachverständige den Prozessparteien unmittelbar für den so entstehenden *Urteilsschaden*.[103] Gerade im Zivil- bzw. Zwangsversteigerungsverfahren handelt es sich hier typischerweise um *reine Vermögensschäden*.[104] In der gerichtsgutachterlichen Tätigkeit erblickt die österreichische Rechtsprechung[105] – anders als große Teile der Lehre[106] – keine hoheitliche Tätigkeit. Die Haftung des Gerichtsgutachters unterfällt damit ganz wie in Deutschland nicht dem Regime der Amtshaftung, sondern richtet sich nach den allgemeinen Vorschriften der §§ 1295 Abs. 1, 1299 ABGB.[107] Auch wenn das österreichische Haftungsregime den gerichtlichen Sachverständigen mit keiner eigenen Norm direkt adressiert und eine Haftungsbegründung des Gerichtssachverständigen stets die tatbestandliche Hürde der Rechtswidrigkeit im allgemein-deliktischen

---

[95] OGH ecolex 2013/241.
[96] OGH Urt. v. 20.1.2005 – 2 Ob 281/04v.
[97] OGH JBl 1998, 652.
[98] OGH Urt. v. 23.9.2020 – 7 Ob 84/20h.
[99] OGH Zak 2012/671.
[100] OLG Innsbruck ZVR 1997/118.
[101] OGH bbl 2006/97.
[102] In Deutschland verhält es sich mit der Qualifizierung der Expertenstellung freilich ähnlich. Im Kontext der Sachwalterhaftung aus vorvertraglichem Verschulden hat der BGH ausgeführt, dass die Inanspruchnahme besonderen Vertrauens sachlich orientiert festzustellen ist, also mit Hinblick darauf, worauf es für das konkrete Rechtsgeschäft im Einzelfall gerade ankommt, BGHZ 87, 27 = NJW 1983, 1607 (1609); überzeugend daher *Benz/Kohler*, ZfPW 2020, 490 (497), die am Werbemarkt etablierten Influencer als Experten und Sachwalter einordnen.
[103] OGH Zak 2019/815; Urt. v. 25.9.2019 – 1 Ob 165/19z; EvBl 2016/53 mAnm *Rohrer*; SZ 50/98 = EvBl 1978/189; Urt. v. 14.2.2006 – 4 Ob 228/05s.
[104] Vgl. etwa OGH JBl 2001, 227: Begehrt und (teilweise) zugesprochen wurde der Kostenersatz für die Erstellung eines privaten Gegengutachtens, mithin der Ausgleich eines reinen Vermögensschadens; *Nowotny*, JBl 1987, 282 (285).
[105] Aus der jüngeren Rspr etwa. OGH Zak 2008/646; JBl 2001,788 mAnm *Rummel*; hierzu *Vrba/Unger*, in: Vrba (Hrsg.), Schadenersatz in der Praxis (45. EL), B/VIII/10.
[106] Ausführlich und mwN der Kritik an der Rspr. *Sailer*, in: FS Reischauer (2010), 375 (378 ff., 385).
[107] Zuletzt OGH EvBl-LS 2021/106 mAnm *Brenn*.

Sinne nehmen muss, wird über §§ 1295 Abs. 1, 1299 ABGB eine ähnliche Haftung erreicht wie über § 839a BGB. Zwar erfordert die Annahme einer rechtswidrigen Schädigung durch den Gerichtssachverständigen den Verstoß gegen eine Verhaltensnorm; nach allgemeiner Ansicht stellen jedoch bereits die Verfahrensvorschriften der EO und der ZPO, die ihn zur richtigen Gutachtenerstellung verpflichten, in rechtswidriger Weise verletzbare Schutzgesetze dar.[108] Je nach Konstellation intendieren diese gerade den Schutz des reinen Vermögens der durch das gerichtliche Gutachten berührten Personen.[109]

Auffallend ist an dieser Stelle, wie sich die Schutzzweckbestimmung innerhalb der Länder unterscheidet. In Deutschland wird der diesbezügliche Schutzgesetzcharakter des Prozessrechts verneint; ein bereits vom Gesetzgeber intendierter Schutz des reinen Individualvermögens, der etwa im prozessualen Wahrheitsgebot angelegt sein könnte, soll sich gerade nicht feststellen lassen.[110] Praktisch wirkt sich dies – jedenfalls bei grob fahrlässiger Falschbegutachtung – nicht aus: Der in seinem reinen Vermögen durch den Gerichtssachverständigen Geschädigte ist auf eine Haftungsbegründung unter Zuhilfenahme der Schutzgesetzdogmatik nicht angewiesen. § 839a BGB sekundiert hier vielmehr § 823 Abs. 2 BGB und macht Diskussionen über den persönlichen und sachlichen Schutzbereich des Prozessrechts im Falle der Falschbegutachtung obsolet.

Auch das Motiv zur Haftungsbegründung des Gerichtssachverständigen entspricht dem in Deutschland. Durch sein Gutachten überzeugt der Sachverständige den Richter in für den Prozess richtungsgebender Weise.[111] Das Urteil fällt zwar immer noch der Richter, im Hintergrund wirkt aber das Gutachten eigentlich entscheidungstragend.

In zweierlei Hinsicht reicht die Haftung in Österreich sogar weiter als in Deutschland: Zum einen haftet der österreichische Gerichtssachverständige unter dem verschärften Sorgfaltsmaßstab des § 1299 ABGB bereits bei einfacher Fahrlässigkeit, während § 839a BGB erst bei *grober Fahrlässigkeit* greift.[112] Zum anderen lässt sich über §§ 1295, 1299 ABGB auch eine Haft-

---

[108] OGH Urt. v. 19.12.2012 – 6 Ob 238/12 m, RIS; *Koziol*, Haftpflichtrecht II (2018), A/6/54; *Vrba/Unger*, in: Vrba (Hrsg.), Schadenersatz in der Praxis (45. EL), B/VIII/10; *Tanczos*, in: Sachverständige und ihre Gutachten (2012), 113.
[109] Vgl. OGH JBl 2012, 520: Haftung des Sachverständigen im Zwangsversteigerungsverfahren für den reinen Vermögensschaden durch Überbewertung des Versteigerungsobjekts; *Nowotny*, JBl 1987, 282 (285); vgl. *Koziol*, Haftpflichtrecht II (2018), A/6/54.
[110] BGHZ 42, 313 = NJW 1965, 298; NJW 1968, 787; *G. Wagner*, in: MüKo BGB⁸, § 839a BGB Rn. 2.
[111] OGH SZ 50/98 = EvBl 1978/189.
[112] Hierzu vergleichend *G. Wagner/Thole*, VersR 2004, 275 (277); eine Haftung auch des österreichischen Gerichtsgutachters nach deutschem Vorbild erst ab grober Fahrlässigkeit erörternd *Klement*, ecolex 2020, 394 (397).

pflicht gegenüber *am Prozess unbeteiligten Dritten* begründen,[113] während § 839a BGB schon seinem Wortlaut nach nur den *Verfahrensbeteiligten* einen Ersatzanspruch gegen den Gerichtssachverständigen einräumt.[114]

cc) Exkurs: Positivierung einer „allgemeinen" Gutachterhaftung in § 1300 ABGB?

Die gegenüber Deutschland verhältnismäßig großzügige Gutachterhaftung für reine Vermögensschäden nach österreichischem Recht zeigt sich auch an anderer Stelle. § 1300 ABGB ordnet in Satz 1 eine Haftung des Sachverständigen iSv § 1299 ABGB schon bei einfacher Fahrlässigkeit an, wenn dieser *gegen Belohnung* einen *nachteiligen Rat* (gilt synonym für jede Form der *Auskunft* oder eben ein *Gutachten*)[115] erteilt. Eine sich aus § 1300 S. 1 ABGB ergebende Ersatzpflicht umfasst dabei gerade auch fahrlässig verursachte reine Vermögensschäden.[116]

(1) Gegenüber Deutschland erweiterte Auskunftshaftung nach § 1300 S. 1 ABGB

Nur auf den ersten Blick deckt sich der Regelungsgehalt des § 1300 ABGB mit der Aussage der ihm nächstverwandten deutschen Parallelnorm:[117] § 675 Abs. 2 BGB stellt – wenig verwunderlich,[118] da im Einklang mit §§ 280 Abs. 1, 823 Abs. 1 BGB stehend – fest, dass ohne Vertrag, Delikt oder sonstige gesetzlicher Bestimmung für den Gehalt einer Auskunft nicht zu haften ist.

---

[113] Grundlegend OGH JBl 2001, 227: Haftung des Gerichtssachverständigen, dessen im Strafprozess fahrlässig falsch erstelltes Gutachten einen Prozessunbeteiligten belastet; ferner Urt. v. 22.6.2012 – 1 Ob 67/12b, RIS; *Schacherreiter*, in: ABGB-ON (Stand: 31.7.2021), § 1299 Rn. 78.

[114] Für eine ähnliche beschränkte Haftung nach österreichischem Recht noch *F. Bydlinksi*, JBl 1965, 319 (321): gegenüber den Prozessparteien.

[115] OGH JBl 1979, 88; JBl 1962, 384; *Koziol*, Haftpflichtrecht II (2018), A/6/18 mwN in Fn. 55; *Harrer/E. Wagner*, in: PraxKomm ABGB⁴, § 1300 Rn. 1; *Karner*, in: KBB ABGB⁶, § 1300 Rn. 1; *Welser*, Haftung für Rat, Auskunft und Gutachten (1983), 11 f.

[116] OGH ecolex 2003/104; *Wittwer*, in: TaKomm ABGB⁵, § 1300 Rn. 5; *Kepplinger*, Eigenhaftung von Vertragsgehilfen (2016), 208; *Reischauer*, in: Rummel ABGB³, § 1300 Rn. 5 geht sogar davon aus, dass § 1300 ABGB ausschließlich eine Haftpflicht für reine Vermögensschäden anordnet; ähnlich *Tanczos*, in: Sachverständige und ihre Gutachten (2012), 109.

[117] *Kepplinger*, Eigenhaftung von Vertragsgehilfen (2016), 160 attestiert § 675 Abs. 2 BGB aus österreichischer Perspektive und im Vergleich mit § 1300 ABGB ein „Schutzdefizit".

[118] § 675 Abs. 2 BGB wird angesichts seiner trivialen Klarstellung nur deklaratorischer Charakter beigemessen, *Martinek/Omlor*, in: Staudinger BGB (2017), § 675 Rn. C2; *Heermann*, in: MüKo BGB⁸, § 675 Rn. 119.

(a) Haftung innerhalb jeder Sonderbeziehung bei fehlender Selbstlosigkeit

Während § 675 Abs. 2 BGB aber bereits dem Wortlaut nach eine Auskunftshaftung abseits des Deliktsrechts primär an das Bestehen eines *Vertragsverhältnisses* knüpft, wird die Haftungsanordnung des § 1300 ABGB großzügiger ausgelegt. Das Tatbestandsmerkmal „*gegen Belohnung*" wirkt hier konzeptionell haftungsbeschränkend. Eine Haftung für jede *selbstlose Gefälligkeitsauskunft*, eben „ohne Belohnung", besteht nicht.[119] Gleichwohl wird dieses Belohnungsmerkmal in einer Weise verstanden, die zu einer weitreichenderen Haftung führt, als § 675 Abs. 2 BGB für das deutsche Recht klarstellt:[120] „*Gegen Belohnung*" setzt nicht voraus, dass zwischen Auskunftserteilendem und -adressaten ein (zur Auskunft verpflichtender) Vertrag besteht.[121] Stattdessen reicht – jedenfalls nach moderner Lesart des § 1300 ABGB[122] – für die Annahme einer „Belohnung" des Auskunftsgebers schon das Bestehen einer *Sonderbeziehung* zwischen den Parteien aus,[123] innerhalb derer der Auskunftsgebende *nicht selbstlos agiert*,[124] sondern mit seiner Auskunft einen eigenen, wie auch immer gearteten Vorteil zu erreichen sucht.[125]

Eine solche Sonderverbindung kann natürlich auch in einem Vertragsverhältnis begründet liegen,[126] ist aber z. B. ebenso dann anzunehmen, wenn sich ein Patient wegen eines Behandlungsfehlers mit seinem Auskunftsersuchen an die Schiedsstelle der Ärztekammern wendet. Klärt diese

---

[119] Den Belohnungscharakter am Merkmal der fehlenden Selbstlosigkeit der Auskunft festmachend OGH ÖBA 2015/2143 mAnm *Apathy*; JBl 2011, 443 (445) mkritAnm *Dullinger*; JBl 1995, 588; *Harrer/E. Wagner*, in: PraxKomm ABGB⁴, § 1300 Rn. 2.

[120] *Dullinger*, in: FS Reischauer (2010), 101 (109).

[121] OGH ÖBA 2015/2143 mAnm *Apathy*; JBl 2011, 443 (444) mkritAnm *Dullinger*; ecolex 2003/104; *Karner*, in: FS Koziol (2010), 695 (696 f.); unpräzise daher *Honsell*, in: FS Nobel (2005), 939 (940), der § 1300 ABGB und § 675 Abs. 2 BGB hinsichtlich ihres vermeintlich gemeinsamen Vertragserfordernisses gleichsetzt; ebenso *Harrer*, Zak 2006, 403.

[122] Ausdrücklich mit dem Hinweis auf die alte Lehre und Rechtsprechung und das inzwischen gewandelte Verständnis OGH JBl 2011, 443 (444) mkritAnm *Dullinger*; mit dem Nachweis der jüngeren Literatur und Rechtsprechung *Kepplinger*, Eigenhaftung von Vertragsgehilfen (2016), 135 Fn. 607, 608.

[123] OGH ÖBA 2015/2143 mAnm *Apathy*; *Harrer/E. Wagner*, in: PraxKomm ABGB⁴, § 1300 Rn. 2; ausführlich mit einzelnen Beispielen *Karner*, in: KBB ABGB⁶, § 1300 Rn. 2.

[124] OGH JBl 2008, 450 (453); ecolex 2003/104; *Schacherreiter*, in: ABGB-ON (Stand: 31.7.2021), § 1300 Rn. 5; *Karner*, in: FS Koziol (2010), 695 (701); ausführlich zur in casu bejahten Selbstlosigkeit OGH Zak 2011/212; vgl. auch *Welser*, Haftung für Rat, Auskunft und Gutachten (1983), 34 f.

[125] OGH ÖBA 2015/2143 mAnm *Apathy*; *Dullinger*, in: FS Reischauer (2010), 101 (110 f.); *Reich-Rohrwig*, Aufklärungspflichten vor Vertragsschluss (2015), 12; *Angyan*, RdW 2022, 238 (241): als „Belohnung" soll ausreichen, wenn der Gesellschafter Dritte zu Handlungen gegenüber der Gesellschaft bewegt; ausführlich zur Abgrenzung der Tätigkeit im Eigeninteresse von der Gefälligkeit *Welser*, Haftung für Rat, Auskunft und Gutachten (1983), 37 ff.

[126] Klarstellend OGH ÖBA 2015/2143 mAnm *Apathy*: „Eine Vertragsbeziehung kann vorliegen, ist aber für die Haftung nach § 1300 S. 1 ABGB nicht Voraussetzung".

Schiedsstelle den Patient etwa über bestehende Verjährungsfristen nicht oder falsch auf, haftet sie aus § 1300 S. 1 ABGB, da die Auskunftserteilung *nicht selbstlos*, sondern schließlich im Drittinteresse der von der Schiedsstelle repräsentierten Ärzteschaft erfolgt.[127] Dieser Fall verdeutlicht, wie weit entfernt von vertraglichen Verhältnissen zwischen Auskunftserteilendem und -adressaten eine Haftung nach § 1300 S. 1 ABGB begründet werden kann.

Das hier zu Tage tretende, weite Verständnis der nicht zwingend vertraglichen Sonderverbindung als Haftungsvoraussetzung ergibt sich im Weiteren auch aus der systematischen Verortung des § 1300 S. 1 ABGB. Besteht eine Auskunftsverpflichtung, in erster Linie eben aus Vertrag oder etwa aufgrund der gerichtlichen Bestellung des Gerichtssachverständigen, greifen zur Haftungsbegründung bereits die allgemeinen Regeln der §§ 1295, 1299 ABGB.[128] Eigenständige Bedeutung kommt § 1300 S. 1 ABGB erst in dem Bereich zu, den die §§ 1295, 1299 ABGB nicht mehr abdecken – bei nicht selbstloser Auskunftserteilung *ohne originäre, in der Regel vertraglich begründete Auskunftsflicht*.[129]

Außerhalb von *Sonderbeziehungen* und insbesondere gegenüber Dritten vermag aber § 1300 S. 1 ABGB *grundsätzlich* keine Haftung des fahrlässig handelnden Auskunftsgebers, Raterteilenden oder Privatgutachters zu begründen.[130] So behilft man sich hier klassischerweise mit einer Haftungskonstruktion über den Vertrag mit Schutzwirkung zugunsten Dritter.[131] Allerdings ist in der neueren Literatur und Rechtsprechung die Ansicht auf dem Vormarsch, bei erkennbarer *Schaffung eines Vertrauenstatbestandes* auch gegenüber Dritten hafte der Gutachter auch außerhalb der eigentlichen Sonderverbindung, da ihn bei der Erstellung verkehrsfähiger Gutachten *objektiv-rechtliche* – und damit auch Dritten gegenüber ersatzpflichtrelevant verletzbare – *Sorgfaltspflichten* träfen.[132]

Ableiten lässt sich aus § 1300 S. 1 ABGB folgendes, auch dem Kernbereich des Vertragsrechts innewohnendes Element: Eine Haftung auch für fahrlässig verursachte reine Vermögensschäden lässt sich dort rechtfertigen, wo der

---

[127] OGH JBl 1995, 588 (590).
[128] *Reischauer*, in: Rummel ABGB³, § 1300 Rn. 4; idS auch *G. Wilhelm*, ecolex 1991, 87.
[129] *Reischauer*, in: Rummel ABGB³, § 1300 Rn. 4; vgl. *Dullinger*, in: FS Reischauer (2010), 101 (111).
[130] OGH ZVR 2007/211 mzustAnm *Ch. Huber*; OGH ZVR 2009/30 mAnm *Ch. Huber*; *Schacherreiter*, in: ABGB-ON (Stand: 31.7.2021), § 1300 Rn. 12.
[131] Kritisch *Welser*, Haftung für Rat, Auskunft und Gutachten (1983), 84 ff.; weiterführend insb. unter F./II./2./c)/cc)/(2)/(b).
[132] OGH SV 2020, 169 (170) mAnm *Mann-Kommenda*; EvBl 2018/89 (613) mAnm *Hoch/Angyan*; SZ 2010/92 = JBl 2010, 781 (783); ZVR 2009/30 mAnm *Ch. Huber*; JBl 2006, 178 (180); ÖBA 2002/1068 (832); ferner ZLB 2009/6 mAnm *Kothbauer*; ausführlich *Reich*, wobl 2019, 117 (121 ff.); *Karner*, in: FS Koziol (2010), 695 (711 ff.); grundlegend schon *Welser*, Haftung für Rat, Auskunft und Gutachten (1983), 86 ff.

potentiell Haftpflichtige nicht altruistisch, sondern im *Streben nach dem eigenen Vorteil* (eben „gegen Belohnung") schädigt.[133]

(b) Primat der vertraglichen Verortung der deutschen Auskunftshaftung?

In Deutschland dagegen bleibt die Haftungsbegründung ausweislich des Wortlautes des § 675 Abs. 2 BGB ganz grundsätzlich an das strikte Bestehen eines als solches zu qualifizierendes *Vertragsverhältnisses* geknüpft. In ihrem Randbereich erfährt diese strikt vertragliche Auskunftshaftung eine praktische Aufweichung, etwa durch die Annahme stillschweigend geschlossener Auskunftsverträge[134] oder Schutzpflichten im vorvertraglichen Bereich.[135] Zunehmende Bedeutung gewinnt auch der Normpassus „*oder einer sonstigen gesetzlichen Bestimmung*", unter den § 311 Abs. 3 BGB fällt. Gerade vor dem Hintergrund dieser Norm gewinnt auch die vereinzelte Annahme des OGH[136] an Schärfe, die deutsche und die österreichische Auskunftshaftung entspräche sich. Im dort zitierten Urteil des BGH[137] wird zwar gerade keine „allgemeine" (d. h. vom Normkonzept mit § 1300 S. 1 ABGB vergleichbare) Auskunftshaftung angenommen, sondern eine solche auf die Verletzung einer Auskunftspflicht als *vertraglicher Nebenpflicht* gestützt – also gerade anders, als es § 1300 S. 1 ABGB nach moderner Lesart voraussetzt. Allerdings ist hier schon vorwegzunehmen, dass die mit § 1300 S. 1 ABGB erzielten Haftungsergebnisse durchaus eine Schnittmenge mit dem deutschen Haftungsrecht aufweisen – nämlich dort, wo in Deutschland die (eng konturierte) Sachwalterhaftung nach § 311 Abs. 3 S. 2 BGB Anwendung findet.[138]

(2) Allgemeine Haftung erst bei wissentlicher Falschauskunft, § 1300 S. 2 ABGB

Eine über § 1300 S. 1 ABGB hinausgehende allgemeine Auskunftshaftung auch des Nichtsachverständigen und unabhängig von jeder Sonderbeziehung erreicht erst § 1300 S. 2 ABGB für den Fall der *wissentlichen* (mindestens eventualvorsätzlichen)[139] Falschauskunft. Auch § 1300 S. 2 ABG verpflichtet

---

[133] OGH JBl 2011, 443 (444) mkritAnm *Dullinger*: „Die grundlegende Wertung [des § 1300 S. 1 ABGB] besteht gerade darin, die Auskunftsgeber einer strengeren Haftung zu unterwerfen, die sich von der Preisgabe der Auskunft einen Vorteil erwarten, als jene, die lediglich aus Gefälligkeit beraten"; *Reich-Rohrwig*, Aufklärungspflichten vor Vertragsschluss (2015), 11; *Schacherreiter*, in: ABGB-ON (Stand: 31. 7. 2021), § 1300 Rn. 2.
[134] *Koch*, AcP 204 (2004), 59 (60 f. mwN der Rspr).
[135] Vgl. die Übersicht bei *Otto*, in: jurisPraxKomm BGB⁹, § 675 Rn. 121.
[136] OGH ecolex 2003/104.
[137] BGHZ 13, 198 = NJW 1954, 1193 f.
[138] Siehe hierzu unter F./I./5./b)/bb), cc).
[139] OGH ÖBA 2001/991; OGH ZVR 2009/30 mAnm *Ch. Huber*.

zum Ersatz reiner Vermögensschäden[140] und erweitert für den Fall der vorsätzlichen Schädigung etwa die Haftungsanordnung des § 1295 Abs. 2 ABGB, indem auf das dortige Sittenwidrigkeitserfordernis verzichtet wird.[141] Der Grund für die gegenüber § 1295 Abs. 2 ABGB voraussetzungslosere Auskunftshaftung für reine Vermögensschäden dürfte bereits in der § 1300 Abs. 2 ABGB typischerweise zugrunde liegenden Rollenverteilung angelegt sein: Wer vorsätzlich eine falsche Auskunft erteilt und damit den Boden für den Schadenseintritt bereitet, ist in keiner Weise schutzwürdig – derjenige, der auf die falsche Auskunft vertraut, dafür umso mehr.[142]

c) Die Haftung des Gerichtssachverständigen in der Schweiz

Das schweizerische Haftpflichtrecht kennt keine mit § 1299 ABGB bzw. gar mit § 839a BGB vergleichbare Norm, die den speziellen Fall der Haftung des Gerichtssachverständigen gegenüber den Prozessparteien oder gar Dritten regelt. Zur Haftungsbegründung bleibt hier nur der Rückgriff auf die allgemeinen Vorschriften.

Als wegweisender Unterschied zum deutschen und österreichischen Recht ist die Verortung der Sachverständigentätigkeit herauszustellen. Wie in Deutschland und Österreich wird der Sachverständige vom Gericht bestellt. Anders als in Deutschland und Österreich wird die Position des schweizerischen Gerichtssachverständigen allerdings rein öffentlich-rechtlich verortet.[143] Durch den Richter in einem hoheitlichen Ernennungsakt bestellt, übernimmt der Gerichtsgutachter dergestalt *hoheitliche Aufgaben*, als er dem Richter *als dessen Hilfsperson*[144] die Beweisgründe liefert.[145]

Lässt sich ein Urteilsschaden auf ein fahrlässig falsch erstelltes Sachverständigengutachten zurückführen, hat die Charakterisierung der Gutachter-

---

[140] *Tanczos*, in: Sachverständige und ihre Gutachten (2012), 109; *Schacherreiter*, in: ABGB-ON (Stand: 31.7.2021), § 1300 Rn. 10; *Wittwer*, in: TaKomm ABGB⁵, § 1300 Rn. 5.

[141] Beachtlich ist allerdings auch der Einwand *Reischauers*, in: Rummel ABGB³, § 1300 Rn. 12, die Vorschrift des § 1300 S. 2 ABGB sei seit der Rezeption von § 1295 Abs. 2 ABGB obsolet, schließlich sei die vorsätzliche Erteilung einer Falschauskunft in jedem Fall sittenwidrig.

[142] *Koziol*, Haftpflichtrecht II (2018), A/6/15.

[143] *Hürlimann*, in: Institut für Schweizerisches und Internationales Baurecht der Universität Fribourg (Hrsg.), Schweizerische Baurechtstagung 2011 (2011), 197 (217); auch der deutschen Perspektive ist diese Verortung nicht völlig fremd, *Kannowski*, in: Hist.-Krit. Komm BGB, §§ 831–839a, 841 Rn. 97 spricht etwa von „einer Art Amtshaftung"; nach hM wird in der gerichtsgutachterlichen Tätigkeit jedoch kein hoheitliches Handeln erblickt, BGHZ 59, 310 = NJW 1973, 554; OLG München VersR 1977, 482; OLG Düsseldorf NJW 1986, 2891.

[144] BGE 127 I 73 (81); *Donatsch*, in: FS 125 Jahre KassGer, 363 (364 mwN in Fn. 4).

[145] Mit dem Verweis auf den extensiv zu verstehenden Beamtenbegriff *Hürlimann*, in: Institut für Schweizerisches und Internationales Baurecht der Universität Fribourg (Hrsg.), Schweizerische Baurechtstagung 2011 (2011), 197 (217).

tätigkeit als *hoheitliche Beamtentätigkeit* unmittelbare Auswirkungen auf die Frage nach der einschlägigen Anspruchsgrundlage. Die Haftung richtet sich nicht nach Art. 41 OR, sondern unterliegt vielmehr dem Regime der Amtshaftung, namentlich dem bundesrechtlichen bzw. den verschiedenen kantonalen Verantwortlichkeitsgesetzen.[146] Auch die schweizerische Amtshaftung, respektive Art. 3 des bundesrechtlichen Verantwortlichkeitsgesetzes (VG), verlangt eine widerrechtliche Schädigung. Um das Tatbestandsmerkmal der Widerrechtlichkeit auszufüllen, nimmt das schweizerische Amtshaftungsrecht Anleihen im allgemeinen Obligationenrecht: Um die Widerrechtlichkeit einer fahrlässigen, reinen Vermögensschädigung begründen zu können, muss der Beamte – hier der Gerichtssachverständige – gegen eine entsprechende Schutznorm verstoßen haben. In erster Linie kommt hier Art. 307 chStGB in Betracht, welcher die gerichtliche Falschbegutachtung unter Strafe stellt. Ob ein entsprechender Strafnormverstoß aber auch die Widerrechtlichkeit einer reinen Vermögensverletzung bedeuten kann, dürfte höchst fraglich sein: Primäres Schutzgut des Art. 307 chStGB ist die *Ermittlung der materiellen Wahrheit*,[147] nicht jedoch die Integrität des Vermögens der Prozessparteien. Die Begründung einer Haftpflicht des lediglich fahrlässig falsch begutachtenden Gerichtssachverständigen ist nach schweizerischem Recht weit weniger eindeutig als nach deutschem bzw. österreichischem Haftpflichtrecht.

Das BG[148] betont ausdrücklich die *hohe Bedeutsamkeit des gerichtlichen Gutachtens*. Nichtsdestotrotz fällt insgesamt auf, dass die Frage nach der Haftung des Gerichtssachverständigen gegenüber den Prozessparteien in der schweizerischen Praxis eine – wenn überhaupt – nur untergeordnete Rolle spielt. Weder sind publizierte Entscheidungen ersichtlich, in denen die Strafbarkeit einer Falschbegutachtung bejaht wurde,[149] noch solche, in denen es um die Haftung des Gerichtsgutachters für den durch sein fehlerhaftes Gutachten verursachten Urteilsschaden geht. Symptomatisch für die fehlende Präsenz dieses Problems ist gerade die rechtsvergleichende Dissertation von *Tarman*. Ihr Titel „Die Gutachterhaftung gegenüber dem Dritten im deutschen und schweizerischen Recht" klingt diesbezüglich zwar vielversprechend; bereits auf der zweiten Seite wird dem an der Haftung des Ge-

---

[146] *Donatsch*, in: FS 125 Jahre KassGer, 363 (370); zur unterschiedlichen kantonalen Amtshaftung des Gerichtssachverständigen *Hürlimann*, in: Institut für Schweizerisches und Internationales Baurecht der Universität Fribourg (Hrsg.), Schweizerische Baurechtstagung 2011 (2011), 197 (218 ff.); allgemein zur schweizerischen Amtshaftung unter F./I./7./c).

[147] *Hürlimann*, in: Institut für Schweizerisches und Internationales Baurecht der Universität Fribourg (Hrsg.), Schweizerische Baurechtstagung 2011 (2011), 197 (220).

[148] BGE 118 Ia 144 (145).

[149] *Hürlimann*, in: Institut für Schweizerisches und Internationales Baurecht der Universität Fribourg (Hrsg.), Schweizerische Baurechtstagung 2011 (2011), 197 (220).

richtssachverständigen interessierten Leser aber eröffnet, dass auf den folgenden rund 200 Seiten dieser Frage nicht weiter nachgegangen wird.

d) Zwischenergebnis

Die Haftungsbegründung des gerichtlich bestellten Sachverständigen für reine Vermögensschäden der Prozessparteien unterscheidet sich in den Rechtsordnungen des deutschen Rechtskreises deutlich. In Deutschland hat man es für angezeigt gehalten, diesen doch eher ausgerissenen Konstellationen einen eigenen Tatbestand innerhalb des Deliktsrechts zu widmen. Das österreichische Haftpflichtrecht gelangt über die einfache Anwendung seiner allgemeinen Vorschriften zu einer gegenüber § 839a BGB sogar noch deutlich erweiterten Haftung. In der Schweiz dagegen ist die Haftung des Gerichtssachverständigen erst nach den Regeln der Amtshaftung zu begründen.

Ein zentrales Motiv, welches als genereller Anknüpfungspunkt der gerichtlichen Gutachterhaftung dient, scheint insbesondere im deutschen und österreichischen Recht durch: Das Urteil fällt der Richter, in dessen Hintergrund letztlich entscheidungstragend wirkt aber das Gutachten.[150] Hieran zeigt sich bereits eine allgemeine Wertung der außervertraglichen Haftung für fahrlässig verursachte reine Vermögensschäden – die *beherrschende Stellung des Schädigers*, hier des Gerichtsgutachters, im Vorfeld der Schädigung und die damit einhergehende Abhängigkeit bzw. das dem Schädiger ohne eigene Handhabemöglichkeiten „Ausgeliefert-sein" des Geschädigten.[151] Dieses Motiv wiederholt sich, etwa im Rahmen der deutschen Amtshaftung für reine Vermögensschäden.[152]

Weiterhin ist zu beobachten, dass die vielbeschworene Angst vor einer ausufernden Haftung jedenfalls mit Blick auf den Gerichtssachverständigen unberechtigt ist. In Deutschland beschränkt bereits der Wortlaut des § 839a BGB die Aktivlegitimation allein auf die Verfahrensbeteiligten. In Österreich eröffnet der offene Wortlaut der §§ 1295 Abs. 1, 1299 ABGB grundsätzlich die Möglichkeit, den Kreis der Ersatzberechtigten weit zu ziehen. Auch wenn Fälle der Dritthaftung gegenüber Prozessfremden anerkannt sind, lässt sich jedenfalls eine uferlose Haftungsausweitung gegenüber jeder-

---

[150] Angesichts der herausgehobenen Stellung des Gutachters fordert etwa *Donatsch*, in: FS 125 Jahre KassGer, 363 (364) einen qualifizierten gutachterlichen Verhaltensstandard. Aus der Perspektive dieser Untersuchung mag man als etwaiges Vorbild hier die Dogmatik zu § 1299 ABGB empfehlen.
[151] Vgl. idS *Jansen*, Struktur des Haftungsrechts (2003), 531 f., der zur Begründung einer ausnahmsweisen Haftung für reine Vermögensschäden ebenfalls auf die besondere Abhängigkeit des Geschädigten abstellt.
[152] Siehe zur Abhängigkeit des geschädigten Bürgers vom schädigenden Staat unter F./I./7./a)/cc).

mann bislang trotzdem nicht feststellen,[153] im Gegenteil: Der persönliche Schutzbereich der Prozessnormen, aus deren Verstoß sich eine Ersatzpflicht des Gerichtssachverständigen ableiten kann, umfasst in aller Regel eben nur die Verfahrensbeteiligten.

3. Relativ einheitliche Deliktshaftung für reine Vermögensschäden Dritter bei fahrlässiger Tötung

Das Haftpflichtrecht hat auf die Tötung eines Menschen einen ganz nüchternen Blick: Tötet jemand eine Person, fällt diese zum einen gegenüber ihren nächsten Angehörigen mit Unterhaltsleistungen aus und muss zum anderen kostenverursachend bestattet werden. Aus Sicht der zwar finanziell, aber nicht in ihrer eigenen körperlichen Integrität Betroffenen handelt es sich bei diesen Einbußen um *reine Vermögensschäden*. Im deutschen Rechtskreis besteht darüber Einigkeit, dass diese ausnahmsweise nach Deliktsrecht zu ersetzen sind: Gegenüber den durch die Tötung in ihrem reinen Vermögen Drittgeschädigten haftet der Schädiger nach §§ 844 Abs. 1, 2, 845 BGB, § 1327 ABGB, Art. 45 Abs. 1, 3 OR.[154]

a) Bestattungskosten

Stirbt ein Mensch, ist er zu bestatten. Die hierbei anfallenden Kosten trägt in aller Regel der Erbe.[155] Wird der Tod durch schuldhafte und rechtswidrige Fremdeinwirkung herbeigeführt, kann der Bestattungspflichtige vom Verantwortlichen gem. § 844 Abs. 1 BGB, § 1327 ABGB bzw. Art. 45 Abs. 1 OR die Kosten ersetzt verlangen.

Für den Bestattungspflichtigen handelt es sich bei dieser Position – nach deutschem und österreichischem Verständnis – um einen *reflektorisch verursachten reinen Vermögensschaden*:[156] Ohne selbst in absoluten Rechtsgütern verletzt zu sein, schlägt sich die Primärschädigung – in Gestalt der Kostentragungspflicht – im reinen Vermögen des bestattungspflichtigen Se-

---

[153] *Nowotny*, JBl 1987, 282 (285).
[154] Zu einem ausführlichen Vergleich der drei Parallelnormen, *Ch. Huber*, ZfRV 2015, 227 ff.
[155] Vgl. § 1968 BGB; in Österreich werden die Begräbniskosten als Verlassenschaftsverbindlichkeit verstanden (§ 549 ABGB), welche letztlich auch der Erbe erfüllt, § 548 ABGB; ähnlich § 474 Abs. 2 des schweizerischen ZGB, wonach die Begräbnisauslagen bei der Berechnung des Erbes abzuziehen sind.
[156] Vgl. OLG Wien ZVR 2013/10 (30f) mAnm *Ch. Huber*: Mittelbare (Vermögens-) Schäden außervertraglich grundsätzlich nicht, sondern nur nach Ausnahmenorm des § 1327 ABGB zu ersetzen; ferner OGH ZVR 1980/240; ähnlich BGH VersR 1968, 554 (555); vgl. *Schiemann*, in: Hist.-Krit. Komm BGB, §§ 823–830, 840, 842–853 Rn. 28; *Eichelberger*, in: BeckOGK BGB (Stand: 1.6.2022), § 844 Rn. 8.

kundärgeschädigten nieder. Der Anspruch auf Ersatz der Bestattungskosten entsteht *erst* und *nur* in der Person des Bestattungspflichtigen, es handelt sich also auch nicht etwa um einen originären Anspruch des Getöteten wegen Verletzung seines Körpers bzw. Beendigung seines Lebens, der erst im Zuge der Universalsukzession auf den die Bestattung letztlich besorgenden Erben übergeht.[157]

Hier lässt sich eine kleine aber feine Differenz innerhalb des deutschen Rechtskreises feststellen: Nach herrschender schweizerischer Meinung sollen die Bestattungskosten *kein reiner Vermögensschaden* der Erben (bzw. derjenigen, die einer öffentlich-rechtlichen Pflicht entsprechend die Bestattung besorgen) sein. Gemäß Art. 474 Abs. 2 ZGB fallen die Bestattungskosten in den Nachlass, sodass der Ersatzanspruch nach Art. 45 Abs. 1 OR strenggenommen eine originäre *Nachlassforderung* gegen den Schädiger darstellt.[158] Die Geltendmachung dieses Anspruchs steht zwar den Erben zu, die folglich aber nicht Ersatz für einen eigenen (reflektorischen) reinen Vermögensschaden, sondern aus übergegangenem Recht Ersatz eines *Personenschadens* fordern können.

Die Differenzierung ist allein in der Theorie bedeutsam, Art. 45 Abs. 1 OR ordnet die Ersatzfähigkeit der Bestattungskosten schließlich unabhängig von jeglicher Schadenskategorisierung an. Vor dem Hintergrund des *deutschen und österreichischen Rechts* scheint es jedoch alles andere als fernliegend, mit einer schweizerischen Mindermeinung[159] auch in Art. 45 Abs. 1 OR die Gewährung eines *originären Direktanspruches des Bestattungspflichtigen* für den Ersatz seines reinen Vermögensschaden zu sehen.

b) Unterhalts- bzw. Versorgungsschaden

Wird der Versorger bzw. finanzielle Unterhalter einer Familie getötet, fällt dessen Unterhaltserbringung weg. Die überlebenden Angehörigen müssen nicht nur den Tod ihres Ehegatten bzw. Elternteils verarbeiten, sondern sehen sich auch mit dem schlagartigen Versiegen der häufig zentralen familiären Unterhaltsquelle konfrontiert. Das Deliktsrecht des deutschen Rechtskreises reagiert hierauf und ordnet in § 844 Abs. 2 BGB, § 1327 ABGB und Art. 45 Abs. 3 OR eine Ersatzpflicht des Schädigers gegenüber den nächsten

---

[157] Vgl. BGH VersR 1968, 554 (555); *Spindler*, in: BeckOK BGB (62. Ed.), § 844 Rn. 4.; *Eichelberger*, in: BeckOGK BGB (Stand: 1.6.2022), § 844 Rn. 7; *Röthel*, in: Staudinger BGB (2015), § 844 Rn. 3; vgl. *Koziol*, Haftpflichtrecht II (2018), A/5/196.
[158] *Brehm*, in: Berner Komm OR⁵, Art. 45 Rn. 21; *Kessler*, in: Basler Komm OR I⁷, Art. 45 Rn. 3, vgl. auch Rn. 7; *Landolt*, in: Zürcher Komm OR³, Art 45 Rn. 30 f.; vgl. auch *Gähwiler*, in: HaftpflichtKomm (2016), Art. 45 OR Rn. 5.
[159] *Schwenzer*, OR AT⁷, § 18 Rn. 28; *Hürzeler*, System und Dogmatik der Hinterlassenensicherung (2014), 421, Fn. 1429.

Familienmitgliedern[160] des Getöteten für ihren durch die Tötung entstehenden *Unterhalts-* bzw. *Versorgungsschaden* an.

Der jeweilige Anspruchsumfang mag zwischen den Ländern differieren,[161] die deliktische Anspruchsgrundlage und insbesondere die Bewertung ihrer Rolle im System des außervertraglichen Haftpflichtrechts ist jedoch praktisch identisch: In allen drei Rechtsordnungen gilt die Pflicht zum Ersatz des Unterhaltsschadens nach herrschender Meinung als seltene Durchbrechung des ansonsten strengen Grundsatzes, dass nur der Direkt- (der getötete Versorger) aber nicht der Reflexgeschädigte (der aufgrund des Todes von Versorgungseinbußen Betroffene) Ersatz verlangen kann.[162]

Diese Einordnung ist für sich zutreffend. Aus der Perspektive der hier vorgenommenen Untersuchung ist aber ein anderer Parallelbefund bemerkenswerter:[163] Der Anspruch auf Ersatz des Unterhaltsschadens kommt – nun auch nach schweizerischer Dogmatik und anders als der dortige Anspruch auf Ersatz der Bestattungskosten – den Berechtigten nicht aufgrund ihrer Erbenstellung zu (als etwaig übergegangener Anspruch auf Ersatz eines Personenschadens des Getöteten), sondern entsteht *als eigener Anspruch* in der Person des Unterhaltsberechtigten.[164] Da sich die Unterhaltseinbußen nicht aus der Verletzung eines absolut geschützten Rechtsguts des Unterhaltenen ableiten, stellt der Unterhaltsschaden einen nach § 844 Abs. 2

---

[160] Hinsichtlich der Anspruchsberechtigung ist die schweizerische Haftungsanordnung moderner als seine deutsche und österreichische Parallelnorm: Anders als § 844 Abs. 2 BGB und § 1327 ABGB aktivlegitimiert Art. 45 Abs. 3 OR nicht allein die gesetzlich Unterhaltsberechtigten, sondern jeden tatsächlich Versorgten, BGE 141 I 153 (158); idR werden dies ohnehin leibliche Kinder und Ehegatten sein, aber eben auch nicht-eheliche Partner und Mitglieder einer Patchworkfamilie; hierzu *Ch. Huber*, ZfRV 2015, 227 (229); *Ranieri*, Europäisches Obligationenrecht, (2009), 1465 ff.

[161] Ausführlich bei *Ch. Huber*, ZfRV 2015, 227 (229 ff.).

[162] BGHZ 222, 125 = VersR 2019, 960 (961); OLG Celle VersR 2006, 1376 (1377); OGH ZVR 2000/40 (158); BGE 138 III 276 (279); *Ch. Huber*, in: NK-BGB[4], § 844 Rn. 1; *ders.*, in: TaKomm ABGB[5], § 1327 Rn. 1; *ders.*, in: FS Reischauer, 153 (155) mwN; *Katzenmeier*, AcP 203 (2003), 79 (112, Fn. 173); Diederichsen, NJW 2013, 641; *Danzl*, in: KBB ABGB[6], § 1327 Rn. 1; *ders.*, ZVR 2002, 363 (369); *Müller*, in: CHK[3], Art. 45 OR Rn. 7; *Roberto*, Haftpflichtrecht (2018), § 5 Rn. 33; aA *Hürzeler*, System und Dogmatik der Hinterlassenensicherung (2014), 180 ff., 206 f.; *Landolt*, in: Zürcher Komm OR[3], Art. 45 Rn. 41, der für eine Einordnung als mittelbarer Direktschaden eintritt; zur Einordnung als Reflex- bzw. Direktschaden durch die Rechtsprechung vgl. ferner *Kieser/Landolt*, Unfall-Haftung-Versicherung (2012), Rn. 1566 ff.

[163] Zur generellen Bedeutung des Reflexschadensverbots für die Haftung für reine Vermögensschäden siehe unter C./II./2.

[164] BGE 52 II 235 (262); *Landolt*, in: Zürcher Komm OR[3], Vorb. Art. 45/46 Rn. 117; *Kessler*, in: Basler Komm OR I[7], Art. 45 Rn. 7; *Diederichsen,* NJW 2013, 641; *Kramer*, ZVR 1974, 129 (131); unzutreffend daher *Koller*, in: FS W. Fischer (2016), 295 (305 f.); *ders.*, in: Koller (Hrsg.), Haftpflicht- und Versicherungsrechtstagung St. Gallen 2005 (2005), 1 (12, 15 f.), der in Art. 45 Abs. 3 OR einen gesetzlich normierten Fall der Drittschadensliquidation erkennt.

BGB, § 1327 ABGB und Art. 45 Abs. 3 OR *ausnahmsweise ersatzfähigen, auch nur fahrlässig verursachten reinen Vermögensschaden* dar.[165]

c) § 845 BGB – Ersatzansprüche wegen entgangener Dienste

Im Kontext der durch Personenschäden vermittelten reinen Vermögensschäden Dritter ist auch die Ersatzpflicht des § 845 BGB wegen *entgangener Dienste* zumindest zu erwähnen: Wird eine Person getötet, verletzt oder ihrer Freiheit beraubt, die einem Dritten *gesetzlich* (!) zu Dienstleistungen in Haus oder Gewerbe verpflichtet war, so kann dieser Dritte Ersatz für die ihm entgehenden Dienste verlangen. Der Dienstberechtigte erfährt keine Verletzung eigener absolut geschützter Rechtsgüter, sondern eine bloße Vermögenseinbuße, sodass auch § 845 BGB ausnahmsweise eine deliktische Haftung für reine Vermögensschäden anordnet.[166]

Trotz dieser deliktsrechtlichen Besonderheit spielt die Regelung des § 845 BGB praktisch keine Rolle. Auch für die Perspektive dieser Untersuchung – der Betrachtung der Haftung für reine Vermögensschäden – kommt § 845 BGB aus folgenden Gründen kaum eine eigenständige Bedeutung zu:[167] Fällt der Haushaltsführer verletzungsbedingt aus und entsteht ihm so ein eigener Erwerbsschaden in Form eines *Haushaltsführungsschaden*, handelt es sich hierbei um die *Facette eines Personenschadens*, dessen Ersatz sich nach §§ 842, 843 BGB richtet.[168] Wird der Haushaltsführer getötet, manifestiert sich der Schaden rein im Vermögen des überlebenden Dienstberechtigten, ohne dass dieser selbst in absolut geschützten Rechtsgütern betroffen wäre. Die Ersatzfähigkeit dieses zweifellos reinen Vermögensschadens entspringt nach heutigem Verständnis in den weit überwiegenden Fällen aber bereits § 844 Abs. 2 BGB und nicht erst § 845 BGB. Dies erklärt sich wie folgt: Nach ihrer ursprünglichen, patriarchalischen Prägung sollte § 845 BGB noch in erster Linie die Fälle erfassen, in denen der „dienstberechtigte" Ehemann um die ihm „zustehenden" Haushaltsleistungen seiner getöteten Frau gebracht wurde. Heute wird dagegen von einem *partnerschaft-*

---

[165] OLG Jena zfs 2010, 79 (83) mAnm *Diehl*; *Schiemann*, in: Hist.-Krit. Komm BGB, §§ 823–830, 840, 842–853 Rn. 28; *G. Wagner*, in: MüKo BGB[8], § 845 Rn. 1; *Ranieri*, Europäisches Obligationenrecht (2009), 1465; *Brehm*, in: Berner Komm OR[5], Art. 45 Rn. 28; *Probst*, in: Probst/Werro (Hrsg.), Strassenverkehrsrechtstagung 2012 (2012), 1 (26, 40); *Jansen*, RabelsZ 70 (2006), 732 (739 f.); *Gauch*, recht 1996, 225 (227); *Stehle*, Versorgungsschaden (2010), 10, 15; *Koziol*, Haftpflichtrecht II (2018), A/2/114, A/5/143; *ders.*, JBl 2004, 273 (277).
[166] *Ch. Huber*, in: NK-BGB[4], § 845 Rn. 1; *G. Wagner*, in: MüKo BGB[8], § 845 Rn. 1.
[167] Auch für diese Untersuchung trifft der titelgebende Befund bei *Ch. Huber*, in: Schlosser (Hrsg.), Ringvorlesung Universität Augsburg (1997), 35 zu, bei § 845 BGB handele es sich um eine „normative Ruine"; ferner *Brüggemeier*, Struktur, Prinzipien, Schutzbereich (2006), 551: „§ 845 ist [...] weitgehend obsolet".
[168] BGHZ 38, 55 = NJW 1962, 2248; OLG Nürnberg, NJW-RR 2016, 593 (595); *Ch. Huber*, in: NK-BGB[4], § 845 Rn. 2.

lichen Verhältnis „auf Augenhöhe" ausgegangen und Haushaltstätigkeiten des einen Partners als Form des Naturalunterhalts und Äquivalent des Barunterhalts des anderen Partners verstanden.[169] Handelt es sich bei solchen entgangen Hausdienstleistungen nun also um *Unterhalt*, lässt sich ihr Ausfall und der so entstehende *Haushaltsversorgungsschaden* bereits unter § 844 Abs. 2 BGB subsumieren – einer eigenen Anwendung des § 845 BGB bedarf es gar nicht.[170] Der dem § 845 BGB in der Theorie verbleibende Anwendungsbereich für reine Vermögensschäden – die Tötung des dienstpflichtigen Hauskindes[171] – spielt keine praktische Rolle.

Bezeichnend ist schließlich auch, dass sowohl das österreichische als auch das schweizerische Haftpflichtrecht ohne eine dem § 845 BGB entsprechende Einzelnorm auskommen. Hier wird die Haushaltstätigkeit des Getöteten seit jeher als Unterhaltsleistung begriffen bzw. dieser gleichgestellt und entsprechende Fälle schlicht über § 1327 ABGB bzw. Art. 45 Abs. 3 OR gelöst.[172]

d) Zwischenergebnis – Wertungen und Haftungsgebot

Die §§ 844, 845 BGB, § 1327 ABGB, Art. 45 Abs. 1, 3 OR stellen sowohl eine Ausnahme zum Reflexschadenersatzverbot dar als auch – und das ist das eigentlich Bedeutsame – eine deliktische Haftungsanordnung für fahrlässig verursachte reine Vermögensschäden. Erneut stellt sich die Frage, warum gerade im speziellen Fall der Tötung länderübergreifend die Bestattungskosten und der Unterhalts- bzw. Versorgungsschaden als reine Vermögensschäden ausnahmsweise für ersatzfähig befunden werden.

aa) Zivilrechtliches Sanktionierungsbedürfnis der Tötung?

Ein erstes Argument hierfür könnte mit einzelnen Stimmen in der Literatur darin liegen, dass die Tötung eines Menschen ohne gesonderte Haftungsanordnung für reine Vermögensschäden der Hinterbliebenen ansonsten zivilrechtlich unsanktioniert bliebe.[173] Der Getötete kann „seinen" Personenschaden schließlich nicht selbst liquidieren, denkbar ist überhaupt nur die

---

[169] BGHZ 38, 55 = NJW 1962, 2248; BGHZ 50, 304 = NJW 1968, 1823; *Ch. Huber*, in: NK-BGB[4], § 845 Rn. 1; *Larenz/Canaris*, Schuldrecht BT (1994), 589; *G. Wagner*, in: MüKo BGB[8], § 845 Rn. 3.

[170] BGHZ 51, 109 = NJW 1969, 321 (322); BGH NJW 1972, 1130; *Ch. Huber*, in: NK-BGB[4], § 845 Rn. 1 f.; *Brüggemeier*, Struktur, Prinzipien, Schutzbereich (2006), 551; *Wandt*, Gesetzliche Schuldverhältnisse (2020), § 20 Rn. 10.

[171] Soweit erkennbar zuletzt. OLG Jena zfs 2010, 79 mAnm *Diehl*; ausführlich schon *Ch. Huber*, in: Schlosser (Hrsg.), Ringvorlesung Universität Augsburg (1997), 35 (53 ff.).

[172] BGE 108 II 434; OGH ZVR 1990/50; zur „besseren" Lösung des österreichischen Rechts *Ch. Huber*, in: FS Reischauer, 153 (156).

[173] *G. Wagner*, Deliktsrecht[14], 10/59; *ders.*, in: MüKo BGB[8], § 844 Rn. 1; vgl. *Kessler*, in:

Geltendmachung von Drittschäden. Allein das Fehlen eines Anspruchsinhabers kann aber die ausnahmsweise Deliktshaftung für fahrlässig verursachte reine Vermögensschäden Dritter nicht rechtfertigen. Zwar schiene es stoßend, bei einer Körperverletzung dem Verletzten Ersatzansprüche zu gewähren, bei dessen Tötung und entsprechendem Wegfall seiner Anspruchsinhaberschaft aber gar keine Ersatzpflicht vorzusehen.[174] Systemwidrig wäre allerdings auch dies nicht: Die maßgeblich vom Verschuldensprinzip geprägten Deliktssysteme des deutschen Rechtskreises sehen ohnehin keine lückenlose Haftpflicht,[175] geschweige denn *punitive damages* oder Kompensation des *wrongful death* vor.

bb) Besondere Bedeutung des Unterhaltsschadens

Wenn die ausnahmsweise Anordnung einer außervertraglichen Haftung für fahrlässig verursachte reine Vermögensschäden nicht damit zu begründen ist, dass die Tötung eines Menschen zivilrechtlich nicht unsanktioniert bleiben darf, muss die Legitimation dieser Ausnahme vielmehr in der *besonderen Bedeutung des hier entstehenden reinen Vermögensschadens* liegen. Aus der Ersatzanordnung betreffend die Bestattungskosten lässt sich diese noch nicht ableiten. Ihrer Höhe nach dürften diese kaum jemals existenzielle Relevanz haben und deshalb eine gesetzliche Ersatzpflicht per se notwendig machen – auch weil die Ersatzberechtigten hier typischerweise Erben des Getöteten sind und so einhergehend mit ihrer Bestattungs- und Zahlungsverpflichtung regelmäßig auch einen Vermögenszuwachs erfahren. Die Bestattungskosten sind schlicht aus Billigkeitsgründen ersatzfähig – bei einem späteren, natürlichen Tod wären diese ohnehin angefallen.[176]

Von umso zentralerer Bedeutung ist aber der reine Vermögensschaden der Angehörigen durch den entstehenden Unterhaltsausfall. Wird der Unterhaltsleistende, im schwersten Fall der Alleinversorger einer Familie, getötet, wird den Versorgten von einem Moment auf den anderen die *wirtschaftliche Lebensgrundlage* entzogen. Um deren Überleben zu sichern (und ohne den Schaden gleichzeitig auf die Sozialsysteme abwälzen zu müssen)[177] ist es angezeigt, den Schädiger ausnahmsweise auch für fahrlässig verursachte reine Vermögensschäden in Anspruch zu nehmen.[178] Dies spiegelt sich

---

Basler Komm OR I[7], Art. 45 Rn. 1a; *Koller*, in: Koller (Hrsg.), Haftpflicht- und Versicherungsrechtstagung St. Gallen 2005 (2005), 1 (16, Rn. 28).
[174] BGHZ 18, 286 = NJW 1955, 1876 (1877); *Koziol*, Haftpflichtrecht II (2018), A/5/145 mwN; *Roberto*, Haftpflichtrecht (2018), § 5 Rn. 26, § 27 Rn. 4.
[175] OLG Koblenz SP 2009, 280 im Kontext der elterlichen Haftung nach § 832 BGB.
[176] OLG Düsseldorf zfs 1994, 405 f.; OLG Karlsruhe NJW 1954, 720; *Ch. Huber*, in: NK-BGB[4], § 844 Rn. 4, 11.
[177] *Pardey*, in: Geigel, Haftpflichtprozess[28], Kap. 8 Rn. 15.
[178] *Ch. Huber*, in: NK-BGB[4], § 844 Rn. 4; idS ferner *Koziol*, Grundfragen des Schadenersatzrechts (2010), 6/71; *Jansen*, Struktur des Haftungsrechts (2003), 532 sieht hier eine

auch in der ansonsten restriktiven Handhabung der §§ 844 Abs. 2 BGB, § 1327 ABGB, Art. 45 Abs. 3 OR wider: Es geht allein darum, den *zentralen Unterhaltsausfall* zu kompensieren, weitere reine Vermögensschäden darüber hinaus sind nicht ersatzfähig.[179]

cc) Konturierte Haftung für den Unterhaltsschaden

Überdies kommt ein zentrales Argument, mit dem die generelle deliktische Ersatzfähigkeit fahrlässig verursachter reiner Vermögensschäden sonst häufig begründet wird, im Falle der Ersatzpflicht für den Unterhaltsschaden nicht zu Anwendung: Die *floodgate-Gefahr*, also das Risiko einer unbegrenzten, unkalkulierbaren und dadurch freiheitsbedrohenden Haftung insbesondere *gegenüber unzähligen Gläubigern*, scheidet bei der Haftung gegenüber der stets auf wenige Personen begrenzten Kernfamilie[180] von vornherein aus.[181]

Hinzu kommt, dass beim Unterhaltsschaden auch betragsmäßig keine Ausuferungsgefahr besteht. Denn wäre der Getötete „nur" schwer verletzt worden, bestünde ohnehin volle Ersatzpflicht für den verletzungsbedingten Erwerbsschaden als Facette eines Personenschadens. Mit diesem Gedanken relativiert sich auch der Charakter der §§ 844, 845 BGB, § 1327 ABGB, Art. 45 Abs. 1, 3 OR als Ausnahmen vom Reflexschadenersatzverbot. Die §§ 844, 845 BGB, § 1327 ABGB, Art. 45 Abs. 1, 3 OR fungieren letztlich nur als Fortwirkungsanspruch – und damit lediglich als formale Ausnahme-

---

besondere wirtschaftliche Abhängigkeit und damit Schutzbedürftigkeit des Geschädigten; weniger überzeugend dagegen, *ders.*, RabelsZ 70 (2006), 732 (760) mit dem Argument, der reflektorische reine Vermögensschaden der Hinterbliebenen sei ausnahmsweise zu ersetzen, da ihnen ihre wirtschaftliche Abhängigkeit vom getöteten Versorger nicht in Gestalt einer Haftungsverneinung zum Vorwurf gemacht werden könne; auf den verfassungsrechtlichen Schutz der Familie abstellend BGHZ 18, 286 = NJW 1955, 1876 (1877); ebenso *Schramm*, Haftung für Tötung (2010), 345 ff., die eindrücklich die Ausstrahlung des grundgesetzlichen Familienschutzes auf § 844 BGB darlegt; unzutreffend daher OLG München VersR 1979, 1066, nach dessen Auffassung der Unterhaltsschaden lediglich aus Billigkeitsgründen zu ersetzen ist.

[179] BGE 57 II 180 (181); OLG München VersR 2022, 56 (57) mkritAnm *Schultess*: kein Ersatz der Erbscheinkosten; *Göksu*, in: Gauch/Aepli/Stöckli (Hrsg.), Präjudizienbuch[9], Art. 45 OR Rn. 1; *Brehm*, in: Berner Komm OR[5], Art. 45 Rn. 28, 35 ff. mwN; *Schramm*, Haftung für Tötung (2010), 104; aA *Landolt*, in: Zürcher Komm OR[3], Vorb. Art 45/46 Rn. 115; *Hürzeler*, System und Dogmatik der Hinterlassenensicherung (2014), 206.

[180] Der Kreis der potentiellen Gläubiger reicht im schweizerischen Recht noch am weitesten. Modernen Familienformen wird dort dergestalt Rechnung getragen, als Art. 45 Abs. 3 OR auf die faktische Unterhaltsleistung abstellt und so auch den nichtehelichen Lebenspartner aktivlegitimiert– anders als in Deutschland und Österreich, wo § 844 Abs. 2 BGB, § 1327 ABGB den Ausfall gesetzlich geschuldeten Unterhalts voraussetzen.

[181] *van Boom*, in: van Boom/Koziol/Witting (Hrsg.), Pure Economic Loss (2004), 1 (25, Rn. 60); *Koller*, in: Koller (Hrsg.), Haftpflicht- und Versicherungsrechtstagung St. Gallen 2005 (2005), 1 (16 Rn. 28); ähnlich *Hürzeler*, System und Dogmatik der Hinterlassenensicherung (2014), 202 f.; ausführlich zum flood-gate-Argument siehe unter E./I./4./c).

norm –, die den Hinterbliebenen Ersatz des reflexartig verursachten Unterhaltsschadens als *Ausschnitt aus dem eigentlichen Erwerbsschadens* sichern.[182]

4. Haftung des Inhabers eines kryptografischen Schlüssels – deliktische Positivierung im schweizerischen OR

Im Rahmen der allgemeinen Formvorschriften hat der schweizerische Gesetzgeber auf die Digitalisierung reagiert und gem. Art. 14 Abs. 2bis OR[183] die *qualifizierte elektronische Signatur* der eigenhändigen Unterschrift gleichgestellt. Die deutsche Entsprechung findet sich in § 126a Abs. 1 BGB. Die qualifizierte elektronische Signatur stellt sich damit praktisch als *eigenhändige Unterschrift in elektronischer Form* dar.[184] Eine solche qualifizierte elektronische Signatur lässt sich nur mithilfe eines personalisierten *Signaturschlüssels* erstellen.[185] Diesen Signaturschlüssel erwirbt der elektronisch Unterzeichnende bei einem der wenigen anerkannten Anbietern. Anwendung findet dieses Verfahren gegenwärtig vor allem bei der Signatur mit der sog. SwissID.[186] In Deutschland besteht ein standardisiertes Verfahren zur qualifizierten elektronischen Signatur z.B. bei der obligatorischen Nutzung des *besonderen elektronischen Anwaltspostfachs* (beA).[187]

a) Deliktische Verankerung der schweizerischen Inhaberhaftung

Ebenso groß wie die Verheißungen elektronischer Signaturen scheint die Furcht vor ungeklärten Haftungskonstellationen im Zusammenhang mit dem Signaturmissbrauch: In der Schweiz hat es mit Art. 59a OR eine diesbezügliche Norm sogar in den Kernbereich des Obligationenrechts geschafft und soll dort künftig deliktsrechtliche Antwort auf die mit dem Signaturverfahren einhergehenden Haftungsfragen geben.

---

[182] *Ch. Huber*, in: NK-BGB⁴, § 844 Rn. 4; *ders.*, JuS 2018, 744; ihm folgend *Schultess*, VersR 2022, 58 (59).

[183] „Der eigenhändigen Unterschrift gleichgestellt ist die qualifizierte elektronische Signatur, die auf einem qualifizierten Zertifikat einer anerkannten Anbieterin von Zertifizierungsdiensten im Sinne des Bundesgesetzes vom 19. Dezember 2003 über die elektronische Signatur beruht. Abweichende gesetzliche oder vertragliche Regelungen bleiben vorbehalten".

[184] *Honsell/Isenring/Kessler*, Haftpflichtrecht (2013), § 17 Rn. 1; *Fellmann/Kottmann*, Haftpflichtrecht I (2012), Rn. 962.

[185] Zur Beschreibung des gesamten Signaturverfahrens *Leupi*, in: HaftpflichtKomm (2016), Art. 59a OR Rn. 2; *Roberto*, Haftpflichtrecht (2018), § 11 Rn. 1.

[186] Hierzu *Leupi*, Anwaltsrevue 2012, 155; *ders.*, in: HaftpflichtKomm (2016), Art. 59a OR Rn. 3.

[187] Zur deutschen Rechtslage bezüglich des Versands aus dem beA mit und ohne qualifizierte Signatur siehe *Schmieder/Liedy*, NJW 2018, 1640.

aa) Haftung für reine Vermögensschäden nach Art. 59a Abs. 1 OR

Art. 59a Abs. 1 OR[188] regelt die außervertragliche Haftung des Inhabers eines Signaturschlüssels. Hiernach haftet der Inhaber des Schlüssels für den Schaden, den Drittpersonen erleiden, weil sie sich auf die Richtigkeit der qualifizierten elektronischen Signatur verlassen haben. Prototypisches Beispiel ist die missbräuchliche Verwendung eines fremden Signaturschlüssels.[189] Der gutgläubige Empfänger geht von einer wirksamen, weil qualifiziert signierten Erklärung aus und tätigt, möglicherweise im Glauben eines vermeintlichen Vertragsschlusses, entsprechende Vermögensdispositionen. Entsteht dem gutgläubigen Empfänger so ein *Vertrauensschaden*, haftet hierfür der tatsächliche Inhaber des Signaturschlüssels[190] – es sei denn, dieser kann den Entlastungsbeweis führen, die erforderlichen Sicherheitsvorkehrungen zur Verhinderung des Missbrauchs getroffen zu haben.[191]

Art. 59a Abs. 1 OR ordnet damit zwar nicht ausdrücklich, tatsächlich aber ausschließlich eine *außervertragliche Haftung für reine Vermögensschäden* an.[192] Die Schädigung anderer Rechtsgüter durch das Vertrauen auf die Gültigkeit der elektronischen Signatur kommt kaum in Frage.[193] Angesichts ihres sehr speziellen Tatbestandes ist diese Norm bislang bedeutungslos geblieben.[194] Im renommierten Präjudizienbuch von *Gauch/Aepli/Stöckli*[195] findet sich diesbezüglich kein einziger Eintrag.

bb) Enttäuschtes Vertrauen als Haftungsanknüpfung

Trotz ihrer praktischen Bedeutungslosigkeit beinhaltet Art. 59a Abs. 1 OR bereits tatbestandlich ein Merkmal, auf welches an späterer Stelle in dieser Untersuchung vertieft einzugehen ist: Es ist der Schaden zu ersetzen, den der

---

[188] Der Inhaber eines Signaturschlüssels haftet Drittpersonen für Schäden, die diese erleiden, weil sie sich auf das qualifizierte gültige Zertifikat einer anerkannten Anbieterin von Zertifizierungsdiensten im Sinne des Bundesgesetzes vom 19. Dezember 2003 über die elektronische Signatur verlassen haben.
[189] *Brehm*, in: Berner Komm OR[5], Art. 59a Rn. 6; *Schönenberger*, in: KuKo OR, Art. 59a Rn. 4; weiterführend zum Missbrauch *Roberto*, Haftpflichtrecht (2018), § 11 Rn. 4.
[190] *Leupi*, in: W. Fischer/Luterbacher, HaftpflichtKomm (2016), Art. 59a OR Rn. 9; *Schlauri*, Elektronische Signaturen (2002), Rn. 756.
[191] Art. 59a Abs. 2 OR „Die Haftung entfällt, wenn der Inhaber des Signaturschlüssels glaubhaft darlegen kann, dass er die nach den Umständen notwendigen und zumutbaren Sicherheitsvorkehrungen getroffen hat, um den Missbrauch des Signaturschlüssels zu verhindern".
[192] *Kessler*, in: Basler Komm OR I[7], Art. 59a Rn. 2; *Leupi*, in: HaftpflichtKomm (2016), Art. 59a OR Rn. 8; vgl. *Schönenberger*, KuKo OR, Art. 59a Rn. 4; *Fellmann/Kottmann*, Haftpflichtrecht I (2012), Rn. 978; einschränkend *Brehm*, in: Berner Komm OR[5], Art. 59a Rn. 5a, der trotz des klaren Normwortlautes nur eine Schutzgesetzhaftung für möglich hält.
[193] *Brehm*, in: Berner Komm OR[5], Art. 59a Rn. 5a; *Schwenzer*, OR AT[7], § 53 Rn. 29a.
[194] *Roberto*, Haftpflichtrecht (2018), § 11 Rn. 6.
[195] Vgl. die Erörterung bei *Göksu*, in: Gauch/Aepli/Stöckli (Hrsg.), Präjudizienbuch[9] zu Art. 59a OR.

Geschädigte erleidet, weil er sich „auf das qualifizierte gültige Zertifikat [...] über die elektronische Signatur *verlassen*" hat. Art. 59a OR statuiert damit eine Haftung für reine Vermögensschäden *aufgrund enttäuschten Vertrauens*.[196] Bereits hier ist es daher als bemerkenswert festzuhalten, dass der schweizerische Gesetzgeber gerade das im elektronischen Rechtsverkehr enttäuschte Vertrauen für derart schützenswert empfunden und ihm deswegen sogar eine eigene Haftungsnorm an denkbar prominenter Stelle im Obligationenrecht gewidmet hat.

b) Exkurs: Die Haftung des Signaturschlüsselinhabers in Deutschland

Eine vergleichbare deliktsrechtliche Regelung gibt es in Deutschland nicht. Mit der auch dort zunehmenden qualifizierten Signierung elektronischer Dokumente steigt gleichwohl das Risiko einer missbräuchlichen Schlüsselnutzung. Um eine Haftung des Schlüsselinhabers begründen zu können, muss in Deutschland auf die allgemeinen Haftungsbestimmungen zurückgegriffen werden. Vereinzelt wird eine Haftung aus *culpa in contrahendo* vorgeschlagen, überwiegend aber eine Verpflichtung des Schlüsselinhabers nach den Grundsätzen der *Anscheinsvollmacht*.[197] Folglich bestünde eine Haftung des Schlüsselinhabers auf das positive Interesse.

Nach hier vertretener Ansicht ähnelt der Fall des missbräuchlich verwendeten, weil fahrlässig nicht hinreichend gesicherten Signaturschlüssels insbesondere dem der *abhandengekommenen Willenserklärung*.[198] Hiermit wird die Lehrbuch-Konstellation bezeichnet, in der eine Erklärung zunächst bewusst verfasst wird, sodann jedoch zurückgehalten und letztlich ohne den Willen und das Wissen des Verfassers in Verkehr gebracht wird. In beiden Fällen – dem der abhanden gekommenen Willenserklärung wie auch dem des missbräuchlich verwendeten Signaturschlüssels – gelangt eine Erklärung ohne oder gegen den Willen des vermeintlich Erklärenden in den Rechtsverkehr. Gemein ist beiden Fällen weiterhin, dass es am konstitutiven Merkmal der *Abgabe durch den vermeintlich Erklärenden*, also dem willentlichen und bewussten Inverkehrbringen der Erklärung fehlt. In der Konsequenz

---

[196] Vgl. *Leupi*, in: HaftpflichtKomm (2016), Art. 59a OR Rn. 5, 8 f.; *Fellmann/Kottmann*, Haftpflichtrecht I (2012), Rn. 973 sehen hier zurecht Parallelen zur Haftung aus culpa in contrahendo und damit zu einer im gesamten deutschen Rechtskreis anerkannten Haftungsfigur, die in ihrem Kern eben auf die Inanspruchnahme enttäuschten Vertrauens rekurriert; siehe hierzu unter F./II./2./a)/bb).

[197] *Arnold*, in: Erman BGB[16], § 126a Rn. 11; *Einsele*, in: MüKo BGB[9], § 126a Rn. 22; vorsichtiger, im Ergebnis aber zustimmend *Dörner*, AcP 202 (2002), 361 (393); alle möglichen Haftungsgrundlagen aufzählend *Ellenberger*, in: Grüneberg BGB[81], § 126a Rn. 12.

[198] Zur Figur der abhandengekommenen Willenserklärung *Singer*, in: Staudinger BGB (2021), § 122 Rn. 4, 11.

verneint ein Teil der Lehre[199] und insbesondere die Rechtsprechung[200] bei einem solchen Abhandenkommen die Existenz einer Willenserklärung, lässt aber gleichwohl den Urheber der „Willenserklärung" aus *culpa in contrahendo* bzw. § 122 *BGB analog* für einen etwaigen Vertrauensschaden haften – ebenso wie nach Art. 59a Abs. 1 OR. Vergleichbar sind weiterhin auch das jeweilige Versäumnis des vermeintlich Erklärenden, dem Inverkehrbringen nicht hinreichend vorgebeugt zu haben und ferner das so geschaffene Risiko einer Vertrauensbildung.

Gegen eine Orientierung an der Anscheinsvollmacht spricht schon der dem Schlüsselmissbrauch fehlende stellvertretungsrechtliche Einschlag.[201] Der missbräuchlichen Schlüsselverwendung dürften außerdem die für eine Anscheinsvollmacht regelmäßig konstitutiven Elemente der *Wiederholung* und *Dauerhaftigkeit* fehlen.[202] Bei einer entsprechenden Behandlung nach der Dogmatik zur abhandengekommenen Willenserklärung wäre die Haftung des Schlüsselinhabers damit auf die analoge Anwendung des § 122 BGB zu stützen und in erster Linie der Vertrauensschaden (begrenzt durch das positive Interesse) zu ersetzen. Dieses Ergebnis erscheint gerade mit dem Blick auf die schweizerische Lösung nach Art. 59a OR sachgerecht.

c) Exkurs: Die Haftung des Signaturschlüsselinhabers in Österreich

Das Problem der Inhaberhaftung für eine mit einer missbräuchlich verwendeten qualifizierten Signatur versehenen Erklärung wird in Österreich nicht nennenswert diskutiert. Weder gibt es eine mit Art. 59a OR vergleichbare Sondervorschrift, noch sind Ansätze in der Literatur erkennbar, die sich dieser Frage tiefergehend widmen. Bezeichnend ist nur die Monographie von *Menzel*,[203] die sich auf rund 250 Seiten der rechtlichen Bewertung elektronischer Signaturen widmet, hierbei auch ausführlich auf die Haftung des Signaturdiensteanbieters eingeht, die mögliche Haftung des Signaturinhabers aber *vollkommen ausblendet*. Sofern sich einzelne Autoren diesem Problem doch nähern, stellen sie die Pflicht des Signaturinhabers heraus, seine zur Erzeugung der Signatur benötigten Utensilien (Chip-Karte, Lesegerät) hinreichend zu sichern, und plädieren – falls die Sicherung nicht geschieht – für

---

[199] Statt vieler nur *Singer*, in: Staudinger BGB (2021), Vorb. zu. §§ 116–144 BGB Rn. 49.
[200] BGH NJW-RR 2006, 847 (848 f.).
[201] Ganz idS aus schweizerischer Perspektive und für die Fälle außerhalb des Anwendungsbereichs des Art. 59a OR auch *Schlauri*, Elektronische Signaturen (2002), Rn. 697 ff., 756; vgl. auch *Hertel*, in: Staudinger BGB (2017), § 126a Rn. 47, der sich bei missbräuchlicher Verwendung des Schlüssels gegen eine Zurechnung der Erklärung ausspricht; vgl. ferner *Dörner*, AcP 202 (2002), 361 (388 f., 392) zu den Schwierigkeiten der Verortung als analoger Fall der Anscheinsvollmacht.
[202] Zu den Voraussetzungen der Anscheinsvollmacht zuletzt BGH NJW 2017, 2273 (2276) mAnm *Schmalenbach*.
[203] Elektronische Signaturen (2000).

eine umfassende Erklärungszurechnung und Einstandspflicht des Signaturinhabers im Wege der Rechtsscheinhaftung.[204]

d) Zwischenergebnis

Die Frage nach der Haftung des Signaturschlüsselinhabers für den Schaden des auf die Signatur vertrauenden Erklärungsempfängers mag kaum praktische Bedeutung haben. Gleichwohl liegt ihr, respektive Art. 59a OR, bereits ein allgemeines Motiv zugrunde, welches die außervertragliche Haftung für fahrlässig verursachte reine Vermögensschäden rechtfertigt – das berechtigte und *besonders schützenswerte Vertrauen* des in seinem reinen Vermögen Geschädigten. Dieses Element findet sich auch andernorts bei originär außervertraglichen Haftungsanordnungen, sei es etwa bei der *spezialgesetzlichen Prospekthaftung*[205] oder der Rechtsfigur der *culpa in contrahendo*[206] als typisierter Fall der Vertrauenshaftung im vorvertraglichen Bereich.

5. §§ 874, 1300 S. 1 ABGB, § 311 Abs. 3 BGB –
positivierte Ausgangspunkte der Haftung für reine Vermögensschäden aufgrund von Falschauskunft im Vor- und Umfeld von Verträgen

Reine Vermögensschäden können unmittelbar aus einem Vertragsschluss resultieren. Wird jemand durch Falschauskunft oder anderweitige schuldhafte Irrtumserregung zu einem letztlich nachteiligen Vertragsschluss verleitet, manifestiert sich der Schaden regelmäßig in *nutzlosen Aufwendungen*[207] oder dem *entgangenen Gewinn* aus einem *lukrativeren Alternativgeschäft*.[208] Werden vertragliche Beziehungen überhaupt erst wegen einer Drohung eingegangen, kann der Schaden sogar bereits im Bestehen des Vertrages selbst und den sich daraus ergebenden, nachteiligen Verpflichtungen liegen.[209]

Für diese Untersuchung, die sich ihrem Titel nach der Fahrlässigkeitshaftung verschreibt, ist allein die Variante der *Irrtumserregung durch fahrlässige Falschauskunft* relevant. Auf die zwingend Vorsatz voraussetzende Drohung bzw. Täuschung im eigentlichen Sinne wird im Folgenden nur am Rande eingegangen. Systematisch stellen die hier betrachteten Fälle – aufgrund

---

[204] *Zib*, MR 2005, 396 (400); *ders.*, ecolex 2005, 212 (213); *P. Bydlinski*, Bürgerliches Recht I (2010), § 6 Rn. 42.
[205] Weiterführend unter F./I./6./c).
[206] Siehe hierzu insb. unter F./II./2./a)/bb).
[207] *Kepplinger*, Eigenhaftung von Vertragsgehilfen (2016), 30 f. mit dem Beispiel „frustrierter Vertragserrichtungskosten".
[208] Lehrbuchartig OGH EvBl 1991/101: Voraussetzung des Ersatzes entgangener Geschäftsgewinne ist, dass ein sonstiges „Ersatzgeschäft" versäumt wurde.
[209] Allgemein zum Vertragsschlussschaden *Kepplinger*, Eigenhaftung von Vertragsgehilfen (2016), 29 f.

einer fahrlässigen Falschauskunft, insbesondere durch einen vertragsfremden Dritten, wird ein nachteiliger Vertrag eingegangen – einen speziellen Unterfall der originär außervertraglichen *Haftung für falschen Rat und Auskunft* dar.[210]

a) Die Fahrlässigkeitshaftung in Österreich und Deutschland im Zweipersonenverhältnis

Wird die Falschauskunft im Zweipersonenverhältnis geäußert, also von einer der beiden designierten Vertragsparteien gegenüber der anderen, lässt sich die Haftung für hierdurch verursachte reine Vermögensschäden insbesondere in Österreich und Deutschland im Ergebnis in vergleichbarer Weise begründen.

aa) Die Haftung des Täuschenden/Drohenden in Österreich nach § 874 ABGB

Das österreichische Recht ordnet in § 874 ABGB für die Fälle des nachteiligen Vertragsschlusses aufgrund von Täuschung oder Drohung eine Haftung des Täuschenden bzw. Drohenden an. Dabei umfasst der offen formulierte § 874 ABGB sowohl Fälle, in denen die vorwerfbare Handlung durch eine Vertragspartei vorgenommen wird als auch Sachverhalte, in denen ein vertragsfremder Dritter droht oder täuscht.[211] Trotz ihrer Einordnung in das XVII. Hauptstück über Verträge und Rechtsgeschäfte wird § 874 ABGB in diesen Konstellationen der Dritthaftung eine *außervertragliche, deliktische Haftung für reine Vermögensschäden* entnommen.[212]

bb) Fahrlässigkeitshaftung des designierten Vertragspartners allein aus culpa in contrahendo

Indem § 874 ABGB eine Ersatzpflicht für Täuschung oder Drohung anordnet, wird tatbestandlich wissentliches und willentliches Tun und damit *Vorsatz* vorausgesetzt.[213] Für eine Haftungsbegründung bei Fahrlässigkeit bietet der eindeutige Wortlaut des § 874 ABGB damit keine Grundlage. Zu einer

---

[210] Zu den relevanten Fallkonstellationen siehe insb. unter G./III.
[211] OGH ecolex 2018/464; ÖBA 2013/1911: „§ 874 ABGB verpflichtet auch den selbst nicht vertragsbeteiligten Dritten zum Schadenersatz, wenn er den Vertrag durch List bewirkt hat".
[212] Den deliktischen Charakter der Vorschrift ausdrücklich herausstellend OGH SZ 56/135 = JBl 1984, 669 (670).
[213] Statt vieler *Pletzer*, in: ABGB-ON (Stand: 1.8.2019), § 874 Rn. 2; im Kontext der Haftung vertragsfremder Dritter *Kepplinger*, Eigenhaftung von Vertragsgehilfen (2016), 168 f.

eigenen und unmittelbaren Anwendung des § 874 ABGB kommt es bei Irrtumserregung durch fahrlässige Falschauskunft also gar nicht.[214]

Gleichzeitig gilt § 874 ABGB aber als eine von mehreren Grundlagen, auf die nach österreichischer Dogmatik die Gesamtanalogie zur Begründung der Haftung aus *culpa in contrahendo* gestützt wird.[215] Wird eine fahrlässige Falschauskunft nun im Zweipersonenverhältnis erteilt, zB von einem designierten Vertragspartner gegenüber dem anderen, kann sich eine Schadenersatzpflicht bereits aus *culpa in contrahendo* ergeben.[216] Der fehlsam Auskunftgebende haftet – unter dem Regime der (vor-)vertraglichen Regeln – auch für den *nur fahrlässig verursachten reinen Vermögensschaden*.[217]

Dieses Ergebnis entspricht auch dem der deutschen Rechtsordnung in vergleichbaren Fällen.[218] Die schädigende Handlung, respektive *die Falschauskunft* bzw. *die unzureichende Aufklärung*, liegt zeitlich vor dem Vertragsschluss. Da sich ein solcher jedoch anbahnt, ist es den designierten Vertragsparteien geboten, bereits im vorvertraglichen Bereich Sorgfalt und Rücksicht gegenüber dem Verhandlungspartner walten zu lassen und über relevante Vertragsumstände aufzuklären. So ermöglicht es das Institut der *culpa in contrahendo* (in Deutschland inzwischen in den Varianten des § 311 Abs. 2 BGB normiert) originär außervertragliche – weil dem Vertragsschluss zeitlich noch vorgelagerte – Schädigungen des reinen Vermögens einer Ersatzpflicht zuzuführen.

---

[214] Die Reichweite des § 874 ABGB ist daher überschaubar. Eine praktische Renaissance dürfte diese Norm aber in der Aufarbeitung des VW-Dieselskandals vor österreichischen Gerichten erleben, da der Endkunde den täuschenden Hersteller über § 874 ABGB unmittelbar wird in Haftung nehmen können, so die Einschätzung *Riedlers*, ZVR 2020, 320 (326, 328) im Anschluss an die ersten diesbezüglichen BGH-Entscheide; ebenso *Franz*, ZVR 2021, 129 (130); vgl. auch OGH ecolex 2018/464: in casu zwar Herstellerhaftung abgelehnt, § 874 ABGB aber grundsätzlich als Anspruchsgrundlage im Dieselskandal bejaht.

[215] OGH SZ 46/22; Urt. v. 6. 4. 1995 – 6 Ob 663/94; *Rummel*, in: Rummel/Lukas ABGB⁴, § 874 Rn. 1; *Pletzer*, in: ABGB-ON (Stand: 1. 8. 2019), § 874 Rn. 7; *Kepplinger*, Eigenhaftung von Vertragsgehilfen (2016), 165 f.; siehe allgemein zur culpa in contrahendo im österreichischen Recht unter F./II./2./a)/aa)/(3).

[216] OGH ecolex 2006/156 mAnm *Wilhelm*; *Rummel*, in: Rummel/Lukas ABGB⁴, § 874 Rn. 2.

[217] OGH SZ 70/108 = ÖJZ 1997, 900, EvBl 1997/186; Urt. v. 15. 12. 1997 – 1 Ob 377/97s; *Pletzer*, in: ABGB-ON (Stand: 1. 8. 2019), § 874 Rn. 8; *Bollenberger/P. Bydlinksi*, in: KBB ABGB⁶, § 874 Rn. 2.

[218] BGH NJW 1991, 694: Haftung einer Bank aus cic bei fahrlässiger Verletzung vorvertraglicher Aufklärungspflichten; BGHZ 87, 27 = NJW 1983, 1607: Haftung aus cic wegen fahrlässig fehlerhafter Darstellung der wirtschaftlichen Unternehmenslage gegenüber späterem Kreditgläubiger; zum umstrittenen Verhältnis von auf Vertragsauflösung gerichteten Schadenersatzansprüchen aus cic bei fahrlässiger Irreführung und der Vorsatz voraussetzenden Arglistanfechtung ausführlich *Mertens*, AcP 203 (2003), 818 (844 ff.).

cc) Grundsätzliches Vorsatzerfordernis zur Haftungsbegründung eines vertragsfremden Dritten

Anders kann es sich verhalten, wenn die fahrlässige Falschauskunft durch einen *vertragsfremden Dritten* erteilt wird. Typisches Beispiel ist hier das Tätigwerden eines Dritten als *Verhandlungsgehilfe* bzw. *Stellvertreter* einer der designierten Vertragsparteien. Da dieser Dritte nie Vertragspartei wird, soll sich dessen Haftung nach überwiegender Ansicht in Österreich – und anders als nach tradierter Sicht in Deutschland[219] – auch nicht aus vorvertraglichem Verschulden begründen.[220] Hier ordnet unmittelbar allein § 874 ABGB eine Haftung des Dritten für reine Vermögensschäden an. Diese Haftung bleibt allerdings grundsätzlich an das Vorsatzerfordernis geknüpft[221] und betrifft damit für diese – auf Fälle der fahrlässig verursachten reinen Vermögensschäden fokussierte – Untersuchung eigentlich nicht weiter relevante Sachverhalte.

b) Haftung des Dritten in Österreich ausnahmsweise auch bei fahrlässiger Vermögensschädigung – praktischer Schulterschluss mit § 311 Abs. 3 BGB

Nur in wenigen Ausnahmefällen wird über die Grundaussage des § 874 ABGB hinaus auch eine Fahrlässigkeitshaftung des vertragsfremden Dritten für reine Vermögensschäden angenommen.[222] Der Wortlaut des § 874 ABGB lässt die Möglichkeit einer Haftung für Fahrlässigkeit dabei eigentlich gar nicht zu.[223] Wer „*einen Vertrag durch List* (Täuschung) *oder ungerechte Furcht* (Drohung) *bewirkt*", kann kaum lediglich fahrlässig handeln. Eine Täuschung oder Drohung setzen begrifflich zwingend Vorsatz voraus.[224]

---

[219] In Deutschland wurde die Eigenhaftung des vertragsfremden Dritten (nunmehr normiert in § 311 Abs. 3 BGB) durchaus aus den Grundsätzen der culpa in contrahendo abgeleitet, etwa BGH r+s 1992, 287; NJW 1990, 1907; *Westermann*, in: FS Honsell (2002), 137 (145); *Horn*, JuS 1995, 377 (382); hierzu aus österreichischer Perspektive *Kepplinger*, Eigenhaftung von Vertragsgehilfen (2016), 144.

[220] Ausführlichst *Kepplinger*, Eigenhaftung von Vertragsgehilfen (2016), 157 ff., 173; *Kolmasch*, in: TaKomm ABGB⁵, § 874 Rn. 3; *Bollenberger/P. Bydlinski*, in: KBB ABGB⁶, § 874 Rn. 3; im speziellen Kontext der Gutachterhaftung *Kletečka*, in: FS Reischauer (2010), 287 (297); vgl. *Dullinger*, in: FS Reischauer (2010), 101 (102 mwN in Fn. 3); *Schobel*, ÖBA 2001, 752 (757); zweifelnd *Reich-Rohrwig*, Aufklärungspflichten vor Vertragsschluss (2015), 631; anders aber vereinzelt die Rechtsprechung, etwa OGH ecolex 2014/3 mAnm *Wilhelm*, die eine Haftung des Dritten aus culpa in contrahendo dann heranzieht, wenn sich das Verhalten des Dritten keiner Vertragspartei zurechnen lässt.

[221] OGH SZ 56/135 = JBl 1984, 669: „Dritte, die zum Geschädigten selbst in keinem vertraglichen oder vorvertraglichen Verhältnis stehen, haften für durch Irreführung zugefügte reine Vermögensschäden nur bei Vorsatz, nicht bei Fahrlässigkeit".

[222] *Kepplinger*, Eigenhaftung von Vertragsgehilfen (2016), 35 mwN in Fn. 174.

[223] Ausdrücklich OGH SZ 56/135 = JBl 1984, 669 (670).

[224] *Pletzer*, in: ABGB-ON (Stand: 1.8.2019), § 874 Rn. 2; *Bollenberger/P. Bydlinski*, in: KBB ABGB⁶, § 874 Rn. 2; vgl. *Riedler*, in: PraxKomm ABGB⁵, § 874 Rn. 5.

aa) Ausnahmsweise Fahrlässigkeitshaftung bei Verletzung eigener Aufklärungspflichten

Gleichwohl hat die österreichische Rechtsprechung das Vorsatzerfordernis in einzelnen Fällen auf Fahrlässigkeit abgeschwächt, um auch hier fahrlässig verursachte reine Vermögensschäden einer Ersatzpflicht zuzuführen. Begründet wird dies mit der Annahme, dass in bestimmten Konstellationen auch vertragsfremde Dritte *eigene Aufklärungspflichten* träfen, deren bereits fahrlässige Verletzung zur Ersatzpflicht führte.[225]

Dies gilt insbesondere für den Fall, dass der vertragsfremde Dritte bei den Vertragsverhandlungen in besonderem Maße *persönliches Vertrauen* in Anspruch genommen hat und dadurch die Vertragsverhandlungen beeinflussen konnte,[226] oder er ein *erhebliches eigenwirtschaftliches Interesse* am Zustandekommen eines fremden Vertrages hat.[227] Der deutsche Leser wird hier hellhörig, bejaht doch auch der BGH seit Jahrzehnten eine Haftung des vertragsfremden Dritten bei Erfüllung eben dieser Voraussetzungen.[228]

Ein *besonderes persönliches Vertrauen* nimmt die österreichische Rechtsprechung etwa dann an, wenn ein Anlagevermittler den Erwerb letztlich unrentabler Kapitalanlagen empfiehlt und vor Vertragsschluss damit wirbt, er selbst habe – immerhin als sachnaher Experte – diese Anlage ebenfalls gezeichnet.[229] Ein *erhebliches eigenwirtschaftliches Interesse* wurde in der österreichischen Rechtsprechung etwa dann bejaht, wenn der Vertragsvermittler in einem als Pyramidenspiel organisierten Glückspielsystem von jedem neuen Vertragspartner eine selbstständige „Verwaltungsgebühr" erhebt,[230] allerdingt verneint, wenn dem Dritten aus dem Abschluss des Fremdvertrages „nur" ein Provisionsanspruch erwächst.[231]

---

[225] *Riedler*, in: PraxKomm ABGB⁵, § 874 Rn. 6.
[226] Grundlegend OGH SZ 56/135 = JBl 1984, 669; ecolex 2018/229; SZ 51/79 = JBl 1979, 368 (369); JBl 1997, 37; ausführlich *Pletzer*, in: ABGB-ON (Stand: 1.8.2019), § 874 Rn. 14; kritisch zur Vertrauensfacette *Reich-Rohrwig*, Aufklärungspflichten vor Vertragsschluss (2015), 642 ff.
[227] OGH Urt. v. 15.12.1997 – 1 Ob 377/97s; SZ 56/135 = JBl 1984, 669; *Pletzer*, in: ABGB-ON (Stand: 1.8.2019), § 874 Rn. 13.
[228] Hierzu sogleich, siehe unter F./I./5./b)/bb).
[229] OGH SZ 70/147 = ÖBA 1998, 230 (232).
[230] OGH JBl 1997, 37: „eigenwirtschaftliches Interesse an Werbung von Mitspielern [...] geradezu als Motor des ganzen Systems betrachtet werden".
[231] OGH SZ 2013/33 = ÖJZ 2013, 922, EvBl 2013/130 (924) mAnm *Rohrer/Cach*; JBl 2011, 445 (447) mAnm *Dullinger*; Beschl. v. 29.4.1997 – 1 Ob 2389/96x; JBl 1984, 669; kritisch *Graf*, VbR 2013, 4 (7); ferner *Kepplinger*, Eigenhaftung von Vertragsgehilfen (2016), 120 f.; für einen strengen Maßstab zur Beurteilung des eigenen Vorteils des vertragsfremden Dritten *Reich-Rohrwig*, Aufklärungspflichten vor Vertragsschluss (2015), 639.

(1) Unklare Verortung der ausnahmsweisen Fahrlässigkeitshaftung nach der Rechtsprechung des OGH

Unklar ist allerdings selbst nach der Rechtsprechung des OGH, auf welche Anspruchsgrundlage sich diese *Fahrlässigkeitshaftung des vertragsfremden Dritten für reine Vermögensschäden* stützen lässt.[232] Eine unmittelbare Haftungsableitung aus § 874 ABGB kommt angesichts des eindeutig Vorsatz voraussetzenden Wortlauts nicht in Frage.[233] Allein die Kommentarliteratur verortet die Haftung des Dritten im Umfeld dieser Vorschrift.[234] Eine Haftungsbegründung allein über § 1295 Abs. 1 ABGB ist mit dem geltenden österreichischen Rechtswidrigkeitsverständnis unvereinbar;[235] wenige – hier kaum anwendbare – Ausnahmen gelten nur bei eindeutiger Schutzgesetzverletzung, § 1311 2. HS ABGB.[236]

Vereinzelt verortet der OGH eine Eigenhaftung des vertragsfremden Dritten im Kontext der *culpa in contrahendo*.[237] Daneben geht der OGH im Einzelfall auch vom *stillschweigenden Abschluss eines Auskunftsvertrages* aus und sieht die Haftpflicht des Dritten in einer dort vorgefallenen Auskunftspflichtverletzung begründet.[238] Als *rezeptionistische Randnotiz* sei hier nur bemerkt, dass diese Form der Haftungsbegründung mittels Vertragsfiktionen bewusst aus der deutschen Gerichtspraxis übernommen wurde.[239]

In einer anderen Entscheidung wird wiederum *penibel unterschieden* zwischen der ausnahmsweise in Frage kommenden Haftung des vertragsfremden Dritten wegen *besonderer Inanspruchnahme von Vertrauen* einerseits und dessen Einstandspflicht aus konkludent geschlossenem *Auskunftsver-*

---

[232] *Kepplinger*, Eigenhaftung von Vertragsgehilfen (2016), 142; zu den verschiedenen Ansätzen in der Rechtsprechung des OGH *Graf*, VbR 2013, 4 (7); mit Kritik an der uneinheitlichen Judikatur *Dullinger*, in: FS Reischauer (2010), 101 (103 ff.).
[233] OGH SZ 56/135 = JBl 1984, 669 (670).
[234] Statt vieler *Rummel*, in: Rummel/Lukas ABGB⁴, § 874 Rn. 3.
[235] Zur Schwierigkeit, dem Vertragsgehilfen eigenes Handlungsunrecht vorwerfen zu können, vgl. *Kepplinger*, Eigenhaftung von Vertragsgehilfen (2016), 33 f.
[236] Lehrbuchartig OGH SZ 56/135 = JBl 1984, 669 (670).
[237] OGH Urt. v. 15.12.1997 – 1 Ob 377/97s, RIS; ecolex 1990, 289 mAnm *Wilhelm*; insbesondere dann, wenn sich das Verhalten des Dritten keiner Vertragspartei zurechnen lässt, OGH ecolex 2014/3 mAnm *Wilhelm*; hierzu *Kepplinger*, Eigenhaftung von Vertragsgehilfen (2016), 131 ff.; zustimmend zur Verortung der Eigenhaftung des vertragsfremden Dritten im vorvertraglichen Bereich *Reich-Rohrwig*, Aufklärungspflichten vor Vertragsschluss (2015), 632.
[238] Etwa OGH ecolex 2012/266 mAnm *Wilhelm*; SZ 70/147 = ÖBA 1998, 230 (231) mwN; *Dullinger*, in: FS Reischauer (2010), 101 (103 mwN der Rspr in Fn. 8; eine kritische Bewertung dieser Praxis findet sich bei *Kepplinger*, Eigenhaftung von Vertragsgehilfen (2016), 48 ff. und *Reich-Rohrwig*, Aufklärungspflichten vor Vertragsschluss (2015), 630 ff.
[239] Ausdrücklich OGH SZ 70/147 = ÖBA 1998, 230 (231): „nicht einzusehen, weshalb diese Grundsätze [Verf.: gemeint sind die Vertragsfiktionen des BGH] nicht auch im Geltungsbereich des österreichischen Privatrechts Anwendung finden sollten"; äußerst kritisch hierzu *Schobel*, ÖBA 2001, 752 (755).

trag andererseits.²⁴⁰ Ein weiterer Ansatz stützt strukturell eigentlich gleichgestrickte Fälle auf die Sachverständigenhaftung nach § 1300 S. 1 ABGB,²⁴¹ die – schließlich weniger voraussetzungsvoll – keinen Auskunftsvertrag im eigentlichen Sinne erfordert, sondern bei *jeder Art von Sonderverbindung* zwischen Schädiger und Geschädigtem bestehen kann.²⁴² Gleichwohl scheint der OGH auch von einer *nebeneinander bestehenden* Haftung des vertragsfremden Dritten aus § 1300 S. 1 ABGB *und* konkludent geschlossenem Auskunftsvertrags und damit einer doppelten Begründbarkeit für Haftung aus besonderem Vertrauen auszugehen.²⁴³ Darüber hinaus operiert der OGH in seiner Rechtsprechung auch mit einer Kombination mehrerer haftungsbegründender Parameter, etwa dann, wenn er eine Sachverständigenhaftung wegen Verstoß gegen einen konkludent geschlossenen Auskunftsvertrag *iSv § 1300 S. 1 ABGB* annimmt.²⁴⁴

Dies hindert ihn freilich nicht daran, in einer neueren Entscheidung – und dabei zutreffend und letztlich auch widerspruchsfrei, in der Fülle an unterschiedlichen Begründungen aber durchaus verwirrend – darauf hinzuweisen, dass es zur Annahme einer Sachverständigenhaftung für reine Vermögensschäden nach § 1300 S. 1 ABGB *gerade nicht* auf das Bestehen eines Auskunftsvertrages ankommt.²⁴⁵

Die strikteste Haftungsbegründung in der jüngeren Rechtsprechung des OGH ist weiterhin die, die zwar von einer Sachverständigenhaftung des Vertrauen in Anspruch nehmenden Dritten nach § 1300 S. 1 ABGB ausgeht, das dortige Erfordernis der *Sonderverbindung* aber dergestalt versteht, als *allein aus der Stellung als Sachverständiger* bereits eine Art *Garantie-* bzw. *Berufshaftung* gezogen wird.²⁴⁶ Dies kommt dem Bild der Sachwalterhaftung nach § 311 Abs. 3 S. 2 BGB schon sehr nahe.

---

²⁴⁰ OGH JBl 2011, 445 (447) mAnm *Dullinger*; so auch *Graf*, VbR 2013, 4 (7); *Pletzer*, in: ABGB-ON (Stand: 1.8.2019), § 874 Rn. 11.
²⁴¹ Siehe hierzu schon unter F./I./2./b)/cc).
²⁴² Vgl. OGH JBl 2008, 249 mAnm *Rummel*; diesen Ansatz befürwortend *Dullinger*, in: FS Reischauer (2010), 101 (111 ff.); siehe hierzu unter F./I./2./b)/cc)/(1)/(a).
²⁴³ OGH SZ 70/147 = ÖBA 1998, 230 (231); *Graf*, VbR 2013, 4 (7).
²⁴⁴ OGH JBl 2017, 182 (185) mkritAnm *Kepplinger*; ZFR 2012/9; ÖBA 2005/1249 mkritAnm *Kletecka*.
²⁴⁵ OGH EvBl 2011/11 (74): „Aus diesem Grund haftet er nach § 1300 Satz 1 ABGB auch dann, wenn er durch bloß fahrlässiges (Fehl-)Verhalten einen reinen Vermögensschaden verursacht. Auf das Bestehen eines [...] Auskunftsvertrags – der allerdings in der Rsp gelegentlich allein aufgrund der Auskunftserteilung angenommen wurde [...] – kommt es daher nicht an".
²⁴⁶ OGH SZ 2013/33 = EvBl 2013/130 (924) mAnm *Rohrer/Cach*; ähnlich schon SZ 57/37 = ÖJZ 1984, 435 (436 f.), EvBl 1984/111.

(2) OGH 8 Ob 66/12g – die Brücke zur deutschen Sachwalterhaftung?

Nennenswerte Kritik an der insgesamt undurchsichtigen Haftungsverortung der Rechtsprechung fällt kaum auf.[247] Es besteht in Literatur und neuerer österreichischer Rechtsprechung Einigkeit über die Haftung des vertragsfremden Dritten in den anerkannten Ausnahmekonstellationen der *Inanspruchnahme besonderen Vertrauens* und der Verfolgung *besonderer eigenwirtschaftlicher Interessen* – auf welcher Grundlage auch immer. Gleichzeitig wird stets betont, dass es sich bei diesen Konstellationen um eng konturierte Ausnahmen handele, die es keinesfalls auszuweiten gälte.[248] Das Risiko einer willkürlichen, ausufernden Haftungsbegründung wird also ausdrücklich im Blick gehalten.

Am dogmatisch überzeugendsten, weil mit engstem Bezug zum Gesetz,[249] erscheint die Haftungsbegründung für die Inanspruchnahme besonderen persönlichen Vertrauens über den Weg des § 1300 S. 1 ABGB.[250] Die dort erforderliche *fehlende Selbstlosigkeit* des Sachverständigenhandelns erfordert keine starre Entgeltlichkeit im eigentlichen Sinne, sondern „nur" die wie auch immer geartete Verfolgung eigener Vorteile.[251] Diese Vorteilserreichung kann *innerhalb jeder Sonderverbindung* geschehen, ein Vertrag im eigentlichen Sinne ist dazu nicht notwendig. Einer gekünstelten Haftungsbegründung unter Fiktion eines stillschweigend geschlossenen Auskunftsvertrages – als unmittelbare Grundlage von Auskunftsansprüchen oder als Erscheinungsform einer Sonderverbindung iSv § 1300 S. 1 ABGB – bedarf es also gar nicht.[252]

(a) Sachverhalt

Vor diesem Hintergrund überzeugt auch die Annahme einer Sachverständigenhaftung in OGH 8 Ob 66/12g[253] – vor allem aus deutscher Perspektive. Der Entscheidung lag folgende Konstellation zugrunde: Eine selbstständige Vermögensberaterin empfahl dem letztlich Geschädigten ein individuelles Anlageprodukt, insbesondere die Aufnahme eines Fremdwährungskredites, ohne allerdings über entsprechende Fremdwährungsrisiken aufzuklären. Die Vermögensberaterin trat im Auftrag und in Vertretung einer Bank auf, einen eigenen Auskunftsvertrag zwischen ihr und dem Geschädigten konnte

---

[247] Am schärfsten noch *Dullinger*, in: FS Reischauer (2010), 101 (103 ff.).
[248] OGH JBl 2011, 445 (447) mAnm *Dullinger*; SZ 2013/33 = EvBl 2013/130 (924) mAnm *Rohrer/Cach.*; ZFR 2012/9; EvBl 2008/117; ecolex 1990, 289 mAnm *Wilhelm*.
[249] IdS auch *Graf*, VbR 2013, 4 (7).
[250] Vgl. auch das Resümee *Kepplingers*, Eigenhaftung von Vertragsgehilfen (2016), 208.
[251] OGH EvBl 2011/11 (74).
[252] Ganz idS *Dullinger*, in: FS Reischauer (2010), 101 (110).
[253] SZ 2013/33 = EvBl 2013/130 (924) mAnm *Rohrer/Cach*.

der OGH nicht erkennen. Der Geschädigte vertraute gleichwohl auf die Sicherheit und Rentabilität der ihm empfohlenen Anlagen und schloss die ihm empfohlenen Kreditverträge der von der Vermögensberaterin vermittelten Bank ab. Nach Zeichnung der Verträge stieg die Zinsverpflichtung für den Fremdwährungskredit erheblich an. Auf Empfehlung der Bank wurde der Fremdwährungskredit von Schweizer Franken zu japanischen Yen konvertiert, erneut ohne auf das – sich letztlich verwirklichende – Risiko von Währungskursschwankungen hinzuweisen. Der unzureichend beratene, in seinem Vermögen Geschädigte nahm sowohl die Bank als auch die vermittelnde Vermögensberaterin in Anspruch. Mit einer erfrischend prägnanten Begründung stellte der OGH insbesondere die persönliche Haftung der Vermögensberaterin fest, obwohl diese als Erfüllungsgehilfe der als Vertragspartei primär in Anspruch zu nehmenden Bank auftrat.

(b) Haftungsbegründung über die vertrauensheischende Sachverständigeneigenschaft

In ihrer Begründung ist die Entscheidung an den relevanten Stellen untypisch kurz. Im Ergebnis kam der OGH ohne die Fiktion eines stillschweigend geschlossenen Auskunftsvertrages aus. Vielmehr stützte er die Haftung der Vermögensberaterin unter Verweis auf § 1300 ABGB ausschließlich auf deren *Sachverständigeneigenschaft als solcher*. Anders als in vielen Vorentscheiden, bei denen eine Haftungsbegründung nach § 1300 S. 1 ABGB in Rede stand, bleibt die Analyse der Sonderverbindung – sofern sie überhaupt stattfindet – äußerst dünn. Als Sonderbeziehung zwischen den Parteien kommt allein deren vertieftes Vertrauensverhältnis in Betracht – erneut, ohne dass dies vom OGH ausdrücklich herausgestellt bzw. als Sonderbeziehung iSv § 1300 S. 1 bezeichnet wird. Ausführungen zur für eine Haftung nach § 1300 S. 1 ABGB konstitutiven *fehlenden Selbstlosigkeit* fehlen sogar gänzlich. Ein zumindest in diese Richtung gehendes, wirtschaftliches Eigeninteresse des Vermögensberaters wird trotz dessen Provisionsanspruchs verneint.

Der OGH vermischt an dieser Stelle Merkmale unterschiedlicher Haftungsgrundlagen: In Rede steht in erster Linie eine Haftung der vertragsvermittelnden Anlageberaterin wegen Inanspruchnahme besonderen persönlichen, letztlich aber enttäuschten Vertrauens. Der OGH erteilt der Haftungsbegründung *aus dem Grund des erheblichen eigenwirtschaftlichen Interesses* als alternativer Ausnahmekonstellation der Eigenhaftung des Vertragsvermittlers – zutreffend – eine Absage. Gleichzeitig nimmt er aber (bewusst oder unbewusst) nicht dazu Stellung, dass der Provisionsanspruch – mag er auch kein *erhebliches* eigenwirtschaftlichen Interesse im Sinne des ausnahmsweise anzunehmenden Haftungsgrundes begründen – jedenfalls das Merkmal der fehlenden Selbstlosigkeit iSv § 1300 S. 1 ABGB erfüllt.[254] An einer dezidierten Auseinandersetzung mit den Haftungsvoraussetzungen des § 1300 S. 1 ABGB fehlt es also. Stattdessen wird klargestellt, dass letztlicher Anknüpfungspunkt der Haftung die *Sachverständigeneigenschaft als solche* ist, aus der sich das Vertrauen des Geschädigten und die Gewähr für die Richtigkeit der Auskünfte generiert. In dieser Sachverständigeneigenschaft trifft den vertragsfremden Dritten, hier die Vermögensberaterin, unabhängig von einer direkten Vertragsbeziehung, eine *objektiv-rechtliche Sorgfaltspflicht*, die ihre persönliche Haftung begründet.[255]

Nun ließe sich einwenden, dass eine solch dünne Haftungsbegründung nur schwerlich trägt; außerdem sei auch eine Haftungsbegründung über § 1300 S. 1 ABGB nach bekanntem Schema – d. h. insbesondere mit einer ausführlichen Begründung der fehlenden Selbstlosigkeit – möglich gewesen. Festzuhalten ist aber vielmehr, dass das in OGH 8 Ob 66/12g offenbarte *Sachverständigenverständnis* und dessen dort bejahte Einstandspflicht schlicht auf den eigentlichen Kerngehalt der §§ 1299, 1300 ABGB rekurrieren.[256] Dem Sachverständigen wird *in seiner Experteneigenschaft ein gehobenes Vertrauen entgegengebracht*,[257] schließlich darf von ihm auch eine gehobene Sorgfaltswahrung erwartet werden, § 1299 ABGB. Wird dieses besondere Vertrauen enttäuscht, bestimmt § 1300 ABGB die Voraussetzungen der Sachverständigenhaftung – im hier in Rede stehenden Fall (und bei großzügiger, letztlich aber einwandfreier Lesart des § 1300 S. 1 BGB) insbesondere das *persönliche Vertrauensverhältnis* zwischen den Parteien. In der österreichischen Literatur hat diese Entscheidung folglich keine nennenswerte Kritik, sondern vielmehr Zustimmung erfahren.[258] Auch dem deutschen Recht ist die vom OGH eingenommene Perspektive bestens bekannt. Von der im Folgenden skizzierten *Sachwalterhaftung* nach § 311 Abs. 3 S. 2 BGB wird gerade der Fall erfasst, der OGH 8 Ob 66/12g zugrunde liegt.

---

[254] Anders dagegen noch OGH JBl 2011, 445 (448) mAnm *Dullinger*: „Da der Anlagevermittler oder -berater für seine Tätigkeit […] eine Provision erhält, handelt er auch ‚gegen Belohnung' gem. § 1300 S 1 ABGB und verfolgt damit eigene wirtschaftliche Interessen".
[255] OGH SZ 2013/33 = EvBl 2013/130 (924) mAnm *Rohrer/Cach*.
[256] Vergleiche schon die Ausführungen unter siehe hierzu unter F./I./2./b)/cc).
[257] *Welser*, Haftung für Rat, Auskunft und Gutachten (1983), 87 im Drei-Personen-Verhältnis.
[258] Etwa *Cach*, ÖJZ 2013, 922 (925); der Entscheidung zustimmend auch *Graf*, VbR 2013, 4 (7).

bb) § 311 Abs. 3 S. 2 BGB – Normative Parallelen im deutschen positiven Recht

Im Zuge der Schuldrechtsreform wurde in § 311 Abs. 3 BGB normiert, was vorher bereits in ständiger Übung[259] anerkannt und bis dato primär[260] aus den Grundsätzen der Haftung aus culpa in contrahendo[261] abgeleitet wurde: Ein (heute gesetzliches, kein [vor-]vertragliches)[262] Schuldverhältnis mit entsprechenden Aufklärungspflichten kann *ausnahmsweise* auch zu einem vertragsfremden Dritten entstehen.[263] Die Anordnung des § 311 Abs. 3 BGB verfolgt damit das Ziel, bestimmte vertragsfremde Dritte zu derselben Rücksichtnahme nach § 241 Abs. 2 BGB anzuhalten, wie die Vertragsparteien.[264] Praktisch ergibt sich hieraus vor allem die Pflicht des lediglich vertragsvermittelnden Dritten zur gebotenen Aufklärung über Risiken des für ihn fremden Vertrages.

Auch wenn § 311 Abs. 3 S. 1 BGB noch generalklauselartig weit formuliert ist, entsteht ein gesetzliches Schuldverhältnis nach §§ 311 Abs. 3, 241 Abs. 2 BGB *nicht gegenüber jedem* bei Vertragsverhandlungen von einer Seite zwischengeschalteten Dritten. Wer *ausnahmsweise* haftpflichtiger Dritter nach § 311 Abs. 3 BGB sein kann, sei vielmehr restriktiv zu verstehen[265] – auch wenn die jüngere Rechtsprechung und Literatur hierzu ein gerade gegenteiliges Verständnis erkennen lässt.[266] Ein jedenfalls bereits in § 311 Abs. 3

---

[259] Etwa BGHZ 56, 81 = NJW 1971, 1309 (1310); mit Nachweisen bereits der diesbezüglichen reichsgerichtlichen Judikatur BGH VersR 1964, 977; umfassende Nachweise der Rspr. bei *Temming/Weber*, JURA 2019, 923 (928 in Fn. 40); zur Entwicklung in Deutschland aus österreichischer Perspektive ausführlich *Kepplinger*, Eigenhaftung von Vertragsgehilfen (2016), 145 ff.; ferner *Kersting*, Dritthaftung für Informationen (2007), 317 f.; *Pinger/Behme*, DS 2009, 54 (63).

[260] *Temming/Weber*, JURA 2019, 923 (928) führen an, dass ein Gros der Sachwalterfälle vor der Kodifikation in der Praxis mit Vertragsfiktionen und nicht mit der Haftung aus culpa in contrahendo gelöst wurden.

[261] BGH r + s 1992, 287; NJW 1990, 1907; *Westermann*, in: FS Honsell (2002), 137 (145); *Temming/Weber*, JURA 2019, 923 (924): Haftung aus culpa in contrahendo als historisches „Fundament" des § 311 Abs. 3 BGB; *Kersting*, Dritthaftung für Informationen (2007), 35: c. i.c. als Ideengeberin des § 311 Abs. 3 BGB; *Faust*, AcP 210 (2010), 555 (561).

[262] So auch *Temming/Weber*, JURA 2019, 923 (924); vgl. *Horn*, JuS 1995, 377 (376); begrifflich unpräzise *Sutschet*, in: BeckOK BGB (62. Ed.), § 311 Rn. 121, der etwa die Haftung aus culpa in contrahendo auf die Vertragsparteien beschränkt, über § 311 Abs. 3 BGB aber ein vorvertragliches Schuldverhältnis begründet sieht; aus österreichischer Perspektive *Kepplinger*, Eigenhaftung von Vertragsgehilfen (2016), 144.

[263] Kritisch zu dieser Dritterstreckung der Haftung aus culpa in contrahendo *Picker*, in: FS Medicus (1999), 397 (414 f.).

[264] Vgl. *Faust*, AcP 210 (2010), 555 (561); ihm folgend *Temming/Weber*, JURA 2019, 923 (924); vgl. für Österreich *Reich-Rohrwig*, Aufklärungspflichten vor Vertragsschluss (2015), 7.

[265] *Sutschet*, in: BeckOK BGB (62. Ed.), § 311 Rn. 121 mwN der restriktiven Rspr.

[266] OLG Düsseldorf NJW-RR 2019, 140: Schuldverhältnis iSd § 311 Abs. 3 S. 2 BGB auf Grundlage der „engsten Männerfreundschaft" zwischen Schädiger und Geschädigtem; OLG Stuttgart NJW-RR 2019, 628 (629): Einordnung des Sohns eines Liegenschaftsver-

S. 2 BGB typisiertes Regelbeispiel ist auch hier der Dritte, der in *besonderem Maße Vertrauen* für sich in Anspruch nimmt und dadurch die Vertragsverhandlungen oder den Vertragsschluss *erheblich beeinflusst.*

Erneut mögen hier Stellvertreter bzw. Verhandlungsgehilfen als Beispiel ausnahmsweise haftpflichtiger Dritter dienen. Sofern diese unauffällig agieren und ihr Verhandlungsverhalten sich nicht von dem anderer Gehilfen/ Stellvertreter unterscheidet, fehlt es an der Inanspruchnahme *besonderen Vertrauens.*[267] Erst wenn das Gehilfenhandeln über das ohnehin angezeigte Verhandlungsengagement hinausgeht – etwa durch die Gewähr von persönlicher Expertise, die den Vertragspartner von der Vertragszeichnung überzeugt[268] – ist von einer Einflussnahme auf die Vertragsverhandlungen durch besonderes Vertrauen auszugehen.[269]

Die in Deutschland und Österreich erzielten Haftungsergebnisse für besonderes, letztlich aber enttäuschtes Vertrauen in einen Dritten vor Vertragsschluss und insbesondere die damit zum Ausdruck gebrachten Wertungen ähneln sich auffallend.[270] Gäbe es die §§ 1299, 1300 ABGB im deutschen Recht, so würde der in § 311 Abs. 3 S. 2 BGB skizzierte *Sachwalter* schlicht einen Unterfall des vertrauenswürdigen, weil fachlich besonders ausgewiesenen und deswegen besonders sorgfalts- und damit letztlich aufklärungspflichtigen Sachverständigen nach österreichischer Begrifflichkeit bilden.

Die Parallelen zwischen dem deutschen und dem österreichischen Recht setzen sich auch an anderer Stelle fort: Die zweite in Deutschland anerkannte Kernkategorie des aufklärungspflichtigen Dritten nach § 311 Abs. 3 S. 1 BGB ist der sog. *procurator in rem suam,*[271] als derjenige, der im *erheblichen*

---

käufers als Sachwalter, da dieser sich gegenüber potentiellen Käufern als Eigentümer aufspielt; *Franck,* Marktordnung durch Haftung (2016), 354: jeder Marktteilnehmer kann „Dritter" iSv § 311 Abs. 3 S. 2 BGB sein; ähnlich bereits *Koch,* AcP 204 (2004), 59 (78 f.); überzeugend auch *Benz/Kohler,* ZfPW 2020, 490 (497), die am Werbemarkt etablierte Influencer als Sachwalter einordnen.

[267] Zur expliziten Unterscheidung zwischen normalem Verhandlungsvertrauen und besonderem/persönlichen Vertrauen BGHZ 126, 181 = NJW 1994, 2220 (2222); ausführlich *Faust,* AcP 210 (2010), 555 (565 f.).

[268] Sehr anschauliche Ausführungen zu den Anforderungen, die an die beidseitige Ausgestaltung des Vertrauensverhältnisses gestellt werden müssen, um haftpflichtrechtliche Relevanz zu erreichen *Benz/Kohler,* ZfPW 2020, 490 (497 ff.), konkret zur Frage nach der Sachwaltereigenschaft von in sozialen Netzwerken werbenden Influencern.

[269] BGHZ 126, 181 = NJW 1994, 2220 (2222); *Faust,* AcP 210 (2010), 555 (565); *Emmerich,* in: MüKo BGB[9], § 311 Rn. 207; *Tarman,* Gutachterhaftung gegenüber dem Dritten (2007), 145; *Benz/Kohler,* ZfPW 2020, 490 (494 f.).

[270] Ebenso *Kepplinger,* Eigenhaftung von Vertragsgehilfen (2016), 160; auf die Gemeinsamkeiten des österreichischen und deutschen Ansatzes im speziellen Kontext der Dritthaftung des Privatgutachters hinweisend *Kletečka,* in: FS Reischauer (2010), 287 (298 f.).

[271] Ausführlich *Kersting,* Dritthaftung für Informationen (2007), 35 ff.; ferner *Emmerich,* in: MüKo BGB[9], § 311 Rn. 209 f.; *Dieckmann,* in: Erman BGB[16], § 311 Rn. 93; *Hofer/ Hengstberger,* NZA-RR 2020, 118 (120); *Leyens,* JuS 2018, 217 (219); zur Entwicklung dieser Figur in der deutschen Rechtsprechung BGHZ 126, 181 = NJW 1994, 2220; insb. zu ihrer inzwischen restriktiven Anwendung *Benz/Kohler,* ZfPW 2020, 490 (493 f.).

eigenwirtschaftlichen Interesse handelt.²⁷² Hiervon wird beispielsweise der Fall erfasst, in dem der vertragsvermittelnde GmbH-Gesellschafter die Absicht hat, die vom Vertragspartner zu erbringende Leistung nicht an die vertretene Gesellschaft weiterzuleiten, sondern sie sich zum eigenen Nutzen zuzuführen.²⁷³ Ein gewöhnlicher Provisionsanspruch des Vertragsvermittlers im Innenverhältnis reicht allerdings – erneut ganz im Einklang mit dem österreichischen Recht²⁷⁴ – für die Annahme von *erheblichen eigenwirtschaftlichen Interesses* noch nicht aus.²⁷⁵

cc) (Weitgehend) parallele Fahrlässigkeitshaftung für vertragsvermittelnden Dritten in Deutschland und Österreich

Im diesen Fällen der fahrlässigen Vermögensschädigung durch einen vertragsvermittelnden, aber dauerhaft vertragsfremden Dritten erfolgt ein deutlicher Schulterschluss zwischen dem österreichischen und deutschen Haftungsrecht – in Österreich allen Wortlautwidrigkeiten des § 874 ABGB zum Trotz und auf dem einfachsten Weg durch schlichte Anwendung des § 1300 S. 1 ABGB und in Deutschland jedenfalls seit der Schuldrechtsreform 2002 über § 311 Abs. 3 BGB vom Gesetzeswortlaut ausdrücklich legitimiert.

Eine (vermeintliche) Differenz zwischen der deutschen und österreichischen Haftungsbegründung zeigt *Kepplinger*²⁷⁶ auf. Er weist darauf hin, dass die Haftung nach § 1300 ABGB *kumulativ* die *Inanspruchnahme besonderen Vertrauens* und die *Verfolgung eigener wirtschaftlicher Interessen* voraussetze.²⁷⁷ Hier bestünde gerade der Unterschied zur deutschen Haftung nach § 311 Abs. 3 BGB, welcher zwar auch eben diese beiden

---

²⁷² BGH NJW 2002, 208 (212); ausführlich zum wirtschaftlichen Eigeninteresse BGH NJW 1986, 586 (587 f.); ferner, in casu aber ablehnend, BGH r+s 1992, 287 (288); OLG Stuttgart ZIP 2016, 2066 (2067 f.); OLG Braunschweig NZBau 2004, 676; *Herresthal*, in: BeckOGK BGB (Stand: 1.4.2022), § 311 Rn. 527 mwN.
²⁷³ BGH NJW 1986, 586 (588).
²⁷⁴ OGH SZ 2013/33 = ÖJZ 2013, 922, EvBl 2013/130 (924) mAnm *Rohrer/Cach*; JBl 2011, 445 (447) mAnm *Dullinger*; Beschl. v. 29.4.1997 – 1 Ob 2389/96x; JBl 1984, 669; kritisch *Graf*, VbR 2013, 4 (7); ferner *Kepplinger*, Eigenhaftung von Vertragsgehilfen (2016), 120 f.; für einen strengen Maßstab zur Beurteilung des eigenen Vorteils des vertragsfremden Dritten *Reich-Rohrwig*, Aufklärungspflichten vor Vertragsschluss (2015), 639.
²⁷⁵ BGH r+s 1992, 287 (288); NJW 1986, 586 (587); *Dieckmann*, in: Erman BGB¹⁶, § 311 Rn. 93.
²⁷⁶ Eigenhaftung von Vertragsgehilfen (2016), 160 f., ferner 203 ff., 140 im Anschluss an *Dullinger*, in: FS Reischauer (2010), 101 (113).
²⁷⁷ Ebenso *Reich-Rohrwig*, Aufklärungspflichten vor Vertragsschluss (2015), 647, der die Eigenhaftung des Dritten allerdings an dieser Stelle nicht speziell auf § 1300 S. 1 ABGB stützt (nach seinem durchaus überzeugenden Verständnis ein Sonderfall der Haftung aus culpa in contrahendo, 11), sondern allgemein auf vorvertragliches Verschulden.

Haftungsgründe kenne, aber eine Haftung bereits bei alternativem Vorliegen auslöse.[278]

Hierzu Folgendes: *Kepplinger* ist zuzugeben, dass die kumulative Inanspruchnahme besonderen persönlichen Vertrauens und die Verfolgung eigenwirtschaftlicher Interessen zunächst einmal nur dem Wortlaut der österreichischen Norm entspricht. Ist jemand Sachverständiger iSv §§ 1299, 1300 ABGB wird ihm deswegen regelmäßig *besonderes fachliches Vertrauen* entgegengebracht.[279] Haftungsbegründend ist zudem nur die Sachverständigenauskunft *gegen Belohnung* (= Verfolgung von Eigeninteressen), welche aber eben bereits bei der Verfolgung eigener wirtschaftlicher Interessen angenommen wird.[280] Hier mit *Kepplinger* das Erfordernis der kumulativen Tatbestandserfüllung anzunehmen, liegt jedenfalls nicht fern.

Anders hält das aber offensichtlich der OGH, der, selbst bei (seltenem) klarem Bekenntnis zu § 1300 ABGB als Anspruchsgrundlage in den hier betrachteten Fällen hinsichtlich der objektiven Tatbestandserfüllung weniger strikt vorgeht: Die jüngeren Entscheidungen widersprechen dem Postulat der Kumulation von Vertrauen und wirtschaftlichem Eigeninteresse ganz ausdrücklich und halten – eben ganz wie in Deutschland – sowohl die eine als auch die andere „Alternative" isoliert schon für haftungsbegründend.[281]

Auch aus empirisch-rezeptionistischer Sicht ist an dieser Stelle die bewusste und zielgerichtete Annäherung der beiden Haftungsordnungen festzuhalten:[282] Bei der Ausweitung der Eigenhaftung des vertragsfremden Dritten über das Vorsatzerfordernis des § 874 ABGB hinaus auf Fälle der fahrlässigen Vermögenschädigung nahm der OGH[283] argumentative Anleihen

---

[278] So auch ausdrücklich für das deutsche Recht *Armbrüster*, ZIP 2019, 837 (838).

[279] Vgl. *Kepplinger*, Eigenhaftung von Vertragsgehilfen (2016), 160; *Dullinger*, in: FS Reischauer (2010), 101 (113); ganz idS *Karner*, in: FS Koziol (2010), 695 (699).

[280] OGH EvBl 2011/11.

[281] SZ 2013/33 = EvBl 2013/130) mAnm *Rohrer/Cach*: „Die Eigenhaftung des Vertreters [...] wird dann bejaht, wenn [...] er ein besonderes eigenwirtschaftliches Interesse am Zustandekommen des Vertrags hatte, *oder* wenn er bei den Vertragsverhandlungen im besonderen Maße persönliches Vertrauen in Anspruch nahm"; ebenso OGH ecolex 2014/3 mAnm *Wilhelm; Kepplinger*, Eigenhaftung von Vertragsgehilfen (2016), 141 f. weist auf diesen „Stehsatz" sogar selbst hin; vgl. auch OGH EvBl 2011/11: Haftung des Sachverständigen aus § 1300 ABGB bei Verfolgung eigenwirtschaftlicher Interessen, ohne dass über die Sachverständigeneigenschaft hinaus die Inanspruchnahme besonderen Vertrauens geprüft wird; außerdem schon Urt. v. 15.12.1997 – 1 Ob 377/97s: Keine Haftungsbegründung über § 1300 ABGB, sondern aus culpa in contrahendo allein wegen der Verfolgung eigenwirtschaftlicher Interessen.

[282] Kritisch zur Rezeption des deutschen Haftungsmodells aus österreichischer Perspektive *Kepplinger*, Eigenhaftung von Vertragsgehilfen (2016), 155 ff., insb. 161 f., wobei die deutsche Sachwalterhaftung unpräzise als Einstandspflicht aus culpa in contrahendo betrachtet wird.

[283] Mit jeweils ausführlicher Bezugnahme auf deutsche Rspr. und Literatur etwa OGH SZ 70/147 = ÖBA 1998, 230 (232 f.); SZ 56/135 = JBl 1984, 669 (670); SZ 51/79 = JBl 1979, 368 (369).

bei der bereits vor der Schuldrechtsreform im deutschen Recht anerkannten unmittelbare Haftung des vertragsfremden Dritten.[284] Ausdrücklich hält der OGH fest, dass es

„nicht einzusehen wäre, weshalb diese Grundsätze [Verf.: gemeint ist die vom BGH in ständiger Rechtsprechung aufgestellte und von der deutschen Literatur gebilligte Eigenhaftung des vertragsfremden Dritten, hier erneut eines Kapitalanlageberaters] nicht auch im Geltungsbereich des österreichischen Privatrechts Anwendung finden sollten, kann doch die Interessenlage der daran Beteiligten in Österreich nicht anders beurteilt werden als in der Bundesrepublik Deutschland und ist auch die Rechtslage in den beiden Staaten durchaus vergleichbar."[285]

c) Fahrlässigkeitshaftung für reine Vermögensschäden durch Irrtumserregung vor Vertragsschluss in der Schweiz

Im schweizerischen Recht existieren keine mit §§ 874, 1300 ABGB bzw. § 311 Abs. 3 BGB vergleichbaren Normen. Ein Bild der Haftung für fahrlässige Irrtumserregung vor Vertragsschluss ergibt sich erst aus der Zusammenschau verschiedener Vorschriften bzw. Rechtsinstitute.

Zunächst ordnet Art. 28 OR an, dass der durch *absichtliche Täuschung* bewirkte Vertrag für den Getäuschten „unverbindlich" ist, d. h. nach überwiegender Ansicht zur Anfechtung durch den Getäuschten berechtigt.[286] Diese Bestimmung setzt damit tatbestandlich *Täuschungsvorsatz* voraus (wie § 874 ABGB) und bringt rechtsfolgenseitig allein die Anfechtbarkeit des Rechtsgeschäfts, nicht aber eine Ersatzpflicht des Täuschenden mit sich. Ihrem Regelungsgehalt nach entspricht Art. 28 OR damit in Deutschland in Teilen § 123 BGB. Eine Haftung des fahrlässig Irrtumserregenden – des Vertragspartners oder eines Dritten – ergibt sich erst unter Zuhilfenahme weiterer Vorschriften[287] und in der Regel unabhängig davon, ob der Irrende den Vertrag als solchen trotz der ursprünglichen Fehlvorstellung gegen sich gelten lassen möchte, vgl. Art. 31 Abs. 3 OR.[288]

---

[284] Aus den älteren deutschen Urteilen z. B. BGH NJW 1963, 2166 (2167); zur Kodifizierung der zuvor bereits anerkannten Eigenhaftung Dritter *Emmerich*, in: MüKo BGB[8], § 311 Rn. 207.
[285] OGH SZ 70/147 = ÖBA 1998, 230 (232).
[286] *Kut*, in: CHK[3], Art. 28 OR Rn. 13, Art. 31 Rn. 2 ff. mwN.
[287] *Kut*, in: CHK[3], Art. 28 OR Rn. 14: Art. 41 OR bzw. aus culpa in contrahendo.
[288] Art. 31 Abs. 3 OR ist keine eigene Anspruchsgrundlage, sondern stellt nur klar, dass eine Haftung des Irreführenden trotz Vertragsgenehmigung bestehen kann. Eine solche kann sich aus dem Deliktsrecht (Art. 41 OR) oder culpa in contrahendo ergeben, *Kut,* in: CHK[3], Art. 31 OR Rn. 24.

aa) Allgemein-deliktische Haftung für fahrlässig erteilte Falschauskunft

Erneut sind zwei grundsätzliche Konstellationen zu unterscheiden: Die Haftung des fehlsam Auskunft gebenden Vertragspartners und die Eigenhaftung des von der einen Seite bei den Vertragsverhandlungen zwischengeschalteten Dritten. Je nach Konstellation können unterschiedliche Haftungsregeln zum Zuge kommen. Beiden Fällen ist aber gemein, dass im schweizerischen Recht – anders als in Deutschland – eine Haftung des fahrlässig Irrtumserregenden auch aus Deliktsrecht begründet werden kann. Zwar ist die lediglich fahrlässige Vermögensschädigung regelmäßig nicht rechtswidrig iSd Art. 41 Abs. 1 OR,[289] gleichwohl lassen sich in der schweizerischen Rechtsprechung und Literatur verschiedene Ansätze ausmachen, um auf die Fälle *fahrlässiger Falschauskunft*, respektive der fahrlässigen Irrtumserregung im vorvertraglichen Stadium die Vorschriften des Deliktsrechts anzuwenden. An der deliktsrechtlichen Erfassung dieser Konstellationen zeigt sich nun der generalklauselartige Charakter des Art. 41 Abs. 1 OR, den sich die Norm – allen rezeptionsgeschuldeten dogmatischen Einschränkungen zum Trotz – hier noch erhalten hat.

(1) Widerrechtlichkeit iSv Art. 41 Abs. 1 OR bei Verstoß gegen das Gebot von Treu und Glauben

Die Crux der Haftung nach Art. 41 Abs. 1 OR ist der Feststellung der Widerrechtlichkeit einer Schädigung. Das in den hiesigen Fällen verletzte reine Vermögen ist kein absolut geschütztes Rechtsgut, seine Beeinträchtigung somit nicht per se rechtswidrig. Vielmehr muss ein Verstoß gegen eine einschlägige Schutznorm festgestellt werden.

In der Literatur findet sich der Vorschlag, das in Art. 2 ZGB verankerte *Gebot von Treu und Glauben* als allgemeine Verhaltensnorm, einen Verstoß hiergegen folglich als widerrechtlich iSv Art. 41 Abs. 1 OR zu verstehen.[290] Folgte man dieser Ansicht, würde ein Verstoß gegen das Treu-und-Glauben-Gebot im vorvertraglichen Verhandlungsverhältnis die Annahme der Widerrechtlichkeit ebenso begründen wie allgemein eine unrichtige Falschauskunft im außervertraglichen Bereich.[291] Der Weg zur deliktischen Haftung des im vorvertraglichen Stadiums *fahrlässig irrtumserregenden designierten Vertragspartners* bzw. des *fahrlässig falsch beratenden vertragsfremden Dritten* wäre unmittelbar über Art. 41 Abs. 1 OR eröffnet.

---

[289] Vgl. für das schweizerische Recht etwa *Honsell*, in: FS Nobel (2005), 939 (943).
[290] Statt vieler *Brehm*, in: Berner Komm OR[5], Art. 41 Rn. 53a mwN der Literatur.
[291] *Brehm*, in: Berner Komm OR[5], Art. 41 Rn. 53b.

Die herrschende Meinung lehnt diese Haftungsbegründung über den „Umweg" des Art. 2 ZGB allerdings ab.[292] Insbesondere das BG[293] stellt vielmehr fest, dass es das zentrale Anliegen des Art. 2 ZGB ist, an schon bestehende Pflichten anzuknüpfen und nicht, neue, deliktische Pflichten aufzustellen. In der Konsequenz versagt es Art. 2 ZGB die geforderte Anerkennung als *„haftpflichtrechtliche Grundschutznorm"*.[294]

(2) Widerrechtlichkeit iSv Art. 41 Abs. 1 OR im Falle der Auskunftshaftung bei Verstoß gegen ungeschriebene Schutznormen

Gleichwohl nimmt auch das BG in ähnlichen Fällen wie den hier betrachteten vorvertraglichen Vermögensschädigungen mehrfach eine deliktische Fahrlässigkeitshaftung des fehlsam Auskunftgebenden an.[295] Zusammenfassen lässt sich die hier beschriebene Rechtsprechung des BG unter dem Oberbegriff der *ausnahmsweise*[296] *deliktischen Auskunftshaftung*.[297] In ihrer Haftungsbegründung unterscheidet sich allein die Verortung der Rechtswidrigkeit von der vorstehend skizzierten Lösung der Literatur über den Weg des Art. 2 ZGB. Um die reinen Vermögensschäden durch nachteilige Vermögensdispositionen aufgrund falschen Rats oder falscher Auskunft auch außerhalb bzw. im Vorfeld von vertraglichen Beziehungen einer Ersatz-

---

[292] *Schwenzer*, OR AT[7], § 50 Rn. 22 mwN der herrschenden Gegenauffassung; ausdrücklich gegen eine allgemeine Widerrechtlichkeitsannahme bei Verstoß gegen Treu und Glauben, BGE 108 II 305 (311); ähnlich *Müller*, in: CHK[3], Art. 41 OR Rn. 47; zur diesbezüglichen Position des BG *Wyss/von der Crone*, SZW 2002, 112 (117).

[293] BGE 124 III 297 (301); 108 II 305 (311).

[294] Ausdrücklich BGE 124 III 297 (301); aA *Urwyler*, in: FS W. Fischer (2016), 529 (540), der Art. 2 ZGB eben als solche Grundschutznorm begreift, diese aber nicht iRd Art. 41 Abs. 1 OR, sondern zur Begründung der Vertrauenshaftung heranzieht; im Kontext der Vertrauenshaftung scheint das BG Art. 2 ZGB als gesetzlichen Anknüpfungspunkt zu erwägen, Urt. v. 22. 9. 2021 – 6B_665/2020, E.4.6.1.1 f.

[295] Ausdrücklich zur deliktischen Haftung bei „fahrlässiger Täuschung", BGE 89 II 239 (248): „Da nach Art. 41 OR auch ersatzpflichtig ist, wer einem andern aus Fahrlässigkeit widerrechtlich Schaden zufügt, kann eine Haftung [...] auch in Betracht kommen, wenn sie eine Täuschung von Dritten [...] nicht (auch nicht eventuell) beabsichtigte"; *Werro*, recht 2003, 12 (13).

[296] Die Ausführungen von *W. Fischer*, ZVglRWiss 83 (1984), 1 (19), der bezüglich der deliktischen Verortung der Auskunftshaftung noch von „selten konstanter Rechtsprechung" des BG spricht und dieser Vorgehensweise damit eher Regel- als Ausnahmecharakter attestiert, mögen damals noch zutreffend gewesen sein. Diese Äußerung liegt aber auch noch zehn Jahre vor der den Weg der reinen Deliktshaftung verlassenden und den zur Vertrauenshaftung einschlagenden Swissair-Entscheidung (BGE 120 II 331); plastisch *Urwyler*, in: FS W. Fischer (2016), 529 (536), der die tradierte deliktische Haftungsverordnung im Jahr 1994 – eben mit dem Import der Vertrauenshaftung durch das BG – jäh beendet sieht.

[297] Zu den Ursprüngen dieser Rechtsprechung bis ins Jahr 1895 *Schwenzer*, in: Schwenzer (Hrsg.), Schuldrecht, Rechtsvergleichung und Rechtsvereinheitlichung (1999), 59 (62).

pflicht zuzuführen, geht es im Kern erneut um die Feststellung der Verletzung einer entsprechenden Schutznorm.

Das BG stützt sich an dieser Stelle auf die Annahme *ungeschriebener Vermögensschutznormen*.[298] Diese variieren im Detail von Fall zu Fall, teilen als Gemeinsamkeit aber die Grundaussage, dass eine auch fahrlässige[299] Falschauskunft, respektive ein pflichtwidriges Verschweigen relevanter Informationen dann widerrechtlich ist, wenn der Auskunftserteilende für den Gehalt seiner Auskunft eine *besonders legitimierte Position*, quasi eine *Garantenstellung für die Richtigkeit seiner Aussage* einnimmt.[300] Von der noch sehr weit gefassten Aussage, jede *wissentliche Falschauskunft* (außerhalb vertraglicher Beziehungen) *sei widerrechtlich*[301] iSv Art. 41 Abs. 1 OR und damit potentieller Anknüpfungspunkt von Schadenersatzpflichten, hat sich das BG mit der Präzisierung auf die „qualifizierte Garantenauskunft" wieder entfernt.[302]

Auf den ersten Blick erstaunt es, dass das BG im Falle der Falschauskunft eine widerrechtliche Schädigung iSd Art. 41 Abs. 1 OR annimmt, geht es doch um reine Vermögensschäden par excellence.[303] Methodisch ist diese Haftungsbegründung jedoch einwandfrei. Die Generalklausel des Art. 41

---

[298] Mit ausdrücklicher Bezugnahme auf die ungeschriebenen Rechtsnormen bei ungenauer Auskunft etwa BGE 129 IV 119 (122 frz.): „Donner des renseignements inexacts viole une règle de droit non écrite"; *Werro*, recht 2003, 12 (13); *Fellmann/Kottmann*, Haftpflichtrecht I (2012), Rn. 290; *Tarman*, Gutachterhaftung gegenüber dem Dritten (2007), 100 f.; *Urwyler*, in: FS W. Fischer (2016), 529 (534) weist auf den Zusammenhang auch dieser ungeschriebenen Normen und des Gebots von Treu und Glauben nach Art. 2 ZGB hin; kritisch zur Haftungsbegründung über ungeschriebene Schutznormen *Schönenberger*, HAVE 2004, 3 (6); *Fisch*, Eigentumsgarantie und Nichtersatzfähigkeit reiner Vermögensschäden (2020), Rn. 385 ff.

[299] *Urwyler*, in: FS W. Fischer (2016), 529 (535) will die Haftung hier auf qualifiziertes Verschulden beschränken.

[300] Insb. BGE 116 II 695 (699): aus Art. 41 OR wird schadenersatzpflichtig, „wer aufgrund seines Fachwissens in Anspruch genommen wird […], leichtfertig unrichtige Angaben macht oder wesentliche Tatsachen verschweigt, die ihm bekannt sind und von denen er sich sagen muss, dass ihre Kenntnis den in Frage stehenden Entschluss beeinflussen […]. Der Befragte übernimmt dabei eine Garantenstellung"; ferner BGE 57 II 81 (86), 111 II 471 (474) und 129 IV 119 (122 frz.): Haftung für Falschauskunft desjenigen, der über Verhältnisse befragt wird, in die er kraft seiner Stellung besonderen Einblick besitzt; 122 III 176 (192): „Eine Schutznormverletzung liegt vor, wenn ein für die Gesellschaft handelndes Organ einen Dritten beim Vertragsabschluss täuscht"; 106 II 257 (259): eine absichtliche Täuschung stellt eine unerlaubte Handlung dar; *Brehm*, in: Berner Komm OR⁵, Art. 41 Rn. 48; *Rey/Wildhaber*, Ausservertragliches Haftpflichtrecht (2018), Rn. 884; *Fellmann/Kottmann*, Haftpflichtrecht I (2012), Rn. 344; *Honsell*, in: FS Nobel (2005), 939 (942 f.).

[301] BGE 89 II 239 (248): „Die Ausstellung einer wissentlich falschen Erklärung, die Dritte irreführen kann, ist widerrechtlich, auch wenn der Aussteller eine solche Täuschung nicht beabsichtigt".

[302] Die Widerrechtlichkeit allein aus der Wahrheitswidrigkeit ableiten zu können, lehnt auch *Urwyler*, in: FS W. Fischer (2016), 529 (535) ab.

[303] *Urwyler*, in: FS W. Fischer (2016), 529 (534): reine Vermögensschäden „forensisch wohl der Regelfall" bei Auskunftshaftung.

Abs. 1 OR bietet in ihrer originären, dogmatisch unverfälschten Konzeption schließlich die erforderliche tatbestandliche Weite, um die schuldhaft verursachten „Auskunftsschäden" mit einer Ersatzpflicht zu belegen.[304] Dass nun über Art. 41 Abs. 1 OR aber gerade die Fallgruppe der Auskunftshaftung erfasst wird, ist vor allem historisch zu erklären. Die Anfänge dieser bundesgerichtlichen Rechtsprechung[305] liegen deutlich vor der Rezeption der deutschen Deliktsrechtsdogmatik ab den 1950er Jahren.[306] In seinen ersten Entscheiden zur Auskunftshaftung war das BG daher noch nicht an eine Widerrechtlichkeitsprüfung mit starrem Blick auf die Verletzung absolut geschützter Rechtsgüter bzw. der Verletzung eindeutiger Vermögensschutznormen gebunden. Vielmehr ließ sich die Widerrechtlichkeit freier, insbesondere getreuer der generalklauselartigen Struktur des Art. 41 Abs. 1 OR interpretieren und so postulieren, *eine wahrheitsgetreue Auskunftserstattung* „muss im Interesse eines geordneten Rechtslebens als ein Gebot der allgemeinen Rechtsordnung erachtet werden".[307]

(3) Normative Parallelen der Haftungsbegründung für fahrlässige Falschauskunft im deutschen Rechtskreis

Die deliktische Auskunftshaftung nach Art. 41 Abs. 1 OR ist in den Fällen der Irrtumserregung vor Vertragsschluss tatbestandlich nicht deckungsgleich mit der vergleichbaren österreichischen (im Zweipersonenverhältnis aus culpa in contrahendo bzw. im Dreipersonenverhältnis gemäß § 1300 S. 1 ABGB) und deutschen (im Zweipersonenverhältnis aus culpa in contrahendo bzw. im Dreipersonenverhältnis gemäß § 311 Abs. 3 BGB) Haftung. Die hinter diesen Haftungsanordnungen stehenden Wertungen liegen aber nicht weit voneinander entfernt.

§ 675 Abs. 2 BGB stellt den Grundsatz auf, dass falscher Rat oder Empfehlung grundsätzlich nicht schadenersatzpflichtig machen, es sei denn, eine Haftung ergäbe sich aus Vertrag, Delikt oder einer sonstigen gesetzlichen Bestimmung. § 311 Abs. 3 S. 2 BGB enthält eine solche sonstige Ausnahmebestimmung und verbrieft die Haftung desjenigen, der ein *besonderes Vertrauen für sich in Anspruch* nimmt und hierdurch die Vertragsverhandlungen

---

[304] *Honsell*, in: FS Nobel (2005), 939 (943); *Kramer*, AcP 200 (2000), 356 (380); *C. Widmer*, ZSR 2001, 101 (124); *Werro*, recht 2003, 12 (14, 20) sieht gerade aus diesem Grund keinen Anlass für die Etablierung einer „Vertrauenshaftung" neben ohnehin bereits anwendbaren deliktischen Vorschriften.
[305] Soweit erkennbar erstmalig und bereits mit der ausdrücklichen Feststellung des außervertraglichen Charakters der Auskunftshaftung BGE 30 II 258 (267 f.) im Jahr 1904.
[306] Vgl. *Rey/Wildhaber*, Ausservertragliches Haftpflichtrecht (2018), Rn. 798; *Roberto*, Haftpflichtrecht (2018), § 4 Rn. 8; *ders.*, recht 2002, 145 (148).
[307] BGE 57 II 81 (86).

beeinflusst. Die gleichen Parameter gelten für die Haftung des auskunftserteilenden Sachverständigen nach § 1300 S. 1 ABGB.[308]

Diese Wertungen kommen auch in der Rechtsprechung des BG zur Auskunftshaftung ganz klar zum Vorschein. Grundsätzlich gilt: Nicht jede Falschauskunft ist widerrechtlich,[309] oder präziser: *„Lügen bleiben zivilrechtlich i. d. R. ohne Folgen."*[310] Ausnahmsweise haftet der Auskunftsgebende für seine falschen Äußerungen aber doch, nämlich dann, wenn er aufgrund seines Fachwissens in Anspruch genommen wird und ihm so quasi eine *Garantenstellung für die Richtigkeit seiner Aussage* zukommt,[311] oder – mit anderen Worten – er über Verhältnisse befragt wird, in die er *kraft seiner Stellung besonderen Einblick* besitzt.[312] Hier beschreibt das BG letztlich nichts anderes als die (insbesondere fachlichen) Charakteristika des Auskunftserteilenden, die nach deutscher und österreichischer Rechtsprechung konstitutiv dafür sind, um von einer Inanspruchnahme des *besonderen Vertrauens des Sachwalters* bzw. *Sachverständigen* ausgehen zu können.[313] Auch das weitere, in § 311 Abs. 3 BGB sogar ausdrücklich festgehaltene Tatbestandsmerkmal der *erheblichen Einflussnahme auf die Vertragsverhandlungen oder den Vertragsschluss* finden in der Rechtsprechung des BG seine Entsprechung: Gerade dann, wenn etwa hinsichtlich einer künftigen Vermögensdisposition *wesentliche Tatsachen verschwiegen werden*, von denen der Auskunftserteilende sich sagen muss, dass ihre Kenntnis den in Frage stehenden *Entschluss* des Auskunftsadressanten *beeinflussen könnte*, ist die Widerrechtlichkeit zu bejahen.[314]

Ähnlich wie etwa nach der Klarstellung des § 675 Abs. 2 BGB entnimmt also auch das Bundesgericht der Generalklausel des Art. 41 Abs. 1 OR *keine allgemeine Auskunftshaftung*, aber immerhin – und tatbestandlich im Kern eben vergleichbar mit § 311 Abs. 3 BGB, § 1300 S. 1 ABGB – eine Ersatzpflicht für *fachlich besonders qualifizierte* und dadurch *vertrauensbegründende,* letztlich aber unzutreffende *Auskunft.*

---

[308] Diese Parallelen für den speziellen Fall der Dritthaftung des Privatgutachters feststellend *Kletečka*, in: FS Reischauer (2010), 287 (298 f.); als maßgeblichen Wertungsgesichtspunkt des § 1300 S. 1 ABGB die entgeltliche Inanspruchnahme besonderen Vertrauens hervorhebend *Karner*, in: FS Koziol (2010), 695 (700).

[309] Ganz idS *Urwyler*, in: FS W. Fischer (2016), 529 (535); so aber noch BGE 89 II 239 (248).

[310] *Brehm*, in: Berner Komm OR⁵, Art. 41 Rn. 48.

[311] BGE 116 II 695 (699).

[312] BGE 57 II 81 (86); 111 II 471 (474); 129 IV 119 (122 frz.).

[313] Siehe hierzu unter F./I./5./b)/bb); hierzu bereits *W. Fischer*, ZVglRWiss 83 (1984), 1 (23).

[314] BGE 116 II 695 (699); 111 II 471 (474); 80 III 41 (54); *Werro*, recht 2003, 12 (13).

bb) Weitere Ansätze zur Begründung einer Fahrlässigkeitshaftung für reine Vermögensschäden bei vorvertraglicher Falschauskunft

Nachdem sich über Art. 41 Abs. 1 OR bereits eine Haftung für fahrlässige Schädigungen durch falsche Auskunft begründen lässt, könnte man fragen, ob es überhaupt weiterer Haftungsbegründungen bedarf. Für die hier betrachteten Fälle der fahrlässigen Irrtumserregung im vorvertraglichen Bereich erweist sich diese deliktische Haftung bereits als hinreichend flexibel, adressiert sie doch jedermann und damit sowohl den designierten Vertragspartner als auch den zwischengeschalteten, vertragsfremden Verhandlungsgehilfen. Die Rechtsprechung des BG ist in diesem Bereich allerdings wenig gradlinig und lässt vielmehr weitere Ansätze zur Haftungsbegründung erkennen, die in der Literatur auf mehr oder weniger Zustimmung gestoßen sind.

(1) Haftung des designierten Vertragspartners aus culpa in contrahendo

Ebenso wie in Deutschland und Österreich verpflichtet die Rechtsfigur der *culpa in contrahendo* die designierten Vertragsparteien bereits im vorvertraglichen Stadium zu Loyalität und Rücksichtnahme.[315] Wird diese Rücksichtnahmepflicht, die sich etwa als Aufklärungspflicht darstellen kann, trotz allem verletzt und ein Schaden verursacht, begründet dies eine Ersatzpflicht des Schädigers.[316] Reine Vermögensschäden sind hier zu ersetzen, dient die culpa in contrahendo doch gerade als Mittel zum Zweck, den diesbezüglichen Restriktionen des Deliktsrechts zu entkommen.[317] Die Grundlage der Haftung aus culpa in contrahendo ist in der schweizerischen Literatur bis heute umstritten.[318] Gleichwohl wird ihre Existenz durchweg und vom BG seit über 100 Jahren anerkannt.

Ähnlich wie in Deutschland und Österreich lässt sich daher auch in der Schweiz eine Ersatzpflicht des *fahrlässig irrtumserregenden Vertragspartners* aus *culpa in contrahendo* annehmen. So lag dem – soweit erkennbar – ersten Bundesgerichtsentscheid, der ausdrücklich eine Haftung aus *culpa in contrahendo* erwägt, just die Frage der hier in Rede stehenden Konstellation der fahrlässigen Irreführung des designierten Vertragspartners zu Grunde.[319]

---

[315] BGE 68 II 295 (303); *Bärtschi*, Verabsolutierte Relativität (2009), 386.
[316] *Middendorf/Grob*, in: CHK³, Art. 2 ZGB Rn. 13.
[317] *Hirschle/von der Crone*, SZW 2007, 330 (332 f.); *Cartier*, Begriff der Widerrechtlichkeit nach Art. 41 OR (2007), Rn. 243 im Anschluss an *Gauch/Sweet*, in: FS Keller (1989), 117 (125); vgl. BGE 125 III 86 (89).
[318] Siehe hierzu unter F./II./2./a)/aa)/(2).
[319] BGE 27 II 378 (382): „Aus denselben Erwägungen ergibt sich, daß in casu auch keine fahrlässige Bewirkung eines beim Vertragsabschluß maßgebenden Irrtums, keine culpa in contrahendo, vorliegt".

(2) Vergleichsweise geringe Bedeutung der Haftung aus culpa in contrahendo

Das BG verortet die culpa in contrahendo ausdrücklich zwischen Vertrag und Delikt.[320] Die Einordnung der Vorvertragshaftung tendiert mal zum vertraglichen, mal zum deliktischen Pol, je nachdem, welche Vorschriften es streitentscheidend und interessengerecht zugrunde zu legen gilt.[321] Die Haftung aus culpa in contrahendo birgt so jedenfalls grundsätzlich den Vorteil, durch sie – jedenfalls punktuell – die strengeren Regeln des vertraglichen Haftungsregimes anwenden und die Restriktionen des Deliktsrechts umgehen zu können – etwa bei der Zurechnung von Gehilfenverschulden.[322]

Gleichwohl spielt die Haftung aus culpa in contrahendo im hier speziell betrachteten Fall des fahrlässig irreführenden bzw. pflichtwidrig nicht aufklärenden Vertragspartners in der Schweiz eine geringere Rolle als in Deutschland und Österreich. Ein Grund hierfür ist die vom BG etablierte und von der Literatur gebilligte Möglichkeit, durch fahrlässige Falschauskunft und Aufklärungspflichtverletzungen verursachte reine Vermögensschäden bereits nach der deliktischen Auskunftshaftung mit einer Ersatzpflicht zu belegen. Unweigerlich stellt sich hier die Frage der Anwendbarkeit der Ersatzansprüche aus Delikt neben denen aus vorvertraglichem Verschulden. Insbesondere das BG geht jedoch von einer freien Anspruchskonkurrenz aus.[323] Sofern sich im konkreten Fall keine Unterschiede zwischen einer deliktischen oder vertragsähnlichen Haftungsbegründung bemerkbar machen, bietet der Weg über die Auskunftshaftung des Art. 41 Abs. 1 OR die schnörkelloseste Haftungsbegründung.

Ein weiterer Grund besteht in der vergleichsweise *geringen Langlebigkeit* der Ersatzansprüche aus culpa in contrahendo. Anders als in Deutschland und Österreich kommt der Haftung aus vorvertraglichem Schulden in der Schweiz nur in den Fällen eigenständige Bedeutung zu, in denen es letztendlich nicht zum Vertragsschluss kommt. Wird trotz vorvertraglicher culpa ein Vertrag geschlossen, greifen die vertraglichen Haftungsregeln rückwirkend auch auf Pflichtverletzungen im vorvertraglichen Bereich durch.[324] Das ver-

---

[320] BGE 134 III 390 (395); 130 III 345 = AJP 2005, 350 mAnm *Plotke*; ausführlich zur Rechtsnatur der culpa in contrahendo nach schweizerischer Dogmatik *Schwenzer*, OR AT[7], § 48.

[321] *A. Keller*, Haftpflichtrecht I (2002), 498; mit dem Nachweis der rosinenpickenden Rechtsprechung BGE 108 II 419 (422).

[322] BGE 108 II 419.

[323] BGE 124 III 363 (369): „Es erscheint [...] sachgerecht, die Haftung für die falsche Auskunft i.c. deliktsrechtlich [...] zu erfassen oder den Grundsätzen der Vertrauenshaftung bzw. culpa in contrahendo zu unterstellen"; ferner BGE 122 III 176 (191); offenlassend, aber mit dem Nachweis der eine freie Anspruchskonkurrenz befürwortenden Literatur BGE 108 II 419 (421); *Middendorf/Grob*, in: CHK[3], Art. 2 ZGB Rn. 13; aA *Rey/Wildhaber*, Ausservertragliches Haftpflichtrecht (2018), Rn. 883, die im vorvertraglichen Bereich der culpa in contrahendo alleinigen Vorrang einräumen.

[324] *Middendorf/Grob*, in: CHK[3], Art. 2 ZGB Rn. 13; *Bärtschi*, Verabsolutierte Relativi-

tragliche Haftungsregime nimmt die vorvertraglichen begründeten Ansprüche hier geltungswahrend in sich auf. Einer eigenen Anwendung der Haftung aus culpa in contrahendo neben der originär vertraglichen Haftung bedarf es also gar nicht.

In den hier in Rede stehenden Fällen der fahrlässigen vorvertraglichen Irrtumserregung wird es regelmäßig zum Vertragsschluss kommen. Der Vertrag wird häufig gerade wegen der verursachten Fehlvorstellung geschlossen werden. Fällt der Irrtum überhaupt auf, dann in der Regel jedenfalls nach Vertragsschluss.

(3) Spezielle Eigenhaftung des vertragsfremden Dritten für vorvertragliche Irrtumserregung

Neben der „Jedermann-Haftung"[325] aus Art. 41 Abs. 1 OR und der Ersatzpflicht aus culpa in contrahendo lassen sich weitere Ansätze ausmachen, um eine Fahrlässigkeitshaftung für vorvertragliches Verschulden zu begründen.

Im Zentrum steht hier erneut der Fall der Irrtumserregung wegen Falschauskunft bzw. mangelnder Aufklärung durch einen vertragsfremden Dritten. Auch dieser kann nach den strengen Grundsätzen der deliktischen Auskunftshaftung ersatzpflichtig werden. Dabei ist aber stets die hohe tatbestandliche Hürde der Widerrechtlichkeit zu nehmen. Der Weg allein über die Schiene der deliktischen Auskunftshaftung scheint in der Breite alltäglicher Konstellationen jedenfalls nicht zu den gewünschten Ergebnissen zu führen. Dies zeigt sich daran, dass sowohl die Literatur als auch die Rechtsprechung versucht, neben einer unmittelbaren Haftung aus Art. 41 Abs. 1 OR weitere Haftungsbegründungen zu etablieren.

(a) Ansätze zur Begründung der Haftung vertragsfremder Dritter in der Literatur

In der Literatur wird etwa die Möglichkeit erörtert, mit *Vertragsfiktionen* zu operieren und auch zwischen einem der originären Vertragspartner und dem zwischengeschalteten, eigentlich vertragsfremden Dritten einen stillschweigend geschlossenen Auskunftsvertrag anzunehmen.[326] Unübersehbar sind

---

tät (2009), 390, der allerdings fälschlicherweise als vermeintliche Gegenansicht BG, Urt. v. 9.8.2007 – 5A_301/2007, E.2.5 zitiert und dabei übersieht, dass die schweizerischen Gerichte dort deutsches Recht anzuwenden hatten und so – nach einhelliger deutscher Meinung – von einem Fortbestand der vorvertraglichen Haftung ausgingen; vgl. idS wenn auch in sich etwas widersprüchlich BGE 68 II 295 (303); aA *Sommer*, AJP 2006, 1031 (1039 mwN in Fn. 94).

[325] *Loser*, in: Koller (Hrsg.), Haftpflicht- und Versicherungsrechtstagung St. Gallen 2005 (2005), 111 (160).

[326] Im Kontext der Bankenauskunft etwa befürwortend *Rusch/Maissen*, AJP 2016, 1395 (1402) mwN der Rspr in Fn. 29; einen Überblick bietet *Tarman*, Gutachterhaftung gegen-

hier die Parallelen zur deutschen – und dieser wiederum ausdrücklich folgenden österreichischen[327] – Rechtsprechung, die mit der Annahme konkludent geschlossener Auskunftsverträge insbesondere vor der Positivierung des § 311 Abs. 3 BGB schnell bei der Hand war.[328] Die schweizerische Lehre ist hier insgesamt allerdings deutlich zurückhaltender.[329] Dies galt lange Zeit auch für die Rechtsprechung des BG[330] – bis es in der unentgeltlichen Wertschätzung einer Lampe in einem Zwei-Personen-Verhältnis einen konkludenten Auftrag begründet sah und so zumindest grundsätzlich die Tür für die hier in Rede stehenden Vertragsfiktionen aufstieß.[331]

Mit Blick auf das deutsche Recht, insbesondere auf den neugefassten § 311 Abs. 3 BGB, wird auch für die Schweiz vereinzelt eine „Sachwalterhaftung" vorgeschlagen.[332] Für sich zutreffend wird angeführt, dass dem schweizerischen Recht eine Eigenhaftung Dritter schließlich nicht fremd sei, sondern etwa in den deliktischen Vorschriften zur Prospekthaftung[333] zum Ausdruck käme.[334]

Die Eigenhaftung des „Sachwalters", eben des Dritten, der durch seine Expertenstellung besonderes Vertrauen für sich in Anspruch nimmt, letztlich aber enttäuscht, wird dabei allerdings nicht aus Delikt, sondern – eben wie im deutschen Recht – aus einer *Weiterentwicklung der culpa in contrahendo* abgeleitet.[335] Insbesondere die deutschstämmigen Literaten treten diesem Ansatz der Eigenhaftung eines Dritten aus *culpa in contrahendo* aber wieder entschieden entgegen.[336]

über dem Dritten (2007), 85 ff.; ferner BGE 111 II 471 (473), in casu ablehnend aber mit mwN der Gegenansicht in der Literatur.

[327] OGH SZ 70/147 = ÖBA 1998, 230 (231 f.); ÖBA 2005/1249 (57) mkritAnm *Kletecka*: „in Übernahme deutscher Judikatur".

[328] *Koch*, AcP 204 (2004), 59 (60 f. mwN der Rspr.).

[329] Gegen die Annahme konkludent geschlossener Verträge *Bärtschi*, Verabsolutierte Relativität (2009), 268; *Honsell*, in: FS Nobel (2005), 939 (943 f.); *Tarman*, Gutachterhaftung gegenüber dem Dritten (2007), 85 ff. mwN.

[330] BGE 111 II 471 (473); 68 II 295 (303); 41 II 77 (82): „Die Beklagte hat die fragliche Auskunft [...] nicht in Ausübung eines von ihr betriebenen Gewerbes noch sonst gegen Entgelt erteilt. Unter diesen Umständen liegt in ihrer Erteilung nicht die Erfüllung einer übernommenen vertraglichen Verpflichtung"; *Urwyler*, in: FS W. Fischer (2016), 529 (532 mwN der Rspr in Fn. 15).

[331] BGE 112 II 347 (350).

[332] Insb. *Loser*, recht 1999, 73 (87–89); mit umfassender Zitierung deutscher Rechtsprechung und Literatur *ders.*, in: Koller (Hrsg.), Haftpflicht- und Versicherungsrechtstagung St. Gallen 2005 (2005), 111 (154); *Walter*, ZBJV 1996, 273 (292 mit dem Hinweis auf die deutsche Sachwalterhaftung in Fn. 78); *ders.*, ZSR 2001, 79 (88) hält fest, dass vertragsfremde Dritte eben aus culpa in contrahendo haften können – ganz wie in Deutschland; hierzu *Tarman*, Gutachterhaftung gegenüber dem Dritten (2007), 113; vgl. hierzu auch *Bärtschi*, Verabsolutierte Relativität (2009), 350, 388 f., insb. 403 ff.

[333] Siehe hierzu unter F./I./6/a.

[334] *Loser*, recht 1999, 73 (88).

[335] *Walter*, ZBJV 1996, 273 (292); *Loser*, recht 1999, 73 (88).

[336] Etwa *Schwenzer*, OR AT[7], § 50 Rn. 26, § 52 Rn. 3 und *Honsell*, in: FS Nobel (2005),

(b) Der Sonderweg der Rechtsprechung – Vertrauenshaftung für fahrlässig verursachte reine Vermögensschäden

Das BG wählte einen anderen Weg. Gerade zu einem Fall der fahrlässigen Irrtumserregung durch Dritte wegen Unterlassen gebotener Aufklärung im Umfeld eines Fremdvertrages stützte das BG[337] seine Haftungsbegründung erstmals auf die Rechtsfigur der *Vertrauenshaftung*.[338] Auf die schweizerische Vertrauenshaftung nach dem Verständnis des BG ist an späterer Stelle im Detail zurückzukommen.[339] Grob umrissen geht das BG jedenfalls davon aus, trotz fehlender vertraglicher Beziehung und deliktischer Widerrechtlichkeit dann eine Haftpflicht annehmen zu können, wenn besonderes schutzwürdiges Vertrauen innerhalb einer Sonderverbindung – also auch unterhalb des vertraglichen Niveaus – zunächst erweckt, dann aber pflichtwidrig enttäuscht wird.[340] Im hiesigen Kontext der Haftung für reine Vermögensschäden im Umfeld von fremden Verträgen ist allein auf den *leading case*, die sog. *Swissair-Entscheidung*[341] näher einzutreten.

Dem Urteil des BG lag folgender Sachverhalt zu Grunde: Die Swissair AG warb für ein Bau- und Mietprojekt ihrer Tochtergesellschaft. Durch Angaben in Werbeprospekten erweckte die Swissair AG den Anschein, als solvente und kreditwürdige Muttergesellschaft selbst hinter dem Projekt der Tochtergesellschaft zu stehen. In der Folge schloss der Geschädigte mit der Tochtergesellschaft einen Mitgliedschaftsvertrag und leistete eine Mietvorauszahlung in beträchtlicher Höhe – alles mit dem vereinbarten Ziel, von der Tochtergesellschaft in der Zukunft bestimmte Luxusresidenzen für einen bestimmten Zeitraum pauschal nutzen zu können. Zu einer Inanspruchnahme des Miet- und Nutzrechts durch den Geschädigten kam es jedoch nie. Die Swissair verkaufte ihre Tochtergesellschaft und unterließ es dabei insbesondere, die Gläubiger der Tochtergesellschaft, darunter den Geschädigten, über die Gründe des Verkaufs – allen voran die drohende Insolvenz der Tochtergesellschaft – zu informieren. Hinsichtlich der rückzuzahlenden Einlage des geschädigten Klägers nahm das BG in diesem Fall eine *Vertrauenshaftung* der Swissair an.

---

939 (946) mit dem Hinweis auf den der culpa in contrahendo angestammten Anwendungsbereich; außerdem ablehnend *C. Widmer*, ZSR 2001, 101 (121 f.); *Bärtschi*, Verabsolutierte Relativität (2009), 390 f. mit Hinweis auf in der Schweiz fehlende gerichtliche Praxis zur Dritthaftung aus culpa in contrahendo, 400, 406; zur primär „deutschen" Kritik am „deutschen Importgut" in der Schweiz *Kramer*, AcP 200 (2000), 356 (379).

[337] BGE 120 II 331 (Swissair).
[338] Zu den Parallelen der Einstandspflicht des vertragsfremden Dritten nach § 311 Abs. 3 BGB und nach dem Institut der Vertrauenshaftung in der Schweiz vgl. *Loser*, recht 1999, 73 (87 f.).
[339] Ausführlich unter F./II./2./b)/aa).
[340] Formelhaft *Rey/Wildhaber*, Ausservertragliches Haftpflichtrecht (2018), Rn. 44; *Urwyler*, in: FS W. Fischer (2016), 529 (536); *Loser*, recht 1999, 73 (74).
[341] BGE 120 II 331.

(c) Behauptung der Vertrauenshaftung gegenüber der deliktischen Auskunftshaftung?

Das BG verneinte in der Swissair-Entscheidung ausdrücklich sowohl eine vertragliche als auch eine deliktische Haftung der Muttergesellschaft und hob sodann, wohl zum Zwecke der Ergebniskorrektur,[342] die Vertrauenshaftung aus der Taufe. Dabei bestand hierzu eigentlich keine Notwendigkeit. Denn allein nach den vorstehend skizzierten Grundsätzen der Auskunftshaftung hätte sich eine Haftpflicht der Muttergesellschaft bereits sauber begründen lassen.[343] Entsprechend vielstimmige Kritik schlug diesem haftungsbegründenden Novum seitens der Literatur entgegen.[344]

Das BG hat die Grundsätze seiner *deliktischen Auskunftshaftung* in einer Vielzahl von Entscheidungen präzisiert. Als konstitutive Parameter einer Auskunftshaftung lassen sich feststellen: Einerseits die *Garantenstellung des Auskunftsgebers*, die sich aus der Tatsache ableitet, dass er über Verhältnisse befragt wird, in die er *kraft seiner Stellung* bzw. *seines Fachwissens besonderen Einblick* besitzt[345] und andererseits die Erkennbarkeit, dass die Auskunft den *Entschluss des Auskunftsadressanten beeinflussen*[346] kann. Die gleichen Grundsätze gelten, wenn gegenüber dem eigentlich informationsbedürftigen Auskunftsadressaten wesentliche Tatsachen verschwiegen werden.[347]

Gerade eine solche Konstellation lag dem Swissair-Fall zugrunde. Wer, wenn nicht die mit ihrem Namen hinter dem von der Tochtergesellschaft verfolgten Geschäftsmodell stehende Muttergesellschaft hat *kraft ihrer Stellung* Einblicke in die geschäftlichen Verhältnisse? Und welche Informationen, wenn nicht die über die verheerende Unternehmenslage und drohende Insolvenz der Tochtergesellschaft, könnten *erkennbaren Einfluss auf den Entschluss der Gläubiger* zur Vertragsfortführung haben? Das BG greift all diese Umstände sogar ausdrücklich auf. Es sieht die Muttergesellschaft *zur Aufklärung verpflichtet*,[348] geht davon aus, dass die wahren Gründe für den Verkauf der Tochtergesellschaft *verschwiegen* und den Gläubigern *wesent-*

---

[342] Vgl. nur im Wortlaut: BGE 120 II 331 (335): „Erwecktes Vertrauen in das Konzernverhalten der Muttergesellschaft kann jedoch unter Umständen auch bei Fehlen einer vertraglichen oder deliktischen Haftungsgrundlage haftungsbegründend sein".

[343] So auch *Schwenzer*, OR AT[7], § 52 Rn. 3 mwN der Literatur; *Roberto*, Haftpflichtrecht (2018), § 5 Rn. 85.

[344] Siehe hierzu unter F./II./2./b) aa); bezeichnend insbesondere die Referenten dieser Kritik, *Bärtschi*, Verabsolutierte Relativität (2009), 358: „reiches Schrifttum"; *Urwyler*, in: FS W. Fischer (2016), 529 (537): „Blätterwald an Publikationen"; *Roberto/Kuznar*, AJP 2019, 1105 (1107): „Flut an Publikationen"; *Fisch*, Eigentumsgarantie und Nichtersatzfähigkeit reiner Vermögensschäden (2020), Rn. 458: „zahllose Publikationen".

[345] BGE 57 II 81 (86); 111 II 471 (474); 116 II 695 (699); 129 IV 119 (122 frz.); *Verde*, recht 2010, 144 (154).

[346] BGE 116 II 695 (699); 111 II 471 (474); 80 III 41 (54); zusammenfassend *Roberto*, in: FS Schweizerischer Juristentag (2000), 137 (140).

[347] BGE 116 II 695 (699); *Werro*, recht 2003, 12 (13).

[348] BGE 120 II 331 (337, 340).

liche Entscheidungsgrundlagen vorenthalten wurden[349] und nimmt an, dass der Geschädigte, wäre er nur hinreichend über die geschäftliche Lage der Tochtergesellschaft aufgeklärt gewesen, seine Einlage rechtzeitig zurückgefordert hätte.[350]

Warum das BG zur Haftungsbegründung nun aber den Umweg über die extra hierfür etablierte Figur der Vertrauenshaftung – und nicht direkt über die deliktische Auskunftshaftung – wählte, bleibt unklar. Die Widerrechtlichkeit iSd Art. 41 Abs. 1 OR ließe sich problemlos auf einen Verstoß gegen ungeschriebene Vermögensschutznorm aus dem Bereich der Auskunftshaftung stützen.[351] Dies wird umso deutlicher, als das BG in seiner Swissair-Entscheidung sogar ausdrücklich festhält, die *Haftung aus Konzernvertrauen* berühre sich im Bereich der Aufklärungspflichtverletzung mit der *Haftung aus falschem Rat und mangelhafter Auskunft*.[352]

Auch in der Fortschreibung seiner „Vertrauenshaftungs"-Rechtsprechung bleibt das BG undurchsichtig. So werden sowohl die *deliktische Auskunftshaftung* als auch die Einstandspflicht aus *culpa in contrahendo* als Unterkategorien der *übergeordneten Vertrauenshaftung* begriffen.[353] In anderen Entscheiden wird dagegen von einer *Koexistenz* der Deliktshaftung einerseits und der Vertrauenshaftung andererseits ausgegangen.[354] Einen vorläufigen Schlussstrich unter die deliktische Verortung der Auskunftshaftung zieht das

---

[349] BGE 120 II 331 (339 f.).

[350] BGE 120 II 331 (341).

[351] Vgl. zur fehlenden Notwendigkeit der Vertrauenshaftung im schweizerischen Recht *Werro*, recht 2003, 12 (14, 20), der darauf hinweist, dass eine richtig verstandene deliktische Haftung die Domäne der Vertrauenshaftung bereits abdeckt; ähnlich *Roberto/Kuzniar*, AJP 2019, 1105 (1110); *Schwenzer*, OR[7], AT § 50 Rn. 26; *Kramer*, AcP 200 (2000), 356 (380); idS auch *C. Widmer*, ZSR 2001, 101 (124); aA *Bärtschi*, Verabsolutierte Relativität (2009), 350, der die Auskunftshaftung im Allgemeinen nicht deliktisch, sondern vertragsähnlich verorten will; auch an deliktischen Begründung zweifelnd *Schönenberger*, HAVE 2004, 3 (6); vgl. *Koller*, AJP 2020, 1381 (1395 Fn. 70).

[352] BGE 120 II 331 (337); mit dem gleichen Hinweis auch in BG SZW 2002, 112 (114) mAnm *Wyss/von der Crone*; hierzu *Bärtschi*, Verabsolutierte Relativität (2009), 381; *Göksu*, in: Gauch/Aepli/Stöckli (Hrsg.), Präjudizienbuch[9], Art. 41 OR Rn. 3: „enge Verwandtschaft zur Vertrauenshaftung"; *Werro*, recht 2003, 12 (15); *Urwyler*, in: FS W. Fischer (2016), 529 (537).

[353] BGE 134 III 390 (395); insbesondere zu dieser Kategorisierung mit zutreffender Kritik *Schwenzer*, OR AT[7], § 52 Rn. 3, allerdings mit dem unzutreffenden Hinweis, dass die Haftung aus culpa in contrahendo mit der außervertraglichen Haftung für primäre Vermögensschäden nichts zu tun habe. Stehen reine Vermögensschäden in Rede, ist vielmehr das Gegenteil der Fall: Die Figur der culpa in contrahendo dient hier ja gerade dazu, wie die Vertrauenshaftung, reine Vermögensschäden außerhalb vertraglicher Beziehungen – weil eben zeitlich noch vor Vertragsschluss – ersatzfähig zu machen; man beachte aber auch für das deutsche Recht *Canaris*, in: FS Larenz (1983), 27 (93), der ebenfalls für eine Inkorporierung der Auskunftshaftung in die Vertrauenshaftung eintritt; idS schon *ders.*, Vertrauenshaftung im deutschen Privatrecht (1971), 532 f.

[354] BGE 124 III 363 (369); BG SZW 2002, 112 (115, 118) mkritAnm *Wyss/von der Crone*; *Rusch/Maissen*, AJP 2016, 1395 (1402); kritisch *Brehm*, in: Berner Komm OR[5], Art. 41 Rn. 53h.

BG mit dem *Liegenschaftsgutachter*-Fall, in welchem eine Haftung aus enttäuschtem Vertrauen zumindest ausführlich erörtert wird, während die für eine Haftung nach Art. 41 Abs. 1 OR vorausgesetzte Widerrechtlichkeit bereits im Einleitungssatz der bundesgerichtlichen Erwägungen einsilbig verneint wird.[355]

Das vom BG offengelegte Verhältnis von deliktischer Auskunftshaftung und Vertrauenshaftung ist nebelhaft, lässt sich (noch) nicht abschließend umreißen und bietet vielmehr der Literatur üppigen Nährboden, die Dogmatik der bisherigen Rechtsprechung zu beurteilen.[356] Festzuhalten ist jedenfalls bis auf weiteres, dass die Vertrauenshaftung – nach welcher Kategorisierung auch immer – nach der Rechtsprechung des BG eine weitere Grundlage im schweizerischen Recht darstellt, um durch fahrlässige Falschauskunft bzw. Aufklärungspflichtverletzungen Dritter im Umfeld fremder Verträge verursachte reine Vermögensschäden einer Ersatzpflicht zuzuführen.

d) Zusammenfassung und Zwischenergebnis

Wird im *Vor- bzw. Umfeld* von Verträgen durch Falschauskunft oder unterbliebene Aufklärung auch nur fahrlässig ein Irrtum hervorgerufen, führt dies beim Irrenden regelmäßig zu reinen Vermögensschäden. Dem Vertrag liegt eine Fehlvorstellung zugrunde, der sich für dessen Vermögen typischerweise nachteilig auswirkt. Soll der fahrlässig Irreführende für die vorvertraglich verursachten reinen Vermögensschäden in Anspruch genommen werden, handelt es sich sowohl im Zwei- als auch im Dreipersonenverhältnis um eine *originär außervertragliche Haftung*. Wird die vorvertragliche Irrtumserregung durch einen der beiden designierten Vertragspartner verübt, liegt die schuldhafte Rücksichtsnahmepflichtverletzung chronologisch vor dem Vertragsschluss. Dass die Frage nach der Haftungsbegründung in allen drei hier betrachteten Rechtsordnungen auch mit der *culpa in contrahendo* beantwortet und damit im „vertragsähnlichen" Bereich lokalisiert wird, ist für diese Einordnung unerheblich. Jedenfalls im Ausgangspunkt besteht zwischen Schädiger und Geschädigtem auch hier *keine Vertragsbeziehung im eigentlichen Sinne*. Löst ein vertragsfremder Dritter den Irrtum aus – insbesondere ohne dabei die Zurechnung zu einer Vertragspartei und deren vertragliche

---

[355] BGE 130 III 345 (347) = AJP 2005, 350 mAnm *Plotke*; hierzu *Hürlimann/Siegenthaler*, BR 2004, 105 (106), die sich ob der Knappheit dieser Begründung – und damit der Abkehr von der jahrzehntelangen Tradition der deliktischen Verortung der Auskunftshaftung – erstaunt zeigen.

[356] Eine hervorragende Darstellung der umfangreichen Literatur zum heutigen Verhältnis von Vertrauens- und Deliktshaftung bietet *Urwyler*, in: FS W. Fischer (2016), 529 (538 f.), der selbst für eine Anspruchskonkurrenz iSv BGE 124 III 363 eintritt, gleichzeitig aber auch plastisch formuliert, dass jegliche dogmatische Prognose bis zur ausdrücklichen Klarstellung durch das BG nicht mehr als „Kaffeesatzlesen" ist.

Gehilfenhaftung zu aktivieren –, lässt sich dessen Eigenhaftung wegen seiner Vertragsfremdheit grundsätzlich nicht nach vertraglichen Haftungsregeln beantworten.[357]

aa) Gründe für die Ausnahmehaftung bei fahrlässiger Falschauskunft

In allen drei hier betrachteten Rechtsordnungen haften die designierten Vertragsparteien der anderen für reine Vermögensschäden, die durch *nur fahrlässige Falschauskunft* und schon *vor Vertragsschluss* verursacht wurden. Ausnahmsweise haftet sogar der vertragsfremde Dritte für entsprechende reine Vermögensschäden – und dies trotz des in Deutschland, Österreich und der Schweiz weitestgehend gleichlautenden Grundsatzes, dass lediglich fahrlässig verursachte reine Vermögensschäden außerhalb (vor-)vertraglicher Beziehungen nicht zu ersetzen sind.

(1) Überragende Bedeutung des Ausnahmemotivs des Vertrauensschutzes

Das Motiv für eine ausnahmsweise außervertragliche Haftung gleicht sich – sowohl im Zwei,- als auch im Dreipersonenverhältnis: Erneut erfordert ein *besonders angezeigter Vertrauensschutz* haftpflichtrechtliche Sanktionen für den Fall der Vertrauensenttäuschung. Begeben sich zwei Parteien in Vertragsverhandlungen, dürfen beide Seiten Rücksichtnahme und Loyalität erwarten. Die designierten Vertragsparteien sind sich in diesem Stadium nicht fremd, es handelt sich nicht mehr um einen reinen Zufallskontakt. Vielmehr wird durch die bewusste Kontakt- und Verhandlungsaufnahme eine Sonderbeziehung begründet, aus der gegenüber dem jeweils anderen Teil Rücksichtnahmepflichten erwachsen und aus der sich reziprok das berechtigte Vertrauen auf die Pflichtentreue des anderen entnehmen lässt.

In Österreich und Deutschland lässt sich eine Haftung für den Fall dieser besonderen Vertrauensverletzung daher über *culpa in contrahendo* begründen. Dasselbe gilt für die Schweiz, mit der Besonderheit, dass, wenn der Vertrag einmal geschlossen ist, allein die vertraglichen Haftungsregeln rückwirkend zum Tragen kommen – die vorvertragliche Pflichtverletzung wird vom übergreifenden Pflichtenstatut des Vertrages absorbiert.

Das Motiv des *besonders angezeigten Vertrauensschutzes* setzt sich in besonders deutlicher Weise auch im Dreipersonenverhältnis fort. Nicht jeder Dritte, der mit den Verhandlungen zu einem ihm fremden Vertrag in Berührung kommt, macht sich auch haftpflichtig. Vielmehr wird das Verschulden eines Dritten regelmäßig allein einem der beiden designierten Vertragsteile nach den Regeln über die Gehilfenhaftung zuzurechnen sein, ohne dass sich

---
[357] Anders zB in OGH SZ 70/147 = ÖBA 1998, 230 (231): stillschweigender Auskunftsvertrag.

eine zusätzliche Eigenhaftung des Dritten im Außenverhältnis begründen ließe.

Einigkeit besteht in Deutschland, Österreich und der Schweiz aber darüber, dass eine Eigenhaftung des vertragsvermittelnden Dritten ausnahmsweise dann besteht, wenn dieser aufgrund seiner Stellung *besonderes Vertrauen* für sich in Anspruch nimmt und so die Vertragsverhandlungen oder den Vertragsschluss *erheblich beeinflusst*.[358] Allein die Verortung dieser Eigenhaftung des Dritten im Gesetz unterscheidet sich zwischen den Rechtsordnungen:

In Deutschland war eine solche *Sachwalterhaftung* in ständiger Übung anerkannt, seit der Schuldrechtsreform ergibt sie sich unmittelbar aus § 311 Abs. 3 S. 2 BGB. In Österreich und der Schweiz wird überwiegend eine deliktische Haftungsbegründung gewählt. Auch wenn der OGH in seiner gesetzlichen Haftungsanknüpfung unstet ist, überzeugt vor allem die Annahme einer Eigenhaftung des Dritten nach § 1300 S. 1 ABGB. Das BG kam stets ohne eine solche Sondernorm aus und löste ähnliche Fälle über den Grundtatbestand des Art. 41 Abs. 1 OR. Die tatbestandlich schärfste Klippe der Widerrechtlichkeit umschiffte es mit der Annahme ungeschriebener Vermögensschutznormen und etablierte so eine überzeugende *deliktische Haftung für fahrlässige Falschauskunft*. In ausdrücklicher Ergänzung hierzu stützte sich das BG in jüngeren Entscheiden auch auf die Figur der *Vertrauenshaftung*. Über die Vertrauenshaftung in der Rechtsprechung des BG lässt sich trefflich streiten,[359] angefangen bei ihrer dogmatischen Verortung bis hin zur Frage nach ihrer praktischen Daseinsberechtigung neben der deliktischen Auskunftshaftung. An der hiesigen Stelle dieser Untersuchung wird bezüglich der Vertrauenshaftung nur ein Gesichtspunkt festgehalten: Die Tatsache, dass das BG in Fällen, die sich auch in Fortsetzung der deliktischen Auskunftshaftung bereits adäquat hätten lösen lassen, nun die Tür zu einer so betitelten *Vertrauenshaftung* aufstößt, unterstreicht bereits im Wortsinn, dass das *schützenswerte Vertrauen* das Kernmotiv der hier geschilderten Konstellationen ist.

(2) Fehlende Schutzbedürftigkeit bei eigenem Gewinnstreben

Weiterhin ist festzuhalten, dass nach deutschem und österreichischem Recht auch derjenige Dritte ersatzpflichtig werden kann, der ein *erhebliches wirtschaftliches Eigeninteresse* am Zustandekommen des Fremdvertrages hat. Das vorstehend für zentral befundene *Vertrauenselement* spielt hier – wenn

---

[358] Hierzu insb. unter F./I./5./d)/aa)/(1).; ausführlichst zum Vertrauen als Kernelement der Dritthaftung nach § 311 Abs. 3 BGB *Kersting*, Dritthaftung für Informationen (2007), 167 ff., 209 ff.

[359] Siehe zur Kritik an der schweizerischen Vertrauenshaftung unter F./II./2./b)/aa).

überhaupt – eine höchstens untergeordnete Rolle. Diesen vertragsfremden Dritten in Deutschland gleichwohl nach § 311 Abs. 3 S. 1 BGB haften zu lassen, ist also weniger mit der Wertung zu begründen, der trotz Vertrauen Geschädigte sei besonders schützenswert, als vielmehr damit, dass der primär im wirtschaftlichen Eigeninteresse handelnde Schädiger besonders *wenig schützenswert* ist.[360]

(3) Geringe Schlagkraft der Gegenmotive

Hinzu kommt, dass die primären argumentatorischen Stützen der grundsätzlichen Haftungsverneinung für fahrlässig verursachte reine Vermögensschäden in den hier betrachteten Fällen erkennbar wanken. Das mehrgliedrige Schleusentor-Argument verliert hier in seinem Kernbereich – die *Angst vor der freiheitsbedrohenden Haftung gegenüber einer potentiell ungedeckten Gläubigeranzahl* – erkennbar an Bedeutung. Selbst der vertragsvermittelnde Dritte (auf die designierten Vertragsparteien trifft das ohnehin zu) erkennt schließlich, wem gegenüber er auftritt und bei wem er einen Irrtum vor Vertragsschluss hervorruft. Typischerweise handelt es sich hierbei um eine einzige Person; jedenfalls um eine klar umrissene Personenmehrheit. Hinzu tritt folgender, dem Freiheitsschutz-Argument hier seine Geltung absprechender Gedanke: Handelt es sich bei dem vertragsvermittelnden Dritten um einen Vermittlungsgehilfen, der im Lager eines der beiden designierten Vertragspartner steht, so ist er bereits diesem gegenüber im Innenverhältnis zu sorgfältiger Auskunft verpflichtet. *Kletečka*[361] weist daher zutreffend darauf hin, dass sich die Pflichten des vertragsfremden Dritten bei der Auskunftserteilung im Außenverhältnis nicht vermehren. Die Pflicht zur richtigen Sachauskunft im Außenverhältnis spiegelt vielmehr nur dieselbe, im Innenverhältnis ohnehin schon bestehende Pflicht wider. Eine Beschneidung der Handlungs- und Bewegungsfreiheit durch die Etablierung zusätzlicher Pflichten im Außenverhältnis findet in dieser Konstellation also gar nicht statt.

Erneut zeigt sich, dass eine originär außervertragliche Haftung für reine Vermögensschäden dann stattfinden kann, wenn sowohl spezielle Motive eine solche rechtfertigen, als auch die zentralen Gründe, mit denen eine solche Haftung im Grundsatz verneint wird, ausnahmsweise ihre Bedeutung verlieren.

---

[360] Ganz idS *Reich-Rohrwig*, Aufklärungspflichten vor Vertragsschluss (2015), 9 ff., 637.
[361] *Kletečka*, in: FS Reischauer (2010), 287 (304) beschreibt die außervertragliche Haftung des Privatgutachters. Die dortigen Ausführungen lassen sich aber auch auf den Fall der Eigenhaftung des Vertragsvermittlers übertragen.

bb) Rezeptionsvorgänge betreffend die Haftung bei fahrlässiger Irrtumserregung

In der hier in Rede stehenden Frage der Haftung für fahrlässig verursachte reine Vermögensschäden wählen alle drei Rechtsordnungen unterschiedliche Wege, kommen jedoch zu ganz ähnlichen Ergebnissen. Erzeugt wird die Annäherung der Haftungsergebnisse ganz entscheidend durch eine aktive, rechtskreisinterne Rezeption der primär deutschen Dogmatik.

Die vorvertragliche Haftung aus *culpa in contrahendo* geht erkennbar auf *Jhering*[362] zurück, darf in allen Ländern des deutschen Rechtskreises aber inzwischen getrost als zivilrechtsdogmatisches Allgemeingut gelten.[363] Der Einfluss deutscher Dogmatik auf die Nachbarrechtsordnungen ist an diesem Punkt allerdings noch bis in die Gegenwart zu spüren. Das BG etwa scheint von einer grundsätzlichen Deckungsgleichheit der deutschen und der schweizerischen culpa-in-contrahendo-Haftung auszugehen. So zitiert es zum maßgeblichen Grad des vorvertraglichen Verschuldens ohne weitere Differenzierung deutsche neben schweizerischen Quellen[364] und verweist bei der Frage nach einer Einstandspflicht wegen der Verletzung vorvertraglicher Offenbarungspflichten auf die diesbezügliche Lehre und Rechtsprechung in Deutschland.[365] Ebenso hält es der OGH in einer jüngeren Entscheidung mit der Frage, welchen Verjährungsfristen die Ersatzansprüche aus culpa in contrahendo unterliegen. Mit dem Hinweis auf die in Deutschland und Österreich ganz vergleichbare Rechtslage geht er auf ein Präjudiz des BGH ein, hält dies auch in seiner Sache für überzeugend und wendet es schließlich uneingeschränkt auch für das österreichische Recht an.[366]

Ähnliches lässt sich auch für die Figur der Vertrauenshaftung im schweizerischen Recht feststellen: Ihre Wurzeln findet auch diese in der deutschen Lehre, geprägt von *Ballerstedt*[367] und insbesondere *Canaris*.[368] Während die

---

[362] Wegweisend *Jhering*, in: Gerber/Jhering (Hrsg.), Jahrbücher für die Dogmatik des heutigen römischen und deutschen Privatrechts, Band 4, Jena 1861, 1 ff.; hierzu ausführlich aus schweizerischer Perspektive *Walter*, ZSR 2001, 79 (81); *Immenhauser*, Das Dogma von Vertrag und Delikt (2006), 308 ff.; zur Rezeption der jheringschen culpa in contrahendo in der Schweiz, *Bucher*, in: FS Walter (2005), 231 (237 ff.); zur Verwebung deutscher culpa-Dogmatik sowohl in Österreich als auch in der Schweiz *Kramer*, AcP 200 (2000) 365 (376 ff., 391 f.).

[363] Die erste Entscheidung des BG (BGE 27 II 378) zur culpa in contrahendo findet sich schon im Jahr 1901 und damit sogar zehn Jahre vor dem für Deutschland maßgeblichen Präjudiz des reichsgerichtlichen Linoleumrollen-Falls (RGZ 78, 239); zu fortbestehenden Streitfragen trotz grundsätzlicher Anerkennung der jheringschen culpa in contrahendo in der Schweiz *Gauch/Sweet*, in: FS Keller (1989), 117 (125 mwN in Fn. 61).

[364] BGE 130 III 345 (348) = AJP 2005, 350 mAnm *Plotke*.

[365] BGE 125 III 86 (90).

[366] OGH RdW 2012/505 = VersR 2013, 338 (340).

[367] So spricht *Canaris* selbst auf der ersten Seite des Vorwort seines Werkes „Vertrauenshaftung im deutschen Privatrecht (1971)" *Ballerstedt* und *Coing* die Erhebung der Vertrauenshaftung zur Rechtsfigur zu; für die hier in Rede stehende Vertrauenshaftung des Sachwalters selbst auf *Ballerstedt* verweisend *Canaris*, in: FS Larenz (1983), 27 (92).

Vertrauenshaftung *als autonome Haftungsbegründung* von den Gerichten ihres Ursprungslandes aber noch geschmäht wurde,[369] konnte sie in der Schweiz Einzug in die höchstrichterliche Rechtsprechung halten.[370] Das BG stellte in seiner zweiten Leitentscheidung zur Vertrauenshaftung, dem sog. *Ringer-Fall*, sogar ausdrücklich fest, dass es sich bei seiner Haftungsbegründung um originär deutsche Importdogmatik handelte.[371]

Blickt man weiterhin auf den speziellen Fall der Eigenhaftung des vertragsvermittelnden Dritten, fallen einem sogleich die tatbestandlichen Gemeinsamkeiten innerhalb der drei Rechtordnungen auf. Der Dritte haftet in Deutschland, Österreich und der Schweiz im Ausnahmefall der kumulativen *besonderen Vertrauensinanspruchnahme* und *erheblichen Vertragsbeeinflussung*. Auch diese sich entsprechenden Haftungsvoraussetzungen sind jedenfalls in der österreichisch-deutschen Perspektive unmittelbar auf die Rezeption deutschen Haftpflichtrechts zurückzuführen. Der OGH lässt in mehreren Entscheiden die Intention erkennen, für das österreichische Recht einen *Schulterschluss mit der deutschen Sachwalterhaftung* vollziehen zu wollen.[372] Die Lokalisierung der Haftungsgrundlage im österreichischen Recht bleibt hierbei zwar uneinheitlich;[373] ausdrücklich weist der OGH jedoch auf die vergleichbare Rechts- und Interessenlage in Deutschland und Österreich hin und führt aus, dass es nicht einzusehen wäre, weshalb die vom BGH aufgestellten Grundsätze zur Eigenhaftung des vertragsvermittelnden Dritten nicht auch für Österreich gelten sollten.[374]

---

[368] Zentral *Canaris*, Vertrauenshaftung im deutschen Privatrecht (1971); zum Ursprung der Vertrauenshaftung in der deutschen Literatur aus schweizerischer Perspektive *Walter*, ZSR 2001, 79 (82 f.); *Loser*, recht 1999, 73 (75 Fn. 1); *Schwenzer*, in: Schwenzer (Hrsg.), Schuldrecht, Rechtsvergleichung und Rechtsvereinheitlichung (1999), 59 (68 ff.); *dies.*, OR AT, § 52 Rn. 1.

[369] In BGH NJW 1974, 1503 (1504 f.) wird die Lehre von der „quasi-vertraglichen Vertrauenshaftung" ausdrücklich und mit ausführlicher Begründung abgelehnt; idS auch BGH NJW 1989, 1029 (1030).

[370] Die Ablehnung der Vertrauenshaftung in der deutschen Rechtsprechung und weiten Teilen der Lehre wurde insbesondere wieder aus schweizerischer Perspektive festgestellt, *Bucher*, in: FS Walter (2005), 231 (250 f.); *Kramer*, AcP 200 (2000) 365 (379); *Schwenzer*, OR AT[7], § 52 Rn. 1; *Roberto*, in: FS Schweizerischer Juristentag (2000), 137 (151), wobei diese Autoren übersehen, dass die nunmehr in § 311 Abs. 3 S. 2 BGB kodifizierte und zuvor richterrechtlich anerkannte Sachwalterhaftung eine zumindest partielle Vertrauenshaftung par excellence ist.

[371] BGE 121 III 350 (355 frz.): „Développée en droit allemand".

[372] Am deutlichsten OGH SZ 70/147 = ÖBA 1998, 230 (231 f.); SZ 56/135 = JBl 1984, 669 (670); ferner SZ 51/79 = JBl 1979, 368 (369).

[373] Der OGH begründete eine Eigenhaftung Dritter u. a. aus konkludent geschlossenem Auskunftsvertrag bzw. der deliktischen Sachverständigenhaftung nach § 1300 S. 1 ABGB.

[374] OGH SZ 70/147 = ÖBA 1998, 230 (232), in casu wurde die Praxis des BGH, die Eigenhaftung des vertragsfremden Dritten per Vertragsfiktion zu konstruieren, rezipiert.

In der Schweiz wird die *Sachwalterhaftung* als solche im Sinne der deutschen Dogmatik bislang nur von Teilen der Literatur befürwortet.[375] Aus heutiger Perspektive besteht für eine solche auch kaum mehr Bedarf, wählte das BG mit seiner (nun ausdrücklich deutscher Dogmatik entlehnten) *Vertrauenshaftung* doch gleich die „große Lösung". Gleichwohl setzt schon auch die tradierte, bundesgerichtliche Auskunftshaftung nach Art. 41 Abs. 1 OR zur Annahme der Widerrechtlichkeit *besonderes Vertrauen* in den Schädiger und erkennbare *Beeinflussung des Geschädigten* voraus. Obwohl sich damit die relevanten Haftungsparameter gleichen, ist hinsichtlich der schweizerischen Auskunftshaftung nicht von einer Beeinflussung durch das Bild der deutschen Sachwalterhaftung auszugehen. Die Anfänge der deliktischen Auskunftshaftung in der Schweiz liegen deutlich vor der das Deliktsrecht restringierenden Etablierung der objektiven Widerrechtlichkeitstheorie.[376] Eine außervertragliche Eigenhaftung Dritter für reine Vermögensschäden musste zu diesem Zeitpunkt noch nicht ausdrücklich als solche – etwa als „Sachwalterhaftung" – deklariert werden, fehlte es doch noch an dem (erst später aus Deutschland importierten) Grundsatz der Nichtersatzfähigkeit fahrlässig verursachter reiner Vermögensschäden und damit an der Notwendigkeit, hiervon wiederum explizite Ausnahmen rechtfertigen zu müssen. Zwar wagte das BG[377] bereits in einem frühen Stadium seiner Auskunfts-Rechtsprechung den Bick über die nördliche Grenze; es betonte dabei aber die außervertragliche Natur „seiner" Auskunftshaftung und positionierte sich im Ergebnis klar gegen die von deutscher (und österreichischer) Rechtsprechung und Lehre auf diesem Gebiet primär bemühten Vertragsfiktionen.[378]

6. Prospekthaftung – in der Schweiz nach bürgerlichem Deliktsrecht

Erleidet ein Anleger Verluste, handelt es sich hierbei um reine Vermögensschäden.[379] Ist der Anleger vor der Anlagenzeichnung falsch informiert oder beraten worden, kommt auch bei Fehlen einer vertraglichen Verbindung zumindest eine außervertragliche Haftung des Informationsgebers in Betracht. Erneut findet sich eine entsprechende Haftungsgrundlage für die Schweiz im

---

[375] Man beachte aber auch BG, Urt. v. 26.8.2016 – 4A_152/2016, E.4.6.1 mit der ausdrücklich vom BGH übernommenen Bezeichnung eines Versicherungsmaklers als „treuhänderähnlicher Sachverwalter".

[376] Soweit erkennbar erstmalig und bereits mit der ausdrücklichen Feststellung des außervertraglichen Charakters der Auskunftshaftung BGE 30 II 258 (267 f.) im Jahr 1904.

[377] BGE 68 II 295.

[378] BGE 68 II 295 (302 f.): ablehnender Hinweis auf die Rechtsprechung des RG und die Ansichten in der deutschen Kommentarliteratur zum HGB.

[379] *Furrer/Körner*, in: Remien (Hrsg.), Schadenersatz im europäischen Privat- und Wirtschaftsrecht (2012), 233 (251).

dortigen Deliktsrecht, während in Deutschland und Österreich eine Haftungsbegründung erst in eigenen Spezialgesetzen wurzelt.

Systematisch handelt es sich bei der *Prospekthaftung* um einen Unterfall der außervertraglichen Haftung für falschen Rat bzw. falsche Auskunft[380] und einen speziellen Fall der vorstehend erörterten Haftung aus Vermögensschädigung rund um den Vertragsverschluss – eben mit der Besonderheit, dass diese spezielle Konstellation für den Bereich der Wertpapieremission in der Schweiz eine Positivierung schon im bürgerlichen Deliktsrecht erfahren hat. Eine detaillierte Auseinandersetzung mit der Prospekthaftung würde den Rahmen dieser Untersuchung sprengen. Im Folgenden soll aber die *gemeinsame Kernwertung dieser Ausnahmehaftung für reine Vermögensschäden* herausgestellt werden.

a) Schweizerische Prospekthaftung nach Art. 752, 1156 Abs. 3 OR

Das Obligationenrecht sieht in Art. 752 und Art. 1156 Abs. 3 zwei sich zum Teil überschneidende Haftungsanordnungen für *falsche Emissionsprospekte* bei der Ausgabe bestimmter Wertpapiere (etwa Aktien und Anleihen) vor, die durch weitere Spezialgesetze ergänzt werden.[381] Emissionsprospekte sind Informationsmedien, die eine bestimmte Kapitalanlage gegenüber Anlageinteressenten vermarkten sollen.[382] Sie dienen Anlegern als Informationsgrundlage bei der Entscheidung für oder gegen den Anlagenerwerb, sollen für die potentielle Anlage also gleichzeitig werben und über sie aufklären.[383] Sind solche *Emissionsprospekte fehlerhaft* und entstehen dem Anleger auf den Prospektfehler zurückführbare Vermögensschäden, enthält Art. 752 OR die zentrale Haftungsbestimmung innerhalb des Obligationenrechts.[384] Diese normiert eine Ersatzpflicht *aller Personen*, die an der Konzeption oder Verbreitung eines unrichtigen oder irreführenden Emissionsprospekts *maßgeblichen Anteil* hatten.[385] Die Prospekturheber bzw. -ver-

---

[380] Siehe den herkömmlichen Fallkonstellationen der Auskunftshaftung die Ausführungen unter G./III.

[381] Zum Verhältnis der Art. 752 und 1156 Abs. 3 OR *Roberto/Wegmann*, SZW 2001, 161 (163); *Binder/Roberto*, in: CHK³, Art. 752 OR Rn. 26; zur Übersicht der ergänzenden Vorschriften außerhalb des OR *Noth/Grob*, AJP 2002, 1435 (1436); *Schönenberger*, Haftung für Rat und Auskunft (1999), 48.

[382] Zum Prospektbegriff BGHZ 191, 310 = NJW 2012, 758 (759) mwN.

[383] BGE 120 IV 122 (128); *Loser*, in: Koller (Hrsg.), Haftpflicht- und Versicherungsrechtstagung St. Gallen 2005 (2005), 111 (157); *Noth/Grob*, AJP 2002, 1435 (1440) mwN; *Roberto/Wegmann*, SZW 2001, 161; *Watter*, AJP 1992, 48 f.

[384] *Roberto/Wegmann*, SZW 2001, 161 (164); *Schönenberger*, Haftung für Rat und Auskunft (1999), 48; vgl. auch *Noth/Grob*, AJP 2002, 1435 (1437).

[385] Sehr weit reichend BGE 120 IV 122 (128) „so haftet gemäss Art. 752 aOR jeder, der absichtlich oder fahrlässig dabei mitgewirkt hat"; *P. Lehmann*, in: KuKo OR, Art. 752 Rn. 4; nach dem Kriterium der *maßgeblichen* Einflussnahme einschränkend die herrschende Lehre, *Binder/Roberto*, in: CHK³, Art. 752 OR Rn. 15; *Fritschi*, in: HaftpflichtKomm

mittler haben den auf den Gehalt des unrichtigen Prospekts vertrauenden (und hierdurch letztlich geschädigten) Anleger so zu stellen, wie er stünde, wenn er zum Zeitpunkt der Anlageentscheidung durch den Prospekt richtig und vollständig informiert gewesen wäre.[386] Die *Prospekthaftung* dient damit dem Zweck, die gegenüber den Anlageinteressenten bestehenden Aufklärungs- und Informationspflichten durchzusetzen.[387]

Art. 752 OR passivlegitimiert einen sehr weiten Personenkreis.[388] Als Haftpflichtadressat kommt in erster Linie der Emittent selbst in Betracht, weiterhin dessen Berater bzw. Dritte, die in die Prospekterstellung prägend involviert waren, sowie Finanzinstitute, die den Prospekt verbreitet haben.[389] Zwischen dem geschädigten Anleger und dem Emittenten bzw. Anlageberater können vertragliche Beziehungen bestehen. Entsprechend käme eine Haftung wegen (vor-)vertraglicher Pflichtverletzung gegenüber dem Anleger in Betracht. Für alle anderen Prospekturheber bzw. -vermittler ordnet Art. 752 OR dagegen eine *außervertragliche Haftung für reine Vermögensschäden* an.[390]

b) Spezialgesetzliche Prospekthaftung in Deutschland und Österreich

Die Prospekthaftung in den Ländern des deutschen Rechtskreises entspricht sich in ihrem Grundanliegen weitgehend.[391] Die wichtigsten Haftungsanordnungen Deutschlands und Österreichs finden sich nicht in der bürgerlich-rechtlichen Hauptkodifikation, sondern sind auf mehrere Spezialgesetze außerhalb des BGB bzw. ABGB verteilt.

(2016), Art. 752 OR Rn. 37; *Noth/Grob*, AJP 2002, 1435 (1450 mwN in Fn. 149); *Watter*, in: Basler Komm OR II[5], Art. 752 Rn. 10.

[386] *Binder/Roberto*, in: CHK[3], Art. 752 OR Rn. 20; *Roberto/Wegmann*, SZW 2001, 161 (170).

[387] *Binder/Roberto*, in: CHK[3], Art. 752 OR Rn. 10.

[388] *Furrer/Körner*, in: Remien (Hrsg.), Schadenersatz im europäischen Privat- und Wirtschaftsrecht (2012), 233 (240 f.): Jeden, der an Verbreitung der Prospektangaben mitwirkt.

[389] *Binder/Roberto*, in: CHK[3], Art. 752 OR Rn. 16; *Fritschi*, in: HaftpflichtKomm (2016), Art. 752 OR Rn. 39; *Watter*, in: Basler Komm OR II[5], Art. 752 Rn. 10 ff.

[390] *Loser*, in: Koller (Hrsg.), Haftpflicht- und Versicherungsrechtstagung St. Gallen 2005 (2005), 111 (156 f.); vgl. *Fritschi*, in: HaftpflichtKomm (2016), Art. 752 OR Rn. 1; zur Qualifikation der Prospekthaftung als vertraglich bzw. außervertraglich *Marolda/von der Crone*, SZW 2003, 158 (161).

[391] Einen anschaulichen Vergleich der deutschen und schweizerischen Kapitalmarkthaftung bieten *Furrer/Körner*, in: Remien (Hrsg.), Schadenersatz im europäischen Privat- und Wirtschaftsrecht (2012), 233 (insb. 238 ff.).

aa) Deutsche Prospekthaftung u. a. nach WpPG und aus culpa in contrahendo

Einzelne Prospekthaftungsvorschriften sind in Deutschland je nach Anlageform in verschiedenen Spezialgesetzen (etwa §§ 9 ff. WpPG, §§ 20 ff. VermAnlG, § 306 KAGB) verankert.[392] Die mit Art. 752 OR am ehesten vergleichbaren, weil auch die Wertpapierprospektpflicht adressierenden Normen sind die sich ergänzenden und aufeinander verweisenden § 9 WpPG (Haftung bei fehlerhaftem *Börsenzulassungs*prospekt), § 10 WpPG (Haftung bei *sonstigem* fehlerhaften Prospekt) und § 14 WpPG (Haftung bei *fehlendem* Prospekt). Die haftungsbegründenden Tatbestandsvoraussetzungen ähneln denen des Art. 752 OR. Anders aber als im schweizerischen Recht ist eine Prospekthaftung nach § 12 Abs. 1 WpPG ausgeschlossen, wenn dem hierfür beweislasttragenden Schädiger lediglich leichte Fahrlässigkeit vorzuwerfen ist. Der Kreis der Passivlegitimierten reicht weit und umfasst sowohl den *Prospektverantwortlichen* (erläutert in § 8 WpPG) als auch den *Prospektveranlasser* (denjenigen, der ohne Prospektverantwortlicher zu sein, mit eigenwirtschaftlichem Interesse hinter der Emission steht).[393] Anders als nach Art. 752 OR ergibt sich auf den ersten Blick zwar keine Haftung desjenigen, der den fehlerhaften Prospekt *verbreitet*, nach § 8 S. 3 WpPG gelten jedoch auch die emissionsbegleitenden Kreditinstitute (und damit die typischen Prospektverbreiter)[394] als haftpflichtige Prospektverantwortliche.[395] Nach herrschender Meinung soll Dritte, die an der Prospekterstellung in nur untergeordneter Funktion mitgewirkt haben, keine gesetzliche Haftpflicht treffen.[396] Wie nach der schweizerischen Lehre kommt es also zur Annahme der Passivlegitimation darauf an, ob in *maßgeblicher Weise* Einfluss bei der Prospekterstellung geübt wurde.[397]

---

[392] Eine Übersicht der deutschen Normen aus rechtsvergleichender Perspektive findet sich bei *Schönenberger*, Haftung für Rat und Auskunft (1999), 51 und *Noth/Grob*, AJP 2002, 1435 (1436 Fn. 4).

[393] *Groß*, Kapitalmarktrecht Komm[8], § 9 WpPG Rn. 47.

[394] Vgl. *Fritschi*, in: HaftpflichtKomm (2016), Art. 752 OR Rn. 39; *Watter*, in: Basler Komm OR II[5], Art. 752 Rn. 10.

[395] Zu den Anforderungen an die Haftung von Emissions- und Vertriebshelfer *Assmann/Kumpan*, in: Assmann/Schütze/Buck-Heeb (Hrsg.), Kapitalanlagerecht[5], § 5 Rn. 161.

[396] *Groß*, Kapitalmarktrecht Komm[8], § 9 WpPG Rn. 48 mwN der hM in Fn. 184 und dem Beispiel der bei der Prospekterstellung beteiligten Berufsträger, die nur Einzelmaterial zur Prospekterstellung liefern, nicht aber für die Richtigkeit des Gesamtprospektes einstehen; vgl. *Assmann/Kumpan*, in: Assmann/Schütze/Buck-Heeb (Hrsg.), Kapitalanlagerecht[5], § 5 Rn. 163; eingehend zur Haftung von Wirtschaftsprüfern für ihre fehlerhaften, in Prospekten verwendeten Testate *Schwarzfischer/Falk*, ZIP 2021, 547 (553 ff.).

[397] Der BGH überträgt das im Rahmen der bürgerlich-rechtlichen Prospekthaftung entwickelte Kriterium der *maßgeblichen Einflussnahme* nun auch ausdrücklich auf die spezialgesetzliche Prospekthaftung, BGH NZG 2012, 1262 (1266); ferner BGH NJW-RR 1992, 879 (883); *Singhof*, in: MüKo HGB VI[4], L. Emissionsgeschäft Rn. 289; *Groß*, Kapitalmarktrecht Komm[8], § 9 WpPG Rn. 47.

Die spezialgesetzliche Prospekthaftung wird in Deutschland außerdem von einer bürgerlich-rechtlichen Prospekthaftung flankiert. Bei sich überschneidenden Haftungskonstellationen genießen die §§ 9 ff. WpPG grundsätzlich Vorrang.[398] Dort, wo diese *leges speciales* an die Grenze ihres engen Anwendungsbereiches stoßen, wurde richterrechtlich eine Prospekthaftung nach den Grundsätzen der *culpa in contrahendo* etabliert.[399]

bb) Österreichische Prospekthaftung nach KMG und aus culpa in contrahendo

Das österreichische Pendant zu Art. 752 OR und §§ 9 ff. WpPG findet sich in § 22 KMG. Dieser ordnet einen Ersatzanspruch des geschädigten Anlegers für den ihm entstandenen *Vertrauensschaden*[400] gegenüber bestimmter, aufgezählter Personengruppen an, darunter dem Emittenten, dem Anlagenanbieter und dem Prospektkontrollor. Die Anspruchsvoraussetzungen ähneln denen in Deutschland und der Schweiz.[401] Anders als nach Art. 752 OR, dafür vergleichbarer mit § 12 Abs. 1 WpPG findet sich in § 22 Abs. 1 S. 3 KMG ein Haftungsstaffelung nach Verschuldensgrad. Insbesondere der Emittent haftet für jede Art von Verschulden, mithin auch für leichte Fahrlässigkeit. Bestimmte Prospektkontrollore, Vertriebsmittler und Abschlussprüfer haften dagegen nach den § 22 Abs. 1 S. 3 Ziff. 3, 4, 5 KMG nur für grobe Fahrlässigkeit bzw. Vorsatz. Ähnlich wie in Deutschland wird die tatbestandlich enggefasste spezialgesetzliche Prospekthaftung durch eine bürgerlich-rechtliche Haftung aus *culpa in contrahendo* ergänzt.[402] Aus rezeptionistischer Perspektive lässt sich hier in der Rechtsprechung des OGH mehrfach die ausdrückliche Bezugnahme auf deutsche Quellen feststellen: Bei der zentralen Frage nach der Reichweite des aus *culpa in contrahendo* haftenden Personenkreises der potentiell Prospektverantwortlichen konnte der OGH die einschlägige Rechtsprechung des BGH und die herrschende Meinung in der deutschen Kommentarliteratur für sich rezipieren[403] und unter-

---

[398] BGHZ 203, 1 = NJW 2015, 236 (240); vgl. ferner BGH NZG 2019, 181 (185); *Nobbe*, WM 2013, 193 (201 f.).

[399] BGHZ 79, 337 = NJW 1981, 1449 (1450); *Assmann/Kumpan*, in: Assmann/Schütze/Buck-Heeb (Hrsg.), Kapitalanlagerecht⁵, § 5 Rn. 3, 8; *Nobbe*, WM 2013, 193 (197).

[400] OGH GesRZ 2011, 251 (255) mAnm *Diregger*; *Koziol*, Haftpflichtrecht II (2018), A/6/176.

[401] Zu den Haftungsvoraussetzungen ausführlich *Cach*, ZVglRWiss 113 (2014) 354 (365 ff.).

[402] OGH ÖBA 2019/2583; RdW 2014/99; GesRZ 2013, 44 (49) mAnm *Oppitz*; *Cach*, ZVglRWiss 113 (2014) 354 (360); ausführlich *Harrer/E. Wagner*, in: PraxKomm ABGB⁴, § 1300 Rn. 97c; *Koziol*, ÖBA 1992, 886; *Kalss*, in: van Boom/Koziol/Witting (Hrsg.), Pure Economic Loss (2004), 77 (88 f. Rn. 27).

[403] OGH SZ 63/136 = ecolex 1990, 688; diese Entscheidung vor dem Hintergrund der rechtskreisinternen Rezeption zwischen den deutschsprachigen Höchstgerichten referierend *Koziol*, in: FS 50 Jahre BGH (2000), 943 (951).

fütterte diesen Ansatz in der Folge mehrfach durch die Auseinandersetzung mit weiteren deutschen Quellen[404] und dem ausdrücklichen Verweis auf die in diesem Kontext „*gleichartige Rechtslage in Deutschland.*"[405]

c) Der Streit um die Rechtnatur der schweizerischen Prospekthaftung

Es gibt in allen drei Rechtsordnungen eine jedenfalls oberflächlich vergleichbare spezialgesetzliche Prospekthaftung. Insbesondere in der Schweiz ist jedoch umstritten, wie die Haftung nach Art. 752 OR einzuordnen ist. Dieser Streit soll hier nicht in aller Breite dargestellt werden.[406] Für diese Untersuchung und die Frage nach den Haftungsdeterminanten lässt sich diesem Streit – unabhängig von seiner Entscheidung – jedoch ein verallgemeinerungsfähiger Aspekt entnehmen: die *Haftung für enttäuschtes Vertrauen*.

Die Rechtsprechung und die überwiegende schweizerische Lehre ordnen Art. 752 OR als deliktische Haftung ein.[407] Vereinzelt wird die Prospekthaftung als originär vertragliche Haftung qualifiziert.[408] Ein großer Teil der Lehre sieht Art. 752 OR schließlich als *positivierten Fall der Vertrauenshaftung* an.[409] Dies entspricht auch der herrschenden Meinung in Deutschland zur dortigen spezialgesetzlichen Prospekthaftung.[410] Ähnlich positioniert sich auch die herrschende Meinung in Österreich, indem sie die spezialge-

---

[404] Etwa OGH RdW 1992, 12 (insb. 14); ecolex 1994, 102.

[405] OGH, Urt. v. 21.12.1995 – 8 Ob 7/95, teilw. veröffentlicht in ZIK 1996, 179; man beachte in diesem Kontext besonders *Oberhammer*, Anm. zu OGH SZ 70/179 = ÖBA 1998/713 (478) mit der Klarstellung, dass die Rechtsprechung des OGH auf diesem Gebiet mitunter sogar zu wenig differenzierend sei und ein dort als (lediglich) österreichische Mindermeinung abgetaner Standpunkt schließlich der herrschenden deutschen Meinung entspräche.

[406] Einen ausführlichen Überblick über den Streit und die verschiedenen Ansichten bieten *Noth/Grob*, AJP 2002, 1435 (1443); ferner *Kalss*, in: van Boom/Koziol/Witting (Hrsg.), Pure Economic Loss (2004), 77 (89 Rn. 29).

[407] BGE 129 III 71 (75); statt vieler *Binder/Roberto*, in: CHK³, Art. 752 OR Rn. 9; *Furrer/Körner*, in: Remien (Hrsg.), Schadensersatz im europäischen Privat- und Wirtschaftsrecht (2012), 233 (240 mwN in Fn. 26); *Koller*, in: Koller (Hrsg.), St. Galler Baurechtstagung 2004 (2004), 1 (45).

[408] Vgl. die Nachweise bei *Marolda/von der Crone*, SZW 2003, 158 (161) und *Noth/Grob*, AJP 2002, 1435 (1443f.).

[409] Statt vieler *Loser*, in: Koller (Hrsg.), Haftpflicht- und Versicherungsrechtstagung St. Gallen 2005 (2005), 111 (157 mwN in Fn. 142).

[410] BGHZ 190, 7 = NJW 2011, 2719 (2720); *Singhof*, in: MüKo HGB VI⁴, L. Emissionsgeschäft Rn. 285 mwN; *Groß*, Kapitalmarktrecht Komm⁸, § 9 WpPG Rn. 15; rechtsvergleichend *Kalss*, in: van Boom/Koziol/Witting (Hrsg.), Pure Economic Loss (2004), 77 (88 Rn. 26); vgl. *Assmann/Kumpan*, in: Assmann/Schütze/Buck-Heeb (Hrsg.), Kapitalanlagerecht⁵, § 5 Rn. 8; aA statt vieler *Hellgardt*, Kapitalmarktdeliktsrecht (2008), 23 ff., 210, der die spezialgesetzlichen Kapitalmarkthaftungstatbestände schlicht als Unterfälle des § 823 Abs. 2 BGB begreift.

setzliche Prospekthaftung als Fortentwicklung der culpa in contrahendo begreift.[411]

Objektiv ist jedenfalls Folgendes zu beobachten: Alle Gesetzgeber des deutschen Rechtskreises haben sich dazu entschlossen, abweichend vom Grundsatz der Nichtersatzfähigkeit außervertraglich fahrlässig verursachter reiner Vermögensschäden Spezialgesetze zu erlassen, welche für den Fall fehlerhafter Anlageprospekte eine solche Haftung ausnahmsweise gerade doch anordnen.[412] Den Haftungskonstellationen ist in allen drei Ländern ein Element gemein: Der geschädigte Anleger stützt seine Anlageentscheidung primär auf den Informationsgehalt des Emissionsprospektes und *vertraut dabei auf dessen Integrität*.[413] Weil dieses Vertrauen besonders schützenswert erscheint, ist es angezeigt, dessen Enttäuschung mit einer besonderen Ersatzpflicht zu belegen.[414] Ob Art. 752 OR nun als Norm des Deliktsrechts oder der originären Vertrauenshaftung anzusehen ist, kann jedenfalls für diese Untersuchung dahinstehen. Die Charakterisierung einer Norm als deliktsrechtlich und die Feststellung, dass deren Tatbestandserfüllung regelmäßig[415] mit der Enttäuschung subjektiven Vertrauens einhergeht, schließen einander nicht aus. Gleichzeitig muss die spezialgesetzliche Prospekthaftung nicht erst unumstößlich als originäre Vertrauenshaftung klassifiziert werden, um festzustellen, dass jedenfalls das *zentrale Element* dieser Normen der Schutz eines *berechtigten Vertrauens* seien soll.[416]

Dies verdeutlich auch der Blick auf die zuvor skizzierte Prospekthaftung in Deutschland und Österreich. Dort tritt das *Vertrauenselement* der spezialgesetzlichen Prospekthaftung an vielen Stellen offen zu Tage.[417] So ordnet

---

[411] OGH ÖBA 2007/1440 mAnm *Eckert*; *Harrer/E. Wagner*, in: PraxKomm ABGB⁴, § 1300 Rn. 97c mwN; mit dem Verweis auf die diesbezüglichen Erläuternden Bemerkungen zur Regierungsvorlage *Koziol*, ÖBA 1992, 886 (889); so auch wiederum für die Schweiz *Watter*, in: Basler Komm OR II⁵, Art. 752 Rn. 2.

[412] Vgl. *Koziol*, Haftpflichtrecht II (2018), A/2/396: außervertragliche Prospekthaftung wird „offenbar allgemein für notwendig erachtet".

[413] BGE 120 IV 122 (129); OGH ÖBA 2015/2108 (377); BGH NJW 1982, 2823 (2826); BGHZ 123, 106 = DNotZ 1994, 445 (446); *Furrer/Körner*, in: Remien (Hrsg.), Schadenersatz im europäischen Privat- und Wirtschaftsrecht (2012), 233 (255).

[414] Vgl. *Fritschi*, in: HaftpflichtKomm (2016), Art. 752 OR Rn. 1 „Geschütztes Rechtsgut ist einzig das Vermögen der Investoren. Daneben soll [...] das Vertrauen der Anleger in eine zuverlässige Informationsvermittlung auf dem Kapitalmarkt gestärkt werden"; so auch *Watter*, in: Basler Komm OR II⁵, Art. 752 Rn. 1; ferner *Kalss*, ÖBA 2000, 641 (649); *Dieckmann*, in: Erman BGB¹⁶, § 311 Rn. 97.

[415] Allein im Fall des fehlenden Prospekts gibt es auch keine das Vertrauen tragende Grundlage, sodass hier zumindest unstrittig von einer deliktischen Haftung ausgegangen werden kann, vgl. *Hellgardt*, Kapitalmarktdeliktsrecht (2008), 19; auslösend für die Anlageentscheidung ist hier regelmäßig anderweitige Anlagewerbung unterhalb des Prospektniveaus; vgl. ferner *Koziol*, Haftpflichtrecht II (2018), A/6/175, Fn. 3.

[416] Vgl. *Canaris*, in: FS Larenz (1983), 27 (93) zur Antwort auf die Frage, worum es bei der spezialgesetzlichen Prospekthaftung ginge: „Natürlich wieder um Vertrauenshaftung".

[417] Zum Vertrauenselement in der deutschen und österreichischen Prospekthaftung aus-

§ 22 Abs. 1 S. 3 KMG ausdrücklich eine Ersatzpflicht für den Schaden an, der dem Anleger *„im Vertrauen* auf die Prospektangaben" entstanden ist. In Deutschland und in Österreich wird die ergänzende bürgerlich-rechtliche Prospekthaftung auf die Grundsätze der culpa in contrahendo gestützt – also auf eine Rechtsfigur, die der OGH[418] als *„typisierte Vertrauenshaftung aus Verschulden bei Vertragsabschluss"* bezeichnet und die auch das schweizerische BG[419] explizit als *Unterfall der Vertrauenshaftung* ansieht. Und nach herrschender deutscher und österreichischer Lehre ist sogar die spezialgesetzliche Prospekthaftung nach § 22 KMG bzw. §§ 9 ff. WpPG als Weiterentwicklung der culpa in contrahendo bzw. *positivierte Vertrauenshaftung* zu betrachten.[420] Entsprechend wird in Deutschland auch bei der Konkretisierung des Kreises der Prospekthaftpflichtigen auf das *Vertrauenskriterium* abgestellt. Nicht gegen jeden, der in irgendeiner Form bei der Prospekterstellung mitgewirkt hat, richtet sich ein Ersatzanspruch. Vielmehr wird Prospekt*verantwortlichkeit* bzw. Prospekt*veranlassung* vorausgesetzt – diese wiederum werden demjenigen zugeschrieben, der ein typisiertes, aufgrund seiner Expertise besonderes Vertrauen für sich in Anspruch nimmt.[421]

d) Zwischenergebnis

Für die Schädigung durch fehlerhafte Anlageprospekte normiert Art. 752 OR eine außervertragliche Haftung für fahrlässig verursachte reine Vermögensschäden. Auch in Deutschland und Österreich besteht eine solche Prospekthaftung nach verschiedenen Spezialgesetzen, punktuell allerdings nur im Falle qualifizierten Verschuldens. Die Frage nach der Rechtsnatur der Prospekthaftung wird im deutschen Rechtskreis nicht einheitlich beant-

---

führlich *Koziol*, Haftpflichtrecht II (2018), A/2/397; *Kalss*, in: van Boom/Koziol/Witting (Hrsg.), Pure Economic Loss (2004), 77 (88 Rn. 26).

[418] Zuletzt OGH ÖBA 2019/2583; ÖBA 2015/2108 (377); zum typisierten Vertrauen der Anleger in die Richtigkeit der Prospektangaben durch hinter dem Prospekt stehende Urheber BGHZ 123, 106 = DNotZ 1994, 445 (446); NJW 2004, 3420 (3422); OLG Stuttgart NZG 2001, 1098 f.

[419] BGE 134 III 390 (395).

[420] Ausdrücklich zur Ableitung der spezialgesetzlichen Prospekthaftung aus der allgemeinen Haftung für culpa in contrahendo OGH SZ 70/179 = ÖBA 1998/713 mAnm *Oberhammer*; SZ 70/99 = ÖBA 1998, 51 (54); mit dem Nachweis der herrschenden österreichischen Meinung *Koziol*, Haftpflichtrecht II (2018), A/6/178, Fn. 12; *Angyan*, RdW 2022, 238 (242 f. mwN in Fn. 41); zur Prospekthaftung als Facette der Vertrauenshaftung BGHZ 190, 7 = NJW 2011, 2719 (2720); *Groß*, Kapitalmarktrecht Komm⁸, § 9 WpPG Rn. 15 mwN in Fn. 36 f.

[421] BGH NJW 2004, 3420 (3422); NJW-RR 1992, 879 (883); die auf culpa in contrahendo gestützte Prospekthaftung erfasst im Ergebnis weitgehend den gleichen Verantwortlichenkreis wie die spezialgesetzliche Prospekthaftung, BGHZ 79, 337 = NJW 1981, 1449 (1450); zur deutschen Prospekthaftung auf dem Fundament des besonderen, enttäuschten Vertrauen *Kalss*, in: van Boom/Koziol/Witting (Hrsg.), Pure Economic Loss (2004), 77 (88 Rn. 26).

wortet und ist insbesondere innerhalb der schweizerischen Lehre umstritten. Als zentrale Gemeinsamkeit in allen Rechtsordnungen und unabhängig von der letztlichen Qualifizierung der Rechtsnatur einzelner Normen lässt sich jedoch das schon aus anderem Kontext bekannte *Element des Vertrauensschutzes* feststellen. Emissionsprospekte liefern die Grundlage einer Anlageentscheidung und der Anlageinteressent verlässt sich auf deren Wahrheitsgehalt. Gerade weil die Prospektverantwortlichen *das Vertrauen des Anlegers auf die Integrität des Anlageprospekts* in Anspruch nehmen, rechtfertigt sich hier die Positivierung einer außervertraglichen Ersatzpflicht für reine Vermögensschäden.[422]

7. Amtshaftung für fahrlässig verursachte reine Vermögensschäden

Wird in grundsätzlicher Weise über die außervertragliche Haftung für fahrlässig verursachte reine Vermögensschäden diskutiert, geht es dabei stets um die Haftung zwischen Privaten. Die vergleichbare Haftung des Staates wird dabei – bewusst oder unbewusst – außenvorgelassen. Für diese Untersuchung aber ist der Blick auf die jeweilige Amtshaftung, vor allem auf die deutsche nach § 839 BGB, besonders aufschlussreich. Die Gegenüberstellung der hoheitlichen und privaten fahrlässigen Vermögensschädigung ermöglicht es, die Tragfähigkeit und die Grenzen der Argumente auszuloten, mit denen eine grundsätzliche deliktische Haftung für fahrlässig verursachte reine Vermögenschäden zwischen Privaten typischerweise abgelehnt wird.

a) Deutsche Amtshaftung nach § 839 Abs. 1 S. 1 BGB iVm Art. 34 GG

§ 839 Abs. 1 S. 1 BGB[423] ordnet eine Ersatzpflicht des Beamten für den Schaden an, den dieser dem Geschädigten durch die Verletzung einer *drittbezogenen Amtspflicht* zufügt. Art. 34 GG erweitert den Beamtenbegriff im haftungsrechtlichen Sinne auf jeden hoheitlich Tätigen und leitet die Haftpflicht des einzelnen Beamten auf dessen Anstellungskörperschaft über.[424] Ist die-

---

[422] Ganz idS *Hellgardt*, Kapitalmarktdeliktsrecht (2008), 212 mwN in Fn. 66 f., der die Kapitalmarkthaftung unter Verweis auf die erhöhten beruflichen Sorgfaltspflichten der Kapitalmarktakteure allgemein als „*anerkannte Ausnahme von den Restriktionen deliktsrechtlichen Vermögensersatzes*" ausweist; auf die Sonderstellung des Kapitalmarktdeliktsrechts als Ausnahmeregelungen für den außervertraglichen Ersatz reiner Vermögensschäden hinweisend auch *Koziol*, in: Remien (Hrsg.), Schadenersatz im europäischen Privat- und Wirtschaftsrecht (2012), 5 (17 f.).

[423] „Verletzt ein Beamter vorsätzlich oder fahrlässig die ihm einem Dritten gegenüber obliegende Amtspflicht, so hat er dem Dritten den daraus entstehenden Schaden zu ersetzen".

[424] Zum Verhältnis von § 839 BGB und Art. 34 GG siehe *Papier/Shirvani*, in: Dürig/Herzog/Scholz GG (96. EL), Art. 34 Rn. 11.

ser Amtshaftungsanspruch einschlägig, geht er als *lex specialis* den anderen Deliktstatbeständen, insbesondere §§ 823, 826 BGB vor.[425]

§ 839 Abs. 1 S. 1 BGB spricht nur vom „Schaden" und verzichtet auf eine rechtsgutsorientierte Differenzierung nach dem Vorbild des § 823 Abs. 1 BGB. Seiner Struktur nach erinnert § 839 BGB vielmehr an § 1295 Abs. 1 ABGB bzw. Art. 41 Abs. 1 OR – nachdem sich der deutsche Gesetzgeber im Rahmen der allgemeinen Deliktshaftung noch bewusst gegen eine Generalklausel als Grundnorm entschieden hat, macht er nun eine solche *große Generalklausel* zum Ausgangspunkt seiner Amtshaftung.[426] Nach einhelliger Meinung stellt § 839 BGB daher eine Erweiterung des allgemeinen deliktischen Haftungsgefüges dar, in deren Rahmen nun alle, auch *fahrlässig verursachte reine Vermögensschäden* zu ersetzen sind.[427] Dies gilt aufgrund der Subsidiaritätsklausel des § 839 Abs. 1 S. 2 BGB freilich nur dann, wenn der *lediglich fahrlässig* Geschädigte nicht auf andere Weise (d. h. von rein privaten Mitschädigern) Ersatz verlangen kann.[428]

aa) Drittbezogenheit der Amtspflicht – Haftungsbegründung und Haftungsbegrenzung

Angesichts einer solch grundsätzlich weitreichenden Haftpflicht wird das Risiko einer ausufernden Staatshaftung primär durch das Tatbestandsmerkmal der *Drittbezogenheit der Amtspflicht* eingegrenzt. So kann nicht jeder, der aufgrund einer Amtspflichtverletzung reine Vermögensschäden erlitten hat, auch gleichzeitig Ersatz verlangen.[429] Voraussetzung ist vielmehr, dass die verletzte Amtspflicht gerade dem Geschädigten gegenüber bestand und ihr Schutzzweck dessen nun verletzte Interessen umfassen sollte.[430] Dieses

---

[425] *Wöstmann*, in: Staudinger BGB (2020), § 839 Rn. 34.

[426] *Schultess*, VersR 2019, 1331 (1332); *Canaris*, in: FS Larenz (1983), 27 (40); einschränkend wohl *Wandt*, Gesetzliche Schuldverhältnisse (2020), § 15 Rn. 7: „Die §§ 823 ff. BGB enthalten keine großen Generalklauseln".

[427] BGH NJW 2018, 2264 (2266); *Dörr*, in: BeckOGK BGB (Stand: 1. 5. 2022), § 839 Rn. 1, 22 f.; *Mayen*, in: Erman BGB[16], § 839 Rn. 1; *Wilhelmi*, in: Erman BGB[16], § 823 Rn. 59; *Papier/Shirvani*, in: MüKo BGB[8], § 839 Rn. 327; *Reinert*, in: BeckOK BGB (62. Ed.), § 839 Rn. 1; *Staudinger*, in: Schulze, HandKomm BGB[11], § 839 Rn. 23; *Wöstmann*, in: Staudinger BGB (2020), § 839 Rn. 28; *G. Wagner/Thole*, VersR 2004, 275 (279).

[428] Zu dieser im deutschen Rechtskreis einmaligen tatbestandlichen Einschränkung aus vergleichender Perspektive *Kissling*, ZBJV 2009, 137 (146 f.); ferner *Rütsche*, in: Jusletter 4. 4. 2011, Rn. 33; (inzwischen) ausdrücklich gegen eine subsidiäre Amtshaftung in Österreich OGH SZ 74/55 = JBl 2001, 722.

[429] Plastisch OLG Dresden NZM 2001, 96 (99): Durch Merkmal der Drittbezogenheit soll „Ausuferung der Haftung vorgebeugt und verhindert werden, dass letztlich jede Vermögensschädigung ersatzpflichtig wird".

[430] *Wöstmann*, in: Staudinger BGB (2020), § 839 Rn. 169 mwN; *Kissling*, ZBJV 2009, 137 (157).

Verständnis der Drittbezogenheit erinnert stark an die Kriterien zur *Identifizierung von Schutzgesetzen* im Rahmen des § 823 Abs. 2 BGB.[431]

(1) Erweiterung des deliktischen Haftungsgefüges im Falle der Amtshaftung

Trotz dieser tatbestandlichen Parallele gewährt § 839 Abs. 1 S. 1 BGB tatsächlich aber einen deutlich weitreichenderen Vermögensschutz als § 823 Abs. 2 BGB. Grund hierfür ist *erstens*, – und das wirkt sich als gesetzgebungstechnische Besonderheit entscheidend aus – dass § 839 BGB nicht die Rechtswidrigkeit der Schädigung zusätzlich zur Bejahung der Amtspflichtverletzung verlangt. Vielmehr impliziert amtspflichtwidriges Handeln *eo ipso* schon dessen Rechtswidrigkeit.[432] Die strikte Bindung des Rechtswidrigkeitserfordernisses im allgemeinen Deliktsrechts (Verletzung absolut geschützter Rechtsgüter, § 823 Abs. 1 BGB oder die Verletzung seltener Vermögensschutzgesetze, § 823 Abs. 2 BGB) kann so für die Amtshaftung entfallen.[433] Dies markiert den zentralen Unterschied der Amtshaftung Deutschlands gegenüber ihrem österreichischen und schweizerischen Pendant.[434]

Sofern sich die Vorgehensweise zur Bestimmung der Drittbezogenheit und zur Identifizierung von Schutzgesetzen gleicht, ist, *zweitens*, festzustellen, dass die Restriktionen der Schutzgesetzdogmatik (*rechtsgutsorientierte Schutzgesetzbestimmung* bzw. Annahme von *Vermögensschutzgesetzen* nur im „systemstimmigen" Ausnahmefall)[435] im Rahmen der Drittbezogenheitsbestimmung der Amtshaftung bislang keinen vergleichbaren Niederschlag finden.[436]

Drittens kommt hinzu, dass gerade im Bereich des reinen Vermögensschutzes die verletzbaren Amtspflichten vielzähliger und dynamischer sind als die in rein privatrechtlichen Parallelfällen in Frage kommenden Schutz-

---

[431] *Schultess*, VersR 2019, 1331 (1334, 1339); *Sprau*, in: Grüneberg BGB[81], § 839 Rn. 44; *Deutsch*, in: FS Henckel (1995), 79 (90); vgl. *Canaris*, in: FS Larenz (1983), 27 (41); siehe zur Schutzgesetzhaftung unter D./I./2./a)/aa).

[432] *Zimmerling/Wingler*, in: jurisPraxKomm BGB[9], § 839 Rn. 60; *Kissling*, ZBJV 2009, 137 (155 mwN in Fn. 81); dies stützt im Umkehrschluss auch die deutsche Rspr., wenn sie vom allgemeinem Vertrauensschutz in Bezug auf die Rechtmäßigkeit behördlichen Handelns spricht, BGH NVwZ-RR 2017, 579 (582); OLG Karlsruhe VersR 2013, 501 (502).

[433] Vgl. *Sack*, Das Recht am Gewerbebetrieb (2007), 304: „Es genügt, dass die Amtspflichtverletzung eine Vermögensschädigung zur Folge hat", auf die Verletzung absoluter Rechtsgüter, den Verstoß gegen Schutzgesetze (oder die sittenwidrige Schädigung) kommt es nicht an.

[434] Siehe für das österreichischen Recht unter F./I./7./b), für das schweizerische Recht unter F./I.7./c.)/aa).

[435] Siehe hierzu unter D./I./2./a)/bb).

[436] *Schultess*, VersR 2019, 1331 (1334 f., 1339 f.); aA *Canaris*, in: FS Larenz (1983), 27 (41 ff.), der eben für eine Übernahme des rechtsgutsorientierten Systems des § 823 BGB auch für die Amtshaftung plädiert.

Insbesondere: Deliktische Sondertatbestände 247

gesetze. Hierzu nur ein Beispiel: Eine Amtspflicht muss nicht *als solche* kodifiziert sein, um (rechtswidrig) verletzt werden zu können; dementsprechend ergibt sich ihr Schutzbereich nicht schon aus dem Willen ihres etwaigen historischen Urhebers – anders also als bei der Schutzgesetzbestimmung. Ob eine auch vermögensschützende Amtspflicht verletzt ist, ist vielmehr den konkreten Einzelfallumständen,[437] insbesondere *dem Verhältnis von Amtsgeschäft und Geschädigtem*,[438] zu entnehmen.[439]

(2) Beispiel: Staatliche Auskunftshaftung

Nach den vorstehenden Ausführungen kann eine drittbezogene Amtspflicht verletzt sein, ohne dass in vergleichbarer Konstellation ein Schutzgesetz im Sinne des § 823 Abs. 2 BGB verletzt sein muss.[440] Das folgende Beispiel soll dies verdeutlichen:
 Wird außerhalb vertraglicher Beziehungen fahrlässig ein *falscher Rat erteilt* bzw. ein *falsches Gutachten erstellt* und trifft ein Dritter auf dieser Grundlage eine für ihn letztlich nachteilige Vermögensdisposition, so entsteht ihm ein reiner Vermögensschaden. Es stellt sich sodann die Frage nach der außervertraglichen Haftung. Handelt es sich beim Ratgeber bzw. Gutachter um einen Privaten, so scheidet eine rein deliktische Haftung aus. Insbesondere findet sich kein verletztes Schutzgesetz, auf welches man eine Haftung nach § 823 Abs. 2 BGB stützen könnte. Zur Haftungsbegründung bleibt nur die Zuhilfenahme vertragsähnlicher Konstrukte.[441]
 Anders unter Anwendung der Amtshaftungsgrundsätze und dem sich dort durchschlagenden Rechtsstaatsprinzips: Der eine Behörde adressierende Bürger darf *grundsätzlich* von der Rechtmäßigkeit des Verwaltungshandels[442] und dementsprechend von der *Richtigkeit der Verwaltungsaus-*

---

[437] So besteht etwa die Amtspflicht zu richtiger Auskunft gegenüber jedem Dritten, in dessen Interesse oder auf dessen Antrag hin sie erteilt wird, BGH NVwZ 2018, 1333 (1335); KG DS 2020, 198 (200), wobei sich die Einzelfallreichweite der Amtspflicht zur richtigen Auskunft erst aus dem an die Behörde gerichteten, konkreten Auskunftsersuchen ergeben kann.
[438] *Canaris*, in: FS Larenz (1983), 27 (41 f.) führt zutreffend aus, dass sich hierin die Parallele zum Kriterium der Sonderverbindung findet. Dieses wirkt im Bereich der reinen Vermögensschäden aber ja – ganz gegenteilig zu den weiteren restriktiven Ausführungen *Canaris* an dieser Stelle – per se haftungserweiternd.
[439] Zu dieser Dynamik der Amtspflichten *Schultess*, VersR 2019, 1331 (1339 f.); vgl. auch *Papier/Shirvani*, in: MüKo BGB[8], § 839 Rn. 292 und *Steege/Muthers*, in: NK-BGB[4], § 839 Rn. 168 zu den je nach Schutzinteresse gegenüber derselben Person „aufgespaltenen Amtspflichten".
[440] *Dörr*, in: BeckOGK BGB (Stand: 1.5.2022), § 839 Rn. 22.; *Wöstmann*, in: Staudinger BGB (2020), § 839 Rn. 28; *Sprau*, in: Grüneberg BGB[81], § 839 Rn. 1.
[441] Hierzu ausführlich unter G./III./2.
[442] Vgl. hierzu ausführlich *Sprau*, in: Grüneberg BGB[81], § 839 Rn. 32.

kunft ausgehen.⁴⁴³ Diese Pflicht zur richtigen Amtsauskunft wird äußerst streng verstanden. Die Rechtsprechung hält fest, dass die Amtsauskunft sogar dann richtig, klar, unmissverständlich und vollständig zu erteilen ist, wenn es dem auskunftsgebenden Beamten an der Auskunftsbefugnis bzw. der fachlichen Ausbildung fehlt.⁴⁴⁴ Wird der Rat oder das Gutachten also *von staatlicher Seite* fahrlässig falsch erteilt, so wird regelmäßig die im Einzelfall *auch drittvermögensschützende Amtspflicht zur richtigen Auskunft* verletzt und damit die Voraussetzung des deliktischen Amtshaftungsanspruch nach § 839 Abs. 1 S. 1 BGB geschaffen.⁴⁴⁵

bb) Relative Weiterung des reinen Vermögensschutzes bei hoheitlicher Schädigung

Der Schutz des reinen Vermögens reicht damit in der Amtshaftung deutlich weiter als in vergleichbaren privatrechtlichen Fällen – trotz des sich in seiner methodischen Feststellung noch gleichenden *Schutzzweckverständnisses*. Die erweiterte Ersatzfähigkeit fahrlässig verursachter reiner Vermögensschäden im Amtshaftungsrecht zeigt sich sogar gerade in den Fällen, die keine vergleichbare privatrechtliche Konstellation kennen, wo also die Schädigung nur durch hoheitliches Handeln denkbar ist.⁴⁴⁶

Der vorstehende Befund gilt allerdings nur mit Einschränkungen für judikatives Unrecht. Sofern wie vorstehend schon erläutert das sog. *Spruchrichterprivileg* nach § 839 Abs. 2 S. 1 BGB⁴⁴⁷ Anwendung findet, besteht ein Amtshaftungsanspruch nur dann, wenn die zugrunde liegende Amtspflichtverletzung gleichzeitig eine Straftat darstellt. Gerade bei *falschen Urteilen* liegt zwar die Möglichkeit der fahrlässigen Verursachung reiner Vermögensschäden nahe; die hier in Frage kommenden Straftatbestände, die durch den Richter „beim Urteil in einer Rechtssache" verwirklicht werden könnten,

---

⁴⁴³ BGHZ 155, 354 = VersR 2004, 606 (607); NVwZ-RR 2017, 579 (582): Ausschlaggebend ist „der allgemein im Verwaltungs- und Amtshaftungsrecht geltende Vertrauensschutz in Bezug auf die Rechtmäßigkeit behördlichen Handelns"; OLG Karlsruhe VersR 2013, 501 (502); *Schultess*, VersR 2019, 1331 (1338).
⁴⁴⁴ BGH NVwZ 2018, 1333 (1334); KG DS 2020, 198 (200).
⁴⁴⁵ BGHZ 146, 365 = VersR 2001, 1285 (1286); NVwZ 2018, 1333 (1335); VersR 2003, 1535 (1536); VersR 2001, 1287; *Sprau*, in: Grüneberg BGB⁸¹, § 839 Rn. 41; ausführlich *Schultess*, VersR 2019, 1331 (1337 ff.).
⁴⁴⁶ BGHZ 212, 303 = NJW 2017, 397 mAnm *Rixen*: Ersatz des Verdienstentgangs der Eltern wegen Verletzung der Amtspflicht zur rechtzeitigen Bereitstellung eines öffentlichen Kita-Platzes; BGH NJW 2000, 2672: Ersatz der Vermögenseinbußen durch verspätete Auszahlung der Versicherungssumme aufgrund staatsanwaltlich amtspflichtwidriger Anklageerhebung.
⁴⁴⁷ „Verletzt ein Beamter bei dem Urteil in einer Rechtssache seine Amtspflicht, so ist er für den daraus entstehenden Schaden nur dann verantwortlich, wenn die Pflichtverletzung in einer Straftat besteht".

setzen aber allesamt Vorsatz voraus.[448] Eine Fahrlässigkeitshaftung für reine Vermögensschäden scheidet somit unter dem Spruchrichterprivileg aus.

Selbst dann, wenn eine judikative Amtspflichtverletzung nicht dem Privileg des § 839 Abs. 2 BGB, sondern der allgemeinen Amtshaftung nach § 839 Abs. 1 S. 1 unterfällt, kommt eine Haftung wegen fahrlässiger reiner Vermögensschädigung nur stark eingeschränkt in Betracht: Um die richterliche Freiheit und Unabhängigkeit, respektive den Schutz vor haftungsrechtlichen Konsequenzen bei einfachen Fehlurteilen zu gewährleisten, setzt die Rechtsprechung bei der Bejahung eines einfachen Amtshaftungsanspruches die *Unvertretbarkeit der richterlichen Entscheidung* voraus – letztlich läuft dies auf eine Haftung für *Vorsatz und grobe Fahrlässigkeit* hinaus.[449]

cc) Fehlende Schutzwürdigkeit des hoheitlichen Schädigers

Die Gründe für die grundsätzlich weitreichende *deliktische Amtshaftung für fahrlässig verursachte reine Vermögensschäden* sogar unterhalb der Schwelle des § 823 Abs. 2 BGB liegen auf der Hand. Den gängigen Argumenten, die gegen eine entsprechende Haftung zwischen Privaten ins Feld geführt werden, kommt bei der Amtshaftung erkennbar nicht die gleiche Bedeutung zu. So geschieht staatliches Handeln nicht zum Selbstzweck[450] – vor allem dann nicht, wenn die staatliche Schadenszufügung einem Verstoß gegen öffentlich-rechtliche Pflichten entspringt.[451] Dem staatlichen Schädiger kommt *keine allgemeine Handlungsfreiheit* zu, deren Schutz eine rechtsgutsorientierte Haftungsbegrenzung nach dem Vorbild des § 823 Abs. 1 rechtfertigen könnte.[452] Schließlich dürfte das stets angestrebte Ziel einer effektiven Verwaltung kaum durch eine gehemmte, weil potentiell haftpflichtbedrohte Handlungs- und Entscheidungsfreude des einzelnen Beamten gefährdet sein[453] – dessen persönliche Haftung für einfache Fahrlässigkeit ist durch die Haftungsüberleitung in Art. 34 S. 1 GG gerade ausgeschlossen und auch nicht regressbedroht. Wird die Haftung auf die übergeordnete (ggf. finanzstarke, jedenfalls aber insolvenzunfähige)[454] Anstellungskörperschaft abge-

---

[448] Siehe die aufgezählten Straftatbestände bei *Dörr*, in: BeckOGK BGB (Stand: 1.5.2022), § 839 Rn. 666.
[449] BGHZ 155, 306 = NJW 2003, 3052 (3053); BGHZ 187, 286 = NJW 2011, 1072 (1073) mAnm *Brüning*.
[450] Treffend LG Memmingen ZUM-RD 2004, 196 (197): Arbeit eines Politikers (in casu Bürgermeister als Kopf der Gemeindeverwaltung) erfüllt keinen Selbstzweck; wer als Vertreter der Bürger handelt, hat sich vor diesen zu verantworten.
[451] *Schultess*, VersR 2019, 1331 (1335).
[452] Ausführlich *Schultess*, VersR 2019, 1331 (1335, 1341).
[453] *Schultess*, VersR 2019, 1331 (1335); genau das befürchtet aber *Canaris*, in: FS Larenz (1983), 27 (44) für den Bereich der Wirtschaftsaufsicht.
[454] Vgl. § 12 InsO; bzgl. der kommunalrechtlichen Regelungen pars pro toto § 128 Abs. 2 GO NRW.

wälzt, ist es kaum angezeigt, im Ergebnis diese nun vor einer umfassenden Haftung zu schützen.[455] Der vielbeschworenen Gefahr einer *ausufernden Haftung* wird in der Praxis weiterhin wirksam durch das haftungsbeschränkende Kriterium der Drittbezogenheit begegnet.

Hinzu kommt, dass der geschädigten Bürger vom staatlichen Schädiger bereits im Vorfeld der Schädigung regelmäßig besonders abhängig ist. Dies macht den Staat zwar noch nicht automatisch „ersatzpflichtiger", den geschädigten Bürger aber jedenfalls schutzwürdiger.[456] Zum Ausdruck kommt dies in Form des stark beschnittenen Handlungsspielraums des von einer *behördlichen Entscheidung abhängigen Bürgers*.[457] Wird etwa die Erteilung einer amtlichen Genehmigung beantragt und beruht die diesbezügliche Entscheidung in der Sache auf einem behördeninternen Gutachten, so hängt der Antragsteller in entscheidender Weise von der Richtigkeit dieses behördlichen Gutachtens ab. Denn wird die Genehmigung wegen eines amtlichen Gutachtensfehlers versagt, stehen dem Bürger häufig gar keine Handlungsalternativen offen.[458] Auf eigene Faust und unter Berufung auf seine Handlungsfreiheit kann der Bürger jedenfalls dann nicht tätig werden, wenn die maßgeblichen Vorschriften hierzu zwingend eine behördliche Genehmigung voraussetzen. Bis auf die Anstrengung einer verwaltungsgerichtlichen Versagungsgegenklage (die inzwischen eingetretene Vermögensschäden nicht zum Gegenstand hat) ist der Geschädigte hier tatsächlich zur Untätigkeit verdammt.

b) Österreichische Amtshaftung nach § 1 Abs. 1 AHG

Die österreichische Amtshaftung ergibt sich aus § 1 Abs. 1 des Amtshaftungsgesetzes (AHG). Angeordnet wird eine Haftpflicht des Bundes bzw. der Länder, Gemeinden und sonstigen öffentlich-rechtlichen Körperschaften nach den *Bestimmungen des bürgerlichen Rechts* für den Vermögens-

---

[455] *Schultess*, VersR 2019, 1331 (1335); vgl. auch *G. Wagner*, in: MüKo BGB⁸, § 839a Rn. 10; *ders./Thole*, VersR 2004, 275 (279): Staat erscheint „als idealer Selbstversicherer der ihn treffenden Haftungsrisiken", der daher „einer Haftungsbegrenzung nicht bedarf".

[456] IdS *Papier/Shirvani*, in: MüKo BGB⁸, § 839 Rn. 360, die gerade die besondere Schutzwürdigkeit des von hoheitlichem Handeln betroffenen Bürgers betonen; idS aus österreichischer Perspektive *Kalss*, in: FS Schwark (2009), 459 (471): Grundsätzlich vertritt *Kalss* zwar eine restriktive Amtshaftung für reine Vermögensschäden, will dies aber tendenziell dort aufweichen, wo sich der Private nicht selbst vor Vermögensschäden schützen kann, sondern hierzu auf staatliches Zutun angewiesen ist; ganz idS auch *Jansen*, Struktur des Haftungsrechts (2003), 531 f., der zwar Schadenskonstellationen aus dem Prozess- und Vollzugsrecht anführt, wegen der Abhängigkeit des Geschädigtem vom Schädiger aber eine strikte Haftung – auch für reine Vermögensschäden – goutiert.

[457] Hierzu *Schultess*, VersR 2019, 1331 (1140).

[458] BGHZ 146, 365 = VersR 2001, 1285: Keine Möglichkeit der Veräußerung, wenn die sanierungsrechtliche Veräußerungsgenehmigung auf Basis eines fehlerhaften Gutachtens des behördlichen Gutachterausschusses versagt wird.

oder Personenschaden, den ihre Organe in Vollziehung der Gesetze durch *rechtswidriges Verhalten schuldhaft* verursacht haben. Ähnlich wie § 839 Abs. 1 S. 1 BGB ist auch § 1 Abs. 1 AHG offen formuliert. Rechtsgutsorientierte Beschränkungen enthält der Tatbestand nicht, vielmehr wird bewusst und uneingeschränkt vom „Schaden am Vermögen oder an der Person" gesprochen.[459]

Eine in Deutschland heute immer noch bestehende Amtshaftungsrestriktion wurde in Österreich bewusst aufgegeben: Vormals galt auch dort der Grundsatz, dass sich ein hoheitlich Geschädigter im Falle einer Schädigermehrheit vorrangig an den privaten Schädiger halten musste; der hoheitliche Schädiger haftete faktisch nur subsidiär. Die neuere Rechtsprechung des OGH hat diesem Subsidiaritätsprinzip inzwischen eine klare Absage erteilt[460] – eine Perspektive, die auch dem deutschen Gesetzgeber hinsichtlich § 839 Abs. 1 S. 2 BGB zu empfehlen ist.[461]

Haftungsbeschränkende Wirkung entfaltet daher an erster Stelle das Rechtswidrigkeitserfordernis in Kombination mit dem Verweis auf die *„Bestimmungen des bürgerlichen Rechts"*. Diese werden vollumfänglich auch der Amtshaftung zu Grunde gelegt.[462] Die Konsequenzen dieses Grundlagenverweises machen sich gerade im Bereich der Amtshaftung für fahrlässig verursachte reine Vermögensschäden bemerkbar. Wenn § 1 Abs. 1 AHG eine rechtswidrige Schädigung verlangt und (auch) diesbezüglich auf das bürgerliche Recht verweist, findet in der Amtshaftung erneut das allgemeine Rechtswidrigkeitsverständnis der § 1293 ff. ABGB Anwendung.[463] Die dogmatischen Folgen sind bekannt: Auch eine hoheitliche Schädigung ist nur dann (indiziell) rechtswidrig und entsprechend amtshaftpflichtig, wenn sie durch die Beeinträchtigung absolut geschützter Rechte, in vorsätzlich-sittenwidriger Weise oder durch die Übertretung konkreter Individualschutznormen verursacht wird.[464]

---

[459] *Ziehensack*, in: Ziehensack (Hrsg.), PraxKomm AHG, § 1 Rn. 800 weist darauf hin, dass auch im Amtshaftungsrecht der Schadensbegriff (Trennung von Substanz- und reinen Vermögensschäden) eine ähnliche große Rolle spiele wie im allgemeinen Schadensrecht. Bedeutsam ist aber letztlich nicht der Schadensbegriff, sondern das Rechtswidrigkeitsverständnis, welches die unterschiedliche Schadenskategorisierung erst zu ihrem Produkt macht.

[460] Etwa OGH SZ 74/55 = JBl 2001, 722; *Koziol*, Haftpflichtrecht II (2018), D/10/23 mwN.

[461] Im deutschen Rechtskreis erhält sich alleine die deutsche Rechtsordnung das Relikt des amtshaftungsrechtlichen Subsidiaritätsprinzips, vgl. *Kissling*, ZBJV 2009, 137 (146).

[462] OGH SZ 53/83 = EvBl 1980/216; OGH, Urt. v. 28. 1. 1997 – 1 Ob 2312/96y; immolex 2000/149 mAnm *Iby;* JBl 2013, 183 (186); *Paar*, Amtshaftungsrecht (2010), 38 f.; *Koziol*, Haftpflichtrecht II (2018), D/10/7.

[463] Vgl. *Kalss*, in: FS Schwark (2009), 459 (465) mit Blick auf den speziellen Fall der Amtshaftung im Kapitalmarktrecht.

[464] OGH JBl 2013, 183 (186); SZ 65/94 = JBl 1993, 399 (403); SZ 66/77 = JBl 1993, 788 (789); ZVR 2007/210 mAnm *Kathrein;* immolex 2000/149 mAnm *Iby; Paar*, Amtshaftungsrecht (2010), 40.

aa) Haftung bei hoheitlicher Verletzung von Vermögensschutzgesetzen

Zur Begründung einer Amtshaftung für fahrlässig verursachte reine Vermögensschäden verbleibt damit erneut nur der Weg über die Schutzgesetzhaftung.[465] Hier zeigt sich der zentrale Unterschied zur Haftungsanordnung in § 839 Abs. 1 S. 1 BGB, die eine Amtspflichtverletzung auch unabhängig von der Übertretung einer starr kodifizierten Schutznorm und damit eine Haftung für fahrlässig verursachte reine Vermögensschäden begründen kann. Vor diesem Hintergrund erzielt die österreichische Rechtsprechung in der Breite kaum Ergebnisse, die sich mit denen vergleichen lassen, die über die Generalklausel des § 839 BGB erreichbar sind.

Eine – nicht amtshaftungsrechtlich-konzeptionelle, sondern rein praktische – Ausnahme zeigt sich im österreichischen Recht erst und allein an den behördlichen Gutachter- bzw. Auskunftsfällen:[466] Stellt eine Gemeinde zB eine falsche Bestätigung über den Inhalt des Flächenwidmungsplans aus, die nicht zu bebauende Parzellen fälschlicherweise als Bauland ausweist und wird auf dieser Grundlage Nichtbauland irrigerweise als Bauland verkauft, sind sowohl der Liegenschaftsverkäufer als auch der entsprechende Liegenschaftskäufer und dessen für den Kauf kreditgebende Bank vom Schutz der richtigen Behördenauskunft adressiert und bei Falschauskunft ersatzberechtigt.[467] Entscheidend ist hier das *erfolgreiche Auffinden eines Schutzgesetzes* (etwa § 1 Abs. 1 des Niederösterreichischen Auskunftsgesetzes[468], § 1 des Kärntner Auskunftspflicht-Gesetzes[469] oder § 1 Abs. 1 des Oberösterreichischen Auskunftspflicht- und Datenschutzgesetzes[470]), welchem sich ein entsprechend weitreichender persönlicher wie auch sachlicher Schutzzweck entnehmen lässt.[471] Der zentrale Unterschied zu Sachverhalten, bei dem die Falschauskunft von einem Privaten abgegeben wird, besteht letztlich also in der zufälligen Gegebenheit, auf ein *den Staat adressierendes Auskunftsgesetz* zurückgreifen zu können.

---

[465] Vgl. OGH, Urt. v. 28. 1. 1997 – 1 Ob 2312/96y: „Von den dargestellten Voraussetzungen der Haftung für einen bloßen Vermögensschaden kommt hier nur die Verletzung von Rechtsvorschriften in Betracht, die bestimmte Personen vor der Verletzung ihrer Rechtsgüter schützen sollen".

[466] Allgemein zur möglichen Auskunftshaftung des Staates nach dem AHG *Welser*, Haftung für Rat, Auskunft und Gutachten (1983), 78 ff.

[467] Mit ausführlichster Prüfung des Normschutzzweckes und letztlicher Bejahung der Haftung für reine Vermögensschäden OGH SZ 73/90 = JBl 2000, 729; bbl 2000, 164; hierzu *Karner*, ÖBA 2001, 235 f.; ähnlich OGH ecolex 2004/331; zur behördlichen Auskunftshaftung zuletzt OGH ecolex 2017/13; grundlegend in diesem Kontext OGH JBl 2004, 793: „Behördenauskünfte nach den Auskunftspflicht-Gesetzen der Länder [...] bezwecken den Dispositionsschutz für den Einschreiter".

[468] OGH SZ 73/90 = JBl 2000, 729.

[469] OGH JBl 2004, 793.

[470] OGH ecolex 2004/331.

[471] Vgl. *Karner*, ÖBA 2001, 235 f.

Dies lässt auch im Allgemeinen die Grenzen der Amtshaftungsbegründung via Schutzgesetzverletzung in Österreich erkennen: Ist kein sachlich und persönlich genau passendes Schutzgesetz auffindbar, scheitert die Haftungsbegründung bereits am fehlenden Haftungsanordnungswillen des historischen Gesetzgebers.[472] Feststellen lässt sich auch hier die Anlehnung an die restriktiven, haftungsverneinenden Grundsätze des rein privaten Verkehrs: Stehen in der Amtshaftung reine Vermögensschäden in Rede, sei dort „*wie sonst auch*"[473] Zurückhaltung mit der Bejahung einer Haftung geboten.[474]

bb) Beschränkte Reichweite der Haftung aus Schutzgesetzverletzung

Anhand eines jüngeren und gerade den ausdrücklichen Vergleich mit der deutschen Amtshaftung suchenden OGH-Entscheids[475] sei die in Österreich in der Breite wenig weitreichende amtliche Schutzgesetzhaftung für reine Vermögensschäden verdeutlicht: Bewertet ein Kreditgeber die Kreditwürdigkeit eines potentiellen Kreditnehmers unter *Einbeziehung unrichtiger Grundbucheinträge*, die fälschlicherweise auf eine kreditwürdige Vermögenssituation des Kreditnehmers schließen lassen und gewährt in der Folge den Kredit, so entsteht ihm in Form der später uneinbringlichen Kreditforderungen ein reiner Vermögensschaden. Diesen bekommt er allerdings nach § 1 Abs. 1 AHG nicht deshalb ersetzt, weil die Grundbucheinträge von staatlicher Seite fehlerhaft erstellt wurden. Hierfür gilt es erst, einschlägige Schutzgesetze auffinden zu können; in casu sind dies in sachlicher Hinsicht die Normen, aus denen sich der grundbuchrechtliche Vertrauensschutz ergibt. In persönlicher Hinsicht genießen allerdings nur die Personen Norm- und Vertrauensschutz, die *am grundbücherlichen Verkehr teilnehmen* – der vorstehend beschriebene Kreditgeber soll dies nach Ansicht des OGH gerade nicht mehr sein. Der OGH[476] nimmt bei seiner Argumentation ausdrücklich und ausführlich Bezug auf die vermeintlich gleiche Rechtslage in Deutschland: Zwar lege sowohl die deutsche Rechtsprechung[477] als auch

---

[472] OGH ZVR 2007/210 mAnm *Kathrein*: Haftung des behördlichen Kfz-Gutachters unter Verweis auf den vom Gesetzgeber mit dem Kraftfahrgesetz verfolgten (und reine Vermögensschäden gerade nicht umfassenden) Verwaltungszweck verneint.
[473] *Kalss*, in: FS Schwark (2009), 459 (465 f., ferner 471).
[474] OGH SZ 65/94 = JBl 1993, 399 (403): „österr Lehre betont, daß die Nichtberücksichtigung der eingrenzenden Wirkung des Rechtswidrigkeitszusammenhanges gerade auch im Gebiet des Amtshaftungsrechtes eine Uferlosigkeit der Haftpflicht der Rechtsträger zur Folge hätte"; ebenso OGH SZ 66/77 = JBl 1993, 788 (789); idS auch *Ziehensack*, in: Ziehensack (Hrsg.), PraxKomm AHG, § 1 Rn. 1236, der bei allzu weitreichender Amtshaftung um die finanzielle Belastung der steuerzahlenden Allgemeinheit fürchtet.
[475] OGH EvBl 2019/103 mAnm *Weixelbraun-Mohr*.
[476] OGH EvBl 2019/103 (727) mAnm *Weixelbraun-Mohr*.
[477] Zitiert wird u. a. BGHZ 124, 100 = NJW 1994, 650.

die gesamte deutsche Kommentar-Literatur eine weitreichende Amtshaftung für Grundbuchfehler nahe, bei näherer Betrachtung entpuppe sich diese aber ebenfalls als Amtshaftung allein gegenüber den Teilnehmern des Grundbuchverkehrs.

Dem ist Folgendes zu entgegnen: Allein, weil in den zitierten deutschen Entscheidungen jeweils ein Grundbuchverkehrsteilnehmer geschädigt wurde, lässt dies nicht den generellen Rückschluss zu, dass auch in zukünftigen Konstellationen ausschließlich solchen ein Amtshaftungsanspruch wegen Grundbuchfehlern zukäme. Im Gegenteil – wenn der BGH[478] in einer hier vom OGH sogar zur Begründung herangezogenen Entscheidung ausführt, in Grundbuchangelegenheiten seien ersatzberechtigte Dritte gerade nicht nur die, auf deren Antrag oder in deren Interesse Eintragungen vorgenommen werden, sondern auch *alle diejenigen*, die im Vertrauen auf die richtige Handhabung der Grundbuchgeschäfte und die dadurch geschaffene Rechtslage *im Rechtsverkehr* (nicht im Grundbuchverkehr!) tätig werden, lässt sich dies kaum weitreichender formulieren.

Am Beispiel der Amtshaftung für Grundbuchfehler ist vielmehr festzuhalten, dass hier die Unterschiede zwischen der Haftungsbegründung nach § 839 Abs. 1 S. 1 BGB und § 1 Abs. 1 AHG entscheidend zu Tage treten: Die Zweckbestimmung einer in Rede stehenden Schutznorm richtet sich in entscheidendem Maße nach dem historischen Gesetzgeberwillen,[479] die Konkretisierung der Drittbezogenheit iRd § 839 BGB dagegen mehr nach den vielzähligen Einzelfallvariablen.[480] Wenn sich auch die Amtshaftung für fahrlässig verursachte reine Vermögensschäden nach § 1 Abs. 1 AHG unter dem Eindruck des herrschenden restriktiven Rechtswidrigkeitsverständnisse nur auf dem Boden der Schutzgesetzverletzung begründen lässt, können hier kaum andere Haftungsergebnisse erzielt werden als bei einer Schädigung durch Private.[481]

---

[478] BGHZ 124, 100 = NJW 1994, 650 (651).

[479] OGH EvBl 2019/103 (726) mAnm *Weixelbraun-Mohr*: „Dass der Gesetzgeber einen derart weiten amtshaftungsrechtlichen Schutz [...] Personenkreises intendiert hätte, ist nicht anzunehmen. Vielmehr ist davon auszugehen, dass [...] grundsätzlich nur jene Personen geschützt werden sollen, die im Grundbuch eingetragene Rechte besitzen oder deren Begründung unmittelbar anstreben und damit am grundbücherlichen Verkehr teilnehmen"; vgl. schon *Welser*, Haftung für Rat, Auskunft und Gutachten (1983), 17.

[480] So besteht zB die Amtspflicht zu richtiger Auskunft gegenüber jedem Dritten, in dessen Interesse oder auf dessen Antrag hin sie erteilt wird (BGH NVwZ 2018, 1333 [1335]; KG DS 2020, 198 [200]), wobei die Einzelfallreichweite der Amtspflicht zur richtigen Auskunft nicht durch Gesetzestatbestand vorgegeben ist, sondern sich erst aus dem an die Behörde gerichteten, konkreten Auskunftsersuchen ergeben kann.

[481] Dem entspricht auch das Postulat von *Kalss*, in: FS Schwark (2009), 459 (471), die schutzzweckdogmatischen Grenzen der Amtshaftung für Kapitalanlegerschäden, regelmäßig reine Vermögensschäden, enger zu ziehen als beim Ersatz der Verletzungsfolgen absolut geschützter Rechtsgüter; ganz idS auch OGH JBl 2020, 115 (117) mit dem Hinweis,

c) Schweizerische Haftung für amtliche Verrichtung nach Art. 61 OR, Art. 3 Abs. 1 VG

Das Bild der schweizerischen Amtshaftung für fahrlässig verursachte reine Vermögensschäden ähnelt dem in Österreich. Art. 146 der eidgenössischen Bundesverfassung (BV)[482] ordnet eine grundsätzliche Haftung des Bundes für seine Organe an. Gemäß Art. 61 OR kommt dem Bund und den Kantonen die Möglichkeit zu, ihren Beamten ein eigenes Haftungsregime vorzugeben.[483] Sowohl der Bund als auch alle Kantone haben hiervon Gebrauch gemacht.[484] Eine Darstellung der (in sich durchaus unterschiedlichen)[485] kantonalen Rechtslage kann diese Untersuchung nicht leisten. Stattdessen soll nur auf die zentrale Haftungsanordnung in Art. 3 Abs. 1 des *bundesrechtlichen Verantwortlichkeitsgesetz* (VG)[486] eingegangen werden.

aa) Objektive Widerrechtlichkeitstheorie im Amtshaftungsrecht

Ähnlich wie § 839 Abs. 1 S. 1 BGB spricht auch Art. 3 Abs. 1 VG nur allgemein vom „Schaden". Dies legt nahe, dass diese öffentlich-rechtliche Ersatzpflicht auch reine Vermögensschäden umfasst.[487] Darüber hinaus wird sogar auf jegliches Verschuldenserfordernis verzichtet. Gleichzeitig verlangt Art. 3 Abs. 1 VG aber einen in amtlicher Tätigkeit *widerrechtlich* zugefügten Schaden. Rechtsprechung und herrschende Lehre gehen auch hier – genau wie bei Art. 41 Abs. 1 OR – von der *objektiven Widerrechtlichkeitstheorie* aus.[488] Nachdem das Vermögen selbst kein absolut geschütztes Rechtsgut ist,

---

dass das Amtshaftungsrecht eben bloß in Teilbereichen ein besonderes Schadenersatzrecht sei, vielmehr aber zu gelten habe, was auch allgemein zu § 1295 Abs. 1 ABGB gelte.

[482] Art. 146 der Bundesverfassung der Schweizerischen Eidgenossenschaft (BV) „Der Bund haftet für Schäden, die seine Organe in Ausübung amtlicher Tätigkeiten widerrechtlich verursachen".

[483] *Roberto*, Haftpflichtrecht (2018), § 17 Rn. 3.

[484] *Brehm*, in: Berner Komm OR⁵, Art. 61 Rn. 4.

[485] Eine Übersicht der kantonalen Unterschiede bieten *Honsell/Isenring/Kessler*, Haftpflichtrecht (2013), § 14 Rn. 7; *Meier*, plädoyer 2008, 40 (45 f.); spezifisch bzgl. der kantonalen Amtshaftung für unrichtige Behördenauskunft *Wiederkehr*, in: Fellmann (Hrsg.), Aktuelle Fragen des Staatshaftungsrechts (2014), 63 (71 ff.).

[486] Art. 3 Abs. 1 des Verantwortlichkeitsgesetzes v. 14.3.1958 „Für den Schaden, den ein Beamter in Ausübung seiner amtlichen Tätigkeit Dritten widerrechtlich zufügt, haftet der Bund ohne Rücksicht auf das Verschulden des Beamten".

[487] Vgl. *Guckelberger*, recht 2008, 175 f.: „jeden Schaden".

[488] Zuletzt BG, Urt. v. 18.6.2019 – 2C_809/2018 E.5.1; BGE 123 II 577 (581 f.); *Müller/Bachmann*, SJZ 2020, 259 (262); *Göksu*, in: Gauch/Aepli/Stöckli (Hrsg.), Präjudizienbuch⁹, Art. 41 OR Rn. 5; *Berger*, in: HaftpflichtKomm (2016), Art. 3 VG Rn. 21 f.; *Honsell/Isenring/Kessler*, Haftpflichtrecht (2013), § 14 Rn. 6; *Pribnow/Gross*, in: Haftung und Versicherung (2015), § 3 Rn. 35; *Aebi-Müller/Pfaffinger*, in: Liber Amicorum Vonplon (2009), 21 (34); *Jaag*, ZSR 2003, 3 (59); *Kissling*, ZBJV 2009, 137 (154 f.); *Meier*, plädoyer 2008, 40 (42); zur Anwendung des allgemeinen obligationsrechtlichen Widerrechtlichkeitsverständnisses in der kantonalen Amtshaftung zuletzt BGE 144 I 318 (326 frz.); kritisch zur Anwendung der objektiven Widerrechtlichkeitstheorie im Staatshaftungsrecht *Rütsche*, in: Jusletter

soll dessen Verletzung alleine noch nicht widerrechtlich sein – selbst wenn sie durch staatliche Hand geschieht.[489] Hierfür müsste von staatlicher Seite vielmehr gegen eine das Individualvermögen schützende Norm bzw. sich hieraus ergebende Amtspflicht verstoßen worden sein.[490]

Deutlich wird hier die Parallele zur österreichischen Amtshaftungsanordnung in § 1 Abs. 1 AHG, die in ähnlich weitem Umfang und gerade bezüglich der Rechtswidrigkeit Anleihen beim allgemein-bürgerlichen Recht nimmt. Gleichzeitig besteht hierin auch der zentrale Unterschied zu § 839 Abs. 1 S. 1 BGB. Dieser gilt für die Sonderkonstellation der Amtshaftung als *Erweiterung des reinen Vermögensschutzes* über den Radius der §§ 823 ff. BGB hinaus. Die Frage nach der Rechtswidrigkeit (also zusätzlich zur Frage nach der Amtspflichtverletzung) stellt sich für das deutsche Amtshaftungsrecht nämlich gar nicht isoliert, die Formulierung des § 839 BGB legt vielmehr nahe, Vermögensschädigungen durch staatliche *Amtspflichtverletzung als solche* schon für ersatzpflichtbegründend, weil eben rechtswidrig anzusehen.[491]

In der Schweiz dagegen[492] kommt es im Rahmen der Amtshaftung für reine Vermögensschäden bei der Kernfrage der Widerrechtlichkeit weiterhin darauf an, dem schädigenden Beamten einen Schutznormverstoß vorwerfen zu können.[493] Primär geht es hier (wie schon in der österreichischen Auskunftshaftung) um Fälle der fehlerhaften Behördenauskunft,[494] aufgrund derer der Bürger – letztlich nachteilig – disponiert und nach Schadens-

---

4.4.2011, Rn. 1 ff.; kritisch zur Kombination von verschuldensunabhängiger Haftung und geltendem Rechtswidrigkeitsverständnis *Roberto*, Haftpflichtrecht (2018), § 17 Rn. 8.

[489] *Wiederkehr*, in: Fellmann (Hrsg.), Aktuelle Fragen des Staatshaftungsrechts (2014), 63 (68 f.).; vgl. *Pribnow/Gross*, in: Haftung und Versicherung (2015), § 3 Rn. 35, 60.

[490] BG, Urt. v. 18.6.2019 – 2C_809/2018 E.5.1, 5.2; *Guckelberger*, recht 2008, 175 (180); *Jaag*, ZSR 2003, 3 (61); *Kost*, SVLR-Bulletin 2018, 43 (46); *Aebi-Müller/Pfaffinger*, in: Liber Amicorum Vonplon (2009), 21 (34).

[491] *Zimmerling/Wingler*, in: jurisPraxKomm BGB⁹, § 839 Rn. 60; *Kissling*, ZBJV 2009, 137 (155 mwN in Fn. 81); dies stützt im Umkehrschluss auch die deutsche Rspr., wenn sie vom allgemeinem Vertrauensschutz in Bezug auf die Rechtmäßigkeit behördlichen Handelns spricht, BGH NVwZ-RR 2017, 579 (582); OLG Karlsruhe VersR 2013, 501 (502).

[492] *Müller/Bachmann*, SJZ 2020, 259 (269) sprechen sich zuletzt gerade dagegen aus, bei fehlerhafter Behördenauskunft gegenüber einem Gutgläubigen von Widerrechtlichkeit auszugehen; ähnlich auch *Wiederkehr*, in: Fellmann (Hrsg.), Aktuelle Fragen des Staatshaftungsrechts (2014), 63 (68 f.).

[493] Zuletzt BGE 144 I 318 (328 f. frz.); *Aebi-Müller/Pfaffinger*, in: Liber Amicorum Vonplon (2009), 21 (34); vgl. auch *Rütsche*, in: Jusletter 4.4.2011, Rn. 36, der allgemein für eine Abkehr des Amtshaftungsrechts von der objektiven Widerrechtlichkeitstheorie plädiert, für den Bereich des reinen Vermögensschadens aber ausdrücklich an der Schutzgesetzverletzung festhalten möchte.

[494] Mit zwei Beispielen aus der bundesgerichtlichen Praxis *Roberto*, AJP 1999, 511 (513); konkret zum fehlerhaften behördlichen Arbeitszeugnis *Aebi-Müller/Pfaffinger*, in: Liber Amicorum Vonplon (2009), 21 (31 ff.).

eintritt eruieren muss, ob die Behörde gegen ein (seltenes)[495] gerade sein Individualvermögen schützendes Gesetz verstoßen hat.

bb) Restriktiver Vermögensschutz in der Rechtsprechung des BG

Durch die Versteifung auf dem privatrechtlich gefärbten Widerrechtlichkeitselement gewährt Art. 3 Abs. 1 VG den Ersatz reiner Vermögensschäden in ähnlich eingeschränktem Maße wie Art. 41 Abs. 1 OR. Hinzu kommt außerdem, dass das BG die Widerrechtlichkeit einer Vermögensschädigung bei einer Amtspflichtverletzung durch Rechtsakt[496] nur dann annimmt, wenn eine *wesentliche Amtspflicht* verletzt wurde.[497]

So wird die Widerrechtlichkeit einer (vermögensschützenden) Amtspflichtverletzung in der Praxis des BG als Voraussetzung eines Ersatzanspruches nur äußerst selten bejaht.[498] Dies ergibt sich bereits aus den eigenen Zusammenfassungen in BGE 123 II 577, wo es darauf hinweist, in Vorentscheidungen eine Amtspflichtverletzung dann *in besonderem Maße* geprüft zu haben, wenn der Ersatz reiner Vermögensschäden zur Diskussion stand.[499] In allen sechs dort zitierten Bundesgerichtsentscheiden wurde die Widerrechtlichkeit bzw. eine Amtspflichtverletzung im Ergebnis aber verneint und die Amtshaftungsklage abgewiesen.

Die Staatshaftung für fahrlässig verursachte reine Vermögensschaden erweist sich damit in vergleichbaren Fällen grundsätzlich restriktiver als in Deutschland und teilweise restriktiver als in Österreich: Während der BGH den drittbezogenen Vermögensschutz der verletzten Amtspflicht z. B. in den *Fällen falscher behördlicher Auskunft* relativ großzügig bejaht[500] und sich in Österreich zumindest aus dem Verstoß gegen ein behördliches Auskunftsgesetz eine punktuelle Ersatzpflicht ergeben kann,[501] ist nach schweizerischem (Bundes-)Amtshaftungsrecht qualifizierte Rechtswidrigkeit in Form

---

[495] *Wiederkehr*, in: Fellmann (Hrsg.), Aktuelle Fragen des Staatshaftungsrechts (2014), 63 (68, 80).

[496] Zur – im Ergebnis verneinten – Frage, ob die Widerrechtlichkeit eines Rechtsaktes unter anderer Prämisse zu beurteilen ist als die eines Realaktes *Müller/Bachmann*, SJZ 2020, 259 (264 mwN in Fn. 52).

[497] BG, Urt. v. 17. 2. 2006 – 1A.253/2005, E 2.6.2.; *Müller/Bachmann*, SJZ 2020, 259 (263); *Kost*, SVLR-Bulletin 2018, 43 (47); *Wiederkehr*, in: Fellmann (Hrsg.), Aktuelle Fragen des Staatshaftungsrechts (2014), 63 (75); *Rütsche*, in: Jusletter 4. 4. 2011, Rn. 4.

[498] *Jaag*, ZSR 2003, 3 (63), der dafür plädiert, auch „eine Verletzung des Pflichtenhefts von Beamten" grundsätzlich für rechtswidrig zu befinden, ZSR 2003, 3 (61); dies kommt dem deutschen Verständnis der grundsätzlich rechtswidrigen Amtspflichtverletzung nahe; man beachte aber auch BGE 144 I 318 (326 frz.), im Kontext der Amtshaftung für reine Vermögensschäden mit der ausführlichen Überprüfung, ob die instanzgerichtliche Frage nach der Widerrechtlichkeit und der darin aufgehenden Verletzung von Vermögensschutznormen willkürlich verneint wurde.

[499] BGE 123 II 577 (582).

[500] Siehe hierzu unter F./I./7./a)/aa)/(2).

[501] Siehe hierzu unter F./I./7./b)/aa).

eines *wesentlichen Amtspflichtverstoßes*[502] erforderlich – und nach dem Tatbestand der allermeisten[503] kantonalen Staatshaftungsgesetzen sogar qualifiziertes Verschulden.[504]

cc) Ausblick: Amtshaftung für reine Vermögensschäden unter dem Titel „Treu und Glauben"?

Die restriktive Amtshaftung für reine Vermögensschäden in der Schweiz ist nicht in Stein gemeißelt, sondern in erster Linie Konsequenz der bewussten Unterwerfung unter die objektive Widerrechtlichkeitstheorie. Jüngere Entscheide des eidgenössischen Bundesverwaltungsgerichts (BVGer) vermitteln allerdings den Eindruck, dass sich die schweizerische Amtshaftung für reine Vermögensschäden hier an einem Scheideweg befinden könnte.[505]

(1) Grundrechtlicher Vertrauensschutz als Vermögensschutznorm?

Folgender Entscheid[506] sei hierzu kurz skizziert: Der vorbestrafte Beschwerdeführer möchte Schweizer Staatsbürger werden. Erforderlich ist hierzu unter anderem die Vorlage eines Strafregisterauszuges. Die zuständige Behörde stellt dem Beschwerdeführer einen solchen aus, welcher aber aufgrund eines behördeninternen Versehens die einschlägigen Vorstrafen nicht ausweist. Der so als vermeintlich unbescholten ausgewiesene Beschwerdeführer strengt mit diesem Blankobescheid nun das – jedenfalls in diesem Fall mehrjährige – Einbürgerungsverfahren an. Noch bevor dieses zum Abschluss kommt, fällt der Irrtum auf und die Einbürgerung wird aufgrund der nun bekannt gewordenen Vorstrafen nicht vorgenommen. Der Beschwerdeführer begehrt nun Ersatz seiner verauslagten Kosten für das Einbürgerungsverfahren, da er in dem irrtümlich ausgestellten Strafregisterauszug eine ersatzpflichtbegründende behördliche Falschauskunft wähnt. Das BVGer weist dies – wenig überraschend – zurück, da der Beschwerdeführer schließlich selbst von seinen Vorstrafen wusste und ihm daher gerade schon vor

---

[502] Ausführlich zur wesentlichen Amtspflichtverletzung im Kontext behördlicher Falschauskunft *Wiederkehr*, in: Fellmann (Hrsg.), Aktuelle Fragen des Staatshaftungsrechts (2014), 63 (75).

[503] Ausnahme ist § 3 Abs. 3 Haftungsgesetz des Kantons Schaffhausen (HG SH), der für die Haftung aus falscher Auskunft in Abweichung zu verschuldensunabhängigen Haftung nach § 3 Abs. 1 HG SH „nur" einfaches Verschulden voraussetzt; *Wiederkehr*, in: Fellmann (Hrsg.), Aktuelle Fragen des Staatshaftungsrechts (2014), 63 (71).

[504] *Jaag*, ZSR 2003, 3 (63 f.) mwN; § 6 Abs. 3 Haftungsgesetz des Kantons Zürich (HG ZH); ebenso § 6 Abs. 1 Haftungsgesetz des Kantons Aargau (HG-AG); hierzu *Wiederkehr*, in: Fellmann (Hrsg.), Aktuelle Fragen des Staatshaftungsrechts (2014), 63 (71 f.).

[505] Dies im Detail aufdeckend *Müller/Bachmann*, SJZ 2020, 259 ff.

[506] BVGer, Urt. v. 20. 2. 2012 – A-793/2011.

Anstrengung des Einbürgerungsverfahrens klar gewesen musste, dass dieses kaum erfolgreich verlaufen werde.

So wenig überraschend dieses Urteil ist, so große Sprengkraft haben die *Rahmenerwägungen*, in welches das BVGer dieses einbettet: Im Gefolge des BG führt es aus, dass reine Vermögensschäden nach Art. 3 Abs. 1 VG nur bei widerrechtlicher Schädigung ersetzt werden können und dies eben einen Schutznormverstoß voraussetzt. So weit, so erwartbar. Sodann postuliert das BVGer jedoch, dass eine solche Vermögensschutznorm schon im *„Anspruch jeder Person darauf (besteht), von den staatlichen Organen nach Treu und Glauben behandelt zu werden"*,[507] Art. 9 BV. Das BVGer attestiert damit dem *grundrechtlichen Vertrauensschutz*[508] ganz allgemein, sich zur Begründung einer Ersatzpflicht für reine Vermögensschäden über den Weg der Schutznormverletzung eignen zu können.[509] In casu wird eine Ersatzpflicht zwar verneint, allerdings nur, weil der „geschädigte" Beschwerdeführer von der Fehlerhaftigkeit der Behördenauskunft wusste und der grundrechtliche Vertrauensschutz schließlich nur *berechtigtes Vertrauen* umfassen kann.[510]

(2) Die Entscheidung des BVGer im Kontext der deutschen Auskunfts-Amtshaftung

Für das im Bereich des reinen Vermögensschutzes so restriktive schweizerische Amtshaftungsrecht haben die Ausführungen des BVGer hohe Bedeutung – nicht zuletzt, weil der *grundrechtliche Vertrauensschutz* inzwischen mehrfach wortgleich wiederholt als *potentielle Vermögensschutznorm* ausgewiesen wurde.[511] Es scheint daher nur stimmig, wenn auch das BG im Kontext der Staatshaftung für reine Vermögensschäden in zeitlicher Parallele zum BVGer erkennen lässt, dass die Frage nach der Widerrechtlichkeit und – damit einhergehend – nach einschlägigen Schutznormverletzungen nicht

---

[507] BVGer, Urt. v. 20.2.2012 – A-793/2011, E.4.1.
[508] BVGer, Urt. v. 20.2.2012 – A-793/2011, E.4.2.: „Der in Art. 9 BV verankerte Schutz von Treu und Glauben bedeutet, dass der Bürger Anspruch darauf hat, in seinem berechtigten Vertrauen [...] geschützt zu werden"; auf die Parallele zur privatrechtlichen, aus der Figur der culpa in contrahendo abgeleiteten Vertrauenshaftung hinweisend *Honsell*, ZSR 2011 II, 5 (87); *Sommer*, AJP 2006, 1031 (1034); *Walter*, ZSR 2001, 79 (89f.).
[509] *Müller/Bachmann*, SJZ 2020, 259 (260); ganz idS auch *Wiederkehr*, in: Fellmann (Hrsg.), Aktuelle Fragen des Staatshaftungsrechts (2014), 63 (71), der dabei auf die hier in Rede stehende BVGer-Entscheidung gar nicht Bezug nimmt, allerdings ganz allgemein festhält, dass Vermögensschutzgesetze für den Fall der behördlichen Falschauskunft so selten seien, dass dem Rechtsanwender häufig ohnehin nur der Rückgriff auf Art. 9 BV bliebe.
[510] BVGer, Urt. v. 20.2.2012 – A-793/2011, E.4.3., 4.4.2; *Müller/Bachmann*, SJZ 2020, 259 (265).
[511] Zuletzt BVGer, Urt. v. 28.3.2019 – A-2699/20178, E.4.1; *Müller/Bachmann*, SJZ 2020, 259 (261 mwN in Fn. 4); ausführlich zu den Voraussetzungen des Vertrauensschutzes nach Art. 9 BV *Wiederkehr*, in: Fellmann (Hrsg.), Aktuelle Fragen des Staatshaftungsrechts (2014), 63 (70f.).

vorschnell oder gar willkürlich verneint werden dürfe.[512] In seinen letzten Erwägungen zur Vertrauenshaftung hat das BG – und damit könnte sich der Kreis zun Rechtsprechung des BVGer schließen – angedeutet, dass sein Konzept der privatrechtlichen Vertrauenshaftung inzwischen ebenfalls am *Gebot von Treu und Glauben aus Art. 2 ZGB* ansetzt.[513]

Der offensive Vorstoß des BVGer wurde in der schweizerischen Literatur kritisch bewertet.[514] Diese grundsätzliche Skepsis mag sich auch daraus speisen, dass ähnliche Ansätze im rein privaten Haftpflichtrecht (etwa die vereinzelt vorgeschlagenen Anerkennung von Treu und Glauben nach Art. 2 Abs. 1 ZGB als Vermögensschutznorm[515] oder die in der Literatur so gescholtenen Vertrauenshaftung des BG)[516] schon dort auf harsche Kritik gestoßen sind.[517] Aus vergleichender Perspektive ist jedenfalls festzuhalten, dass das BVGer hier einen Weg zur staatlichen Haftung für reine Vermögensschäden eröffnet hat, der in Deutschland längst beschritten wird.[518] Dort bestehen etwa die *Amtspflichten zur richtigen, vollständigen und unmissverständlichen Behördenauskunft*[519] bzw. die (primär baurechtsspezifische) *Amtspflicht, keine ungesicherten Vertrauenstatbestände zu schaffen,*[520] deren Verletzung bei gleichzeitig schutzwürdigem Vertrauen des Auskunftsempfängers bereits eine hoheitliche Ersatzpflicht auslösen kann. Auf die *zusätzliche Frage* nach Rechtswidrigkeit und Schutznormverstoß kommt es dort gar nicht an.

Die schweizerische Haftung für reine Vermögensschäden unter der *Schutznorm des grundrechtlichen Vertrauensschutzes* steckt noch in den Kinderschuhen.[521] Es bleibt abzuwarten, ob der vom BVGer aufgezeigte Weg in Zukunft noch ausgetreten wird.

---

[512] BGE 144 I 318 (326 frz.).
[513] BG, Urt. v. 22.9.2021 – 6B_665/2020, E.4.6.1.1 f.
[514] *Müller/Bachmann*, SJZ 2020, 259 (269), die den grundrechtlichen Vertrauensschutz im Ergebnis gerade nicht als Vermögensschutznorm qualifizieren wollen; die Autoren weisen ferner darauf hin, dass die BVGer-Entscheidung insgesamt kaum größere Beachtung in der Literatur fand (261, Fn. 5 mwN); beispielhaft etwa *Wiederkehr*, in: Fellmann (Hrsg.), Aktuelle Fragen des Staatshaftungsrechts (2014), 63 (68), der das Urteil kommentarlos referiert.
[515] Siehe hierzu unter F./I./5./c)/aa)/(1).
[516] Siehe zur Kritik in der Literatur unter F./II./2./b)/aa).
[517] Zu diesen Parallelen, insbesondere zur Kritik in der Literatur *Müller/Bachmann*, SJZ 2020, 259 (267f. mwN in Fn. 97, 105–107, 109).
[518] Siehe zur deutschen Auskunftsamtshaftung unter F./I./7./a)/aa)/(2).
[519] StRspr, zuletzt BGH VersR 2019, 28 (29).
[520] *Papier/Shirvani*, in: MüKo BGB[8], § 839 Rn. 302; *Mayen*, in: Erman BGB[16], § 839 BGB Rn. 57; idS BGH VersR 2004, 1557 (1558).
[521] *Walter*, ZSR 2001, 79 (89f.) weist daraufhin, dass eine öffentlich-rechtliche Vertrauenshaftung bereits seit den 1980er Jahren vom BG anerkannt ist. Die in Fn. 66 als Beleg angeführten Urteile (BGE 108 Ib 352; 117 Ib 497; 122 I 328), in denen es etwa um Enteignungsentschädigungen und die Ersatzpflicht aus öffentlich-rechtlichem Vertrag ging,

d) Zwischenergebnis

Die Amtshaftung für fahrlässig verursachte reine Vermögensschäden unterscheidet sich zwischen den einzelnen Ländern deutlich. Die vorstehenden Ausführungen lassen sich wie folgt zusammenfassen.

aa) Unterschiedliche Reichweite der Amtshaftung für reine Vermögensschäden

Die in der Breite weitreichendste Amtshaftung wird im Rahmen des § 839 BGB erreicht. Es fällt auf, dass das hinsichtlich des reinen Vermögensschutzes sonst so restriktive deutsche Deliktsrecht im Bereich der Amtshaftung zu großzügigeren Haftungsbegründungen kommt. Allerdings ist dies lediglich im Ergebnis bemerkenswert, nicht aber regelungstechnisch. § 839 BGB stellt schließlich die einzige große Generalklausel des deutschen Deliktsrechts dar und wird von der Rechtsprechung auch als solche gehandhabt. Eine rechtsgutsorientierte und am Beispiel des § 823 Abs. 1, 2 BGB eingeschränkte Auslegung des § 839 BGB ist bislang nicht zu spüren.

Geradezu gegenteilig lautet der Gesamtbefund für Österreich und die Schweiz: Im Gegensatz zu § 839 BGB setzt der Wortlaut des § 1 Abs. 1 AHG und Art. 3 Abs. 1 VG ausdrücklich die *Rechtswidrigkeit des behördlichen Handelns* voraus. Während § 839 BGB für das deutsche Amtshaftungsrecht den Schluss nahelegt, amtspflichtwidriges Handeln sei *eo ipso* auch rechtswidrig,[522] wird für das österreichische Amtshaftungsrecht sogar betont, es gebe *keinen grundsätzlichen subjektiven Anspruch auf gesetzmäßige Verwaltungsführung*,[523] sodass die Rechtswidrigkeit der behördlichen Maßnahme in Österreich – ebenso wie in der Schweiz – positiv festzustellen ist. Der Rechtswidrigkeitsbegriff im dortigen Amtshaftungsrecht wird wiederum dem allgemeinen nationalen Privatrecht entnommen. Die dort dem jeweiligen Rechtswidrigkeitsverständnis entspringenden Haftungsrestriktionen für fahrlässig verursachte reine Vermögensschäden finden so auch Eingang in das österreichische und schweizerische Amtshaftungsrecht.

Zur Begründung einer Amtshaftung für fahrlässig verursachte reine Vermögensschäden verbleibt damit in Österreich und der Schweiz in erster Linie der Weg über eine Schutzgesetzverletzung. In Österreich, wo strikt der

---

geben dies dem Grunde nach wieder, lehnen einen solche Vertrauenshaftung im betreffenden Einzelfall aber allesamt ab.

[522] *Zimmerling/Wingler*, in: jurisPraxKomm BGB⁹, § 839 Rn. 60; *Kissling*, ZBJV 2009, 137 (155 mwN in Fn. 81); dies stützt im Umkehrschluss auch die deutsche Rspr., wenn sie vom allgemeinem Vertrauensschutz in Bezug auf die Rechtmäßigkeit behördlichen Handelns spricht, BGH NVwZ-RR 2017, 579 (582); OLG Karlsruhe VersR 2013, 501 (502).

[523] Grundlegend OGH SZ 52/12 = JBl 1981, 268 (270); fortführend OGH ZVR 2011/182 (300) mzustAnm *Kathrein;* SZ 73/90 = JBl 2000, 729; SZ 61/189; *Ziehensack*, in: Ziehensack (Hrsg.), PraxKomm AHG, § 1 Rn. 965.

allgemein-zivilrechtlichen Rechtswidrigkeitsdogmatik gefolgt wird, werden allenfalls im Bereich der *behördlichen Auskunftshaftung* ähnliche Ergebnisse erzielt wie in vergleichbaren Fällen in Deutschland unter Anwendung des § 839 BGB. Die österreichischen Bundesländer haben eigene Auskunftsgesetze, auf deren etwaige Verletzung sich eine Amtshaftung stützt lässt. Die restriktivste Amtshaftung für fahrlässig verursachte reine Vermögensschäden besteht in der Schweiz. Zur tatbestandlichen Hürde der Rechtswidrigkeit kommt dort hinzu, dass das BG eine behördliche Ersatzpflicht für reine Vermögensschäden nur bei Verletzung einer *wesentlichen Amtspflicht* annimmt.

bb) Überschießender Fokus auf dem zum allgemeinen Haftpflichtrecht rezipierten Rechtswidrigkeitsverständnis

Bemerkenswert ist, auf welch verschlungenen Pfaden die älperische Amtshaftung zu ihrem Umgang mit reinen Vermögensschäden gelangt: Im bürgerlichen Recht wird das dortige Rechtswidrigkeitsverständnis bewusst verengend am Vorbild des § 823 BGB ausgerichtet. In die eigentlich als Generalklauseln konzipierten § 1295 Abs. 1 ABGB bzw. Art. 41 Abs. 1 OR wird in erster Linie ein Schutz absoluter Rechte hineingelesen und diese dem reinen Vermögen gegenübergestellt. Im Bereich der Amtshaftung setzt sich dies nun für Österreich und die Schweiz fort; der Blick bleibt dabei starr auf das zum bürgerlichen Recht rezipierte deutsche Vorbild gerichtet. Übersehen wird dabei aber, dass für das deutsche Amtshaftungsrecht selbst der Grundsatz der Nichtersatzfähigkeit fahrlässig verursachter reiner Vermögensschäden gar nicht gilt. § 839 BGB wird nämlich – anders als § 1295 Abs. 1 ABGB bzw. Art. 41 Abs. 1 OR – tatsächlich noch als große Generalklausel gehandhabt. Führt die Rezeption deutscher Rechtswidrigkeitsdogmatik im allgemeinen Haftpflichtrecht noch zu einer Angleichung zwischen den Ländern, schießen die österreichischen und schweizerischen Restriktionsbemühungen im Bereich der Amtshaftung – bewusst oder unbewusst – weit über das deutsche Modell hinaus.

cc) Unterschiedliche Bewertung der Schutzwürdigkeit des hoheitlichen Schädigers

Im Vergleich der Amtshaftungsanordnungen überzeugt die deutsche Regelung des § 839 BGB, gerade weil sie sich aus guten Gründen im Bereich des Vermögensschutzes von den Grundtatbeständen des §§ 823, 826 BGB unterscheidet. Für den alltäglichen Fall einer reinen Vermögensschädigung zwischen Privaten hat der historische Gesetzgeber mit der Schaffung der sich ergänzenden §§ 823 Abs. 1, 2, 826 BGB bewusst ein System geschaffen, welches keine Ersatzansprüche vorsieht. Die Entscheidung fiel bewusst gegen eine große Generalklausel in § 823 BGB aus, wobei maßgebendes Motiv die Furcht vor einer ansonsten uferlosen (insbesondere in der Höhe, aber auch nach der Zahl der potentiellen Gläubiger) und damit freiheitsbedrohenden Haftung ist.

So bedeutsam dieses Argument im rein privaten Bereich ist, so gering ist sein Gewicht aber bei hoheitlicher Schädigung. Der staatliche Schädiger, der für sich weder eine schützenswerte allgemeine Handlungsfreiheit in Anspruch nehmen, noch zu reinem Selbstzweck handeln kann, ist per se haftungsrechtlich weniger schützenswert als ein Privater. Hinzu kommt, dass unterhalb der groben Fahrlässigkeit auch die persönliche Haftung des handelnden Beamten ausgeschlossen ist und stattdessen auf die Anstellungskörperschaft übertragen wird. Diese (ggf. finanzstarke, jedenfalls aber insolvenzunfähige)[524] Körperschaft nun vor einer umfassenden Haftung zu schützen, ist nicht angezeigt – oder lässt sich mit den historischen Gesetzgebermotiven etwa behaupten, auch öffentlich-rechtliche Körperschaften seien gleich einem Privaten bei schuldhafter Schädigung vor einer sie überfordernden Haftung zu schützen? Es ist daher nur konsequent, dass das deutsche Deliktsrecht im Bereich der Amtshaftung und anders als im Rahmen des allgemeinen Deliktsrechts mit einer großen Generalklausel operiert und auch fahrlässig verursachte reine Vermögensschäden im Einzelfall einer Ersatzpflicht zuführen kann.

Das Argument der fehlenden bzw. zumindest nachrangigen Schutzwürdigkeit des hoheitlichen Schädigers schlägt sich aber bislang nicht grenzübergreifend nieder. In der jüngeren Rechtsprechung des OGH[525] fließt bei der Auslotung (und *in casu* letztlichen Verneinung) des Rechtswidrigkeitszusammenhangs sogar ausdrücklich die Warnung mit ein, eine potentiell ausufernde bzw. *überfordernde Amtshaftung* im Bereich reiner Vermögensschäden sei zu vermeiden. Wird die Perspektive des Geschädigten eingenommen, lässt sich aber auch in Österreich das Postulat ausmachen, im Falle seiner besonderen Schutzbedürftigkeit eine Amtshaftung für reine Vermögensschäden zuzulassen. Der geschädigte Bürger ist vom staatlichen Schädiger schon im Vorfeld der Schädigung häufig besonders abhängig. Verwirklicht sich in diesem vertikalen, bereits dem Grunde nach zu Lasten des Bürgers gekippten Verhältnis[526] ein reiner Vermögensschaden, erscheint der Bürger

---

[524] Vgl. § 12 InsO; bzgl. der kommunalrechtlichen Regelungen pars pro toto § 128 Abs. 2 GO NRW.

[525] OGH EvBl 2019/103 (725 f.) mAnm *Weixelbraun-Mohr*; vgl. OGH JBl 2020, 115 (117); man beachte aber auch BGHZ 195, 276 = VersR 2013, 1258 (1262) mit einer ähnlichen Warnung vor einer ausufernden Amtshaftung und OLG Saarbrücken VersR 2000, 1237 (1238) mit dem allgemeinen Hinweis auf die zu vermeidende ausufernde Amtshaftung, freilich bei *in casu* gleichzeitiger Stattgebung des Ersatzbegehrs für einen reinen Vermögensschaden.

[526] *Schultess*, VersR 2019, 1331 (1340).

jedenfalls dann besonders schutzwürdig, wenn er selbst und ohne staatliches Zutun gar nicht zur Schadensprävention in der Lage ist.[527]

8. Zusammenfassung und Zwischenergebnis

Die vorstehenden Ausführungen lassen sich wie folgt zusammen- und in Zwischenergebnisse fassen.

a) Ausnahmeregelungen zur Begründung einer originär außervertraglichen Haftung für fahrlässig verursachte reine Vermögensschäden

Die Rechtsordnungen des deutschen Rechtskreises kennen eine Vielzahl von Konstellationen, in denen sich unmittelbar aus dem Gesetz und bereits bei Fahrlässigkeit eine Ersatzpflicht für reine Vermögenschäden ergibt. Weit überwiegend handelt es sich hierbei um Tatbestände des Deliktsrechts, ausnahmsweise um solche, die – wie inzwischen § 311 Abs. 3 BGB – eine Einstandspflicht aus vertragsähnlicher Sonderverbindung vorsehen.

Zu einigen Haftungsanordnungen existiert ein direktes Äquivalent in den Nachbarrechtsordnungen. Zu nennen sind etwa die *Kreditgefährdungs-* bzw. *wirtschaftliche Ehrschutzhaftung* (§ 824 BGB § 1330 Abs. 2 ABGB) und die *Haftung für den Unterhaltsschaden* (§ 844 Abs. 2 BGB, § 1327 ABGB und Art. 45 Abs. 3 OR). Ist eine solche tatbestandliche Entsprechung nicht direkt im Gesetz angelegt, erreicht die Rechtsprechung im Ergebnis häufig trotzdem ähnliche Ergebnisse wie im jeweiligen deutschsprachigen Ausland. Prominentestes Beispiel ist hier die *Sachwalterhaftung* nach deutscher Terminologie. In Österreich fußt die Haftung in entsprechenden Fällen primär auf § 1300 S. 1 ABGB, in Deutschland war diese zunächst Produkt richterlicher Rechtsfortbildung und wird inzwischen über § 311 Abs. 3 BGB begründet und in der Schweiz lässt sich eine Ersatzpflicht sowohl auf die deliktische Auskunftshaftung als auch auf die Figur der Vertrauenshaftung stützen. Die zentralen Tatbestandsmerkmale (*Inanspruchnahme besonderen Vertrauens* und *maßgebliche Einflussnahme auf den Geschädigten*) gleichen sich jedoch, unabhängig von der letztlichen Verortung der Haftung im oder außerhalb des Gesetzes.

In Deutschland existieren mehr spezialdeliktische Einzelregelungen zur Haftungsbegründung bei reinen Vermögensschäden als in Österreich und der Schweiz. Das erklärt sich schon dadurch, dass es hier keine deliktische Generalklausel gibt, die tatbestandliche Unbeschränktheit verspricht. Als Beispiel mag hier die deliktische Haftung des Gerichtssachverständigen gelten: Während sich dessen Haftung für reine Vermögensschäden über die §§ 1295, 1299 ABGB begründen lässt, sah man sich in Deutschland vor die

---

[527] Vgl. *Kalss*, in: FS Schwark (2009), 459 (471 mwN in Fn. 88).

Notwendigkeit gestellt, diesem Komplex mit § 839a BGB eine eigene Sondernorm widmen zu müssen. Die Enge des deutschen Deliktsrechts zeigt sich auch im Vergleich mit der schweizerischen Generalklausel. Dort wo sich Art. 41 Abs. 1 OR in ihrem ursprünglichen Konzept erhalten konnte – als deliktische Generalklausel und ohne den restringierenden Einfluss deutscher Dogmatik – ermöglicht sie die Begründung einer deliktischen Auskunftshaftung. Das deutsche Haftungsrecht dagegen muss sich wieder der gerade nicht mehr im Deliktsrecht angesiedelten Sonderregel des § 311 Abs. 3 S. 2 BGB bedienen.

b) Gründe der jeweiligen Ausnahmehaftung

Den meisten vorstehend betrachteten Konstellationen lässt sich ein *Doppelmotiv* entnehmen, welches zur Begründung einer Ausnahmehaftung für reine Vermögensschäden bei außervertraglicher Fahrlässigkeit dienen kann: *Einerseits* offenbaren die einzelnen Haftungsanordnungen *spezielle Wertungen*, die eine Ausnahmehaftung rechtfertigen. Ganz grundsätzlich gesprochen markieren all diese Ausnahmen das Ergebnis von Interessenabwägungen und bringen als Gemeinsamkeit zum Ausdruck, dass die *Geschädigteninteressen* denen des Schädigers – obwohl wir uns im Kontext fahrlässig verursachter reiner Vermögensschäden bewegen – *ausnahmsweise überwiegen* bzw. die reinen Vermögensinteressen des Geschädigten hier aus sich heraus besonders schutzwürdig sind.

Andererseits versagen in den hier betrachteten Sonderkonstellationen regelmäßig die Argumente, auf denen der Grundsatz der Nichtersatzfähig reiner Vermögenschäden außerhalb vertraglicher Beziehungen überhaupt erst fußt. Mit Blick auf die den einzelnen Haftungsanordnungen zugrundeliegende Interessenabwägung ist festzustellen, dass der Schädiger des fremden reinen Vermögens hier regelmäßig besonders wenig schutzbedürftig erscheint.

aa) Ausnahmemotive der Haftungsbegründung

Folgende wiederkehrende Motive der Haftungsbegründung lassen sich dem Vergleich der drei Rechtsordnungen entnehmen:

(1) Besonderer Vertrauensschutz

Zentrales Motiv ist der besondere Vertrauensschutz. Dann, wenn das Vertrauen auf die Integrität des Vermögens berechtigt und aus diesem Grund besonders schützenswert erscheint, finden sich entsprechende, ausnahmebegründende Haftungsanordnungen. Den Gipfel dieses Motivs stellt die *Vertrauenshaftung nach dem Verständnis des schweizerischen BG* dar, welches das Vertrauen zwischen den Parteien praktisch als alleinrelevante Tatbestandskomponente identifiziert. Trotz aller literarischer Kritik an dieser Vertrauenshaftung „in Reinform" ist festzuhalten, dass nicht zwingend von einer Vertrauenshaftung als solcher gesprochen werden muss, um feststellen zu können, dass in bestimmten Konstellationen – wie in den hier ausgeführten – berechtigtes, aber letztliche enttäuschtes Vertrauen als haftungsbegründende Nuance mitschwingt.

Zu nennen ist hier die *Prospekthaftung* – in der Schweiz nach bürgerlichem Deliktsrecht, in Deutschland und Österreich nach Spezialgesetzen bzw. aus culpa in contrahendo – als typisierte Erscheinungsform einer Haftung desjenigen, dem als Urheber Seriosität suggerierender Prospekte gehobenes Vertrauen entgegengebracht wird.[528] Das schweizerische Deliktsrecht offenbart das Vertrauenselement weiterhin bei der Haftung des Inhabers eines kryptografischen Schlüssels nach Art. 59a OR. Wer eine qualifiziert signierte Nachricht erhält, soll – wohl auch zum Schutz der Glaubwürdigkeit des Signaturverfahrens als solchem – auf die hiermit zum Ausdruck gebrachte Urheberschaft vertrauen dürfen und seine durch eine Vertrauensenttäuschung verursachten reinen Vermögensschäden ersetzt bekommen. Wegen der Enttäuschung besonderen Vertrauens kann auch ausnahmsweise die Haftung eines vertragsfremden Dritten für den Irrtumsschaden einer Vertragspartei angezeigt sein. Nimmt dieser Dritte aufgrund seiner Expertise *besonderes persönliches Vertrauen* in Anspruch (in Deutschland inzwischen in § 311 Abs. 3 S. 2 BGB in Gesetzesform gegossen), geht dies für ihn ausnahmsweise mit einer nicht rechtsfolgenlos verletzbaren Auskunfts- und Wahrheitspflicht einher.

(2) Besondere Abhängigkeit des Geschädigten vom Schädiger im Vorfeld der Schädigung

Eine Ausnahmehaftung für reine Vermögensschäden außerhalb vertraglicher Beziehungen lässt sich ferner dort feststellen, wo der Geschädigte im Vorfeld der Schädigung in *besonderer Weise vom Schädiger abhängig* ist.[529]

Prägnantestes Beispiel ist die deutsche Amtshaftung nach § 839 BGB. Dort, wo der einzelne Bürger auf staatliches Zutun angewiesen ist – etwa bei der Erteilung einer behördlichen Genehmigung – fehlen ihm eigene, privatautonome Handlungsalternativen. Wird eine benötigte Genehmigung aufgrund eines behördeninternen Fehlers nicht erteilt, hat der Staat für etwaig entstehende reine Vermögensschäden umfassend zu haften. Dieser Befund gilt bislang allerdings nur für Deutschland, nicht für Österreich und die Schweiz. In die gleiche Richtung geht auch die Haftung des gerichtlichen

---

[528] Vgl. *Canaris*, in: FS Larenz (1983), 27 (93) zur Antwort auf die Frage, worum es bei der spezialgesetzlichen Prospekthaftung ginge: „Natürlich wieder um Vertrauenshaftung".

[529] Ganz idS *Jansen*, Struktur des Haftungsrechts (2003), 531 f., allerdings mit Beispielen strikter Haftung bei unbegründeten Prozess- und Vollzugsmaßnahmen.

Gutachters in Deutschland und Österreich. Nicht umsonst ist § 839a BGB der Amtshaftungsnorm des § 839 BGB direkt hintangestellt. Jede Einzelfallentscheidung liegt zwar in den Händen des Gerichts, letztlich entscheidungstragend wirkt sich aber das Sachverständigengutachten aus, von dessen Richtigkeit also sowohl die richterliche Entscheidung als hierdurch auch die Vermögensintegrität der Prozessbeteiligten ganz entscheidend beeinflusst werden.

(3) Besondere Bedeutsamkeit des verletzten Vermögens für die eigene Lebensführung des Geschädigten

Fahrlässig verursachte reine Vermögensschäden werden außerhalb vertraglicher Beziehungen außerdem dort für ersatzfähig befunden, wo das konkret verletzte Vermögen *für die eigene Lebensführung* des Geschädigten *besonders bedeutsam* ist.

Paradebeispiel ist der reine Vermögensschaden der Unterhaltsgläubiger, die durch eine fahrlässige Tötung ihren Versorger verlieren. Dieser *Unterhaltsschaden* ist nicht nur ausnahmsweise, sondern regelmäßig existenzbedrohend. Um diesen Unterhaltsausfall aufzufangen – und ihn gleichzeitig nicht auf die Sozialsysteme abwälzen zu müssen – normieren § 844 Abs. 2 BGB, § 1327 ABGB und Art. 45 Abs. 3 OR ausnahmsweise eine Ersatzpflicht des Schädigers. Besonders deutlich zeigt sich hier, wie das Ergebnis der Abwägung zwischen Schädiger- und Geschädigteninteresse zugunsten der rein Vermögensgeschädigten ausfällt.

Ähnliches ist mit Blick auf denjenigen zu sagen, dessen *wirtschaftliche Wertschätzung* bzw. *Ruf* oder *berufliche Ehre* durch falsche Tatsachenbehauptungen in Mitleidenschaft gezogen wird. Sowohl der Selbstständige als auch der abhängig Beschäftigte sind zur Ausübung einer wirtschaftlichen Tätigkeit, respektive zur Schaffung und Unterhaltung einer eigenen Existenzgrundlage auf einen intakten Kredit angewiesen. Ist die berufliche Ehre erst einmal beschädigt, fällt es schwer, neue Geschäftsbeziehungen aufrecht zu erhalten bzw. eine Anstellung zu finden. Wird der Kredit einer Person verletzt, müssen hierdurch verursachte (reine) Vermögensschäden auch im außervertraglichen Bereich einer Ersatzpflicht zugeführt werden.

Das Haftungsmotiv der *besonderen Bedeutung* des in der individuellen wirtschaftlichen Existenzgrundlage gebundenen reinen Vermögens zeigt sich auch an der Figur des *Rechts am eingerichteten und ausgeübten Gewerbebetrieb*. Auf dieses ist an späterer Stelle zurückzukommen.[530] Man mag an dieser Figur kritisieren, dass es sich hierbei um den *exklusiven Schutz unternehmerischen Vermögens* handelt, während privates Vermögen nicht denselben deliktischen Schutz erfährt. An dieser Stelle ist dem nur so viel zu ent-

---

[530] Siehe hierzu unter F./II./1./b)/ee)/(1).

gegnen, dass es sich hierbei regelmäßig gleichzeitig um den Schutz wirtschaftlicher Existenzgrundlagen handelt. Zumindest unter diesem Gesichtspunkt scheint daher das durch einen betriebsbezogenen Eingriff beeinträchtigte Vermögen gegenüber reinem Privatvermögen grundsätzlich schützenswerter.

bb) *Geltungsverlust der Argumente des Grundsatzes der außervertraglichen Nichtersatzfähigkeit*

Es lassen sich einzelne Wertungen ausmachen, die eine ausnahmsweise Haftung für fahrlässig verursachte reine Vermögensschäden auch außerhalb vertraglicher Beziehungen rechtfertigen können. Hinzu tritt, dass – häufig in denselben Konstellationen – die Argumente versagen, mit denen die grundsätzliche Nichtersatzfähigkeit reiner Vermögensschäden außerhalb vertraglicher Beziehungen postuliert wird.

(1) Beschneidung der Handlungs- und Bewegungsfreiheit

Als belastbarstes Motiv, das den im deutschen Rechtskreis herrschenden Grundsatz der Nichtersatzfähigkeit fahrlässig verursachter reiner Vermögensschäden überhaupt zu tragen im Stande ist, wurde die *Freihaltung der allgemeinen Handlungs- und Bewegungssphäre* durch die Absage an eine ansonsten allgegenwärtig drohende Fahrlässigkeitshaftung herausgestellt.

Betrachtet man die gesetzlichen Tatbestände, nach denen eine originär außervertragliche Fahrlässigkeitshaftung für reine Vermögensschäden ausnahmsweise gegeben ist, fällt wiederholt auf, dass gerade in den dort umfassten Konstellationen das Motiv des Freiheitsschutzes an Bedeutung verliert.

Zu nennen ist hier die ausnahmsweise *Eigenhaftung* des mit der Vermittlung eines für ihn fremden Vertrages beauftragten Dritten. Dessen Pflicht zur sorgfältigen Auskunft bzw. Vermittlung ist bereits *im Innenverhältnis* gegenüber seinem Auftraggeber angelegt und setzt sich im Außenverhältnis gegenüber dem designierten Vertragspartner des Auftraggebers nur fort. Seine Handlungsfreiheit im Außenverhältnis wird hier durch eine etwaige Pflichtenerhöhung nicht eingeschränkt, ebenso wenig durch eine etwaig potenzierte Haftung: Ein reiner Vermögensschaden durch irrtumsbehafteten Vertragsschluss entsteht regelmäßig nur in eine Richtung – entweder haftet der vertragsfremde Dritte ausnahmsweise im Außenverhältnis oder gegenüber seinem Auftraggeber im Innenverhältnis.

Bei der deutschen Haftung des Gerichtssachverständigen nach § 839a BGB tritt das Element des Handlungsfreiheitsschutzes gleichzeitig sowohl zu Tage als auch in den Hintergrund: Indem die Sachverständigenhaftung zwar auch reine Vermögensschäden umfasst, aber erst ab grober Fahrlässigkeit greift, soll dem Sachverständigen die zur Begutachtung benötigte *innere*

Freiheit erhalten bleiben.[531] Dies lässt zunächst den Stellenwert erkennen, der dem Motiv der Handlungs- und Bewegungsfreiheit trotz der grundsätzlichen Anordnung einer außervertraglichen Haftung für reine Vermögensschäden noch zukommt. Gleichzeitig offenbart es aber auch dessen Bedeutungsgrenze: Wer sich bei der Schädigung eines anderen – und sei auch nur das reine Vermögen betroffen – qualifiziertes Verschulden vorwerfen lassen muss, kann sich schwerlich auf die eigene Handlungsfreiheit berufen.

Am deutlichsten zeigt sich die fehlende Durchschlagskraft des Freiheitsschutzarguments am Grundtatbestand der deutschen Amtshaftung, § 839 Abs. 1 S. 1 BGB. Dieser ist als einzige Norm des sonst so vielgliedrigen Deliktsrechts als große Generalklausel konzipiert und ermöglicht daher in seinem Ausgangspunkt die weitreichendste Fahrlässigkeitshaftung für reine Vermögensschäden. Auf die etwaige Handlungsfreiheit des hoheitlichen Schädigers ist hier grundsätzlich keine Rücksicht zu nehmen: In einer demokratisch verfassten Rechtsordnung geschieht staatliches Handeln nicht zum Selbstzweck.[532] Insbesondere staatliche Eingriffsverwaltung bedarf stets einer legitimierenden Ermächtigungsgrundlage – fehlt diese bzw. werden ihre tatbestandlichen Voraussetzungen nicht erfüllt, ist hoheitliche Vermögensschädigung in Ermangelung von Rechtfertigungsgründen *eo ipso* rechtswidrig.

(2) Keine nach der Gläubigerzahl ausufernde Haftung

Andere Facetten des Schleusentorargumentes überzeugen bei der Begründung einer grundsätzlichen Nichtersatzfähigkeit reiner Vermögensschäden im außervertraglichen Bereich weniger, werden von Rechtsprechung und Literatur aber gleichwohl bemüht – allen voran die Warnung vor einer insofern ausufernden Haftung, als sich der fahrlässig fremdes Vermögen Schädigende gegenüber einer *unüberschaubaren Zahl von Gläubigern* ersatzpflichtig machen könnte.[533] Auch wenn diese Untersuchung *diesen Begründungsansatz allein* noch nicht für tragfähig hält, sondern erst die durch eine solche uferlose Haftung bedrohte Handlungsfreiheit jedes Einzelnen für ausschlaggebend befindet,[534] ist jedenfalls festzustellen, dass eine gesetzliche Haftung für reine Vermögensschäden häufig dort angeordnet ist, wo man eine Ausuferung der potentiellen Gläubigerzahl nicht zu befürchten braucht.

---

[531] BT.-Drs. 14/7752, 28; OLG Hamm VersR 2022, 1592 (1594) mAnm *Schultess*; *Ahrens*, in: FS Deutsch (2009), 701 (702); *G. Wagner*, in: MüKo BGB[8], § 839a BGB Rn. 3; *Jung*, ZVglRWiss 107 (2008), 32 (55), im Anschluss an *Spickhoff*, in: FS Heldrich (2005), 419 (423).
[532] Treffend LG Memmingen ZUM-RD 2004, 196 (197): Arbeit eines Politikers (in casu Bürgermeister als Kopf der Gemeindeverwaltung) erfüllt keinen Selbstzweck; wer als Vertreter der Bürger handelt, hat sich vor diesen zu verantworten.
[533] Hierzu allgemein unter E./I./4./c).
[534] Siehe hierzu ausführlich unter E./I./4./d).

Ein Beispiel hierfür ist erneut die *Kreditgefährdungs-* bzw. *wirtschaftliche Ehrschutzhaftung*, bei der der Schädiger zur Tatbestandsverwirklichung falsche Tatsachenbehauptungen von sich geben und dabei schließlich erkennen muss, wem gegenüber er sich hierdurch ersatzpflichtig macht. Ferner ist wieder § 839a BGB zu nennen, der bereits seinem Wortlaut nach nur die *Verfahrensbeteiligten* aktivlegitimiert und die „Gefahr" einer zahlenmäßig unbegrenzten Dritthaftung gar nicht erst aufkommen lässt.

An der Gefahr einer unüberschaubaren Gläubigerzahl fehlt es auch bei der Haftung für den Unterhaltsschaden nach § 844 Abs. 2, § 1327 ABGB und Art. 45 Abs. 3 OR. Hier mag der Schädiger die einzelnen Unterhaltsberechtigten zwar weder kennen noch wissen, ob es sie überhaupt gibt; in jedem Fall ist der Kreis der gegen ihn Ersatzberechtigten aber auf die stets nur wenige Personen umfassende Kernfamilie begrenzt. Beim Unterhaltsschaden als reinem Vermögensschaden kommt schließlich hinzu, dass auch betragsmäßig keine Ausuferungsgefahr besteht. Im „Normalfall", also der Konstellation, in der der Versorger „nur" verletzt wird und überlebt, kann er schließlich selbst Abgeltung seines grundsätzlich uneingeschränkt zu ersetzenden Personenschadens verlangen. Kommt es aber zum Tod und ist der Unterhaltsschaden der Hinterbliebenen als reiner Vermögensschaden zu ersetzen, stellt dieser in seinem Umfang lediglich einen Ausschnitt aus dem Erwerbsschaden dar.[535]

c) Hohe Dichte an Rezeptionsvorgängen

Die hier betrachteten, speziellen Haftungsanordnungen für reine Vermögensschäden innerhalb des deutschen Rechtskreises gleichen sich in vielerlei Hinsicht. Einzelne deliktische Tatbestände finden eine direkte Entsprechung in den ausländischen Rechtsordnungen. Und selbst wenn dies nicht der Fall ist, erreicht jedenfalls die Rechtsprechung eine überwiegende Ergebnisgleichheit. Vollkommen konträre Regelungen (etwa die Haftung des Gerichtssachverständigen in Deutschland und Österreich nach bürgerlichem Deliktsrecht, in der Schweiz nach Amtshaftungsrecht) sind die Ausnahme.

Die überwiegende Ergebnisgleichheit ist kein Zufall, sondern vielmehr Produkt der auf diesem Gebiet in besonderer Dichte vorkommenden Rezeptionsvorgänge. Ein markantes Beispiel ist die *Kreditgefährdungshaftung*. Die Norm des § 824 BGB wurde im Zuge der Dritten Teilnovelle 1916 als praktisch deckungsgleiches *Normtransplantat* in § 1330 Abs. 2 ABGB überführt.

---

[535] *Ch. Huber*, in: NK-BGB[4], § 844 Rn. 4; *ders.*, JuS 2018, 744; ihm folgend *Schultess*, VersR 2022, 58 (59).

Zwischen den Rechtsordnungen des deutschen Rechtskreises findet weiterhin eine vielfältige *Ideenrezeption* statt. Am auffallendsten zeigt sich diese am Einfluss der deutschen auf die österreichische Rechtsprechung. Zu nennen ist hier etwa die *Prospekthaftung aus vorvertraglichem Verschulden*, bei deren Ausformung sich der OGH bewusst ins Fahrwasser des BGH begibt. Ähnliches gilt für die ausnahmsweise *Eigenhaftung eines vertragsfremden Dritten* für die durch den nachteiligen Vertragsschluss bewirkten reinen Vermögensschäden einer Vertragspartei. Die österreichische Rechtsprechung suchte hier ausdrücklich den Schulterschluss mit der Rechtslage in Deutschland. Als prominentes Beispiel für eine Ideenrezeption in der Schweiz ist in diesem Kontext die *Vertrauenshaftung* zu nennen. Von Deutschland aus bewusst rezipiert, hat diese Rechtsfigur in der Schweiz – gerade anders als in ihrem Ursprungsland – als umfassend eigenständiger Obligationsgrund sogar Einzug in die höchstrichterliche Rechtsprechung halten können.

Eine aus Sicht dieser Untersuchung verfehlte, weil im Ergebnis überschießende Ideenrezeption ist die der deutschen *Rechtswidrigkeitsdogmatik* in Österreich und der Schweiz auch *für den Bereich der Amtshaftung*. Das österreichische bzw. schweizerische Amtshaftungsrecht setzt eine widerrechtliche Schädigung voraus. Auch hier findet das allgemeine, rechtsgutsorientierte und wiederum an das deutsche Vorbild des § 823 BGB angelehnte Widerrechtlichkeitsverständnis Anwendung. An tatbestandlich ganz zentraler Stelle zeigen sich hier also die Folgen von *Ideenrezeption*. Zu einer Ergebnisgleichheit führt dies aber trotzdem nicht. Im Bereich der deutschen Amtshaftung findet der für Österreich und die Schweiz rezipierte Rechtswidrigkeitsmaßstab des allgemeinen deutschen Deliktsrechts nämlich gar keine Anwendung. § 839 BGB ist als große deliktische Generalklausel konzipiert und verzichtet weitestgehend auf tatbestandliche Einschränkungen. Nicht einmal die Widerrechtlichkeit der Schädigung wird explizit vorausgesetzt; § 839 BGB legt vielmehr nahe, hoheitliche Schädigungen per se als widerrechtlich anzusehen. Im Ergebnis führt dies dazu, dass die österreichische und schweizerische Amtshaftung für reine Vermögensschäden in ihrem *Streben nach dem falschen Vorbild* zu deutlich restriktiveren Ergebnissen kommt als in Deutschland.

Nach hier vertretener Ansicht zieht der deutsche Rechtskreis seine Legitimation vor allem aus der rechtlichen Verwebung der Rechtsordnungen miteinander durch die Rezeption des jeweils anderen Rechts. Die vorstehend beschriebenen Rezeptionsvorgänge auf dem Gebiet der außervertraglichen Haftung für reine Vermögensschäden sind hierfür wichtiger Beleg.

II. Ansätze zur Lockerung des deliktischen Korsetts

Die vorstehenden Ausführungen haben gezeigt, wie deliktische Einzeltatbestände des deutschen Rechtskreises reine Vermögensschäden punktuell bereits mit einer Ersatzpflicht belegen. Der allzu schnell formulierte Grundsatz, fahrlässig verursachte reine Vermögensschäden seien außerhalb vertraglicher Beziehungen nicht zu ersetzen, weist damit schon nach der gesetzgeberischen Konzeption eine ganze Reihe von Ausnahmen auf. Damit nicht genug: In Ergänzung zu den Ausnahmevorschriften des Deliktsrechts wird nach weiteren Ventilen gesucht, um die Fahrlässigkeitshaftung für reine Vermögensschäden abseits originärer vertraglicher Verbindungen von Schädiger und Geschädigtem zu erweitern. Hierbei lassen sich zwei übergeordnete Perspektiven ausmachen: Innerdeliktische Weiterungen und Haftungsbegründungen unter Annäherung an das Vertragsrecht.

1. Innerdeliktische Weiterungen

Es liegt nahe, Ansatzpunkte zur Erweiterung der außervertraglichen Haftung im Deliktsrecht selbst zu suchen. Oder mit anderen Worten: Ausgangspunkte der Erwägungen zur Erweiterung der Außervertragshaftung sind dort zu suchen, wo sie der Gesetzgeber dem Rechtsanwender ausdrücklich an die Hand gegeben hat.[536]

a) Alternative Bestimmung des Rechtswidrigkeitsbegriffs

In allen Rechtsordnungen ist die Frage der Haftung für reine Vermögensschäden eine Frage der *Rechtswidrigkeit*.[537] Die Konkretisierung des Rechtswidrigkeitsbegriffes ist damit die zentrale *Stellschraube* für und gegen eine Haftung für reine Vermögensschäden.[538]

Für Deutschland lässt es das Enumerationsprinzip des § 823 Abs. 1 BGB kaum zu, etwas anderes als den *Verletzungserfolg* absolut geschützter Rechtsgüter für rechtswidrig zu befinden.[539] Das österreichische und schweizerische Haftpflichtrecht sind demgegenüber mit ihren großen Generalklau-

---

[536] Ganz idS *Roberto*, AJP 1999, 511 (523): Lösung soll nicht im Vertragsrecht, sondern „auf dem Boden des Deliktsrechts gesucht werden".

[537] *Peyer*, recht 2002, 99; *Gabriel*, Die Widerrechtlichkeit in Art. 41 Abs. 1 OR (1987), Rn. 366 f. stellt das in der Schweiz konkurrierende subjektive und objektive Widerrechtlichkeitsverständnis gegenüber und zeigt auf, dass der zentrale Grundunterschied zwischen diesen beiden Ansätzen die außervertragliche Behandlung reiner Vermögensschäden ist; siehe insbesondere unter D./II./1. zum österreichischen und unter D./III./1 zum schweizerischen Widerrechtlichkeitsverständnis.

[538] IdS auch *Roberto*, in: FS Schweizerischer Juristentag (2000), 137 (143): Will man den status quo der Haftung für reine Vermögensschäden ändern, ist es „naheliegend, die Definition der Widerrechtlichkeit zu überprüfen und gegebenenfalls auszuweiten".

[539] Vgl. zuletzt ausführlich *Picker*, ZfPW 2015, 385 (394 f.); ders., JZ 2010, 541 (543 f.).

seln im Ausgangspunkt zwar viel offener gestrickt, der deutschen Dogmatik an dieser so entscheidenden Stelle aber maßgeblich verfallen. In Österreich wird die Frage nach der Rechtswidrigkeit reiner Vermögensschädigungen immer wieder durch die Gegenüberstellung zu den absoluten Rechtsgütern erreicht,[540] da schließlich deren Verletzungserfolg – aller Propagierung der *Verhaltensunrechtslehre* zum Trotz – regelmäßig für rechtswidrig befunden wird.[541] In der Schweiz wird der Einfluss deutscher Dogmatik an dieser Stelle auch nicht zu kaschieren versucht. Nach der (noch) herrschenden *objektiven Widerrechtlichkeitstheorie* ist widerrechtlich entweder die Verletzung eines absolut geschützten Rechtsgutes (Erfolgsunrecht) oder eine reine Vermögensschädigung durch Verstoß gegen eine Schutznorm (Verhaltensunrecht).[542]

Vor allem in der Schweiz regt sich aber gegen dieses hergebrachte Widerrechtlichkeitsdogma Widerstand,[543] gerade weil die objektive Widerrechtlichkeitstheorie den reinen Vermögensschaden zu statisch – und damit im Einzel- und Ausnahmefall unbefriedigend – von einer Ersatzpflicht ausnimmt.[544] So wird versucht, die Widerrechtlichkeit aus anderer, flexiblerer Perspektive zu bestimmen.

aa) Tradierte subjektive Widerrechtlichkeitstheorie

Die sog. *subjektive Widerrechtlichkeitstheorie* dreht die Frage nach der Rechtswidrigkeit einfach um: Jede Schädigung ist illegal, sofern sie nicht ausnahmsweise gerechtfertigt ist.[545] In der subjektiven Widerrechtlichkeitstheo-

---

[540] Etwa OGH ÖBA 2019/2631; SZ 72/175; ÖBA 1994/436 (403).

[541] OGH ÖBA 2019/2631; ausdrücklich am Beispiel der Körperverletzung OGH ZVR 2001/58; SZ 51/89 = ÖJZ 1979/10; ferner *Kodek*, in: ABGB-ON (Stand: 1.1.2018), § 1294 Rn. 6; von der Indizwirkung der Rechtsgutsverletzung für die Rechtswidrigkeit sprechend OGH EvBl-LS 2011/85; JBl 2009, 437 (439); SZ 72/175; ZVR 1992/177; SZ 56/124 = JBl 1984, 492 (494); ferner *Ch. Huber*, in: TaKomm ABGB⁵, § 1311 Rn. 2; die Rspr. des OGH zur Indizwirkung der Verletzung absolut geschützter Rechtsgüter ausführlich referierend *Koziol*, in: FS 50 Jahre BGH (2000), 943 (945); *Karner*, in: KBB ABGB⁶, § 1294 Rn. 4.

[542] BGE 115 II 15 (18); 141 III 527 (534); *Kessler*, in: Basler Komm OR I⁷, Art. 41 Rn. 33 f.; *Studer/Juvet/Zanoni*, HAVE 2019, 219 (222); ausführlich *Verde*, in: Jusletter 18.4.2016, Rn. 6–8.

[543] Zuletzt eingehend *Roberto/Fisch*, in: Fuhrer/Kieser/Weber (Hrsg.), Mehrspuriger Schadensausgleich (2022), 67 (70 ff.); *C. Widmer*, ZSR 2001, 101 (105) spricht davon, die selbstauferlegten Fesseln deutscher Dogmatik abzustreifen; *Stöckli*, in: FS Riklin (2007), 227 (242) befürwortet ganz vorsichtig eine Fortentwicklung des Widerrechtlichkeitsverständnisses; zu den beiden Varianten des „vorsichtigen" und des „radikalen" Weges zur Reformierung des Widerrechtlichkeitsbegriffes bereits *Gauch/Sweet*, in: FS Keller (1989), 117 (137 f.).

[544] *Schönenberger*, HAVE 2004, 3 (5, 7, 12); referierend *Gonzenbach*, recht 1995, 117 (122 f.); *Gauch/Sweet*, in: FS Keller (1989), 117 (120); *Rey/Wildhaber*, Ausservertragliches Haftpflichtrecht (2018), Rn. 815.

[545] Lehrbuchartig BGE 115 II 15 (18); ferner *Verde*, in: Jusletter 18.4.2016, Rn. 5; *Schönenberger*, HAVE 2004, 3 (4); *Tarman*, Gutachterhaftung gegenüber dem Dritten (2007),

rie geht damit erkennbar das allgemeine Schädigungsverbot *neminem laedere* auf,⁵⁴⁶ während sich die objektive Widerrechtlichkeitstheorie deutlich näher zum anderen historischen Pol des Haftungsrecht, dem Grundsatz *casum sentit dominus*, neigt. Eine außervertragliche Haftung für reine Vermögensschäden wäre unter der subjektiven Widerrechtlichkeitstheorie gerade nicht apodiktisch ausgeschlossen,⁵⁴⁷ sondern vielmehr immer dann gegeben, wenn der Schädiger sich nicht hinreichend rechtfertigen kann.⁵⁴⁸

Das BG folgte der subjektiven Widerrechtlichkeitstheorie in frühen Jahren noch.⁵⁴⁹ Bereits in seiner Rechtsprechung zum Ende des 19. Jahrhunderts ließ es aber Ansätze der objektiven Widerrechtlichkeitstheorie erkennen,⁵⁵⁰ welche spätestens unter dem Einfluss der deutschrechtlich gefärbten Lehre von *Merz* in der objektiven Widerrechtlichkeitstheorie in heute bekannter Form mündeten.⁵⁵¹

Die subjektive Widerrechtlichkeitstheorie wird heute nicht mehr ernsthaft vertreten.⁵⁵² Zum einen wird ihr Ansatz, grundsätzlich von einem allgemei-

---

93; *Fellmann*, ZSR 2009, 473 (475); *Gabriel*, Die Widerrechtlichkeit in Art. 41 Abs. 1 OR (1987), Rn. 290 f.

⁵⁴⁶ *Rey/Wildhaber*, Ausservertragliches Haftpflichtrecht (2018), Rn. 809; *Fellmann/Kottmann*, Haftpflichtrecht I (2012), Rn. 281.

⁵⁴⁷ *Brehm*, in: Berner Komm OR⁵, Art. 41 Rn. 33g; *Gauch/Sweet*, in: FS Keller (1989), 117 (138); vgl. *Schönenberger*, Haftung für Rat und Auskunft (1999), 75.

⁵⁴⁸ Zurecht weisen aber *P. Widmer/Wessner*, Revision und Vereinheitlichung des Haftpflichtrecht – Erläuternder Bericht (1999), 97 und *Fellmann*, ZSR 2009, 473 (476) darauf hin, dass das Regime der subjektiven Rechtswidrigkeitstheorie zur Herausbildung vielzähliger Rechtfertigungsgründe zwingt und damit auch der Haftung für reine Vermögensschäden keinen Freifahrtsschein ausstellt, sondern das Problem der Frage nach dem Haftungsgrund nur in den Bereich der Rechtfertigung verschiebt.

⁵⁴⁹ BGE 10, 358 (367): Sofern Mittel der Marktkonkurrenz nicht erlaubt sind, sind sie widerrechtlich und ersatzpflichtbegründend; *Schwenzer*, in: Schwenzer (Hrsg.), Schuldrecht, Rechtsvergleichung und Rechtsvereinheitlichung (1999), 59 (62); *Immenhauser*, Das Dogma von Vertrag und Delikt (2006), 376.

⁵⁵⁰ BGE 22, 175 (183): Schadenersatzpflicht nur, wenn „Handlungsweise eine rechtlich unerlaubte war". „Nicht gegen jede Schädigung [...] besteht ein Rechtsschutz, sondern nur gegen diejenige, welche durch die Verletzung entweder der allgemeinen Rechtsordnung, oder eines individuellen Rechts bewirkt wird"; hierzu *Schwenzer*, in: Schwenzer (Hrsg.), Schuldrecht, Rechtsvergleichung und Rechtsvereinheitlichung (1999), 59 (63 mwN in Fn. 20).

⁵⁵¹ Das heute herrschende Widerrechtlichkeitsverständnis unmittelbar auf *Merz* zurückführend ua *Roberto/Fisch*, in: Fuhrer/Kieser/Weber (Hrsg.), Mehrspuriger Schadensausgleich (2022), 67 (70); *Kramer*, AcP 200 (2000), 365 (380 f.); *ders.*, recht 1984, 248 (131); *Immenhauser*, Das Dogma von Vertrag und Delikt (2006), 376 mwN in Fn. 1493–1495, 389; *Karollus*, Haftung aus Schutzgesetzverletzung (1992), 55; *Roberto*, AJP 1999, 511 (517); *Lorandi*, recht 1990, 19 (22).

⁵⁵² Mit anderer Einschätzung offensichtlich *von Hein*, in: FS Kren Kostkiewicz (2018), 773 (780 f.). Dessen in Fn. 42 angeführte Nachweise stammen allerdings beide schon aus den 1980er Jahren und verwiesen selbst damals schon darauf, dass die subjektive Widerrechtlichkeitstheorie „vollständig verdrängt" sei (*Gabriel*, Die Widerrechtlichkeit in Art. 41 Abs. 1 OR (1987), Rn. 221); kritisch zur subjektiven Widerrechtlichkeitstheorie in

nen Handlungsverbot und nur ausnahmsweise von einer Handlungsbefugnis auszugehen, für unvereinbar mit einer dem Freiheitsgedanken verpflichteten Privatrechtsordnung befunden.[553] Zum anderen ist die subjektive Widerrechtlichkeitstheorie schlicht impraktikabel, zwingt sie doch dazu, in sisyphusartiger Unendlichkeitsaufgabe nach immer neuen Rechtfertigungsgründen zu suchen, um eine ansonsten ausufernde Haftung – gerade für fahrlässig verursachte reine Vermögensschäden[554] – zu vermeiden.[555] Nicht zuletzt hat das BG der subjektiven Widerrechtlichkeitstheorie ausdrücklich jede Hoffnung auf baldige Rehabilitation genommen.[556]

bb) Modernster Ansatz: die „dritte" Widerrechtlichkeitstheorie

Die objektive Widerrechtlichkeitstheorie wird für den Bereich des reinen Vermögensschutzes als unzureichend empfunden, die subjektive Widerrechtlichkeitstheorie – ihr historischer Gegenspieler – bleibt wohl dauerhaft aus dem schweizerischen Haftpflichtrecht verbannt. In jüngerer Zeit wurde daher ein weiterer Ausweg aus dem herrschenden Rechtswidrigkeitsdogma ersonnen: die sog. *„dritte" Widerrechtlichkeitstheorie*. Ihre Etablierung soll gerade dem Zweck dienen, das unterschiedliche Schutzniveau zwischen absolut geschützten Rechtsgütern und reinen Vermögensschäden einzuebnen.[557]

---

jüngerer Zeit etwa *Fisch*, Eigentumsgarantie und Nichtersatzfähigkeit reiner Vermögensschäden (2020), Rn. 527 ff.

[553] *Verde*, in: Jusletter 18.4.2016, Rn. 12; *P. Widmer/Wessner*, Revision und Vereinheitlichung des Haftpflichtrecht – Erläuternder Bericht (1999), 96.

[554] *Fellmann*, ZSR 2009, 473 (476) weist zutreffend darauf hin, dass unter der subjektiven Widerrechtlichkeitstheorie das Problem der Haftung für reine Vermögensschäden nur verschoben wird – weg von der grundsätzlichen Nichtersatzfähigkeit hin zur Frage nach der adäquaten Haftungsbegrenzung durch stimmige Rechtfertigungsgründe; ebenso *P. Widmer/Wessner*, Revision und Vereinheitlichung des Haftpflichtrecht – Erläuternder Bericht (1999), 97; letztlich gibt dies auch *Gabriel*, Die Widerrechtlichkeit in Art. 41 Abs.1 OR (1987), Rn. 850 zu, der der subjektiven Widerrechtlichkeitstheorie zwar aufgeschlossen ist, eine Haftungsbegrenzung für reine Vermögensschäden dann aber – anstelle iRd Widerrechtlichkeit – bei Kausalität, Verschulden und Schaden vornehmen will.

[555] BGE 115 II 15 (19); *Brehm*, in: Berner Komm OR[5], Art. 41 Rn. 33g; *von Hein*, in: FS Kren Kostkiewicz (2018), 773 (781); *Gauch/Sweet*, in: FS Keller (1989), 117 (138); *Gonzenbach*, recht 1995, 117 (123); *Fisch*, Eigentumsgarantie und Nichtersatzfähigkeit reiner Vermögensschäden (2020), Rn. 528.

[556] BGE 115 II 15 (18): Art. 41 Abs 1 OR liegt objektive Widerrechtlichkeitstheorie zugrunde, die subjektive Widerrechtlichkeitstheorie hat sich dagegen in der Schweiz nicht durchsetzen können.

[557] Mit dieser Einschätzung *Kwiatkwoski*, Konkretisierung der deliktsrechtlichen Generalklauseln (2020), Rn. 185; in diese Richtung auch *C. Widmer*, ZSR 2001, 101 (111).

(1) Dritte Widerrechtlichkeitstheorie als Sammelbecken der Verhaltensunrechtslehren

Streng genommen ist hier von mehreren Ansätzen zu sprechen, die aber, weil sich ähnelnd, häufig vereinheitlichend zur *dritten Widerrechtlichkeitstheorie* zusammengezählt werden.[558] Die gemeinsame Einordnung als „eine" Theorie ist dabei insofern gerechtfertigt, als sich die verschiedenen[559] Ansätze[560] in ihrem Kernbereich gleichen: Übereinstimmend wird dann Widerrechtlichkeit angenommen, wenn der Schädiger gegen eine *Verhaltenspflicht verstößt*, unabhängig von einer allfälligen Rechtsgutsverletzung.[561] Sie verabschiedet damit das Element des *Erfolgsunrechts* endgültig[562] und verschreibt sich ganz dem *Verhaltensunrecht*.[563]

Auf die Behandlung reiner Vermögensschäden kann sich dieses Widerrechtlichkeitsverständnis unmittelbar auswirken: Von der Warte der Widerrechtlichkeit wird dem reinen Vermögen grundsätzlich derselbe Schutz zuteil wie allen anderen durch Schädigung beeinträchtigten Interessen.[564]

Diesem Widerrechtlichkeitsdogma wird zugutegehalten, dass er auf den eigentlichen Normcharakter des Art. 41 Abs. 1 OR (Generalklausel ohne im-

---

[558] *Schönenberger*, HAVE 2004, 3 (9); *Verde*, in: Jusletter 18.4.2016, Rn. 9; *Rey/Wildhaber*, Ausservertragliches Haftpflichtrecht (2018), Rn. 813; *Fellmann/Kottmann*, Haftpflichtrecht I (2012), Rn. 277.

[559] *Schönenberger*, HAVE 2004, 3 (9) identifiziert zwei Ansätze: diejenigen, die Widerrechtlichkeit mit Sorgfaltsverstoß gleichsetzen, und diejenigen, die hierfür eine Schutzpflichtverletzung fordern.

[560] Die beiden Ansätze unterscheiden sich danach, wo der Verschuldensvorwurf verortet wird, *Rey/Wildhaber*, Ausservertragliches Haftpflichtrecht (2018), Rn. 823 ff.; *Fisch*, Eigentumsgarantie und Nichtersatzfähigkeit reiner Vermögensschäden (2020), Rn. 545 ff.: Diejenigen, die die Widerrechtlichkeit in der *Schutzpflichtverletzung* erblicken, fragen in einem weiteren, selbstständigen Schritt nach dem Schuldvorwurf an den Schädiger. Wird Widerrechtlichkeit dagegen als *Verstoß gegen Sorgfaltspflichten* verstanden, geht die Frage nach dem Verschulden bereits in der Widerrechtlichkeit auf. Dem Verschulden kommt so nur noch bei der Frage nach der Urteilsfähigkeit eigenständige Bedeutung zu, *Roberto*, recht 2002, 145 (149); *Schönenberger*, HAVE 2004, 3 (9). Diese Unterscheidung scheint marginal, kann aber in der Praxis – wendete man beide Ansätze neben einander an – in Einzelfällen zu unterschiedlichen Ergebnissen führen, hierzu anschaulich *Schönenberger*, HAVE 2004, 3 (10 ff.), der sich im Ergebnis (12) für eine strikte Trennung von Rechtswidrigkeit und Verschulden ausspricht.

[561] *Schönenberger*, HAVE 2004, 3 (7); *Fellmann*, ZSR 2009, 473 (477); *Rey/Wildhaber*, Ausservertragliches Haftpflichtrecht (2018), Rn. 813; *Roberto*, AJP 1999, 511 (519).

[562] *Verde*, in: Jusletter 18.4.2016, Rn. 36 überschreibt sein Fazit plastisch mit „Fort vom Erfolgsunrecht".

[563] Ebenso plastisch die Überschrift bei *Roberto*, recht 2002, 145 (149): „... und die Lösung liegt im Verhaltensunrecht"; ausführlichst *Fisch*, Eigentumsgarantie und Nichtersatzfähigkeit reiner Vermögensschäden (2020), Rn. 543 ff., insb. 549 ff.; *Roberto/Fisch*, in: Fuhrer/Kieser/Weber (Hrsg.), Mehrspuriger Schadensausgleich (2022), 67 (77 ff.).

[564] *Kessler*, in: Basler Komm OR I[7], Art. 41 Rn. 32a; *Fellmann*, ZSR 2009, 473 (477); *ders./Kottmann*, Haftpflichtrecht I (2012), Rn. 288; *Rey/Wildhaber*, Ausservertragliches Haftpflichtrecht (2018), Rn. 822; *Schönenberger*, HAVE 2004, 3 (7); *Müller-Chen*, BJM 2002, 289 (301).

manente Differenzierung zwischen absoluten Rechtsgütern und dem reinen Vermögen) rekurriert.⁵⁶⁵ Welchen Stellenwert dieser Ansatz auch noch in jüngerer Zeit in der schweizerischen Rechtswissenschaft einnimmt, zeigt der Entwurf des OR 2020,⁵⁶⁶ der in seiner Zentralnorm Art. 46 OR 2020 jede ungerechtfertigte *Verhaltenspflichtverletzung* mit einer Ersatzpflicht belegt und sich damit erkennbar der dritten Widerrechtlichkeitstheorie verschreibt.⁵⁶⁷

(2) Notwendige Haftungsbeschränkung durch Schutzzweckerwägungen

So prominent die dritte Widerrechtlichkeitstheorie inzwischen auch sein mag,⁵⁶⁸ sieht sie sich doch auch berechtigten Bedenken⁵⁶⁹ ausgesetzt. Um die Konturen des Haftpflichtrechts nicht über Gebühr zu verwischen, ist schließlich eine klare Konturierung der ersatzpflichtigen Verhaltenspflichtverletzungen erforderlich. Dazu wird – ähnlich wie bei der etablierten Schutzgesetzhaftung⁵⁷⁰ – nach dem *Schutzzweck der etwaig verletzten Verhaltensnorm* gefragt.⁵⁷¹ Erneut soll so einer ausufernden Haftung für reine Vermögensschäden vorgebeugt werden.⁵⁷² Allein die Gleichstellung aller Geschädigteninteressen im Ausgangspunkt führt also auch unter der dritten Widerrechtlichkeitstheorie nicht zu einer uneingeschränkten Haftung für reine Vermögensschäden.⁵⁷³

Letztlich handelt es sich also auch hier – wie schon bei der subjektiven Widerrechtlichkeitstheorie – nur um eine Verschiebung des Problems: Die Schleusentore werden unter der dritten Widerrechtlichkeitstheorie zwar erst einmal geöffnet, allerdings muss dann eben unter den strengen Augen des torhütenden Rechtsanwenders minutiös darauf geachtet werden, welche

---

⁵⁶⁵ *Schönenberger*, HAVE 2004, 3 (7).
⁵⁶⁶ Siehe hierzu unter E./II./2./b)/aa).
⁵⁶⁷ *von Hein*, in: FS Kren Kostkiewicz (2018), 773 (782); vgl. *Rey/Wildhaber*, Ausservertragliches Haftpflichtrecht (2018), Rn. 827.
⁵⁶⁸ Eine Übersicht der die Lehre vom Verhaltensunrecht befürwortenden und das Erfolgsunrecht ablehnenden Stimmen findet sich bei *Schwenzer*, OR AT⁷, § 50 Rn. 31; *Verde*, in: Jusletter 18.4.2016, Rn. 36 Fn. 167; *Roberto*, recht 2002, 145 (149 Fn. 24); *Koller*, in: FS Walter (2005), 367 (370 Fn. 2).
⁵⁶⁹ Kritisch etwa *Kessler*, in: Basler Komm OR I⁷, Art. 41 Rn. 32b f. mwN.
⁵⁷⁰ *Cartier*, Begriff der Widerrechtlichkeit nach Art. 41 OR (2007), Rn. 267.
⁵⁷¹ Vgl. *Verde*, in: Jusletter 18.4.2016, Rn. 41 ff.; *Schönenberger*, HAVE 2004, 3 (6 f.); *Roberto*, Haftpflichtrecht (2018), § 4 Rn. 27 ff.
⁵⁷² *Rey/Wildhaber*, Ausservertragliches Haftpflichtrecht (2018), Rn. 826; *Roberto*, Haftpflichtrecht (2018), § 4 Rn. 70; *ders./Rickenbach*, ZSR 2012, 185 (195, 198).
⁵⁷³ *Kessler*, in: Basler Komm OR I⁷, Art. 41 Rn. 32b; *Roberto*, AJP 1999, 511 (523); ähnlich *Fellmann*, ZSR 2009, 473 (494).

Konstellationen über die Schwelle der Schutzzweckerwägungen in den sicheren Hafen der Ersatzpflicht vorgelassen werden.[574]

Der Weisheit letzter Schluss zur gleichzeitigen interessen- und praxisgerechten Integration fahrlässig verursachter reiner Vermögensschäden ist daher auch die dritte Widerrechtlichkeitstheorie (noch) nicht. Auf lange Sicht – und unter der Prämisse, auch vor dem BG Beachtung zu finden[575] – mag sie sich aber als flexible Alternative zum herrschenden Widerrechtlichkeitsverständnis anbieten. Im Bereich des reinen Vermögensschadens scheint eine fallgruppenweise Erfassung der ersatzpflichtigen Konstellationen[576] jedenfalls mit der Struktur des Art. 41 Abs. 1 OR praktikabel zu bewältigen.

cc) Bewegliches System auch für die Schweiz? – die Interessentheorie

Bislang nur vereinzelte Anhänger[577] konnte die sog. *Interessentheorie* finden.[578] Einzelne Autoren[579] verorten auch die Interessentheorie unter dem Oberbegriff der dritten Widerrechtlichkeitstheorie. Zuzugeben ist dieser Kategorisierung, dass sich auch die Interessentheorie – ganz wie die einzelnen, zur dritten Widerrechtlichkeitstheorie gebündelten Strömungen – vom etablierten Erfolgsunrecht emanzipieren möchte.[580]

In ihrem Kern unterscheiden sich die Ansätze der vorstehend beschriebenen dritten Widerrechtlichkeitstheorie und der Interessentheorie allerdings bedeutend: Ausschlaggebend für das Urteil über die Widerrechtlichkeit soll nach der Interessentheorie nicht (allein) die Verletzung einer Verhaltenspflicht sein, sondern sich erst als Ergebnis einer Interessenabwägung im Ein-

---

[574] Vgl. *Stöckli*, in: FS Riklin (2007), 227 (242 f.), der bei einem solchen Systemwechsel mit Recht einen „nicht minder großen Aufwand" fürchtet.

[575] *Hürlimann/Siegenthaler*, BR 2004, 105 (106) haben den Eindruck, dass mit der Entscheidung BGE 130 III 345 und der dort denkbar knappen Ablehnung der Widerrechtlichkeit einer reinen Vermögensschädigung durch einen Liegenschaftsgutachter der dritten Widerrechtlichkeitstheorie bereits eine Absage erteilt wurde.

[576] Mit diesem Vorschlag *Schönenberger*, HAVE 2004, 3 (7); *Müller-Chen*, BJM 2002, 289 (301 f.); ebenso und mit Blick auf angloamerikanische Vorbilder *Peyer*, recht 2002, 99 (107) und *Roberto*, AJP 1999, 511 (519 ff.); ferner *ders.*, in: FS Schweizerischer Juristentag (2000), 137 (151).

[577] Zuletzt *Verde*, in: Jusletter 18.4.2016, Rn. 39; ansonsten insbesondere *Cartier*, Begriff der Widerrechtlichkeit nach Art. 41 OR (2007), Rn. 509 ff., der sich im Wesentlichen an den ein halbes Jahrhundert zurückliegenden Ausführungen *Perrigs*, SJZ 1959, 325 ff. orientiert.

[578] *Verde*, in: Jusletter 18.4.2016, Rn. 11: Interessentheorie bisher kaum beachtet; knapp referiert bei *Müller-Chen*, in: Fellmann/Weber (Hrsg.), Haftpflichtprozess 2008 (2008), 13 (22 f.); *Fisch*, Eigentumsgarantie und Nichtersatzfähigkeit reiner Vermögensschäden (2020), Rn. 532: „hat in der Literatur kaum Resonanz gefunden".

[579] *Cartier*, Begriff der Widerrechtlichkeit nach Art. 41 OR (2007), Rn. 167; *Verde*, in: Jusletter 18.4.2016, Rn. 37.

[580] *Verde*, in: Jusletter 18.4.2016, Rn. 37.

zelfall ergeben.[581] Auf eine Formel gebracht lautet die Interessentheorie: *Widerrechtlichkeit besteht dann, wenn das Integritätsinteresse des Geschädigten dem Handlungsinteresse des Schädigers überwiegt.*[582] Um ein Urteil über die Widerrechtlichkeit fällen zu können, soll der Richter die widerstreitenden Interessen umfassend gegeneinander abwägen[583] und die höhere Schutzwürdigkeit des einen bzw. die niedrigere Schutzwürdigkeit des anderen durch eine Gesamtzusammenschau aller Einzelfallwertungen ermitteln.[584] Reine Vermögensschäden sind so unter der Interessentheorie noch nicht grundsätzlich von einer Ersatzpflicht ausgeschlossen.

Auch wenn die Interessentheorie in der Schweiz bislang kaum Gehör gefunden hat,[585] kann man – zumal aus vergleichender und insbesondere rezeptionistischer Sicht – nicht umhin, hier Parallelen zu Ansätzen insbesondere in der österreichischen Literatur zu entdecken. Die Interessentheorie erinnert stark an den vom *wilburgschen beweglichen System* geprägten ArbG-E für ein neues österreichisches Schadenersatzrechts und die vergleichbar ausgerichteten europäischen PETL.[586] Auch diese folgen dem Prinzip, die Frage nach der Haftung erst dann beantworten zu wollen, wenn „alles mit allem"[587] abgewogen ist. Und für besonders diametrale Interessen sieht § 1298 Abs. 1 ArbG-E sogar einmal ausdrücklich vor, dass der Schädiger dann hafte, wenn zwischen seinen verfolgten Interessen und denen des Geschädigten ein krasses Missverhältnis bestehe.

dd) Zusammenfassung und Zwischenergebnis

Soll der Status quo der außervertraglichen Haftung für fahrlässig verursachte reine Vermögensschäden grundlegend geändert werden, ist das Widerrechtlichkeitsverständnis die zentrale Stellschraube, an der zu diesem Zwecke gedreht werden müsste.[588]

In der Schweiz konnte die vom BG aufrecht erhaltene Vorherrschaft der objektiven Widerrechtlichkeitstheorie trotz mannigfaltigen Widerstands in

---

[581] *Cartier*, Begriff der Widerrechtlichkeit nach Art. 41 OR (2007), Rn. 358; *Müller-Chen*, in: Fellmann/Weber (Hrsg.), Haftpflichtprozess 2008 (2008), 13 (22).
[582] *Cartier*, Begriff der Widerrechtlichkeit nach Art. 41 OR (2007), Rn. 346, 359 im Anschluss an *Perrig*, SJZ 1959, 325 (326 f.); *Fisch*, Eigentumsgarantie und Nichtersatzfähigkeit reiner Vermögensschäden (2020), Rn. 531.
[583] *Cartier*, Begriff der Widerrechtlichkeit nach Art. 41 OR (2007), Rn. 334, 356.
[584] Eine Aufzählung, welche Kriterien dabei ua relevant sein sollen, liefert *Cartier*, Begriff der Widerrechtlichkeit nach Art. 41 OR (2007), Rn. 362 ff.: Wert des betroffenen Rechts, Wert und Zweck der schadenstiftenden Tätigkeit, Risikoübernahme seitens des Schädigers.
[585] *von Hein*, in: FS Kren Kostkiewicz (2018), 773 (781) hält die Interessentheorie etwa vor dem Hintergrund der Rechtssicherheit für bedenklich.
[586] Siehe tiefergehend hierzu schon unter E./II./2./d).
[587] *Jansen*, RabelsZ 70 (2006), 732 (753).
[588] *Peyer*, recht 2002, 99; *Roberto*, in: FS Schweizerischer Juristentag (2000), 137 (143).

der Literatur bislang nicht beendet werden. Insbesondere der dritten Widerrechtlichkeitstheorie mag man aber nicht jede Chance absprechen, in der Zukunft auch noch vor dem eidgenössischen Höchstgericht Beachtung zu finden. Resümieren lässt sich, dass die literarischen Gegenstimmen und auch die ausdrückliche Inbezugnahme dogmatischer Alternativen in der Rechtsprechung des BG[589] gerade davon zeugen, das die objektive Widerrechtlichkeitstheorie und mit ihr die weitreichende Nichtersatzfähigkeit fahrlässig verursachter reiner Vermögensschäden jedenfalls nicht in Stein gemeißelt ist. Für Deutschland ist gerade anders zu befinden. Der unflexible Rechtsgüterkatalog der Grundnorm § 823 Abs. 1 BGB lässt eine vollständige Emanzipation vom Erfolgsunrecht kaum zu.[590]

Aus rezeptionistischer Sicht ist bemerkenswert: Die in der schweizerischen Literatur propagierte dritte Widerrechtlichkeitstheorie ist auch Beispiel dafür, dass man sich mit der Rezeption ausländischer Dogmatik – hier der deutschen Erfolgsunrechtslehre – Fremdkörper in die eigene Rechtsordnung holen kann, die sich nur schwer integrieren lassen. *Roberto*[591] bemängelt – terminologisch im Anschluss an *Reischauer*[592] – das *Schielen auf das BGB habe hier den Blick auf das schweizerische Recht getrübt* und fordert daher, in Abkehr von der erfolgsverhafteten objektiven Widerrechtlichkeitstheorie, die Rückbesinnung auf den eigentlichen Charakter des Art. 41 Abs. 1 OR als *deliktische Generalklausel unter dem Regime des Verhaltensunrechts*.[593]

b) Überdehnung der „sonstigen Rechte" des § 823 Abs. 1 BGB

In Deutschland findet bereits seit über hundert Jahren eine innerdeliktische Erweiterung des Vermögensschutzes statt: In heute ständiger Rechtsprechung[594] erkannten zunächst das RG und später der BGH die richterrechtlich kreierte Figur des sog. *Rechts am eingerichteten und ausgeübten Gewerbebetrieb* an. Dessen auch nur fahrlässige, rechtswidrige Verletzung berechtigt den Gewerbebetriebsinhaber zur Liquidierung seines (reinen) Vermögensschadens.[595]

---

[589] BGE 115 II 15 (18) zur subjektiven Widerrechtlichkeitstheorie; zur dritten Widerrechtlichkeitstheorie hat sich das BG, soweit erkennbar, noch nicht geäußert.
[590] Ausführlich *Jansen*, AcP 202 (2002), 517 (545, 553 f.); so auch aus schweizerischer Perspektive *Roberto*, in: FS Schweizerischer Juristentag (2000), 137 (148).
[591] In: FS Schweizerischer Juristentag (2000), 137 (149 bzw. schon im Beitragstitel).
[592] In: Rummel ABGB³, § 1294 Rn. 16.
[593] *Roberto*, in: FS Schweizerischer Juristentag (2000), 137 (150).
[594] Zuletzt etwa BGH GRUR 2020, 1116; NZBau 2020, 609; NJW 2020, 770 mAnm *Gostomzyk*; ausführliche Nachweise der älteren Rechtsprechung finden sich in BGH NJW 2004, 3322 (3323).
[595] *Deutsch/Ahrens*, Deliktsrecht (2014), Rn. 258: erste Norm, die bei fahrlässiger Ver-

Der BGB-Gesetzgeber hat sich zwar bewusst gegen eine *große deliktische Generalklausel* entschieden, gleichzeitig aber nicht der Versuchung widerstehen können, die drei deliktischen Grundtatbeständen §§ 823 Abs. 1 und 2, 826 BGB zumindest rudimentär mit generalklauselartigen Facetten auszustatten.[596] Eine dieser „kleinen Generalklauseln" ist die Einstandspflicht bei Verletzung eines „sonstigen Rechts" iSd § 823 Abs. 1 BGB. Durch diese tatbestandliche „Hintertür" – nämlich am Enumerationsprinzip des § 823 Abs. 1 BGB vorbei – können so auch solche Positionen unmittelbaren deliktischen Schutz erfahren, die im Rechtsgüterkatalog nicht ausdrücklich erwähnt sind.

aa) Schutz des unternehmerischen Vermögens

Nun kann nicht jedes beeinträchtigtes Interesse für sich in Anspruch nehmen, sonstiges Recht iSd § 823 Abs. 1 BGB zu sein, schließlich mündete ein solch weites Verständnis eben just in der gerade so geschmähten großen Generalklausel.[597] Insbesondere *das reine Vermögen selbst* kann kein sonstiges Recht sein, das stünde in allzu plumpem Widerspruch zur gesetzgeberischen Grundentscheidung gegen einen allgemeinen Vermögensschutz.[598]

Stattdessen holte bereits das RG[599] durch das Tor des sonstigen Rechts das in nun über hundertjähriger Rechtsprechung bestätigte *Recht am eingerichteten und ausgeübten Gewerbebetrieb* in den Kreis der deliktisch geschützten Positionen. Durch die Zentralnorm des § 823 Abs. 1 Schutz erfahrend, wird es – zumindest formal[600] – in den Stand der absolut geschützten Rechtsgüter

---

mögensschädigung Ersatzanspruch ergibt; *J. Wilhelm*, in: FS Canaris I (2007), 1293; *G. Wagner*, in: MüKo BGB[8], § 823 Rn. 372.

[596] Siehe hierzu allgemein unter D./I./1.

[597] *Schiemann*, in: FS Deutsch (2009), 895 (900); *Sack*, Das Recht am Gewerbebetrieb (2007), 182.

[598] *Medicus/S. Lorenz*, Schuldrecht II[18], § 71 Rn. 11; *G. Wagner*, in: MüKo BGB[8], § 823 Rn. 423; *Ranieri*, Europäisches Obligationenrecht (2009), 1508; ähnlich *Larenz/Canaris*, Schuldrecht BT (1994), 356; *K. Schmidt*, JuS 1993, 985 (986); weniger apodiktisch *Hellgardt*, Kapitalmarktdeliktsrecht (2008), 204 f.: Nicht zwingend logisch, dass das Vermögen kein sonstiges Recht ist.

[599] RGZ 58, 24 (Jutepüsch-Fall); *Sack*, Das Recht am Gewerbebetrieb (2007), 7, 11 weist darauf hin, dass eine Vorstufe hierzu (nämlich das „Recht auf Ausübung des Betriebs") bereits wenige Jahre zuvor anerkannt wurde.

[600] Die Charakterisierung des Rechts am eingerichteten und ausgeübten Gewerbebetrieb im Verhältnis zu den enumerierten, zweifellos absolut geschützten Rechtsgütern wird uneindeutig beantwortet: Teile der Rspr differenzieren nicht weiter und sehen auch den Schutz des Gewerbebetriebs als absolut an, etwa OLG Frankfurt GRUR-RR 2017, 461 (463); OLG München NJOZ 2015, 1960 (1961); OLG Köln VersR 2011, 87. In der Literatur, statt vieler *Badura*, AöR 98 (1973), 153 (157 f.), wird der absolute Schutz des Gewerbebetriebes häufig verneint, zeichnet er sich doch gerade dadurch aus, dass die Rechtswidrigkeit des Eingriffs nicht vermutet wird, sondern im Einzelfall und unter strenger Interessenabwägung festgestellt und eben häufig auch verneint werden muss. *Wilhelmi*, in: Erman BGB[16], § 823 Rn. 49 weist zutreffend darauf hin, dass dem Recht am Gewerbebetrieb die

erhoben. Nach der hier verwendeten Definition (*reiner Vermögensschaden ist der Schaden, der nicht auf der Verletzung eines absolut geschützten Rechtsgutes des Geschädigten beruht*)[601] ist es damit schon fraglich, ob durch Eingriff in den Gewerbebetrieb überhaupt reine Vermögensschäden verursacht werden. Der höchstrichterliche Ritterschlag zum „sonstigen Recht" auf Augenhöhe mit den enumerierten Positionen[602] lässt den so verursachten Vermögensschaden grundsätzlich „unrein" werden.

Dies kann aber – entsprechenden Ausflüchten zum Trotz[603] – nicht kaschieren, dass hier unter dem elaborierten Deckmantel der *Integrität des Gewerbebetriebs* schlicht *unternehmerischer Vermögensschutz* betrieben wird.[604] Ein Blick auf den *sachlichen Schutzbereich* verdeutlich dies, zeigt er doch auf, dass der Begriff des eingerichteten und ausgeübten Gewerbebetriebs verschiedene Facetten des *unternehmerischen Vermögens* bündelt,[605] auf die sich – jeweils isoliert betrachtet – der enumerierte Eigentums-

---

sozialtypische Offenkundigkeit der absolut geschützten Rechtsgüter fehlt; ähnlich *Sack*, Das Recht am Gewerbebetrieb (2007), 149 f.; *Förster*, in: BeckOK BGB (62. Ed.), § 823 Rn. 178 spricht daher plastisch von einem *relativen absoluten Recht*; ausführlich hierzu *K. Schmidt*, JuS 1993, 985 (986). Diplomatisch hält es der BGH (BGHZ 208, 119 = NJW 2016, 2110 [2112] mAnm *Vohwinkel/Huff*), der ausspricht, das Recht am eingerichteten und ausgeübten Gewerbebetrieb sei ein „den absoluten Schutzrechten des § 823 I BGB gleichgestellter objektiver Tatbestand"; ähnlich schon BGH NJW 1983, 812 (813).

[601] Siehe zum Begriff des reinen Vermögensschadens insb. unter C./I./4.

[602] BGHZ 208, 119 = NJW 2016, 2110 (2112) mAnm *Vohwinkel/Huff*: Recht am eingerichteten und ausgeübten Gewerbebetrieb ist „den absoluten Schutzrechten des § 823 I BGB gleichgestellter objektiver Tatbestand".

[603] In seiner anfänglichen Rechtsprechung behauptete der BGH noch ausdrücklich, über den Umweg des Schutzes des Gewerbebetriebes keinen Vermögensschutz betreiben zu wollen, BGHZ 29, 65 = NJW 1959, 479 (481).

[604] Ganz unverwunden dies zugebend BGHZ 69, 128 = NJW 1977, 1875 (1877): erweiterter Vermögensschutz; BGHZ 166, 84 = NJW 2006, 830 (839): besonderer Vermögensschutz; ferner *Magnus*, HAVE 2017, 25 (30); *von Bar*, Gemeineuropäisches Deliktsrecht I (1996), Rn. 48; *Spindler*, in: BeckOGK BGB (Stand: 1.7.2022), § 823 Rn. 204; *G. Wagner*, in: MüKo BGB⁸, § 823 Rn. 364, 367; *ders.*, Deliktsrecht¹⁴, 7/62; *J. Hager*, in: Staudinger BGB (2017), § 823 Rn. D4; *Katzenmeier*, in: NK-BGB⁴, § 823 Rn. 256; *Ranieri*, Europäisches Obligationenrecht (2009), 1509; *Deutsch*, in: FS Henckel (1995) 79 (87); *Larenz/Canaris*, Schuldrecht BT (1994), 539; *Wandt*, Gesetzliche Schuldverhältnisse (2020), § 16 Rn. 88; *Doobe*, Ersatz reiner Vermögensschäden Dritter (2014), 70; *Reimann*, in: Bussani/Palmer (Hrsg.), Pure Economic Loss in Europe (2003), 171 (201); *Schlechtriem*, in: FS Deutsch (1999), 317 (318); *Neumann-Duesberg*, NJW 1956, 348 (350); *Zweigert/Kötz*, Einführung in die Rechtsvergleichung (1996), 606; von den österreichischen Autoren *Koziol*, AcP 212 (2012), 1 (48); *Karner*, ÖBA 2010, 587 (592); dies gibt der BGH auch schon früh zu, wie in BGHZ 36, 252 = GRUR 1962, 310 (314) mAnm *Hoeppfner* ausführt, „dieses Recht [Verfasser: gemeint ist das Recht am eingerichteten und ausgeübten Gewerbebetrieb] ist von der Rechtsprechung entwickelt worden, da die Generalklausel des § 826 BGB wegen des Erfordernisses eines auf Schädigung gerichteten Vorsatzes den Bedürfnissen des Geschäftslebens nicht genügte" und die einzige deliktische Schutzlücke, die zwischen dem Tatbestand des § 823 Abs. 1 BGB und dem Vorsatzerfordernis des § 826 BGB klafft, die fahrlässige Vermögensschädigung ist.

[605] Plastisch OLG München NJW-RR 2020, 611 (612): „Schutzgegenstand des Rechts

schutz des § 823 Abs. 1 BGB gerade nicht mehr erstreckt. So sieht die Rechtsprechung – noch in besonders offener Formulierung – vom Recht am Gewerbebetrieb umfasst den *gesamten gewerblichen Tätigkeitskreis*[606] bzw. die betriebliche *Organisationsstruktur.*[607] Gemeint ist damit das, was das Unternehmen „*zur Entfaltung und Betätigung in der Wirtschaft befähigt, also nicht nur Betriebsräume und -grundstücke, Maschinen und Gerätschaften, Einrichtungsgegenstände und Warenvorräte* (Anm.: denn all das unterfiele ja bereits dem Eigentumsschutz des § 823 Abs. 1 BGB, zumindest aber dem berechtigten Besitz als sonstiges Recht, ohne dass es den Rückgriff auf die Figur des Gewerbebetriebes bedürfte), *sondern auch Geschäftsverbindungen, Kundenkreis und Außenstände.*"[608]

Wie weit der unternehmerische Vermögensschutz in der Sache reicht, zeigt exemplarisch die Rechtsprechung zum ungefragten Erhalten von Werbemails. Da jede, auch unaufgefordert zugesandte E-Mail vom Empfänger grundsätzlich gesichtet werden[609] und so von diesem zusätzlicher Arbeitsaufwand betrieben werden muss,[610] das Unternehmen also – darum geht es im Kern – zur *fremdveranlassten Bindung vermögenswerter Ressourcen*[611] angehalten ist, wird in diesen Konstellationen bereits ein Eingriff in den eingerichteten und ausgeübten Gewerbebetrieb bejaht.[612]

bb) Platzfindung im System der außervertraglichen Haftung

Die Stellung des Rechts am eingerichteten und ausgeübten Gewerbebetrieb innerhalb des deutschen Deliktsrechts ist bis heute nicht abschließend geklärt. Als richterrechtlich gekürte Figur, die im Deliktsrecht entgegen der gesetzgeberischen Grundwertung eine Fahrlässigkeitshaftung für reine Vermögensschäden ermöglicht, hat sie Schwierigkeiten, sich nahtlos in das außervertragliche Haftungsregime einzufügen.[613]

---

am eingerichteten und ausgeübten Gewerbetrieb ist alles, was in seiner Gesamtheit den [...] wirtschaftlichen Wert des Betriebs [...] ausmacht."
[606] BGHZ 3, 270 = NJW 1952, 660.
[607] BGH NJW 1992, 41 (42).
[608] BGH NZBau 2020, 609 (611); OLG München NJW-RR 2020, 611 (612); ferner BGHZ 193, 227 = NJW 2012, 2579 (2580); OLG Frankfurt MMR 2018, 474 (475); genauso schon BGHZ 29, 65 = NJW 1959, 479 (480); BGHZ 23, 157 = NJW 1957, 630 (631).
[609] BGHZ 214, 204 = NJW 2017, 2119 (2120) mAnm *Möller*; VersR 2014, 1462 (1463).
[610] BGH NJW 2009, 2958 (2959).
[611] BGHZ 214, 204 = NJW 2017, 2119 (2120) mAnm *Möller*.
[612] Kritisch zu dieser Rspr *G. Wagner*, in: MüKo BGB[8], § 823 Rn. 369; man beachte außerdem OLG Brandenburg BeckRS 2018, 36967: die Grenze zum rechtsfolgenhaften Eingriff in den Gewerbebetrieb verläuft dort, wo mit zumutbarem Aufwand entsprechender Unwille an der Werbung kundgetan werden kann; ganz idS schon AG Dachau NJW 2001, 3488; ferner OLG Frankfurt NJW-RR 2017, 878: ein Eingriff in den Gewerbebetrieb wird auch dann verneint, wenn die Zusendung durch den eigenen Internetauftritt geradezu herausgefordert wird.
[613] *Sack*, Das Recht am Gewerbebetrieb (2007), 163 mwN in Fn. 565.

(1) Ergebnisorientierter Selbstzweck als dogmatische Existenzberechtigung?

Es scheint, als dürfe im Kontext des Rechts am Gewerbebetrieb der Zweck ausnahmsweise und mit höchstrichterlichem Segen die Mittel heiligen.[614] Der Recht am Gewerbebetrieb wurde schließlich überhaupt erst erfunden, um es – zu diesem Zeitpunkt schon verletzt – zum sonstigen Recht iSd § 823 Abs. 1 BGB erklären und so für deliktisch schutzwürdig befinden zu können.[615] Dies zeigt bereits der erste[616] Fall, den das RG zum Anlass nahm, die Integrität des Gewerbebetriebs zu schützen: Im *Jutepüsch-Fall*[617] gab das RG der Schadensersatzklage eines Teppich- und Textilunternehmers statt, der sich mit der Abmahnung eines Konkurrenten wegen angeblicher Schutzrechtverletzung[618] konfrontiert sah. Der Kläger setzte als Reaktion auf die Abmahnung die Fabrikation der angeblich geschützten Muster zunächst aus, wodurch ihm Umsatzeinbußen entstanden und stellte dann, erneut kostenbegründend, Strafantrag gegen den letztlich zu Unrecht abmahnenden Konkurrenten. Das RG sprach dem Kläger Ersatz seines so entstandenen Schadens zu, obwohl ihm das vom Gesetzgeber an die Hand gegebene Normwerkzeug hierfür nicht recht passen wollte: Eine Tatsachenbehauptung iSd § 824 BGB war nicht zu erkennen,[619] § 826 BGB bot keine Grundlage, die nur fahrlässige Schädigung einer Ersatzpflicht zuzuführen,[620] Schutzgesetze iSd § 823 Abs. 2 BGB waren nicht verletzt worden und das UWG war im Jahre 1904 – fünf Jahre vor seiner Novelle – noch zu lückenhaft,[621] um hier Schutz gewähren zu können.[622] So blieb dem stattgebungs-

---

[614] *Schiemann*, in: FS Deutsch (2009), 895 (902) spricht plastisch von „Ergebnissen aus guten Sachgründen in der Not des Entscheidungszwangs"; kritisch *Canaris*, VersR 2005, 577 (583).

[615] *Schiemann*, in: FS Deutsch (2009), 895 (901); *K. Schmidt*, JuS 1993, 985 (986): „um des Schutzes [...] willen erfunden"; *Förster*, in: BeckOK BGB (62. Ed.), § 823 Rn. 178: „ergebnisorientiert"; *von Caemmerer*, in: FS Deutscher Juristentag (1960), 49 (89).

[616] Erstmals wird in RGZ 58, 24 vom subjektiven Recht am „bereits eingerichteten und ausgeübten Gewerbebetrieb" gesprochen; *Sack*, Das Recht am Gewerbebetrieb (2007), 7 mwN in Fn. 19 weist darauf hin, dass eine Vorstufe hierzu aber bereits zwei Jahre zuvor in der Anerkennung des „Rechts auf Ausübung des Gewerbebetriebs" zu erkennen ist, RGZ 51, 66 (betreffende Passage in amtlicher Sammlung nicht abgedruckt); weiterführend zu den Rechtsprechungsanfängen des RG auch *Deutsch*, JZ 1963, 385.

[617] RGZ 58, 24.

[618] Bis heute ist es diese Fallgruppe der unberechtigten Schutzrechtsabmahnungen, die das Hauptanwendungsgebiet der Haftung für Eingriffe in den Gewerbebetrieb bilden, zuletzt BGH GRUR 2020, 1116; so auch *von Caemmerer*, in: FS Deutscher Juristentag (1960), 49 (85); idS auch *J. Wilhelm*, in: FS Canaris I (2010), 1293 (1350), der diese Fälle aber dem UWG unterstellen will.

[619] *von Bar*, Gemeineuropäisches Deliktsrecht I (1996), Rn. 47.

[620] So resümiert das auch die Rechtsprechung, BGHZ 69, 128 = NJW 1977, 1875 (1877); ferner *G. Wagner*, Deliktsrecht[14], 7/58; *Larenz/Canaris*, Schuldrecht BT (1994), 539; weiterführend *Sack*, Das Recht am Gewerbebetrieb (2007), 178 ff.

[621] *Sack*, Das Recht am Gewerbebetrieb (2007), 10; *von Caemmerer*, in: FS Deutscher Juristentag (1960), 49 (83 f.); *Brüggemeier*, Struktur, Prinzipien, Schutzbereich (2006), 362.

[622] So auf die Anfänge der Rechtsprechung rückblickend BGHZ 36, 252 = GRUR 1962,

willigen RG nur der Weg über das Einfalltor des sonstigen Rechts des § 823 Abs. 1 BGB – der vom Gesetzgeber gerade nicht gewollte Fahrlässigkeitsvermögensschutz wird seitdem im *Gewand des Gewerbebetriebes* exerziert.

(2) Daseinsberechtigung trotz UWG-Novelle und Subsidiarität

Wenige Jahre nach der Leitentscheidung des RG schob der Gesetzgeber das UWG in neuer Fassung nach, sodass das Recht am Gewerbebetrieb zur Haftungsbegründung *im unlauteren Wettbewerb* grundsätzlich nicht mehr bemüht werden musste.[623] Der deliktische Vermögensschutz über den Umweg des Rechts am Gewerbebetrieb wurde so aber nicht etwa im Keim erstickt. Denn vom UWG nicht erfasst bleibt immer noch der Fall, das ein Dritter, *außerhalb des Wettbewerbs stehender Nichtkonkurrent* in den eingerichteten und ausgeübten Gewerbebetrieb eingreift.[624] In dieser verbleibenden Schutzlücke hat das Recht am Gewerbebetrieb seinen Platz gefunden und bis heute gehalten.[625]

Gleichzeitig speist sich aus der für das Recht am Gewerbebetrieb so verbleibenden Domäne auch ihr heute als allgemein anerkannter *Subsidiaritätscharakter*: Das Recht am Gewerbebetrieb kommt erst dort auffangbeckenartig zur Anwendung, wo §§ 823 Abs. 2, 824, 826 BGB und das UWG ihren Schutz versagen[626] und – erst recht – auch aus Vertrag bzw. vertragsähnlichem Konstrukt kein Ersatzanspruch erwächst.[627] Diese grundsätzliche *Subsidiarität*, ergänzt um das Tatbestandsmerkmal der sog. *Betriebsbezogenheit des Eingriffs* (hierzu sogleich) soll verhindern, dass der unternehmerische Vermögensschutz wildwuchert (Stichwort: Angst vor uferloser Haftung durch allzu umfassenden unternehmerischen Vermögensschutz),[628] insbesondere nicht (noch weiter) über den Eckpfeiler des § 826 BGB hinaus.[629]

---

310 (314) mAnm *Hoeppfner*; vgl. *Katzenmeier*, AcP 203 (2003), 79 (115 mwN in Fn. 200); *Deutsch*, JZ 1963, 385 (387).

[623] *Brüggemeier*, Struktur, Prinzipien, Schutzbereich (2006), 362; vgl. *von Caemmerer*, in: FS Deutscher Juristentag (1960), 49 (84f.); weiterführend zum Verhältnis von UWG und dem Recht am Gewerbebetrieb *J. Wilhelm*, in: FS Canaris I (2007), 1293 ff.

[624] Zentral BGHZ 28, 320 = GRUR 1959, 182 mAnm *Heydt*: Anwendung des Rechts am Gewerbebetrieb zwischen branchenverschiedenen Nichtkonkurrenten; hierzu *Deutsch*, JZ 1963, 385 (386); ferner *K. Schmidt*, JuS 1993, 985.

[625] BGH NJW 1983, 812 (813): „Heranziehung dieses ‚Auffangtatbestandes', der lediglich geschaffen worden ist, um eine sonst bestehende Lücke im Rechtsschutz zu schließen"; ähnlich BGH NJW 1985, 1620 (1621).

[626] *Sack*, Das Recht am Gewerbebetrieb (2007), 163 ff.; *ders*, VersR 2006, 1001 (1005 ff.) mit einer Darstellung, die verbleibenden Lücken ohne Hilfe des Rechts am Gewerbebetrieb zu füllen; *G. Wagner*, in: MüKo BGB[8], § 823 Rn. 372; *K. Schmidt*, JuS 1993, 985 (988 f.) kritisch *Schiemann*, in: FS Deutsch (2009), 895 (903) mit dem Vorwurf an die Rechtsprechung, den selbst aufgestellten Subsidiaritätsgrundsatz nicht konsequent ernst zu nehmen.

[627] OLG Frankfurt ZVertriebsR 2013, 42 (44); *Sack*, Das Recht am Gewerbebetrieb (2007), 176.

(3) Kritik und Zustimmung

Der richterrechtlich betriebene Schutz des unternehmerischen Vermögens wird in der Literatur seit jeher auf das Schärfste kritisiert.[630] Die Rechtsprechung lässt sich davon jedoch nicht beirren und hält – trotz vereinzelter Zweifel in den eigenen Reihen[631] – gestärkt durch eine Entscheidung des großen Zivilsenates des BGH[632] weiterhin an der Figur des eingerichteten und ausgeübten Gewerbebetriebs fest.[633]

cc) Konturierung des unternehmerischen Vermögensschutzes

Da das Recht am Gewerbebetrieb nur Platzhalter für deliktischen, unternehmerischen Vermögensschutz ist, bedarf die korrespondierende Ersatzpflicht deutlicher Konturen.[634] Diese werden ihr durch die Erfordernisse der *Betriebsbezogenheit*[635] und der *Rechtswidrigkeit*[636] des Eingriffs verliehen.

(1) Fahrlässigkeitshaftung trotz „Betriebsbezogenheit" des Eingriffs?

Um eine Ersatzpflicht auslösen zu können, muss ein Eingriff in das Unternehmen *betriebsbezogen* sein. Die Rechtsprechung hat dieses Merkmal unterschiedlich definiert.[637] Herauskristallisiert hat sich schließlich folgende Formel: Betriebsbezogen ist ein Eingriff dann, wenn er sich irgendwie gegen den Betrieb als solchen richtet und nicht vom Gewerbebetrieb ohne weiteres ablösbare Rechte oder Rechtsgüter betrifft.[638]

---

[628] BGH NJW-RR 2005, 673 (675); NJW 2003, 1040 (1041); NJW 1985, 1620 (1621); KG r+s 2005, 40 (41); OLG München GRUR-RR 2004, 189.

[629] Vgl. *Förster*, in: BeckOK BGB (62. Ed.), § 823 Rn. 192, 194.

[630] Beispielhaft *Canaris*, VersR 2005, 577 (583) „systemwidrig"; „Missgeburt"; *Larenz/Canaris*, Schuldrecht BT (1994), 545 „dogmatisch unhaltbar; fast schon moderat *Katzenmeier*, AcP 203 (2003), 79 (116): Sprengung des Deliktssystems; ausführlich und mwN *J. Hager*, in: Staudinger BGB (2017), § 823 Rn. D5; *Sack*, VersR 2006, 1001 (1003).

[631] BGH NJW 2004, 3322 (Vorlagebeschluss des I. Zivilsenats).

[632] BGHZ 164, 1 = NJW 2005, 3141 (Antwortbeschluss des Großen Zivilsenats).

[633] Zuletzt etwa BGH GRUR 2020, 1116; NZBau 2020, 609.

[634] Zentral BGHZ 66, 388 = NJW 1976, 1740 (1741): „Erfordernis der Betriebsbezogenheit ist unentbehrlich, wenn der von der Rechtsprechung erarbeitete Deliktschutz des eingerichteten und ausgeübten Gewerbebetriebs nicht in einen allgemeinen deliktischen Vermögensschutz für Gewerbetreibende ausufern soll"; *Spindler*, in: BeckOGK BGB (Stand: 1.7.2022), § 823 Rn. 204; *Staudinger*, in: HandKomm BGB¹¹, § 823 Rn. 122; *Larenz/Canaris*, Schuldrecht BT (1994), 542; *Schiemann*, in: Hist.-Krit. Komm BGB, §§ 823–830, 840, 842–853 Rn. 125: Rücksicht auf „Uferlosigkeit".

[635] *J. Hager*, in: Staudinger BGB (2017), § 823 Rn. D12; *Förster*, in: BeckOK BGB (62. Ed.), § 823 Rn. 178, 182; *Brockmann/Künnen*, JuS 2020, 910 (913).

[636] Vgl. *von Caemmerer*, in: FS Deutscher Juristentag (1960), 49 (91).

[637] Beispiele der Definitionsversuche bei *K. Schmidt*, JuS 1993, 985 (988 Fn. 45–49); mit weiteren Beispielen *Förster*, in: BeckOK BGB (62. Ed.), § 823 Rn. 183 f.

[638] BGH NZBau 2020, 609 (611); NJW 2020, 770 (775) mAnm *Gostomzyk*; BGHZ 193, 227 = NJW 2012, 2579 (2580); BGHZ 192, 204 = NJW 2012, 2034 (2036 f.); NJW 2009, 2958

Zentral ist bei vorstehender Definition, dass sich der Eingriff „*gegen den Betrieb als solchen*" richten muss, suggeriert dies doch einen zumindest *bewussten*, ja sogar *gewollten* Eingriff.[639] Richtet sich die schädigende Handlung nun nicht *gegen den Betrieb als solchen* bzw. war die *Willensrichtung des Schädigers* nicht darauf gerichtet, den Betrieb zu beeinträchtigen,[640] sodass sich die schädigende Handlung nur reflexartig in diesem niederschlägt, wird die Betriebsbezogenheit *verneint*, etwa wenn ein Arbeitnehmer bei einem Verkehrsunfall verletzt wird und seinem Arbeitgeber hierdurch wiederum ein Ausfallschaden entsteht[641] oder der Tanzpartner einer Eiskunstläuferin verletzt wird und dieser dadurch Einkommen entgeht.[642] In der Literatur,[643] aber wiederholt auch in der Rechtsprechung[644] wird in das Merkmal der *Betriebsbezogenheit* daher immer wieder ausdrücklich ein *Vorsatzerfordernis* hineingelesen.

Diese Lesart der Beschränkung auf vorsätzliche Eingriffe überrascht – ist das Recht am Gewerbebetrieb doch überhaupt erst erfunden worden, um *Lücken im Bereich der Fahrlässigkeitshaftung für reine Vermögensschäden* zu schließen.[645]

(2959); NJW-RR 2005, 673 (675) mwN; NJW 2003, 1040 (1041); OLG München NJOZ 2015, 1960 (1962); OLG Rostock NJOZ 2007, 4881 (4883); *Sack*, Das Recht am Gewerbebetrieb (2007), 142; *Zweigert/Kötz*, Einführung in die Rechtsvergleichung (1996), 606.

[639] Vgl. *Sack*, Das Recht am Gewerbebetrieb (2007), 146.

[640] BGH NJW 1981, 2416; das KG r+s 2005, 40, spricht plastisch von der „Stoßrichtung".

[641] BGH NZV 2017, 318 mAnm *Ch. Huber*; NJW 2009, 355; OLG Stuttgart NJW 1984, 1904.

[642] BGH NJW 2003, 1040 (1041).

[643] *Ranieri*, Europäisches Obligationenrecht (2009), 1509; *Larenz/Canaris*, Schuldrecht BT (1994), 542: Intentionalität des Eingriffs; mwN der diesbezüglichen Literatur *Sack*, Das Recht am Gewerbebetrieb (2007), 146 in Fn. 496–499; *J. Hager*, in: Staudinger BGB (2017), § 823 Rn. D11; *Brockmann/Künnen*, JuS 2020, 910 (913) sprechen von der Zielgerichtetheit des Eingriffs; kritisch zur Verortung von Verschuldensfragen beim Merkmal der Betriebsbezogenheit *Förster*, in: BeckOK BGB (62. Ed.), § 823 Rn. 187; gegen eine Gleichsetzung der Betriebsbezogenheit mir Vorsatz bzw. Finalität *Wilhelmi*, in: Erman BGB[16], § 823 Rn. 63.

[644] Die Betriebsbezogenheit ausdrücklich aus der Willensrichtung des Schädigers ableitend BGH NJW 1981, 2416; BGHZ 69, 128 = NJW 1977, 1875 (1877); GRUR 1977, 805 (807); NJW 1969, 1207 (1208); OLG Oldenburg BeckRS 2012, 5858; OLG Frankfurt NJW-RR 1988, 52; LG Dortmund r+s 2016, 627.

[645] *Sack*, Das Recht am Gewerbebetrieb (2007), 147 mwN in Fn. 501; *Spindler*, in: BeckOGK BGB (Stand: 1.7.2022), § 823 Rn. 204; *Zweigert/Kötz*, Einführung in die Rechtsvergleichung (1996), 605 f.

Und trotzdem: *Sack*[646] weist eindrücklich nach, dass die Betriebsbezogenheit in der Rechtsprechung des BGH überwiegend[647] in Fällen *vorsätzlicher Unternehmenseingriffe* bejaht, bei fahrlässiger Vermögensschädigung dagegen häufig verneint[648] wird. Allerdings ist dieser Befund insofern zu korrigieren, als *Sack* der *unberechtigten Schutzrechtsverwarnung* bei fahrlässiger Verkennung der Schutzrechtslage gleichwohl stets Schädigungsabsicht unterstellt und sie damit als vorsätzliche Schädigungen verbucht.[649] Nach hier vertretener Ansicht bringt er damit die Gesamtbilanz des Rechts am Gewerbebetrieb *zu Unrecht* um eine große Fallgruppe eben doch *praxisrelevanter fahrlässiger Schädigungen*.[650]

Jedenfalls ist festzuhalten, dass sich die Figur des betriebsbezogenen Unternehmenseingriffs nur beschränkt eignet, um eine *breite Fahrlässigkeitshaftung für reine Vermögensschäden* zu begründen.

(2) Haftungskonturierung über die Rechtswidrigkeit

Ein zweites Ventil zur Steuerung der Haftung bei Betriebseingriff ist das Merkmal der Rechtswidrigkeit. Anders als bei den absolut geschützten, enu-

---

[646] Das Recht am Gewerbebetrieb (2007), 146 ff.; idS auch *Spindler*, in: BeckOGK BGB (Stand: 1.7.2022), § 823 Rn. 209.

[647] Als „Ausreißerfälle", in denen trotz fahrlässigen Eingriffs die Haftung bejaht wurde, nennt *Sack*, Das Recht am Gewerbebetrieb (2007), 146 ff. die Entscheide BGH NJW 1992, 41 und BGH NJW 1972, 101. Zur letzten Entscheidung ist allerdings anzumerken, dass das Ergebnis (Bejahung einer Fahrlässigkeitshaftung) nur folgerichtig ist. In casu ging es um die Amtshaftung einer Gemeinde, die sich allerdings gar nicht nach § 823 Abs. 1, sondern nach § 839 Abs. 1 S. 1 BGB beurteilt und einer allgemeinen Fahrlässigkeitshaftung – auch für reine Vermögensschäden – unterliegt, hierzu *Schultess* VersR 2019, 1331 (1332). Warum der BGH in diesem Fall trotz Bejahung der Amtshaftung auch die Beeinträchtigung des Gewerbebetriebs aus § 823 Abs. 1 BGB prüft, ist schon unter Konkurrenzgesichtspunkten schleierhaft, ist § 839 BGB doch lex specialis gegenüber anderen Tatbeständen der Verschuldenshaftung, hierzu wiederum *Sack*, Das Recht am Gewerbebetrieb (2007), 305 f.; *Dörr*, in: BeckOGK BGB (Stand: 1.5.2022), § 839 Rn. 31.

[648] *Sack*, Das Recht am Gewerbebetrieb (2007), 148; außerdem *Brockmann/Künnen*, JuS 2020, 910 (913): „Schwieriger vorstellbar sind die Betriebsbezogenheit und Zielgerichtetheit bei einem fahrlässigen Handeln"; dass primär der vorsätzliche Eingriff praktische Relevanz hat, gibt auch *J. Hager*, in: Staudinger BGB (2017), § 823 Rn. D11 zu, wenn er anführt, die „nur fahrlässige Verletzung" sei aber nicht schon „denknotwendig ausgeschlossen"; als Gegenbeispiel etwa BGHZ 24, 200 = GRUR 1957, 494 (497 f.) mAnm *Bußmann*: Eingriff in den Gewerbebetrieb bei fahrlässiger Ermöglichung eines Boykotts.

[649] *Sack*, Das Recht am Gewerbebetrieb (2007), 147, 179; *ders.*, NJW 2006, 945 (950).

[650] Der Vorlagebeschluss des I. Zivilsenats des BGH entsprang gerade dem Motiv, klären zu lassen, ob den zu Unrecht Verwarnenden – wie bislang judiziert – eben auch eine Fahrlässigkeitshaftung unter dem Schirm des Rechts am Gewerbebetrieb treffen solle, NJW 2004, 3322 (3324). Wie hier ebenfalls aA und die fahrlässig unbegründete Schutzrechtsverwarnung zurecht als Fall der Fahrlässigkeitshaftung einordnend OLG Hamburg GRUR-RR 2003, 257 (261); *Larenz/Canaris*, Schuldrecht BT (1994), 563; *Brüggemeier*, Struktur, Prinzipien, Schutzbereich (2006), 362; *Zweigert/Kötz*, Einführung in die Rechtsvergleichung (1996), 606.

merierten Rechtsgütern des § 823 Abs. 1 BGB indiziert der Eingriff in das Unternehmen allein noch nicht dessen Rechtswidrigkeit.[651] Stattdessen ist diese durch eine umfassende Interessenabwägung festzustellen,[652] sodass die Rechtswidrigkeit erst dann bejaht wird, wenn das Unternehmensinteresse an seiner Schadloshaltung das Eingriffsinteresse des Schädigers überwiegt.[653] Wird der Eingriff von der *Ausstrahlung der Grundrechte* oder der *EMRK*[654] getragen, etwa weil der Schädiger seine Meinungsfreiheit in zulässiger Weise ausübt,[655] und geht damit nicht über das *sozialübliche Maß*[656] der unternehmerischen Interessenbeeinträchtigung hinaus, fehlt die haftungsbegründende Rechtswidrigkeit. Aus vergleichender Sicht ist festzuhalten, dass hier zur Rechtswidrigkeitsbestimmung die Vorgehensweise zur Anwendung kommt, die in der Schweiz für das gesamte Haftpflichtrecht als sog. *Interessentheorie* diskutiert wird.[657]

Aus der Perspektive dieser Untersuchung kommt der Frage nach der Rechtswidrigkeit des Unternehmenseingriffs eine eher allgemeine Bedeutung zu. Da es sich bei der Einstandspflicht bei Eingriffen in den Gewerbebetrieb um eine *verkappte Haftung für reine Vermögensschäden* handelt, ist vor allem die Methode zur Bestimmung der Rechtswidrigkeit bedeutsam: Werden die widerstreitenden Interessen unvoreingenommen *von Fall zu Fall*[658] gegeneinander abgewogen oder bildet die Rechtsprechung hier im Laufe der Zeit aus generalisierenden Sachverhaltsbetrachtungen *allgemeine Verkehrspflichten zum Schutze des unternehmerischen Vermögens*[659] heraus

---

[651] BGH NJW-RR 2005, 1175 (1177); NJW 2005, 2766 (2770); OLG München NJOZ 2015, 1960 (1962); OLG Frankfurt NJW-RR 2013, 507; *Lange*, in: jurisPraxKomm BGB⁹, § 823 Rn. 76; *J. Hager*, in: Staudinger BGB (2017), § 823 Rn. D4; *Förster*, in: BeckOK BGB (62. Ed.), § 823 Rn. 189; ganz offen BGHZ 45, 296 = NJW 1966, 1617 (1618): Rechtswidrigkeit ist aus der Art der Schädigung abzuleiten.

[652] BGH VersR 2015, 247 (249); NJW 2013, 2760 (2761); NJW 2011, 2204 (2206); NJW 2009, 2958 (2959); lehrbuchartig BGH NJW 1976, 620 (622): Gewerbebetriebs vs. ebenso geschützte Meinungsfreiheit; *Badura*, AöR 98 (1973), 153 (161 f.); *Spindler*, in: BeckOGK BGB (Stand: 1.7.2022), § 823 Rn. 212 f.

[653] BGH NZBau 2020, 609 (612); GRUR 2020, 435 (439); BGHZ 193, 227 = NJW 2012, 2579 (2581).

[654] BGH GRUR 2020, 435 (439); NJW 2019, 781 (783) mAnm *Lampmann*; VersR 2018, 950 (953); VersR 2015, 247 (249); *G. Wagner*, in: MüKo BGB⁸, § 823 Rn. 370.

[655] So wird die Abwägung im Zweifel zu Gunsten der freien Rede ausfallen, ausdrücklich BGHZ 166, 84 = NJW 2006, 830 (840); NJW 1976, 620 (622); BGHZ 45, 296 = NJW 1966, 1617 (1619); ferner BGH NJW 2005, 2766 (2770): überragender Rang der Freiheiten des Art. 5 I GG; BGH NJW 1976, 620 (621): Bedeutung des Art. 5 I, II GG darf nicht zu gering eingeschätzt werden.

[656] BGH NJW 2020, 770 (774) mAnm *Gostomzyk*; NJW 2019, 781 (783) mAnm *Lampmann*; NJW 2013, 2760 (2761); NJW 1999, 279 (281).

[657] Tiefergehend hierzu unter F./II./1./a)/cc).

[658] BGHZ 80, 25 = NJW 1981, 1089 (1990); OLG Frankfurt BeckRS 2006, 136555 Rn. 40; *Förster*, in: BeckOK BGB (62. Ed.), § 823 Rn. 189.

[659] So *Sack*, Das Recht am Gewerbebetrieb (2007), 153 f.; *Wilhelmi*, in: Erman BGB¹⁶, § 823 Rn. 66; *von Caemmerer*, in: FS Deutscher Juristentag (1960), 49 (91); *von Bar*, Ge-

und öffnet der Rechtswidrigkeitsindikation damit doch wieder Tür und Tor? Von der zweiten Variante, so warnt *G. Wagner*[660] zurecht, sei „es nur noch ein kleiner Schritt" zur allgemeinen Etablierung von *Verkehrspflichten zum Schutze des reinen Vermögens.* In der deutschen Literatur wird daher die Methode der Interessenabwägung und damit die *Abkehr vom Erfolgsunrecht* bei gleichzeitiger Verortung des Rechts am Gewerbebetrieb im von der Rechtswidrigkeitsindikation dominierten § 823 Abs. 1 BGB kritisiert.[661]

dd) Vorbildfunktion des unternehmerischen Vermögensschutzes für den deutschen Rechtskreis?

Außerhalb Deutschlands stößt das Recht am Gewerbebetrieb zwar auf Beachtung, als eigenständig geschützte deliktische Position im Ergebnis allerdings auf wenig Gegenliebe.

(1) Resonanz in Österreich

So sah sich der OGH[662] in einem Fall unberechtigter Schutzrechtsverwarnung – also just der Konstellation, die der reichsgerichtlichen Ur-Entscheidung zugrunde lag – zu der ausdrücklichen Feststellung angehalten, dass ein absolut geschütztes Recht am ausgeübten Gewerbebetrieb in Österreich gerade nicht anerkannt sei.[663] Gewichtige Stimmen in der österreichischen Literatur[664] untermauern dieses Judiz. Insbesondere *Koziol*[665] kritisiert das

---

meineuropäisches Deliktsrecht I (1996), Rn. 48; *Brüggemeier*, Struktur, Prinzipien, Schutzbereich (2006), 376 ff. ordnet etwa die Rspr des BGH zum Eingriff in den Gewerbebetrieb bei unzutreffenden Warentests den Verkehrspflichten zum Schutze des fremden Vermögens zu; äußerst kritisch hierzu *Larenz/Canaris*, Schuldrecht BT (1994), 545; kritisch auch *Deutsch*, JZ 1963, 385 (387), der ganz allgemein mit Blick auf die Dogmatik zum Recht am Gewerbebetrieb resümiert, dass der „Richter im Hinblick auf den Schutz des in einem Unternehmen aktivierten Vermögens weitgehend freie Hand" habe (389); ausführlich zu den unternehmensschützenden „Verhaltenspflichten" *K. Schmidt*, JuS 1993, 985 (986 f.).

[660] *G. Wagner*, in: MüKo BGB[8], § 823 Rn. 371.

[661] Statt vieler *Sack*, Das Recht am Gewerbebetrieb (2007), 151, 159: System des § 823 Abs. 1 BGB wird gesprengt; beinahe wortgleich *Katzenmeier*, AcP 203 (2003), 79 (116).

[662] SZ 2006/170 = ecolex 2007/154 mAnm *Schumacher*.

[663] *Wittwer*, in: TaKomm ABGB[5], § 1295 Rn. 4 hält es allerdings für paradox, dass die österreichische Rechtsprechung trotz der sonstigen Fokussierung auf das deutsche System von Rechtswidrigkeit und Rechtsgüterschutz, aber eben unter Verzicht auf die Figur des Rechts am Gewerbebetrieb im Ergebnis hinter der Haftungsreichweite des § 823 Abs. 1 BGB zurückbleibt.

[664] *Reischauer*, JBl 2010, 401 (402): liegt österreichischem Rechtsdenken ziemlich fern; *Karner*, ÖBA 2010, 587 (592): völlige Konturlosigkeit; *Koziol*, Haftpflichtrecht II (2018), A/2/189: kein Bedarf im österreichischen Recht; besonders kritisch *Karollus*, Haftung aus Schutzgesetzverletzung (1992), 52 f.; ferner ablehnend *Posch/Schilcher*, in: Bussani/Palmer (Hrsg.), Pure Economic Loss in Europe (2003), 171 (429): no basis under Austrian law to apply the genuine German doctrine; die österreichische Kritik referierend *Haybäck*, JBl 1994, 667 (675).

Recht am Gewerbebetrieb als „nebulös" – auch weil nicht einzusehen sei, weshalb allein der *Gewerbe*treibende im Wortsinn, nicht aber der Freiberufler deliktischen Vermögensschutz genießen solle.[666]

Zumindest diese Kritikfacette ist unzutreffend: Schon früh[667] hat auch die deutsche Literatur gefordert, jede vermögenswerte Unternehmertätigkeit dem Begriff des Rechts am Gewerbebetrieb zu unterstellen. Der Großteil der Instanzgerichte entsprach diesem Postulat[668] und auch der BGH[669] hat sich dem für die Freiberufler ausdrücklich angeschlossen.

Die Anlassfälle, in denen das unternehmerische Vermögen beeinträchtigt wird, gleichen sich freilich in Deutschland und in Österreich. Allein, die Lösung der Haftungsfrage – welche im Ergebnis gar nicht so unterschiedlich beantwortet wird – erfolgt aus anderer Perspektive.[670] Wird in Deutschland beispielsweise ein Unternehmen durch Demonstrationen lahm gelegt, und überwiegen in der Gesamtbetrachtung die unternehmerischen Interessen, gewährt die Rechtsprechung Schutz über § 823 Abs. 1 BGB und die Figur des eingerichteten und ausgeübten Gewerbebetriebes.[671] Tragen sich eine solche Unternehmensblockade durch Demonstranten und daraus erwachsende reine Vermögensschäden dagegen in Österreich zu, lässt sich eine Haftung hier über die Sittenwidrigkeitsklausel des § 1295 Abs. 2 ABGB begründen[672] – ein Weg, den übrigens auch die deutschen Gegner des Rechts am

---

[665] AcP 212 (2012), 1 (48); *ders.*, Haftpflichtrecht II (2018), A/2/189.

[666] *Koziol*, Haftpflichtrecht II (2018), A/2/189; mit einem (in der Praxis freilich niemals nachhaltig etabliertem) Plädoyer für eine Ungleichbehandlung von Freiberuflern und Gewerbetreibenden in den Kabelbruchfällen *Glückert*, AcP 166 (1966), 311 (320).

[667] Etwa *von Caemmerer*, in: FS Deutscher Juristentag (1960), 49 (90 mwN in Fn. 183); *Deutsch*, JZ 1963, 385 (388); ebenso später *Larenz/Canaris*, Schuldrecht BT (1994), 561; *K. Schmidt*, JuS 1993, 985 (988); heutzutage *Spindler*, in: BeckOGK BGB (Stand: 1.7.2022), § 823 Rn. 205; *Sprau*, in: Grüneberg BGB[81], § 823 Rn. 138; *G. Wagner*, Deliktsrecht[14], 7/59; *Staudinger*, in: HandKomm BGB[11], § 823 Rn. 121.

[668] Etwa OLG München NJOZ 2015, 1960 (1962): Betrieb einer Seniorenresidenz; OLG Hamm VersR 2009, 1672; OLG Düsseldorf VersR 2003, 984; OLG Köln VersR 1996, 234; OLG München NJW 1977, 1106: frei praktizierender Arzt; besonders weit OLG Frankfurt OLGZ 1982, 203, welches auch gemeinnützige Hilfsorganisationen dem Schutz des Rechts am Gewerbebetrieb unterstellt; *Sack*, Das Recht am Gewerbebetrieb (2007), 114 mwN auch der wenigen, am Wortlaut des Gewerbebetriebs verhafteten Entscheide in Fn. 399.

[669] BGH NJW 2020, 770 (775 f.) mAnm *Gostomzyk*; BGHZ 193, 227 = NJW 2012, 2579 (2580).

[670] Es trifft auch hier die markante Feststellung des OGH SZ 42/33 = JBl 1969, 334 (336) = VersR 1969, 528 (529) zu, die ursprünglich aus dem Kontext der Nutzungsausfallentschädigung stammt: „Mit der deutschen Bundesrepublik hätten wir zwar die Beschaffenheit der Anlaßfälle gemeinsam, nicht aber den Stil der Judikatur im Verhältnis zum Gesetz".

[671] Aus jüngerer Zeit etwa OLG Schleswig NVwZ-RR 2011, 523; ausführlich mwN der diesbezüglichen Rspr *Brüggemeier*, Struktur, Prinzipien, Schutzbereich (2006), 368 f.; *K. Schmidt*, JuS 1993, 985 (989).

[672] OGH EvBl 2019/155 mAnm *Brenn*; die Haftung aus § 1295 Abs. 2 ABGB diskutierend, im Ergebnis aber mangels ersatzfähigem Schaden offenlassend OGH ZVR 1999/56; *Vrba*, in: Vrba (Hrsg.), Schadenersatz in der Praxis (45. EL), A/I/14; mit dem Verweis eben

Gewerbebetrieb befürworten.⁶⁷³ Es fällt auf, dass sich Methodik und Ergebnis der Haftungsbegründung ähneln: Auch bei dieser Vorgehensweise – konkret bei der Frage nach der Sittenwidrigkeit – soll es nämlich erneut darauf ankommen, positiv festzustellen, ob der Schutz des beeinträchtigten Unternehmens das Versammlungsrecht der Demonstrationen erkennbar überwiegt.⁶⁷⁴

(2) Resonanz in der Schweiz

Das BG blickte schon Anfang der 1960er Jahre in einer Entscheidung zum Markenschutz vergleichend nach Deutschland und referiert das dort etablierte und in solchen Konstellationen gegebenenfalls zum Zuge kommende Rechtsgut des eingerichteten und ausgeübten Gewerbebetriebes.⁶⁷⁵ Für das schweizerische Recht resümiert es aber im Ergebnis, dass sich jedermann „Werteinbussen seines ‚eingerichteten und ausgeübten Gewerbebetriebes' gefallen lassen" müsse.⁶⁷⁶ Das BG verzichtet damit zwar auf so deutlich ablehnende Worte wie die des OGH,⁶⁷⁷ gibt aber trotzdem zweifelsfrei zu erkennen, dass das Recht am Gewerbebetrieb in der Schweiz keine besonders geschützte Position darstellt.⁶⁷⁸ In der schweizerischen Literatur findet das Recht am Gewerbebetrieb kaum Beachtung.⁶⁷⁹

---

darauf, dass diese Konstellation in Deutschland über das Recht am Gewerbebetrieb gelöst wird, die Lösung über die Sittenwidrigkeitshaftung aber für sachgerechter halten *Ch. Huber*, zitiert nach dem Tagungsbericht des Forums für Zivilrecht in Traunkirchen, *Kolbisch/Franz*, ÖJZ 2020/89 (704).
⁶⁷³ *Larenz/Canaris*, Schuldrecht BT (1994), 554, 562 plädieren auch für Deutschland ganz allgemein für einen Rückgriff auf § 826 BGB.
⁶⁷⁴ OGH EvBl 2019/155 mAnm *Brenn:* Schädigungszweck muss eindeutig im Vordergrund steht bzw. ein gravierendes Missverhältnis zwischen den Interessen der Demonstranten und jenen des Geschädigten erkennbar sein; OGH JBl 1995, 658 mAnm *Karollus-Brunner;* ZVR 1999/56; RdW 1999, 717.
⁶⁷⁵ BGE 87 II 40 (47).
⁶⁷⁶ BGE 87 II 40 (48).
⁶⁷⁷ SZ 2006/170 = ecolex 2007/154 mAnm *Schumacher:* In Österreich nicht anerkannt.
⁶⁷⁸ Aus vergleichender Perspektive *Honsell*, in: FS 50 Jahre BGH (2000), 927 (932): Recht am Gewerbebetrieb in der Schweiz nicht übernommen.
⁶⁷⁹ So hält *Schwenzer*, in: Schuldrecht, Rechtsvergleichung und Rechtsvereinheitlichung, (1999), 59 (64) immerhin knappe 40 Jahre nach der BG-Entscheidung fest, dass es das Recht am Gewerbebetrieb nicht einmal in die schweizerische Rechtsterminologie geschafft habe; rudimentäre Erwähnung findet das Recht am Gewerbebetrieb zB bei *Immenhauser*, in: Büchler/Ernst/Oberhammer (Hrsg.), Vinculum iuris (2008), 65 (120); *Fisch*, Eigentumsgarantie und Nichtersatzfähigkeit reiner Vermögensschäden (2020), Rn. 489 Fn. 310.

(a) Schutz der wirtschaftlichen Persönlichkeit

Ein (zumindest im Ansatz) vergleichbarer[680] Unternehmensschutz lässt sich im schweizerischen Haftpflichtrecht allerdings durch ein *extensives Verständnis des Persönlichkeitsrechts* erzeugen, welches – ganz wie das Recht am Gewerbebetrieb – lückenfüllend neben die wettbewerbsrechtlichen Spezialgesetze tritt.[681] Indem nämlich die *freie wirtschaftliche Entfaltung* als Erscheinungsform der Persönlichkeitsrechts haftpflichtrechtlichen Schutz genießt[682] und auch juristische Personen Träger dieses Persönlichkeitsrechts sind,[683] können so Schädigungen einer Ersatzpflicht zugeführt werden, die in Deutschland dem Recht am Gewerbebetrieb unterfallen.[684] So sah das BG[685] etwa einen *Lieferboykott* als *Verletzung der wirtschaftlichen Persönlichkeit* an,[686] während der BGH[687] beinahe zeitgleich eben einen solchen Lieferboykott als *Eingriff in den eingerichteten und ausgeübten Gewerbebetrieb* quali-

---

[680] Weiterführend zur Überschneidung von unternehmerischem Persönlichkeitsschutz und der Gewährleistung des Rechts am Unternehmen im deutschen Recht *Sprau*, in: Grüneberg BGB[81], § 823 Rn. 137, 92.

[681] In BGE 138 III 337 (341) wird ausdrücklich festgestellt, dass der Schutz der wirtschaftlichen Persönlichkeit bereits weitgehend durch das chUWG (frz.: LCD) sichergestellt wird; *Roberto*, Haftpflichtrecht (2018), § 15 Rn. 107; *ders./Hrubesch-Millauer*, in: FS Druey (2002), 229 (237); vgl. ferner *Kirchschläger*, in: HaftpflichtKomm (2016), Art. 28 ZGB Rn. 19, Fn. 43.

[682] *Kirchschläger*, in: HaftpflichtKomm (2016), Art. 28 ZGB Rn. 19; BGE 138 III 337 (341 frz.) spricht von freier wirtschaftlicher „Entwicklung"; noch gängiger ist die Umschreibung als Schutz der „wirtschaftliche Persönlichkeit", so BGE 82 II 292 (296); 81 II 117 (125); *Aebi-Müller*, in: CHK³, Art. 28 ZGB Rn. 27 f.; *Fellmann/Kottmann*, Haftpflichtrecht I (2012), Rn. 627.

[683] BGE 138 III 337 (341); *Aebi-Müller*, in: CHK³, Art. 28 ZGB Rn. 4; *Kirchschläger*, in: HaftpflichtKomm (2016), Art. 28 ZGB Rn. 4; *Roberto/Hrubesch-Millauer*, in: FS Druey (2002), 229 (238 f.).

[684] *Zweigert/Kötz*, Einführung in die Rechtsvergleichung (1996), 696; vgl. auch *von Bar*, Gemeineuropäisches Deliktsrecht I (1996), Rn. 49aE, der auf die Parallelen im italienischen und spanischen Recht hinweist und resümiert, dass sich hinter den dortigen Erwägungen zum Schutz der freien Unternehmensinitiative und der Unternehmensorganisation eben wieder das Recht am Gewerbebetrieb verbirgt.

[685] BGE 93 II 192 (203 frz.): Boykottierung der Lieferung französischer Zeitungen. Das BG wandte auf diesen Fall zwar schon das kurz vorher in Kraft getretene schweizerische Kartellgesetz (chKG) an, hielt aber ausdrücklich fest, dass es sich hierbei *auch* um eine Persönlichkeitsverletzung handle; diese Entscheidungsgründe wiederholend BGE 104 II 209 (213 f.); hierzu *Aebi-Müller*, in: CHK³, Art. 28 ZGB Rn. 28. Ähnlich auch schon BGE 81 II 117 (125): Bei einem Lieferboykott durch den Tabakverband gegen einen Kioskbetreiber bejahte das BG dem Grunde nach einen Eingriff in die wirtschaftliche Persönlichkeit, behalf sich im Ergebnis aber mit der Sittenwidrigkeitshaftung nach Art. 41 Abs. 2 OR.

[686] Vor Inkrafttreten des ersten chKG von 1962 auch schon BGE 82 II 292 (296, 306): Boykottierung der Aufnahme eines Uhrfabrikanten in einen Uhrvertriebsverein als Verletzung der wirtschaftlichen Persönlichkeit.

[687] BGH GRUR 1965, 440: Lieferboykott gegen eine Molkerei durch einen Milcherzeugerverband. Der BGH geht hier allein von der Relevanz des § 823 Abs. 1 BGB aus und zieht kartellrechtliche Ansprüche ausdrücklich nicht in Betracht (444).

fizierte.[688] Eine Generalklausel zum Schutz reiner Vermögensinteressen lässt sich freilich auch dem Persönlichkeitsrecht nicht entnehmen, vielmehr wird dieser dort nicht mehr gewährt, wo der vom Wettbewerbsrecht konturierte Bereich der ungestörten wirtschaftlichen Entfaltung gänzlich verlassen und unter dem Deckmantel des Persönlichkeitsrechts schlicht reiner Vermögensschutz betrieben werden soll.[689]

(b) Individualvermögensschutz bei Eingriff in öffentlichen Betrieb

Trotz der mehr als verhaltenen Resonanz zur Figur des Rechts am Gewerbebetrieb in der Schweiz erfolgt noch folgende *Feststellung am Rande*: Im schweizerischen Deliktsrecht gibt es Konstellationen, in denen der haftpflichtrechtliche Schutz sogar noch einmal weiter reicht als in den Fällen, in denen in Deutschland das Recht am Gewerbebetrieb zur Anwendung kommt. Es sind dies die Fälle, in denen zunächst in einen *öffentlichen Betrieb eingegriffen* wird und hierdurch wiederum ein Dritter einen Schaden erleidet. Paradebeispiel ist auch hier der Kabelbruchfall (Fallbeispiel 1),[690] also die Beschädigung eines Stromkabels, wodurch ein großflächiger Stromausfall ausgelöst wird und einem auf die Stromzufuhr angewiesenen Dritten, etwa durch Produktionsausfall, ein reiner Vermögensschaden entsteht. Wird das Kabel nur fahrlässig durchtrennt, verneint die deutsche Rechtsprechung die Betriebsbezogenheit des Unternehmenseingriffs und verneint in diesen Fällen eine Haftung des Schädigers.[691] Das schweizerische BG[692] zog in einem solche Fall dagegen Art. 239 chStGB (*Störung von Betrieben, die der Allgemeinheit dienen*) als Schutzgesetz heran und nahm an, dass diese Norm neben der Integrität des öffentlichen Betriebes auch den Vermögensinteressen der von diesem Betrieb Versorgten diene. Eine solche Schutzgesetzhaf-

---

[688] Die deutsche Rechtsprechung prüft bei Boykotten bzw. Boykottaufrufen regelmäßig, ob diese betriebsbezogene Eingriffe in den Gewerbebetrieb darstellen, etwa BGH NJW 1985, 1620; OLG München NJW 2013, 398 (399); OLG Stuttgart GRUR-RR 2006, 20; ausführlich *Sack*, Das Recht am Gewerbebetrieb (2007), 232. Boykottaufforderungen speziell durch Unternehmen unterfallen heute allerdings der Sonderregelung des § 21 GWB, die die subsidiäre Haftung wegen Eingriff in den Gewerbebetrieb verdrängt; ausführlich zum Boykottverbot nach § 21 GWB und dem Boykott als Eingriff in den Gewerbebetrieb OLG Düsseldorf BeckRS 2004, 18450.
[689] Zentral BGE 114 II 91 (105): Keine Lückenfüllung des Leistungsschutzrechts durch allgemeine Norm; gilt umso mehr, wenn offensichtlich wirtschaftliche Interessen auf dem Spiel stehen; idS BGE 129 III 715 (724 f.); vgl. BGE 110 II 411 (418); ferner *Roberto/Hrubesch-Millauer*, in: FS Druey (2002), 229 (237): fraglich, ob wirtschaftlicher Persönlichkeitsschutz auch abseits der schweizerischen Kernfälle von Verbandsausschlüssen.
[690] Siehe unter A./II.
[691] Zentral BGHZ 29, 65 = NJW 1959, 479 (481); BGHZ 66, 388 = NJW 1976, 1740 (1741); NJW 1977, 2208 (2209); KG r+s 2005, 40; OLG Karlsruhe NJW 1975, 221 (222); OLG Hamm NJW 1973, 760 mAnm *Finzel*; BayObLG VersR 1972, 667 (668).
[692] BGE 102 II 85 (87 frz.); 101 Ib 252 (256).

tung bei *Störung öffentlicher Betriebe* (die deutsche Parallelnorm ist § 316b dStGB) kommt in Deutschland dagegen wieder nicht in Betracht.[693]

(3) Zwischenergebnis

Schiemann[694] fragte bereits in der Überschrift eines Festschriftenbeitrages danach, ob das sonstige Recht – hier in seiner Erscheinungsform des eingerichteten und ausgeübten Gewerbebetriebs – ein *abschreckendes* oder ein *gutes Beispiel* für das europäisches Deliktsrecht sei. Stellte man diese Frage nun einem österreichischen Juristen, würde dieser nach vorstehenden Ausführungen die erste Variante wohl bejahen, die zweite energisch verneinen; ebenso ein Schweizer – vorausgesetzt, dass dieser im Laufe seiner juristischen Karriere überhaupt einmal mit dieser kryptischen, dem bundesrepublikanischen Haftpflichtrecht so eigenen Begrifflichkeit in Berührung gekommen ist. Aus älplerischer Sicht besteht schließlich auch kaum Bedarf am Recht am Gewerbebetrieb, wird man einigen der relevanten Fallkonstellationen doch auch so Herr, sei es durch die Einstandspflicht bei Persönlichkeitsrechtsverletzung oder die Sittenwidrigkeitshaftung.

Außerhalb des deutschen Rechtskreises steht man dem deliktischen Schutz des unternehmerischen Vermögens nach dem Vorbild des deutschen Rechts am Gewerbebetrieb aufgeschlossener gegenüber. Der *Entwurf eines europäischen Zivilgesetzbuches* der *Study Group on a European Civil Code* um *von Bar* hält in Art. 2:208 Abs. 1 speziell den Vermögensverlust für haftpflichtrechtlich relevant (mit anderen Worten: für grundsätzlich ersatzfähig), den eine Person durch unrechtmäßige Beeinträchtigung ihrer Berufsausübung bzw. – im deutschen Originalwortlaut – *ihres Gewerbebetriebs* erleidet.[695] Und nicht zuletzt im estnischen Recht hat das Recht am Gewerbebetrieb sogar Eingang in das kodifizierte Obligationenrecht gefunden.[696]

---

[693] Deutlich machen das die ausführlichen Entscheidungsgründe des OLG Schleswig NVwZ-RR 2011, 523: Die Beklagte war in einem vorgelagerten Strafprozess auf Grund einer Blockadeaktion wegen der Störung öffentlicher Betriebe gem. § 316b Abs. 1 dStGB strafrechtlich verurteilt worden (525). Eine insofern naheliegende schadenersatzrechtliche Schutzgesetzhaftung wird im sich nun anschließenden Zivilprozess aber mit keinem Wort erwogen, sondern die Einstandspflicht der Beklagten allein auf den Eingriff in den Gewerbebetrieb gestützt; auf § 316b dStGB ist für das Haftpflichtrecht außerdem übertragbar, dass der BGH NJW 1977, 1147 den Schutzgesetzcharakter des ähnlich gelagerten § 317 dStGB (Störung von öffentlichen Telekommunikationsanlagen) mangels bezwecktem Individualschutz ausdrücklich verneint hat.
[694] In: FS Deutsch (2009), 895.
[695] Kritisch hierzu *Canaris*, VersR 2005, 577 (583, Fn. 41), der das Recht am Gewerbebetrieb auch schon für Deutschland ablehnt.
[696] Mit diesem Hinweis *Ranieri*, Europäisches Obligationenrecht (2009), 1469, Fn. 127.

ee) Zwischenergebnis und Schlussfolgerungen

Das Recht am eingerichteten und ausgeübten Gewerbebetrieb stellt eine innerdeliktische Weiterung des deutschen Haftungsgefüges dar, welches dem Grunde nach auch für fahrlässig verursachte reine Vermögensschäden eine Haftung anordnet. Gerade deshalb – und weil es mit seinem auf Interessenabwägung angelegten Rechtswidrigkeitsverständnis aus dem vom Erfolgsunrecht geprägten § 823 Abs. 1 BGB heraussticht – erfährt das Recht am Gewerbebetrieb in Deutschland (und im deutschsprachigen Ausland) grundsätzliche Kritik. Die praktische Bedeutung des Rechts am Gewerbebetrieb für fahrlässige Vermögensschädigungen ist außerdem überschaubar, beschränkt die Rechtsprechung die Haftung doch meist auf vorsätzliche Eingriffe.

(1) Motiv des unternehmerischen Vermögensschutzes

Die Rechtsprechung bemüht sich außerdem, darauf hinzuweisen, dass durch das Recht am Gewerbebetrieb *keine deliktische Privilegierung* des Unternehmers gegenüber dem Nichtunternehmer geschehen dürfe.[697] Faktisch geschieht aber genau das und ist – denkt man zurück an die Anfänge in der reichsgerichtlichen Rechtsprechung – schließlich auch originäres Ansinnen des Rechts am Gewerbebetrieb.[698]

Es bleibt daher die Frage nach der besonderen *Schutzwürdigkeit des unternehmerischen Vermögens*. Welche Gründe sprechen für eine deliktische Haftung – ganz grundsätzlich eben auch für reine Vermögensschäden – desjenigen, der unterhalb der Schwelle zur Eigentumsverletzung und außerhalb der wettbewerbsrechtlichen Vorschriften in ein fremdes Unternehmen eingreift?[699]

Aufschluss gibt die Wertungsparallele zur Kreditgefährdungshaftung des § 824 BGB. Hier wurde festgestellt, dass die durch fahrlässig falsche Tatsachenbehauptung verursachten reinen Vermögensschäden deshalb grundsätzlich ersatzwürdig sind, weil das speziell durch Kreditschädigung verletzte

---

[697] BGHZ 147, 45 = NJW 2001, 1865 (1867); NJW 1985, 1620 (1621); BGHZ 90, 113 = JZ 1984, 1099 (1101) mAnm *Schwerdtner;* OLG Oldenburg BeckRS 2017, 156375 Rn. 122.

[698] BGHZ 166, 84 = NJW 2006, 830 (839) spricht daher auch ausdrücklich vom besonderen Vermögensschutz, den der Inhaber eines eingerichteten und ausgeübten Gewerbebetriebs nach ständiger Rechtsprechung genießt; hierzu *Sack,* Das Recht am Gewerbebetrieb (2007), 161; missverständliche Wortwahl daher BGH NJW 2004, 356 (358): „nicht der Sinn dieses besonderen Rechtsinstituts, dem Gewerbetreibenden einen Schadensersatzanspruch für solche Vermögensschäden zu gewähren, die ein anderer unter sonst gleichen Umständen ersatzlos hinnehmen müsste"; ebenso LG Hannover NZV 2006, 660 (661), wobei es in casu jeweils um einen Straßenverkehrsunfall ging, dessen Folgen eine Sonderbehandlung des gewerblichen Vermögens tatsächlich kaum rechtfertigen könnte.

[699] Grundsätzlich gegen die Notwendigkeit einer Haftung für fahrlässige Unternehmenseingriffe *Sack,* Das Recht am Gewerbebetrieb (2007), 178 ff.

Vermögen von zentraler Bedeutung für die *eigenwirtschaftliche Lebensführung* und die *Bestreitung des eigenen Lebensunterhalts* ist.[700] Sowie diese Wertung für den *Ruf des Unternehmers* gilt, liegt es nicht fern, dies, zumindest grundsätzlich, auch für die *Integrität des Unternehmens* anzunehmen.[701] Nicht umsonst haben § 824 BGB und das Recht am Gewerbebetrieb auch in der Praxis eine Schnittmenge von Anwendungsfällen, nämlich dort, wo in den Betrieb durch rufschädigende Äußerungen eingegriffen wird.[702] Etwas provokant ließe sich Folgendes fragen: Was nützte es, wenn ein Unternehmen zwar einen tadellosen Ruf hat, durch von außen kommende Eingriffe in die Betriebsstruktur unterhalb der Schwelle des § 826 BGB aber stillgelegt wird?[703] § 824 BGB kann dann seinen Schutz mangels Kreditschädigung nicht entfalten und das im Unternehmen gebündelte Vermögen, welches sowohl dem Inhaber als auch seinen Angestellten als täglicher Anlaufpunkt zur *Bestreitung des Lebensunterhalts* dient, bliebe rechtsfolgenlos beeinträchtigt.[704]

(2) Keine rechtskreisinterne Rezeption

Aus rezeptionistischer Sicht ist folgendes festzuhalten: In Österreich ist eine intensive Auseinandersetzung mit dem Recht am Gewerbebetrieb zu beobachten, welche dieses für das österreichische Recht im Ergebnis aber ausnahmslos ablehnt. Auch das ist Symptom eines im Wesentlichen durch Re-

---

[700] Siehe hierzu ausführlich unter F./I./1./d)/aa).
[701] *Franck*, Marktordnung durch Haftung (2016), 302 ff. schließ die Klammer um die Haftung für Verletzungen des Rechts am Unternehmen einerseits und für die Gefährdung des Kredits andererseits damit, dass mit beiden Ansätzen Verstöße gegen Marktordnungsnormen sanktioniert werden sollen.
[702] Erfolgt der Eingriff durch falsche Tatsachenbehauptungen, kommt allein § 824 BGB zur Anwendung, BGH NJW 1989, 1923. Die Rspr beschränkt § 824 BGB weiterhin auf Fälle, bei denen der Kredit gegenüber potentiellen Geschäftspartnern geschädigt wird, zentral BGHZ 90, 113 = JZ 1984, 1099 (1100) mAnm *Schwerdtner*; kritisch *G. Wagner*, in: MüKo BGB[8], § 824 Rn. 38. Das subsidiäre Recht am Gewerbebetrieb wird erst dann herangezogen, wenn § 824 BGB seinen Schutz versagt (BGH NJW 1999, 279 [281]; BGHZ 138, 311 = r + s 1998, 330) mithin bei wahren Tatsachenbehauptungen, Werturteilen (zentral BGHZ 166, 84 = NJW 2006, 830 [839]: Interview Breuer/Kirch; BGH NJW 1976, 620 [622]) und allgemein schädigenden Äußerungen gegenüber wirtschaftlich Außenstehenden.
[703] Vgl. BGHZ 90, 113 = JZ 1984, 1099 (1101) mkritAnm *Schwerdtner* mit der Erläuterung des eng begrenzten Tatbestandes des § 824 BGB und der gleichzeitigen Klarstellung, dass hieraus nicht der Umkehrschluss gezogen werden könne, dass abseits dieser Norm das unternehmerische Vermögen schutzlos zu stellen sei, sondern eben das Recht am Gewerbebetrieb in die Schutzlücke zwischen § 824 und § 826 BGB stoße.
[704] In diese Richtung gehen auch die Erwägungen des Antwortbeschlusses des Großen Zivilsenats auf die Frage nach der Fahrlässigkeitshaftung für unberechtigte Schutzrechtsverwarnungen über das Institut des Rechts am Gewerbebetrieb. An einer solchen hält der Große Zivilsenat fest, denn ohne diese Haftung „ergäbe sich keine wirksame Handhabe, um einem möglicherweise *existenzgefährdenden* Eingriff [...] entgegenzutreten", BGHZ 164, 1 = NJW 2005, 3141 (3142); ebenso OLG Stuttgart BeckRS 2011, 3888.

zeption geprägten Rechtskreises: Die grundsätzliche Bereitschaft zu rezipieren, allerdings unter dem wachsamen Vorbehalt, dass die zu rezipierende Figur auch in das eigene Rechtsgefüge passt. Der deutsche Rechtskreis wird an dieser Stelle auf absehbare Zeit nicht noch weiter zusammenwachsen – jedenfalls nicht durch die österreichische und schweizerische Rezeption des Rechts am Gewerbebetrieb. In die andere Richtung wäre dies allerdings durchaus denkbar: So plädieren auch deutsche Autoren dafür, die ohnehin dominierenden Fälle des vorsätzlichen Eingriffs in den Gewerbebetrieb schlicht über § 826 BGB zu lösen.[705] So eröffnete man einen Weg, der insbesondere[706] in Österreich bereits beschritten wird.

c) Abschleifen des Vorsatzerfordernisses des § 826 BGB

Wie vorstehend ausgeführt ist das Recht am Gewerbebetrieb Symptom des in der Breite für zu streng befundenen Tatbestandes des § 826 BGB. Mit seinem ausdrücklichen Erfordernis einer vorsätzlichen Schädigung bietet die Sittenwidrigkeitsnorm – so sollte man jedenfalls meinen – keinen eigenen Ansatzpunkt für eine Fahrlässigkeitshaftung.[707] Doch gibt es Tendenzen, den deliktischen Vermögensschutz gerade an dieser Seite fortzuentwickeln – nicht über den Weg, unterhalb der tatbestandlichen Schwelle des § 826 BGB eine ungeschriebene Rechtsfigur zu etablieren, sondern auf die radikalere Art und Weise, dessen ausdrückliches Vorsatzerfordernis bei Bedarf schlicht auf das Niveau grober Fahrlässigkeit abzuschleifen.

aa) Leichtfertigkeit als Attribut einer vorsätzlichen Schädigung?

Ausgangspunkt dieser Entwicklung ist die wiederholte Formulierung in der Rechtsprechung, § 826 BGB auch bei *leichtfertigen* Schädigungen anzuwenden.[708] Paradebeispiel sind die Fälle *gutachterlicher Falschauskunft* (vgl. Fallbeispiel 3),[709] wobei der Begutachtende den Gutachtenfehler nicht nur eben einfach-fahrlässig, sondern *im Bewusstsein seiner Leichtfertigkeit*[710] begeht

---

[705] *Larenz/Canaris*, Schuldrecht BT (1994), 554, 562; *Sack*, Das Recht am Gewerbebetrieb (2007), 163, 222, 312, 315 führt aus, dass der Großteil aller Anwendungsfälle des Rechts am Gewerbebetrieb auch über § 826 BGB zu lösen sei.
[706] Für die Schweiz BGE 81 II 117 (125): Bei einem Lieferboykott durch den Tabakverband gegen einen Kioskbetreiber begründete auch das BG die Haftung des Boykottierenden über die Sittenwidrigkeitshaftung des Art. 41 Abs. 2 OR.
[707] Dies ausdrücklich klarstellend BGH NJW-RR 2009, 1207 (1210); BGHZ 62, 54 = NJW 1974, 312 (313); NJW 1962, 1766; OLG Rostock OLG-NL 2001, 111 (112); *Spindler*, in: BeckOGK BGB (Stand: 1.7.2022), § 826 Rn. 20; idS auch *Buck-Heeb*, AG 2022, 337: enge Tatbestandsfassung des § 826 BGB soll deliktische Generalklausel gerade vermeiden.
[708] Hierzu zuletzt *Buck-Heeb*, AG 2022, 337 (338, 345); *Röthel*, JURA 2021, 258 (262).
[709] Siehe unter A./II.
[710] BGH NJW 1991, 3282 (1383); VersR 1979, 283 (284); *Hellgardt*, Kapitalmarktdeliktsrecht (2008), 66.

und daher aus § 826 BGB haften soll.⁷¹¹ Besondere Relevanz hat diese Konstellation etwa dann, wenn der geschädigte Empfänger des Gutachtens nicht der Schutzwirkung eines fremden Vertrages untersteht und § 826 BGB als alleinige Anspruchsgrundlage in Betracht kommt.⁷¹²

§ 826 BGB setzt allerdings mindestens *dolus eventualis* voraus⁷¹³ – so wie übrigens auch die österreichische und schweizerische Parallelnorm, obwohl der Wortlaut von § 1295 Abs. 2 ABGB, Art. 41 Abs. 2 OR ausdrücklich von *absichtlicher Schädigung* spricht.⁷¹⁴ *Zentraler Kristallisationspunkt* der in Rechtsprechung und Literatur geführten Diskussion ist nun die Frage, ob sich dem Attribut der *leichtfertigen Schädigung* allein fahrlässiges oder auch schon bedingt-vorsätzliches Verhalten unterordnen lässt. Letzteres bejaht die Rechtsprechung seit langem,⁷¹⁵ indem sie vom *besonders leichtfertigen Verhalten* des Schädigers auf dessen *Bedenken- und Gewissenlosigkeit* gegenüber dem Geschädigten und von hieraus wiederum auf die *billigende Inkaufnahme der Schädigung* schließt.⁷¹⁶ In der Literatur – auch aus österreichischer⁷¹⁷ und schweizerischer⁷¹⁸ Perspektive – stößt diese Kettenschluss-

---

⁷¹¹ BGH NJW 2003, 2825; NJW 1991, 3282; die Voraussetzungen des § 826 BGB in casu verneinend OLG Brandenburg WM 2001, 1920; zur Gutachterhaftung aus § 826 BGB *G. Wagner*, in: MüKo BGB⁸, § 826 Rn. 33; *Reichold*, in: jurisPraxKomm BGB⁹, § 826 Rn. 56; *Sack*, NJW 2006, 945 (948); aus rechtsökonomischer Perspektive *Kötz/Schäfer*, Judex oeconomicus (2003), 132 ff.

⁷¹² ZB OLG Brandenburg WM 2001, 1920 (1921): Keine Schutzwirkung der Beauftragung eines Liegenschaftsgutachters durch das Zwangsvollstreckungsgericht für den Meistbietenden; vgl. *Doobe*, Ersatz reiner Vermögensschäden Dritter (2014), 76; *Sack*, NJW 2006, 945 (948 Fn. 36).

⁷¹³ Allg. Ansicht, jüngst bei der Aufarbeitung des Dieselskandals BGH NJW 2020, 1962 (1966) = RdW 2020/304 = AJP 2020, 1205 mzustAnm *Rusch/Schwizer*; ferner BGHZ 160, 149 = NJW 2004, 2971 (2973); BGHZ 147, 269 = NJW 2001, 2880 (2882); OLG Braunschweig NJW 2007, 609 (610); bereits OLG Hamburg NJW 1956, 348 (349 f.) mzustAnm *Neumann-Duesberg; Förster*, in: BeckOK BGB (62. Ed.), § 826 Rn. 32; *Reichold*, in: jurisPraxKomm BGB⁹, § 826 Rn. 7; *Oechsler*, in: Staudinger BGB (2021), § 826 Rn. 79; *Spindler*, in: BeckOGK BGB (Stand: 1. 7. 2022), § 826 Rn. 17; *Schaub*, NJW 2020, 1028 (1030); *von Bar*, Gemeineuropäisches Deliktsrecht I (1996), Rn. 36; *G. Wagner*, Deliktsrecht¹⁴, 5/135 Nr. 2.

⁷¹⁴ Siehe hierzu unter D./II./2. und D./III./3.

⁷¹⁵ Zu den Anfängen dieser Rechtsprechung noch durch das RG *Schiemann*, in: Hist.-Krit. Komm BGB, §§ 823–830, 840, 842–853 Rn. 101.

⁷¹⁶ Mit dieser doppelten Schlussfolgerung BGHZ 184, 365 = NZG 2010, 550 (552); BGHZ 176, 281 = NJW 2008, 2245 (2249); NJW 1991, 3282 (1383); OLG Dresden NJOZ 2014, 740 (741); zustimmend *G. Wagner*, in: MüKo BGB⁸, § 826 Rn. 31 f.; *ders.*, Deliktsrecht¹⁴, 5/135 Nr. 2; ähnlich schon BGH VersR 1979, 283 (284); weiterführend *Hellgardt*, Kapitalmarktdeliktsrecht (2008), 62 f., 66; *Sack*, Das Recht am Gewerbebetrieb (2007), 210 mwN der Rspr in Fn. 765; vgl. auch zuletzt, wenn auch wenig kritisch *Schwarzfischer/Falk*, ZIP 2021, 547 (557) zur „Interaktion" zwischen Vorsatz- und Sittenwidrigkeitserfordernis.

⁷¹⁷ *Koziol*, AcP 212 (2012), 1 (49): „Anwendungsbereich des § 826 BGB [...] erheblich überdehnt"; *ders.*, in: FS 50 Jahre BGH (2000), 942 (962): „Überbeanspruchung des § 826 BGB".

⁷¹⁸ *Roberto*, in: FS Schweizerischer Juristentag (2000), 137 (148) mit Zweifeln daran, ob die Aufweichung des Vorsatzerfordernisses auch für das schweizerische Recht attraktiv

folgerung auf heftige, grundsätzlich durchaus berechtigte Kritik.[719] Im Kern ist dem BGH vorzuwerfen, durch seine *Leichtfertigkeitsrechtsprechung* im Ergebnis die Grenze zwischen grober Fahrlässigkeit und Eventualvorsatz entgegen dem eindeutigen Wortlaut des § 826 BGB zu verwischen[720] und so auch grob fahrlässige Vermögensschädigungen einer deliktischen Ersatzpflicht zuzuführen.[721]

bb) Einige Beispiele der jüngeren Rechtsprechung

Der Kritik in der Literatur ist zuzugeben, dass die Rechtsprechung sich durch äußerst unglückliche Formulierungen selbst angreifbar macht. Der BGH gab schon im Jahr 1962 selbst zu, dass die höchstrichterliche Rechtsprechung „*Wendungen enthält, die zu Mißverständnissen Anlaß geben können*".[722] Daran hat sich 60 Jahre später nichts geändert. Einige Beispiele aus der jüngeren Rechtsprechung sollen dies illustrieren:

- So setzt der BGH selbst in einem ersten Schritt *grobe Fahrlässigkeit* ausdrücklich mit *Leichtfertigkeit* gleich,[723] um darauf aufbauend auszuführen, „von vorsätzlichem Handeln (sei) auszugehen, wenn der Schädiger so leichtfertig gehandelt hat, dass er eine Schädigung des anderen Teils in Kauf genommen haben muss".[724]
- An anderer Stelle führt der BGH aus, dass sich die Sittenwidrigkeit dann ergäbe, wenn jemand „seine Berufspflichten in solchem Maße *grob fahrlässig und leichtfertig* verletzt, dass sein Verhalten als bedenken- und gewissenlos zu bezeichnen ist" und will just aus diesem unter ausdrücklichem

---

wäre; *ders./Fisch*, in: Fuhrer/Kieser/Weber (Hrsg.), Mehrspuriger Schadensausgleich (2022), 67 (71).

[719] Besonders kritisch *Förster*, AcP 209 (2009), 398 (422f.); *Honsell*, in: FS Medicus (1999), 211 (215 ff.; *ders.*, schon JuS 1976, 621 (628); ferner *Ahrens*, in: FS Deutsch (2009), 701 (707): Leichtfertigkeit darf § 826 BGB nicht zur bloßen Fahrlässigkeitshaftung umgestalten; plastisch *Brüggemeier*, Struktur, Prinzipien, Schutzbereich (2006), 352 der der Rechtsprechung verbale Akrobatik unterstellt; in: FS Larenz (1983), 27 (38 f.): Richter zu Manipulationen verleitet; *Hellgardt*, Kapitalmarktdeliktsrecht (2008), 63 mwN in Fn. 335.

[720] *Spindler*, in: BeckOGK BGB (Stand: 1.7.2022), § 826 Rn. 20; *Spickhoff*, in: FS Danzl (2017), 311 (312): Vorsatzerfordernis abgeschliffen; vgl. auch OLG Brandenburg WM 2001, 1920 (1923): „Leichtfertigkeit setzt bewusste Fahrlässigkeit voraus", während die Leitsätze dieses Urteils noch nahelegen, § 826 BGB auch durch grobe Fahrlässigkeit erfüllen zu können; differenzierend *Franck*, Marktordnung durch Haftung (2016), 449 ff.

[721] *Honsell*, ZIP 2013, 444; *Hirte*, Berufshaftung (1996), 426; *Karampatzos*, Vertrag mit Schutzwirkung für Dritte (2005), 157; *Honsell*, in: FS W. Lorenz (2001), 483 (500 mwN der Rspr in Fn. 82); diesem folgend *Tarman*, Gutachterhaftung gegenüber dem Dritten (2007), 33; vgl. *Wilhelmi*, in: Erman BGB[16], § 826 Rn. 12.

[722] NJW 1962, 1766.

[723] BGH NJW 2014, 1098 (1100); NZG 2012, 1303 (1305); BGHZ 129, 136 = NJW 1995, 1739 (1749): „grob fahrlässigen (leichtfertigen) Handelns"; KG NZI 2016, 546 (550f.): „leichtfertig – und damit grob fahrlässig"; BGHZ 10, 228 = NJW 1953, 1665: „grobe Fahrlässigkeit (Gewissenlosigkeit)"; hierzu *Oechsler*, in: Staudinger BGB (2021), § 826 Rn. 89 ff.

[724] BGH NJW 2014, 1098 (1100); NZG 2012, 1303 (1305).

Einschluss grober Fahrlässigkeit erzielten Sittenwidrigkeitsurteil wiederum den Eventualvorsatz ableiten.[725] Wie explosiv diese Formulierung ist, erkennt der XI. Zivilsenat wohl auch selbst, wenn er keine zwei Jahre später in einer Folgeentscheidung den gesamten Absatz der Urteilsgründe zu Vorsatz und Sittenwidrigkeit wortgleich wiederholt, die beiden bedeutungsschwangeren Wörtchen „*grob fahrlässig*" aber (bewusst) streicht.[726]

- Das OLG Brandenburg ließ sich zur Formulierung eines Leitsatzes hinreißen, in dem es heißt, die Haftung eines vom Vollstreckungsgericht beauftragen Liegenschaftsgutachters setze voraus, „dass das Verkehrswertgutachten unrichtig ist und die Unrichtigkeit auf einem *grob fahrlässigen, leichtfertigen und gewissenlosen* Verstoß gegen die Gutachterpflicht beruht".[727]
- Noch unverblümter trifft es das OLG München, dass die Berufung in einem Prospekthaftungsprozess für begründet hält, „da der Beklagte [...] sich jedenfalls wegen *grob fahrlässig unrichtiger Auskünfte gemäß § 826 BGB* der Klägerin gegenüber schadensersatzpflichtig gemacht hat."[728]
- Ähnlich hält es das OLG Bamberg, welches eine vorsätzlich sittenwidrige Schädigung einer Bank annimmt, „*für deren Vorliegen grobe Fahrlässigkeit ausreichen kann*".[729] Dieser Schluss schien auch dem in der Revision angerufenen BGH[730] zu plump, sodass er mit deutlichen Worten klarstellte, dass grobe Fahrlässigkeit bezüglich der Schädigung eben nicht zur Verwirklichung des § 826 BGB ausreiche.
- Das OLG Dresden stellte zur Haftung einer Wirtschaftsprüfungsgesellschaft für deren fehlerhaftes Testat fest, dass sich die Schädigerin „nach Auffassung des Senats *zumindest grob fahrlässig* der Einsicht in die Unrichtigkeit ihres Bestätigungsvermerkes verschlossen" hat,[731] was ausreiche, um den Vorwurf der Leichtfertigkeit und Gewissenslosigkeit zu bestätigen. Auf diesen Befund wird wiederum der angebliche Eventualvorsatz gestützt, indem angeführt wird, dass der Schädiger „*mit der Möglichkeit rechnete bzw. es sich vorstellte*",[732] der fehlerhafte Bestätigungsvermerk könne zur Grundlage weiterer Dispositionen gemacht werden.

---

[725] BGHZ 176, 281 = NJW 2008, 2245 (2249), Haftung aus § 826 BGB in casu allerdings verneint.
[726] BGHZ 184, 365 = NZG 2010, 550 (552).
[727] OLG Brandenburg WM 2001, 1920; hierauf hinweisend *Spickhoff*, in: FS Danzl (2017), 311 (312), der den Leitsatz als „verräterisch" bezeichnet, gleichzeitig aber auch feststellt, dass in den Urteilsgründen die grobe Fahrlässigkeit „nur" im Kontext der Sittenwidrigkeit erörtert werde, ohne direkten Bezug zum nur ganz knapp erörterten Vorsatz.
[728] OLG München BeckRS 2008, 15552.
[729] OLG Bamberg BeckRS 2009, 12902.
[730] BGH NJW-RR 2009, 1207 (1210): „Die Annahme des BerGer, für eine vorsätzliche sittenwidrige Schädigung könne grobe Fahrlässigkeit ausreichen, beruht auf einem grundlegend fehlerhaften Verständnis des § 826 BGB".
[731] OLG Dresden NJOZ 2014, 740 (741); ebenso WM 2019, 967 (983).
[732] OLG Dresden NJOZ 2014, 740 (742).

- Ebenfalls zur Haftung eines Wirtschaftsprüfers erörterte der BGH, dass der Sittenverstoß leichtfertiges und gewissenloses Verhalten voraussetze, also, „dass der Wirtschaftsprüfer seine Aufgabe *nachlässig erledigt* [...] und dabei eine Rücksichtslosigkeit an den Tag legt, die [...] *gewissenlos* erscheint."[733] Ausführungen zur Ableitung des Eventualvorsatzes aus der Leichtfertigkeit waren hier entbehrlich, da der Schädiger sogar positive Kenntnis von der Unrichtigkeit seines Testats hatte. Sie hätten aber auch kaum überzeugen können – von qualifiziert *nachlässiger Aufgabenerledigung* (was soll das anderes sein als grobe Fahrlässigkeit?) mittelbar über die Sittenwidrigkeit auf den Eventual*vorsatz* zu schließen, lässt sich schlicht nicht sauber begründen.[734]

cc) Das Gros und die Grenzfälle

Die Rechtsprechung findet in der Literatur auch Zustimmung.[735] Zum einen handele es sich bei den überwiegenden Fällen, in denen von Leichtfertigkeit auf vorsätzliche Schädigung geschlossen wird, um solche, bei denen der Auskunftsgeber „*ins Blaue hinein*" die Unwahrheit bekundet.[736] Gemeint ist damit, dass die Auskunft *ohne tatsächliche Grundlage* und *in Erwartung ihrer Unrichtigkeit* abgegeben wird[737] – von *leichtfertiger* (= grob fahrlässiger) *Falschauskunft* lässt sich hier nicht mehr sprechen.[738] Solche Fälle werden

---

[733] BGH VersR 2020, 1120 (1123).

[734] IdS auch *Honsell*, in: FS Medicus (1999), 211 (215): „Ein und derselbe Umstand kann aber nicht zugleich fahrlässig und vorsätzlich herbeigeführt sein"; der BGH sprach dies früher auch selbst so aus, BGHZ 62, 54 = NJW 1974, 312 (313): „Vorsatz [...], ist aber im Rahmen des § 826 BGB erforderlich; Fahrlässigkeit reicht nicht aus. Das ist selbst in den Fällen nicht anders, in denen eine grobe und leichtfertige Verletzung beruflicher Sorgfaltspflichten vorliegt. Eine solche Gestaltung [...] kann zwar für die Bejahung des Merkmals der Sittenwidrigkeit sprechen, der erforderliche Vorsatz wird dadurch aber nicht ersetzt"; *Brüggemeier*, Struktur, Prinzipien, Schutzbereich (2006), 352: zum Schluss von Leichtfertigkeit auf bedingten Schädigungsvorsatz „bedarf es einigen Aufwands an verbaler Akrobatik"; aA *Reichold*, in: jurisPraxKomm BGB⁹, § 826 Rn. 82, der den Schädigungsvorsatz ausdrücklich aus der *grob fahrlässigen und rücksichtslosen Handlungsweise* ableiten will.

[735] Grundsätzlich (dem von der Rspr erzielten Ergebnis) zustimmend etwa *Faust*, AcP 210 (2010), 555 (559), der sich aber trotzdem zum Hinweis auf die dogmatische Fragwürdigkeit angehalten sieht.

[736] *Sack*, Das Recht am Gewerbebetrieb (2007), 210; *ders.*, NJW 2006, 945 (948); *Ahrens*, in: FS Deutsch (2009), 701 (706 f.); vgl. auch aus österreichischer Perspektive *Reich-Rohrwig*, Aufklärungspflichten vor Vertragsschluss (2015), 574.

[737] BGH VersR 2020, 626 (629 f.); NJW-RR 2012, 1078 (1097 f.); NJW 1998, 302 (303); NJW 1981, 864 (865); *G. Wagner*, in: MüKo BGB⁸, § 826 Rn. 88; ähnlich *Oechsler*, in: Staudinger BGB (2021), § 826 Rn. 97; auf die fehlende Sachgrundlage abstellend BGHZ 168, 64 = NJW 2006, 2839 (2840); NJW 1981, 1441 (1442).

[738] Jüngst BGH VersR 2020, 626 (629 f.): Keine Arglist (also kein Vorsatz) bei Leichtfertigkeit, sondern erst bei Erklärung „ins Blaue hinein"; der BGH lässt auch hier eindeutig erkennen, dass die Leichtfertigkeit noch Ausdruck der Fahrlässigkeit ist, aber noch nicht als (Vorsatz voraussetzende) Auskunft „ins Blaue hinein" anzusehen ist.

daher zurecht als vorsätzliche Schädigung eingeordnet und unterfallen damit ohne weitere Schwierigkeiten § 826 BGB. Dies deckt sich auch mit der Dogmatik zur Arglistanfechtung, die bei Täuschung durch Erklärungen „ins Blaue hinein", eben auch eventual-vorsätzlichem Handeln, einen Anfechtungsgrund anerkennt.[739]

Zum anderen wird mit der Parallele zum strafrechtlichen Verständnis des Eventualvorsatzes argumentiert (auch dort läge der Schwerpunkt auf der Frage, für wie möglich und wahrscheinlich der Täter den Schadenseintritt hält) und angeführt, Leichtfertigkeit sei jedenfalls ein „Beweisanzeichen für vorsätzliches Handeln".[740]

Und trotzdem: Die vorstehend skizzierten Grenzfälle, in denen es eben nicht um vorsätzliche Falscherklärungen „ins Blaue hinein" ging, offenbaren, dass sich die Rechtsprechung hier auf einer Gratwanderung befindet, die, einmal in Angriff genommen, kaum unfallfrei verlaufen kann. Leichtfertigkeit ausdrücklich mit grober Fahrlässigkeit gleichzusetzen, so die Sittenwidrigkeit begründet zu sehen und von hier aus – also vermittelt über die auf grober Fahrlässigkeit basierende Sittenwidrigkeit – im Endergebnis auf Eventualvorsatz zu schließen, liegt (vorsichtig ausgedrückt) zumindest nicht ganz nah.

dd) *Keine Entsprechung im österreichischen und schweizerischen Recht*

Blickt man auf das österreichische und schweizerische Recht, stellt man fest, dass die dortige Sittenwidrigkeitshaftung (noch) nicht denselben Erosionserscheinungen unterliegt.[741] Daran ist bemerkenswert, dass § 1295 Abs. 2 ABGB und Art. 41 Abs. 2 OR auf die direkte Rezeption des § 826 BGB zu-

---

[739] BGH VersR 2020, 626 (629 f.); BGHZ 168, 64 = NJW 2006, 2839 (2840); KG r + s 2007, 333 (334); bei gröbster Fahrlässigkeit, eben unterhalb von Erklärungen „ins Blaue hinein", scheidet eine Anfechtung dagegen aus, BGH NJW 1977, 1055; *Armbrüster*, in: MüKo BGB⁹, § 123 Rn. 17; aA offenbar OLG München BeckRS 2008, 15552, welches Auskünfte „ins Blaue hinein" noch einmal unterhalb des bedingten Vorsatzes einordnet.

[740] *G. Wagner*, in: MüKo BGB⁸, § 826 Rn. 33; vgl. auch *Schaub*, NJW 2020, 1028 (1030) im Kontext der Haftung im Dieselskandal; *Sack*, NJW 2006, 945 (948) sieht in der Leichtfertigkeit eine Vermutung für bedingten Vorsatz; ähnlich *Reichold*, in: jurisPraxKomm BGB⁹, § 826 Rn. 82 mit der Behauptung, der Schädigungsvorsatz könne häufig „nur aus einer grob fahrlässigen und rücksichtslosen Handlungsweise gefolgert werden"; kritisch dagegen *Förster*, AcP 209 (2009), 398 (422): „es wird [...] aus vermeintlicher Beweisnot [...] eine noch ernsthaft am Tatbestand des § 826 BGB orientierte Subsumtion geopfert"; zur Beweisproblematik rund um den Schädigungsvorsatz schon *Honsell*, JuS 1976, 621 (628 f.).

[741] *Honsell*, in: FS Medicus (1999), 211 (217 f.), der ausführt, dass die Entwicklung im schweizerischen Recht sogar eher in die Gegenrichtung – zu einer möglichst engen Anwendung der Sittenwidrigkeitshaftung – tendiert; beispielhaft BGE 124 III 297 (303): „Art. 41 Abs. 2 OR erfasst in erster Linie die Schikane"; vergleichend aus schweizerischer Perspektive auch *Fisch*, Eigentumsgarantie und Nichtersatzfähigkeit reiner Vermögensschäden (2020), Rn. 351; *Roberto/Fisch*, in: Fuhrer/Kieser/Weber (Hrsg.), Mehrspuriger Schadensausgleich (2022), 67 (75); *Hürlimann*, in: Institut für Schweizerisches und Internationales

rückgehen, sich aber – im Gegensatz zur Ursprungsnorm – ihre originalen Tatbestandskonturen haben erhalten können. Dies weist diesen beiden Vorschriften zwar einen nur engen Anwendungsbereich zu und verdammt sie damit zu einer Randexistenz,[742] entspricht aber damit schon dem grundlegenden Ansinnen der Sittenwidrigkeitshaftung, die feingliedrige Obergrenze der sanktionslosen Vermögensschädigungen zu markieren.

ee) Zwischenergebnis und Perspektive: Haftung für grobe Fahrlässigkeit de lege ferenda?

Die Rechtsprechung mag gute Gründe dafür haben, insbesondere die vorgenannten Gutachterfälle im Ergebnis einer Haftung zuzuführen. Allein, das Vorsatzerfordernis des § 826 BGB bietet hierfür nur begrenzten Raum.[743] „Gelöst" wird dieses Problem durch eine *falsche Etikettierung* – wo vordergründig Vorsatz ausgewiesen wird, muss schließlich § 826 BGB anzuwenden sein, auch wenn dies letztlich nicht mehr ist als ein Feigenblatt für eine deliktische Fahrlässigkeitshaftung für reine Vermögensschäden.[744]

De lege ferenda könnte eine in der Literatur propagierte allgemeine Absenkung des § 826 BGB auf grob fahrlässige Schädigung Abhilfe schaffen.[745] Auch mit den bisher erzielten Ergebnissen dieser Untersuchung wäre dies vereinbar: Die Handlungs- bzw. Schädigungsfreiheit des Einzelnen – Kernelement der Absage an Vermögensschutz in § 823 Abs. 1 BGB – wäre aus zwei Gründen nicht über Gebühr beansprucht. *Erstens* kann diese nur soweit reichen, wie sie auch schützenswert ist. Bei qualifiziertem Verschulden, eben auch schon bei grober Fahrlässigkeit, ist dies zumindest zweifelhaft.[746]

Baurecht der Universität Fribourg (Hrsg.), Schweizerische Baurechtstagung 2011 (2011), 197 (216).

[742] BGE 124 III 297 (302): Art. 41 Abs. 2 OR „mit grösster Zurückhaltung als gegeben anzunehmen"; *Hürlimann*, in: Institut für Schweizerisches und Internationales Baurecht der Universität Fribourg (Hrsg.), Schweizerische Baurechtstagung 2011 (2011), 197 (216); *Koller*, AJP 2020, 1381 (1393): gewisse Zurückhaltung der Gerichte; für das schweizerische Recht schon dem Titel seines Beitrags nach von einer „Mauerblümchen"-Bestimmung sprechend *Bieri*, AJP 2008, 249; vgl. auch *P. Widmer*, in: FS Koziol (2010), 943 (948): „irgendwie schräg in der Landschaft"; *Hürlimann*, in: Institut für Schweizerisches und Internationales Baurecht der Universität Fribourg (Hrsg.), Schweizerische Baurechtstagung 2011 (2011), 197 (216).

[743] *Larenz/Canaris*, Schuldrecht BT (1994), 455: „nicht den geringsten Ansatz für legitime Rechtsfortbildung".

[744] Plastisch *Hirte*, Berufshaftung (1996), 426: „Konstruktion" einer Fahrlässigkeitshaftung für primäre Vermögensschäden.

[745] *Canaris*, VersR 2005, 577 (584); idS aber noch zurückhaltender *ders.*, in: FS Larenz (1983), 27 (39); von einem rechtsökonomischen Standpunkt aus für eine Haftung bereits bei grober Fahrlässigkeit plädierend *Schäfer*, AcP 202 (2002), 808 (836 f.).

[746] Vgl. iwS auch *G. Wagner*, in: MüKo BGB[8], § 826 Rn. 11, der für eine funktionale Auslegung des Sittenwidrigkeitsmerkmals plädiert und die „Dammbruchgefahr" dann für ge-

Und *zweitens* bleibt grobe Fahrlässigkeit grundsätzlich auch versicherbar – ein Aspekt, der bei der gegenwärtig von der Rechtsprechung verfolgten Linie deswegen heftig kritisiert wird, weil hier objektiv grob fahrlässige Schädigungen durch den Richter als vorsätzlich ausgewiesen werden und der Versicherungsschutz, der bei grober Fahrlässigkeit noch greifen würde, bei Vorsatz entfällt.[747]

Eine methodische Zweifelfreiheit wäre allerdings auch hier noch nicht gesichert. Wenn heute kritisiert wird, dass die Rechtsprechung die Grenzen zwischen grober Fahrlässigkeit und bedingtem Vorsatz verschwimmen lässt, würde sich dieses Abgrenzungsproblem im Falle einer normierten Absenkung des § 826 BGB auf grobe Fahrlässigkeit schlicht auf den Bereich zwischen der (noch) einfachen bzw. (schon) groben Fahrlässigkeit verschieben.[748]

d) Zwischenergebnis

Rechtsprechung und Lehre des deutschen Rechtskreises versuchen, das für reine Vermögensschäden besonders eng sitzende deliktische Korsett von innen heraus zu lockern. Angesetzt wird an drei Punkten: Erste und zentrale Stellschraube des Grundsatzes der Nichtersatzfähigkeit reiner Vermögensschäden ist das Verständnis der Rechtswidrigkeit. Insbesondere in der Schweiz spricht sich die Lehre immer stärker für ein alternatives Rechtswidrigkeitskonzept aus, welches reinen Vermögensschäden nicht schon im Ausgangspunkt ihre Ersatzfähigkeit abspricht.

Der starre, erkennbar dem Erfolgsunrecht verhaftete Tatbestand des § 823 Abs. 1 BGB schiebt flexibleren Rechtswidrigkeitsansätzen dagegen weitgehend einen Riegel vor. Die deutsche Rechtsprechung behilft sich daher mit zwei weiteren, von der Literatur nur zum Teil gebilligten Kunstgriffen: Zum einen wurde die Figur des Rechts am Gewerbebetrieb kreiert, um unter dem Deckmantel des „sonstigen Rechts" iSd § 823 Abs. 1 BGB zumindest unternehmerischen Vermögensschutz betreiben zu können.

Zum anderen lässt die Rechtsprechung die Trennlinie zwischen den Tatbestandsmerkmalen der Sittenwidrigkeit und des Vorsatzes iSd § 826 BGB verschwimmen, um auch Fälle grob fahrlässiger Schädigungen im Ergebnis einer Ersatzpflicht nach § 826 BGB zuführen zu können. Indem in einem

---

bannt hält, wenn sich das Haftungsurteil nach der Frage richtet, ob eine Einstandspflicht für reine Vermögensschäden im Einzelfall geboten ist.

[747] Vgl. § 103 VVG; auf dieses Problem hinweisend *Honsell*, in: FS Medicus (1999), 211 (217); *Karampatzos*, Vertrag mit Schutzwirkung für Dritte (2005), 157 f.; aA *Larenz/Canaris*, Schuldrecht BT (1994), 454 mit der Behauptung, der Schluss von der Sittenwidrigkeit auf den Vorsatz ließe sich nicht auf § 103 VVG (= § 152 VVG aF) übertragen; im Ergebnis ähnlich *Hirte*, Berufshaftung (1996), 426.

[748] Ähnlich schon *Honsell*, JuS 1976, 621 (629); mit diesen Bedenken für das schweizerische Recht *Roberto*, in: FS Schweizerischer Juristentag (2000), 137 (148).

ersten Schritt grob fahrlässiges Verhalten als sittenwidrig angesehen und in einem zweiten Schritt von diesem so gewonnenen Sittenwidrigkeitsurteil auf bedingten Schädigungsvorsatz geschlossen wird, haftet unter § 826 BGB im Ergebnis auch der nur grob fahrlässig Schädigende.

2. Zwischen Vertrag und Delikt – Annäherung originär außervertraglicher Sachverhalte an das vertragliche Haftungsregime

Ein zweiter Ansatz zur Erweiterung der außervertraglichen Haftung für fahrlässig verursachte reine Vermögenschäden besteht darin, *originär außervertragliche Konstellationen* der (quasi-)*vertraglichen Haftung* zu unterstellen.[749] Diese nimmt keine rechtsgutsorientierte Differenzierung vor, sondern erfasst, *erstens*, auch reine Vermögensschäden und kommt dem Geschädigten, *zweitens*, im gesamten deutschen Rechtskreis mit günstigeren Regeln zur Beweislast[750] und der Zurechnung von Gehilfenhandlungen zugute.[751] Die Erstreckung des vertraglichen Haftungsregimes auf außervertragliche Anlassfälle erfreut sich bei den Akteuren, die eine Einstandspflicht zu begründen versuchen, insofern einer hohen Beliebtheit,[752] als hier keine Bindung an die starren Deliktstatbestände zu beachten ist, sondern die Haftung der Beteiligten von der Annahme der *flexibleren*[753] (vor-)vertraglichen Beziehungen abhängt.

---

[749] *von Caemmerer*, in: FS Deutscher Juristentag (1960), 49 (56); *Immenhauser*, in: Büchler/Ernst/Oberhammer (Hrsg.), Vinculum iuris (2008), 65 (120); *Bärtschi*, ZBJV 2010, 429 (437 f.); *Medicus*, in: FS Keller (1989), 205 (206): Anwendung der culpa in contrahendo auf „eher dem Deliktsrecht nahestehende" Konstellationen; ähnlich *Rummel*, in: FS Canaris I (2007), 1149 (1153 mwN in Fn. 17): Deliktische Natur der dem vertragsähnlichen Institut der Haftung aus culpa in contrahendo zugewiesenen Schutzpflichten; der OGH bbl 2004/113 spricht etwa von der Haftung aus culpa in contrahendo als der „gesteigerten außervertraglichen Verantwortung".
[750] In Deutschland durch die Vermutung des Vertretenmüssens durch den pflichtverletzenden Schuldner, § 280 Abs. 1 S. 2 BGB; entsprechend in der Schweiz, Art. 97 Abs. 1 OR, und in Österreich, § 1298 ABGB.
[751] Bei der Zurechnung des Verschuldens des Erfüllungsgehilfen (§ 278 BGB) innerhalb eines Schuldverhältnisses besteht, anders als bei § 831 BGB (Verrichtungsgehilfe), insbesondere keine Exkulpationsmöglichkeit; Entsprechendes gilt weitestgehend auch in der Schweiz, vgl. Art. 55 Abs. 1, 101 Abs. 1 OR; eine ähnliche Zweiteilung findet sich auch in Österreich, § 1313a (Erfüllungsgehilfe) und § 1315 (Besorgungsgehilfe = Verrichtungsgehilfe), wobei die Besorgungsgehilfenhaftung dort den Geschäftsherrn bei Einsatz einer untüchtigen Person sogar verschuldensunabhängig trifft; hierzu OGH ZVR 1974/110: § 831 BGB ist Gegenstück zu § 1315 ABGB, aber Haftung für Verrichtungsgehilfen als Verschuldenshaftung mit umgekehrter Beweislast geregelt.
[752] Plastisch *Picker* JZ 1987, 1041 (1042), der kritisch von „Vertragssüchtigkeit" spricht; mit vernichtender Kritik speziell für das schweizerische und deutsche Recht *Honsell*, ZSR 2011 II, 5 (85 ff.); *Griss*, in: FS 200 Jahre ABGB (2011), 1521 (1532) dagegen äußert Verständnis für die Tendenz, die Vertragshaftung auszuweiten.
[753] *Hohloch*, NJW 1979, 2369 (2371); *Magnus*, HAVE 2017, 25 (31): ergänzende Vertrags-

Dieser Haftungserweiterung im *Bereich zwischen Vertrag und Delikt*[754] sind – schon bekannte – Grenzen gesetzt. Erneut kommt es auf Schutzzwecküberlegungen an, die das Haftungsbedürfnis im Einzelfall mit der allgemeinen Bewahrung der Handlungs- und Haftungsfreiheit durch Vermeidung einer uferlosen Haftung in Einklang zu bringen haben. In den folgenden typisierten vertraglichen bzw. quasivertraglichen Rechtsfiguren verkörpern sich diese Schutzzwecküberlegungen.

a) culpa in contrahendo

Mit der Figur der *culpa in contrahendo*, also der Einstandspflicht für Pflichtverletzungen während der Vertragsanbahnung, wird die vertragliche Haftung auch schon auf das *zeitliche Stadium vor Vertragsschluss* verlagert.[755] Zur Anwendung kommt die Haftung aus culpa in contrahendo zumeist dann, wenn jemand vor Vertragsschluss zunächst einer Fehlvorstellung unterliegt bzw. nicht hinreichend aufgeklärt und so letztlich zu einem nachteiligen Vertragsschluss verleitet wird. Der reine Vermögensschaden besteht hier etwa in *nutzlosen Aufwendungen*[756] oder dem entgangenen Gewinn aus einem *lukrativeren Alternativgeschäft.*[757]

aa) Entwicklung und Verortung der culpa in contrahendo im deutschen Rechtskreis

Die Einstandspflicht für *vorvertraglich verursachte reine Vermögensschäden* ist heute in Deutschland, Österreich und der Schweiz fest etabliert.[758] Ihre Wurzeln reichen dabei bis ins römische Recht zurück.[759] Der deutschsprachi-

---

auslegung als Instrument der Feinjustierung; *Immenhauser*, in: Büchler/Ernst/Oberhammer (Hrsg.), Vinculum iuris (2008), 65 (120): offeneres Vertragsrecht.

[754] Vgl. *Canaris*, VersR 2005, 577 (583 f.), der in diesem Kontext die Begrifflichkeit der „dritten Spur" zwischen der Vertrags- und der Deliktshaftung geprägt hat; ihm in dieser Begrifflichkeit auch in der Schweiz folgend *Walter*, ZSR 2001, 79 (90); *C. Widmer*, ZSR 2001, 101.

[755] *Magnus*, HAVE 2017, 25 (32) bezeichnet die Haftung aus culpa in contrahendo daher plastisch als „Ausweichbewegung der Rechtsprechung" an den Restriktionen des Deliktsrechts vorbei.

[756] *Kepplinger*, Eigenhaftung von Vertragsgehilfen (2016), 30 f. mit dem Beispiel „frustrierter Vertragserrichtungskosten"; *S. Lorenz*, JuS 2015, 398 (399).

[757] Lehrbuchartig OGH EvBl 1991/101: Voraussetzung des Ersatzes entgangener Geschäftsgewinne ist, dass ein sonstiges „Ersatzgeschäft" versäumt wurde; *S. Lorenz*, JuS 2015, 398 (399).

[758] Ausführlich zum Stellenwert der Haftung aus culpa in contrahendo im gesamteuropäischen Rechtsraum *M. Lehmann*, ZEuP 2009, 693 ff.; *Herresthal*, in: BeckOGK BGB (Stand: 1.4.2022) § 311 Rn. 208 ff.

[759] Hierzu *Bucher*, in: FS Walter (2005), 231 (237).

gen Lehre wurde die culpa in contrahendo insbesondere[760] durch *Jhering*[761] fruchtbar gemacht.[762] Auch deshalb gilt dieses Rechtsinstitut erneut als deutsches Exportgut[763] und dieser Untersuchung als Beleg für die rechtskreisinterne Rezeption.[764]

(1) Über hundertjährige Praxis in Deutschland

Die vorvertragliche Haftung hat mit dem *Linoleumrollen-Fall*[765] aus dem Jahr 1911 Eingang in die gerichtliche Praxis gefunden. Dort ging es noch um den Ersatz des Personenschadens einer kaufwilligen Frau und ihres Sohnes, die in einem Warenhaus – noch vor Abschluss eines Kaufvertrages – von umfallenden Linoleumrollen verletzt wurden. Das in letzter Instanz über die etwaige Ersatzpflicht des Kaufhauses befindende RG erwog hierzu eine – seitdem nun praktizierte – Haftung aus culpa in contrahendo. Einer der Reichsgerichtsräte erwies dabei fast hellseherischen Weitblick und warnte davor, mit der allgemeinen Anerkennung der Haftung aus culpa in contrahendo „*zugleich eine ausgedehnte Haftung für fahrlässige Vermögenbeschädigung*" zu schaffen[766] – heute ist diese Ausdehnung auf reine Vermögensschäden Kerndomäne der Vorvertragshaftung.[767]

---

[760] Bereits §§ 284 f. I 5 ALR enthielt eine zentrale Haftung aus culpa in contrahendo: „wenn einer der Contrahenten bey Abschließung des Vertrags die ihm obliegenden Pflichten vernachläßigt hat", hierzu *Emmerich*, in: MüKo BGB⁹, § 311 Rn. 38; *Feldmann*, in: Staudinger BGB (2018), § 311 Rn. 98.

[761] Wegweisend *Jhering*, in: Gerber/Jhering (Hrsg.), Jahrbücher für die Dogmatik des heutigen römischen und deutschen Privatrechts, Band 4, Jena 1861, 1 ff.

[762] Ausdrücklich BGE 77 II 135: „A la suite de la doctrine allemande et de la jurisprudence du Tribunal d'empire allemand, qui ont adopté et développé les idées exprimées par IHERING [...], la pratique des tribunaux suisses a aussi reconnu la cause de responsabilité dérivant de la culpa in contrahendo"; ausführlich *Immenhauser*, Das Dogma von Vertrag und Delikt (2006), 306 ff.; *Heinrichs*, in: FS Canaris I (2007), 421 (422); *Reich-Rohrwig*, Aufklärungspflichten vor Vertragsschluss (2015), 5 f.; zum diskussionsanstoßenden Kölner Telegrafenfall *Temming/Weber*, JURA 2019, 923 (925 f.).

[763] Statt vieler *Kramer*, AcP 200 (2000), 365 (376, 391); *Bussani/Palmer*, in: Bussani/Palmer (Hrsg.), Pure Economic Loss in Europe (2003), 120 (154).

[764] Zur Rezeption der Haftung aus culpa in contrahendo ausführlich *Bucher*, in: FS Walter (2005), 231 (237 ff.).

[765] RGZ 78, 239; die wohl detaillierteste Analyse des Linoleumrollen-Falls der jüngeren Zeit bietet *Thiessen*, in: FS Canaris (2017), 51 ff.

[766] So zitiert *Thiessen*, in: FS Canaris (2017), 51 (58 Fn. 28) den Reichsgerichtsrat *Schaffeld* aus der Prozessakte zum Linoleumrollen-Fall.

[767] Werden vorvertraglich Sach- und Personenschäden verursacht, reichen nach heutigem Verständnis die deliktischen Verkehrssicherungspflichten regelmäßig ebenso weit wie solche aus contrahendo, eingängig hierzu schon *Medicus*, in: FS Keller (1989), 205 (210 f.); ferner *Horn*, JuS 1995, 377 (380), der ausführt, dass der Linoleumrollen-Fall heute wohl über das Deliktsrecht gelöst würde; vgl. auch *Sutschet*, in: BeckOK BGB (62. Ed.), § 311 Rn. 55 f.; besondere Bedeutung hat die Haftung aus culpa in contrahendo daher dort, wo auch heute mangels deliktischer Sicherungspflichten das reine Vermögen ungeschützt ist.

Die Verortung der Haftung aus culpa in contrahendo gab in der Vergangenheit Anlass zu vielfältiger Diskussion,[768] fand sie im BGB doch zunächst keinen allgemeinen Niederschlag.[769] Im Zuge der Schuldrechtsmodernisierung wurde schließlich in § 311 Abs. 2 BGB das zu diesem Zeitpunkt bereits knappe 100 Jahre lang exerzierte Prinzip der culpa in contrahendo normiert, indem dort bestimmt wird, dass ein Rücksichtnahmepflichten begründendes Schuldverhältnis bereits durch *vorvertragliche Kontaktaufnahme* entsteht. Die dort beschriebenen Einzeltatbestände verbreitern sich in ihrer Reichweite pyramidenartig nach unten. So entsteht ein solches Rücksichtnahmeschuldverhältnis nämlich jedenfalls durch die *Aufnahme von Vertragsverhandlungen* (§ 311 Abs. 2 Nr. 1 BGB), aber auch schon bei *Anbahnung eines Vertrags* (Abs. 2 Nr. 2) und sogar durch *ähnliche geschäftliche Kontakte* (Abs. 2 Nr. 3).

(2) Noch längere Tradition in der Schweiz

Auch im schweizerischen Recht verpflichtet die Figur der *culpa in contrahendo* die designierten Vertragsparteien bereits vor Vertragsschluss zu Loyalität und Rücksichtnahme,[770] deren Verletzung eine Ersatzpflicht nach sich zieht.[771]

Das BG blickt dabei auf eine noch längere Tradition zurück als die deutsche Gerichtsbarkeit. Der – soweit ersichtlich – erste Bundesgerichtsentscheid, der ausdrücklich eine Haftung aus *culpa in contrahendo* erwog, erging bereits im Jahre 1901.[772] Der vorstehende Befund, dass der Grundsatz des vorvertraglichen Verschuldens aus der deutschen in die älplerische Rechtswissenschaft übernommen wurde ist daher zu relativieren: Für die grundsätzliche Aufbereitung durch *Jhering* als deutsche „Rechtsidee" mag das Rezeptionsattribut noch zutreffen. In die höchstrichterliche Praxis der Schweiz hat es die Haftung aus culpa in contrahendo aber bereits zehn Jahre vor dem reichgerichtlichen Linoleumrollen-Fall geschafft, sodass jedenfalls unter den Höchstgerichten die Vorreiterrolle hier vertauscht ist.[773]

---

[768] Zur vormals in Deutschland bestehenden, nun versiegten Diskussion *Medicus*, in: FS Keller (1989), 205 (206 ff.).

[769] Die §§ 122, 179 BGB beheimaten freilich seit jeher spezielle Facetten der Haftung aus culpa in contrahendo.

[770] BGE 68 II 295 (303); *Bärtschi*, Verabsolutierte Relativität (2009), 386.

[771] *Middendorf/Grob*, in: CHK³, Art. 2 ZGB Rn. 13.

[772] BGE 27 II 378 (382): „Aus denselben Erwägungen ergibt sich, daß in casu auch keine fahrlässige Bewirkung eines beim Vertragsabschluß maßgebenden Irrtums, keine culpa in contrahendo, vorliegt".

[773] *Kramer*, AcP 200 (2000), 365 (376) weist weiterhin darauf hin, dass auch der historische Gesetzgeber in der Schweiz besonders fortschrittlich war und im alten OR – also noch vor Inkrafttreten des BGB – schon einzelne Aspekte der Haftung aus culpa in contrahendo positiviert waren.

Die Grundlage der Haftung aus culpa in contrahendo und ihre dogmatische Einordnung ist – mangels Kodifikation[774] – in der schweizerischen Literatur bis heute umstritten.[775] Das BG hält sich jedenfalls in seiner jüngeren Rechtsprechung[776] nicht lange mit entsprechenden Einordnungen auf und verortet die culpa in contrahendo schlicht *im Bereich zwischen Vertrag und Delikt*.[777] Einigkeit besteht aber darüber, dass bei vorvertraglichem Verschulden auch reine Vermögensschäden zu ersetzen sind, dient die culpa in contrahendo doch gerade als Mittel zum Zweck, den diesbezüglichen Restriktionen des Deliktsrechts zu entkommen.[778]

(3) Spätes Erwachen der Doktrin in Österreich

Der OGH sah erst[779] Anfang der 1970er Jahre Bedarf, um – immer noch mit Zurückhaltung – auszusprechen, dass die culpa in contrahendo „*dem österreichischen Recht nicht fremd*" ist.[780] In Österreich ist die culpa in contrahendo bis heute nicht kodifiziert, lässt sich aber nach inzwischen herrschender Meinung aus einer Gesamtanalogie insbesondere[781] zu den §§ 874, 878

---

[774] Die Art. 26, 39 OR enthalten ganz wie die § 122, 179 BGB partielle Facetten der Haftung aus culpa in contrahendo; mit weiterführendem Vergleich *Medicus*, in: FS Keller (1989), 205 (216 f.).

[775] Überwiegend wird die Ersatzpflicht aus culpa in contrahendo als vertragsähnliche Haftungsfigur eingeordnet, so und mit Nachweisen der Gegenstimmen *Furrer/Wey*, in: CHK³, Art. 97 OR Rn. 11; *Honsell*, in: FS Nobel (2005), 939 (946); *ders./Isenring/Kessler*, Haftpflichtrecht (2013), § 4 Rn. 22; idS auch *C. Widmer*, ZSR 2001, 101 (121); ausführlich zur Rechtsnatur der culpa in contrahendo nach schweizerischer Dogmatik *Schwenzer*, OR AT⁷, § 48; *Medicus*, in: FS Keller (1989), 205 f.; *Wiegand*, recht 1997, 85 (87) macht die Swissair-Entscheidung (BGE 120 II 331) als Wendepunkt aus, mit dem das BG endgültig die frühere deliktische Verortung der Haftung aus culpa in contrahendo aufgibt.

[776] Früher ordnete das BG die Haftung aus culpa in contrahendo noch ausdrücklich dem Deliktsrecht (zB BGE 49 II 54 [64]; 45 II 548 [554]) bzw dem Vertragsrecht zu (BGE 90 II 449 [458 frz.]: „culpa in contrahendo qui engage sa responsabilité contractuelle"; BGE 108 II 419 [422]); zuletzt die Haftung aus culpa in contrahendo jedenfalls neben die Deliktshaftung stellend BGE 141 III 112 (117); *Sommer*, AJP 2006, 1031 (1032 mwN in Fn. 12).

[777] Jeweils die Vertrauenshaftung als Oberbegriff der culpa in contrahendo zwischen Vertrag und Delikt einordnend BGE 134 III 390 (395); 130 III 345 = AJP 2005, 350 mAnm *Plotke*; ähnlich schon BGE 68 II 295 (303): Grenzgebiet zwischen Vertrag und Delikt.

[778] *Hirschle/von der Crone*, SZW 2007, 330 (332 f.); *Cartier*, Begriff der Widerrechtlichkeit nach Art. 41 OR (2007), Rn. 243 im Anschluss an *Gauch/Sweet*, in: FS Keller (1989), 117 (125); vgl. BGE 125 III 86 (89).

[779] *Kramer*, AcP 200 (2000), 365 (391) führt aus, dass die Haftung aus culpa in contrahendo bis zur Ära der ersten OGH-Entscheide auch in der österreichischen Literatur kaum Beachtung fand; idS auch *Bussani/Palmer*, in: Bussani/Palmer (Hrsg.), Pure Economic Loss in Europe (2003), 120 (154); *Koziol*, Haftpflichtrecht II (2018), A/2/273; aus schweizerischer Perspektive *Bucher*, in: FS Walter (2005), 231 (239); dagegen weist *Thiessen*, in: FS Canaris (2017), 51 (72 f.) erste österreichische Bekenntnisse zur culpa in contrahendo schon seit 1911 (dem Jahr der reichsgerichtlichen Linoleumrollen-Entscheidung) nach.

[780] OGH SZ 46/22 = RZ 1973/110; hierzu *Griss*, in: FS 200 Jahre ABGB (2011), 1521 (1528).

[781] Je nach Fall und Quelle werden verschiedene Bestimmungen genannt, die als Grund-

ABGB herleiten, die selbst die Existenz einer vorvertraglichen Einstandspflicht implizieren.[782] Dreh- und Angelpunkt dieser Gesamtanalogie ist § 874 ABGB, der eine deliktische[783] Haftung desjenigen anordnet, der durch Täuschung oder Drohung einen Vertragsschluss herbeiführt, dabei aber *Schädigungsvorsatz* voraussetzt.[784] Zentrales und vom OGH[785] ausdrücklich bestätigtes Anliegen der Gesamtanalogie ist nun die Erstreckung dieser Wertung und damit die Anerkennung *jeder* (nicht nur der vorsätzlichen) *vorvertraglichen Irrtumserregung als rechtswidrig* und damit haftungsbegründend iSd § 1295 ABGB.[786] So werden im Ergebnis und unter der Begrifflichkeit der culpa in contrahendo auch Schäden durch die fahrlässige vorvertragliche Irrtumserregung einer Ersatzpflicht zugeführt.

Die Existenz einer Haftung aus vorvertraglichem Verschulden ist in Österreich heute unstreitig[787] und ermöglicht die Begründung einer Ersatzpflicht auch für sich zeitlich noch vor dem (gegebenenfalls gar nicht zustande kommenden)[788] Vertragsschluss ereignende fahrlässig verursachte reine Vermögensschäden.[789]

bb) Funktion der Haftung aus culpa in contrahendo

Bei Licht betrachtet bringt die Figur der culpa in contrahendo keine fernliegenden Rechtsfolgen mit sich: Zwei oder mehrere Personen treten bewusst und gewollt miteinander in geschäftlichen Kontakt, der im Idealfall – für die

---

lage der Gesamtanalogie dienen sollen, vgl. etwa OGH SZ 49/94 = EvBl 1976/282: §§ 866, 869, 874, 878 S. 3, 932 Abs. 1 letzter Satz ABGB; *Vrba/Maurer*, in: Vrba (Hrsg.), Schadenersatz in der Praxis (45. EL), B/II/2: §§ 248, 866, 869, 874, 932 Abs 1, letzter Satz ABGB; *Pletzer*, in: ABGB-ON (Stand: 1.8.2019), § 874 Rn. 7: §§ 874, 878 S. 3, 866 aF, § 932 Abs 1 letzter Satz aF; *Griss*, in: FS 200 Jahre ABGB (2011), 1521 (1528 Fn. 24): §§ 869 S. 3, 874, 878 S. 3, 945 ABGB; hierzu auch *Kepplinger*, Eigenhaftung von Vertragsgehilfen (2016), 162.

[782] *Harrer/E. Wagner*, in: PraxKomm ABGB⁴, § 1295 Rn. 106; zentral auf § 878 ABGB abstellend auch OGH SZ 48/102 = JBl 1976, 205 (206) mzustAnm *P. Bydlinski*.

[783] Den deliktischen Charakter der Vorschrift trotz ihrer Platzierung im XVII. Hauptstück über Verträge und Rechtsgeschäfte ausdrücklich herausstellend OGH SZ 56/135 = JBl 1984, 669 (670).

[784] Hierzu schon unter F./I./5.

[785] OGH SZ 48/102 = JBl 1976, 205 (207) mzustAnm *P. Bydlinski*.

[786] *Griss*, in: FS 200 Jahre ABGB (2011), 1521 (1529); *Kepplinger*, Eigenhaftung von Vertragsgehilfen (2016), 165.

[787] *Rummel*, in: FS Canaris I (2007), 1149 (1153); OGH, Urt. v. 23.9.2020 – 7 Ob 84/20h; NZ 2018/88; siehe schon *Welser*, Haftung für Rat, Auskunft und Gutachten (1983), 48: darf zum „gesicherten Bestand der Judikatur" zählen.

[788] OGH SZ 2007/62 = ÖBA 2008/1455; ecolex 2005/391; Urt. v. 15.12.1997 – 1 Ob 377/97s, RIS; SZ 53/13 = JBl 1981, 425 (426); SZ 48/102 = JBl 1976, 205 (206) mzustAnm *P. Bydlinski*.

[789] Die Rechtswidrigkeit und Haftung für reine Vermögensschäden aus vorvertraglicher Pflichtverletzung betonend OGH RdTW 2019, 113 (114); SZ 2016/143 = RdU 2017/71 (86) mAnm *Weiß*; SZ 56/135 = JBl 1984, 669 (670); JBl 1985, 38 (40); Urt. v. 15.12.1997 – 1 Ob 377/97s; *Koziol*, Haftpflichtrecht II (2018), A/2/105; *Rüffler*, JBl 2011, 69 (83).

Vorvertragshaftung aber nicht zwingend – in einen Vertragsschluss mündet. Bereits in diesem vorvertraglichen Stadium sind die zentralen Merkmale erfüllt, die eine originär außervertragliche Haftung für fahrlässig verursachte reine Vermögensschäden rechtfertigen,[790] gleichzeitig können die zentralen Gründe, die gegen eine Fahrlässigkeitshaftung für reine Vermögenschäden sprechen,[791] keine Geltung beanspruchen.

Zuletzt hat insbesondere *Reich-Rohrwig*[792] treffend herausgearbeitet, dass die Haftung aus culpa in contrahendo in ihrem Kern auf mehrere *Grundwertungen* zurückzuführen ist, die in einer Gesamtzusammenschau auch den außer- bzw. eben vorvertraglichen Ersatz reiner Vermögensschäden anzeigen:

Die Parteien *streben nach dem eigenen wirtschaftlichen Vorteil,*[793] suchen bewusst den geschäftlichen Kontakt zum jeweils anderen und (er-)kennen so ihr Gegenüber. Erkennbar kommt dieses Merkmal in § 311 Abs. 2 Nr. 3 BGB zum Vorschein, der eine Haftung aus culpa in contrahendo auf ähnliche *geschäftliche* Kontakte erstreckt, rein soziale Kontakte aber nicht erfassen soll.[794] Durch die (ggf. sogar räumliche, jedenfalls aber kommunikative) Annäherung werden der jeweils anderen Partei die eigenen *Interessen offengelegt,* die Möglichkeit der potentiell *schadensstiftenden Einflussnahme* auf die eigene Sphäre eröffnet[795] und damit *grundsätzliches Vertrauen* in die Sorgfalt und Redlichkeit des anderen Teils begründet.[796]

---

[790] *Reich-Rohrwig*, Aufklärungspflichten vor Vertragsschluss (2015), 4.

[791] Hierzu ausführlich unter E./I./4./c), d).

[792] Aufklärungspflichten vor Vertragsschluss (2015), 8 ff., der allerdings die Facette des Vertrauensgedankens – anders als nach hier vertretener Ansicht – in den Hintergrund stellt; allgemeiner zu den Gründen, die die scharfe Vertragshaftung für reine Vermögensschäden rechtfertigen, *Koziol*, Haftpflichtrecht II (2018), A/2/104; *ders.,* JBl 2004, 273 (275 f.).

[793] Ausführlich *Reich-Rohrwig*, Aufklärungspflichten vor Vertragsschluss (2015), 9 ff., der die österreichische Sachverständigenhaftung nach § 1300 S. 1 ABGB – die eine Tätigkeit „gegen Belohnung" voraussetzt – als Unterfall der culpa in contrahendo ausweist, 11 mwN in Fn. 51; *Koziol*, Haftpflichtrecht II (2018), A/2/283; *ders.,* JBl 2004, 273 (276); für die Schweiz *Walter*, ZSR 2001, 79 (98).

[794] Hierzu *Kersting*, Dritthaftung für Informationen (2007), 130 mwN in Fn. 731; *Rieble*, in: Dauner-Lieb/Konzen/Schmidt (Hrsg.), Das neue Schuldrecht in der Praxis (2003), 137 (142); vgl. auch *Thüsing/Schneider*, JA 1996, 807 (809).

[795] Genauso gibt es § 311 Abs. 2 Nr. 2 BGB wieder, der darauf abstellt, dass der eine dem anderen Teil die Möglichkeit zur Einwirkung auf seine Rechte, Rechtsgüter und Interessen gewährt; ferner *Reich-Rohrwig*, Aufklärungspflichten vor Vertragsschluss (2015), 8, 15 f.; *Koziol*, Haftpflichtrecht II (2018), A/2/104; *ders.,* JBl 2004, 273 (276); in allgemeinerem Kontext für die Schweiz *Bärtschi*, Verabsolutierte Relativität (2009), 496.

[796] Ausführlich zum Vertrauensgedanken als tragendem Pfeiler der Haftung aus culpa in contrahendo *Herresthal*, in: BeckOGK BGB (Stand: 1.4.2022), § 311 Rn. 195, 198 mit dem überzeugenden Argument, dass § 311 Abs. 3 BGB das Vertrauen als Teil des Haftungstatbestandes gerade voraussetzt; *Feldmann*, in: Staudinger BGB (2018), § 311 Rn. 98 spricht vom schon gewohnheitsrechtlich anerkannten und „unabweisbaren Bedürfnis des Verkehrs, entgegengebrachtes Vertrauen zu schützen"; ferner *Rieble*, in: Dauner-Lieb/Kon-

In diesem Stadium des gewollten geschäftlichen Kontaktes ist – anders als bei reinen Zufallskontakten – die *Handlungsfreiheit* des potentiell Ersatzpflichtigen nicht ungebührlich beeinträchtigt, eine mögliche Haftung eben nicht mehr *uferlos*, sondern auf den Kreis der erkennbaren vorvertraglichen Kontakte beschränkt.[797] Es ist nur folgerichtig, auch schon im Zeitpunkt des *Beinahe-Vertrages* die designierten Vertragsparteien der schärferen Vertragshaftung zu unterwerfen.[798]

cc) Faktisches Schicksal als schadenersatzrechtliches Sammelbecken

Ausgehend von dieser Grundwertung hat die Haftung aus culpa in contrahendo eine rasante Entwicklung erfahren. Kreiert, um deliktische Schwächen im Einzelfall überwinden zu können,[799] allen voran die Lückenfüllung der Haftung für reine Vermögensschäden, weist diese Figur *notwendigerweise* seit jeher eine gewisse tatbestandliche „*Unschärfe*"[800] auf. Allein in Deutschland ist die Vorvertragshaftung heute als solche kodifiziert. In Österreich und der Schweiz – und in der deutschen Praxis auch für beinahe hundert Jahre – ist das nicht in Gesetzestext gegossene Haftungsinstitut in besonderem Maße der richterlichen Rechtsfortbildung zugänglich. Dies trifft auch auf § 311 Abs. 2 BGB weiterhin zu, dessen Nr. 3 als innerhalb der culpa-Norm verbleibender *Auffangtatbestand*[801] eine Haftung auch innerhalb *ähnlicher geschäftlicher Kontakte* anordnet und dem Richter an dieser Stelle trotz Kodifikation beträchtliche Freiheiten einräumt. So drehen sich zukünftige Diskussionen um die Frage, was noch unter „*ähnlichem geschäftlichen Kontakt*" zu verstehen ist;[802] die Literatur prescht hier vor und will

---

zen/Schmidt (Hrsg.), Das neue Schuldrecht in der Praxis (2003), 137 (140); *W. Fischer*, ZVglRWiss 83 (1984), 1 (11 f.); für die Schweiz *Walter*, ZBJV 1996, 273 (292); die Bedeutung des Vertrauensgedankens aber relativierend BGHZ 190, 89 = NZBau 2011, 498 (500); zweifelnd auch *Dieckmann*, in: Erman BGB[16], § 311 Rn. 16; insbesondere die österreichische Literatur steht dem Vertrauensaspekt der Haftung aus culpa in contrahendo skeptisch gegenüber, hierzu *Reich-Rohrwig*, Aufklärungspflichten vor Vertragsschluss (2015), 16 ff. mwN der vielzähligen ablehnenden und der wenigen zustimmenden Autoren.

[797] *Koziol*, Haftpflichtrecht II (2018), A/2/284.

[798] IdS OGH bbl 2004/113: culpa in contrahendo als gesteigerte außervertragliche Verantwortung der (Vertrags-)Partner; *Medicus*, in: FS Keller (1989), 205 (208); ausführlich *Reich-Rohrwig*, Aufklärungspflichten vor Vertragsschluss (2015), 8 ff.

[799] *Magnus*, HAVE 2017, 25 (32); *Spickhoff*, in: FS Canaris (2017), 547 (561 f.).

[800] *Horn*, JuS 1995, 377 (387).

[801] *Emmerich*, in: MüKo BGB[9], § 311 Rn. 44; *Stadtler*, in: Jauernig BGB[18], § 311 Rn. 45; *Lapp*, in: jurisPraxKomm BGB[9], § 311 Rn. 61; *Dieckmann*, in: Erman BGB[16], § 311 Rn. 22; *Rieble*, in: Dauner-Lieb/Konzen/Schmidt (Hrsg.), Das neue Schuldrecht in der Praxis (2003), 137 (141); *Kersting*, Dritthaftung für Informationen (2007), 129.

[802] *Herresthal*, in: BeckOGK BGB (Stand: 1.4.2022), § 311 Rn. 295.2 will unter den Tatbestand der Nr. 3 etwa die Beziehung zwischen Headhunter und Arbeitnehmer fassen; *Hofer/Hengstberger*, NZA-RR 2020, 118 (121) die Relation zweier Arbeitgeber, die durch die Erteilung eines beschönigenden Arbeitszeugnisses verbunden sein sollen; das OLG

dort auch Gefälligkeitsverhältnisse verorten – ein Vorschlag, der in der Rechtsprechung zurecht wenig Gehör findet.[803]

Es verwundert schließlich nicht, wenn die Haftung aus culpa in contrahendo heute nicht mehr auf den Paradefall der vorvertraglichen Pflichtverletzung im Zweipersonenverhältnis beschränkt ist, sondern als *verselbstständigter Obligationsgrund* in vielfältigen Konstellationen zur Anwendung kommt.[804] So wurde z. B. aus dem culpa-Prinzip die deutsche und österreichische kapitalmarktrechtliche *Prospekthaftung* abgeleitet[805] und in der Rechtsprechung des schweizerischen BG aus dem Grundsatz der culpa in contrahendo eine *allgemeine Vertrauenshaftung* herausdestilliert.[806]

(1) § 311 Abs. 3 BGB – Erweiterung der Haftung aus culpa in contrahendo auf Drei-Personen-Verhältnisse

Eine zentrale Entwicklung hat die vorvertragliche Einstandspflicht im Bereich der Dritthaftung erlebt. So wurde in der deutschen Rechtsprechung[807] – und vereinzelt in der österreichischen[808] – der Kreis der aus culpa in contrahendo Passivlegitimierten dergestalt erweitert, als auch dauerhaft vertrags-

---

Karlsruhe DStR 2011, 191 mkritAnm *Schröder/Meixner* wendet diese Norm auf die falsche telefonische Einmalauskunft einer nicht zum eigentlichen Vertragsabschluss befugten Mitarbeiterin einer Steuerkanzlei an; zu dieser Konstellation schon *Welser*, Haftung für Rat, Auskunft und Gutachten (1983),72 f.

[803] Ausführlich hierzu *Heinrichs*, in: FS Canaris I (2007), 421 (439 ff. mwN); kritisch *Feldmann*, in: Staudinger BGB (2018), § 311 Rn. 117; *Dieckmann*, in: Erman BGB¹⁶, § 311 Rn. 22.

[804] *Bucher*, in: FS Walter (2005), 231 (239 ff.) fasst seine nicht unkritischen Ausführungen unter der griffigen Überschrift „c.i.c. als Sammelposten von Andersartigem" zusammen; *M. Lehmann*, ZEuP 2009, 693 (694) spricht von der Haftung aus culpa in contrahendo als Universalwerkzeug des deutschen Rechts; *Immenhauser*, Das Dogma von Vertrag und Delikt (2006), 312: Haftung aus culpa in contrahendo immer dann bemüht, wenn rechtspolitischer Druck zur Haftungsbegründung spürbar; *Spickhoff*, in: FS Canaris (2017), 547 (561 f.): seit jeher die Funktion, in vielen Fallgruppen das Deliktsrecht zu substituieren.

[805] So schon der erste Leitsatz in BGHZ 79, 337 = NJW 1981, 1449; OGH ÖBA 2007/ 1440 (820) mAnm *Eckert*: „Haftung [...] für unrichtige oder unvollständige Prospektangaben [...] nur die gesetzgeberische besondere Ausprägung der allgemeinen Grundsätze über die schadenersatzrechtliche Haftung für Vertrauensschäden wegen vorvertraglicher Pflichtverletzung"; *Horn*, JuS 1995, 377 (386): Prospekthaftung als Sonderfall der Haftung aus culpa in contrahendo.

[806] So im leading case, der Swissair-Entscheidung, BGE 120 II 331 (335): „Erwecktes Vertrauen [...] kann [...] auch bei Fehlen einer vertraglichen oder deliktischen Haftungsgrundlage haftungsbegründend sein. Das ergibt sich aus einer Verallgemeinerung der Grundsätze über die Haftung aus culpa in contrahendo"; allgemein zum Ausbau der culpa in contrahendo zur Vertrauenshaftung *Horn*, JuS 1995, 377 (387).

[807] Etwa BGH r + s 1992, 287; NJW 1990, 1907.

[808] Aus jüngerer Zeit OGH ecolex 2014/3 mAnm *Wilhelm*. Der OGH schwankt in diesen Fällen zwischen verschiedenen Anspruchsgrundlagen, zieht die Haftung aus culpa in contrahendo dabei nur relativ selten heran und stützt seine neuere Rspr tendenziell auf § 1300 S. 1 ABGB; hierzu ausführlich unter F./I./5./b)/aa)/(1).

fremde, aber selbstständig auftretende und *besonderes Vertrauen für sich in Anspruch nehmende Verhandlungsgehilfen* aus eigener vorvertraglicher culpa haften.[809] In Deutschland hat genau diese Konstellation inzwischen in § 311 Abs. 3 S. 2 BGB Niederschlag gefunden. Diese unter dem Stichwort der *Sachwalterhaftung* zusammengefasste Einstandspflicht für reine Vermögensschäden wurde vorstehend bereits ausführlich erörtert,[810] sodass hier auf Wiederholungen verzichtet werden kann.

Zu betonen ist aber, wie offen die Entwicklungsfähigkeit der culpa in contrahendo hier zu Tage tritt: Wenn die zentrale Existenzberechtigung der vorvertraglichen Haftung die bewusste Annäherung an den designierten Vertragspartner und das ihm damit entgegengebrachte Vertrauen ist, beschränkt sich die vorvertragliche Einstandspflicht auch grundsätzlich auf die das Vertrauen jeweils in den anderen setzenden Parteien.[811] Sobald aber ein Dritter dieses Vertrauen in besonderem Maße in sich begründet – eben der *sachkundige Vertragsvermittler*, aber auch der die Expertise seiner Urheber verkörpernde *Anlageprospekt*[812] – lässt sich hier die Grundwertung der culpa in contrahendo in *verselbstständigter Form* zur Haftungsbegründung übertragen.[813] Schon die Struktur des § 311 BGB bringt die Entwicklungslinie der *culpa-Dritthaftung* zum Ausdruck: Von der Rechtsprechung noch aus den Grundsätzen der culpa in contrahendo entwickelt, hat sich die Eigenhaftung des Dritten inzwischen so weit *als autonomes Rechtsinstitut emanzipiert*, dass ihr in § 311 Abs. 3 BGB – und nicht etwa in Abs. 2 und dort in einem denkbaren S. 2 bzw. Nr. 4 – ein eigenes Hoheitsgebiet zugewiesen wird.[814]

---

[809] Kritisch zu dieser Dritterstreckung der Haftung aus culpa in contrahendo *Picker*, in: FS Medicus (1999), 397 (414 f.).

[810] Siehe insb. unter F./I./5./b)/bb).

[811] *Herresthal*, in: BeckOGK BGB (Stand: 1.4.2022), § 311 Rn. 302; *Dieckmann*, in: Erman BGB[16], § 311 Rn. 89; *Temming/Weber*, JURA 2019, 923; so verneint auch die österreichische Literatur eine Eigenhaftung des vertragsfremden Dritten aus culpa in contrahendo, ausführlichst *Kepplinger*, Eigenhaftung von Vertragsgehilfen (2016), 157 ff., 173; *Kolmasch*, in: TaKomm ABGB[5], § 874 Rn. 3; *Bollenberger/P. Bydlinski*, in: KBB ABGB[6], § 874 Rn. 3; im speziellen Kontext der Gutachterhaftung *Kletečka*, in: FS Reischauer (2010), 287 (297); vgl. *Dullinger*, in: FS Reischauer (2010), 101 (102 mwN in Fn. 3); *Schobel*, ÖBA 2001, 752 (757).

[812] BGHZ 123, 106 = DNotZ 1994, 445 (446); NJW 1982, 2823 (2826); OGH ÖBA 2015/2108 (377); *Dieckmann*, in: Erman BGB[16], § 311 Rn. 97; idS auch BGE 120 IV 122 (129); die vertrauensschützenden Grundsätze der Prospekthaftung aus culpa in contrahendo wiederum für die Anwendung des § 311 Abs. 3 BGB verallgemeinernd *Benz/Kohler*, ZfPW 2020, 490 (501).

[813] *Herresthal*, in: BeckOGK BGB (Stand: 1.4.2022) § 311 Rn. 515; ferner *Temming/Weber*, JURA 2019, 923 (924); *Faust*, AcP 210 (2010), 555 (561); zum Vertrauen als Kernelement des § 311 Abs. 3 S. 2 BGB *Kersting*, Dritthaftung für Informationen (2007), 167 ff., 209 ff.

[814] Ausführlich *Kersting*, Dritthaftung für Informationen (2007), 124.

(2) Fazit: Entwicklungspotential der Haftung aus culpa in contrahendo

Daher den Stimmen zum Trotz, die die Vielgestaltigkeit der vorvertraglichen Haftung kritisieren: Hieran zeigt sich gerade das *„kreative Potential"*,[815] das der culpa in contrahendo als Haftungsgenerator für die Zukunft nach über hundert Jahren gelebter Rechtspraxis immer noch (oder seit der Kodifikation des § 311 Abs. 2 Nr. 3 BGB erst recht?) innewohnt. Der Haftung aus culpa in contrahendo ist anstelle tatbestandlicher Unschärfe vielmehr – und weniger negativ konnotiert – *Flexibilität* zu attestieren, mit der sich das Haftungsrecht an die Bedürfnisse der modernen Zeit anpassen kann.[816] Besondere Bedeutung kommt dabei § 311 Abs. 2 Nr. 3 BGB zu, der als Auffangtatbestand in einer nach künftiger Konturierung durch die Praxis verlangenden Offenheit angelegt ist. Noch größere Dynamik ist § 311 Abs. 3 BGB zu attestieren, dem mit seinem Regelbeispiel („insbesondere") eine solche Entwicklungsfunktion bereits immanent ist.[817] Raum zur Entfaltung könnten diesen Normen insbesondere die Fälle der *Auskunftshaftung* (Fallbeispiele 2 und 3)[818] bieten.[819] Bei der tatbestandlichen Konturierung werden freilich

---

[815] *Horn*, JuS 1995, 377 (387).
[816] *M. Lehmann*, ZEuP 2009, 693 (694 f.).
[817] Speziell zum Entwicklungspotential des § 311 Abs. 3 BGB *Temming/Weber*, JURA 2019, 923 (933 ff.); knapp auch *Benz/Kohler*, ZfPW 2020, 490 (497): „Entwicklungsoffenheit der Sachwalterhaftung"; ferner *Faust*, AcP 210 (2010), 555 (561 f. Fn. 18.) mwN der gesetzgeberischen Motivation, die Fortschreibung der Haftung aus culpa in contrahendo bewusst der Praxis zu überlassen; idS schon vor der Reform *Fleischer*, ZHR 163 (1999), 461 (474): „verallgemeinerungsfähiges Begründungsmuster" der Haftung Dritter aus culpa in contrahendo; aus schweizerischer Perspektive *Keller*, Anwendungsfälle der DSL und des VSD (2004), 7; aA *Westermann*, in: FS Honsell (2002), 137 (149); *Karampatzos*, Vertrag mit Schutzwirkung für Dritte (2005), 257 ff., 262; kritisch gegen solche Entwicklungstendenzen auch *Rieble*, in: Dauner-Lieb/Konzen/Schmidt (Hrsg.), Das neue Schuldrecht in der Praxis (2003), 137 (144), der über das Wort „insbesondere" bewusst hinweg sehen will.
[818] Siehe unter A./II.
[819] Zu § 311 Abs. 3 BGB: OLG Düsseldorf NJW-RR 2019, 140: Begründung der Sonderverbindung nach § 311 Abs. 3 BGB zwischen freundschaftlich verbundenem Kunstexperten und Geschädigtem; ausführlich *Koch*, AcP 204 (2004), 59 ff.; *G. Wagner*, in: MüKo BGB[8], § 826 Rn. 87: großzügig formulierte Anspruchsgrundlage; *Kersting*, Dritthaftung für Informationen (2007), 318 ff., 322 schlägt vor, die Haftung von Sachverständigen aus dem Anwendungsbereich des Vertrags mit Schutzwirkung zugunsten Dritter auszugliedern und stattdessen der Sachwalterhaftung zu unterstellen und resümiert (334), dass § 311 Abs. 3 BGB schon heute einen Anwendungsbereich hat, der deutlich über seine Ursprungsfälle (Sachwalter- und Vertretereigenhaftung) hinausgeht; idS auch *Haferkamp*, in: Dauner-Lieb/Konzen/Schmidt (Hrsg.), Das neue Schuldrecht in der Praxis (2003), 171 (179 f.); *Wendelstein*, JURA 2018, 144 (150 ff.); *Schroeter*, in: FS Schwenzer (2011), 1565 (1566); grundlegend – und noch vor der Normierung des § 311 Abs. 3 BGB – *Canaris*, ZHR 163 (1999), 206 (220 ff., 243); *ders.*, in: FS 50 Jahre BGH I (2000), 129 (191); der modernste, in der Sache durchaus überzeugende Vorstoß findet sich bei *Benz/Kohler*, ZfPW 2020, 490 ff., die in sozialen Netzwerken auftretenden Influencern ab einer bestimmten Werbequalität der Sachwalterhaftung unterwerfen wollen; zur möglichen Erfassung der Auskunftsfälle mit § 311 Abs. 2 Nr. 3 BGB *Heinrichs*, in: FS Canaris I (2007), 421 (441 f.); *Hofer/Hengstberger*, NZA-RR 2020, 118 (121): Dritthaftung für beschönigendes Arbeitszeugnis; OLG Karls-

die Maximen zu beachten sein, die ganz grundsätzlich den Ersatzrahmen fahrlässig verursachter reiner Vermögensschäden abstecken – allen voran die Gefahr der Beschränkung der Handlungsfreiheit durch eine allzu ungezügelte Haftungsannahme.[820]

dd) Zwischenergebnis

Die Haftung aus culpa in contrahendo ist im gesamten deutschen Rechtskreis bekannt und bei der Frage nach der Haftung für reine Vermögensschäden in originär außervertraglichen Konstellationen als Instrument der Haftungsbegründung bewährt. Zentrale Elemente der Haftung auch für reine Vermögensschäden sind die *Enttäuschung besonderen Vertrauens* durch den Haftpflichtigen bei gleichzeitig regelmäßigem *Streben nach dem eigenen wirtschaftlichen Vorteil*.

Geht man davon aus, dass der Trend zur Ausweitung der Haftung für reine Vermögensschäden auch in Zukunft weiter anhält und sich damit nicht in erster Linie die Frage des „Ob", sondern vor allem des „Wie" der Haftungsweiterung stellt, bieten die Grundsätze der Haftung aus culpa in contrahendo hierfür auch in Zukunft sicher einen der naheliegenderen Ansatzpunkte.

b) Isolierungsfähigkeit des Vertrauensgedankens

Die vorvertragliche Haftung fußt zentral auf der *Inanspruchnahme von Vertrauen*. Spätestens seit der Positivierung der Sachwalterhaftung als Facette der Haftung aus culpa in contrahendo in § 311 Abs. 3 S 2. BGB lässt auch der deutsche Gesetzgeber hieran keine ernsthaften Zweifel mehr zu.[821] Fraglich bleibt, ob sich dieser im Moment der Haftung aus culpa in contrahendo Gestalt annehmende Vertrauensgedanke nochmals verallgemeinern, autonomisieren und für die originär außervertragliche *Haftung für reine Vermögensschäden* als *selbstständiger Verpflichtungsgrund*[822] handhabbar machen lässt.

---

ruhe DStR 2011, 191 mAnm *Schröder/Meixner*: Haftung einer Steuerkanzlei aus culpa in contrahendo nach § 311 Abs. 2 BGB für die Folgen einer falschen telefonischen Einmalauskunft einer nicht zum eigentlichen Vertragsabschluss befugten Fachangestellten.
[820] Überzeugend *Wendelstein*, JURA 2018, 144 (151).
[821] *Faust*, AcP 210 (2010), 555 (562): Gesetzliches Bekenntnis zum Konzept der Vertrauenshaftung.
[822] *Horn*, JuS 1995, 377 (387).

aa) Institutionalisierte Vertrauenshaftung in der Schweiz

Die offensivste Entwicklung hat die culpa in contrahendo in der schweizerischen Rechtsprechung erfahren. Das BG hat die Vorvertragshaftung von jeglichem Beiwerk bis auf den *Kern des Vertrauensschutzes* entkleidet und diese Grundwertung[823] sodann zur *eigenständigen Haftungsgrundlage*[824] zwischen Vertrag und Delikt[825] erhoben.[826]

Im vorstehend schon beschriebenen[827] Swissair-Fall[828] (Muttergesellschaft erregt durch Werbeinformationen falsche Vorstellungen von wirtschaftlicher Situation der Tochtergesellschaft und wird von deren geprellten Gläubigern letztlich selbst in Anspruch genommen) stützte das BG erstmals eine außervertragliche Haftpflicht für reine Vermögensschäden auf die *Haftung aus erwecktem Konzernvertrauen*.[829] Ausdrücklich verortet es diese Figur abseits von Vertrag und Delikt und leitet sie stattdessen aus einer *Verallgemeinerung der Grundsätze über die Haftung aus culpa in contrahendo* ab,[830] da in wertungsmäßig vergleichbaren Fällen – die die Haftung aus culpa in contrahendo aber eben nicht mehr unmittelbar erfasst – ein haftpflichtrechtlicher Schutz

---

[823] Vertrauenshaftung als Verallgemeinerung der Haftung aus culpa in contrahendo, so in der Leitentscheidung BGE 120 II 331 (335); zuletzt Urt. v. 21.7.2021 – 4A_18/2021 E.4.1; ferner BGE 142 III 84 (88); BG SZW 2002, 112 (114) mkritAnm *Wyss/von der Crone*; *Loser*, recht 1999, 73 (85); Vertrauenshaftung als Oberbegriff der Haftung aus culpa in contrahendo: BGE 134 III 390 (395); idS auch BGE 124 III 363 (369); *Hürlimann-Kaup*, ZBJV 2019, 110 (113); *Sommer*, AJP 2006, 1031 (1032); ausführlich zu den verschiedenen Kategorien des Vertrauensschutzes als Punkt der Haftungsanknüpfung *Koller*, AJP 2020, 1381 (1386 ff.).

[824] So ausdrücklich BGE 134 III 390 (395); 130 III 345 (348) = AJP 2005, 350 mAnm *Plotke*; *Urwyler*, in: FS W. Fischer (2016), 529 (536).; vgl. *Brehm*, in: Berner Komm OR⁵, Art. 41 Rn. 53e: neuer Haftungstyp.

[825] BG, Urt. v. 25.4.2022 – 4A_503/2021, E.3.2 (frz.); Urt. v. 21.7.2021 – 4A_18/2021 E.4.1; BGE 142 III 84 (88); 134 III 390 (395); 130 III 345 (349) = AJP 2005, 350 mAnm *Plotke*; vgl. auch schon BGE 68 II 295 (303): culpa in contrahendo – und damit Grundlage der Vertrauenshaftung – im „Grenzgebiet zwischen Vertrag und Delikt"; *Hürlimann-Kaup*, ZBJV 2019, 110 (112): dritte Haftungsgrundlage; *Kunz*, GesRZ 2012, 282 (291): „außerhalb der Kategorisierungen von Vertrag und Delikt".

[826] Im Urt. v. 9.12.2004 – 4C.47/2004 E.3 spricht das BG von der *bundesrechtskonformen* Anwendung der Vertrauenshaftung durch die Vorinstanz; *Wiegand*, in: FS Canaris II (2007), 881 (889 f.) sieht hierin zurecht eine Verfestigung und Anerkennung der Vertrauenshaftung als bundesrechtliches Haftungsinstitut; im Urt. v. 1.10.2004 – 5C.134/2004, E.5.2 resümiert das BG seine Rechtsprechung der letzten Jahre als Ausgestaltung einer „reinen Vertrauenshaftung".

[827] Siehe unter F./I./5./c)/bb)/(3)/(b).

[828] BGE 120 II 331; zustimmend *Loser*, in: Jung (Hrsg.), Aktuelle Entwicklungen im Haftpflichtrecht (2007), 23 (36 f.); ausführlich diese Entscheidung für den deutschen Leser besprechend *Koch*, Die Patronatserklärung (2005), 446 ff.; *Rieckers*, „Konzernvertrauen" und Konzernrecht (2004), 12 ff.

[829] BGE 120 II 331 (336).

[830] BGE 120 II 331 (335); inzwischen wohl auch allein aus dem Gebot von Treu und Glauben (Art 2 ZGB), Urt. v. 22.9.2021 – 6B_665/2020, E.4.6.1.1 f.

Ansätze zur Lockerung des deliktischen Korsetts 319

nicht versagt bleiben dürfe.[831] Diesen Ansatz hat das BG seitdem aus dem speziellen Gebiet des Konzernvertrauens[832] heraus- und in einer Reihe allgemeiner gelagerter Entscheidungen fortgeführt.[833] Versucht man die so zur *Schadenersatzpflicht sui generis*[834] gekürte *Vertrauenshaftung* tatbestandlich zu greifen, ist festzuhalten, dass das BG dann eine Haftpflicht annimmt, wenn innerhalb einer *Sonderverbindung*[835] besonderes *schutzwürdiges und berechtigtes Vertrauen*[836] zunächst erweckt[837], dann aber treuwidrig[838] und schadensauslösend *enttäuscht* wird.[839] In der (schweizerischen) Literatur

---

[831] BGE 120 II 331 (335 f.); BGE 142 III 84 (88); *Burg/von der Crone*, SZW 2010, 417 (421).

[832] *Wiegand*, in: FS Canaris II (2007), 881 (886) weist darauf hin, dass es sich in der bundesgerichtlichen Rechtsprechung stets um eine allgemeine Vertrauenshaftung gehandelt habe, diese aber zunächst allein im konzernrechtlichen Kontext und außerhalb desselben ungebührlich wenig Aufmerksamkeit erfahren habe; ähnlich *Buchser/Müller*, in: FS W. Fischer (2016), 49 (69); *Walter*, ZSR 2001, 79 (86); *Rieckers*, „Konzernvertrauen" und Konzernrecht (2004), 20; dem österreichischen Leser bietet *Kunz*, GesRZ 2012, 282 (291 f.) eine Übersicht der Rechtsprechung speziell zum Konzernvertrauen.

[833] Etwa BG, Urt. v. 6.5.2019 – 4A_168/2019: Zurückweisung einer Beschwerde gegen ein die Vertrauenshaftung dem Grunde nach gutheißendes Berufungsurteil; ferner BGE 134 III 390: Zur Verjährung der Vertrauenshaftung bei unrichtiger Auskunft über finanzielle Lage eines Sportvereins; BGE 124 III 363 (369): Haftung einer Anwaltssozietät für die falsche Auskunft eines ihrer Mitglieder entweder aus Delikt oder aus Vertrauenshaftung; BGE 121 III 350: Vertrauenshaftung eines Sportverbandes gegenüber einem letztlich nicht nominiertem Wettkämpfer; ausführlich zu dieser Entscheidung *Koller*, AJP 2020, 1381 (1391 f.); weitere Nachweise der Rspr bei *Loser*, in: Jung (Hrsg.), Aktuelle Entwicklungen im Haftpflichtrecht (2007), 23 (25 ff.); *Furrer/Wey*, in: CHK³, Art. 97 OR Rn. 14; *Sommer*, AJP 2006, 1031 (1034 Fn. 37–42); die Vertrauenshaftung erwägend, in casu mangels Tatbestandserfüllung aber jeweils verneinend BG, Urt. v. 21.3.2013 – 4A_565/2012, E.2.3; BGE 142 III 84; 133 III 449 (451); 130 III 345 (348 ff.) = AJP 2005, 350 mAnm *Plotke*.

[834] BGE 134 III 390 (395); *Werro*, recht 2003, 12 (14): eigene Haftungskategorie; *Schönenberger*, Haftung für Rat und Auskunft gegenüber Dritten (1999), 134.

[835] Lehrbuchartig zur Begründung der Sonderverbindung BGE 142 III 84 (88 f.); 128 III 324 (327); zuletzt BG, Urt. v. 21.7.2021 – 4A_18/2021 E.4.1; Urt. v. 22.9.2021 – 6B_665/2020, E.4.6.1.1; *Loser*, in: Koller (Hrsg.), Haftpflicht- und Versicherungsrechtstagung St. Gallen 2005 (2005), 111 (137 f.); *ders.*, in: Jung (Hrsg.), Aktuelle Entwicklungen im Haftpflichtrecht (2007), 23 (28 ff.).

[836] Nicht geschützt ist derjenige, der „bloss Opfer seiner eigenen Unvorsichtigkeit und Vertrauensseligkeit oder der Verwirklichung allgemeiner Geschäftsrisiken wird [...], sondern nur ein Vertrauen, das unter dem Gesichtspunkt von Treu und Glauben (Art. 3 Abs. 2 ZGB) schützenswert" erscheint, BG, Urt. v. 21.7.2021 – 4A_18/2021 E.4.1, 4.2.1.

[837] Ausführlich *Bärtschi*, Verabsolutierte Relativität (2009), 369 ff.

[838] Inzwischen stützt das BG sein Vertrauenshaftungskonzept wohl auf das in Art. 2 ZGB normierte Gebot von Treu und Glauben, Urt. v. 22.9.2021 – 6B_665/2020, E.4.6.1.1 f.

[839] BG, Urt. v. 21.7.2021 – 4A_18/2021 E.4.1; BGE 142 III 84 (88); 133 III 449 (451); BG, Urt. v. 21.3.2013 – 4A_565/2012, E.2.3; *Urwyler*, in: FS W. Fischer (2016), 529 (536); *Buchser/Müller*, in: FS W. Fischer (2016), 49 (70 ff.); *Rey/Wildhaber*, Ausservertragliches Haftpflichtrecht (2018), Rn. 44 f.; *Werro*, recht 2003, 12 (13); *Honsell*, in: FS Nobel (2005), 939 (945 f.); ausführlich zur Entwicklung der Voraussetzungen der Vertrauenshaftung *Burg/von der Crone*, SZW 2010, 417 (421 ff.).

wurde die Figur der Vertrauenshaftung überwiegend[840] und auf das Schärfste angegriffen.[841] Insbesondere ihre schwammigen Tatbestandsvoraussetzungen sind Ziel der Kritik.[842]

bb) Institutionalisierte Vertrauenshaftung – aus dem deutschen Recht

Die schweizerische Vertrauenshaftung wurde auf die hierzu in der deutschen Dogmatik entwickelten Erkenntnisse gestützt[843] – insbesondere auf das literarische Wirken von *Canaris*[844] – und ist damit ein Paradebeispiel für die im deutschen Rechtskreis wirkende Ideenrezeption.[845] Die Übernahme dieser

---

[840] Die Vertrauenshaftung nachhaltig befürwortend *Walter*, ZSR 2001, 79 ff.; durchaus kritisch, im Ergebnis dem Konzept der Vertrauenshaftung aber zustimmend *Bucher*, in: FS Walter (2005), 231 ff.; zuletzt eine mutigere Anwendung der Vertrauenshaftung vorschlagend *P. Widmer*, HAVE 2014, 363 (369); von einer überwiegenden Billigung in der Literatur ausgehend *Rieckers*, „Konzernvertrauen" und Konzernrecht (2004), 19 mwN in Fn. 82.

[841] *Brehm*, in: Berner Komm OR[5], Art. 41 Rn. 53 f.: zweifelhaft, ob mit positivem Recht vereinbar; *Honsell*, ZSR 2011 II, 5 (88); *ders.*, in: FS Nobel (2005), 939 (946): Haftungsgrenzen gesprengt; *C. Widmer*, ZSR 2001, 101 (125): überflüssig; ebenso *Schönenberger*, HAVE 2004, 3 (7); *Roberto/Kuzniar*, AJP 2019, 1105 (1108); *Gauch*, in: FS Wiegand (2005), 823 (839) und *Werro*, recht 2003 12 (14, 20) plädieren für eine Aufgabe der Vertrauenshaftung und eine Rückführung ihrer Anwendungsfälle ins Deliktsrecht; mit einem plastischen Verweis auf die rege Aufmerksamkeit, die die Literatur der Vertrauenshaftungs-Rechtsprechung widmet *Bärtschi*, Verabsolutierte Relativität (2009), 358: „reiches Schrifttum"; *Urwyler*, in: FS W. Fischer (2016), 529 (537): „Blätterwald an Publikationen"; *Kunz*, GesRZ 2012, 282 (291): „Unzahl von Stellungnahmen"; *Fisch*, Eigentumsgarantie und Nichtersatzfähigkeit reiner Vermögensschäden (2020), Rn. 458: „zahllose Publikationen" und eigener Kritik Rn. 462 ff.

[842] *Bärtschi*, ZBJV 2010, 429 (439): „schwer fassbarer Begriff"; *Sommer*, AJP 2006, 1031 (1338 f.) „konturenlos"; ebenso *Schroeter*, in: FS Schwenzer (2011), 1565 (1574); *Schwenzer*, OR AT[7], § 52 Rn. 3; *dies.*, in: Schuldrecht, Rechtsvergleichung und Rechtsvereinheitlichung, (1999), 59 (68): „nebulös"; *Schönenberger*, Haftung für Rat und Auskunft gegenüber Dritten (1999), 135; *Roberto*, AJP 1999, 511 (514): fehlende Leitlinien und Prinzipien; *Koller*, in: FS Walter (2005), 367 (374); *ders.*, in: Koller (Hrsg.), St. Galler Baurechtstagung 2004 (2004), 1 (19): man vermisst präzise Umschreibung; bezüglich des Spezialfalls der Konzernvertrauenshaftung *Kunz*, GesRZ 2012, 282 (291): „legale Verschwommenheit"; *Gauch*, in: FS Wiegand (2005), 823 (833 f.): „unscharfe Konturen"; mit ausführlicher Kritik zum unscharfen Merkmal der Sonderverbindung *Hürlimann/Siegenthaler*, in: Koller (Hrsg.), Haftpflicht- und Versicherungsrechtstagung St. Gallen 2005 (2005), 199 (204 ff.); optimistischer dagegen *Kramer*, AcP 200 (2000), 365 (380); schon aus deutscher Perspektive kritisch *Horn*, JuS 1995, 377 (387); überblicksartig zu den verschiedenen Kritikpunkten an *Canaris* Lehre von der Vertrauenshaftung nach *Singer*, in: FS Canaris (2017), 425 (445 ff.).

[843] So selbst die Rechtsprechung, BGE 121 III 350 (355 frz.): „Développée en droit allemand"; *Roberto/Kuzniar*, AJP 2019, 1105 (1106); *Bärtschi*, Verabsolutierte Relativität (2009), 362; allgemein kritisch zur Rezeption deutscher Haftungskonstrukte für das schweizerische Recht *Gauch*, in: FS Wiegand (2005), 823 (834 ff.).

[844] Den Rezeptionsprozess der Lehre von *Canaris* in der Schweiz minutiös nachzeichnend *Wiegand*, in: FS Canaris II (2007), 881 (887 f.); schon *ders.*, recht 1997, 85 (87).

[845] Ausführlich hierzu *Wiegand*, in: FS Canaris II (2007), 881 ff.

Figur, aber auch die zwischenzeitliche Fortentwicklung durch das BG sei im Folgenden skizziert:

(1) Rezeption deutschen Rechtsdenkens

In seinem grundlegenden Werk untersucht *Canaris*[846] die Erscheinungsformen der Vertrauenshaftung im deutschen Recht (neben der damals noch nicht kodifizierten culpa in contrahendo etwa §§ 122, 171 Abs. 2, 172 Abs. 2, 179 Abs. 2 BGB) und arbeitet die ihnen gemeinsamen Grundwertungen – zentral eben den rechtsfolgenbewehrten Schutz berechtigten Vertrauens – als verallgemeinerungsfähigen Tatbestand heraus.[847] Die *Vertrauenshaftung* nach *Canaris* ist begrifflich weitreichend, umfasst nämlich in erster Linie aus dem Vertrauensschutz erwachsende Erfüllungspflichten und erst in zweiter Linie – aber hier liegt nun die eigentliche Schnittmenge mit der bundesgerichtlichen Vertrauenshaftung – die *schadenersatzrechtliche Vertrauenshaftung*.[848] Allein diese ist hier relevant.

Im schadenersatzrechtlichen Kontext entwickelt *Canaris* die Vertrauenshaftung ausgehend von der Haftung aus culpa in contrahendo dergestalt weiter, als diese innerhalb durch rechtsgeschäftlichen Kontakt begründeter Sonderverbindungen nicht nur auf vorvertragliches Verschulden, sondern *auf alle Schutzpflichtverletzungen* (heute § 241 Abs. 2 BGB) anzuwenden sein soll.[849] Vehement weist er aber an späterer Stelle den Vorwurf zurück, damit für eine „*allgemeine*" Vertrauenshaftung einzutreten[850] und betont die begrenzte Anwendung des verallgemeinerungsfähigen Vertrauensaspekts als Haftungsbegründung auf die Fälle der *Teilnahme am rechtsgeschäftlichen Verkehr*.[851]

In der Sache ganz ähnlich lesen sich nun die bundesgerichtlichen Entscheidungsgründe, die ausführen, durch Vertrauensbegründung entstünde

---

[846] Vertrauenshaftung im deutschen Privatrecht (1971).

[847] Zur Systembildung der Vertrauenshaftung insb. *Canaris*, Vertrauenshaftung im deutschen Privatrecht (1971), 490 ff.; erläuternd *ders.*, ZHR 163 (1999), 206 (220); ausführlich *ders.*, in: FS 50 Jahre BGH I (2000), 129 ff.

[848] *Canaris*, Vertrauenshaftung im deutschen Privatrecht (1971), 532, Vorwort VIII klammert die Schadenersatzhaftung selbst weitgehend aus seiner Untersuchung aus; zu „seinem" Haftungsbegriff, der eben jede Form der Einstandspflicht umfassen soll *ders.*, Vertrauenshaftung im deutschen Privatrecht (1971), 3; erläuternd *Singer*, in: FS Canaris (2017), 425 (427, 442 ff.); ausführlich allein zur schadenersatzrechtlichen Vertrauenshaftung *Canaris*, in: FS Schimansky (1999), 43 (49 ff.).

[849] *Canaris*, in: FS Larenz (1983), 27 (105); idS schon *ders.*, Vertrauenshaftung im deutschen Privatrecht (1971), 538; erläuternd *Kersting*, Dritthaftung für Informationen (2007), 78 f.

[850] *Canaris*, ZHR 163 (1999), 206 (220, 235 Fn. 90); *ders.*, in: FS Schimansky (1999), 43 (59); erläuternd *Kersting*, Dritthaftung für Informationen (2007), 81.

[851] *Canaris*, in: FS Larenz (1983), 27 (107 f.); *ders.*, Vertrauenshaftung im deutschen Privatrecht (1971), 538.

eine rechtliche Sonderverbindung, aus der sich auf Treu und Glauben beruhende Schutz- und Aufklärungspflichten ergeben, deren Verletzung wiederum schadenersatzpflichtig macht.[852] Das BG übernahm, vermittelt durch *Canaris* folgende Schweizer Autoren, die *Lehre von der Vertrauenshaftung*.[853] Besonders deutlich wird dies, neben der vorstehenden parallelen Tatbestandsumschreibung, an der genealogischen Verortung der Vertrauenshaftung: *Canaris* erklärt die Haftung aus culpa in contrahendo als Herzstück der schadenersatzrechtlichen Vertrauenshaftung mit dem ihr innewohnenden Vertrauensschutzgedanken, sieht also das konturlose Prinzip der Vertrauenshaftung in Form der Einstandspflicht für vorvertragliches Verschulden Gestalt annehmen.[854] Nichts anderes gibt das BG wieder, das

„das der culpa-Haftung zugrundeliegende, bestimmte gegenseitige Treuepflichten der Partner begründende Vertragsverhandlungsverhältnis [...] als Erscheinungsform einer allgemeineren Rechtsfigur"

– eben der Vertrauenshaftung – ausweist.[855]

(2) Allein schadenersatzrechtliche Vertrauenshaftung in der Schweiz

In der Begrifflichkeit und der damit einhergehenden Konturierung ihres Anwendungsbereichs war die schweizerische Vertrauenshaftung allerdings von Anfang an präziser als die deutschen Vorarbeiten:[856] Schon im *leading case*

---

[852] BGE 120 II 331 (336); 134 III 390 (395); 130 III 345 (349) = AJP 2005, 350 mAnm *Plotke*.
[853] *Wiegand*, in: FS Canaris II (2007), 881 (887 f.) führt aus, dass sich das BG im Swissair-Fall entscheidend auf die Lehre *Kramers* stützt und dieser wiederum ganz grundlegend *Canaris* folgt; unzutreffend daher *Bucher*, in: FS Walter (2005), 231 (251), der behauptet, dass in Deutschland eine Vertrauenshaftung iSd Swissair-Urteils niemals grundsätzlich vertreten wurde. So möchte *Canaris*, in: FS Larenz (1983), 27 (96) und *ders.*, Vertrauenshaftung im deutschen Privatrecht (1971), 371 schon Jahrzehnte vor dem Swissair-Fall die Vertrauenshaftung auf falsche Äußerungen von Muttergesellschaften über die Bonität einer Tochter anwenden – bis zum Swissair-Judiz des BG ist es hier nur noch ein winziger Schritt; kritisch zur Rezeption der „deutschen" Vertrauenshaftung *Schwenzer*, in: Schuldrecht, Rechtsvergleichung und Rechtsvereinheitlichung, (1999), 59 (68); auch *Canaris*, in: FS 50 Jahre BGH I (2000), 129 (175) beobachtet die schweizerische Rezeption; einschränkend zur Übernahme der deutschen Konzeption *Koller*, in: Koller (Hrsg.), St. Galler Baurechtstagung 2004 (2004), 1 (43).
[854] *Canaris*, ZHR 163 (1999), 206 (220); *ders.*, in: FS Schimansky (1999), 43 (51 f.); *ders.*, in: FS Larenz (1983), 27 (102): Haftung aus culpa in contrahendo als Nachweis der Existenz einer Vertrauenshaftung; *ders.*, Vertrauenshaftung im deutschen Privatrecht (1971), 532: culpa in contrahendo der Vertrauenshaftung zugehörig.
[855] BGE 120 II 331 (336); etwas missverständlich aber noch auf Seite 335, wo es die Vertrauenshaftung als „Verallgemeinerung der Grundsätze über die Haftung aus culpa in contrahendo" begreift und man sich nun fragen kann, ob die Haftung wegen culpa in contrahendo aus der Vertrauenshaftung abgeleitet werden soll oder andersherum. Letztlich ist das aber nur eine besonders elaborierte Frage nach dem zeitlichen Primat von Huhn und Ei – beide gibt es ohne Zweifel, und das eine nicht ohne das andere.
[856] Zum (vermeintlich) unterschiedlichen Begriffsverständnis der Vertrauenshaftung in

(Swissair) bezeichnet das BG die Vertrauenshaftung als *allgemeine Rechtsfigur*,[857] später als *Schadenersatzpflicht sui generis* bzw. *eigenständige Haftungsgrundlage*.[858] Unmissverständlich wird damit die bundesgerichtliche Vertrauenshaftung auf den Bereich des Schadenersatzrechts begrenzt – und in diesem sogar zum eigenständigen Obligationsgrund erhoben.[859] In der Fortschreibung seiner Rechtsprechung setzt das BG diese begrifflich-emanzipierende Tendenz fort und verallgemeinert (aber verfeinert auch) die Vertrauenshaftung bewusst als eigenes *bundesrechtliches*[860] Haftungsinstitut.[861] Die schweizerische Vertrauenshaftung ist damit nicht nur der sichtbare Wertungsausfluss einzelner (positivierter) Normen, sondern *eigene ungeschriebene Anspruchsgrundlage*. Das Etikett des *Helveticums* wird der bundesgerichtlichen Vertrauenshaftung daher inzwischen nicht ganz zu Unrecht angeheftet,[862] wenn auch die *auf die Lehren von Canaris zurückgehenden Wurzeln* dieses Instituts kaum jemals ganz gekappt werden können.[863]

cc) Institutionalisierte Vertrauenshaftung – für das deutsche Recht?

In der deutschen Literatur stößt der schweizerische Vorstoß nur auf vereinzelte Zustimmung, verbunden mit der Forderung an die Rechtsprechung, jedenfalls eine Konzernvertrauenshaftung á la Swissair auch im deutschen

---

Deutschland und der Schweiz *Bucher*, in: FS Walter (2005), 231 (250), der beschreibt, dass es dem BG mit der Vertrauenshaftung um die Zementierung eines außergesetzlichen Obligationsentstehungsgrunds gehe, *Canaris* dagegen um die Rückführung verschiedenster (nicht unbedingt haftpflichtrechtlicher, sondern vor allem rechtsgeschäftlicher) Normen auf einen gemeinsamen Grundgedanken. Dies ist, wie hier gezeigt, so nicht zutreffend. Die Lehre von der Vertrauenshaftung nach *Canaris* umfasst sowohl Vertrauensschutz durch Erfüllungs- als auch Schadenersatzpflichten, während sich die bundesgerichtliche Vertrauenshaftung allein auf diesen letzten Teilbereich beschränkt; ganz idS *Loser*, recht 1999, 73 (91 f.); scheinbar wird aber übersehen, dass *Canaris*, wenn auch nicht in seiner Habilitationsschrift, so doch ein gutes Jahrzehnt später – damit aber immer noch vor den ersten bundesgerichtlichen Entscheiden zur Vertrauenshaftung – die Einstandspflicht aus Schutzpflichtverletzung als Vertrauenshaftung durchaus als eigenständige „dritte Spur" ausweist, *Canaris*, in: FS Larenz (1983), 27 (102 ff.).

[857] BGE 120 II 331 (336); ferner 134 III 390 (398): von der Rechtsprechung entwickelte Rechtsfigur; idS 130 III 345 (348) = AJP 2005, 350 mAnm *Plotke*.

[858] BGE 134 III 390 (395); 130 III 345 (348) = AJP 2005, 350 mAnm *Plotke*; *Gauch*, in: FS Wiegand (2005), 823 (825); *Kessler*, in: Basler Komm OR I⁷, Art. 41 Rn. 36; *Bärtschi*, Verabsolutierte Relativität (2009), 362.

[859] BG, Urt. v. 1.10.2004 – 5C.134/2004, E.5.2 spricht mit Blick auf seine bisherige Rechtsprechung von „reiner Vertrauenshaftung" als Haftungsgrundlage, womit Haftung im engeren Sinne, nämlich Schadenersatzpflicht gemeint sein dürfte; *Loser*, recht 1999, 73 (91 f.) betont, dass das eigentliche Novum der schweizerischen Vertrauenshaftung ist, dieses zum eigenständigen Haftungsinstitut erhoben zu haben.

[860] Urt., v. 9.12.2004 – 4C.47/2004 E.3.

[861] *Wiegand*, in: FS Canaris II (2007), 881 (892 f.).

[862] *Bucher*, in: FS Walter (2005), 231 (261): Haftpflichtrechtliche Vertrauenshaftung fast eine helvetische Singularität.

[863] Vgl. *Wiegand*, in: FS Canaris II (2007), 881 (894).

Recht zu installieren.[864] Überwiegend wird dieser *Spezialfall der Konzernvertrauenshaftung* aber abgelehnt.[865] Gleichwohl versuchen einzelne Autoren[866] aus der obergerichtlichen Rechtsprechung herauszudestillieren, dass ein erster Schritt in diese Richtung seitens der Richter schon getan sei.[867] Dies ist aber kaum mehr als Wunschdenken.[868] Denn obwohl die Vertrauenshaftung insbesondere durch die Vordenker der deutschen Literatur handhabbar gemacht wurde, sieht die Rechtsprechung hier zu Lande keinen Anlass, es dem BG gleich zu tun und eine schadenersatzrechtliche Vertrauenshaftung als eigenständige Anspruchsgrundlage zu institutionalisieren.[869] Diesen Umstand greifen wiederum schweizerische Kritiker der Vertrauenshaftung auf und führen gegen die Rechtsprechung des BG an, dass dieses eine Idee aus der deutschen Literatur rezipiert habe, die sich nicht einmal in der Rechtsprechung ihres Heimatlandes habe durchsetzen können.[870]

---

[864] *Broichmann/Burmeister*, NZG 2006, 687 mwN in Fn. 7 (691): wünschenswert, wenn auch deutsche Rspr ein Haftungsinstitut entwickeln würde, das dem vom schweizerischen BG vorgeschlagenen Haftungskonzept der „Konzernvertrauenshaftung" nahe kommt; *Fleischer*, ZHR 163 (1999), 461 (475, 485); *Canaris*, in: FS Larenz (1983), 27 (96) plädierte schon selbst für eine Anwendung der Vertrauenshaftung auf falsche Äußerungen von Muttergesellschaften über die Bonität der Tochter.

[865] *Bayer/Trölitzsch*, in: Lutter/Bayer (Hrsg.), Holding-Handbuch (2020), § 8 Rn. 28; *Rieckers* NZG 2007, 125 ff. mwN der ablehnenden und in Deutschland hM in Fn. 3; *ders.*, Konzernvertrauen" und Konzernrecht (2004), 148, 166; *Kersting*, Drittshaftung für Informationen (2007), 490; *Koch*, Die Patronatserklärung (2005), 454, 470, der gleichzeitig darauf hinweist, dass der Swissair-Entscheidung in Deutschland nur wenig Aufmerksamkeit zuteil wird (452).

[866] *Broichmann/Burmeister*, NZG 2006, 687 ff.

[867] Im Fokus steht vor allem OLG Düsseldorf NJOZ 2005, 3430.

[868] Das OLG Düsseldorf NJOZ 2005, 3430 (3434) führt ganz knapp aus, dass die Voraussetzungen für eine Vertrauenshaftung wegen eines durch die Konzernerklärung gesetzten falschen Rechtsscheins nicht vorliegen und bezieht sich damit auf die Grundsätze der Konzernverantwortung. Ob bei der Inanspruchnahme von einem über die Konzernerklärung hinausgehenden besonderen Vertrauen durch die Konzernmutter etwas anders zu gelten hat (3434 f.) wird mangels Relevanz offengelassen. Hieraus nun den Schluss zu ziehen, dass es davon auszugehen scheint, dass sich eine solche Haftung grundsätzlich ergeben könne (so *Broichmann/Burmeister*, NZG 2006, 687 (688) ist gewagt. Dies geben die Autoren im nächsten Satz auch selbst zu, schließlich bleibe „im Dunkeln, was (unter den Einlassungen des OLG Düsseldorf) genau zu verstehen ist".

[869] In BGH NJW 1974, 1503 (1504 f.) wird die Lehre von der „quasi-vertraglichen Vertrauenshaftung" ausdrücklich und mit ausführlicher Begründung abgelehnt; zweifelnd auch BGH NJW 1989, 1029 (1030).

[870] *Schwenzer*, OR AT[7], § 52 Rn. 1; *Roberto*, in: FS Schweizerischer Juristentag (2000), 137 (151); *ders.*, Haftpflichtrecht (2018), § 5 Rn. 85; vgl. *Bucher*, in: FS Walter (2005), 231 (250 f.); *Schönenberger*, Haftung für Rat und Auskunft gegenüber Dritten (1999), 134, 137.

(1) Mehrdeutige Begriffsverwendung in der Rechtsprechung

Der BGH[871] ließ sich tatsächlich einmal[872] dazu hinreißen,[873] den Begriff der *Vertrauenshaftung* als vermeintlich *eigenständigen Obligationsgrund* anzuführen. In der Literatur wurde sogleich der (ersehnte?) Schluss gezogen, die Rechtsprechung habe die Vertrauenshaftung nun *institutionell verselbstständigt*[874] bzw. als *eigenständige Anspruchsgrundlage anerkannt*[875] und dauerhaft in seine haftpflichtrechtliche *Terminologie aufgenommen.*[876] Rund 40 Jahre später ist zu resümieren, dass dem nicht so ist.[877] Ist in den höchstrichterlichen Entscheidungsgründen heute (vereinzelt) die Rede von Vertrauenshaftung, bezieht sich dies stets auf spezielle, meist positivierte Erscheinungsformen von Leistungs- und Ersatzpflichten bei enttäuschtem, aber schützenswertem Vertrauen.[878] An das Niveau einer *verselbstständigten Vertrauenshaftung als eigenem Schadenersatzrechtsinstitut* nach schweizeri-

---

[871] BGHZ 70, 337 = NJW 1978, 1374: „Das BerGer. hat aber eine *Vertrauenshaftung* der Bekl. abgelehnt. Insoweit ist es dem Vortrag der Kl. nicht in vollem Umfange gerecht geworden".

[872] *Canaris*, in: FS Schimansky (1999), 43 (45) geht davon aus, dass auch die Entscheidung BGH NJW-RR 1998, 1343 geradezu im „Anwendungsbereich der Vertrauenshaftung" liegt. Richtig ist, dass der BGH den Begriff der Vertrauenshaftung dort tatsächlich verwendet, hiermit aber keine „neue" autonome Anspruchsgrundlage meint, sondern die Einstandspflicht des Geschäftsherrn für diesem zurechenbares Verhalten seines falsus procurator nach den Grundätzen der Rechtsscheinsvollmacht adressiert; hierzu wiederum aus österreichischer Perspektive *Schmaranzer*, Vertrag mit Schutzwirkung zugunsten Dritter (2006), 139 f.; in BGH NJW 1974, 1503 (1504 f.) wird die Lehre der „quasi-vertraglichen Vertrauenshaftung" im Kontext der Herstellerhaftung referiert, für die Praxis aber ausdrücklich abgelehnt; hierauf Bezug nehmend und ähnlich BGH NJW 1989, 1029 (1030).

[873] *Hohloch*, NJW 1979, 2369 (2370) führt anlässlich einer vermeintlichen terminologischen Kehrtwende in der BGH-Judikatur aus, dass die Rechtsprechung die Verwendung des Begriffs „Vertrauenshaftung" grundsätzlich vermeidet.

[874] *Hohloch*, NJW 1979, 2369 (2374).

[875] So *Canaris*, in: FS Schimansky (1999), 43 (45) auch 22 Jahre nach dem Entscheid; ferner *W. Fischer*, ZVglRWiss 83 (1984), 1 (6): eigener Typus.

[876] *Hohloch*, VersR 1980, 107 (109).

[877] *Bucher*, in: FS Walter (2005), 231 (251) spricht von einer „Episode" – richtigerweise handelt es sich nicht einmal um eine solche, sondern schlicht um eine unbedacht verwendete Begrifflichkeit; in BGH NJW 1974, 1503 (1504 f.) wird die Lehre von der „quasi-vertraglichen Vertrauenshaftung" ausdrücklich und mit ausführlicher Begründung abgelehnt; idS auch BGH NJW 1989, 1029 (1030).

[878] ZB BGH NZG 2005, 217 (218): „in § 179 BGB geregelte Vertrauenshaftung"; BGH NZG 2019, 664 (665); NJW-RR 2019, 423; NJW 2004, 3420 (3422): Prospekthaftung als typisierte Vertrauenshaftung; BGH NJW-RR 1998, 1343: Einstandspflicht des Geschäftsherrn für diesem zurechenbares Verhalten des falsus procurator. Tatsächlich etabliert ist der Begriff der Vertrauenshaftung allein in der Rechtsprechung zum Versicherungsrecht in den Fällen, in denen der Versicherer Falschauskünfte des Versicherungsagenten gegenüber dem Versicherungsnehmer gegen sich gelten lassen muss, womit aber ebenfalls keine institutionalisierte Schadenersatzhaftung, sondern in diesem speziellen Fall eine gewohnheitsrechtlich anerkannte Vertrauenshaftung in Form einer Erfüllungspflicht gemeint ist, etwa BGH NJW 2004, 1161 (1162); hierzu schon *Canaris*, Vertrauenshaftung im deutschen Privatrecht (1971), 342 ff.; *Hohloch*, VersR 1980, 107 ff.; *ders.*, NJW 1979, 2369 (2370); das OLG

schem Vorbild reicht das noch nicht heran. Denn schon in dem vorgenannten – vermeintlichen – „Ausreißerentscheid" hat sich der BGH keineswegs zu einer institutionalisierten Vertrauenshaftung als solcher bekannt, sondern letztlich nicht mehr festgehalten, als dass ein (in der deutschen Dogmatik zu diesem Zeitpunkt bereits als solcher anerkannter) Sachwalter nicht nur im Anbahnungs-, sondern auch im Abwicklungsstadium eines Vertrages besonderes Vertrauen für sich in Anspruch nehmen und ebenso enttäuschen kann.[879]

Dass es dem BGH hiermit nicht um die Institutionalisierung der Vertrauenshaftung als eigenen Obligationsgrund ging, geben die Entscheidungsgründe auch wieder. So wird ausgeführt, dass die Anwendung der Haftung aus culpa in contrahendo auch auf den Zeitraum nach Vertragsschluss keine *„unvertretbare Ausweitung der Vertrauenshaftung"* mit sich brächte.[880] Der BGH geht in seiner Entscheidung also schon von der Existenz der Vertrauenshaftung aus – eben in der eng konturierten Spezialform der Sachwalterhaftung – will sie aber mit diesem Urteil nicht noch weiter verselbstständigen oder gar erst kreieren. Letztlich ist aus heutiger Sicht an diesem vermeintlich besonderen Urteil kaum Bahnbrechendes, sondern vielmehr Selbstverständliches zu erkennen. Entsprechend unaufgeregt ordnet die heutige Literatur dieses Judiz im Kontext des § 311 BGB ein.[881]

(2) Partielles Bekenntnis zur Vertrauenshaftung in § 311 Abs. 3 S. 2 BGB

Im Lichte des vorstehend referierten BGH-Entscheids sei noch folgende Klarstellung erlaubt: Der vorgenannte Vorwurf einiger vertrauenshaftungskritischer Schweizer Autoren,[882] das BG habe mit der Vertrauenshaftung etwas rezipiert, was sich in der Rechtspraxis Deutschlands – dem Ursprungsland dieser Idee – nicht habe durchsetzen können, ist in dieser Absolutheit nicht (mehr) zutreffend. Es gibt in Deutschland zwar – das ist richtig – keine

---

Stuttgart NJOZ 2004, 3003 (3004) spricht klarstellend von der „versicherungsrechtlichen Vertrauenshaftung".

[879] BGHZ 70, 337 = NJW 1978, 1374 (1375); auch in der Urteilsanmerkung von *Emmerich*, JuS 1978, 488 wird der vermeintlich so bedeutsame Begriff der Vertrauenshaftung mit keinem Wort erwähnt, sondern allein das Problem der Eigenhaftung des Vertreters aus culpa in contrahendo beschrieben; vgl. auch *Canaris*, in: FS Schimansky (1999), 43 (62, vor Fn. 56); *W. Fischer*, ZVglRWiss 83 (1984), 1 (5).

[880] BGHZ 70, 337 = NJW 1978, 1374 (1375).

[881] *Sutschet*, in: BeckOK BGB (62. Ed.), § 311 Rn. 43 und *Lapp*, in: jurisPraxKomm BGB[9], § 311 Rn. 124 führen die Entscheidung als Nachweis für die zeitliche Reichweite der Haftung des vertragsfremden Dritten auch über den Zeitpunkt des Vertragsschlusses hinaus an; ebenso OLG Dresden NJW-RR 2000, 207.

[882] *Schwenzer*, OR AT[7], § 52 Rn. 1; *Roberto*, in: FS Schweizerischer Juristentag (2000), 137 (151); *ders.*, Haftpflichtrecht (2018), § 5 Rn. 85; *ders./Kuzniar*, AJP 2019, 1105 (1106, 1110); vgl. *Bucher*, in: FS Walter (2005), 231 (250 f.); *Schönenberger*, Haftung für Rat und Auskunft gegenüber Dritten (1999), 134, 137.

"autonome Vertrauenshaftung" als eigenständige Anspruchsgrundlage;[883] allerdings hat der deutsche Gesetzgeber die größte Schuldrechtsreform der jüngeren Zeit genutzt, um mit § 311 Abs. 3 S. 2 BGB in Gesetzform zu bringen, was vorher schon in ständiger Übung anerkannt war: Sonderverbindungen, innerhalb derer auch fahrlässig verursachte reine Vermögensschäden zu ersetzen sind, entstehen auch zu vertragsfremden Dritten – Regelbeispiel ist der besonderes Vertrauen für sich in Anspruch nehmende Sachwalter. Der Gesetzgeber bekennt sich damit *jedenfalls partiell* ganz eindeutig zu der Vertrauenshaftung,[884] die das Bundesgericht in der Schweiz anwendet.[885]

dd) Institutionalisierte Vertrauenshaftung – für das österreichische Recht?

Die Vertrauenshaftung als solche, also als eigenständiger Obligationsgrund, erfährt in Österreich ungleich weniger Aufmerksamkeit als in der Schweiz und in Deutschland.[886] Vereinzelt wird auf die Swissair-Entscheidung des BG Bezug genommen und eine Konzernvertrauenshaftung auch für das österreichische Recht erwogen.[887] Letztlich überrascht das überwiegende Desinteresse an einer autonomen Vertrauenshaftung aber nicht. Schließlich enthält das ABGB mit § 1300 S. 1 ABGB schon eine Norm, mit der sich die zentralen Fälle der Vertrauenshaftung – nämlich die Frage nach einer Einstandspflicht für fahrlässige Falschauskunft gegenüber einem vertrauensbildenden Nichtvertragspartner – unmittelbar erfassen lassen.[888]

---

[883] So auch *Koch*, AcP 204 (2004), 59 (71), der aber nachweist, dass die Rspr das Vertrauenskriterium seit Jahrzehnten als haftpflichtbegründenden Umstand bewertet (mwN in Fn. 59) und in neueren Urteilen die Vertrauenshaftung sogar als eigenständige Haftungsgrundlage anerkannt sehen will (mwN Fn. 60).
[884] *Faust*, AcP 210 (2010), 555 (562); ganz idS auch *Singer*, in: FS Canaris (2017), 425 (442 f.); *Wendelstein*, JURA 2018, 144 (150); *C. Schmidt*, HAVE 2016, 119 (121); *Koch*, AcP 204 (2004), 59 (70 f.); vgl. auch *Canaris*, in: FS 50 Jahre BGH I (2000), 129 (183 ff.); aus österreichischer Perspektive *Schmaranzer*, Vertrag mit Schutzwirkung zugunsten Dritter (2006), 140.
[885] Ganz idS *Schroeter*, in: FS Schwenzer (2011), 1565 (1574): Perspektive der schweizerischen Vertrauenshaftung ähnelt der des § 311 Abs. 3 BGB.
[886] Der Begriff der Vertrauenshaftung wird in der österreichischen Literatur und Rspr durchaus verwendet, aber eben nicht, um eine eigenständige Haftungsgrundlage zu umschreiben. Ebenso wie in Deutschland werden die Prospekthaftung als typisierte Vertrauenshaftung bezeichnet (OGH ÖBA 2019/2583; allgemeiner *Koziol*, Haftpflichtrecht II [2018], A/2/397), sowie mit Blick in der Kontext der Stellvertretung und der unwirksamen Rechtsgeschäfte als Erscheinungsformen der vertrauensbasierten Erfüllungshaftung; ausführlich *ders.*, in: FS Iro (2013), 81 ff., insb. 95 ff.; *Riss*, JBl 2007, 156 (165 ff.).
[887] *Koppensteiner*, wbl 2019, 315 (319 f.), der der diesbezüglichen schweizerischen und deutschen Methode, nämlich der Herleitung der Vertrauenshaftung aus den Grundsätzen der Haftung aus culpa in contrahendo, zustimmt; vgl. auch *Angyan*, RdW 2022, 238 (241 ff.).
[888] *Koziol*, Haftpflichtrecht II (2018), A/2/388 ff. überschreibt seine diesbezüglichen Ausführungen bildlich mit der „Vertrauenshaftung für Erklärungen"; *Karner*, in: FS Koziol (2010), 695 (700).

(1) Tatbestandliche Parallelen zwischen § 1300 S. 1 ABGB und der Vertrauenshaftung

§ 1300 S. 1 ABGB bestimmt eine Haftung des *Sachverständigen* iSv § 1299 ABGB schon bei einfacher Fahrlässigkeit und auch für reine Vermögensschäden,[889] wenn dieser *gegen Belohnung* einen *nachteiligen Rat* erteilt.[890] Zentrale Frage ist nun, wie sich aus diesen Tatbestandsvoraussetzungen eine Haftung auch außerhalb vertraglicher Beziehungen ergeben kann. Die Antwort liegt in der Auslegung der Merkmale „gegen Belohnung" und „Sachverständigen".[891] Anerkannt ist, dass Auskunftsgeber und Auskunftsadressaten nicht vertraglich verbunden sein müssen, damit der Rat auch „gegen Belohnung" erteilt wird.[892] Stattdessen reicht für die Annahme einer „Belohnung" des Auskunftsgebers schon das Bestehen einer *Sonderbeziehung* zwischen den Parteien aus,[893] innerhalb derer der Auskunftsgebende *nicht selbstlos agiert*,[894] sondern mit seiner Auskunft einen eigenen, wie auch immer gearteten Vorteil zu erreichen sucht.[895]

Hier zeigt sich die erste Parallele zur Figur der schweizerischen Vertrauenshaftung und zu § 311 Abs. 3 S. 2 BGB: Die Fahrlässigkeitshaftung für reine Vermögensschäden bleibt nicht an das starre Vertragserfordernis gekoppelt, sondern wird – gefühlt irgendwo darunter – auch auf *andere Sonderverbindungen erstreckt*.

Erforderlich für die Erklärungshaftung nach § 1300 S. 1 BGB ist weiterhin, dass der nachteilige Rat von einem „Sachverständigen" erteilt wird. Der Sachverständigenbegriff der §§ 1300, 1299 ABGB ist denkbar weit und umfasst jeden, der zur Tätigkeitsausübung in seiner Domäne besonderes Fachwissen, im Wortsinne eben *Sachverstand*, mitbringt.[896] Darin, dass eine Haftung nicht bei einer Jedermann-Auskunft, sondern nur bei der falschen Sach-

---

[889] OGH ecolex 2003/104; *Wittwer*, in: TaKomm ABGB[5], § 1300 Rn. 5; *Kepplinger*, Eigenhaftung von Vertragsgehilfen (2016), 208; *Reischauer*, in: Rummel ABGB[3], § 1300 Rn. 5 geht sogar davon aus, dass § 1300 ABGB ausschließlich eine Haftpflicht für reine Vermögensschäden anordnet; ähnlich *Tanczos*, in: Sachverständige und ihre Gutachten (2012), 109.
[890] Ausführlich zu § 1300 ABGB schon unter F./I./2./b).
[891] Siehe hierzu schon insb. unter F./I./2./b)/aa) und F./I./2./b)/cc)/(1)/(a).
[892] OGH ÖBA 2015/2143 mAnm *Apathy*; JBl 2011, 443 (444) mkritAnm *Dullinger*; ecolex 2003/104; unpräzise daher *Honsell*, in: FS Nobel (2005), 939 (940) und *Harrer*, Zak 2006, 403, die von einem strikten Vertragserfordernis ausgehen.
[893] OGH ÖBA 2015/2143 mAnm *Apathy*; *Harrer/E. Wagner*, in: PraxKomm ABGB[4], § 1300 Rn. 2; *Karner*, in: FS Koziol (2010), 695 (697).
[894] OGH JBl 2008, 450 (453); ecolex 2003/104; *Schacherreiter*, in: ABGB-ON (Stand: 31.7.2021), § 1300 Rn. 5; ausführlich zur in casu bejahten Selbstlosigkeit OGH Zak 2011/212.
[895] OGH ÖBA 2015/2143 mAnm *Apathy*; *Kepplinger*, JBl 2017, 182 (188); *Dullinger*, in: FS Reischauer (2010), 101 (110 f.); *Reich-Rohrwig*, Aufklärungspflichten vor Vertragsschluss (2015), 12.
[896] Siehe hierzu die Beispiel unter F./I./2./b)/aa).

verständigen-Auskunft besteht, liegen nun zwei weitere Parallelen zur deutschen und schweizerischen Vertrauenshaftungsdogmatik: Die Sonderverbindung kann, *erstens*, nur zu denen entstehen, die – ganz im Sinne von *Canaris* – am *(rechts-)geschäftlichen Verkehr* teilnehmen.[897] *Zweitens*, und das ist der Kern des Ganzen, ist es dem Sachverständigenrat, anders als der im Zweifel unqualifizierten Laienauskunft, bereits immanent, einen *Vertrauenstatbestand* zu schaffen.[898]

Von der vom BG für die schweizerische Vertrauenshaftung aufgestellten Tatbestandsmerkmale (Sonderverbindung plus schützenswerte Vertrauenserweckung) ist diese Lesart des § 1300 S. 1 ABGB erkennbar nicht weit entfernt.[899]

(2) Objektiv-rechtliche Sorgfaltspflichten gegenüber vertrauenden Dritten

Diese zentral auf den Vertrauensschutz aufbauende Einstandspflicht setzt sich im Ausnahmefall sogar dort fort, wo ein Dritter – also jemand außerhalb der von § 1300 S. 1 ABGB vorausgesetzten Sonderverbindung – die Sachverständigenaussage zur Grundlage seiner Dispositionen macht.[900] Das Schulbeispiel ist das fehlerhafte Verkehrswertgutachten, welches zwar vom Liegenschaftsverkäufer in Auftrag gegeben wird, aber ebenso dem Liegenschaftskäufer als Informationsquelle dient (Fallbeispiel 3).[901] Klassischerweise wird die Haftung des Sachverständigen gegenüber dem Dritten (Liegenschaftskäufer) mit dem Vertrag mit Schutzwirkung zugunsten Dritter erfasst.[902]

---

[897] *Karner*, in: FS Koziol (2010), 695 (700) stellt klar, dass für die Entstehung der Sonderbeziehung zwar schon ein einmaliger Kontakt ausreicht, dieser aber (702) über die reine Gefälligkeitsauskunft hinausgehen muss.

[898] *Koziol*, Haftpflichtrecht II (2018), A/2/391 f.; *Karner*, in: FS Koziol (2010), 695 (699); vgl. *Kepplinger*, Eigenhaftung von Vertragsgehilfen (2016), 160; *Dullinger*, in: FS Reischauer (2010), 101 (113); zweifelnd für das deutsche Recht *Jansen*, Struktur des Haftungsrechts (2003), 533 f., sofern die Vertrauensentstehung an die „Rollenerwartung" einzelner Berufsstände geknüpft werden soll.

[899] Vgl. *Karner*, in: FS Koziol (2010), 695 (700): Maßgebliche Wertung des § 1300 S. 1 ABGB ist Inanspruchnahme besonderen Vertrauens bei eigenwirtschaftlichem Interesse.

[900] Das Regel-Ausnahme-Verhältnis gibt OGH SV 2020, 169 (170) mAnm *Mann-Kommenda* klar wieder: Grundsätzlich keine Dritthaftung aus § 1300 ABGB, Ersatz reiner Vermögensschäden in der Regel nur bei vorsätzlicher Schädigung, darüber hinaus (gemeint ist: also ausnahmsweise) aber Dritthaftung bei Verletzung objektiv-rechtlicher Pflichten; ähnlich OGH ecolex 2019/366; ZVR 2009/30 mAnm *Ch. Huber*; ZLB 2009/6 mAnm *Kothbauer*; *Schacherreiter*, in: ABGB-ON (Stand: 31.7.2021), § 1300 Rn. 12.

[901] Siehe unter A./II.

[902] *Welser/Zöchling-Jud*, Bürgerliches Recht II (2015), Rn. 1521; in OGH SV 2020, 169 (170) mAnm *Mann-Kommenda* wird nun ausdrücklich hervorgehoben, dass die Dritthaftung heute nicht mehr primär über den Vertrag mit Schutzwirkung hergeleitet wird; so auch schon OGH bbl 2012/25 (44); JBl 2006, 178 (180); diesem Perspektivwechsel zustimmend *Vonkilch/Scharmer*, Zak 2018, 164 (165); anders aber noch OGH SZ 2013/3 = ÖBA 2013/1934 (607).

In der jüngeren österreichischen Literatur und Rechtsprechung ist jedoch eine Ansicht im Vordringen, die an dieser Stelle erneut den der *Sachverständigenstellung anhaftenden Vertrauensschutzgedanken* in den Vordergrund stellt und eine Dritthaftung auch aus § 1300 S. 1 ABGB herleitet.[903] Der dogmatische Überbau dieses Ansatzes wird freilich nicht ausdrücklich, sondern erst auf den zweiten Blick unter dem Banner einer verselbstständigten Vertrauenshaftung errichtet: So hat sich die Annahme etabliert, den auskunftserteilenden Sachverständigen träfen auch gegenüber einzelnen Dritten *objektiv-rechtliche Sorgfaltspflichten*,[904] deren Verletzung das vertragsrechtliche Haftungsregime und damit eine Einstandspflicht auch für fahrlässig verursachte reine Vermögensschäden aktiviert.[905] Voraussetzung für das Entstehen dieser allgemeinen Sorgfaltspflichten ist – und erst hier rekurriert dieser Ansatz nun erkennbar auf den Vertrauensschutz –, dass der Sachverständige damit rechnen muss,[906] dass die Auskunft *Grundlage für die Disposition* des Dritten bilden werde, mithin erkennbar ein *Vertrauenstat-*

---

[903] Die Dritthaftung ausdrücklich aus § 1300 ABGB selbst ableitend *Reich*, wobl 2019, 117 (119, 123); *Posch/Schilcher*, in: Bussani/Palmer (Hrsg.), Pure Economic Loss in Europe (2003), 171 (468); ganz idS OGH ÖBA 2001/1000 (924); *Apathy*, öarr 2017, 5 (8): „in Zusammenhang mit der Haftung nach § 1300 ABGB die Auffassung entwickelt worden, den Sachverständigen treffe eine objektiv-rechtliche Sorgfaltspflicht zugunsten eines Dritten"; ferner OGH ecolex 2019/366: grundsätzlich keine Dritthaftung aus §§ 1299f. ABGB, dann aber, wenn objektiv-rechtliche Sorgfaltspflichten verletzt werden; *Schacherreiter*, in: ABGB-ON (Stand: 31.7.2021), § 1300 Rn. 12: „Haftung nach §§ 1299, 1300 grundsätzlich nur (gegenüber) Vertragspartner und nur ausnahmsweise auch gegenüber Dritten"; vgl. auch *Honsell*, in: FS Medicus (1999), 211 (218), der die Vorsatzbeschränkung des § 1300 S. 2 ABGB hervorhebt, unter Verweis auf OGH SZ 69/258 = ecolex 1997, 844 mAnm *Wilhelm* aber konstatiert, dass die Rspr hier nun eine Fahrlässigkeitshaftung kreiert habe; kritisch zur Verortung der Dritthaftung bei § 1300 ABGB *Schmaranzer*, Vertrag mit Schutzwirkung zugunsten Dritter (2006), 151; wohl auch *Angyan*, RdW 2022, 238 (241); die objektiv-rechtliche Sorgfaltspflicht aus § 1299 ABGB ableitend *Brenn*, EvBl-LS 2021, 699 (700).

[904] OGH SZ 2010/92 = JBl 2010, 781 (783); bbl 2017/26; ÖBA 2002/1068 (832); *Karner*, in: FS Koziol (2010), 695 (711 ff.); *ders.*, in: KBB ABGB⁶, § 1300 Rn. 3; *Koziol*, Haftpflichtrecht II (2018), A/2/388, 391; *ders.*, JBl 2004, 273 (276); *G. Wilhelm*, ecolex 1991, 87; *Vrba/Maurer*, in: Vrba (Hrsg.), Schadenersatz in der Praxis (45. EL), B/II/19; referierend *Kalss*, ÖBA 2000, 641 (648); *Welser*, Haftung für Rat, Auskunft und Gutachten (1983), 86 ff.; kritisch *Reischauer*, in: Rummel ABGB³, § 1295 Rn. 30e; ausführlich *Schmaranzer*, Vertrag mit Schutzwirkung zugunsten Dritter (2006), 143 ff., der diesen Ansatz selbst im Ergebnis ablehnt, 148 ff.; zu diesem Ansatz aus deutscher Perspektive, speziell zur Herleitung dieser objektiv-rechtlichen Sorgfaltspflichten *Canaris*, JZ 1998, 603 (604"); diesen Ansatz weiterentwickelnd und von jeglichen vertragsrechtlichen Ursprüngen emanzipierend *Kerschner*, in: FS P. Bydlinski (2022), 497 (503 ff.).

[905] *Koziol*, Haftpflichtrecht II (2018), A/2/391; *Vonkilch/Scharmer*, Zak 2018, 164 (166).

[906] Exemplarisch OGH EvBl 2018/89 (613) mAnm *Hoch/Angyan*: Haftung desjenigen gegenüber einem Grundstückskäufer, der im Auftrag des Verkäufers einen Energieausweis erstellt und weiß, dass dieser etwaigen Kaufinteressenten vorgelegt wird; insofern stimmig für das deutsche Recht OLG Koblenz MDR 2016, 1199: Haftung des Energieausweiserstellers abgelehnt, weil dessen Weitergabe an Dritte nicht erkennbar.

bestand gegenüber diesem geschaffen wird.[907] Der Sachverständige haftet damit – nicht mehr und nicht weniger – auch gegenüber Dritten für die von ihm geschaffene *Vertrauenslage*.[908]

Bewusst oder unbewusst: Dieser Ansatz offenbart ganz klare Parallelen zur schadenersatzrechtlichen Vertrauenshaftung nach dem Konzept von *Canaris*, das die Haftung aus culpa in contrahendo erweitern und vermittelt über die *vertrauensbegründende Teilnahme am rechtsgeschäftlichen Verkehr* eine Einstandspflicht des Erklärenden konzipieren will.[909] Den gedanklichen Kreis unter ausdrücklichem Verweis auf diese Gemeinsamkeiten schließt *Karner*,[910] der, *Canaris* zitierend, die objektiv-rechtlichen Sorgfaltspflichten des Erklärenden auch in Österreich auf *culpa in contrahendo* – und damit zum Fundament der autonomen Vertrauenshaftung nach schweizerischem und deutschem Verständnis – zurückführt.

Zum Schluss und am Rande eine Beobachtung auch zeitlicher Parallelen: Der OGH stützte, soweit erkennbar, erstmals im November 1996 die Dritthaftung für Sachverständige ausdrücklich auf die Verletzung objektiv-rechtlicher Sorgfaltspflichten[911] – fast auf das Datum genau nur zwei Jahre später als das bundesgerichtliche Bekenntnis zur Vertrauenshaftung im Swissair-Entscheid.

---

[907] OGH SV 2020, 169 (170) mAnm *Mann-Kommenda;* EvBl 2018/89 (613) mAnm *Hoch/Angyan;* bbl 2017/26; bbl 2012/25 (44); SZ 2010/92 = JBl 2010, 781 (783); ZVR 2009/30 mAnm *Ch. Huber;* JBl 2006, 178 (180); ÖBA 2002/1068 (832); *Reich,* wobl 2019, 117 (121); *Karner,* in: FS Koziol (2010), 695 (716); *ders.,* in: KBB ABGB⁶, § 1300 Rn. 3; *Harrer/E. Wagner,* in: PraxKomm ABGB⁴, § 1300 Rn. 105d; *Welser,* Haftung für Rat, Auskunft und Gutachten (1983), 87: Behauptung besonderer Sachkenntnis und dadurch Herausforderung von Vertrauen.

[908] So glasklar OGH SZ 2010/92 = JBl 2010, 781 (783); idS schon *Karner,* ÖBA 2001, 893 (894); ferner *Schacherreiter,* in: ABGB-ON (Stand: 31.7.2021), § 1300 Rn. 16; zustimmend und an dieser Stelle *Canaris* zitierend *Vonkilch/Scharmer,* Zak 2018, 164 (166).

[909] *Canaris,* JZ 1998, 603 (606) weist selbst auf die starke Ähnlichkeit zwischen seiner und der nunmehr vom OGH vereinnahmten Position hin; ebenso *Koziol,* Haftpflichtrecht II (2018), A/2/392; *Kletečka,* in: FS Reischauer (2010), 287 (298 ff.); ausführlich *Schmaranzer,* Vertrag mit Schutzwirkung zugunsten Dritter (2006), 140 ff., insb. 142 ff.; ebenfalls in diesem Kontext auf *Canaris* verweisend *Vonkilch/Scharmer,* Zak 2018, 164 (166).

[910] *Karner,* in: FS Koziol (2010), 695 (712) im Anschluss an *Canaris,* JZ 1998, 603 ff.; auf die dogmatischen Parallelen zur deutschen Lehre hinweisend schon *Karner,* ÖBA 2001, 893 (894); ähnlich auch *Kletečka,* in: FS Reischauer (2010), 287 (295 ff., 298 ff.), der die Verortungsversuche referiert und mit dem vermittelnden Fazit schließt, dass die Dritthaftung von Gutachtern „tatsächlich auf jene Gründe gestützt werden kann, die auch bei der culpa in contrahendo den Ausschlag geben" (304); die Verortung im Bereich der Haftung aus culpa in contrahendo dagegen ablehnend *Koziol,* Haftpflichtrecht II (2018), A/2/391, der aber (A/2/392) gleichwohl die allgemeine Parallele zur Lehre von *Canaris* betont; ebenso *Schmaranzer,* Vertrag mit Schutzwirkung zugunsten Dritter (2006), 140 f., 142, 151.

[911] OGH SZ 69/258 = ecolex 1997, 844 mAnm *Wilhelm;* ausführlich zu dieser Entscheidung *Kletečka,* in: FS Reischauer (2010), 287 (288 f.); in den Vorentscheiden SZ 57/122 = RdW 1985, 9 und OGH ÖBA 1989, 89 wird dieser Ansatz neben dem Vertrag mit Schutzwirkung zugunsten Dritter schon erwähnt, aber nur als Literaturmeinung referiert.

(3) Im Ergebnis: Vertrauensbasierte Auskunftshaftung

Anders als in Deutschland und der Schweiz wird zwar in Österreich die ganz große Kategorie der „Vertrauenshaftung" begrifflich kaum ausdrücklich bemüht, ausgehend von § 1300 S. 1 ABGB hat sich aber erkennbar eine *vertrauensbasierte Auskunftshaftung des Sachverständigen* etabliert, die in ihrer Reichweite schrittweise erweitert wurde. Ging man früher noch davon aus, dass der Sachverständige nur aus Vertrag hafte,[912] wurde dies im Zweipersonenverhältnis durch moderne Lesart des Merkmals „gegen Belohnung" vom Vertragserfordernis abgekoppelt und auf jede nichtaltruistische Sonderverbindung erstreckt. Im Dreipersonenverhältnis wurde die Einstandspflicht des Sachverständigen nochmals von der Voraussetzung der Sonderverbindung losgelöst und stattdessen zentral auf den Vertrauensgedanken gestellt – wer erkennen kann, dass seine nicht selbstlos (sondern in der Regel im beruflich veranlassten Gewinnstreben) getätigte Aussage auch bei Dritten Vertrauen begründet, den treffen auch diesem Dritten gegenüber vermögensschützende Sorgfaltspflichten.

ee) Zwischenergebnis

Die Vertrauenshaftung dient als Instrument, die Einstandspflicht für fahrlässig verursachte reine Vermögensschäden[913] auch auf Fälle der *Vertrauensenttäuschung in Sonderverbindungen* – also unterhalb des Vertragsniveaus und damit originär nur deliktisch zu erfassende Fälle – zu erstrecken.[914] Als *eigenständigen Obligationsgrund* gibt es sie bislang nur in der Schweiz. *Bucher*[915] zeigt sich zuversichtlich, dass auch das deutsche und österreichische Recht diese „*helvetische Singularität*" für sich entdecken. Das ist zwar nicht ausgeschlossen, aber aus zwei Gründen höchst unwahrscheinlich: *Erstens* geht auch im schweizerischen Recht die Tendenz erkennbar zu einer Einschränkung der Vertrauenshaftung.[916] Das BG betont in jüngerer Zeit wie-

---

[912] OGH JBl 1962, 384: vertragsmäßiger Rat; SZ 54/41 = EvBl 1981/145; entscheidend ist Verpflichtungsverhältnis.
[913] *Kramer*, AcP 200 (2000), 365 (380) resümiert (wenig überraschend), dass es in den einschlägigen BG-Entscheiden zur Vertrauenshaftung stets um reine Vermögensschäden geht; so auch *Koller*, in: FS Walter (2005), 367 (373).
[914] BG Urt. v. 30.10.2002 – 4C.202/2002, E.4.1 (frz.); *Hürlimann/Siegenthaler*, in: Koller (Hrsg.), Haftpflicht- und Versicherungsrechtstagung St. Gallen 2005 (2005), 199 (203); *dies.*, BR 2004, 105 (106); so schon *Canaris*, in: FS Larenz (1983), 27 (34); weniger überzeugend dagegen *Loser*, in: Koller (Hrsg.), Haftpflicht- und Versicherungsrechtstagung St. Gallen 2005 (2005), 111 (159), der anführt, die Funktion der Vertrauenshaftung sei die Erleichterung des Rechtsverkehrs durch Schaffung von Vertrauen.
[915] *Bucher*, in: FS Walter (2005), 231 (261).
[916] Ausführlich *Roberto/Kuzniar*, AJP 2019, 1105 ff. (insb. 1108 f.); *Loser*, in: Jung (Hrsg.), Aktuelle Entwicklungen im Haftpflichtrecht (2007), 23 (27); *Müller-Chen*, in: Fellmann/Weber (Hrsg.), Haftpflichtprozess 2008 (2008), 13 (24) geht dagegen davon aus, dass

derholt, dass diese nicht zu einer Jedermann-Haftung verkommen dürfe,[917] zeigt sich im Einklang mit der Literatur[918] zunehmend streng bei der Bejahung ihrer tatbestandlichen Voraussetzungen[919] und bejaht eine Vertrauenshaftung im Ergebnis heute nur äußerst selten.[920] Es scheint dem BG hier wie dem Zauberlehrling zu gehen – zunächst noch gebannt von der eigenen Kreation bemüht es sich nun, ihrer wieder Herr zu werden.[921] Ob die einmal losgelassene, nachträglich nun wieder zu zähmende Vertrauenshaftung in den Nachbarländern des deutschen Rechtskreises tatsächlich als Vorbild taugt, darf daher bezweifelt werden.[922]

Zweitens besteht in Deutschland und Österreich ein ungleich geringerer Bedarf an einer Etablierung der *Vertrauenshaftung als autonomer Anspruchsgrundlage*. Denn die zentrale Fallgruppe der schweizerischen Vertrauenshaftung – die Haftung für fahrlässige Falschauskunft innerhalb einer Sonderverbindung[923] – lässt sich in Deutschland bereits präzise mit der in § 311 Abs. 3 S. 2 BGB positivierten „Sondervertrauenshaftung" des Sachwal-

---

sich die Vertrauenshaftung in der bundesgerichtlichen Judikatur „einen festen Platz gesichert" habe.
[917] Zuletzt BG, Urt. v. 21.7.2021 – 4A_18/2021 E.4.1; BGE 142 III 84 (88); 134 III 390 (398); 130 III 345 (352 f.) = AJP 2005, 350 mAnm *Plotke*; *Hürlimann-Kaup*, ZBJV 2019, 110 (113).
[918] *Sommer*, AJP 2006, 1031 (1038); *Walter*, ZSR 2001, 79 (97); schon *Gonzenbach*, recht 1995, 117 (118) zum Swissair-Entscheid.
[919] Wiederholt fließt in die bundesgerichtlichen Erwägungen mit ein, dass die Vertrauenshaftung das Vertragsrecht nicht aushöhlen dürfe und die Tatbestandsvoraussetzungen streng seien, BGE 142 III 84 (88); 134 III 390 (398); 133 III 449 (451 f.); Urt. v. 21.7.2021 – 4A_18/2021 E.4.1; Urt. v. 22.9.2021 – 6B_665/2020, E.4.6./1.2.
[920] *Roberto*, Haftpflichtrecht (2018), § 5 Rn. 83; *ders./Kuzniar*, AJP 2019, 1105 (1108 f.); *Schwenzer*, in: Schuldrecht, Rechtsvergleichung und Rechtsvereinheitlichung, (1999), 59 (69 f.) hoffte schon in den Anfängen der Vertrauenshaftungs-Rechtsprechung auf ein nur „kurzes Intermezzo", was so kurz freilich nicht gewesen ist; man beachte aus jüngerer Vergangenheit BG, Urt. v. 6.5.2019 – 4A_168/2019: Zurückweisung einer Beschwerde gegen ein die Vertrauenshaftung dem Grunde nach gutheißendes Berufungsurteil; Urt. v. 21.7.2021 – 4A_18/2021 E.4.1 ff.: ausführliche Einlassung zu den Voraussetzungen der Vertrauenshaftung; zuletzt BG, Urt. v. 25.4.2022 – 4A_503/2021, E.3.2 (frz.) zur schweizerischen Vertrauenshaftung im Kontext des internationalen Privatrechts.
[921] Vgl. *Loser*, in: Jung (Hrsg.), Aktuelle Entwicklungen im Haftpflichtrecht (2007), 23 (27): Eindämmung der losgetretenen Lawine von Begehrlichkeiten; eine ähnliche Bildersprache wie hier auch bei *Fleischer*, ZHR 163 (1999), 461 (485), der die spezielle Konzernvertrauenshaftung zwar befürwortet, sie aber als „ungebärdiges Geschöpf" bezeichnet.
[922] So schon für das deutsche und schweizerische Recht, *Schwenzer*, in: Schuldrecht, Rechtsvergleichung und Rechtsvereinheitlichung, (1999), 59 (68).
[923] BGE 134 III 390 (395): Vertrauenshaftung als Oberbegriff der Haftung für falsche Auskunft; idS schon in der Swissair-Entscheidung BGE 120 II 331 (337): Vertrauenshaftung berührt sich mit Haftung aus falschem Rat und mangelhafter Auskunft; vgl. BGE 124 III 363 (369); *Sommer*, AJP 2006, 1031 (1033); *Loser*, recht 73 (89): „Primär in Betracht fallen falsche Bestätigungen und Auskünfte"; *Wiegand*, recht 1997, 85 (87).

ters,⁹²⁴ vor allem aber in Österreich mit der Erstreckung objektiv-rechtlicher Sorgfaltspflichten im Kontext des § 1300 S. 1 BGB erfassen.

c) Schuldverhältnis mit Schutzwirkung zugunsten Dritter

Die unverwundenste Methode, die vertragliche Einstandspflicht für fahrlässig verursachte reine Vermögensschäden auch vertragsfremden Dritten zugutekommen zu lassen, besteht darin, den Schutzbereich einzelner Verträge so weit zu fassen, dass auch Nichtvertragspartner von den Vertragsparteien Rücksichtnahme auf ihre reinen Vermögensinteressen verlangen können. Man spricht vom sog. *Vertrag mit Schutzwirkung zugunsten Dritter*. Jedenfalls in Deutschland und Österreich zählt dieser inzwischen zum Standardrepertoire derjenigen Haftungsfiguren, mit denen sich originär außervertragliche Schadensfälle dem vertraglichen Haftungsregime unterstellen lassen. Im schweizerischen Rechtsdenken hat sich die vertragliche Drittschutzwirkung dagegen noch nicht nachhaltig etablieren können.⁹²⁵

aa) Umgehung der deliktsrechtlichen Restriktionen – in drei Leitentscheiden

Ganz wie die Haftung aus culpa in contrahendo dient auch der Vertrag mit Schutzwirkung als Instrument zur *Substitution der deliktsrechtlichen Schwächen* im Einzelfall.⁹²⁶ Ob und welche gesetzliche Grundlage der vertragliche Drittschutz findet, ist in Deutschland wie in Österreich umstritten und bereits vielstimmig erörtert worden.⁹²⁷ So wird – um nur die verbreitetsten Ansätze zu nennen – vorgeschlagen, die Legitimation der Drittschutzes mit dem RG auf den positivierten Vertrag zugunsten Dritter (§ 328 BGB, Art. 112 OR) zu stützen,⁹²⁸ sie aus dem Gebot von Treu und Glauben ab-

---

⁹²⁴ Ganz idS *Koch*, Die Patronatserklärung (2005), 443, 470, 616, der ausführlich eine Konzernvertrauenshaftung nach schweizerischem Vorbild erörtert, eine entsprechende Einstandspflicht im Ergebnis aber alleine in § 311 Abs. 3 S. 2 BGB verortet; ähnlich *Rieckers*, „Konzernvertrauen" und Konzernrecht (2004), 184, 247; idS auch *Loser*, recht 73 (89), der als Beispiel für Vertrauenshaftung unter Verweis auf deutsche Rechtsprechung (in Fn. 124) die nunmehr in § 311 Abs. 3 S. 2 BGB normierte Sachwalterhaftung anführt.
⁹²⁵ Zuletzt hierzu *Fountoulakis*, AJP 2018, 95 (97); ausführlich zu den Spuren des vertraglichen Drittschutzes in der Rspr des BG unter F./II./2./c)/cc)/(3).
⁹²⁶ Für Deutschland *Brockmann/Künnen*, JA 2019, 729 (730); *L. Hübner/Sagan*, JA 2013, 741 (742); für Österreich ausdrücklich OGH ZVR 2003/76 mAnm *Ch. Huber*; JBl 1990, 376 (377); *Reischauer*, in: Rummel ABGB³, § 1295 Rn. 33; *Welser/Zöchling-Jud*, Bürgerliches Recht II (2015), Rn. 647; für die Schweiz *Keller*, Anwendungsfälle der DSL und des VSD (2004), 5.
⁹²⁷ Zuletzt *von Graffenried*, Schadloshaltung des Dritten (2019), Rn. 397 ff. mit einer Skizze der möglichen Rechtsgrundlagen in Deutschland und der Schweiz; mit einer Aufzählung der unterschiedlichen dogmatischen Begründungen auch OLG Düsseldorf DStRE 2014, 313 (317); *Temming/Weber*, JURA 2019, 1039 (1040 f.); *Kerschner*, in: FS P. Bydlinski (2022), 497 (500).
⁹²⁸ So im grundlegenden Tuberkulose-Fall, RGZ 91, 21; aus heutiger Sicht überwiegend abgelehnt, etwa *Mäsch*, in: BeckOGK BGB (Stand: 1. 4. 2022), § 328 Rn. 158 mwN; *Leyens*,

zuleiten,⁹²⁹ durch ergänzende Vertragsauslegung zu ermitteln⁹³⁰ oder in Deutschland seit der Schuldrechtsreform in § 311 Abs. 3 BGB zu verorten.⁹³¹ In österreichischen und schweizerischen Recht finden sich weitere Einordnungsversuche.⁹³² Diese Untersuchung verzichtet darauf, sich an dieser Stelle ebenfalls weiter im Kreis zu drehen und hält es vielmehr mit einem älteren BGH-Judiz:⁹³³ Da die Figur des Vertrags mit Schutzwirkung zugunsten Dritter im deutschen Recht seit über einhundert Jahren praktisch unbestritten anerkannt ist und überdies weitgehende Einigkeit über seine Voraussetzungen besteht, stellt sich die *sisyphusartige Suche* nach der „richtigen" Verortung als *akademisches Glasperlenspiel* dar.⁹³⁴ Stattdessen sei im Folgenden anhand dreier zentraler Leitentscheide für das deutsche Recht (im Anschluss daran zur Lage in Österreich und der Schweiz) skizziert, wie und in welcher Breite die Erstreckung der vertraglichen Schutzwirkung durch die

---

JuS 2018, 217 (220); für das schweizerische Recht ablehnend *Siegrist*, Vertrag mit Schutzwirkung zugunsten Dritter (1997), 32 ff., 35.

⁹²⁹ So die im deutschen Recht wohl überwiegende Lehre, statt vieler *Klumpp*, in: Staudinger BGB (2020), § 328 Rn. 106 mwN; etwas resignierend angesichts des Mangels überzeugenderer Einordnungsalternativen auch *Mäsch*, in: BeckOGK BGB (Stand: 1.4.2022), § 328 Rn. 162.

⁹³⁰ So insbesondere die deutsche und österreichische Rspr, BGH VersR 2020, 1255; BGHZ 211, 251 = NJW 2016, 3432 (3433); BGHZ 159, 1 = NJW 2004, 3035 (3036); OLG Düsseldorf DStRE 2014, 313 (318); *Zugehör*, NJW 2008, 1105 (1110); zu diesem Ansatz für das schweizerische Recht *Keller*, Anwendungsfälle der DSL und des VSD (2004), 12 ff.; ebenso schon in der österreichischen Leitentscheidung OGH JBl 1960, 386 (387); zuletzt OGH wobl 2020/41 (117); ZVR 2020/9 (21) mAnm *Ch. Huber*; *Hochleitner*, wobl 2020, 75 (78); *Kodek*, in: ABGB-ON (Stand: 1.1.2018), § 1295 Rn. 54; *Reischauer*, in: Rummel ABGB³, § 1295 Rn. 30d; ausführlich *Schmaranzer*, Vertrag mit Schutzwirkung zugunsten Dritter (2006), 54 ff.; kritisch *Koziol*, Haftpflichtrecht II (2018), A/2/357.

⁹³¹ KG, Urt. v. 25.2.2010 – 24 U 11/09, juris Rn. 47; *Kersting*, Dritthaftung für Informationen (2007), 323; ablehnend *Gottwald*, in: MüKo BGB⁹, § 328 Rn. 171; *Mäsch*, in: BeckOGK BGB (Stand: 1.4.2022), § 328 Rn. 161; *Klumpp*, in: Staudinger BGB (2020), § 328 Rn. 102.

⁹³² Das BG, Urt. v. 18.1.2000 – 4C.194/1999, E.4 (frz.) ordnet den vertraglichen Drittschutz ebenso wie die Haftung aus culpa in contrahendo dem Oberbegriff der Vertrauenshaftung unter; ebenso *Loser-Krogh*, in: FS Kramer (2004), 579 (583); in diese Richtung auch für das österreichische Recht *Koziol*, Haftpflichtrecht II (2018), A/2/358; die überwiegende schweizerische Lehre stützt den vertraglichen Drittschutz auf Art. 97 Abs. 1 OR mit dem Argument, dass diese Norm die Haftung gegenüber Dritten schließlich nicht ausschließe, zuletzt *von Graffenried*, Schadloshaltung des Dritten (2019), Rn. 415; *Armbrüster*, in: FS Wiegand (2005), 71 (77); vorsichtiger *Siegrist*, Vertrag mit Schutzwirkung zugunsten Dritter (1997), 28; diesen Ansatz referierend *Bärtschi*, Verabsolutierte Relativität (2009), 282 f.

⁹³³ BGH NJW 1977, 2073 (2074): „gleichgültig, ob die Rechtsstellung (des Dritten) in ergänzender Vertragsauslegung aus dem Vertrag abgeleitet oder auf § 242 BGB gestützt wird".

⁹³⁴ Ganz idS *Mäsch*, in: BeckOGK BGB (Stand: 1.4.2022), § 328 Rn. 162.1: Suche nach der Rechtsgrundlage ist nicht überzubewerten, keine dogmatische Verortung überzeugt zwingend und unabhängig von der Einordnung arbeiten sich alle Autoren an denselben Tatbestandsmerkmalen ab.

Rechtsprechung schrittweise zur Erfassung fahrlässig verursachter reiner Vermögensschäden handhabbar gemacht wurde.[935]

(1) Ausgangsfall – Tuberkulose-Entscheidung, RGZ 91, 21

Seinen Ursprung findet der Vertrag mit Schutzwirkung zugunsten Dritter in der reichsgerichtlichen *Tuberkulose-Entscheidung*:[936] Einem Bahnangestellten und seiner Familie wurde eine mit Tuberkelbazillen behaftete Wohnung zugewiesen. Nach Einzug erkrankte die Tochter an Tuberkulose und verlangte vom Dienstherrn ihres Vaters Ersatz ihrer Heilungskosten. Dieser war jedoch allein mit dem Vater durch das Anstellungsverhältnis sonderverbunden und allein diesem gegenüber zur Fürsorge verpflichtet. Im so gegenüber der Tochter verbleibenden Bereich der außervertraglichen Haftung gelang dem Dienstherrn weiterhin der Entlastungsbeweis des § 831 Abs. 1 S. 2 BGB, da die Verseuchung der Wohnung letztlich auf die Nachlässigkeit eines einzelnen, mit der Wohnungsinspektion betrauten Amtsarztes zurückzuführen war. Das Berufungsgericht wies daher das Klagebegehren der Tochter mangels einschlägiger Haftungsgrundlage ab. Das RG wollte dieses Ergebnis korrigieren, musste hierzu aber die Hürden des Deliktsrechts, namentlich des § 831 BGB umgehen. So folgerte es aus dem Gedanken des § 328 BGB (Vertrag zugunsten Dritter), dass der Dienstherr auch gegenüber den Familienmitgliedern des Dienstnehmers zur mietrechtlichen Rücksichtnahme verpflichtet sei. Denn – und dieser Passus gibt nun klar zu erkennen, wie bewusst und bemüht das RG hier die deliktsrechtlichen Klippen zu umschiffen suchte – „*ohne eine solche Ausdehnung der Vertragspflichten* des Vermieters sind die Angehörigen in Schädigungsfällen auf außervertragliche Ansprüche beschränkt."[937]

(2) Drittschutz reiner Vermögensinteressen – Testament-Fall, BGH NJW 1965, 1955

War der Vertrag mit Schutzwirkung nach der Tuberkulose-Entscheidung für beinahe ein halbes Jahrhundert dem Ersatz von Drittsach- und Drittpersonenschäden vorbehalten, wagte es der BGH erstmals im berühmten *Testament-Fall*,[938] den vertraglichen Drittschutz auch zur Füllung der größten de-

---

[935] Einen hervorragenden Überblick über die schrittweise Entwicklung des vertraglichen Drittschutzes bietet *Bayer*, JuS 1996, 473 ff.; knapp auch bei *Haferkamp*, in: Dauner-Lieb/Konzen/Schmidt (Hrsg.), Das neue Schuldrecht in der Praxis (2003), 171.
[936] RGZ 91, 21; für den schweizerischen Leser referiert *Loser-Krogh*, in: FS Kramer (2004), 579 ff. diesen Entscheid.
[937] *G. Wagner*, in: MüKo BGB[8], § 831 Rn. 2, Fn. 12 führt den Tuberkulose-Fall treffend unter der Überschrift „Strategien zur Umgehung des § 831".
[938] BGH NJW 1965, 1955 (1957): „Der Erstreckung des Schutzes [...] steht auch nicht entgegen, daß es bei den in Rechtsprechung und Schrifttum anerkannten Fällen um Ersatz

liktischen Schutzlücke heranzuziehen – dem fehlenden Schutz durch Fahrlässigkeit verursachter Schäden des Reinvermögens. Dem *Testament-Fall* lag folgende Konstellation zugrunde: Der Erblasser beauftragte einen Rechtsanwalt mit der zeitnahen Errichtung eines Testaments, durch welches seine Tochter als Alleinerbin eingesetzt würde. Obwohl der Erblasser und die Tochter die Testamentserrichtung mehrmals anmahnten, kam es hierzu nicht. Der Erblasser verstarb schließlich ohne Testament, sodass die gesetzliche Erbfolge eintrat und neben der Tochter auch eine Enkelin des Erblassers zur Hälfte Miterbin wurde. Die Tochter nahm den Rechtsanwalt auf Ersatz des ihr so entgangenen Erbteils in Anspruch. Der BGH bestätigte das stattgebende Berufungsurteil und damit vor allem erstmals die Erstreckung der vertraglichen Schutzwirkung eines fremden Vertrages auch auf die reinen Vermögensinteressen vertragsfremder Dritter. Bezeichnenderweise rechtfertigte er diesen Schritt mit einem *Verweis auf die Wertungen der* Haftung aus culpa in contrahendo, also eine weitere, zu diesem Zeitpunkt aber eben schon als solche anerkannte Hilfsfigur des haftpflichtrechtlichen Vermögensschutzes.[939]

Wird heute mit dem Vertrag mit Schutzwirkung eine Ersatzpflicht für reine Vermögensschäden begründet, handelt es sich hierbei meist[940] um *Fälle der Gutachterhaftung* (vgl. Fallbeispiel 3):[941] Gibt ein Liegenschaftsverkäufer eine Verkehrswertgutachten in Auftrag, orientiert sich hieran in der Regel auch der Kaufinteressent. Kommt es auf Grundlage dieses Gutachtens zum Kaufvertragsschluss und hat der Gutachter den Verkehrswert zu hoch angesetzt, stellt sich die Frage, ob der Vertrag über die Gutachtenserstellung zwischen Verkäufer und Gutachter so weitreichende Schutzwirkung auch zugunsten des Käufers entfaltet, dass dieser seinen reinen Vermögensschaden vom Gutachter ersetzt verlangen kann.[942]

---

von Körper- oder Sachschäden ging, während hier die Ersetzung eines (reinen) Vermögensschadens in Frage steht"; hierzu *Bayer*, JuS 1996, 473 (474); kritisch zum vertraglichen Schutz reiner Vermögensinteressen Dritter *Honsell*, in: FS Medicus (1999), 211 (222 ff., 233); aus schweizerischer Perspektive *Fisch*, Eigentumsgarantie und Nichtersatzfähigkeit reiner Vermögensschäden (2020), Rn. 416 ff.

[939] BGH NJW 1965, 1955 (1957): „Nicht nur im Rahmen vertraglicher Haftung ist ein (reiner) Vermögensschaden ebenso wie Körper- und Sachschäden zu ersetzen. Auch im Rechtsverhältnis der Vertragsverhandlungen (culpa in contrahendo), ebenfalls einem Schuldverhältnis ohne primäre Leistungspflicht [...], ist bei Verletzung vorvertraglicher Pflichten die Ersatzfähigkeit von (reinen) Vermögensschäden anerkannt".

[940] Mit dieser quantitativen Einschätzung auch *Zugehör*, NJW 2008, 1105 (1107).

[941] Siehe unter A./II.

[942] Zentral etwa BGH NJW 1998, 1059; BGHZ 127, 378 = NJW 1995, 392; BGH NJW-RR 1986, 484.

(3) Horizontale Substitution der Deliktshaftung – Gemüseblatt-Fall, BGHZ 66, 52 = NJW 1976, 712

Die vorstehend skizzierte Haftungserstreckung des Vertrages mit Schutzwirkung zugunsten Dritter kann man sich *im Vergleich zur culpa in contrahendo* eher horizontal als vertikal vorstellen: Während sich die Haftung aus culpa in contrahendo insbesondere auf Vermögensverletzungen *vor* Vertragsschluss erstreckt, also die vertragliche Haftung zeitlich nach vorne verlagert, geht es beim Vertrag mit Schutzwirkung um eine Erstreckung der Aktivlegitimation in der Breite, eben auf Dritte, die nicht Vertragspartei sind.[943] Deutlich wird dies, wenn diese beiden Rechtsfiguren in Kombination zur Anwendung kommen: Im *Gemüseblatt-Fall*[944] wurde die Tochter einer Supermarktkundin noch vor Abschluss eines Kaufvertrages durch schuldhafte Verletzung der den Supermarkt treffenden Verkehrssicherungspflicht verletzt. Der BGH gestand der Verletzten dennoch eigene Ersatzansprüche zu, da auch schon das frühe Vertragsanbahnungsverhältnis die Parteien (Mutter und Supermarkt) zur gegenseitigen Sorgfalt verpflichtet, in der Breite seiner Schutzwirkung aber auch die ihre Mutter begleitende Tochter umfasst.

Für diese Untersuchung steckt der Gemüseblatt-Fall gleichzeitig auch einen weiteren wichtigen Rahmen ab: Die Bezeichnung „Vertrag" mit Schutzwirkung ist zu eng; präziser ist es – inzwischen auch für das österreichische Recht[945] – vom *Schuldverhältnis mit Schutzwirkung zugunsten Dritter* zu sprechen,[946] das eben noch weiter reichen kann als reine Vertragsverhältnisse.

(4) Synthese der drei Leitentscheide – Drittvermögensschutz in Schuldverhältnissen

In einer Zusammenschau dieser drei Leitentscheide ergibt sich für das deutsche Haftpflichtrecht folgendes Bild: Liegen die Voraussetzungen eines Schuldverhältnisses vor, kann dies – sofern die im Weiteren zu erläuternden Voraussetzungen vorliegen – die Parteien dazu anhalten, ersatzpflichtbedroht auch die *Integrität von Drittvermögen* zu beachten.

---

[943] Genau wie hier für das österreichische Recht *Perner/Spitzer/Kodek*, Bürgerliches Recht (2019), 344: Dehnung der Vertragshaftung in die Länge und in die Breite.
[944] BGHZ 66, 52 = NJW 1976, 712.
[945] OGH ecolex 2011/264: vorvertragliches Schuldverhältnis mit Drittschutzwirkung; zum schweizerischen Recht vorsichtiger *von Graffenried*, Schadloshaltung des Dritten (2019), Rn. 422 ff.
[946] So schon OGH SZ 69/229 = ÖBA 1997/616 (306): „Schuldverhältnis mit Schutzwirkungen für Dritte"; *Klumpp*, in: Staudinger BGB (2020), § 328 Rn. 141; auch schon im Titel *Papadimitropoulos*, Schuldverhältnisse mit Schutzwirkung zugunsten Dritter (2007), 18 f. mwN derselben Begriffsverwendung in Fn. 12; für die Schweiz *von Graffenried*, Schadloshaltung des Dritten (2019), Rn. 422.

bb) Voraussetzungen und Begrenzung des Drittschutzes in Deutschland und Österreich

In Österreich sprach sich insbesondere *F. Bydlinski*[947] für eine Übernahme des Schuldverhältnisses mit Schutzwirkung zugunsten Dritter aus. Der OGH folgte dem schließlich,[948] zog diese Figur erstmals im Jahr 1959 ausdrücklich zur Haftungsbegründung in Erwägung[949] und spricht heute diesbezüglich von *ständiger*[950] und *gesicherter*[951] Rechtsprechung.[952] Da es sich auch hier um ein *deutsches Rezeptionsprodukt* handelt,[953] überrascht es nicht, dass sich die Tatbestandsvoraussetzungen in Deutschland und Österreich bis heute weitgehend gleichen[954] und im Folgenden jeweils nebeneinander dargestellt werden können. So entspricht sich schon in beiden Rechtsordnungen der für die Tatbestandskonturierung weichenstellende Grundgedanke, die Dritthaf-

---

[947] *F. Bydlinksi*, JBl 1960, 359 ff. mit zahlreichen Verweisen auf deutsche Literatur und einzelne Höchstgerichtsentscheide; *ders.*, JBl 1965, 319 (320 f.).

[948] Zentral OGH SZ 43/236 mit achtfachem Zitat aus den beiden Beiträgen *F. Bydlinskis* in der vorangegangenen Fußnote; ferner die Ursprünge der Rechtsprechung zur vertraglichen Dritthaftung ausdrücklich auf *F. Bydlinski* zurückführend *Vrba/Maurer*, in: Vrba (Hrsg.), Schadenersatz in der Praxis (45. EL), B/II/17; *Griss*, in: FS 200 Jahre ABGB (2011), 1521 (1533); *Danzl*, ZVR 2002, 363 (368); *Kramer*, AcP 200 (2000), 365 (392); vgl. auch *Schmaranzer*, Vertrag mit Schutzwirkung zugunsten Dritter (2006), 59 ff.; aus schweizerischer Perspektive *Siegrist*, Vertrag mit Schutzwirkung zugunsten Dritter (1997), 21; *Walter*, ZBJV 1996, 273 (287).

[949] OGH JBl 1960, 386 (387): „In der Rechtslehre wird jedoch seit langem der Standpunkt vertreten, daß, wenn auch der Dritte nicht unmittelbar aus dem Vertrag berechtigt ist, im Fall seiner Beschädigung die Bestimmung des § 1313a ABGB dann eingreift, wenn nach objektiver Vertragsauslegung anzunehmen ist, daß eine Sorgfaltspflicht auch der dritten Person [...] übernommen wurde. [Verweis auf Literatur] Der dort angelegten Rechtsansicht schließt sich das Revisionsgericht an und gelangt so zu dem Ergebnis, daß der Schuldner auch dem Dritten für den Schaden haftet, der dem Dritten bei Ausführung des ihm vom Gläubiger erteilten Auftrages erwächst."; besprochen eben von *F. Bydlinksi*, JBl 1960, 359 ff.

[950] OGH JBl 2008, 320 (321) mAnm *Haas/Stefula*.

[951] OGH ZVR 2018/103 (194) mAnm *Ch. Huber*; ZVR 2015/6 (21); ähnlich OGH wobl 2013/32: in Lehre und Rspr allgemein anerkannt; *Schmaranzer*, Vertrag mit Schutzwirkung zugunsten Dritter (2006), 86 mwN der Rspr in Fn. 297 unterstellt dieser Formel, nicht mehr als ein Platzhalter für eine eigentlich angezeigte, nach dem Verweis auf die „allgemeine Anerkennung" aber regelmäßig unzureichende Prüfung der Tatbestandsvoraussetzung in jedem Einzelfall zu sein.

[952] *Kodek*, in: ABGB-ON (Stand: 1.1.2018), § 1295 Rn. 55 führt aus, dass sich allein zwischen den Jahren 2000–2008 ca. 80 OGH-Entscheide mit dem vertraglichen Drittschutz beschäftigten.

[953] *Bussani/Palmer*, in: Bussani/Palmer (Hrsg.), Pure Economic Loss in Europe (2003), 154; *Schmaranzer*, Vertrag mit Schutzwirkung zugunsten Dritter (2006), 54, 65; *Kramer*, AcP 200 (2000), 365 (392) führen die ersten OGH-Entscheide zum vertraglichen Drittschutz auf die vergleichbaren Ergebnisse der deutschen Höchstgerichte zurück; zuletzt *von Graffenried*, Schadloshaltung des Dritten (2019), Rn. 395.

[954] Vgl. nur die Aufzählung der Tatbestandsmerkmale des vertraglichen Drittschutzes bei *Hochleitner*, wobl 2020, 75 (78): Leistungs- bzw Vertragsnähe, Gläubigernähe, Erkennbarkeit und Schutzbedürftigkeit.

tung aus Vertrag müsse strengen Voraussetzungen unterliegen, um der im Kontext fahrlässig verursachter reiner Vermögensschäden besonders bedeutsamen Prämisse gerecht zu werden, dass die Handlungsfreiheit des Einzelnen durch eine Erweiterung der Ersatzpflicht nicht ungebührlich eingeschränkt werden darf.[955]

(1) Begrenzung des Kreises der Aktivlegitimierten mit Blick auf den Geschädigten

Die *ersten beiden Voraussetzungen* der Erstreckung vertraglichen Schutzes stecken – ganz im Sinne der österreichischen Rechtsprechung[956] – maßgeblich den Kreis des potentiellen Aktivlegitimierten ab.

(a) Besondere Gefährdung von Drittinteressen

Erforderlich ist, *erstens*, nach deutschem Sprachgebrauch die sog. *Leistungsnähe* des Geschädigten, d. h. dieser muss *bestimmungsgemäß* wie der eigentliche Gläubiger mit der Leistungsgefahr des jeweiligen Schuldverhältnisses *in Berührung kommen*.[957] So hing es bei der *Tuberkulose-Entscheidung* allein vom Zufall ab, dass letztlich die Tochter, nicht aber der aus dem Mietvertrag unmittelbar berechtigte Vater erkrankte. Die gleichen Erwägungen finden sich im österreichischen Recht: Schutzwirkung fremder Schuldverhältnisse erstreckt sich nur auf solche Personen, die von ihrer Erfüllung *besonders betroffen*[958] und dadurch in *erhöhtem Maße gefährdet*[959] sind, etwa weil ihnen die Hauptleistung direkt erbracht wird[960] oder jedenfalls – hier schließt sich

---

[955] Plastisch BGHZ 61, 227 = NJW 1973, 2059 (2061): es kommt „entscheidend darauf an, daß der Kreis der in den Schutzbereich fallenden Personen nicht uferlos ausgedehnt wird"; OGH EvBl 2010/87 mAnm *Liedermann:* „Um eine uferlose Ausweitung der Vertragshaftung hintanzuhalten, wird [...] der Kreis der Personen [...] eng gezogen"; *Zugehör,* NJW 2008, 1105 (1110): strenge Anforderungen; *Armbrüster,* in: FS Wiegand (2005), 71 (88).

[956] OGH ZVR 2020/210 (377) mAnm *Ch. Huber;* ZVR 2018/103 (194) mAnm *Ch. Huber:* „Kreis der geschützten Personen" muss „eng gezogen werden"; OGH bbl 2012/25 (44); *Vrba/Maurer,* in: Vrba (Hrsg.), Schadenersatz in der Praxis (45. EL), B/II/18.

[957] BGH NJW 2020, 1514 (1516); VersR 2020, 1255 (1256); NZG 2016, 238 (240); BGHZ 200, 188 = NZV 2014, 303 (304); NJW 2001, 3115 (3116); BGHZ 133, 168 = NJW 1996, 2927 (2928); KG DS 2020, 198; *Janoschek,* in: BeckOK BGB (62. Ed.), § 328 Rn. 56; *Gottwald,* in: MüKo BGB⁹, § 328 Rn. 185.

[958] *Perner/Spitzer/Kodek,* Bürgerliches Recht (2019), 345.

[959] OGH ZVR 2018/103 (194) mAnm *Ch. Huber;* EvBl 2010/87 mAnm *Liedermann; Koziol,* Haftpflichtrecht II (2018), A/2/361; *Kodek,* in: ABGB-ON (Stand: 1.1.2018), § 1295 Rn. 53; vgl. *Schmaranzer,* Vertrag mit Schutzwirkung zugunsten Dritter (2006), 70.

[960] OGH ZVR 2018/103 (194) mAnm *Ch. Huber;* JBl 2008, 320 (321) mAnm *Haas/Stefula.*

auch sprachlich der Kreis zur deutschen Lehre – der *Leistung* bzw. *Erfüllung* nahestehen.[961]

Dieses erste Merkmal der *Leistungsnähe* ist bereits das *eigentliche Bindeglied* zwischen vertragszugehörigem Schädiger und vertragsfremdem Dritten. Die Tatsache, dass ein Vertragsschuldner bei seiner Pflichterfüllung bestimmte Dritte in erhöhtem Ausmaß gefährdet, lässt die vordergründig nur als Zufallskontakt erscheinende Nähe zur Schuldnerleistung zur *haftpflichtbegründenden Sonderverbindung* erstarken.[962] Präzisiert und auf einzelne Personen zugeschnitten wird diese Sonderbeziehung sodann durch die sich anschließende, subjektivierende Frage nach dem *Gläubigerinteresse* (Perspektive des Vertragsgläubigers) und den Filter der *Erkennbarkeit dieser Sonderbeziehung* (Perspektive des drittschädigenden Vertragsschuldners).

(b) Sonderbeziehung zwischen einer Vertragspartei und Geschädigtem

So wird, *zweitens,* in Deutschland ein sog. *Gläubigerinteresse* vorausgesetzt.[963] Hiermit ist gemeint, dass der eigentlich aus Vertrag Berechtigte, im Tuberkulose-Fall wieder der Vater der Geschädigten, ein hinreichendes und schützenswertes Interesse an der Erstreckung der vertraglichen Haftung gerade auf den Drittgeschädigten hat. Im österreichischen Duktus wird entsprechend verlangt, dass der zu schützende Dritte der *Interessensphäre* einer Vertragspartei angehört.[964] Beim Tuberkulose-Fall ist das Gläubigerinteresse bzw. die Zugehörigkeit zur Interessenssphäre uneingeschränkt zu bejahen, ebenso wie bei allen anderen Fällen mit *personenrechtlichem Einschlag,*[965] wo also eine Vertragspartei einem ihr nahestehenden Dritten *Fürsorge* schuldet.[966] Entscheidend anders lag es etwa in den deutschen *Ka-*

---

[961] OGH JBl 2008, 320 (321) mAnm *Haas/Stefula; Hochleitner,* wobl 2020, 75 (78); *Welser/Zöchling-Jud,* Bürgerliches Recht II (2015), Rn. 645; *Vrba/Maurer,* in: Vrba (Hrsg.), Schadenersatz in der Praxis (45. EL), B/II/18 sprechen vom Kontakt mit der Hauptleistung; ebenso schon *F. Bydlinksi,* JBl 1960, 359 (363).

[962] IdS *Bayer,* JuS 1996, 473 (477); *Temming/Weber,* JURA 2019, 1039 (1040); vgl. für Österreich *Karner/Koziol,* JBl 2012, 141 (150).

[963] BGHZ 200, 188 = NZV 2014, 303 (304): Besonderes Interesse des Gläubigers an der Einbeziehung des Dritten; KG DS 2020, 198; ausführlich zum Einbeziehungsinteresse OLG Hamm ZIP 2021, 2279 (2281 f.).

[964] OGH ZVR 2020/210 (377) mAnm *Ch. Huber;* ZVR 2014/206 (366); EvBl 2010/87 mAnm *Liedermann;* SZ 59/51 = JBl 1986, 381 (383); *Koziol,* Haftpflichtrecht II (2018), A/2/361; *Welser/Zöchling-Jud,* Bürgerliches Recht II (2015), Rn. 645; *Kodek,* in: ABGB-ON (Stand: 1.1.2018), § 1295 Rn. 53; *Karner/Koziol,* JBl 2012, 141 (150); schon *F. Bydlinski,* JBl 1960, 359 (362) verlangt ein „erkennbares Interesse" des Gläubigers.

[965] BGH NJW 2020, 1514 (1516); VersR 2017, 839 (840); NJW 2014, 2345; für Österreich *Koziol,* Haftpflichtrecht II (2018), A/2/364.

[966] Dieses Fürsorge- bzw. Wohl-und-Wehe-Verhältnis formelhaft referierend BGH NJW 2014, 2345; NJW 2001, 3115 (3116); auf die Fürsorgepflicht des Vertragspartners gegenüber dem Dritten abstellend OGH ZVR 2020/210 (377) mAnm *Ch. Huber;* SZ 69/229 =

belbruchfällen (Fallbeispiel1).⁹⁶⁷ Dort hat der BGH festgehalten, dass den das Kabel beschädigende Bauunternehmer keine vertragliche Dritthaftung trifft – zugunsten aller möglichen Stromabnehmer entfaltet der Werkvertrag zwischen Besteller und Bauunternehmen mangels Fürsorgepflicht des werkvertraglichen Bestellers gegenüber allen Stromabnehmern keine Schutzwirkung.⁹⁶⁸ Die österreichische Literatur schließt sich diesem Befund an und verneint eine Drittschutzwirkung gegenüber den in ihrem reinen Vermögen Geschädigten Stromabnehmern,⁹⁶⁹ der OGH hält allerdings den in seinem *Eigentum beeinträchtigten Inhaber* des beschädigten Kabels vom Schutzbereich des Werkvertrages umfasst.⁹⁷⁰

(aa) Gegenläufige Interessen des Gläubigers und des zu schützenden Dritten

Abseits dieser speziellen Fälle mit einem ins Auge fallenden Näheverhältnis zwischen Gläubiger und Drittem fällt es jedoch sowohl der deutschen als auch der österreichischen Rechtsprechung zunehmend schwer, ein *tatsächliches* Gläubigerinteresse zu bejahen.⁹⁷¹ Besonders eindrücklich tritt dies bei den zuvor schon angesprochenen Gutachterfällen zu Tage, wo es zwischen Verkäufer und Käufer nicht nur an einem Fürsorgeverhältnis fehlt, sondern die Interessen der beiden sogar *gegenläufig* sind:⁹⁷² Während der Verkäufer auf einen hohen Verkehrswert und Verkaufspreis hofft, geht es dem Käufer gerade andersherum.⁹⁷³ Trotzdem hat die deutsche Rechtsprechung auch in

---

ÖBA 1997/616 (306); ausführlich *Schmaranzer*, Vertrag mit Schutzwirkung zugunsten Dritter (2006), 71 ff.
⁹⁶⁷ Siehe unter A./II.
⁹⁶⁸ BGH NJW 1977, 2208 (2209); anders *Bayer*, in: Erman BGB¹⁶, § 328 Rn. 70 und *Gottwald*, in: MüKo BGB⁹, § 328 Rn. 191, die anführen, die Haftung in den Kabelbruchfällen scheitere am Mangel der Erkennbarkeit. Heute mag das allerdings zutreffen, hat die Rspr doch das Merkmal des Gläubigerinteresses weitgehend aufgegeben, sodass die Tatbestandsprüfung nun jedenfalls bis zum Merkmal der Erkennbarkeit vordringen kann.
⁹⁶⁹ *Vrba/Maurer*, in: Vrba (Hrsg.), Schadenersatz in der Praxis (45. EL), B/II/19; vgl. *Koziol*, JBl 2004, 273 (280): „keinerlei Näheverhältnis zwischen Geschädigtem und Schädiger, aber auch keine sonstige Sonderbeziehung".
⁹⁷⁰ OGH bbl 2015/71; bauaktuell 2015/3; bauaktuell 2013/4; zu dieser Differenzierung zurecht kritisch *Reischauer*, in: Rummel ABGB³, § 1295 Rn. 33, der anführt, dass in beiden Fällen von vernünftigen Parteien die gleiche konkrete Sorgfalt bedacht werden wird; zur Dritthaftung in den Kabelbruchfällen ferner *Schmaranzer*, Vertrag mit Schutzwirkung zugunsten Dritter (2006), 92 ff.; für das deutsche Recht *Bayer*, JuS 1996, 473 (478).
⁹⁷¹ Bezeichnend die Einlassungen in der für die Erosion des Gläubigerinteresses wegweisenden Lastschrift-Entscheidung BGHZ 69, 82 = NJW 1977, 1916: „Soweit […] personenrechtlicher Einschlag verlangt wird, sind jedoch diese […] Grundsätze […] unnötig eng, wenn es sich – wie hier – um Massengeschäfte eines bestimmten Typs mit einem einheitlich praktizierten Verfahren handelt".
⁹⁷² Ausführlich die (heute) hierzu konträre Rspr Österreichs und Deutschlands vergleichend *Schmaranzer*, Vertrag mit Schutzwirkung zugunsten Dritter (2006), 128 ff.
⁹⁷³ Für das schweizerische Recht ausdrücklich BGE 130 III 345 (348) = AJP 2005, 350 mAnm *Plotke*; ferner *Koziol*, Haftpflichtrecht II (2018), A/2/364; *Schroeter*, in: FS Schwen-

diesen Konstellationen an der Figur des Vertrags mit Schutzwirkung zugunsten Dritter festgehalten[974] und zugunsten des Ergebnisses – die Dritthaftung des Gutachters – das vormals noch für konstitutiv erachtete Gläubigerinteresse faktisch aufgegeben.[975] Definitionsansätze, mit denen das Merkmal des Gläubigerinteresses trotz dieser Entwicklung zu konservieren versucht wird, unterstellen dieses dann, „wenn die Leistung bestimmungsgemäß dem Dritten zugutekommen soll und der Gläubiger ein besonderes Interesse an der Einbeziehung hat", wobei „Gegenläufigkeit von Interessen die Gläubigernähe nicht ausschließt."[976]

(bb) Gutachterliche Pflicht zur Unparteilichkeit als Substitut des Gläubigerinteresses?

Im Kontext der gegenläufigen Interessen übersieht ein Großteil der Literatur jedoch eine Detail, das nach *Schroeter*[977] gerade zentral bedeutsam sein soll: So gilt es – und das beherzigt die Rechtsprechung[978] – penibel zu unterscheiden, ob das fehlerhafte Gutachten von einem staatlich anerkannten

---

zer (2011), 1565 (1569); *G. Wagner*, in: MüKo BGB[8], § 826 Rn. 86: bei Verkehrswertgutachten Interessen regelmäßig gegenläufig; *C. Schmidt*, HAVE 2016, 119 (125).

[974] BGH NJW-RR 1986, 484 (486): „Einbeziehung [...] in den Schutzbereich des Auskunftsvertrags kann auch nicht deshalb verneint werden, weil die Interessen [...] gegenläufig wären; ebenso BGH NJW 2014, 2345; NJW 2009, 217 (218); NZBau 2002, 229 (330); NJW 1998, 1059 (1060); BGHZ 127, 378 = NJW 1995, 392; BGHZ 193, 297 = VersR 2013, 509 (510): Schutzwirkung auch anzunehmen, wenn es nicht um Wohl-und-Wehe-Fälle geht, eben im Bereich der Sachverständigenhaftung; erläuternd *Gottwald*, in: MüKo BGB[9], § 328 Rn. 189.

[975] *Mäsch*, in: BeckOGK BGB (Stand: 1.4.2022), § 328 Rn. 177 f., der der Rspr allerdings iE zustimmt; *Bayer*, JuS 1996, 473 (477); *Karampatzos*, Vertrag mit Schutzwirkung für Dritte (2005), 163; verhaltener *Janoschek*, in: BeckOK BGB (62. Ed.), § 328 Rn. 57, der nur ein abgeschwächtes Erfordernis des Gläubigerinteresses sieht; weniger apodiktisch auch *Klumpp*, in: Staudinger BGB (2020), § 328 Rn. 123, der dem Wohl-und-Wehe-Prinzip bei Integritätsschäden auch weiterhin Bedeutung zumisst; kritisch *Wendelstein*, JURA 2018, 144 (149 f.); *L. Hübner/Sagan*, JA 2013, 741 (742); *Armbrüster*, in: FS Wiegand (2005), 71 (88); *Kötz/Schäfer*, Judex oeconomicus (2003), 112; *Canaris*, ZHR 163 (1999), 206 (215 f.); *Honsell*, in: FS Medicus (1999), 211 (227 f.), der bei gegenläufigen Interessen alleine eine Haftung nach § 826 BGB in Betracht zieht; wenig kritisch etwa *Pinger/Behme*, DS 2009, 54 (58); *C. Schmidt*, HAVE 2016, 119 (125); *S. Lorenz*, JuS 2021, 817 (819).

[976] *Brockmann/Künnen*, JA 2019, 729 (731) im Anschluss an *Stadtler*, in: Jauernig BGB[18], § 328 Rn. 24 f.

[977] *Schroeter*, in: FS Schwenzer (2011), 1565 (1570 ff.), der anprangert, dass zentrale Kommentatoren diese Differenzierung mit verkürzenden, irreführenden Konsequenzen übersehen (1571 mwN in Fn 35); exemplarisch *Karampatzos*, Vertrag mit Schutzwirkung für Dritte (2005), 85–170, der die Expertenhaftung aus Vertrag mit Schutzwirkung eingängig untersucht, das Differenzierungskriterium der staatlich anerkannten Sachkunde aber übersieht.

[978] Etwa in BGHZ 159, 1 = NJW 2004, 3035 (3036); ebenso OLG Dresden WM 2019, 1256 (1257); NJW-RR 1997, 1456.

oder einem rein privaten Sachverständigen stammt.⁹⁷⁹ Hinter dieser Differenzierung steht die Wertung, dass jedenfalls der staatlich anerkannte Gutachter dazu verpflichtet ist, seine Sachkunde *objektiv und unparteilich* zur Verfügung zu stellen.⁹⁸⁰ Wird bei einem solchen staatlich anerkannten Sachverständigen ein Gutachten in Auftrag gegeben, soll es auf die etwaige Gegenläufigkeit der Parteiinteressen des Zweitvertrages nicht mehr ankommen, da ja derjenige, der gezielt eine staatlich anerkannte Expertise bestellt, per se daran interessiert sei, dass auch Dritte sich auf deren *objektive Beweiskraft* verlassen.⁹⁸¹ Wenn die Rechtsprechung Sachverständige trotz gegenläufiger Interessen gegenüber vertragsfremden Dritten haften lässt, ja den vertraglichen Drittschutz sogar als „*Berufshaftung für Berufsgruppen*" mit „*vom Staat anerkannte Sachkunde*" bezeichnet,⁹⁸² dann beschränkt sich die Haftungsbejahung – so weist *Schroeter* eindrücklich nach – nicht ausschließlich,⁹⁸³ aber doch in aller Regel⁹⁸⁴ eben auf die Fälle der Gutachtenserstellung *durch staatlich anerkannte Sachverständige*.⁹⁸⁵

---

⁹⁷⁹ *Schroeter*, in: FS Schwenzer (2011), 1565 (1570 f.); dagegen führt *G. Wagner*, in: MüKo BGB⁸, § 826 Rn. 86 unter Verweis auf „neuere Rspr." aus (zitiert werden in Fn. 337 die Entscheide BGHZ 159, 1 = NJW 2004, 3035; NJW-RR 2004, 1464; NJW 2001, 514), dass es auf die staatliche Anerkennung des Gutachters nicht mehr ankäme; mit demselben Befund und denselben Quellen *Temming/Weber*, JURA 2019, 923 (930 Fn. 78); dem ist jedenfalls mit Blick auf die von *G. Wagner* und *Temming/Weber* zitierten Entscheide entgegenzutreten: In all diesen Urteilen bestätigte der BGH ausdrücklich den Grundsatz, dass staatlich anerkannte Expertise eine besondere Haftpflicht begründe. Es wurde jeweils allein ergänzt, dass hieraus nicht im Umkehrschluss gefolgert werden könne, dass staatlich nicht anerkannte Gutachter gar keiner Dritthaftung unterliegen könnten (NJW 2001, 514 [516]) bzw. klar gestellt, dass neben den Fällen der staatliche ausgewiesenen Expertise auch der Werkvertrag mit einem nicht staatlich anerkannten Gutachter dann Drittschutz entfalten kann, wenn dies der (durch Auslegung zu ermittelnde) Parteiwillen hergibt (BGHZ 159, 1 = NJW 2004, 3035 [3036]; NJW-RR 2004, 1464 [1465]: „Darüber hinaus ist anerkannt ..."); zuletzt die Haftung mangels staatlich anerkannter Sachkunde ausdrücklich ablehnend OLG Dresden WM 2019, 1256 (1257); ebenso schon NJW-RR 1997, 1456.

⁹⁸⁰ *Schroeter*, in: FS Schwenzer (2011), 1565 (1572) verweist auf einzelne berufsrechtliche Normen, die öffentliche bestellte Sachverständige und Wirtschaftsprüfer zur Unparteilichkeit verpflichten.

⁹⁸¹ Zuletzt OLG Düsseldorf NZG 2018, 748 (750): rechtsgeschäftlicher Wille zur Einbeziehung eines Dritten kann dann angenommen werden, wenn Gutachten von staatlich anerkanntem Gutachter stammt; ferner BGH NJW 2014, 2345; BGHZ 193, 297 = VersR 2013, 509 (510); BGHZ 127, 378 = NJW 1995, 392; vgl. BGH NJW 2002, 3625 (3626); knapp hierzu schon *Picker*, in: FS Medicus (1999), 397 (411 f.).

⁹⁸² BGH NJW 2002, 3625 (3626); BGHZ 133, 168 = NJW 1996, 2927 (2928); ebenso OLG Düsseldorf NJOZ 2015, 378 (380).

⁹⁸³ BGH NJW 2001, 514 (516): Grundsatz, dass auf staatlich geprüfte Expertise abgestellt wird, bedeute nicht, dass der nicht staatlich geprüfte Gutachter „schlechthin nicht haften müsse"; *Bacher*, in: Geigel, Haftpflichtprozess²⁸, Kap. 28 Rn. 32.

⁹⁸⁴ Die Schutzpflichten des Gutachters sogar ausdrücklich an dessen fehlender staatlich ausgewiesener Expertise scheitern lassend OLG Dresden WM 2019, 1256 (1257); NJW-RR 1997, 1456.

⁹⁸⁵ *Schroeter*, in: FS Schwenzer (2011), 1565 (1569 f. mwN der Rspr in Fn. 25); vgl. etwa jeweils mwN BGH NJW 2014, 2345; BGHZ 181, 12 = VersR 2009, 1412 (1413); BGHZ 167,

Schroeter geht noch einen Schritt weiter und präzisiert die Rechtsprechungsformel: Nicht auf die staatlich anerkannte Sachkunde komme es eigentlich an, sondern auf die aus der staatlichen Anerkennung folgende Neutralitäts- und Objektivitätspflicht, deren Inanspruchnahme auch bei gegenläufigen Interessen einen Schutzwillen des Vertragsgläubigers nicht ausschlössen.[986]

Man könnte hier salopp von einem *Gläubigerinteresse light* sprechen – das Wohl-und-Wehe der anderen Vertragspartei muss man dazu nicht im Sinn haben; stattdessen soll Ausdruck haftpflichtbegründender Fürsorge schon sein, dass man nicht den Laien um Auskunft ersucht.[987] Dabei hat diese Betrachtungsweise durchaus etwas für sich, leuchtet es doch ganz grundsätzlich ein, zum einen von staatlich anerkannter Expertise auch entsprechend erhöhte Sorgfalt erwarten zu können[988] und zum anderen ihrer Beweiskraft angesichts der berufsrechtlich-verpflichteten Objektivität eine gewisse *Breitengeltung* zu unterstellen. Zu einer methodisch sauberen Einbettung der Fälle gegenläufiger Interessen in den Rahmentatbestand des Schuldverhältnisses mit Drittschutzwirkung kann aber auch dieser Ansatz nicht in letzter Konsequenz beitragen. Das Merkmal des Gläubigerinteresses wird schließlich auch dadurch verwässert, dass man dem Gläubiger allein deshalb ein Schutzinteresse unterstellt, weil er sich einer staatlich anerkannten und keiner rein privaten Expertise bedient[989] – warum soll dies nicht aus reinem Eigennutz und ohne jede altruistische Nuance geschehen?[990] Die Rechtsprechung nimmt diese Differenzierung zwar unbestritten und von *Schroeter* eindrücklich nachgewiesen vor; dabei erinnerte diese Herangehensweise aber ein wenig an *Wilburgs bewegliches System*, nach dem die Haftungsessenz jedes Einzelfalls aus der wechselseitigen Beeinflussung aller Tatbestandsumstände herausdestilliert werden soll und sich damit letztlich jedes Ergeb-

---

155 = NJW 2006, 1975 (1976); BGHZ 138, 257 = NZG 1998, 437; vgl. OLG Düsseldorf NZG 2018, 748 (750); dagegen die Haftung bei fehlender staatlich anerkannter Sachkunde ausdrücklich ablehnend OLG Dresden WM 2019, 1256 (1257); differenzierend zwischen staatlich anerkannten, rein privaten und solchen privaten Sachverständigen, die bei Parteivereinbarung gegenüber Dritten haften sollen BGHZ 159, 1 = NJW 2004, 3035 (3036); NJW-RR 2004, 1464 (1465); hierzu *G. Wagner*, in: MüKo BGB[8], § 826 Rn. 86.

[986] *Schroeter*, in: FS Schwenzer (2011), 1565 (1572, 1579 f.); idS auch *Pinger/Behme*, DS 2009, 54 (57 f.).

[987] Vgl. (diesen Ansatz freilich ablehnend) *Karampatzos*, Vertrag mit Schutzwirkung für Dritte (2005), 163 f.

[988] IdS *Leyens*, JuS 2018, 217 (218); aus schweizerischer Perspektive *Bärtschi*, Verabsolutierte Relativität (2009), 352, 354; für Österreich vgl. nur § 1299 ABGB; aA aber wohl *Faust*, AcP 210 (2010), 555 (567).

[989] *Schroeter*, in: FS Schwenzer (2011), 1565 (1568) hält die Inanspruchnahme staatlich anerkannten Sachverstandes dagegen für ein hinreichendes Indiz für einen Schutzwillen der Parteien; ganz ähnlich OLG Düsseldorf NZG 2018, 748 (750); kritisch hierzu allerdings *Honsell*, in: FS Nobel (2005), 939 (955); *Bayer*, JuS 1996, 473 (476).

[990] Das gibt auch *Schroeter*, in: FS Schwenzer (2011), 1565 (1572) zu bedenken.

nis überzeugend aufbereiten lässt – hier frei nach dem Motto: Etwas mehr staatlich anerkannte Expertise kann etwas weniger originäres Gläubigerinteresse aufwiegen.

(cc) Besinnung auf alternative Haftpflichtbegründung

Die moderne österreichische Literatur und Rechtsprechung ist an dieser Stelle dagegen besonders selbstehrlich, erkennt an, dass die Grenzen des Vertrages mit Schutzwirkung bei gegenläufigen Interessen erreicht sind[991] und weicht stattdessen ausdrücklich auf andere Haftungsbegründungen aus.[992] Eine Dritthaftung trifft den Gutachter daher heute in Österreich nicht aus vertraglicher Schutzwirkung, dafür aber bei Verletzung *vertrauensbasierter objektiv-rechtlicher Sorgfaltspflichten* im Dunstkreis der Auskunftshaftung nach § 1300 S. 1 ABGB.[993] Die Unterschiede der Haftungsergebnisse – hier über vertragliche Schutzwirkung, dort über die Annahme objektiv-rechtlicher Sorgfaltspflichten – sind verschwindend gering,[994] die österreichische Variante aber nichtsdestotrotz methodenehrlicher. Gerade der Blick nach Österreich legt auch der deutschen Praxis eine Perspektivwechsel nahe: Die Sachverständigenfälle sind vorzugswürdig mit der partiellen Vertrauenshaftung des § 311 Abs. 3 BGB zu erfassen,[995] was von dem ohnehin immer stiefmütterlicher behandelten Erfordernis befreien würde, ein bei gegenläufigen Interessen schlicht nicht feststellbares Gläubigerinteresse zu bejahen.[996]

---

[991] Eine vertragliche Dritthaftung daher bei gegenläufigen Interessen ablehnend OGH SV 2020, 169 (170) mAnm *Mann-Kommenda*; grundlegend SZ 69/258 = ecolex 1997, 844 mAnm *Wilhelm*; ausführlich zu dieser Entscheidung *Kletečka*, in: FS Reischauer (2010), 287 (288 f.); ferner *Vonkilch/Scharmer*, Zak 2018, 164 (165); *Schacherreiter*, in: ABGB-ON (Stand: 31.7.2021), § 1300 Rn. 15; *Koziol*, Haftpflichtrecht II (2018), A/2/368; *Karner*, ÖBA 2001, 893 (894); *Karner/Koziol*, JBl 2012, 141 (153 f.); *Welser/Zöchling-Jud*, Bürgerliches Recht II (2015), Rn. 653; *Vrba/Maurer*, in: Vrba (Hrsg.), Schadenersatz in der Praxis (45. EL), B/II/19; *Wilhelm*, ecolex 1991, 87.

[992] Besonders klar OGH EvBl 2018/89 (613) mAnm *Hoch/Angyan*: „Die Haftung aus dem Vertrag mit Schutzwirkung zugunsten Dritter wurde also durch die Haftung [...] wegen der Verletzung [...] objektiv-rechtlicher Schutzpflichten ergänzt, weil auch bei Personen mit divergierenden Interessen ein vergleichbares Schutzbedürfnis wie bei von einem Vertrag geschützten Dritten bestehen kann"; zu dieser Entscheidung *Vonkilch/Scharmer*, Zak 2018, 164 ff.

[993] Siehe hierzu schon unter F./II./2./b)/dd)/(2).

[994] *Schacherreiter*, in: ABGB-ON (Stand: 31.7.2021), § 1300 Rn. 15: „marginal"; *Karner*, ÖBA 2001, 893 (894): „nicht allzu gravierend".

[995] So auch *G. Wagner*, in: MüKo BGB[8], § 826 Rn. 87; *Wendelstein*, JURA 2018, 144 (150 ff.); wohl auch *L. Hübner/Sagan*, JA 2013, 741 (742 f.): Subsumtion des vertraglichen Drittschutzes unter § 311 Abs. 3 BGB; *Schroeter*, in: FS Schwenzer (2011), 1565 (1566); grundlegend – und noch vor der Normierung des § 311 Abs. 3 BGB – *Canaris*, ZHR 163 (1999), 206 (220 ff., 243); *ders.*, in: FS 50 Jahre BGH I (2000), 129 (191).

[996] *Wendelstein*, JURA 2018, 144 (152); *Haferkamp*, in: Dauner-Lieb/Konzen/Schmidt (Hrsg.), Das neue Schuldrecht in der Praxis (2003), 171 (180); ganz idS schon für das öster-

(2) Begrenzung aus Sicht des potentiell Ersatzpflichtigen

Drittens ist in Österreich und Deutschland übereinstimmend erforderlich, dass der dem Dritten potentiell Ersatzpflichtige bei Vertragsschluss[997] die Leistungsnähe und, sofern in Deutschland vereinzelt noch von Relevanz, das Gläubigerinteresse *erkennen* und damit *absehen* kann, welchen von den Vertragsrisiken bedrohten Dritten er sich gegenüber einstandspflichtig machen kann.[998] Dieses *Merkmal der Erkennbarkeit* entspringt am unmittelbarsten dem Gedanken, dass der Kreis der potentiell ersatzberechtigten Dritten und damit das *Gesamthaftungsrisiko* für den Schuldner überschaubar und eben nicht uferlos sein dürfen.[999] Berufen sich ex-ante für den Schuldner gerade nicht erkennbare Dritte auf vermeintliche Schutzwirkung fremder Verträge, ist dies mit Blick auf die ansonsten bestehende Ausuferungsgefahr zu verneinen.[1000]

---

reichische Recht *Wilhelm*, ecolex 1991, 87: es „entfällt die Fiktion, daß der Besteller diese Dritten zu protegieren wünscht".

[997] BGH NJW 1977, 2208 (2209): „im wesentlichen Zeitpunkt des Vertragsschlusses"; *Klumpp*, in: Staudinger BGB (2020), § 328 Rn. 124; für Österreich OGH EvBl 2010/87 mAnm *Liedermann*; *Reischauer*, in: Rummel ABGB³, § 1295 Rn. 30k.

[998] BGHZ 181, 12 = VersR 2009, 1412 (1413); OGH ZVR 2018/103 (195) mAnm *Ch. Huber*: Schuldner soll Risiken überschauen können. Erforderlich ist allerdings nicht, dass jeder einzelne Gläubiger durch den Schuldner benennbar ist, sondern vielmehr „nur", dass der Gläubigerkreis als solcher objektiv und überschaubar konturiert ist, BGHZ 159, 1 = NJW 2004, 3035 (3038); BGH NJW 1987, 1758 (1760); *Klumpp*, in: Staudinger BGB (2020), § 328 Rn. 124; *C. Schmidt*, HAVE 2016, 119 (125); für Österreich OGH EvBl 1985/63: „es muß genügen, daß dem Vertragspartner generell erkennbar ist, daß möglicherweise dritte Personen im Gefahrenbereich sein werden; wer dies im Einzelfall ist, muß bei Abschluß des Vertrages noch nicht feststellbar sein"; *Vrba/Maurer*, in: Vrba (Hrsg.), Schadenersatz in der Praxis (45. EL), B/II/18; idS auch *Koziol*, Haftpflichtrecht II (2018), A/2/363: Vorhersehbarkeit darf nicht zu eng verstanden werden; *Perner/Spitzer/Kodek*, Bürgerliches Recht (2019), 345: vorhersehbar von Erfüllung betroffene Personen; objektiv vorhersehbar; *Kalss*, ÖBA 2000, 641 (647).

[999] Ausdrücklich BGH VersR 2017, 839 (840); BGHZ 181, 12 = VersR 2009, 1412 (1413): Tragender Gesichtspunkt für diese Beschränkung des Kreises der einbezogenen Dritten ist das Anliegen, das Haftungsrisiko für den Schuldner berechenbar zu halten; NJW 2014, 2345; VersR 2014, 637 (640); NZG 2011, 1384 (1385); BGHZ 159, 1 = NJW 2004, 3035 (3038); mit Verweis auf die deutsche Lehre OGH JBl 1987, 40 (41); *Klumpp*, in: Staudinger BGB (2020), § 328 Rn. 124; *Gottwald*, in: MüKo BGB⁸, § 328 Rn. 191; *Bayer*, in: Erman BGB¹⁶, § 328 Rn. 70; *Schmaranzer*, Vertrag mit Schutzwirkung zugunsten Dritter (2006), 79 f.; *Hochleitner*, wobl 2020, 75 (78).

[1000] Zuletzt BGH VersR 2020, 1255 (1256): Haftung scheitert daran, dass Gefährdung von Vermögensinteressen des Klägers für Beklagten nicht offenkundig; für Österreich und unter Verweis auf ansonsten uferlose Ausweitung der Vertragshaftung OGH EvBl 2010/87 mAnm *Liedermann*; vgl. auch *Reischauer*, in: Rummel ABGB³, § 1295 Rn. 33; für Deutschland OLG Hamm NJW-RR 2015, 891: keine Dritthaftung mangels Erkennbarkeit; die Haftung aus VSD unter Verweis auf die drohende Uferlosigkeit der Haftung verneinend, in concreto aber jeweils scheiternd an der Schutzbedürftigkeit des geschädigten Dritten: BGH NJW 2004, 3630 (3632); BGHZ 70, 327 = NJW 1978, 883.

(3) Begrenzung unter dem Gesichtspunkt der Schutzbedürftigkeit

Viertens ist man sich in Deutschland und Österreich darüber einig, dass der geschädigte Dritte zur Annahme eines drittschützenden Vertrages überhaupt der Erstreckung der Schutzwirkung eines fremden Schuldverhältnisses *bedarf*.[1001] Die vertragliche Schutzwirkung behält sich so einen *subsidiären Charakter* und tritt nicht kumulativ neben originäre Ersatzansprüche aus Vertrag.[1002] So ist die Schutzbedürftigkeit jedenfalls dann zu verneinen, wenn dem Dritten bereits eigene vertragliche und deckungsgleiche Ansprüche gegen eine der Vertragsparteien zukommen.[1003] Im Gutachter-Fall (Fallbeispiel 3)[1004] kann der Dritte etwa dann schutzwürdig sein, wenn der Gutachter einen Sachmangel übersieht, den Verkehrswert zu hoch taxiert und im Grundstückskaufvertrag die Sachmangelgewährleistungspflichten des Verkäufers ausgeschlossen werden.[1005] Dem geschädigten Käufer bleibt hier – mangels eigener vertraglicher Ansprüche – alleine die Möglichkeit, auf den Gutachter zuzugreifen.

[1001] BGHZ 200, 188 = NZV 2014, 303 (304); BGHZ 133, 168 = NJW 1996, 2927 (2929); *Janoschek*, in: BeckOK BGB (62. Ed.), § 328 Rn. 59; *Mäsch*, in: BeckOGK BGB (Stand: 1.4.2022), § 328 Rn. 180; für Österreich *Hochleitner*, wobl 2020, 75 (78); *Karner/Koziol*, JBl 2012, 141 (150); *Schmaranzer*, Vertrag mit Schutzwirkung zugunsten Dritter (2006), 98 ff.

[1002] Ausdrücklich von Subsidiarität sprechend OGH JBl 2018, 307 (309); OGH EvBl 2018/89 (613) mAnm *Hoch/Angyan*; OLG Stuttgart ZVertriebsR 2012, 113 (115); aus der Literatur statt vieler *Kodek*, in: ABGB-ON (Stand: 1.1.2018), § 1295 Rn. 64; zum Vorrang von Ersatzansprüchen aus culpa in contrahendo *Temming/Weber*, JURA 2019, 1039.

[1003] BGH NJW 2018, 608 (609); NZG 2016, 238 (240); KG DS 2020, 198; *Gottwald*, in: MüKo BGB⁹, § 328 Rn. 192; *Mäsch*, in: BeckOGK BGB (Stand: 1.4.2022), § 328 Rn. 180; für Österreich OGH wobl 2017/113 (364); ZVR 2015/6 (22); ZVR 2014/206 (366); ZVR 2014/187; OGH bbl 2012/25 (44); *Perner/Spitzer/Kodek*, Bürgerliches Recht (2019), 346; *Welser/Zöchling-Jud*, Bürgerliches Recht II (2015), Rn. 646; eine Haftung aus Vertrag mit Schutzwirkung aber annehmend trotz nachbarrechtlicher Ansprüche OGH JBl 2008, 320 (321) mkritAnm *Haas/Stefula*.

[1004] Siehe unter A./II.

[1005] Für das österreichische Recht OGH bbl 2012/25 (44); für das deutsche Recht BGHZ 127, 378 = NJW 1995, 392: Gewährleistungsausschluss, allerdings ohne die Frage der Schutzbedürftigkeit überhaupt anzusprechen; *Bacher*, in: Geigel, Haftpflichtprozess²⁸, Kap. 28 Rn. 37; kritisch zu vorgenanntem BGH-Judiz *Faust*, AcP 210 (2010), 555 (569) mit dem zutreffenden Hinweis, dass die in casu festgestellte Arglist des Verkäufers den Gewährleistungsausschluss entfallen ließe; generell aA für das deutsche Recht *Klumpp*, in: Staudinger BGB (2020), § 328 Rn. 132, der gegen die Schutzbedürftigkeit anführt, dass der Dritte sich ja selbst um seine Gewährleistungsansprüche bringt und dabei aber – anders als der OGH – übersieht, dass solche Gewährleistungsausschlüsse beim Grundstückskauf von Privaten die absolute Regel, nicht die tatsächlich parteiautonom vereinbarte Ausnahme sind; ihm folgend *Mäsch*, in: BeckOGK BGB (Stand: 1.4.2022), § 328 Rn. 184; idS wohl auch BGH NZV 1993, 145.

(a) Keine Schutzbedürftigkeit bei Uneinbringbarkeit

Insbesondere in der österreichischen Literatur wird vehement gefordert, die Schutzbedürftigkeit des Dritten auch dann zu bejahen, wenn diesem zwar vertragliche Ansprüche gegen eine Vertragspartei zustehen, diese aber – etwa im Falle der Insolvenz – uneinbringlich sind.[1006] Sowohl der OGH als auch der BGH haben dieser Aufweichung des Schutzbedürftigkeitskriterium aber bislang eine Absage erteilt[1007] – und das aus gutem Grund. Ließe man im Falle der Insolvenz einer Vertragspartei die andere Partei aus Schutzwirkung zugunsten Dritter haften, kreierte man so letztlich eine *bürgschaftsähnliche Ausfallhaftung*, die den Drittvermögensschutz nicht nur auf die Spitze, sondern erkennbar darüber hinaus treibt. Die deutschen und österreichischen Gerichte betonen daher immer wieder, dass die Drittschutzwirkung fremder Schuldverhältnisse nicht dazu dienen kann, das Insolvenzrisiko vertragsfremder Dritter zu minimieren.[1008] Den allzu drittfreundlichen Stimmen in der österreichischen Literatur ist vielmehr Folgendes zu entgegnen: Nähme man auch im Insolvenzfall eine Schutzbedürftigkeit des Dritten an, würde dies einen nicht angezeigten Perspektivwechsel für die Tatbestandskonturierung des Schuldverhältnisses zugunsten Dritter bedeuten. Dessen vier Tatbestandsmerkmale zielen nach ihrer Grundausrichtung darauf ab, die Haftung der Vertragsparteien nicht uferlos werden zu lassen und entspringen dem Gedanken, der Schuldner müsse bei Vertragsschluss seine Gläubiger, respektive sein Haftungsrisiko erkennen können. Nimmt man aber die Schutzbedürftigkeit als konstitutives Tatbestandsmerkmal auch im Falle der *nachträglichen Insolvenz* an, hängt es letztlich vom – bei Vertragsschluss eben unkalkulierbarem – Zufall der Insolvenz ab, ob der Schuldner auch gegenüber vertragsfremden Dritten haftet.[1009] Gerät der Vertrags-

---

[1006] *Schmaranzer*, Vertrag mit Schutzwirkung zugunsten Dritter (2006), 105 f.; *ders.*, JBl 2005, 267 (270) plädiert sogar für eine grundsätzliche Aufgabe des Schutzbedürftigkeitselements; *Reischauer*, in: Rummel ABGB³, § 1295 Rn. 32c; für Deutschland *Zugehör*, NJW 2008, 1105 (1106); diesem wohl zustimmend auch *Bayer*, in: Erman BGB¹⁶, § 328 Rn. 71; ausdrücklich aA für Österreich aber *Perner/Spitzer/Kodek*, Bürgerliches Recht (2019), 346.

[1007] *Papadimitropoulos*, Schuldverhältnisse mit Schutzwirkung zugunsten Dritter (2007), 96 f. geht dagegen davon aus, dass die gerichtliche Tendenz eher dahin geht, auch bei Uneinbringbarkeit ein Schutzbedürfnis anzunehmen.

[1008] BGH NJW 2014, 2345 (2347); NJW 2013, 1002; NJW 2004, 3630 (3632); *Klumpp*, in: Staudinger BGB (2020), § 328 Rn. 131; grundlegend für das österreichische Recht OGH, Urt. v. 10.11.1995 – 3 Ob 510/96; kritisch zu dieser Entscheidung *Schmaranzer*, Vertrag mit Schutzwirkung zugunsten Dritter (2006), 104 ff.; diese Entscheidung referierend OGH wobl 2013/32 (93); ferner *Perner/Spitzer/Kodek*, Bürgerliches Recht (2019), 346. Bezeichnenderweise ging es in einem der ersten richtungsweisenden Entscheide in Österreich just um die Konstellation der Dritthaftung bei Uneinbringbarkeit einer Forderung, wozu der OGH SZ 43/236 damals aber noch nicht Stellung beziehen musste.

[1009] IdS OLG Köln NZG 2012, 504 (506): Keine Dritthaftung eines Steuerberaters wegen mangelnder Aufklärung über Insolvenzreife einer GmbH, da der Steuerberater nicht absehen und damit für sein Haftungsrisiko nicht kalkulieren kann, welche Transaktionen in

schuldner des Dritten in wirtschaftliche Schieflage, bewegt sich also bildlich gesprochen auf die Grenze der Zahlungsunfähigkeit zu, gerät der Dritte im gleichen Schritt näher an die Grenze der Schutzbedürftigkeit. Es kann für die Haftung des anderen Vertragsteils gegenüber diesem vertragsfremden Dritten aber nicht darauf ankommen, ob die Insolvenz des anderen Teils noch abgewendet werden kann (dann erübrigt sich die Frage der Dritthaftung) oder ob sie eintritt und der Dritte dann die andere, fremde Partei in Anspruch nimmt.[1010]

(b) Vermeintliche Ausnahme: Bezweckter Schutz des Dritten vor Insolvenz

BGH und OGH lassen in diesen Insolvenz-Konstellationen aber jeweils eine ähnliche (vermeintliche) Ausnahme zu: Werden im Rahmen eines Bauvorhabens Ratenzahlungen des Bestellers vereinbart, die stets mit Fertigstellung eines Bauabschnitts und entsprechender gutachterlicher Feststellung des Baufortschritts fällig werden, entfaltet der Gutachtenvertrag zwischen Bauunternehmen und Sachverständigem Schutzwirkung zugunsten des bestellenden Dritten. Wird der Baufortschritt fälschlicherweise bejaht, so die Fälligkeit der einzelnen Ratenzahlung ausgelöst und diese Rate auch erbracht, ist der Gutachter gegenüber dem Besteller ersatzpflichtig – obwohl dieser auch im Innenverhältnis vom Bauunternehmen grundsätzlich Erfüllung und Schadenersatz fordern kann.

So hatte der OGH[1011] über folgenden Fall zu entscheiden: Die Geschädigten beauftragten eine Bauunternehmerin mit der Errichtung eines Einfamilienhauses. Die dritte Rate des Werklohns sollte erst mit Beendigung des dritten Bauabschnitts fällig werden. Obwohl der dritte Bauabschnitt noch nicht fertiggestellt war und gravierende Baumängel vorlagen, bestätigte ein Sachverständiger die Fertigstellung. Die Geschädigten zahlten in der Folge die dritte Rate an die Bauunternehmerin. Als der Bau nicht fortgesetzt wurde, verlangten die Geschädigten von der Bauunternehmerin die Zahlung des Deckungskapitals für die Fertigstellungs- und Verbesserungsarbeiten. Ohne dass es zur Zahlung kam, wurde über das Vermögen der Bauunternehmerin das Insolvenzverfahren eröffnet. Die Geschädigten nahmen daraufhin den Sachverständigen aus Vertrag mit Schutzwirkung bzw. Verletzung objektiv-

---

der Zukunft getätigt werden und damit die GmbH tatsächlich in die Insolvenz führen; im Ergebnis bestätigt von BGH VersR 2014, 637.

[1010] Dasselbe Argument gilt mit Blick auf die Verjährung etwaig deckungsgleicher Forderungen. *Klumpp*, in: Staudinger BGB (2020), § 328 Rn. 134 hält es zurecht für problematisch, verjährten Forderungen ihre Deckungsgleichheit ab- und dem Dritten im gleichen Zuge Schutzwürdigkeit zuzusprechen, schließlich hängt auch dies ja nur von ausreichendem Zeitablauf ab.

[1011] OGH bbl 2020/150; diese Entscheidung referierend *Kerschner*, in: FS P. Bydlinski (2022), 497 (501 f.); *Vrba/Maurer*, in: Vrba (Hrsg.), Schadenersatz in der Praxis (45. EL), B/II/18.

rechtlicher Sorgfaltspflichten in Anspruch. Der Sachverständige erhob gegen seine Verurteilung Revision zum OGH mit der Begründung, er hafte zwar grundsätzlich für sein falsches Gutachten, die Vorinstanzen hätten aber verkannt, dass die Geschädigten gegen die Bauunternehmerin einen deckungsgleichen, ja sogar rechtshängigen, aber eben nicht einbringbaren Anspruch hätten und daher nicht schutzbedürftig seien. Der OGH wies die Revision zurück und begründete dies im Kern damit, dass der Schaden ja erst durch die Fehlbegutachtung entstanden sei – vor Überweisung der dritten Rate verfügten die Geschädigten ja schließlich noch über genau dieses nun verpuffte Kapital.[1012]

Ähnlich hält es der BGH zuletzt in zwei parallelen und mit dem Sachverhalt des OGH-Entscheids beinahe deckungsgleichen Fällen.[1013] Die Geschädigten, Besteller einer neu zu errichtenden Dachgeschosswohnung, nahmen einen Architekten auf Schadenersatz in Anspruch, der, beauftragt vom Bauunternehmen, unrichtige Bautenstandsberichte abgegeben und die Geschädigten damit zur Zahlung der einzelnen Raten trotz eklatanter Baumängel bewegt hatte. Anders als die Vorinstanz attestierte der BGH dem Architektenvertrag Drittschutzwirkung. Insbesondere scheitert dies nicht an der etwaig fehlenden Schutzbedürftigkeit der Geschädigten, obwohl diese auch vom Bauunternehmen Schadenersatz verlangen können – und in casu auch taten. Der BGH gibt an dieser Stelle aber eine tieferliegende Wertung preis, die sich im Ansatz auch im parallelen OGH-Judiz wiederfindet: Die Bautenstandsberichte dienen für den Bausachverständigen erkennbar dem Zweck, den Besteller des Werks dadurch zu schützen, dass dem Bauunternehmer nur solche Zahlungen zukommen sollen, die dem Wert des vertragsgemäß zu erstellenden Bauvorhabens entsprechen.[1014] Zutreffend führt der BGH aus, dass

„in einem solchen Fall, in dem die Tätigkeit des Architekten gerade dazu dient, die Kl. vor Überzahlung und damit letzten Endes vor einem Verlust dieser Zahlung bei Zahlungsunfähigkeit ihres Vertragspartners zu schützen, ihre Schutzwürdigkeit nicht deshalb (entfällt), weil sie Schadensersatzansprüche gegen den (anderen Vertragsteil) besitzen".[1015]

[1012] Ganz im Sinne dieses Gedankens auch schon BGH NZBau 2002, 229 (330): Wäre Bautenstandsbericht zutreffend erstellt worden, hätten die Geschädigten ihre Abschlagszahlung zurückhalten und zunächst Mangelbeseitigung verlangen können.
[1013] BGH NJW 2009, 217; VersR 2010, 350; beinahe identische Konstellationen lagen auch schon den Entscheiden NZBau 2002, 229 und NJW-RR 2005, 928 zugrunde.
[1014] BGH NJW 2009, 217 (218).
[1015] BGH NJW 2009, 217 (218); VersR 2010, 350 (351); zustimmend *Schinkels*, in: jurisPraxKomm BGB⁹, § 328 Rn. 80; *Preuß*, in: NK-BGB⁴, Vorb. zu § 328 Rn. 18; *Mäsch*, in: BeckOGK BGB (Stand: 1.4.2022), § 328 Rn. 180; *Bacher*, in: Geigel, Haftpflichtprozess²⁸, Kap. 28 Rn. 37; die Grundsätze des vorstehenden BGH-Entscheides referierend und die Haftung aus Vertrag mit Schutzwirkung gerade davon abhängig machend, ob die Sachverständigentätigkeit dem Insolvenzschutz des Dritten dient OLG Hamm BeckRS 2012, 24835.

Dieses grenzüberschreitende Judiz überzeugt, entspricht es doch dem vorstehend skizzierten Grundpostulat, die vertragliche Dritthaftung müsse überschaubar und kalkulierbar bleiben. Die Tatbestandsvoraussetzungen der Dritthaftung entstehen hier *nicht erst mit der* (zufälligen und für den Sachverständigen ggf. nicht absehbaren) *Insolvenz* des anderen Vertragsteils; stattdessen ist es für den Sachverständigen gerade erkennbar, dass seine Tätigkeit den für ihn vertragsfremden Dritten *just vor dem Insolvenzfall schützen soll*.[1016]

cc) Abgestufte Bedeutung des vertraglichen Drittvermögensschutz im deutschen Rechtskreis

Das Institut des Schuldverhältnisses zugunsten Dritter wurde erst aus der Not heraus geboren, im Einzelfall trotz der deliktsrechtlichen Restriktionen sachgerechte Ergebnisse erzielen zu können. Das gilt heute vor allem für den deliktisch weitgehend verwehrten Ersatz fahrlässig verursachter reiner Vermögensschäden.[1017] Innerhalb des deutschen Rechtskreises lässt sich allerdings eine deutliche Abstufung beim Vermögenschutz durch vertragliche Drittwirkung erkennen:

(1) In Deutschland: Bekenntnis zum Drittvermögensschutz

In Deutschland bekennen sich Rechtsprechung und Lehre spätestens seit der *Testament-Entscheidung* ausdrücklich zur Erweiterung des haftpflichtrechtlichen Vermögensschutz durch vertragliche Drittschutzwirkung.[1018] Es wird betont, dass sich die Schutzpflichten aus Vertrag auf *alle Rechtsgüter*[1019] bestimmter Dritte erstrecken können, eben auch auf deren reines Vermögen.[1020]

(a) Näheverhältnis zwischen Vertragspartei und in Vermögen geschädigtem Dritten

Hinsichtlich des Merkmals des Gläubigerinteresses sind sowohl Fälle denkbar, in denen der Vertragsgläubiger im Rahmen eines *persönlichen Näherver-*

[1016] Mit diesem Ergebnis auch *Kerschner*, in: FS P. Bydlinski (2022), 497 (502).
[1017] Vgl. *Zugehör*, NJW 2008, 1105: soll deliktischen Vermögensschutz ergänzen; in einer einzelnen Entscheidung führt der OGH dies so auch für das österreichische Recht aus, OGH bbl 2012/25 (44 f.).
[1018] BGH VersR 2017, 839 (840); *Zugehör*, NJW 2008, 1105.
[1019] OLG Düsseldorf NJW 1977, 1403 (1404); *Gottwald*, in: MüKo BGB[9], § 328 Rn. 194; vgl. *Klumpp*, in: Staudinger BGB (2020), § 328 Rn. 136.
[1020] BGH NJW 1977, 2073 (2074); NJW 1968, 1929 (1930); *Schinkels*, in: jurisPraxKomm BGB, § 328 Rn. 73, 82; *Bayer*, in: Erman BGB[16], § 328 Rn. 73; *Mäsch*, in: BeckOGK BGB (Stand: 1.4.2022), § 328 Rn. 188; *S. Lorenz*, JuS 2021, 817 (818).

hältnisses tatsächlich an der Einbeziehung des Dritten interessiert ist (etwa die Erblasser/Erben-Beziehung im wegweisenden Testaments-Fall) als auch mit den Sachverständigen-Fällen solche erkennbar *gegenläufiger Interessen*.[1021]

Die Frage nach der erforderlichen *Leistungsnähe des beeinträchtigten Drittvermögens* hat die Rechtsprechung gerade in den letzten Jahren präzisiert. Die Integrität von vertragsfremdem Drittvermögen ist dann von den Parteien ersatzbedroht zu beachten, wenn die vertraglich geschuldete Leistung objektiv auch *dazu bestimmt* ist, dem Dritten Schutz vor möglichen Vermögensschäden zu vermitteln.[1022] Eine wirkliche Einschränkung gegenüber dem allgemeinen Erfordernis, der Dritte müsse mit der *Hauptleistung des Vertrages bestimmungsgemäß in Berührung kommen*, ist hierin aber erkennbar nicht verankert.

(b) Redundante Restriktionen

Steht der Ersatz reiner Drittvermögensschäden allerdings einmal konkret in Rede, wird weiterhin die aus dem Bereich der Schutzgesetzhaftung schon bekannte Forderung laut, den vertraglichen Schutzbereich *mit Augenmaß* zu bestimmen,[1023] strenge *Schutzzweckerwägungen* hinsichtlich der konkret verletzten Pflicht anzustellen,[1024] mit dem Institut des vertraglichen Drittschutzes *keine deliktische Generalklausel* zu schaffen[1025] und insbesondere *Reflexvermögensschäden* von der Ersatzpflicht auszuschließen.[1026]

Was so erneut wie eine Haftungsrestriktion bezüglich reiner Vermögensschäden klingt, ist aber nicht vielmehr als ein Appell an den Rechtsanwender, die scharfe Konturierung durch die vorstehend skizzierten Tatbestandsmerkmale auch ernst zu nehmen.[1027] Der letztgenannte Aspekt, der Aus-

---

[1021] *Honsell*, in: FS Medicus (1999), 211 (224), der diese beiden unterschiedlich gelagerten Konstellationen eben auch different kritisiert.
[1022] BGH VersR 2020, 1255 (1256); BGHZ 211, 251 = NJW 2016, 3432 (3434); ähnlich BGH VersR 2017, 839 (840); idS wohl auch *Gottwald*, in: MüKo BGB⁹, § 328 Rn. 187, der sich unter der Überschrift des Einbeziehungsinteresses für eine Abgrenzung des geschützten Personenkreises nach dem Merkmal der „Drittbezogenheit der Leistung" ausspricht, also den Tatbestandsschwerpunkt erkennbar in Richtung Leistungsnähe rückt.
[1023] Vgl. BGHZ 176, 281 = NJW 2008, 2245 (2247); OLG Stuttgart jurisPR-HaGesR 6/2016 mAnm. 1 *Hippeli* = BeckRS 2016, 11432 Rn. 47: Beschränkung auf eng begrenzte Fälle; *Bayer*, in: Erman BGB¹⁶, § 328 Rn. 73.
[1024] BGH NJW 1977, 2073 (2074); NJW 1968, 1929 (1930): strenger Maßstab anzulegen; vgl. BGH VersR 2017, 839 (840); *Janoschek*, in: BeckOK BGB (62. Ed.), § 328 Rn. 55.
[1025] OLG Stuttgart jurisPR-HaGesR 6/2016 mAnm. 1 *Hippeli* = BeckRS 2016, 11432 Rn. 47.
[1026] BGH NJW 1977, 2073 (2074); *Janoschek*, in: BeckOK BGB (62. Ed.), § 328 Rn. 60; *Gottwald*, in: MüKo BGB⁹, § 328 Rn. 194.
[1027] Das gibt auch die Rechtsprechung zu erkennen, wenn sie die Dritthaftung für reine Vermögensschäden erst für möglich befindet, dann allgemein einen strengen Maßstab fordert und schließlich schlicht die herkömmlichen Tatbestandsvoraussetzungen der vertrag-

schluss von Reflexschäden, entpuppt sich an dieser Stelle sogar *nur als Tautologie*. Der BGH hält zunächst ausdrücklich fest, dass „dem Dritten [...] auch ein eigener Anspruch auf Ersatz reiner Vermögensschaden [...] zustehen" kann. Im selben Atemzug fährt er fort, dabei müsse aber besonders beachtet werden, „daß der Schuldner grundsätzlich reine Reflexwirkungen seines Verhaltens auf Dritte nicht im Wege des Schadensersatzes auszugleichen braucht".[1028] Diese Formel ist aus zwei Gründen redundant.

Erstens geht es dem Reflexschadenverbot in seinem Kern ohnehin nur darum, reflexartig verursachte *reine Vermögensschäden* ersatzlos zu stellen.[1029] Zunächst festzuhalten, reine Vermögensschäden seien aus vertraglicher Drittwirkung grundsätzlich ersatzfähig, dann aber auf das Reflexschadenersatzverbot hinzuweisen, ist an dieser Stelle nicht mehr als ein Stehsatz. Denn zu einem Grundsatz (kein Ersatz fahrlässig und reflexartig verursachter reiner Vermögensschäden außerhalb vertraglicher Beziehungen) erst eine Ausnahme ausdrücklich aufzuzeigen (Ersatzmöglichkeit unter Voraussetzungen des vertraglichen Drittschutzes), dann aber erneut auf den Grundsatz zu verweisen, ist bei der Konturierung der Ausnahme wenig hilfreich. Vielmehr unterlegt dies den schon vorstehend ausgeführten Gedanken: Steht die Ersatzfähigkeit von Reflexschäden in Rede, ist dies allein aus der Perspektive des verletzten Rechtsguts und unter Beachtung von Adäquanzgesichtspunkte zu bewerten.[1030]

Zweitens fußt die Existenzberechtigung des Schuldverhältnisses mit Schutzwirkung allein und gerade auf dem Zweck, *Drittgeschädigten* zu Schadenersatz zu verhelfen. Deren Drittschaden muss zwar nicht zwingend von der Verletzung eines absolut geschützten Rechtsgutes eines Erstgeschädigten her „reflektieren", wie das etwa im Kabelbruchfall (Fallbeispiel 1)[1031] der Fall ist; zweifellos geht es aber stets um die Haftung gegenüber Geschädigten, die mit dem Schädiger nicht unmittelbar verbunden sind, sodass sich die vertragliche Dritthaftung per se darum dreht, Ausnahmen zur Grundsatzwertung des Reflexschadenersatzverbotes – welches aber ohnehin nur im Bereich reiner Vermögensschäden konsequent wirkt – zu schaffen.[1032]

---

lichen Drittschutzwirkung aufzählt, BGHZ 176, 281 = NJW 2008, 2245 (2247); ähnlich schon BGH NJW 1977, 2073 (2074). Die Prämisse der scharfen Haftungskonturierung ist dabei erkennbar kein Unikum reiner Vermögensschäden, sondern ganz allgemein charakteristisch für die Anwendung der vertraglichen Dritthaftung.

[1028] BGH NJW 1977, 2073 (2074).
[1029] Hierzu ausführlich unter C./II./2.
[1030] Vgl. nur BGH NJW 2002, 3625 (3626): ausführlich zur Adäquanz bei im Ergebnis verneinter Haftung für reinen Vermögensschaden aus Gutachtensvertrag mit Schutzwirkung zugunsten Dritter, ohne das Reflexschadencharakteristikum bemühen zu müssen.
[1031] Siehe unter A./II.
[1032] Ganz idS OLG Stuttgart jurisPR-HaGesR 6/2016 mAnm. 1 *Hippeli* = BeckRS 2016, 11432 Rn. 47; aus schweizerischer Perspektive vgl. *Koller*, in: Koller (Hrsg.), Haftpflicht- und Versicherungsrechtstagung St. Gallen 2005 (2005), 1 (4); *Loser*, in: Koller (Hrsg.), Haft-

Daher kann bereits mit den allgemeinen Tatbestandsvoraussetzungen der vertraglichen Drittschutzwirkung festgehalten werden: Ist der in seinem Vermögen Geschädigte von der Erfüllung des fremden Vertrages besonders betroffen, steht er einer der beiden Parteien nahe (was aber nicht mehr für zwingend erforderlich gehalten wird), bedarf er des Schutzes des fremden Vertrages und kann – besonders bedeutsam[1033] – der Haftpflichtige diese Sonderbeziehung des Dritten erkennen, steht auch dem Ersatz reiner Vermögensschäden ohne eigenen originären Vertragsanspruch nach deutschem Recht nichts im Wege.

(2) In Österreich: Verhaltener Drittvermögensschutz

In Österreich ist die vertragliche Haftung gegenüber Dritten zwar anerkannt, bei der Frage, ob diese auch den Ersatz reiner Vermögensschäden umfassen soll, wird allerdings differenziert:[1034] Nach heute[1035] herrschender Ansicht in Rechtsprechung und Lehre sollen Verträge *keine* Schutzwirkung für das Vermögen vertragsfremder Dritter entfalten.[1036]

(a) Argumente gegen einen vertraglichen Drittvermögensschutz

Begründet wird dies, *erstens*, mit dem Argument, allein zwischen den Vertragspartnern sollten umfassende Schutzpflichten gelten, aber nicht gegenüber außervertraglichen Dritten – zu diesen bestünde schließlich eine „schwächere", weil nicht originär vertraglich fundierte Beziehung.[1037] Diese

---

pflicht- und Versicherungsrechtstagung St. Gallen 2005 (2005), 111 (124 f.); *Siegrist*, Vertrag mit Schutzwirkung zugunsten Dritter (1997), 7 f.

[1033] Ganz idS *G. Wagner*, in: MüKo BGB⁸, § 826 Rn. 86.

[1034] *Bussani/Palmer*, in: Bussani/Palmer (Hrsg.), Pure Economic Loss in Europe (2003), 154 halten den OGH zutreffend für zurückhaltender als den BGH, was die Anerkennung einer Haftung für reine Vermögensschäden aus vertraglicher Schutzwirkung angeht.

[1035] Gerade in den ersten OGH-Entscheiden war die Differenzierung zwischen reinen Vermögensschäden und solchen aus der Beeinträchtigung absolut geschützter Rechtsgüter noch nicht erkennbar, vgl. etwa OGH SZ 43/236: Haftung eines Wirtschaftstreuhänders bei Uneinbringlichkeit eines Kredits; zur Entwicklung dieser Unterscheidung in der Rspr *Schmaranzer*, Vertrag mit Schutzwirkung zugunsten Dritter (2006), 116 ff.

[1036] OGH NZ 2018/117; wobl 2017/113 (364); ÖBA 2015/2084 (149); ecolex 2003/67 mAnm *Pilz*; RdW 2003/256; Urt. v. 26. 1. 1999 – 4 Ob 325/98t, teilw. veröff. in RdW 1999, 468; SZ 59/51 = JBl 1986, 381 (383); SZ 55/113 = JBl 1983, 205 (207) mAnm *Hügel*; SZ 51/169 = JBl 1979, 483 (485); *Vrba/Maurer*, in: Vrba (Hrsg.), Schadenersatz in der Praxis (45. EL), B/II/22; *Kerschner*, in: FS P. Bydlinski (2022), 497 (508 mwN); *Reischauer*, in: Rummel ABGB³, § 1295 Rn. 30b: Nach ursprünglicher Intention der vertraglichen Drittwirkung kein Vermögensschutz; *Karner/Koziol*, JBl 2012, 141 (151); *Kalss*, ÖBA 2000, 641 646 f.).

[1037] OGH Urt. v. 26. 1. 1999 – 4 Ob 325/98t, teilw. veröff. in RdW 1999, 468; SZ 59/51 = JBl 1986, 381 (383); *Koziol*, Haftpflichtrecht II (2018); A/2/372; *Karner/Koziol*, JBl 2012, 141 (151, 155); *Harrer/E. Wagner*, in: PraxKomm ABGB⁴, § 1295 A Rn. 122.

Begründung überzeugt nicht,[1038] sonst müsste hiernach konsequenterweise auch in anderen Schuldverhältnissen unterhalb des vertraglichen Niveaus, etwa der Haftung aus culpa in contrahendo, eine Einstandspflicht für reine Vermögensschäden ausscheiden. Genau diese Parallele zog der BGH für das deutsche Recht in seiner für den Drittvermögensschutz wegweisenden *Testament-Entscheidung* und konstatierte, dass auch die Vorvertragshaftung trotz mangelnder Primärpflichten den Ersatz reiner Vermögensschäden umfasse und erstreckte diese Grundwertung konsequenter Weise auch auf das Schuldverhältnisse mit Drittschutzwirkung.[1039]

Zweitens wird die Ablehnung vertraglichen Drittvermögensschutzes mit der – grundsätzlich ja auch nach hier vertretener Ansicht zutreffenden – Überlegung gestützt, die Haftung für fahrlässig verursachte reine Vermögensschäden würde sonst gefahrvoll ausufern.[1040] Nimmt man die vorstehend erläuterten Tatbestandsmerkmale des Drittschutzes allerdings ernst, allen voran ein striktes Verständnis von Erkennbarkeit und Schutzbedürfnis, dürfte dieses Risiko kaum bestehen.[1041] Tragender Grund für die *scharfe Vertragshaftung inter partes* ist schließlich die bewusst gesuchte Beziehung zum jeweils anderen Vertragspartners und die dadurch hergestellte *Erkennbarkeit des potentiellen Schadensersatzgläubigers* bei Vertragspflichtverletzung.[1042] Das Tatbestandsmerkmal der Erkennbarkeit im Rahmen des vertraglichen Drittschutzes führt genau diese Wertung auch im Mehrpersonenverhältnis fort und will ja gerade bezwecken, die Fälle einer tatsächlich uferlosen, weil unüberschaubaren Haftung von denen zu trennen, die bei Erkennbarkeit der (vertragsfremden) Ersatzgläubiger eine eben nicht mehr überraschend „uferlose" Einstandspflicht rechtfertigen.[1043]

(b) Rosinenpickende Ausnahmefindung

Die österreichische Rechtsprechung lässt aber, gebilligt von der Lehre, fallgruppenartige Ausnahmen zu, in denen auch fremde Schuldverhältnisse

---

[1038] *Reischauer*, in: Rummel ABGB³, § 1295 Rn. 33 geißelt dies als „typische Argumentation vom Ergebnis her".
[1039] So ausdrücklich BGH NJW 1965, 1955 (1957).
[1040] OGH SZ 59/51 = JBl 1986, 381 (383); Urt. v. 26.1.1999 – 4 Ob 325/98t, teilw. veröff. in RdW 1999, 468 im Anschluss an *Koziol*, Haftpflichtrecht II (2018), A/2/107, 372; *ders.*, JBl 2004, 273 (276); *Karner/Koziol*, JBl 2012, 141 (151, 155).
[1041] Ganz idS *Reischauer*, in: Rummel ABGB³, § 1295 Rn. 33.: Uferlosigkeits-Argument nicht einschlägig, weil begünstigter Personenkreis tatbestandlich begrenzt; ihm folgend *Schmaranzer*, Vertrag mit Schutzwirkung zugunsten Dritter (2006), 120, 122; für das deutsche Recht *Bayer*, JuS 1996, 473 (477).
[1042] Siehe hierzu unter E./I./5./a).
[1043] Ganz idS *Häusler*, EF-Z 2019, 162 (163), die für die österreichischen Testaments-Fälle darauf hinweist, dass die Haftung des Rechtsanwalts/Notar nur gegenüber bestimmten Personen (den intendierten Erben) besteht und betragsmäßig auf den Wert der entgangenen Verlassenschaft begrenzt ist.

Drittvermögensschutz entfalten sollen.[1044] Zentrale Konstellationen sind die, in der die *Hauptleistung gerade dem Dritten zukommen* soll[1045] bzw., abgeschwächter, Drittinteressen zumindest *mitverfolgt* werden.[1046] Hierunter kann eben wieder die Dritthaftung des liegenschaftsbewertenden Sachverständigen fallen,[1047] der bei einseitiger Verpflichtung zur Gutachtenserstellung (gegenüber dem Verkäufer) weiß, dass auch ein Dritter (Käufer) sich auf sein Testat verlässt. Paradebeispiele sind weiterhin die Parallelkonstellationen zum deutschen Testament-Fall,[1048] bei denen der Fehler des testamentserstellenden Berufsträgers den intendierten Erben um den für ihn bestimmten Nachlass bringt.[1049]

Zu Recht wird hier dem bei seiner Ausnahmefindung beinahe schon rosinenpickenden OGH relative *Inkonsequenz* vorgeworfen[1050] bzw. der Appell an eine „*Ganz-oder Gar-Nicht*"-Lösung laut.[1051] Ins Bild dieser Kritik passt auch die Entscheidung OGH 10 Ob 32/11w,[1052] in der der OGH sich gar dazu hinreißen ließ, in verblüffender Allgemeinheit festzuhalten,

> „*die ‚erweiterte Sachverständigenhaftung' ziele gerade darauf ab, dass (ausnahmsweise) auch reine Vermögensschäden der in den Schutzbereich des Vertrags einbezogenen geschädigten Dritten zu ersetzen sind.*"

[1044] Als Fallgruppen, in denen sich der vertragliche Drittvermögensschutz etabliert hat, führt *Reischauer*, in: Rummel ABGB³, § 1295 Rn. 33c ff. ua Überweisungsverträge, Speditionsverträge, Leasingverträge und eben die Sachverständigenhaftung im Zuge der Gutachtenserstellung an.

[1045] OGH NZ 2018/117; NZ 2018/90; wobl 2017/113 (364); JBl 2006, 178 (181); RdW 2003/256; *Vrba/Maurer*, in: Vrba (Hrsg.), Schadenersatz in der Praxis (45. EL), B/II/22; *Häusler*, EF-Z 2019, 162 (163); *Karner/Koziol*, JBl 2012, 141 (152); *Koziol*, JBl 2004, 273 (276); vgl. auch schon *F. Bydlinksi*, JBl 1960, 359 (363).

[1046] OGH bbl 2019/179 (199); SZ 59/51 = JBl 1986, 381 (383); JBl 1981, 319 (320); vgl. SZ 63/129 = JBl 1991, 249 (250) mAnm *Kerschner*; so schon früh OGH SZ 43/236; zu dieser Entscheidung *Welser*, Haftung für Rat, Auskunft und Gutachten (1983), 83; *Griss*, in: FS 200 Jahre ABGB (2011), 1521 (1533 mwN der Rspr); *Kodek*, in: ABGB-ON (Stand: 1. 1. 2018), § 1295 Rn. 59; genauso auch schon *F. Bydlinksi*, JBl 1965, 319 (321).

[1047] *Vrba/Maurer*, in: Vrba (Hrsg.), Schadenersatz in der Praxis (45. EL), B/II/19; *Koziol*, Haftpflichtrecht II (2018); A/2/373 führt gerade die Sachverständigenfälle als Ausnahme von der Regel an.

[1048] BGH NJW 1965, 1955.

[1049] Zentral OGH NZ 2018/90; obiter OGH NZ 2001, 378; vgl. OGH NZ 1987, 129; iFamZ 2012/77, ohne dort allerdings die Haftungsgrundlage ausdrücklich zu erwähnen; ausführlich zur Dritthaftung in den Testaments-Fällen *Häusler*, EF-Z 2019, 162 ff.; *Koziol*, Haftpflichtrecht II (2018), A/6/46.

[1050] *Schmaranzer*, Vertrag mit Schutzwirkung zugunsten Dritter (2006), 119 mwN in Fn. 422.

[1051] Vgl. *Welser/Zöchling-Jud*, Bürgerliches Recht II (2015), Rn. 649; *Reischauer*, in: Rummel ABGB³, § 1295 Rn. 33 kritisiert den Ansatz, in den Kabelbruchfällen den Eigentümer des Kabels, nicht aber auf die Stromversorgung angewiesene Nichteigentümer in den vertraglichen Schutzbereich einzubeziehen, da sich vernünftige Werkvertragsparteien (Bauunternehmer und Werkbesteller) doch in beiden Fällen um eine Schadensvermeidung bemühen werden, sofern sie das grundsätzliche Schadensrisiko erkennen.

[1052] OGH bbl 2012/25 (44 f.).

Weiterhin scheint auch die Begründung fadenscheinig, die die vorstehenden Ausnahmen als solche zu rechtfertigen versucht: Die Dritthaftung soll bei Hauptleistung an den Dritten nämlich deshalb zum Zuge kommen, weil der Schuldner ansonsten niemandem (der Vertragsgläubiger erhält die Hauptleistung nicht, der Dritte ist nicht Vertragspartner) gegenüber zu besonderer Sorgfalt angehalten wäre.[1053] Das ist zwar zutreffend, kann als haftpflichtbegründendes Argument aber keine zentrale Rolle spielen. Schließlich geht es nicht um die Suche nach einer den Schädiger sanktionierenden Rechtsfolge, sondern allein um die mit Augenmaß zu beantwortende Frage nach einer Haftung vertretbaren Ausmaßes auch für reine Vermögensschäden. Erneut: Springender Punkt sollte allein sein, ob der potentielle Schuldner bei Eingehung des Schuldverhältnisses sein Haftungsrisiko hinreichend abschätzen und sich damit für oder gegen die Entstehung besonderer Sorgfaltspflichten entscheiden kann.

Für die Zukunft scheint es aber mehr als fraglich, ob sich die Frage nach der vertraglichen Haftung für Drittvermögensschäden an dieser Stelle weiter entzündet. Denn der OGH hat durch die Anerkennung der Verletzung *objektiv-rechtlicher Vermögensschutzpflichten auch gegenüber Dritten* diese Diskussion jedenfalls für den Bereich der Auskunfts- und Sachverständigenhaftung dem Bereich der *vertraglichen* Dritthaftung entnommen und diese Fälle stattdessen in den Kontext des § 1300 S. 1 ABGB gerückt.[1054]

(3) In der Schweiz: Allgemein bislang (fast) kein vertraglicher Drittschutz

Im Schweizer Recht hat sich das Schuldverhältnis zugunsten Dritter bisher – und ganz allgemein – nur rudimentär niederschlagen können. An dem Grundbefund *Siegrists*,[1055] der vertragliche Drittschutz werde in der Schweiz „eher stiefmütterlich" behandelt, die Literatur sei zweigeteilt und die Rechtsprechung bezöge keine klare Stellung, hat sich auch ein knappes Vierteljahrhundert später kaum etwas geändert. Zu erklären ist dies unter anderem damit, dass es dem schweizerischen OR am selben *Urbedürfnis* wie dem deutschen Recht fehlt, das außervertragliche Haftungsregime durch drittschützende Verträge zu ergänzen. Zwar weißt auch das OR dieselbe Schutzlückentrias (Exkulpation für Verrichtungsgehilfen, keine Verschuldensvermutung, keine allgemeine Vermögensschadenshaftung) wie das BGB auf. Allerdings normiert es in Art. 58 OR eine *Gefährdungshaftung des Werkeigentümers*, die deutlich weiter reicht als die Ersatzpflicht nach §§ 836, 837 BGB. Gerade die Ur-Entscheidung des vertraglichen Drittschutzes, der vor-

---

[1053] Lehrbuchartig OGH Urt. v. 26.1.1999 – 4 Ob 325/98t, teilw. veröff. in RdW 1999, 468; *Koziol*, Haftpflichtrecht II (2018); A/2/373.
[1054] Anders *Brenn*, EvBl-LS 2021, 699 (700), der weiterhin auf den vertraglichen Drittschutz als Haftungsanknüpfung abstellt.
[1055] *Siegrist*, Vertrag mit Schutzwirkung zugunsten Dritter (1997), 24.

stehende skizzierte *Tuberkulose-Fall*, wäre nach schweizerischem Recht allein mit Art. 58 OR zu greifen gewesen.[1056] Für die in Deutschland historisch noch zentrale Fallgruppe der Drittsubstanzschäden im Mietrecht[1057] gibt es in der Schweiz gerade keinen Anlass, außerhalb des originären Deliktsrechts auf Anspruchsgrundlagensuche zu gehen.[1058] Erst abseits dieser mietrechtlichen Konstellationen lässt sich (verhaltenes) Interesse an der Erstreckung vertraglichen Drittschutzes ausmachen.

(a) Verhaltenes Interesse an vertraglichem Drittschutz

Die Lehre ist uneins, ob das schweizerische Haftpflichtrecht durch vertragliche Drittschutzwirkung ergänzt werden soll.[1059] Das BG steht diesem Institut skeptisch gegenüber,[1060] hat sich jedoch am Rande einiger vollkommen unterschiedlich gelagerter Entscheide der letzten Jahre zu dieser Haftungsgrundlage eingelassen:

[1056] Vgl. *Armbrüster*, in: FS Wiegand (2005), 71 (87); *ders.*, recht 1993, 84 (90); *Honsell*, in: FS Nobel (2005), 939 (951); *Siegrist*, Vertrag mit Schutzwirkung zugunsten Dritter (1997), 117 f.; vgl. auch *Bärtschi*, Verabsolutierte Relativität (2009), 360, der ausführt, dass Art. 58 OR schon solche Fälle abdeckt, die mit der Vertrauenshaftung (und damit einem in der Schweiz praxisrelevanten Alternativkonzept zur vertraglichen Dritthaftung) zu umfassen versucht werden.

[1057] *Honsell*, in: FS Nobel (2005), 939 (951): wichtigste Fallgruppe; ebenso *Siegrist*, Vertrag mit Schutzwirkung zugunsten Dritter (1997), 117; *Bärtschi*, Verabsolutierte Relativität (2009), 273; vergleichend *Armbrüster*, recht 1993, 84 (90).

[1058] *Honsell*, in: FS 50 Jahre BGH (2000), 927 (942).

[1059] Zuletzt befürwortend *von Graffenried*, Schadloshaltung des Dritten (2019), Rn. 548; *Wiegand*, in: Basler Komm OR I⁷, Art. 97 Rn. 40; *Fountoulakis*, AJP 2018, 95 ff., die ausführt (98), dass die Anerkennung des deutschrechtlichen vertraglichen Drittschutzes zur Erweiterung der Deliktshaftung nur konsequent sei, schließlich habe man auch die dies nun erforderlich machenden Restriktionen (gemeint ist in erster Linie die objektive Widerrechtlichkeitstheorie) aus dem deutschen Recht übernommen; ähnlich *Walter*, ZBJV 1996, 273 (290); *Fellmann*, ZSR 1988, 275 (299); für eine Fruchtbarmachung des vertraglichen Drittschutzes zur Haftungsbegründung im VW-Dieselskandal *Rusch/Schwizer*, in: Probst/Werro (Hrsg.), Strassenverkehrsrechtstagung 2016 (2016), 187 (194 f.); *Loser-Krogh*, in: FS Kramer (2004), 579 mwN in Fn. 1 spricht von „zunehmendem Interesse"; ebenso *Bärtschi*, Verabsolutierte Relativität (2009), 274; ähnlich *Gonzenbach*, recht 1995, 117 (124): „an Boden gewinnend"; mit dem Nachweis der schon vor rund 30 Jahren ablehnenden und befürwortenden Stimmen *Armbrüster*, recht 1993, 84 (90); mit ausführlichen Nachweisen beider Ansichten *Zellweger-Gutknecht*, in: Basler Komm OR I⁷, Art. 112 Rn. 23; ablehnend zuletzt etwa *Fisch*, Eigentumsgarantie und Nichtersatzfähigkeit reiner Vermögensschäden (2020), Rn. 423 ff.; *Koller*, in: FS W. Fischer (2016), 295 (300); *ders.*, in: Koller (Hrsg.), Haftpflicht- und Versicherungsrechtstagung St. Gallen 2005 (2005), 1 (8 f.); *ders.*, in: Koller (Hrsg.), St. Galler Baurechtstagung 2004 (2004), 1 (24); *Schönenberger*, Haftung für Rat und Auskunft gegenüber Dritten (1999), 115: „unnötig"; *Schwenzer*, in: Schuldrecht, Rechtsvergleichung und Rechtsvereinheitlichung, (1999), 59 (65 f.); im Ergebnis ablehnend auch *Gauch*, in: FS Wiegand (2005), 823 (839).

[1060] In der Literatur wird dem BG allerdings Interesse am finalen Import des vertraglichen Drittschutzes unterstellt, *Rieder*, HanseLR 2006, 82 (88); *Keller*, Anwendungsfälle der DSL und des VSD (2004), 26: BG spielt ernsthaft mit dem Gedanken.

- **Dritthaftung der Bankenrevisionsstelle – BGE 117 II 315**
  So erwog es, ob die Gläubiger einer insolventen Bank von der Bankenrevisionsstelle Ersatz in Höhe ihrer ausfallenden Forderungen verlangen könnten.[1061] Als mögliche Haftungsgrundlage wurde der Vertrag mit Schutzwirkung zugunsten Dritter ausdrücklich genannt und im Ansatz sogar seine in der Literatur aufgestellten und mit den ersten beiden im deutschen und österreichischen Recht etablierten Voraussetzungen erwähnt.[1062] Sodann wurde aber mit Blick auf das der Bank gegenüber ihren Gläubigern offensichtlich fehlende Schutzinteresse entschieden festgestellt, dass jedenfalls das Revisionsmandat *keine Schutzwirkung zugunsten Dritter* entfalten könne.[1063]
- **Ober-/Untermietverhältnis – BGE 120 II 112**
  Hinsichtlich einer Schadenersatzforderung eines (Ober-)Vermieters gegenüber einer Untermieterin, die also selbst nicht unmittelbar mietvertraglich verbunden waren, stellte sich dem BG die Frage, ob auf diese Konstellation die mietrechtlichen Vorschriften des OR anzuwenden seien.[1064] Das BG bejahte dies schon mit Blick auf das ineinandergreifende Ober- und Untermietverhältnis und führte sodann – obiter und in nur zwei Sätzen – aus, dass man zu diesem Ergebnis auch unter Anwendung des umstrittenen Instituts des Vertrags mit Schutzwirkung für Dritte gelangte.[1065]
- **Schutzwirkung des Substitutsauftrags an Zweitbank? – BGE 121 III 310**
  In einem weiteren Fall wies ein Darlehensgeber seine Hausbank an, die Darlehenssumme an die Zweitbank des Darlehensnehmers zu überweisen.[1066] Der Überweisungsbetreff enthielt die Namen der Darlehensvertragsparteien und den Hinweis „Sperrkonto". Eine Freigabe der Darlehenssumme an den Darlehensnehmer sollte durch die Zweitbank erst bei der noch ausstehenden Errichtung des schriftlichen Darlehensvertrags erfolgen. Gleichwohl schrieb die Zweitbank dem Darlehensnehmer die Darlehenssumme gut, welche dem Darlehensgeber in der Folge aber nur in geringfügigem Umfang zurückgezahlt wurde. Der Darlehensgeber ver-

---

[1061] BGE 117 II 315 (frz).

[1062] BGE 117 II 315 (319 frz): Als Tatbestandsvoraussetzungen werden das Inkontakttreten mit der Leistung („entrer en contact avec la prestation du débiteur") und das Schutzinteresse des Gläubigers („et que le créancier doive [...] veiller à la sécurité du tiers") genannt.

[1063] BGE 117 II 315 (320 frz): „Le mandat de revision ne saurait non plus constituer un ,contrat avec effet de protection envers les tiers' car, à l'évidence, la banque n'a pas vis-à-vis de ses créanciers un devoir de protection"; zustimmend *Bärtschi*, Verabsolutierte Relativität (2009), 320.

[1064] BGE 120 II 112.

[1065] BGE 120 II 112 (116).

[1066] BGE 121 III 310 = AJP 1996, 96 mkritAnm *Fellmann/Schwarz*; ausführlich hierzu *Keller*, Anwendungsfälle der DSL und des VSD (2004), 33 ff.

langte daraufhin von der Zweitbank Ersatz in Höhe der ausstehenden Darlehensforderung. Zwischen dem geschädigten Darlehensgeber und der Zweitbank bestand kein unmittelbares Auftragsverhältnis. Vielmehr beauftragte der Geschädigte seine Hausbank mit der Transaktion, welche sich hierzu wiederum der Zweitbank als letztlich gutschreibendes Institut bedienen musste. Das BG führte an, dass dem Geschädigten trotzdem einerseits ein unmittelbarer auftragsrechtlicher Anspruch aus Art. 399 Abs. 3 OR zustehen könnte, und erwog sodann andererseits, ob der Substitutionsauftrag zwischen den beiden Banken Drittschutz zugunsten des Geschädigten entfalten könnte.[1067] Ausführlich verwies es dabei auf die entsprechende Herangehensweise in Deutschland und Österreich. Ein klares Bekenntnis zu einer Anspruchsgrundlage blieb aber aus, vielmehr schließen die Erwägungen mit der simplen – und für den dem vertraglichen Drittschutz nachgehenden Leser in dieser Einfachheit etwas enttäuschenden – Feststellung, *der Direktanspruch des Hauptauftraggebers sei vertraglicher Natur*.[1068]

- **Unterhaltsersatz – 4C.194/1999**

Nach dem tödlichen Arbeitsunfall eines Familienvaters auf einer Baustelle verlangten die Hinterbliebenen von dem für die mangelhafte Baustellensicherung verantwortlichen Arbeitgeber Ersatz ihres Unterhaltsausfalls.[1069] Deliktische Ansprüche waren verjährt, sodass das BG vertragliche Ansprüche eruierte, zentral eben die Frage, ob der Arbeitsvertrag zwischen dem Schädiger und dem Verstorbenen Schutzwirkung für das Vermögen der Hinterbliebenen entfalte. Es gab zwar zu erkennen, dass eine solche Haftungserstreckung mit der Lehre dann in Frage käme, wenn der Dritte von der vertraglichen Hauptleistung besonders betroffen wäre (Leistungsnähe);[1070] grundsätzlich führte das BG aber aus, dass das Arbeitsverhältnis in erster Linie Schutz zugunsten der körperlichen Integrität des Arbeitnehmers entfalte, nicht aber für das den Hinterbliebenen im Todesfall (nicht) zufließende Vermögen[1071] und lehnte im Ergebnis einen

---

[1067] BGE 121 III 310 (315) = AJP 1996, 96 (97) mkritAnm *Fellmann/Schwarz*.

[1068] BGE 121 III 310 (317) = AJP 1996, 96 (97) mkritAnm *Fellmann/Schwarz*; *Rieder*, HanseLR 2006, 82 (86 Fn. 25) sieht in dieser Entscheidung bereits ein leises Bekenntnis zum vertraglichen Drittschutz; *Schwenzer*, in: Schuldrecht, Rechtsvergleichung und Rechtsvereinheitlichung, (1999), 59 (66) dagegen hält die Rezeption des vertraglichen Drittschutzes mit diesem Urteil noch einmal für abgewendet; *von Graffenried*, Schadloshaltung des Dritten (2019), Rn. 504 hält die Anwendung des Vertrags mit Drittschutzwirkung in diesem Fall für möglich.

[1069] BG, Urt. v. 18.1.2000 – 4C.194/1999 (frz); ausführlich erläutert bei *von Graffenried*, Schadloshaltung des Dritten (2019), Rn. 508 ff.

[1070] BG, Urt. v. 18.1.2000 – 4C.194/1999 (frz), E.4.

[1071] BG, Urt. v. 18.1.2000 – 4C.194/1999 (frz), E.3.

Drittschutz mit der Begründung ab, es handele sich vorliegend nur um einen nicht ersatzfähigen *Reflexschaden*.[1072]
- **Fürsorgepflicht im Nachbarschaftsverhältnis – 4C.296/1999, 4C.280/1999**
Im Zuge von Aushubarbeiten auf einem Privatgrundstück kam es zu Böschungsbrüchen und Geländeinstabilitäten, die letztlich zu Gebäudeschäden auf den benachbarten Liegenschaften führten. Die Geschädigten nahmen ihren Nachbarn als Bauherrn sowie einen mit der Bauplanung und -überwachung betrauten Ingenieur bzw. Geologen in zwei Parallelprozessen[1073] auf Schadenersatz in Anspruch. Das BG erörterte die Einstandspflicht des Ingenieurs/Geologen aus vertraglicher Drittschutzwirkung, *„sofern eine solche Rechtsfigur für das geltende Recht bejaht würde"*.[1074] Erneut zählte es unter Verweis auf die Lehre die relevanten Tatbestandsvoraussetzungen auf – Leistungsnähe und Gläubigerinteresse. Letzteres verneinte es aber für das schlicht nachbarschaftliche Verhältnis zwischen Bauherrn und Geschädigtem.[1075] Weiterhin fuhr das BG fort, ausdrücklich die Schutzbedürftigkeit der Geschädigten zu verneinen (immerhin ein im deutschen und österreichischen Recht gerade konstitutives Merkmal des vertraglichen Drittschutzes), da diese ja schließlich gegen den Bauherrn selbst vorgehen könnten.
- **Liegenschaftsgutachter: Vertrauenshaftung oder Drittschutzwirkung? – BGE 130 III 345**
Besondere Aufmerksamkeit hat – erneut – ein Liegenschaftsgutachter-Fall erfahren:[1076] Der Gutachter erstellte für die Verkäuferin ein Verkehrswertgutachten, welches nicht auf die Mängel des Hausdaches hinwies. Die Grundstückskäufer nahmen den Gutachter auf Ersatz ihrer Mangelbeseitigungskosten in Anspruch. Das BG hielt zunächst fest, dass es eine etwaige Haftung aus Vertrag mit Schutzwirkung zugunsten Dritter in seiner bisherigen Praxis nie *grundsätzlich bejaht habe*.[1077] Auch für diesen Fall sei es zu einer entsprechenden Klarstellung nicht angehalten, da eine solche Einstandspflicht angesichts der gegenläufigen Interessen von Käufer und Verkäufer jedenfalls am Merkmal des Gläubigerinteresses scheite-

---

[1072] BG, Urt. v. 18.1.2000 – 4C.194/1999 (frz), E.4: un préjudice par ricochet.
[1073] BG, Urt. v. 28.1.2000 – 4C.296/1999, 4C.280/1999; ausführlich und kritisch hierzu *Koller*, in: FS Walter (2005), 367 ff.; *ders.*, in: Koller (Hrsg.), St. Galler Baurechtstagung 2004 (2004), 1 (10 ff.).
[1074] BG, Urt. v. 28.1.2000 – 4C.296/1999, E.3.b, 4C.280/1999 E.3.b.
[1075] Zustimmend *Honsell*, in: FS Nobel (2005), 939 (948).
[1076] BGE 130 III 345 = AJP 2005, 350 mAnm *Plotke*; ausführlich besprochen durch *Gauch*, in: FS Wiegand (2005), 823 ff.; *Hürlimann/Siegenthaler*, BR 2004, 105 ff.; *Koller*, in: Koller (Hrsg.), St. Galler Baurechtstagung 2004 (2004), 1 (22 ff.); *von Graffenried*, Schadloshaltung des Dritten (2019), Rn. 523 ff.
[1077] BGE 130 III 345 (347 f.) = AJP 2005, 350 mAnm *Plotke*; es verwundert daher, wenn *Honsell*, in: FS Nobel (2005), 939 (947) in genau dieser Entscheidung nun ein grundsätzliches Anerkenntnis des vertraglichen Drittschutzes erkennen will.

re.¹⁰⁷⁸ Im Anschluss daran erörterte es detailliert die etwaige *Vertrauenshaftung des Sachverständigen*,¹⁰⁷⁹ sprach den Käufern im Ergebnis aber ab, sich auf die nicht ausdrücklich an sie gerichtete Expertise verlassen zu dürfen.¹⁰⁸⁰

- **Schutzwirkung des Subauftrages? – 4A_226/2010**
Soweit erkennbar hatte das BG zuletzt¹⁰⁸¹ im Kontext eines Bauvorhabens die Möglichkeit, zu erörtern, ob Subaufträge zwischen dem Bauunternehmen und dessen Subunternehmer Schutzwirkung zugunsten der Bauherren entfalten.¹⁰⁸² Es führte – wie schon im Sachverständigen-Fall – aus, dass es die *deutschrechtliche Figur* des Vertrags mit Schutzwirkung bislang nicht grundsätzlich bejaht habe.¹⁰⁸³ Hierzu sah sich das BG nun auch in dieser Entscheidung nicht veranlasst. Stattdessen verwarf es das diesbezügliche Begehren mit dem formellen Argument, das Klagebegehren sei bereits zweitinstanzlich nicht mehr auf vertragliche Drittschutzwirkung gestützt worden, was daher auch letztinstanzlich kein Gehör mehr finden könne.¹⁰⁸⁴

(b) Kein ausdrückliches Bekenntnis – trotz BG 4C.139/2005

Die vorstehende Tour d'Horizon vermittelt kaum ein aufschlussreiches Bild darüber, wo die Figur der vertraglichen Drittschutzwirkung in der schweizerischen Rechtsprechung tatsächlich steht.¹⁰⁸⁵ Ein generelles Desinteresse an dieser Figur ist dem BG nicht zu attestieren, wohl aber größt- und wo immer mögliche Zurückhaltung.¹⁰⁸⁶ Es fällt auf, dass der Vertrag mit Schutzwirkung zugunsten Dritter, wenn überhaupt, dann Erwähnung findet, wenn er in einer längeren Aufzählungskette neben andere Anspruchsgrundlagen ge-

---

¹⁰⁷⁸ BGE 130 III 345 (348) = AJP 2005, 350 mAnm *Plotke*; kritisch *Gauch*, in: FS Wiegand (2005), 823 (828); zustimmend *von Graffenried*, Schadloshaltung des Dritten (2019), Rn. 468; dieses Urteil offenbar übersehend *Tarman*, Gutachterhaftung gegenüber dem Dritten (2007), 88, die ausführt, es seien bislang keine ernsthaften Versuche unternommen worden, die Gutachterhaftung mittels vertraglichem Drittschutz zu erfassen.
¹⁰⁷⁹ BGE 130 III 345 (349 ff.) = AJP 2005, 350 mAnm *Plotke*.
¹⁰⁸⁰ BGE 130 III 345 (352) = AJP 2005, 350 mAnm *Plotke*.
¹⁰⁸¹ Im jüngsten BG-Entscheid, der sich mit der vertraglichen Drittwirkung beschäftigt (Urt. v. 21.7.2021 – 4A_18/2021 E.4.3.3), fehlte es bereits an einem wirksamen Vertrag, der überhaupt Drittschutzwirkung hätte entfalten können.
¹⁰⁸² BG, Urt. v. 28.7.2010 – 4A_226/2010 (ital.).
¹⁰⁸³ BG, Urt. v. 28.7.2010 – 4A_226/2010 (ital.), E.3.2.1: „esistente nel diritto germanico".
¹⁰⁸⁴ BG, Urt. v. 28.7.2010 – 4A_226/2010 (ital.), E.3.2.2 f.
¹⁰⁸⁵ So resümiert *Keller*, Anwendungsfälle der DSL und des VSD (2004), 43 nach einer ausführlichen Rechtsprechungschronik nur, dass man gespannt sein dürfe, wie sich die bundesgerichtliche Judikatur mit Blick auf die vertragliche Drittwirkung entwickle; *Bärtschi*, Verabsolutierte Relativität (2009): weder dafür noch dagegen.
¹⁰⁸⁶ *Zellweger-Gutknecht*, in: Basler Komm OR I⁷, Art. 112 Rn. 24: spürbares Zögern.

stellt werden kann[1087] – um in weiser Voraussicht dem sonst wohl unausweichlichen Vorwurf zu begegnen, im Falle einer absoluten Haftungsverneinung nicht alle irgendwie in Betracht kommenden Haftungsbegründungen erörtert zu haben? Bis heute[1088] hat es das BG jedenfalls verstanden, in keinem einzigen Fall die Haftung ausdrücklich auf die vertragliche Drittschutzwirkung stützten zu müssen[1089] – auch wenn im *Banksubstituts-Fall*[1090] alle und *gerade die rechtsvergleichenden Zeichen* eindeutig darauf standen.

Allerdings wies insbesondere *Fountoulakis*[1091] überzeugend nach, dass das BG[1092] – wenn auch nicht ausdrücklich, so doch zweifelsfrei in der Sache – zumindest in einem Fall einen Ersatzanspruch auch auf vertragliche Drittschutzwirkung stützte: Der Vater des Klägers und Ehemann der später Verstorbenen betraute ein Heizungswartungsunternehmen mit der Überprüfung der Heizungsanlage seines Eigenheims. Die Heizung wurde gewartet und Probleme mit dem Abgasabzug festgestellt, die nach nochmaliger Wartung *fälschlicherweise* für behoben erklärt wurden. Tatsächlich traten über den Gasheizkessel ungehindert Abgase aus. In der Folge starb die Mutter des Klägers im Keller des Hauses an einer Kohlendioxidvergiftung. Der Sohn der Verstorbene nahm das Heizungswartungsunternehmen auf Angehörigengenugtuung in Anspruch. Das BG hielt fest, dass sowohl ein Anspruch aus Geschäftsherrenhaftung nach Art. 55 OR (entspricht § 831 BGB) in Betracht kommt als auch eine *vertragliche Haftung* – wohlgemerkt gegenüber dem genugtuungsberechtigten Sohn *als Nichtvertragspartner*. Vielmehr hält das BG fest, dass der Wartungsvertrag für das Wartungsunternehmen „*erkennbar zum Schutze aller Familienmitglieder*, welche die Liegenschaft bewohnten, abgeschlossen" wurde, sodass dieses nicht davon ausgehen konnte, „nur dem Vater des Klägers und nicht auch den übrigen Familienmitgliedern aus Vertrag für allfällige Schäden" zu haften.[1093]

Die Ausführungen schließen mit einem Verweis auf Art. 112 Abs. 2 OR,[1094] welcher für das schweizerische Recht *den echten Vertrag zugunsten eines*

[1087] So auch die Beobachtung bei *von Graffenried*, Schadloshaltung des Dritten (2019), Rn. 541; *Bärtschi*, Verabsolutierte Relativität (2009), 274; kritisch zum höchstrichterlichen Umgang mit dem Vertrag mit Schutzwirkung *Gauch*, in: FS Wiegand (2005), 823 (828 f.): BG weicht der Antwort auf Grundsatzfrage nach Existenz des vertraglichen Drittschutzes aus; ebenso *Hürlimann/Siegenthaler*, BR 2004, 105 (106): auf Dauer nicht überzeugend.
[1088] Zuletzt BG, Urt. v. 21.7.2021 – 4A_18/2021 E.4.3.3: „bisher nicht allgemein beantwortet".
[1089] *Fountoulakis*, AJP 2018, 95 (97).
[1090] BGE 121 III 310 = AJP 1996, 96 mkritAnm *Fellmann/Schwarz*.
[1091] AJP 2018, 95 (97, ausführlich in Fn. 16); ähnlich, aber zurückhaltender auch *von Graffenried*, Schadloshaltung des Dritten (2019), Rn. 531, 541; *Fisch*, Eigentumsgarantie und Nichtersatzfähigkeit reiner Vermögensschäden (2020), Rn. 419.
[1092] BG, Urt. v. 29.3.2006 – 4C.139/2005, teilw. veröff. in HAVE 2006, 154.
[1093] BG, Urt. v. 29.3.2006 – 4C.139/2005, E.3.3, teilw. veröff. in HAVE 2006, 154 f.
[1094] *Fisch*, Eigentumsgarantie und Nichtersatzfähigkeit reiner Vermögensschäden (2020), Rn. 419 hält diesen Verweis zurecht für unzutreffend.

Dritten normiert. Die vorstehende Sachverhaltsskizze verdeutlicht aber mit *Fountoulakis*,[1095] dass es sich der Sache nach keineswegs um einen tatsächlichen Vertrag zugunsten Dritter handelt. Schließlich deutet nichts darauf hin, dass der Wartungsvertrag dem klagenden Sohn ein eigenes Forderungsrecht bezüglich der geschuldeten Primärleistung einräumen sollte.[1096] Es geht – und das konstatiert das BG ja auch ausdrücklich – allein und gerade um die *Erstreckung des vertraglichen Schutzes* auf die übrigen Familienmitglieder.[1097]

(c) Perspektive des vertraglichen Drittschutzes im schweizerischen Recht

Die zuletzt referierte BG-Entscheidung hat das Potential, den Grundstein für eine nachhaltige Etablierung des Vertrags mit Schutzwirkung zugunsten Dritter in der schweizerischen Rechtspraxis gelegt zu haben. Allein, trotz dieses Entscheides sind entsprechende Tendenzen in der sich anschließenden Rechtsprechung nicht zu erkennen[1098] – am ehesten noch der simple Umstand, dass das BG die dort zum Tragen gekommene vertragliche Drittwirkung in der Folgeentscheidung nicht ausdrücklich revidiert hat.[1099] Ähnlich lautet auch die Einschätzung aus österreichischer Perspektive: Der OGH[1100] hatte die etwaige Haftung eines Anlageberaters nach schweizerischem Haftpflichtrecht zu beurteilen. Während das OLG Innsbruck eine Einstandspflicht aus vertraglichem Drittschutz herleitete, hielt der OGH die dagegen gerichtete Revision der Beklagten für begründet – schließlich sei „die Anwendung des Rechtsinstituts des Vertrags mit Schutzwirkung für Dritte [...] in der schweizerischen Rechtsordnung keineswegs so gesichert, wie das Berufungsgericht meint."[1101]

Für den speziellen Fall des Ersatzes fahrlässig verursachter reiner Vermögensschäden dürfte selbst ein offensives Bekenntnis zur vertraglichen Drittschutzwirkung wenige Neuerungen bringen. Das BG hat trotz aller grundsätzlichen Ablehnung dieses Instituts bereits mehrfach erkennen lassen, dass es die Tatbestandsvoraussetzung des Gläubigerinteresses jedenfalls

---

[1095] AJP 2018, 95 (98, Fn. 16).
[1096] So auch *von Graffenried*, Schadloshaltung des Dritten (2019), Rn. 531.
[1097] So zu diesem Judiz auch *Zellweger-Gutknecht*, in: Basler Komm OR I⁷, Art. 112 Rn. 24: Schutzwirkung zugunsten Dritter unumwunden bejaht.
[1098] Stattdessen hält das BG, Urt. v. 28.7.2010 – 4A_226/2010 (ital.), E.3.2.1 fest, dass es den vertraglichen Drittschutz bislang noch nicht eindeutig angewendet habe; ferner *Frei*, in: HaftpflichtKomm (2016), Art. 112 OR Rn. 40: bislang in Rspr. nicht bejaht; zuletzt auch *von Graffenried*, Schadloshaltung des Dritten (2019), Rn. 395: bisher nie Stellung bezogen.
[1099] BG, Urt. v. 21.7.2021 – 4A_18/2021 E.4.3.3.
[1100] OGH ÖBA 2003/1110.
[1101] OGH ÖBA 2003/1110 (384) unter ausführlicher Auseinandersetzung mit schweizerischer Rspr und Literatur.

strikt verstehen[1102] und ein solches – auf einer Linie mit der schweizerischen Lehre[1103] – bei gegenläufigen Interessen ablehnen würde.[1104] Der Kernfall des vertraglichen Drittvermögensschutzes im deutschen Recht, das fahrlässig falsche Sachverständigengutachten, wäre also ohnehin nicht vom etwaigen schweizerischen Vertrag mit Schutzwirkung zugunsten Dritter erfasst.[1105] Stattdessen dürfte das BG hier bevorzugt auf das Institut der Vertrauenshaftung zurückgreifen.[1106] Allein für solche Konstellationen wie der des *Testaments-Falls*, in denen der rein vermögensgeschädigte Dritte in engster Nähebeziehung zum Vertragsgläubiger steht, befürworten auch einzelne schweizerische Autoren eine vertragliche Drittschutzwirkung.[1107]

dd) Zusammenfassung und Ergebnis

Die deutsche Rechtsprechung findet in der Figur des Schuldverhältnisses mit Schutzwirkung zugunsten Dritter ein williges Werkzeug, um die scharfe Vertragshaftung auch für originär außervertragliche Sachverhalte fruchtbar zu machen. *Honsell*[1108] hält den fallweisen Schutz des reinen Vermögens inzwischen sogar für den modernen Hauptanwendungsfall dieses Instituts. Die praktisch bedeutsamste Konstellation ist die Haftung des Sachverständigen

---

[1102] BGE 117 II 315 (320): Bank hat nicht die gleiche Schutzpflicht wie etwa Familienoberhaupt; BG, Urt. v. 28.1.2000 – 4C.296/1999, E.3.b, 4C.280/1999 E.3.b: bloßes Nachbarschaftsverhältnis begründet keine Fürsorgepflichten; idS *Roberto*, Haftpflichtrecht (2018), § 5 Rn. 77.

[1103] *von Graffenried*, Schadloshaltung des Dritten (2019), Rn. 468 f.; *Fountoulakis*, AJP 2018, 95 (99); *Loser-Krogh*, in: FS Kramer (2004), 579 (586); *ders.*, in: Koller (Hrsg.), Haftpflicht- und Versicherungsrechtstagung St. Gallen 2005 (2005), 111 (133); *Honsell*, in: FS Nobel (2005), 939 (949, 954 f.); *Walter*, ZBJV 1996, 273 (291); idS auch *Furrer/Wey*, in: CHK³, Art. 97 OR Rn. 16, die als Voraussetzung der vertraglichen Drittschutzes eine Fürsorgepflicht des Gläubigers gegenüber dem Dritten anführen; vgl. auch *Müller-Chen*, in: Fellmann/Weber (Hrsg.), Haftpflichtprozess 2008 (2008), 13 (24), der auf eine persönliche Nahebeziehung abstellt.

[1104] BGE 130 III 345 (348) = AJP 2005, 350 mAnm *Plotke*; *Schroeter*, in: FS Schwenzer (2011), 1565 (1573): bewusste Gegenposition zu BGH.

[1105] Mit dieser Einschätzung auch *von Graffenried*, Schadloshaltung des Dritten (2019), Rn. 527; aA *Hürlimann*, in: Institut für Schweizerisches und Internationales Baurecht der Universität Fribourg (Hrsg.), Schweizerische Baurechtstagung 2011 (2011), 197 (214 f., Fn. 71), der allerdings deutsche Rspr zitiert.

[1106] So erörterte das BG in BGE 130 III 345 (349 ff.) = AJP 2005, 350 mAnm *Plotke* ausführlich die Voraussetzung der Vertrauenshaftung, nachdem es die vertragliche Schutzwirkung knapp verneinte; *Schroeter*, in: FS Schwenzer (2011), 1565 (1674); *Plotke*, AJP 2005, 350 (355); *Vischer*, Anwaltsrevue 2003, 122 (123); *Hürlimann/Siegenthaler*, BR 2004, 105 führen aus, dass die Anwendung der Vertrauenshaftung auf die Sachverständigenhaftung „zu erwarten" war.

[1107] Zuletzt *Fountoulakis*, AJP 2018, 95 (99) mit Verweisen auf die entsprechende Rspr des OGH und BGH in Fn. 27 ff.; ferner *Siegrist*, Vertrag mit Schutzwirkung zugunsten Dritter (1997), 106 f.; *Loser*, in: Koller (Hrsg.), Haftpflicht- und Versicherungsrechtstagung St. Gallen 2005 (2005), 111 (134).

[1108] *Honsell*, in: FS Medicus (1999), 211 (225).

gegenüber vertragsfremden Dritten. Die im deutschen Recht zunehmend ungehemmte Handhabung des vertraglichen Drittschutzes in diesem Bereich geht dabei unweigerlich mit einer Verwässerung ihrer ehemals noch streng verstandenen Tatbestandsmerkmale einher. Zurecht plädieren daher immer mehr Autoren dafür, Dritthaftungsfälle alternativ mit § 311 Abs. 3 BGB zu erfassen. Das österreichische Haftpflichtrecht geht bereits einen vergleichbaren Weg: Da nach dort herrschender Ansicht der vertragliche Drittschutz kein reines Vermögen umfassen und zudem bei gegenläufigen Interessen verwehrt bleiben soll, wird eine Dritthaftung für fehlerhaften Rat und Auskunft zunehmend im Kontext des § 1300 S. 1 ABGB verortet. Im schweizerischen Recht steckt die Diskussion um das Schuldverhältnis mit Drittschutzwirkung nach wie vor (und trotz eines zwischenzeitlich in der Sache eindeutig anerkennenden Judizes)[1109] noch in den Kinderschuhen – wobei fraglich ist, ob sie diese überhaupt jemals abstreifen *möchte*. Jedenfalls zum Ersatz fahrlässig verursachter reiner Vermögensschäden dürfte das BG den vertraglichen Drittschutz in näherer Zukunft nicht mehr heranziehen – den ersten Zugriff auf diese Fälle erhält stattdessen die bundesgerichtliche Vertrauenshaftung.

d) Drittschadensliquidation

Reinen Vermögensschäden im Dreipersonenverhältnis wird in begrenztem Umfang mit der sog. *Drittschadensliquidation* zur Ersatzfähigkeit verholfen. Anders als beim Schuldverhältnis mit Drittschutzwirkung geht es hierbei um solche Sonderkonstellationen, in denen der Vermögensschaden nicht beim substantiell beeinträchtigen „Zweiten" eintritt, sondern bei einem selbst nicht verletzten Dritten. Es stellt sich die Frage, ob und durch wen dieser Dritte seinen reinen Vermögensschaden auf den Schädiger abwälzen kann.

aa) Beispiel: Ersatz des Entgeltfortzahlungsschadens

Das Paradebeispiel ist der verletzungsbedingte Ausfall eines Arbeitnehmers. Der arbeitsrechtliche Grundsatz „*ohne Arbeit kein Lohn*"[1110] wird im Unfall- und Krankheitsfall durch die sozialstaatlichen Regelungen durchbrochen, die (zunächst) den Arbeitgeber trotz Ausfall des Arbeitnehmers zur Entgeltfortzahlung verpflichten.[1111] Dem verletzten Arbeitnehmer entsteht so trotz

---

[1109] BG, Urt. v. 29.3.2006 – 4C.139/2005, teilw. veröff. in HAVE 2006, 154.
[1110] Diesen Satz erörternd *Spinner*, in: MüKo BGB[8], § 611a Rn. 7.
[1111] Für Deutschland § 3 Abs. 1 EntgFG und für Österreich § 8 Abs. 1 S. 1 AngG, welche den Arbeitgeber jeweils für sechs Wochen zur Entgeltfortzahlung verpflichten, wobei sich die zeitliche Dauer in Österreich mit längerer Betriebszugehörigkeit erhöht, § 8 Abs. 1 S. 2 AngG; in der Schweiz verpflichtet Art. 324a OR den Arbeitgeber zur Entgeltfortzahlung, allerdings greift in den allermeisten Fällen der Schutz der obligatorischen Arbeitnehmer-

Verletzung kein Verdienstausfall. Dem Arbeitgeber entstehen allerdings Lohnkosten, für die er keine Gegenleistung erhält. Die Entgeltfortzahlung führt beim Arbeitgeber zu einem reinen Vermögensschaden, ist er doch selbst nicht in einem absolut geschützten Recht beeinträchtigt. Die deutsche Rechtsprechung hat bei fahrlässiger Verletzung eines Arbeitnehmers einen etwaigen Eingriff in den von § 823 Abs. 1 BGB geschützten *eingerichteten und ausgeübten Gewerbebetrieb* des Arbeitgebers und einen entsprechenden Ersatzanspruch mangels Betriebsbezogenheit verneint.[1112] Bliebe es bei diesem Befund, käme dies letztlich dem Schädiger zugute: Der verletzte Arbeitnehmer ist zwar aktivlegitimiert, es fehlt ihm aufgrund der Entgeltfortzahlung aber an einem abwälzbaren Schaden. Spiegelbildlich stellt die Entgeltfortzahlung für den Arbeitgeber gerade einen solchen Schaden dar, der aber, mangels Beeinträchtigung eines absolut geschützten Rechtsgutes des Arbeitgebers, lediglich als nicht ersatzfähiger reiner Vermögensschaden gewertet wird.

(1) Aktivlegitimation des Arbeitgebers?

Das deutsche Recht reagiert auf dieses *Auseinanderfallen von Anspruch und Schaden* mit der Legalzession des § 6 Abs. 1 EntgFG, welcher den Ersatzanspruch des schadlosen Verletzten auf den Arbeitgeber überträgt und so eine Liquidierung dessen reinen Vermögensschadens möglich macht.

Im österreichischen Recht fehlt es – trotz vergleichbarer Problemstellung – an einer solchen Legalzession. Mangels gesetzgeberischer Hilfestellung lag es so beim OGH, den reinen Vermögensschaden des Arbeitgebers für auf den Schädiger abwälzbar zu erklären und sich hierzu – in Parallele zum deutschen Recht – einer analogen Anwendung der § 1358 ABGB, § 67 VersVG zu bedienen.[1113]

In der Schweiz ist die hier beschriebene Konstellation weniger praxisbedeutsam, da der Arbeitgeber regelmäßig nur in geringem Umfang mit der Entgeltfortzahlung belastet ist.[1114] Zwar verpflichtet auch Art. 324a OR

---

unfallversicherung bereits ab dem dritten Tag nach dem Unfall (Art. 16 Abs. 2 S. 1 UVG) und befreit den Arbeitgeber ab diesem Zeitpunkt von seiner Entgeltfortzahlungspflicht (Art. 324b Abs. 1 OR).

[1112] BGH NZV 2017, 318 mAnm *Ch. Huber*; NJW 2009, 355; OLG Stuttgart NJW 1984, 1904.

[1113] Grundlegend OGH SZ 67/52 = JBl 1994, 684; diese Linie fortführend OGH ZVR 1995/62; JBl 1996, 583; EvBl 1997/28; ZVR 1998/95; SZ 2005/18 = ecolex 2005/238 mAnm *Leitner*; ZVR 2006/156 mAnm *Kathrein/Ch. Huber*; Zak 2014/334; zuletzt OGH Zak 2020/441; hierzu ausführlich *Danzl*, ZVR 2002, 363 (373 ff.); *Posch/Schilcher*, in: Bussani/Palmer (Hrsg.), Pure Economic Loss in Europe (2003), 171 (235 f.); *Ch. Huber*, in: FS Dittrich (2000), 411 ff.; mit dem Blick auf das Problem fehlender Legalzessionsnormen *ders.*, in: FS Danzl (2017), 441 (443 f.).

[1114] Zum Schaden des Arbeitgebers *Koller*, in: Koller (Hrsg.), Haftpflicht- und Versicherungsrechtstagung St. Gallen 2005 (2005), 1 (17).

den schweizerischen Arbeitgeber zur Entgeltfortzahlung im Unfalls- und Krankheitsfall; allerdings umfasst der Schutz der obligatorischen Arbeitnehmerunfallversicherung auch vier Fünftel des aus *Nichtberufsunfällen erwachsenden Verdienstentgangs* (Art. 6 Abs. 1, Art. 8, Art. 15, 16 UVG), welcher bereits ab dem dritten Tag nach dem Unfall greift (Art. 16 Abs. 2 S. 1 UVG) und den Arbeitgeber ab diesem Zeitpunkt von seiner Entgeltfortzahlungspflicht befreit, Art. 324b Abs. 1 OR. Der Unfallversicherer kann sich wiederum beim Schädiger für den an den Verletzten geleisteten Verdienstersatz regressieren, Art. 1 UVG, Art. 72, 72, 74 Abs. 2 lit. b ATSG. Die so verbleibende Entgeltfortzahlungspflicht nach Art. 324a OR trifft den schweizerischen Arbeitnehmer damit regelmäßig nur für die Dauer von drei Tagen und nur ausnahmsweise dann länger, wenn ein Teilzeitbeschäftigter bei einem Nichtberufsunfall verletzt wird – dessen so entstehender Schaden ist vom Unfallversicherungsschutz partiell ausgenommen, Art. 7 Abs. 2, Art. 8 Abs. 2 UVG. Für diesen restlichen beim Arbeitgeber verbleibenden reinen Vermögensschaden wird ebenfalls eine Regressmöglichkeit unter analoger Anwendung des Art. 51 Abs. 2 OR vorgeschlagen.[1115]

(2) Keine zusätzliche Belastung, aber auch keine Entlastung des Schädigers durch Schadensverlagerung

Die vorstehende Konstellation des Entgeltfortzahlungsschadens liefert bereits ein Abbild der Reichweite und Motive der hier in Rede stehenden Drittschadensfälle: Es geht um einzelne Sonderkonstellationen, die sich vom Gesetzgeber antizipieren lassen, sodass eine passende Zessionsnorm geschaffen und Schaden und Ersatzanspruch in einer aktivlegitimierten Person vereint werden können. Fehlt es an einer gesetzlichen Bestimmung, geht der allein Vermögensgeschädigte grundsätzlich leer aus[1116] – wenn denn nicht, wie in Österreich im Falle des Entgeltfortzahlungsschadens, ausnahmsweise das Höchstgericht gestaltend eingreift. Am Beispiel des Entgeltfortzahlungsschadens lassen sich aber bereits drei aufeinander aufbauende und *verallgemeinerungsfähige Motive* der Drittschadensliquidation erkennen:

[1115] *M. Keller/Gabi/Gabi*, Haftpflichtrecht (2012), 183; *Koller*, in: Koller (Hrsg.), Haftpflicht- und Versicherungsrechtstagung St. Gallen 2005 (2005), 1 (17 Rn. 32) führt in Fn. 31 aus, dass es sich bei dieser Konstellation um gesetzesergänzende Drittschadensliquidation handelt.
[1116] Vgl. *Ch. Huber*, in: FS Danzl (2017), 441 (443) mit Verweis auf besonders strikte („mechanische") Rechtsanwendung in der Schweiz; *Apathy*, JBl 2009, 69 (74).

(a) Schadensverlagerung ohne Schadenspotenzierung

Erstens wird die Abwälzbarkeit des reinen Drittvermögensschadens dann bejaht, wenn es sich um eine *zufällige Schadensverlagerung* handelt.[1117] Verletzt der Schädiger einen Selbstständigen, umfasst dessen Ersatzanspruch auch den verletzungsbedingten Verdienstentgang. Wird nun aber – für den Schädiger ja kaum jemals vor der Schädigung erkennbar, *eben zufällig* – ein Arbeitnehmer verletzt, aktiviert dies die arbeitgeberische Entgeltfortzahlungspflicht mit dem Ergebnis, dass dem Verletzten gar kein Lohnausfall entsteht, sondern sich stattdessen beim Arbeitgeber als reiner Vermögensschaden manifestiert. Schadensverlagerung muss dabei im Wortsinne verstanden werden, d.h. *verlagerte Schäden* sind solche, die bei dem Substanz- und dem rein Vermögensgeschädigten kongruent sind, sich also trotz der Manifestation bei einem Dritten ihr Umfang nicht vergrößert bzw. die Zahl der Aktivlegitimierten nicht erhöht.[1118] Das *Gegenbeispiel zu einer Schadensverlagerung* ist etwa der Kabelbruchfall (Fallbeispiel 1).[1119] Dort kumulieren sich der Substanzschaden des Kabeleigentümers und der reine Vermögensschaden des Betriebsinhabers. Beim Entgeltfortzahlungsschaden als verlagertem Schaden handelt es sich dagegen um eine *einzige Schadensposition*, die nur von einem Geschädigten zum anderen verschoben wird.

(b) Keine Entlastung des Schädigers bei gleichbleibendem Schadensumfang

Dies bestätigt auch die in dieser Untersuchung schon erzielten Ergebnisse: Der außervertragliche Ersatz des reinen Vermögensschadens ist in den Fällen der Drittschadensliquidation, *zweitens*, insbesondere deswegen legitimiert, weil eine *Ausuferungsgefahr* der den Haftpflichtigen bedrohenden Ersatzansprüche per se ausgeschlossen ist.[1120] Ob der Schädiger nun dem Substanzgeschädigten Ersatz leistet, oder den deckungsgleichen Schaden bei einem Dritten – jedenfalls aber nur ein einziges Mal! – ausgleicht, führt ge-

---

[1117] Für das deutsche Recht BGH NJW 2016, 1089 (1091); OLG Stuttgart WM 2008, 1303 (1310); für Österreich OGH JBl 2017, 796 (797); *Ch. Huber*, in: FS Dittrich (2000), 411 (423); *Reischauer*, in: *Rummel* ABGB³, § 1295 Rn. 27; *Krenmayr*, NZ 2021, 454 (455) mwN.

[1118] Lehrbuchartig BGHZ 51, 91 = NJW 1969, 269 (272) mzustAnm *Diederichsen*; BGHZ 40, 91 = NJW 1963, 2071 (2076); zuletzt BGH NJW 2016, 1089 (1090f.) mzustAnm *Weiss*: keine Drittschadensliquidation bei Schadenshäufung; OLG Stuttgart WM 2008, 1303 (1310); *S. Lorenz*, JuS 2021, 817 (820); für Österreich OGH bbl 1999/229 mAnm *Egglmeier*: in casu Drittschadensliquidation verneint, weil ansonsten Akkumulierung zweier unterschiedlicher Schadensposten; *Schmaranzer*, JBl 2005, 267 (269f.); *Danzl*, ZVR 2002, 363 (372); *Leitner*, ecolex 2001, 511.

[1119] Siehe unter A./II.

[1120] So die deutsche und österreichische Rspr und Lehre, OGH wobl 2020/85 (265); JBl 2017, 796 (797); ecolex 2003/67 mAnm *Pilz*; JBl 1996, 114 (116) mAnm *Lukas*; ZVR 1995/62; OLG Schleswig BeckRS 2014, 7732, C.2.; *Krenmayr*, NZ 2021, 454 (456): deckungsgleiche Schadensrealisierung; *Reischauer*, in: Rummel ABGB³, § 1295 Rn. 29; *Doobe*, Ersatz reiner Vermögensschäden Dritter (2014), 80 mwN in Fn. 361.

rade zu keiner ungehemmten Haftpflicht. Hierhinter steckt nun die *dritte* Wertung: Jedenfalls einmal ist der Schaden auszugleichen! Denn durch die von der Entgeltfortzahlung bewirkte Schadensverlagerung – bildlich gesprochen: von einem ersatzfähigen Personenschaden des Verletzten hin zu einem grundsätzlich nicht ersatzfähigen reinen Vermögensschaden seines Arbeitgebers – darf der Schädiger auch *nicht entlastet* werden.[1121]

bb) Außergesetzliche Drittschadensliquidation

Diese vorstehenden Wertungen werden nun auch abseits gesetzlich verankerter Legalzessionsnormen fruchtbar gemacht, um in Fällen *zufälliger Schadensverlagerung* dem letztlich in seinem reinen Vermögen Geschädigten zu Ersatz zu verhelfen. In der deutschen und österreichischen Praxis haben sich vier Fallgruppen herausgebildet, in denen der rein Vermögensgeschädigte vom schadlosen Substanzverletzten Abtretung dessen Ersatzansprüche verlangen kann. Schaden und Schadenersatzanspruch werden so in der Person des rein Vermögensgeschädigten vereint – obwohl es an einer passenden Zessionsnorm fehlt.

(1) Anerkannte Fallgruppen im deutschen und österreichischen Recht

Anerkannt ist die Drittschadensliquidation im deutschen Recht und österreichischen Recht bei Fällen (1.) *mittelbarer Stellvertretung* (der Stellvertreter schließt in eigenem Namen aber auf Rechnung seines Geschäftsherrn einen Vertrag; etwaige wirtschaftliche Nachteile dieses Geschäfts treffen den Geschäftsherrn, schadenersatzberechtigt ist aber grundsätzlich der mittelbare Stellvertreter als Vertragspartner des Schädigers),[1122] (2.) *Gefahrentlastungen* (beim Versendungskauf wird die Kaufsache auf dem Transportweg zerstört, der Verkäufer und Noch-Eigentümer kann aber den Kaufpreis weiterhin verlangen, während die Preisgefahr bereits auf den Käufer als Noch-Nicht-Eigentümer – und damit aus Eigentumsverletzung Noch-Nicht-Er-

---

[1121] Für das österreichische Recht OGH ecolex 2003/67 mAnm *Pilz*; SZ 67/52 = JBl 1994, 684 (686 f.); ZVR 1998/95; *Ch. Huber*, in: FS Danzl (2017), 441 (443); *ders.*, in: FS Dittrich (2000), 411 (418, 422 f.); *Reischauer*, in: Rummel ABGB³, § 1295 Rn. 29; *Posch/ Schilcher*, in: Bussani/Palmer (Hrsg.), Pure Economic Loss in Europe (2003), 171 (235); zuletzt *Krenmayr*, NZ 2021, 454 (455); für das deutsche Recht BGH NJW 2016, 1089 (1090) mzustAnm *Weiss*; NJW 1998, 1864 (1865); NJW-RR 1987, 880 (881); *Temming/Weber*, JURA 2019, 1039 (1042); *Doobe*, Ersatz reiner Vermögensschäden Dritter (2014), 80.
[1122] BGH NJW-RR 1987, 880 (881); erläuternd *J. Flume*, in: BeckOK BGB (62. Ed.), § 249 Rn. 369; *Oetker*, in: MüKo BGB⁹, § 249 Rn. 296; *Brockmann/Künnen*, JA 2019, 729 (733); *Weiss*, JuS 2015, 8 (11); für das österreichische Recht mit intensiver Auseinandersetzung mit deutscher Lehre und Rspr OGH JBl 1997, 532; diese Fallgruppe für das österreichische Recht nennend OGH wobl 2020/85 (266); JBl 2017, 796 (797); *E. Wagner*, in: PraxKomm ABGB⁴, Vorb. §§ 1293 Rn. 28; *Karner*, in: KBB ABGB⁶, § 1295 Rn. 17.

satzlegitimierten – übergegangen ist)[1123] und (3.) *Treuhandverhältnissen* (das Treugut wird beim Treuhänder durch einen seiner Vertragspartner beeinträchtigt; der Treuhänder kann vertraglichen Schadenersatz verlangen, Geschädigter ist aber nicht er, sondern der außerhalb der Vertragsbeziehung von Treuhänder und Schädiger stehende Treugeber).[1124] Allen diesen Fallgruppen ist, wie dem Entgeltfortzahlungsschadens-Fall, gemein, dass der Substanzbeeinträchtigte bzw. der rechtsgeschäftlich Berechtigte schadlos bleibt, sich dessen eigentlicher Schaden aber beim jeweilig substituierend leistenden Dritten als reiner Vermögensschaden niederschlägt.

In einer weiteren Konstellation, den (4.) *Obhutsverhältnissen*, wird ebenfalls eine Drittschadensliquidation befürwortet,[1125] obwohl dies regelmäßig entbehrlich ist. Diese Fälle liegen so, dass eine Sache von ihrem Besitzer, der selbst nicht Eigentümer ist, vermietet, verliehen oder in Verwahrung gegeben wird. Kommt es dort zur Zerstörung der Sache, stehen dem obhutspflichtigen Verleiher/Vermieter/Hinterleger zwar vertragliche Ersatzansprüche gegen den Entleiher/Mieter/Verwahrer zu, es fehlt ihm jedoch, mangels eigener Eigentumsverletzung, an einem ersatzbedürftigen Schaden.[1126] Dieser tritt beim Eigentümer ein – aber als *Sachschaden* in Folge einer *bereits von § 823 Abs. 1 BGB umfassten Eigentumsverletzung*. Eine Drittschadensliquidation kann in dieser Konstellation in den überwiegenden Fällen auch als entbehrlich angesehen werden,[1127] steht sie doch auch im Widerspruch zu dem Grundanliegen, mit der Drittschadensliquidation außervertraglich verursachten *reinen Vermögensschäden* zum Ersatz zu verhelfen. Im Ergebnis wird hier eine Erstreckung der „schärferen" vertraglichen Haftungsregeln

---

[1123] Mit diesem Fall BGH VersR 1972, 1138; zur Schadenverlagerung durch Gefahrtragungsregelungen des Werkvertragsrechts OLG München NJW 2011, 3375; *J. Flume*, in: BeckOK BGB (62. Ed.), § 249 Rn. 372; *Oetker*, in: MüKo BGB⁹, § 249 Rn. 299 ff.; für das österreichische Recht OGH ecolex 2003/67 mAnm *Pilz*: Gefahrtragung im Werkvertragsrecht; diese Fallgruppe für das österreichische Recht nennend OGH wobl 2020/85 (266); JBl 2017, 796 (797); *E. Wagner*, in: PraxKomm ABGB⁴, Vorb. §§ 1293 Rn. 26.

[1124] BGH NJW 1998, 1864: anwaltlicher Treuhandauftrag; mit mehreren Beispielen und dem Hinweis, dass dem Treugeber häufig auch ein Ersatzanspruch aus Schutzgesetzverletzung zukommt *Weiss*, JuS 2015, 8 (11); für das österreichische Recht OGH ÖBl 1997, 243; in OGH SZ 61/178 = ZVR 1989/159 werden Treuhandverhältnisse als eine in der Lehre genannte Fallgruppe referiert; *E. Wagner*, in: PraxKomm ABGB⁴, Vorb. §§ 1293 Rn. 27; *Reischauer*, in: Rummel ABGB³, § 1295 Rn. 27.

[1125] BGH NJW 1985, 2411 (2412); *Oetker*, in: MüKo BGB⁹, § 249 Rn. 305; für das österreichische Recht OGH SZ 60/157; *E. Wagner*, in: PraxKomm ABGB⁴, Vorb. §§ 1293 Rn. 27; mwN *Kodek*, in: ABGB-ON (Stand: 1.1.2018), § 1295 Rn. 46.

[1126] Mit einem aktuellen Leasing-Fall OLG Nürnberg NJW-RR 2017, 1106; auf Leasing-Verhältnisse als Anwendungsbereich der Drittschadensliquidation in Österreich verweisend OGH wobl 2020/85 (266), wobei es in casu um eine mietrechtliche Konstellation ging; grundlegend zur Schadensverlagerung beim Kfz-Leasing OGH JBl 1996, 114 mAnm *Lukas*; mit einem Lager-Fall BGH NJW 1985, 2411.

[1127] So *Weiss*, JuS 2015, 8 (11); für das österreichische Recht *Apathy*, JBl 2009, 69 (76 mwN in Fn. 87 f.).

(insbesondere die Zurechnung des Gehilfenverschuldens und der Ausschluss der Exkulpationsmöglichkeit) trotz Existenz deliktsrechtlicher Ansprüche bewirkt.[1128]

(2) Drittschadensliquidation im schweizerischen Recht?

Ähnlich wie das Schuldverhältnis mit Drittschutzwirkung konnten sich auch die Grundsätze zur Anwendung extralegaler Drittschadensliquidation in der schweizerischen Rechtspraxis noch nicht etablieren. Das BG erwähnt diese Konstruktion vereinzelt,[1129] sodass auch hier nicht von einem generellen Desinteresse an dieser Figur auszugehen ist. Anerkannt hat es die Drittschadensliquidation bislang nicht.[1130] Vielmehr sind seine diesbezüglichen, häufig einsilbigen Ausführungen noch unergiebiger als die Einlassungen zum vertraglichen Drittschutz:[1131] Weder lässt das BG erkennen, welchen Voraussetzungen die Drittschadensliquidation im schweizerischen Recht unterliegen könnte, noch welche Fallgruppen von ihr möglicherweise erfasst wären.[1132] Allein für die Konstellationen der *mittelbaren Stellvertretung* kann in Parallele zum deutschen und österreichischen Recht davon ausgegangen werden,

---

[1128] *Oetker*, in: MüKo BGB⁹, § 249 Rn. 305: „vertraglicher Schadensersatzanspruch auch dann gegeben, wenn dem Eigentümer ein deliktsrechtlicher Anspruch zusteht".
[1129] Vgl. die Rechtsprechungsübersicht bei *von Graffenried*, Schadloshaltung des Dritten (2019), Rn. 777 ff.: BGE 133 III 6 (14): Bezeichnung einer Regresskonstellation als Drittschadensliquidation; BGE 123 III 204 (211): Keine Drittschadensliquidation bei eigenem Genugtuungsanspruch; BGE 121 III 310 (315): Verweis auf Literaturmeinung, die § 399 Abs. 3 OR als gesetzlichen Fall der Drittschadensliquidation begreift; ähnlich BG, Urt. v. 11.2.2013 – 2C_356/2012, E.5.3: Aufzählung der Drittschadensliquidation als vertretene Doktrin in Bereich der Leutehaftung; weiterhin BG, Urt. v. 21.10.2010 – 4A_422/2010, E.2.6: Erwähnung der Drittschadensliquidation im Kontext mittelbarer Stellvertretung; BG, Urt. v. 9.2.2007 – 4C.351/2006, E.5.2: Zurückhaltender Verweis auf Ausführung der Instanzgerichte; Urt. v. 2.7.2002 – 4C.310/2001, E.2.1: Wiedergabe der instanzgerichtlichen Entscheidungsgründe, die eine Drittschadensliquidation mangels einschlägiger Fallgruppe der mittelbaren Stellvertretung verneinen; ferner die Drittschadensliquidation erwähnend BG, Urt. v. 30.9.2009 – 4A_263/2009, E.3.5 und zuletzt Urt. v. 31.8.2017 – 5E_1/2017, E.4: in casu ging es um die Frage nach der Kostentragungspflicht bei Kindsvormundschaft, wobei *von Graffenried*, Schadloshaltung des Dritten (2019), Rn. 812 zurecht kritisch anmerkt, dass dies nichts mit dem Gedanken der Drittschadensliquidation zu tun hat.
[1130] So ausdrücklich BG, Urt. v. 21.10.2010 – 4A_422/2010, E.2.6; *Wiegand*, in: Basler Komm OR I⁷, Art. 97 Rn. 40; *Thier*, in: KuKo OR, Art. 97 Rn. 29; *Rusch/Schwizer*, in: Probst/Werro (Hrsg.), Strassenverkehrsrechtstagung 2016 (2016), 187 (194); *von Graffenried*, Schadloshaltung des Dritten (2019), Rn. 776.
[1131] Die ausführlichste Stellungnahme findet sich in BG, Urt. v. 21.10.2010 – 4A_422/2010, E.2.6, die sich aber letztlich auch nur in der Feststellung erschöpft, das BG habe die Frage nach der Zulässigkeit der Drittschadensliquidation bislang offengelassen; kritisch daher *von Graffenried*, Schadloshaltung des Dritten (2019), Rn. 791, 794, 813.
[1132] *Von Graffenried*, Schadloshaltung des Dritten (2019), Rn. 790, 797 führt überzeugend aus, dass jedenfalls in den Entscheiden BGE 133 III 6 und BG, Urt. v. 30.9.2009 – 4A_263/2009 eine Drittschadensliquidation (es ging um Verjährung von Regressforderungen bzw die Geltendmachung eigener Schäden) ohnehin nicht in Betracht käme.

dass das BG dort die Drittschadensliquidation eines Tages zur Anwendung bringen könnte.[1133] Die schweizerische Literatur steht der Drittschadensliquidation offener gegenüber,[1134] ist aber freilich bis zu einer eindeutigen Stellungnahme in der Rechtsprechung dazu verdammt, sich mit Blick auf die deutsche und österreichische Praxis[1135] auf allgemein befürwortende Stellungnahmen zu beschränken.[1136]

(3) Entwicklungsfähigkeit der Drittschadensliquidation?

Die vorgenannten Fallgruppen sind nicht abschließend.[1137] Eine Drittschadensliquidation ist damit auch außerhalb dieser Fallgruppen denkbar.[1138] So hat der OGH zuletzt grundsätzlich bejaht, dass die Unterhaltszahlungen, die die Eltern ihrer unfallverletzten Tochter zahlen, einen auf die Eltern verlagerten, mithin ersatzfähigen Schaden darstellen können.[1139] Die Tochter

---

[1133] Dies legen mit *von Graffenried*, Schadloshaltung des Dritten (2019), Rn. 813 die Entscheidungsgründe in BG, Urt. v. 21.10.2010 – 4A_422/2010, E.2.6; Urt. v. 2.7.2002 – 4C.310/2001, E.2.1 nah; idS auch *Frei*, in: HaftpflichtKomm (2016), Art. 112 OR Rn. 41; *Furrer/Wey*, in: CHK³, Art. 97 OR Rn. 94; *Vischer*, Anwaltsrevue 2003, 122; aA aber *Armbrüster*, in: FS Wiegand (2005), 71 (81).

[1134] Die Drittschadensliquidation für das schweizerische Recht befürwortend zuletzt *von Graffenried*, Schadloshaltung des Dritten (2019), Rn. 817; *Rusch/Schwizer*, in: Probst/Werro (Hrsg.), Strassenverkehrsrechtstagung 2016 (2016), 187 (194) erwägen die Drittschadensliquidation für die Aufarbeitung des VW-Dieselskandals; die in Deutschland und Österreich anerkannten Fallgruppen für das schweizerische Recht erörternd *Koller*, in: FS W. Fischer (2016), 295 (308 ff.); *ders.*, in: Koller (Hrsg.), Haftpflicht- und Versicherungsrechtstagung St. Gallen 2005 (2005), 1 (18 ff.); für die Obhutsverhältnisse *Armbrüster*, recht 1993, 84 (87); allgemeiner *ders.*, in: FS Wiegand (2005), 71 (78 ff., 85); befürwortend auch *Thier*, in: KuKo OR, Art. 97 Rn. 29; *Bärtschi*, Verabsolutierte Relativität (2009), 470; *Furrer/Wey*, in: CHK³, Art. 97 OR Rn. 94 mwN sehen sowohl die Literatur als auch die Rspr der Drittschadensliquidation gegenüber kritisch eingestellt; kritisch etwa *Brehm*, in: Berner Komm OR⁵, Art. 41 Rn. 26 f.; *Fisch*, Eigentumsgarantie und Nichtersatzfähigkeit reiner Vermögensschäden (2020), Rn. 437 ff.

[1135] Mit einem ausführlich deutsch-schweizerischen Rechtsvergleich *von Graffenried*, Schadloshaltung des Dritten (2019), Rn. 554 ff.; für die einzelnen Fallgruppen auf die österreichische Rechtsprechung verweisend *Koller*, in: FS W. Fischer (2016), 295 (308 f.); *ders.*, in: Koller (Hrsg.), Haftpflicht- und Versicherungsrechtstagung St. Gallen 2005 (2005), 1 (19 f.).

[1136] Ganz idS etwas resignierend *Rusch/Schwizer*, in: Probst/Werro (Hrsg.), Strassenverkehrsrechtstagung 2016 (2016), 187 (197): Mangels eindeutiger Rechtsprechung erübrigt sich Diskussion für die Praxis.

[1137] OLG Stuttgart WM 2008, 1303 (1310); mit einzelnen Beispielen, zu denen die Drittschadensliquidation diskutiert wird *Weiss*, JuS 2015, 8 (12 f.); *Brockmann/Künnen*, JA 2019, 729 (734).

[1138] So wohl BGH NJW 2016, 1089 mzustAnm *Weiss*: Bejahung der Drittschadensliquidation nach mangelhafter Architektenleistung, ohne diese Konstellation einer der etablierten Fallgruppen erkennbar unterzuordnen bzw. unterordnen zu können; OGH JBl 2017, 796: Drittschadensliquidation bei Gattungsvermächtnis; *E. Wagner*, in: PraxKomm ABGB⁴, Vorb. §§ 1293 Rn. 30; aus schweizerischer Perspektive *von Graffenried*, Schadloshaltung des Dritten (2019), Rn. 566, 656.

[1139] OGH SZ 2018/30 = ZVR 2018/220 mzustAnm *Schwarzenegger*.

wurde durch einen schweren Unfall dazu gezwungen, Studienstart und Einstieg in das Berufsleben um ein volles Jahr zu verschieben. Für diese Zeit kann sie als Körperverletzte ihren Verdienstausfall grundsätzlich ersetzt verlangen – den die Eltern durch ihre Unterhaltszahlungen allerdings auffingen. Der OGH betonte hier die Parallele zu den Entgeltfortzahlungsfällen und hielt den reinen Vermögensschaden der Eltern als von der Tochter verlagerter Personenschaden für grundsätzlich ersatzfähig.[1140]

Voraussetzung für die fortschreitende Anwendung der Drittschadensliquidation bleibt aber auch mit diesem OGH-Judiz, dass es sich um ein Auseinanderfallen von Schaden und Ersatzanspruch aufgrund einer zufälligen *Schadensverlagerung* handelt.[1141] Sobald es zu einer Potenzierung der Ersatzansprüche kommt – wie im Kabelbruchfall, wo mindestens zwei Geschädigte kumulativen Ersatz von Sach- und reinen Vermögensschäden fordern – scheidet die Drittschadensliquidation bereits tatbestandlich aus.[1142]

Schon aufgrund dieser engen Begrenzung auf ausgerissenen Sonderkonstellationen erweist sich die Drittschadensliquidation als vergleichsweise unflexible Figur zur Haftungsbegründung im deliktisch-vertraglichen Zwischenbereich. Hinzu kommt, dass die Drittschadensliquidation gegenüber dem Schuldverhältnis mit Drittschutzwirkung als subsidiär anwendbar gilt[1143] – in der deutschen Rechtsprechung, die dem vertraglichen Drittschutz überaus zugetan ist, ist die Drittschadensliquidation damit auch unter Konkurrenzgesichtspunkten nur zweite Wahl bei der Ersatzbegründung reiner Vermögensschaden.[1144]

[1140] OGH SZ 2018/30 = ZVR 2018/220 (403) mzustAnm *Schwarzenegger*.

[1141] Das betonen die Entscheidungsgründe auch, OGH SZ 2018/30 = ZVR 2018/220 (404) mzustAnm *Schwarzenegger*; mwN der Rspr *Danzl*, ZVR 2002, 363 (372); für das deutsche Recht BGH NJW 2016, 1089 (1090 f.) mzustAnm *Weiss*; OLG Stuttgart WM 2008, 1303 (1310).

[1142] So in OLG Stuttgart WM 2008, 1303 (1310 f.): Drittschadensliquidation mangels Verlagerung und Kongruenz der mehrzähligen Schäden verneint; *S. Lorenz*, JuS 2021, 817 (820); *Fisch*, Eigentumsgarantie und Nichtersatzfähigkeit reiner Vermögensschäden (2020), Rn. 446 hält die Drittschadensliquidation mit der Schadensverlagerung als singulärer Voraussetzung für das schweizerische Recht für zu konturenlos – ein Befund, dem hier gerade nicht zugestimmt werden kann.

[1143] Für Deutschland *Oetker*, in: MüKo BGB⁹, § 249 Rn. 293: Drittschutzwirkung genießt Vorrang; *Brockmann/Künnen*, JA 2019, 729 (734); für das österreichische Recht dürfte sich die Konkurrenzfrage von vertraglichem Drittschutz und Drittschadensliquidation eigentlich gar nicht stellen, soll erster doch nach hM ohnehin nicht das gesamte Vermögen umfassen, letztere dagegen ausschließlich reinen Vermögensschäden zum Ersatz verhelfen; trotzdem bringt der OGH ecolex 2003/67 mAnm *Pilz* ein solches Rangverhältnis zum Ausdruck, indem er eine Schadensverlagerung bejaht, nachdem ein vertraglicher Drittschutz zunächst verneint wurde; instruktiv zur Abgrenzungs- und Rangfrage *Apathy*, JBl 2009, 69 (81 f.), der in vorstehendem OGH-Fall eher ein Zusammenwirken als ein Konkurrenzverhältnis von Drittschutz und Drittschadensliquidation erkennt.

[1144] *Oetker*, in: MüKo BGB⁹, § 249 Rn. 291: Drittschadensliquidation verliert an Bedeutung; *Doobe*, Ersatz reiner Vermögensschäden Dritter (2014), 81 f.: spielt praktisch keine Rolle.

Letztlich ist der Drittschadensliquidation aber auch zuzugeben, dass sie sich in ihrem Grundanliegen von den anderen hier skizzierten Haftungserweiterungen zwischen Vertrag und Delikt grundsätzlich unterscheidet. Anders als bei der *culpa*- und *Vertrauenshaftung* oder auch beim *Schuldverhältnis mit Drittschutzwirkung* kommt es bei der Drittschadensliquidation nicht zur Begründung einer Sonderverbindung zwischen Schädiger und Geschädigtem.[1145] Die Drittschadensliquidation verstärkt nicht die Sorgfaltspflichten der Beteiligten und stellt auch keine eigenen Obligationsgründe auf, sondern greift nur in Ausreißerfällen ergebniskorrigierend ein.[1146]

cc) Zwischenergebnis

Das Konstrukt der Drittschadensliquidation ist die vielleicht symptomatischste Erscheinung des stellenweise zu eng sitzenden deliktischen Korsetts: Dieses gibt vor, dass fahrlässig verursachte reine Vermögensschäden grundsätzlich nicht ersatzfähig sein sollen – im Gegensatz zu Personen- und Sachschäden. Außerhalb des Haftpflichtrechts führen aber mitunter Normen aus vollkommen anderen Bereichen des Zivilrechts (Gefahrtragungsregeln, Entgeltfortzahlungspflicht, Vereinbarung mittelbarer Stellvertretung etc.) dazu, dass sich die Ersatzansprüche von Körper- oder Sachgeschädigten bzw. rein vermögensgeschädigten Vertragsgläubigern nicht bei diesen, sondern bei anderen Personen *außervertraglich* als *reine Vermögensschäden* niederschlagen.[1147] Deren Ersatzanspruch bestimmt sich nun wieder nach Deliktsrecht mit der Konsequenz, dass ihnen ein solcher hier eigentlich zu verwehren wäre und der Schädiger wegen dieser weitgehenden Schutzlosstellung des reinen Vermögens gar niemandem mehr Ersatz schuldet. „So aber nun auch nicht!" ruft da die kollektive Haftungsrechtsdogmatik – und hilft dem in seinem Reinvermögen Geschädigten mit der umständlichen Konstruktion der Drittschadensliquidation doch noch über die Hürde der grundsätzlichen Nichtersatzfähigkeit reiner Vermögensschäden hinweg.[1148]

Die Drittschadensliquidation erweist sich als wenig entwicklungsoffene Figur, um die Haftung für reine Vermögensschäden außerhalb vertraglicher Beziehungen zu erfassen. Als in dieser Untersuchung konstante Wertung

---

[1145] *Bärtschi*, Verabsolutierte Relativität (2009), 470.

[1146] Ganz idS *Schmaranzer*, JBl 2005, 267 (269) im Kontext der Abgrenzung von vertraglichem Drittschutz und Drittschadensliquidation; aus schweizerischer Perspektive *Loser-Krogh*, in: FS Kramer (2004), 579 (603): Vermeidung unbilliger Ergebnisse; anders wohl *Apathy*, JBl 2009, 69 (76): Drittschadensliquidation sei „mehr als ein Kunstgriff zur Erzielung eines befriedigenden Ergebnisses".

[1147] *Leitner*, ecolex 2001, 511 hält zutreffend fest, dass es sich dem verlagerten Schaden per Definition um einen reinen Vermögensschaden handeln muss.

[1148] Lehrbuchartig dieses Grundsatz-Ausnahme-Verhältnis nachzeichnend BGH NJW-RR 1987, 880 (881); für das schweizerische Recht *Frei*, in: HaftpflichtKomm (2016), Art. 112 OR Rn. 41, der von sonst „stossenden" Ergebnissen spricht.

lässt sich aber auch ihr der Grundsatz entnehmen, dass fahrlässig verursachte reine Vermögensschäden *sogar außerhalb einer Sonderverbindung* dann ersatzfähig sind, wenn die Gefahr einer uferlosen und damit freiheitsbedrohenden Haftpflicht ausgeschlossen ist.

e) Expertenhaftung – eine eigene Anspruchskategorie?

Wer sich mit der Haftungserstreckung für fahrlässig verursachte reine Vermögensschäden auf den originär außervertraglichen Bereich beschäftigt, stößt in der deutschen Literatur unweigerlich auf den schillernden Komplex der sog. *Berufs-* bzw. *Expertenhaftung*.[1149] Gemeint sind damit Fälle, bei denen ein mit dem „Experten" vertraglich nicht verbundener Dritter durch mangelhafte Expertendienstleistung einen reinen Vermögensschaden erleidet, sei es durch Schlechtleistung des Experten gegenüber seinem eigentlichen Vertragspartner oder durch das Inverkehrbringen einer fehlerhaften Expertise.[1150] Die hierzu schier unübersichtliche Flut an Literatur und die Verwendung dieses Begriffs durch die Rechtsprechung vermitteln auf den ersten Blick den Eindruck, dass es sich hierbei um ein eigenständiges Institut zur Haftungsbegründung handelt,[1151] ähnlich etwa der schweizerischen Vertrauenshaftung.

Tatsächlich wird hiermit aber keine selbstständige Haftungsgrundlage,[1152] sondern vielmehr das (gewünschte) *Haftungsergebnis* beschrieben: Dass „Experten" (gemeint sind typischerweise Freiberufler, Sachverständige etc.)[1153] auch für reine Vermögensschäden strenger haften sollen als der Normalverbraucher, darüber scheint beinahe Einigkeit zu bestehen.[1154] Gestrit-

---

[1149] *Temming/Weber*, JURA 2019, 923 (930 Fn. 74): Expertenhaftung „oft auch als Berufshaftung von Experten bezeichnet".
[1150] Vgl. *Kersting*, Dritthaftung für Informationen (2007), 318; *Leyens*, JuS 2018, 217; *Thüsing/Schneider*, JA 1996, 807 (809 f.); *Bärtschi*, Verabsolutierte Relativität (2009), 354.
[1151] So spricht etwa die deutsche Rspr ausdrücklich von einer Experten- bzw. Berufshaftung, BGH VersR 2017, 839 (840); BeckRS 2008, 792 Rn. 9; NJW 2002, 3625 (3626); OLG Düsseldorf NJOZ 2015, 378 (380); die „Expertenhaftung" schon im Titel tragend die Beiträge von *Canaris*, ZHR 163 (1999), 206 ff.; *Faust*, AcP 210 (2010), 555 ff.; *Leyens*, JuS 2018, 217 ff.; aus schweizerischer Perspektive spricht *Bärtschi*, Verabsolutierte Relativität (2009), 352 von einer „von den allgemeinen vertraglichen, vertragsähnlichen oder deliktischen Figuren" losgelösten Haftung und der „Begründung einer eigenen Berufshaftung".
[1152] Klarstellend *Bärtschi*, Verabsolutierte Relativität (2009), 469.
[1153] BGH NJW 2002, 3625 (3626) und OLG Düsseldorf NJOZ 2015, 378 (380): Berufshaftung für Rechtsanwälte, Steuerberater, Wirtschaftsprüfer und Sachverständige; *Thüsing/Schneider*, JA 1996, 807 (809 aE); siehe auch die Aufzählung bei *Bärtschi*, Verabsolutierte Relativität (2009), 356 f. bzw. die Überschrift bei *Mäsch*, in: BeckOGK BGB (Stand: 1.4.2022), § 328 zu Rn. 214.
[1154] *Leyens*, JuS 2018, 217 (218); *Krebs*, Sonderverbindung und außerdeliktische Schutzpflichten (2000), 199; für die Schweiz *Bärtschi*, Verabsolutierte Relativität (2009), 352; für das österreichische Recht bringt das schon § 1299 ABGB zum Ausdruck.

ten wird – erneut – über die Frage des „Wie". Hinter der vermeintlich konturierten Begrifflichkeit der Expertenhaftung versteckt sich daher nicht eine präzise Haftungsbegründung, sondern ein schier *endloses Potpourri* verschiedener Haftungsverortungen,[1155] die alle nach demselben Ergebnis streben. Einige dieser Ansätze wurden vorstehend bereits allgemein beschrieben. Ein weiter ins Detail gehendes Abbild dieser Ansätze speziell für die Haftung von Experten kann diese allgemein angelegte Untersuchung nicht leisten, lieferte diese Sonderthematik doch schon vor einem Vierteljahrhundert genug Inhalt, um ihr eine Habilitationsschrift widmen zu können.[1156] Im Folgenden sollen daher nur die markantesten Verortungsansätze skizziert werden:

aa) Heterogene Ansätze eines homogenen Anliegens

Die in der deutschen Rechtsprechung verbreitetste Haftungsbegründung für Experten erfolgt mittels *vertraglichem Drittschutz*. Wie vorstehend skizziert verhilft der BGH so auch dem durch eine Expertenauskunft rein vermögensgeschädigten Dritten – dem Merkmal des Gläubigerinteresses zum Trotz – zum Ersatz seines Schadens, wenn der Schädiger über staatlich anerkannte Expertise verfügt.[1157] Als fast schon konkurrierender Ansatz lassen sich die Stimmen bezeichnen, die dieselben Fälle mit *§ 311 Abs. 3 S. 2 BGB* erfassen und damit den Gesamtkomplex der Expertenhaftung eher im Bereich der *Vertrauenshaftung* verorten wollen.[1158] Mit Blick auf das österreichische

---

[1155] *Schroeter*, in: FS Schwenzer (2011), 1565: „Fülle unterschiedlicher Lösungsansätze"; *Krebs*, Sonderverbindung und außerdeliktische Schutzpflichten (2000), 327: vielzählige und höchst unterschiedliche Ansätze; anschaulich *Canaris*, ZHR 163 (1999), 206 (212), der zur Expertenhaftung „aus Zeitgründen nur die wichtigsten" Haftungsbegründungen erörtern will und im Folgenden vier verschiedene Ansätze beleuchtet; siehe auch die aufzählenden Ausführungen bei *G. Wagner*, in: MüKo BGB[8], § 826 Rn. 87 und *Krebs*, Sonderverbindung und außerdeliktische Schutzpflichten (2000), 324 ff.
[1156] *Hirte*, Berufshaftung (1996).
[1157] *Bayer*, JuS 1996, 473 (475) führt aus, dass die „sog. Expertenhaftung" früher noch mangels Gläubigerinteresse auf § 826 BGB gestützt werden musste, nun aber (seit den 1980er Jahren) mit dem vertraglichen Drittschutz erfasst wird; ähnlich *Loser-Krogh*, in: FS Kramer (2004), 579 (581 f.); *Sack*, VersR 2006, 582 (586); zur Expertenhaftung aus § 826 BGB *Oechsler*, WM 2021, 1061 (1065 ff.); im Kontext des vertraglichen Dritschutzes siehe schon unter F./II./2./c)/bb)/(1)/(b)/(bb).
[1158] *Temming/Weber*, JURA 2019, 923 (930 f.); *Wendelstein*, JURA 2018, 144 (150 ff.); *G. Wagner*, in: MüKo BGB[8], § 826 Rn. 87; *Kersting*, Dritthaftung für Informationen (2007), 318 ff., 322; *Faust*, AcP 210 (2010), 555 (577); *Haferkamp*, in: Dauner-Lieb/Konzen/Schmidt (Hrsg.), Das neue Schuldrecht in der Praxis (2003), 171 (179 f.); grundlegend noch vor der Normierung des § 311 Abs. 3 BGB *Canaris*, ZHR 163 (1999), 206 (220 ff., 243); *ders.*, in: FS 50 Jahre BGH I (2000), 129 (191); anschaulich auch *Benz/Kohler*, ZfPW 2020, 490 ff.: Haftung von Influencern als Experten nach § 311 Abs. 3 BGB; *Schroeter*, in: FS Schwenzer (2011), 1565 (1566) weist darauf hin, dass dieser Haftungsverortung in der Praxis bislang kein Erfolg beschieden ist.

Recht ließe sich § 1300 ABGB in diese Aufzählung aufnehmen, der eine Haftung für Sachverständigenauskunft unterhalb des vertraglichen Niveaus ermöglicht.[1159] Hiermit ist die Brücke zu den deliktischen Verortungsversuchen geschlagen: Vorgeschlagen[1160] – und scharf kritisiert[1161] – wurde, richterrechtlich *Berufspflichten zum Schutze fremden Vermögens* zu etablieren, die als Schutzgesetze iSd § 823 Abs. 2 BGB bei Verletzung eine Ersatzpflicht auslösen sollen. Weiterhin findet sich die Idee, als sonstiges Recht iSd § 823 Abs. 1 BGB ein *„Recht auf Schutz von berufsbezogenem Vertrauen"* anzuerkennen.[1162]

bb) Verallgemeinerungsfähige Wertungen

Zentraler Streitpunkt der Expertenhaftung ist das „Wie" der Haftungsbegründung, über das „Ob" besteht Einigkeit.[1163] Trotz der hier nur skizzenhaften Betrachtung der verschiedenen Wurzeln der Expertenhaftung lässt sich eine für diese Untersuchung besonders relevante Perspektive einnehmen: *Das „Warum" der Expertenhaftung.* Erkennen lassen sich mehrere Gesichtspunkte, die in dieser Untersuchung schon mehrfach als haftungsbegründende Elemente festgestellt wurden.

Erstens ist die *Inanspruchnahme besonderen persönlichen Vertrauens* zu nennen. Die beiden Hauptströmungen (und der letztgenannte Ansatz zum deliktischen Schutz des berufsbezogenen Vermögens) tragen diesem Aspekt Rechnung – § 311 Abs. 3 S. 2 BGB formuliert ausdrücklich eine *Vertrauenshaftung des Sachwalters* und die Rechtsprechung zum vertraglichen Drittschutz des Expertenvertrages bringt zum Ausdruck, dass der Drittheftung des staatlich anerkannten Experten der „allgemeine Rechtsgedanke" zugrunde liegt, für entgegen gebrachtes und in Anspruch genommenes Ver-

---

[1159] Zum Erfordernis der – nicht zwingend vertraglichen – Sonderverbindung siehe unter F./I./2./b)/cc)/(1)/(a).
[1160] Diesen Ansatz befürwortend statt vieler *Hopt*, AcP 183 (1983), 608 (634, 705 ff.); speziell im Kontext der Kabelbruchfälle zur Berufshaftung des Tiefbauunternehmers für reine Vermögensschäden *Brüggemeier*, VersR 1984, 902 (905); *Taupitz*, Haftung für Energieleitungsstörungen durch Dritte (1981), 226 ff.; für Österreich *Kerschner*, in: FS P. Bydlinski (2022), 497 (502).
[1161] Für das österreichische Recht hat dieses deutsche Dogma sogar von höchster Stelle eine Absage erhalten, OGH SZ 61/64 = RdW 1988, 287: „Berufspflichten" zum Schutz des Vermögens eines Dritten sind abzulehnen; kritisch ferner *Karner*, in: FS Koziol (2010), 695 (698); *Koziol*, JBl 1994, 209 (221); *Welser*, Haftung für Rat, Auskunft und Gutachten (1983), 28 ff.; in Deutschland ablehnend statt vieler *Picker*, JZ 1987, 1041 (1047); *Canaris*, in: FS Larenz (1983), 27 (83): kein gesetzlicher Anknüpfungspunkt für Spezialfall der vermögensschützenden Berufspflichten; *Franck*, Marktordnung durch Haftung (2016), 311 f.
[1162] *Karampatzos*, Vertrag mit Schutzwirkung für Dritte (2005), 209 ff.
[1163] Ganz idS *Krebs*, Sonderverbindung und außerdeliktische Schutzpflichten (2000), 327: Angesichts weitgehenden Konsenses scheint nicht Legitimation, sondern Grenzziehung problematisch.

trauen einstehen zu müssen.[1164] Dieses dem Experten entgegen gebrachte Vertrauen vermag es, – unabhängig von der konkreten Haftungsverortung – zwischen Schädiger und Geschädigtem eine über bloßen Zufallskontakt hinausgehende *Sonderverbindung* anzunehmen.[1165]

Zweitens bringt die Expertenhaftung in der sprachlichen Façon der Berufshaftung zum Ausdruck, dass auf Seiten des Haftenden regelmäßig ein *wirtschaftliches Eigeninteresse* auszumachen ist.[1166] Auch das ist eine Wertung, die etwa die Figur des *procurator in rem suam* – als historisch-dogmatischer Verwandter des Sachwalters – direkt anspricht.

Drittens wird, ganz im Sinn dieser Untersuchung, die Einstandspflicht des Experten daran geknüpft, dass dieser sein Haftungsrisiko überschauen kann, seine Haftung also nicht freiheitsbedrohend ausufert.[1167]

f) Zwischenergebnis – Haftung im Zwischenbereich aus Sonderverbindung

Dem Bereich zwischen Vertrag und Delikt entspringen die unterschiedlichsten Ansätze, um originär außervertragliche Fälle fahrlässig verursachter reiner Vermögensschäden einer Ersatzpflicht zuzuführen. Gemein ist diesen Ansätzen (mit Ausnahme der Drittschadensliquidation),[1168] dass sie versuchen, eine sog. *Sonderverbindung* zwischen Schädiger und Geschädigtem auszumachen. Diese ist zwar regelmäßig noch nicht von vertraglicher Qualität, allerdings bereits so intensiv, dass sie eine strengere Einstandspflicht auch für fahrlässig verursachte reine Vermögensschäden rechtfertigen soll.

Insbesondere mit der schweizerischen Rechtsprechung und Lehre lässt sich der Begriff dieser Sonderverbindung wie folgt umreißen: *Eine solche*

[1164] BGHZ 193, 297 = VersR 2013, 509 (510); ähnlich BGH NJW 2014, 2345; BGHZ 181, 12 = VersR 2009, 1412 (1413) und OLG Dresden WM 2019, 1256 (1257): von Sachkunde geprägte Stellungnahme hat den Zweck, Vertrauen eines Dritten zu erwecken; BGHZ 127, 378 = NJW 1995, 392 (394): besonderen Vertrauens in die Zuverlässigkeit und Sachkunde eines anerkannten Sachverständigen; BGHZ 138, 257 = NZG 1998, 437: Zweck des Gutachtens, dem Dritten gegenüber Vertrauen zu erwecken; zuletzt OLG Düsseldorf NZG 2018, 748 (751): besonderes Vertrauen des Gutachters in der Öffentlichkeit; aus schweizerischer Perspektive *Bärtschi*, Verabsolutierte Relativität (2009), 354; kritisch zur Vertrauensanknüpfung an den Berufsstand *Jansen*, Struktur des Haftungsrechts (2003), 533 f.

[1165] Bärtschi, Verabsolutierte Relativität (2009), 354; *Krebs*, Sonderverbindung und außerdeliktische Schutzpflichten (2000), 92 f. zählt die Berufshaftung als Sonderverbindung auf.

[1166] *Krebs*, Sonderverbindung und außerdeliktische Schutzpflichten (2000), 198, 328 der aber gleichzeitig die haftungsbegründende Bedeutung des wirtschaftlichen Eigeninteresses relativiert.

[1167] *Hirte*, Berufshaftung (1996), 419 f.: „Zentrale Schwierigkeit [...] wie Kreis der geschützten Dritten bestimmt werden soll"; *Krebs*, Sonderverbindung und außerdeliktische Schutzpflichten (2000), 328 f., 331.

[1168] Die Drittschadensliquidation kommt allein ergebniskorrigierend zur Anwendung, eine Sonderbeziehung zwischen Schädiger und letztlich Drittvermögensgeschädigtem besteht aber gerade nicht; so auch *Bärtschi*, Verabsolutierte Relativität (2009), 474.

ist dort anzunehmen, wo sich der Schädiger und der Geschädigte nicht vollkommen zufällig und ungewollt begegnen.[1169] Diese zunächst vage anmutende Definition korreliert erkennbar mit dem deliktischen Blick auf die Haftung für fahrlässig verursachte reine Vermögensschäden: Zur Wahrung der allgemeinen Handlungs- und Haftungsfreiheit wird eine solche durch das außervertragliche Haftpflichtrecht dort ausgeschlossen, wo Schädiger und Geschädigter sich ohne jegliche Nähebeziehung, eben zufällig und ungewollt, berühren – mit den Worten des BG:[1170] in Fällen der *„auf Fahrlässigkeit gründenden Deliktshaftung"*. Sobald aber der Bereich des Zufallskontakts verlassen und durch *Teilnahme am rechtsgeschäftlichen Verkehr*[1171] eine *gewillkürte Nähebeziehung*[1172] begründet ist, so lassen sich sowohl die hinter der *culpa-* und *Vertrauenshaftung* als auch die hinter dem *vertraglichen Drittschutz* stehenden Wertungen synthetisieren; es schrumpft das Freiheitsschutzbedürfnis des Schädigers.

Gleichzeitig steigt innerhalb der Sonderverbindung die Legitimation[1173] der Haftung auch für fahrlässig verursachte reine Vermögensschäden. Denn Anschub für das Entstehen der Sonderverbindung liefert erst die regelmäßig *wirtschaftliche Eigenmotivation* des Schädigers, wodurch die gesamte Sonderverbindung und die Bewertung ihres Haftungsregimes erkennbar in Richtung des vertraglichen Bereichs rücken.[1174] Vor allem aber ist innerhalb einer als Sonderverbindung begründeten Nähebeziehung die Gefahr einer *uferlosen Haftpflicht* gebannt.[1175] Von den vorstehend beschriebenen Entstehungsgründen von Sonderbeziehungen bringt dies am deutlichsten der ver-

---

[1169] BGE 130 III 345 (349 f.) = AJP 2005, 350 mAnm *Plotke*; 128 III 324 (327); BG SZW 2002, 112 (114) mkritAnm *Wyss/von der Crone*; Urt. v. 28.1.2000 – 4C.296/1999, E.3.a, 4C.280/1999, E.3.a; *Walter*, ZSR 2001, 79 (96); ähnlich aus deutscher Perspektive *Krebs*, Sonderverbindung und außerdeliktische Schutzpflichten (2000), 1 f.: Schädiger und Geschädigter stehen vor der Schädigung nicht in einer Jedermann-Beziehung.

[1170] BGE 130 III 345 (349 f.) = AJP 2005, 350 mAnm *Plotke*; Urt. v. 28.1.2000 – 4C.296/1999, E.3.a, 4C.280/1999, E.3.a.

[1171] *Canaris*, Vers 2005, 577 (583 f.); *ders.*, in: FS 50 Jahre BGH I (2000), 129 (197); *ders.*, ZHR 163 (1999), 206 (234); *W. Fischer*, ZVglRWiss 83 (1984), 1 (7 ff.); für die Schweiz *Walter*, ZBJV 1996, 273 (281 f.): Sonderverbindung folgt aus „Beziehungsnähe zum Rechtsgeschäft"; *Bärtschi*, Verabsolutierte Relativität (2009), 495.

[1172] Vgl. BG SZW 2002, 112 (114) mkritAnm *Wyss/von der Crone*: „in besonderer Nähe zueinander"; BGE 142 III 84 (88); 130 III 345 (349) = AJP 2005, 350 mAnm *Plotke*: „Sonderverbindung entsteht aus bewusstem oder normativ zurechenbarem Verhalten".

[1173] *Krebs*, Sonderverbindung und außerdeliktische Schutzpflichten (2000), 213: Zweck der Sonderverbindung, Haftung für reine Vermögensschäden zu legitimieren.

[1174] *Walter*, ZSR 2001, 79 (98); vgl. *Koziol*, Haftpflichtrecht II (2018), A/2/104, 124; *ders.*, JBl 2004, 273 (276); zurückhaltender im Kontext der Expertenhaftung aus Sonderverbindung *Krebs*, Sonderverbindung und außerdeliktische Schutzpflichten (2000), 198.

[1175] Wegweisend *Picker*, JZ 1987, 1041 (1053); schon *ders.*, AcP 183 (1983), 369 (479 f., 484) dessen Ausführungen referierend *Karampatzos*, Vertrag mit Schutzwirkung für Dritte (2005), 187 ff.

tragliche Drittschutz mit seinem tatbestandlichen Erfordernis der *Erkennbarkeit* zum Ausdruck.

III. Zusammenfassung und Zwischenergebnis

Alle Wege führen nach Rom. Und nach den vorstehenden Ausführungen beinahe ebenso viele vorbei am deliktischen Grundsatz der Nichtersatzfähigkeit hin zur Haftung für fahrlässig verursachte reine Vermögensschäden auch außerhalb originaler vertraglicher Beziehungen – frei nach dem Motto: *Wo ein Wille* (zur Haftungsbegründung), *da ein Weg* (allen gesetzlichen Vorgaben zum Trotz). Vor allem eins wurde gezeigt: Der Stehsatz, außerhalb vertraglicher Beziehungen seien fahrlässig verursachte reine Vermögensschäden nicht zu ersetzen, ist aus beinahe jedweder Perspektive unzutreffend. Das Gegenteil ist der Fall, oder mit anderen Worten: Über das „Ob" einer solche Haftung besteht in vielen Konstellationen und über die Ländergrenzen des deutschen Rechtskreises hinweg Einigkeit; die Praxis bringt das zum Ausdruck. Bedeutender, weil umstrittener, ist die Frage des „Wie", das heißt auf welchem Wege – deliktisch, vertraglich oder irgendwo dazwischen – und in welchen Fällen und unter welchen Voraussetzungen eine solche Haftung zu begründen ist.

1. Haftungsbegründung in deliktischen Sondertatbeständen

An erster Stelle sind die deliktischen Sondertatbestände zu nennen, die in der um die Haftung für reine Vermögensschäden geführten Diskussion häufig zu kurz kommen. Diese Sondertatbestände lassen harte Interessenabwägungen erkennen, wobei das Ergebnis insbesondere für die Fälle der *Inanspruchnahme besonderen Vertrauens* bzw. der *besonderen Risikobeherrschung durch den Schädiger* (Prospekthaftung und [Gerichts-]Sachverständigenhaftung) oder der *besonderen Bedeutung des beeinträchtigten Vermögens für den Geschädigten* (Kreditgefährdung, Ersatz des Unterhaltsschadens und im Grundsatz auch der Schutz des eingerichteten und ausgeübten Gewerbebetriebs) weitgehend zugunsten des jeweils rein Vermögensgeschädigten ausgefallen ist. Ergänzt werden diese Tatbestände länderspezifisch durch eine strenge *Amtshaftung* auch für reine Vermögensschäden (Deutschland), eine deliktische Haftung des Inhabers eines *kryptographischen Schlüssels* (Schweiz) und einer nach modernem Verständnis weitreichenden *Auskunftshaftung* in § 1300 S. 1 ABGB.

Rechtfertigen lassen sich all diese Haftungsanordnungen insbesondere auch deshalb, weil in ihnen das zentrale Argument gegen einen allgemeinen deliktischen Vermögensschutz, die *Gefahr einer freiheitsbedrohenden Haftungsausuferung*, versagt: Jede dieser Normen unterliegt einer so hinreichenden Konturierung, dass eine Haftpflicht gegenüber unzähligen, unbekannten Dritten ausgeschlossen ist. Eine relative Ausnahme stellt allein der als große Generalklausel formulierte § 839 BGB dar, der trotz des Merkmals der Drittbezogenheit eine weitreichende Ersatzpflicht für reine Vermögensschäden ermöglicht. Systemwidrig ist das aber nicht, kann sich der von der Amtshaftung betroffene Staat doch ohnehin nicht auf eine ihm vermeintlich zugutekommende allgemeine Handlungsfreiheit berufen, die es durch die Absage an einen allgemeinen Vermögensschutz freizuhalten gälte.

2. Haftungsbegründung in Sonderverbindungen

Anders gelagerte Wertungen lassen sich für die verschiedenen Ansätze der *Haftung aus Sonderverbindung* feststellen. Diese sind – räumlich gesprochen – in der Nähe vertraglicher Beziehungen anzuordnen, sodass dort auch einzelne Elemente des vertraglichen Haftungsregimes zu Tage treten. Sowohl die *Partei eines drittschützenden Vertrages* als auch der *in contrahendo Tätige* und *der Sachverständige/Sachwalter/Vertrauensnehmer* sind zur Vornahme der schädigenden Handlung aus *eigenwirtschaftlichem Interesse* motiviert – was sie per se weniger schutzwürdig erscheinen lässt als den nur altruistisch und aus reiner Gefälligkeit Handelnden. Ergänzt wird dies durch die regelmäßige (aber nicht zwingende, man denke an die Ur-Fälle des vertraglichen Drittschutzes) *Inanspruchnahme besonderen Vertrauens* – ein Aspekt, der sich sowohl im quasi-vertraglichen als auch im deliktischen Bereich zeigt.

Besonders bedeutsam ist aber erneut der schon die eigentliche Vertragshaftung bestimmende Umstand, dass auch innerhalb von Sonderverbindungen die Haftpflicht für reine Vermögensschäden *nicht uferlos* werden kann, sondern sich allein in den Grenzen des sonderverbundenen – und damit begrenzten – Personenkreises bewegt.

3. Sammelbecken der Rechtsrezeption

In den Konstellationen, in denen im deutschen Rechtskreis eine originär außervertragliche Haftung für reine Vermögensschäden möglich ist, sind vielzählige Rechtsrezeptionen feststellbar. Fast ausschließlich handelt es sich hierbei um solche Normen oder Rechtsideen, die von den Alpenländern aus der deutschen Haftpflichtdogmatik übernommen wurden. Diese reichen von der *Variante des Normtransplantats*[1176] über den vom Höchstgericht *bewusst gesuchten Schulterschluss* mit der Rechtsprechung im Nachbarland insbeson-

---

[1176] Übernahme des § 824 BGB in § 1330 Abs. 2 ABGB.

dere[1177] im Kontext der Prospekthaftung[1178] bzw. der Sachwalterhaftung[1179] bis zur Rezeption der Dogmatik zu den einzelnen *Entstehungsgründen haftpflichtbewehrter Sonderverbindungen.*[1180]

Letztlich ist die in diesem Bereich so besonders hohe Rezeptionsdichte nur folgerichtig, nach dem Motto „Wer A sagt, muss auch B sagen." Seit dem Import des beengenden deutschen Rechtswidrigkeitsverständnisses sind das österreichische und schweizerische Haftpflichtrecht ebenso wie das deutsche dazu verdammt, nach Auswegen aus der dogmatischen Klemme des mangelnden Vermögensschutzes zu suchen. Es bietet sich augenscheinlich an, hierzu den erneuten Blick über die nördliche Grenze zu wagen und zu beobachten, welche Vorgehensweise sich in Deutschland bewährt hat. Für eine finale Übernahme des vertraglichen Drittschutzes in das schweizerische Recht hat dies zuletzt *Fountoulakis*[1181] plastisch auf den Punkt gebracht. Denjenigen, die sich im schweizerischen Haftpflichtrecht gegen eine Rezeption des Schuldverhältnisses mit Drittschutzwirkung aussprechen, hält sie entgegen, dass schon die Defizite des schweizerischen Deliktsrechts auf der Rezeption deutschen Rechts beruhen und fragt sodann provokant mit Blick auf den ebenfalls aus Deutschland stammenden, aber eben eine mögliche Lösung anbietenden vertraglichen Drittschutz: „*Wieso auf halbem Weg stehen bleiben?*".

Trotz der Vielzahl der Rezeptionsvorgänge ist dem schweizerischen und österreichischen Recht zu attestieren, dass mögliche Haftungsgründe für reine Vermögensschäden mit Augenmaß übernommen werden. Den Vorstoß in der deutschen Lehre zur Etablierung von *Berufspflichten zum Schutze fremden Vermögens* hat der OGH[1182] ausdrücklich abgelehnt, ebenso[1183] – und hier sogar flankiert vom BG[1184] – das Recht am Gewerbebetrieb. Auch das Erfordernis eines Gläubigerinteresses als Voraussetzung des vertraglichen Drittschutzes nimmt der OGH ernst; eine Preisgabe desselben wie in Deutschland durch den BGH ist nicht zu erkennen. Stattdessen – und selbstehrlicher – lässt sich hier eine Rückkehr zu den eigenen haftpflichtrechtlichen Wurzeln in Gestalt des § 1300 S. 1 ABGB beobachten.

[1177] Ähnlich auch schon in den Kabelbruchfällen, OGH EvBl 1972/297 (579) und EvBl 1972/296 (577) unter Verweis auf BGHZ 29, 65 = NJW 1959, 479 und BGHZ 41, 123 = NJW 1964, 720.

[1178] OGH SZ 63/136 = ecolex 1990, 688.

[1179] OGH ÖBA 2005/1249 (57) mkritAnm *Kletecka:* „in Übernahme deutscher Judikatur"; SZ 70/147 = ÖBA 1998, 230 (231 f.); SZ 56/135 = JBl 1984, 669 (670).

[1180] Sowohl der vertragliche Drittschutz als auch die culpa- und Vertrauenshaftung haben ihren Ursprung in der deutschen Rspr und Lehre.

[1181] AJP 2018, 95 (98).

[1182] OGH SZ 61/64 = RdW 1988, 287.

[1183] OGH SZ 2006/170 = ecolex 2007/154 mAnm *Schumacher.*

[1184] BGE 87 II 40 (48).

G. Haftung in Bewegung – Fallgruppen reiner Vermögensschäden

Die in den vorherigen Kapiteln herausgearbeiteten Motive, die eine Haftung für fahrlässig verursachte reine Vermögensschäden ausnahmsweise anzeigen können, sind im Folgenden auf ihre Praxistauglichkeit zu überprüfen. So gilt es vergleichend festzustellen, wie die *auch heute noch umstrittenen Fälle* fahrlässig verursachter reiner Vermögensschäden im deutschen Rechtskreis behandelt werden und welche der bisher offen gelegten Wertungen dabei erneut an die Oberfläche treten.

Reine Vermögensschäden können in unendlich vielen und vollkommen *unterschiedlich gelagerten Konstellationen* eintreten. Beispielhaft sind hier aus der jüngeren Vergangenheit nur zu nennen der *entgangene Gewinn* aus einer Sportwette aufgrund einer falschen Schiedsrichterentscheidung,[1] der *Beitragsschaden* einer gesetzlichen Krankenkasse, der ihr dadurch entsteht, dass das versicherte Mitglied aufgrund unfallbedingter Invalidität geringere Krankenkassenbeiträge zahlt[2] und die auf einer von Demonstranten blockierten und damit nicht zu bearbeitenden Baustelle entstehenden *Stehzeitkosten*.[3] Um eine systematische Betrachtung zu ermöglichen, werden im Folgenden einzelne Fallgruppen zusammengefasst und herausgegriffen. Die Auswahl und Einteilung dieser Fallgruppen geht dabei ganz grundsätzlich auf rechtsvergleichende Vorarbeiten zurück, die ihre Wurzeln überwiegend im schließlich vom *case-law* geprägten anglo-amerikanischen Recht haben.[4] Diese Fallgruppenbetrachtung wird für die hiesige Untersuchung allerdings durch die Prämisse modifiziert, dass die einzelnen Fälle in den hier betrachteten Rechtsordnungen jedenfalls so praxisrelevant sind, dass dies bereits

---

[1] AG Nürnberg SpuRt 2020, 40 mAnm *Brugger*.
[2] KG jurisPR-VerkR 17/2020 mAnm. 2 *Lang*.
[3] OGH EvBl 2019/155 mAnm *Brenn*.
[4] Siehe nur die zwanzig verschiedenen und auf gut 350 Seiten behandelten case studies in *Bussani/Palmer* (Hrsg.), Pure Economic Loss in Europe (2003), 171 ff.; diesen in ihrer Fallgruppeneinteilung ausdrücklich folgend *Dari-Mattiacci/Schäfer*, in: Eger/Schäfer (Hrsg.), Ökonomische Analyse der europäischen Zivilrechtsentwicklung (2007), 516 (522); ausführlich zur Fallgruppenbildung im englischen und schweizerischen Recht *Peyer*, recht 2002, 99 (101 ff., 105 f.); eine an die angloamerikanische Literatur angelehnte Einteilung für das schweizerische Recht findet sich bei *Roberto*, AJP 1999, 511 (520 ff.); einer für das deutsche Recht am englischen orientierter Kategorisierung folgt auch *Doobe*, Ersatz reiner Vermögensschäden Dritter (2014), 39 ff.

durch eine hinreichende *Prägung insbesondere durch die jeweilige Rechtsprechung* zum Ausdruck kommt.

I. Erste Fallgruppe: Reflektorisch verursachte reine Vermögensschäden

Die erste hier betrachtete Fallgruppe zeichnet sich dadurch aus, dass der jeweils ersetzt verlangte reine Vermögensschaden reflektorisch verursacht wird, also von der Beeinträchtigung des absoluten Rechtsguts eines Anderen herrührt. Praxisrelevante Beispiele sind zahlreich und umfassen etwa den (vorstehend bereits skizzierten)[5] *Entgeltfortzahlungsschaden,* der dem selbst nicht substanzbeeinträchtigten Arbeitgeber erst durch die Verletzung seines Arbeitnehmers entsteht, oder den *Kurswertverlust* der Mitgliedschaft eines Aktionärs durch die Verletzung bedeutsamen Gesellschaftseigentums.[6] Für diese Untersuchung werden zwei Konstellationen herausgegriffen, die sich durch die *Unterbrechung von* (meist öffentlicher) *Infrastruktur* auszeichnen und sich wiederum in die Fälle der Unterbrechung von *Versorgungs-* und die Unterbrechung von *Verkehrslinien* unterteilen lässt.

1. Unterbrechung von Versorgungslinien: der Kabelbruchfall

Das prominenteste Beispiel[7] ist hier erneut der *Kabelbruchfall* (Fallbeispiel 1). Zumeist gehen diese Fälle darauf zurück, dass ein Stromkabel fahrlässig beschädigt wird. Hierdurch kommt es bei den an das Stromnetz angeschlossenen Personen, die aber selbst nicht Eigentümer des zerstörten Kabels sind, zu einem Stromausfall. Ist hiervon ein Unternehmen betroffen, das für seine Tätigkeit auf eine Stromversorgung angewiesen ist (heutzutage der absolute Regelfall)[8] kommt es für die Zeit des Stromausfalls zum Unternehmens- bzw. Produktionsstillstand und hierdurch zu Gewinnentgang. Für das Unternehmen stellt diese Einbuße einen reflektorischen reinen Vermögensschaden dar, rührt er doch nicht von einer eigenen Verletzung eines absolut geschützten Rechtsgutes, sondern von der Sachbeschädigung gegenüber dem Kabeleigentümer her. Denkbar ist auch die Unterbrechung anderer

---

[5] Siehe unter C./II./2./b).

[6] Vgl. OLG Stuttgart NJOZ 2006, 1592 (1598): Kurswert des eigenen Anteils nicht absolut geschützt, nur reiner Vermögensschaden; ebenso OGH ecolex 1995, 901; BG, Urt. v. 18.6.2019 – 2C_809/2018 E.5.6: „Aktionär in seiner Eigenschaft als Anteilseigner" nur mittelbar Geschädigter; *Spindler,* in: BeckOGK BGB (Stand: 1.7.2022), § 823 Rn. 200.

[7] *Roberto,* AJP 1999, 511 (512): Musterbeispiel eines primären Vermögensschadens; *Brüggemeier,* VersR 1984, 902 (904): berühmt-berüchtigt.

[8] So sprach schon das OLG München NJW 1956, 1719 (1720) von der „praktischen Unentbehrlichkeit" der Stromversorgung für Gewerbebetriebe, betonte aber im gleichen Satz, dass diesem Umstand keine haftpflichtrechtliche Relevanz zukomme.

Versorgungslinien, etwa die Perforierung eines Wasserrohres[9] oder das Durchtrennen einer Telefonleitung,[10] was bei dem auf Wasserversorgung bzw. funktionierende Kommunikation angewiesenen Unternehmer zu einem Betriebsstillstand führt. In all diesen Fällen stellt sich für den Unternehmer die Frage, ob er vom Verursacher des Kabelbruches Ersatz seines reinen Vermögensschadens verlangen kann.

Blickt man auf die Behandlung dieser Kabelbruchfälle im deutschen Rechtskreis,[11] fällt auf, dass *erstens* die einzelnen Rechtsordnungen mit diesen Konstellationen ganz unterschiedlich umgehen[12] und *zweitens* auch die jeweils nationale Rechtsprechung von markanten Änderungen durchzogen ist.

a) Kabelbruchfälle in Deutschland

Die deutschen Gerichte hatten mannigfaltige Gelegenheit,[13] die Ersatzfähigkeit des durch den Kabelbruch verursachten reinen Vermögensschadens zu bewerten. Dabei wurden sowohl deliktische als auch quasi-vertragliche Anspruchsgrundlagen erwogen.

aa) Deliktische Haftung

Eine Haftung aus § 823 Abs. 1 BGB wird durchweg verneint. Es fehlt gegenüber dem Unternehmer an einer hierfür vorausgesetzten *Eigentumsbeeinträchtigung*.[14] Denn andersherum, wenn nämlich der Stromausfall nicht zu reinen Vermögens-, sondern einem tatsächlichen Sachschaden führt, wird eine Haftung des für die Stromunterbrechung Verantwortlichen durchaus bejaht.[15] Auch diese Differenzierung zwischen ersatzfähigem Substanzre-

---

[9] BGE 101 Ib 252: Stillstand einer von der Wasserversorgung abgeschnittenen Zement- und Betonfabrik; vgl., auch wenn in casu ein Sachschaden verursacht wurde, OGH SZ 50/34: Abschneiden einer Hühnerfarm von Trinkwasserversorgung.
[10] BGH NJW 1977, 1147: Unterbrechung der Fernschreibeanschlüsse eines Fleischgroßhandels; LG Hamburg NJW-RR 2004, 23: Unterbrechung der Telefonverbindung eines Versandhandels.
[11] Rechtsvergleichende Betrachtungen finden sich bei *Ranieri*, Europäisches Obligationenrecht (2009), 1504 ff.; *Bürge*, JBl 1981, 57 ff.
[12] So schon der Befund *G. Hagers*, JZ 1979, 53: Kein dem „Rechtsvergleicher vertrauter Lösungseinklang".
[13] Eine Chronologie der ersten Entscheide bietet *G. Hager*, JZ 1979, 53 f.
[14] *Reimann*, in: Bussani/Palmer (Hrsg.), Pure Economic Loss in Europe (2003), 171 (200).
[15] BGHZ 41, 123 = NJW 1964, 720 (722): Verderb von Eiern in einem elektrischen Brutapparat; LG Wuppertal NJW 1965, 304 (305): Verderb von Lack infolge Erkaltens der Trockenanlage; OLG Oldenburg ZD 2012, 177: Löschung elektronischer Daten; weiterführend *Reimann*, in: Bussani/Palmer (Hrsg.), Pure Economic Loss in Europe (2003), 171 (185); ausführlich zu dieser Differenzierung mwN der Rspr *Picker*, in: FS Koziol (2010), 813 (814, 817 ff.); *Ranieri*, Europäisches Obligationenrecht (2009), 1508 ff.

flexschaden und dem reinen Vermögensreflexschaden untermauert die in dieser Untersuchung bereits mehrfach zum Ausdruck gebrachte Perspektive: Nicht auf die (Un-)Mittelbarkeit der Schädigung kommt es an, sondern allein auf die Qualität des beeinträchtigten Rechtsgutes und Adäquanzgesichtspunkte.[16]

Weiterhin wird dem fahrlässig herbeigeführten Kabelbruch auch die Betriebsbezogenheit abgesprochen und damit ein ersatzpflichtiger *Eingriff in den eingerichteten und ausgeübten Gewerbebetrieb* abgelehnt.[17]

Uneinheitlich wurde die Frage nach der *Schutzgesetzhaftung* beantwortet. Zunächst zog der BGH[18] die Landesbauordnungen Nordrhein-Westfalens heran und befand, dass die in ihr enthaltene Vorschrift zur Leitungssicherung bei Bauarbeiten nicht nur allgemein-, sondern auch individualschützenden Charakter habe.[19] Ein knappes Jahrzehnt später gab der BGH diese Rechtsprechung ausdrücklich auf[20] und lehnte den Individualschutz – nun der baden-württembergischen Landesbauordnung – für den Stromendabnehmer ab.[21] Damit schwenkte er auf den Kurs ein, den verschiedene Instanzgerichte zuvor bereits ausdrücklich entgegen der bisherigen höchstrichterlichen Rechtsprechung verfolgten.[22] Nicht als Schutzgesetze in Frage

---

[16] Ganz idS OGH SZ 58/128 = ZVR 1986/37: Ersatz eines Sachfolgeschadens in kabelbruchähnlicher Konstellation unter Adäquanzgesichtspunkten verneint; ausführlich unter C./II./2.

[17] BGHZ 29, 65 = NJW 1959, 479 (481); BGHZ 66, 388 = NJW 1976, 1740 (1741); NJW 1977, 2208 (2209); KG r + s 2005, 40; OLG Hamm NJW 1990, 1487 (1488); OLG Karlsruhe NJW 1975, 221 (222); OLG Hamm NJW 1973, 760 mAnm *Finzel*; BayObLG VersR 1972, 667 (668); OLG München NJW 1956, 1719; LG Wuppertal NJW 1965, 304; zustimmend *G. Hager*, JZ 1979, 53 (55); *Reimann*, in: Bussani/Palmer (Hrsg.), Pure Economic Loss in Europe (2003), 171 (200 f.); anders etwa *Brüggemeier*, VersR 1984, 902 (905), der hier Verkehrspflichten zum Schutz des Vermögens der Endabnehmer etablieren und das Recht am Gewerbebetrieb durch den Kabelbruch beeinträchtigt sehen möchte; ebenso *Taupitz*, Haftung für Energieleitungsstörungen durch Dritte (1981), 226 ff.; kritisch zur Haftungsverneinung schon *Glückert*, AcP 166 (1966), 311 (319, 321 ff.), der einen Betriebseingriff bejaht (326).

[18] BGH NJW 1968, 1279.

[19] BGH NJW 1968, 1279 (1280): Norm schützt auch „einzelnen Abnehmers gegen Stromausfälle"; dies ein knappes Jahr später dem Grunde nach auch für die hessische BauO wiederholend BGH VersR 1969, 542; zustimmend *Glückert*, AcP 166 (1966), 311 (327); *Bürge*, JBl 1981, 57 (61) ordnet dieses geschädigtenfreundliche Judiz als Reaktion auf die kritische Literatur zur Vorentscheidung (BGHZ 29, 65 = NJW 1959, 479) ein; *Posch*, JBl 1973, 564 (568) hält eine solche Haftungsbegründung über das Bauordnungsrecht de lege ferenda auch für Österreich gangbar.

[20] BGHZ 66, 388 = NJW 1976, 1740: „Soweit die Grundsätze des erwähnten Senatsurteils [...] dem entgegenstehen, hält der Senat an ihnen nicht fest."

[21] BGHZ 66, 388 = NJW 1976, 1740 (1741); fortführend in BGH NJW 1977, 2208 (2209); vgl. auch BGH NJW 1977, 1147; zustimmend *G. Hager*, JZ 1979, 53 (55); ebenso und ausführlich *Taupitz*, Haftung für Energieleitungsstörungen durch Dritte (1981), 108 ff.

[22] OLG Karlsruhe NJW 1975, 221 (222); OLG Hamm NJW 1973, 760 mAnm *Finzel*: ausdrückliche Erwähnung, dass das Gericht die Auffassung des BGH bezüglich der BauO NRW nicht teilt; BayObLG VersR 1972, 667; NJW 1972, 1085; NJW 1967, 354; LG Wup-

kommen schließlich die § 316b (Störung öffentlicher Betriebe) und § 317 dStGB (Störung von Telekommunikationsanlagen). Erwähnt sei dies insbesondere, weil die österreichische und schweizerische Parallelnorm durchaus als Schutzgesetz in den Kabelbruchfällen herangezogen wurde. Für § 317 dStGB hat der BGH dem jedoch eine klare Absage erteilt und konstatiert, dass diese Norm allein den Schutz der öffentlichen Fernmeldeeinrichtungen bezwecke, nicht aber die Schadloshaltung aller durch eine etwaige Störung Betroffener.[23] Für § 316b dStGB kann damit nicht anderes gelten; auch diese Norm gehört – ganz wie ihre Nachbarvorschrift § 317 dStGB – zum Typ der *gemeingefährlichen Straftaten*, sodass ihr ein Individualschutzanliegen zugunsten des Vermögens jedes einzelnen Betroffenen abzusprechen sein wird.[24]

bb) Haftung aus Sonderverbindung

Als Haftungsform aus Sonderverbindung kommt im Kabelbruchfall allein eine Einstandspflicht aus *Schuldverhältnis mit Schutzwirkung zugunsten Dritter* in Betracht. Die deutsche Rechtsprechung hat eine solche aber stets und überzeugend abgelehnt. Als drittschützendes Schuldverhältnis kann hier nur jenes erwägt werden, welches den Schädiger dazu veranlasst, dergestalt tätig zu werden, dass das Stromkabel zerstört wird. In erster Linie wird es um einen Werkvertrag und daraus geschuldete Aushubarbeiten gehen. In diesen Konstellationen scheitert der Drittschutz bereits am Merkmal des *Gläubigerinteresses*.[25] Auch wenn diese Voraussetzung in der deutschen Rechtsprechung zunehmend verwässert, ist sie für den Kabelbruchfall kaum jemals zu bejahen, lässt sich der Vertrag – anders als bei der Abgabe einer staatlich anerkannten Expertise – nicht in die Richtung auslegen, dass auch ein tatsächlicher Drittschutz bezweckt sein soll.[26] Und selbst wenn man das

---

pertal NJW 1965, 304 (305); *G. Hager*, JZ 1979, 53 (54); zur Rolle des BayObLG als zentraler Gegenpol des BGH in der Frage des Schutzgesetzcharakters des Bauordnungsrecht aus österreichischer Perspektive *Bürge*, JBl 1981, 57 (61) und *Posch*, JBl 1973, 564 (567).

[23] BGH NJW 1977, 1147; *Taupitz*, Haftung für Energieleitungsstörungen durch Dritte (1981), 113; *G. Hager*, JZ 1979, 53 (54 Fn. 11).

[24] Vgl. auch die ausführlichen Entscheidungsgründe des OLG Schleswig NVwZ-RR 2011, 523: Die Beklagte war in einem vorgelagerten Strafprozess auf Grund einer Blockadeaktion wegen der Störung öffentlicher Betriebe gem. § 316b Abs. 1 StGB strafrechtlich verurteilt worden (525). Eine insofern naheliegende schadenersatzrechtliche Schutzgesetzhaftung wird im sich nun anschließenden Zivilprozess aber mit keinem Wort erwogen (sie kommt eben mangels Schutzgesetzcharakter auch offensichtlich nicht in Betracht), sondern die Einstandspflicht der Beklagten allein auf den Eingriff in den Gewerbebetrieb gestützt.

[25] BGH NJW 1977, 2208 (2209); OLG Nürnberg NJW-RR 2004, 1254; OLG Köln VersR 1984, 340; vgl. bereits BGH VersR 1962, 86 (88); zustimmend *G. Hager*, JZ 1979, 53 (55).

[26] OLG Nürnberg NJW-RR 2004, 1254; *Doobe*, Ersatz reiner Vermögensschäden Dritter (2014), 84.

Erfordernis der Gläubigernähe vollständig vernachlässigte, würde der vertragliche Drittschutz jedenfalls am Merkmal der *Erkennbarkeit* scheitern – ist für den Unternehmer doch kaum jemals ersichtlich, wer an das Stromnetz angeschlossen und dadurch von einem Stromausfall betroffen ist.[27]

cc) Ergebniskorrektur mittels Drittschadensliquidation?

Auch eine Ergebniskorrektur mittels *Drittschadensliquidation* lehnt die deutsche Rechtsprechung ab.[28] Dies überzeugt bereits deshalb, weil sich die Konstellation mit keiner der anerkannten Fallgruppen vergleichen lässt, fehlt es doch bereits an der *zufälligen Schadensverlagerung*.[29] So zeigt sich im Kabelbruchfall schließlich nicht die Eigentumsbeeinträchtigung des gleichzeitig schadlosen Kabeleigentümers beim rein vermögensgeschädigten Stromabnehmer. Genau das wäre aber Voraussetzung für eine Drittschadensliquidation. Stattdessen kumulieren sich hier der Sachschaden des Kabeleigentümers und der reine Vermögensschaden des Stromabnehmers und widersprechen damit gerade dem Grundpostulat der Drittschadensliquidation, die nur bei gleichbleibendem Schadensumfang zur Anwendung kommen soll.

b) Kabelbruchfälle in Österreich

Beinahe ebenso viel Judikatur wie in Deutschland hat der österreichische OGH zu den Kabelbruchfällen produziert, zuletzt Ende 2019.[30] Eine Haftung aus Sonderverbindung kommt für das österreichische Recht grundsätzlich ebenso wenig in Betracht wie für das deutsche, zumal die in der deutschen Rechtsprechung noch erwogene Figur der vertraglichen Drittschutzwirkung nach herrschender Meinung im österreichischen Recht jedenfalls nicht den Schutz des reinen Drittvermögens abdecken soll. Eine *Ausnahme*

---

[27] Vgl. BGH NJW 1977, 2208 (2209); *Taupitz*, Haftung für Energieleitungsstörungen durch Dritte (1981), 106 f.; *Bürge*, JBl 1981, 57 (62); dies korreliert auch mit den Erkundigungspflichten, die einen Tiefbauunternehmer vor Beginn der Aushubarbeiten treffen. So ist dieser gehalten, sich über Lage und Verlauf von Leitungen im Erdreich zu erkundigen, andernfalls ist ihm bei Zerstörung der Leitung ein Verschulden vorzuwerfen (BGH VersR 2006, 420; r+s 1996, 180; OLG Rostock NJW-Spezial 2018, 622; OLG Brandenburg NJW-RR 2017, 1168; BauR 2011, 273; OLG Celle BauR 2013, 621; OLG Hamm BauR 2005, 418). Diese Erkundigungspflichten schützen damit die Eigentümer der verlegten Leitungen, sie reichen jedoch nicht so weit, dass sich der Bauunternehmer auch über die Reichweite der Anschlüsse Dritter an diese Leitungen erkundigen muss.
[28] BGH NJW 1977, 2208 (2209 f.).
[29] BGH NJW 1977, 2208 (2209 f.): keine Rechtsbeziehung, die Schadensverlagerung herbeiführt; so auch *Doobe*, Ersatz reiner Vermögensschäden Dritter (2014), 85; *Glückert*, AcP 166 (1966), 311 (328).
[30] OGH EvBl-LS 2020/66 mAnm *Painsi* und mwN der Rspr: Zerstörung eines Stromverteilerkastens.

im Randbereich der hier betrachteten Konstellation gilt allein für den Fall, dass ein Werkunternehmer ein Kabel beschädigt, das nicht im Eigentum des Bestellers, seines Vertragspartners, steht. Der vertragsfremde Kabeleigentümer wird in Österreich regelmäßig als vom Werkvertrag geschützter Dritter angesehen, dem so neben deliktischen auch vertragliche Ansprüche gegen den Schädiger zukommen.[31] Diese Konstellation entspricht aber nicht mehr dem hier in Rede stehenden Fall: Steht das Kabel im Eigentum des vom Stromausfall betroffenen Unternehmens, zeigt sich der Produktionsausfall als grundsätzlich ersatzfähiger Sachfolgeschaden, nicht als reflektorisch verursachter reiner Vermögensschaden.[32]

Von diesem Sonderfall abgesehen und allein auf den hiesigen *reflektorischen Kabelbruchfall* blickend, findet die österreichische Haftungsverortung durchweg deliktisch und dort insbesondere im Gewand der Schutzgesetzhaftung statt. Im Mittelpunkt stehen dabei Normen des *Straßenverkehrsrechts* und des *Strafrechts*, während in Deutschland noch das Bauordnungsrecht herangezogen wurde. Bei Betrachtung der durchaus dynamischen Rechtsprechung des OGH ist es aufschlussreich, zwischen zwei verschiedenen Perspektiven zu unterscheiden: *Erstens* lassen sich die Entscheide nach ihrer Chronologie in zwei Phasen einteilen, die einmal von Klagestattgebungen, einmal von Klageabweisungen gekennzeichnet und von durchaus konträren Standpunkten des 1. und 8. Senats geprägt sind.[33] *Zweitens* – und diese Perspektive führt überhaupt erst zur Aufteilung in zwei zeitliche Phasen – ist mit dem 1. bzw. 8. Senat zu unterscheiden, ob durch den Kabelbruch ein reflektorischer Sach- oder reiner Vermögensschaden verursacht wurde.

aa) Erste Phase: Ersatz von reflektorischen Sachschäden

In den ersten Kabelbruchfällen,[34] mit denen sich der OGH konfrontiert sah, galt es über die Ersatzfähigkeit von durch Energieunterbrechung verursachten Sachschäden zu urteilen. Den Schadenersatzklagen wurde durchweg stattgegeben.
- In der ersten Entscheidung[35] musste ein Unfallwagen geborgen und hierzu das Wasser eines neben der Straße befindlichen Mühlgangs abgelassen werden. Einem Anrainerunternehmen, das mittels der Wasserkraft dieses Kanals Strom erzeugte, entstand so ein Ausfallschaden. Was zunächst wie

---

[31] OGH bbl 2015/71; bauaktuell 2015/3; bauaktuell 2013/4; ausführlich *Harrer/E. Wagner*, in: PraxKomm ABGB⁴, § 1295 A Rn. 117 ff.

[32] Vgl. *Danzl*, ZVR 2002, 363 (368); kritisch zu dieser Differenzierung *Reischauer*, in: Rummel ABGB³, § 1295 Rn. 33.

[33] Eine anschauliche Darstellung der Entscheidungschronologie bietet *Danzl*, ZVR 2002, 363 (366 ff.); *Taupitz*, Haftung für Energieleitungsstörungen durch Dritte (1981), 28 f.

[34] Zur (dort nicht ganz vollständigen) Chronologie dieser Entscheide siehe auch *Bürge*, JBl 1981, 57 (58 ff.).

[35] OGH ZVR 1960/47.

ein reiner Vermögensschaden anmutet, wurde vom OGH als ersatzfähiger Sachschaden befunden, schließlich sei auch die hier beeinträchtigte elektrische Energie eine Sache iSd § 285 ABGB.[36] Gestützt wurde die Ersatzpflicht des Kfz-Lenkers auf die Normen der Straßenpolizeiordnung, die eben auch die Sachen Dritter schützen sollten.

- In den nächsten beiden Entscheidungen[37] (den ersten eigentlichen Kabelbruchfällen) war erneut über den Betriebsausfallschaden zweier Unternehmen zu entscheiden. Im ersten Fall stand das beschädigte Kabel im Eigentum der klagenden Telegraphenverwaltung, weshalb der Ausfallschaden als Folgesachschaden zu ersetzen war.[38] Im zweiten Fall war der klagende Radiosender nicht Eigentümer des Kabels, allerdings *deliktisch geschützter Besitzer* desselben, sodass der Klage bereits gemäß § 1295 Abs. 1 ABGB stattgegeben wurde. Aufschlussreich ist jedoch die ergänzende Feststellung des 1. OGH-Senats, dass unter anderem §§ 89, 318 StG[39] (Beschädigung von Brücken, Schleusen, Dämmen und Staatstelegraphen) als Individualschutzgesetze angesehen wurden.[40]
- In der vierten Entscheidung[41] hatte der 8. Senat OGH über die Klage des Eigentümers eines beschädigten Fernsehers bzw. einer Tiefkühltruhe zu entscheiden. Bei Baumfällarbeiten war eine Überlandleitung gerissen, wodurch eine Überspannung verursacht und die Endgeräte des Klägers zerstört wurden. Da es sich nicht um einen reinen Vermögensschaden, sondern einen durch eine Eigentumsbeeinträchtigung reflektorisch verursachten Sachschaden handelte, wurde dieser nach §§ 1295, 1323 ABGB für ersatzfähig befunden.[42] Der OGH verwies dabei ausdrücklich auf eine zeitlich und inhaltlich parallele Entscheidung des BGH,[43] ließ die Frage nach dem Schutzgesetzcharakter des § 318 StG aber ausdrücklich offen.

---

[36] OGH ZVR 1960/47 (39 f.): „Sachschaden" umfasst auch die durch Unterbindung der Stromerzeugung ausgefallene Energie sowie die zum Kauf von Energie aus dem allgemeinen Versorgungsnetz aufgewendeten Kosten.
[37] OGH SZ 40/2 = EvBl 1967/283 und OGH JBl 1971, 425.
[38] OGH SZ 40/2 = EvBl 1967/283.
[39] Strafgesetz von 1852, zum 1.1.1975 außer Kraft getreten und durch öStGB ersetzt.
[40] OGH JBl 1971, 425 (426): Recht auf Benützung der zerstörten Leitungen durch §§ 89, 318 StG geschützt.
[41] OGH EvBl 1972/296; kritisch dazu *Posch*, JBl 1973, 564: OGH macht es sich sehr leicht.
[42] Unzutreffend *Taupitz*, Haftung für Energieleitungsstörungen durch Dritte (1981), 33 f., der die Qualität der beeinträchtigten Rechtsgüter vernachlässigt und als Differenzierungskriterium zwischen den Ersatz zusprechenden und Ersatz abweisenden Fällen die Tatsache ausmacht, ob der Schaden durch Überspannung oder reine Stromunterbrechung verursacht wird.
[43] OGH EvBl 1972/296 (577) mit Verweis auf BGHZ 41, 123 = NJW 1964, 720 (Bruteierfall; der Schadenersatzklage wurde ebenso stattgegeben).

bb) Zweite Phase: Verneinung der Haftung für alle Reflexschäden

Nicht einmal ein halbes Jahr nach der vorstehend zuletzt referierten Entscheidung wurde durch einen Praxiswechsel des 1. Senats die zweite Rechtsprechungsphase eingeläutet. Dessen Hintergrund war, dass der OGH erstmals über den Ersatz eines reinen Vermögensschadens nach einem Kabelbruch zu entscheiden hatte. Die dort aufgestellten Erwägungen – im Ergebnis wird eine Haftung verneint – waren jedoch auch wegweisend für die zukünftige Behandlung von durch Kabelbrüche reflektorisch verursachte Sachschäden.

In dieser bis heute richtungsweisenden Entscheidung[44] verlangte ein Asphaltunternehmen Ersatz seiner Schäden infolge des kabelbruchbedingten Stromausfalls. Es war jedoch nicht selbst substanziell beeinträchtigt und auch nicht Besitzer des Stromkabels, sondern machte lediglich die Nachteile aus der mehrstündigen Produktionsunterbrechung geltend. Bei der so allein in Frage kommenden Haftung aus Schutzgesetzverletzung korrigierte der 1. Senat des OGH die noch stattgebende Ansicht des Berufungsgericht und damit auch sein eigenes bis dahin bestehendes Judiz: § 318 StG schütze zwar die öffentliche Stromversorgung, nicht aber die Individualinteresses des einzelnen Stromabnehmers.[45] Wie vorstehend ausgeführt entspricht diese Ansicht der, die auch die deutsche Rechtsprechung für die dortigen Parallelnormen vertritt. Das kurz zuvor ergangene Urteil des 8. Senats[46] lehnte der 1. Senat ausdrücklich ab,[47] zog zu seiner Argumentation aber ebenfalls die deutsche Rechtsprechung heran und führte aus, dass auch der BGH den Ersatz von durch Kabelbrüchen verursachten reinen Vermögensschäden ablehne.[48]

---

[44] OGH EvBl 1972/297.
[45] OGH EvBl 1972/297 (578); idS bereits OGH SZ 34/112: Beschädigung einer Holzbrücke, strafrechtliche Verurteilung nach § 318 StG, allerdings keine Haftung deswegen gegenüber Dritten; in der Folge den Schutzgesetzcharakter ausdrücklich verneinend OGH EvBl 1973/147 (394); so letztlich auch der 8. Senat in OGH JBl 1976, 210 (211); ausführlich zu den diesbezüglichen Schutzzweckerwägungen in Österreich und Deutschland *Posch*, JBl 1973, 564 (566f.).
[46] OGH EvBl 1972/296.
[47] OGH EvBl 1972/297 (578); mit einer kritischen Zusammenschau der beiden Urteile *Posch*, JBl 1973, 564ff. und *Kramer*, ZVR 1974, 129ff., wobei sich letzter insbesondere an den Kriterien des mittelbaren Schadens bzw des mittelbar und unmittelbar Geschädigten abarbeitet, dabei aber im Vergleich der beiden Entscheide übersieht, dass es einmal um den Ersatz eines reflektorischen Sachschadens, einmal um einen reinen Vermögensschaden ging; darauf hinweisend *Danzl*, ZVR 2002, 363 (367).
[48] OGH EvBl 1972/297 (579): Verweis auf BGHZ 29, 65 = NJW 1959, 479 und BGHZ 41, 123 = NJW 1964, 720; *Ranieri*, Europäisches Obligationenrecht (2009), 1514: Rechtsvergleich bemerkenswert; kritisch *Posch*, JBl 1973, 564 (566), der dem 1. Senat vorwirft, die (damals) neueste BGH-Rspr (BGH NJW 1968, 1279: Haftung im Kabelbruchfall aus Schutzgesetzverletzung) nicht zu kennen.

Diese bezüglich des Ersatzes reiner Vermögensschäden mit der deutschen Rechtsprechung übereinstimmende Linie setzt der OGH seitdem fort.[49] Das gilt allerdings auch für die gegenüber dem Judiz des 8. Senats zum Ausdruck gebrachte Ablehnung, reflektorisch verursachte Sachschäden in Kabelbruchfällen für ersatzfähig zu befinden. Auch diesen wird in nun jahrzehntelanger Praxis ihre Restitution verwehrt.[50] Aus rezeptionistischer Sicht ist daran bemerkenswert, dass sich der OGH in seiner richtungsweisenden Entscheidung bewusst auf ein vergleichbares BGH-Judiz zum Ersatz reiner Vermögensschäden stützt, damit aber gleichzeitig auch für die Behandlung von reflektorischen Sachschäden den Grundstein für eine Folgerechtsprechung legt, die vergleichsweise strenger ist als die parallele Spruchpraxis in Deutschland.

cc) Heute allzu pauschale Betrachtungsweise

Man mag dem OGH möglicherweise Konsequenz attestieren, immerhin schert er so alle Kabelbruchfälle über denselben haftpflichtrechtlichen Kamm (nämlich den des Reflexersatzschadensverbotes) und unterscheidet nicht zwischen reflektorisch verursachten Sach- und Reinvermögensschäden.[51] Allerdings verlagert diese pauschalierende Betrachtungsweise die für die Haftungsfrage entscheidungsrelevante Differenzierung von der Qualität des beeinträchtigen Rechtsgutes (absolut geschütztes Eigentum, berechtigter Besitz vs. reiner Vermögensschaden) alleine zum Aspekt der Mittelbarkeit der Schädigung – ein nach hier vertretener Ansicht nachrangiges Dogma.

Es ist zuzugeben, dass eine rechtsgutsbezogene Differenzierung unter dem Gesichtspunkt der *Gefahr einer uferlosen Haftung* nicht angebracht erscheint, ist für den kabelzerstörenden Tiefbauarbeiter doch weder ersichtlich, welche und wie viele Sachen durch den Stromausfall verderben, noch, ob und welche Unternehmen einen Produktionsausfall in welchem Umfang

---

[49] OGH RZ 1982/68; SZ 49/96 = ZVR 1978/62 (in Tatbestand und Urteilsgründen beinahe deckungsgleich mit OLG Hamm NJW 1990, 1487); JBl 1976, 210; EvBl 1973/147; *Posch/Schilcher*, in: Bussani/Palmer (Hrsg.), Pure Economic Loss in Europe (2003), 171 (202).

[50] Zuletzt OGH EvBl-LS 2020/66 mAnm *Painsi* mwN der Rspr; ZVR 1979/93: Überspannungsschäden an Endgeräten ausdrücklich entgegen OGH EvBl 1972/296 nicht ersatzfähig; vgl. auch OGH SZ 50/34: Bestätigung des Grundsatzes, dass nur der Kabeleigentümer Sachfolgeschäden ersetzt verlangen darf, dies in casu allerdings erst nach Zurückverweisung durch Instanzgericht zu klären; hierzu schon *Bürge*, JBl 1981, 57 (59); *Picker*, in: FS Koziol (2010), 813 (815) will aus der Haftungsverneinung bei Sachschäden aus einem Größenschluss auch die Nichthaftung reflektorisch verursachter reiner Vermögensschäden ableiten.

[51] Referierend *Posch/Schilcher*, in: Bussani/Palmer (Hrsg.), Pure Economic Loss in Europe (2003), 171 (186 f.); kritisch zu dieser im deutschen Recht vorgenommenen Differenzierung *Honsell*, in: FS W. Lorenz (2001), 483 (492 f.).

erleiden.⁵² Allerdings werden durch diese allzu generalisierende Betrachtungsweise auch solche Sachschäden von der Ersatzpflicht ausgeschlossen, die für den Stromkabelschädiger trotz ihrer reflektorischen Verursachung durchaus vorhersehbar sind.

Ein anschauliches Beispiel liefern die Entscheidungsgründe des jüngsten österreichischen Kabelbruchfalles,⁵³ in dem erneut um Ersatz für Überspannungsschäden an Endgeräten gestritten wurde. Besonders an diesem Fall war allerdings, dass kein Stromkabel im Erdreich durchtrennt, sondern ein oberirdischer Kabelverteilerschrank durch einen Traktor beschädigt wurde. Der OGH wies die Klage mit knapper Begründung ab und verwies nur auf seine bisherige Kabelbruch-Rechtsprechung. Das Erst- und Berufungsgericht sprachen den Geschädigten dagegen noch den Ersatz ihres Sachschadens zu. Sie setzen sich dazu mit der vermeintlich konträren OGH-Rechtsprechung ausführlich auseinander und kamen zu dem Schluss, dass *erstens* unter Adäquanzgesichtspunkten der Schaden dem Schädiger zurechenbar sei und *zweitens* – und das ist nun bedeutsam – eine uferlose Haftpflicht erkennbar nicht drohe, da Kabelverteilerschränke bekanntlich nur wenige Haushalte mit Strom versorgen. Diese Ausführungen der Instanzgerichte überzeugen auch im Sinne der hiesigen Untersuchung und untermauern erneut das hier vertretene Petitum: Nicht auf die Unmittelbarkeit der Schädigung kommt es an, sondern auf die Qualität des verletzten Rechtsguts, die Schadenszurechenbarkeit unter Adäquanzgesichtspunkten und die Frage nach dem Freiheitsschutz durch hinreichende Haftungskonturierung.

c) Kabelbruchfälle in der Schweiz

Mit verhältnismäßig wenigen Kabelbruchfällen musste sich das BG auseinandersetzen. Nichtsdestotrotz gelang es ihm, einen – jedenfalls aus heutiger Sicht – schweizerischen Sonderweg einzuschlagen.

In seinem *ersten* Kabelbruchentscheid⁵⁴ hatte es noch über den Ersatzanspruch eines Kunstseideunternehmens zu befinden, welches gleichzeitig Eigentümer des zerstörten Kabels war.⁵⁵ Auf einer Linie mit der deutschen

---

⁵² Vgl. *Honsell*, in: FS W. Lorenz (2001), 483 (493): Wer uferlose Haftung vermeiden will, muss konsequenter Weise Haftung generell verneinen.
⁵³ OGH EvBl-LS 2020/66 mAnm *Painsi*.
⁵⁴ BGE 97 II 221.
⁵⁵ Aus den Entscheidungsgründen geht die Eigentümerstellung des geschädigten Unternehmens an dem zerstörten Stromkabel nicht ausdrücklich hervor, die Zitierung eines Briefes der Geschädigten bzgl. des in Rede stehenden Kabels und die sonstigen Erwägungen lassen aber gerade darauf schließen; das legen überdies die Ausführungen in der Folgeentscheidung BGE 101 Ib 252 (254 f.) nahe, die die Erstentscheidung als Gegenbeispiel eines Nichtreflexschadens zitierte; vgl. ebenso *Bürge*, JBl 1981, 57 mwN in Fn. 5; *A. Keller*, Haftpflichtrecht II (1998), 116.

und vormaligen österreichischen Rechtsprechung wurde der so entstehende Ausfallschaden (als Sachfolgeschaden) für ersatzfähig befunden.

In der *zweiten* Konstellation[56] unterbrachen Soldaten der Schweizer Armee den Wasserzufluss einer Zement- und Betonfabrik, deren Betrieb daraufhin zeitweise zum Erliegen kam. Der beklagte Bund stellte sich auf den Standpunkt, dass es sich bei den hierdurch ausfallenden Aufträgen um einen nicht ersatzfähigen Reflexschaden handele. Das BG trat diesem Einwand damit entgegen, dass es Art. 239 chStGB (*Störung von Betrieben, die der Allgemeinheit dienen*) als Schutzgesetz heranzog, dass nicht nur die Allgemeinheit, sondern auch die von den öffentlichen Betrieben Versorgten schützen solle.[57] Es stützte seine Haftungsbegründung damit auf eine Norm, deren Parallelvorschriften (§§ 316b, 317 dStGB, § 318 StG) im gleichen Kontext auch schon in Deutschland und Österreich als Schutzgesetze erwogen wurden – freilich mit überwiegend anderen Ergebnissen.[58] Dementsprechend kritisch quittiert die Literatur dieses Schutznormverständnis,[59] welches das BG aber auch im *dritten* Kabelbruchfall[60] offenbarte: Ein vom Stromausfall betroffenes Papierunternehmen begehrte Ersatz seines Ausfallschadens, ohne dabei Eigentümer des beschädigten Kabels zu sein. Der Beklagte widersprach dem in der Vorentscheidung zentralbedeutenden Judiz, dass Art. 239 chStGB eine das Individualvermögen schützende Norm sei, was das BG aber ausdrücklich als *falsche Gesetzesauslegung* abtat.[61] Stattdessen betonte es noch einmal den Individualschutzcharakter der Strafvorschrift und damit die Haftung des Kabelschädigers für den reinen Vermögensschaden des Unternehmens.[62]

Das BG hatte bislang noch ein *viertes*[63] und *fünftes*[64] Mal über einen Kabelbruchfall zu entscheiden. In beiden Fällen stand erneut ein durch Be-

---

[56] BGE 101 Ib 252.
[57] BGE 101 Ib 252 (256); hierzu *Bürge*, JBl 1981, 57 f.: bemerkenswerte Argumentation.
[58] Hierauf für den österreichisch-schweizerischen Vergleich hinweisend *Ranieri*, Europäisches Obligationenrecht (2009), 1514.
[59] *Koller*, AJP 2020, 1381 (1385) spricht von „einem guten Teil der Lehre", der Bedenken an der Schutzzweckdogmatik des BG anmeldet, etwa: *Roberto/Fisch*, in: Fuhrer/Kieser/Weber (Hrsg.), Mehrspuriger Schadensausgleich (2022), 65 (67 f.); *Fisch*, Eigentumsgarantie und Nichtersatzfähigkeit reiner Vermögensschäden (2020), Rn. 384; zweifelnd *Probst*, in: Probst/Werro (Hrsg.), Strassenverkehrsrechtstagung 2012 (2012), 1 (41 f.); *Müller-Chen*, in: Fellmann/Weber (Hrsg.), Haftpflichtprozess 2008 (2008), 13 (21); *Kramer*, recht 1984, 128 (133); *Bürge*, JBl 1981, 57 (65 f.); diesem folgend spricht auch *Ranieri*, Europäisches Obligationenrecht (2009), 1516 von einem „Missverständnis" des Schutzgesetzbegriffs; kritisch *Schönenberger*, HAVE 2004, 3 (8); *Roberto*, Haftpflichtrecht (2018), § 5 Rn. 79; *ders.*, AJP 1999, 511 (522); referierend und mwN *Taupitz*, Haftung für Energieleitungsstörungen durch Dritte (1981), 47 f.
[60] BGE 102 II 85.
[61] BGE 102 II 85 (87): „Cette interprétation est erronée".
[62] BGE 102 II 85 (88).
[63] BGE 106 II 75 = recht 1984, 128 mAnm *Kramer*.
[64] BGE 114 II 376.

triebsausfall verursachter reiner Vermögensschaden zur Diskussion. Da das Kabel aber in beiden Fällen durch ein landwirtschaftliches Kraftfahrzeug zerstört wurde, zog das BG zur Haftungsbegründung allein die straßenverkehrsrechtliche Gefährdungshaftung nach Art. 58 SVG in Erwägung.[65] Diese sieht aber nur eine Ersatzpflicht für Sach- und Personen-, nicht aber für reine Vermögensschäden vor, sodass die Haftung für den Betriebsausfall bereits abseits jeder Schutzzweckerwägung verneint wurde.[66]

Aus vergleichender Perspektive ist weiterhin aufschlussreich, dass *im vierten Fall* durch den Kabelbruch nicht nur ein reiner Vermögensschaden, sondern auch ein reflektorischer Sachschaden verursacht wurde, für den der beklagte Landwirt durchaus einzustehen hatte.[67] Das BG scheint damit näher an der Sichtweise der deutschen, nicht der jüngeren österreichischen Rechtsprechung zur Handhabung reflektorisch verursachter Sachschäden zu liegen.

d) Zusammenfassung und Stellungnahme

Ein etwaiger Ersatzanspruch für durch Kabelschäden verursachte reine Vermögensschäden kommt im gesamten deutschen Rechtskreis nur unter den Vorzeichen der Schutzgesetzhaftung in Betracht. Im deutschen und österreichischen Recht wird ein solcher Anspruch heute durchweg abgelehnt. Für einen kurzen Zeitraum hielt der BGH zwar bauordnungsrechtliche Normen für individualvermögensschützend, gab diese Sichtweise jedoch schnell wieder auf. Aus der Perspektive dieser Untersuchung scheint es auch nur zwingend, hier unter keiner Anspruchsgrundlage Ersatz zu gewähren. Die Gefahr einer *uferlosen und damit freiheitsbedrohenden Haftung* liegt auf der Hand.[68] Wer traute sich noch, Erdarbeiten in einem Industriegebiet durchzuführen, wenn man nach einem Fehltritt in der Baugrube oder einem zu weiten Ausholen mit der Baggerschaufel allen umliegenden Betrieben für deren Produktionsstillstand haften müsste?

---

[65] Zurecht kritisch *Kramer*, recht 1984, 128 (129 ff.), der darauf hinweist, dass in BGE 106 II 75 die Verschuldenshaftung nach Art. 41 Abs. 1 OR Fall hätte greifen müssen.
[66] BGE 106 II 75 (78 f.) = recht 1984, 128 mAnm *Kramer*; in BGE 114 II 376 (382) scheitert die Haftung noch früher, hier wurde bereits die Verwirklichung der Betriebsgefahr verneint (Kabel wurde durch ein Messer zertrennt, das sich aus dem Schneidewerk der Landwirtschaftsmaschine gelöst hatte), für eine Haftung nach Art. 41 Abs. 1 OR fehlte es am erforderlichen Verschulden.
[67] BGE 106 II 75 (79) = recht 1984, 128 mAnm *Kramer*: Asphalt wird unbrauchbar und muss aus Aufbereitungsanlage entfernt werden; ausdrücklich und in Abgrenzung zum sonstigen Betriebsausfallschaden als Sachschaden bezeichnet.
[68] Für die Schweiz *Fisch*, Eigentumsgarantie und Nichtersatzfähigkeit reiner Vermögensschäden (2020), Rn. 939.

aa) Schweizerischer Sonderweg

Allein in der Schweiz – so jedenfalls der letzte Stand – geht das Höchstgericht davon aus, dass Art. 239 chStGB auch das Individualvermögen von Strom- bzw. Wasserendabnehmer schützt. Der rechtsvergleichende Blick fordert an dieser Sichtweise geradezu Kritik heraus. Denn für die deutschen und österreichischen Parallelnormen wurde ein Individualschutz schließlich verneint. Umso mehr erstaunt der schweizerische Sonderweg, zumal die deutschen und österreichischen Judize[69] zum Zeitpunkt der bundesgerichtlichen Entscheidung bereits mehrere Jahre alt waren. Zudem gleicht sich die zur Antwort auf die Frage nach dem etwaigen Individualschutz einer Norm heranzuziehende Lehre vom Normschutzzweck. Mehr noch: Aus Österreich stammend, in Deutschland rezipiert und von dort ins schweizerische Recht übertragen, ist es heute naheliegend, dass die Normschutzzweckerwägungen zu vergleichbaren Vorschriften auch zu vergleichbaren Ergebnissen kommen.[70]

Die hier in Rede stehenden Entscheidungen stammen aus den 1980er Jahren. Ob das BG heute die Frage nach dem Schutzgesetzcharakter des Art. 239 chStGB und damit nach der Haftung für den reinen Vermögensschaden des stillstehenden Unternehmens erneut bejahen würde, ist ungewiss. Der Blick auf die Nachbarrechtsordnungen spricht klar dagegen. Ein Höchstgericht ändert seine Spruchpraxis allerdings nur ungern, zumal dann, wenn es die in solch prominenten wie den hiesigen Kabelbruchfällen dann einzunehmende Alternativperspektive zuvor bereits ausdrücklich *als falsch gegeißelt* hat.[71] Allerdings befände sich das BG in guter Gesellschaft. Schließlich hat der OGH exakt diese Rechtsprechungswende bereits Anfang der 1970er Jahre vollzogen.

bb) Vermittelnde Ansicht beim Ersatz reflektorisch verursachter Sachschäden

Mit seinem – zurecht – strengen Kurs gegenüber reinen Vermögensschäden begann der OGH eine ebenso strikte Ablehnung des Ersatzes für reflektorisch verursachte Sachschäden. Dies markiert einen deutlichen Unterschied zur deutschen (und wohl auch zur schweizerischen) Rechtsprechung, die den Eigentümer als unmittelbar Geschädigten und damit Ersatzberechtigten ansehen. Nach hier vertretener Ansicht kann weder der einen noch der anderen Sichtweise ohne weiteres gefolgt werden, die sich doch als nicht mehr als zwei Extreme darstellen: Beide Ansätze rekurrieren auf den Grundsatz, dass nur der unmittelbar Geschädigte Ersatz verlangen können soll. Der OGH

---

[69] BGH NJW 1977, 1147; OGH EvBl 1972/297.
[70] Siehe nur den Beitrag von *Roberto/Rickenbach*, ZSR 2012, 185 ff., die im Titel „Was ist eine Schutznorm?" fragen und dies für das schweizerische Recht sodann maßgeblich mithilfe deutscher Literatur beantworten.
[71] BGE 102 II 85 (87): „Cette interprétation est erronée".

besetzt dabei den einen Pol dieses Dogmas, indem er aus jeder Schadensvermittlung die Nichtersatzfähigkeit ableitet. Der BGH nimmt den genau gegenüberliegenden Standpunkt ein, indem er vorgibt, strikt am Reflexschadenersatzverbot festzuhalten, gleichzeitig aber den reflektorisch beeinträchtigten Eigentümer als unmittelbar Geschädigten ansieht. Vorzugswürdig scheint – wie so häufig – eine Lösungsverortung in der Mitte.

Die deutsche Rechtsprechung gibt zu erkennen, was hier bereits wiederholt ausgeführt wurde: Das Reflexschadenersatzverbot ist dort inkonsequent, wo es um Reflexsach- und Reflexpersonenschäden geht, hat es doch das alleinige Ziel, reflektorisch verursachte reine Vermögensschäden ersatzlos zu stellen. Es ist daher bei der Haftungsfrage nicht auf die Unmittelbarkeit der Schädigung abzustellen, sondern allein auf die Qualität des reflektorisch beeinträchtigten Rechtsguts und weiterhin auf Verschulden und Adäquanz.

Betrachtete man so den jüngsten Kabelbruchfall in Österreich,[72] in welchem ein oberirdischer Kabelverteilerkasten zerstört und einigen wenigen Haushalten Sachschäden entstanden, wäre eine Haftung mit dem Erst- und dem Berufungsgericht durchaus zu bejahen gewesen.[73] Die Ersatzpflicht im geradezu konträren deutschen *Bruteier-Fall* wäre dagegen trotz Sachschaden unter Adäquanzgesichtspunkten zumindest zu hinterfragen.[74]

2. Unterbrechung von Verkehrslinien

Die deutschen und österreichischen Gerichte hatten weiterhin vielfach Gelegenheit, sich zur Ersatzfähigkeit solcher reflektorischen Reinvermögensschäden zu äußern, die Verkehrsteilnehmern in Folge von Autobahn-, Gleis- oder Wasserstraßensperrungen entstehen. Für das schweizerische Recht musste eine solche Konstellation – soweit erkennbar – bislang noch nicht entschieden werden. Als Modellfall soll daher folgende Grundkonstellation dienen, die jedenfalls in Deutschland und Österreich bereits das Höchstgericht beschäftigt hat: *Ein Lkw-Fahrer beschädigt mit seinem Fahrzeug fahrlässig eine Autobahnbrücke. Der LKW bleibt liegen, die Unfallstelle muss großräumig geräumt, die baufällige Brücke gesichert und die Autobahn hierzu für einen ganzen Tag voll gesperrt werden.*[75]

---

[72] OGH EvBl-LS 2020/66 mAnm *Painsi*.
[73] Ganz idS auch für das schweizerische Recht *Fisch*, Eigentumsgarantie und Nichtersatzfähigkeit reiner Vermögensschäden (2020), Rn. 940.
[74] BGHZ 41, 123 = NJW 1964, 720 (722): „Wer eine elektrische Freileitung durchtrennt, weiß [...] bei durchschnittlicher Lebenskenntnis auch, daß an das unterbrochene Netz wahrscheinlich zahlreiche Anlagen zur Konservierung von Sachen angeschlossen sind, die bei längerem Stromausfall verderben könnten" – diese Sichtweise ist wohl gerade nicht zwingend; vgl. auch *G. Hager*, JZ 1979, 53 (57); aA *Glückert*, AcP 166 (1966), 311 (315 ff.), der dem Judiz voll zustimmt.
[75] In etwa dieser Sachverhalt lag BGH JZ 2015, 680 mAnm *G. Wagner* = ZVR 2015/110 mAnm *Ch. Huber* zugrunde; ähnlich auch OGH ZVR 2004/47, wobei das Urteil den Un-

a) Vier beispielhafte Schadenskonstellationen

Vier in Betracht kommende *Schäden* sind hier auf ihre Ersatzfähigkeit zu untersuchen, wobei all diesen Konstellationen gemein ist, dass es an einer Substanzbeeinträchtigung fehlt. Vielmehr entstehen all diese Schäden als Reflex aus der durch die Brückenbeschädigung resultierenden Straßensperrung.

- *Erstens*: Ein Arzt, der den nun gesperrten Autobahnteil bis dato täglich auf dem Weg zu seiner Praxis befährt, ist gezwungen, die Unfallstelle großräumig zu umfahren. Sein SUV hat einen hohen Kraftstoffverbrauch, die Kosten für den durch den Umweg entstehenden Mehrbedarf an Kraftstoff verlangt er ersetzt.
- *Zweitens*: Ein in Fahrtrichtung hinter der Unfallstelle liegender Betrieb kommt mangels Publikumsverkehrs zum Erliegen; etwa eine Autobahnraststätte, die für die Dauer der Straßensperrung keine Kundschaft hat und dadurch keine Waren absetzt. Den so entgangenen Gewinn verlangt der Raststätteninhaber ersetzt.
- *Drittens*: Ein Lebensmittelhändler, der die umliegenden Imbisse mit tagesfrischen Waren beliefert, ist daran bzgl. vorgenannter Raststätte durch die Vollsperrung gehindert. Da er die für die Raststätte bestimmten Waren nicht wie geplant an den Raststätteninhaber (und aufgrund der Verderblichkeit der frischen Ware auch an sonst niemanden) veräußern kann, verlangt er Ersatz seines so entgehenden Gewinns.
- *Viertens*: Ein selbstständiger Profiboxer, der sich im Unfallzeitpunkt mit seinem Fahrzeug direkt hinter dem havarierten Lkw befand, ist für die Dauer der Räumungsarbeiten an der Weiterfahrt gehindert. Sein Fahrzeug ist nicht beschädigt. Während aber die anderen angestauten Fahrzeuge nach und nach von der Autobahn heruntergelotst werden, ist sein Wagen so zwischen Lkw-Wrack und Brückentrümmern „eingesperrt", dass es sich weder vor- noch zurückbewegen lässt. Der Boxer schafft es nicht rechtzeitig zum Preiskampf, sodass ihm die bereits für die bloße Teilnahme zustehende Wettkampfprämie entgeht. Diese verlangt er ersetzt, ebenso wie einen Ausgleich für den Nutzungsverlust seines Wagens.

b) Falllösungen

Die Lösung dieser Fälle bestimmt sich in den hier bedeutsamen Punkten allein nach *Deliktsrecht*. Eine grundsätzlich primär in Betracht kommende straßenverkehrsrechtliche Gefährdungshaftung scheidet bereits dort aus, wo reine Vermögensschäden ersetzt verlangt werden. Deren Ersatz ist in allen

---

fallhergang nur sehr knapp wiedergibt; diese Konstellation für die Schweiz referierend *Fisch*, Eigentumsgarantie und Nichtersatzfähigkeit reiner Vermögensschäden (2020), Rn. 484 ff.

hier betrachteten Rechtsordnungen unter der *Straßenverkehrsgefährdungshaftung* ausgeschlossen, vgl. die diesbezüglich beinahe wortlautgleichen § 7 Abs. 1 StVG (Deutschland), § 1 Abs. 1 EKHG (Österreich) und Art. 58 Abs. 1 SVG (Schweiz). Auch eine Haftung aus *Sonderverbindung* scheidet erkennbar aus, ist der Straßenverkehr doch das prototypischste Beispiel vollkommen zufälliger Begegnungen von Schädiger und Geschädigtem.

aa) Das Nadelöhr der deutschen Rechtsprechung – die Grundsätze des Fleet-Falls, BGHZ 55, 153 = NJW 1971, 886

Gemein ist diesen vier Schadensfällen, dass die jeweiligen Geschädigten in der Nutzung einzelner Sachen bzw. Einrichtungen (Autobahnraststätte, Lieferfahrzeug, Privatfahrzeug) gehindert sind, ohne dass diese dabei in ihrer Sachsubstanz beeinträchtigt sind. Insbesondere aus der Perspektive der deutschen Rechtsprechung scheidet sich die Beurteilung der Ersatzfähigkeit der so entstandenen Schäden an der Frage, ob die Nutzungsbeeinträchtigung bereits als Eigentums- oder Besitzbeeinträchtigung oder „nur" als reine Vermögensbeeinträchtigung qualifiziert werden kann.[76]

Als bis heute im deutschen Recht für diese Abgrenzung maßgebliche Bezugsgröße gelten dabei die im sog. *Fleet-Fall*[77] aufgestellten Grundsätze. Im dortigen Fall wurde eine Wasserstraße durch den Einsturz einer baufälligen Ufermauer unbeschiffbar. Ein in diesem Gewässer ankerndes Schiff konnte nicht wie geplant ausschiffen, sondern war dazu verdammt, „eingesperrt" bis zur Ausräumung der Wasserstraße an Ort und Stelle zu verweilen. Drei weitere Schiffe waren dagegen daran gehindert, in die gesperrte Wasserstraße wie geplant einzufahren; sie sahen sich durch den Mauereinsturz von ihrem Ziel „ausgesperrt". Die Klägerin – Eigentümerin aller vier Schiffe – verlangte von der für die Ufermauer instandhaltungspflichtigen Bundesrepublik deliktischen Schadenersatz. Der BGH sprach ihr diesen mit Blick auf das eingesperrte Schiff zu, verneinte einen Ersatzanspruch aber bezüglich der ausgeschlossenen Schiffe. Diese Differenzierung erklärte er mit den An-

---

[76] Kritisch *G. Wagner*, in: MüKo BGB[8], § 823 Rn. 269, der davor warnt, durch die Einstufung bloßer Nutzungsausfälle als Eigentumsverletzung die Absage an eine allgemeine Fahrlässigkeitshaftung für reine Vermögensschaden zu unterlaufen; zum Problem der heute noch ungeklärten Reichweite des Eigentumsschutzes in Abgrenzung zu reinen Vermögensschäden am Bsp. der Kabelbruchfälle *Picker*, in: FS Koziol (2010), 813 (817 ff.); zu dieser Abgrenzungsfrage aus schweizerischer Perspektive *Fisch*, Eigentumsgarantie und Nichtersatzfähigkeit reiner Vermögensschäden (2020), Rn. 480.

[77] BGHZ 55, 153 = NJW 1971, 886; kritisch besprochen zuletzt von *Picker*, ZfPW 2015, 385 (409 ff.); in der Schweiz referiert von *Fisch*, Eigentumsgarantie und Nichtersatzfähigkeit reiner Vermögensschäden (2020), Rn. 481 ff.; *Rey*, in: Liber Amicorum P. Widmer (2003), 283 (284); eine in Sachverhalt und Urteil beinahe deckungsgleiche Neuauflage erlebte der Fleet-Fall vor kurzem in BGH NZV 2017, 25 = ZVR 2016/208 mAnm *Ch. Huber* = HAVE 2016, 437 mAnm *Ch. Huber*.

forderungen an eine Eigentumsverletzung iSd § 823 Abs. 1 BGB. Einerseits dürfe diese nicht so eng verstanden werden, dass ihr nur eigentliche Substanzschäden unterfielen. Vielmehr sei auch eine wie die in Rede stehende Beeinträchtigung, durch die das Schiff jede Bewegungsmöglichkeit verliert und *„damit als Transportmittel praktisch ausgeschaltet, seinem bestimmungsgemäßen Gebrauch entzogen"* wird, als Eigentumsverletzung anzusehen.[78] Aus dieser Formel folgt gleichzeitig die Rechtsfolge für die anderen, lediglich „ausgesperrten" Schiffe. Diese konnten zwar ihren ins Auge gefassten Bestimmungsort nicht anfahren, dafür aber jeden anderen Anlegeplatz. Da sie so *„als Transportmittel nicht betroffen* [waren] *und damit ihrem natürlichen Gebrauch nicht entzogen wurden"* verneinte der BGH eine Eigentumsverletzung.[79]

Um die inhaltliche Brücke zu den Kabelbruchfällen zu schlagen: Die im Fleet-Fall beschriebene Eigentumsverletzung des eingesperrten Schiffes geht erkennbar über die Intensität der Beeinträchtigung hinaus, die der durch den Stromausfall beeinträchtigte Betriebsinhaber erleidet – kann dieser auf ein *Notstromaggregat* zurückgreifen, kann die Produktion im Handumdrehen wieder anlaufen.[80] Der Betrieb mag beeinträchtigt sein, ist aber – anders als das eingesperrte Schiff – weder „praktisch ausgeschaltet", noch „seinem bestimmungsgemäßen Gebrauch entzogen."

bb) Ersatzfähigkeit des Schadens des Arztes

Dem Arzt steht in keiner der hier betrachteten Rechtsordnung deliktischer Schadenersatz zu. Für die *deutsche Perspektive* wirkt das vorgenannte Judiz des Fleet-Falles bis heute: Das von § 823 Abs. 1 BGB geschützte Eigentum des Arztes ist nicht verletzt, die Gebrauchsmöglichkeit seines SUV nicht vollkommen aufgehoben.[81] Die Tatsache, dass er nicht den Weg seiner Wahl befahren kann, ändert daran nichts.[82] Ein betriebsbezogener Eingriff in sei-

---

[78] BGHZ 55, 153 = NJW 1971, 886 (888).
[79] BGHZ 55, 153 = NJW 1971, 886 (888).
[80] Treffend *G. Hager*, JZ 1979, 53 (55); einschränkend aber *Taupitz*, Haftung für Energieleitungsstörungen durch Dritte (1981), 123, der die Eigentumsverletzung vom Zugang zu alternativer Energiequelle abhängig machen will.
[81] Ausdrücklich auf den Fleet-Fall verweisend BGH NZV 2017, 25 (27) = ZVR 2016/208 mAnm *Ch. Huber* = HAVE 2016, 437 mAnm *Ch. Huber;* NJW-RR 2005, 673 (674); NJW 2004, 356 (358).
[82] Lehrbuchartig BGH NJW-RR 2005, 673 (674): Sperrung eines bestimmten Weges keine Verletzung des Eigentums an betroffenem Transportmittel; LG Hannover NZV 2006, 660 (661): Hinderung im Gebrauch der öffentlichen Straße wie jeder andere Verkehrsteilnehmer ersatzlos hinzunehmen; damit korrespondiert auch das Judiz in BGH VersR 1979, 905: nur reiner Vermögensschaden, wenn Transportgut von havariertem Schiff auf anderes Schiff umgeladen werden muss – eine Sache nicht wie geplant befördern zu können, ist also noch keine Eigentumsverletzung; idS zuletzt LG Cottbus RdTW 2016, 458 (459).

nen Praxisbetrieb ist ebenso zu verneinen.[83] Die ihm durch den Umweg entstehenden Mehrkosten schlagen als reiner Vermögensschaden zu Buche, der aber nach keiner deliktischen (Spezial-)Norm zu ersetzen ist.

Für das *österreichische Recht* muss das Ergebnis ebenso lauten. Der einzige Präzedenzfall[84] bringt das klar zum Ausdruck: Nachdem eine im Gemeindeeigentum stehende Brücke unter einem zu schwer beladenen LKW zusammengebrochen war, begehrte ein Holztransporteur vom Lenker des LKW Ersatz des Arbeitsausfalls und Mehraufwands, die ihm dadurch entstanden sind, dass er durch den Brückenschaden stundenlang an der Weiterfahrt gehindert und außerdem gezwungen war, seine Ware zum Weitertransport umzuladen. Der OGH verneinte hier einen Ersatzanspruch unter Schutzzweckerwägungen. Bemerkenswert ist weiterhin, dass der Lenker im Zeitpunkt des Zivilprozesses bereits gem. § 318 StG strafrechtlich verurteilt war. Ein etwaiger Schutzgesetzcharakter dieser Norm wurde aber gerade nicht angenommen – ebenso, wie im ersten Fall eines durch Kabelbruch verursachten reinen Vermögensschaden,[85] anders aber als in den ersten Kabelbruchfällen mit reflektorisch verursachten Sachschäden.[86]

Die *schweizerischen Gerichte* haben – soweit erkennbar – eine vergleichbare Konstellation noch nicht entscheiden müssen. Das Ergebnis dürfte jedoch dasselbe sein wie in Deutschland und Österreich: Mangels widerrechtlicher – nämlich nur rein vermögensbeeinträchtigender, noch keinem Schutzgesetz unterfallender – Schädigung scheidet ein Ersatzanspruch des Arztes bzw. Holztransporteurs aus. Insbesondere eine Beeinträchtigung der *wirtschaftlichen Persönlichkeit* (als ansatzweises Parallelinstitut zum deutschen Recht am Gewerbebetrieb) wird abzulehnen sein.[87] Ein anderes Ergebnis ließe sich freilich erzielen, wenn Art. 237 Abs. 2 chStGB (*Fahrlässige Störung des öffentlichen Verkehrs*) ebenso wie Art. 239 chStGB in den Kabelbruchfällen auch in der hiesigen Straßensperrungskonstellation als Individualschutzgesetz angesehen würde.[88] Mit ihrer klaren tatbestandlichen Bezugnahme auf die *Gefährdung von Leib und Leben* der Verkehrsteilnehmer scheint es allerdings mehr als fernliegend, dieser Norm auch intendierten Individualvermögensschutz zu unterstellen.

---

[83] Vgl. BGH NJW-RR 2005, 673 (675); NJW 2004, 356 (358); LG Hannover NZV 2006, 660 (661).
[84] OGH SZ 34/112; hierzu *Danzl*, ZVR 2002, 363 (365); *Kramer*, ZVR 1971, 141.
[85] Grundlegend OGH EvBl 1972/297 (578); ebenso OGH EvBl 1973/147 (394); JBl 1976, 210 (211).
[86] OGH JBl 1971, 425 (426); siehe hierzu unter G./I./2./b)/bb).
[87] Vgl. BGE 114 II 91 (105): Keine Lückenfüllung durch Persönlichkeitsrecht, gilt umso mehr, wenn offensichtlich wirtschaftliche Interessen auf dem Spiel stehen; *Roberto/Hrubesch-Millauer*, in: FS Druey (2002), 229 (237): zweifelnd, ob wirtschaftlicher Persönlichkeitsschutz überhaupt abseits der Kernfälle von Verbandsausschlüssen denkbar.
[88] IdS bereits *Bürge*, JBl 1981, 57 (65) mit dem Verweis auf österreichische und deutsche Anlassfälle.

cc) Die Ersatzfähigkeit des Schadens des Raststätteninhabers

Um das Ergebnis vorwegzunehmen: Sowohl das deutsche[89] als auch das österreichische[90] Höchstgericht verneinen einen Ersatzanspruch des Raststätteninhabers. Auch für das schweizerische Recht wird dieses Judiz zutreffen, es gelten die Ausführungen zum nicht ersatzfähigen reinen Vermögensschaden des Arztes.

(1) Die Rechtsprechung des OGH und BGH

Das (knappe) Urteil des OGH liegt dabei auf einer Linie mit seiner jüngeren Kabelbruch-Rechtsprechung. Da das beeinträchtigte Vermögen des Raststättenbetreibers keiner Schutznorm unterfällt, soll der Raststätteninhaber als lediglich mittelbar (nämlich rein in seinem Vermögen) Geschädigter keinen Ersatz verlangen können. Dieses Ergebnis, zu dem auch die deutsche Rechtsprechung kommt, überzeugt.

Für den deutschen Parallelfall verneint der BGH mangels Betriebsbezogenheit erwartbar einen Eingriff in den Gewerbebetrieb des Raststätteninhabers.[91] Die Urteilsbegründung des BGH macht an anderer Stelle allerdings stutzig: Erkennbar rekurriert sie auf den im Fleet-Fall aufgestellten Grundsatz, auch dann eine Eigentumsverletzung annehmen zu können, wenn die *Brauchbarkeit einer Sache zu ihrer bestimmungsgemäßen* Verwendung nicht unerheblich *beeinträchtigt* worden ist.[92] Für die vom Durchgangsverkehr abgeschlossene Raststätte sei dies aber noch nicht erfüllt:

„Denn die Funktionsfähigkeit der Anlage [...] selbst wurde durch die Sperrung nicht betroffen. Die Anlage und ihre Einrichtungen hätten auch während der Sperrung der Autobahn in jeder Hinsicht bestimmungsgemäß in Gebrauch genommen werden können. Dass infolge der Sperrung [...] Durchgangsverkehr und damit nennenswerter Kundenzustrom nicht zu erwarten war, ändert daran nichts."[93]

(2) Vereitelung des bestimmungsgemäßen Gebrauchs?

Diese Erwägung lässt einen zumindest nachdenklich zurück. Denn was soll denn der bestimmungsgemäße und damit nach dem Judiz im Fleet-Fall in haftpflichtbegründender Weise einschränkbare Gebrauch einer Autobahn-

---

[89] BGH JZ 2015, 680 mAnm *G. Wagner* = ZVR 2015/110 mAnm *Ch. Huber*.
[90] OGH ZVR 2004/47.
[91] BGH JZ 2015, 680 (682) mAnm *G. Wagner* = ZVR 2015/110 mAnm *Ch. Huber*; genauso schon BGHZ 86, 152 = NJW 1983, 2313 (2314).
[92] Diese Formel aus schweizerischer Sicht aus der BGH-Rspr. herausdestillierend *Rey*, in: Liber Amicorum P. Widmer (2003), 283 (285).
[93] BGH JZ 2015, 680 (681) mzustAnm *G. Wagner* = ZVR 2015/110 mzustAnm *Ch. Huber*; grundlegend BGHZ 86, 152 = NJW 1983, 2313 (2314): Keine Eigentumsverletzung gegenüber dem Inhaber eines Schiffsumschlageunternehmens, dessen allein über das Wasser erreichbarer Umschlagplatz durch einen Dammbruch vom Schiffsverkehr abgeschnitten war – die Anlagen waren benutzbar geblieben, „nur" die Kunden blieben aus.

raststätte sein, wenn nicht der, Ware an die rastenden Autobahnfahrer verkaufen zu können? Und ist es damit nicht Voraussetzung der bestimmungsgemäßen Ingebrauchnahme, dass eine Autobahnraststätte überhaupt vom Durchgangsverkehr frequentiert werden kann?[94]

Das einen Ersatzanspruch ablehnende Urteil des BGH ist im Ergebnis richtig und aus Sicht dieser Untersuchung geradezu zwingend – haftete ein Unfallverursacher unter dem Deckmantel des Eigentumsschutzes für jede Gewinneinbuße aller geographisch nachgelagerten Straßenanlieger, wären die vielbeschworenen Schleusentore einer ungezügelten, freiheitsbedrohenden Haftung in letzter Konsequenz geöffnet.[95] Der Umgang mit dem Schaden des Raststätteninhabers führt aber vor Augen, dass die Fleet-Fall-Formel des *bestimmungsgemäßen Gebrauchs* dort an ihre Grenzen stößt, wo sie auf Fälle der Beeinträchtigung der *bestimmungsmäßigen Verwertung von Wirtschaftsgütern* angewandt wird.[96]

Dass das Urteil über die Verunmöglichung des bestimmungsgemäßen Gebrauchs auch anders ausfallen kann, illustriert ein jüngeres Urteil des AG Frankfurt am Main:[97] Ein unachtsam geparkter Pkw blockierte einen Teil der Frankfurter Straßenbahnschienen. Die Bahnen konnten an dieser Stelle nicht weiterfahren – allerdings bis dorthin und (unter erhöhtem Personalaufwand) auch von der Blockadestelle zurück. Das Gericht befand die klagende Straßenbahnbetreiberin gleichwohl für in *ihrem Eigentum* – wohlgemerkt *an den blockierten Schienen* – verletzt. Obwohl das Straßenbahnnetz mit Ausnahme des Blockadepunktes befahrbar war, bejahte es eine *schwerwiegende Beeinträchtigung des bestimmungsgemäßen Gebrauchs.*

Diesem Judiz ist erneut zuzustimmen, weil eine vergleichbare Ausuferungsgefahr wie im Raststätten-Fall nicht droht. Es verdeutlicht dabei, wie indifferent in unterschiedlichen Fällen über die Eigentumsverletzung durch Gebrauchsverunmöglichung entschieden wird: Es scheint aus sich heraus

---

[94] Zurecht kritisch zu diesem Fall *Picker*, NJW 2015, 2304 aE; ebenso schon *Brüggemeier*, VersR 1984, 902 ff. anlässlich BGHZ 86, 152 = NJW 1983, 2313; vgl. auch *Wilhelmi*, in: Erman BGB[16], § 823 Rn. 31: Ablehnung einer Eigentumsverletzung zweifelhaft, „wenn die Zufahrt zu einem Grundstück vollständig gesperrt wird"; ähnlich schon *Taupitz*, Haftung für Energieleitungsstörungen durch Dritte (1981), 138.

[95] *Picker*, NJW 2015, 2304 Fn. 7; *G. Wagner*, in: MüKo BGB[8], § 826 Rn. 19; einschränkend *Brüggemeier*, VersR 1984, 902 (905), der für den hiesigen Fall des Straßenverkehrs eine Haftung aus Eingriff in den Gewerbebetrieb ablehnt, für die Unterbrechung von Wasserstraßen (wegen der „geringeren" Gefahr einer uferlosen Ersatzpflicht?) aber befürwortet.

[96] Vgl. *Brüggemeier*, VersR 1984, 902 (903): Rspr hat eher „Steine statt Brot geliefert"; äußerst kritisch zum Raststättenfall daher *Picker*, NJW 2015, 2304 ff.; weiterführend zu den heute immer noch offenen Flanken des zivilrechtliche Eigentumsschutzes im Kontext der Kabelbruchfälle *ders.*, in: FS Koziol (2010), 813 (817 ff., 830 ff.); *ders.*, JZ 2010, 541 ff.; für eine weitreichende Ersatzpflicht bei der Nutzungsverunmöglichung jeder Ressource *Kötz/Schäfer*, Judex oeconomicus (2003), 45.

[97] DAR 2018, 449 mAnm *Engel*; in vergleichbarer Konstellation BGH NJW 2022, 3789.

kaum zwingend, für die punktuell blockierten, ansonsten aber über Kilometer nutzbaren Schienen eine Eigentumsverletzung anzunehmen, nach den gleichen Parametern für die vollkommen vom Verkehr abgeschnittene und bei lebensnaher Betrachtung eben *wirtschaftlich überhaupt nicht mehr gebrauchsfähige* Raststätte eine solche aber zu verneinen.[98] Im Ergebnis sind dennoch beide Entscheidungen richtig, wenn bei der Frage nach der Abgrenzung von Eigentum- und Reinvermögensschutz die Gefahr der ausufernden Haftung (im Raststättenfall zu bejahen, im Schienenfall zu verneinen) mitbedacht wird.

dd) Die Ersatzfähigkeit des Schadens des Lebensmittelhändlers

Für den Ersatzanspruch des Lebensmittelhändlers gilt im gesamten deutschen Rechtskreis das zum Schaden des Arztes Gesagte: Die Einbußen durch die Verkehrssperrung stellen sich als reiner Vermögensschaden dar. Der Umstand, die vom Verkehr abgeschnittene Raststätte nicht wie geplant anfahren zu können, liegt mit Blick auf die dadurch entstehende Beeinträchtigung seines Eigentums – er kann seinen Lieferwagen nicht an den von ihm gewählten Bestimmungsort fahren – noch unter der Schwelle zur Eigentumsverletzung (Stichwort für das deutsche Recht nach dem Fleet-Fall: Lieferfahrzeug nicht „ein"-, sondern lediglich „ausgesperrt"). Der Lebensmittelhändler kann seinen Schaden nicht ersetzt verlangen[99] – was schon mit Hinblick auf die ansonsten drohende uferlose Haftung des Unfallverursachers zwingendes Ergebnis der Haftungsprüfung sein muss.[100]

---

[98] So überzeugt es auch wenig, wenn *Engel*, DAR 2018, 449 (450) in seiner Urteilanmerkung anführt, das Judiz des AG Frankfurt am Main stünde gerade nicht im Widerspruch zu BGH JZ 2015, 680 (682) mAnm *G. Wagner* = ZVR 2015/110 mAnm *Ch. Huber*, da ja dort die Raststätte „problemlos hätte weiter benutzt werden können" – man möchte hinzufügen: Genau wie die Straßenbahnschienen, mit Ausnahme der punktuell blockierten Meter Gleise; kritisch zum Raststätten-Judiz aus schweizerischer Perspektive vor der Fleet-Fall-Formel auch *Fisch*, Eigentumsgarantie und Nichtersatzfähigkeit reiner Vermögensschäden (2020), Rn. 486.

[99] Lehrbuchartig zu dieser Konstellation (in casu Gewinnentgang eines im Stau stehenden Wochenmarkthändlers) AG Achim SP 2006, 273 f.: kein Ersatzanspruch, weder aus Gefährdungshaftung noch aus Delikt, insbesondere nicht wegen eines Eingriffs in den Gewerbebetrieb.

[100] Treffend für die Schweiz *Fisch*, Eigentumsgarantie und Nichtersatzfähigkeit reiner Vermögensschäden (2020), Rn. 903; beachtlich aber auch *Papier/Shirvani*, in: MüKo BGB[8], § 839 Rn. 327, die für den Fall einer Verkehrssperrung durch hoheitliche Verkehrssicherungspflichtverletzung den reinen Vermögensschaden der Verkehrsteilnehmer ersetzen lassen wollen – vor dem Hintergrund, den Staat nicht durch Haftungsbegrenzungen in seiner eben nicht existenten Handlungsfreiheit schützen zu müssen, lässt sich dies durchaus hören.

ee) Die Ersatzfähigkeit der Schäden des selbstständigen Profiboxers

Bei den Einbußen des Boxers ist zu differenzieren zwischen einerseits der entgangenen Wettkampfprämie und andererseits dem Gebrauchsentgang seines Fahrzeugs. Erneut richtet sich das Haftungsergebnis in erster Linie danach, ob die Beeinträchtigung des Fahrzeugs (für einen Tag der Fortbewegungsmöglichkeit beraubt) schon als *deliktisch relevante Eigentumsverletzung* einzuordnen ist. Der Blick liegt also zunächst auf dem fraglichen Grund des Ersatzanspruches. Wird die Eigentumsverletzung bejaht, ist die Wettkampfprämie als durch diese Rechtsgutsverletzung – Adäquanz unterstellt – entgehender Gewinn[101] zu ersetzen. Eine Folgefrage ist die nach dem Ersatz für die Gebrauchsentbehr, die sich, bei Bejahung des Anspruchsgrundes, auf der Ebene des Anspruchsumfangs stellt.

(1) Eigentumsverletzung des Boxers?

Die Frage nach der Ersatzfähigkeit der Wettkampfprämie ist in folgendem Spannungsfeld zu verorten: Grundsätzlich kann derjenige, der aufgrund eines fremdverursachten Unfalls im Stau steht und dem dadurch ein Geschäftsgewinn entgeht, hierfür vom Unfallverursacher keinen Ersatz verlangen.[102] Es gilt das zum entgangenen Gewinn des Lebensmittelhändlers Gesagte. *Reine Erwerbsaussichten* sind vom deliktisch geschützten Eigentum (noch) nicht umfasst.[103] Realisieren sich diese nicht, bevor sie sich zum Eigentum verfestigen, kann der so rein Vermögensgeschädigte nach den deliktischen Grundnormen § 823 Abs. 1 BGB, § 1295 Abs. 1 ABGB, Art. 41 Abs. 1

---

[101] Mit eben diesem Beispiel für Österreich *Koziol*, Haftpflichtrecht II (2018), A/2/129; *ders.*, in: FS Fenyves (2013), 241 (246); ähnlich für Deutschland *Brand*, in: BeckOGK BGB (Stand: 1.3.2022), § 252 Rn. 8; für die Schweiz *Probst*, in: Probst/Werro (Hrsg.), Strassenverkehrsrechtstagung 2010 (2010), 1 (49); vgl. auch *Fisch*, Eigentumsgarantie und Nichtersatzfähigkeit reiner Vermögensschäden (2020), Rn. 480; lehrbuchartig OGH JBl 1995, 658 (661) mAnm *Karollus-Brunner*; mit vergleichbaren Konstellation BGH VersR 1996, 380: entgangener Gewinn aus Beratertätigkeit wegen erfüllungsvereitelnder Verletzung in Supermarkt; NJW-RR 2009, 715: entgangener Gewinn eines Schiffseigners durch havariebedingte Stilllegung seines Schiffes; BGH VersR 2015, 1569: verletzungsbedingte Verhinderung eines Berufssoldaten, an Anti-Piraterie-Mission teilzunehmen und hierfür Lohnzulage zu erhalten; ebenso OLG Stuttgart VersR 2007, 1524: Entgang einer Lohnzulage wegen verletzungsbedingter Vereitelung eines Militäreinsatzes in Afghanistan; OLG Düsseldorf VersR 1996, 334: verletzungsbedingter Entgang von Aufwandsentschädigungen eines Fußballers.

[102] Obiter BGH NJW 1977, 2264 (2265); *G. Wagner*, in: MüKo BGB[8], § 823 Rn. 271; *J. Hager*, in: Staudinger BGB (2017), § 823 Rn. B 91; erläuternd *Reimann*, in: Bussani/Palmer (Hrsg.), Pure Economic Loss in Europe (2003), 171 (428 f.).

[103] BGH NJW-RR 1989, 673 (674): in casu ging es zwar um einen Anspruch unter enteignungsrechtlichen Gesichtspunkten, sodass der öffentlich-rechtliche (und damit im deutschen Recht weiter als im Zivilrecht reichende) Eigentumsbegriff in Rede stand; bezüglicher reiner Erwerbsaussichten decken sich aber diese beiden Eigentumsbegriffe dahingehend, als sie diese nicht mehr vom Eigentum umfasst sehen; in Österreich ist der Ersatz entgangenen Gewinns an qualifiziertes Verschulden geknüpft, vgl. § 1331 ABGB.

OR keinen Ersatz verlangen. Ihn trifft vielmehr das für den Verkehrsstau vielfach beschworenen *allgemeine Lebensrisiko*.[104] Gewinnentgang kann nur derjenige verlangen, für den dieser als adäquat-kausale Folge aus der Verletzung seiner absolut geschützten Rechtsgüter entspringt – im hiesigen Fall etwa der Eigentümer der zerstörten Brücke. Diese Anspruchsverteilung verfolgt erkennbar das Ansinnen, die Ersatzberechtigung auf wenige (substanzverletzte) Personen zu konzentrieren, die Vielzahl der rein Vermögensgeschädigten (Stichwort: Gefahr der uferlosen Haftung) davon aber auszuschließen.[105] Der hiesige Sachverhalt ist im Graubereich der vorstehend beschriebenen Konstellation zu verorten: Für die Dauer eines Tages lässt sich das Fahrzeug des Boxers, anders als das der anderen zunächst im Stau wartenden Fahrer, weder vor noch zurück bewegen. Ist er damit nur als einer von vielen, rein vermögensbeeinträchtigten Verkehrsteilnehmer anzusehen, oder hat das Einsperren seines Wagens bereits eine Intensität erreicht, die eine Eigentumsverletzung nahelegen?[106]

(a) Eigentumsverletzung nach der Fleet-Fall-Formel

Für das deutsche Recht ist die Frage nach der Eigentumsverletzung trotz fehlendem Substanzeingriff mit der Fleet-Fall-Formel („als Transportmittel praktisch ausgeschaltet, seinem bestimmungsgemäßen Gebrauch entzogen")[107] grundsätzlich zu bejahen.[108] Gegen die Annahme einer Eigentumsverletzung ließe sich die hier verhältnismäßig kurze Dauer der Bewegungsunfähigkeit anführen[109] – ein Gesichtspunkt, der so auch in missverständlichen Ausführungen des BGH vereinzelt Erwähnung findet.[110] Die jüngste

---

[104] Vgl. AG Achim SP 2006, 273; *Staudinger*, in: HandKomm BGB[11], § 823 Rn. 11; für die Schweiz im Kontext des Kabelbruchfalls *Roberto*, AJP 1999, 511 (522).
[105] Vgl. *Picker*, NJW 2015, 2304 Fn. 7; *G. Wagner*, in: MüKo BGB[8], § 823 Rn. 276, der eben auf ein Stau-Beispiel verweist; ähnlich für die Schweiz *Probst*, in: Probst/Werro (Hrsg.), Strassenverkehrsrechtstagung 2010 (2010), 1 (49).
[106] Treffend weist *Fellmann*, in: Haftpflichtprozess 2019, 91 (95) auf die „große Tragweite" hin, die die Abgrenzung von Sachschaden (als Resultat einer Eigentumsverletzung) und reinem Vermögensschaden hat.
[107] BGHZ 55, 153 = NJW 1971, 886 (888).
[108] Zurückhaltender *Doobe*, Ersatz reiner Vermögensschäden Dritter (2014), 97: Eigentumsverletzung durchaus denkbar, jedenfalls nicht völlig abwegig; ferner *Reimann*, in: Bussani/Palmer (Hrsg.), Pure Economic Loss in Europe (2003), 171 (427 f., 447 f.), der in zwei ähnlichen Fällen eine Eigentumsverletzung einmal eher verneint, einmal tendenziell bejaht.
[109] *Reimann*, in: Bussani/Palmer (Hrsg.), Pure Economic Loss in Europe (2003), 171 (447); *Taupitz*, Haftung für Energieleitungsstörungen durch Dritte (1981), 124, 126.
[110] Äußerst unglücklich BGH NZV 2012, 34: „Es darf sich allerdings nicht nur um die kurzfristige Beeinträchtigung des Sachgebrauchs handeln", wobei in casu die Beeinträchtigung ohnehin nur einen Teil der in Rede stehenden Autobahn betraf, der bestimmungsgemäße Gebrauch der Autobahn also auch unabhängig von der zeitlichen Dauer nicht vollständig gehindert war; auch die beiden vermeintlich als Beleg für eine zeitliche Mindest-

Rechtsprechung hat dem Erfordernis einer zeitlichen Erheblichkeitsschwelle dagegen eine ausdrückliche Absage erteilt[111] und in casu eine Verletzung des Eigentums an einem Schiff bereits bei einer Fortbewegungsverunmöglichung von neun Stunden bejaht.[112] Der Boxer kann daher nach deutschem Recht Ersatz der entgangenen Wettkampfprämie verlangen.

(b) Eigentumsverletzung nach österreichischem Recht

Für das österreichische Recht ist die Frage nach der Eigentumsverletzung durch Nutzungsbeeinträchtigung deutlich zurückhaltender zu beantworten. In Rechtsprechung und Literatur wird ihr bislang keine besondere Aufmerksamkeit geschenkt – und falls doch, knüpft sie meist kritisch an die von der deutschen Rechtsprechung aufgestellten Grundsätzen an.[113] Der OGH hatte über die Frage nach der Eigentumsverletzung durch Gebrauchsverunmöglichung primär im speziellen Kontext der Haftung Demonstrierender für die Folgen von Grundstücksblockaden zu entscheiden.[114] In diesen Fällen waren die Grundstückzugänge von Protestierenden dergestalt besetzt worden, dass sie nicht mehr zugänglich waren. Der OGH bejaht in all diesen Konstellationen einen Eingriff in das Eigentumsrecht.[115]

---

dauer der Beeinträchtigung zitierten Entscheidungen (BGH NJW-RR 2005, 673; NJW 2004, 356) geben dies gerade nicht wieder, sondern verneinen eine Eigentumsbeeinträchtigung jeweils deshalb, weil das dortige Fahrzeug zwar nicht wie geplant eingesetzt werden konnte, überdies aber problemlos zu bewegen, also gerade nicht wie iSd Fleet-Falles oder in der hiesigen Boxer-Konstellation bewegungsunfähig eingesperrt war; ähnlich BGHZ 137, 89 = NJW 1998, 377 (380), wo zur Ermittlung einer Besitzbeeinträchtigung entscheidend auf die Dauer abgestellt wird.

[111] BGH NJW 2022, 3789 (3790): kurzfristige Gleisblockade als Sachbeschädigung.
[112] BGH NZV 2017, 25 (27) = ZVR 2016/208 mAnm *Ch. Huber* = HAVE 2016, 437 mAnm *Ch. Huber*: Überschreitung einer zeitlich definierten Erheblichkeitsschwelle nicht notwendig; noch kürzere Zeiträume in BGH NJW 1977, 2264 (2265): Eigentumsverletzung bei zweistündiger Sperrung eines Betriebsgrundstücks; AG Frankfurt a.M. DAR 2018, 449 mAnm *Engel*: Eigentumsverletzung an Gleisen bei einstündiger Blockade mit Pkw; *Rey*, in: Liber Amicorum P. Widmer (2003), 283 (286) hält das vereinzelt aufgestellte Erfordernis einer dauerhaften Nutzungsbeeinträchtigung daher zurecht für unscharf.
[113] OGH ZVR 1999/56: Verweis auf BGHZ 137, 89 = NJW 1998, 377; *Koziol*, Haftpflichtrecht II (2018), A/2/139; *ders.*, in: FS Fenyves (2013), 241 (252), der das Fleet-Fall-Judiz mit Blick auf das eingesperrte Schiff ablehnt.
[114] Zuletzt OGH EvBl 2019/155 mAnm *Brenn*; ferner OGH ZVR 1999/56; RdW 1999, 717; JBl 1995, 658 mAnm *Karollus-Brunner*.
[115] Grundlegend OGH JBl 1995, 658 (660) mAnm *Karollus-Brunner*; RdW 1999, 717; ausführlich und unter Bezug auf die deutsche Rspr OGH ZVR 1999/56; dieser Entscheidung folgend OGH RdW 1999, 717; referierend OGH EvBl 2019/155 mAnm *Brenn*; ebenso in OGH SZ 73/57 (Abstellen der Wasserversorgung) unter Verweis auf die Demonstrationsfälle; auch *Posch/Schilcher*, in: Bussani/Palmer (Hrsg.), Pure Economic Loss in Europe (2003), 171 (429) führen zu diesen Entscheiden aus, dass die Gebrauchsbeeinträchtigung noch keinen Ersatzanspruch nach sich zögen – die vorgenannten Urteile geben aber gerade das Gegenteil wieder.

Versucht man, die dortigen Entscheidungsgründe auch für das österreichische Recht auf eine mit dem Fleet-Fall-Judiz vergleichbare Kurzformel zu bringen,[116] fällt auf, dass die Annahme einer Eigentumsverletzung bei bloßer Gebrauchsverunmöglichung *deutlich restriktiver* erfolgt als in Deutschland. So soll erforderlich sein, dass die Beeinträchtigung neben einer bestimmten Intensität auch über eine *bestimmte Dauer* erfolgt.[117] Den Grundstein für diese Auffassung dürfte die intensive Auseinandersetzung der bislang zu dieser Frage am tiefschürfensten Entscheidung OGH 6 Ob 201/98x[118] mit dem vergleichbaren Fall BGH VI ZR 348/96[119] gelegt haben – aus heutiger Sicht des deutschen Rechts allerdings eine *Ausreißerentscheidung*, in der der BGH tatsächlich einmal auf die Dauer der Besitzbeeinträchtigung durch Demonstrierende abstellte. Weiterhin klingt in der österreichischen Rechtsprechung an, eine Eigentumsverletzung sei nur bei *vorsätzlicher Gebrauchsverunmöglichung* anzunehmen.[120] Diese Vermischung von Schutzbereichsbestimmung und Verschulden mag auf den ersten Blick nicht so recht überzeugen. Hinter ihr verbirgt sich aber das vorstehend schon skizzierte und für Österreich insbesondere von *Koziol*[121] beschriebene Spannungsfeld: Wie weit soll der Eigentumsschutz reichen und wo ist die Linie zur grundsätzlich nicht mehr ersatzpflichtbedrohten Reinvermögensschädigung zu ziehen? In Deutschland wird die Gebrauchsverunmöglichung als Eigentumsverletzung eingeordnet, in Österreich eher dem Bereich des reinen Vermögensschadens zugewiesen, der bei fahrlässiger Verursachung grundsätzlich keine Haftung auslöst. Sofern daher in Österreich für eine Eigentumsverletzung durch Gebrauchsverunmöglichung Vorsatz gefordert wird, stellt sich dies als eigentlicher Versuch dar, diese Verletzung im Grau-

---

[116] Insbesondere *Koziol*, Haftpflichtrecht II (2018), A/2/129 ff.; *ders.*, in: FS Fenyves (2013), 241 (246 ff.) bemüht sich um eine klare Herausarbeitung der wesentlichen Konturen.

[117] OGH ZVR 1999/56: „Das auf jeden Fall zu fordernde Kriterium der Dauerhaftigkeit und Intensität der Eingriffshandlung"; RdW 1999, 717: „dauerhafte Entziehung der Benützung"; EvBl 2019/155 mAnm *Brenn*: „gewisse Dauer und Schwere"; *Koziol*, Haftpflichtrecht II (2018), A/2/139; *ders.*, in: FS Fenyves (2013), 241 (252); *E. Wagner*, in: PraxKomm ABGB⁴, § 1293 Rn. 50; auch *Rey*, in: Liber Amicorum P. Widmer (2003), 283 (285) stellt das Erfordernis der Dauerhaftigkeit in Österreich aus schweizerischer Perspektive fest.

[118] ZVR 1999/56.

[119] BGHZ 137, 89 = NJW 1998, 377.

[120] OGH ZVR 1999/56: für in Rede stehenden Fall ausdrücklicher Anschluss an in Literatur erwogenes Vorsatzerfordernis; dieser Entscheidung wiederum folgend OGH SZ 73/57; vgl. *Koziol*, Haftpflichtrecht II (2018), A/2/138; *ders.*, in: FS Fenyves (2013), 241 (251): Anwendung der Haftungsregeln für reine Vermögensschäden, die eben meist Vorsatz voraussetzen; zu bedenken ist allerdings, dass in OGH ZVR 1999/56 und EvBl 2019/155 mAnm *Brenn* die Haftung auf § 1295 Abs. 2 ABGB gestützt wurde, die vorsätzliche (und sittenwidrige) Schädigung also unabhängig von der Eigentumsverletzung zu prüfen war; gegen das Vorsatzerfordernis *E. Wagner*, in: PraxKomm ABGB⁴, § 1293 Rn. 50.

[121] *Koziol*, Haftpflichtrecht II (2018), A/2/129 ff., insb. 131, 134, 138; *ders.*, in: FS Fenyves (2013), 241 (246–252).

bereich zwischen Eigentums- und Reinvermögenseingriff letztlich den Regeln der Haftung für reine Vermögensschäden zu unterstellen.[122]

Der hiesige Fall – Gebrauchsunmöglichkeit für einen Tag nach einem fahrlässig verursachten Unfall – dürfte so für das österreichische Recht kaum als Eigentumsverletzung zu qualifizieren sein, der Ersatz der Wettkampfprämie damit ausscheiden.[123]

(c) Eigentumsverletzung nach schweizerischem Recht

Auch für die Schweiz ist im Boxer-Fall die Frage nach der (erfolgsbezogenen) Widerrechtlichkeit in Gestalt einer Eigentumsverletzung kaum eindeutig zu beantworten.[124] Das BG hat zwar den *Verlust einer Sache* als mögliche *Ursache eines Sachschadens* ausdrücklich ausgewiesen,[125] zur Gebrauchseinschränkung bzw. -verunmöglichung als eigenständiger Eigentumsbeeinträchtigung (sofern diese eben nicht aus Zerstörung, Beschädigung oder Verlust resultiert) aber nur rudimentär Stellung bezogen.[126] Die Literatur ist in dieser Frage geteilt:[127] Einerseits wird die Abgrenzung zwischen Eigentums- und Vermögenseingriff tatsächlich am Merkmal der *Substanzbeeinträchtigung* festgemacht und einer Nutzungsstörung attestiert, dass diese keine Sachschäden aus Eigentumsverletzung verursache, sondern nur reine Vermögensschäden nach sich zöge.[128] Andererseits wird unter ausdrücklichem

---

[122] So ausdrücklich *Koziol*, Haftpflichtrecht II (2018), A/2/138, 134; weiterführend für das deutsche Recht auch *G. Wagner*, in: MüKo BGB⁸, § 823 Rn. 276, der im Spannungsfeld von Eigentums- und Vermögensschutz eben für eine funktionale Abgrenzung eintritt, die aus der Perspektive der grundsätzlichen Absage an eine allgemeine Fahrlässigkeitshaftung zu erfolgen hat.

[123] Vgl. in ähnlicher Konstellation offenlassend und auf eine unergiebige Rechtsprechung verweisend *Posch/Schilcher*, in: Bussani/Palmer (Hrsg.), Pure Economic Loss in Europe (2003), 171 (448 f.); ferner *dies.*, a. a. O. (429).

[124] *Fisch*, Eigentumsgarantie und Nichtersatzfähigkeit reiner Vermögensschäden (2020), Rn. 475: Position des BG unklar; bezeichnend *Rey*, in: Liber Amicorum P. Widmer (2003), 283 ff., der im Titel seines Beitrags noch ausdrücklich fragt, ob dies ein „künftiges Diskussionsthema in der Schweiz" sein könne.

[125] BGE 118 II 176 (179): „Sachschaden entsteht infolge Zerstörung, Beschädigung oder Verlusts einer Sache."

[126] Etwa BGE 83 II 375 (frz.); 91 II 100; 114 II 230, wobei es in allen Fällen stets um die Beeinträchtigung von Ladengeschäften durch Bauarbeiten des Nachbarn ging, und der Kläger im letzten Fall nicht beeinträchtigter Eigentümer, sondern Besitzer war; zu BGE 114 II 230 siehe *Rey*, in: Liber Amicorum P. Widmer (2003), 283 (288), der hier durchaus Parallelen zur Eigentumsverletzung durch Gebrauchsverunmöglichung in Deutschland erkennt.

[127] Referierend *Roberto/Fisch*, in: Fuhrer/Kieser/Weber (Hrsg.), Mehrspuriger Schadensausgleich (2022), 67 (76).

[128] *Brehm*, in: Berner Komm OR⁵, Art. 41 Rn. 37a f.: kann vorkommen, „dass die schädigende Handlung zwar das Eigentum des Geschädigten trifft, dennoch ausschliesslich sog. ‚reinen Vermögensschaden' verursacht"; *Müller*, in: CHK³, Art. 41 OR Rn. 28 weist diesen Ansatz als die hL aus.

Verweis auf das deutsche Recht und die dort maßgebliche Fleet-Fall-Formel die Nutzungsbeeinträchtigung der Sachbeschädigung gleichgestellt und ihre Widerrechtlichkeit bejaht.[129] Relativer Konsens scheint allein darüber zu bestehen, dass die Nutzungsbeeinträchtigung von einer erheblichen Dauer sein muss, um als Eigentumsverletzung gelten zu können – so wird dies für das Beispiel eines in einer Garage wegen Blockierung der Ausfahrt eingesperrten Pkw jedenfalls verneint.[130]

Für das hiesige Beispiel darf daher ernsthaft bezweifelt werden, ob das unfallbedingte „Einsperren" nach schweizerischem Recht als Eigentumsverletzung anzusehen und die entgangene Wettkampfprämie zu ersetzen wäre.[131]

(2) Nutzungsausfall als Schaden?

Nimmt man nach dem vorstehend Gesagten überhaupt eine Eigentumsverletzung an, tut sich als Folgeproblem die Frage nach der Ersatzfähigkeit des Nutzungsausfalls auf: Als eigentliches Vermögensminus macht sich die Gebrauchsentbehr einer Sache namentlich dann bemerkbar, wenn ihr Ausfall durch eigene Aufwendungen substituiert wird – hier etwa in Form von Mietwagen- oder Taxikosten. Der Sacheigentümer hat sich den nun vereitelten Sachgebrauch allerdings erst durch eigene Aufwendungen ermöglicht; für den Zeitraum des Nutzungsausfalls können ihn zudem ohnehin laufende Kosten treffen (Abgaben, Pflichtversicherungsbeiträge als frustrierte Aufwendungen).[132] Es stellt sich sodann für den gebrauchsgehinderten Eigentümer folgende Frage: Ist er dazu gehalten, sich durch Ersatzbeschaffung eines Substituts einen tatsächlich-materiellen Nutzungsausfallschaden zuzufügen oder kann er bereits den Nutzungsausfall als solchen (als hybride Position

---

[129] *Landolt*, in: FS Danzl (2017), 140 (143); *ders.*, in: Schaffhauser (Hrsg.), Jahrbuch Strassenverkehrsrecht 2007 (2007), 67 (105 ff.) mit einer Aufzählung vielzähliger Beispiele aus der deutschen Rspr auch für das schweizerische Recht; *Honsell/Isenring/Kessler*, Haftpflichtrecht (2013), § 4 Rn. 16; allein die deutsche Rechtslage referierend, das Ergebnis für die Schweiz aber offenlassend *Roberto*, Haftpflichtrecht (2018), § 5 Rn. 57 ff.

[130] *Honsell/Isenring/Kessler*, Haftpflichtrecht (2013), § 4 Rn. 16; mit demselben Beispiel *Brehm*, in: Berner Komm OR⁵, Art. 41 Rn. 37b, der aber ohnehin die Nutzungsbeeinträchtigung nicht als Eigentumsverletzung ansieht; idS auch *Probst*, in: Probst/Werro (Hrsg.), Strassenverkehrsrechtstagung 2010 (2010), 1 (51) allerdings auf der Ebene des Schadensumfangs; aA und gegen das Erfordernis einer Mindestdauer *Fisch*, Eigentumsgarantie und Nichtersatzfähigkeit reiner Vermögensschäden (2020), Rn. 493; für Deutschland BGH NJW 2023, 47 (48) mAnm *Behme*; BGHZ 63, 203 = NJW 1975, 347 (349): Eigentumsverletzung bei Einsperren in Garage jeweils (obiter) bejaht.

[131] Die uneinige schweizerische Lehre zuletzt referierend *Fellmann*, in: Haftpflichtprozess 2019, 91 (95 ff.); anders wohl *Rey*, in: Liber Amicorum P. Widmer (2003), 283 (289), der als denkbaren Fall einer deliktisch geschützten Nutzungsbeeinträchtigung gerade das „eingekeilte Fahrzeug" anführt.

[132] Für die Schweiz *W. Fischer*, in: HaftpflichtKomm (2016), Art. 41 OR Rn. 31.

zwischen ideellem und reinem Vermögensschaden)[133] „fiktiv" ersetzt verlangen?[134]

(a) Ersatzfähigkeit nach deutschem Recht

Die deutsche Rechtsprechung greift möglichen Interessenkonflikten zu dieser Frage vor und hält bei Sachen, die zur eigenwirtschaftlichen Lebensführung zentral bedeutsam sind – unter anderem dem eigenen Kfz – bereits den Ausfall der Gebrauchsmöglichkeit für eine ersatzfähige Sachschadensfacette.[135] Substituiert der Geschädigte den Nutzungsausfall durch die Anmietung eines Ersatzfahrzeugs oder die Fortbewegung mit einem Taxi, sind die dafür in verhältnismäßiger Höhe anfallenden Kosten zu ersetzen.[136] Verzichtet der Geschädigte auf ein Substitut, kann er den Nutzungsausfall pauschaliert ersetzt verlangen.[137] Erneut kann dem die verhältnismäßig kurze Dauer des Nutzungsausfalls nicht entgegenstehen.[138]

Für das deutsche Recht muss die Gebrauchsentbehr damit unter dem Dogma der *abstrakten Nutzungsausfallentschädigung* zu ersetzen sein – ob die Gebrauchsmöglichkeit durch einen Unfall mit Substanzbeeinträchtigung oder eine Gebrauchsverunmöglichung verursacht wird, darf (auch wenn es

---

[133] Bezeichnend sind die Einordnungsversuche in der schweizerischen Literatur: *Brehm*, in: Berner Komm OR[5], Art. 41 Rn. 37a f. nimmt einen reinen Vermögensschaden an, *A. Keller*, Haftpflichtrecht II (1998), 109 ordnet die Einschränkung durch Nutzungsausfall als „seelische Unbill" ein, während *Probst*, in: Probst/Werro (Hrsg.), Strassenverkehrsrechtstagung 2010 (2010), 1 (37) diese beiden Ansätze im treffenden Begriff des „geldwerten Nichtvermögensschaden" synthetisiert.
[134] Mit treffender Beschreibung des Problems *W. Fischer*, in: HaftpflichtKomm (2016), Art. 41 OR Rn. 32; *Probst*, in: Probst/Werro (Hrsg.), Strassenverkehrsrechtstagung 2010 (2010), 1 (50).
[135] BGHZ 217, 218 = NJW 2018, 1393; NJW 2013, 1149 (1150); BGHZ 63, 203 = NJW 1975, 347 (349); OLG Koblenz r+s 2014, 46 (47); grundlegend BGHZ 40, 345 = NJW 1964, 542 (543, Nutzungsausfall des Kfz); BGHZ 98, 212 = NJW 1987, 50 mAnm *Rauscher* (Nutzungsausfall des Wohnhauses); BGHZ 196, 101 = NJW 2013, 1072 (Nutzungsausfall des Internetanschlusses).
[136] Ausdrücklich zum Alternativverhältnis vom Ersatz der Mietwagenkosten und Nutzungsausfallentschädigung BGH NJW 2013, 1149 (1151); OLG Koblenz r+s 2014, 46 (47).
[137] BGH NJW 2013, 1149 (1151): Geschädigter hat die Wahl, ob Ersatz eines (soweit entstandenen) konkreten Schadens oder pauschalierte Entschädigung.
[138] Die Nutzungsausfallentschädigung wird typischerweise in Tagessätzen berechnet, sodass die kleinste Mindesteinheit, für die Entschädigung gebührt, bereits ein einzelner Tag sein muss. Es sind keine Gründe ersichtlich, warum sich dieser Tagessatz nicht entsprechend halbieren oder sogar vierteln lassen soll und damit auch für nur stundenweisen Nutzungsausfall Entschädigung gebührt; vgl., wenn auch im Kontext des Binnenschifffahrtsrechts, aber ganz idS OLG Karlsruhe NZV 2013, 486 (489) und OLG Köln VersR 2003, 131 (Ls.) = TranspR 2002, 244: Nutzungsausfall für anderthalb Tage bzw. einen halben Tag.

in den bisherigen Leit-Entscheidungen stets um den Nutzungsausfall aufgrund von Substanzbeschädigung ging)[139] keinen Unterschied machen.[140]

(b) Ersatzfähigkeit nach österreichischem Recht

Wird ein Fahrzeug zerstört oder beschädigt, steht dem Eigentümer nach *österreichischem Recht* auch Ersatz des *konkreten Nutzungsausfallschadens* etwa in Form von aufgewendeten Mietwagenkosten zu,[141] nicht aber wie in Deutschland eine pauschale (abstrakte) Nutzungsausfallentschädigung.[142] Wird ohne Substanzschaden allein der Sachgebrauch verunmöglicht – was im österreichischen Recht ja wie oben beschrieben nur im Ausnahmefall für die Annahme einer rechtswidrigen Eigentumsverletzung ausreicht – wird dieser so entstehende Nutzungsausfall nicht als Facette des materiellen Schadens angesehen, sondern im Niemandsland der grundsätzlichen Nichtersatzfähigkeit, nämlich irgendwo zwischen immaterieller Einbuße und reinem Vermögensschaden verortet.[143]

(c) Ersatzfähigkeit nach schweizerischem Recht

Ähnlich restriktiv beurteilt sich die Lage im *schweizerischen Recht*: Wird für den Ausfallzeitraum eines Unfallfahrzeugs ein Mietwagen beschafft, sind diese Kosten auf den Haftpflichtigen überwälzbar.[144] Verzichtet der Geschädigte auf die Inanspruchnahme eines Substituts und verlangt nur die Gebrauchsentbehrung als solche ersetzt, wird ihm überwiegend[145] entgegen ge-

---

[139] Vgl. BGHZ 217, 218 = NJW 2018, 1393; BGHZ 196, 101 = NJW 2013, 1072; NJW 2013, 1149 (1150); BGHZ 98, 212 = NJW 1987, 50 mAnm *Rauscher*; BGHZ 63, 203 = NJW 1975, 347 (349); BGHZ 40, 345 = NJW 1964, 542 (543).

[140] BGHZ 63, 203 = NJW 1975, 347 (349): Verweis auf den Fleet-Fall und das Beispiel eines durch rechtswidrige Bauarbeiten in der Garage eingesperrten Pkw; zu eben dieser Konstellation BGH NJW 2023, 47 mAnm *Behme*: Eigentumsverletzung bejaht, Nutzungsausfallersatz aber wegen zumutbarer Nutzung eines Alternativfahrzeugs verneint; mit diesen Beispielen auch *Taupitz*, Haftung für Energieleitungsstörungen durch Dritte (1981), 123 zur Abgrenzung von den Beeinträchtigungen im Kabelbruchfall.

[141] *Ch. Huber*, in: TaKomm ABGB⁵, § 1323 Rn. 68.

[142] OGH immolex 2007/45: keine Entschädigung für bloße Gebrauchsentbehrung einer Wohnung; genau gegenteilig für das deutsche Recht BGHZ 98, 212 = NJW 1987, 50 mAnm *Rauscher;* für Kfz unter eingehender Auseinandersetzung mit der deutschen Rspr OGH SZ 42/33 = JBl 1969, 334 = VersR 1969, 528.

[143] Vgl. OGH immolex 2007/45; *E. Wagner*, in: PraxKomm ABGB⁴, § 1293 Rn. 50.

[144] *Fellmann*, in: Haftpflichtprozess 2019, 91 (111); *Landolt*, in: Schaffhauser (Hrsg.), Jahrbuch Strassenverkehrsrecht 2007 (2007), 67 (120 f.); *ders*., in: Schaffhauser (Hrsg.), Jahrbuch Strassenverkehrsrecht 2008 (2008), 89 (119); *A. Keller*, Haftpflichtrecht II (1998), 108; *Probst*, in: Probst/Werro (Hrsg.), Strassenverkehrsrechtstagung 2010 (2010), 1 (50) unterscheidet zwischen dem Substitut für gewerbliche und private Fahrzeuge.

[145] Allerdings für die Ersatzfähigkeit des abstrakten Nutzungsausfalls etwa *Landolt*, in: Schaffhauser (Hrsg.), Jahrbuch Strassenverkehrsrecht 2008 (2008), 89 (122, 130); *ders*., in: FS Danzl (2017), 140 (144 f. mwN in. 39, 40) mit Verweis auf kantonale Urteile aus den 1960er–1980er Jahre, die eine abstrakte Nutzungsausfallentschädigung zusprachen; ein-

halten, dass dies keine ersatzfähige Position sei[146] – der Nutzungsausfall könne zwar einen Schaden verursachen (etwa durch die notwendige Inanspruchnahme von Substituten), sei aber selbst noch kein Schaden.[147] Für den Nutzungsausfall eines Hauses hat das BG[148] einen „Schaden im juristischen [Verf.: d.h. ersatzfähigen] Sinne" ausdrücklich verneint. Dies liegt auf einer Linie mit dem OGH[149] und ist geradezu konträr zur Rechtsprechung des BGH.[150] In Folgeentscheidungen hat das BG diese ablehnende Auffassung bekräftigt.[151] Für den hiesigen Fall des Boxers dürfte damit sein nicht substituierter Nutzungsausfall – in der schweizerischen Literatur so gegensätzlich eingeordnet wie etwa als *seelische Unbill*,[152] *bloße Vermögenseinbuße*[153] bzw. (diese beiden Kategorien zusammenführend) als *geldwerter Nichtvermögensschaden*[154] – kaum ersatzfähig sein.

c) Zusammenfassung und Stellungnahme.

Die Lösungen im Falle des zu einem Umweg gezwungenen Arztes und des von seinem Zielort „ausgesperrten" Lebensmittelhändlers sind stimmig. Ihnen entsteht erkennbar kein Sachschaden, sondern durch die *Verwirklichung des allgemeinen Lebensrisikos* nur ein reiner Vermögensschaden,

---

schränkender *Probst*, in: Probst/Werro (Hrsg.), Strassenverkehrsrechtstagung 2010 (2010), 1 (46, 51), der für eine Ersatzfähigkeit eintritt, den Paradefall der vereitelten Kfz-Nutzung aber davon ausnimmt; vermittelnd auch zuletzt *Fellmann*, in: Haftpflichtprozess 2019, 91 (112).

[146] Zur Ablehnung der abstrakten Nutzungsausfallentschädigung *Müller*, in: CHK³, Art. 41 OR Rn. 31; *Göksu*, in: Gauch/Aepli/Stöckli (Hrsg.), Präjudizienbuch⁹, Art. 41 OR Rn. 16; *Schönenberger*, in: KuKo OR, Art. 41 OR Rn. 8; *Roberto*, Haftpflichtrecht (2018), § 29 Rn. 26; vgl. *Stöckli*, in: Institut für Schweizerisches und Internationales Baurecht der Universität Fribourg (Hrsg.), Schweizerische Baurechtstagung 2003, 7 (31); referierend und mwN in Fn. 69 *W. Fischer*, in: HaftpflichtKomm (2016), Art. 41 OR Rn. 33.

[147] BGE 126 III 388 (393 frz.); dieses Judiz zuletzt ausdrücklich bestätigt in Urt. v. 6.9.2017 – 4A_113/2017, E.5.3: Frage nach Nutzungsausfall als Schaden bereits (ablehnend) beantwortet; *Roberto*, Haftpflichtrecht (2018), § 29 Rn. 26; idS auch *Brehm*, in: Berner Komm OR⁵, Art. 41 Rn. 37b.

[148] BGE 126 III 388 (394 frz.): „la perte de l'usage d'un bien ne constitue pas en soi un dommage au sens juridique"; zu dieser Entscheidung ausführlich und grundsätzlich zustimmend *Stöckli*, in: Institut für Schweizerisches und Internationales Baurecht der Universität Fribourg (Hrsg.), Schweizerische Baurechtstagung 2003, 7 (29 ff.).

[149] OGH immolex 2007/45: keine Entschädigung für bloße Gebrauchsentbehrung einer Wohnung.

[150] Für das deutsche Dogma der abstrakten Nutzungsausfallentschädigung von zentraler Bedeutung BGHZ 98, 212 = NJW 1987, 50 mAnm *Rauscher*.

[151] BGE 132 III 379 (384): „demgegenüber stellt ein Nutzungsausfall keinen Schaden dar"; 127 III 403 (405); *W. Fischer*, in: HaftpflichtKomm (2016), Art. 41 OR Rn. 33.

[152] *A. Keller*, Haftpflichtrecht II (1998), 109.

[153] *Brehm*, in: Berner Komm OR⁵, Art. 41 Rn. 37a f.

[154] Unter ausdrücklicher Ablehnung der Kategorisierung als immaterieller Schaden *Probst*, in: Probst/Werro (Hrsg.), Strassenverkehrsrechtstagung 2010 (2010), 1 (37).

welcher sich rechtsordnungsübergreifend unter keiner Anspruchsgrundlage ersetzen lässt.[155]

aa) Verschwimmende Linie zwischen Eigentum und reinem Vermögen

Umstrittener sind die Lösungen der Fälle des Raststätteninhabers und des Profiboxers. Die Ersatzfähigkeit ihrer Einbußen steht und fällt mit der Frage, wo genau die Grenze zwischen Eigentumsverletzung (daraus entstehende Schäden sind grundsätzlich zu ersetzen) und reinem Vermögensschaden zu ziehen ist. In den hiesigen Fällen verschwimmt diese Trennlinie zwischen diesen beiden Rechtsgütern allerdings, da sich die Eigentumsbeeinträchtigung mangels Substanzverletzung weniger eindeutig ermitteln lässt. Oder mit anderen Worten: Je mehr Beeinträchtigungen man als Eigentumsverletzung ausweist, umso weiter wird der Kreis der Haftung für solche Eingriffe gezogen und umso kleiner wird gleichzeitig der unmittelbar angrenzende Bereich der noch keine Ersatzpflicht auslösenden reinen Vermögensbeeinträchtigungen.[156]

Den entgangenen Gewinn des Profiboxers müsste zumindest die deutsche Rechtsprechung bei einer konsequenten Umsetzung des Fleet-Fall-Judizes für ersatzfähig halten. Dasselbe gilt für den Nutzungsausfall. Für das österreichische und schweizerische Recht darf dagegen bezweifelt werden, dass bereits das Eigentum an dem eingesperrten Auto für rechtswidrig beeinträchtigt angesehen wird. Der Nutzungsausfall, wahlweise als reiner Vermögensschaden oder ideelle Einbuße eingeordnet, wird in den älplerischen Rechtsordnungen nicht zu ersetzen sein.

bb) Grenzen des Fleet-Fall-Judizes bei wirtschaftlicher Unverwertbarkeit

BGH und OGH verneinen weiterhin eine Eigentumsverletzung des Raststätteninhabers. Jedenfalls für die deutsche, maßgeblich von der Fleet-Fall-Formel geformte Perspektive ist dies eigentlich inkonsequent – wer „A" sagt, täte gut daran, auch „B" zu sagen, nämlich auch mit Blick auf die Raststätte von einer vollständigen Gebrauchsaufhebung auszugehen und den vermeintlichen reinen Vermögensschaden so zum ersatzfähigen (Sach-)Schaden aus Eigentumsverletzung aufzuwerten. Das Fleet-Fall-Judiz erweist sich für das deutsche Recht gleichzeitig als Fluch und Segen: Als Segen, weil es

---

[155] Anders *Papier/Shirvani*, in: MüKo BGB[8], § 839 Rn. 327, für den Fall reiner Vermögensschäden durch hoheitlicher Verkehrsbeeinträchtigung.

[156] Daher zurecht vor einer ungezügelten Ausweisung der Nutzungsbeeinträchtigung als Eigentumsverletzung warnend AG Frankfurt a. M. DAR 2018, 449 mAnm *Engel*: „zu nah ist die Erweiterung des Eigentumsbegriffs am Schutz bloßer Vermögensschäden" unter Bezug auf *G. Wagner*, in: MüKo BGB[8], § 823 Rn. 274: „gefährliche Nähe zu reinen Vermögensschäden".

schlicht einleuchtet, eine Eigentumsverletzung auch ohne Substanzverlust, dafür aber bei erheblicher Gebrauchsbeeinträchtigung anzunehmen. Als Fluch, weil die Gebrauchsmöglichkeit von Wirtschaftsgütern (eben der auf den Durchgangsverkehr ausgerichteten Raststätte) sich bei lebensnaher Betrachtung bereits in der *wirtschaftlichen Verwertung erschöpft*[157] – was aber für die Annahme einer deliktisch relevanten Eigentumsverletzung wiederum nicht ausreichen soll. Letztlich geht es in diesem Fall wie auch schon beim Recht am Gewerbebetrieb um den Schutz unternehmerischen Vermögens. Bejahte man aber eine Haftung aus Eigentumsverletzung in diesem Fall, wäre diese bildlich gesprochen sogar noch unter der Schwelle zum Eingriff in den Gewerbebetrieb anzusiedeln; für diesen fehlt es schließlich an der Betriebsbezogenheit der Schädigung. Die Verneinung einer Eigentumsverletzung, so unstimmig sie nach der Fleet-Fall-Formel auch sein mag, muss daher jedenfalls rechtspolitisch motiviert erfolgen, um im Ergebnis eben einen nur reinen Vermögensschaden ausweisen zu können, der nicht zum Ersatz verpflichtet.

cc) Funktionale Abgrenzung von Eigentum und reinem Vermögen

Es überzeugt daher der Ansatz, die Linie zwischen deliktisch relevantem Eigentum und schutzlos gestelltem Reinvermögen mit *G. Wagner*[158] und *Koziol*[159] *funktional zu ziehen.* Dass Eigentum auch ohne Substanzbeeinträchtigung verletzt sein kann, sollte dabei ganz grundsätzlich außer Frage stehen.[160] Die Grenzfälle aber – eben der der vom Verkehr abgeschnittenen Raststätte – können nur dann überzeugend gelöst werden, wenn für die Frage einer ersatzpflichtauslösenden Eigentumsverletzung bereits die Absage an eine allgemeine Fahrlässigkeitshaftung für reine Vermögensschäden mitbedacht wird.[161] Es empfiehlt sich daher die Einnahme einer zusätzlichen Perspektive: Nicht allein von der Warte des Eigentumsschutzes aus soll gefragt werden, wie weit dieser reicht – denn dort mag die Antwort im Zweifel lauten: möglichst weit! Es ist auch aus der Gegenrichtung auf dasselbe Feld zu blicken und festzuhalten, *bis wohin* der Eigentumsschutz sinnvollerweise überhaupt *reichen darf* und wo jedenfalls die Domäne der nur ausnahmsweise haftpflichtbegründenden Reinvermögensbeeinträchtigung beginnt. Das

---

[157] Vgl. äußerst kritisch in diesem Punkt zum Raststättenfall (BGH JZ 2015, 680 [682] mAnm *G. Wagner* = ZVR 2015/110 mAnm *Ch. Huber*) *Picker*, NJW 2015, 2304 f.
[158] *G. Wagner*, in: MüKo BGB[8], § 823 Rn. 275 f.
[159] Haftpflichtrecht II (2018), A/2/134, 138 ff.; *ders.*, in: FS Fenyves (2013), 241 (249 ff.).
[160] Dies stellt auch *G. Wagner*, in: MüKo BGB[8], § 823 Rn. 274 seiner Abgrenzung einleitend voran; ähnlich AG Frankfurt a. M. DAR 2018, 449 mAnm *Engel*.
[161] Unter Bezug auf *G. Wagner* ganz idS AG Frankfurt a.M. DAR 2018, 449 mAnm *Engel*: „zu nah ist die Erweiterung des Eigentumsbegriffs am Schutz bloßer Vermögensschäden".

Postulat, jedenfalls eine uferlose, freiheitsbedrohende Haftung vermeiden zu müssen, liefert hierfür einen zentralen normativen Ansatzpunkt.[162]

3. Zwischenergebnis zur ersten Fallgruppe

Die hier betrachteten *reflektorisch verursachten reinen Vermögensschäden* sind als solche grundsätzlich nicht zu ersetzen. Zwischen Schädiger und Geschädigtem besteht erkennbar keine Sonderverbindung, die eine strengere Haftung in einer über bloße Zufallskontakte hinausgehenden Nähebeziehung rechtfertigen könnte.[163] Die einzige Ausnahme, in der reflektorisch verursachte reine Vermögensschäden als solche eine deliktische Haftung auslösen, stellt der Kabelbruchfall nach schweizerischem Recht dar. Das BG nimmt hier eine Haftung aus Schutzgesetzverletzung an – ein Ansatz, der zurecht kritisiert wird und gerade in der vergleichenden Perspektive mit der heutigen deutschen und österreichischen Rechtsprechung nicht überzeugt.

Eine Haftung lässt sich außerdem dann annehmen, wenn die Einbuße nicht als reiner Vermögensschaden, sondern im Gewand des *Sachschadens infolge einer Eigentumsbeeinträchtigung* eintritt, so in einzelnen Kabelbruchfällen und in den problematischen Konstellationen der Gebrauchsverunmöglichung. Gerade im Fall der Gebrauchsverunmöglichung ist die Frage nach der Eigentumsverletzung mit Augenmaß zu beantworten und dabei die systematische Stimmigkeit mit dem Grundsatz der Nichthaftung für fahrlässig verursachte reine Vermögensschäden zu beachten.

Aus der Perspektive dieser Untersuchung ist die weitgehende Haftungsverneinung in den Fällen reflektorischer Reinvermögensschäden nur zwingend. Dabei kommt es allerdings nicht auf die so verbreitete Differenzierung zwischen dem unmittelbar bzw. nur mittelbar Geschädigtem an. Allein entscheidend muss die Frage sein, ob der Schaden aus der Verletzung eines absolut geschützten Rechtsgutes herrührt (auch wenn dieser Punkt in den Fällen der Gebrauchsverunmöglichung gerade Kern des Problems ist) und ob der hierdurch verursachte Schaden dem Schädiger auch zuzurechnen ist. Eine Fahrlässigkeitshaftung für reine Vermögenschäden wird dabei bereits im Ausgangspunkt weitgehend verneint. Zu groß ist andernfalls das Risiko – die Reflexreinvermögensschäden verbildlichen dies besonders – einer uferlosen, die allgemeine Haftungsfreiheit lähmenden Einstandspflicht.[164] Für

---

[162] Vgl. *G. Wagner*, in: MüKo BGB[8], § 823 Rn. 276: Vermeidung von Streitigkeiten anlässlich diffuser Schadensbilder; idS schon *G. Hager*, JZ 1979, 53 (55 aE) mit dem Hinweis auf die drohende Haftung gegenüber vielen Einzelnen und die daher angezeigte restriktive Bestimmung einer Eigentumsverletzung.

[163] *Roberto*, AJP 1999, 511 (517) mit Blick auf die Kabelbruchfälle, was aber freilich auch für den Verkehrsunfall gilt.

[164] Zu diesem rechtspolitischen Motiv *Reimann*, in: Bussani/Palmer (Hrsg.), Pure Economic Loss in Europe (2003), 171 (428 f.).

den Schädiger ist es doch kaum jemals abseh-, geschweige denn kalkulierbar, wer über das geschädigte Stromkabel Strom bezieht, im Stau stehend einen Termin versäumt oder durch eine Verkehrsbehinderung Kundenzulauf verpasst. Folgerichtig verliert dieses Argument aber auch dort an Überzeugungskraft, wo trotz reflektorischer Schädigung der Gläubigerkreis einmal ausnahmsweise erkennbar bleibt – ein anschauliches Beispiel liefert der jüngste österreichische Kabelbruchfall.[165]

II. Zweite Fallgruppe: Haftung des Herstellers durch die Absatzkette

Die zweite hier betrachtete Konstellation zeichnet sich dadurch aus, dass die beteiligten Akteure Teile derselben Warenabsatzkette sind, der reine Vermögensschaden allerdings ausgelöst durch das erste Kettenglied (den Hersteller) beim letzten Kettenglied (dem Endabnehmer) entsteht.[166] Zwischen diesen beiden Endpunkten der Vertragskette bestehen keine direkten vertraglichen Beziehungen, diese sind nur mit dem jeweils nächsten Kettenglied verbunden. Es stellt sich für diese Untersuchung die Frage, ob der geschädigte Endabnehmer direkt gegen den Hersteller vorgehen, also durch die Absatzkette an den dazwischen gereihten Vertragskettengliedern vorbei direkten Zugriff auf den schadensverursachenden Produzenten nehmen kann.

Aktuell lässt sich genau diese Konstellation in der juristischen Aufarbeitung des *Diesel-Skandals* beobachten: Die über die Emissionswerte getäuschten Autoendkäufer haben die abgasmanipulierten Fahrzeuge in der Regel von einem Vertragshändler erworben, der diese selbst wiederum vom Kfz-Hersteller bezog. Dem Vertragshändler und etwaigen weiteren Zwischenverkäufern, selbst in Unkenntnis über die Emissionswertmanipulation, ist bezüglich des Mangels kein Verschulden vorzuwerfen.[167] Es stellt sich die Frage, ob die Autoendkäufer unmittelbar den betrügerischen Hersteller in Anspruch nehmen können – was der BGH[168] im Anschluss an unzählige

---

[165] OGH EvBl-LS 2020/66 mAnm *Painsi*: Schadenersatzbegehren von den Instanzgerichten noch stattgegeben, da der zerstörte Kabelverteilerschrank erkennbar nur wenige – nicht uferlos viele – Haushalte mit Strom versorgt.
[166] Eine grundsätzliche (und noch globalere) Betrachtung dieses Komplexes für das schweizerische Recht bietet *Bärtschi*, Verabsolutierte Relativität (2009), 480 ff. unter der Überschrift „Netzwerke".
[167] Die „schadenersatzrechtliche Schutzlücke" des Kfz-Letztkäufers aus österreichischer Perspektive referierend *G. Wilhelm*, ecolex 2015, 1029; für die Schweiz *Rusch/Schwizer*, in: Probst/Werro (Hrsg.), Strassenverkehrsrechtstagung 2016 (2016), 187 ff. insbesondere zu der Frage (193 ff.), welche Anspruchsgrundlagen neben bzw. statt der Händlergarantie bestehen.
[168] ZB BGH NJW 2020, 1962 (1963) = RdW 2020/304 = AJP 2020, 1205 mzustAnm *Rusch/Schwizer*; NJW 2020, 2806 (2807); VersR 2021, 458; VersR 2021, 385; VersR 2020,

OLG-Entscheidungen[169] unter Verweis auf § 826 BGB inzwischen vielfach bejaht hat.[170]

1. Der Baustromverteiler-Fall

Schwieriger gestaltet sich die Suche nach einer Haftungsgrundlage freilich dann, wenn dem Hersteller kein Vorsatz und keine Sittenwidrigkeit vorgeworfen werden können, sondern bloß einfache Fahrlässigkeit. Als Anschauungsbeispiel soll hier in vereinfachter Form der kontroverse *Baustromverteiler-Fall*[171] mit einer dreigliedrigen Absatzkette dienen: Mehrere Bauunternehmer schließen sich als Arbeitsgemeinschaft (ARGE) in Form einer GbR zusammen, um eine Schleuse und einen Damm zu errichten. Die ARGE bestellt bei der Verkäuferin einen Baustromverteiler für die Baustelle. Die Verkäuferin erwirbt einen solchen daraufhin direkt bei der Herstellerin und veräußert ihn an die ARGE. Der Baustromverteiler ist jedoch mangelhaft, weil dessen Leitungstrenner nicht sachgerecht montiert wurde. Nach seiner Inbetriebnahme erleidet der Baustromverteiler einen Kurzschluss. Es kommt zum Stromausfall, wodurch die Schleusenbaustelle überflutet wird und der Bau für mehrere Wochen zum Erliegen kommt. Der ARGE entsteht aufgrund des Baustillstands ein Mangelfolgeschaden (Aufwendungen für das Herauspumpen des Wassers, Produktionsausfall), den sie von der Verkäuferin als ihrer unmittelbaren Vertragspartnerin mangels Verschuldens nicht ersetzt verlangen kann. Es stellt sich die Frage nach der Haftung der Herstellerin für diesen reinen Vermögensschaden der ARGE als Endabnehmerin.

1331 (1332); so auch schon *Sack*, VersR 2006, 582 (585); eine sittenwidrige Schädigung aber ablehnend in BGH WM 2021, 354 (356).

[169] Unter den unzähligen Entscheidungen besonders treffend die Leitsätze des OLG Koblenz VuR 2020, 198; *Heese*, JZ 2020, 178 spricht von 60.000 Individualklagen und weiteren 400.000 Klägern, die ihr Ersatzbegehr im Rahmen einer Musterfeststellungsklage vor dem OLG Braunschweig bündeln und bietet in den Fn. 6 ff. ausgewählte Nachweise.

[170] *Oechsler*, WM 2021, 1061 ff.; kritisch zur Haftung aus § 826 BGB *Armbrüster*, ZIP 2019, 837 (844 ff.); kritisch zum in den Dieselfällen deliktisch zu ersetzenden Schaden *Ahrens*, in: FS Ch. Huber (2020), 1 (3 ff.); zur schweizerischen Sittenwidrigkeitshaftung nach Kfz-Hersteller nach Art. 41 Abs. 2 OR *Rusch/Schwizer*, AJP 2020, 1205 (1206 f.); *dies.*, in: Strassenverkehrsrechtstagung 2016, 187 (200 ff.); diesen zustimmend *Koller*, AJP 2020, 1381 (1394); zur entsprechenden Haftung in Österreich nach §§ 1295 Abs. 2 bzw. 874 ABGB *Riedler*, ZVR 2020, 320 (326 ff.); *Franz*, ZVR 2021, 129 (130).

[171] BGH NJW 1992, 41; kritisch besprochen von *Foerste*, NJW 1992, 27 f.; *Sack*, VersR 2006, 1001 (1008 f.).

2. Deliktische Haftungsbegründung

Mangels vertraglicher Verbindung zwischen Endabnehmer und Hersteller ist die Antwort auf die Haftungsfrage zunächst im Deliktsrecht zu suchen.[172] Eine spezialgesetzliche Produkthaftung scheidet aus, führt sie doch in all den hier betrachteten Rechtsordnungen allein zu einer Ersatzpflicht für Sach- und Personenschäden, nicht für reine Vermögenseinbußen (vgl. § 1 Abs. 1 S. 1 ProdHaftG, § 1 Abs. 1 PHG, Art. 1 Abs. 1 PrHG).

a) Eigentumsverletzung, Schutzgesetzverstoß, Sittenwidrigkeitshaftung und culpa in eligendo

Eine deliktisch relevante Eigentumsverletzung durch den Hersteller des Baustromverteilers scheidet aus. Die Beeinträchtigung des Baufortschritts und die damit eventuell verbundene Verunmöglichung des Einsatzes von Maschinen und Werkzeugen auf genau dieser Baustelle reicht nicht aus, um ohne Substanzeingriff schon eine Eigentumsverletzung annehmen zu können.[173] Ebenso liegt kein im deutschen Recht nach § 823 Abs. 1 BGB ansonsten ersatzfähiger sog. „Weiterfresserschaden" vor,[174] da sich der Produktmangel nicht auf mangelfreies Eigentum „weitergefressen", sondern lediglich als direkte Mangelfolge reine Vermögensschäden verursacht hat.

Eine Haftung aus § 826 BGB, § 1295 Abs. 2 ABGB, Art. 41 Abs. 2 OR scheidet erkennbar aus. Anders als der abgasmanipulierende Kfz-Hersteller handelt der Produzent des mangelhaften Baustromverteilers nicht vorsätzlich; ihm ist auch kein sittenwidriges Verhalten vorzuwerfen.

Auch eine ersatzpflichtbegründende Schutzgesetzverletzung ist weder nach deutschem noch nach österreichischem und schweizerischem Recht festzustellen.[175] Der jeweilige Gesetzgeber hat für den Ausgangspunkt dieser Konstellation vielmehr das auf den Kauf anzuwendende Leistungsstörungsrecht geschaffen, was aber nur inter partes Gewährleistungspflichten auslöst, nicht aber außerhalb der Vertragsbeziehungen Schutz vor Mangelfolgeschä-

---

[172] Eine Übersicht der verschiedenen Haftungsansätze im deutschen Deliktsrecht bietet *Bien*, ZEuP 2012, 644 (652 ff.).

[173] IdS BGH NJW 1992, 41 (42); vgl. schon die Ausführungen unter G./I./2./b).

[174] Vgl. nur die Erwägungen im für den Weiterfresserschaden maßgeblichen Schwimmschalter-Fall BGHZ 67, 359 = NJW 1977, 379 (380): Keine Beschädigung einer fremden Sache, sondern lediglich ein im Rahmen des § 823 Abs. 1 BGB nicht erstattungsfähiger Vermögensschaden, wenn Mangel der übereigneten Sache von vornherein insgesamt anhaftete, diese damit für den Eigentümer von Anfang an schlechthin unbrauchbar war; anders aber noch die Berufungsinstanz im hiesigen Baustromverteiler-Fall, welche unter ausdrücklicher Anführung des Schwimmschalter-Judizes eine Eigentumsverletzung bejahte, OLG Karlsruhe VersR 1990, 1281 (1283).

[175] Vgl. *Cordes*, Direktanspruch des Endabnehmers (2013), 185: Haftung aus § 823 Abs. 2 BGB nur im Einzelfall; bezeichnend auch die Analyse von *Sack*, VersR 2006, 582 (585), der alle möglichen Anspruchsgrundlagen für eine Herstellerhaftung erwägt, § 823 Abs. 2 BGB aber nicht einmal erwähnt.

den bieten soll.[176] Eine Haftung aus *Auswahlverschulden* wird ebenso häufig ausscheiden. Der Produzent wird regelmäßig den Beweis führen können, sowohl seine Mitarbeiter als auch die Materialien sorgfältig ausgewählt zu haben.[177]

b) Eingriff in den eingerichteten und ausgeübten Gewerbebetrieb

Der BGH hat im *Baustromverteiler-Fall* einen rechtswidrigen Eingriff in den eingerichteten und ausgeübten Gewerbebetrieb bejaht.[178] Dieses Ergebnis erstaunt, setzt es doch voraus, dem Hersteller einen *betriebsbezogenen Eingriff* zurechnen zu können. Entsprechend kritisch wurde dieses Judiz aufgenommen.[179] Es bleibt unklar, worin der BGH den betriebsbezogenen Eingriff gesehen werden will. Bereits in der mangelhaften Herstellung des Baustromverteilers? Oder in der Lieferung an den Zwischenhändler? Oder etwa erst in der Veräußerung an die ARGE durch den Zwischenhändler, den aber selbst kein Verschulden trifft? Der BGH hat dieses offensichtliche Verortungsproblem dadurch elegant umgangen, allein die Mangelfolgen in den Blick zu nehmen und einsilbig festzuhalten, der Eingriff sei „*auch betriebsbezogen, da der Betrieb auf der Baustelle infolge des Kurzschlusses in dem Baustromverteiler für sechs Wochen zum Erliegen gekommen war*". Von der etablierten tatbestandsorientierten Formel, ein Eingriff sei dann betriebsbezogen, „wenn er sich irgendwie gegen den Betrieb als solchen richtet und nicht vom Gewerbebetrieb ohne Weiteres ablösbare Rechte oder Rechtsgüter betrifft",[180] ist das denkbar weit entfernt.

aa) Fehlende Betriebsbezogenheit

Die Betriebsbezogenheit im Baustromverteiler-Fall zu bejahen, überzeugt nicht nur in keinster Weise,[181] sondern steht dabei auch in *eklatantem Wider-*

---

[176] Mit ganz grundsätzlicher Kritik an der Haftung des Herstellers für Mangelfolgeschäden Dritter in Österreich daher *Posch*, JBl 1983, 253 (255) in seiner Anmerkung zu OGH SZ 54/152: „Pervertierung der Prinzipien, nach denen in Österreich der Ersatz von Schäden, die durch mangelhafte Produkte verursacht werden, begründet wird".
[177] Zutreffend *Cordes*, Direktanspruch des Endabnehmers (2013), 184.
[178] BGH NJW 1992, 41 (42).
[179] Kritisch insbesondere *Sack*, Das Recht am Gewerbebetrieb (2007), 297; *ders.*, VersR 2006, 582 (585); *ders.*, VersR 2006, 1001 (1008); *Foerste*, NJW 1992, 27 f.; *Larenz/Canaris*, Schuldrecht BT (1994), 559: vollends unnachvollziehbar.
[180] So auch in der einschlägigen Vorentscheidung BGH NJW 1983, 812 (813); ferner und bis heute BGH NZBau 2020, 609 (611); NJW 2020, 770 (775) mAnm *Gostomzyk*; BGHZ 193, 227 = NJW 2012, 2579 (2580); BGHZ 192, 204 = NJW 2012, 2034 (2036 f.); NJW 2009, 2958 (2959); NJW-RR 2005, 673 (675) mwN; NJW 2003, 1040 (1041); OLG München NJOZ 2015, 1960 (1962); OLG Rostock NJOZ 2007, 4881 (4883); *Sack*, Das Recht am Gewerbebetrieb (2007), 142; *Zweigert/Kötz*, Einführung in die Rechtsvergleichung (1996), 606.
[181] *Larenz/Canaris*, Schuldrecht BT (1994), 559: in Wahrheit fehlt es an Betriebsbezo-

spruch zu einschlägigen Präjudizen.[182] Im Fall der Lieferung mangelhafter Kunststoffrohre[183] wurde ein betriebsbezogener Eingriff des Herstellers in den Betrieb des Endabnehmers ebenso verneint wie im Falle einer defekten Hebebühne[184] ein Eingriff des Hebebühnenherstellers in den Betrieb einer Reparaturwerkstatt.

Die Erwägungen im letztgenannten *Hebebühnen-Fall* mögen aber weichenstellend für das lapidare Judiz im *Baustromverteiler-Fall* gewesen sein. *Erstens* erwähnte der BGH hier bereits, „auch Produktfehler können grundsätzlich derartige [Verf.: also betriebsbezogene] Eingriffe auslösen."[185] *Zweitens* verneinte er in casu einen betriebsbezogenen Eingriff des Hebebühnen-Herstellers deshalb vehement, da

„als ‚betriebsbezogen' [...] nur solche Beeinträchtigungen in Betracht [kommen], die [...] den Funktionszusammenhang der Betriebsmittel auf längere Zeit aufheben oder seine Tätigkeit als solche in Frage stellen."

Erkennbar wird hier also auf die Intensität und zeitliche Dimension der Betriebsbeeinträchtigung abgestellt – allerdings damals noch mit dem erkennbaren Ziel, die Betriebsbezogenheit in den Fällen von Herstellungsmängeln zu verneinen. Es scheint gleichwohl naheliegend, dass der VI. Zivilsenat – inzwischen unter neuem Vorsitz[186] – im *Baustromverteiler-Fall* das Merkmal der Betriebsbezogenheit unter dem Eindruck des *Hebebühnen-Falles* im Wesentlichen auf die zeitliche Dauer der Betriebsunterbrechung reduzierte.[187] Das Petitum des Hebebühnen-Judizes nach einem restriktiven Verständnis der Betriebsbezogenheit wird damit freilich in ihr Gegenteil verkehrt.

---

genheit; *Schlechtriem*, in: FS Deutsch (1999), 317 (322): Betriebsbezogenheit außer Funktion gesetzt.

[182] *Sack*, VersR 2006, 1001 (1008); *ders.*, VersR 2006, 582 (585); *ders.*, Das Recht am Gewerbebetrieb (2007), 291 ff., 297.

[183] BGH NJW 1974, 1503 (1505): Schutz „nur gegen unmittelbaren, d. h. betriebsbezogenen Angriff auf das Unternehmen"; liegt „nicht schon darin, daß sich die behauptete Schlechtlieferung der Rohre möglicherweise mittelbar für den Ruf der Klägerin und damit für den Fortbestand ihres Spezialunternehmens für Wasserversorgung und Abwässerbeseitigung nachteilig auswirken kann".

[184] BGH NJW 1983, 812 (813).

[185] BGH NJW 1983, 812 (813); *Schlechtriem*, in: FS Deutsch (1999), 317 (321).

[186] Ein Jahr nach der Hebebühnen-Entscheidung folgte *Steffen* auf *Hiddemann* als Vorsitzender Richter.

[187] Die entscheidende Passage („*Betriebsmittel auf längere Zeit aufheben oder seine Tätigkeit als solche in Frage stellen*") zitiert der BGH NJW 1983, 812 (813) bereits damals nach *Steffens* Kommentierung in RGRK, welcher dann zum Zeitpunkt des Baustromverteiler-Falls den Senatsvorsitz innehatte.

bb) Verschuldensabhängige Produkthaftung für reine Vermögensschäden von Unternehmern?

Das Judiz des *Baustromverteiler-Falls* ist (bislang und soweit erkennbar) vereinzelt geblieben.[188] „Zum Glück" möchte man hinzufügen, denn wie sollte sich diese Rechtsprechung nachhaltig und ansatzweise systemkonform im Dreieck zwischen *deliktischem Unternehmensschutz, verschuldensunabhängiger Produkthaftung* und *verschuldensabhängiger Einstandspflicht für Mangelfolgeschäden* etablieren können?[189] Betrachtet man das Ergebnis des Baustromverteiler-Falls, wurde hier eine verschuldensabhängige Produkthaftung für reine Vermögensschäden von Unternehmern bejaht. Allein aus der heutigen[190] Perspektive der eigentlichen Produkthaftung stößt dies bereits an zwei zusammenwirkenden Fronten auf dogmatischen Widerstand: *Erstens* verneint die Produkthaftung ganz grundsätzlich eine Einstandspflicht für reine Vermögensschäden – was hier auf deliktischem Wege umgangen wird. *Zweitens* schützt die Produkthaftung schon ihrem Ur-Ansinnen nach nur privates, nicht aber unternehmerisches Eigentum (§ 1 S. 2 ProdHaftG, § 2 Nr. 1 PHG, Art. 1 Abs. 1 lit. b PrHG).

Mit diesen beiden Grundausrichtungen verträgt es sich erkennbar nicht, wenn nun über die Figur des Rechts am Gewerbebetrieb und unterhalb der Schwelle zur Eigentumsverletzung ein reiner Vermögenschutz gegen Produktfehler kreiert wird, den *alleine Unternehmer*, nicht aber Verbraucher für sich in Anspruch nehmen können. So zustimmenswert der Schutz des Gewerbebetriebs im Einzelfall sein mag (Stichwort: Schutz des für die *Bestreitung des eigenen Lebensunterhalts* zentral bedeutsamen Vermögens),[191] stößt er doch dort erkennbar an seine Grenzen, wo – mit den Worten des BGH in der Hebebühnen-Entscheidung – *„das Gewerbevermögen ohne Sachgrund"*[192] gegenüber dem nichtgewerblichen Vermögen privilegiert würde.[193] Die Haftungsbegründung im Baustromverteiler-Fall über den Weg des Rechts am Gewerbebetrieb ist damit entschieden abzulehnen.

cc) Kein Schutz der wirtschaftlichen Persönlichkeit

Das österreichische und schweizerische Deliktsrecht versagt der ARGE den Schutz ihres reinen Vermögens. Außerhalb der deutschen Rechtsordnung

---

[188] *Sack*, Das Recht am Gewerbebetrieb (2007), 291 im Jahr 2007.
[189] *Foerste*, NJW 1992, 27 (28) sieht den BGH sich mit diesem Judiz der deliktischen Generalklausel nähern und schließt damit, dass dies vielleicht nötig sei.
[190] Das ProdHaftG trat zum 1.1.1990 in Kraft, war also auf den Baustromverteiler-Fall (auch wertungsmäßig) nicht anzuwenden.
[191] Siehe hierzu unter F./II./1./b)/ee)/(1).
[192] BGH NJW 1983, 812 (813).
[193] *Schlechtriem*, in: FS Deutsch (1999), 317 (321); deswegen das Baustromverteiler-Judiz ablehnend *Sack*, Das Recht am Gewerbebetrieb (2007), 297; *ders.*, VersR 2006, 582 (585); *ders.*, VersR 2006, 1001 (1008).

findet das Recht am Gewerbebetrieb seine nächste Entsprechung noch im *schweizerischen Schutz der wirtschaftlichen Persönlichkeit*. Auch mit diesem ließe sich für den Baustromverteiler-Fall kaum eine Haftpflicht des Herstellers begründen, hat sein Schutz doch dort zu versagen, wo unter dem Deckmantel des Persönlichkeitsrechts schlicht reine Vermögensbeeinträchtigungen einer Ersatzpflicht zugeführt werden sollen.[194]

c) Zwischenergebnis – verbleibendes Haftungsbedürfnis?

Das Deliktsrecht ist zur Begründung der Herstellerdritthaftung im hiesigen *Baustromverteiler-Fall* denkbar ungeeignet. *Sack*[195] weist aber auf ein (vermeintlich) verbleibendes Haftungsbedürfnis hin: Wäre der Mangelfolgeschaden bereits beim Zwischenhändler als unmittelbarem Vertragspartner des Herstellers eingetreten, erübrigte sich die Diskussion über die Haftung.[196] Der simple – und im Warenabsatzverkehr wohl alltägliche – Umstand, dass sich die Mangelfolge als reiner Vermögensschaden erst beim Endabnehmer zeigt, dürfe den Hersteller aber – darüber scheint über die Ländergrenzen Einigkeit zu bestehen – nicht entlasten bzw. seine Sorgfaltspflichten ins Leere laufen lassen.[197]

Unterstellt man damit zunächst ein ganz grundsätzliches Haftungsbedürfnis in dem hier betrachteten Fall, ist sodann danach zu fragen, ob den Hersteller gegenüber dem Endabnehmer eine (verbleibende) Haftung unter *Annäherung an das Vertragsrecht* oder nach den Grundsätzen der *Schadensverlagerung* treffen kann.

---

[194] Zentral BGE 114 II 91 (105): Keine Lückenfüllung des Leistungsschutzrechts durch allgemeine Norm; gilt umso mehr, wenn offensichtlich wirtschaftliche Interessen auf dem Spiel stehen; idS BGE 129 III 715 (724 f.); vgl. BGE 110 II 411 (418); ferner *Roberto/Hrubesch-Millauer*, in: FS Druey (2002), 229 (237): fraglich, ob wirtschaftlicher Persönlichkeitsschutz überhaupt abseits der Kernfälle von Verbandsausschlüssen.
[195] VersR 2006, 1001 (1008 f.).
[196] So aus schweizerischer Perspektive im Kontext des Dieselskandals *Rusch/Schwizer*, in: Probst/Werro (Hrsg.), Strassenverkehrsrechtstagung 2016 (2016), 187 (194); ebenso *Canaris*, in: FS Larenz (1983), 27 (100).
[197] *Sack*, VersR 2006, 1001 (1009); *ders.*, VersR 2006, 582 (585); so auch *Cordes*, Direktanspruch des Endabnehmers (2013), 174; ganz idS auch *Canaris*, in: FS Larenz (1983), 27 (100): „Unterschiede sind einigermaßen ungereimt"; vgl. *Krebs*, Sonderverbindung und außerdeliktische Schutzpflichten (2000), 329 im Kontext der Berufshaftung von Freiberuflern: wenn „vollständiger Ersatz des Schadens zumutbar, muß dies auch gelten, wenn sich ein Teil des Schadens auf einen Dritten verlagert", bzw. dessen Verweis auf die besondere, nämlich „gläubigergleiche Gefährdung" des Endabnehmers (285); für Österreich *Karner/Koziol*, JBl 2012, 141 (155 f.); *Koziol*, Haftpflichtrecht II (2018), A/2/384; für die Schweiz *Loser-Krogh*, in: FS Kramer (2004), 579 (599).

3. Ergebniskorrektur mittels Drittschadensliquidation

Weitgehende Einigkeit besteht im gesamten deutschen Rechtskreis darüber, dass sich ein etwaiger Anspruch des Endabnehmers gegen den Hersteller jedenfalls nicht mit der Figur der Drittschadensliquidation begründen lässt.[198]

Erstens dient die Drittschadensliquidation der Ergebniskorrektur, was bereits voraussetzt, dass sich eine Haftung auch nicht auf eine Sorgfaltsverletzung innerhalb einer Sonderverbindung stützen lässt. Genau dieser Weg wird – wie im Folgenden gezeigt wird – allerdings in Deutschland und Österreich beschritten bzw. zumindest favorisierend in den Blick genommen. Die Drittschadensliquidation kommt so schon unter Subsidiaritätsgesichtspunkten nicht in Betracht.[199] *Zweitens* liegt die Endabnehmer/Zwischenhändler/Hersteller-Konstellation deutlich abseits der Fälle einer *tatsächlich zufälligen Schadensverlagerung.*[200] Zu einer solchen Verlagerung kommt es nämlich gar nicht – allein das *Risiko* eines Schadenseintritts kumuliert sich in der Warenabsatzkette beim Endabnehmer. Die mehrgliedrige Absatzkette, bei der der Zwischenhändler die Ware nur an den Endabnehmer durchreicht, ist damit so beschaffen, dass das Schadensrisiko typischerweise erst bei der Inbetriebnahme der Sache – in der Regel erst beim letzten Kettenglied – zum Tragen kommt. Damit fehlt es aber bereits am für die Drittschadensliquidation vorausgesetzten primären Schaden des Zwischenhändlers, der sich kongruent auf den Endabnehmer verlagern könnte.[201]

Man kann es auch kürzer fassen: *Risikoverlagerung* ist nicht gleich *Schadensverlagerung* und reicht zur Anwendung der Drittschadensliquidation nicht aus. Vielmehr ist danach zu fragen, ob nicht zwischen dem Hersteller

---

[198] Die Drittschadensliquidation im Kontext der Produzentenhaftung ausdrücklich ablehnend BGHZ 51, 91 = NJW 1969, 269 (271 f.) mzustAnm *Diederichsen; Cordes*, Direktanspruch des Endabnehmers (2013), 211 mwN der ablehnenden Literatur (209 f.); für Österreich OGH bbl 1999/229 mAnm *Egglmeier*: in casu Schadensakkumulierung; ausführlich *Koziol*, Haftpflichtrecht I (2020), D/4/41 ff.; referierend *K. Huber*, Haftung für Mangelfolgeschäden (2020), 140; für die Schweiz *Rusch/Schwizer*, in: Probst/Werro (Hrsg.), Strassenverkehrsrechtstagung 2016 (2016), 187 (196 f.), die das Ergebnis der Drittschadensliquidation für stimmig hielten, zutreffend eine tatbestandlich vorausgesetzte Schadensverlagerung aber verneinen; *Bärtschi*, Verabsolutierte Relativität (2009), 447; aA und eine Drittschadensliquidation (im österreichischen Recht) für möglich haltend *Leitner*, ecolex 2001, 511 f.

[199] *Sack*, VersR 2006, 582 (586).

[200] AA *Leitner*, ecolex 2001, 511 f.; anders vgl. auch *G. Wilhelm*, ecolex 2015, 1029, der dem Käufer eines abgasmanipulierten Kfz mittels Drittschadensliquidation zu Ersatz verhelfen will.

[201] Lehrbuchartig BGHZ 51, 91 = NJW 1969, 269 (272) mzustAnm *Diederichsen;* ähnlich schon BGHZ 40, 91 = NJW 1963, 2071 (2076); referierend *Sack*, VersR 2006, 582 (585 f.); ähnlich OGH bbl 1999/229 mAnm *Egglmeier*: keine Schadensverlagerung, weil in casu verschiedene Schäden des Herstellers und des Endabnehmers; für die Schweiz *Rusch/Schwizer*, in: Probst/Werro (Hrsg.), Strassenverkehrsrechtstagung 2016 (2016), 187 (196 f.).

und dem Endabnehmer – eben aufgrund dieser typischen Risikoverlagerung – eine eigene *Sonderverbindung mit einhergehenden Sorgfaltspflichten* entsteht.

4. Haftung aus Sonderverbindung

In einer katalogsartigen Zusammenstellung aller typisierten Sonderverbindungen führt *Krebs*[202] ausdrücklich die *Absatzkette* an. Tatsächlich liegt es nach den vorstehenden Ausführungen zumindest nicht fern, hier eine solche anzunehmen:[203] Der schädigende Hersteller und der Endabnehmer sind zwar selbst nicht vertraglich verbunden, begegnen sich jedoch auch nicht vollkommen zufällig.[204] Der Endabnehmer mag das Produkt eines bestimmten Herstellers ganz bewusst ausgewählt haben und der Hersteller hat die Absatzkette mit dem Wissen und dem Ziel in Gang gesetzt, dass seine Ware letztlich bei einem einzelnen Endabnehmer verbleibt, der typischerweise dem Risiko der Mangelhaftigkeit der Sache ausgesetzt ist.[205] Fraglich bleibt, ob sich diese *Sonderverbindung zwischen Endabnehmer und Hersteller* auch in eine tragfähige Haftungsbegründung integrieren lässt.

a) Schutzwirkung des Erstvertrages für Endabnehmer als Partei des Zweitvertrages

Ein erster, für das deutsche und österreichische Recht in Betracht kommender Ansatz besteht darin, den rein vermögensgeschädigten Endabnehmer in den Schutzbereich des Vertrages zwischen Hersteller und Zwischenhändler einzubeziehen.[206]

---

[202] Sonderverbindung und außerdeliktische Schutzpflichten (2000), 85 f., ferner 285 f., 370 ff.

[203] AA aus schweizerischer Perspektive allerdings *Bärtschi*, Verabsolutierte Relativität (2009), 344; eine „direkte" (?) Sonderverbindung verneinend *Loser-Krogh*, in: FS Kramer (2004), 579 (598); vgl. auch für das deutsche Recht *Otto*, in: jurisPraxKomm BGB⁹, § 675 Rn. 126.

[204] Ganz idS BGHZ 51, 91 = NJW 1969, 269 (273) mzustAnm *Diederichsen*: Beziehung zwischen geschädigtem Käufer und Hersteller enger als zwischen Hersteller und „jedermann"; *Krebs*, Sonderverbindung und außerdeliktische Schutzpflichten (2000), 370; für die Schweiz *Heini*, in: FS Keller (1989), 175 (182), der zutreffend von der „Beziehungsnähe" zwischen Produzent und Enderwerber spricht; am Beispiel des Abgasskandals *Rusch/Schwizer*, in: Probst/Werro (Hrsg.), Strassenverkehrsrechtstagung 2016 (2016), 187 (195).

[205] Für Österreich OGH SZ 49/14 = EvBl 1976/168 (327); *Vrba*, in: Vrba (Hrsg.), Schadenersatz in der Praxis (44. EL), B/VI/4; vgl. ferner *Cordes*, Direktanspruch des Endabnehmers (2013), 213.

[206] Für die deutsche Perspektive hielt *Canaris*, in: FS Larenz (1983), 27 (101) diesen Weg bereits vor beinahe 40 Jahren für gangbar und – unter dem Eindruck der Lastschrift-Entscheidung (BGHZ 69, 82 = NJW 1977, 1916) – auch für wahrscheinlich, dass die Rspr diesen einschlage.

Das Merkmal der *Leistungsnähe* ist dabei erfüllt, schließlich ist der Problemansatz dieser ganzen Fallkonstellation der einfache Umstand, dass sich der Produktfehler nicht schon beim Zwischenhändler, sondern erst beim Endabnehmer auswirkt.[207] *Krebs*[208] spricht hier treffend von einer „gläubigergleichen Gefährdung" des Endabnehmers. Diese Leistungsnähe ist für den Hersteller, der seine Ware ja bis in letzte Kettenglied und in der Regel an einen bestimmten Käuferkreis vertrieben sehen möchte, nicht nur erkennbar,[209] sondern sogar *intendiert*.[210] Gleiches gilt damit – so denn man es überhaupt voraussetzt – auch für das Interesse des Zwischenhändlers an der Einbeziehung des Endabnehmers in den Schutzbereich des Erstvertrages. Hier liegt aber nun die tatbestandlich höchste Hürde: Kann ein solches Gläubigerinteresse unter den Parteien der Absatzkette überhaupt bejaht werden? Es lassen sich zur Frage des Gläubigerinteresses in der deutschen und österreichischen Rechtsprechung zwei unterschiedliche Linien feststellen. Diese verlaufen nicht parallel, stattdessen knüpft die österreichische Rechtsprechung gerade dort an, wo die einschlägigen BGH-Judize an tatbestandliche Grenzen stoßen.

---

[207] *Sack*, VersR 2006, 582 (587); *ders.*, VersR 2006, 1001 (1009); wenig überzeugend dagegen *Cordes*, Direktanspruch des Endabnehmers (2013), 232 f., die an der Leistungsnähe zweifelt und dies zum einen mit der nur „mittelbaren Betroffenheit" des Endabnehmers begründet, andererseits aber zugesteht, dass der Endabnehmer sogar stärker gefährdet sei als der Zwischenhändler; die Leistungsnähe „unzweifelhaft" ablehnend auch OLG Braunschweig NJW 2007, 609 bei einer Verkaufskette über einen Gebrauchtwagen.
[208] Sonderverbindung und außerdeliktische Schutzpflichten (2000), 285, 370.
[209] *Bayer*, JuS 1996, 473 (478): „Käufer lässt sich in aller Regel ohne weiteres feststellen"; *Sack*, VersR 2006, 1001 (1009); dem Hersteller muss der einzelne Endabnehmer nicht persönlich bekannt sein, es reicht aus, dass der Gläubigerkreis als solcher objektiv und überschaubar konturiert ist; vgl. auch *Bien*, ZEuP 2012, 644 (661), der ganz allgemein die Vorhersehbarkeit von Mangelfolgeschäden von Endabnehmern für den Hersteller bejaht; ferner BGHZ 159, 1 = NJW 2004, 3035 (3038); NJW 1987, 1758 (1760); *Klumpp*, in: Staudinger BGB (2020), § 328 Rn. 124; für die hier in Rede stehende Konstellation *Cordes*, Direktanspruch des Endabnehmers (2013), 223; für Österreich OGH EvBl 1985/63: „es muß genügen, daß dem Vertragspartner generell erkennbar ist, daß möglicherweise dritte Personen im Gefahrenbereich sein werden; wer dies im Einzelfall ist, muß bei Abschluß des Vertrages noch nicht feststellbar sein"; *Vrba/Maurer*, in: Vrba (Hrsg.), Schadenersatz in der Praxis (45. EL), B/II/18; idS auch *Koziol*, Haftpflichtrecht II (2018), A/2/363: Vorhersehbarkeit darf nicht zu eng verstanden werden; aA und zu streng ausdrücklich im Kontext der Absatzkette *von Bar*, Gemeineuropäisches Deliktsrecht I (1996), Rn. 483.
[210] Ganz idS aus schweizerischer Perspektive *Rusch/Schwizer*, in: Probst/Werro (Hrsg.), Strassenverkehrsrechtstagung 2016 (2016), 187 (195) mit Blick auf den Abgasskandal und die dortige Dreiecksbeziehung zwischen Volkswagen, Zwischenhändler und Kfz-Endkäufer; *Cordes*, Direktanspruch des Endabnehmers (2013), 236, die freilich an der Leistungsnähe zweifelt.

aa) Drittschutzwirkung des Erstvertrages in Deutschland?

Wie der rechtskreisinterne Vergleich zeigt,[211] hat das Merkmal des Gläubigerinteresses in der deutschen Rechtsprechung eine beispiellose Aufweichung erfahren. Steht aber die Herstellerdritthaftung als Anwendungsfall in Rede, wird gerade auf ein striktes Verständnis des Gläubigerinteresses gepocht. Es scheint beinahe so, als habe das Institut des Vertrags mit Drittschutzwirkung bei seiner Fortentwicklung die Fallgruppe der Herstellerdritthaftung bewusst ausgelassen.

(1) Strikte Handhabung des Gläubigerinteresses durch die Rechtsprechung

Grundlegend für die Frage nach der vertraglichen Dritthaftung des Herstellers in Deutschland ist das Urteil im sog. *Hühnerpest-Fall*,[212] in dem die Dritthaftung eines Produzenten für einen Sachschaden in Rede stand. Ein Tierarzt erwarb von einem Impfstoffhersteller fehlerhaftes Impfserum. Dieses wurde den Hühnern des letztlich geschädigten Hühnerzüchters verabreicht, die dadurch aber nicht wie beabsichtigt gegen die Hühnerpest immunisiert wurden, sondern gerade daran erkrankten und verendeten. Der Geschädigte nahm den Hersteller auf Schadenersatz in Anspruch. Der BGH bejahte diesen mit Blick auf § 823 Abs. 1 und 2 BGB und legte damit den Grundstein für die *deliktische Produzentenhaftung*.[213] Reine Vermögensschäden umfasst diese aber im Regelfall – weil eben auf § 823 Abs. 1 BGB gestützt – gerade nicht. Der hierfür allenfalls in Betracht kommenden *Einstandspflicht aus vertraglicher Drittschutzwirkung* erteilte der BGH gleichzeitig eine ausdrückliche Absage: Da das Verhältnis zwischen Tierarzt und Hühnerzüchter nicht von einem speziellen personenrechtlichen Einschlag geprägt sei, den Tierarzt keine besondere Fürsorgepflicht gegenüber dem Hühnerzüchter treffe, es mithin am Gläubigerinteresse fehle, lasse sich nicht annehmen, der Kaufvertrag zwischen Tierarzt und Impfstoffhersteller solle Schutzwirkung zugunsten des Hühnerzüchters entfalten.[214] Diese Rechtsprechung hat der BGH mehrfach verfestigt,[215] gerade auch dann, wenn der Endabnehmer einen reinen Vermögensschaden erleidet.[216]

---

[211] Siehe hierzu unter F./II./2./c)/bb)/(1)/(b).
[212] BGHZ 51, 91 = NJW 1969, 269 mAnm *Diederichsen*.
[213] BGHZ 51, 91 = NJW 1969, 269 (273 ff.) mAnm *Diederichsen*.
[214] BGHZ 51, 91 = NJW 1969, 269 (272) mzustAnm *Diederichsen*; weiterführend zum möglichen Interesse des Zwischenhändlers an der Einbeziehung des Dritten *Krebs*, Sonderverbindung und außerdeliktische Schutzpflichten (2000), 285 f.
[215] BGH NJW 1974, 1503: kein Verhältnis mit personenrechtlichem Einschlag; NJW 1989, 1029 (1030); bereits an der Leistungsnähe scheiternd OLG Braunschweig NJW 2007, 609.
[216] BGH NJW 1974, 1503: Mangelbeseitigungskosten, ohne selbst Eigentumsverletzung erlitten zu haben.

(2) Expertise und Vertrauensschutz statt personeller Nähe und Fürsorgepflicht?

Dem wegweisenden Hühnerpest-Judiz ist zuzugeben, dass es zu einer Zeit erging, als das Merkmal des Gläubigerinteresses auch in der Breite noch strikt verstanden wurde.[217] Mit dem Testaments-Fall[218] war der vertragliche Drittschutz damals bereits auf reine Vermögensschäden erstreckt, aber selbst in der dortigen Konstellation (haftpflichtiger Rechtsanwalt, erblassender Vater und ersatzberechtigte Tochter als intendierte Erbin) eben immer noch innerhalb besonderer familiärer Nähebeziehungen.[219]

Teile der heutigen Lehre wehren sich aber gegen das strikte Verständnis des Gläubigerinteresses in den Herstellerfällen und fordern hier ein Umdenken – oder vielmehr eine Angleichung an die seit dem Hühnerpest-Fall gewandelte Drittschutzdogmatik.[220] Bemüht wird die Parallele zu den Gutachterfällen (Fallbeispiel 3):[221] Obwohl dort die Interessen zwischen Käufer und Verkäufer sogar gegenläufig sind – ein Gläubigerinteresse also gar nicht nachdrücklicher verneint werden kann – trifft den Gutachter eine Einstandspflicht gegenüber dem jeweils vertragsfremden Dritten. Auf die vormals für das Gläubigerinteresse noch konstitutive personelle Nähe und Fürsorgepflicht des Vertragsgläubigers gegenüber dem Dritten wird verzichtet. Haftpflichtbegründend sind vielmehr die staatlich anerkannte Sachverständigenexpertise und der *Schutz des hierauf gründenden Vertrauens*.[222]

Diese Grundsätze, so fordert insbesondere *Sack*,[223] seien nun auch auf die Konstellation Hersteller-Zwischenhändler-Endabnehmer zu übertragen. Schließlich bringe der Endabnehmer – und das ist die eigentliche Essenz des Ganzen – beim Warenkauf dem Warenhersteller (wohlgemerkt: nicht dem Zwischenhändler)[224] das *Vertrauen in die Mangelfreiheit der Ware* entgegen.[225]

---

[217] *Bayer*, JuS 1996, 473 (478) hält es daher für einen „historischen Zufall", dass dem Erstvertrag der Absatzkette keine Schutzwirkung zuerkannt wird; auf den inzwischen eingetretenen Dogmenwandel hinweisend *Sack*, Das Recht am Gewerbebetrieb (2007), 298 f.; *ders.*, VersR 2006, 1001 (1009); *ders.*, VersR 2006, 582 (586); *Cordes*, Direktanspruch des Endabnehmers (2013), 231.
[218] BGH NJW 1965, 1955.
[219] So für das österreichische Recht und die dortigen, ebenfalls mit dem vertraglichen Drittschutz gelösten Testaments-Fälle *Häusler*, EF-Z 2019, 162.
[220] *Sack*, VersR 2006, 582 (568).
[221] Siehe unter A./II.
[222] Siehe hierzu insb. unter F./II./2./c)/bb)/(1)/(b)/(bb).
[223] Das Recht am Gewerbebetrieb (2007), 300; *ders.*, VersR 2006, 1001 (1009); *ders.*, VersR 2006, 582 (587); wohl auch *Bayer*, JuS 1996, 473 (478).
[224] *Cordes*, Direktanspruch des Endabnehmers (2013), 170 mwN in Fn. 598; *Sack*, Das Recht am Gewerbebetrieb (2007), 300.
[225] *Sack*, Das Recht am Gewerbebetrieb (2007), 300; *ders.*, VersR 2006, 1001 (1009); *ders.*, VersR 2006, 582 (587); ausführlich *Cordes*, Direktanspruch des Endabnehmers (2013), 170 ff.; ferner *Canaris*, in: FS Larenz (1983), 27 (101); vgl. auch – im Ergebnis eine

Der BGH[226] ist dem allerdings ausführlich und entschieden entgegengetreten. Aus der Perspektive dieser Untersuchung unter drei Gesichtspunkten auch vollkommen zurecht: *Erstens* überzeugt bereits in den Gutachterfällen die völlige Preisgabe des Gläubigerinteresses nicht.[227] *Zweitens* bietet der Hersteller in der Regel *keine staatlich anerkannte* und daher besonders vertrauensbegründende Expertise bzw. Warenqualität an.[228] Eine diesbezügliche Ausnahme könnte allenfalls dann anzunehmen sein, wenn einzelnen Produkten von mit staatlicher Prüfungskompetenz beliehenen Qualitätssicherungseinrichtungen bestimmte Sicherheitsstandards attestiert werden.[229] *Drittens* und jedenfalls seit der Schuldrechtsreform ist zu fragen: Warum das für die Herstellerhaftung arg zu strapazierende Dogma des Vertrags mit Drittschutzwirkung bemühen, wenn dieses tatbestandlich ohnehin auf die Inanspruchnahme besonderen Vertrauens reduziert werden soll und § 311 Abs. 3 S. 2 BGB für diese Konstellation bereits eine passende Haftungsgrundlage anbietet?[230]

(3) Zwischenergebnis

Die Dritthaftung des Herstellers lässt sich in Deutschland kaum mit dem Schuldverhältnis mit Drittschutzwirkung erfassen. Die Rechtsprechung hat dies zurecht ausdrücklich abgelehnt. Sofern die Lehre die Haftung des Her-

---

weitergehende Herstellerhaftung aber ablehnend – *Gsell*, in: Remien (Hrsg.), Schadensersatz im europäischen Privat- und Wirtschaftsrecht (2012), 281 (288): „Vertrauen in die Produktsicherheit wird [...] unabhängig von vertraglichen Versprechen in der Absatzkette geschützt".

226 BGH NJW 1989, 1029 (1030): Ausnahme von Erfordernis der Fürsorgepflicht (Gläubigerinteresse) nur, „wenn eine Person, die über eine besondere, vom Staat anerkannte Sachkunde verfügt, auftragsgemäß ein Gutachten [...] abgibt, das erkennbar zum Gebrauch gegenüber einem bestimmten Dritten bestimmt ist und deshalb in der Regel nach dem Willen des Bestellers mit einer entsprechenden Beweiskraft ausgestattet sein soll [...]. Daß eine vergleichbare Interessenlage hinsichtlich der Angaben des Warenherstellers über die Verwendungsmöglichkeiten seines Produkts zu verneinen ist, liegt auf der Hand"; *Canaris*, in: FS Larenz (1983), 27 (101) prognostizierte angesichts der Lastschrift-Urteils (BGHZ 69, 82 = NJW 1977, 1916) noch, dass die Rspr auch in den Herstellerfällen den vertraglichen Drittschutz bemühen würde – auch dem tritt diese Entscheidung ausdrücklich entgegen.
227 Siehe hierzu schon unter F./II./2.c)/bb)/(1)/(b)/(cc).
228 Vgl. BGH NJW 1989, 1029 (1030); eine haftpflichtrelevante Vertrauensbildung gegenüber dem Hersteller ausdrücklich ablehnend BGH NJW 1974, 1503 (1504); ferner BGH NJW 1983, 812 (813 f.); offengelassen (und letztlich deliktisch gelöst) allerdings in BGHZ 51, 91 = NJW 1969, 269 (273) mAnm *Diederichsen*.
229 Die bezeichnenderweise als „Prüfzeichen-Urteil" bekannt gewordene Entscheidung BGH NJW 1974, 1503 lässt daran allerdings gerade zweifeln: Verwendung von Prüfzeichen betrifft allein das Verhältnis zwischen den Vertragsparteien und erzeugte keine Schutzwirkungen zugunsten Dritter (1503); Kennzeichnung der Rohre mit Prüfzeichen keine rechtsgeschäftliche Haftungszusage des Herstellers an Endabnehmer (1504).
230 Genauso auch *Cordes*, Direktanspruch des Endabnehmers (2013), 234; vgl. auch schon *Canaris*, in: FS Larenz (1983), 27 (101).

stellers an ein ihm entgegengebrachtes Vertrauen knüpfen möchte, scheint hierfür allenfalls § 311 Abs. 3 S. 2 BGB geeignet.

bb) Drittschutzwirkung des Erstvertrages in Österreich

Die österreichische Rechtsprechung beschreitet den gerade entgegengesetzten Weg und erkennt dem Erstvertrag zwischen Hersteller und Zwischenhändler Schutzwirkung zugunsten des Endabnehmers zu.[231] Besonders bemerkenswert daran ist, dass dies auch dann gilt, wenn dem Endabnehmer lediglich reine Vermögensschäden entstehen[232] – und das obwohl der OGH stets betont, reines Drittvermögen sei grundsätzlich nicht in den Schutzbereich fremder Verträge einzubeziehen.[233] Diese grundsätzlich restriktive Ausrichtung vor Augen hat der OGH jedoch festgehalten, dass reine Vermögensschäden eben dann doch unter dem Schirm des vertraglichen Drittschutzes ersetzt werden können, wenn es sich dabei um *typischerweise eintretende Schäden* handelt.[234]

(1) Gläubigerinteresse oder Vertrauensschutz

Es stellt sich die Frage, wie die österreichische Rechtsordnung in diesen Fällen mit dem Merkmal des Gläubigerinteresses verfährt. Anders als in Deutschland hat sich die österreichische Dogmatik gegen eine Aufgabe dieses Tatbestandserfordernisses entschieden gewehrt,[235] was gerade dazu führt, dass

---

[231] Grundlegend OGH SZ 49/14 = EvBl 1976/168 (327); zuletzt OGH SZ 2014/30 = EvBl 2014/89 mAnm *Rohrer/Perner*; JBl 2009, 518 (520): Produzentenhaftung außerhalb des PHG auf Grundlage der Lehre von den vertraglichen Schutzpflichten zugunsten Dritter zu lösen; ebenso schon RZ 1992/76; ferner ecolex 1992, 844; Urt. v. 6. 4. 1989 – 7 Ob 564/89, RIS; JBl 1987, 185 (186); SZ 54/152 = JBl 1983, 253 (254) mkritAnm *Posch*; *Apathy*, öarr 2017, 5 (8 ff.); *Vrba*, in: Vrba (Hrsg.), Schadenersatz in der Praxis (45. EL), B/VI/4; *K. Huber*, Haftung für Mangelfolgeschäden (2020), 138; kritisch *Reischauer*, in: Rummel ABGB³, § 1295 Rn. 37.

[232] Grundlegend OGH SZ 54/152 = JBl 1983, 253 (254) mkritAnm *Posch*: Prozesskosten des Endabnehmers; diese Entscheidung übersieht *K. Huber*, Haftung für Mangelfolgeschäden (2020), 138 f., wenn sie ausführt, der OGH habe dem Endabnehmer noch keinen Ersatz seines reinen Vermögensschadens zugesprochen; zuletzt OGH SZ 2014/30 = EvBl 2014/89 mAnm *Rohrer/Perner*; ausdrücklich anders aber noch OGH SZ 51/169 = JBl 1979, 483 (485).

[233] OGH NZ 2018/117; wobl 2017/113 (364); ÖBA 2015/2084 (149); SZ 2014/30 = EvBl 2014/89 mAnm *Rohrer/Perner;* ecolex 2003/67 mAnm *Pilz*; RdW 2003/256; SZ 59/51 = JBl 1986, 381 (383); SZ 55/113 = JBl 1983, 205 (207) mAnm *Hügel*; SZ 51/169 = JBl 1979, 483 (485).

[234] OGH SZ 54/152 = JBl 1983, 253 (254) mkritAnm *Posch*: Der Endabnehmer von urheberrechtlich geschütztem Material wird in aller Regel vom Berechtigten in Anspruch genommen, sodass dem Endabnehmer daraus ein Vermögensnachteil erwächst, etwa in Form von Forderungsabwehrkosten; *Sack*, Das Recht am Gewerbebetrieb (2007), 301; *ders.*, VersR 2006, 582 (587).

[235] So wird eine vertragliche Dritthaftung bei gegenläufigen Interessen grundsätzlich

die Sachverständigen-Fälle (Fallbeispiel 3)[236] nicht mit mehr mit dem vertraglichen Drittschutz erfasst werden. Wie aber gelingt es der Rechtsprechung in den hier nun betrachteten Produzenten-Fällen, die Hürde des Gläubigerinteresses zu überwinden und dem Erstvertrag der Lieferkette Drittschutzwirkung zuzuerkennen?

Die Antwort lautet: Just mit der Begründung, die auch in der deutschen Literatur vorgeschlagen wird,[237] vom BGH aber ausdrückliche Ablehnung erfahren hat.[238] In der österreichischen Leitentscheidung[239] wird das Gläubigerinteresse als tatbestandliche Voraussetzung des vertraglichen Drittschutzes ausdrücklich erwähnt („*sichtbares eigenes Interesse*", „*zur Fürsorge verpflichtet*")[240] und den weiteren Erwägungen vorangestellt. In der Subsumtion wird dieses Tatbestandselement allerdings nicht weiter beachtet, sondern ein vertraglicher Drittschutz deswegen angenommen, weil dem Hersteller bewusst sei, dass hier jedenfalls irgendein Endabnehmer „*im Vertrauen* auf die einwandfreie Beschaffung dieser Produkte seine Rechtsgüter der Einwirkung der erworbenen Sachen eröffnet."[241] Auch in einzelnen Folgeentscheidungen spricht der OGH davon, dass „*das Vertrauen* des Kunden in die Mängelfreiheit der gelieferten Sache", also das als solches bezeichnete „*Warenvertrauen*" grundsätzlich dem Produzenten derselben entgegen gebracht wird.[242] In den jüngeren Entscheiden wird zu diesem Punkt allerdings kaum noch Stellung bezogen, sondern allein darauf verwiesen, dass der Erstvertrag der Absatzkette eben anerkanntermaßen Drittschutz entfalten könne.[243] Erneut zeigt sich: Enttäuschtes, aber für schützenswert befundenes Vertrauen dient als haftpflichtbegründender Anknüpfungs-

---

und anders als in Deutschland verneint, OGH SV 2020, 169 (170) mAnm *Mann-Kommenda*; grundlegend SZ 69/258 = ecolex 1997, 844 mAnm *Wilhelm*; *Schacherreiter*, in: ABGB-ON (Stand: 31.7.2021), § 1300 Rn. 15; *Koziol*, Haftpflichtrecht II (2018), A/2/368; *Karner*, ÖBA 2001, 893 (894); *Welser/Zöchling-Jud*, Bürgerliches Recht II (2015), Rn. 653; *Vrba/Maurer*, in: Vrba (Hrsg.), Schadenersatz in der Praxis (45. EL), B/II/19; *Wilhelm*, ecolex 1991, 87.

[236] Siehe unter A./II.
[237] Deshalb führen die deutschen Literaten die österreichische Rspr auch als Argument für ihren Standpunkt ins Feld, etwa *Sack*, Das Recht am Gewerbebetrieb (2007), 301; *ders.*, VersR 2006, 582 (587); *Bayer*, JuS 1996, 473 (478).
[238] Auf diesen Gegensatz hinweisend *Ranieri*, Europäisches Obligationenrecht (2009), 1691; *Kramer*, AcP 200 (2000), 365 (392 f.).
[239] OGH SZ 49/14 = EvBl 1976/168.
[240] OGH SZ 49/14 = EvBl 1976/168 (327).
[241] OGH SZ 49/14 = EvBl 1976/168 (327).
[242] OGH JBl 1987, 185 (186 f.); SZ 54/152 = JBl 1983, 253 f. mkritAnm *Posch*; *Kodek*, in: ABGB-ON (Stand: 1.1.2018), § 1295 Rn. 74; das „Warenvertrauen" hervorhebend *Ranieri*, Europäisches Obligationenrecht (2009), 1695 f.
[243] OGH, Urt. v. 6.4.1989 – 7 Ob 564/89, RIS: „Berufungsgericht folgt der Judikatur zu der Frage der Haftung des Produzenten oder Händlers für das von ihm hergestellte bzw. in Verkehr gesetzte Produkt. Diese Haftung des Produzenten ist nach der Lehre von der vertraglichen Schutzpflicht zugunsten Dritter zu lösen"; vgl. ferner OGH ecolex 1992, 844; JBl 2009, 518 (519 f.).

punkt. Das in der österreichischen Rechtsprechung an anderer Stelle in der Breite grundsätzlich strikt verstandene Merkmal des Gläubigerinteresses wird dagegen in den Produzentenfällen aufgegeben.

(2) Bedenken der Literatur

Dem stellt sich wiederum die österreichische Literatur entgegen. Wenn es schon in den Gutachter-Fällen nicht angehe, bei gegenläufigen Interessen eine Fürsorgepflicht und ein Einbeziehungsinteresse des Gläubigers für vertragsfremde Dritte zu fingieren, dann müsse dies auch für das Dreiecksverhältnis von Produzent-Zwischenhändler-Endabnehmer gelten – denn der Endabnehmer gehöre schließlich nicht der Interessenssphäre des Zwischenhändlers an.[244]

Daraus ergibt sich auch der Folgegedanke: In Parallele zu den Gutachter-Fällen sei nicht eine vom Willen der Vertragsparteien geformte Haftung aus vertraglichem Drittschutz anzunehmen, sondern allein danach zu fragen, ob den Produzenten gegenüber dem Endabnehmer *objektiv-rechtliche Sorgfaltspflichten* träfen.[245] Die moderne Gutachterhaftung gegenüber Dritten wird im Kontext der Auskunftshaftung des § 1300 S. 1 ABGB verortet und damit begründet, dass den auskunftserteilenden Sachverständigen auch gegenüber einzelnen Dritten *objektiv-rechtliche Sorgfaltspflichten* treffen könnten,[246] deren Verletzung das vertragsrechtliche Haftungsregime und damit eine Einstandspflicht auch für fahrlässig verursachte reine Vermögensschäden aktiviert.[247] Voraussetzung für das Entstehen dieser Sorgfaltspflichten ist – und hier soll sich nun der Kreis zur Haftungsbegründung des OGH in den Produzentenfällen schließen[248] –, dass ein Sachverständiger damit rechnen müsse, dass seine Expertise *Grundlage für die Disposition* von Dritten bilden kann, diesem gegenüber also einen *Vertrauenstatbestand*

---

[244] Ausführlich *Karner/Koziol*, JBl 2012, 141 (153 f.); ferner *Koziol*, Haftpflichtrecht II (2018), A/2/382; aA *Apathy*, öarr 2017, 5 (10), der die „gesamte Interessenlage" betrachtet sehen möchte und darauf abstellt, dass sowohl Zwischenhändler als auch Endabnehmer an einem mangelfreien Produkt interessiert seien; für Deutschland vgl. *Krebs*, Sonderverbindung und außerdeliktische Schutzpflichten (2000), 285 f.

[245] Dies bejahend *Karner/Koziol*, JBl 2012, 141 (154 f.); *Koziol*, Haftpflichtrecht II (2018), A/2/382; referierend *Apathy*, öarr 2017, 5 (9); *K. Huber*, Haftung für Mangelfolgeschäden (2020), 138.

[246] OGH SZ 2010/92 = JBl 2010, 781 (783); bbl 2017/26; ÖBA 2002/1068 (832); *Karner*, in: FS Koziol (2010), 695 (711 ff.); *ders.*, in: KBB ABGB⁶, § 1300 Rn. 3; *Koziol*, Haftpflichtrecht II (2018), A/2/388, 391; *ders.*, JBl 2004, 273 (276); *G. Wilhelm*, ecolex 1991, 87; *Vrba/Maurer*, in: Vrba (Hrsg.), Schadenersatz in der Praxis (45. EL), B/II/19; kritisch *Reischauer*, in: Rummel ABGB³, § 1295 Rn. 30e.

[247] *Koziol*, Haftpflichtrecht II (2018), A/2/391.

[248] *Karner/Koziol*, JBl 2012, 141 (155): „Aus diesen Gründen wird auch bei einer Auskunftshaftung gegenüber Dritten, die ebenfalls auf einer Erstreckung objektivrechtlicher Schutzpflichten beruht, ein Ersatz reiner Vermögensschäden bejaht".

schafft.²⁴⁹ Auch der Sachverständige haftet daher nicht etwa deshalb, weil seinem Vertragspartner mit Blick auf einen vertragsfremden Dritten ein etwaiges Gläubigerinteresse zu unterstellen ist, sondern unmittelbar für die von ihm auch gegenüber dem Dritten geschaffene *Vertrauenslage*.²⁵⁰

Dieselben Erwägungen, so die Lehre und damit jedenfalls inhaltlich mit dem OGH übereinstimmend, träfen nun auch auf den Produzenten zu. Denn diesem – und weniger dem Zwischenhändler – bringe der Endabnehmer sein Vertrauen darauf entgegen, dass die Ware mangelfrei und ungefährlich sei.²⁵¹

(3) Zwischenergebnis

Der Baustromverteiler-Fall lässt sich in Österreich mittels Dritthaftung des Herstellers lösen. Die Rechtsprechung würde diese auf die Figur des Vertrags mit Schutzwirkung zugunsten Dritter stützen – vorausgesetzt, der durch die Überschwemmung verursachte reine Vermögensschaden sei noch als *typische Beeinträchtigung* zu qualifizieren. Die jüngere Literatur käme zum selben Ergebnis, leitete die Haftungsbegründung aber aus der Verletzung objektiv-rechtlicher Sorgfaltspflichten ab. Beide Ansätze verbindet, dass sie im Kern auf das „Warenvertrauen" des Endabnehmers gegenüber dem Hersteller rekurrieren.

cc) Kreuzende Ansichten in Deutschland und Österreich

Aus rechtsvergleichender Sicht ist bemerkenswert, wie sich die Haftungsbestimmung und Verortung in der deutschen und österreichischen Rechtsprechung und Literatur *erstens* jeweils überkreuzt und *zweitens* für die Konstellation der Herstellerdritthaftung von ihrer grundsätzlich typischen Perspektive auf die Einstandspflicht gegenüber Dritten abweicht.

Der BGH, der mit der Expertenhaftung das Merkmal des Gläubigerinteresses faktisch aufgegeben hat, hält hieran nun in den Produzenten-Fällen fest. Die deutsche Literatur opponiert dagegen, fordert ein einheitliches Vorgehen und bei der Behandlung der Herstellerdritthaftung den dogmatischen Schulterschluss mit den Sachverständigen-Fällen. Als ausdrückliches

---

²⁴⁹ OGH SV 2020, 169 (170) mAnm *Mann-Kommenda;* EvBl 2018/89 (613) mAnm *Hoch/Angyan;* bbl 2017/26; bbl 2012/25 (44); SZ 2010/92 = JBl 2010, 781 (783); ZVR 2009/30 mAnm *Ch. Huber;* JBl 2006, 178 (180); ÖBA 2002/1068 (832); *Reich*, wobl 2019, 117 (121); *Karner*, in: FS Koziol (2010), 695 (716); *ders.*, in: KBB ABGB⁶, § 1300 Rn. 3; *Harrer/E. Wagner*, in: PraxKomm ABGB⁴, § 1300 Rn. 105d.
²⁵⁰ So glasklar OGH SZ 2010/92 = JBl 2010, 781 (783); idS schon *Karner*, ÖBA 2001, 893 (894); ferner *Schacherreiter*, in: ABGB-ON (Stand: 31.7.2021), § 1300 Rn. 16; zustimmend *Vonkilch/Scharmer*, Zak 2018, 164 (166).
²⁵¹ *Apathy*, öarr 2017, 5 (8); *Karner/Koziol*, JBl 2012, 141 (154); *Koziol*, Haftpflichtrecht II (2018), A/2/382; *Kodek*, in: ABGB-ON (Stand: 1.1.2018), § 1295 Rn. 74; weiterführend zum „Warenvertrauen" *K. Huber*, Haftung für Mangelfolgeschäden (2020), 59, 64 f.

Vorbild dient ihr dabei der OGH[252] – ausgerechnet, könnte man meinen, ist die österreichische Rechtsprechung doch bei der Annahme vertraglichen Drittschutzes dann stets zurückhaltend, wenn es am Gläubigerinteresse fehlt und zudem der Ersatz reiner Vermögensschäden in Rede steht.[253] Trotzdem – und gerade in Kenntnis darüber, hier den entgegengesetzten Weg zum BGH zu beschreiten[254] – hält der OGH an seiner Haftungsbegründung mittels vertraglichem Drittschutz fest. Das wiederum geht der österreichischen Literatur zu weit, die sich – beinahe schon in Parallele zum BGH – am fehlenden Gläubigerinteresse des Zwischenhändlers für den Endabnehmer stört und eine Herstellerhaftung nicht auf vertraglichem, sondern objektiv-rechtlichem Wege begründet sehen will.

dd) Drittschutz des Erstvertrages in der Schweiz?

In der schweizerischen Rechtsprechung hat sich das Problem der *Dritthaftung des Herstellers für reine Vermögensschäden* – soweit erkennbar – noch nicht gestellt. Versucht man, den Baustromverteiler-Fall nach eidgenössischem Haftpflichtrecht zu lösen, ist eine mögliche Einstandspflicht aus vertraglichem Drittschutz zumindest nicht unmittelbar augenfällig. Das BG hat diese Haftungsfigur nur ein einziges Mal[255] (in casu stillschweigend) angewandt und sich ansonsten auf die Feststellung zurückgezogen, den Vertrag mit Schutzwirkung zugunsten Dritter gerade nicht verbindlich anerkannt zu haben.[256] Einzelne Literaten haben den Komplex der Herstellerdritthaftung dagegen schon früh problematisiert[257] und dem Erstvertrag zwischen Hersteller und Zwischenhändler unter dem Eindruck der österreichischen Rechtsprechung[258] Drittschutzwirkung attestiert.[259] Im Zuge der juristi-

---

[252] *Sack*, Das Recht am Gewerbebetrieb (2007), 301; *ders.*, VersR 2006, 582 (587); *Bayer*, JuS 1996, 473 (478).

[253] So auch gerade im Kontext der Herstellerdritthaftung *K. Huber*, Haftung für Mangelfolgeschäden (2020), 138.

[254] OGH ecolex 2011/171 (313): „Berufung des Klägers auf den Vertrag [...] mit Schutzwirkung zugunsten Dritter versagt, weil die Beklagte ihren Sitz in Deutschland hat und [...] somit deutsches Recht anzuwenden ist. Danach wird aber der Vertrag mit Schutzwirkung zugunsten Dritter als Anspruchsgrundlage für die Produzentenhaftung abgelehnt"; mit rechtsvergleichender Kritik an der OGH-Rspr daher *Reischauer*, in: Rummel ABGB³, § 1295 Rn. 37.

[255] BG, Urt. v. 29.3.2006 – 4C.139/2005, teilw. veröff. in HAVE 2006, 154.

[256] BG, Urt. v. 28.7.2010 – 4A_226/2010 (ital.), E.3.2.1; *von Graffenried*, Schadloshaltung des Dritten (2019), Rn. 395: bisher nie Stellung bezogen; *Frei*, in: HaftpflichtKomm (2016), Art. 112 OR Rn. 40: bislang in Rspr. nicht bejaht.

[257] *Heini*, in: FS Keller (1989), 175 ff.; *Fellmann*, ZSR 1988, 275 (298 f.).

[258] *Fellmann*, ZSR 1988, 275 (299) sieht die Annahme vertraglichen Drittschutzes durch die Rechtsprechung des OGH gerade bestätigt; *Heini*, in: FS Keller (1989), 175 (178) hält dies dagegen für eine „eigenartige Vermischung" deliktischer und quasivertraglicher Pflichten.

[259] Zuletzt im Kontext des Dieselskandals *Rusch/Schwizer*, in: Probst/Werro (Hrsg.),

schen Aufarbeitung des Abgasskandals seit dem Jahr 2015 hat diese Thematik auch in der Schweiz eine Renaissance erfahren, verbunden mit der Einschätzung, die Rechtsprechung könne diesen Komplex als Anlass nehmen, den Vertrag mit Schutzwirkung zugunsten Dritter in letzter Konsequenz anzuerkennen.[260]

Aus der Perspektive dieser Untersuchung scheint eine solche Klarstellung durch das BG jedoch höchst unwahrscheinlich. Das BG hat, unterstützt von der herrschenden Lehre, erkennen lassen, dass es bei einer etwaig endgültigen Anerkennung des vertraglichen Drittschutzes jedenfalls das Merkmal des *Gläubigerinteresses strikt interpretieren* würde.[261] Dass es dem Zwischenhändler aber gerade an diesem Gläubigerinteresse mangelt,[262] hat die deutsche Rechtsprechung bereits festgestellt. Auch der OGH kann seinen Weg der Haftungsbegründung mittels vertraglichem Drittschutz nur deshalb beschreiten, weil er das Merkmal des Gläubigerinteresses durch das „Warenvertrauen" des Endabnehmers ersetzt. Selbst bei einer ausdrücklichen Anerkennung des Vertrags mit Schutzwirkung zugunsten Dritter durch das BG dürfte jedenfalls der *Baustromverteiler-Fall* für das schweizerische Recht nicht mit dessen Hilfe zu lösen sein.

b) Vertrauenshaftung des Herstellers

Ein im gesamten deutschen Rechtskreis im Vordringen befindlicher Ansatz begründet die Haftung des Herstellers für reine Vermögensschäden des Endabnehmers mit der Figur der *Vertrauenshaftung*.

Strassenverkehrsrechtstagung 2016 (2016), 187 (195); zuvor *Fellmann*, ZSR 1988, 275 (299); zweifelnd aber *Loser-Krogh*, in: FS Kramer (2004), 579 (599), der die Herstellerhaftung von den bestehenden Schuldverhältnissen ablösen und stattdessen eigenständig auf enttäuschtes Vertrauen stützen möchte; Drittschutzwirkung des ersten Kaufvertrages ablehnend auch *Heini*, in: FS Keller (1989), 175 (185).

[260] *Rusch/Schwizer*, in: Probst/Werro (Hrsg.), Strassenverkehrsrechtstagung 2016 (2016), 187 (194) mit einer peniblen Prüfung der Tatbestandsmerkmale des Vertrags mit Drittschutzwirkung am Beispiel des Abgasskandals.

[261] BGE 117 II 315 (320): Bank hat nicht die gleiche Schutzpflicht wie etwa Familienoberhaupt; BG, Urt. v. 28.1.2000 – 4C.296/1999, E.3.b, 4C.280/1999 E.3.b: blosses Nachbarschaftsverhältnis begründet keine Fürsorgepflichten; idS *Roberto*, Haftpflichtrecht (2018), § 5 Rn. 77.

[262] *Rusch/Schwizer*, in: Probst/Werro (Hrsg.), Strassenverkehrsrechtstagung 2016 (2016), 187 (195) gehen davon aus, dass die Interessen zwischen Händler und Endabnehmer aber zumindest nicht gegenläufig seien.

aa) Vertrauensbasierte Haftung in Österreich

Die österreichische Rechtsprechung hat bereits gezeigt, dass das haftpflichtbegründende Element in der Beziehung zwischen dem Endabnehmer eines Produktes und seinem Hersteller das *Warenvertrauen* sein soll.[263] Integriert wird dies in die Figur des Vertrags mit Schutzwirkung zugunsten Dritter, wo das Vertrauen in die Fehlerfreiheit der Ware das Merkmal des Gläubigerinteresses ersetzt. Eine stückweite Emanzipierung vom Konstrukt der vertraglichen Drittwirkung und damit einhergehende Autonomisierung erfährt dieses Warenvertrauen in der österreichischen Lehre, die dem Hersteller aufgrund des ihm entgegengebrachten Vertrauens objektiv-rechtliche Sorgfaltspflichten auferlegt sieht.[264]

bb) Vertrauenshaftung in der Schweiz

Im schweizerischen Recht, inzwischen dem Mutterland der eigenständigen Vertrauenshaftung, sind ähnliche Tendenzen festzustellen. Nicht der Erstvertrag zwischen Hersteller und Zwischenhändler soll Anknüpfungspunkt für den Schutz des Endabnehmers sein, sondern vielmehr das „*in die Ware gesetzte Vertrauen*".[265] Die schweizerische Vertrauenshaftung setzt ganz allgemein eine *Sonderverbindung*[266] zwischen Schädiger und Geschädigtem voraus, innerhalb derer besonderes *schutzwürdiges Vertrauen* zunächst erweckt,[267] dann aber treuwidrig und schadensauslösend *enttäuscht* wird.[268] Geht man davon aus, dass Endabnehmer und Hersteller nicht zufällig miteinander in Berührung kommen, sondern der risikobehaftete Warenabsatz bis ins letzte Kettenglied gerade beidseitig intendiert ist und unterstellt man dem Endabnehmer zudem das *vielbeschworene Warenvertrauen*, lässt sich

---

[263] OGH SZ 49/14 = EvBl 1976/168 (327); JBl 1987, 185 (186 f.); SZ 54/152 = JBl 1983, 253 f. mkritAnm *Posch*.

[264] *Apathy*, öarr 2017, 5 (8); *Karner/Koziol*, JBl 2012, 141 (154); *Koziol*, Haftpflichtrecht II (2018), A/2/382; *Kodek*, in: ABGB-ON (Stand: 1.1.2018), § 1295 Rn. 74; weiterführend zum „Warenvertrauen" K. *Huber*, Haftung für Mangelfolgeschäden (2020), 59, 64 f.

[265] *Heini*, in: FS Keller (1989), 175 (185); ebenso *Loser-Krogh*, in: FS Kramer (2004), 579 (599): originärer Vertrauensschutz.

[266] Lehrbuchartig zur Begründung der Sonderverbindung BGE 142 III 84 (88 f.); 128 III 324 (327); *Loser*, in: Koller (Hrsg.), Haftpflicht- und Versicherungsrechtstagung St. Gallen 2005 (2005), 111 (137 f.); *ders.*, in: Jung (Hrsg.), Aktuelle Entwicklungen im Haftpflichtrecht (2007), 23 (28 ff.).

[267] Ausführlich *Bärtschi*, Verabsolutierte Relativität (2009), 369 ff.

[268] BGE 142 III 84 (88); 133 III 449 (451); BG, Urt. v. 21.3.2013 – 4A_565/2012, E.2.3; *Urwyler*, in: FS W. Fischer (2016), 529 (536); *Buchser/Müller*, in: FS W. Fischer (2016), 49 (70 ff.); *Rey/Wildhaber*, Ausservertragliches Haftpflichtrecht (2018), Rn. 44 f.; *Werro*, recht 2003, 12 (13); *Honsell*, in: FS Nobel (2005), 939 (945 f.); ausführlich zur Entwicklung der Voraussetzungen der Vertrauenshaftung *Burg/von der Crone*, SZW 2010, 417 (421 ff.).

eine Ersatzpflicht des Herstellers nach schweizerischem Recht durchaus mit der Vertrauenshaftung begründen.[269]

cc) Anwendungsfall des § 311 Abs. 3 S. 2 BGB?

Für das deutsche Recht kommt eine Haftung des Herstellers aus § 311 Abs. 3 S. 2 BGB in Betracht. § 311 Abs. 3 S. 2 BGB führt mit dem Regelbeispiel des Sachwalters bereits die Inanspruchnahme besonderen Vertrauens dafür an, dass zwischen zwei vertraglich Nichtverbundenen ein Schuldverhältnis entsteht. Auch die deutsche Rechtsprechung hat – lange vor der Normierung des § 311 Abs. 3 S. 2 BGB – eine besondere Vertrauenslage zwischen Hersteller und Endabnehmer als Quell besonderer Sorgfaltspflichten zumindest vereinzelt erwogen.[270]

(1) Warenvertrauen und Markenvertrauen – insbesondere am Beispiel des Abgasskandals

Die jüngere deutsche Literatur[271] und vereinzelte Instanzgerichte[272] halten es durchaus für möglich, den Hersteller gegenüber dem Endabnehmer wegen der Enttäuschung vorvertraglichen Vertrauens aus § 311 Abs. 3 S. 2 BGB haften zu lassen. Die „*verbindende Absatzkette*" sei als Schuldverhältnis iSd § 311 Abs. 3 BGB zu verstehen,[273] zwischen Hersteller und Endabnehmer bestehe das bereits in § 311 Abs. 3 S. 2 beschriebene Vertrauensverhältnis.[274]

Dieser Ansatz hat zuletzt bei der juristischen Aufarbeitung des *Dieselabgasskandals* neue Aufmerksamkeit bekommen. Die deutschen Instanzgerichte und in ihrer Gefolgschaft auch der BGH haben die Frage nach der Haftung des abgasmanipulierenden Herstellers inzwischen ausdrücklich mit

---

[269] IdS *Rusch/Schwizer*, in: Probst/Werro (Hrsg.), Strassenverkehrsrechtstagung 2016 (2016), 187 (199 f.) im Kontext des Abgasskandals.

[270] Offenlassend BGHZ 51, 91 = NJW 1969, 269 (273) mAnm *Diederichsen;* äußerst zurückhaltend BGH NJW 1989, 1029 (1030); BGH NJW 1983, 812 (813 f.); eine Vertrauensbildung gegenüber dem Hersteller ausdrücklich ablehnend BGH NJW 1974, 1503 (1504).

[271] *Cordes*, Direktanspruch des Endabnehmers (2013), 244: vom Rechtsgedanken her übertragbar; *Bien*, BauR 2013, 341 (347); *ders.*, ZEuP 2012, 644 (663); *Sack*, VersR 2006, 582 (588); *ders.*, VersR 2006, 1001 (1009); speziell für den werbenden Hersteller *Franck*, Marktordnung durch Haftung (2016), 357; idS bereits *Canaris*, in: FS Larenz (1983), 27 (101): „Fortbildung der Grundsätze über die Haftung aus culpa in contrahendo".

[272] Im Kontext des Dieselabgasskandals etwa das LG Traunstein BeckRS 2019, 34174 Rn. 15; BeckRS 2018, 43570 Rn. 15.

[273] *Bien*, BauR 2013, 341 (347).

[274] *Sack*, VersR 2006, 1001 (1009); so schon *Canaris*, in: FS Larenz (1983), 27 (101): Vertrauen des Herstellers für seine Person; ähnlich *Cordes*, Direktanspruch des Endabnehmers (2013), 246, die allerdings an der Haftungsverortung in § 311 Abs. 3 BGB in letzter Konsequenz zweifelt.

der Anwendung des § 826 BGB beantwortet.[275] Die Lehre wurde aber nicht müde, eine Haftung der Kfz-Hersteller auch auf anderer Schiene zu begründen – eben über § 311 Abs. 3 BGB. Insbesondere *Harke*[276] rekurriert dabei auf die vertrauensbasierten Wertungen, die aus dem österreichischen und schweizerischen Recht bekannt sind. So werde einem Kfz-Hersteller „typischerweise auch von den Erwerbern der hergestellten Fahrzeuge [Vertrauen] gewährt", was „zumindest bei Neuwagen seinen Niederschlag in der Entscheidung für eine bestimmte Fahrzeugmarke" finde.[277] Schützenhilfe erhält *Harke* dabei vom LG Traunstein, welches eine Haftung aus § 311 Abs. 3 BGB deswegen bejaht, weil es überzeugt ist, dass der Endabnehmer in die *„größten deutschen Automobilhersteller besonderes Vertrauen setzte*, dass sämtliche Gesetze und Vorschriften durch diese eingehalten werden".[278] Was vorstehend noch als reines Warenvertrauen beschrieben wird, ist hier – so lassen sich *Harke* und das LG Traunstein verstehen – um die Facette des *Markenvertrauens* zu ergänzen.

Überwiegend wird eine Haftung des Kfz-Herstellers aus § 311 Abs. 3 BGB aber verneint; und zwar mit gegensätzlicher Begründung: Der Hersteller nehme nämlich gerade *kein* persönliches Vertrauen für sich in Anspruch.[279]

Es ist damit für das deutsche Recht offener denn je, ob der Hersteller dem Endabnehmer für sein enttäuschtes Waren- bzw. Markenvertrauen haften soll. Der Dieselabgasskandal konnte als Fallstudie nicht zu einer endgültigen Klärung dieser Frage beitragen, hat aber zumindest neues Öl in das Feuer einer gerade in jüngerer Zeit schon schwelenden Diskussion gießen lassen.

---

[275] BGH NJW 2020, 1962 (1963) = RdW 2020/304 = AJP 2020, 1205 mzustAnm *Rusch/Schwizer*; NJW 2020, 2806 (2807); ferner BGH VersR 2020, 1331 (1332); kritisch zur Frage des in den Dieselfällen zu ersetzenden Schadens *Ahrens*, in: FS Ch. Huber (2020), 1 (3 ff.).

[276] *Harke*, VuR 2017, 83 (86 f.); offen für eine Haftung des Kfz-Herstellers aus § 311 Abs. 3 BGB auch *Temming/Weber*, JURA 2019, 923 (933 f.); vgl. auch *Schaub*, NJW 2020, 1028 (1029): „Fahrzeughersteller (genießt) aufgrund seiner beruflichen Kompetenz besonderes Vertrauen".

[277] *Harke*, VuR 2017, 83 (87).

[278] LG Traunstein BeckRS 2019, 34174 Rn. 15; BeckRS 2018, 43570 Rn. 15.

[279] Etwa OLG Köln BeckRS 2021, 22745 Rn. 59; OLG Celle ZIP 2019, 2012 (2016): besonderes persönliches Vertrauen nicht ersichtlich; ebenso OLG Hamm NJW-RR 2019, 655 (656); OLG München BeckRS 2019, 26072 Rn. 153, 157; OLG Braunschweig DAR 2019, 261 (262); diesem Judiz zustimmend *Riehm*, DAR 2019, 247 (248); *Ahrens*, in: FS Ch. Huber (2020), 1 (3); ferner *Weller/Smela/Habrich*, JZ 2019, 1015 (1021); *Heese*, JZ 2020, 178 (179) nennt die Rspr des LG Traunstein (BeckRS 2019, 34174; BeckRS 2018, 43570) „verwegen"; *Armbrüster*, ZIP 2019, 837 (838), der allerdings darauf abstellt, dass der Kfz-Händler zur Vertrauensbegründung die Vertragsverhandlungen mit dem Endabnehmer selbst führen müsse, was § 311 Abs. 3 S. 2 aber gerade nicht voraussetzt; zweifelnd auch *Gsell*, JZ 2020, 1142 (1148 Fn. 75); allgemein eine Herstellerhaftung über § 311 Abs. 3 BGB ablehnend *Sutschet*, in: BeckOK BGB (62. Ed.), § 311 Rn. 121 f.

(2) Stellungnahme zur deutschen Vertrauenshaftung

Denjenigen Stimmen, die für den Dieselabgasskandal eine Haftung aus § 311 Abs. 3 S. 2 BGB ablehnen, ist zu entgegnen, dass ihre Begründung tendenziell zu kurz ausfällt. Wird behauptet, ein Hersteller habe „lediglich Werbeaussagen getroffen"[280] bzw. die Vertragsverhandlungen mit dem Endabnehmer nicht selbst geführt[281] und damit im Ergebnis noch kein besonderes Vertrauen in Anspruch genommen, dann scheint dieser Schluss jedenfalls nicht zwingend. Denn was sollen die an Endabnehmer gerichteten Werbeaussagen eines Herstellers anderes bezwecken, als beim Endabnehmer den Eindruck zu erwecken, das beworbene Produkt sei *erstens* überhaupt erwerbenswert und *zweitens* das zu seiner Anschaffung aufgewendete Geld auch wert? Hier ein durch Werbung heraufbeschworenes *Waren- bzw. Markenvertrauen* anzunehmen, liegt – das zeigen auch die Stimmen im deutschsprachigen Ausland – durchaus nahe.[282]

Fraglich ist allein, ob dieses Vertrauen gegenüber dem Hersteller schon so schützenswert ist, dass dessen Enttäuschung haftpflichtbegründend sein soll. Dies ist zu verneinen, und insofern schließt sich hier zumindest im Ergebnis der Kreis zu den in der deutschen Literatur ablehnenden Stimmen. Vorstehend wurde bereits ausgeführt, dass der allzu pauschale Verweis auf den Vertrauensschutz als haftpflichtrechtliches Tatbestandselement häufig nicht mehr als eine Leerformel ist.[283] So scheint es auch mit Blick auf das Verhältnis von Hersteller und Endabnehmer zu sein. Den worin soll hier konkret das *besonders schützenswerte* Vertrauen liegen? In der typisierten Annahme des Durchschnittsverbrauchers, durch die Absatzkette hinweg ganz grundsätzlich nur fehlerfreie, ungefährliche Produkte zu erwerben? Da dies gerade nicht der Fall ist, sondern immer und überall unvorhersebar ausreißende Produktfehler möglich sind, gibt es im gesamten deutschen Rechtskreis eine spezialgesetzliche, sogar als Gefährdungshaftung ausgestaltete Produkthaftung.

Bleibt man bei der Terminologie des haftpflichtrelevanten Vertrauens, so wird man dem Endabnehmer ein solches nur im Extremfall zugestehen können: Ganz grundsätzlich darf er nur davon ausgehen – wenn man dies so nennen möchte: darauf vertrauen – dass der Produzent nicht *unlauter* bzw.

---

[280] OLG Hamm NJW-RR 2019, 655 (656); *Ahrens*, in: FS Ch. Huber (2020), 1 (3); *Weller/Smela/Habrich*, JZ 2019, 1015 (1021).
[281] *Armbrüster*, ZIP 2019, 837 (838), was schon deshalb unstimmig ist, da § 311 Abs. 3 S. 2 BGB eine solche eigene Verhandlungsführung durch den letztlich haftpflichtigen Dritten nicht verlangt.
[282] Vgl. *Gsell*, in: Remien (Hrsg.), Schadenersatz im europäischen Privat- und Wirtschaftsrecht (2012), 281 (292): „rechtspolitisch nicht per se illegitim, das Vertrauen des Verkehrs in eine bestimmte Produktqualität auch in Bezug auf drohende (reine) Vermögensschäden abzusichern".
[283] Siehe die Ausführungen unter E./I./2./b).

sogar *vorsätzlich und sittenwidrig* handelt. Ist dies wie im Dieselabgasskandal der Fall, gebührt dem geschädigten Endabnehmer auch Ersatz seines reinen Vermögensschadens – aber auch erst dann und allein unter § 826 BGB.

5. Zusammenfassung und Stellungnahme

Die Rechtsordnungen des deutschen Rechtskreises gelangen für den Baustromverteiler-Fall auf unterschiedlichen Wegen zu einer Herstellerhaftung. Entgegen dem BGH ist ein betriebsbezogener Eingriff allerdings entschieden abzulehnen. Blendete man diese wohl berechtigterweise als *Ausreißerjudiz* zu betitelnde Entscheidung einmal aus, ist es höchst fraglich, ob sich nach deutschem Recht überhaupt ein Ersatzanspruch des Endabnehmers gegenüber dem Hersteller begründen lässt. Dem Erstvertrag zwischen Hersteller und Zwischenhändler Drittschutzwirkung zuzugestehen, scheint dabei nicht angezeigt. Genau diesen Weg beschreitet aber der OGH für das österreichische Recht. Auch in der Schweiz findet diese Lösung Anklang.

Im Kern rekurrieren die eine Haftung befürwortenden Stimmen der Rechtsprechung und Literatur im gesamten deutschen Rechtskreis auf eine gemeinsame Wertung: Anknüpfungspunkt der Herstellerhaftung soll das beim Endabnehmer hervorgerufene *Warenvertrauen* – im Kontext des Abgasskandals eher als *Markenvertrauen* ausgeformt – sein. Als Anspruchsgrundlage werden daher auch die autonome schweizerische Vertrauenshaftung und § 311 Abs. 3 S. 2 BGB diskutiert.

Nach hier vertretener Ansicht ist all diesen Begründungsversuchen eine Absage zu erteilen. So bedeutsam die Enttäuschung berechtigten Vertrauens an anderer Stelle für die Ersatzpflichtbegründung für reine Vermögensschäden sein mag, so wenig überzeugt sie im Verhältnis zwischen Endabnehmer und Hersteller. Das hier bemühte „Vertrauen" des Endabnehmers in die Mangelfreiheit der Ware kann jedenfalls angesichts der stets und allgemein zu erwartenden Mangelausreißer nicht so schützenswert sein, dass hieran eine weitergehende Herstellerhaftung zu knüpfen wäre. Mit dem Vertrauen, dass durch das Testat eines staatlich anerkannten Experten hervorgerufen ist, lässt sich die Annahme der steten Fehlerfreiheit von Erwerbsprodukten schlicht nicht vergleichen.

a) Haftungsbedürfnis?

In den hier betrachteten Rechtsordnungen treibt überall derselbe Gedanke die Literaten um: Tritt die Mangelfolge als reiner Vermögensschaden bereits beim Zwischenhändler ein, erübrigte sich die Diskussion über die Haftung des Herstellers, da dieser mit dem Zwischenhändler vertraglich verbunden ist.²⁸⁴ Der Umstand, dass sich die Mangelfolge erst beim Endabnehmer zeigt, dürfe den Hersteller aber nicht entlasten bzw. seine Sorgfaltspflichten leer laufen lassen.²⁸⁵ Aber liefert diese Erwägung bereits ein solch starkes *Haftungsbedürfnis*,²⁸⁶ dass es dieses nun mit dem bis an äußerste strapazierten Vertrauensgedanken zu befriedigend gilt? *Gsell*²⁸⁷ weist ganz im Sinne dieser Untersuchung auf zwei tragende rechtspolitische Aspekte hin, die Aufschluss darüber geben können, ob den Hersteller gegenüber dem Endabnehmer eine Direkthaftung auch für reine Vermögensschäden treffen sollte: *erstens* der Ausschluss der Gefahr einer uferlosen Haftung und *zweitens* die Frage, ob für Herstellersorgfalt und Produktsicherheit bereits de lege lata gesorgt ist, mit anderen Worten der befürchtete Pflichtenleerlauf – hier schließt sich der Kreis zu den eine Haftungsausweitung befürwortenden Stimmen – also tatsächlich gar nicht droht.

aa) Begrenztes Risiko der Haftungsausuferung

Den Stimmen, die ein Haftungsbedürfnis annehmen, ist zunächst zuzugestehen, dass das Risiko einer uferlosen und dadurch freiheitsbedrohenden Haftungserweiterung – schließlich tragender Grund für die Absage an einen allgemeinen Vermögensschutz – in der hiesigen Konstellation kaum bestehen dürfte.²⁸⁸ Der Hersteller veräußert seine Ware an Zwischenhändler und weiß beim Inverkehrbringen der fehlerhaften Ware *erstens*, dass diese weiterver- trieben wird und kann *zweitens* auch abstrakt abschätzen, an welche Käufer- gruppe und wie viele Endkäufer diese am Ende der Absatzkette letztlich weiterveräußert wird.²⁸⁹ Ob der Mangelfolgeschaden bereits beim Zwi- schenhändler oder erst beim Endabnehmer eintritt: Der Umfang des Einzel- schadens mag hier variieren, die *Zahl der potentiellen Gläubiger* als primärer

---

²⁸⁴ *Sack*, VersR 2006, 1001 (1008 f.); *Canaris*, in: FS Larenz (1983), 27 (100); für die Schweiz *Rusch/Schwizer*, in: Probst/Werro (Hrsg.), Strassenverkehrsrechtstagung 2016 (2016), 187 (194).
²⁸⁵ *Sack*, VersR 2006, 1001 (1009); *ders.*, VersR 2006, 582 (585); *Cordes*, Direktanspruch des Endabnehmers (2013), 174; *Canaris*, in: FS Larenz (1983), 27 (100); vgl. *Krebs*, Sonder- verbindung und außerdeliktische Schutzpflichten (2000), 329 im Kontext der Berufshaf- tung von Freiberuflern: wenn „vollständiger Ersatz des Schadens zumutbar, muß dies auch gelten, wenn sich ein Teil des Schadens auf einen Dritten verlagert", bzw. dessen Verweis auf die besondere, nämlich „gläubigergleiche Gefährdung" des Endabnehmers (285); für Österreich *Karner/Koziol*, JBl 2012, 141 (155 f.); *Koziol*, Haftpflichtrecht II (2018), A/2/384); für die Schweiz *Loser-Krogh*, in: FS Kramer (2004), 579 (599).
²⁸⁶ Ausführlich allgemein ein Haftungsbedürfnis bejahend *Krebs*, Sonderverbindung und außerdeliktische Schutzpflichten (2000), 370 ff.
²⁸⁷ *Gsell*, in: Remien (Hrsg.), Schadenersatz im europäischen Privat- und Wirtschafts- recht (2012), 281 (292).
²⁸⁸ Vgl. auch *Bien*, ZEuP 2012, 644 (660 f.), der resümiert, dass die von *Faust*, AcP 210 (2010), 555 (557 ff.) zusammengetragenen Gründe der Nichtersatzfähigkeit reiner Ver- mögensschäden im Verhältnis Endabnehmer-Hersteller nicht zum Tragen kommen.
²⁸⁹ *Cordes*, Direktanspruch des Endabnehmers (2013), 174 f.

Risikofaktor einer uferlosen Haftpflicht erhöht sich beim Durchreichen der mangelhaften Sache durch die Absatzkette aber nicht.[290]

bb) Sorgfaltspflichten und Produktsicherheit durch spezialgesetzliche Produkthaftung

Zuzugeben ist der österreichischen Lösung über den vertraglichen Drittschutz, dass ihre Wurzeln bereits deutlich vor dem Inkrafttreten des dortigen PHG liegen. Diesen Anfangsfällen ist damit zu bescheinigen, eine Lösung für ein damals noch akutes Problem geliefert zu haben. Der OGH hält aber auch nach Inkrafttreten des PHG weiter an der Herstellerhaftung aus Vertrag mit Drittschutzwirkung fest.[291] Aus der begrenzten Perspektive dieser Untersuchung ist dies insbesondere in der vom PHG und auch vom deutschen ProdHaftG und dem schweizerischen PrHG offengelassenen Schutzlücke für reine Vermögensschäden relevant.

Allerdings: Mit der Positivierung der spezialgesetzlichen Produkthaftung lässt sich die vermeintliche Begründung des Haftungsbedürfnisses – Leerlauf von Sorgfaltspflichten, wenn nur Endabnehmer als Nichtvertragspartner geschädigt – nicht aufrechterhalten. Im Gegenteil: Will der Hersteller einer ihm drohenden, spezialgesetzlichen Gefährdungshaftung entgehen, ist er gerade zu einer solch umfassenden Produktionssorgfalt angehalten, dass es ihm gelingt, *Substanzschäden bei jedermann* (ausgenommen das unternehmerische Eigentum, vgl. § 1 Abs. 1 S. 2 ProdHaftG, § 2 Nr. 1 PHG, Art. 1 S. 1 lit. b PrHG) zu vermeiden. Der Sorgfaltsverstoß als solcher spielt bei der *verschuldens- und rechtswidrigkeitsunabhängigen Produktgefährdungshaftung* zwar tatbestandlich keine Rolle, doch darf man davon ausgehen, dass schon die Aussicht einer drohenden Produkthaftung auch Produktsicherheit durch Produktionssorgfalt mit sich bringt. Man wird aber kaum behaupten können, dem Hersteller eines Produktes ließen sich mit Hinblick auf das Vermögen des Endabnehmers noch wesentlich andere Sorgfaltspflichten auferlegen als ihn ohnehin schon für dessen körperliche Unversehrtheit und sein Eigentum treffen. Mit anderen Worten: Ob ein Produktfehler einen Sach-, Personen- oder reinen Vermögensschaden verursacht, dürfte häufig allein vom Zufall abhängen und lässt sich ex ante im Herstellungs- und Fehlervermeidungsprozess nicht unterschiedlich behandeln. So ist es durchaus vorstellbar, dass der durch die Falschmontage verursachte Kurzschluss des

---

[290] Treffend *Cordes*, Direktanspruch des Endabnehmers (2013), 175: Pro Verbrauchsgut ein Endabnehmer; *Krebs*, Sonderverbindung und außerdeliktische Schutzpflichten (2000), 285: gläubigergleiche Gefährdung; für die Schweiz *Bärtschi*, Verabsolutierte Relativität (2009), 488: keine zusätzlichen Ansprüche, sondern Begradigung des Umwegs über Kettenabwicklung; vgl. auch *Koziol*, Haftpflichtrecht II (2018), A/2/385.
[291] OGH JBl 2009, 518 (520); RZ 1992/76; *Apathy*, öarr 2017, 5; *Wittwer*, in: TaKomm ABGB⁵, § 1295 Rn. 52.

Baustromverteilers nicht nur die Bauarbeiten zum Erliegen bringt, sondern auch Werkzeug/Material zerstört oder Bauarbeiter an ihrem Körper verletzt. Geht man davon aus, dass der Hersteller schon unter der Sanktionsandrohung der spezialgesetzlichen Produkthaftung umfängliche Produktionssorgfalt zur Schadens- und Haftungsvermeidung bemühen wird, scheint es lebensfremd, für den allein vom Zufall abhängigen Eintritt eines reinen Vermögensschadens einen *Pflichtenleerlauf* zu befürchten.

Mit Einführung der spezialgesetzlichen Produkthaftung ist das Bedürfnis an einer alternativen Haftungsbegründung im Verhältnis von Endabnehmer und Hersteller zu verneinen.[292] Dass die Produkthaftung reine Vermögensschäden von der Ersatzpflicht ausnimmt, ist eine zu akzeptierende gesetzgeberische Entscheidung.[293] Diese mit dem Konstrukt des Warenvertrauens umgehen zu wollen, kann nicht überzeugen.

b) Rezeptionsvorgänge im Bereich der Herstellerdritthaftung

Der Komplex der Herstellerdritthaftung strotzt vor rechtsvergleichenden Betrachtungen und Ideenrezeptionen. In ihrem Zentrum steht dabei der OGH, der die Herstellerhaftung auf die ursprünglich aus Deutschland stammende Figur des vertraglichen Drittschutzes stützt, diese aber für die Handhabung der Herstellerhaftung weiterentwickelt. In Kenntnis darüber, hier einen Weg zu beschreiten, den der BGH gerade nicht gewählt hat, dient der OGH damit wiederum deutschen, aber auch schweizerischen Literaten als Vorbild, die auch für ihre Rechtsordnung eine entsprechende außerdeliktische Herstellerdritthaftung fordern.

III. Dritte Fallgruppe: Fahrlässige Falschauskunft

Die praxisrelevanteste Fallgruppe ist die Vermögensschädigung durch fahrlässige Falschauskunft.[294] Typischerweise geht es darum, dass jemand auf den Rat eines anderen vertraut, auf dieser Grundlage handelt, hierdurch aber

---

[292] Vgl. *Gsell*, in: Remien (Hrsg.), Schadenersatz im europäischen Privat- und Wirtschaftsrecht (2012), 281 (297) mit dem Hinweis auf das durch das Produkthaftungsrecht in Waage gehaltene „empfindliche Gleichgewicht" zwischen den Hersteller-, Händler- und Endabnehmerinteressen; aA *Krebs*, Sonderverbindung und außerdeliktische Schutzpflichten (2000), 371 ff.
[293] Zu diesem Ergebnis kommt auch *Gsell*, in: Remien (Hrsg.), Schadenersatz im europäischen Privat- und Wirtschaftsrecht (2012), 281 (292): nachvollziehbar.
[294] Mit dieser Einschätzung für das schweizerische Recht auch *Roberto/Kuzniar*, AJP 2019, 1105 (1110).

letztlich keinen Gewinn erzielt, sondern eine Vermögenseinbuße erleidet.[295] Gemein ist den hier zusammengefassten Fällen dabei, dass der reine Vermögensschaden nicht als unmittelbare Folge der Auskunft eintritt (anders als in den Infrastruktur- und Hersteller-Fällen), sondern erst durch einen weiteren Schritt seitens des Geschädigten selbst – dieser vertraut auf das fremde Testat und disponiert entsprechend.[296]

Die Fälle der fahrlässigen Falschauskunft werden hier deshalb genauer betrachtet, weil an ihnen einzelne der im Verlauf dieser Untersuchung schon herausgearbeiteten Elemente der Haftung für reine Vermögensschaden – insbesondere die Frage der vernünftigen Haftungsbegrenzung, der Schutz berechtigten Vertrauens, die schädigerseitige Verfolgung eigenwirtschaftlicher Interessen – ganz unverfälscht zu Tage treten. Die Interessenlage der Beteiligten und die Fragen nach einem Haftungsbedürfnis und einer Haftungsmöglichkeit sind dabei stets abhängig von der Beziehung zwischen dem Auskunftsgebenden und dem Auskunftsempfänger. Im Folgenden wird daher unterschieden zwischen der Raterteilung im Zwei- und im Drei- bzw. Mehrpersonenverhältnis.

1. Auskunft im Zweipersonenverhältnis

Sind Auskunftsgeber und Auskunftsersuchendem vertraglich verbunden und ist die Auskunftserteilung gerade Inhalt dieses Vertrages (etwa die Beratung eines Mandanten durch seinen Rechtsanwalt), stehen dem Auskunftsersuchenden bei schadensauslösender Falschauskunft bereits vertragliche Ersatzansprüche zu. Weniger eindeutig sind die Fälle zu beantworten, in denen die Auskunft gerade ohne vertragliche Verpflichtung erteilt wird.

Als Anschauungsfall mag hier das schon vorstehend erwähnte *Fallbeispiel 2* dienen: Ein Antiquitätenhändler lädt zu einer Feier in sein Haus ein und fragt bei einem Glas Wein und zu später Stunde einen der Gäste, einen befreundeten Kunstexperten, nach Urheberschaft und Wert eines erst kürzlich im Wohnzimmer aufgehängten Gemäldes. Da er des Bildes schon wieder überdrüssig werde, so der Antiquitätenhändler, spiele er mit dem Gedanken, es wieder zu verkaufen. Der Kunstexperte besieht das Werk des ihm auch bekannten Malers nur flüchtig und taxiert den Wert deutlich zu niedrig. Er verwechselt das Gemälde mit einem Werk aus der früheren Schaffens-

---

[295] So geht es im Komplex der Auskunftshaftung praktisch immer um den Ersatz reiner Vermögensschäden, *Werro*, recht 2003, 12; *Schönenberger*, Haftung für Rat und Auskunft gegenüber Dritten (1999), 3.
[296] *W. Fischer*, ZVglRWiss 83 (1984), 1 (23); *Welser*, Haftung für Rat, Auskunft und Gutachten (1983), 4; vgl. *Schönenberger*, Haftung für Rat und Auskunft gegenüber Dritten (1999), 20 ff., 23, der die Auskunftshaftung anhand der vermittelten Kausalität von anderen Fallgruppen reiner Vermögensschäden abgrenzt; ähnlich *Verde*, recht 2010, 144 (152) für den speziellen Fall eines beschönigenden Arbeitszeugnisses, welches erst Anstoß für die schadensträchtige Anstellung eines unzuverlässigen Arbeitnehmers ist.

phase des Künstlers, wobei er die gut lesbare Jahreszahl neben der Signatur nicht beachtet. Der Antiquitätenhändler verkauft das Gemälde daraufhin deutlich unter Wert an eine Galerie, die das Werk umgehend weiterveräußert. Inzwischen über den tatsächlichen Wert des Gemäldes aufgeklärt, verlangt der Antiquitätenhändler vom Kunstexperten Schadenersatz.

a) Haftungsbegründung in Deutschland

Deliktische Ansprüche gegen den Kunstexperten kommen nicht in Betracht. Es stellt sich daher die Frage, ob durch das Auskunftsersuchen eine Sonderverbindung zwischen Antiquitätenhändler und Kunstexperten geknüpft wurde. Vertraglicher Drittschutz lässt sich in einem Zweipersonenverhältnis nicht konstruieren. Als Sonderverbindungen kommt allein ein *konkludent geschlossener Auskunftsvertrag* oder ein *Schuldverhältnis nach § 311 Abs. 3 BGB* in Betracht.

aa) Konkludent geschlossener Auskunftsvertrag

§ 675 Abs. 2 BGB stellt für das deutsche Recht klar, dass sich eine Auskunftshaftung nur aus Delikt, sonstigen gesetzlichen Bestimmungen oder eben der Verletzung einer vertraglichen Pflicht ergeben kann. Dies klingt nach einem strikten Grundsatz, wird durch die Rechtsprechung aber regelmäßig in das genaue Gegenteil[297] verkehrt: Ein Rat, eine Empfehlung oder eben – synonym[298] – eine Auskunft werden nicht allein unter der Prämisse betrachtet, ob sie *innerhalb bereits bestehender Vertragsverhältnisse* abgegeben werden; vielmehr soll jede Auskunft als punktuelles Ereignis – im Extremfall sogar als Erstkontakt zwischen den Beteiligten – einen Vertrag zwischen Auskunftsersuchendem und Auskunftsgeber auch erst begründen können.[299]

(1) Rechtsbindungswille oder reine Gefälligkeitsauskunft

Die Gretchenfrage jeder Auskunftserteilung außerhalb zuvor bestehender Vertragsverhältnisse ist damit die, ob denn durch die nun erfolgte Auskunft jedenfalls ein Vertragsverhältnis geschlossen wurde, oder ob sich der Aus-

---

[297] Selbstehrlich BGH ZIP 1999, 275; NJW 1989, 1029 mwN: „ungeachtet der Vorschrift des § 676 [heute § 675 Abs. 2] BGB"; ebenso *Katzenmeier*, in: NK-BGB⁴, § 826 Rn. 28: Vertragskonstruktionen „trotz § 675 Abs. 2"; *Kersting*, Dritthaftung für Informationen (2007), 65, Fn. 343; kritisch *Honsell*, in: FS Medicus (1999), 211 (215); *ders.*, bereits JuS 1976, 621 (625 f.): Grenzen des § 676 (= § 675 nF) BGB längst überschritten.
[298] *Otto*, in: jurisPraxKomm BGB⁹, § 675 Rn. 119; *Krebs*, Sonderverbindung und außerdeliktische Schutzpflichten (2000), 89.
[299] *D. Fischer*, in: BeckOK BGB (62. Ed.), § 675 Rn. 90; *Otto*, in: jurisPraxKomm BGB⁹, § 675 Rn. 123.

kunftsgeber auch hier noch nur aus reiner Gefälligkeit[300] – also ohne Rechtsbindungswillen – geäußert hat.[301] Die Rechtsprechung betrachtet hierzu alle Umstände des Einzelfalls und nimmt einen durch eine einmalige Auskunft konkludent geschlossenen Auskunftsvertrag dann an, wenn verschiedene, wertende Tatumstände zusammenwirken:[302] Erneut geht es hier im Wesentlichen um die Frage des *berechtigten Vertrauens* des Auskunftsempfängers, verkörpert durch die *Bedeutsamkeit der Auskunft* und den vertrauensbegründenden Sachverstand des Auskunftsgebers.[303]

Im Kontext der Bankauskunft hat sich die Formel etabliert, ein Auskunftsvertrag sei zwischen der Auskunft erteilenden Bank und dem Auskunftsempfänger dann anzunehmen, *„wenn die Auskunft der Bank für den Anfragenden von erheblicher Bedeutung ist und er sie erkennbar zur Grundlage wesentlicher Vermögensverfügungen machen will"*.[304] Ähnlich lautet die Standardformel in den Fällen der Kapitalanlageberatung. Zwischen einem Anlageberater und einem potentiellen Anleger soll dann ein Auskunftsvertrag zustande kommen, wenn der Letzte *„erkennbar die besonderen Erfahrungen und Kenntnisse des Vermittlers in Anspruch nehmen will und dieser die gewünschte Tätigkeit beginnt"*.[305] Die Formulierung in beiden Fallgruppen knüpft erkennbar am *Vertrauen des Auskunftsersuchenden* in die Richtigkeit der Auskunft an – einmal, weil der Auskunftsgeber (Bank) die Bedeutsamkeit seiner Auskunft für den Ersuchenden erkennt und ein anderes Mal, weil der Auskunftsgeber (Anlageberater) gerade aufgrund seiner Expertise angefragt wird. Insbesondere die gängige Formulierung in den Anlagefällen zeigt lehrbuchartig, wie der konkludente Vertragsschluss vonstatten geht: Ist ein Auskunftsvertrag zunächst nicht ausdrücklich geschlossen, scha-

---

[300] *Canaris*, ZHR 163 (1999), 206 (235), der es als allgemeinen Konsens beschreibt, aus Gefälligkeit auch fehlerhafte Auskünfte erteilen zu dürfen; vgl. auch OGH JBl 2011, 443 (444) mkritAnm Dullinger: es sind die „Auskunftsgeber einer strengeren Haftung zu unterwerfen, die sich von der Preisgabe der Auskunft einen Vorteil erwarten, als jene, die lediglich aus Gefälligkeit beraten"; aA aber *Faust*, AcP 210 (2010), 555 (571), der auch bei Gefälligkeitsauskünften von Experten die besondere Vertrauensinanspruchnahme des § 311 Abs. 3 BGB erfüllt sieht.

[301] BGH NJW 2009, 1141 (1142); *D. Fischer*, in: BeckOK BGB (62. Ed.), § 675 Rn. 90; *Heermann*, in: MüKo BGB⁸, § 675 Rn. 121, 129.

[302] Mit einer Aufzählung der einzelnen Wertungsgesichtspunkten BGH NJW 2009, 1141 (1142); *Kersting*, Dritthaftung für Informationen (2007), 66; *Heermann*, in: MüKo BGB⁸, § 675 Rn. 121; *Otto*, in: jurisPraxKomm BGB⁹, § 675 Rn. 121.

[303] BGH NJW 2009, 1141 (1142): gewichtige Indizien; *Heermann*, in: MüKo BGB⁸, § 675 Rn. 129; *D. Fischer*, in: BeckOK BGB (62. Ed.), § 675 Rn. 94.

[304] BGH ZIP 1999, 275; NJW-RR 1998, 1343 (1344); NJW 1991, 352; *D. Fischer*, in: BeckOK BGB (62. Ed.), § 675 Rn. 94; *Kersting*, Dritthaftung für Informationen (2007), 68 mwN der älteren Rspr in Fn. 363; *Krebs*, Sonderverbindung und außerdeliktische Schutzpflichten (2000), 90; ähnlich zum konkludent geschlossenen Anwaltsauskunftsvertrag OLG Hamm ZIP 2021, 2279 (2280).

[305] BGH BeckRS 2012, 21003 Rn. 9; NZG 2008, 117 (118); NJW 2007, 1362 (1363).

det das nicht, kann er doch auch ad hoc durch Äußerung eines Auskunftswunsches und dessen Erfüllung konkludent zustande kommen.[306]

(2) Auskunftsvertrag zwischen Antiquitätenhändler und Kunstexperte?

Die Rechtsprechung hat die vorstehend erläuterten Elemente zur Konstruktion eines konkludent geschlossenen Auskunftsvertrages auch im Kontext punktueller Wertgutachtertestate angewandt.[307] Unter Verquickung der beiden Formeln aus dem Bereich der Bank- und Anlageberatung sei ein Auskunftsvertrag dann konkludent geschlossen,

„wenn [...] zu erkennen ist, daß die Auskunft für den Empfänger von erheblicher Bedeutung ist und von ihm zur Grundlage wesentlicher Maßnahmen auf wirtschaftlichen, rechtlichen oder tatsächlichen Gebieten gemacht werden soll", was insbesondere dann gelte, „wenn der Auskunftsgeber über besondere Sachkunde verfügt."[308]

Für die hier in Rede stehende Auskunft des Kunstexperten an den Antiquitätenhandler ließe sich eine Vertragsbegründung nach den vorstehenden Grundsätzen annehmen. Der Kunstexperte weiß, dass der Antiquitätenhändler mit dem Gedanken spielt, das Werk zu veräußern. Es ist jedenfalls *prima vista* nicht fernliegend, dass sich der hierbei eventuell anzusetzende Verkaufspreis an der Wertschätzung des Kunstexperten orientiert, seine Auskunft also *erkennbar zur Grundlage wirtschaftlicher Maßnahmen* gemacht wird. Der Antiquitätenhändler ersucht außerdem nicht einen beliebigen Gast, sondern gerade den Kunstexperten um Auskunft, nimmt also gezielt dessen *besondere Erfahrungen und Kenntnisse* in Anspruch.

Gegen die Annahme eines Rechtsbindungswillens seitens des Kunstexperten könnte sprechen, dass er die Auskunft unentgeltlich erbringt, also gerade keine eigenen Vorteile zu erlangen sucht. Die deutsche Rechtsprechung ist dem allerdings entgegen getreten – übrigens im klaren Gegensatz zum österreichischen Recht, § 1300 S. 1 ABGB („gegen Belohnung") – und hat festgehalten, dass die Unentgeltlichkeit einer Expertenauskunft einen Vertragsschluss nicht ausschließe.[309] In casu lassen aber jedenfalls die äußeren Umstände der Auskunftserteilung (auf einer Party, bei einem Glas Wein)

---

[306] *Otto*, in: jurisPraxKomm BGB⁹, § 675 Rn. 123.
[307] BGH NJW-RR 1986, 484 (485) – Konsul-Fall; zu diesem Judiz aus rechtsökonomischer Perspektive, gerade unter dem Gesichtspunkt der Haftung für reine Vermögensschäden *Kötz/Schäfer*, Judex oeconomicus (2003), 103 ff.
[308] BGH NJW-RR 1986, 484 (485); zuletzt OLG Hamm ZIP 2021, 2279 (2280); kritisch, insb. zum Merkmal der „erheblichen Bedeutung" *Thüsing/Schneider*, JA 1996, 807 (808).
[309] BGH NJW 2009, 1141 (1142): Steuerberater erteilt Auskunft, ohne Vergütung zu verlangen, es bestand allerdings eine vertragliche Vorbeziehung; NJW 2007, 1362 (1363): eigenwirtschaftliches Interesse des Anlagevermittlers nicht erforderlich; NJW-RR 1990, 1532 (1533): unentgeltliche Vertretung eines Rechtsanwalts; NJW-RR 1986, 484 (485): öffentlich bestellter und vereidigter Sachverständiger berechnet keine Gebühr; *Otto*, in: jurisPraxKomm BGB⁹, § 675 Rn. 123.

erheblich daran zweifeln, dass der Kunstexperte sich gegenüber dem Antiquitätenhändler rechtsgeschäftlich binden wollte. So hat der BGH dann auch das Zustandekommen eines Auskunftsvertrages verneint, als sich die Beteiligten am Rande eines Erntedankfestes trafen und sich nicht *nur* über private, sondern bei dieser Gelegenheit auch über geschäftliche Angelegenheiten austauschten.[310]

Die Literatur hat die Rechtsprechung des BGH zum konkludenten Auskunftsvertragsschluss mit pointierter Kritik auf den Punkt gebracht: Der Auskunftsgebende haftet nicht, „wo er (sich rechtsgeschäftlich binden) *will, sondern wenn er* (es nach wertender Betrachtung des Gerichts) *soll*".[311] Die Rechtsprechung bestätigt dies bezeichnenderweise selbst, wenn sie zum Ergebnis kommt, ein Vertrag sei unter anderem dann anzunehmen, wenn die „*Verkehrsbedürfnisse*" (noch selbstehrlicher wäre es, vom *Haftungsbedürfnis* zu sprechen) diesen Rückschluss zuließen.[312] Auch für den hier in Rede stehenden Fall ist es nicht unwahrscheinlich, dass die Gerichte einen Vertragsschluss annähmen. Bei lebensnaher Betrachtung ist dem Kunstexperten allerdings kein Rechtsbindungswille zu unterstellen.

bb) *Haftung aus Schuldverhältnis nach § 311 Abs. 3 S. 2 BGB*

Seit der Schuldrechtsreform liefert § 311 Abs. 3 S. 2 BGB den Kritikern der Rechtsprechung einen direkten Ansatzpunkt, um die Haftung des Auskunftsgebenden im Zweipersonenverhältnis zu begründen.[313] Auch ohne vertragliche Bindung kann zu Dritten ein schutzpflichtbewehrtes Schuldverhältnis entstehen, *insbesondere* wenn dieser Dritte in besonderem Maße Vertrauen für sich in Anspruch nimmt und dadurch die Vertragsverhandlungen oder den Vertragsschluss erheblich beeinflusst.

---

[310] BGH NJW 1991, 352: konkludenter Auskunftsvertrag nur, „*wenn die von* (der Auskunft) *abhängenden Entscheidungen des oder der Empfänger unmißverständlich zum Ausdruck kommen*"; idS *Canaris*, ZHR 163 (1999), 206 (235): Äußerungen im privaten Kreis nicht haftungsbegründend; *Medicus/Petersen*, Bürgerliches Recht[28], Rn. 371; *Jansen*, RabelsZ 70 (2006), 732 (762); *Thüsing/Schneider*, JA 1996, 807 (813).

[311] *Medicus/Petersen*, Bürgerliches Recht[28], Rn. 371; diesen folgend *Otto*, in: jurisPraxKomm BGB[9], § 675 Rn. 129; zustimmend *Canaris*, in: FS Schimansky (1999), 43 (48); referierend *Kersting*, Dritthaftung für Informationen (2007), 69; besonders kritisch aus rechtsvergleichender Perspektive *Honsell*, ZSR 2011 II, 5 (86).

[312] Etwa BGH NJW 2009, 1141 (1142); NJW-RR 2006, 993 (994); OLG Düsseldorf NZBau 2018, 615 (616); ebenso *Heermann*, in: MüKo BGB[8], § 675 Rn. 129.

[313] Die Kritik an der Konstruktion konkludent geschlossener Auskunftsverträge und die Präferenz der Literatur, die Auskunftshaftung mit § 311 Abs. 3 BGB zu erfassen, referierend *Otto*, in: jurisPraxKomm BGB[9], § 675 Rn. 129.

(1) Normative Begründung einer Sonderverbindung

Die Parallele zur Vorgehensweise der Rechtsprechung, in einer Zusammenschau von objektiven Umständen und haftungsrechtlichen Wertungen Rechtsbindungswille zu unterstellen und einen Vertragsschluss zu fingieren, ist augenfällig: Auch § 311 Abs. 3 BGB verlangt danach, aus *normativer Perspektive* eine Sonderverbindung anzunehmen.[314] Allerdings besteht dabei nicht das Erfordernis, den Parteien Rechtsbindungswille unterstellen zu müssen. Um diese tatbestandliche Hürde bereinigt, scheint § 311 Abs. 3 BGB die Konstruktion konkludenter Vertragsschlüsse als primäre Anlaufstelle zur Verortung der Auskunftshaftung im Zweipersonenverhältnis abzulösen. Fallgruppen wie die Bankauskunft und die außervertragliche Anlageberatung werden vermehrt den Schuldverhältnissen iSd § 311 Abs. 3 BGB zugeschlagen.[315] Auskünfte von Steuerberatern, vom BGH regelmäßig als stillschweigend geschlossener Auskunftsvertrag qualifiziert,[316] lassen sich alternativ mit § 311 Abs. 3 BGB[317] erfassen.[318]

(2) Haftung aus Sonderverbindung im vorliegenden Fall

Das Auskunftsverhältnis zwischen Antiquitätenhändler und Kunstexperten lässt sich durchaus als Sonderverbindung iSd § 311 Abs. 3 BGB begreifen, und zwar bereits unter den Parametern des Regelbeispiels des S. 2 („wenn dieser Dritte in besonderem Maße Vertrauen für sich in Anspruch nimmt und dadurch die Vertragsverhandlungen oder den Vertragsschluss erheblich beeinflusst").[319] Der Expertenauskunft ist es immanent, eine besondere Vertrauenslage zu schaffen.[320] Vorliegend war die Begutachtung des Kunst-

---

[314] Vgl. *Koch*, AcP 204 (2004), 59 (75): Normatives Vertrauensbedürfnis.
[315] *Lapp*, in: jurisPraxKomm BGB⁹, § 311 Rn. 109 mit dem ausdrücklichen Hinweis, dass die Fälle vom BGH bislang durch Vertragskonstruktionen gelöst wurden; vgl. *Heermann*, in: MüKo BGB⁸, § 675 Rn. 133.
[316] BGH NJW 2009, 1141 (1142); BeckRS 2014, 11035.
[317] Vgl. *Emmerich*, in: MüKo BGB⁹, § 311 Rn. 216; *Herresthal*, in: BeckOGK BGB (Stand: 1.4.2022), § 311 Rn. 515: Steuerberater als Anwendungsfall des Sachwalters; vgl. auch OLG Karlsruhe DStR 2011, 191 mkritAnm *Schröder/Meixner*, die gerade im Vergleich zum vorstehend erörterten BGH-Judiz den Weg der Haftungsbegründung des OLG Karlsruhe bemängeln; in casu wurde allerdings keine Sonderverbindung nach § 311 Abs. 3 BGB, sondern „einfache" culpa in contrahendo nach Abs. 2 bejaht.
[318] Die Rspr hat allerdings auch schon zuvor vereinzelt (BGH BeckRS 1990, 31063214) die Haftung aus konkludent geschlossenem Auskunftsvertrag und der Verletzung vorvertraglicher Aufklärungspflichten neben einander bejaht.
[319] *Kersting*, Dritthaftung für Informationen (2007), 472, bejaht eine Sonderverbindung für genau dieses Beispiel, sogar auch bei einer Äußerung im Rahmen einer gesellschaftlichen Zusammenkunft; ganz idS auch OLG Düsseldorf NJW-RR 2019, 140: in casu ging es gerade um die freundschaftliche Verbindung des Geschädigten mit einem Kunstexperten; aA *Reimann*, in: Bussani/Palmer (Hrsg.), Pure Economic Loss in Europe (2003), 171 (356).
[320] Explizit für den Fall der Auskunft eines Kunstexperten OLG Düsseldorf NJW-RR 2019, 140 f.; zweifelnd *Jansen*, Struktur des Haftungsrechts (2003), 533, sofern die Vertrau-

experten gerade ausschlaggebend für den (zu niedrig) angesetzten Kaufpreis, so dass auch der Vertragsschluss, respektive seine Konditionen erheblich beeinflusst wurden. Darauf, dass der Dritte iSd § 311 Abs. 3 S. 2 BGB die Vertragsverhandlungen (in casu zwischen Antiquitätenhändler und Galerie) selbst führt, oder auch nur an ihnen direkt beteiligt ist, kommt es gerade nicht an.[321] Es reicht vielmehr ein erkennbarer „*Bezug auf den zu beeinflussenden Vertrag*",[322] was durch den Hinweis des Antiquitätenhändlers auf einen grundsätzlich beabsichtigen Verkauf des Gemäldes erfüllt ist.

Nimmt man eine Sonderverbindung zwischen Antiquitätenhändler und Kunstexperte an, stellt sich die Frage nach dem konkreten Haftungsmaßstab. *Kersting*[323] hat dies für den in Rede stehenden Fall überzeugend skizziert: Nimmt man trotz Unentgeltlichkeit eine vertrauensbasierte Sonderverbindung zwischen Auskunftsgeber und Auskunftsersuchendem an, so ist ihre Haftungsbewehrung nicht grenzenlos, sondern kann nur soweit reichen, wie sie auch von berechtigtem Vertrauen getragen wird. Mit anderen Worten: Wer auf einer Party einen befreundeten Kunstexperten nach dessen Einschätzung fragt, ist in seinem Vertrauen auf die Richtigkeit der Antwort nur soweit geschützt, wie vom Experten *in diesem Moment eine sorgfältige Begutachtung erwartet werden kann*. Aussagen über Eigenschaften, die auch für den Auskunftsadressaten erkennbar einer intensiveren Begutachtung bedürfen, können zwar ein Schuldverhältnis nach § 311 Abs. 3 S. 2 BGB begründen, nicht aber gleichzeitig auch als vorwerfbare Pflichtverletzung desselben angesehen werden – so weit reicht schon der Vertrauensschutz des Auskunftsersuchenden nicht.

Im vorliegenden Fall durfte der Antiquitätenhändler vom Kunstexperten erwarten, dass dieser das Gemälde jedenfalls *bis zur Grenze besonderen Aufwands* begutachtet.[324] Dass das Werk anhand der gut lesbaren Jahreszahl auch auf Anhieb zeitlich richtig eingeordnet wird, ist dabei vom Vertrauen des Antiquitätenhändlers umfasst. Für den hier in Rede stehenden Fall ist damit ein Schuldverhältnis zwischen Antiquitätenhändler und Kunstexperte

---

enserwartung an bestimmten Berufsstand geknüpft wird; einschränkend für den Fall, dass die Auskunft – wie hier – am Rande einer gesellschaftlichen Veranstaltung erteilt wird, *Koch*, AcP 204 (2004), 59 (77); ähnlich *Thüsing/Schneider*, JA 1996, 807 (813).

[321] *Franck*, Marktordnung durch Haftung (2016), 357; ausführlich *Koch*, AcP 204 (2004), 59 (64 f.); vgl. *Kersting*, Dritthaftung für Informationen (2007), 472; so schon *W. Fischer*, ZVglRWiss 83 (1984), 1 (8 mwN in Fn. 41), der mittelbaren und unmittelbaren Kontakte des Vertrauensinanspruchnehmenden gerade gleichstellt; aA aber *Armbrüster*, ZIP 2019, 837 (838); *Reimann*, in: Bussani/Palmer (Hrsg.), Pure Economic Loss in Europe (2003), 171 (356).

[322] *Kersting*, Dritthaftung für Informationen (2007), 220, ferner 472; vgl. auch *Sutschet*, in: BeckOK BGB (62. Ed.), § 311 Rn. 124: Vertrauen muss für Verhandlungsverlauf und Verhandlungsergebnis kausal sein.

[323] Dritthaftung für Informationen (2007), 472 f.

[324] *Kersting*, Dritthaftung für Informationen (2007), 473.

nach § 311 Abs. 3 S. 2 BGB zustande gekommen, dessen ihn treffende Sorgfaltspflicht der Kunstexperte auch verletzt hat.

b) Haftungsbegründung in Österreich – primär in § 1300 S. 1 ABGB

Die Möglichkeit der Haftungsbegründung im österreichischen Recht ist in vergleichbarer Weise zweipolig wie in Deutschland.[325]

aa) Konkludenter Vertragsschluss vs. originäre Auskunftshaftung

Auch der OGH hat eine Haftungsbegründung vereinzelt und unter ausdrücklicher Bezugnahme auf die deutsche Rechtsprechung auf das Konstrukt konkludent geschlossener Auskunftsverträge gestützt[326] und seitens der Literatur insofern erwartbare Kritik erfahren.[327] Schließlich enthält das ABGB mit § 1300 S. 1 bereits eine Norm zur direkten Haftungsbegründung bei einer Sachverständigenauskunft. Der ratgebende Experte haftet dann auch nur für fahrlässige Falschauskunft, wenn er diese „gegen Belohnung in Angelegenheiten seiner Kunst oder Wissenschaft" abgibt. Die Fiktion eines Auskunftsvertrags zwischen Auskunftsgeber und Auskunftsadressat ist weder *für* noch *neben* § 1300 S. 1 ABGB erforderlich.[328]

Vielmehr lässt sich nach dieser Vorschrift – ähnlich wie nach § 311 Abs. 3 BGB – schon durch Einmalkontakt eine haftpflichtbewehrte Sonderverbindung begründen.[329] Die Voraussetzung „gegen Belohnung" ist nach moderner Lesart nicht mit tatsächlicher Entgeltlichkeit gleichzusetzen.[330] Vielmehr wird der auskunftsgebende Sachverständige bereits dann als *belohnt* angesehen, wenn er innerhalb einer *Sonderbeziehung*[331] nicht nur selbstlos han-

---

[325] Zur (geringen) Bedeutung der Schutzgesetzhaftung als mögliche Anspruchsgrundlage in den Auskunfts-Fällen schon *Welser*, Haftung für Rat, Auskunft und Gutachten (1983), 16 f.

[326] Mit besonders ausführlichem Blick auf das deutsche Recht OGH SZ 70/147 = ÖBA 1998, 230 (231 f.); ÖBA 2005/1249 (57) mkritAnm *Kletecka*: „in Übernahme deutscher Judikatur"; in jüngerer Zeit und ausdrücklich entgegen der Kritik in der Literatur OGH JBl 2017, 182 (185) mAnm *Kepplinger*.

[327] Besonders kritisch *Schobel*, ÖBA 2001, 752 (753 ff.); diesem in seiner Kritik zustimmend *Dullinger*, in: FS Reischauer (2010), 101 (110); ferner *Karner*, in: FS Koziol (2010), 695 (700): Fiktion; ebenso *Kepplinger*, JBl 2017, 182 (190).

[328] Klarstellend OGH EvBl 2011/11 (74); *Karner*, in: FS Koziol (2010), 695 (700): überflüssig; *Dullinger*, in: FS Reischauer (2010), 101 (110): nicht nötig; *Kepplinger*, JBl 2017, 182 (190).

[329] OGH JBl 2011, 443 (444) mkritAnm *Dullinger Karner*, in: FS Koziol (2010), 695 (696 f., 700) weist gerade auf den Gegensatz zur mit konkludenten Auskunftsverträgen operierenden deutschen Rspr hin.

[330] *Karner*, in: FS Koziol (2010), 695 (700); *Harrer/E. Wagner*, in: PraxKomm ABGB⁴, § 1300 Rn. 2.

[331] OGH ÖBA 2015/2143 mAnm *Apathy*; *Harrer/E. Wagner*, in: PraxKomm ABGB⁴, § 1300 Rn. 2; ausführlich mit einzelnen Beispielen *Karner*, in: KBB ABGB⁶, § 1300 Rn. 2.

delt,³³² was schlicht bedeutet, dass er mit seiner Auskunft einen eigenen, wie auch immer gearteten Vorteil zu erreichen sucht.³³³

bb) Haftung im vorliegenden Fall

Für die Annahme eines konkludent geschlossenen Auskunftsvertrages zwischen Antiquitätenhändler und Kunstexperte bemüht der OGH eine beinahe wortlautgleiche Tatbestandsformel wie die deutsche Rechtsprechung. Ein solcher wird dann angenommen, wenn die Einzelfallumstände nahelegen,

„dass beide Teile die Auskunft zum Gegenstand vertraglicher Rechte und Pflichten machen, etwa wenn klar zu erkennen ist, dass der Auskunftswerber eine Vermögensdisposition treffen und der Berater durch die Auskunft das Zustandekommen des geplanten Geschäfts fördern will".³³⁴

Es gilt daher das zum deutschen Recht Gesagte: Es scheint durchaus möglich, dass auch der OGH hier eine Vertragsschluss zwischen Antiquitätenhändler und Kunstexperte fingiert; bei lebensnaher Betrachtung ist allerdings jeglicher Rechtsbindungswille zu verneinen.

Passender – wie schon für das deutsche Recht § 311 Abs. 3 S. 2 BGB – ist eine Haftungsbegründung anhand von § 1300 S. 1 ABGB. Eine Sonderbeziehung zwischen Antiquitätenhändler und Kunstexperte ist aufgrund der Vertrauensinanspruchnahme als Experte zu bejahen. Eine Einstandspflicht nach § 1300 S. 1 dürfte in casu aber an dem *Erfordernis der Belohnung* scheitern.³³⁵ Auch wenn eine entgeltliche Entlohnung nicht erforderlich ist, sondern bereits jedes nicht-altruistische Handeln zur Bejahung des Belohnungscharakters ausreicht, scheint selbst dieses hier zweifelhaft. Denn geht man davon aus, dass es überhaupt noch möglich sein muss, sich auch als Experte aus reiner Gefälligkeit, also ohne Erwartung jeglichen Eigenvorteils, äußern

---

³³² OGH JBl 2008, 450 (453); ecolex 2003/104; *Schacherreiter*, in: ABGB-ON (Stand: 31.7.2021), § 1300 Rn. 5; *Karner*, in: FS Koziol (2010), 695 (701); ausführlich zur in casu bejahten Selbstlosigkeit OGH Zak 2011/212; den Belohnungscharakter am Merkmal der fehlenden Selbstlosigkeit der Auskunft festmachend OGH ÖBA 2015/2143 mAnm *Apathy*; JBl 2011, 443 (445) mkritAnm *Dullinger*; JBl 1995, 588; *Posch/Schilcher*, in: Bussani/Palmer (Hrsg.), Pure Economic Loss in Europe (2003), 171 (356 f.); *Harrer/E. Wagner*, in: PraxKomm ABGB⁴, § 1300 Rn. 2.
³³³ OGH ÖBA 2015/2143 mAnm *Apathy*; JBl 2011, 443 (444) mkritAnm *Dullinger*: „von der Preisgabe der Auskunft einen Vorteil erwarten"; *Kepplinger*, JBl 2017, 182 (188); *Dullinger*, in: FS Reischauer (2010), 101 (110 f.); *Reich-Rohrwig*, Aufklärungspflichten vor Vertragsschluss (2015), 12.
³³⁴ OGH JBl 2017, 182 (185) mkritAnm *Kepplinger;* ecolex 2014/3 (20) mAnm *Wilhelm;* ähnlich ÖBA 2002/1068 (831).
³³⁵ Tendenziell aA *Posch/Schilcher*, in: Bussani/Palmer (Hrsg.), Pure Economic Loss in Europe (2003), 171 (356).

zu können – welcher Fall soll dies sein, wenn nicht die Auskunft bei einer privaten Zusammenkunft unter Freunden?

Im Ergebnis besteht hier nun ein erkennbarer Unterschied zur Haftungsbegründung nach § 311 Abs. 3 S. 2 BGB: Während nach deutschem Recht allein das besondere Vertrauen des Auskunftsadressaten die Auskunftshaftung tragen kann, tritt im österreichischen Recht zur auch dort erforderlichen Vertrauenserweckung (ausgelöst durch den Sachverständigenrat)[336] das zumindest rudimentäre Erfordernis der Auskunftsbelohnung hinzu.[337]

c) Dreifache Haftungsbegründung in der Schweiz

Im schweizerischen Recht lässt sich eine etwaige Haftung des Kunstexperten auf dreierlei Weise begründen: ebenso wie in Österreich und Deutschland *erstens* durch die Fiktion eines konkludenten Vertragsschlusses bzw. *zweitens* die Enttäuschung des durch einen Expertenrat hervorgerufenen Vertrauens und – als helvetisches Alleinstellungsmerkmal – *drittens* eine Auskunftshaftung unter der deliktischen Generalklausel Art. 41 Abs. 1 OR.

aa) Haftung des Kunstexperten aus Delikt

In früheren Entscheiden knüpfte das BG an eine fahrlässige Falschauskunft tatsächlich eine *Haftung nach Art. 41 Abs. 1 OR*.[338] Möglich war dies, weil der Grundstein dieser Rechtsprechungslinie zu einer Zeit gelegt wurde, in der

---

[336] *Dullinger*, in: FS Reischauer (2010), 101 (113).

[337] Auf diesen Unterschied im Kontext der Haftung gegenüber Dritten aus § 1300 S. 1 ABGB hinweisend *Kepplinger*, Eigenhaftung von Vertragsgehilfen (2016), 160 f.; ferner *Reich-Rohrwig*, Aufklärungspflichten vor Vertragsschluss (2015), 647; der OGH scheint dieses im Normwortlaut angelegte Kumulationserfordernis allerdings weniger strikt zu verstehen und nimmt eine Auskunftshaftung gegenüber Dritten bereits bei Erfüllung nur einer Alternative (also entweder bei Vertrauensinanspruchnahme oder bei Auskunftsbelohnung) an: SZ 2013/33 = EvBl 2013/130) mAnm *Rohrer/Cach*: „Die Eigenhaftung des Vertreters [...] wird dann bejaht, wenn [...] er ein besonderes eigenwirtschaftliches Interesse am Zustandekommen des Vertrags hatte, *oder* wenn er bei den Vertragsverhandlungen im besonderen Maße persönliches Vertrauen in Anspruch nahm"; ebenso OGH ecolex 2014/3 mAnm *Wilhelm;* vgl. auch OGH EvBl 2011/11: Haftung des Sachverständigen aus § 1300 ABGB bei Verfolgung eigenwirtschaftlicher Interessen, ohne dass über die Sachverständigeneigenschaft hinaus die Inanspruchnahme besonderen Vertrauens geprüft wird; außerdem schon Urt. v. 15.12.1997 – 1 Ob 377/97s, RIS: Keine Haftungsbegründung über § 1300 ABGB, sondern aus culpa in contrahendo allein wegen der Verfolgung eigenwirtschaftlicher Interessen.

[338] Ausdrücklich zur deliktischen Haftung bei fahrlässiger Irreführung BGE 89 II 239 (248): „Da nach Art. 41 OR auch ersatzpflichtig ist, wer einem andern aus Fahrlässigkeit widerrechtlich Schaden zufügt, kann eine Haftung [...] auch in Betracht kommen, wenn sie eine Täuschung von Dritten [...] nicht (auch nicht eventuell) beabsichtigte"; *Werro*, recht 2003, 12 (13); zu den Ursprüngen dieser Rechtsprechung bis ins Jahr 1895 *Schwenzer*, in: Schwenzer (Hrsg.), Schuldrecht, Rechtsvergleichung und Rechtsvereinheitlichung (1999), 59 (62).

die Rechtswidrigkeitsdogmatik der Generalklausel des Art. 41 Abs. 1 OR noch nicht von deutschen Einflüssen verfälscht war.[339] So war das BG in seinen Ur-Entscheiden zur Auskunftshaftung noch nicht an eine Widerrechtlichkeitsprüfung mit starrem Blick auf die Verletzung absolut geschützter Rechtsgüter bzw. der Verletzung eindeutiger Vermögensschutznormen gebunden. Vielmehr ließ sich die Widerrechtlichkeit freier, insbesondere getreuer der generalklauselartigen Struktur des Art. 41 Abs. 1 OR interpretieren und so postulieren, eine wahrheitsgetreue Auskunftsgebung *„muss im Interesse eines geordneten Rechtslebens als ein Gebot der allgemeinen Rechtsordnung erachtet werden"*.[340] Unter dem deutschrechtlich gefärbten Dogma der objektiven Widerrechtlichkeitstheorie lässt sich diese deliktische Auskunftshaftung insofern fortführen, als eine fahrlässige Falschauskunft als Verletzung einer *ungeschriebenen Vermögenschutznorm* verstanden wird.[341] In ihrem Kern teilen diese vom BG bemühten ungeschriebenen Normen die Grundaussage, dass eine auch fahrlässige[342] Falschauskunft, dann widerrechtlich ist wenn der Auskunftserteilende für den Gehalt seiner Auskunft eine *besonders legitimierte Position*, quasi eine *Garantenstellung für die Richtigkeit seiner Aussage* einnimmt.[343]

Die Schätzung des Gemäldewertes durch den Kunstexperten lässt sich unmittelbar unter diese Tatbestandsmerkmale fassen. Allein, es ist fraglich, ob seine Haftung heutzutage nach schweizerischem Recht deliktisch begründet

---

[339] Soweit erkennbar erstmalig und bereits mit der ausdrücklichen Feststellung des außervertraglichen Charakters der Auskunftshaftung BGE 30 II 258 (267 f.) im Jahr 1904 und damit ein gutes halbes Jahrhundert vor der *Merzschen* Rechtswidrigkeitsrezeption; vgl. *Rey/Wildhaber*, Ausservertragliches Haftpflichtrecht (2018), Rn. 798; *Roberto*, Haftpflichtrecht (2018), § 4 Rn. 8; *ders.*, recht 2002, 145 (148).

[340] BGE 57 II 81 (86); auch BGE 89 II 239 (248): „Die Ausstellung einer wissentlich falschen Erklärung, die Dritte irreführen kann, ist widerrechtlich, auch wenn der Aussteller eine solche Täuschung nicht beabsichtigt".

[341] Mit ausdrücklicher Bezugnahme auf die ungeschriebenen Rechtsnormen bei ungenauer Auskunft etwa BGE 129 IV 119 (122 frz.): „Donner des renseignements inexacts viole une règle de droit non écrite"; *Werro*, recht 2003, 12 (13); *Tarman*, Gutachterhaftung gegenüber dem Dritten (2007), 100 f.; kritisch zur Haftungsbegründung über ungeschriebene Schutznormen *Schönenberger*, HAVE 2004, 3 (6).

[342] *Urwyler*, in: FS W. Fischer (2016), 529 (535) will die Haftung hier auf qualifiziertes Verschulden beschränken.

[343] Insb. BGE 116 II 695 (699): aus Art. 41 OR wird schadenersatzpflichtig, wer aufgrund seines Fachwissens in Anspruch genommen wird [...], leichtfertig unrichtige Angaben macht oder wesentliche Tatsachen verschweigt, die ihm bekannt sind und von denen er sich sagen muss, dass ihre Kenntnis den in Frage stehenden Entschluss beeinflussen [...]. Der Befragte übernimmt dabei eine Garantenstellung"; ferner BGE 57 II 81 (86), 111 II 471 (474) und 129 IV 119 (122 frz.).: Haftung für Falschauskunft desjenigen, der über Verhältnisse befragt wird, in die er kraft seiner Stellung besonderen Einblick besitzt; 122 III 176 (192): „Eine Schutznormverletzung liegt vor, wenn ein für die Gesellschaft handelndes Organ einen Dritten beim Vertragsabschluss täuscht." *Brehm*, in: Berner Komm OR[5], Art. 41 Rn. 48; *Rey/Wildhaber*, Ausservertragliches Haftpflichtrecht (2018), Rn. 884; *Honsell*, in: FS Nobel (2005), 939 (942 f.).

würde. Das BG hat sich in seiner neueren Rechtsprechung zur Lösung der Auskunftsfälle von der deliktischen Haftungsverortung abgewandt.[344]

bb) Vertragsfiktion und Vertrauenshaftung

In augenfälliger Parallele zum deutschen und österreichischen Recht findet sich auch in der Schweiz der Ansatz, zwischen Auskunftsgeber und Auskunftsersuchendem einen konkludent geschlossenen Auskunftsvertrag zu suchen, eine etwaige Auskunftsvertragspflicht verletzt zu sehen und den Auskunftsgeber entsprechend haften zu lassen.[345] Das BG betrachtet jahrzehntelang in Entsprechung seiner tradierten deliktischen Verortung der Auskunftshaftung eine Auskunftserteilung ausdrücklich als *außervertragliches Handeln*.[346] Der Annahme stillschweigender Vertragsschlüsse schob es so nachhaltig einen Riegel vor – bis es schließlich die unentgeltliche, telefonische Auskunft über den Schätzwert einer Lampe als konkludent geschlossenen Auftrag einordnete.[347] Es ist daher wie schon nach deutschem und österreichischem Recht jedenfalls denkbar,[348] auch in der Schweiz in casu zwischen Antiquitätenhändler und Kunstexperte einen stillschweigenden Vertragsschluss zu bejahen.[349] Aus denselben Gründen wie in den Nachbar-

---

[344] In aller Kürze eine deliktische Auskunftshaftung ablehnend BGE 130 III 345 (347) = AJP 2005, 350 mAnm *Plotke*; hierzu *Hürlimann/Siegenthaler*, BR 2004, 105 (106), die sich ob der Knappheit dieser Begründung – und damit der Abkehr von der jahrzehntelangen Tradition der deliktischen Verortung der Auskunftshaftung – erstaunt zeigen; plastisch auch *Urwyler*, in: FS W. Fischer (2016), 529 (536), der die tradierte deliktische Haftungsverordnung im Jahr 1994 – eben mit dem Import der Vertrauenshaftung durch das BG – jäh beendet sieht; weiterhin für eine deliktische Auskunftshaftung *Werro*, recht 2003, 12 (14, 20); *Schwenzer*, OR AT[7], § 50 Rn. 26; *Kramer*, AcP 200 (2000), 356 (380); idS auch *C. Widmer*, ZSR 2001, 101 (124).

[345] Im Kontext der Bankauskunft, also dem Bereich, für den OGH und BGH gerade typischerweise den konkludenten Vertragsschluss bemühen BGE 111 II 471 (473): in casu Vertragsschluss ablehnend aber mwN der befürwortenden Literaten; ablehnend etwa *Bärtschi*, Verabsolutierte Relativität (2009), 268; *Roberto*, Haftpflichtrecht (2018), § 5 Rn. 74: Vertragsfiktion; *Honsell*, in: FS Nobel (2005), 939 (943 f.); *Tarman*, Gutachterhaftung gegenüber dem Dritten (2007), 85 ff. mwN.

[346] BGE 111 II 471 (473); 68 II 295 (303); 41 II 77 (82) „Die Beklagte hat die fragliche Auskunft […] nicht in Ausübung eines von ihr betriebenen Gewerbes noch sonst gegen Entgelt erteilt. Unter diesen Umständen liegt in ihrer Erteilung nicht die Erfüllung einer übernommenen vertraglichen Verpflichtung"; referierend BGE 124 III 363 (368); *Urwyler*, in: FS W. Fischer (2016), 529 (532 mwN der Rspr in Fn. 15); idS auch BGE 116 II 695 (698): Gefälligkeit (als Gegenstück zum Vertrag) als außervertragliches Handeln zu werten.

[347] BGE 112 II 347 (350); ausführlich und kritisch *Fisch*, Eigentumsgarantie und Nichtersatzfähigkeit reiner Vermögensschäden (2020), Rn. 394 ff.

[348] Bezeichnend im Kontext der Auskunftshaftung obiter BGE 120 II 331 (337): „soweit nicht das Vorliegen eines Beratungsvertrages eine vertragsrechtliche Anknüpfung erlaubt".

[349] Vgl. der Vertragsfiktionspraxis zustimmend *Rusch/Maissen*, AJP 2016, 1395 (1402 mwN auch der jüngeren Instanzrechtsprechung in Fn. 29) für den Kontext der Bankauskunft; eingängig zur Abgrenzung von Vertrag und Gefälligkeit BGE 116 II 695 (697 ff.);

rechtsordnungen (Stichwort: Vertragsfiktion)[350] ist dieser Weg der Haftungsbegründung über die Brücke der Vertragsfiktion aber bedenklich.

Wahrscheinlicher – und jedenfalls gegenüber der Unterstellung von Rechtsbindungswille vorzugswürdiger – ist ferner die Prüfung einer *Vertrauenshaftung des Kunstexperten*.[351] Das BG bejaht eine solche Vertrauenshaftung, wenn innerhalb einer *Sonderverbindung*[352] besonderes *schutzwürdiges Vertrauen* zunächst erweckt, dann aber treuwidrig und schadensauslösend *enttäuscht* wird.[353] Diese Voraussetzungen sind – ebenso wie im Kontext des § 311 Abs. 3 S. 2 BGB, § 1300 S. 1 ABGB – in casu erfüllt: Antiquitätenhändler und Kunstexperte begegnen sich nicht zufällig, sondern tauschen sich gezielt und gewillkürt über den Wert des Gemäldes aus, sind mithin sonderverbunden. Das Vertrauen des Antiquitätenhändlers in die Richtigkeit der Expertenauskunft ist grundsätzlich schützenswert. Vom Kunstexperten durfte die Einhaltung zumindest rudimentärer Sorgfalt erwartet werden.

d) Zusammenfassung und Stellungnahme

Im gesamten deutschen Rechtskreis lassen sich eine Haftung des auskunftsgebenden Kunstexperten begründen und hierfür insgesamt drei Ansätze feststellen. In der Schweiz wurde eine Haftung für fahrlässige Falschauskunft bereits aus der deliktischen Generalklausel Art. 41 Abs. 1 OR abgeleitet. Diese Haftungsbegründung tritt jedoch gegenüber alternativen Ansätzen zusehends in den Hintergrund. Die so für das schweizerische Recht verbleibenden Haftungsbegründungen gleichen denen im deutschen und österreichischen Recht und sind teilweise unmittelbar auf bewusste Ideenrezeption

---

weiterführend in diesem Kontext auch BGE 124 III 363 (368): ausführlich zum möglichen konkludent geschlossenen Auskunftsvertrag; BGE 119 II 456 ff.: Haftung eines Arztes nach Auftragsrecht, der einer fettleibigen Patientin eine Magenverkleinerung empfahl, ohne sich zu vergewissern, ob diese Kosten auch unter den Krankenversicherungsschutz der Patientin fallen.

[350] Ausdrücklich für das schweizerische Recht *Roberto*, Haftpflichtrecht (2018), § 5 Rn. 74.

[351] Etwa BGE 124 III 363 (369): Vertrauenshaftung (bzw. alternativ deliktische Haftung) bei unentgeltlicher Falschauskunft eines Rechtsanwalts; *Roberto/Kuzniar*, AJP 2019, 1105 (1110) legen dar, dass das BG selbst die Vertrauenshaftung letztlich als Haftung für Falschauskünfte versteht und führen dies unmittelbar zurück auf BGE 142 III 84 (88 f.): zur Annahme der Sonderverbindung genügt die Kundgabe, „für die Richtigkeit bestimmter Äusserungen" einstehen zu wollen.

[352] Lehrbuchartig zur Begründung der Sonderverbindung BGE 142 III 84 (88 f.); 128 III 324 (327); *Loser*, in: Koller (Hrsg.), Haftpflicht- und Versicherungsrechtstagung St. Gallen 2005 (2005), 111 (137 f.); *ders.*, in: Jung (Hrsg.), Aktuelle Entwicklungen im Haftpflichtrecht (2007), 23 (28 ff.).

[353] BGE 142 III 84 (88); 133 III 449 (451); Urt. v. 21.3.2013 – 4A_565/2012, E.2.3; *Urwyler*, in: FS W. Fischer (2016), 529 (536); *Buchser/Müller*, in: FS W. Fischer (2016), 49 (70 ff.); *Rey/Wildhaber*, Ausservertragliches Haftpflichtrecht (2018), Rn. 44 f.; *Werro*, recht 2003, 12 (13); *Honsell*, in: FS Nobel (2005), 939 (945 f.).

zurückzuführen. In allen drei Rechtsordnungen operiert das Höchstgericht mit der Fiktion punktuell geschlossener Auskunftsverträge.[354] Zurück geht diese Praxis auf den BGH, welchem der OGH ausdrücklich folgt. Nicht ganz so offensiv positioniert sich das BG, welches aber just für den Fall des fehlschätzenden Kunstexperten einen Rechtsbindungswillen und Vertragsschluss unterstellte.

Aus der Perspektive dieser Untersuchung ist diese Vorgehensweise schon aus dem Grund der notwendigen Willens- und Rechtsgeschäftsfiktionen abzulehnen. Hinzu kommt außerdem, dass sich sowohl im deutschen als auch im österreichischen und schweizerischen Recht die Haftung des Auskunftsgebenden auf das Dogma der Vertrauensenttäuschung stützen lässt. Warum also mit Fiktionen operieren, wenn hierzu kein Anlass besteht?[355]

aa) Auskunftshaftung aus erwecktem Vertrauen

Zwischen Antiquitätenhändler und Kunstexperte besteht eine Sonderverbindung. Innerhalb dieser nimmt der auskunftsgebende Kunstexperte besonderes Vertrauen in seinen Sachverstand für sich in Anspruch. Er genügt dem so gesetzten Vertrauensstandard aber nicht. Sein Testat nimmt weiterhin Einfluss auf den mit der Galerie geschlossenen Kaufvertrag. §§ 280 Abs. 1, 241 Abs. 2, 311 Abs. 3 S. 2 BGB bestimmen hier eine Einstandspflicht des Kunstexperten. Auch unter dem schweizerischen Dogma der selbstständigen Vertrauenshaftung lässt sich eine Ersatzpflicht des Kunstexperten begründen. Der Tatbestand des § 1300 S. 1 ABGB ist ebenfalls weitestgehend erfüllt, in casu scheitert eine Haftung jedoch am Erfordernis der Belohnung. Der rein altruistische Rat, der dem Erteilenden keinerlei Vorteile einbringt, löst nach österreichischem Recht noch keine Ersatzpflicht aus.

bb) Vertrauenshaftung erst bei Vertrauensprämie

Die österreichische Sichtweise hat etwas für sich: Sie bringt unmittelbar zum Ausdruck, welche miteinander einhergehenden Parameter die Haftung für eine fahrlässige Falschauskunft beeinflussen sollen. In allen drei Rechtsordnungen ist dies im Kern die Erweckung, Inanspruchnahme und letztliche Enttäuschung besonderen Vertrauens. Nach deutschem und schweizerischem Recht ist dies sogar schon der allein entscheidende Faktor. In Österreich dagegen wird der Vertrauensinanspruchnahme ein tatbestandlicher Gegenpol gesetzt – Vertrauensenttäuschung ist erst dann haftpflichtbegrün-

---

[354] Kritisch und rechtsvergleichend *Honsell*, ZSR 2011 II, 5 (86); *ders.*, in: FS Nobel (2005), 939 (944).
[355] Vgl. *Koch*, AcP 204 (2004), 59 (67): Gemeinsamkeit der Vertragsfiktion und der Eigenhaftung des Dritten ist Vertrauensinanspruchnahme.

dend, wenn die Sorgfalt des Haftpflichtigen mit einer *Vertrauensprämie* („gegen Belohnung") erkauft worden ist.[356]

Die sich hier offenbarende, allgemeine Wertung, dass für reine Vermögensschäden dort zu haften ist, wo das Haftungsrisiko des Schädigers abgegolten wird, ist gerade *kein Austriacum*. Vielmehr tritt dieser Gedanke an der Trennlinie zwischen vertraglicher und außervertraglicher Haftung[357] bzw. bei der Einstandspflicht aus Sonderverbindung[358] im gesamten deutschen Rechtskreis immer wieder zu Tage. Auch der deutschen (§ 311 Abs. 3 S. 2 BGB)[359] und schweizerischen Haftung auf Vertrauensbasis ist diese Perspektive zu empfehlen, und zwar *tatbestandlich schon bei der Frage der Vertrauensbildung*: Jedenfalls dann, wenn der Ratgebende auch Eigeninteressen verfolgt, wird sich der Adressat darauf verlassen, respektive schützenswertes Vertrauen begründen dürfen, dass die Auskunft nach bestem Wissen und Gewissen, mithin sorgfältig erfolgt.

2. Auskunft im Dreipersonenverhältnis

Häufig wird eine Auskunft gegenüber einem Vertragspartner abgegeben, der diese dann wiederum einem Dritten zugänglich macht. Disponiert dieser Dritte auf Grundlage der im Ausgangspunkt gar nicht an ihn gerichteten Auskunft, stellt sich die Frage, ob der Auskunftsgebende auch gegenüber dem originär gar nicht vertraglich verbundenen Dritten für etwaige Schäden aus der Ratbefolgung haftet. Hierzu werden zwei Beispielsfälle betrachtet: *erstens* die mögliche Einstandspflicht eines vom Liegenschaftsverkäufer beauftragten Gutachters gegenüber dem Liegenschaftskäufer für die Abgabe eines fehlerhaften Wertgutachtens und *zweitens* die Haftung eines vormaligen Arbeitgebers, der seinem ehemaligen, kriminellen Arbeitnehmer ein beschönigendes Arbeitszeugnis ausstellt, welches ein weiterer Arbeitgeber zum Anlass für eine schadensträchtige Folgeanstellung nimmt.

---

[356] *Karner*, in: FS Koziol (2010), 695 (701).

[357] *Koziol*, JBl 2004, 273 (276); schon *F. Bydlinksi*, JBl 1960, 359 (362): Schärfere (Gehilfen-)Haftung im Vertragsrecht deshalb, weil man sich mit der Entgeltbeziehung umfassende Sorgfalt „erkauft".

[358] Im Kontext der Haftung aus culpa in contrahendo ausführlich *Reich-Rohrwig*, Aufklärungspflichten vor Vertragsschluss (2015), 9 ff.; *Koziol*, Haftpflichtrecht II (2018), A/2/283; speziell kommt dies in § 311 Abs. 2 Nr. 3 BGB zum Vorschein („ähnliche geschäftliche Kontakte"), hierzu *Kersting*, Dritthaftung für Informationen (2007), 130 mwN in Fn. 731; *Rieble*, in: Dauner-Lieb/Konzen/Schmidt (Hrsg.), Das neue Schuldrecht in der Praxis (2003), 137 (142); im Kontext der Vertrauenshaftung *Thüsing/Schneider*, JA 1996, 807 (809), die auf die „Geschäftlichkeit" des Kontakts abstellen; für die Schweiz *Walter*, ZSR 2001, 79 (98); die haftungsbegründende Bedeutung des wirtschaftlichen Eigeninteresses im Kontext der Expertenhaftung allerdings relativierend *Krebs*, Sonderverbindung und außerdeliktische Schutzpflichten (2000), 198, 328.

[359] Vgl. hierzu *Schäfer*, AcP 202 (2002), 808 (820 ff.): Verhältnis von Gutachterdritthaftung und entsprechender Haftungsprämie.

Diesen beiden Fällen ist gemein, dass die verschriftliche Auskunft gegenüber dem Vertragspartner als diesem geschuldete Leistung erbracht wird, dabei aber schon dafür prädestiniert ist, einem vertragsfremden Dritten vorgelegt zu werden, der sich auf ihre Richtigkeit verlassen wird.

a) Fall: Haftung des Liegenschaftsgutachters – Sachverhalt

Der Eigentümer einer Liegenschaft plant deren Verkauf und beauftragt einen öffentlich bestellten und vereidigten Sachverständigen mit der Erstellung eines Wertgutachtens. Der Sachverständige weiß, dass sein Gutachten auch potentiellen Kaufinteressenten vorgelegt werden soll. So erstellt er ein Verkehrswertgutachten, vergisst jedoch, die von ihm festgestellten Mängel des Hausdaches in seine Werttaxierung miteinzubeziehen. Der im Gutachten ausgewiesene Verkehrswert wird so zu hoch angesetzt und entspricht dem Wert des Hauses im mangelfreien Zustand. Der Verkäufer legt das Wertgutachten einem Kaufinteressenten vor, der sich auf dessen Grundlage für den Kauf entscheidet. Die Sachmängelgewährleistungsansprüche gegen den Verkäufer werden wirksam ausgeschlossen. Als dem Liegenschaftskäufer die Mängel am Dach auffallen, nimmt er den Gutachter auf Ersatz seiner Mangelbeseitigungskosten in Anspruch.[360]

aa) Haftungsbegründung in Deutschland

In der deutschen Rechtsordnung bieten sich zwei Wege, um die Haftung des Gutachters gegenüber dem ihm nicht originär vertraglich verbundenen Käufer zu begründen. Typischerweise wird versucht, den *Schutzbereich des Werkvertrages* zwischen Verkäufer und Gutachter auch auf die Vermögensintegrität des Käufers zu erstrecken. Stimmen in der jüngeren Literatur wollen dagegen zwischen Sachverständigem und Käufer ein unmittelbar begründetes *Schuldverhältnis iSd § 311 Abs. 3 BGB* begründen und in diesem eine Schutzpflicht verletzt sehen.

(1) Schutzwirkung des Werkvertrags über die Gutachtenserstellung zugunsten des Käufers?

In langjähriger Rechtsprechung bejahen deutsche Gerichte die Haftung des Gutachters gegenüber dem Käufer für dessen reine Vermögensschäden unter dem Dogma des Schuldverhältnisses mit Schutzwirkung zugunsten Dritter.[361] Tatbestandlich setzt dies Folgendes voraus: Der Käufer muss *leistungs-*

---

[360] Sachverhalt insb. angelehnt an BGE 130 III 345 = AJP 2005, 350 mAnm *Plotke*; ähnlich bei *Temming/Weber*, JURA 2019, 1039 (1042 ff.).
[361] Konkret im Fall des Liegenschaftsgutachtens BGHZ 159, 1 = NJW 2004, 3035; NJW-RR 2004, 1464; NJW 2001, 514; NJW 1998, 1059; BGHZ 127, 378 = NJW 1995, 392; NJW-

nah sein, also bestimmungsgemäß mit der vom Gutachter geschuldeten Hauptleistung (Erstellung eines fehlerfreien Gutachtens) und der ihr anhaftenden Risiken (Falschbewertung führt zu höherem/niedrigeren Kaufpreis) ebenso in Berührung kommen wie der Verkäufer als eigentlicher Leistungsgläubiger. Im hiesigen Fall ist dies erfüllt. Ein falsch angesetzter und einem Kaufvertrag zugrunde gelegter Verkehrswert wirkt sich stets nachteilig für eine der beiden Parteien aus; ist der Wert zu niedrig angesetzt, geht dies zu Lasten des Verkäufers, ist er – wie hier – zu hoch angesetzt, zum Nachteil des Käufers.[362]

Zentraler Zankapfel zwischen Rechtsprechung und Literatur ist die Frage, ob der Verkäufer ein tatsächliches *Gläubigerinteresse* an der Einbeziehung des Käufers in den Schutzbereich des Werkvertrages hat. Ein solches lässt sich freilich im Einzelfall feststellen, etwa bei expliziter Vereinbarung eines Drittschutzes im Werkvertrag. Diese Konstellationen dürfen aber – wie auch in casu – kaum jemals vorkommen, sodass das Gläubigerinteresse durch Vertragsauslegung zu ermitteln versucht wird. Ein gewichtiger Teile der Literatur verneint im hiesigen Fall kategorisch ein Gläubigerinteresse, da der Verkäufer dem Käufer nicht nur keine personenrechtliche Fürsorge schuldet, sondern ihre Interessen mit Blick auf die Gutachtenserstellung sogar gegenläufig sind:[363] Während der Verkäufer auf einen hohen Verkehrswert und Verkaufspreis hofft, ist es beim Käufer gerade andersherum.[364] Der BGH überwindet diese tatbestandliche Hürde[365] dadurch, dass er fehlendes originäres Gläubigerinteresse durch die besondere, vertrauensschaffende Exper-

---

RR 1986, 484; VersR 1984, 85; *Pinger/Behme*, DS 2009, 54 (55) sprechen von einer „sehr verbreiteten Auffassung", was freilich nur für die Seite der Rspr, aber schon im Jahr 2009 nicht für die der Literatur zutrifft.

[362] *Pinger/Behme*, DS 2009, 54 (57); weiterführend zum Merkmal der Leistungsnähe im Gutachterfall *C. Schmidt*, HAVE 2016, 119 (124 f.).

[363] *Wendelstein*, JURA 2018, 144 (149 f.); *L. Hübner/Sagan*, JA 2013, 741 (742); *Karampatzos*, Vertrag mit Schutzwirkung für Dritte (2005), 163 f.; *Armbrüster*, in: FS Wiegand (2005), 71 (88); *Schäfer*, AcP 202 (2002), 808 (817 f.); *Canaris*, ZHR 163 (1999), 206 (215 f.); *Honsell*, in: FS Medicus (1999), 211 (227 f.), der bei gegenläufigen Interessen alleine eine Haftung nach § 826 BGB in Betracht zieht; aA *Pinger/Behme*, DS 2009, 54 (58).

[364] Für das schweizerische Recht ausdrücklich BGE 130 III 345 (348) = AJP 2005, 350 mAnm *Plotke*; *Koller*, in: FS W. Fischer (2016), 295 (305); ferner *Koziol*, Haftpflichtrecht II (2018), A/2/364; *Karner*, in: FS Koziol (2010), 695 (708); *Schroeter*, in: FS Schwenzer (2011), 1565 (1569); *Picker*, in: FS Medicus (1999), 397 (400); *G. Wagner*, in: MüKo BGB⁸, § 826 Rn. 86: bei Verkehrswertgutachten Interessen regelmäßig gegenläufig; gänzlich gegenläufig sind die Interessen allerdings schon dann nicht mehr, wenn sich – wie im Regelfall – beide Kaufvertragsparteien an einem grundsätzlich zutreffenden und für den Fall der Mangelhaftigkeit gegenüber beiden Parteien sanktionsbewehrten Gutachten orientieren wollen.

[365] Ausdrücklich dazu, dass gegenläufige Interessen einem Vertrag mit Drittschutzwirkung nicht entgegenstehen BGH NJW 2014, 2345; NJW 2009, 217 (218); NZBau 2002, 229 (330); NJW 1998, 1059 (1060); BGHZ 127, 378 = NJW 1995, 392; NJW-RR 1986, 484 (486); BGHZ 193, 297 = VersR 2013, 509 (510): Schutzwirkung auch anzunehmen, wenn es nicht um Wohl-und-Wehe-Fälle geht.

tise des Sachverständigen substituiert.³⁶⁶ Mit anderen Worten: Bereits die Inanspruchnahme besonders ausgewiesenen Sachverstandes soll ein hinreichendes Indiz für einen Schutzwillen des Vertragsgläubigers sein.³⁶⁷ Folgte man an dieser Stelle der Rechtsprechung, wären weiterhin die *Erkennbarkeit* von Leistungsnähe und „Gläubigerinteresse" für den Sachverständigen (Kenntnis über die Verwendung gegenüber Kaufinteressenten) und die *Schutzbedürftigkeit* des Käufers mangels inhaltsgleicher Ansprüche gegen den Verkäufer (Sachmangelgewährleistungsausschluss)³⁶⁸ zu bejahen. Der Sachverständige haftete so dem Käufer nach dem Dogma des Schuldverhältnisses mit Drittschutzwirkung.³⁶⁹

(2) Haftung des Sachverständigen aus §§ 280 Abs. 1, 311 Abs. 3, 241 Abs. 2 BGB

Der Großteil der Lehre³⁷⁰ lehnt den Weg der Rechtsprechung über den vertraglichen Drittschutz spätestens³⁷¹ seit der Schuldrechtsmodernisierung 2002 ab und befürwortet eine Haftungsbegründung des (Liegenschafts-) Gutachters über § 311 Abs. 3 BGB.³⁷²

---

³⁶⁶ Besonders ausführlich *Schroeter*, in: FS Schwenzer (2011), 1565 ff.; vgl. auch *Pinger/Behme*, DS 2009, 54 (57 f.).
³⁶⁷ *Schroeter*, in: FS Schwenzer (2011), 1565 (1568); vgl. OLG Düsseldorf NZG 2018, 748 (750).
³⁶⁸ Vgl. BGHZ 127, 378 = NJW 1995, 392: in casu Gewährleistungsausschluss und Bejahung eines Vertrags mit Drittschutzwirkung, die Urteilgründe sprechen die Frage der Schutzbedürftigkeit allerdings gar nicht gesondert an; *Bacher*, in: Geigel, Haftpflichtprozess²⁸, Kap. 28 Rn. 37; aA gegen die Schutzbedürftigkeit im Falle von Gewährleistungsausschlüssen *Klumpp*, in: Staudinger BGB (2020), § 328 Rn. 132; ihm folgend *Mäsch*, in: BeckOGK BGB (Stand: 1.4.2022), § 328 Rn. 184; idS wohl auch noch BGH NZV 1993, 145. Übersehen wird freilich, dass Gewährleistungsausschlüsse beim Grundstückskauf von Privaten die absolute Regel, nicht die tatsächlich parteiautonom vereinbarte Ausnahme sind.
³⁶⁹ Ausführlich *Temming/Weber*, JURA 2019, 1039 (1043 ff.).
³⁷⁰ Der Befund *Pingers/Behmes*, DS 2009, 54 (61), „nur einzelne Stimmen" lehnten die Haftung aus vertraglichem Drittschutz ab, traf wohl bereits im Jahr 2009, sicher aber ein gutes Jahrzehnt später nicht (mehr) zu. Heute dürften die literarischen Kräfteverhältnisse gegenteilig sein.
³⁷¹ Grundlegend – und noch vor der Normierung des § 311 Abs. 3 BGB – *Canaris*, ZHR 163 (1999), 206 (220 ff., 243).
³⁷² *G. Wagner*, in: MüKo BGB⁸, § 826 Rn. 87; *Mäsch*, in: BeckOGK BGB (Stand: 1.4.2022), § 328 Rn. 177; *Herresthal*, in: BeckOGK BGB (Stand: 1.4.2022), § 311 Rn. 523; *Dieckmann*, in: Erman BGB¹⁶, § 311 Rn. 92; *Wendelstein*, JURA 2018, 144 (150 ff.); *Pinger/Behme*, DS 2009, 54 (63); *Kersting*, Dritthaftung für Informationen (2007), 318 ff., 322, 334; *Finn*, NJW 2004, 3752 (3754); *Westermann*, in: FS Honsell (2002), 137 (151); *Haferkamp*, in: Dauner-Lieb/Konzen/Schmidt (Hrsg.), Das neue Schuldrecht in der Praxis (2003), 171 (179 f.); auf den „Wunsch des Gesetzgebers" des § 311 Abs. 3 BGB verweisend *Schroeter*, in: FS Schwenzer (2011), 1565 (1566); vgl. *Temming/Weber*, JURA 2019, 923 (930); aA wohl *Lapp*, in: jurisPraxKomm BGB⁹, § 311 Rn. 116 im Anschluss an OLG Stuttgart ZVertriebsR 2012, 113 (115); *C. Schmidt*, HAVE 2016, 119 (122).

(a) § 311 Abs. 3 S. 2 BGB – Vertrauensinanspruchs- und Einflussnahme

Tatbestandliche Krux ist die Annahme eines Schuldverhältnisses mit Schutzpflichten nach § 241 Abs. 2 BGB zwischen Liegenschaftskäufer und Gutachter. Wie auch schon im Zweipersonenverhältnis (Antiquitätenhändler/Kunstexperte) vermag bereits das Regelbeispiel des § 311 Abs. 3 S. 2 BGB den hier in Rede stehenden Fall zu erfassen:[373] Jedenfalls[374] der staatlich geprüfte und vereidigte Sachverständige nimmt *in besonderem Maße Vertrauen für sich in Anspruch* – dieser Gedanke dient der Rechtsprechung ja gerade als Rechtfertigung dazu, das Tatbestandsmerkmal des Gläubigerinteresses beim Dogma des vertraglichen Drittschutzes zu verkürzen.[375] Die im Liegenschaftsgutachten ermittelten Werte liefern die Ansatzpunkte für den Inhalt des auf seinem Gehalt zu errichtenden Kaufvertrags. Der Gutachter nimmt mit der Gutachtenserstellung so auch *erheblichen Einfluss* auf die Verhandlungen bzw. den Vertragsschluss. Die objektiven Tatbestandsvoraussetzungen des § 311 Abs. 3 S. 2 BGB sind erfüllt.

(b) Bejahung des Schuldverhältnisses bei Verneinung der Ausuferungsgefahr

Fraglich bleibt allein, ob auch aus wertender Perspektive im vorliegenden Fall ein unmittelbar zwischen Käufer und Wertgutachter entstehendes Schuldverhältnis angenommen werden kann.

Der dabei zentrale bedeutende Punkt ist erneut der omnipräsente Grundsatz, eine Haftung für fahrlässig verursachte reine Vermögensschäden außerhalb vertraglicher Beziehungen nicht ausufernd und damit freiheitsbedrohend wuchern zu lassen. Anders als im vorstehend beschrieben Zweipersonenverhältnis (Antiquitätenhändler/Kunstexperte) kommen der Käufer und der Liegenschaftsgutachter miteinander nicht unmittelbar in Kontakt. Lässt sich zwischen ihnen trotzdem eine Sonderverbindung mit „*Schutzpflichten gegenüber Unbekannt*" knüpfen?[376]

In casu ist dies zu bejahen – der Gutachter kennt zwar im Moment der Gutachtenserstellung den konkreten Käufer des Grundstücks nicht, weiß aber *erstens*, dass das Gutachten zu Verkaufszwecken verwendet wird und damit auch *zweitens*, dass es jedenfalls irgendeinen Käufer gibt, der sich auf

---

[373] Konkret auf § 311 Abs. 3 S. 2 BGB im Kontext der Gutachterhaftung abstellend *Mäsch*, in: BeckOGK BGB (Stand: 1.4.2022), § 328 Rn. 178; *Kersting*, Dritthaftung für Informationen (2007), 318 ff., 322, 334; *Haferkamp*, in: Dauner-Lieb/Konzen/Schmidt (Hrsg.), Das neue Schuldrecht in der Praxis (2003), 171 (179 f.).

[374] Das kann auch ausnahmsweise ein nicht staatlich zertifizierter Gutachter sein, BGH NJW 2001, 514 (516): Grundsatz, dass auf staatlich geprüfte Expertise abgestellt wird, bedeute nicht, dass der nicht staatlich geprüfte Gutachter „schlechthin nicht haften müsse"; *Bacher*, in: Geigel, Der Haftpflichtprozess[28], Kap. 28 Rn. 32.

[375] Vgl. *Dieckmann*, in: Erman BGB[16], § 311 Rn. 92.

[376] Vgl. *Wendelstein*, JURA 2018, 144 (151).

den Gehalt seines Gutachtens verlässt.[377] Hier tritt derselbe Gedanke zutage, den die Rechtsprechung bei der Anwendung des vertraglichen Drittschutzdogmas und dort im Speziellen beim Merkmal der *Erkennbarkeit* (von Leistungsnähe und Gläubigerinteresse) beachtet. Auch dort wird dem Gutachter eine Haftung gegenüber dem Nichtvertragspartner nur dann zugemutet, wenn er bei Vertragsschluss absehen kann, dass vertragsfremde Dritte mit der Erfüllung seiner Leistungspflichten bestimmungsgemäß in Berührung kommen, respektive den Gehalt seines Gutachtens im Vertrauen auf seine Richtigkeit ihrer Entscheidung zum Vertragsschluss zugrunde legen. Ausreichend ist, dass der Kreis der potentiellen Gläubiger zur Abschätzung des Dritthaftungsrisikos hinreichend konturierbar ist; es ist dabei aber nicht erforderlich, dass die potentiell geschützten Dritten dem Schuldner namentlich bekannt sind.[378] Dieselben Gesichtspunkte (Zumutbarkeit für den Schädiger und systematische Stimmigkeit einer Haftungsbejahung) haben bei der Frage nach dem Schuldverhältnis iSd § 311 Abs. 3 BGB Berücksichtigung zu finden.[379] *Wendelstein*[380] bringt es an dieser Stelle auf den Punkt: Ist die Gefahr der ausufernden Haftung gegenüber unzähligen Gläubigern – wie hier – gebannt, besteht kein Grund, ein Schuldverhältnis nach § 311 Abs. 3 S. 2 BGB und eine hiermit einhergehende Haftung des Gutachters abzulehnen.

(3) Zwischenergebnis

Die Haftung des Gutachters im vorliegenden Fall ist im deutschen Recht keine Frage des „Ob", sondern eine des „Wie". Zwischen den beiden zur Verfügung stehenden Begründungsalternativen überzeugt der Weg über die Annahme eines eigenen Schuldverhältnisses mit Schutzpflichten (§ 311 Abs. 3 S. 2 BGB) zwischen Käufer und Gutachter aus zwei Gründen:[381] *Erstens* fällt so die Notwendigkeit weg, das Gläubigerinteresse als Merkmal des vertraglichen Drittschutzes mittels Willensfiktionen bzw. der Aufwiegung mit der staatlich ausgewiesenen Expertise des Schuldners bis zur Unkennt-

---

[377] AA wohl schon *Honsell*, JuS 1976, 621 (627).
[378] BGHZ 159, 1 = NJW 2004, 3035 (3038); NJW 1987, 1758 (1760); *Klumpp*, in: Staudinger BGB (2020), § 328 Rn. 124; *C. Schmidt*, HAVE 2016, 119 (125); *S. Lorenz*, JuS 2021, 817 (819).
[379] Vgl. allgemeiner *Pinger/Behme*, DS 2009, 54 (63): „Voraussetzungen der Sachwalterhaftung sind nicht weniger streng, als die [...] des Vertrags mit Schutzwirkung für Dritte". Das gilt es sogar umzudrehen: Die Voraussetzungen der Annahme eines Schuldverhältnisses nach § 311 Abs. 3 S. 2 BGH müssen *mindestens* genauso streng sein wie die Tatbestandsbejahung vertraglichen Drittschutzes.
[380] *Wendelstein*, JURA 2018, 144 (151); ähnlich aus rechts-ökonomischer Perspektive *Schäfer*, AcP 202 (2002), 808 (823).
[381] Mit diesem Ergebnis auch *Temming/Weber*, JURA 2019, 1039 (1046); gerade gegenteilig OLG Stuttgart ZVertriebsR 2012, 113 (115).

lichkeit herabzustutzen.[382] *Zweitens* knüpfen beide Haftungsbegründungen in ihrem Kern an die Enttäuschung des Vertrauens in den Expertenrat an. Während das Dogma des vertraglichen Drittschutzes dies aber tatbestandlich gar nicht voraussetzt, sondern die ergebnisorientierte Rechtsprechung den Vertrauensschutzgedanken die tatbestandliche Nische des Gläubigerinteresses überhaupt erst hat besetzen lassen, macht das Regelbeispiel des § 311 Abs. 3 S. 2 BGB den Vertrauensschutz bereits zum *positivierten Herzstück* der dort begründbaren Gutachterhaftung.[383] Es ist hier dieselbe Frage zu stellen, wie schon im Kontext der Haftung des Herstellers gegenüber dem Endabnehmer:[384] Warum das für die Gutachterhaftung bis an seine Grenzen zu strapazierende Dogma des Vertrags mit Drittschutzwirkung bemühen, wenn dieses tatbestandlich ohnehin wieder auf die Inanspruchnahme besonderen Vertrauens reduziert werden soll und § 311 Abs. 3 S. 2 BGB für diese Konstellation bereits eine passende Haftungsgrundlage anbietet?[385]

bb) Haftungsbegründung in Österreich

Dem österreichischen Recht ist eine vergleichbare Perspektive eröffnet wie dem deutschen: Entweder wird der Schutz des Käufers an den für ihn fremden Werkvertrag über die Gutachtenserstellung angeknüpft, sodass der Sachverständige auch ihm gegenüber zu Sorgfalt angehalten ist, oder es wird unmittelbar auf die Vertrauensbeziehung zwischen Käufer und Gutachter abgestellt.

(1) Drittschutz des Werkvertrages?

Die österreichische Rechtsprechung erkannte dem Werkvertrag über die Gutachtenerstellung mehrfach Schutzwirkung zugunsten des Dritten (in casu des Liegenschaftskäufers) zu.[386] Die Drittschutzvoraussetzungen der

---

[382] *Kersting*, Dritthaftung für Informationen (2007), 334; *Wendelstein*, JURA 2018, 144 (152).
[383] *Dieckmann*, in: Erman BGB[16], § 311 Rn. 92: Vertrauensschutz über § 311 Abs. 3 BGB „gesetzesnäher"; ebenso *Herresthal*, in: BeckOGK BGB (Stand: 1.4.2022), § 311 Rn. 523; idS auch *Mäsch*, in: BeckOGK BGB (Stand: 1.4.2022), § 328 Rn. 178; *Haferkamp*, in: Dauner-Lieb/Konzen/Schmidt (Hrsg.), Das neue Schuldrecht in der Praxis (2003), 171 (180): passende Haftungsbegründung für Aspekt des in Anspruch genommenen Vertrauens; vgl. auch *Finn*, NJW 2004, 3752 (3754).
[384] Siehe hierzu unter G./II./4./a)/aa).
[385] Treffend *Pinger/Behme*, DS 2009, 54 (63); genauso im Kontext der Herstellerdritthaftung *Cordes*, Direktanspruch des Endabnehmers (2013), 234.
[386] Konkret im Fall des Liegenschaftsgutachtens OGH Zak 2012/223: Haftung bejaht; ebenso OGH bbl 2012/25 (44); RdW 1985, 306: in casu Haftung mangels Erkennbarkeit abgelehnt; im Kontext der Abschlussprüferhaftung OGH SZ 2013/3 = ÖBA 2013/1934 (607); die Gutachterhaftung unter vertraglichem Drittschutz referierend ferner OGH ÖBA 2001/1000 (924); ÖBA 2002/1068 (832); JBl 1981, 319 (320); obiter Urt. v. 20.11.1985 –

Leistungsnähe, Erkennbarkeit und Schutzbedürftigkeit[387] sind im vorliegenden Fall auch für das österreichische Recht erfüllt, es sei auf die Ausführungen zum insofern weitgehenden parallelen deutschen Recht verwiesen. Allerdings erstreckt sich nach österreichischer Dogmatik der Schutz fremder Schuldverhältnisse nicht auf das reine Vermögen Dritter.[388] In den Gutachter- und Auskunftsfällen wurde hiervon jedoch dann eine Ausnahme gemacht, wenn der Besteller des Gutachtens (in casu der Liegenschaftsverkäufer) für den Sachverständigen erkennbar auch die *Interessen Dritter bei der Bestellung des Gutachtens mitverfolgt*.[389] Diese Konzeption stößt aber erkennbar dort an ihre Grenzen, wo die Interessen von Gläubiger und vertragsfremden Dritten – wie im vorliegenden Fall – gegenläufig sind.[390]

(2) Objektiv-rechtliche Pflichten gegenüber dem vertrauensbildenden Dritten

Die jüngere österreichische Literatur und Rechtsprechung ist daher von einer Haftungsverortung unter Anknüpfung an den Vertrag zur Gutachtenserstellung abgerückt.[391] Alternativ hat sich die Ansicht etabliert, den der *Sachverständigenstellung anhaftenden Vertrauensschutzgedanken* in den Vordergrund zu stellen und eine Dritthaftung direkt aus § 1300 S. 1 ABGB abzuleiten.[392]

---

3 Ob 603/85, RIS; *Welser/Zöchling-Jud*, Bürgerliches Recht II (2015), Rn. 1521; vgl. auch OGH SZ 63/129 = JBl 1991, 249 (250) mit zweifelnder Anm *Kerschner*: Gutachterhaftung in „Parallele zum Vertrag mit Schutzwirkung zugunsten Dritter" (?).

[387] OGH bbl 2012/25 (44): Entgegen der Berufung des Beklagten ausdrücklich die Schutzbedürftigkeit des Klägers trotz Gewährleistungsverzichts betont.

[388] Das übersehend *C. Schmidt*, HAVE 2016, 119 (128).

[389] OGH RdW 1985, 306: Liegenschaftsgutachten mit Drittschutzwirkung; SZ 57/122 = RdW 1985, 9: Bankauskunft mit Drittschutzwirkung; JBl 1981, 319 (320): Schutzwirkung des Kaufvertrages zwischen Hersteller und Zwischenhändler, in dessen Rahmen eine Auskunft im Interesse des Endabnehmers erteilt wird; *Schacherreiter*, in: ABGB-ON (Stand: 31.7.2021), § 1300 Rn. 14; *Reischauer*, in: Rummel ABGB³, § 1300 Rn. 9.

[390] So ausdrücklich OGH SV 2020, 169 (170) mAnm *Mann-Kommenda*; mit dem Beispiel des Liegenschaftsgutachtens *Karner*, in: FS Koziol (2010), 695 (708 ff.); *Schacherreiter*, in: ABGB-ON (Stand: 31.7.2021), § 1300 Rn. 15; ferner zur Verneinung des vertraglichen Drittschutzes bei gegenläufigen Interessen OGH SZ 69/258 = ecolex 1997, 844 mAnm *Wilhelm*; *Koziol*, Haftpflichtrecht II (2018), A/2/368; *Karner*, ÖBA 2001, 893 (894); *Karner/Koziol*, JBl 2012, 141 (153 f.); *Vrba/Maurer*, in: Vrba (Hrsg.), Schadenersatz in der Praxis (45. EL), B/II/19; *Wilhelm*, ecolex 1991, 87.

[391] Ausdrücklich die Beweggründe für die dogmatische Verschiebung wiedergebend OGH EvBl 2018/89 (613) mAnm *Hoch/Angyan*: „Die Haftung aus dem Vertrag mit Schutzwirkung zugunsten Dritter wurde also durch die Haftung [...] wegen der Verletzung [...] objektiv-rechtlicher Schutzpflichten ergänzt, weil auch bei Personen mit divergierenden Interessen ein vergleichbares Schutzbedürfnis wie bei von einem Vertrag geschützten Dritten bestehen kann"; dieses Judiz besprechend *Vonkilch/Scharmer*, Zak 2018, 164 ff.; mit dem Ansatz einer von allen vertraglichen Ursprüngen befreiten und rein deliktischen Ingerenzhaftung *Kerschner*, in: FS P. Bydlinski (2022), 497 (503 ff.).

[392] Die Dritthaftung ausdrücklich aus § 1300 ABGB selbst ableitend *Reich*, wobl 2019, 117 (119, 123); *Posch/Schilcher*, in: Bussani/Palmer (Hrsg.), Pure Economic Loss in Europe

Dem vormals noch streng verstandenen Grundsatz, § 1300 S. 1 ABGB könne eine Haftung nur gegenüber dem unmittelbaren Auskunftsadressaten, nicht aber gegenüber einem Dritten begründen,[393] wurde hiermit eine besonders weitreichende Ausnahme zugefügt. Vorherrschend[394] ist inzwischen die Ansicht, dass den begutachtenden Sachverständigen auch gegenüber einzelnen Dritten *objektiv-rechtliche Sorgfaltspflichten* treffen[395] (also losgelöst von der Erstreckungsfähigkeit fremder Verträge), deren Verletzung eine Einstandspflicht auch für fahrlässig verursachte reine Vermögensschäden aktiviert.[396] Voraussetzung für das Entstehen dieser allgemeinen Sorgfaltspflichten ist, dass der Sachverständige damit rechnen muss, dass die Auskunft *Grundlage für die Disposition* des Dritten bilden werde, mithin erkennbar ein *Vertrauenstatbestand* gegenüber diesem geschaffen wird.[397] Der Sachverständige haftet damit nicht für die etwaige Verletzung vertrag-

---

(2003), 171 (468); ganz idS OGH ÖBA 2001/1000 (924); *Apathy*, öarr 2017, 5 (8): „in Zusammenhang mit der Haftung nach § 1300 ABGB die Auffassung entwickelt worden, den Sachverständigen treffe eine objektiv-rechtliche Sorgfaltspflicht zugunsten eines Dritten"; ferner OGH ecolex 2019/366: grundsätzlich keine Dritthaftung aus §§ 1299 f. ABGB, dann aber, wenn objektiv-rechtliche Sorgfaltspflichten verletzt werden; *Schacherreiter*, in: ABGB-ON (Stand: 31.7.2021), § 1300 Rn. 12: „Haftung nach §§ 1299, 1300 grundsätzlich nur (gegenüber) Vertragspartner und nur ausnahmsweise auch gegenüber Dritten"; vgl. auch *Honsell*, in: FS Medicus (1999), 211 (218), der die Vorsatzbeschränkung des § 1300 S. 2 ABGB hervorhebt, unter Verweis auf OGH SZ 69/258 = ecolex 1997, 844 mAnm *Wilhelm* aber konstatiert, dass die Rspr hier nun eine Fahrlässigkeitshaftung kreiert habe; kritisch zur Verortung der Dritthaftung bei § 1300 ABGB *Schmaranzer*, Vertrag mit Schutzwirkung zugunsten Dritter (2006), 151.

[393] OGH SZ 43/236; hierzu *Welser*, Haftung für Rat, Auskunft und Gutachten (1983), 83; OGH ZVR 2007/211 mzustAnm *Ch. Huber*; ZVR 2009/30 mAnm *Ch. Huber*; *Schacherreiter*, in: ABGB-ON (Stand: 31.7.2021), § 1300 Rn. 12.

[394] Die dogmatische Kräfteverschiebung jeweils referierend OGH SV 2020, 169 (170) mAnm *Mann-Kommenda;* bbl 2012/25 (43 f.); JBl 2006, 178 (180): Haftungsbegründung vormals über vertraglichen Drittschutz, überwiegend nunmehr Annahme objektiv-rechtlicher Schutzpflichten; *Karner*, in: FS Koziol (2010), 695 (711); die Lösung über den vertraglichen Drittschutz im Kontext der Abschlussprüferhaftung dagegen ausdrücklich verteidigend OGH SZ 2013/3 = ÖBA 2013/1934 (607).

[395] OGH SZ 2010/92 = JBl 2010, 781 (783); bbl 2017/26; ÖBA 2002/1068 (832); *Karner*, in: FS Koziol (2010), 695 (711 ff.); *ders.*, in: KBB ABGB⁶, § 1300 Rn. 3; *Koziol*, Haftpflichtrecht II (2018), A/2/388, 391; *ders.*, JBl 2004, 273 (276); *G. Wilhelm*, ecolex 1991, 87; *Vrba/Maurer*, in: Vrba (Hrsg.), Schadenersatz in der Praxis (45. EL), B/II/19; kritisch *Reischauer*, in: Rummel ABGB³, § 1295 Rn. 30e; ausführlich *Schmaranzer*, Vertrag mit Schutzwirkung zugunsten Dritter (2006), 143 ff., der diesen Ansatz selbst im Ergebnis ablehnt, 148 ff.; zu diesem Ansatz aus deutscher Perspektive, speziell zur Herleitung dieser objektiv-rechtlichen Sorgfaltspflichten *Canaris*, JZ 1998, 603 (604).

[396] *Koziol*, Haftpflichtrecht II (2018), A/2/391; *Vonkilch/Scharmer*, Zak 2018, 164 (166).

[397] Im Kontext der Liegenschaftsbegutachtung OGH SZ 201/58 = JBl 2012, 520 (521); grundlegend OGH SZ 69/258 = ecolex 1997, 844 mAnm *Wilhelm;* ferner OGH SV 2020, 169 (170) mAnm *Mann-Kommenda;* ecolex 2019/366; EvBl 2018/89 (613) mAnm *Hoch/Angyan;* bbl 2017/26; bbl 2012/25 (44); SZ 2010/92 = JBl 2010, 781 (783); ZVR 2009/30 mAnm *Ch. Huber;* JBl 2006, 178 (180); ÖBA 2002/1068 (832); *Reich*, wobl 2019, 117 (121); *Karner*, in: FS Koziol (2010), 695 (716); *ders.*, in: KBB ABGB⁶, § 1300 Rn. 3; *Harrer/E. Wagner*, in: PraxKomm ABGB⁴, § 1300 Rn. 105d; vgl. *Kletečka*, in: FS Reischauer (2010), 287 (306 f.).

lich geschuldeter und auf Dritte erstreckter Sorgfaltspflichten, sondern schlicht für die von ihm auch unmittelbar gegenüber dem Dritten geschaffene *Vertrauenslage*.[398]

Im vorliegenden Fall lässt sich so eine Ausnahmehaftung des Liegenschaftsgutachters gegenüber dem Käufer begründen: Der Gutachter weiß um die Verkaufsabsicht des Gutachtenbestellers auf Grundlage seiner Liegenschaftsbewertung. Ihm ist so auch bewusst, dass er zur Erstellung einer verkehrsfähigen Expertise angehalten ist, und damit auch, dass sich neben seinem Vertragspartner auch etwaige Kaufinteressenten auf sein Gutachten verlassen.[399] Dass der konkrete Käufer dem Gutachter im Zeitpunkt des Werkvertragsschlusses namentlich nicht bekannt war, schadet nicht.[400] Für seine Tätigkeit schuldet ihm der Gutachtenbesteller den vereinbarten Werklohn; der Sachverständige erteilt seine Auskunft also auch „gegen Belohnung" iSd § 1300 S. 1 ABGB.[401]

(3) Zwischenergebnis

Die österreichische Lösung über § 1300 S. 1 ABGB und die dort inzwischen verortete *vertrauensbasierte Auskunftsdritthaftung des Sachverständigen* überzeugt. Der OGH sieht bei der Gegenläufigkeit der Interessen von Käufer und Verkäufer die Grenzen des vertraglichen Drittschutzdogmas zutreffend erreicht – anders als der BGH für das deutsche Recht, der zur Substitution des weitgehend preisgegebenen Gläubigerinteresses mit dem *Vertrauen in den Expertenrat* aufwarten muss. Der moderne österreichische Ansatz liegt vielmehr auf der Linie, die auch die deutsche Literatur immer stärker vertritt und hierzu im vorliegenden Fall § 311 Abs. 3 S. 2 BGB anwenden möchte. Im Dreipersonenverhältnis wird die Einstandspflicht des Sachverständigen so vom Schuldverhältnis mit dem Inhalt der Gutachtenserstellung abstrahiert und stattdessen zentral auf den Vertrauensgedanken gestellt – wer erkennen kann, dass seine nicht selbstlos (sondern in der Regel im beruflich veranlassten Gewinnstreben) getätigte Aussage auch bei Dritten Vertrauen hervorruft, den treffen auch diesem gegenüber vermögensschützende Sorgfaltspflichten.

---

[398] OGH SZ 2010/92 = JBl 2010, 781 (783); idS *Karner*, ÖBA 2001, 893 (894); ferner *Schacherreiter*, in: ABGB-ON (Stand: 31.7.2021), § 1300 Rn. 16; *Vonkilch/Scharmer*, Zak 2018, 164 (166).
[399] *Karner*, in: FS Koziol (2010), 695 (715) weist darauf hin, dass eine Haftung aus § 1300 S. 1 ABGB dann ausscheidet, wenn der Dritte von der Auskunft „bloß in sonstiger Weise betroffen" ist.
[400] OGH bbl 2017/26 (34); Zak 2012/223: mögliche Dritte genügen; *Klečka*, in: FS Reischauer (2010), 287 (308); zweifelnd dagegen *Karner*, in: FS Koziol (2010), 695 (717): „Abgrenzung (des geschützten Personenkreises) freilich relativ unsicher".
[401] Vgl. *Schäfer*, AcP 202 (2002), 808 (822).

cc) Haftungsbegründung in der Schweiz

Weniger klar als im deutschen und österreichischen Recht wird die Frage nach der Gutachterdritthaftung für das schweizerische Recht beantwortet. Das BG[402] hatte über einen der hier in Rede stehenden Konstellation sehr ähnlichen Fall des fahrlässig fehlerhaften Liegenschaftsgutachtens zu befinden – und hat eine Einstandspflicht des Sachverständigen nach jeder denkbaren Anspruchsgrundlage verneint.

(1) Weder deliktische Auskunftshaftung noch vertraglicher Drittschutz

Die Ablehnung einer deliktischen Auskunftshaftung überrascht dabei nicht,[403] ist diese in der bundesgerichtlichen Judikatur doch spätestens seit der höchstrichterlichen Etablierung der selbstständigen Vertrauenshaftung (deren Hauptanwendungsfall die außervertragliche Einstandspflicht für falschen Rat und Auskunft ist)[404] ins Hintertreffen geraten.[405] Auch zu einer Anerkennung des Schuldverhältnisses mit Drittschutzwirkung konnte sich das BG für die Gutachterdritthaftung nicht durchringen. Es wäre ein Leichtes gewesen, hier schlicht auf die ständige Rechtsprechung der benachbarten Höchstgerichte zu verweisen und in deren Fahrwasser eine Haftung des Sachverständigen zu begründen. Die Zurückhaltung des BG verdient aber Zustimmung, zeigen doch die vom BGH vorangetriebene Entwicklung des Gläubigerinteresses zu einer Leerformel und – um den deutschen Weg gerade nicht einschlagen zu müssen – die bewusste Abkehr des OGH von der Figur des vertraglichen Drittschutzes in den Sachverständigenfällen, dass die Grenzen dieser Haftungsbegründung spätestens bei gegenläufigen Interessen erreicht sind.[406]

(2) Vertrauenshaftung des Sachverständigen

Auch eine Vertrauenshaftung verneinte das BG und begründet dies wie folgt: Im konkret zu entscheidenden Fall wurde das Liegenschaftsgutachten zu dem Zweck bestellt, dieses einer Bank vorzulegen, um von dieser eine Erhöhung des Hypothekarkredits zu erlangen.[407] Dem Gutachter war dieser konkrete Verwendungszweck nicht bekannt.[408] Dasselbe – fehlerhafte –

---

[402] BGE 130 III 345 = AJP 2005, 350 mAnm *Plotke*.
[403] *Hürlimann/Siegenthaler*, BR 2004, 105 (106), zeigen sich jedenfalls ob der Knappheit der ablehnenden „Begründung" erstaunt; *Gauch*, in: FS Wiegand (2005), 823 (826 f.): lapidar verneint.
[404] Vgl. *Werro*, recht 2003, 12: Haftung für unkorrekte Information ausschlaggebend dafür, dass BG Vertrauenshaftung als eigene Haftungskategorie bildete.
[405] Vgl. *Urwyler*, in: FS W. Fischer (2016), 529 (536).
[406] So ausdrücklich BGE 130 III 345 (348) = AJP 2005, 350 mAnm *Plotke*.
[407] BGE 130 III 345 (352) = AJP 2005, 350 mAnm *Plotke*.
[408] *Koller*, in: Koller (Hrsg.), St. Galler Baurechtstagung 2004 (2004), 1 (50); *Loser*, in:

Gutachten wurde zwei Jahre später auch dem Liegenschaftskäufer vorgelegt, der sich auf dessen Grundlage für den Kauf entschied. Entscheidende Bedeutung kam nun der Frage zu, ob zwischen dem Sachverständigen und dem Käufer vermittelt durch das Gutachten eine Sonderbeziehung zustande kommt, innerhalb derer der Sachverständige für enttäuschtes Vertrauen haftet.

(a) Voraussetzungen der Sonderverbindung zwischen Käufer und Gutachter

Das BG[409] stellt seiner Sachverhaltssubsumtion zunächst voran, dass *„ein unmittelbarer Kontakt zwischen Ansprecher und Schädiger [...] nicht unabdingbar"* sei. Vielmehr genüge,

„dass die in Anspruch genommene Person explizit oder normativ zurechenbar kundgetan hat, für die Richtigkeit bestimmter Äusserungen einzustehen und der Ansprecher im berechtigten Vertrauen darauf Anordnungen getroffen hat, die ihm zum Schaden gereichten."[410] Gefolgert wird hieraus, „dass unter denselben Voraussetzungen auch ein Experte, dessen Auftrag im Wesentlichen stets darin besteht, bestimmte Fragen aus seinem Fachbereich zu beantworten, bereits bei einer mittelbaren Beziehung gegenüber einem vertragsfremden Dritten aus erwecktem Vertrauen haftbar werden kann. [...] Der Experte, der ein Schriftstück erarbeitet, welches dann von seinem Auftraggeber an den Dritten weitergegeben wird, tritt jedenfalls dann in mittelbare Beziehung zum Empfänger, wenn die Weitergabe mit seinem – wirklichen oder vertrauenstheoretisch zurechenbaren – Einverständnis erfolgt. Dabei spielt keine Rolle, ob der Experte den Dritten kennt oder zumindest weiss, um wen es sich handelt oder nicht, denn das Haftungsrisiko richtet sich nach den davon unabhängigen Kriterien des Inhalts der Expertise und deren Verwendungszweck".

Das Kantonsgericht St. Gallen als Vorinstanz bejahte nach diesen Maßgaben noch eine Sonderverbindung und eine daraus folgende Vertrauenshaftung, da der Gutachter mit der Gutachtensweitergabe auch an potentielle Käufer habe rechnen müssen.

(b) Sonderverbindung – gegenüber wem?

Das BG[411] aber verneinte nun genau diese Sonderverbindung:[412] Der Beklagte habe

---

Koller (Hrsg.), Haftpflicht- und Versicherungsrechtstagung St. Gallen 2005 (2005), 111 (146).
[409] BGE 130 III 345 (350) = AJP 2005, 350 mAnm *Plotke*.
[410] An dieser Formel hält das BG bis heute fest, Urt. v. 21.7.2021 – 4A_18/2021 E.4.1.
[411] BGE 130 III 345 (352) = AJP 2005, 350 mAnm *Plotke*; vgl. weiterführend den Nachweis bei *Brehm*, in: Berner Komm OR⁵, Art. 41 Rn. Rn. 48a (zitiert wird Tessin, Rep. 1999 187 Nr. 44): Verneinung einer deliktischen Auskunftshaftung des Liegenschaftsgutachters gegenüber einem Dritten mangels Kenntnis von Weitergabe des Gutachtens.
[412] Dem konkreten Judiz diesbezüglich zustimmend *Hürlimann/Siegenthaler*, BR 2004, 105 (107 f.); *Honsell*, in: FS Nobel (2005), 939 (948 f.).

„zwar nicht völlig ausschliessen (können), dass das von ihm erstellte Gutachten von irgendwelchen Personen in irgendeinem Zusammenhang zu einem späteren Zeitpunkt einmal eingesehen werden könnte."

Die *„Möglichkeit einer zufälligen Kenntnisnahme"* genüge aber nicht zur Begründung der Vertrauenshaftung. Ferner sei nicht feststellbar, „dass zwischen den Parteien zum Zeitpunkt der Erstellung des Gutachtens ein direkter Kontakt bestand [Verf.: was nach den vorangestellten Erwägungen des BG aber ja auch gar nicht vorausgesetzt wird] oder dass der Beklagte von den Klägern und deren späteren Kaufsabsichten wusste." Ebenso wenig sei vorhersehbar gewesen,

„dass der Liegenschafteneigentümer das Gutachten [...] zwei Jahre später in einem anderen Zusammenhang, dem Verkauf der Liegenschaft, nochmals verwenden würde. Eine Vertrauensbasis hätte das Gutachten höchstens gegenüber der Bank darstellen können, wenn diese gestützt auf im Gutachten enthaltene falsche Angaben nachteilige Dispositionen getroffen hätte. Das Gutachten zirkulierte aber im zeitlichen Abstand von zwei Jahren innerhalb eines Personenkreises, der mit dem ursprünglichen Zweck des bestellten Gutachtens nichts mehr zu tun hatte."[413]

(3) Zwischenergebnis: Vertrauenshaftung des Gutachters

Zu den bundesgerichtlichen Ausführungen sind zweierlei Aspekte anzumerken: *Erstens* lassen die Urteilsgründe den Umkehrschluss zu, dass eine Vertrauenshaftung des Sachverständigen jedenfalls dann möglich ist, wenn dem Gutachter die Verkaufs- und damit einhergehend die Weitergabeabsicht bzgl. des Gutachtens bekannt sind.[414] Für den hier gebildeten Beispielsfall ist damit in Entsprechung zum deutschen und österreichischen Recht eine Vertrauenshaftung des Gutachters gegenüber dem Käufer zu bejahen.

Zweitens: Auch in BGE 130 III 345 hätte eine Sonderverbindung zwischen Liegenschaftsgutachter und Käufer durchaus bejaht werden können. Das BG[415] führt selbst aus, dass eine direkte Verbindung zwischen Gutachter und Käufer nicht erforderlich ist[416] und es keine Rolle spiele, ob sich Gutachter und Verkäufer kennen, da sich das Haftungsrisiko nach den davon unabhängigen Kriterien des Inhalts der Expertise und deren *Verwendungszweck* richtet. Es nimmt damit bei der Bestimmung der Sonderbeziehung verstärkt die Perspektive des potentiell haftenden Gutachters ein. Wenn die-

---

[413] Vgl. ganz idS zum potentiell sonderverbundenen Personenkreis *Loser*, in: Koller (Hrsg.), Haftpflicht- und Versicherungsrechtstagung St. Gallen 2005 (2005), 111 (143).
[414] Ganz idS *Koller*, AJP 2020, 1381 (1387); *Hürlimann*, in: Institut für Schweizerisches und Internationales Baurecht der Universität Fribourg (Hrsg.), Schweizerische Baurechtstagung 2011 (2011), 197 (214), der trotz der Haftungsverneinung in casu, aber angesichts der anderweitigen bundesgerichtlichen Erwägungen davon ausgeht, dass die Zahl der Haftpflichtprozesse gegen Liegenschaftssachverständige in der Zukunft steigt.
[415] BGE 130 III 345 (350) = AJP 2005, 350 mAnm *Plotke*.
[416] *Schroeter*, in: FS Schwenzer (2011), 1565 (1575): „mittelbare" Beziehung.

sem die konkret beabsichtigte Verwendung seines zu erstellenden Gutachtens zwar nicht bekannt ist, ihm aber gleichzeitig klar ist, dass er ein *jedenfalls verkehrsfähiges Wertgutachten* erstellen soll, lässt sich der Kreis der möglicherweise sonderverbundenen Dritten schwerlich – wie das BG aber annimmt – nur auf die Bank beschränken, für die das Gutachten *nach dem Willen des Gutachtenbestellers* bestimmt ist. Denn die Bank, der die Expertise schließlich auch ohne Kenntnis der Person des Gutachters vorgelegt wird, begegnet diesem Gutachter genauso (nicht) zufällig, wie im Zeitpunkt der Gutachtenserstellung dem Gutachter noch unbekannte Kaufinteressenten. Folgte man dem Ansatz des BG, bestimmte sich die Sonderverbindung ja von der Warte des Gutachtenbestellers (als einzigem Beteiligten, der den Verwendungszweck in casu kennt) aus und ließe die beiden etwaig sonderverbundenen Parteien (Gutachter und Käufer) gerade außen vor. Allein auf deren Perspektive kommt es bei der Bestimmung der Sonderverbindung aber an.[417]

Bei Licht betrachtet hätte der Gutachter durchaus mit der Weitergabe seiner Expertise an Kaufinteressenten rechnen[418] und bei der Gutachtenserstellung bereits die Sorgfalt walten lassen müssen, die ganz grundsätzlich an eine allgemein-verkehrsfähige Sachverständigenauskunft gestellt wird. Verkehrsfähige Liegenschaftsgutachten werden verkehrstypischerweise im Kontext von Dispositionen des Liegenschaftseigentümers (meist personengleich mit dem Gutachtenbesteller) verwendet – eben gegenüber einer Bank oder gegenüber dem Kreis kaufwilliger Interessenten, von denen aber letztlich *nur ein konkreter Käufer* auf Basis des Gutachtens handelt und entsprechend Schäden erleiden kann.[419] Einer Haftung *erga omnes* – wie vom BG[420] befürchtet – wäre damit kaum Tür und Tor geöffnet.[421] Dies unterstreichen gerade die vorstehenden Beobachtungen zum deutschen und österrei-

---

[417] Das Kriterium der Zufälligkeit so verkennend *Plotke*, AJP 2005, 350 (355), der dies deshalb erfüllt sehen will, weil der Gutachtensbesteller dieses dem Käufer bewusst weitergibt. Es kommt freilich auf die (Nicht-)Zufälligkeit des Kontakts zwischen Gutachter und Käufer an, also darauf, ob auch in dieser Beziehung die Weitergabe des Gutachtens gewillkürt bzw zumindest vorhersehbar war.
[418] *Fisch*, Eigentumsgarantie und Nichtersatzfähigkeit reiner Vermögensschäden (2020), Rn. 866; ferner *Koller*, in: Koller (Hrsg.), St. Galler Baurechtstagung 2004 (2004), 1 (50); *Plotke*, AJP 2005, 350 (355); *Loser*, in: Jung (Hrsg.), Aktuelle Entwicklungen im Haftpflichtrecht (2007), 23 (39); *ders.*, in: Koller (Hrsg.), Haftpflicht- und Versicherungsrechtstagung St. Gallen 2005 (2005), 111 (147).
[419] So zirkulierte das Gutachten ja auch hier nicht in irgendwelchen Personenkreisen, sondern innerhalb der typischerweise von solchen Gutachten Kenntnis erlangender Gruppe der Kaufinteressenten.
[420] BGE 130 III 345 (352 f.) = AJP 2005, 350 mAnm *Plotke*.
[421] *Loser*, in: Koller (Hrsg.), Haftpflicht- und Versicherungsrechtstagung St. Gallen 2005 (2005), 111 (147 f.); *ders.*, in: Jung (Hrsg.), Aktuelle Entwicklungen im Haftpflichtrecht (2007), 23 (39); *Fisch*, Eigentumsgarantie und Nichtersatzfähigkeit reiner Vermögensschäden (2020), Rn. 866 f.

chischen Recht, die eine vertrauensbasierte Gutachterdritthaftung bejahen. Hinzu kommt, dass sich einer etwaig uferlosen Gutachterdritthaftung in der hier in Rede stehenden Konstellation durch entsprechende rechtsgeschäftliche Gestaltung (Weitergabeverbot, Vertraulichkeitsabrede) grundsätzlich vorbeugen lässt,[422] nämlich schon die Bildung von schützenswertem Vertrauen hindert.

dd) Zwischenergebnis

Im deutschen und österreichischen Recht lässt sich eine Haftung des Gutachters gegenüber dem Käufer begründen. Während die deutsche Rechtsprechung hier weiterhin den Weg über die Konstruktion drittschützender Schuldverhältnisse wählt, überzeugt vor allem der moderne österreichische Lösungsweg und die Frage nach der Verletzung objektiv-rechtlicher Pflichten unmittelbar gegenüber dem sich auf die Sachverständigenexpertise verlassenden Käufer. Sowohl die österreichische Haftungsbegründung über § 1300 S. 1 ABGB als auch die in der deutschen Rechtsprechung präferierte Annahme einer Drittschutzwirkung des Vertrags über die Gutachtenserstellung knüpfen in ihrem Kern an die Inanspruchnahme und letztliche Enttäuschung besonderen Vertrauens an. Vorzugswürdig – gerade vor dem Hintergrund der österreichischen Dogmatik – erscheint daher für das deutsche Recht eine Haftungsbegründung mittels § 311 Abs. 3 S. 2 BGB. Bleibt man bei dem tragenden Gedanken des Vertrauensschutzes, lässt sich auch für das schweizerische Recht eine Vertrauenshaftung des Sachverständigen begründen. Das BG hat diese zwar noch – nicht gänzlich überzeugend – verneint,

---

[422] OGH SV 2020, 169 mAnm *Mann-Kommenda*: Keine Dritthaftung der begutachtenden Tierärztin aus Vertrag mit Schutzwirkung zugunsten Dritter gegenüber dem Käufer, wenn das für den Verkäufer erstellte Gutachten ein entsprechendes Weitergabeverbot enthält und der Käufer hiervon auch Kenntnis hat; *Kerschner*, in: FS P. Bydlinski (2022), 497 (507); *Karner*, in: FS Koziol (2010), 695 (718 f.); man beachte aber (hier im Kontext des § 1330 Abs. 2 S. 3 ABGB) OGH RdW 2020/214 = ecolex 2020/170 im Anschluss an OGH JBl 1993, 518 (520) mAnm *Koziol*: Ohne besondere Vertraulichkeitsabrede muss der Privatgutachter stets damit rechnen, dass der Auftraggeber das Gutachten Dritten gegenüber verwenden wird; kritisch zu Haftungsbegrenzung durch Vertraulichkeitsabrede *Frauenberger*, ZIK 2020, 70 (73); ähnlich für die deutsche Rechtslage BGH NJW 2014, 2345 (2346): Ein entsprechendes Weitergabeverbot kann aber dann keine Haftungsbegrenzung entfalten, wenn das Gutachten gerade zur Veröffentlichung bestimmt ist, in casu das von einem Wirtschaftsprüfer zugunsten zukünftiger Kapitalanleger zu erstellende Testat; *Canaris*, ZHR 163 (1999), 206 (230); *Finn*, NJW 2004, 3752 (3753); weiterführend *Kersting*, Dritthaftung für Informationen (2007), 313, der die Perspektive des ggf. vertrauenden Geschädigten einnimmt und ganz grundsätzlich verneint, dass jeder beliebige, von dem betreffenden Testat nicht adressierte Dritte sich stets auf den Schutz berechtigten Vertrauens berufen könne; zum Weitergabeverbot in der Schweiz *Loser*, in: Koller (Hrsg.), Haftpflicht- und Versicherungsrechtstagung St. Gallen 2005 (2005), 111 (162 f. mwN insb. in Fn. 168 f.); zur Freizeichnung von haftungsbegründendem Vertrauen *Vischer*, Anwaltsrevue 2003, 122 (124).

Schwenzer[423] bringt es aber mit Blick auf BGE 130 III 345 auf den Punkt: *In jeder anderen Rechtsordnung wäre der Liegenschaftsgutachter gegenüber dem Käufer einstandspflichtig.* Dem ist hinzuzufügen: Das gilt insbesondere für Deutschland und Österreich, und dort sogar auf Grundlage derselben Wertung (Vertrauensschutz), die das BG für die Schweiz sogar zum eigenständigen Obligationsgrund erhoben hat.

Die Haftungsbejahung im hiesigen Fall überzeugt auch unter den im Laufe dieser Untersuchung erarbeiteten Prämissen der originär außervertraglichen Einstandspflicht für fahrlässig reine Vermögensschäden: *Erstens* handelt der Gutachter nicht aus Gefälligkeit, sondern in eigenem Gewinnstreben (Stichwort: Vertrauensprämie). *Zweitens* wird die Zahl potentieller Gläubiger mit den Instrumentarien des vertraglichen Drittschutzes bzw. den vertrauensbasierten Haftungsbegründungen bereits tatbestandlich so umgrenzt, dass eine uferlose und damit freiheitsbedrohende Haftung nicht zu befürchten ist. Ein Schuldverhältnis iSd § 311 Abs. 3 BGB, objektiv-rechtliche Schutzpflichten im Kontext des § 1300 S. 1 ABGB und eine Sonderverbindung als Voraussetzung der schweizerischen Vertrauenshaftung entstehen nur in der Reichweite, wie dies für den haftpflichtigen Sachverständigen *vorhersehbar* ist.[424]

b) Fall: Haftung des früheren Arbeitgebers

Ergänzend zur Gutachterdritthaftung sei hier die Einstandspflicht eines Arbeitgebers für die Folgen eines fahrlässig falsch erstellten Arbeitszeugnisses untersucht. Auch in dieser Konstellation stellt sich die Frage nach der Haftung desjenigen, der eine schriftlich verkörperte Auskunft (Arbeitszeugnis) gegenüber einem Vertragspartner (Arbeitnehmer) abgibt, diese jedoch einem Dritten (zukünftiger Arbeitgeber) vorgelegt wird. Anders als im Gutachterfall stellt, *erstens*, die Pflicht zur Zeugniserteilung eine arbeitsvertragliche Nebenpflicht dar (im deutschen Recht folgt dies aus §§ 630 BGB, 109 GewO, in Österreich primär aus §§ 1163 ABGB, 39 AngG, im schweizerischen Recht aus Art. 330a OR). *Zweitens* liegt es schon in der Natur der Sache eines Arbeitszeugnisses, dass dieses auch zukünftigen Arbeitgebern

---

[423] *Schwenzer*, OR AT[7], § 52 Rn. 4, wobei sie die Haftung in „jeder ausländischen Rechtsordnung" nicht auf die Vertrauenshaftung, sondern auf die Verletzung von Berufspflichten stützt, was im deutschen (Vertrag mit Schutzwirkung bzw. § 311 Abs. 3 BGB) und österreichischen (insb. § 1300 S. 1 ABGB) Recht freilich in einander aufgeht.

[424] Ganz idS die Beobachtung *Kochs*, AcP 204 (2004), 59 (68): „Begründungsaufwand [der Rspr hat sich] im Wesentlichen dahin verschoben, ob es für den Gläubiger [Anm.: gemeint ist wohl der Schuldner] „erkennbar" war, dass seine Auskunft an den Dritten weitergeleitet wurde".

präsentiert wird,[425] auch wenn das Zeugnis vordergründig für den ausscheidenden Arbeitnehmer errichtet wird.

aa) Sachverhalt

Als Beispiel dient folgende Konstellation:[426] Ein Buchhalter unterschlägt Gelder seines Erstarbeitgebers X. Dieser kündigt das Arbeitsverhältnis fristlos. Er stellt dem Buchhalter auf dessen Verlangen und unmittelbar nach der Kündigung ein Arbeitszeugnis aus. Dieses erstellt er anhand der vermeintlichen Personalakte des Buchhalters. Tatsächlich handelt es sich jedoch um die Personalakte eines beinahe namensgleichen, allerdings stets besonders akkurat arbeitenden Kollegen. Die Unterschlagung und die Kündigungsumstände bleiben so letztlich unerwähnt, das Arbeitszeugnis stellt den unterschlagenden Buchhalter vielmehr als besonders vorbild- und gewissenhaft dar. X lässt dem Buchhalter das Zeugnis zukommen. Kurz darauf bemerkt er die Verwechslung der Personalakten, versäumt es aber, das Zeugnis zu berichtigen. Inzwischen wird der Buchhalter beim Konkurrenzunternehmen Z angestellt, welches seine Anstellungsentscheidung zentral auf das fälschlicherweise ausschließlich positive Zeugnis des X stützt. Nach wenigen Wochen unterschlägt der Buchhalter auch Gelder seines Folgearbeitgebers Z und setzt sich unauffindbar ins Ausland ab. Z – inzwischen auch über die früheren Machenschaften des Buchhalters im Betrieb des X im Bilde – verlangt nun von X Ersatz seines durch die Unterschlagung entstandenen Schadens. Wäre das Arbeitszeugnis sorgfältig erstellt worden und hätte es – den Tatsachen entsprechend – den Buchhalter auch nur als ansatzweise unzuverlässig dargestellt, wäre dieser nicht bei Z angestellt worden.

bb) Drei Haftungsbegründungen in vier Leitentscheiden

Das deutsche und schweizerische Höchstgericht hatte bereits jeweils kurz nacheinander die Möglichkeit, sich in einer solchen Konstellation zur Haftung des ehemaligen Arbeitgebers zu äußern. In den chronologisch ersten drei Entscheiden[427] suchten der BGH und das BG noch den – in concreto etwas unwegsamen[428] – Weg durch das Deliktsrecht. In der vierten und bislang letzten höchstrichterlichen Entscheidung öffnete der BGH – in Parallele

---

[425] *Verde*, recht 2010, 144 (151): Folgearbeitgeber als bestimmungsgemäßer, indirekter Empfänger; sich diesem anschließend *Portmann/Przezak*, ArbR 2012, 13 (25); ferner *Loser*, in: Koller (Hrsg.), Haftpflicht- und Versicherungsrechtstagung St. Gallen 2005 (2005), 111 (151); vgl. *Runggaldier/Eichinger*, Arbeitszeugnis (1989), 50.

[426] Angelehnt an BGH VersR 1964, 314; NJW 1970, 2291; BGHZ 74, 281 = NJW 1979, 1882; BGE 101 II 69.

[427] Mit dem Nachweis eines bereits vom RG entschiedenen Zeugnis-Falles *Novak*, in: BeckOGK BGB (Stand: 1.5.2022), § 630 Rn. 65.1 Fn. 432.

[428] Plastisch *Bärtschi*, ZBJV 2010, 429 (443): „Behelfsweise wird teilweise eine Deliktshaftung bejaht".

zu den Gutachterfällen – alternativ die Tür zur Einstandspflicht aus Sonderverbindung.
- Die ersten Konturen dieser Fälle steckte der BGH[429] ab. Ein Buchhalter beging Unterschlagungen zum Nachteil seines arbeitgebenden Vereins. Das ihm ausgestellte Arbeitszeugnis beurteilte den Buchhalter dennoch überaus günstig, sodass er auf dessen Grundlage eine Folgeanstellung fand. Dort wiederholten sich die Unterschlagungen, sodass der Folgearbeitgeber letztlich den zeugnisausstellenden Verein auf Schadenersatz in Anspruch nahm. Der BGH bestätigte im Ergebnis eine Haftung des Vereins aus § 826 BGB:[430] Wenn man befürchten müsse, dass sich ein Arbeitnehmer auch bei künftigen Folgearbeitgebern als nicht vertrauenswürdig erweist, sei es nicht „*mit dem Anstandsgefühl aller billig und gerecht Denkenden vereinbar*", diesem ein allein wohlwollendes Zeugnis auszustellen.[431]
- Der BGH[432] führte diese Linie wenig später fort, indem er aus der *leichtfertig falschen Zeugniserteilung* erneut eine Haftung wegen *vorsätzlich-sittenwidriger Schädigung* ableitete. Der Schädiger, ein Handelsunternehmen, stellte einem ehemaligen Buchhalter ein Arbeitszeugnis aus, erwähnte die vorgefallene Unterschlagung darin aber nicht. Der Buchhalter unterschlug auch Gelder seines Folgearbeitgebers. Der so entstandene Schaden sei, so der BGH, vom Erstarbeitgeber und Urheber des falschen Zeugnisses nach § 826 BGB zu ersetzen. Da zukünftige Arbeitgeber ein *berechtigtes und verständiges Interesse* an der Kenntnis von strafbaren Handlungen ihrer potentiellen Arbeitnehmer haben, sei ein Verschweigen gerade dieser Tatsachen *sittenwidrig*.[433] Da dem zeugnisausstellenden Arbeitgeber auch bewusst gewesen sein muss, dass dieses unrichtige Zeugnis Grundlage für eine Folgeeinstellung bei einem neuen Arbeitgeber sein kann und damit dessen Schädigung billigend in Kauf nimmt, sei auch Eventualvorsatz zu bejahen.[434]
- Fünf Jahre später hatte das BG[435] über einen vergleichbaren Fall für das schweizerische Recht zu befinden: Ein leitender Angestellter unterschlug über einen Zeitraum von neun Monaten 500.000 CHF seines Arbeit-

---

[429] BGH VersR 1964, 314.
[430] Das war zu diesem Zeitpunkt wohl auch herrschende Lehre, so *von Caemmerer*, in: FS Deutscher Juristentag (1960), 49 (96 mwN in Fn. 214); *Preis*, in: Staudinger BGB (2019), § 630 Rn. 81: lange Zeit nur Haftung aus § 826 BGB; heute mit demselben – so aber nicht mehr zutreffenden – Befund *Meisloch*, Funktionalität von Arbeitszeugnis- und Referenzsystem (2017), 156 f.
[431] BGH VersR 1964, 314 (316); so schon OLG Hamburg NJW 1956, 348 (349) mzust-Anm *Neumann-Duesberg*.
[432] BGH NJW 1970, 2291.
[433] BGH NJW 1970, 2291 (2292); so schon *Neumann-Duesberg*, NJW 1956, 348 (350).
[434] BGH NJW 1970, 2291 (2292).
[435] BGE 101 II 69.

gebers. Dieser nahm den vormaligen Arbeitgeber in Anspruch, da der Arbeitnehmer auch im Rahmen seiner Voranstellung bereits (geringere) Unterschlagungen begangen hatte, das dort erteilte Arbeitszeugnis aber auf diese Straftaten in keiner Weise hinwies. Das BG sah in der falschen Zeugniserstellung – anders als noch der BGH – zwar keine sittenwidrig-vorsätzliche Schädigung, allerdings einen Verstoß gegen Art. 252 chStGB (Fälschung von Ausweisen)[436] und bejahte so eine deliktische Haftung des vormaligen Arbeitgebers aus Schutzgesetzverletzung.[437]

- Vier Jahre nach der schweizerischen Entscheidung lag es wiederum beim BGH,[438] die Einstandspflicht des ehemaligen Arbeitgebers zu beurteilen. Erneut stand das Zeugnis für einen unterschlagenden Buchhalter in Rede, diesmal allerdings mit der Besonderheit, dass der zeugnisausstellende Erstarbeitgeber im Moment der Zeugniserstellung von den ihn schädigenden Machenschaften des Arbeitnehmers noch keine Kenntnis hatte. Das Zeugnis fiel so ausschließlich positiv aus und der Buchhalter fand eine Folgeanstellung. Als dem Erstarbeitgeber die Unterschlagungen auffielen, forderte er zwar die unterschlagenen Gelder zurück, unterließ es jedoch – trotz positiver Kenntnis von der inzwischen erfolgten Folgeanstellung – das Zeugnis zu korrigieren bzw. den Zweitarbeitgeber über die Unterschlagungen zu informieren. Der Buchhalter konnte so auch zunächst unbemerkt Gelder seines Zweitarbeitgebers unterschlagen. Als diesem der so entstandene Schaden und die kriminelle Vorgeschichte des Buchhalters gewahr wurde, nahm er den Erstarbeitgeber auf Schadenersatz in Anspruch.

Erneut hielt der BGH fest, dass eine Ersatzpflicht des Erstarbeitgebers bestünde: *Erstens* dem Grunde nach aus § 826 BGB, da ebenso wie ein Verschweigen relevanter Tatsachen auch eine unterlassene nachträgliche Aufklärung sittenwidrig sei.[439] *Zweitens*, und das stellt nun ein Novum in der bisher ausschließlich deliktischen Haftungsverortung dar,[440] wird ausführlichst eine Haftung des Erstarbeitgebers aus Sonderverbindung erörtert und im Ergebnis bejaht. Als „*Haftung aus Bescheinigung*"[441] bezeichnet der BGH hier die Einstandspflicht des „Ausstellers des Zeugnisses gegenüber demjenigen […], *dessen Vertrauen er bestimmungsgemäß in Anspruch*

---

[436] BGE 101 II 69 (72).
[437] Hierzu zuletzt *Koller*, AJP 2020, 1381 (1384 f.), der die Pflichtwidrigkeit – zutreffend – nicht aus Art. 252 chStGB, sondern aus Treu und Glauben ableiten will.
[438] BGHZ 74, 281 = NJW 1979, 1882; besprochen von *Loewenheim*, JZ 1980, 469 ff. und *Gleisberg*, DB 1979, 1227 ff.
[439] BGHZ 74, 281 = NJW 1979, 1882 (1883); vgl. aber noch OLG Hamburg NJW 1956, 348 (349) mAnm *Neumann-Duesberg*: Keine Haftung aus § 826 BGB, da unterlassene Warnung bei nachträglicher Kenntnis noch nicht auf Vorsatz schließen lässt.
[440] So auch selbst BGHZ 74, 281 = NJW 1979, 1882 (1883): Bisher Haftung des Erstarbeitgebers nur aus § 826 BGB.
[441] Treffend *Loewenheim*, JZ 1980, 469 (470): Unterfall der Auskunftshaftung.

nimmt."⁴⁴² Die Sonderverbindung als solche wird dabei nicht näher qualifiziert. Sprachlich rückt der BGH die so angesprochene Haftung des Erstarbeitgebers aber erkennbar in Richtung der damals noch nicht kodifizierten, richterrechtlich aber etablierten *Sachwalterhaftung* (Inanspruchnahme besonderen Vertrauens). Als Motiv dieser Haftungsbegründung wird sodann ausgeführt, dass gerade in den Fällen, in denen dem Erstarbeitgeber die Exkulpation der Verrichtungsgehilfenhaftung gelingt bzw. der Tatbestand des § 826 BGB nicht erfüllt ist – nämlich bei lediglich fahrlässiger Schädigung – eine substituierende Haftung aus Sonderverbindung *„nicht nur der Interessenlage entspricht, sondern auch dem richtig verstandenen rechtlichen Aussagegehalt der vertrauensheischenden Dienstleistungsbescheinigung.*"⁴⁴³ Um die so geschaffene Haftung aus Sonderverbindung nicht allzu wild wuchern zu lassen, schränkte sie der BGH im gleichen Schritt wieder ein: Eine direkte Einstandspflicht des Erstarbeitgebes gegenüber dem Folgearbeitgeber bestehe nur dann, wenn, *erstens*, die unwahren Zeugnisangaben den Kerngehalt des Zeugnisses berühren und, *zweitens*, die Fehlbeurteilung nicht bloß aus Nachlässigkeit geschehe bzw. sie dem Aussteller jedenfalls später auffalle.⁴⁴⁴

cc) Stellungnahme

In vier beinahe deckungsgleichen Entscheiden wird die Haftung des schädigenden Arbeitnehmers auf dreierlei Grundlage begründet. Bezeichnend ist dabei insbesondere die Entwicklung der deutschen Judize, die sich auf ihrem zunächst eingeschlagenen Weg über die Sittenwidrigkeitshaftung nach § 826 BGB erkennbar eingeschränkt gefunden hat.

(1) Haftung aus Schutzgesetzverletzung

Die Haftungsbegründung des BG unter Interpretation des Art. 252 chStGB als Schutznorm ist durchaus eigenwillig und erinnert an die Judize in den Kabelbruch-Fällen.⁴⁴⁵ Auch dort wurde – einzigartig im deutschen Rechtskreis – in eine *prima facie* allgemein-schützende Strafnorm die Schutzinten-

---

⁴⁴² BGHZ 74, 281 = NJW 1979, 1882 (1884).
⁴⁴³ BGHZ 74, 281 = NJW 1979, 1882 (1884); *Henssler*, in: MüKo BGB⁸, § 630 Rn. 79; idS schon *Neumann-Duesberg*, NJW 1956, 348 (350), der allerdings (wenig überzeugend) in der falschen Zeugniserteilung einen Eingriff in den eingerichteten und ausgeübten Gewerbebetrieb sehen will.
⁴⁴⁴ BGHZ 74, 281 = NJW 1979, 1882 (1884); *Novak*, in: BeckOGK BGB (Stand: 1.5.2022), § 630 Rn. 67; *Henssler*, in: MüKo BGB⁸, § 630 Rn. 80; *Kölsch*, NZA 1985, 382 (385).
⁴⁴⁵ Vgl. *Fisch*, Eigentumsgarantie und Nichtersatzfähigkeit reiner Vermögensschäden (2020), Rn. 381, der mit Blick auf die Kabelbruch-Fälle plastisch von „ad hoc kreierten" Schutznormen spricht und weiterführend in Fn. 66 eben auf BGE 101 II 69 verweist.

tion bezüglich des Individualvermögens des Geschädigten hineingelesen. Hier wie dort ist Kritik angebracht.[446] Denn das BG erläutert den Schutzgesetzcharakter des Art. 252 chStGB mit keinem Wort, sodass es doch mehr als fraglich bleibt, warum ein strafrechtliches Urkundsdelikt – typischerweise das *Schutzgut der Zuverlässigkeit des Rechtsverkehrs in seiner Allgemeinheit*[447] protegierend – hier nun individualschützende Wirkung entfalten soll.[448] Für diese Untersuchung kommt weiterhin hinzu, dass es sich bei den Urkundsdelikten im deutschen Rechtskreis um Vorsatzdelikte handelt, jedenfalls im deutschen[449] und schweizerischen[450] Recht (anders aber nach Teilen der österreichischen Lehre)[451] der Grundsatz der Verschuldensakzessorietät gilt, und eine zivilrechtliche Fahrlässigkeitshaftung des Erstarbeitgebers über die Brücke des strafrechtlichen Schutzgesetzes nicht begründet werden kann.[452] Auch die Vorschriften, aus denen die Pflicht zur – zutreffenden – Zeugniserstellung folgt (§§ 630 BGB, 109 GewO, §§ 1163 ABGB, 39 AngG, Art. 330a OR), können nicht als Schutzgesetz dienen, verbriefen sie doch in erster Linie einen entsprechenden Zeugnisanspruch des Arbeitnehmers, intendieren aber nicht den Vermögensschutz des Folgearbeitgebers.[453]

---

[446] Kritisch zu BGE 101 II 69 etwa *Schwenzer*, OR AT[7], § 50 Rn. 22; *Koller*, AJP 2020, 1381 (1385) leitet die Pflichtwidrigkeit zutreffend nicht aus Art. 252 chStGB, sondern aus (dem jedenfalls näherliegenden) Gebot von Treu und Glauben ab; allgemein kritisch zur deliktischen Haftungsbegründung in den Zeugnis-Fällen *Bucher*, recht 2001, 65 (79); es überwiegt freilich die (kritiklose) Akzeptanz bzw. sogar Zustimmung zu diesem Judiz, etwa *Rehbinder/Stöckli*, in: Berner Komm OR[2], Art. 330a Rn. 26; *Pietruszak*, in: KuKO OR, Art. 330a Rn. 16; *Aebi-Müller/Pfaffinger*, in: Liber Amicorum Vonplon (2009), 21 (35); *Kälin*, SJZ 2007, 113 (115); *Kaufmann/Jorns*, Anwaltsrevue 2002, 37 (40); am ausführlichsten *Verde*, recht 2010, 144 (153).

[447] So zuletzt für das deutsche Recht und in concreto den Grundtatbestand der Urkundenfälschung (§ 267 dStGB) und den Spezialtatbestand der Ausstellung unrichtiger Gesundheitszeugnisse (§ 278 dStGB) OLG Köln MDR 2021, 363, welches den Urkundsdelikten den Schutzgesetzcharakter abspricht; ferner *Weidemann*, in: BeckOK StGB (53. Ed.), § 267 Rn. 2 mwN; gegen dieses – auch für die Schweiz geltende – systematische Argument allerdings *Verde*, recht 2010, 144 (153).

[448] *Schwenzer*, in: Schwenzer (Hrsg.), Schuldrecht, Rechtsvergleichung und Rechtsvereinheitlichung (1999), 59 (66).

[449] BGHZ 46, 17 = NJW 1966, 2014 (2016); vgl. BGH VersR 2012, 1038 (1039); *Wandt*, Gesetzliche Schuldverhältnisse (2020), § 17 Rn. 11.

[450] BGE 133 III 323 (334); *Aepli*, SJZ 1997, 405 (408 f.); *Roberto/Rickenbach*, ZSR 2012, 185 (193); *Portmann/Przezak*, ArbR 2012, 13 (29 f.); *Verde*, recht 2010, 144 (153 f.); allerdings mit beachtlichen Argumenten für im Zivil- und Strafrecht unterschiedliche Schuldmaßstäbe *ders.*, HAVE 2016, 141 (152); *Hirschle/von der Crone*, SZW 2007, 330 (336 f.); gegen den Gleichlauf des Verschuldens im Straf- und Zivilrecht zuletzt *Koller*, AJP 2020, 1381 (1385).

[451] *Karollus*, Haftung aus Schutzgesetzverletzung (1992), 298 ff., insb. 303 f., 309; sich anschließend *Koziol*, Haftpflichtrecht II (2018), A/3/23 f.

[452] *Verde*, recht 2010, 144 (153 f., 159); *Portmann/Przezak*, ArbR 2012, 13 (31); vgl. *W. Fischer*, ZVglRWiss 83 (1984), 1 f. Fn. 6; aA *Kaufmann/Jorns*, Anwaltsrevue 2002, 37 (40).

[453] *Schleßmann*, Arbeitszeugnis[23], Rn. 659 mwN.

(2) Ersatzpflicht bei vorsätzlich-sittenwidriger Schädigung

Es mag im Einzelfall berechtigt sein, dem zeugniserstellenden Erstarbeitgebers (Eventual-)Vorsatz vorzuwerfen.[454] Die Formulierung der zweiten referierten BGH-Entscheidung, von „leichtfertigem Verhalten beim Ausstellen eines in wesentlichen Punkten unrichtigen Zeugnisses" auf Vorsatz und Sittenwidrigkeit schließen zu können, offenbaren aber gleichzeitig, wie fließend die Grenze zwischen den Verschuldensstufen hier gezogen wird.[455] Diese allzu freizügige Interpretation ist für die Befürworter einer Sittenwidrigkeitshaftung dabei schlicht notwendig: Nähme man das Vorsatzerfordernis des § 826 BGB im Zeugnis-Fall ernst, dürfte es schließlich kaum jemals möglich sein, dem Erstarbeitgeber auch nur billigendes Inkaufnehmen der Schädigung nachzuweisen.[456] Im schweizerischen Recht, wo die Parallelnorm des Art. 41 Abs. 2 OR keine vergleichbare tatbestandliche Aufweichung erfahren hat,[457] wird denn die Sittenwidrigkeitshaftung für die Zeugnis-Fälle auch kaum als Anspruchsgrundlage des Folgearbeitgebers erwägt.[458] Notwendigkeit für eine derartige *Strapazierung*[459] des Normwortlauts des § 826 BGB besteht aber auch im deutschen Recht nicht, da entsprechende Alternativen zur Verfügung stehen.

---

[454] Vgl. *von Caemmerer*, in: FS Deutscher Juristentag (1960), 49 (96 mwN in Fn. 214), der es als (damals) herrschende Ansicht bezeichnet, dass der Zeugnisaussteller nur nach § 826 BGB hafte.
[455] Bezeichnend *Loewenheim*, JZ 1980, 469 (472), der selbst eine Haftungsbegründung über § 826 BGB befürwortet, da sich aufgrund der „in der Praxis diffusen Abgrenzung von dolus eventualis und grober Fahrlässigkeit […] auch hier Anwendungsmöglichkeiten für § 826 BGB bieten".
[456] So schon *Neumann-Duesberg*, NJW 1956, 348 (350): dem falschen Zeugnisaussteller ist „wohl niemals dolus eventualis (§ 826 BGB) nachzuweisen"; ebenso *Henssler*, in: MüKo BGB[8], § 630 Rn. 77; *Schleßmann*, Arbeitszeugnis[23], Rn. 660, 901 f.; *Kölsch*, NZA 1985, 382 (385); *Hofer/Hengstberger*, NZA-RR 2020, 118 (119), die allerdings andererseits davon ausgehen, dass § 826 BGB für den hier in Rede stehenden Fall „trennscharfe Tatbestandsmerkmale bereit hält" (121 aE); mangels nachweisbarem dolus eventualis verneinte das OLG Hamburg NJW 1956, 348 (349) mAnm *Neumann-Duesberg* die Haftung des Zeugnisausstellers noch und hielt dabei ausdrücklich fest, dass bewusste Fahrlässigkeit den Tatbestand der Sittenwidrigkeitshaftung noch nicht erfüllt; für die Schweiz *Verde*, recht 2010, 144 (159); *Aebi-Müller/Pfaffinger*, in: Liber Amicorum Vonplon (2009), 21 (39).
[457] Im schweizerischen Recht ist die Tendenz eher gegenläufig in Richtung eines möglichst engen Anwendungsbereichs; so BGE 124 III 297 (302): Sittenwidrigkeitshaftung „nur ausnahmsweise und mit grösster Zurückhaltung als gegeben anzunehmen"; *Honsell*, in: FS Medicus (1999), 211 (217 f.).
[458] *Verde*, recht 2010, 144 (157): geringe praktische Bedeutung.
[459] So selbsterhlich BGHZ 74, 281 = NJW 1979, 1882 (1884); bezeichnend auch *Loewenheim*, JZ 1980, 469 (470): weite Interpretation des § 826 BGB lässt Unterschlagungsfälle erfassen.

(3) Haftung aus Sonderverbindung

Anders als eine deliktische Haftung drängt sich eine Einstandspflicht des Erstarbeitgebers gegenüber dem Folgearbeitgeber aus Schutzpflichtverletzung innerhalb einer Sonderverbindung geradezu auf.[460] Von einem nur *zufälligen In-Berührung-Kommen* der beiden Arbeitgeber kann keine Rede sein,[461] erfolgt die Ausstellung eines Arbeitszeugnisses doch stets vor dem Hintergrund, dass dieses potentiellen Folgearbeitgebern vorgelegt wird.[462] Dies ist sowohl dem Erstarbeitgeber im Moment der Ausstellung bewusst,[463] als auch dem Folgearbeitgeber, der grundsätzlich davon ausgehen darf, dass der für ihn erkennbare Zeugnisurheber bereit ist, eine *Mindestgewähr für die Richtigkeit des Zeugnisinhalts zu übernehmen*.[464] Hier besteht gerade und insbesondere für die schweizerische Rechtsprechung der zentrale Unterschied zum Liegenschaftsgutachter-Fall.[465] Dort verneinte das BG noch eine Sonderverbindung zwischen dem Gutachter und dem Käufer, da für den

---

[460] Mit diesem Ergebnis auch *Kersting*, Dritthaftung für Informationen (2007), 553 f.; *Krebs*, Sonderverbindung und außerdeliktische Schutzpflichten (2000), 88, der den Beispielsfall im Katalog möglicher Sonderverbindungen listet; ausführlich zum Entstehen dieser Sonderverbindung bereits *Gleisberg*, DB 1979, 1227 ff.; für die Schweiz *Portmann/Przezak*, ArbR 2012, 13 (34); aA *Wiebauer*, RdA 2020, 283 (289); *Hofer/Hengstberger*, NZA-RR 2020, 118 (121 f.); ebenso schon *Kölsch*, NZA 1985, 382 (385); *Loewenheim*, JZ 1980, 469 (472): kein sonderverbindungsbegründender sozialer Kontakt zwischen den Arbeitgebern; ohne eigentliche Begründung ablehnend *Meisloch*, Funktionalität von Arbeitszeugnis- und Referenzsystem (2017), 156; *Schleßmann*, Arbeitszeugnis²³, Rn. 655 behauptet, dass eine Vertragshaftung „abgelehnt" werde und sich „kaum begründen" lasse – was in dieser Absolutheit schon nach den vorstehend zitierten Quellen und auch nach dem Befund dieser Untersuchung nicht zutrifft; jedenfalls für das schweizerische Recht ablehnend *Rehbinder/Stöckli*, in: Berner Komm OR², Art. 330a Rn. 26 aE; ablehnend für Österreich *Runggaldier/Eichinger*, Arbeitszeugnis (1989), 133 f.

[461] *Canaris*, in: FS Larenz (1983), 27 (96) legt dar, dass es eines unmittelbaren rechtsgeschäftlichen Kontaktes zwischen den beiden Arbeitgebern gerade nicht bedarf; ebenso für die Schweiz *Portmann/Przezak*, ArbR 2012, 13 (34); die Kontaktintensität (noch zufällig oder schon sonderverbunden?) ausführlich für Referenz- und Empfehlungsschreiben untersuchend *Verde*, recht 2010, 144 (155 f.); aA *Hofer/Hengstberger*, NZA-RR 2020, 118 (121); vgl. *Loewenheim*, JZ 1980, 469 (473).

[462] So schon in der ersten Leitentscheidung BGH VersR 1964, 314 (315): Arbeitszeugnis soll „denen, an die sich der Arbeitnehmer wendet […], eine Unterlage für seine Beurteilung schaffen"; *Preis*, in: Staudinger BGB (2019), § 630 Rn. 82; für das schweizerische Recht *Schönenberger*, Haftung für Rat und Auskunft gegenüber Dritten (1999), 27: nur Folgearbeitgeber hat überhaupt Informationsbedürfnis; *Aebi-Müller/Pfaffinger*, in: Liber Amicorum Vonplon (2009), 21 (25); *Verde*, recht 2010, 144 (145).

[463] *Portmann/Przezak*, ArbR 2012, 13 (34) mit treffendem Größenschluss: Wenn schon in den Gutachter-Fällen eine Sonderverbindung anzunehmen ist, dann erst recht im hiesigen Fall zum Erstarbeitgeber.

[464] BGHZ 74, 281 = NJW 1979, 1882 (1884); *Henssler*, in: MüKo BGB⁸, § 630 Rn. 79; *Preis*, in: Staudinger BGB (2019), § 630 Rn. 82; dies (wenig überzeugend) relativierend *Hofer/Hengstberger*, NZA-RR 2020, 118 (120); gänzlich ablehnend *Kölsch*, NZA 1985, 382 (385).

[465] *Portmann/Przezak*, ArbR 2012, 13 (43).

Sachverständigen die Weitergabe seines Gutachtens nicht vorherzusehen war und eine somit nur zufällige Kenntnisnahme jedenfalls nicht für die Begründung einer Sonderverbindung ausreiche.[466] Offen lässt der BGH in seiner letzten Entscheidung die konkreten Konturen der Sonderverbindungshaftung, sodass mehrere dogmatische Ansätze in Betracht kommen.

(a) Erstreckung der Schutzwirkung des Erstarbeitsvertrages auf den Folgearbeitgeber?

Wenig überzeugend ist der Ansatz des OLG München,[467] den Folgearbeitgeber in den Schutzbereich des Arbeitsvertrags zwischen Erstarbeitgeber und unterschlagendem Arbeitnehmer einzubeziehen.[468] Die Leistungsnähe, also das bestimmungsgemäße in-Berührung-Kommen mit der risikobehafteten Erfüllung der dem Gläubiger geschuldeten Pflicht, mag im Beispielsfall – und ebenso wie im Gutachter-Fall – noch bejaht werden. Der Arbeitgeber schuldet dem Arbeitnehmer aus arbeitsvertraglicher Nebenpflicht ein Arbeitszeugnis, dessen Inhalt der Wahrheit entsprechen muss – fällt es zu negativ aus, geht dies zu Lasten des Arbeitnehmers, der sich um eine Folgeanstellung bemüht, fällt es zu positiv aus, treffen entsprechende Nachteile den Folgearbeitgeber.[469] Der Arbeitnehmer hat allerdings kein hinreichendes Gläubigerinteresse daran, dem Folgearbeitgeber den Schutz eines für ihn fremden Vertrages zukommen zu lassen.[470] So überrascht es auch nicht, dass das OLG München die Haftung aus drittschützendem Vertrag mit keinerlei Einlassungen erläutert.[471] In überzeugender Weise wäre dies auch kaum möglich.

Hinzu kommt, dass der Folgearbeitgeber jedenfalls nicht schutzbedürftig im Sinne der vertraglichen Drittschutzdogmatik ist.[472] Schädigt der Arbeitnehmer, wie hier im Beispielfall, seinen Folgearbeitgeber durch Unterschlagungen, verletzt er hierdurch sein arbeitsvertragliches Pflichtenprogramm, sodass dem geschädigten Folgearbeitgeber ein vertraglicher Schadenersatz-

---

[466] BGE 130 III 345 (352) = AJP 2005, 350 mAnm *Plotke*.
[467] OLG München BeckRS 2000, 31362731.
[468] Gegen die Annahme eines Vertrags mit Schutzwirkung zugunsten Dritter *Schleßmann*, Arbeitszeugnis²³, Rn. 658; *Meisloch*, Funktionalität von Arbeitszeugnis- und Referenzsystem (2017), 144; so schon *Gleisberg*, DB 1979, 1227.
[469] Lehrbuchartig zur Gratwanderung des Erstarbeitgebers, das Zeugnis weder negativ noch gegen die Wahrheitspflicht verstoßend ausstellen zu müssen OGH ecolex 2009/127.
[470] *Schleßmann*, Arbeitszeugnis²³, Rn. 658; aus schweizerischer Perspektive *Loser-Krogh*, in: FS Kramer (2004), 579 (586); *Hofer/Hengstberger*, NZA-RR 2020, 118 (119) erwarten – nicht ganz unberechtigt – dass die Rspr das Erfordernis des Gläubigerinteresses auch in den Fällen des falschen Arbeitszeugnisses aufweicht.
[471] Das Gericht hält lediglich in einem einzigen Satz fest, dass der Erstarbeitgeber „aus dem Gesichtspunkt der vertraglichen Haftung (Vertrag mit Schutzwirkung zugunsten Dritter) sowie aus § 826 BGB zum Schadensersatz verpflichtet" ist.
[472] Zutreffend *Hofer/Hengstberger*, NZA-RR 2020, 118 (119 f.).

anspruch nach § 280 Abs. 1 BGB zusteht. Dieser ist aber gerade inhaltsgleich mit dem Anspruch aus vertraglichem Drittschutz. Auf die Einbringlichkeit der Forderung (im hiesigen Beispielsfall hat sich der Arbeitnehmer ins Ausland abgesetzt) kommt es dabei nicht an. Es fehlt so bereits am Grundbedürfnis, den Schutzbereich des Erstarbeitsvertrages auch auf den Folgearbeitgeber zu erstrecken.

(b) Vertrauensbasierte Auskunftshaftung

Aus heutiger Perspektive unterfällt der hiesige Beispielsfall unmittelbar der vertrauensbasierten Auskunftshaftung. Der BGH hat dies bereits in seinem letzten Judiz anklingen lassen[473] – § 311 Abs. 3 S. 2 BGB war zu dieser Zeit zwar noch nicht normiert, die in dieser Vorschrift aufgegangene Sachwalterhaftung desjenigen, der für sich besonderes Vertrauen in Anspruch nimmt und dadurch Folgevertragsverhandlungen beeinflusst, allerdings bereits richterrechtlich installiert.[474]

(aa) Haftung nach §§ 280, 241 Abs. 2, 311 Abs. 3 S. 2 BGB

Wäre der Beispielsfall heute für das deutsche Recht zu entscheiden, würde er bereits § 311 Abs. 3 S. 2 BGB unterfallen.[475] Der Folgearbeitgeber vertraut auf den Wahrheitsgehalt des Arbeitszeugnisses und ist in diesem Vertrauen auch weitgehend geschützt, muss doch der zeugniserstellende Erstarbeitgeber per se damit rechnen, dass das von ihm errichtete Zeugnis grundlegenden Einfluss auf das Zustandekommen eine Folgearbeitsvertrages mit einem anderen Arbeitgeber nimmt.[476]

(aaa) Vertrauensinanspruchnahme in besonderem Maße

Zuletzt wurde eine Haftungsbegründung des Erstarbeitgebers über § 311 Abs. 3 S. 2 BGB abgelehnt und dies darauf gestützt, dass das in dieser Norm beschriebene *Vertrauen in besonderem Maße* zwar der einzelne berufsqualifizierte Sachverständige (Stichwort: Gutachter-Fälle) für sich in Anspruch nehmen könne, nicht aber jeder „einfache" Arbeitgeber[477] – deren Palette

---

[473] Mit dieser Feststellung auch *Hofer/Hengstberger*, NZA-RR 2020, 118 (120).
[474] Auf die Grundsätze der Sachwalterhaftung im Kontext der Zeugnis-Fälle hinweisend *Gleisberg*, DB 1979, 1227 (1229).
[475] Treffend *Kersting*, Dritthaftung für Informationen (2007), 554.
[476] So ordnet schon *Canaris*, in: FS Larenz (1983), 27 (96) die Haftung für falsche Arbeitszeugnisse der Vertrauenshaftung zu; ihm für die Schweiz folgend *Loser-Krogh*, in: FS Kramer (2004), 579 (587); *ders.*, in: Koller (Hrsg.), Haftpflicht- und Versicherungsrechtstagung St. Gallen 2005 (2005), 111 (151 f.).
[477] *Hofer/Hengstberger*, NZA-RR 2020, 118 (120 f.) im Anschluss an *Loewenheim*, JZ

sei schließlich nicht auf einzelne Berufsgruppen mit „bestimmter Öffentlichkeits- und Vertrauenswirkung" beschränkt, sondern reiche vom „Handwerksmeister bis zur Großbank".[478]

Dem ist dreierlei zu entgegnen: *Erstens* hat der BGH die Einstandspflicht des Erstarbeitgebers aus enttäuschtem Vertrauen bereits unmissverständlich vorgezeichnet.[479] In seinen Erwägungen zur Haftung aus Sonderverbindung hielt er ausdrücklich fest, dass „die Person des Ausstellers vertrauensheischend hinter den im Zeugnis bescheinigten Aussagen steht", kennzeichnend für das Dienstzeugnis sein „vertrauenheischender Bescheinigungscharakter" sei und er „eine unmittelbare Einstandspflicht des Ausstellers des Zeugnisses gegenüber demjenigen bejaht, dessen Vertrauen es bestimmungsgemäß in Anspruch nimmt".[480] Man mag gegen diese dogmatische Einordnung nun opponieren; wäre § 311 Abs. 3 S. 2 BGB aber bereits im Jahre 1979 positiviert gewesen, hätte der BGH mit an Sicherheit grenzender Wahrscheinlichkeit ausdrücklich auf diesen zurückgegriffen.[481]

Zweitens wird die Reichweite der *Vertrauensinanspruchnahme in besonderem Maße* verkannt, wenn dieses ausschließlich für Auskünfte staatlich anerkannter Experten bejaht werden soll. Die jüngere Rechtsprechung (und auch die Literatur)[482] lässt dies deutlich erkennen, wenn sie eine Sonderverbindung zwischen einem – nicht staatlich anerkannten – Kunstexperten und einem Auskunftsadressaten auf die zwischen diesen beiden bestehende *engste Männerfreundschaft* stützt,[483] den Sohn eines privaten Wohnungsverkäufers deswegen als Sachwalter qualifiziert, weil sich dieser gegenüber den Kaufinteressenten als Wohnungseigentümer aufspielt[484] oder den für einen Privatverkäufer vermittelnden Gebrauchtwagenhändler als Sachwalter ein-

---

1980, 469 (471); zur berufs- und positionsbedingten Vertrauensinanspruchnahme schon *W. Fischer*, ZVglRWiss 83 (1984), 1 (13 f.).
[478] *Hofer/Hengstberger*, NZA-RR 2020, 118 (121).
[479] So auch die Einschätzung aus schweizerischer Perspektive *Portmann/Przezak*, ArbR 2012, 13 (39).
[480] BGHZ 74, 281 = NJW 1979, 1882 (1884).
[481] Vgl. *Herresthal*, in: BeckOGK BGB (Stand: 1.4.2022), § 311 Rn. 517.3, der diese BGH-Entscheidung weiterführend im Kontext der Sachwalterhaftung referiert.
[482] Treffend *Franck*, Marktordnung durch Haftung (2016), 354: jeder Marktteilnehmer kann „Dritter" iSv § 311 Abs. 3 S. 2 BGB sein; ähnlich *Koch*, AcP 204 (2004), 59 (78 f.); überzeugend auch *Benz/Kohler*, ZfPW 2020, 490 (497), die am Werbemarkt etablierte Influencer als Sachwalter einordnen. Bei diesen handelt es sich in überwiegender Mehrzahl um in sozialen Netzwerken aktive Jugendliche und junge Erwachsene, die über keine (erst recht nicht staatlich anerkannte) Kompetenzausweisung verfügen (müssen); allgemein für das schweizerische Recht, dennoch unmittelbar auf § 311 Abs. 3 S. 2 BGB übertragbar *Verde*, recht 2010, 144 (155): „Vertrauen ergibt sich also nicht bereits aus einer Eigenschaft der Auskunftsperson, sondern wird von dieser erst aktiv erzeugt".
[483] OLG Düsseldorf NJW-RR 2019, 140.
[484] OLG Stuttgart NJW-RR 2019, 628 (629).

ordnet und diesen und den letztlichen Kfz-Käufer für sonderverbunden befindet.[485]

Drittens liegt es schlicht in der Natur der Sache, dass ein zeugnisausstellender Arbeitgeber für den Inhalt des Zeugnisses besonderes Vertrauen für sich in Anspruch nimmt.[486] Die Vertrauenskreation ist gerade der natürliche Effekt, der der Erfüllung der vertraglich geschuldeten Informationspflicht anhaftet.[487] Zur Verbildlichung sei hier eine Formel aus dem Kontext der deliktischen Auskunftshaftung des schweizerischen BG bemüht: Zur wahrheitsgemäßen Auskunft ist derjenige verpflichtet, der sich zu Verhältnissen einlässt, *„in die er kraft seiner Stellung besonderen Einblick besitzt."*[488] Häufig wird dies auf den staatlich ausgewiesenen Experten zutreffen, aber eben auch auf einen vormaligen Arbeitgeber[489] – viel näher am Tatsachenkern einer Aussage als ein Arbeitgeber, der die Attribute seines Arbeitnehmers (mit dem er womöglich über Jahre täglich und eng zusammengearbeitet hat) schriftlich bezeugen soll, kann sich ein Auskunftsgeber kaum befinden.

(bbb) Beschränkung der Haftung aus Sonderverbindung auf Vorsatz und grobe Fahrlässigkeit?

Der BGH rückte die vertragsähnliche Auskunftshaftung des Erstarbeitgebers einerseits bewusst in Richtung der Sachwalterhaftung, begrenzte ihre Anwendung im gleichen Atemzug aber andererseits *faktisch auf qualifiziertes Verschulden* (keine Haftung aus Sonderverbindung bei bloßer Nachlässigkeit).[490] Spätestens seit der Normierung des § 311 Abs. 3 S. 2 BGB ist diese Differenzierung hinfällig und auch eine allgemeine Fahrlässigkeitshaftung des Erstarbeitgebers begründbar. Aber auch normativ besteht (und bestand) kein Anlass, die Haftung des Erstarbeitgebers aus Sonderverbindung bei einfach-fahrlässig falsch erstellten Zeugnissen zu verneinen.

Erstens stellte der BGH dem Erfordernis qualifizierten Verschuldens die primäre Voraussetzung voran, dass die fehlerhaften, gleichwohl vertrauensheischenden Einlassungen des Erstarbeitgebers den Kerngehalt des Zeug-

---

[485] Referierend, in casu aber eine Sachwalterhaftung ablehnend OLG Brandenburg BeckRS 2019, 16717 Rn. 8; ausführlich zur möglichen Sachwaltereigenschaft des Gebrauchtwagenhändlers bereits BGHZ 87, 302 = NJW 1983, 2192 (2193).

[486] Vgl. schon BGH NJW 1970, 2291 (2292), wobei dort die Haftung des Erstarbeitgebers noch ausschließlich über § 826 BGB begründet wurde: Zutreffend die Annahme des Berufungsgerichts, „daß die Beklagte als Großunternehmerin ein besonderes Vertrauen bezüglich der Ausstellung eines Zeugnisses genoß".

[487] Vgl. *Kersting*, Dritthaftung für Informationen (2007), 554: „Erfüllung der Informationspflicht (ist) zugleich die – pflichtgemäße – Inanspruchnahme von Vertrauen."

[488] BGE 57 II 81 (86); 111 II 471 (474); 129 IV 119 (122 frz.); *W. Fischer*, ZVglRWiss 83 (1984), 1 (26).

[489] Genauso *Portmann/Przezak*, ArbR 2012, 13 (31, 45); *Verde*, recht 2010, 144 (155).

[490] BGHZ 74, 281 = NJW 1979, 1882 (1884); zustimmend *Canaris*, in: FS Larenz (1983), 27 (96).

nisses betreffen müssen. Soweit, so nachvollziehbar. Geht es um den Kern eines Arbeitszeugnisses, so sind damit die zentral bedeutsamen und tätigkeitsbezogenen Attribute des Arbeitgebers gemeint, allenfalls – wie im Beispielfall – besonders schwerwiegende Verfehlungen.[491] Wann aber, wenn nicht bei der Beschreibung dieses Zeugniskerns, sollte vom Erstarbeitgeber überhaupt allgemeine und umfassende Sorgfalt gefordert werden dürfen? Mit anderen Worten: Sollen Arbeitszeugnisse überhaupt noch Vertrauen erwecken können, muss gerade für die Ausarbeitung ihres Kerngehalts ein umfassendes Sorgfaltsgebot gelten. Wenn sich nun die *haftpflichtbegründende Wahrheitspflicht* auf diesen *per se besonders sorgfältig zu formulierenden Kerngehalt* bezieht, gleichzeitig aber eine Haftung erst ab grober Fahrlässigkeit greifen soll, wird das für den Zeugniskern geltende Sorgfaltsgebot durch die so wieder besonders voraussetzungsvolle Haftungsanordnung unterlaufen.[492]

Zweitens stützt der BGH seine Haftungsbegrenzung durch das Erfordernis qualifizierten Verschuldens auf den Befund, die Zeugniserstellung geschehe lediglich in Erfüllung einer „*nicht vermeidbaren, vertraglichen Nebenpflicht*", nicht aber, weil diese etwa „*besonders abgegolten*" werde.[493] Hierhinter verbirgt sich der – durchaus zutreffende und im Laufe dieser Untersuchung mehrfach zu Tage getretene – Gedanke, auch innerhalb einer außervertraglichen Sonderverbindung lasse sich ein Haftungsrisiko nur bei entsprechender wirtschaftlicher Vorteilsverfolgung rechtfertigen (Stichwort: Vertrauensprämie). Hierbei allein auf eine monetäre Abgeltung abzustellen, scheint dabei jedoch zu schematisch. Vielmehr lässt sich hier ein Gedanken des modernen österreichischen Rechts anbringen: § 1300 S. 1 ABGB verpflichtet den auskunftserteilenden Sachverständigen erst dann zur Ersatzpflicht, wenn er „gegen Belohnung" tätig geworden ist. Ein tatsächlicher Vermögenszuwachs ist hierfür jedoch nicht notwendig, es genügt vielmehr jeder wie auch immer geartete Vorteil, respektive der Negativbefund, dass der Auskunftserteilende nicht *aus reiner Selbstlosigkeit* handelt.[494] Auf den zeugniserstellenden Erstarbeitgeber trifft dies zu. Dieser wird kaum aus altruistischen Motiven tätig, vielmehr erfüllt er mit der Zeugniserteilung eine ihn treffende arbeitsvertragliche Nebenpflicht (§§ 630 BGB, 109 GewO), die

---

[491] Vgl. BGHZ 74, 281 = NJW 1979, 1882 (1884).
[492] Vgl. pointiert *Wiebauer*, RdA 2020, 283 (289): „Das einzig halbwegs scharfe Schwert, mit dem die Rechtsordnung die Zeugniswahrheit gegen allzu freimütige Kungelei verteidigt, ist die Haftung des Arbeitgebers als Aussteller".
[493] BGHZ 74, 281 = NJW 1979, 1882 (1884); idS auch *Canaris*, in: FS Larenz (1983), 27 (96): weder eigenes Interesse an Zeugniserrichtung, noch aus eigener Initiative.
[494] OGH Zak 2011/212; JBl 2008, 450 (453); ecolex 2003/104; *Schacherreiter*, in: ABGB-ON (Stand: 31.7.2021), § 1300 Rn. 5; *Karner*, in: FS Koziol (2010), 695 (701).

bei Nichterfüllung auch im Klagewege durchzusetzen wäre.[495] Eine *besondere Abgeltung* der Zeugniserstellung mit dem BGH ist daher gar nicht angezeigt, befreit sich der Arbeitgeber damit doch bereits von einer ihn treffenden Vertragspflicht.

(bb) Schweizerische Vertrauenshaftung

Die vorstehenden Ausführungen lassen sich auch auf das schweizerische Recht übertragen und die Haftung des Erstarbeitgebers dort mit der bundesgerichtlichen Vertrauenshaftung erfassen.[496] Während die Haftung des Sachverständigen im Liegenschaftsgutachten-Fall[497] noch an der mangelnden Vorhersehbarkeit der Gutachtensweitergabe und der fehlenden Schutzwürdigkeit des nur zufällig – also nicht innerhalb einer Sonderverbindung – entstandenen Vertrauens scheiterte, wäre dies nach dem vorstehend Gesagten für den hiesigen Beispielsfall gerade gegenteilig zu beurteilen.[498] Es ist vielmehr als historischer Zufall zu bezeichnen, dass in BGE 101 II 69 die Ersatzpflicht des Erstarbeitgebers noch im Wege der Schutzgesetzhaftung begründet wurde – die mit der Swissair-Entscheidung begründete Vertrauenshaftung war zu diesem Zeitpunkt schlicht noch nicht „erfunden".[499]

Überraschend ist dagegen, dass das BG zur Haftungsbegründung nicht die damals noch angewandte deliktische Auskunftshaftung heranzog. Eine wahrheitswidrige Zeugniserstellung durch den Arbeitgeber, der wie vorstehend ausgeführt *kraft seiner Stellung besonderen Einblick*[500] in die vom ihm bezeugten Verhältnisse hat, hätte als solche bereits für widerrechtlich und nach Art. 41 Abs. 1 OR ersatzpflichtbegründend befunden werden können.[501] Diese Haftungsbegründung wäre einer gekünstelten Schutzgesetzkreation allemal vorzuziehen gewesen. Heute würde eine deliktische Auskunftshaftung hier ebenfalls nicht (mehr) zur Anwendung kommen, hat ihr

---

[495] Zu den quantitativen Anteilen der (arbeitsgerichtlichen) Klagen im deutschen Rechtskreis, die alleine auf die Erteilung bzw. Berichtigung von Arbeitszeugnissen gerichtet sind *Meisloch*, Funktionalität von Arbeitszeugnis- und Referenzsystem (2017), 143.
[496] So schon *Bucher*, recht 2001, 65 (79); ferner *Emmel*, in: CHK³, Art. 330a OR Rn. 3; *Portmann/Rudolph*, in: Basler Komm OR I⁷, Art. 330a, Rn. 11; *Portmann/Przezak*, ArbR 2012, 13 (26, 34 ff.); *Verde*, recht 2010, 144 (156); *Kälin*, SJZ 2007, 113 (115 Fn. 21); jedenfalls für Empfehlungsschreiben bejahend *Aebi-Müller/Pfaffinger*, in: Liber Amicorum Vonplon (2009), 21 (36).
[497] BGE 130 III 345 (352) = AJP 2005, 350 mAnm *Plotke*.
[498] *Bucher*, recht 2001, 65 (79): „Aussteller eines Arbeitszeugnisses muss regelmäßig damit rechnen, dass dieses bei künftigen Bewerbungen des Arbeitnehmers eine wesentliche Rolle spielen wird"; ebenso *Portmann/Przezak*, ArbR 2012, 13 (34, 43) mit dem Hinweis auf den diesbezüglichen Unterschied zum Gutachter-Fall
[499] *Portmann/Rudolph*, in: Basler Komm OR I⁷, Art. 330a, Rn. 11: „in Wirklichkeit eine (damals noch nicht als solche erkannte) Konstellation der Vertrauenshaftung"; *Portmann/Przezak*, ArbR 2012, 13 (25 f.).
[500] BGE 57 II 81 (86); 111 II 471 (474); 129 IV 119 (122 frz.).
[501] Überzeugend *Portmann/Przezak*, ArbR 2012, 13 (30 f.).

doch die Vertrauenshaftung den Rang als primäre Begründung einer Haftung für Falschauskunft abgelaufen.[502]

(cc) Haftung des Arbeitgebers nach § 1300 S. 1 ABGB

Auch für das österreichische Recht lässt sich eine Fahrlässigkeitshaftung des Erstarbeitgebers unter Vertrauensschutzgesichtspunkten begründen. Vorauszuschicken ist dabei, dass die Zeugniserteilung in Österreich dem *strikten Erschwerungsverbot* unterliegt, welches es dem zeugniserstellenden Arbeitgeber (anders als im deutschen und schweizerischen Recht)[503] per se untersagt, für den Arbeitnehmer nachteilige Informationen in das Zeugnis aufzunehmen.[504] Eine Einstandspflicht für ein „falsches", respektive „zu wenig negatives" Zeugnis kommt nach österreichischem Recht so für den Fall des Verschweigens vorgefallener Verfehlungen gar nicht in Frage[505] – die Nichterwähnung dieser Umstände ist nicht widerrechtlich bzw. pflichtwidrig, sondern gerade angezeigt. Als gegenüber dem Folgearbeitgeber haftpflichtbegründender Zeugnisfehler bleibt damit allein der Fall eines wahrheitswidrig *zu positiven Gefälligkeitszeugnisses*.[506] Soweit erkennbar hatte der OGH bislang keine Gelegenheit, über die mögliche Haftung des Erstarbeitgebers für ein falsches Arbeitszeugnis zu befinden. Die Literatur beschränkt sich mehrheitlich auf die Feststellung, dass eine solche jedenfalls bei wissentlicher Zeugnisbeschönigung aus § 1300 S. 2 ABGB folgt.[507] Eine Einstandspflicht bei fahrlässig zu positiver Zeugniserstellung – wie im Beispielsfall – ließe sich aber bei Licht betrachtet mit der modernen Rechtsprechung und Lehre auch auf eine Auskunftshaftung nach § 1300 S. 1 ABGB wegen Ver-

---

[502] Vgl. *Verde*, recht 2010, 144 (154).

[503] In Deutschland und der Schweiz überwiegt die Wahrheitspflicht dem Erschwerungsverbot, sodass im Arbeitszeugnis auch negative Tatsachen aufgeführt werden können/müssen; für Deutschland BGH VersR 1964, 314 (315); *Henssler*, in: MüKo BGB[8], § 630 Rn. 44; *Kölsch*, NZA 1985, 382; für die Schweiz BGE 136 III 510 (511); *Portmann/Rudolph*, in: Basler Komm OR I[7], Art. 330a, Rn. 4; *Emmel*, in: CHK[3], Art. 330a OR Rn. 2; *Verde*, recht 2010, 144 (150); *Müller/Pfaffinger*, in: Liber Amicorum Vonplon (2009), 21 (26); *Portmann/Przezak*, ArbR 2012, 13 (19); *Kaufmann/Jorns*, Anwaltsrevue 2002, 37 (38); rechtsvergleichend *Meisloch*, Funktionalität von Arbeitszeugnis- und Referenzsystem (2017), 119 ff.

[504] § 1163 Abs. 1 S. 3 ABGB: Eintragungen und Anmerkungen im Zeugnisse, durch die dem Dienstnehmer die Erlangung einer neuen Stellung erschwert wird, sind unzulässig; lehrbuchartig OGH ecolex 2009/127; *Neumayr*, in: ABGB ON, § 1163 Rn. 22; *Holzer*, in: Marhold/Burgstaller/Preyer, AngG Komm (Stand: 1.12.2012), § 39 Rn. 18 f.

[505] *Runggaldier/Eichinger*, Arbeitszeugnis (1989), 133.

[506] *Runggaldier/Eichinger*, Arbeitszeugnis (1989), 133.

[507] *Holzer*, in: Marhold/Burgstaller/Preyer, AngG Komm (Stand: 1.12.2012), § 39 Rn. 25; *Reischauer*, in: Rummel ABGB[3], § 1300 Rn. 13; ausführlich *Runggaldier/Eichinger*, Arbeitszeugnis (1989), 134 f.; wenig überzeugend *Meisloch*, Funktionalität von Arbeitszeugnis- und Referenzsystem (2017), 151, die alleine (und ohne nennenswerte Erläuterung) auf § 1295 ABGB abstellt, der jedenfalls im vorliegenden Beispielsfall eines fahrlässig verursachten reinen Vermögensschadens nicht greift.

letzung objektiv-rechtlicher Pflichten gegenüber dem Folgearbeitgeber stützen. Der zeugniserteilende Arbeitgeber ist dabei als Sachverständiger iSd § 1300 S. 1 ABGB zu qualifizieren – in dem er einem Arbeitnehmer ein Zeugnis für die in seinem Betrieb erbrachte Arbeitsleistung erteilt, handelt er *in Angelegenheiten seiner Kunst*. Wie vorstehend ausgeführt erteilt der Arbeitgeber diese Auskunft auch im weitverstandenen Sinne *gegen Belohnung*, nämlich nicht aus reiner Selbstlosigkeit. Vielmehr erfüllt er mit der Zeugniserteilung eine ihn treffende arbeitsvertragliche Nebenpflicht (§ 1163 ABGB, § 39 AngG), die bei Nichterfüllung auch im Klagswege gegen ihn durchzusetzen wäre.[508]

Voraussetzung für die Dritthaftung aus § 1300 S. 1 ABGB und das hierfür erforderliche Entstehen der objektiv-rechtlichen Sorgfaltspflichten auch gegenüber dem Folgearbeitgeber ist weiterhin, dass der Erstarbeitgeber damit rechnen muss, dass das Zeugnis *Grundlage für die Disposition* des Folgearbeitgebers bilden werde, mithin erkennbar ein *Vertrauenstatbestand* gegenüber diesem geschaffen wird.[509] All das ist nach dem vorstehend Gesagten für den Beispielsfall zu bejahen – der zeugniserteilende Erstarbeitgeber weiß, dass das Zeugnis potentiellen Folgearbeitgebern präsentiert wird und diese die dort umrissenen Charakteristika des Arbeitnehmers als Grundlage für einen Anstellungsvertrag nehmen.

dd) Zusammenfassung und Zwischenergebnis

Im gesamten deutschen Rechtskreis lässt sich eine Fahrlässigkeitshaftung des zeugniserstellenden Erstarbeitgebers nach den Grundsätzen der vertrauensbasierten Auskunftshaftung begründen.

Aus der Perspektive dieser Untersuchung ist dieses Ergebnis insbesondere unter zwei Gesichtspunkten stimmig: *Erstens* handelt der vertrauensheischende Erstarbeitgeber nicht altruistisch, sondern aus dem Motiv heraus, sich von einer ihn treffenden Vertragspflicht zu befreien. Das Erfordernis einer „Vertrauensprämie" als normatives Gegengewicht zu einer drohenden vertrauensbasierten Haftung ist so – jedenfalls in abgeschwächter Form – erfüllt. *Zweitens* – und stets besonders bedeutsam – droht dem fahrlässig falsch testierenden Erstarbeitgeber keine uferlose Haftung für reine Ver-

---

[508] *Neumayr*, in: ABGB ON, § 1163 Rn. 26 ff.; *Auer-Mayer/Pfeil*, in: PraxKomm ABGB[5], § 1163 Rn. 10; *Spenling*, in: KBB ABGB[6], § 1163 Rn. 3; *Holzer*, in: Marhold/Burgstaller/Preyer, AngG Komm (Stand: 1.12.2012), § 39 Rn. 23.

[509] Grundlegend OGH SZ 69/258 = ecolex 1997, 844 mAnm *Wilhelm;* ferner OGH SV 2020, 169 (170) mAnm *Mann-Kommenda;* ecolex 2019/366; EvBl 2018/89 (613) mAnm *Hoch/Angyan;* bbl 2017/26; bbl 2012/25 (44); SZ 201/58 = JBl 2012, 520 (521); SZ 2010/92 = JBl 2010, 781 (783); ZVR 2009/30 mAnm *Ch. Huber;* JBl 2006, 178 (180); ÖBA 2002/1068 (832); *Reich*, wobl 2019, 117 (121); *Karner*, in: FS Koziol (2010), 695 (716); *ders.*, in: KBB ABGB[6], § 1300 Rn. 3; *Harrer/E. Wagner*, in: PraxKomm ABGB[4], § 1300 Rn. 105d; vgl. *Kletečka*, in: FS Reischauer (2010), 287 (306 f.).

mögensschäden gegenüber einer unbegrenzten Zahl an potentiellen Gläubigern. Für ihn ist vielmehr erkennbar, dass das Zeugnis im Kreis möglicher Folgearbeitgeber zirkuliert, ist es diesem doch immanent, zukünftigen Bewerbungen beigelegt zu werden. Das dem Zeugnis anhaftende Schadensrisiko kann sich letztlich nur aber letztlich nur bei dem einzelnen Folgearbeitgeber verwirklichen, der auf Grundlage des Zeugnisses die Folgeanstellung tatsächlich vornimmt.[510]

Zwar ließe sich einwenden, dass das fehlerhafte Zeugnis auch ursächlich für weitere Folgeeinstellungen sein kann und die Zahl potentieller Schadenersatzgläubiger so doch noch ins Unübersichtliche steigt.[511] Dem ist allerdings zu entgegen, dass die schadenskausale Vertrauensbildung umso schwächer wird, je länger die Ausstellung des fehlerhaften Zeugnisses zurückliegt. Bewährt sich der Arbeitnehmer bei seiner ersten Folgeanstellung, erhält dort so ein wahrheitsgemäß positives Zeugnis, legt dieses gemeinsam mit dem vorausgegangenen, beschönigenden Zeugnis bei seiner erneuten Folgeeinstellung vor, ist schon die Kausalität des fehlerhaften Erstzeugnisses für Einstellung und Schadenseintritt fraglich. Begeht der Arbeitnehmer in seinen Folgeanstellungen erneute Unterschlagungen, erhält ein wahrheitsgemäß negatives Zeugnis und legt dieses zusammen mit dem beschönigenden Erstzeugnis bei einer erneuten Folgeeinstellung vor, kommt es gar nicht zur Bildung berechtigten Vertrauens. Gleiches gilt, wenn der Arbeitnehmer die negativen Folgezeugnisse gar nicht vorlegt, und der Folgearbeitgeber sich – vertrauensausschließend – nach dem Grund hierfür fragen muss.

3. Zwischenergebnis: Vertrauensbasierte Auskunftshaftung

Die vorstehenden Ausführungen haben gezeigt: Im gesamten deutschen Rechtskreis lässt sich eine außervertragliche – d.h. insbesondere ohne die Notwendigkeit gekünstelter Vertragsfiktionen – Auskunftshaftung für fahrlässig verursachte reine Vermögensschäden in einer vertrauensbasierten Sonderbeziehung zwischen Auskunftserteilendem und -adressaten begründen. Von zentraler Bedeutung für die Frage nach der Sonderbeziehung ist die Erkennbarkeit einer solchen – begegnen sich die Akteure nur zufällig, also nimmt der Adressat von der Auskunft nur bei Gelegenheit Kenntnis, oder ist der Kontakt zwischen Auskunftserteilendem und Adressat vorhersehbar oder gar beabsichtigt?

---

[510] So schon *Gleisberg*, DB 1979, 1227 (1228).
[511] In diese Richtung *Meisloch*, Funktionalität von Arbeitszeugnis- und Referenzsystem (2017), 144 f.

H. Ergebnisse

Diese Untersuchung hat sich aufgemacht, durch den rechtskreisinternen Vergleich die zentralen *Elemente der originär außervertraglichen Haftung für fahrlässig verursachte reine Vermögensschäden* aufzuspüren. Wenn der vielfach bemühte Stehsatz, fahrlässig verursachte reine Vermögensschäden seien zwischen Nichtvertragspartnern nicht zu ersetzen, erkennbar zu kurz und an der haftpflichtrechtlichen Realität vorbeigreift, hatte diese Untersuchung das Ziel, sich dem *Gegengrundsatz* zu nähern: Auch ohne originäres vertragliches Band zwischen Schädiger und Geschädigtem können fahrlässig verursachte reine Vermögensschäden zu ersetzen sein – nämlich dann, wenn die im Folgenden zu erläuternden, normativen Gesichtspunkte durchschlagen.

I. Hauptthesen

Selbst die Aufbereitung der Untersuchungsergebnisse kann vom rechtskreisinternen Vergleich profitieren: Für das österreichische[1] Recht hat *Koziol*[2] *zehn Abwägungsregeln* für die Haftung für reine Vermögensschäden formuliert. Die Ergebnisse dieser Untersuchung knüpfen insofern an *Koziol* Regeln an, als sie diese *zumindest in der Sache* für den gesamten deutschen Rechtskreis entweder bestätigen können oder diese aber modifizieren und konkretisieren müssen.[3]

1. Das Fundament – die zehn Regeln Koziols

Nach *Koziol*[4] sei die Haftung für reine Vermögensschäden *umso eher gerechtfertigt,* (1.) je geringer die Gefahr einer unbegrenzten Zahl von Geschä-

---

[1] Jedenfalls vom Ansatz her vergleichbar *Werro*, recht 2003, 12 (15) mit normativen *guidelines* für die schweizerische, deliktische Auskunftshaftung.
[2] Haftpflichtrecht II (2018), A/2/115 ff.; *ders.*, JBl 2004, 273 (277 ff.); *ders.*, in: van Boom/Koziol/Witting (Hrsg.), Pure Economic Loss (2004), 141 (149 ff., Rn. 30 ff.).
[3] Vgl. schon *Schobel*, ÖBA 2001, 752 (757 Fn. 57), der *Koziols* Regeln und ihrer Implementierung in ein bewegliches System ausdrücklich folgt, gleichzeitig aber – ganz iSd Untersuchung – festhält, dass ihre Aufzählung nicht abschließend ist.
[4] Haftpflichtrecht II (2018), A/2/115 ff.; *ders.*, JBl 2004, 273 (277 ff.); *ders.*, in: van Boom/Koziol/Witting (Hrsg.), Pure Economic Loss (2004), 141 (149 ff., Rn. 30 ff.).

digten ist, (2.) je weniger der Schutz reiner Vermögensinteressen zusätzliche Sorgfaltspflichten und damit weitere Einschränkungen der Bewegungsfreiheit mit sich bringt, (3.) je intensiver das Naheverhältnis zwischen den Beteiligten ist,[5] (4.) je größer die Wahrscheinlichkeit ist, dass sich andere Personen durch die unrichtige Erklärung beeinflussen lassen, (5.) je weniger der möglicherweise Geschädigte sich selbst schützen kann und daher besonders des Schutzes bedarf, (6.) wenn dem Schädiger die finanziellen Interessen bekannt waren oder diese zumindest offenkundig sind, (7.) je klarer die Grenzen der Vermögensinteressen sind, (8.) wenn der Täter mit Vorsatz handelte, (9.) je bedeutsamer typischerweise die finanziellen Interessen für Geschädigte sind und (10.) je mehr der Schädiger in seinem eigenen wirtschaftlichen Interesse tätig wird.

Vorweggenommen sei, dass nach den Ergebnissen dieser Untersuchung der *ersten, neunten* und *zehnten* Regel *Koziols* in der Sache ausdrücklich gefolgt, die *fünfte* und *achte* Regel modifiziert und die *vierte* Regel konkretisiert wird. Die Regeln *zwei, drei, sechs* und *sieben* sind zwar nicht zu vernachlässigen, gehen aber weitgehend im Gesichtspunkt der freiheitsschützenden Haftungskonturierung (*erste Regel*) auf.

2. Das Tragwerk – Implementierungsfähigkeit der hiesigen Ergebnisse im deutschen Recht – § 311 Abs. 3 S. 1 BGB

Koziol dienen seine zehn Regeln als Tariergewichte in einem *beweglichen Haftpflichtsystem*, in welchem die Einstandspflicht des Schädigers – auch für reine Vermögensschäden – durch die Abwägung aller Einzelfallumstände miteinander ausgependelt werden soll.

Die dogmatische Handhabbarmachung der hier gewonnenen Erkenntnisse für das deutsche Recht muss und soll an anderer Stelle erfolgen. Einen geeigneten Anlaufpunkt hierfür bietet § 311 Abs. 3 S. 1 BGB, welcher als schuldrechtliche Generalklausel hinreichend tatbestandliche Flexibilität aufweist, um als Heimathafen für normative Haftungsgesichtspunkte dienen zu können.[6] Vom Gesetzgeber der Literatur bewusst zur Fortentwicklung überlassen,[7] bestimmt diese Generalklausel der Dritthaftung aus culpa in contrahendo, dass ein *gesetzliches Schuldverhältnis* (Stichwort: originär außervertragliche Haftung) mit auch das Vermögen Dritter betreffender Schutzpflichten auch zu solchen Personen entstehen kann, die nicht selbst Vertragspartei werden sollen. Bis auf das Regelbeispiel der *besonderen Vertrauensinanspruchnahme* (§ 311 Abs. 3 S. 2 BGB) schweigt das Gesetz zu

---

[5] So auch *Kalss*, ÖBA 2000, 641 für die Kapitalmarkthaftung.
[6] Ganz idS *Temming/Weber*, JURA 2019, 923 (932 ff.).
[7] *Faust*, AcP 210 (2010), 555 (562 und Fn. 18).

den Voraussetzungen, nach denen dieses Schuldverhältnis zustande kommt. Die hier beschriebenen Haftungselemente (*Picker*[8] spricht in diesem Kontext plastisch von „Pflichtverstärkungsfaktoren") bieten normative Konturen, um die Entstehung gesetzlicher Schuldverhältnisse iSd § 311 Abs. 3 S 1 BGB zu umreißen.

Wenn im Duktus von *Koziols beweglichen Systems* die Haftung für reine Vermögensschäden „umso eher gerechtfertigt ist, je ...", muss dies für diese Untersuchung und die Implementierung der hiesigen Ergebnisse in § 311 Abs. 3 S. 1 BGB vielmehr in abgewandelter Form lauten: *Ein gesetzliches Schuldverhältnis iSd § 311 Abs. 3 S. 1 BGB, innerhalb dessen bereits bei fahrlässiger Schutzpflichtverletzung auch für reine Vermögensschäden zu haften ist, kann angenommen werden, wenn ...*

3. Das Innenleben – Elemente der originär außervertraglichen Haftung für fahrlässig verursachte reine Vermögensschäden

Bei der Betrachtung der einzelnen Beispielsfälle im vorangegangenen Kapitel sind bereits die Eckpfeiler der originär außervertraglichen Haftung für fahrlässig verursachte reine Vermögensschäden erkennbar geworden. Der Grundsatz der außervertraglichen Nichthaftung ist mit Blick auf den Schutz des Schädigers, respektive seiner allgemeinen Handlungs- und Bewegungsfreiheit zu formulieren. Dies gibt die beiden Grundperspektiven vor, aus welchen der Gegengrundsatz zu formulieren ist: Eine originär außervertragliche Haftung für fahrlässig verursachte reine Vermögensschäden ist ausnahmsweise dann zu bejahen, wenn a) *das Risiko der freiheitsbedrohend-ausufernden Haftung nicht besteht* und b) *der Schädiger – insbesondere in seiner Handlungsfreiheit – nicht schutzbedürftig ist bzw. die Schutzwürdigkeit des Geschädigten überwiegt.*

Im Einzelnen:

a) Keine uferlose, freiheitsbedrohende Haftung

Das zentrale Argument gegen eine allgemeine Fahrlässigkeitshaftung auch für reine Vermögensschäden besteht darin, dass das *Risiko einer unbegrenzten Einstandspflicht* gegenüber unzähligen Gläubigern bei bereits leichtester Fahrlässigkeit die *Handlungs- und Bewegungsfreiheit des Einzelnen lähmt* (vgl. *Koziols* erste und zweite Regel). Lässt sich aber der Kreis der potentiell Ersatzberechtigten und ihrer beeinträchtigten Interessen ex ante umreißen

---

[8] *Picker*, in: FS Medicus (1999), 397 (425); *ders.*, JZ 1987, 1041 (1043) jeweils im Anschluss an *Frotz*.

(vgl. *Koziols* sechste und siebte Regel), wird der grundsätzlichen Haftungsverneinung der Boden entzogen.

Diese Erwägung tritt im gesamten Haftpflichtrecht des deutschen Rechtskreises zu Tage, etwa bei der deliktischen Haftung für den Unterhaltsschaden (Begrenzung auf Unterhaltsgläubiger), im Kapitalmarktdeliktsrecht (Transaktionserfordernis lässt Emittenten einzelne Kapitalanleger erkennen), in der Rechtsprechung des OGH (ausdrückliche Erwägung, ob Ausuferung der Haftung ausgeschlossen werden kann), in § 839a BGB (Haftung nur gegenüber den Verfahrensbeteiligten) und allgemein der Haftung aus Sonderverbindung, die als Gegenstück zum Zufallskontakt bereits begrifflich ein vinculum zwischen Schädiger und Geschädigtem voraussetzt (vgl. *Koziols* dritte Regel). Bei der deutschen Amtshaftung (§ 839 BGB iVm Art. 34 GG) kommt das Zusammenspiel von Handlungsfreiheit und Nichthaftung gerade als Negativabdruck zum Vorschein: Da dem Staat selbst keine durch die Absage an eine allgemeine Fahrlässigkeitshaftung erst freizuhaltende Handlungsfreiheit zukommt, haftet die Anstellungskörperschaft des schädigenden Beamten auch ganz grundsätzlich für fahrlässig verursachte reine Vermögensschäden.

In der Sache ist sich hier *Koziols* erster Regel[9] anzuschließen: Ein gesetzliches Schuldverhältnis iSd § 311 Abs. 3 S. 1 BGB, innerhalb dessen bereits bei fahrlässiger Schutzpflichtverletzung auch für reine Vermögensschäden zu haften ist, kann angenommen werden, *wenn die mögliche Haftung des Schädigers auch außerhalb originärer Vertragsbeziehungen nicht in freiheitsbedrohender Weise – insbesondere nicht gegenüber einem unkonturierbaren Personenkreis – ausufern kann.*

b) Schutz(un)würdigkeit von Schädiger und Geschädigtem

Die Frage, ob die Schutzbedürftigkeit des Einen der Schutzbedürftigkeit des Anderen überwiegt, ist das Mantelargument jeder zivilrechtlichen Interessenabwägung und erst durch einzelne, spezielle Wertungen mit Leben zu füllen. Für die originär außervertragliche Haftung für fahrlässig verursachte reine Vermögensschäden lassen sich die Folgenden feststellen:

aa) Enttäuschung berechtigten Vertrauens

Der *Schutz berechtigten Vertrauens* zieht sich als konstante Wertung zur Haftpflichtbegründung durch diese Untersuchung. In Reinform ist sie in der Figur der schweizerischen Vertrauenshaftung zu erkennen, ebenso in

---

[9] Die zweite, dritte, sechste und siebte Regel *Koziols* gehen weitestgehend in dem Gesichtspunkt der Freiheitsbedrohung durch das Risiko einer uferlosen Haftung auf.

§ 311 Abs. 3 S. 2 BGB. Als Grundwertung ist der Vertrauensschutz weiterhin der herkömmlichen culpa in contrahendo und in der Schweiz der tradierten deliktischen Auskunftshaftung zugrunde gelegt. Selbst Lösungsansätzen, die eine Ersatzpflicht vordergründig über das Vertragsrecht zu begründen versuchen, können es augenscheinlich nicht vermeiden, ihre Vorgehensweise mit dem Vertrauensschutzgedanken zu legitimieren. Dies gilt sowohl für die Fiktion konkludenter Auskunftsverträge, die dann angenommen werden, wenn die sachverständige Auskunft für ihren Empfänger besonders bedeutsam ist und dieser auf ihrer Grundlage disponiert, als auch für die Herangehensweise der deutschen Rechtsprechung, den Schutz fremder Verträge dann auf Dritte zu erstrecken, wenn es um nachteilige Dispositionen im Vertrauen auf einen Expertenrat geht.

Koziol widmet keine seiner Regeln unmittelbar dem Vertrauensschutz, spricht mit seiner vierten Regel allerdings die Wahrscheinlichkeit der Disposition auf Grundlage der Auskunft eines anderen und damit implizit das *haftpflichtbegründende Vertrauen* an. Für die Perspektive des österreichischen Rechts ist die gegenüber dem Vertrauensgedanken hier offenbare Zurückhaltung insofern nachzuvollziehen, als dort der primäre Anwendungsbereich der vertrauensbasierten Einstandspflicht – der Auskunftshaftung – bereits großflächig von § 1300 ABGB abgedeckt wird. Nach der modernen Lesart des § 1300 S. 1 ABGB kann dieser Norm allerdings auch eine Haftung gegenüber Dritten für die Verletzung objektiv-rechtlicher Sorgfaltspflichten entnommen werden, wenn ihnen gegenüber erkennbar ein *Vertrauenstatbestand* geschaffen und verletzt wurde.

Sogar im österreichischen Recht – so lässt sich schließen und *Koziols* vierte Regel konkretisieren – hat der Vertrauensschutz als zentrales Element zur Begründung einer Haftung für fahrlässig verursachte reine Vermögensschäden Einzug gehalten. Für das deutsche Recht bestätigt dieser rechtsvergleichende Befund unmittelbar die Wertung des § 311 Abs. 3 S. 2 BGB.

bb) Verfolgung eigener Interessen

Die *Verfolgung eigener Interessen* als Element einer originär außervertraglichen Haftung anzuführen, kann prima vista nicht in letzter Konsequenz überzeugen, steht dieser Gesichtspunkt doch *fernab von jeder Facette der Vorwerfbarkeit und Rechtswidrigkeit*. Oder mit anderen Worten: Die Verfolgung eigener Interessen ist (bis zur Grenze entgegenstehender Einzelregelungen) gesellschaftlich doch gerade erwünscht, ja sogar ein Bauprinzip einer funktionierenden Marktwirtschaft.

Gleichwohl hat die Rechtsprechung den *procurator in rem suam* deswegen für aufklärungs- und ersatzpflichtig befunden, weil dieser in *erheblichem eigenwirtschaftlichem Interesse* handelt und ein quasi-eigenes Geschäft tätigt. Betrachtet man das Konglomerat der weiteren Ansätze zur Begründung einer Fahrlässigkeitshaftung für reine Vermögensschäden fällt auf, dass der Umstand der eigenen Interessenverfolgung jedenfalls verbildlichen kann, warum die Erstreckung der Vertragshaftung (dort dient der Vertragsschluss ja gerade der Verfolgung von Eigeninteressen) auf originär außervertragliche Sachverhalte gerechtfertigt sein kann.

Dahinter steht die Grundwertung, dass der im wirtschaftlichen Eigeninteresse Handelnde jedenfalls grundsätzlich weniger schützenwert ist als der reine Altruist[10] – bei monetärer Abgeltung lassen sich hieraus schließlich auch Haftpflichtversicherungsprämien bezahlen. Diese Grundwertung gilt insbesondere für die Haftung aus culpa in contrahendo und das Schuldverhältnis mit Drittschutzwirkung, aber auch für die Facetten der vertrauensbasierten Auskunftshaftung. § 1300 S. 1 ABGB verlangt ausdrücklich, dass eine Einstandspflicht dort angenommen werden kann, wo der Auskunftsgebende *gegen Belohnung* tätig wird. Dieses Erfordernis einer *Vertrauensprämie* spielt schließlich auch mit der Entstehung berechtigten Vertrauens im Kontext der vertrauensbasierten Auskunftshaftung im Zweipersonenverhältnis zusammen, stärkt die Verfolgung eigener Interessen durch den Auskunftsgeber doch das ihm durch den Auskunftsadressaten entgegengebrachte Vertrauen: Gerade dann, wenn jemand nach eigenen Zielen strebt, wird man davon ausgehen dürfen, dass mit besonderer Sorgfalt gehandelt wird. Selbst im deliktischen Bereich kann sich diese Wertung zeigen. Die Haftung des Gerichtssachverständigen nach § 839a BGB greift ab grober Fahrlässigkeit – nicht erst bei Vorsatz, denn er wird für seine Tätigkeit entlohnt, was die berechtigte Sorgfaltserwartung stärkt, allerdings auch nicht bei jeder Fahrlässigkeit, denn er kann seine Haftungsprämie (anders als der Privatgutachter) nicht frei aushandeln.[11]

In der Sache ist hier *Koziols* zehnte Regel zu bestätigen: Ein gesetzliches Schuldverhältnis iSd § 311 Abs. 3 S. 1 BGB, innerhalb dessen bereits bei fahrlässiger Schutzpflichtverletzung auch für reine Vermögensschäden zu haften ist, kann angenommen werden, *wenn der Schädiger bei der Schädigung eigene Interessen verfolgt* – nicht umsonst wird die Einstandspflicht des *procurator in rem suam* heute in dieser Norm verortet.

cc) Beherrschende Stellung des Schädigers im Vorfeld der Schädigung

Außerhalb originärer Vertragsbeziehungen sind fahrlässig verursachte reine Vermögensschäden dann regelmäßig zu ersetzen, wenn der Schädiger die

---

[10] Treffend OGH JBl 2011, 443 (444) mkritAnm Dullinger: „Die grundlegende Wertung besteht gerade darin, die Auskunftsgeber einer strengeren Haftung zu unterwerfen, die sich von der Preisgabe der Auskunft einen Vorteil erwarten, als jene, die lediglich aus Gefälligkeit beraten".
[11] Vgl. *G. Wagner/Thole*, VersR 2004, 275 (276).

Umstände des Schadenseintritts beherrscht.[12] Besonders klar ist die beherrschende Stellung und das damit einhergehende Abhängigkeitsgefälle zwischen Schädiger und Geschädigtem im Verhältnis von Staat und Bürger zu erkennen. Es ist nur konsequent, die öffentliche Hand für fahrlässig amtspflichtwidrig verursachte reine Vermögensschäden haften zu lassen. Eine beherrschende Stellung, die eine originär außervertragliche Haftung für reine Vermögensschäden rechtfertigen kann, hat auch der Gerichtssachverständige (§ 839a BGB) inne, dessen Gutachten für das Gerichtsurteil regelmäßig wegweisend ist. Diese in § 839a BGB schon erkennbare Situationsbeherrschung des auskunftsgebenden Experten zeigt sich (in abgeschwächter Form, schließlich muss der vertrauende Auskunftsnehmer erst noch schadensstiftend disponieren) auch bei der Sachwalterhaftung nach § 311 Abs. 3 S. 2 BGB – dieser hat „die Tatherrschaft"[13] über den Schädigungsverlauf inne, bzw. beherrscht das Risiko, welches der Vertrauende gerade an ihn abgegeben hat.[14]

Koziols fünfte Regel, die der Perspektive des Geschädigten entspringt, ist hier umzuformulieren: Ein gesetzliches Schuldverhältnis iSd § 311 Abs. 3 S. 1 BGB, innerhalb dessen bereits bei fahrlässiger Schutzpflichtverletzung auch für reine Vermögensschäden zu haften ist, kann angenommen werden, *wenn der Schädiger die Umstände des Schadenseintritts in besonderem, exklusiven Maße beherrscht.*

dd) Bedeutsamkeit des beeinträchtigten Vermögens für die eigenwirtschaftliche Lebensführung des Geschädigten

Wird das Vermögen des Geschädigten dort beeinträchtigt, wo es für seine eigenwirtschaftliche Lebensführung besonders bedeutsam ist (zugespitzt: dort wo *Existenzgrundlagen* betroffen sind), ordnet bereits das Deliktsrecht verschiedentlich Ersatz an. Dies beginnt im deutschen Deliktsrecht bei § 824 BGB, welcher die für die eigene Erwerbstätigkeit – sei es als Arbeitnehmer oder Arbeitgeber – bedeutsame *Geschäftsehre* schützt. In Österreich und der Schweiz findet dies dadurch Ausdruck, dass die Geschäftsehre sogar in den Stand absolut geschützter Rechtsgüter erhoben wird und sich die Frage nach der Ersatzfähigkeit von durch Verletzung der Geschäftsehre verursachten reinen Vermögensschäden so gar nicht stellen kann. Mit der Anerkennung des *Rechts am Gewerbebetrieb* setzt sich diese Wertung, das zur eigenen Erwerbstätigkeit eingesetzte Vermögen besonders zu schützen, fort.[15] Dem

---

[12] Ganz idS auch *Jansen*, Struktur des Haftungsrechts, 531 f.; *Temming/Weber*, JURA 2019, 923 (934 ff.), die auf die „rechtliche Einflussmöglichkeit" abstellen.
[13] *Canaris*, in: FS 50 Jahre BGH I (2000), 129 (186 f.).
[14] *Kersting*, Dritthaftung für Informationen (2007), 313; *Angyan*, RdW 2022, 238 (241).
[15] BGHZ 164, 1 = NJW 2005, 3141 (3142): „wirksame Handhabe, um einem möglicherweise *existenzgefährdenden* Eingriff […] entgegenzutreten"; ebenso OLG Stuttgart

schweizerischen Recht gelingt es dagegen, die zentralen Fälle des Unternehmenseingriffs mit einem großzügigen Verständnis der Berufsehre zu erfassen. Besonders markantes und im gesamten deutschen Rechtskreis in vergleichbarer Weise angelegtes Beispiel für den Schutz des für die eigene Lebensführung besonders bedeutsamen Vermögens ist der *Ersatzanspruch der Unterhaltsberechtigten* im fremdverursachten Todesfall ihres Versorgers, § 844 Abs. 2 BGB, § 1327 ABGB, Art. 45 Abs. 3 OR.

Koziols neunte Regel ist zu bestätigten: *Wird der Geschädigte in für seine eigenwirtschaftliche Lebensführung besonders bedeutsamen Vermögen beeinträchtigt, kann dies eine Einstandspflicht bereits bei Fahrlässigkeit rechtfertigen.* Der Annahme einer Sonderverbindung bedarf es hierzu in der Regel gar nicht, die Ersatzpflicht folgt meist schon aus (Spezial-)Delikt.

ee) Grad des Verschuldens

Die Haftungsfreiheit des Einzelnen ist nur dort durch eine allgemeine Haftungsanordnung bedroht, wo diese auch bei fahrlässiger Beeinträchtigung sozialtypisch nicht erkennbarer Interessen zum Ersatz verpflichtet. Handelt der Schädiger jedoch vorsätzlich, erkennt er also alle wesentlichen Tatumstände inklusive des zu beeinträchtigenden Vermögens, ist seine durch die Schädigung ausgeübte Handlungsfreiheit nicht mehr schützenswert. Insofern liegt es jedenfalls nicht fern, mit *Koziols* achter Regel dann eine Haftung anzunehmen, wenn der potentiell Ersatzpflichtige vorsätzlich handelt.[16] In Österreich streiten hierfür §§ 874, 1300 S. 2 ABGB. Allerdings: Reine Vermögensschädigungen dürfen in lauterem Wettbewerb unter Konkurrenten gerade auch vorsätzlich verursacht werden. Deshalb enthalten § 826 BGB, § 1295 Abs. 2 ABGB und Art. 41 Abs. 2 OR schließlich den Sittenverstoß als zweiten, an dieser Stelle gerade entscheidenden Tatbestandsfilter.

Trotzdem überzeugt der Grundansatz des Gedankens, bei qualifiziertem Verschulden der Handlungsfreiheit des Schädigers weniger Stellenwert einzuräumen und stattdessen der Integrität des beeinträchtigten Geschädigtenvermögens Vorrang zu gewähren.[17]

§ 839a BGB bringt dies sogar unterhalb der Vorsatzgrenze zum Ausdruck: Der Prozesssachverständige haftet auch (und im Zivilverfahren sogar in aller

---

BeckRS 2011, 3888; vgl. auch *Franck*, Marktordnung durch Haftung (2016), 302 ff., der die Gemeinsamkeit der Kreditgefährdungshaftung und des Schutzes des Rechts am Unternehmen darin sieht, dass mit beiden Ansätzen Verstöße gegen Marktordnungsnormen sanktioniert werden sollen.

[16] Ähnlich *Faust*, AcP 210 (2010), 555 (558).
[17] Vgl. *Canaris* Vers 2007, 577 (584): Absenkung des Verschuldenserfordernisses des § 826 BGB auf grobe Fahrlässigkeit de lege ferenda; kritisch zum Vorsatzerfordernis des § 826 BGB auch *G. Wagner*, in: MüKo BGB[8], § 823 Rn. 425; aus rechtsökonomischer Perspektive und am Beispiel des fehlerhaften Wertgutachtens *Kötz/Schäfer*, Judex oeconomicus (2003), 132 ff.

Regel) für reine Vermögensschäden, allerdings nicht bei einfacher Fahrlässigkeit, sondern – *um die innere Freiheit des Sachverständigen noch in ihrem Kern zu schützen* – erst bei grobem Verschulden.

Koziols achte, allein auf Vorsatz bezogene Regel ist daher umzuformulieren und als *ergänzender, normativer* Gesichtspunkt bei der Frage nach der Schuldverhältnisbegründung zu berücksichtigen: Für die Annahme eines gesetzliches Schuldverhältnis iSd § 311 Abs. 3 S. 1 BGB nach den vorstehenden Elementen (also bei Vertrauensinanspruchnahme, Eigeninteressenverfolgung, beherrschender Stellung, Bedeutsamkeit des beeinträchtigten Vermögens) streitet zusätzlich, *wenn die Handlungsfreiheit des Schädigers angesichts seines qualifizierten Verschuldens nicht schützenswert ist.*

c) Kernergebnis

Diese Untersuchung hat zu Beginn angeprangert, dass die deutsche Rechtswirklichkeit keine prägnante und gleichzeitig möglichst allgemeingültige Antwort auf die Frage nach der originär außervertraglichen Haftung für fahrlässig verursachte reine Vermögensschäden geben kann.

Nach den vorstehenden Ausführungen muss gelten:

Sofern sich die Ersatzpflicht für reine Vermögensschädigungen noch nicht aus Schutzgesetzverletzung, Spezialdelikt oder der herkömmlichen Erstreckung des Vertragsrechts ergibt, kann eine solche jedenfalls aus der fahrlässigen Verletzung einer Schutzpflicht aus einem Schuldverhältnis iSv § 311 Abs. 3 BGB erwachsen. Ein solches kann – unter der steten Prämisse, die potentielle Haftpflicht nicht in freiheitsbedrohender Weise ausufern zu lassen – zwischen Schädiger und Geschädigtem insbesondere bei der Enttäuschung besonderen Vertrauens (§ 311 Abs. 3 S. 2 BGB), der Verfolgung eigener Interessen durch den Schädiger, einer beherrschenden Stellung des Schädigers oder der Beeinträchtigung von Vermögen von besonderer Bedeutung für die eigenwirtschaftliche Lebensführung des Geschädigten entstehen. Dies gilt in besonderem Maße, wenn der Schädiger grob fahrlässig handelt.

II. Nebenthesen

Diese Untersuchung formuliert die folgenden Nebenthesen:

1. Deutscher Rechtskreis durch Rechtsrezeption

Der deutsche Rechtskreis kann eine besondere Legitimation für sich beanspruchen. Es sind nicht (nur) die gemeinsame Sprache, das vergleichbare Wertesystem oder der Austausch der Studenten und Hochschullehrer zwischen Deutschland, Österreich und der Schweiz, welche die (Zivil-)Rechtsordnungen dieser Länder zu einem Rechtskreis zusammenwachsen lassen. Diese Faktoren schaffen vielmehr die Voraussetzungen für den eigentlich rechtskreisschaffenden Prozess: *die Rechtsrezeption untereinander*. Das Haftpflichtrecht und im Speziellen die Problematik der originär außervertraglichen Einstandspflicht für reine Vermögensschäden verdeutlichen dies besonders. Die Rezeptionsvorgänge reichen auf diesem Gebiet von der „großen" *Variante des Normtransplantats* (§ 826 BGB und § 1295 Abs. 2 ABGB, Art. 41 Abs. 2 OR; § 824 BGB und § 1300 Abs. 2 ABGB) über den vom Höchstgericht *bewusst gesuchten Schulterschluss* mit der Rechtsprechung im Nachbarland im Kontext der Prospekthaftung bzw. der Sachwalterhaftung bis zur Rezeption der Dogmatik zu den einzelnen *Entstehungsgründen haftpflichtbewehrter Sonderverbindungen*. Vor allem diese letztgenannte Variante der Ideenrezeption lässt sich in der Breite feststellen und dabei sogar an einige prominente Namen knüpfen: Zu nennen ist etwa die auf *Ehrenzweig* zurückgehende und heute in allen drei Ländern etablierte Lehre vom Schutzzweck der Norm, die *jheringsche* culpa in contrahendo als Grundstein der vorvertraglichen Schuldverhältnisse und auf ihr aufbauend und insbesondere ins schweizerische Recht exportierte Vertrauenshaftung nach der Lehre von *Canaris*, die für den Umgang mit reinen Vermögensschäden bis heute wegweisende Ausrichtung des schweizerischen Widerrechtlichkeitsverständnisses an den am deutschen Recht orientierten Ausführungen *Merz* und die (erfolgreiche) Propagierung des aus Deutschland stammenden Dogmas des vertraglichen Drittschutzes auch für das österreichische Recht durch *F. Bydlinski*.

Einzelne Autoren mögen den Abgesang auf die Rechtskreislehren bereits angestimmt haben – die Rezeptionsvorgänge zwischen dem deutschen, österreichischen und schweizerischen Haftpflichtrecht müssen sie (jedenfalls für diesen Bereich) verstummen lassen.

2. Abschied vom Reflexschadenersatzverbot

Die Lehre vom Reflex- bzw. Drittschadenersatzverbot sollte zugunsten der präziseren Frage nach der originär außervertraglichen Haftung für fahrlässig verursachte reine Vermögensschäden aufgegeben werden. Das Prinzip, Reflex- bzw. Drittschäden nicht zu ersetzen, deckt sich in Reichweite und Zielsetzung mit dem in Deutschland bereits gesetzlich angelegten Grundsatz, außerhalb vertraglicher Beziehungen den Ersatz fahrlässig verursachter reiner Vermögensschäden zu verneinen. Dem Reflexschadenersatzverbot kommt aber nur dann erkennbare Bedeutung zu, wenn es sich gleichzeitig um einen reflektorisch verursachten reinen Vermögensschaden handelt. Erleiden Dritte einen Sach- oder Personenschaden (Stichwort: Schock- und Fernwirkungsschaden; Kabelbruch mit Drittsachschaden), sind diese bei der Bejahung von Schutzzweckumfassung und Adäquanz trotz ihrer eigentlich reflektorischen Verursachung regelmäßig ersatzfähig.

3. Haftungsverneinung zwecks Freiheitsschutz – keine Diskriminierung reiner Vermögensschäden

Reine Vermögensschäden werden durch das Deliktsrecht nicht „diskriminiert". Der Grundsatz, außerhalb von Sonderbeziehungen regelmäßig nicht für fahrlässig verursachte reine Vermögensschäden haften zu müssen, dient dem Schutz jedes Einzelnen (potentiellen Schädigers) vor einem ansonsten allgegenwärtigen und damit freiheits- und bewegungslähmenden Haftungsrisiko. Die insbesondere in der schweizerischen Literatur immer wieder bemühte Floskel, reine Vermögensschäden würden durch ihre weitgehende deliktische Irrelevanz *diskriminiert*, ist geradezu falsch, meint Diskriminierung doch schon dem Wortsinn nach eine *sachgrundlos ungerechtfertigte Ungleichbehandlung*. Das wenig offenkundige Reinvermögen im Kontext von Zufallskontakten weniger zu schützen als etwa das Eigentum oder die Personenrechte, gewährleistet erst eine allgemeine Handlungs- und Bewegungsfreiheit und liefert damit sogar *einen besonders bedeutsamen Rechtfertigungsgrund für die deliktische Ungleichbehandlung reiner Vermögensschäden gegenüber den absolut geschützten Rechtsgütern*.

Literaturverzeichnis

Aebi-Müller, Regina/Pfaffinger, Monika, Haftung für Rat und Auskunft – unter besonderer Berücksichtigung von Empfehlungsschreiben und Referenzauskünften, in: Ackermann/Bommer (Hrsg.), Liber Amicorum für Martin Vonplon, Schulthess, Zürich 2009, 21–40 [zit.: *Aebi-Müller/Pfaffinger*, in: Liber Amicorum Vonplon (2009), 21]

Aepli, Viktor, Zum Verschuldensmassstab bei der Haftung für reinen Vermögensschaden nach Art. 41 OR, SJZ 1997, 405 ff. [zit.: *Aepli*, SJZ 1997, 405]

Ahrens, Hans-Jürgen, Deliktische Haftung für Justizunrecht – Privilegien im gerichtlichen Verfahren, in: Ahrens/von Bar/Fischer/Spickhoff/Taupitz (Hrsg.), Festschrift für Erwin Deutsch zum 80. Geburtstag, Springer, Berlin/Heidelberg 2009, 701–728 [zit.: *Ahrens*, in: FS Deutsch (2009), 701]

ders., Gefahr der Sachentziehung – ein deliktischer Schaden? Seltsame Blüten der Rechtsprechung zum Dieselskandal, in: Danzl/Dauner-Lieb/Wittwer (Hrsg.), Festschrift für Christian Huber zum 65. Geburtstag, C.H.Beck, München 2020, 1–15 [zit.: *Ahrens*, in: FS Ch. Huber (2020)]

Angyan, Johannes, Die schadenersatzrechtliche Vertrauenshaftung im Recht der Kapitalgesellschaften, RdW 2022, 238 ff. [zit.: *Angyan*, RdW 2022, 238]

Apathy, Peter, Drittschadensliquidation, JBl 2009, 69 ff. [zit.: *Apathy*, JBl 2009, 69]

ders., Zur Verschuldenshaftung des Produzenten – Vertrag mit Schutzwirkung zugunsten Dritter und Organisationsverschulden, öarr 2017, 5 ff. [zit.: *Apathy*, öarr 2017, 5]

Armbrüster, Christian, Drittschaden und vertragliche Haftung, recht 1993, 84 ff. [zit.: *Armbrüster*, recht 1993, 84]

ders., Vertragliche Haftung für Drittschäden – quo vadis Helvetia?, in: Bucher/Canaris/Honsell/Koller (Hrsg.), Norm und Wirkung, Festschrift für Wolfgang Wiegand zum 65. Geburtstag, Stämpfli, Bern 2005, 71–92 [zit.: *Armbrüster*, in: FS Wiegand (2005), 71]

ders., Herstellerhaftung für abgasmanipulierte Fahrzeuge, ZIP 2019, 837 ff. [zit.: *Armbrüster*, ZIP 2019, 837]

Assmann, Heinz-Dieter/Schütze, Rolf/Buck-Heeb, Petra (Hrsg.), Handbuch des Kapitalanlagerechts, 5. Aufl., C.H.Beck, München 2020 [zit.: *Autor*, in: Assmann/Schütze/Buck-Heeb (Hrsg.), Kapitalanlagerecht[5]]

Atamer, Yesim, Rezeption und Weiterentwicklung des schweizerischen Zivilgesetzbuches in der Türkei, RabelsZ 72 (2008), 723 ff. [zit.: *Atamer*, RabelsZ 72 (2008), 723]

Badura, Peter, Der Eigentumsschutz des eingerichteten und ausgeübten Gewerbebetriebes, AöR 98 (1973), 153 ff. [zit.: *Badura*, AöR 98 (1973), 153]

Bar, Christian von, Unentgeltliche Investitionsempfehlungen im Wandel der Wirtschaftsverfassung Deutschlands und Englands, RabelsZ 44 (1980), 455 ff. [zit.: *von Bar*, RabelsZ 44 (1980), 455] *ders.*, Gemeineuropäisches Deliktsrecht, Band I, C.H.Beck, München 1996 [zit.: *von Bar*, Gemeineuropäisches Deliktsrecht I (1996)]

ders., Gemeineuropäisches Deliktsrecht, Band II, C.H.Beck, München 1999 [zit.: *von Bar*, Gemeineuropäisches Deliktsrecht II (1999)]

ders., Principles of European Law, Study Group on a European Civil Code, Non-Contractual Liability Arising out of Damage Caused to Another, Sellier, Bruylant, Stämpfli, München Brüssel Bern 2009 [zit.: *v. Bar*, PEL Liab. Dam (2009)]

Bärtschi, Harald, Verabsolutierte Relativität – Die Rechtsstellung des Dritten im Umfeld von Verträgen, Schulthess, Zürich u.a. 2009 [zit.: *Bärtschi*, Verabsolutierte Relativität (2009)]

ders., Hat das Vertragsrecht ausgedient?, ZBJV 2010, 429 ff. [zit.: *Bärtschi*, ZBJV 2010, 429]

Basedow, Jürgen, Hundert Jahre Rechtsvergleichung, JZ 2016, 269 ff. [zit.: *Basedow*, JZ 2016, 269]

ders., Internationales Einheitsprivatrecht im Zeitalter der Globalisierung, RabelsZ 81 (2017), 1 ff. [zit.: *Basedow*, RabelsZ 81 (2017), 1]

Basler Kommentar Obligationenrecht, Helbing Lichtenhahn, Basel
– Widmer Lüchinger/Oser (Hrsg.), Band I, Art. 1–529, 7. Aufl. 2020 [zit.: *Autor*, in: Basler Komm OR I[7]]
– Honsell/Vogt/Watter (Hrsg.), Band II, Art. 530–964 5. Aufl. 2016 [zit.: *Autor*, in: Basler Komm OR II[5]]

Baum, Harald, Rechtsdenken, Rechtssystem und Rechtswirklichkeit in Japan, RabelsZ 59 (1995), 258 ff. [zit.: *Baum*, RabelsZ 59 (1995), 258]

Bayer, Walter, Vertraglicher Drittschutz, JuS 1996, 473 ff. [zit.: *Bayer*, JuS 1996, 473]

beck-online Großkommentar zum BGB, Gsell/Krüger/S. Lorenz/Reymann (Hrsg.), C.H.Beck, München [zit.: *Autor*, in: BeckOGK BGB (Stand der Bearbeitung)]

Beck'scher Online-Kommentar zum BGB, Bamberger/Roth/Hau/Poseck (Hrsg.), 62. Ed., C.H.Beck, München, Mai 2022 [zit.: *Autor*, in: BeckOK BGB (62. Ed.)]

Beck'scher Online-Kommentar zum StGB, von Heintschel-Heinegg, (Hrsg.), 53. Ed., C.H.Beck, München, Mai 2022 [zit.: *Autor*, in: BeckOK StGB (53. Ed.)]

Benöhr, Hans-Peter, Die Redaktion der Paragraphen 823 und 826 BGB, in: Zimmermann (Hrsg.), Rechtsgeschichte und Privatrechtsdogmatik, C.F. Müller, Heidelberg 2000, 499–547 [zit.: *Benöhr*, in: Zimmermann (Hrsg.), Rechtsgeschichte und Privatrechtsdogmatik (2000), 499]

Benz, Nina/Kohler, Julia Rebecca, Mein Freund, der Influencer? Haftung von Influencern nach §§ 311 Abs. 3, 280 Abs. 1, 241 Abs. 2 BGB, ZfPW 2020, 490 ff. [zit.: *Benz/Kohler*, ZfPW 2020, 490]

Berger, Elisabeth, Das ABGB in Liechtenstein, in: Berger (Hrsg.), Österreichs Allgemeines Bürgerliches Gesetzbuch (ABGB), Band III, Das ABGB außerhalb Österreichs, Duncker & Humblot, Berlin 2010, 13–32. [zit.: *Berger*, in: Berger (Hrsg.), Österreichs Allgemeines Bürgerliches Gesetzbuch, Band III (2010), 13]

Berner Kommentar zum schweizerischen Privatrecht, Hausheer/Walter (Hrsg.), Stämpfli, Bern – [zit.: *Autor*, in: Berner Komm OR[Aufl.]]
– Die Entstehung durch unerlaubte Handlungen, Art. 41–61 OR, 5. Aufl. 2021
– Die einzelnen Vertragsverhältnisse Band IV, Der Arbeitsvertrag, Art. 319–330b OR, 2. Aufl. 2010

Bernhardt, Rudolf, Eigenheiten und Ziele der Rechtsvergleichung im öffentlichen Recht, ZaöRV 1964, 431 ff. [zit.: *Bernhardt*, ZaöRV 1964, 431]

Bien, Florian, Haftung für reine Vermögensschäden in der Absatzkette, ZEuP 2012, 644 ff. [zit.: *Bien*, ZEuP 2012, 644]

ders., Mangelbedingte Haftung und Regressansprüche im Verhältnis zwischen Hersteller, Händler, Werkunternehmer und Besteller, BauR 2013, 341 ff. [zit.: *Bien*, BauR 2013, 341]

Bieri, Reto, Sittenwidrige Schädigung nach Art. 41 Abs. 2 OR – Einblick in eine „Mauerblümchen"-Bestimmung des Haftpflichtrechts, AJP 2008, 249 ff. [zit.: *Bieri*, AJP 2008, 549]

van Boom, Willem, Pure Economic Loss: A Comparative Perspective, in: van Boom/Koziol/Witting (Hrsg.), Pure Economic Loss, Springer, Wien u. a. 2004, 1–40 [zit.: *van Boom*, in: van Boom/Koziol/Witting (Hrsg.), Pure Economic Loss (2004), 1]

Brenn, Christoph, Anmerkung zu OGH, Urt. v. 22.4.2021 – 3 Ob 60/21a, EvBl-LS 2021/106, EvBl-LS 2021, 699 ff. [zit.: *Brenn*, EvBl-LS 2021, 699]

Brockmann, Tim/Künnen, Simon, Vertrag mit Schutzwirkung für Dritte und Drittschadensliquidation, JA 2019, 729 ff. [zit.: *Brockmann/Künnen*, JA 2019, 729]

dies., Die sonstigen Rechte iSd § 823 I BGB, JuS 2020, 910 ff. [zit.: *Brockmann/Künnen*, JuS 2020, 910]

Broichmann, Alice/Burmeister, Julian, Konzernvertrauenshaftung – zahnloser Tiger oder tragfähiges Haftungskonzept?, NZG 2006, 687 ff. [zit.: *Broichmann/Burmeister*, NZG 2006, 687]

Bruck/Möller, Großkommentar zum Versicherungsvertragsgesetz, Band 4, Baumann u. a. (Hrsg.), 9. Aufl., De Gruyter, Berlin 2014 [zit.: *Autor*, in: Bruck/Möller VVG^9 IV]

Brüggemeier, Gert, Der BGH und das Problem der Vermögensfunktionsstörung – Das ungeklärte dogmatische Verhältnis von deliktischem Eigentums- und Gewerbebetriebsschutz in den Fällen der Betriebsstörung, VersR 1984, 902 ff. [zit.: *Brüggemeier*, VersR 1984, 902]

ders., Haftungsrecht: Strukturen, Prinzipien, Schutzbereich, Springer, Wien u. a. 2006 [zit.: *Brüggemeier*, Strukturen, Prinzipien, Schutzbereich (2006)]

ders., Grundstrukturen des zivilrechtlichen Delikts, AcP 219 (2019), 771 ff. [zit.: *Brüggemeier*, AcP 219 (2019), 771]

Bucher, Eugen, Was man aus einem Fall von „Putativ-Vertrauenshaftung" lernen kann – BGE vom 7.1.1999 („Monte Rosa-Fall") ist Anlass weder zu Begeisterung noch Empörung ob der sog. Vertrauenshaftung, recht 2001, 65 ff. [zit.: *Bucher*, recht 2001, 65]

ders., Vertrauenshaftung: Was? Woher? Wohin?, in: Forstmoser/Honsell/Wiegand (Hrsg.), Richterliche Rechtsfortbildung in Theorie und Praxis – Festschrift für Hans Peter Walter, Stämpfli, Bern 2005, 231–261 [zit.: *Bucher*, in: FS Walter (2005), 231]

ders., Der Weg zu einem einheitlichen Zivilgesetzbuch in der Schweiz, RabelsZ 72 (2008), 661 ff. [zit.: *Bucher*, RabelsZ 72 (2008), 661]

ders., Komparatistik – Rechtsvergleichung und Geschichte, RabelsZ 74 (2010), 251 ff. [zit.: *Bucher*, RabelsZ 74 (2010), 251]

Buchser, Michael/Müller, Michael, Die Haftung einer Muttergesellschaft und ihrer Organe für Geschehnisse im Hause der Konzerntochter – ein Zusammenspiel diverser Anspruchsgrundlagen, in: Böhme/Gähwiler/Theus/Simoni/Zuverbühler (Hrsg.), Ohne jegliche Haftung, Festschrift für Willi Fischer zum 65. Geburtstag, Schulthess, Zürich 2016, 49–96 [zit.: *Buchser/Müller*, in: FS W. Fischer (2016), 49]

Buck-Heeb, Petra, Kausalität bei der Haftung von Wirtschaftsprüfern nach § 826 BGB, AG 2022, 337 ff. [zit.: *Buck-Heeb*, AG 2022, 337]

Burg, Benedict/von der Crone, Hans Casper, Vertrauenshaftung im Konzern – Entscheid des Schweizerischen Bundesgerichts 4A_306/2009 vom 8. Februar 2010, SZW 2010, 417 ff. [zit.: *Burg/von der Crone*, SZW 2010, 417]

Bürge, Alfons, Die Kabelbruchfälle – Eine rechtsvergleichende Untersuchung zum schweizerischen, österreichischen und deutschen Haftpflichtrecht, JBl 1981, 57 ff. [zit.: *Bürge*, JBl 1981, 57]

Bussani, Mauro/Palmer, Vernon, The notion of pure economic loss and its settings, in: Bussani/Palmer (Hrsg.), Pure Economic Loss in Europe, Cambridge University Press 2003, 1–24 [zit.: *Bussani/Palmer*, in: Bussani/Palmer (Hrsg.), Pure Economic Loss in Europe (2003), 1]

Bussani, Mauro/Palmer, Vernon, The liability regimes of Europe – their facades and interiors, in: Bussani/Palmer (Hrsg.), Pure Economic Loss in Europe, Cambridge University Press 2003, 120–162 [zit.: *Bussani/Palmer*, in: Bussani/Palmer (Hrsg.), Pure Economic Loss in Europe (2003), 120]

Bydlinski, Peter, Bürgerliches Recht, Band I: Allgemeiner Teil, 5. Aufl., Springer, Wien u. a. 2010 [zit.: *P. Bydlinski*, Bürgerliches Recht I (2010)]

Bydlinski, Franz, Vertragliche Sorgfaltspflichten zugunsten Dritter, JBl 1960, 359 ff. [zit.: *F. Bydlinski*, JBl 1960, 359]

ders., Anmerkung zu OGH, Urt. v. 2.12.1964 – 6 Ob 313, 314/64, JBl 1965, 319 ff. [zit.: *F. Bydlinksi*, JBl 1965, 319]

Cach, Christopher, Die Prospekthaftung in Österreich, ZVglRWiss 113 (2014), 354 ff. [zit.: *Cach*, ZVglRWiss 113 (2014), 354]

Caemmerer, Ernst von, Wandlungen des Deliktsrechts, in: v. Caemmerer/Friesenhahn/Lange (Hrsg.), Hundert Jahre deutsches Rechtsleben, Festschrift zum hundertjährigen Bestehen des deutschen Juristentages, C. F. Müller, Karlsruhe 1960, 49–136 [zit.: *von Caemmerer*, in: FS Deutscher Juristentag (1960)]

Canaris, Claus-Wilhelm, Die Vertrauenshaftung im deutschen Privatrecht, C.H.Beck, München 1971 [zit.: *Canaris*, Vertrauenshaftung im deutschen Privatrecht (1971)]

ders., Schutzgesetze – Verkehrspflichten – Schutzpflichten, in: Canaris/Diederichsen (Hrsg.), Festschrift für Karl Larenz zum 80. Geburtstag, C.H.Beck, München 1983, 27–110 [zit.: *Canaris*, in: FS Larenz (1983)]

ders., Die Haftung des Sachverständigen zwischen Schutzwirkung für Dritte und Dritthaftung aus culpa in contrahendo, JZ 1998, 603 ff. [zit.: *Canaris*, JZ 1998, 603]

ders., Die Schadenersatzpflicht der Kreditinstitute für eine unrichtige Finanzierungsbestätigung als Fall der Vertrauenshaftung, in: Horn/Lwowski/Nobbe (Hrsg.), Festschrift für Herbert Schimansky, RWS Verlag, Köln 1999, 43–66 [zit.: *Canaris*, in: FS Schimansky (1999), 43]

ders., Die Reichweite der Expertenhaftung gegenüber Dritten, ZHR 163 (1999), 206 ff. [zit.: *Canaris*, ZHR 163 (1999), 206]

ders., Die Vertrauenshaftung im Lichte der Rechtsprechung des Bundesgerichtshofs, in: Canaris/Heldrich/Hopt/Roxin/Schmidt/Widmaier (Hrsg.), 50 Jahre Bundesgerichtshof, Festgabe aus der Wissenschaft, Band I, C.H.Beck, München 2000, 129–197 [zit.: *Canaris*, in: FS 50 Jahre BGH I (2000), 129]

ders., Grundstrukturen des deutschen Deliktsrechts, VersR 2005, 577 ff. [zit.: *Canaris*, VersR 2005, 577]

Cartier, Michael, Begriff der Widerrechtlichkeit nach Art. 41 OR, Diss. St. Gallen, 2007 [zit.: *Cartier*, Begriff der Widerrechtlichkeit nach Art. 41 OR]

Coors, Dennis, Haftung und Versicherung für reine Vermögensschäden aufgrund der Nichtverfügbarkeit der Netzanbindung von Offshore-Windenergieanlagen nach deutschem Recht, PHi 2015, 116 ff. [zit.: *Coors,* PHi 2015, 116]

Cordes, Claudia, Originärer Direktanspruch des Endabnehmers gegen den Hersteller, Nomos, Baden-Baden 2013 [zit.: *Cordes,* Direktanspruch des Endabnehmers (2013)]

Danzl, Karl-Heinz, Mittelbare Schäden im Schadenersatzrecht, ZVR 2002, 363 ff. [zit.: *Danzl,* ZVR 2002, 363]

Dari-Mattiacci, Giuseppe/Hans-Bernd Schäfer, Kernfragen reiner Vermögensschäden, in: Eger/Schäfer (Hrsg.), Ökonomische Analyse der europäischen Zivilrechtsentwicklung, Beiträge zum X. Travemünder Symposium zur ökonomischen Analyse des Rechts, Mohr Siebeck, Tübingen 2007, 516–549 [zit.: *Dari-Mattiacci/ Schäfer,* in: Eger/Schäfer (Hrsg.), Ökonomische Analyse der europäischen Zivilrechtsentwicklung (2007), 516]

Deipenbrock, Gudula, Legal Transplants – Rechtsvergleichende Grundüberlegungen zum technischen Rechtsnormtransfer, ZVglRWiss, 107 (2008), 343 ff. [zit.: *Deipenbrock,* ZVglRWiss, 107 (2008), 343]

Deutsch, Erwin, Entwicklung und Entwicklungsfunktion der Deliktstatbestände, JZ 1963, 385 ff. [*Deutsch,* JZ 1963, 385]

ders., Der Ersatz des reinen Vermögensschadens, in: Gerhardt/Diederichsen/Rimmelspacher/Costede (Hrsg.), Festschrift für Wolfram Henckel zum 70. Geburtstag, De Gruyter, Berlin 1995, 79–93 [zit.: *Deutsch,* in: FS Henckel (1995), 79]

Deutsch, Erwin/Ahrens, Hans-Jürgen, Deliktsrecht, 6. Aufl., Vahlen, München 2014 [zit.: *Deutsch/Ahrens,* Deliktsrecht (2014)]

Diederichsen, Angela, Ansprüche naher Angehöriger von Unfallopfern, NJW 2013, 641 ff. [zit.: *Diederichsen,* NJW 2013, 641]

Donatsch, Andreas, Der amtliche Sachverständige und der Privatgutachter im Zürcher Strafprozess, in: Donatsch, Andreas/Fingerhuth, Thomas/Lieber, Viktor/ Rehberg, Jörg/Walder-Richli, Hans Ulrich (Hrsg.), Festschrift 125 Jahre Kassationsgerichtshof des Kantons Zürich, Schulthess, Zürich 2000, 363–376 [zit.: *Donatsch,* in: FS 125 Jahre KassGer, 363]

Doobe, Christian, Der Ersatz fahrlässig verursachter reiner Vermögensschäden Dritter in Deutschland und England unter besonderer Berücksichtigung der ökonomischen Analyse des Rechts, Verlag Versicherungswirtschaft, Karlsruhe 2014 [zit.: *Doobe,* Ersatz fahrlässig versachter reiner Vermögenschäden Dritter (2014)]

Dölemeyer, Barbara, Der Einfluss des ABGB auf die Schweiz, in: Berger (Hrsg.), Österreichs Allgemeines Bürgerliches Gesetzbuch (ABGB), Band III, Das ABGB außerhalb Österreichs, Duncker & Humblot, Berlin 2010, 319–337 [zit.: *Dölemeyer,* in: Berger (Hrsg.), Österreichs Allgemeines Bürgerliches Gesetzbuch, Band III (2010), 319]

Dölemeyer, Barbara/Schubert, Werner, Der Einfluss des ABGB auf Deutschland, in: Berger (Hrsg.), Österreichs Allgemeines Bürgerliches Gesetzbuch (ABGB), Band III, Das ABGB außerhalb Österreichs, Duncker & Humblot, Berlin 2010, 339–397 [zit.: *Dölemeyer/Schubert,* in: Berger (Hrsg.), Österreichs Allgemeines Bürgerliches Gesetzbuch, Band III (2010), 339]

Dörner, Heinrich, Rechtsgeschäfte im Internet, AcP 202 (2002), 361 ff. [zit.: *Dörner,* AcP 202 (2002), 361]

Doralt, Walter, Akademische Karrierewege für Juristen in Deutschland und Österreich, RabelsZ 84 (2020), 268 ff. [zit.: *Doralt,* RabelZ 84 (2020), 268]

Dreher, Meinrad, Der Abschluss von D&O-Versicherungen und die aktienrechtliche Zuständigkeitsordnung, ZHR 165 (2001), 293 ff. [zit.: *Dreher*, ZHR 165 (2001), 293]

Dullinger, Silvia, Zur Eigenverantwortung von Gehilfen für fehlerhafte Beratung am Beispiel des Vertriebs von Finanzprodukten, in: Jabornegg/Kerschner/Riedler (Hrsg.), Haftung und Versicherung, Festschrift für Rudolf Reischauer, Verlag Österreich, Wien 2010, 101–116 [zit.: *Dullinger*, in: FS Reischauer (2010), 101]

Dürig/Herzog/Scholz (Begr./Hrsg.), Kommentar zum Grundgesetz, 96. EL, C.H. Beck, München 2022 [zit.: *Autor*, in: Dürig/Herzog/Scholz GG (96. EL)]

Ebke, Werner/Schurr, Francesco, Vorwort zum 4. Heft 2012, ZVglRWiss 111 (2012), 337 ff. [zit.: *Ebke/Schurr*, ZVglRWiss 111 (2012), 337]

Emmerich, Volker, Anmerkung zu BGH, Urt. v. 19.12.1977 – II ZR164/76, JuS 1978, 488 ff. [zit.: *Emmerich*, JuS 1978, 488]

Engel, Carsten, Anmerkung zu AG Frankfurt a.M., Urt. v. 25.8.2017 – 32 C 3586/16, DAR 2018, 449 ff. [zit.: *Engel*, DAR 449]

Erman Kommentar zum BGB, Grunewald/Westermann/Maier-Reimer (Hrsg.), 16. Aufl., Otto Schmidt, Köln 2020 [zit.: *Autor*, in: Erman BGB[16]]

Fabricius, Fritz, Zur Dogmatik des „sonstigen Rechts" gemäß § 823 Abs. 1 BGB: Unter Berücksichtigung des sog. Rechts am Arbeitsplatz" und des sog. „Rechts auf den ungestörten Bestand der ehelichen Lebensgemeinschaft", AcP 160 (1961), 273 [zit.: *Fabricius*, AcP 160 (1961), 273]

Faust, Florian, Der Schutz vor reinen Vermögensschäden – illustriert am Beispiel der Expertenhaftung, AcP 210 (2010), 555 ff. [zit.: *Faust*, AcP 210 (2010), 555]

Feldthusen, Bruce, Economic Negligence, The Recovery of Pure Economic Loss, Carswell Legal Publications, Toronto 1984 [zit.: *Feldthusen*, Economic Negligence (1984)]

Finn, Markus, Zur Haftung des Sachverständigen für fehlerhafte Wertgutachten gegenüber Dritten, NJW 2004, 3752 ff. [zit.: *Finn*, NJW 2004, 3752]

Fischer, Willi/Luterbach, Thierry (Hrsg.), Kommentar zu den schweizerischen Haftpflichtbestimmungen, Dike, Zürich u.a. 2016 [zit.: *Autor*, in: HaftpflichtKomm (2016)]

Fischer, Willi, Dritthaftung für falsche freiwillige Auskünfte, ZVglRWiss 83 (1984), 1 ff. [zit.: *W. Fischer*, ZVglRWiss 83 (1984), 1]

Fellmann, Walter, Produzentenhaftung in der Schweiz, ZSR 1988, 275 ff. [zit.: *Fellmann*, ZSR 1988, 275]

ders., Neuere Entwicklungen im Haftpflichtrecht, AJP 1995, 878 ff. [zit.: *Fellmann*, AJP 1995, 878]

ders., Ist eine Integration der Haftung für positive Vertragsverletzung in das Deliktsrecht sachgerecht?, recht 1997, 95 ff. [zit.: *Fellmann*, recht 1997, 95]

ders., Widerrechtlichkeit: drei Theorien für ein Problem – Versuch einer Zwischenbilanz, ZSR 2009, 473 ff. [zit.: *Fellmann*, ZSR 2009, 473]

ders., Sachschaden, in: Fellmann/Weber (Hrsg.), Haftpflichtprozess 2019 – Entwicklungen im Haftpflicht- und Privatversicherungsrecht, Schulthess, Zürich 2019, 91–114 [zit.: *Fellmann*, in: Haftpflichtprozess 2019, 91]

Fellmann, Walter/Kottmann, Andrea, Schweizerisches Haftpflichtrecht Band I, Stämpfli, Bern 2012 [zit.: *Fellmann/Kottmann*, Haftpflichtrecht Band I (2012)]

Fellmann, Walter/Müller, Christoph/Werro, Franz, Erläuterung der Art. 46–63 OR 2020, in: Huguenin/Hilty (Hrsg.), Schweizer Obligationenrecht 2020, Entwurf für einen neuen allgemeinen Teil, Schulthess, Zürich 2013 [zit.: *Fellmann/Müller/Werro*, in: Huguenin/Hilty (Hrsg.), OR 2020 (2013)]

Fenyves, Attila, Haftung für schuldhaftes oder sonst fehlerhafte Verhalten, in: Griss/ Kathrein/Koziol(Hrsg.), Entwurf eines neuen österreichischen Schadensersatzrechts, Springer, Wien/New York 2005, 47–55 [zit.: *Fenyves*, in: Griss/Kathrein/ Koziol (Hrsg.), Entwurf eines neuen österreichischen Schadensersatzrechts (2005), 47]

Fisch, Jürg, Eigentumsgarantie und Nichtersatzfähigkeit reiner Vermögensschäden – Mittelbare Drittwirkung von Art. 26 Abs. 1 BV innerhalb von Art. 41 Abs. 1 OR, Dike, Zürich/St. Gallen 2020 [zit.: *Fisch*, Eigentumsgarantie und Nichtersatzfähigkeit reiner Vermögensschäden (2020)]

Fleischer, Holger, Konzernrechtliche Vertrauenshaftung, ZHR 163 (1999), 461 ff. [zit.: *Fleischer*, ZHR 163 (1999), 461]

Fountoulakis, Christina, Der Vertrag mit Schutzwirkung für Dritte, AJP 2018, 95 ff. [zit.: *Fountoulakis*, AJP 2018, 95]

Forster, Doris, Zur Methode des Rechtsvergleichs in der Rechtswissenschaft, Ancilla Iuris 2018, 98 ff. [zit.: *Forster*, Ancilla Iuris 2018, 98]

Förster, Christian, Der Schwarze Ritter – § 826 BGB im Gesellschaftsrecht, AcP 209 (2009), 398 ff. [zit.: *Förster*, AcP 209 (2009), 398]

Foerste, Ulrich, Deliktische Haftung für Schlechterfüllung, NJW 1992, 27 ff. [zit.: *Foerste*, NJW 1992, 27]

Franck, Jens-Uwe, Marktordnung durch Haftung, Mohr Siebeck, Tübingen 2015 [zit.: *Franck*, Marktordnung durch Haftung (2016)]

Franz, Richard, Die Haftung des Herstellers im „Diesel-Skandal" aus der Perspektive des österreichischen Schadenersatzrechts, ZVR 2021, 129 ff. [zit.: *Franz*, ZVR 2021, 129]

Frauenberger, Andreas, Insolvenzgutachter haftet nur für wissentlich falsches Gutachten – Anmerkungen zu OGH 6 Ob 205/19v, ZIK 2020, 70 ff. [zit.: *Frauenberger*, ZIK 2020, 70]

Fuchs, Maximilian/Pauker, Werner/Baumgärtner, Alex, Delikts- und Schadensersatzrecht, 9. Aufl., Berlin u. a. 2017 [zit.: *Fuchs/Pauker/Baumgärtner*, Delikts- und Schadensersatzrecht (2017)]

Fuhrer, Stephan, Der Sachschaden in der Betriebs-Haftpflichtversicherung, HAVE 2015, 334 ff. [zit.: *Fuhrer*, HAVE 2015, 33]

Furrer, Andreas/Körner, Alexandra, Schadenersatz im Kapitalmarktrecht, in: Remien (Hrsg.), Schadenersatz im europäischen Privat- und Wirtschaftsrecht, Mohr Siebeck, Tübingen 2012, 233–267 [zit.: *Furrer/Körner*, in: Remien (Hrsg.), Schadenersatz im europäischen Privat- und Wirtschaftsrecht (2012), 233]

Gabriel, Bruno, Die Widerrechtlichkeit in Art. 41 Abs. 1 OR – unter Berücksichtigung des Ersatzes reiner Vermögensschäden, Diss. Freiburg/Schweiz, Huber Druck, Entlebuch 1987
[zit.: *Gabriel*, Die Widerrechtlichkeit in Art. 41 Abs. 1 OR (1987)]

Gauch, Peter, Grundbegriffe des außervertraglichen Haftpflichtrechts, recht 1996, 225 ff. [zit.: *Gauch*, recht 1996, 225]

ders., Der Schätzer und die Dritten – Methodisches zu BGE 130 III 345 ff., zur Deliktshaftung und zu den Haftungsfiguren der vertraglichen Drittschutzwirkung, der Culpa- und der Vertrauenshaftung, in: Bucher/Canaris/Honsell/Koller (Hrsg.), Norm und Wirkung, Festschrift für Wolfgang Wiegand zum 65. Geburtstag, Stämpfli, Bern 2005, 823–843 [zit.: *Gauch*, in: FS Wiegand (2005), 823]

Gauch, Peter/Sweet, Justin, Deliktshaftung für reinen Vermögensschaden, in: Forstmoser/Giger/Heini/Schluep (Hrsg.), Festschrift für Max Keller, Schulthess, Zürich 1989, 117–140 [zit.: *Gauch/Sweet*, in: FS Keller (1989), 117]

Gauch, Peter/Aepli, Viktor/Stöckli, Hubert (Hrsg.), Präjudizienbuch OR, 9. Aufl., Schulthess, Zürich u. a. 2016 [zit.: *Autor*, in: Gauch/Aepli/Stöckli (Hrsg.), Präjudizienbuch[9]]

Geigel, Reinhart (Begr.), Haag (Hrsg.), Der Haftpflichtprozess, 28. Aufl., C.H.Beck, München 2020 [zit.: *Autor*, in: Geigel, Haftpflichtprozess[28]]

Georgiades, Apostolos/Stathopoulos, Michael, Die Privatrechtsdogmatik im griechischen Recht am Beispiel von Bereicherungs- und Deliktsrecht, in: Auer/Grigoleit/J. Hager/Herresthal/Hey/I. Koller/Langenbucher/Neuner/Petersen/Riehm/Singer (Hrsg.), Privatrechtsdogmatik im 21. Jahrhundert, Festschrift für Claus-Wilhelm Canaris zum 80. Geburtstag, de Gruyter, Berlin 2017, 1159–1183 [zit.: *Georgiades/Stathopoulos,* in: FS Canaris (2017), 1159]

Gerlach, Jürgen von, Die Haftung des Arztes für Fernwirkungsschäden, in: Deutsch/Klingmüller/Kullmann (Hrsg.), Festschrift für Erich Steffen zum 65. Geburtstag, Walter de Gruyter, Berlin u. a. 1995, 147–158 [zit.: *von Gerlach*, in: FS Steffen (1995), 147]

Gisch/Koban/Ratka (Hrsg.), Haftpflichtversicherung, D&O-Versicherung und Manager-Rechtsschutz, Manz, Wien 2016 [zit.: *Autor*, in: Gisch/Koban/Ratka (Hrsg.), Haftpflichtversicherung (2016)]

Gleisberg, Gunter, Der Schadensausgleich zwischen Arbeitgebern wegen eines unwahren Arbeitszeugnisses, DB 1979, 1227 ff. [zit.: *Gleisberg*, DB 1979, 1227]

Glenn, Patrick, Comparative Legal Families and Comparative Legal Traditions, in: Reimann/Zimmermann (Hrsg.), The Oxford Handbook of Comparative Law, Oxford University Press, 2008 [zit.: *Glenn*, in: Reimann/Zimmermann (Hrsg.), Oxford Handbook of Comparative Law (2008)]

Glückert, Jürgen, Schadensansprüche der Stromabnehmer bei Stromleitungsbeschädigungen – Bemerkungen zu einem ungelösten Schadensersatzproblem, AcP 166 (1966), 311 ff. [zit.: *Glückert*, AcP 166 (1966), 311]

Goerth, Andreas, Die Drittschadensliquidation, JA 2005, 29 ff. [zit.: *Goerth*, JA 2005, 29]

Gonzenbach, Rainer, Senkrechtstart oder Bruchlandung? – Unvertraute Vertrauenshaftung aus „Konzernvertrauen", recht 1995, 117 ff. [zit.: *Gonzenbach*, recht 1995, 117]

Graffenried, Caroline von, Schadloshaltung des Dritten in zweivertraglichen Dreiparteienverhältnissen, Stämpfli, Bern 2019 [zit.: *von Graffenried*, Schadloshaltung des Dritten (2019)]

Graf, Georg, Der zu Unrecht empfohlene Fremdwährungskredit – kritische Analyse der E 8 Ob 66/12g, VbR 2013, 4 ff. [zit.: *Graf*, VbR 2013, 4]

Griss, Irmgard, Die Rechtsprechung als Organ der Rechtsfortbildung im Zivilrecht, in: Fischer-Czermak/Hopf/Kathrein/Schauer (Hrsg.), Festschrift 200 Jahre ABGB, Manz, Wien 2011, 1521–1538 [zit.: *Griss*, in: FS 200 Jahre ABGB (2011), 1521]

Gross, Jost, Zum Begriff der Widerrechtlichkeit im Schweizerischen Staatshaftungsrecht, recht 1998, 49 ff. [zit.: *Gross*, recht 1998, 49]

Groß, Wolfgang, Kommentar zum Kapitalmarktrecht, 8. Aufl., C.H.Beck, München 2022 [zit.: *Groß*, Kapitalmarktrecht Komm[8]]

Großfeld, Bernhard, Macht und Ohnmacht der Rechtsvergleichung, Mohr Siebeck, Tübingen 1984 [zit.: *Großfeld*, Macht und Ohnmacht der Rechtsvergleichung (1984)]

Gruber, Urs Peter, Zur Rolle der Rechtsvergleichung nach der Schuldrechtsreform, ZVglRWiss 101 (2002), 38 ff. [zit.: *Gruber*, ZVglRWiss 101 (2002), 38]

Grubmann, Michael, Das Versicherungsvertragsgesetz, 8. Aufl., Manz, Wien 2017 [zit.: *Grubmann*, VersVG (2017)]

Grüneberg, Bürgerliches Gesetzbuch, 81. Aufl., C.H.Beck, München 2022 [zit.: *Autor*, in: Grüneberg BGB^{81}]

Gsell, Beate, Absatzkette und Schadenersatzhaftung im europäischen Kauf- und Produkthaftungsrecht, in: Remien (Hrsg.), Schadenersatz im europäischen Privat- und Wirtschaftsrecht, Mohr Siebeck, Tübingen 2012, 281–299 [zit.: *Gsell*, in: Remien (Hrsg.), Schadenersatz im europäischen Privat- und Wirtschaftsrecht (2012), 281]

dies., Grenzen der deliktsrechtlichen Haftung der Herstellerin in den VW-Diesel-Fällen, JZ 2020, 1142 ff. [zit.: *Gsell*, JZ 2020, 1142]

Guckelberger, Annette, Die Staatshaftung in der Schweiz, recht 2008, 175 ff. [zit.: *Guckelberger*, recht 2008, 175]

Haferkamp, Hans-Peter, Der Vertrag mit Schutzwirkung für Dritte nach der Schuldrechtsreform – ein Auslaufmodell?, in: Dauner-Lieb/Konzen/Schmidt (Hrsg.), Das neue Schuldrecht in der Praxis, Akzente – Brennpunkte – Ausblicke, Carl Heymanns Verlag, Köln u.a. 2003, 171–181 [zit.: *Haferkamp*, in: Dauner-Lieb/Konzen/Schmidt (Hrsg.), Das neue Schuldrecht in der Praxis (2003), 171]

Handkommentar zum Schweizer Privatrecht, Amstutz u.a. (Hrsg.), 3. Aufl., Schulthess, Zürich 2016 [zit.: *Autor*, in: CHK^3]

Handkommentar zum Bürgerlichen Gesetzbuch, Schulze u.a. (Hrsg.), 11. Aufl., Nomos, Baden-Baden 2021 [zit.: *Autor*, in: HandKomm BGB^{11}]

Hager, Günther, Strukturen des Privatrechts in Europa – Eine rechtsvergleichende Studie, Mohr Siebeck, Tübingen 2012 [zit.: *G. Hager*, Strukturen des Privatrechts (2012)]

Hager, Günther, Haftung bei Störung der Energiezufuhr, JZ 1979, 53 ff. [zit.: *G. Hager*, JZ 1979, 53]

Harke, Jan, Herstellerhaftung im Abgasskandal, VuR 2017, 83 ff. [zit.: *Harke*, VuR 2017, 83]

Harrer, Friedrich, Auskunft, Vertrauen und Haftung, Zak 2006, 403 ff. [zit.: *Harrer*, Zak 2006, 403]

ders., Die Entwicklung des Haftpflichtrechts, in: Fischer-Czermak/Hopf/Kathrein/Schauer (Hrsg.), Festschrift 200 Jahre ABGB, Manz, Wien 2011, 381–401 [zit.: *Harrer*, in: FS 200 Jahre ABGB (2011), 381]

Häusler, Mara-Sophie, Die Haftung des Rechtsberaters für ungültige letztwillige Verfügungen – zugleich eine Besprechung der E 6 Ob 94/18v, EF-Z 2019, 162 ff. [zit.: *Häusler*, EF-Z 2019, 162]

Haybäck, Gerwin, Können wahre Tatsachenbehauptungen Ehrenbeleidigungen iS des § 1330 Abs 1 ABGB sein? – Teil 1, JBl 1994, 667 ff. [zit.: *Haybäck*, JBl 1994, 667]

Haybäck, Gerwin, Können wahre Tatsachenbehauptungen Ehrenbeleidigungen iS des § 1330 Abs 1 ABGB sein? – Teil 2, JBl 1994, 732 ff. [zit.: *Haybäck*, JBl 1994, 732]

Heese, Michael, Wiederaufnahme: Herstellerhaftung für manipulierte Diesel-Kraftfahrzeuge – Ein Streifzug durch die Rechtsprechung der Oberlandesgerichte, JZ 2020, 178 ff. [zit.: *Heese*, JZ 2020, 178]

Hein, Jan von, Der Ersatz reiner Vermögensschäden im schweizerischen Deliktsrecht – Vergleich und Perspektiven, in: Markus/Hrubesch-Millauer/Rodriguez (Hrsg.), Festschrift für Jolanta Kren Kostkiewicz, Stämpfli, Bern 2018, 773–798 [zit.: *von Hein*, in: FS Kren Kostkiewicz (2018), 773]

Heini, Anton, Direkte Gewährleistungshaftung des Warenherstellers gegenüber dem Endabnehmer?, in: in: Forstmoser/Giger/Heini/Schluep (Hrsg.), Festschrift für Max Keller, Schulthess, Zürich 1989, 175–186 [zit.: *Heini*, in: FS Keller (1989), 175]

Heinrichs, Helmut, Bemerkungen zur culpa in contrahendo nach der Reform – Die Tatbestände des § 311 Abs. 2 BGB, in: Heldrich/Prölss/Koller/Langenbucher/Grigoleit/Hager/Hey/Neuner/Petersen/Singer (Hrsg.), Festschrift für Claus-Wilhelm Canaris zum 70. Geburtstag Band I, C.H.Beck, München 2007, 421–442 [zit.: *Heinrichs*, in: FS Canaris I (2007), 421]

Heiss, Helmut, Deutscher Rechtskreis?, in: Büchler/Ernst/Oberhammer (Hrsg.), Vinculum iuris, Vorträge eines Zürcher Symposium, Helbing Lichtenhahn, Basel 2008, 133–162 [zit.: *Heiss*, in: Büchler/Ernst/Oberhammer (Hrsg.), Vinculum iuris (2008), 133]

Hellgardt, Alexander, Kapitalmarktdeliktsrecht, Mohr Siebeck, Tübingen 2008 [zit.: *Hellgardt*, Kapitalmarktdeliktsrecht (2008)]

Heldrich, Andreas, Profane Gedanken über die Hintergründe der Rechtsvergleichung, in: Leser/Isomura (Hrsg.), Festschrift für Zentaro Kitagawa zum 60. Geburtstag, Duncker & Humblot, Berlin 1992, 157–169 [zit.: *Heldrich*, in: FS Kitagawa (1992), 157]

Hertel, Christian, Rechtskreise im Überblick, Notarius International 2009, 157 ff. [zit.: *Hertel*, Notarius International, 2009, 157]

Hirte, Heribert, Berufshaftung – Ein Beitrag zur Entwicklung eines einheitlichen Haftungsmodells für Dienstleistungen, Beck, München 1996 [zit.: *Hirte*, Berufshaftung (1996)]

Historisch-kritischer Kommentar zum BGB, Schmoeckel/Rückert/Zimmermann (Hrsg.), Band III Schuldrecht: Besonderer Teil, Mohr Siebeck, Tübingen 2013 [zit.: *Autor*, in: in: Hist.-krit. Komm BGB]

Hochleitner, Clara, Die „Reichweite" eines Vertrages mit Schutzwirkung zugunsten Dritter – dargestellt anhand von OGH 6 Ob 163/18s, 4 Ob 13/19v und 5 Ob 82/19y, wobl 2020, 75 ff. [zit.: *Hochleitner*, wobl 2020, 75]

Hofer, Jonas/Hengstberger, Silas, Vertragliche Haftung für fehlerhafte Arbeitszeugnisse zwischen Arbeitgebern (?), NZA-RR 2020, 118 ff. [zit.: *Hofer/Hengstberger*, NZA-RR 2020, 118]

Hohloch, Gerhard, „Vertrauenshaftung" – Beginn einer Konkretisierung?, NJW 1979, 2369 ff. [zit.: *Hohloch*, NJW 1979, 2369]

ders., Versicherungsrechtliche Vertrauenshaftung, VersR 1980, 107 ff. [zit.: *Hohloch*, VersR 1980, 107]

Hopt, Klaus, Nichtvertragliche Haftung außerhalb von Schadens- und Bereicherungsausgleich – Zur Theorie und Dogmatik des Berufsrechts und der Berufshaftung, AcP 183 (1983), 608 [zit.: *Hopt*, AcP 183 (1983), 608]

Honsell, Heinrich, Probleme der Haftung für Auskunft und Gutachten, JuS 1976, 621 ff. [zit.: *Honsell*, JuS 1976, 621]

ders., Die Haftung für Gutachten und Auskunft unter besonderer Berücksichtigung von Drittinteressen, in: Beuthien/Fuchs/Roth/Schiemann/Wacke (Hrsg.), Festschrift für Dieter Medicus zum 70. Geburtstag, Carl Heymanns, Köln 1999, 211–233 [zit.: *Honsell*, in: FS Medicus (1999), 211] *ders.*, Rezeption der Rechtsprechung des Bundesgerichtshofs in der Schweiz, in: Canaris/Heldrich/Hopt/Roxin/Schmidt/Widmaier (Hrsg.), 50 Jahre Bundesgerichtshof, Festgabe aus der Wissenschaft, Band II, C.H.Beck, München 2000, 927–942 [zit.: *Honsell*, in: FS 50 Jahre BGH (2000), 927]

ders., Der Ersatz reiner Vermögensschäden in Rechtsgeschichte und Rechtsvergleichung, in: Rauscher/Mansel (Hrsg.), Festschrift für Werner Lorenz zum 80. Geburtstag, Sellier European Law Publishers, München 2001, 483–508 [zit.: *Honsell*, in: FS W. Lorenz (2001), 483]

ders., Die Haftung für Auskunft und Gutachten, insbesondere gegenüber Dritten, in: Waldburger/Baer/Nobel/Bernet (Hrsg.), Wirtschaftsrecht zu Beginn des 21. Jahrhundert, Festschrift für Peter Nobel zum 60. Geburtstag, Stämpfli, Bern 2005, 939–957 [zit.: *Honsell*, in: FS Nobel (2005), 939]

ders., 100 Jahre Schweizerisches Obligationenrecht, ZSR 2011 II, 5 ff. [zit.: *Honsell*, ZSR 2011 II, 5]

ders., Haftung für wahre Äußerungen?, ZIP 2013, 444 ff. [zit.: *Honsell*, ZIP 2013, 444]

Honsell, Heinrich/Isenring, Bernhard/Kessler, Martin, Schweizerisches Haftpflichtrecht, 5. Aufl., Schulthess, Zürich u.a. 2013 [zit.: *Honsell/Isenring/Kessler*, Haftpflichtrecht (2013)]

Horn, Norbert, Culpa in Contrahendo, JuS 1995, 377 ff. [zit.: *Horn*, JuS 1995, 377]

Huber, Christian, Familienrechtsreform und Schadensrecht – § 845 BGB, eine normative Ruine, in: Schlosser (Hrsg.), Ringvorlesung aus Anlaß des hundertjährigen Jubiläums der Verkündung des BGB sowie des fünfundzwanzigjährigen Bestehens der Juristischen Fakultät der Universität Augsburg, C.F. Müller, Heidelberg 1997, 35–59 [zit.: *Ch. Huber*, in: Schlosser (Hrsg.), Ringvorlesung Universität Augsburg (1997), 35]

ders., Die Wende beim Lohnfortzahlungsschaden – Analyse und Ausblick, in: Tades/Danzl/Graninger (Hrsg.), Festschrift für Robert Dittrich zum 75. Geburtstag, Manz, Wien 2000, 411–463 [zit.: *Ch. Huber*, in: FS Dittrich (2000), 411]

ders., § 16 – Das neue Schadenersatzrecht, in: Dauner-Lieb/Heidel/Lepa/Ring (Hrsg.), Das neue Schuldrecht in der anwaltlichen Praxis, Deutscher Anwaltverlag, Bonn 2002 [zit.: *Ch. Huber*, in: Dauner-Lieb/Heidel/Lepa/Ring (Hrsg.), Das neue Schuldrecht in der anwaltlichen Praxis (2002)]

ders., Das Ausmaß des Ersatzes bei Tötung des Unterhaltsschuldners im Spannungsfeld zwischen tatsächlich Entgangenem und gesetzlich Geschuldeten, in: Jabornegg/Kerschner/Riedler (Hrsg.), Festschrift für Rudolf Reischauer, Verlag Österreich, Wien 2010, 153–186 [zit.: *Ch. Huber*, in: FS Reischauer, 153]

ders., Über den Stellenwert von Blut und Blech im deutschen Schadensrecht – Akzentverschiebungen durch Gesetzgebung und Rechtsprechung, in: Ch. Huber/D. Jaeger/Luckey (Hrsg.), Festschrift für Lothar Jaeger zum 75. Geburtstag, Luchterhand, Köln 2014, 309–343 [zit.: *Ch. Huber*, in: FS Jaeger (2014), 309]

ders., Ersatz bei Tötung im schweizerischen, deutschen und österreichischen Haftpflichtrecht, ZfRV 2015, 227 ff. [zit.: *Ch. Huber*, ZfRV 2015, 227]

ders., Rechtsfolgen fehlender (spezialgesetzlicher) Legalzessionsnormen, in: Ch. Huber/Neumayr/Reisinger (Hrsg.), Festschrift für Karl-Heinz Danzl zum 65. Geburtstag, Manz, Wien 2017, 441–470 [zit.: *Ch. Huber*, in: FS Danzl (2017), 441]

ders., Anmerkung zu OGH, Urt. v. 29.11.2017 – 7 Ob 105/17t, ZVR 2018, 193 ff.[zit.: *Ch. Huber*, ZVR 2018, 193]

ders., Das Hinterbliebenengeld nach § 844 III BGB, JuS 2018, 744 ff. [zit.: *Ch. Huber*, JuS 2018, 744] *ders.*, Der Autoschaden – Parallelen und Unterschiede im deutschen und österreichischen Haftpflichtrecht, in: Landolt/Dähler (Hrsg.), Jahrbuch zum Strassenverkehrsrecht 2020, Dike, Zürich/St. Gallen 2020, 29–46 [zit.: *Ch. Huber*, in: Landolt/Dähler (Hrsg.), Jahrbuch Strassenverkehrsrecht 2020 (2020), 29]

Huber, Christian/Schultess, Paul, Bemessung oder (ein bisschen mehr) Berechnung von immateriellen Schäden – was wäre möglich?, in: Fuhrer/Kieser/Weber (Hrsg.), Mehrspuriger Schadensausgleich, Dike, Zürich/St. Gallen 2022, 258–281 [zit.: *Ch. Huber/Schultess*, in: Fuhrer/Kieser/Weber (Hrsg.), Mehrspuriger Schadensausgleich (2022), 258]

Huber, Katharina, Haftung für Mangelfolgeschäden und Folgekosten, Manz, Wien 2020 [zit.: *K. Huber*, Haftung für Mangelfolgeschäden (2020)]

Hübner, Ulrich, Vertrag mit Schutzwirkung für Dritte und Ersatz von Vermögensschäden, VersR 1991, 497 ff. [zit.: *U. Hübner*, VersR 1991, 497]

Hübner, Leonhard/Sagan, Adam, Die Abgrenzung von Vertrag mit Schutzwirkung zugunsten Dritter und Drittschadensliquidation, JA 2013, 741 ff. [zit.: *L. Hübner/Sagan*, JA 2013, 741]

Huguenin, Claire, Die Mehrsprachigkeit der schweizerischen Rechtskultur – Probleme und Chancen, RabelsZ 72 (2008), 755 ff. [zit.: *Huguenin*, RabelsZ 72 (2008), 755]

dies., Obligationenrecht 2020: Aufgeräumter Entwurf, plädoyer 2013, 13 ff. [zit.: *Huguenin*, plädoyer 2013, 13]

Huguenin, Clare/Meise, Barbara, OR 2020: Braucht die Schweiz ein neues Vertragsrecht? – Eine Einführung, SZW 2015, 280 ff. [zit.: *Huguenin/Meise*, SZW 2015, 280]

Hürlimann-Kaup, Bettina, Die Rechtsprechung des Bundesgerichts zum Einleitungstitel des ZGB in den Jahren 2014 bis 2017 – Teil 2, ZBJV 2019, 110 ff. [zit.: *Hürlimann-Kaup*, ZBJV 2019, 110]

Hürlimann, Roland, Bau-Expertisen – Nutzen, Risiken und die Verantwortung des Experten, in: Institut für Schweizerisches und Internationales Baurecht der Universität Fribourg (Hrsg.), Schweizerische Baurechtstagung 2011, 197–220 [zit.: *Hürlimann*, in: Institut für Schweizerisches und Internationales Baurecht der Universität Fribourg (Hrsg.), Schweizerische Baurechtstagung 2011 (2011), 197]

Hürlimann, Roland/Siegenthaler, Thomas, Die Haftung des Liegenschaftenschätzers gegenüber einem vertragsfremden Dritten – Bemerkungen zu BGE 130 III 345 und zum Entscheid des Kantonsgerichtes St. Gallen vom 2. Juni 2003, BR 2004, 105 ff. [zit.: *Hürlimann/Siegenthaler*, BR 2004, 105]

dies., Die Vertrauenshaftung aus Sicht eines praktizierenden Anwalts, in: Koller (Hrsg.), Dritthaftung einer Vertragspartei. Beiträge der Haftpflicht- und Versicherungsrechtstagung 2005, Verlag Institut für Versicherungswirtschaft der Universität St. Gallen, St. Gallen 2005, 199–228 [zit.: *Hürlimann/Siegenthaler*, in: Koller (Hrsg.), Haftpflicht- und Versicherungsrechtstagung St. Gallen 2005 (2005), 199]

Hürzeler, Marc, System und Dogmatik der Hinterlassenensicherung im Sozialversicherungs- und Haftpflichtrecht, Stämpfli, Bern 2014 [zit.: *Hürzeler*, System und Dogmatik der Hinterlassenensicherung (2014)]

Husa, Jaakko, Classification of Legal Families today: Is it Time for a Memorial Hymn?, RIDC 2004, 11 ff. [zit.: *Husa*, RIDC 2004, 11]

Immenhauser, Martin, Zur Rezeption der deutschen Schuldrechtsreform in der Schweiz, recht 2006, 1 ff. [zit.: *Immenhauser*, recht 2006, 1]

ders., Das Dogma von Vertrag und Delikt – Zur Entstehungs- und Wirkungsgeschichte der zweigeteilten Haftungsordnung, Böhlau, Köln, 2006 [zit.: *Immenhauser*, Das Dogma von Vertrag und Delikt (2006)] *ders.*, Die unerlaubte Handlung – Begriffliches und Unbegreifliches, in: Büchler/ Ernst/Oberhammer (Hrsg.), Vinculum iuris, Vorträge eines Zürcher Symposium, Helbing Lichtenhahn, Basel 2008, 65–131 [zit.: *Immenhauser*, in: Büchler/Ernst/ Oberhammer (Hrsg.), Vinculum iuris (2008), 65]

Jaag, Tobias, Staatshaftung nach dem Entwurf für die Revision und Vereinheitlichung des Haftpflichtrechts, ZSR 2003, 3 ff. [zit.: *Jaag*, ZSR 2003, 3]

Jansen, Nils, Das Problem der Rechtswidrigkeit bei § 823 Abs. 1 BGB, AcP 202 (2002), 517 ff. [zit.: *Jansen*, AcP 202 (2002), 517]

ders., Die Struktur des Haftungsrechts, Geschichte, Theorie und Dogmatik außervertraglicher Ansprüche auf Schadensersatz, Mohr Siebeck, Tübingen 2003 [zit.: *Jansen*, Struktur des Haftungsrechts (2003)]

ders., Principles of European Tort Law? Grundwertungen und Systembildung im europäischen Haftungsrecht, RabelsZ 70 (2006), 732 ff. [zit.: *Jansen*, RabelsZ 70 (2006), 732]

Jauernig Kommentar zum BGB, 18. Aufl., C.H.Beck, München 2021 [zit.: *Autor*, in: Jauernig BGB[18]]

Jhering, Rudolf, Culpa in contrahendo oder Schadensersatz bei nichtigen oder nicht zur Perfektion gelangten Verträgen, in: Gerber/Jhering (Hrsg.), Jahrbücher für die Dogmatik des heutigen römischen und deutschen Privatrechts, Band 4, Jena 1861, 1–112 [zit.: *Jhering*, in: Gerber/Jhering (Hrsg.), Jahrbücher für die Dogmatik des Privatrechts (1861), 1]

Jung, Peter, Die deliktische Haftung von Prozesssachverständigen im deutschen, englischen und französischen Recht, ZVglRWiss 107 (2008), 32 [zit.: *Jung*, ZVglRWiss 107 (2008), 32]

ders., Die Rezeption als vinculum substantiale unseres Rechtskreises – Das Beispiel des Obligationenrechts, in: Büchler/Ernst/Oberhammer (Hrsg.), Vinculum iuris, Vorträge eines Zürcher Symposium, Helbing Lichtenhahn, Basel 2008, 35–63 [zit.: *Jung*, in: Büchler/Ernst/Oberhammer (Hrsg.), Vinculum iuris (2008), 35]

juris PraxisKommentar BGB, Herberger/Martinek/Rüßmann/Weth/Würdinger (Hrsg.), Band 2, 9. Aufl. 2020 [zit.: *Autor*, in: jurisPraxKomm BGB[9]]

Kadner Graziano, Thomas, Europäisches Internationales Deliktsrecht, Mohr Siebeck, Tübingen 2003 [zit.: *Kadner Graziano*, Europäisches Internationales Deliktsrecht (2003)]

Kälin, Oliver, Haftung des Arbeitgebers gegenüber Dritten für unwahre Arbeitszeugnisse, SJZ 2007, 113 ff. [zit.: *Kälin*, SJZ 2007, 113]

Kalss, Susanne, Die rechtliche Grundlage kapitalmarktbezogener Haftungsansprüche, ÖBA 2000, 641 ff. [zit.: *Kalss,* ÖBA 2000, 641]

dies., The Liability of Banks, in: van Boom/Koziol/Witting (Hrsg.), Pure Economic Loss, Springer, Wien u.a. 2004, 77–92 [zit.: *Kalss*, in: van Boom/Koziol/Witting (Hrsg.), Pure Economic Loss (2004), 77]

dies., Amtshaftung – ausfernde Absicherung der Anleger im österreichischen Kapitalmarktrecht, in: Grundmann/Kirchner/Raiser/Schwintowski/Weber/Windbichler (Hrsg.), Unternehmensrecht zu Beginn des 21. Jahrhunderts, Festschrift für Eberhard Schwark, C.H.Beck, München 2009, 459–473 [zit.: *Kalss*, in: FS Schwark (2009), 459]

Karampatzos, Antonios, Vom Vertrag mit Schutzwirkung für Dritte zur deliktischen berufsbezogenen Vertrauenshaftung – zugleich ein Beitrag zum Ersatz fahrlässig verursachter reiner Vermögensschäden, Nomos, Baden-Baden 2005 [zit.: *Karampatzos*, Vertrag mit Schutzwirkung für Dritte (2005)]

Karner, Ernst, Amtshaftungsansprüche des Kreditgebers bei unrichtiger Baulandbestätigung, ÖBA 2001, 235 ff. [zit.: *Karner*, ÖBA 2001, 235]

ders., Haftung des Gutachters gegenüber Dritten und deren Treugebern, ÖBA 2001, 893 ff. [zit.: *Karner*, ÖBA 2001, 893]

ders., Haftung für Rat und Auskunft zwischen Vertrag und Delikt, in: Apathy/Bollenberger/P. Bydlinski/Iro/Karner/Karollus (Hrsg.), Festschrift für Helmut Koziol zum 70. Geburtstag, Jan Sramek Verlag, Wien 2010, 695–720 [zit.: *Karner*, in: FS Koziol (2010), 695]

ders., Zur Haftung von Rating-Agenturen, ÖBA 2010, 587 ff. [zit.: *Karner*, ÖBA 2010, 587]

Karner, Ernst/Koziol, Helmut, Der Ersatz von Mangelfolgeschäden in Veräußerungsketten von Unternehmen, JBl 2012, 141 ff. [zit.: *Karner/Koziol*, JBl 2012, 141]

Karollus, Martin, Funktion und Dogmatik der Haftung aus Schutzgesetzverletzung – zugleich ein Beitrag zum Deliktssystem des ABGB und zur Haftung für casus mixtus, Springer, Wien u.a. 1992 [zit.: *Karollus*, Haftung aus Schutzgesetzverletzung (1992)]

Katzenmeier, Christian, Zur neueren dogmengeschichtlichen Entwicklung der Deliktrechtstatbestände, AcP 203 (2003), 79 ff. [zit.: *Katzenmeier*, AcP 203 (2003), 97]

ders., Haftung des gerichtlichen Sachverständigen nach neuem Recht – Zweifelsfragen und Streitstände zu § 839a BGB, in: Berger/Borges/Herrmann/Schlüter/Wackerbarth (Hrsg.), Festschrift für Norbert Horn zum 70. Geburtstag, De Gruyter, Berlin 2006, 67–81 [zit.: *Katzenmeier*, in: FS Horn (2006), 67]

Kaufmann, Peter/Jorns, Claudia, Zwischen Wahrheitspflicht und Wohlwollen: Die Verletzung der Zeugnispflicht des Arbeitgebers infolge Ausstellung eines zu günstigen Arbeitszeugnisses, Anwaltsrevue 2002, 37 ff. [zit.: *Kaufmann/Jorns*, Anwaltsrevue 2002, 37]

Keller, Alfred, Haftpflicht im Privatrecht, Band II, 2. Aufl., Stämpfli, Bern 1998 [zit.: *A. Keller*, Haftpflichtrecht II (1998)]

ders., Haftpflicht im Privatrecht, Band I, 6. Aufl., Stämpfli, Bern 2002 [zit.: *A. Keller*, Haftpflichtrecht I (2002)]

Keller, Max/Gabi, Sonja/Gabi, Karin, Haftpflichtrecht, 3. Aufl., Helbing Lichtenhahn, Basel 2012 [zit.: *M. Keller/Gabi/Gabi*, Haftpflichtrecht (2012)]

Keller, Roland, Anwendungsfälle der Drittschadensliquidation und des Vertrages mit Schutzwirkung zugunsten Dritter, Diss. Zürich 2004 [zit. *R. Keller*, Anwendungsfälle der DSL und des VSD (2004)]

Kepplinger, Jakob, Eigenhaftung von Vertragsgehilfen für fehlerhafte Beratung, Manz, Wien 2016 [zit.: *Kepplinger*, Eigenhaftung von Vertragsgehilfen (2016)]

ders., Anmerkung zu OGH, Urt. v. 28.6.2016 – 10 Ob 62/15p, JBl 2017, 182 ff. [zit.: *Kepplinger*, JBl 2017, 182]

Kern, Christoph, In der Zange der Zahlen: Rechtsvergleichung und wissenschaftlicher Zeitgeist, ZVglRWiss 116 (2017), 419 ff. [zit.: *Kern*, ZVglRWiss 116 (2017), 419]

Kern, Christoph/Bettinger Nicole Jasmin, Schuldrechtsmodernisierung in der Schweiz? – Der Entwurf Obligationenrecht 2020, ZEuP 2014, 562 ff. [zit.: *Kern/Bettinger*, ZEuP 2014, 562]

Kerschner, Ferdinand, Gedanken zur Dritthaftung bei Sachverständigengutachten, in: Dehn/Heinrich-Pendl/Jesser-Huß/Pendl/Schoditsch/Terlitza (Hrsg.), Festschrift für Peter Bydlinski, Jan Sramek Wien 2022, 497–510 [zit.: *Kerschner*, in: FS P. Bydlinski (2022), 497]

Kersting, Christian, Die Dritthaftung für Informationen im Bürgerlichen Recht, C.H. Beck, München 2007 [zit.: *Kersting*, Dritthaftung für Informationen (2007)]
Kieser, Ueli/Landolt, Hardy, Unfall – Haftung – Versicherung, Dike, Zürich/St. Gallen 2012 [zit.: *Kieser/Landolt*, Unfall-Haftung-Versicherung (2012)]
Kilian, Matthias, Die Haftung des gerichtlichen Sachverständigen nach § 839a BGB, VersR 2003, 683 ff. [zit.: *Kilian*, VersR 2003, 683]
ders., Zweifelsfragen der deliktsrechtlichen Sachverständigenhaftung nach § 839a BGB, ZGS 2004, 220 ff. [zit.: *Kilian*, ZGS 2004, 220]
Kischel, Uwe, Rechtsvergleichung, C.H.Beck, 2015 München [zit.: *Kischel*, Rechtsvergleichung (2015)]
Kissling, Christa, Rechtsvergleichende Aspekte der Haftung bei mangelnder staatlicher Aufsicht und Kontrolle – am Beispiel der Bankenaufsicht in der Schweiz sowie in Österreich und Deutschland, ZBJV 2009, 137 [zit.: *Kissling*, ZBJV 2009, 137]
Klement, Felix Michael, Zum Haftungsprivileg für Sachverständige, ecolex 2020, 394 ff. [zit.: *Klement*, ecolex 2020, 394]
Klečka, Andreas, Die Haftung von Gutachtern gegenüber Dritten, in: Jabornegg/Kerschner/Riedler (Hrsg.), Haftung und Versicherung, Festschrift für Rudolf Reischauer, Verlag Österreich, Wien 2010, 287–311 [zit.: *Klečka*, in: FS Reischauer (2010), 287]
Klečka, Andreas/Schauer, Martin (Hrsg.), Online-Kommentar zum Allgemeinen Bürgerlichen Gesetzbuch, Manz, Wien [zit.: *Autor*, in: ABGB-ON (Stand der Bearbeitung)]
Knöpfle, Robert, Zur Problematik der Beurteilung einer Norm als Schutzgesetz im Sinne des § 823 Abs. 2 BGB, NJW 1967, 697 ff. [zit.: *Knöpfle*, NJW 1967, 697]
Koch, Harald/Magnus, Ulrich/Winkler von Mohrenfels, Peter, IPR und Rechtsvergleichung, 4. Aufl., C.H.Beck, München 2010 [zit.: *Koch/Magnus/Winkler v. Mohrenfels*, IPR und Rechtsvergleichung (2010)]
Koch, Jens, § 311 Abs. 3 BGB als Grundlage einer vertrauensrechtlichen Auskunftshaftung, AcP 204 (2004), 59 ff. [zit.: *Koch*, AcP 204 (2004), 59]
ders., Die Patronatserklärung, Mohr Siebeck, Tübingen 2005 [zit.: *Koch*, Die Patronatserklärung (2005)]
Kolbisch, Lena/Franz, Richard, Tagungsbericht – Forum für Zivilrecht in Traunkirchen: OGH Cercle 2019, ÖJZ 2020/89 ff. [zit.: *Kolbisch/Franz*, ÖJZ 2020/89]
Koller, Alfred, Haftung einer Vertragspartei für den Schaden eines vertragsfremden Dritten, in: Koller (Hrsg.), Neue und alte Fragen zum privaten Baurecht, St. Galler Baurechtstagung 2004, St. Gallen 2004, 1–62 [zit.: *Koller*, in: Koller (Hrsg.), St. Galler Baurechtstagung 2004, (2004) 1]
ders., Ausservertragliche Haftung eines Ingenieurs für mangelhafte Hangsicherung? Bemerkungen zu BGE 4C.296/1999 vom 28.1.2000, in: Forstmoser/Honsell/Wiegand (Hrsg.), Richterliche Rechtsfortbildung in Theorie und Praxis – Festschrift für Hans Peter Walter, Stämpfli, Bern 2005, 367–376 [zit.: *Koller*, in: FS Walter (2005), 367]
ders., Dritthaftung einer Vertragspartei – Vertragliche und ausservertragliche Haftung im Überblick, in: Koller (Hrsg.), Dritthaftung einer Vertragspartei. Beiträge der Haftpflicht- und Versicherungsrechtstagung 2005, Verlag Institut für Versicherungswirtschaft der Universität St. Gallen, St. Gallen, 1–21 [zit.: *Koller*, in: Koller (Hrsg.), Haftpflicht- und Versicherungsrechtstagung St. Gallen 2005 (2005), 1]
ders., Haftung einer Vertragspartei für den Schaden eines vertragsfremden Dritten, in: Böhme/Gähwiler/Theus Simoni/Zuverbühler (Hrsg.), Ohne jegliche Haftung,

Festschrift für Willi Fischer zum 65. Geburtstag, Schulthess, Zürich 2016, 295–310 [zit.: *Koller*, in: FS W. Fischer (2016), 295]

ders., Grundzüge der Haftung für reinen Vermögensschaden, AJP 2020, 1381 ff. [zit.: *Koller*, AJP 2020, 1381]

Kölsch, Rainer, Die Haftung des Arbeitgebers bei nicht ordnungsgemäßer Zeugniserteilung, NZA 1985, 382 ff. [zit.: *Kölsch*, NZA 1985, 382]

Köndgen, Johannes, Die Einbeziehung Dritter in den Vertrag, in: E. Lorenz (Hrsg.), Karlsruher Forum 1998, Verlag Versicherungswirtschaft, Karlsruhe 1999, 3–49 [zit.: *Köndgen*, in: E. Lorenz (Hrsg.), Karlsruher Forum 1998, 3]

Koppensteiner, Hans-Georg, Notizen zum Außenvertragsrecht des Unternehmensverbundes, wbl 2019, 315 ff. [zit.: *Koppensteiner*, wbl 2019, 315]

Kost, Albert, Staathaftungsansprüche nach Schweizer Recht bei kapazitätsbedingten Flugunregelmässigkeiten, SVLR-Bulletin 2018, 43 ff. [zit.: *Kost*, SVLR-Bulletin 2018, 43]

Kötz, Hein, Abschied von der Rechtskreislehre?, ZEuP 1998, 493 ff. [zit.: *Kötz*, ZEuP 1998, 493]

ders., Der Bundesgerichtshof und die Rechtsvergleichung, in: Canaris/Heldrich/Hopt/Roxin/Schmidt/Widmaier (Hrsg.), 50 Jahre Bundesgerichtshof, Festgabe aus der Wissenschaft, Band II, C.H.Beck, München 2000, 825–843 [zit.: *Kötz*, in: FS 50 Jahre BGH (2000), 825]

ders., Alte und neue Aufgaben der Rechtsvergleichung, JZ 2002, 257 ff. [zit.: *Kötz*, JZ 2002, 257]

Kötz, Hein/Schäfer, Bernd, Judex oeconomicus, Mohr Siebeck, 2003 [zit.: *Kötz/Schäfer*, Judex oeconomicus (2003)]

Koziol, Helmut, Die Konkurrenz zwischen allgemeinem Zivilrecht, KMG und BörseG bei der Prospekthaftung, ÖBA 1992, 886 ff. [zit.: *Koziol*, ÖBA 1992, 886]

ders., Generalnorm und Einzeltatbestände als Systeme der Verschuldenshaftung: Unterschiede und Angleichungsmöglichkeiten, ZEuP 1995, 359 ff. [zit.: *Koziol*, ZEuP 1995, 359]

ders., Rezeption der Rechtsprechung des Bundesgerichtshofs in Österreich, in: Canaris/Heldrich/Hopt/Roxin/Schmidt/Widmaier (Hrsg.), 50 Jahre Bundesgerichtshof, Festgabe aus der Wissenschaft, Band II, C.H.Beck, München 2000, 943–963 [zit.: *Koziol*, in: FS 50 Jahre BGH (2000), 943]

ders., Die „Principles of European Tort Law" der „European Group on Tort Law", ZEuP 2004, 234 ff. [zit.: *Koziol*, ZEuP 2004, 234]

ders., Delikt, Verletzung von Schuldverhältnissen und Zwischenbereich, JBl 1994, 209 ff. [zit.: *Koziol*, JBl 2004, 209]

ders., Schadenersatz für reine Vermögensschäden, JBl 2004, 273 ff. [zit.: *Koziol*, JBl 2004, 273]

ders., Compensation for Pure Economic Loss from a Continental Lawyers's Perspektive, in: van Boom/Koziol/Witting (Hrsg.), Pure Economic Loss, Springer, Wien u. a. 2004, 141 ff. [zit.: *Koziol*, in: van Boom/Koziol/Witting (Hrsg.), Pure Economic Loss (2004), 141]

ders., Grundgedanken, Grundnorm, Schaden und geschütztes Interessen, in: Griss/Kathrein/Koziol (Hrsg.), Entwurf eines neuen österreichischen Schadensersatzrechts, Springer, Wien/New York 2005, 23–35 [zit.: *Koziol*, in: Griss/Kathrein/Koziol (Hrsg.), Entwurf eines neuen österreichischen Schadenersatzrechts (2005), 23]

ders., Schadenersatzreform: Der Gegenentwurf eines Arbeitskreises, JBl 2008, 348 ff. [zit.: *Koziol*, JBl 2008, 348] *ders.,* Grundfragen des Schadenersatzrechts, Jan Sramek, Wien 2010 [zit.: *Koziol*, Grundfragen des Schadenersatzrechts (2010)]

ders., Begrenzte Gestaltungskraft von Kodifikationen, in: Fischer-Czermak/Hopf/ Kathrein/Schauer (Hrsg.), Festschrift 200 Jahre ABGB, Manz, Wien 2011, 469–493 [zit.: *Koziol*, in: FS 200 Jahre ABGB (2011), 469]

ders., Schadenersatz im Europäischen Privatrecht, in: Remien (Hrsg.), Schadenersatz im europäischen Privat- und Wirtschaftsrecht, Mohr Siebeck, Tübingen 2012, 5–25 [zit.: *Koziol*, in: Remien (Hrsg.), Schadenersatz im europäischen Privat- und Wirtschaftsrecht (2012), 5]

ders., Glanz und Elend der deutschen Zivilrechtsdogmatik, AcP 212 (2012), 1 ff. [zit.: *Koziol*, AcP 212 (2012), 1]

ders., Von der rechtsgeschäftlichen Bindung zur Vertrauenshaftung, in: Perner/Riss (Hrsg.), Festschrift für Gert Iro zum 65. Geburtstag, Jan Sramek, Wien 2013, 81–100 [zit.: *Koziol*, in: FS Iro (2013), 81]

ders., Beeinträchtigung des Eigentümers ohne Beschädigung oder Entziehung der Sache: Eigentumsverletzung oder reiner Vermögensschaden?, in: Perner/Rubin/ Spitzer/Vonkilch (Hrsg.), Festschrift für Attila Fenyves, Verlag Österreich, Wien 2013, 241–256 [zit.: *Koziol*, in: FS Fenyves (2013), 241]

ders., (Hrsg.), Grundfragen des Schadenersatzrechts aus rechtsvergleichender Sicht, Jan Sramek, Wien 2014 [zit.: *Autor*, in: Koziol (Hrsg.), Grundfragen des SE-Rechts aus rechtsvergleichender Sicht (2014)]

ders., Das bewegliche System – Die goldene Mitte für Gesetzgebung und Dogmatik, ALJ 2017, 160 ff. [zit.: *Koziol*, ALJ 2017, 160]

ders., Österreichisches Haftpflichtrecht, Band II, Haftung für eigenes und fremdes Fehlverhalten, 3. Aufl., Jan Sramek, Wien 2018 [zit.: *Koziol*, Haftpflichtrecht II (2018)]

ders., Verspätungsschäden bei Massenbeförderungen, JBl 2020, 728 ff. [zit.: *Koziol*, JBl 2020, 728]

ders., Österreichisches Haftpflichtrecht, Band I, Allgemeiner Teil, Jan Sramek, Wien 2020 [zit.: *Koziol*, Haftpflichtrecht I (2020), Abschnitt/Kapitel/Rn.]

Koziol, Helmut/Apathy, Peter/Koch, Bernhard, Österreichisches Haftpflichtrecht, Gefährdungs-, Produkt- und Eingriffshaftung, 3. Aufl., Jan Sramek, Wien 2014 [zit.: *Koziol/Apathy/Koch*, Haftpflichtrecht III (2014)]

Kramer, Ernst, Der überflüssige „mittelbare" Schade, ZVR 1971, 141 ff. [zit.: *Kramer*, ZVR 1971, 141]

ders., Noch einmal: Zum Problem des „mittelbaren" Schadens, ZVR 1974, 129 ff. [zit.: *Kramer*, ZVR 1974, 129]

ders., „Reine Vermögensschäden" als Folge von Stromkabelbeschädigungen, Anmerkung zu BG, Urt. v. 11.3.1980, BGE 106 II 75, recht 1984, 128 ff. [zit.: *Kramer*, recht 1984, 128]

ders., Der Einfluss des BGB auf das schweizerische und österreichische Privatrecht, AcP 200 (2000), 365 ff. [zit.: *Kramer*, AcP 200 (2000), 365]

ders., Eine neue Fallstruktur zu den Reflexschäden: Zweifelsfragen zu BGE 142 III 433, in: Grolimund/Koller/Loacker/Portmann (Hrsg.), Festschrift für Anton Schnyder zum 65. Geburtstag, Schulthess, Zürich u.a. 2018, 621–629 [zit.: *Kramer*, in: FS Schnyder (2018), 621]

Krammer, Harald/Schiller, Jürgen/Schmidt, Alexander/Tanczos, Alfred (Hrsg.), Sachverständige und ihre Gutachten, Manz, Wien 2012 [zit.: *Autor*, in: Sachverständige und ihre Gutachten (2012)]

Krebs, Peter, Sonderverbindung und außerdeliktische Schutzpflichten, C.H.Beck, München 2000 [zit.: *Krebs*, Sonderverbindung und außerdeliktische Schutzpflichten (2000)]

Krenmayr, Anna, Anmerkung zu OGH, Urt. v. 21.4.2021 – 1 Ob 52/21k, NZ 2021/124, NZ 2021, 454 ff. [zit.: *Krenmayr*, NZ 2021, 454]

Kreße, Bernhard, Schadensersatzansprüche mittelbar Geschädigter nach deutschem und französischem Zivilrecht, ZEuP 2014, 504 ff. [zit.: *Kreße*, ZEuP 2014, 504]

Kunz, Peter, Einführung zur Rechtsvergleichung in der Schweiz, recht 2006, 37 ff. [zit.: *Kunz*, recht 2006, 37]

ders., Konzernhaftungen in der Schweiz, GesRZ 2012, 282 ff. [zit.: *Kunz*, GesRZ 2012, 282]

Kurzkommentar Obligationenrecht, Honsell (Hrsg.), Helbing Lichtenhahn, Basel 2014 [zit.: *Autor*, in: KuKo OR]

Kurzkommentar zum ABGB, Koziol/Bydlinski, P./Bollenberger (Hrsg.), Verlag Österreich, 6. Aufl., Wien 2020 [zit.: *Autor*, in: KBB ABGB[6]]

Kwiatkowski, Piotr, Konkretisierung der deliktsrechtlichen Generalklauseln – Eine rechtsvergleichende Untersuchung am Beispiel des französischen, polnischen, schweizerischen und spanischen Rechts, Universitätsverlag Osnabrück, 2020 [zit.: *Kwiatkwoski*, Konkretisierung der deliktsrechtlichen Generalklauseln (2020)]

Landolt, Hardy, Ausservertragliche Haftung für die Verletzung absoluter Rechtsgüter Dritter, in: Koller (Hrsg.), Dritthaftung einer Vertragspartei. Beiträge der Haftpflicht- und Versicherungsrechtstagung 2005, Verlag Institut für Versicherungswirtschaft der Universität St. Gallen, St. Gallen, 23–109 [zit.: *Landolt*, in: Koller (Hrsg.), Haftpflicht- und Versicherungsrechtstagung St. Gallen 2005 (2005), 23]

ders., Sachschadenhaftung – Unter besonderer Berücksichtigung von verkehrsunfallbedingten Sachschäden, in: Schaffhauser (Hrsg.), Jahrbuch zum Strassenverkehrsrecht 2007, Schulthess, St. Gallen, 67–153 [zit.: *Landolt*, in: Schaffhauser (Hrsg.), Jahrbuch Strassenverkehrsrecht 2007 (2007), 67]

ders., Haftpflichtrechtliche Ersatzpflicht für Autoschäden, in: Schaffhauser (Hrsg.), Jahrbuch zum Strassenverkehrsrecht 2008, Schulthess, St. Gallen 2008, 89–148 [zit.: *Landolt*, in: Schaffhauser (Hrsg.), Jahrbuch Strassenverkehrsrecht 2008 (2008), 89]

ders., Haftung für Schockschäden von Angehörigen aus rechtsvergleichender Sicht, in: Ch. Huber/Jaeger/Luckey (Hrsg.), Festschrift für Lothar Jaeger zum 75. Geburtstag, Luchterhand, Köln 2014, 355–370 [zit.: *Landolt*, in: FS Jaeger (2014), 355]

ders., Der normative Schaden im schweizerischen Recht, in: Ch. Huber/Neumayr/Reisinger (Hrsg.), Festschrift für Karl-Heinz Danzl zum 65. Geburtstag, Manz, Wien 2017, 140–156 [zit.: *Landolt*, in: FS Danzl (2017), 140]

Larenz, Karl/Canaris Claus-Wilhelm, Lehrbuch des Schuldrechts Band 2 Besonderer Teil Halbband 2, 13. Aufl., C.H.Beck, München 1994 [zit.: *Larenz/Canaris*, Schuldrecht BT (1994)]

Lehmann, Matthias, Die Zukunft der culpa in contrahendo im Europäischen Privatrecht, ZEuP 2009, 693 ff. [zit.: *M. Lehmann*, ZEuP 2009, 693]

Lehmann, Peter, Ist Geldwäscherei nach Art. 305bis StGB eine haftpflichtrechtliche Schutznorm? Bemerkungen zu BGE 129 IV 322, BGE 5P.386/2004 und BGE 4C.386/2006, in: Isenring/Kessler (Hrsg.), Schutz und Verantwortung, Liber Amicorum für Heinrich Honsell, Dike, Zürich 2007, 1–30 [zit.: *P. Lehmann*, in: Liber Amicorum Honsell (2007), 1]

Leitner, Max, Schadensverlagerung und Produkthaftung, ecolex 2001, 511 ff. [zit.: *Leitner,* ecolex 2001, 511]

Leupi, Christian, „Durchklick" – Haftung für den Signaturschlüssel, Anwaltsrevue 2012, 155 ff. [zit.: *Leupi,* Anwaltsrevue 2012, 155]

Leyens, Patrick, Expertenhaftung: Ersatz von Vermögensschäden im Dreipersonenverhältnis nach Bürgerlichem Recht, JuS 2018, 217 ff. [zit.: *Leyens,* JuS 2018, 217]

Liebknecht, Karl, Studien über die Bewegungsgesetze der gesellschaftlichen Entwicklung, Morris (Hrsg.), Kurt Wolff Verlag, München 1922 [zit.: *Liebknecht,* Studien über die Bewegungsgesetze der gesellschaftlichen Entwicklung (1922)]

Linz, Julian, Haftung des gerichtlichen Sachverständigen nach § 839a BGB analog wegen eines unrichtigen Gutachtens nach Erledigung durch Vergleich?, DS 2020, 271 ff. [zit.: *Linz,* DS 2020, 271]

Littbarski, Sigurd, Die Haftung des gerichtlich ernannten Sachverständigen nach § 839a BGB und ihre versicherungsrechtlichen Konsequenzen, VersR 2016, 154 ff. [zit.: *Littbarski,* VersR 2016, 154]

Loewenheim, Ulrich, Schadenshaftung unter Arbeitgebern wegen unrichtiger Arbeitszeugnisse, JZ 1980, 469 ff. [zit.: *Loewenheim,* JZ 1980, 469]

Looschelders, Dirk, Schuldrecht Besonderer Teil, 16. Aufl., Vahlen, München 2021 [zit.: *Looschelders,* Schuldrecht BT (2021)]

Lorandi, Franco, Haftung für reinen Vermögensschaden, recht 1990, 19 ff. [zit.: *Lorandi,* recht 1990, 19]

Lorenz, Stephan, Grundwissen – Zivilrecht: Culpa in contrahendo (§ 311 II, III BGB), JuS 2015, 398 ff. [zit.: *S. Lorenz,* JuS 2015, 398]

ders., Grundwissen – Zivilrecht: Deliktsrecht – Haftung aus § 823 I BGB, JuS 2019, 852 ff. [zit.: *S. Lorenz,* JuS 2019, 852]

ders., Grundwissen – Der Vertrag mit Schutzwirkung für Dritte, JuS 2021, 817 ff. [zit.: *S. Lorenz,* JuS 2021, 817]

Loser, Peter, Konkretisierung der Vertrauenshaftung, recht 1999, 73 ff. [zit.: *Loser,* recht 1999, 73]

ders., Schutzwirkung zugunsten Dritter, in: Honsell/Zäch/Hasenböhler/Harrer/Rhinow (Hrsg.), Festschrift für Ernst Kramer, Helbing & Lichtenhahn, Basel ua 2004, 579–604 [zit.: *Loser-Krogh,* in: FS Kramer (2004), 579]

ders., Ausservertragliche Haftung einer Vertragspartei für reine Vermögensschäden Dritter, in: Koller (Hrsg.), Dritthaftung einer Vertragspartei. Beiträge der Haftpflicht- und Versicherungsrechtstagung 2005, Verlag Institut für Versicherungswirtschaft der Universität St. Gallen, St. Gallen, 111–167 [zit.: *Loser,* in: Koller (Hrsg.), Haftpflicht- und Versicherungsrechtstagung St. Gallen 2005 (2005), 111]

ders., Die Vertrauenshaftung in der Praxis, in: Jung (Hrsg.), Aktuelle Entwicklungen im Haftpflichtrecht – Tagung Recht aktuell 2006 der Juristischen Fakultät der Universität Basel, Schulthess, Zürich 2007, 23–44 [zit.: *Loser,* in: Jung (Hrsg.), Aktuelle Entwicklungen im Haftpflichtrecht (2007), 23]

Lutter, Markus/Bayer, Walter (Hrsg.), Holding-Handbuch, Otto Schmidt, 6. Aufl., Köln 2020 [zit.: *Autor,* in: Lutter/Bayer (Hrsg.), Holding-Handbuch (2020)]

Magnus, Ulrich, Das deutsche Deliktsrecht im europäischen Kontext, HAVE 2017, 25 [zit.: *Ulrich,* HAVE 2017, 25]

Maitz, Ewald, Kommentar zu den Allgemeinen und Ergänzenden Bedingungen für die Haftpflichtversicherung, Verlag Österreich, Wien 2018 [zit.: *Maitz,* AHVB/EHVB (2018)]

Mankowski, Peter, Das ABGB vor deutschen Gerichten und in der neueren deutschen Gesetzgebung, in: Fischer-Czermak/Hopf/Kathrein/Schauer (Hrsg.), Festschrift 200 Jahre ABGB, Manz, Wien 2011, 195–217 [zit.: *Mankowski*, in: FS 200 Jahre ABGB (2011), 195]

Marhold/Burgstaller/Preyer (Hrsg.), Kommentar zum AngG, Manz, Wien 2013 [zit.: *Autor*, in: Marhold/Burgstaller/Preyer, AngG Komm (Stand: 1.12.2012)]

Marschall, Marina, Ersatz reiner Vermögensschäden in der Geschichte des englischen Rechts am Beispiel der Auskunftshaftung, Görich & Weiershäuser, Marburg 2002 [zit.: *Marschall*, Ersatz reiner Vermögensschäden in der Geschichte des englischen Rechts]

Medicus, Dieter, Die culpa in contrahendo zwischen Vertrag und Delikt, in: Forstmoser/Giger/Heini/Schluep (Hrsg.), Festschrift für Max Keller, Schulthess, Zürich 1989, 205–219 [zit.: *Medicus*, in: FS Keller (1989), 205]

ders., Diskussionsbeitrag, in: E. Lorenz (Hrsg.), Karlsruher Forum 1998, Verlag Versicherungswirtschaft, Karlsruhe 1999, 98–99 [zit.: *Medicus*, in: E. Lorenz (Hrsg.), Karlsruher Forum 1998, 98]

Medicus, Dieter/Lorenz, Stephan, Schuldrecht II, Besonderer Teil, 18. Aufl., C.H. Beck, München 2018 [zit.: *Medicus/S. Lorenz*, Schuldrecht II[18]]

Medicus, Dieter/Petersen, Jens, Bürgerliches Recht, 28. Aufl., München, Vahlen 2021 [zit.: *Medicus/Petersen*, Bürgerliches Recht[28]]

Melcher, Martina, Reine Vermögensschäden im internationalen Zuständigkeits- und Privatrecht – Status quo in Judikatur und Literatur, VbR 2017, 126 ff. [zit.: *Melcher*, VbR 2017, 126]

Meier, Kurt, Orientierungshilfen im Dschungel der Staatshaftung, plädoyer 04/2008, 40 ff. [zit.: *Meier*, plädoyer 2008, 40]

Meierhans, Stefan, Der immer noch nicht bewältigte Reflexschaden, recht 1994, 202 ff. [zit.: *Meierhans*, recht 1994, 202]

Meisloch, Karolina, Die Funktionalität von Arbeitszeugnis- und Referenzsystem im deutschsprachigen und angloamerikanischen Rechtsraum, Nomos, Baden-Baden 2017 [zit.: *Meisloch*, Funktionalität von Arbeitszeugnis- und Referenzsystem (2017)]

Mertens, Bernd, Culpa in contrahendo beim zustande gekommenen Kaufvertrag nach der Schuldrechtsreform, AcP 203 (2003), 818 ff. [zit.: *Mertens*, AcP 203 (2003), 818]

Merz, Hans, Die Widerrechtlichkeit gem. Art 41 OR als Rechtsquellenproblem, ZBJV 1955, 301 ff. [zit.: *Merz*, ZBJV 1955, 301]

Misteli, Christophe, La responsabilité pour le dommage purement économique, Schulthess, Zürich 1999 [zit.: *Misteli*, La responsabilité pour le dommage purement économique (1999)]

Müller-Chen, Markus, Haftpflichtrecht in der Krise?, BJM 2002, 289 ff. [zit.: *Müller-Chen*, BJM 2002, 289]

ders., Probleme des dualistischen Haftungskonzepts, in: Fellmann/Weber (Hrsg.), Haftpflichtprozess 2008, Schulthess, Zürich, 13–26 [zit.: *Müller-Chen*, in: Fellmann/Weber (Hrsg.), Haftpflichtprozess 2008 (2008), 13]

Müller-Chen, Markus/Müller, Christoph/Widmer Lüchinger, Corinne, Comparative Private Law, Dike, Zürich/St. Gallen 2015 [zit.: *Müller-Chen/Müller/Widmer Lüchinger*, Comparative Private Law (2015)]

Müller, Reto/Bachmann, Lea, Treu und Glauben als grundrechtliche Vermögensschutznorm? Mögliche Konsequenzen des Urteils A-79312011 des Bundesverwaltungsgerichts vom 20. Februar 2012 für das System der Staatshaftung bei reinen Vermögensschäden, SJZ 2020, 259 ff. [zit.: *Müller/Bachmann*, SJZ 2020, 259]

Münchener Kommentar zum Bürgerlichen Gesetzbuch, Säcker/Rixecker/Oetker/Limperg (Hrsg.), C.H.Beck, München [zit.: *Autor*, in: MüKo BGB^Aufl.]
- Band 1, Allgemeiner Teil, §§ 1–240, 9. Aufl. 2021
- Band 2, Schuldrecht – Allgemeiner Teil I, §§ 241–310, 9. Aufl. 2022
- Band 3, Schuldrecht – Allgemeiner Teil II, §§ 311–432, 9. Aufl. 2022
- Band 6, Schuldrecht – Besonderer Teil III, §§ 631–704, 8. Aufl. 2020
- Band 7, Schuldrecht – Besonderer Teil IV, §§ 705–853, 8. Aufl. 2020

Münchener Kommentar zum Handelsgesetzbuch, K. Schmidt (Hrsg.), Band 6, Bankvertragsrecht, 4. Aufl., C.H.Beck, München 2019 [zit.: *Autor*, in: MüKo HGB VI[4]]

Münchener Kommentar zum Versicherungsvertragsgesetz, Langheid/Wandt (Hrsg.), Band 3, Nebengesetze, 2. Aufl., C.H.Beck, München 2017 [zit.: *Autor*, in: MüKo VVG III[2]]

Neumann-Duesberg, Horst, Anmerkung zu OLG Hamburg, Urt. v. 14.12.1954 – 1 U 212/54, NJW 1956, 348 ff. [zit.: *Neumann-Duesberg*, NJW 1956, 348]

Nobbe, Gerd, Prospekthaftung bei geschlossenen Fonds – Ein Überblick über die Rechtsprechung insbesondere des Bundesgerichtshofs, WM 2013, 193 ff. [zit.: *Nobbe*, WM 2013, 193]

Nomos Kommentar zum Atomrecht – Atomgesetz und Ausstiegsgesetze, Frenz (Hrsg.), Nomos, Baden-Baden 2019 [zit.: *Autor*, in: NK-AtomR]

Nomos Kommentar zum BGB, Dauner-Lieb/Heidel/Ring (Hrsg.), Band 2 – Schuldrecht, §§ 241–853, 4. Aufl., Nomos, Baden-Baden 2021 [zit.: *Autor*, in: NK-BGB[4]]

Noth, Michael/Grob, Evelyne, Rechtsnatur und Voraussetzungen der obligationenrechtlichen Prospekthaftung – ein Überblick, AJP 2002, 1435 ff. [zit.: *Noth/Grob*, AJP 2002, 1435]

Notthoff, Martin, Rechtliche Fragestellungen im Zusammenhang mit dem Abschluss einer Director's & Officer's-Versicherung – Effektiver Schutz von Vorständen und Aufsichtsräten gegen Haftungsrisiken, NJW 2003, 1350 ff. [zit.: *Notthoff*, NJW 2003, 1350]

Nowotny, Georg, Die Haftung des gerichtlich bestellten Sachverständigen gegenüber dem Ersteher in der Liegenschaftszwangsversteigerung, JBl 1987, 282 ff. [zit.: *Nowotny*, JBl 1987, 282]

Oberhammer, Paul, ABGB und schweizerisches Privatrecht: Eine Spurensuche, in: Fischer-Czermak/Hopf/Kathrein/Schauer (Hrsg.), Festschrift 200 Jahre ABGB, Manz, Wien 2011, 219–232 [zit.: *Oberhammer*, in: FS 200 Jahre ABGB (2011), 219]

ders., Deliktsgerichtsstand am Erfolgsort reiner Vermögensschäden, JBl 2018, 750 [zit.: *Oberhammer*, JBl 2018, 750]

Oechsler, Jürgen, Verhaltensänderung und verwerfliche Gesinnung – Problematische Entwicklungen bei der Anwendung des § 826 BGB auf wirtschaftsnahe Sachverhalte, WM 2021, 1061 ff. [zit.: *Oechsler*, WM 2021, 1061]

Oftinger, Karl/Stark, Emil, Schweizerisches Haftpflichtrecht, Band I, 5. Aufl., Schulthess, Zürich 1995 [zit.: *Oftinger/Stark*, Schweizerisches Haftpflichtrecht]

Ostheim, Rolf, Kreditschädigung und Presserecht, ÖJZ 1974, 1 [zit.: *Ostheim*, ÖJZ, 1974, 1]

Paar, Martin, Grundzüge des Amtshaftungsrechts, Manz, Wien 2010 [zit.: *Paar*, Amtshaftungsrecht (2010)]

Papadimitropoulos, Antonios, Schuldverhältnisse mit Schutzwirkung zugunsten Dritter, Duncker & Humblot, Berlin 2007) [zit.: *Papadimitropoulos*, Schuldverhältnisse mit Schutzwirkung zugunsten Dritter (2007)]

Parisi, Francesco, Liability for pure financial loss: revisiting the economic foundations of a legal doctrine, in: Bussani/Palmer (Hrsg.), Pure Economic Loss in Europe, Cambridge University Press 2003, 75–93 [zit.: *Parisi*, in: Bussani/Palmer (Hrsg.), Pure Economic Loss in Europe (2003), 75]

Peifer, Karl-Nikolaus, Das Deliktsrecht als Gegenstand des Allgemeinen Teils, in: Harke/Riesenhuber (Hrsg.), OR 2020 – Die schweizerische Schuldrechtsreform aus vergleichender Sicht [zit.: *Peifer*, in: Harke/Riesenhuber (Hrsg.), OR 2020 – Schweizerische Schuldrechtsreform aus vergleichender Sicht (2016), 247]

Peter, Hans, Vom Einfluss der deutschen Zivilrechtswissenschaft auf die Schweiz, in: Elsener/Ruoff (Hrsg.), Festschrift Karl Siegfried Bader, Schulthess, Zürich 1965, 321–342 [zit.: *Peter*, in: FS Bader (1965), 321]

Perner, Stefan/Spitzer, Martin/Kodek, Georg, Bürgerliches Recht, 6. Aufl., Manz, Wien 2019 [zit.: *Perner/Spitzer/Kodek*, Bürgerliches Recht (2019)]

Perrig, Werner, Über den Begriff der Widerrechtlichkeit, SJZ 1959, 325 ff. [zit.: *Perrig*, SJZ 1959, 325]

Peyer, Patrick, Zur Ersatzfähigkeit reiner Vermögensschäden, recht 2002, 99 ff. [zit.: *Peyer*, recht 2002, 99]

ders., Zur zunehmenden Bedeutung der Rechtsvergleichung als Hilfsmittel der Rechtsfindung, recht 2004, 104 ff. [zit.: *Peyer*, recht 2004, 104]

Picker, Eduard, Positive Forderungsverletzung und culpa in contrahendo – Zur Problematik der Haftungen „zwischen" Vertrag und Delikt, AcP 183 (1983), 369 ff. [zit.: *Picker*, AcP 183 (1983), 369]

ders., Vertragliche und deliktische Schadenshaftung, JZ 1987, 1041 ff. [zit.: *Picker*, JZ 1987, 1041]

ders., Gutachterhaftung: Außervertragliche Einstandspflicht als innergesetzliche Rechtsfortbildung, in: Beuthien/Fuchs/Roth/Schiemann/Wacke (Hrsg.), Festschrift für Dieter Medicus zum 70. Geburtstag, Carl Heymanns, Köln 1999, 397–447 [zit.: *Picker*, in: FS Medicus (1999), 397]

ders., Deliktsrechtlicher Eigentumsschutz bei Störungen der Sach-Umwelt-Beziehung, JZ 2010, 541 ff. [zit.: *Picker*, JZ 2010, 541]

ders., Deliktsrechtlicher Eigentumsschutz bei Störung der Energieversorgung? Die Stromkabelfälle als Prüfstein des modernen Deliktsrechts, in: Apathy/Bollenberger/Bydlinski, P./Iro/Karner/Karollus (Hrsg.), Festschrift für Helmut Koziol zum 70. Geburtstag, Jan Sramek Verlag, Wien 2010, 813–834 [zit.: *Picker*, in: FS Koziol (2010), 813]

ders., Die Nutzungsbeeinträchtigung ohne Substanzverletzung als systemrelevantes Deliktsrechtsproblem, NJW 2015, 2304 ff. [zit.: *Picker*, NJW 2015, 2304]

ders., Das Deliktsrecht im Zivilrechtssystem – Eine Studie am Beispiel des Fleet-Falls BGHZ 55, 153, ZfPW 2015, 385 ff. [zit.: *Picker*, ZfPW 2015, 385]

Pinger, Winfried/Behme, Caspar, Die Haftung Sachverständiger für fehlerhafte Wertgutachten, DS 2009, 54 ff. [zit.: *Pinger/Behme*, DS 2009, 54]

Plotke, Jon Samuel, Anmerkung zu BG, Urt. v. 23.12.2003 – 4C.230/2003, BGE 130 III 345, AJP 2005, 350 ff. [zit.: *Plotke*, AJP 2005, 350]

Portmann, Wolfgang/Przezak, Przemyslaw, Haftung des Arbeitgebers gegenüber Dritten für fehlerhafte Arbeitszeugnisse – Delikts- oder Vertrauenshaftung?, ArBR 2012, 13 ff. [zit.: *Portmann/Przezak*, ArBR 2012, 13]

Posch, Willibald, Der ungeschützte Strombezieher als Fall des „mittelbaren Schadens" in der Rechtsprechung des OGH, JBl 1973, 564 ff. [zit.: *Posch*, JBl 1973, 564] *ders.*, Anmerkung zu OGH, Urt. v. 3.11.1981 – 4 Ob 540/81, JBl 1983, 253 ff. [zit.: *Posch*, JBl 1983, 253]

Posch, Willibald/Bernat, Erwin, Zum 50. Todestag von Armin Ehrenzweig, JBl 1985, 603 ff. [zit.: *Posch/Bernat*, JBl 1985, 603]

Posch, Willibald/Schilcher, Bernd, The case studies – part Austria, in: Bussani/Palmer (Hrsg.), Pure Economic Loss in Europe, Cambridge University Press 2003, 171–522 [zit.: *Posch/Schilcher*, in: Bussani/Palmer (Hrsg.), Pure Economic Loss in Europe (2003), 171]

Praxiskommentar zum ABGB, Schwimann/Kodek (Hrsg.), Lexisnexis, Wien [zit.: *Autor*, in: PraxKomm ABGB$^{Aufl.}$]
– Band 5, §§ 859–937, 5. Aufl. 2021
– Band 6, §§ 1293–1503, 4. Aufl. 2016
– Band 7, §§ 1090–1174, 5. Aufl. 2021

Praxiskommentar zum AHG, Ziehensack (Hrsg.), Lexisnexis, Wien 2011 [zit.: *Autor*, in: Ziehensack (Hrsg.), PraxKomm AHG]

Principles of European Tort Law, European Group on Tort Law (Hrsg.), Text and Commentary Springer, Wien New York, 2005 [zit.: *Autor*, in: Principles of European Tort Law (2005)]

Probst, Thomas, Der Ersatz „immateriellen Schadens" im schweizerischen Haftpflicht- und Strassenverkehrsrecht, in: Probst/Werro (Hrsg.), Strassenverkehrsrechtstagung 10.–11. Juni 2010, Stämpfli, Bern, 1–58 [zit.: *Probst*, in: Probst/Werro (Hrsg.), Strassenverkehrsrechtstagung 2010 (2010), 1]

ders., Die Behandlung von „Reflexschäden" und „Schockschäden" im schweizerischen Haftpflicht- und Strassenverkehrsrecht, in: Probst/Werro (Hrsg.), Strassenverkehrsrechtstagung 14.–15. Juni 2012, Stämpfli, Bern 2012, 1–44 [zit.: *Probst*, in: Probst/Werro (Hrsg.), Strassenverkehrsrechtstagung 2012 (2012)]

Prölss/Martin (Hrsg.), Kommentar zum VVG, 31. Aufl., C.H.Beck, München 2021 [zit.: *Autor*, in: Prölss/Martin, VVG^{31}]

Quiring, Tabea, Die Dritthaftung von Sachverständigen, Peter Lang, Frankfurt a.M. u.a. 2006 [zit.: *Quiring*, Dritthaftung von Sachverständigen (2006)]

Rahn, Guntram, Rechtsdenken und Rechtsauffassung in Japan, C.H.Beck, München 1990 [zit.: *Rahn*, Rechtsdenken und Rechtsauffassung in Japan (1990)]

Rainer, J. Michael, Europäisches Privatrecht – Die Rechtsvergleichung, 2. Aufl. Peter Lang, Frankfurt am Main 2007 [zit.: *Rainer*, Europäisches Privatrecht (2007)]

Ranieri, Filippo, Europäisches Obligationenrecht, 3. Aufl. Springer, Wien New York, 2009 [zit.: *Ranieri*, Europäisches Obligationenrecht (2009)]

Rehm, Gebhard, Rechtstransplantate als Instrument der Rechtsreform und -transformation, RabelsZ 72 (2008), 1 ff. [zit.: *Rehm*, RabelsZ 72 (2008), 1]

Reich, Thomas, Die Dritthaftung des Energieausweiserstellers, wobl 2019, 117 ff. [zit.: *Reich*, wobl 2019, 117]

Reich-Rohrwig, Alexander, Aufklärungspflichten vor Vertragsschluss, Manz, Wien 2015 [zit.: *Reich-Rohrwig*, Aufklärungspflichten vor Vertragsschluss (2015)]

Reimann, Mathias, The case studies – part Germany, in: Bussani/Palmer (Hrsg.), Pure Economic Loss in Europe, Cambridge University Press 2003, 171–522 [zit.: *Reimann*, in: Bussani/Palmer (Hrsg.), Pure Economic Loss in Europe (2003), 171]

Reischauer, Rudolf, Schadenersatzreform – Verständnis und Missverständnisse, Eine Antwort auf Koziol, JBl 2008, 348 (Teil 1), JBl 2009, 405 ff. [zit.: *Reischauer*, JBl 2009, 405] *ders.*, Schadenersatzreform – Verständnis und Missverständnisse, Eine Antwort auf Koziol, JBl 2008, 348 (Teil 2), JBl 2009, 484 ff. [zit.: *Reischauer*, JBl 2009, 484]

ders., Österreichische Schadenersatzreform mit deutschen Schiedsrichtern?, JBl 2010, 401 ff. [zit.: *Reischauer*, JBl 2010, 401 (S.)]

Reischauer, Rudolf, Reform des Schadenersatzrechts?, in: Reischauer/Spielbüchler/ Welser, (Hrsg.), Reform des Schadenersatzrechts Band II, Zum Entwurf einer Arbeitsgruppe, Manz, Wien 2006, 23–55 [zit.: *Reischauer*, in: Reischauer/Spielbüchler/Welser (Hrsg.), Reform des Schadenersatzrechts II (2006), 23]

Reischauer, Rudolf/Spielbüchler, Karl/Welser, Rudolf (Hrsg.), Reform des Schadenersatzrechts Band III, Vorschläge eines Arbeitskreises, Manz, Wien 2008 [zit.: *Reischauer/Spielbüchler/Welser* (Hrsg.), Reform des Schadenersatzrechts III (2008)]

Rey, Heinz, Deliktsrechtliche Ersatzfähigkeit reiner Nutzungsbeeinträchtigungen an Sachen – Ein künftiges Diskussionsthema in der Schweiz, in: Koziol/Spier (Hrsg.), Liber Amicorum für Pierre Widmer, Springer, Wien New York 2003, 283–291 [zit.: *Rey*, in: Liber Amicorum P. Widmer (2003), 283]

Rey, Heinz/Wildhaber, Isabelle, Ausservertragliches Haftpflichtrecht, 5. Aufl., Schulthess, Zürich 2018 [zit.: *Rey/Wildhaber*, Ausservertragliches Haftpflichtrecht (2018)]

Richter, Jan Christoph, Die Dritthaftung der Abschlussprüfer, Nomos, Baden-Baden 2007 [zit.: *Richter*, Die Dritthaftung der Abschlussprüfer (2007)]

Rieble, Volker, Die Kodifikation der culpa in contrahendo, in: Dauner-Lieb/Konzen/ Schmidt (Hrsg.), Das neue Schuldrecht in der Praxis, Akzente – Brennpunkte – Ausblicke, Carl Heymanns Verlag, Köln u. a. 2003, 137–157 [zit.: *Rieble*, in: Dauner-Lieb/Konzen/Schmidt (Hrsg.), Das neue Schuldrecht in der Praxis (2003), 137]

Rieckers, Oliver „Konzernvertrauen" und Konzernrecht, C.H.Beck, München 2004 [zit.: *Rieckers*, „Konzernvertrauen" und Konzernrecht (2004)]

ders., Nochmals: Konzernvertrauenshaftung, NZG 2007, 125 ff. [zit.: *Rieckers*, NZG 2007, 125]

Rieder, Cyrill, Vertrag mit Schutzwirkung zugunsten Dritter nach schweizerischem Recht, Hanse Law Review 2006, 82 ff. [zit.: *Rieder*, HanseLR 2006, 82]

Riedler, Andreas, VW-Abgasskandal – Irrtum, List, Gewährleistung und Schadenersatz – auch vor dem Hintergrund der BGH-E VI ZR 252/19, ZVR 2020, 320 ff. [zit.: *Riedler*, ZVR 2020, 320]

Riehm, Thomas, Die deliktische Haftung des Herstellers in den „Abgas-Fällen", DAR 2019, 247 ff. [zit.: *Riehm*, DAR 2019, 247]

Riesenhuber, Karl, „Normative Dogmatik" des Europäischen Privatrechts, in: Auer/ Grigoleit/J. Hager/Herresthal/Hey/I. Koller/Langenbucher/Neuner/Petersen/ Riehm/Singer (Hrsg.), Privatrechtsdogmatik im 21. Jahrhundert, Festschrift für Claus-Wilhelm Canaris zum 80. Geburtstag, de Gruyter, Berlin 2017, 181–203 [zit.: *Riesenhuber*, in: FS Canaris (2017), 181]

ders., Rechtsvergleichung als Methode der Rechtsfindung?, AcP 218 (2018), 693 ff. [zit.: *Riesenhuber*, AcP 218 (2018), 693]

Riss, Olaf, Die Haftung des Veräußerers für öffentliche Äußerungen Dritter – insbesondere durch Werbung – nach § 922 Abs 2 ABGB, JBl 2007, 156 ff. [zit.: *Riss*, JBl 2007, 156]

Roberto, Vito, Schadensrecht, Helbing & Lichtenhahn, Basel 1997 [zit.: *Roberto*, Schadensrecht (1997)]

ders., Deliktsrechtlicher Schutz des Vermögens, AJP/PJA 1999, 511 ff. [zit.: *Roberto*, AJP 1999, 511] *ders.*, Haftung für Dienstleistungen gegenüber vertragsfremden Dritten – Wie das Schielen auf das BGB den Blick auf das schweizerische Recht trüben kann, in: Meier-Schatz/Schweizer (Hrsg.), Recht und Internationalisierung: Festgabe gewidmet dem Schweizerischen Juristenverein anlässlich des Juristentags 2000, Schulthess, Zürich 2000, 137–152 [zit.: *Roberto*, in: FS Schweizerischer Juristentag (2000), 137]

ders., Verschulden statt Adäquanz – oder sollte es gar die Rechtswidrigkeit sein? – Bemerkungen zum Entscheid des Appellationsgerichts Basel-Stadt, BJM 2001 296 ff., recht 2002, 145 ff. [zit.: *Roberto,* recht 2002, 145]

ders., Haftpflichtrecht, 2. Aufl., Stämpfli, Bern 2018 [zit.: *Roberto*, Haftpflichtrecht (2018)]

Roberto, Vito/Fisch, Jürg, Rechtswidrigkeit, in: Fuhrer/Kieser/Weber (Hrsg.), Mehrspuriger Schadensausgleich, Dike, Zürich/St. Gallen 2022, 67–84 [zit.: *Roberto/Fisch*, in: Fuhrer/Kieser/Weber (Hrsg.), Mehrspuriger Schadensausgleich (2022), 67]

Roberto, Vito/Hrubesch-Millauer, Stephanie, Offene und neue Fragestellungen im Bereich des Persönlichkeitsschutzes, in: Schweizer/Burkert/Gasser (Hrsg.), Festschrift für Jean Nicolas Druey zum 65. Geburtstag, Schulthess, Zürich 2002, 229–241 [zit.: *Roberto/Hrubesch-Millauer*, in: FS Druey (2002), 229]

Roberto, Vito/Kuzniar, Nadia, Ein Vierteljahrhundert Vertrauenshaftung – Zeit für einen Nachruf?, AJP 2019, 1105 ff. [zit.: *Roberto/Kuzniar*, AJP 2019, 1105]

Roberto, Vito/Rickenbach, Jennifer, Was ist eine Schutznorm?, ZSR 2012, 185 ff. [zit.: *Roberto/Rickenbach*, ZSR 2012, 185]

Roberto, Vito/Wegmann, Thomas, Prospekthaftung in der Schweiz, SZW 2001, 161 ff. [zit.: *Roberto/Wegmann*, SZW 2001, 161]

Röthel, Anne, Vorsätzliche sittenwidrige Schädigung (§ 826 BGB), JURA 2021, 258 ff. [zit.: *Röthel*, JURA 2021, 258]

Rüffler, Friedrich, Organaußenhaftung für Anlegerschäden, JBl 2011, 69 ff. [zit.: *Rüffler*, JBl 2011, 69]

Rummel, Peter, Culpa in contrahendo wegen Verwendung unerlaubter AGB, in: Heldrich/Prölss/Koller/Langenbucher/Grigoleit/Hager/Hey/Neuner/Petersen/Singer (Hrsg.), Festschrift für Claus-Wilhelm Canaris zum 70. Geburtstag Band I, C.H. Beck, München 2007, 1149–1160 [zit.: *Rummel*, in: FS Canaris I (2007), 1149]

Rummel, Peter (Hrsg.), Kommentar zum Allgemeinen Bürgerlichen Gesetzbuch, 3. Aufl., Manz, Wien 2007 [zit.: *Bearbeiter*, in: Rummel ABGB³]

Runggaldier, Ulrich/Eichinger, Julia, Das Arbeitszeugnis, Orac, Wien 1989 [zit.: *Runggaldier/Eichinger*, Arbeitszeugnis (1989)]

Rusch, Arnold/Maissen, Eva, Besprechung von BGer 4A_369/2015: Informationspflicht der Bank gegenüber execution only-Kunden, AJP 2016, 1395 ff. [zit.: *Rusch/Maissen*, AJP 2016, 1395]

Rusch, Arnold/Schwizer, Angelo, Gewährleistung und Haftung im VW-Abgasskandal, in: Probst/Werro (Hrsg.), Strassenverkehrsrechtstagung 21.–22. Juni 2016, Stämpfli, Bern 2016, 187–204 [zit.: *Rusch/Schwizer*, in: Probst/Werro (Hrsg.), Strassenverkehrsrechtstagung 2016 (2016), 187]

dies., Anmerkung zu BGH, Urt. v. 25.5.2020 – VI ZR 252/19: Verurteilung von Volkswagen als Herstellerin zur Rücknahme eines abgasmanipulierten Fahrzeugs, AJP 2020, 1205 ff. [zit.: *Rusch/Schwizer*, AJP 2020, 1205]

Rütsche, Bernhard, Staatshaftung für bewilligte Sicherheitsrisiken – warum die objektive Widerrechtlichkeitstheorie nicht funktioniert, in: Jusletter vom 4. April 2011 [zit.: *Rütsche*, in: Jusletter 4. 4. 2011]

Sacco, Rodolfo/Rossi, Piercarlo, Einführung in die Rechtsvergleichung, 3. Aufl., Nomos, Baden-Baden 2017 [zit.: *Sacco/Rossi*, Rechtsvergleichung (2017)]

Sack, Rolf, Produkthaftung für reine Vermögensschäden von Endabnehmern, VersR 2006, 582 ff. [zit.: *Sack*, VersR 2006, 582]

ders., Die Subsidiarität des Rechts am Gewerbebetrieb, VersR 2006, 1001 ff. [zit.: *Sack*, VersR 2006, 1001]

ders., Der subjektive Tatbestand des § 826 BGB, NJW 2006, 945 ff. [zit.: *Sack*, NJW 2006, 945]

ders., Das Recht am Gewerbebetrieb, Mohr Siebeck, Tübingen 2007 [zit.: *Sack*, Das Recht am Gewerbebetrieb (2007)]

Sailer, Hansjörg, Wie Schadenersatzansprüche gegen Gerichtssachverständige auf absehbare Zeit der Amtshaftung entzogen wurden, in: Jaborneg/Kerschner/Riedler (Hrsg.), Haftung und Versicherung, Festschrift für Rudolf Reischauer, Verlag Österreich, Wien 2010, 375–388 [zit.: *Sailer*, in: FS Reischauer (2010), 375]

Schäfer, Hans-Bernd, Haftung für fehlerhafte Wertgutachten aus wirtschaftswissenschaftlicher Perspektive, AcP 202 (2002), 808 ff. [zit.: *Schäfer*, AcP 202 (2002), 808]

Schaub, Renate, Die Abgasproblematik – Möglichkeiten und Grenzen von § 826 BGB, NJW 2020, 1028 ff. [zit.: *Schaub*, NJW 2020, 1028]

Schermaier, Martin/Stagl, Jakob, Der Einfluss des ABGB auf die Entstehung des BGB – Gesunder Menschenverstand versus „Beruf zur Gesetzgebung", in: Fischer-Czermak/Hopf/Kathrein/Schauer (Hrsg.), Festschrift 200 Jahre ABGB, Manz, Wien 2011, 253 – 277 [zit.: *Schermaier/Stagl*, in: FS 200 Jahre ABGB (2011), 253]

Schiemann, Gottfried, Das sonstige Recht – abschreckendes oder gutes Beispiel für ein europäisches Deliktsrecht?, in: Ahrens/von Bar/Fischer/Spickhoff/Taupitz (Hrsg.), Medizin und Haftung, Festschrift für Erwin Deutsch zum 08. Geburtstag, Springer, Berlin/Heidelberg 2009, 895–906 [zit.: *Schiemann*, in: FS Deutsch (2009), 895]

Schlauri, Simon, Elektronische Signaturen, Diss. Zürich, Schulthess, Zürich 2002 [zit.: *Schlauri*, Elektronische Signaturen (2002)]

Schlechtriem, Peter, Eingriff in den Gewerbebetrieb und vertragliche Haftung, in: Ahrens/von Bar/Fischer/Spickhoff/Taupitz (Hrsg.), Festschrift für Erwin Deutsch zum 70. Geburtstag, Carl Heymanns, Köln ua 2009, 317–325 [zit.: *Schlechtriem*, in: FS Deutsch (1999), 317]

Schleßmann, Hein, Das Arbeitszeugnis, 23. Aufl., Deutscher Fachverlag Recht und Wirtschaft, Frankfurt am Main 2021 [zit.: *Schleßmann*, Arbeitszeugnis[23]]

Schmieder, Philipp/Liedy, Benjamin, Der Versand durch Dritte aus dem beA ohne qualifizierte Signatur, NJW 2018, 1640 ff. [zit.: *Schmieder/Liedy*, NJW 2018, 1640]

Schmidlin, Bruno, Das Schweizer Obligationenrecht 2020, SJZ 2015, 25 ff. [zit.: *Schmidlin*, SJZ 2015, 25]

Schmidt, Constanze, Haftung gegenüber Dritten bei fehlerhaften Gutachten – Überblick zur deutschen und österreichischen Rechtslage, HAVE 2016, 119 ff. [zit.: *C. Schmidt*, HAVE 2016, 119]

Schmidt, Karsten, Integritätsschutz von Unternehmen nach § 823 BGB – Zum „Recht am eingerichteten und ausgeübten Gewerbebetrieb", JuS 1993, 985 ff. [zit.: *K. Schmidt*, JuS 1993, 985]

Schmaranzer, Gerhard, Ausschluss des Vertrages mit Schutzwirkung zugunsten Dritter durch unmittelbare vertragliche Ansprüche?, JBl 2005, 267 ff. [zit.: *Schmaranzer,* JBl 2005, 267]

ders., Der Vertrag mit Schutzwirkung zugunsten Dritter, Linde, Wien 2006 [zit.: *Schmaranzer,* Vertrag mit Schutzwirkung zugunsten Dritter (2006)]

Schnyder, Anton/Portmann, Wolfgang/Müller-Chen, Markus, Ausservertragliches Haftpflichtrecht, 2. Aufl., Schulthess, Zürich u.a. 2013 [zit.: *Schnyder/Portmann/Müller-Chen,* Ausservertragliches Haftpflichtrecht (2013)]

Schoditsch, Thomas, Der Ersatz von Detektivkosten bei Ehestörung, ÖJZ 2020, 953 ff. [zit.: *Schoditsch,* ÖJZ 2020, 953]

Scholler, Heinrich, Bedeutung der Lehre vom Rechtskreis und der Rechtskultur, ZVglRWiss 99 (2000), 373 ff. [zit.: *Scholler,* ZVglRWiss 99 (2000), 373]

Schönenberger, Beat, Haftung für Rat und Auskunft gegenüber Dritten – eine rechtsvergleichende Studie, Helbing & Lichtenhahn, Basel u.a. 1999 [zit.: *Schönenberger,* Haftung für Rat und Auskunft (1999)]

ders., Die dritte Widerrechtlichkeitstheorie, HAVE 2004, 3 ff. [zit.: *Schönenberger,* HAVE 2004, 3]

Schramm, Annina, Haftung für Tötung, Eine vergleichende Untersuchung des englischen, französischen und deutschen Rechts zur Fortentwicklung des deutschen Haftungsrechts in Tötungsfällen, Mohr Siebeck, Tübingen 2010 [zit.: *Schramm,* Haftung für Tötung (2010)]

Schroeter, Hans-Ulrich von, Die Haftung für Drittschäden, JURA 1997, 343 ff. [zit.: *von Schroeter,* JURA 1997, 343]

Schroeter, Ulrich, Die Dritthaftung staatlich anerkannter Gutachter im deutschen und schweizerischen Recht, in: Büchler/Müller-Chen (Hrsg.), Festschrift für Ingeborg Schwenzer zum 60. Geburtstag, Stämpfli, Bern 2011, 1565–1580 [zit.: *Schroeter,* in: FS Schwenzer (2011), 1565]

Schultess, Paul, Vermögensschutz in der Amtshaftung – Erweiterung des deliktischen Haftungsgefüges bei hoheitlicher Schädigung, VersR 2019, 1331 ff. [zit.: *Schultess,* VersR 2019, 1331]

ders., Anmerkung zu OLG München, Urt. v. 5.8.2021 – 24 U 5354/20, VersR 2022, 58 ff. [zit.: *Schultess,* VersR 2022, 58]

Schwab, Rouven, Das unrichtige Gutachten des gerichtlichen Sachverständigen, DS 2005, 132 ff. [zit.: *Schwab,* DS 2005, 132]

Schwarzfischer, Fabian/Falk, Andreas, Anlegerseitige Inanspruchnahme von Aufsichtsbehörden und Prüfern, ZIP 2021, 547–558 ff. [zit.: *Schwarzfischer/Falk,* ZIP 2021, 547]

Schwenzer, Ingeborg, Rezeption deutschen Rechtsdenkens im schweizerischen Obligationenrecht, in: Schwenzer (Hrsg.), Schuldrecht, Rechtsvergleichung und Rechtsvereinheitlichung an der Schwelle zum 21. Jahrhundert, Symposium aus Anlass des 65. Geburtstags von Peter Schlechtriem, Mohr Siebeck, Tübingen 1999, 59–88 [zit.: *Schwenzer,* in: Schwenzer (Hrsg.), Schuldrecht, Rechtsvergleichung und Rechtsvereinheitlichung (1999), 59]

dies., Schweizerisches Obligationenrecht Allgemeiner Teil, 7. Aufl., Stämpfli, Bern 2016 [zit.: *Schwenzer,* OR AT[7]]

Seifert, Oliver, Die Haftung des Rechtsanwalts für primäre Vermögensschäden Dritter in Deutschland und England, Dr. Kovac, Hamburg 2003 [zit.: *Seifert,* Die Haftung des Rechtsanwalts für primäre Vermögensschäden Dritter (2003)]

Siegrist, Samuel, Der Vertrag mit Schutzwirkung zugunsten Dritter nach schweizerischem Recht, Diss. Zürich 1997 [zit.: *Siegrist*, Vertrag mit Schutzwirkung zugunsten Dritter (1997)]

Singer, Reinhard, Die Dogmatik der Vertrauenshaftung im deutschen Privatrecht, in: Auer/Grigoleit/J. Hager/Herresthal/Hey/I. Koller/Langenbucher/Neuner/Petersen/Riehm/Singer (Hrsg.), Privatrechtsdogmatik im 21. Jahrhundert, Festschrift für Claus-Wilhelm Canaris zum 80. Geburtstag, de Gruyter, Berlin 2017, 425–450 [zit.: *Singer*, in: FS Canaris (2017), 425]

Sommer, Ueli, Vertrauenshaftung, Anstoss zur Neukonzeption des Haftpflicht- und Obligationenrechts?, AJP 2006, 1031 ff. [zit.: *Sommer*, AJP 2006, 1031]

Spicher, Roland/Otz, Dan, Produktesicherheit und Produktehaftpflicht aus versicherungsrechtlicher Sicht, HAVE 2018, 462 ff. [zit.: *Spicher/Otz*, HAVE 2018, 462]

Spickhoff, Andreas, Die neue Sachverständigenhaftung und die Ermittlung ausländischen Rechts, in: S. Lorenz/Trunk/Eidenmüller/Wendehorst/Adolff (Hrsg.), Festschrift für Andreas Heldrich zum 70. Geburtstag, C.H.Beck, München 2005 [zit.: *Spickhoff*, in: FS Heldrich (2005), 419]

ders., Die Haftung des (psychiatrischen) Gerichtssachverständigen, in: Ch. Huber/Neumayr/Reisinger (Hrsg.), Festschrift für Karl-Heinz Danzl zum 65. Geburtstag, Manz, Wien 2017, 311–324 [zit.: *Spickhoff*, in: FS Danzl (2017), 311]

ders., Privatrechtsdogmatik und Deliktsrecht: Das Deliktsrecht in der Konkurrenz zum Vertragsrecht im Spiegel von Kollisionsrecht und Gerichtsständen, in: Auer/Grigoleit/J. Hager/Herresthal/Hey/I. Koller/Langenbucher/Neuner/Petersen/Riehm/Singer (Hrsg.), Privatrechtsdogmatik im 21. Jahrhundert, Festschrift für Claus-Wilhelm Canaris zum 80. Geburtstag, de Gruyter, Berlin 2017, 545–567 [zit.: *Spickhoff*, in: FS Canaris (2017), 545]

Staudinger, Julius von (Begr.), Kommentar zum Bürgerlichen Gesetzbuch mit Einführungsgesetz und Nebengesetzen, Sellier de Gruyter, Berlin, in jeweiliger Neubearbeitung [zit.: *Autor,* in: Staudinger BGB (Jahr der Neubearbeitung)]

Stehle, Bernhard, Der Versorgungsschaden – Dogmatik und Berechnung, Diss. Freiburg/Schweiz, Schulthess, Zürich u. a. 2010 [zit.: *Stehle*, Versorgungsschaden (2010)]

Steinmeyer, Heinz-Dietrich, Bürgerinitiativen und Unternehmensschutz, JZ 1989, 781 ff. [zit.: *Steinmeyer*, JZ 1989, 781]

Stöckli, Hubert, Schaden und Schadenersatz beim Bauen, in: Institut für Schweizerisches und Internationales Baurecht der Universität Fribourg (Hrsg.), Schweizerische Baurechtstagung 2003, 7–39 [zit.: *Stöckli*, in: Institut für Schweizerisches und Internationales Baurecht der Universität Fribourg (Hrsg.), Schweizerische Baurechtstagung 2003 (2003), 7]

ders., Notizen zur Widerrechtlichkeit, in: Niggli/Hurtado Pozo/Queloz (Hrsg.), Festschrift für Franz Riklin zur Emeritierung und zugleich zum 67. Geburtstag Schulthess, Zürich u. a. 2007, 227–243 [zit.: *Stöckli*, in: FS Riklin (2007), 227]

ders., Mit Art. 97 Abs. 1 OR ringen, in: Fuhrer/Kieser/Weber (Hrsg.), Mehrspuriger Schadensausgleich, Dike, Zürich/St. Gallen 2022, 165–172 [zit.: *Stöckli*, in: Fuhrer/Kieser/Weber (Hrsg.), Mehrspuriger Schadensausgleich (2022), 165]

Stoll, Hans, Rechtsvergleichung und zivilrechtliche Methode, in: Heldrich/Prölss/Koller/Langenbucher/Grigoleit/Hager/Hey/Neuner/Petersen/Singer (Hrsg.), Festschrift für Claus-Wilhelm Canaris zum 70. Geburtstag Band II, C.H.Beck, München 2007, 827–847 [zit.: *Stoll*, in: FS Canaris II (2007), 827]

Studer, Albert/Juvet, Isabelle/Zanoni, Ursina, Schockschaden – eine herausfordernde Zurechnungsfrage, HAVE 2019, 219 ff.

[zit.: *Studer/Juvet/Zanoni*, HAVE 2019, 219 (S.)]

Tarman, Zeynep Derya, Die Gutachterhaftung gegenüber dem Dritten im deutschen und schweizerischen Recht, Diss. Konstanz 2007 [zit.: *Tarman*, Gutachterhaftung gegenüber dem Dritten (2007)]

Taschenkommentar zum Allgemeinen Bürgerlichen Gesetzbuch, Schwimann/Neumayr (Hrsg.), 5. Aufl., LexisNexis, Wien 2020 [zit.: *Autor*, in: TaKomm ABGB[5]]

Taupitz, Jochen, Haftung für Energieleitungsstörungen durch Dritte, Duncker & Humblot, Berlin 1981 [zit.: *Taupitz*, Haftung für Energieleitungsstörungen durch Dritte (1981)]

Temming, Felipe/Weber, Robin, Die Haftung Dritter: Hintergrund, Anwendungsbereich und Potenziale des § 311 Abs. 3 BGB – Teil I, JURA 2019, 923 ff. [zit.: *Temming/Weber*, JURA 2019, 923]

dies., Die Haftung Dritter: Hintergrund, Anwendungsbereich und Potenziale des § 311 Abs. 3 BGB – Teil II, JURA 2019, 1039 ff. [zit.: *Temming/Weber*, JURA 2019, 1039]

Thiessen, Jan, Von der (Linoleum-)Rolle. Die heimliche Anerkennung der culpa in contrahendo im Streit der Reichsgerichtsräte, in: Auer/Grigoleit/J. Hager/Herresthal/Hey/I. Koller/Langenbucher/Neuner/Petersen/Riehm/Singer (Hrsg.), Privatrechtsdogmatik im 21. Jahrhundert, Festschrift für Claus-Wilhelm Canaris zum 80. Geburtstag, de Gruyter, Berlin 2017, 51–85 [zit.: *Thiessen*, in: FS Canaris (2017), 51]

Thole, Christoph, Die Haftung des gerichtlichen Sachverständigen – Haftungsfalle für den Prozessanwalt?, AnwBl 2006, 91 ff. [zit.: *Thole*, AnwBl 2006, 91]

Thomale, Chris, Herstellerhaftungsklagen – Internationaler Deliktsgerichtsstand und anwendbares Recht bei reinen Vermögensschäden wegen versteckter Produktmängel, ZVglRWiss 119 (2020), 59 ff. [zit.: *Thomale*, ZVglRWiss 119 (2020), 59]

Thüsing, Gregor/Schneider, Stefan, Haftung für Rat, Auskunft, Empfehlung, JA 1996, 807 ff. [zit.: *Thüsing/Schneider*, JA 1996, 807]

Traugott, Rainer, Risiko und Haftungsgrund bei Drittschäden, ZIP 1997, 872 ff. [zit.: *Traugott*, ZIP 1997, 872]

Urwyler, Thierry, „Reden ist Silber, Schweigen ist Gold" – eine Abhandlung zur Haftung für Rat und Auskunft, in: Böhme/Gähwiler/Theus Simoni/Zuverbühler (Hrsg.), Ohne jegliche Haftung, Festschrift für Willi Fischer zum 65. Geburtstag, Schulthess, Zürich 2016, 529–540 [zit.: *Urwyler*, in: FS W. Fischer (2016), 529]

Verde, Michel, Haftung für Arbeitszeugnis, Empfehlungsschreiben, Referenzauskunft und Referenzschreiben, recht 2010, 144 ff. [zit.: *Verde*, recht 2010, 144]

ders., Die Widerrechtlichkeit im Haftpflichtrecht – Gedanken zu dieser Haftungsvoraussetzung und den dazu entwickelten Lehren, in: Jusletter 18. April 2016 [zit.: *Verde*, in: Jusletter 18. 4. 2016]

ders., Haftungsbegründung anhand strafrechtlicher Schutznormen, HAVE 2016, 141 ff. [zit.: *Verde*, HAVE 2016, 141]

Vonkilch, Andreas/Scharmer, Marco, Zur Dritthaftung von Sachverständigen bei Verletzung objektiv-rechtlicher Pflichten und zu ihrer (angeblichen) Subsidiarität, Zak 2018, 164 ff. [zit.: *Vonkilch/Scharmer*, Zak 2018, 164]

Vischer, Markus, Die Haftung des Anwalts für Bestätigungen zuhanden der Revisionsstelle, Anwaltsrevue 2003, 122 ff. [zit.: *Vischer*, Anwaltsrevue 2003, 122]

Vrba, Karl (Hrsg.), Schadenersatz in der Praxis, 45. EL (Stand Oktober 2021), Lexisnexis, Wien [zit.: *Autor*, in: Vrba (Hrsg.), Schadenersatz in der Praxis (45. EL)]

Wagner, Gerhard, Grundstrukturen des Europäischen Deliktsrechts, in: Zimmermann (Hrsg.), Grundstrukturen des Europäischen Deliktsrechts, Nomos, Baden-Baden 2003, 189–340 [zit.: *G. Wagner*, in: Zimmermann (Hrsg.), Grundstrukturen (2003), 189]
ders., Anmerkung zu BGH, Urt. v. 9.12.2014 – VI ZR 155, 14, JZ 2015, 680 ff. [zit.: *Wagner*, JZ 2015, 680]
ders., Deliktsrecht, 14. Aufl., Vahlen, München 2021 [zit.: *G. Wagner*, Deliktsrecht[14]]
Wagner, Gerhard/Thole, Christoph, Die Haftung des Wertgutachters gegenüber dem Ersteigerer, VersR 2004, 257 ff. [zit.: *G. Wagner/Thole*, VersR 2004, 275]
dies., Die zivilrechtliche Haftung des gerichtlichen Sachverständigen, FPR 2003, 521 ff. [zit.: *G. Wagner/Thole*, FPR 2003, 521]
Walter, Hans Peter, Vertrauenshaftung im Umfeld des Vertrages, ZBJV 1996, 273 ff. [zit.: *Walter*, ZBJV 1996, 273]
ders., Die Vertrauenshaftung: Unkraut oder Blume im Garten des Rechts, ZSR 2007, 79 ff. [zit.: *Walter*, ZSR 2001, 79]
Wandt, Manfred, Gesetzliche Schuldverhältnisse, 10. Aufl., Vahlen, München 2020 [zit.: *Wandt*, Gesetzliche Schuldverhältnisse (2020)]
Watter, Rolf, Prospekt(haft)pflicht heute und morgen, AJP 1992, 48 ff. [zit.: *Watter*, AJP 1992, 48]
Wiederkehr, René, Die Haftung für falsche behördliche Auskunft, in: Fellmann (Hrsg.), Aktuelle Fragen des Staatshaftungsrechts, Tagung vom. 3. Juli 2014 in Luzern, Stämpfli, Bern 2014, 63–89 [zit.: *Wiederkehr*, in: Fellmann (Hrsg.), Aktuelle Fragen des Staatshaftungsrechts (2014), 63]
Weber, Stephan/Münch, Peter (Hrsg.), Haftung und Versicherung, Helbing Lichtenhahn, 2. Aufl., Basel 2015 [zit.: *Autor*, in: Haftung und Versicherung (2015)]
Weller, Marc-Philippe/Smela, Jana/Habrich, Victor, Abgasskandal – Ansprüche der Autokäufer auf dem Prüfstand, JZ 2019, 1015 ff. [zit.: *Weller/Smela/Habrich*, JZ 2019, 1015]
Welser, Rudolf, Die Haftung für Rat, Auskunft und Gutachten – Zugleich ein Beitrag zur Bankauskunft, Manz, Wien 1983 [zit.: *Welser*, Haftung für Rat, Auskunft und Gutachten (1983)]
ders., Braucht Österreich ein neues Schadenersatzrecht?, in: Reischauer/Spielbüchler/Welser (Hrsg.), Reform des Schadenersatzrechts Band II, Zum Entwurf einer Arbeitsgruppe, Manz, Wien 2006, 1–22 [zit.: *Welser*, in: Reischauer/Spielbüchler/Welser (Hrsg.), Reform des Schadenersatzrechts II [2006]]
Welser, Rudolf/Zöchling-Jud, Brigitta, Grundriss des bürgerlichen Rechts, Band II, 14. Aufl., Manz, Wien 2015 [zit.: *Welser/Zöchling-Jud*, Bürgerliches Recht II (2015)]
Wendelstein, Christoph, Außervertragliche Haftung wegen der Verletzung vermögensschützender Pflichten am Beispiel der Gutachterhaftung, JURA 2018, 144 ff. [zit.: *Wendelstein*, JURA 2018, 144]
Werro, Franz, Haftung für fehlerhafte Auskunft und Beratung – braucht es die Rechtsfigur der Vertrauenshaftung?, recht 2003, 12 ff. [zit.: *Werro*, recht 2003, 12]
Westermann, Harm Peter, Vertragliche Dritthaftung im neuen Schuldrecht, in: Harrer/Portmann/Zäch (Hrsg.), Besonderes Vertragsrecht – aktuelle Probleme, Festschrift für Heinrich Honsell zum 60. Geburtstag, Schulthess, Zürich 2002, 137–152 [zit.: *Westermann*, in: FS Honsell (2002), 137]
Widmer, Corinne, Vertrauenshaftung – Von der Gefährlichkeit des Überflüssigen, ZSR 2001, 101 ff.[zit.: *C. Widmer*, ZSR 2001, 101]

Widmer, Pierre, o tempora, o mores, in: Apathy/Bollenberger/Bydlinski, P./Iro/Karner/Karollus (Hrsg.), Festschrift für Helmut Koziol zum 70. Geburtstag, Jan Sramek Verlag, Wien 2010, 943–963 [zit.: *P. Widmer*, in: FS Koziol (2010), 943]

ders., Anything goes – Haftpflichtrecht im Offside, HAVE 2014, 363 ff. [zit.: *P. Widmer*, HAVE 2014, 363]

Wiebauer, Bernd, Formulierung des Arbeitszeugnisses durch Vergleich – Grenzen, Vollstreckung und Haftung, RdA 2020, 283 ff. [zit.: *Wiebauer*, RdA 2020, 283]

Wiegand, Wolfgang, Von der Obligation zum Schuldverhältnis, recht 1997, 85 ff. [zit.: *Wiegand*, recht 1997, 85]

ders., Die Canaris-Rezeption in der Schweiz – Vertrauenshaftung und „einheitliches" gesetzliches Schuldverhältnis" im Schweizer Recht, in: Heldrich/Prölss/Koller/Langenbucher/Grigoleit/Hager/Hey/Neuner/Petersen/Singer (Hrsg.), Festschrift für Claus-Wilhelm Canaris zum 70. Geburtstag Band II, C.H.Beck, München 2007, 881–896 [zit.: *Wiegand*, in: FS Canaris II (2007), 881]

Wilhelm, Georg, Unrichtiges Gutachten – Haftung gegenüber Dritten, ecolex 1991, 87 ff. [zit.: *G. Wilhelm*, ecolex 1991, 87]

ders., Kfz mit überhöhten Abgaswerten – Schadenersatzansprüche des Letztkäufers, ecolex 2015, 1029 ff. [zit.: *G. Wilhelm*, ecolex 2015, 1029]

Wilhelm, Jan, Das Recht am eingerichteten und ausgeübten Gewerbebetrieb und das Gesetz gegen unlauteren Wettbewerb, in: Heldrich/Prölss/Koller/Langenbucher/Grigoleit/Hager/Hey/Neuner/Petersen/Singer (Hrsg.), Festschrift für Claus-Wilhelm Canaris zum 70. Geburtstag Band I, C.H.Beck, München 2007, 1293–1311 [zit.: *J. Wilhelm*, in: FS Canaris I (2007), 1293]

Wyss, Evelyn/von der Crone, Hans Caspar, Haftung für Auskunft, Anmerkung zum Entscheid des Schweizerischen Bundesgerichts 4C.193/2000 vom 26. September 2001, SZW 2002, 112 [zit.: *Wyss/von der Crone*, SZW 2002, 112]

Yamamoto, Keizo, Privatrechtsdogmatik im japanischen Recht, in: Auer/Grigoleit/J. Hager/Herresthal/Hey/I. Koller/Langenbucher/Neuner/Petersen/Riehm/Singer (Hrsg.), Privatrechtsdogmatik im 21. Jahrhundert, Festschrift für Claus-Wilhelm Canaris zum 80. Geburtstag, de Gruyter, Berlin 2017, 1221–1255 [zit.: *Yamamoto*, in: FS Canaris (2017), 1221]

Zib, Christian, Was kann die elektronische Signatur bei Firmenbucheingaben leisten?, ecolex 2005, 212 ff. [zit.: *Zib*, ecolex 2005, 212]

ders., Haftung bei missbräuchlicher Inanspruchnahme von Telefondienstleistungen durch Dritte, MR 2005, 396 ff. [zit.: *Zib*, MR 2005, 396]

Zugehör, Horst, Uneinheitliche Rechtsprechung des BGH zum (Rechtsberater-)Vertrag mit Schutzwirkung zu Gunsten Dritter, NJW 2008, 1105 ff. [zit.: *Zugehör*, NJW 2008, 1105]

Zürcher Kommentar zum schweizerischen Zivilrecht, Obligationenrecht, Teilband V1c, Art. 45–49 OR, Gauch/Schmid (Hrsg.), 3. Aufl., Schulthess, Zürich/Basel/Genf 2007 [zit.: *Autor*, in: Zürcher Komm OR³]

Zweigert, Konrad/Kötz, Hein, Einführung in die Rechtsvergleichung auf dem Gebiete des Privatrechts, 3. Aufl., Mohr Siebeck, Tübingen 1996 [zit.: *Zweigert/Kötz*, Einführung in die Rechtsvergleichung (1996)]

Weitere Quellen:

Diskussionsentwurf der beim Bundesministerium für Justiz eingerichteten Arbeitsgruppe für ein neues österreichisches Schadenersatzrecht, veröffentlicht in JBl 2008, 365 = ZVR 2008/71

Widmer, Pierre/Wessner, Pierre, Revision und Vereinheitlichung des Haftpflichtrecht – Erläuternder Bericht (1999), abrufbar auf der Seite des Schweizer Bundesamts für Justiz unter https://www.bj.admin.ch/dam/data/bj/wirtschaft/gesetzgebung/archiv/haftpflicht/vn-ber-d.pdf (zuletzt abgerufen am 27.3.2023)

Rechtsprechungsverzeichnis

Entscheidungen des EuGH

EuGH, Urt. v. 16.6.2016 – C-12/15, NZG 2016, 792 mAnm *Bach* = VbR 2016/132
EuGH, Urt. v. 10.6 2004 – C-168/02, NJW 2004, 2441 = ZfRV 2004/34

Entscheidungen deutscher Gerichte

Entscheidungen des Bundesverfassungsgerichts

BVerfG, Beschl. v. 11.10.1978 – 1 BvR 84/74, BVerfGE 49, 304 = NJW 1979, 305

Entscheidungen des Bundesgerichtshofs

BGH, Urt. v. 11.10.2022 – VI ZR 35/22, NJW 2023, 47 mAnm *Behme*
BGH, Urt. v. 27.9.2022 – VI ZR 336/21, NJW 2022, 3789
BGH, Urt. v. 8.2.2022 – VI ZR 3/21, VersR 2022, 586 = ZVR 2022/116 mAnm *Ch. Huber*
BGH, Urt. v. 26.1.2021 – VI ZR 405/19, VersR 2021, 458
BGH, Beschl. v. 19.1.2021 – VI ZR 433/19, WM 2021, 354
BGH, Urt. v. 19.1.2021 – VI ZR 8/20, VersR 2021, 385
BGH, Urt. v. 30.7.2020 – VI ZR 397/19, NJW 2020, 2806
BGH, Urt. v. 30.7.2020 – VI ZR 367/19, VersR 2020, 1331
BGH, Urt. v. 14.7.2020 – VI ZR 208/19, VersR 2020, 1452
BGH, Urt. v. 9.7.2020 – IX ZR 289/19, VersR 2020, 1255
BGH, Urt. v. 7.7.2020 – X ZR 42/17, GRUR 2020, 1116
BGH, Urt. v. 25.5.2020 – VI ZR 252/19, NJW 2020, 1962 = RdW 2020/304 = AJP 2020, 1205 mAnm *Rusch/Schwizer*
BGH, Urt. v. 3.6.2020 – XIII ZR 22/19, NZBau 2020, 609
BGH, Urt. v. 12.3.2020 – VII ZR 236/19, VersR 2020, 1120
BGH, Urt. v. 27.2.2020 – VII ZR 151/18, NJW 2020, 1514
BGH, Urt. v. 14.1.2020 – VI ZR 496/18, GRUR 2020, 435
BGH, Urt. v. 26.11.2019 – VI ZR 12/19, NJW 2020, 770 mAnm *Gostomzyk*
BGH, Urt. v. 17.9.2019 – VI ZR 396/18, VersR 2020, 44 mAnm *Zwickel*
BGH, Urt. v. 23.7.2019 – VI ZR 307/18, NJW 2019, 3003
BGH, Urt. v. 14.6.2019 – V ZR 73/18, VersR 2020, 626
BGH, Urt. v. 21.5.2019 – VI ZR 299/17, BGHZ 222, 125 = VersR 2019, 960

BGH, Urt. v. 22.2.2019 – V ZR 244/17, BGHZ 221, 229 = NJW 2019, 3638
BGH, Urt. v. 12.2.2019 – VI ZR 141/18, NJW 2019, 2538
BGH, Beschl. v. 22.1.2019 – II ZB 18/17, NZG 2019, 664
BGH, Urt. v. 6.12.2018 – VII ZR 285/17, BGHZ 220, 270 = NJW 2019, 1064
BGH, Beschl. v. 21.11.2018 – VII ZR 232/17, NJW-RR 2019, 423
BGH, Beschl. v. 23.10.2018 – XI ZB 3/16, NZG 2019, 181
BGH, Beschl. v. 30.8.2018 – III ZR 363/17, VersR 2019, 183
BGH, Urt. v. 2.8.2018 – III ZR 466/16, VersR 2019, 28
BGH, Urt. v. 26.4.2018 – III ZR 367/16, NVwZ 2018, 1333
BGH, Urt. v. 17.4.2018 – VI ZR 237/17, BGHZ 218, 220 = NJW 2018, 3250
BGH, Urt. v. 10.4.2018 – VI ZR 396/16, VersR 2018, 950
BGH, Urt. v. 5.4.2018 – III ZR 211/17, NJW 2018, 2264
BGH, Urt. v. 23.1.2018 – VI ZR 57/17, BGHZ 217, 218 = NJW 2018, 1393
BGH, Urt. v. 7.12.2017 – IX ZR 45/16, NJW 2018, 608
BGH, Urt. v. 6.4.2017 – III ZR 368/16, NJW 2017, 2273 mAnm *Schmalenbach*
BGH, Urt. v. 14.3.2017 – VI ZR 721/15, BGHZ 214, 204 = NJW 2017, 2119 mAnm *Möller*
BGH, Urt. v. 2.2.2017 – III ZR 41/16, NVwZ-RR 2017, 579
BGH, Urt. v. 29.11.2016 – VI ZR 606/15, VersR 2017, 296
BGH, Urt. v. 22.11.2016 – VI ZR 40/16, NZV 2017, 318 mAnm *Ch. Huber*
BGH, Urt. v. 17.11.2016 – III ZR 139/14, VersR 2017, 839
BGH, Urt. v. 20.10.2016 – III ZR 278/15, BGHZ 212, 303 = NJW 2017, 397 mAnm *Rixen*
BGH, Urt. v. 21.7.2016 – IX ZR 252/15, BGHZ 211, 251 = NJW 2016, 3432
BGH, Urt. v. 21.6.2016 – VI ZR 403/14, NZV 2017, 25 = ZVR 2016/208 mAnm *Ch. Huber* = HAVE 2016, 437 mAnm *Ch. Huber*
BGH, Urt. v. 14.1.2016 – VII ZR 271/14, NJW 2016, 1089 mAnm *Weiss*
BGH, Urt. v. 10.12.2015 – IX ZR 56/15, NZG 2016, 238
BGH, Urt. v. 27.10.2015 – VI ZR 183/15, VersR 2015, 1569
BGH, Urt. v. 1.12.2015 – X ZR 170/12, BGHZ 208, 119 = NJW 2016, 2110 mAnm *Vohwinkel/Huff*
BGH, Urt. v. 16.12.2014 – VI ZR 39/14, VersR 2015, 247
BGH, Urt. v. 9.12.2014 – VI ZR 155/14, JZ 2015, 680 mAnm *G. Wagner* = ZVR 2015/110 mAnm *Ch. Huber*
BGH, Beschl. v. 21.10.2014 – XI ZB 12/12, BGHZ 203, 1 = NJW 2015, 236
BGH, Urt. v. 24.4.2014 – III ZR 156/13, NJW 2014, 2345
BGH, Urt. v. 18.2.2014 – VI ZR 383/12, BGHZ 200, 188 = NZV 2014, 303
BGH, Urt. v. 3.12.2013 – XI ZR 295/12, NJW 2014, 1098
BGH, Urt. v. 12.9.2013 – I ZR 208/12, VersR 2014, 1462
BGH, Urt. v. 7.3.2013 – IX ZR 64/12, VersR 2014, 637
BGH, Urt. v. 28.2.2013 – I ZR 237/11, NJW 2013, 2760
BGH, Beschl. v 13.2.2013 – IV ZR 260/12, VersR 2013, 709
BGH, Urt. v. 5.2.2013 – VI ZR 290/11, NJW 2013, 1149
BGH, Urt. v. 24.1.2013 – III ZR 98/12, BGHZ 196, 101 = NJW 2013, 1072
BGH, Urt. v. 8.11.2012 – III ZR 151/12, BGHZ 195, 276 = VersR 2013, 1258
BGH, Urt. v. 6.11.2012 – VI ZR 174/11, NJW 2013, 1002
BGH, Urt. v. 18.9.2012 – XI ZR 344/11, NZG 2012, 1262
BGH, Urt. v. 11.9.2012 – VI ZR 92/11, NZG 2012, 1303
BGH, Beschl. v. 11.9.2012 – XI ZR 476/11, BeckRS 2012, 21003

BGH, Urt. v. 14.6.2012 – IX ZR 145/11, BGHZ 193, 297 = VersR 2013, 509
BGH, Urt. v. 15.5.2012 – VI ZR 166/11, VersR 2012, 1038
BGH, Urt. v. 15.5.2012 – VI ZR 117/11, BGHZ 193, 227 = NJW 2012, 2579
BGH, Urt. v. 16.3.2012 – V ZR 18/11, NJW-RR 2012, 1078
BGH, Urt. v. 18.1.2012 – I ZR 187/10, BGHZ 192, 204 = NJW 2012, 2034
BGH, Urt. v. 13.12.2011 – XI ZR 51/10, BGHZ 192, 90 = NJW 2012, 1800
BGH, Urt. v. 17.11.2011 – III ZR 103/10, BGHZ 191, 310 = NJW 2012, 758
BGH, Urt. v. 13.10.2011 – IX ZR 193/10, NZG 2011, 1384
BGH, Urt. v. 28.9.2011 – IV ZR 294/10, NZV 2012, 34
BGH, Urt. v. 9.6.2011 – X ZR 143/10, BGHZ 190, 89 = NZBau 2011, 498
BGH, Urt. v. 31.5.2011 – II ZR 141/09, BGHZ 190, 7 = NJW 2011, 2719
BGH, Urt. v. 22.2.2011 – VI ZR 120/10, NJW 2011, 2204
BGH, Urt. v. 4.11.2010 – III ZR 32/10, BGHZ 187, 286 = NJW 2011, 1072 mAnm
  Brüning
BGH, Urt. v. 9.3.2010 – XI ZR 93/09, BGHZ 184, 365 = NZG 2010, 550
BGH, Urt. v. 25.9.2008 – VII ZR 35/07, NJW 2009, 217
BGH, Urt. v. 25.9.2008 – VII ZR 37/07, VersR 2010, 350
BGH, Beschl. v. 20.5.2009 – I ZR 218/07, NJW 2009, 2958
BGH, Urt. v. 7.5.2009 – III ZR 277/08, BGHZ 181, 12 = VersR 2009, 1412
BGH, Urt. v. 21.4.2009 – VI ZR 304/07, NJW-RR 2009, 1207
BGH, Urt. v. 18.12.2008 – IX ZR 12/05, NJW 2009, 1141
BGH, Urt. v. 16.12.2008 – VI ZR 48/08, NJW-RR 2009, 715
BGH, Urt. v. 14.10.2008 – VI ZR 36/08, NJW 2009, 355
BGH, Urt. v. 6.5.2008 – XI ZR 56/07, BGHZ 176, 281 = NJW 2008, 2245
BGH, Beschl. v. 20.12.2007 – III ZR 123/07, BeckRS 2008, 792
BGH, Urt. v. 25.10.2007 – III ZR 100/06, NZG 2008, 117
BGH, Urt. v. 4.6.2007 – II ZR 147/05, NJW 2008, 76
BGH, Urt. v. 22.5.2007 – VI ZR 17/06, BGHZ 172, 263 = NJW 2007, 2764 mAnm
  Elsner
BGH, Urt. v. 11.1.2007 – III ZR 193/05, NJW 2007, 1362
BGH, Urt. v. 7.6.2006 – VIII ZR 209/05, BGHZ 168, 64 = NJW 2006, 2839
BGH, Urt. v. 6.4.2006 – III ZR 256/04, BGHZ 167, 155 = NJW 2006, 1975
BGH, Urt. v. 8.3.2006 – IV ZR 145/05, NJW-RR 2006, 847
BGH, Urt. v. 24.1.2006 – XI ZR 384/03, BGHZ 166, 84 = NJW 2006, 830
BGH, Urt. v. 20.12.2005 – VI ZR 33/05, VersR 2006, 420
BGH, Urt. v. 13.12.2005 – KZR 12/04, NJW-RR 2006, 993
BGH, Beschl. v 15.7.2005 – GSZ 1/04, BGHZ 164, 1 = NJW 2005, 3141
BGH, Urt. v. 14.6.2005 – VI ZR 179/04, BGHZ 163, 209 = NJW 2005, 2614
BGH, Urt. v 19.4.2005 – X ZR 15/04, NJW 2005, 2766
BGH, Beschl. v. 14.4.2005 – V ZB 16/05, NJW-RR 2005, 1175
BGH, Urt. v. 10.3.2005 – VII ZR 220/03, NJW-RR 2005, 928
BGH, Urt. v. 11.1.2005 – VI ZR 34/04, NJW-RR 2005, 673
BGH, Urt. v. 9.11.2004 – X ZR 101/03, NZG 2005, 217
BGH, Beschl. v. 12.8.2004 – I ZR 98/02, NJW 2004, 3322
BGH, Urt. v. 22.7.2004 – IX ZR 132/03, NJW 2004, 3630
BGH, Urt. v. 19.7.2004 – II ZR 402/02, BGHZ 160, 149 = NJW 2004, 2971
BGH, Urt. v. 22.6.2004 – VI ZR 112/03, NJW 2004, 2894
BGH, Urt. v. 8.6.2004 – X ZR 283/02, NJW 2004, 3420
BGH, Urt. v. 20.4.2004 – X ZR 255/02, NJW-RR 2004, 1464

BGH, Urt. v. 20.4.2004 – X ZR 250/02, BGHZ 159, 1 = NJW 2004, 3035
BGH, Urt. v. 21.1.2004 – IV ZR 44/03, NJW 2004, 1161
BGH, Urt. v. 18.11.2003 – VI ZR 385/02, NJW 2004, 356
BGH, Urt. v. 9.10.2003 – III ZR 414/02, VersR 2004, 1557
BGH, Urt. v. 20.5.2003 – VI ZR 312/02, NJW 2003, 2825
BGH, Urt. v. 10.7.2003 – III ZR 155/02, BGHZ 155, 354 = VersR 2004, 606
BGH, Urt. v. 3.7.2003 – III ZR 326/02, BGHZ 155, 306 = NJW 2003, 3052
BGH, Urt. v. 6.2.2003 – III ZR 44/02, VersR 2003, 1535
BGH, Beschl. v. 10.12.2002 – VI ZR 171/02, NJW 2003, 1040
BGH, Urt. v. 17.9.2002 – X ZR 237/01, NJW 2002, 3625
BGH, Urt. v. 7.2.2002 – III ZR 1/01, NZBau 2002, 229
BGH, Urt. v. 14.11.2000 – X ZR 203/98, NJW 2001, 514
BGH, Urt. v. 5.10.2001 – V ZR 275/00, NJW 2002, 208
BGH, Urt. v. 26.6.2001 – X ZR 231/99, NJW 2001, 3115
BGH, Urt. v. 24.4.2001 – VI ZR 36/00, BGHZ 147, 269 = NJW 2001, 2880
BGH, Beschl. v. 22.2.2001 – III ZR 150/00, VersR 2001, 1287
BGH, Urt. v. 23.2.2001 – V ZR 389/99, BGHZ 147, 45 = NJW 2001, 1865
BGH, Urt. v. 1.2.2001 – III ZR 193/99, BGHZ 146, 365 = VersR 2001, 1285
BGH, Urt. v. 18.5.2000 – III ZR 180/99, NJW 2000, 2672
BGH, Urt. v. 23.3.2000 – III ZR 152/99, NJW 2000, 3358
BGH, Urt. v. 8.12.1998 – XI ZR 50/98, ZIP 1999, 275
BGH, Urt. v. 13.10.1998 – VI ZR 357/97, NJW 1999, 279
BGH, Urt. v. 7.7.1998 – XI ZR 375/97, NJW-RR 1998, 1343
BGH, Urt. v. 21.4.1998 – VI ZR 196/97, BGHZ 138, 311 = r + s 1998, 330
BGH, Urt. v. 2.4.1998 – III ZR 245/96, BGHZ 138, 257 = NZG 1998, 437
BGH, Urt. v. 4.12.1997 – IX ZR 41/97, NJW 1998, 1864
BGH, Urt. v. 13.11.1997 – X ZR 144/94, NJW 1998, 1059
BGH, Urt. v. 4.11.1997 – VI ZR 348/96, BGHZ 137, 89 = NJW 1998, 377
BGH, Urt. v. 26.9.1997 – V ZR 29/96, NJW 1998, 302
BGH, Urt. v. 2.7.1996 – X ZR 104/94, BGHZ 133, 168 = NJW 1996, 2927
BGH, Urt. v. 19.9.1995 – VI ZR 226/94, VersR 1996, 380
BGH, Urt. v. 20.3.1995 – II ZR 205/94, BGHZ 129, 136 = NJW 1995, 1739
BGH, Urt. v. 11.10.1994 – VI ZR 303/93, BGHZ 127, 186 = NZV 1995, 65
BGH, Urt. v. 10.11.1994 – III ZR 50/94, BGHZ 127, 378 = NJW 1995, 392
BGH, Urt. v. 6.6.1994 – II ZR 292/91, BGHZ 126, 181 = NJW 1994, 2220
BGH, Beschl. v. 1.12.1994 – IX ZR 53/94, BeckRS 2014, 11035
BGH, Urt. v. 5.7.1993 – II ZR 194/92, BGHZ 123, 106 = DNotZ 1994, 445
BGH, Urt. v. 15.12.1992 – VI ZR 115/92, NZV 1993, 145
BGH, Urt. v. 31.3.1992 – XI ZR 70/91, NJW-RR 1992, 879
BGH, Urt. v. 24.9.1991 – VI ZR 293/90, NJW 1991, 3282
BGH, Urt. v. 17.6.1991 – II ZR 171/90, r + s 1992, 287
BGH, Urt. v. 19.2.1991 – VI ZR 171/90, NJW 1991, 2340
BGH, Urt. v. 13.11.1990 – XI ZR 268/89, NJW 1991, 694
BGH, Urt. v. 16.10.1990 – XI ZR 165/88, NJW 1991, 352
BGH, Beschl. v. 24.4.1990 – VI ZR 358/89, NJW 1992, 41
BGH, Urt. v. 3.4.1990 – XI ZR 206/88, NJW 1990, 1907
BGH, Beschl. v. 29.3.1990 – III ZR 337/89, BeckRS 1990, 31063214
BGH, Urt. v. 21.12.1989 – IX ZR 234/88, NJW-RR 1990, 1532
BGH, Urt. v. 21.2.1989 – VI ZR 18/88, NJW 1989, 1923

BGH, Urt. v. 8.12.1988 – III ZR 193/87, NJW-RR 1989, 673
BGH, Urt. v. 11.10.1988 – XI ZR 1/88, NJW 1989, 1029
BGH, Urt. v. 8.12.1986 – II ZR 2/86, NJW-RR 1987, 880
BGH, Urt. v. 26.11.1986 – IVa ZR 86/85, NJW 1987, 1758
BGH, Beschl. v. 9.7.1986 – GSZ 1/86, BGHZ 98, 212 = NJW 1987, 50 mAnm *Rauscher*
BGH, Urt. v. 21.11.1995 – VI ZR 31/95, r+s 1996, 180
BGH, Urt. v. 23.10.1985 – VIII ZR 210/84, NJW 1986, 586
BGH, Urt. v. 17.10.1985 – III ZR 105/84, NJW-RR 1986, 412
BGH, Urt. v. 26.3.1985 – VI ZR 267/83, NJW 1985, 2471
BGH, Urt. v. 5.2.1985 – VI ZR 198/83, NJW 1985, 1390 mAnm *Deubner*
BGH, Urt. v. 29.1.1985 – VI ZR 130/83, NJW 1985, 1620
BGH, Urt. v. 23.1.1985 – IVa ZR 66/83, NJW-RR 1986, 484
BGH, Urt. v. 10.5.1984 – I ZR 52/82, NJW 1985, 2411
BGH, Urt. v. 7.2.1984 – VI ZR 193/82, BGHZ 90, 113 = JZ 1984, 1099 mAnm *Schwerdtner*
BGH, Urt. v. 2.11.1983 – IVa ZR 20/82, VersR 1984, 85
BGH, Urt. v. 25.5.1983 – VIII ZR 55/82, BGHZ 87, 302 = NJW 1983, 2192
BGH, Urt. v. 23.2.1983 – VIII ZR 325/81, BGHZ 87, 27 = NJW 1983, 1607
BGH, Urt. v 18.1.1983 – VI ZR 270/80, NJW 1983, 812
BGH, Urt. v. 16.11.1982 – VI ZR 122/80, NJW 1983, 1183
BGH, Urt. v. 15.11.1982 – II ZR 206/81, BGHZ 86, 152 = NJW 1983, 2313
BGH, Urt. v. 12.7.1982 – II ZR 175/81, NJW 1982, 2823
BGH, Urt. v. 18.3.1981 – VIII ZR 44/80, NJW 1981, 1441
BGH, Urt. v. 20.1.1981 – VI ZR 162/79, BGHZ 80, 25 = NJW 1981, 1089
BGH, Urt. v. 8.1.1981 – III ZR 125/79, NJW 1981, 2416
BGH, Urt. v. 19.12.1980 – V ZR 185/79, NJW 1981, 864
BGH, Urt. v. 6.10.1980 – I ZR 60/80, BGHZ 79, 337 = NJW 1981, 1449
BGH, Urt. v. 18.12.1979 – VI ZR 27/78, BGHZ 76, 279 = NJW 1980, 1623
BGH, Urt. v. 7.6.1979 – II ZR 132/77, VersR 1979, 905
BGH, Urt. v. 15.5.1979 – VI ZR 230/76, BGHZ 74, 281 = NJW 1979, 1882
BGH, Urt. v. 12.12.1978 – VI ZR 132/77, VersR 1979, 283
BGH, Urt. v. 15.2.1978 – VIII ZR 47/77, BGHZ 70, 327 = NJW 1978, 883
BGH, Urt. v. 10.1.1978 – VI ZR 164/75, BGHZ 70, 199 = NJW 1978, 812
BGH, Urt. v. 19.12.1977 – II ZR 164/76, BGHZ 70, 337 = NJW 1978, 1374
BGH, Urt. v. 15.11.1977 – VI ZR 101/76, BGHZ 70, 39 = NJW 1978, 210
BGH, Urt. v. 12.7.1977 – VI ZR 136/76, NJW 1977, 2208
BGH, Urt. v. 29.6.1977 – I ZR 186/75, GRUR 1977, 805
BGH, Urt. v. 21.6.1977 – VI ZR 58/76, NJW 1977, 2264
BGH, Urt. v. 16.6.1977 – III ZR 179/75, BGHZ 69, 128 = NJW 1977, 1875
BGH, Urt. v. 16.3.1977 – VIII ZR 283/75, NJW 1977, 1055
BGH, Urt. v. 28.2.1977 – II ZR 52/75, BGHZ 69, 82 = NJW 1977, 1916
BGH, Urt. v. 25.1.1977 – VI ZR 29/75, NJW 1977, 1147
BGH, Urt. v. 11.1.1977 – VI ZR 261/75, NJW 1977, 2073
BGH, Urt. v. 24.11.1976 – VIII ZR 137/75, BGHZ 67, 359 = NJW 1977, 379
BGH, Urt. v. 8.6.1976 – VI ZR 50/75, BGHZ 66, 388 = NJW 1976, 1740
BGH, Urt. v. 28.1.1976 – VIII ZR 246/74, BGHZ 66, 52 = NJW 1976, 712
BGH, Urt. v. 9.12.1975 – VI ZR 157/73, NJW 1976, 620
BGH, Urt. v. 31.10.1974 – III ZR 85/73, BGHZ 63, 203 = NJW 1975, 347

BGH, Urt. v. 14.5.1974 – VI ZR 48/73, NJW 1974, 1503
BGH, Urt. v. 5.10.1972 – III ZR 168/70, BGHZ 59, 310 = NJW 1973, 554
BGH, Urt. v. 14.7.1972 – I ZR 33/71, VersR 1972, 1138
BGH, Urt. v. 14.3.1972 – VI ZR 160/70, NJW 1972, 1130
BGH, Urt. v. 14.10.1971 – III ZR 86/70, NJW 1972, 101
BGH, Urt. v. 11.5.1971 – VI ZR 78/70, BGHZ 56, 163, = NJW 1971, 1883
BGH, Urt. v. 5.4.1971 – VII ZR 163/69, BGHZ 56, 81 = NJW 1971, 1309
BGH, Urt. v. 21.12.1970 – II ZR 133/68, BGHZ 55, 153 = NJW 1971, 886
BGH, Urt. v. 22.9.1970 – VI ZR 193/69, NJW 1970, 2291
BGH, Urt. v. 18.3.1969 – VI ZR 204/67, NJW 1969, 1207
BGH, Urt. v. 28.2.1969 – VI ZR 218/67, VersR 1969, 542
BGH, Urt. v. 26.11.1968 – VI ZR 189/67, BGHZ 51, 109 = NJW 1969, 321
BGH, Urt. v. 26.11.1968 – VI ZR 212/6, BGHZ 51, 91 = NJW 1969, 269 mAnm *Diederichsen*
BGH, Beschl. v. 9.7.1968 – GSZ 2/67, BGHZ 50, 304 = NJW 1968, 1823
BGH, Urt. v. 18.6.1968 – VI ZR 120/67, NJW 1968, 1929
BGH, Urt. v. 12.3.1968 – VI ZR 178/66, NJW 1968, 1279
BGH, Urt. v. 11.3.1968 – III ZR 72/65, BGHZ 50, 14 = NJW 1968, 989
BGH, Urt. v. 30.1.1968 – VI ZR 153/66, NJW 1968, 787
BGH, Urt. v. 8.1.1968 – III ZR 32/67, VersR 1968, 554
BGH, Urt. v. 21.6.1966 – VI ZR 261/64, BGHZ 45, 296 = NJW 1966, 1617
BGH, Urt. v. 29.4.1966 –V ZR 147/63, BGHZ 46, 17 = NJW 1966, 2014
BGH, Urt. v. 6.7.1965 – VI ZR 47/64, NJW 1965, 1955
BGH, Urt. v. 12.3.1965 – KZR 8/63, GRUR 1965, 440
BGH, Urt. v 19.11.1964 – VII ZR 8/63, BGHZ 42, 313 = NJW 1965, 298
BGH, Urt. v. 10.6.1964 – VIII ZR 294/62, VersR 1964, 977
BGH, Urt. v. 4.2.1964 – VI ZR 25/63, BGHZ 41, 123 = NJW 1964, 720
BGH, Urt. v. 26.11.1963 – VI ZR 221/62, VersR 1964, 314
BGH, Urt. v. 30.9.1963 – III ZR 137/62, BGHZ 40, 345 = NJW 1964, 542
BGH, Urt. v. 10.7.1963 – VIII ZR 204/61, BGHZ 40, 91 = NJW 1963, 2071
BGH, Urt. v. 2.7.1963 – VI ZR 251/62, NJW 1963, 1871
BGH, Urt. v. 27.6.1963 – VII ZR 7/62, NJW 1963, 2166
BGH, Urt. v. 25.9.1962 – VI ZR 244/61, BGHZ 38, 55 = NJW 1962, 2248
BGH, Urt. v. 6.6.1962 – V ZR 125/60, NJW 1962, 1766
BGH, Urt. v. 22.12.1961 – I ZR 152/59, BGHZ 36, 252 = GRUR 1962, 310 mAnm *Hoeppfner*
BGH, Urt. v. 19.9.1961 – VI ZR 259/60, BGHZ 35, 363 = NJW 1961, 2059
BGH, Urt. v. 3.11.1961 – VI ZR 254/60, VersR 1962, 86
BGH, Urt. v. 10.5.1960 – VI ZR 35/59, BGHZ 32, 280 = NJW 1960, 1339
BGH, Urt. v. 9.12.1958 – VI ZR 199/57, BGHZ 29, 65 = NJW 1959, 479
BGH, Urt. v 11.11.1958 – I ZR 152/57, BGHZ 28, 320 = GRUR 1959, 182 mAnm *Heydt*
BGH, Urt. v. 13.5.1957 – II ZR 318/56, BGHZ 24, 214 = NJW 1957, 1029
BGH, Urt. v 10.5.1957 – I ZR 234/55, BGHZ 24, 200 = GRUR 1957, 494 mAnm *Bußmann*
BGH, Urt. v. 28.1.1957 – III ZR 141/55, BGHZ 23, 157 = NJW 1957, 630
BGH, Urt. v. 22.6.1956 – VI ZR 140/55, BGHZ 21, 112 = NJW 1956, 1473
BGH, Urt. v. 17.10.1955 – III ZR 84/54, BGHZ 18, 286 = NJW 1955, 1876
BGH, Urt. v. 6.10.1954 – II ZR 149/53, BGHZ 15, 12 = NJW 1954, 1763

BGH, Urt. v. 25. 5. 1954 – I ZR 211/53, BGHZ 13, 334 = NJW 1954, 1404
BGH, Urt. v. 28. 4. 1954 – II ZR 279/53, BGHZ 13, 198 = NJW 1954, 1193
BGH, Urt. v. 9. 7. 1953 – IV ZR 242/52, BGHZ 10, 228 = NJW 1953, 1665

Entscheidungen der Oberlandesgerichte

OLG Hamm, Urt. v. 12. 1. 2022 – 11 U 21/21, VersR 2022, 1592 mAnm *Schultess*
OLG Karlsruhe, Urt. v. 5. 11. 2021 – 10 U 6/20, NZM 2022, 189
OLG München, Urt. v. 5. 8. 2021 – 24 U 5354/20, VersR 2022, 56 mAnm *Schultess*
OLG Köln, Urt. v. 30. 6. 2021 – 22 U 98/19, BeckRS 2021, 22745
OLG Hamm, Urt. v. 18. 3. 2021 – 28 U 279/19, ZIP 2021, 2279
OLG Celle, Urt. v. 10. 2. 2021 – 14 U 12/20, r+s 2021, 234
OLG Köln, Urt. v. 16. 12. 2020 – 5 U 39/20, MDR 2021, 363
KG, Beschl. v. 18. 5. 2020 – 20 U 53/19, jurisPR-VerkR 17/2020 mAnm. 2 *Lang*
OLG München, Urt. v. 27. 2. 2020 – 29 U 2584/19, NJW-RR 2020, 611
OLG Koblenz, Urt. v. 20. 11. 2019 – 10 U 731/19, VuR 2020, 198
KG, Urt. v. 8. 11. 2019 – 7 U 168/18, DS 2020, 198
OLG München, Urt. v. 5. 9. 2019 – 14 U 416/19, BeckRS 2019, 26072
OLG Brandenburg, Urt. v. 9. 7. 2019 – 6 U 11/19, BeckRS 2019, 16717
OLG Celle, Beschl. v. 1. 7. 2019 – 7 U 33/19, ZIP 2019, 2012
OLG Dresden, Urt. v. 6. 3. 2019 – 5 U 1146/18, WM 2019, 1256
OLG Braunschweig, Urt. v. 19. 2. 2019 – 7 U 134/17, DAR 2019, 261
OLG Dresden, Urt. v. 17. 1. 2019 – 8 U 1020/18, WM 2019, 967
OLG Stuttgart, Urt. v. 20. 12. 2018 – 14 U 44/18, NJW-RR 2019, 628
OLG Hamm, Beschl. v. 26. 10. 2018 – 32 SA 46/18, NJW-RR 2019, 655
OLG Brandenburg, Beschl. v. 28. 8. 2018 – 6 W 110/18, BeckRS 2018, 36967
OLG Rostock, Urt. v. 28. 8. 2018 – 4 U 105/15, NJW-Spezial 2018, 622
OLG Düsseldorf, Urt. v. 28. 6. 2018 – 5 U 92/17, NJW-RR 2019, 140
OLG Düsseldorf, Urt. v. 12. 4. 2018 – 5 U 50/16, NZBau 2018, 615
OLG Düsseldorf, Urt. v. 8. 2. 2018 – 6 U 50/17, NZG 2018, 748
OLG Düsseldorf, Urt. v. 20. 10. 2017 – 16 U 87/17, NJW-RR 2018, 173
OLG Oldenburg, Urt. v. 15. 9. 2017 – 6 U 17/17, BeckRS 2017, 156375
OLG Frankfurt, Urt. v. 10. 8. 2017 – 16 U 255/16, MMR 2018, 474
OLG Nürnberg, Urt. v. 19. 4. 2017 – 4 U 2292/16, NJW-RR 2017, 1106
OLG Brandenburg, Urt. v. 5. 4. 2017 – 4 U 24/16, NJW-RR 2017, 1168
OLG Frankfurt, Urt. v. 9. 3. 2017 – 6 U 161/11, GRUR-RR 2017, 461
OLG Frankfurt, Urt. v. 24. 11. 2016 – 6 U 33/16, NJW-RR 2017, 878
OLG Koblenz, Urt. v. 4. 8. 2016 – 1 U 136/16, MDR 2016, 1199
OLG Stuttgart, Urt v 23. 2. 2016 – 1 U 97/15, ZIP 2016, 2066
OLG Nürnberg, Urt. v. 23. 12. 2015 – 12 U 1263/14, NJW-RR 2016, 593
OLG Stuttgart, Urt. v. 17. 11. 2015 – 12 U 41/15, jurisPR-HaGesR 6/2016 mAnm. 1
    Hippeli = BeckRS 2016, 11432
KG, Urt. v. 4. 11. 2015 – 24 U 112/14, NZI 2016, 546
OLG München, Urt. v. 12. 8. 2015 – 7 U 509/15, NJOZ 2015, 1960
OLG Brandenburg, Urt. v. 19. 11. 2014 – 13 U 18/11, BeckRS 2015, 11829
OLG Hamm, Urt. v. 4. 11. 2014 – 24 U 80/14, NJW-RR 2015, 891
OLG Köln (als Rheinschifffahrtsobergericht), Urt. v. 5. 9. 2014 – 3 U 32/14, NJOZ
    2015, 676
OLG Düsseldorf, Urt. v. 10. 7. 2014 – 2 U 78/13, NJOZ 2015, 378

OLG Schleswig, Urt. v. 10.4.2014 – 5 U 128/12, BeckRS 2014, 7732
OLG Dresden, Urt. v. 6.2.2014 – 8 U 1695/11, NJOZ 2014, 740
OLG Hamm, Urt. v. 14.1.2014 – 9 U 231/13, MDR 2014, 681
OLG Karlsruhe, Urt. v. 31.10.2013 – 9 U 84/12, NJW-RR 2014, 464
OLG Karlsruhe (als Rheinschifffahrtsobergericht), Urt. v. 3.7.2013 – 22 U 1/13, NZV 2013, 486
OLG Düsseldorf, Urt. v. 21.12.2012 – 23 U 180/11, DStRE 2014, 313
OLG Frankfurt, Urt. v. 20.12.2012 – 11 U 45/12, ZVertriebsR 2013, 42
OLG Karlsruhe, Urt. v. 18.12.2012 – 12 U 105/12, VersR 2013, 501
OLG Celle, Urt. v. 5.12.2012 – 7 U 59/12, BauR 2013, 621
OLG München, Urt. v. 15.11.2012 – 29 U 1481/12, NJW 2013, 398
OLG Frankfurt, Urt. v. 8.11.2012 – 6 U 161/11, NJW-RR 2013, 507
OLG Dresden, Beschl. v. 5.9.2012 – 4 W 961/12, NJW-RR 2013, 27
OLG Oldenburg, Urt. v. 6.3.2012 – 2 W 4/12, BeckRS 2012, 5858
OLG Köln, Urt. v. 23.2.2012 – 8 U 45/11, NZG 2012, 504
OLG Koblenz, Urt. v. 13.2.2012 – 12 U 1265/10, r + s 2014, 46
OLG Stuttgart, Urt. v. 20.12.2011 – 6 U 107/11; 6 U 108/11, ZVertriebsR 2012, 113
OLG Oldenburg, Beschl. v. 24.11.2011 – 2 U 98/11, ZD 2012, 177
OLG Hamm, Urt. v. 17.10.2011 – 17 U 39/11, BeckRS 2012, 24835
OLG Bremen, Beschl. v. 2.8.2011 – 3 AR 6/11, VersR 2012, 171
OLG München, Urt. v. 19.7.2011 – 9 U 1027/11, NJW 2011, 3375
OLG Schleswig, Urt. v. 25.2.2011 – 1 U 39/10, NVwZ-RR 2011, 523
OLG Brandenburg, Urt. v. 28.7.2010 – 13 U 21/08, BauR 2011, 273
OLG Köln, Beschl. v. 4.6.2010 – 1 W 8/10, VersR 2011, 87
OLG Karlsruhe, Urt. v. 4.3.2010 – 4 U 105/09, DStR 2011, 191 mAnm *Schröder/ Meixner*
KG, Urt. v. 25.2.2010 – 24 U 11/09, juris
OLG Stuttgart, Urt. v. 21.1.2010 – 2 U 8/09, BeckRS 2011, 3888
OLG Koblenz, Beschl. v. 21.1.2009 – 12 U 1299/08, SP 2009, 280
OLG Hamm, Urt. v. 5.12.2008 – 9 U 89/08, VersR 2009, 1672
OLG Jena, Urt. v. 3.12.2008 – 2 U 157/08, zfs 2010, 79
OLG München, Urt. v. 9.7.2008 – 20 U 5290/07, BeckRS 2008, 15552
OLG Stuttgart, Urt. v. 13.5.2008 – 12 U 132/07, WM 2008, 1303
OLG Brandenburg, Urt. v. 19.2.2008 – 6 U 98/07, BeckRS 2008, 4180
OLG Bamberg, Urt. v. 5.12.2007 – 8 U 83/06, BeckRS 2009, 12902
OLG Rostock, Urt. v. 25.6.2007 – 3 U 70/07, NJOZ 2007, 4881
OLG Stuttgart, Urt. v. 19.10.2006 – 7 U 60/06, VersR 2007, 1524
OLG Braunschweig, Urt. v. 13.4.2006 – 8 U 29/05, NJW 2007, 609
OLG Stuttgart, Urt. v. 8.2.2006 – 20 U 24/04, NJOZ 2006, 1592
OLG Frankfurt, Urt. v. 26.1.2006 – 16 U 12/05, BeckRS 2006, 136555
KG, Beschl. v. 10.1.2006 – 6 U 122/05, r + s 2007, 333
OLG Stuttgart, Urt. v. 15.9.2005 – 2 U 60/05, GRUR-RR 2006, 20
OLG Düsseldorf, Urt. v. 15.7.2005 – 4 U 114/04, NJOZ 2005, 3430
OLG Celle, Urt. v. 28.4.2005 – 9 U 242/04, VersR 2006, 1376
OLG München, Urt. v. 15.3.2005 – 25 U 3940/04, VersR 2005, 540
OLG Düsseldorf, Beschl. v. 29.12.2004 – VI-Kart 17/04, BeckRS 2004, 18450
OLG Frankfurt a. M., Beschl. v. 10.12.2004 – 1 W 69/04, MDR 2005, 1051
OLG Hamm, Urt. v. 1.7.2004 – 21 U 20/04, BauR 2005, 418
OLG München, Urt. v. 18.3.2004 – 6 U 2683/03, GRUR-RR 2004, 189

OLG Nürnberg, Urt. v. 17.12.2003 – 4 U 2129/03, NJW-RR 2004, 1254
OLG Braunschweig, Urt. v. 4.12.2003 – 8 U 3/02, NZBau 2004, 676
KG, Urt. v. 4.7.2003 – 9 U 307/01, r+s 2005, 40
OLG Hamburg, Urt. v. 30.10.2002 – 5 U 45/01, GRUR-RR 2003, 257
OLG Düsseldorf, Urt. v. 22.10.2002 – 20 U 89/02, VersR 2003, 984
OLG Köln (als Rheinschifffahrtsobergericht), Urt. v. 15.1.2002 – 3 U 144/01, VersR 2003, 131 (Ls.) = TranspR 2002, 244
OLG Stuttgart, Urt. v. 27.4.2001 – 15 U 2630/00, NZG 2001, 1098
OLG Dresden, Urt. v. 19.7.2000 – 6 U 897/00, NZM 2001, 96
OLG Rostock Urt. v. 20.4.2000 – 1 U 135/98, OLG-NL 2001, 111
OLG München, Urt. v. 30.3.2000 – 1 U 6245/99, BeckRS 2000, 31362731
OLG Brandenburg, Urt. v. 11.1.2000 – 11 U 137/99, WM 2001, 1920
OLG Dresden, Urt. v. 9.12.1998 – 8 U 2864/98, NJW-RR 2000, 207
OLG Saarbrücken, Urt. v. 8.12.1998 – 4 U 119/98, VersR 2000, 1237
OLG Dresden, Urt. v. 29.5.1996 – 8 U 531/96, NJW-RR 1997, 1456
OLG Düsseldorf, Urt. v. 27.5.1995 – 1 W 15/95, VersR 1996, 334
OLG Düsseldorf, Urt. v. 13.1.1994 – 13 U 78/93, NJW-RR 1995, 159
OLG Köln, Urt. v. 24.11.1994 – 5 U 103/94, VersR 1996, 234
OLG Düsseldorf, Beschl. v. 11.2.1994 – 13 U 129/93, zfs 1994, 405
OLG Hamm, Urt. v. 20.9.1993 – 13 U 40/92, VersR 1995, 225
OLG Karlsruhe, Urt. v. 27.9.1989 – 7 U 193/87, VersR 1990, 1281
OLG Hamm, Urt. v. 1.6.1989 – 27 U 338/88, NJW 1990, 1487
OLG Nürnberg, Urt. v. 2.3.1988 – 9 U 779/85, NJW-RR 1988, 791
OLG Frankfurt, Urt. v. 29.1.1987 – 16 U 132/85, NJW-RR 1988, 52.
OLG Düsseldorf, Urt. v. 6.8.1986 – 4 U 41/86, NJW 1986, 2891
OLG Stuttgart, Urt. v. 21.12.1983 – 1 U 114/83, NJW 1984, 1904
OLG Köln, Urt. v. 17.9.1982 – 19 U 226/80, VersR 1984, 340
OLG Frankfurt, Beschl. v. 25.5.1981 – 6 W 41/81, OLGZ 1982, 203
OLG München, Urt. v. 15.6.1978 –1 U 4719/77, VersR 1979, 1066
OLG Düsseldorf, Urt. v. 6.5.1977 – 16 U 213/76, NJW 1977, 1403
OLG München, Urt. v. 15.12.1975 – 21 U 3434/71, NJW 1977, 1106
OLG Karlsruhe, Urt. v. 10.7.1974 – 5 U 193/73, NJW 1975, 221
OLG München, Urt. v. 19.10.1973 – 8 U 4203/72, VersR 1977, 482
OLG Hamm, Urt. v. 27.4.1972 – 22 U 185/71, NJW 1973, 760 mAnm *Finzel*
BayObLG, Urt. v. 28.2.1972 – 1 Z 257/70, VersR 1972, 667
BayObLG, Urt. v. 28.2.1972 – 1 Z 257/70, NJW 1972, 1085
BayObLG, Urt. v. 9.12.1966 – 1 a Z 223/65, NJW 1967, 354
OLG München, Urt. v. 21.3.1956 – 7 U 1189/55, NJW 1956, 1719
OLG Hamburg, Urt. v. 14.12.1954 – 1 U 212/54, NJW 1956, 348 mAnm *Neumann-Duesberg*
OLG Karlsruhe, Urt. v. 19.11.1953 – 5 U 112/53, NJW 1954, 720
OLG Frankfurt, Urt. v. 21.4.1947 – 2 U 9/47, NJW 1948, 23 = NJW 2017, 3094 mAnm *G. Wagner*

Entscheidungen der Landgerichte

LG Traunstein, Urt. v. 21.1.2019 – 3 O 1296/18, BeckRS 2019, 34174
LG Traunstein, Urt. v. 23.11.2018 – 6 O 1194/18, BeckRS 2018, 43570
LG Cottbus, Urt. v. 3.5.2016 – 2 O 209/15, RdTW 2016, 458

LG Dortmund, Urt. v. 30.9.2015 – 2 O 59/15, r+s 2016, 627
LG Stuttgart, Urt. v. 17.3.2014 – 28 O 183/13, ZIP 2014, 726
LG Köln, Urt. v. 9.8.2011 – 5 O 69/11, VersR 2012, 621
LG Hannover, Urt. v. 27.7.2006 – 19 S 18/06, NZV 2006, 660
LG Memmingen, Urt. v. 1.4.2003 – 2 O 1272/02, ZUM-RD 2004, 196
LG Hamburg, Urt. v. 21.3.2003 – 313 S 137/02, NJW-RR 2004, 23
LG Konstanz, Urt. v. 10.5.1996 – 1 S 292/95, NJW 1996, 2662
LG Hanau, Urt. v. 12.12.1990 – 4 O 1184/90, NJW 1991, 2028
LG Wuppertal, Urt. v. 28.12.1964 – 9 S 338/64, NJW 1965, 304

Entscheidungen der Amtsgerichte

AG Nürnberg, Urt. v. 19.9.2019 – 22 C 2823/19, SpuRt 2020, 40 mAnm *Brugger*
AG Frankfurt a. M., Urt. v. 25.8.2017 – 32 C 3586/16, DAR 2018, 449 mAnm *Engel*
AG Achim, Urt. v. 22.3.2006 – 10 C 632/05 – SP 2006, 273
AG Dachau, Urt. v. 10.7.2001 – 3 C 167/01, NJW 2001, 3488

Entscheidungen des Reichsgerichts

RG, Urt. v. 7.3.1939 – VII 162/38, RGZ 160, 48
RG, Urt. v. 5.10.1917 – III 145/17, RGZ 91, 21
RG, Urt. v. 7.12.1911 – VI 240/11, RGZ 78, 239
RG, Urt. v. 27.2.1904 – I 418/03, RBZ 58, 24
RG, Urt. v. 6.3.1902 – IV 393/01, RGZ 51, 66

Entscheidungen österreichischer Gerichte

Entscheidungen des Obersten Gerichtshofs

OGH, Urt. v. 3.8.2021 – 8 Ob 64/21a, ecolex 2021/652
OGH, Urt. v. 22.4.2021 – 3 Ob 60/21a, EvBl-LS 2021/106 mAnm *Brenn*
OGH, Urt. v. 26.2.2021 – 10 Ob 27/20y, EvBl 2021/134 mAnm *Ziegelbauer*
OGH, Urt. v. 27.1.2021 – 9 Ob 8/20x, EvBl 2021/96 mAnm *Hargassner, Ecker/Wiesinger*
OGH, Urt. v. 27.1.2021 – 9 Ob 62/20p, JBl 2021, 721 mAnm *Schmid*
OGH, Urt. v. 23.9.2020 – 7 Ob 84/20h, RIS
OGH, Urt. v. 24.4.2020 – 7 Ob 47/20t, bbl 2020/150
OGH, Urt. v. 14.4.2020 – 1 Ob 50/20i, Zak 2020/441
OGH, Urt. v. 22.1.2020 – 3 Ob 214/19w, iFamZ 2020/66 mAnm *Deixler-Hübner*
OGH, Urt. v. 17.12.2019 – 2 Ob 11/19k, ÖJZ 2020, 424, EvBl-LS 2020/66 mAnm *Painsi*
OGH, Urt. v. 27.11.2019 – 6 Ob 205/19v, RdW 2020/214 = ecolex 2020/170
OGH, Urt. v. 25.10.2019 – 8 Ob 96/19d, SV 2020, 169 mAnm *Mann-Kommenda*
OGH, Urt. v. 24.10.2019 – 4 Ob 176/19i, ZVR 2020/210 mAnm *Ch. Huber*
OGH, Urt. v. 23.10.2019 – 7 Ob 96/19x, Zak 2019/815
OGH, Urt. v. 22.10.2019 – 5 Ob 82/19y, wobl 2020/41
OGH, Urt. v. 25.9.2019 – 1 Ob 165/19z, RIS

OGH, Urt. v. 28.8.2019 – 7 Ob 103/19a, Zak 2019/691
OGH, Urt. v. 5.7.2019 – 4 Ob 49/19p, ÖBA 2019/2631
OGH, Urt. v. 27.6.2019 – 6 Ob 88/19p, MR 2019, 170
OGH, Urt. v. 13.6.2019 – 4 Ob 201/18i, EvBl 2019/155 mAnm *Brenn*
OGH, Urt. v. 27.5.2019 – 1 Ob 231/18d, JBl 2020, 115
OGH, Urt. v. 29.4.2019 – 6 Ob 103/19v, ZVR 2020/88 mAnm *Steininger*
OGH, Urt. v. 26.4.2019 – 3 Ob 16/19b, ecolex 2019/366
OGH, Urt. v. 25.4.2019 – 4 Ob 245/18k, bbl 2019/179
OGH, Urt. v. 24.4.2019 – 7 Ob 46/19v, EvBl-LS 2020/13 mAnm *Hoch*
OGH, Urt. v. 20.3.2019 – 5 Ob 187/18p, JBl 2019, 580
OGH, Urt. v. 5.3.2019 – 1 Ob 198/18a, ÖJZ 2019, 725, EvBl 2019/103 mAnm *Weixelbraun-Mohr*
OGH, Urt. v. 30.1.2019 – 7 Ob 181/18w, ÖBA 2019/2583
OGH, Urt. v. 23.1.2019 – 1 Ob 220/18 m, wobl 2020/85
OGH, Urt. v. 29.11.2018 – 2 Ob 209/17z, ZVR 2020/9 mAnm *Ch. Huber*
OGH, Urt. v. 27.11.2018 – 4 Ob 222/18b, ecolex 2019/148 mAnm *Reich-Rohrwig*
OGH, Urt. v. 29.8.2018 – 1 Ob 81/18w, NZ 2018/141
OGH, Urt. v. 18.7.2018 – 5 Ob 62/18f, ecolex 2018/464
OGH, Urt. v. 4.7.2018 – 7 Ob 32/18h, ecolex 2019/121 mAnm *Ertl*
OGH, Urt. v. 28.6.2018 – 6 Ob 94/18v, NZ 2018/117
OGH, Urt. v. 11.6.2018 – 4 Ob 158/17i, RPA 2018, 340 mAnm *Götzl/Thiele*
OGH, Urt. v. 23.5.2018 – 10 Ob 4/18p, SZ 2018/41 = ZVR 2019/8
OGH, Urt. v. 25.4.2018 – 2 Ob 25/18t, NZ 2018/90
OGH, Urt. v. 25.4.2018 – 2 Ob 18/18p, SZ 2018/30 = ZVR 2018/220 mAnm *Schwarzenegger*
OGH, Urt. v. 20.4.2018 – 7 Ob 38/18s, NZ 2018/88
OGH, Beschl. v. 21.3.2018 – 7 Ob 28/18w, RdTW 2019, 113
OGH, Urt. v. 28.2.2018 – 6 Ob 244/17a, ecolex 2018/229
OGH, Urt. v. 20.12.2017 – 7 Ob 38/17i, EvBl 2018/89 mAnm *Hoch/Angyan*
OGH, Urt. v. 29.11.2017 – 7 Ob 105/17t, ZVR 2018/103 mAnm *Ch. Huber*
OGH, Urt. v. 28.11.2017 – 2 Ob 189/16g, ZVR 2018/102, mAnm *Danzl/Ch. Huber*
OGH, Urt. v. 25.10.2017 – 8 Ob 46/17y, JBl 2018, 307
OGH, Urt. v. 27.7.2017 – 2 Ob 124/17z, JBl 2017, 796
OGH, Urt. v. 27.6.2017 – 10 Ob 29/16 m, SZ 2017/74 = JBl 2018, 248
OGH, Urt. v. 22.12.2016 – 6 Ob 229/16v, SZ 2016/143 = RdU 2017/71 mAnm *Weiß*
OGH, Urt. v. 27.10.2016 – 2 Ob 137/16k, JBl 2017, 249
OGH, Urt. v. 28.9.2016 – 7 Ob 96/16t, wobl 2017/113
OGH, Urt. v. 30.8.2016 – 6 Ob 141/16b, bbl 2017/26
OGH, Urt. v. 28.6.2016 – 10 Ob 62/15p, JBl 2017, 182 mAnm *Kepplinger*
OGH, Urt. v. 25.5.2016 – 2 Ob 211/15s, ÖJZ 2016, 1025, EvBl 2016/147 mAnm *Ch. Huber*
OGH, Urt. v. 31.3.2016 – 1 Ob 247/15b, ecolex 2017/131
OGH, Urt. v. 17.11.2015 – 4 Ob 192/15 m, ecolex 2017/213
OGH, Urt. v. 29.9.2015 – 8 Ob 89/15v, EvBl 2016/53 mAnm *Rohrer*
OGH, Urt. v. 11.8.2015, 4 Ob 100/15g, EF-Z 2016/96 mAnm *E. Wagner*
OGH, Urt. v. 18.6.2015 – 1 Ob 97/15v, JBl 2015, 587
OGH, Urt. v. 17.2.2015 – 4 Ob 249/14t, ÖBA 2015/2143 mAnm *Apathy*
OGH, Urt. v. 18.12.2014 – 9 Ob 74/14v, bauaktuell 2015/3
OGH, Urt. v. 16.12.2014 – 4 Ob 155/14v, ÖBA 2015/2108

OGH, Urt. v. 22.10.2014 – 1 Ob 186/14f, bbl 2015/71
OGH, Urt. v. 15.7.2014 – 10 Ob 31/14b, ÖBA 2015/2084
OGH, Urt. v. 26.6.2014 – 8 Ob 53/14y, ZVR 2014/187
OGH, Urt. v. 22.5.2014 – 2 Ob 70/14d, AnwBl 2014, 595
OGH, Urt. v. 28.4.2014 – 8 Ob 24/14h, wobl 2014/141 mAnm *Limberg*
OGH, Urt. v. 25.3.2014 – 4 Ob 33/14b, ZVR 2015/6
OGH, Urt. v. 25.3.2014 – 9 Ob 64/13x, SZ 2014/30 = EvBl 2014/89 mAnm *Rohrer/ Perner*
OGH, Urt. v. 17.3.2014 – 2 Ob 15/14s, Zak 2014/334
OGH, Urt. v. 27.2.2014 – 1 Ob 150/13k, ZVR 2014/206
OGH, Urt. v. 28.8.2013 – 6 Ob 190/12b, RdW 2014/99
OGH, Urt. v. 5.4.2013 – 8 Ob 66/12g, SZ 2013/33 = EvBl 2013/130 mAnm *Rohrer/ Cach*
OGH, Urt. v. 18.2.2013 – 7 Ob 178/11v, ecolex 2014/3 mAnm *Wilhelm*
OGH, Urt. v. 24.1.2013 – 2 Ob 6/13s, Zak 2013/228
OGH, Urt. v. 23.1.2013 – 3 Ob 230/12p, SZ 2013/3 = ÖBA 2013/1934
OGH, Urt. v. 15.1.2013 – 4 Ob 208/12k, ÖJZ 2013, 378, EvBl-LS 2013/61 mAnm *Brenn*
OGH, Urt. v. 19.12.2012 – 3 Ob 159/12x, ecolex 2013/241
OGH, Urt. v. 19.12.2012 – 6 O b238/12 m, RIS
OGH, Urt. v. 13.12.2012 – 1 Ob 208/12p, JBl 2013,183
OGH, Urt. v. 29.11.2012 – 2 Ob 70/12a, SZ 2012/134 = ZVR 2013/202 mAnm *Kathrein*
OGH, Urt. v. 27.11.2012 – 8 Ob 28/12v, bauaktuell 2013/4
OGH, Urt. v. 17.10.2012 – 7 Ob 191/11f, ecolex 2013/83
OGH, Urt. v. 11.10.2012 – 1 Ob 51/12z, ÖBA 2013/1911
OGH, Urt. v. 10.9.2012 – 10 Ob 88/11f, GesRZ 2013, 44 mAnm *Oppitz*
OGH, Urt. v. 1.8.2012 – 1 Ob 134/12f, Zak 2012/641
OGH, Urt. v. 22.6.2012 – 1 Ob 37/12s, Zak 2012/671
OGH, Urt. v. 22.6.2012 – 1 Ob 67/12b
OGH, Urt. v. 30.5.2012 – 7 Ob 24/12y, RdW 2012/505 = VersR 2013, 338
OGH, Urt. v. 29.5.2012 – 9 Ob 56/11t, SZ 201/58 = JBl 2012, 520
OGH, Urt. v. 24.4.2012 – 8 Ob 60/11y, ecolex 2012/266 mAnm *Wilhelm*
OGH, Urt. v. 28.3.2012 – 7 Ob 170/11t, wobl 2013/32
OGH, Urt. v. 18.1.2012 – 3 Ob 232/11f, iFamZ 2012/107 mAnm *Deixler-Hübner*
OGH, Urt. v. 24.11.2011 – 1 Ob 206/11t, ÖBA 2012/1811 mAnm *Heinrich*
OGH, Urt. v. 16.9.2011 – 2 Ob 66/11 m, ZFR 2012/9
OGH, Urt. v. 30.8.2011 – 10 Ob 32/11w, bbl 2012/25
OGH, Urt. v. 27.7.2011 – 9 Ob 57/10p, ecolex 2011/421
OGH, Urt. v. 25.5.2011 – 8 Ob 52/11x, Zak 2011/484
OGH, Urt. v. 15.2.2011 – 4 Ob 192/10d, ÖJZ 2011, 522, EvBl-LS 2011/85
OGH, Urt. v. 30.3.2011 – 7 Ob 77/10i, GesRZ 2011, 251 mAnm *Diregger*
OGH, Urt. v. 16.3.2011 – 6Ob30/11x, iFamZ 2012/77
OGH, Urt. v. 9.3.2011 – 7 Ob 20/11h, ecolex 2011/264
OGH, Urt. v. 22.2.2011 – 8 Ob 127/10z, Zak 2011/212
OGH, Urt. v. 24.11.2010 – 9 Ob 5/10s, JBl 2011, 445 mAnm *Dullinger*
OGH, Urt. v. 7.9.2011 – 7 Ob 77/11s, Zak 2012/223
OGH, Urt. v. 14.9.2010 – 1 Ob 139/10p, ZVR 2011/182 mAnm *Kathrein*
OGH, Urt. v. 31.8.2010 – 4 Ob 137/10s, ÖJZ 2010, 73, EvBl 2011/11

OGH, Urt. v. 4.8.2010 – 3 Ob 79/10d, SZ 2010/92 = JBl 2010, 781
OGH, Urt. v. 30.6.2010 – 9 Ob 49/09k, JBl 2011, 443 mAnm *Dullinger*
OGH, Urt. v. 17.2.2010 – 2 Ob 113/09w, SZ 2010/11 = ZVR 2010/157 mAnm *Ch. Huber*
OGH, Urt. v. 2.12.2010 – 2 Ob 162/10b, ecolex 2011/171
OGH, Urt. v. 28.1.2010 – 2 Ob 128/09a, EvBl 2010/87 mAnm *Liedermann*
OGH, Urt. v. 6.7.2009 – 1 Ob 99/09d, immolex 2010/38 mAnm *Limberg*
OGH, Urt. v. 6.7.2009 – 1 Ob 114/09k, iFamZ 2009/244 mAnm *Deixler-Hübner*
OGH, Urt. v. 27.2.2009 – 6 Ob 108/07 m, JBl 2009, 518
OGH, Urt. v. 1.7.2009 – 7 Ob 19/09h, RdW 2010/164
OGH, Urt. v. 17.12.2008 – 9 Ob A 164/08w, ecolex 2009/127
OGH, Urt. v. 15.12.2008 – 4 Ob 198/08h, RdW 2009/422
OGH, Urt. v. 9.12.2008 – 5 Ob 168/08d, JBl 2009, 437
OGH, Urt. v. 10.7.2008 – 8 Ob 69/08t, Zak 2008/646
OGH, Urt. v. 10.7.2008 – 8 Ob 51/08w, ZVR 2009/30 mAnm *Ch. Huber*
OGH, Urt. v. 21.2.2008 – 6 Ob 249/07x, ÖJZ 2008, 597, EvBl 2008/117
OGH, Urt. v. 24.1.2008 – 6 Ob 104/06x, JBl 2008, 450
OGH, Urt. v. 13.9.2007 – 6 Ob 169/07g, NZ 2008/38
OGH, Urt. v. 11.9.2007 – 1 Ob 153/07t, JBl 2008, 320 mAnm *Haas/Stefula*
OGH, Urt. v. 28.8.2007 – 5 Ob 159/07d, JBl 2008, 249 mAnm *Rummel*
OGH, Urt. v. 14.8.2007 – 1 Ob 78/07p, ZLB 2009/6 mAnm *Kothbauer*
OGH, Urt. v. 28.6.2007 – 2 Ob 277/06h, bbl 2007, 236
OGH, Urt. v. 23.4.2007 – 4 Ob 44/07k, SZ 2007/62 = ÖBA 2008/1455
OGH, Urt. v. 23.3.2007 – 2 Ob 191/06 m, ZVR 2007/211 mAnm *Ch. Huber*
OGH, Urt. v. 23.1.2007 – 1 Ob 255/06s, ZVR 2007/210 mAnm *Kathrein*
OGH, Urt. v. 29.11.2006 – 7 Ob 257/06d, RdW 2007/421
OGH, Urt. v. 21.11.2006 – 4 Ob 184/06x, SZ 2006/170 = ecolex 2007/154 mAnm *Schumacher*
OGH, Urt. v. 27.6.2006 – 3 Ob 75/06k, ÖBA 2007/1440 mAnm *Eckert*
OGH, Urt. v. 16.3.2006 – 2 Ob 303/04d, ZVR 2006/156 mAnm *Kathrein/Ch. Huber*
OGH, Urt. v. 14.2.2006 – 4 Ob 228/05s
OGH, Urt. v. 25.1.2006 – 3 Ob 259/05t, ecolex 2006/156 mAnm *Wilhelm*
OGH, Urt. v. 22.12.2005 – 10 Ob 112/05a, bbl 2006/97
OGH, Urt. v. 29.11.2005 – 10 Ob 57/03k, SZ 2005/174 = ÖJZ 2006, 242, EvBl 2006/43
OGH, Urt. v. 20.10.2005 – 3 Ob 67/05g, JBl 2006, 178
OGH, Urt. v. 20.10.2005 – 3 Ob 93/05f, RIS
OGH, Urt. v. 18.10.2005 – 1 Ob 125/05x, Zak 2006/134
OGH, Urt. v. 24.6.2005 – 1 Ob 112/05k, ecolex 2005/391
OGH, Urt. v. 17.2.2005 – 8 Ob 118/04t, SZ 2005/18 = ecolex 2005/238 mAnm *Leitner*
OGH, Urt. v. 29.9.2004 – 7 Ob 225/03v, JBl 2005, 36
OGH, Urt. v. 1.7.2004 – 1 Ob 173/03b, JBl 2004, 793
OGH, Urt. v. 26.5.2004 – 3 Ob 13/04i, ÖBA 2005/1249 mAnm *Kletecka*
OGH, Urt. v. 18.3.2004 – 1 Ob 290/03h, ecolex 2004/331
OGH, Urt. v. 25.2.2004 – 3 Ob 25/03b, bbl 2004/113
OGH, Urt. v. 13.11.2003 – 8 ObA 70/03g, JBl 2004, 327
OGH, Urt. v. 20.1.2005 – 2 Ob 281/04v, RIS
OGH, Urt. v. 12.6.2003 – 2 Ob 110/03w, ZVR 2004/47
OGH, Urt. v. 20.2.2003 – 6 Ob 124/02g, SZ 2003/16 = ZVR 2004/5
OGH, Urt. v. 28.11.2002 – 8 Ob 287/01s, ecolex 2003/67 mAnm *Pilz*
OGH, Urt. v. 26.11.2002 – 10 Ob 92/02f, ecolex 2003/161 mAnm *Rabl*

OGH, Urt. v. 30. 10. 2002 – 7 Ob 195/02f, RIS
OGH, Urt. v. 25. 10. 2002 – 1 Ob 33/02p, RdW 2003/256
OGH, Urt. v. 20. 6. 2002 – 6 Ob 309/01 m, ÖBA 2003/1110
OGH, Urt. v. 29. 4. 2002 – 7 Ob 24/02h, ZVR 2003/76 mAnm *Ch. Huber*
OGH, Urt. v. 28. 3. 2002 – 8 Ob 246/01 m, ecolex 2003/104
OGH, Urt. v. 21. 2. 2002 – 6 Ob 81/01g, ÖBA 2002/1068
OGH, Urt. v. 16. 5. 2001 – 2 Ob 84/01v, SZ 74/90 = ZVR 2001/73 mAnm *Karner*
OGH, Urt. v. 24. 4. 2001 – 1 Ob 1/01f, JBl 2001,788 mAnm *Rummel*
OGH, Urt. v. 27. 3. 2001 – 1 Ob 25/01k, SZ 74/55 = JBl 2001, 722
OGH, Urt. v. 22. 2. 2001 – 6 Ob 292/00k, NZ 2001, 378
OGH, Urt. v. 23. 1. 2001 – 7 Ob 273/00y, ÖBA 2001/1000
OGH, Urt. v. 19. 12. 2000 – 1 Ob 178/00h, RdW 2001/366
OGH, Urt. v. 14. 11. 2000 – 4 Ob 252/00p, ÖBA 2001/991
OGH, Urt. v. 5. 10. 2000 – 6 Ob 240/00p, ZVR 2001/58
OGH, Urt. v. 5. 9. 2000 – 5 Ob 18/00h, JBl 2001, 227
OGH, Urt. v. 25. 7. 2000 – 1 Ob 306/99b, JBl 2000, 790
OGH, Urt. v. 30. 5. 2000 – 1 Ob 48/00s, SZ 73/90 = JBl 2000, 729
OGH, Urt. v. 28. 3. 2000 – 1 Ob 47/00v, SZ 73/57
OGH, Urt. v. 28. 3. 2000 – 1 Ob 272/99b, immolex 2000/149 mAnm *Iby*
OGH, Urt. v. 22. 2. 2000 – 1 Ob 14/00s, bbl 2000, 164
OGH, Urt. v. 25. 1. 2000 – 1 Ob 221/99b, ecolex 2000, 643
OGH, Urt. v. 20. 1. 2000 – 6 Ob 78/99k, RIS
OGH, Urt. v. 11. 11. 1999 – 6 Ob 198/99g, SZ 72/175
OGH, Urt. v. 16. 9. 1999 – 6 Ob 147/99g, JBl 2000, 113
OGH, Urt. v. 2. 9. 1999 – 2 Ob 22/97t, ZVR 2000/40
OGH, Urt. v. 29. 4. 1999 – 2 Ob 162/97f, bbl 1999/229 mAnm *Egglmeier*
OGH, Urt. v. 28. 4. 1999 – 7 Ob 49/98a, RdW 1999, 717
OGH, Urt. v. 25. 3. 1999 – 6 Ob 201/98x, ZVR 1999/56
OGH, Urt. v. 23. 3. 1999 – 1 Ob 313/98f, RIS
OGH, Urt. v. 26. 1. 1999 – 4 Ob 325/98t, RdW 1999, 468
OGH, Urt. v. 19. 5. 1998 – 1 Ob 414/97g, JBl 1998, 652
OGH, Urt. v. 12. 2. 1998 – 2 Ob 2056/96h, ZVR 1998/95
OGH, Urt. v. 15. 12. 1997 – 1 Ob 377/97s, RIS
OGH, Urt. v. 11. 9. 1997 – 6 Ob 2100/96h, SZ 70/179 = ÖBA 1998/713 mAnm *Oberhammer*
OGH, Urt. v. 28. 8. 1997 – 3 Ob 505/96, SZ 70/163 = JBl 1998, 243
OGH, Urt. v. 15. 7. 1997 – 1 Ob 182/97i, SZ 70/147 = ÖBA 1998, 230
OGH, Urt. v. 10. 6. 1997 – 4 Ob 127/97y, SZ 70/108 = ÖJZ 1997, 900, EvBl 1997/186.
OGH, Urt. v. 21. 5. 1997 – 7 Ob 2387/96x, SZ 70/99 = ÖBA 1998, 51
OGH, Beschl. v. 29. 4. 1997 – 1 Ob 2389/96x, RIS
OGH, Urt. v. 27. 2. 1997 – 6 Ob 2037/96v, MR 1997, 254
OGH, Urt. v. 28. 1. 1997 – 1 Ob 2312/96y, RIS
OGH, Urt. v. 29. 4. 1999 – 2 Ob 162/97f, ecolex 1999/338
OGH, Urt. v. 26. 11. 1996 – 4 Ob 2336/96z, JBl 1997, 532
OGH, Urt. v. 21. 11. 1996 – 7 Ob 513/96, SZ 69/258 = ecolex 1997, 844 mAnm *Wilhelm*
OGH, Urt. v. 15. 10. 1996 – 4 Ob 2259/96a, SZ 69/229 = ÖBA 1997/616
OGH, Urt. v. 3. 10. 1996 – 2 Ob 2282/96, ÖJZ 1997, 144, EvBl 1997/28
OGH, Urt. v. 31. 3. 1996 – 5 Ob 506/96, JBl 1997, 37
OGH, Urt. v. 26. 2. 1996 – 16 Ok 2/95, ÖBl 1997, 243

OGH, Urt. v. 8. 2. 1996 – 2 Ob 8/96, JBl 1996, 583
OGH, Urt. v. 21. 12. 1995 – 8 Ob 7/95, ZIK 1996, 179
OGH, Urt. v. 10. 11. 1995 – 3 Ob 510/96, RIS
OGH, Urt. v. 12. 10. 1995 – 2 Ob 74/95, ZVR 1996/78
OGH, Urt. v. 27. 7. 1995 – 1 Ob 537/95, JBl 1996, 521
OGH, Urt. v. 24. 5. 1995 – 2 Ob 33/95, JBl 1996, 114 mAnm *Lukas*
OGH, Urt. v. 18. 5. 1995 – 6 Ob 20/95, SZ 68/97 = JBl 1996, 111
OGH, Urt. v. 6. 4. 1995 – 6 Ob 663/94, RIS
OGH, Urt. v. 27. 3. 1995 – 1 Ob 544/95, SZ 68/64 = JBl 1995, 651 mAnm *Mader*
OGH, Urt. v. 27. 3. 1995 – 1 Ob 44/94, JBl 1995, 588
OGH, Urt. v. 22. 12. 1994 – 2 Ob 591/94, ecolex 1995, 901
OGH, Urt. v. 30. 6. 1994 – 2 Ob 53/94, ZVR 1995/62
OGH, Urt. v. 25. 5. 1994 – 3 Ob 501/94, JBl 1995, 658 mAnm *Karollus-Brunner*
OGH, Urt. v. 24. 3. 1994 – 2 Ob 21/94, SZ 67/52 = JBl 1994, 684
OGH, Urt. v. 15. 12. 1993 – 3 Ob 556/92, ÖBA 1994/436
OGH, Urt. v. 16. 9. 1993 – 8 Ob 12/93, ecolex 1994, 102
OGH, Urt. v. 8. 7. 1993 – 8 Ob 587/93, wbl 1993, 329
OGH, Urt. v. 22. 6. 1993 – 1 Ob 22/92, SZ 66/77 = JBl 1993, 788
OGH, Urt. v. 7. 7. 1992 – 4 Ob 75/92, JBl 1993, 518 mAnm *Koziol*
OGH, Urt. v. 25. 6. 1992 – 8 Ob 556/92, ecolex 1992, 844
OGH, Urt. v. 24. 6. 1992 – 1 Ob 15/92, SZ 65/94 = JBl 1993, 399
OGH, Urt. v. 31. 1. 1991 – 8 Ob 514/90, EvBl 1991/101
OGH, Urt. v. 5. 9. 1991 – 6 Ob 585/91, RdW 1992, 12
OGH, Urt. v. 10. 4. 1991 – 1 Ob 36/89, JBl 1991, 796
OGH, Urt. v. 12. 7. 1990 – 7 Ob 592/90, SZ 63/136 = ecolex 1990, 688
OGH, Urt. v. 11. 7. 1990 – 1 Ob 587/90, SZ 63/129 = JBl 1991, 249 mAnm *Kerschner*
OGH, Urt. v. 9. 11. 1989 – 7 Ob 672/89, JBl 1990, 376
OGH, Urt. v. 4. 10. 1989 – 3 Ob 519/89, ecolex 1990, 289 mAnm *Wilhelm*
OGH, Urt. v. 31. 5. 1989 – 8 Ob 525/89, RZ 1992/76
OGH, Beschl. v. 26. 4. 1989 – 1 Ob 529/89, RdW 1989, 328
OGH, Urt. v. 6. 4. 1989 – 7 Ob 564/89, RIS
OGH, Urt. v. 22. 11. 1988 – 2 Ob 33/88, ZVR 1990/50
OGH, Urt. v. 7. 9. 1988 – 1 Ob 24/88, SZ 61/189
OGH, Urt. v. 30. 8. 1988 – 2 Ob 42/87, SZ 61/178 = ZVR 1989/159
OGH, Urt. v. 30. 6. 1988 – 8 Ob 667/87, ÖBA 1989, 89
OGH, Urt. v. 16. 3. 1988 – 1 Ob 516/88, SZ 61/64 = RdW 1988, 287
OGH, Urt. v. 2. 9. 1987 – 1 Ob 610/87, SZ 60/157
OGH, Urt. v. 9. 7. 1987 – 6 Ob 611/87, SZ 60/138 = EvBl 1988/32
OGH, Urt. v. 23. 10. 1986 – 7 Ob 50/86, JBl 1987, 40
OGH, Urt. v. 16. 9. 1986 – 5 Ob 571/85, JBl 1987, 185
OGH, Urt. v. 19. 6. 1986 – 7 Ob 568/86, NZ 1987, 129
OGH, Urt. v. 10. 4. 1986 – 8 Ob 505/86, RIS
OGH, Urt. v. 17. 3. 1986 – 1 Ob 536/86, SZ 59/51 = JBl 1986, 381
OGH, Urt. v. 20. 11. 1985 – 3 Ob 603/85, RIS
OGH, Urt. v. 11. 7. 1985 – 8 Ob 542/85, RdW 1985, 306
OGH, Urt. v. 10. 7. 1985 – 8 Ob 10/85, SZ 58/128 = ZVR 1986/37
OGH, Urt. v. 27. 11. 1984 – 2 Ob 583/84, RdW 1985, 210
OGH, Urt. v. 27. 6. 1984 – 3 Ob 547/84, SZ 57/122 = RdW 1985, 9
OGH, Urt. v. 5. 6. 1984 – 1 Ob 582/84, EvBl 1985/63

OGH, Urt. v. 12. 4.1984 – 8 Ob 532/83, JBl 1985, 38
OGH, Urt. v. 22. 2.1984 – 1 Ob 688/83, SZ 57/37 = ÖJZ 1984, 435, EvBl 1984/111
OGH, Urt. v. 21.12.1983 – 8 Ob 78/83, SZ 56/199 = JBl 1985, 231
OGH, Urt. v. 21. 9.1983 – 1 Ob 722/83, SZ 56/135 = JBl 1984, 669
OGH, Urt. v. 31. 8.1983 – 1 Ob 658/83, SZ 56/124 = JBl 1984, 492
OGH, Urt. v. 11. 5.1983 – 1 Ob 627/83, RIS
OGH, Urt. v. 13. 7.1982 – 5 Ob 654/82, SZ 55/113 = JBl 1983, 205 mAnm *Hügel*
OGH, Urt. v. 2. 6.1982 – 1 Ob 597/82, SZ 55/84
OGH, Urt. v. 4. 3.1982 – 7 Ob 550/82, RZ 1982/68
OGH, Urt. v. 3.11.1981 – 4 Ob 540/81, SZ 54/152 = JBl 1983, 253 mAnm *Posch*
OGH, Urt. v. 28. 1.1981 – 1 Ob 775/80, JBl 1982, 145
OGH, Urt. v. 27. 5.1980 – 1 Ob 12/80, SZ 53/83 = ÖJZ 1980, 660, EvBl 1980/216
OGH, Urt. v. 25. 3.1981 – 3 Ob 594/80, SZ 54/41 = EvBl 1981/145
OGH, Urt. v. 25. 3.1980 – 2 Ob 27/80, ZVR 1980/299
OGH, Urt. v. 30. 1.1980 – 1 Ob 791/79, SZ 53/13 = JBl 1981, 425
OGH, Urt. v. 30. 1.1980 – 1 Ob 42/79, SZ 52/12 = JBl 1981, 268
OGH, Urt. v. 18.12.1979 – 1 Ob 530/79, JBl 1981, 319
OGH, Urt. v. 5. 4.1979 – 8 Ob 66/79, ZVR 1980/240
OGH, Urt. v. 28.11.1978 – 5 Ob 707/78, SZ 51/169 = JBl 1979, 483
OGH, Urt. v. 13. 6.1978 – 5 Ob 540/78, SZ 51/89 = ÖJZ 1979/10
OGH, Urt. v. 7. 6.1978 – 1 Ob 617/78, SZ 51/79 = JBl 1979, 368
OGH, Urt. v. 1.12.1977 – 2 Ob 177/77, ZVR 1979/93
OGH, Urt. v. 30. 6.1977 – 6 Ob 583/77, JBl 1979, 88
OGH, Urt. v. 30. 6.1977 – 6 Ob 634/77, SZ 50/98 = EvBl 1978/189
OGH, Urt. v. 2. 3.1977 – 1 Ob 761/76, SZ 50/34
OGH, Urt. v. 8. 7.1976 – 2 Ob 151/76, SZ 49/96 = ZVR 1978/62
OGH, Urt. v. 6. 7.1976 – 5 Ob 626/76, SZ 49/94 = EvBl 1976/282
OGH, Urt. v. 4. 2.1976 – 1 Ob 190/75, SZ 49/14 = EvBl 1976/168
OGH, Urt. v. 29. 1.1976 – 2 Ob 283/75, ZVR 1976/292
OGH, Urt. v. 23. 1.1976 – 5 Ob 536/76, SZ 49/47
OGH, Urt. v. 8.10.1975 – 1 Ob 191/75, SZ 48/102 = JBl 1976, 205 mAnm *P. Bydlinski*
OGH, Urt. v. 18. 6.1975 – 8 Ob 119/75, JBl 1976, 210
OGH, Urt. v. 7. 3.1973 – 1 Ob 30/73, SZ 46/31 = JBl 1973, 418
OGH, Urt. v. 21. 2.1973 – 1 Ob 269/72, SZ 46/22
OGH, Urt. v. 21. 2.1973 – 1 Ob 269/72, SZ 46/22 = RZ 1973/110
OGH, Urt. v. 1. 2.1973 – 6 Ob 9/73, EvBl 1973/147
OGH, Urt. v. 3. 1.1973 – 2 Ob 1/73, ZVR 1974/110
OGH, Urt. v. 6. 9.1972 – 1 Ob 176/72, EvBl 1972/297
OGH, Urt. v. 18. 4.1972 – 8 Ob 49/72, EvBl 1972/296
OGH, Urt. v. 28. 1.1971 – 1 Ob 279/7, JBl 1971, 425
OGH, Urt. v. 22.12.1970 – 8 Ob 281/70, SZ 43/236
OGH, Urt. v. 3. 3.1969 – 2 Ob 358/67, SZ 42/33 = JBl 1969, 334 = VersR 1969, 528
OGH, Urt. v. 12. 1.1967 – 2 Ob 355/66, SZ 40/2 = EvBl 1967/283
OGH, Urt. v. 9. 7.1963 – 8 Ob 185/63, EvBl 1963/419
OGH, Urt. v. 30. 8.1961 – 2 Ob 330/61, SZ 34/112
OGH, Urt. v. 30. 8.1961 – 1 Ob 194/61, JBl 1962, 384
OGH, Urt. v. 2.12.1959 – 2 Ob 341/59, JBl 1960, 386
OGH, Urt. v. 10. 6.1959 – 2 Ob 296/59, ZVR 1960/47
OGH, Urt. v. 28. 9.1955 – 2 Ob 456/55, JBl 1956, 124

Entscheidungen der Oberlandesgerichte

OLG Wien, Urt. v. 30.5.2011 – 11 R 220/10v, ZVR 2013/10 mAnm *Ch. Huber*
OLG Innsbruck, Urt. v. 23.4.1996 – 1 R 83/96g, ZVR 1997/118

Entscheidungen schweizerischer Gerichte

Entscheidungen des Bundesgerichts

BG, Urt. v. 25.4.2022 – 4A_503/2021 (frz.)
BG, Urt. v. 1.11.2021 – 4A_36/2021, BGE 148 III 11
BG, Urt. v. 22.9.2021 – 6B_665/2020
BG, Urt. v. 21.7.2021 – 4A_18/2021
BG, Urt. v. 18.5.2021 – 4A_389/2020/4A_415/2020, BGE 147 III 402
BG, Urt. v. 16.6.2020 – 5A_1018/2019, BGE 146 III 290
BG, Urt. v. 18.6.2019 – 2C_809/2018
BG, Urt. v. 6.5.2019 – 4A_168/2019
BG, Urt. v. 24.8.2018 – 2C_34/2017, BGE 144 I 318 (frz.)
BG, Urt. v. 6.9.2017 – 4A_113/2017
BG, Urt. v. 31.8.2017 – 5E_1/2017
BG, Urt. v. 9.6.2017 – 5A_256/2016, BGE 143 III 297
BG, Urt. v. 26.8.2016 – 4A_152/2016
BG, Urt. v. 2.2.2016 – 4A_299/2015, BGE 142 III 84
BG, Urt. v. 17.9.2015 – 8C_232/2015, BGE 141 I 153
BG, Urt. v. 12.11.2015 – 5A_89/2015, BGE 141 III 527
BG, Urt. v. 29.6.2015 – 4A_637/2015, BGE 142 III 433 = ZVR 2017/136 mAnm *Ch. Huber*
BG, Urt. v. 12.1.2015 – 4A_428/2014, BGE 141 III 112
BG, Urt. v. 11.2.2013 – 2C_356/2012
BG, Urt. v. 11.4.2012 – 4A_741/2011, BGE 138 III 337
BG, Urt. v. 7.2.2012 – 4A_364/2011, BGE 138 III 276
BG, Urt. v. 21.3.2013 – 4A_565/2012
BG, Urt. v. 28.4.2011 – 4A_53/2011, BGE 137 III 303 (frz.)
BG, Urt. v. 21.10.2010 – 4A_422/2010
BG, Urt. v. 6.9.2010 – 4A_187/2010, BGE 136 III 510
BG, Urt. v. 28.7.2010 – 4A_226/2010 (ital.)
BG, Urt. v. 30.9.2009 – 4A_263/2009
BG, Urt. v. 24.7.2009 – 9C_763/2008, BGE 135 V 373
BG, Urt. v. 13.5.2008 – 4A_499/2007, BGE 134 III 390
BG, Urt. v. 27.2.2008 – 4A_29/2008
BG, Urt. v. 9.8.2007 – 5A_301/2007
BG, Urt. v. 12.6.2007 – 4C.28/2007, BGE 133 III 449
BG, Urt. v. 18.4.2007 – 4C.386/2006, BGE 133 III 323 = SZW 2007, 330 mAnm *Hirschle/von der Crone*
BG, Urt. v. 9.2.2007 – 4C.351/2006
BG, Urt. v. 29.3.2006 – 4C.139/2005, HAVE 2006, 145
BG, Urt. v. 17.2.2006 – 1A.253/2005
BG, Urt. v. 19.12.2005 – 4C.337/2005, BGE 132 III 379

BG, Urt. v. 9.12.2004 – 4C.47/2004
BG, Urt. v. 1.10.2004 – 5C.134/2004
BG, Urt. v. 23.12.2003 – 4C.230/2003, BGE 130 III 345 = AJP 2005, 350 mAnm *Plotke*
BG, Urt. v. 25.8.2003 – 4C.138/2003, BGE 129 III 715
BG, Urt. v. 23.12.2002 – 6S.391/2002, BGE 129 IV 119 (frz.)
BG, Urt. v. 13.11.2002 – 5C.155/2002, BGE 129 III 49
BG, Urt. v. 30.10.2002 – 4C.202/2002 (frz.)
BG, Urt. v. 25.9.2002 – 4C.171/2002, BGE 129 III 71 = SZW 2003, 158 mAnm *Marolda/von der Crone*
BG, Urt. v. 2.7.2002 – 4C.310/2001
BG, Urt. v. 21.6.2002 – 4C.82/2002, BGE 128 III, 324
BG, Urt. v. 26.9.2001 – 4C.193/2000, SZW 2002, 112 mAnm *Wyss/von der Crone*,
BG, Urt. v. 20.7.2001, BGE 127 III 481
BG, Urt. v. 21.6.2001, BGE 127 III 403
BG, Urt. v. 26.2.2001, BGE 127 I 73
BG, Urt. v. 11.8.2000 – 1A.107/1999
BG, Urt. v. 7.7.2000 – 5C.4/2000, BGE 126 III 305
BG, Urt. v. 18.6.2000, BGE 126 III 388 (frz.)
BG, Urt. v. 28.1.2000 – 4C.296/1999
BG, Urt. v. 28.1.2000 – 4C.280/1999
BG, Urt. v. 18.1.2000 – 4C.194/1999 (frz.)
BG, Urt. v. 11.12.1998, BGE 125 III 86
BG, Urt. v. 3.7.1998, BGE 124 III 363
BG, Urt. v. 16.4.1998, BGE 124 III 297
BG, Urt. v. 12.9.1997, BGE 123 II 577 = recht 1998, 49 mAnm *Gross*
BG, Urt. v. 9.6.1997, BGE 123 III 204
BG, Urt. v. 8.3.1996, BGE 122 III 176
BG, Urt. v. 10.10.1995, BGE 121 III 350 (frz.)
BG, Urt. v. 14.7.1995, BGE 121 III 252
BG, Urt. v. 27.6.1995, BGE 121 III 310 = AJP 1996, 96 mAnm *Fellmann/Schwarz*
BG, Urt. v. 15.11.1994, BGE 120 II 331
BG, Urt. v. 20.5.1994, BGE 120 IV 122
BG, Urt. v. 11.5.1994, BGE 120 II 112
BG, Urt. v. 27.12.1993, BGE 119 II 456
BG, Urt. v. 25.3.1993, BGE 119 II 97
BG, Urt. v. 18.3.1993, BGE 119 II 127
BG, Urt. v. 22.7.1992, BGE 118 Ia 144
BG, Urt. v. 29.4.1992, BGE 118 II 176
BG, Urt. v. 15.8.1991, BGE 117 II 315 (frz.)
BG, Urt. v. 20.9.1990, BGE 116 II 695
BG, Urt. v. 12.9.1990, BGE 116 IV 205
BG, Urt. v. 21.6.1990, BGE 116 II 480
BG, Urt. v. 28.2.1989, BGE 115 II 15
BG, Urt. v. 8.11.1988, BGE 114 II 376
BG, Urt. v. 19.5.1988, BGE 114 II 230
BG, Urt. v. 24.3.1988, BGE 114 II 91
BG, Urt. v. 3.6.1986, BGE 112 II 347
BG, Urt. v. 26.11.1985, BGE 111 II 471
BG, Urt. v. 2.5.1985, BGE 111 II 209

BG, Urt. v. 2.10.1984, BGE 110 II 411
BG, Urt. v. 27.4.1983, BGE 109 II 4
BG, Urt. v. 28.9.1982, BGE 108 II 434
BG, Urt. v. 23.9.1982, BGE 108 II 344 (frz.)
BG, Urt. v. 14.12.1982, BGE 108 II 419
BG, Urt. v. 8.6.1982, BGE 108 II 305
BG, Urt. v. 3.7.1980, BGE 106 II 257
BG, Urt. v. 8.5.1980, BGE 106 II 92
BG, Urt. v. 11.3.1980, BGE 106 II 75 = recht 1984, 128 mAnm *Kramer*
BG, Urt. v. 5.7.1979, BGE 105 II 161
BG, Urt. v. 22.5.1979, BGE 105 IV 111
BG, Urt. v. 9.5.1978, BGE 104 II 209
BG, Urt. v. 2.3.1976, BGE 102 II 85 (frz.)
BG, Urt. v. 16.5.1975, BGE 101 Ib 252
BG, Urt. v. 29.4.1975, BGE 101 II 69
BG, Urt. v. 6.7.1971, BGE 97 II 221
BG, Urt. v. 21.3.1967, BGE 93 II 192
BG, Urt. v. 28.1.1965, BGE 91 II 100
BG, Urt. v. 22.10.1964, BGE 90 II 449 (frz.)
BG, Urt. v. 18.6.1963, BGE 89 II 239
BG, Urt. v. 11.1.1961, BGE 87 II 40
BG, Urt. v. 19.9.1957, BGE 83 II 375 (frz.)
BG, Urt. v. 5.6.1956, BGE 82 II 292
BG, Urt. v. 1.3.1955, BGE 81 II 117
BG, Urt. v. 11.2.1954, BGE 80 III 41
BG, Urt. v. 6.3.1953, BGE 79 IV 16
BG, Urt. v. 6.6.1951, BGE 77 II 135
BG, Urt. v. 10.10.1950, BGE 76 II 281
BG, Urt. v. 9.4.1946, BGE 72 II 165
BG, Urt. v. 7.10.1942, BGE 68 II 295
BG, Urt. v. 28.4.1931, BGE 57 II 180
BG, Urt. v. 17.2.1931, BGE 57 II 81
BG, Urt. v. 17.6.1926, BGE 52 II 235
BG, Urt. v. 27.2.1923, BGE 49 II 545
BG, Urt. v. 30.10.1919, BGE 45 II 548
BG, Urt. v. 29.1.1915, BGE 41 II 77
BG, Urt. v. 14.5.1904, BGE 30 II 258
BG, Urt. v. 20.7.1901, BGE 27 II 378
BG, Urt. v. 30.3.1896, BGE 22, 175
BG, Urt. v. 4.7.1884, BGE 10, 358

Entscheidungen des Bundesstrafgerichts

BStGer, Beschl. v. 7.6.2016 – BB.2016.24–25

Entscheidungen des Bundesverwaltungsgerichts

BVGer, Urt. v. 20.2.2012 – A-793/2011
BVGer, Urt. v. 28.3.2019 – A-2699/20178

Prüfzeichen-Entscheidung 431

Raststätten-Fall 404 ff., 416 f.
Recht am eingerichteten und ausgeübten Gewerbebetrieb 97, 163, 267, 280 ff.
Rechtskreislehre 18 ff.
Rechtsrezeption 20 ff., 85, 234 ff., 270, 297, 383, 445, 500
– Ideenrezeption 25 f., 271, 320, 445, 458 f., 501
– Normtransplantat 23 f., 81, 169, 270 501
Rechtswidrigkeit *siehe* Widerrechtlichkeit
Reflexschadenersatzverbot 9, 43 ff., 132, 196, 354, 501

Sachverständiger 176 ff.
– Gerichtssachverständiger 176 ff., 182, 189
– Liegenschaftsgutachter 12, 176, 230, 247 f., 252, 460 ff.,
– Sachverständigenhaftung
Sachwalterhaftung 99, 188, 209 ff., 222, 226, 236, 317, 326, 379 ff., 439 ff.
Schadensverlagerung 49 ff., 107, 370, 390, 425 f.
Schockschaden
Schuldverhältnis mir Schutzwirkung zugunsten Dritter *siehe* Vertrag mit Schutzwirkung zugunsten Dritter
Schutzgesetzhaftung 58 ff., 71 f., 78 f.
Sittenwidrigkeit 24, 61 ff., 68 f., 81 ff.
Sorgfaltspflichten, objektiv-rechtliche 212, 329 ff., 346, 358, 467 ff.
Sozialer Schaden 102 ff., 108
Sozialtypische Offenkundigkeit 141 ff.
Swissair-Entscheidung 219, 227 ff., 310, 314, 318, 322 ff.

Tatbestandsprinzip *siehe auch* Reflexschadenersatzverbot
Testament-Fall 336 f., 357

Tuberkulose-Fall 336, 340 f., 359

Uneinbringbarkeit 349 f.
Unterhaltsschaden 50, 117, 194 ff., 264, 267, 270, 495

Verfolgung eigener Interessen *siehe* Eigeninteresse
Vermögensschutznormen – Vermögensschutznormen, ungeschriebene, 219 ff., 229
Vermögensschutznormen 58 ff., 79, 221, 258 ff.
Vertrag mit Schutzwirkung zugunsten Dritter 334 ff., 427 ff., 461 f., 466, 483
– Gläubigerinteresse 429, 432, 341 ff.
– Herstellerhaftung 461 f., 466
– Schutzwirkung des Arbeitsvertrages 483
Vertragsfiktion *siehe* Auskunftshaftung
Vertrauenshaftung 227 ff., 241 ff., 317 ff.
– schweizerische Vertrauenshaftung, 318 ff.
– versicherungsrechtliche Vertrauenshaftung, 325
Vertrauensprämie 459 f., 475, 487, 490
Vorhaltekosten 104 ff.

Widerrechtlichkeit 66 ff., 76 ff.
Widerrechtlichkeitstheorien 76 ff., 272 ff.
– objektive Widerrechtlichkeitstheorie 76 f., 255, 273
– subjektive Widerrechtlichkeitstheorie 273 ff.
– dritte Widerrechtlichkeitstheorie 275 ff.
– Lehre vom Erfolgsunrecht 66 f., 76, 155, 273, 276, 278
– Lehre vom Handlungsunrecht 66 ff., 69, 276

Zehn Regeln *Koziols* 492

Sachregister

Abgasskandal 419, 437, 439 ff.
Amtshaftung 244 ff.
Auskunftshaftung 159, 185 ff., 219 ff., 230 f., 247 f., 259 f., 328 ff., 445 ff.
- Auskunftshaftung, deliktische 219 ff., 228 ff., 236, 455 f., 470
- Auskunftsvertrag, konkludent geschlossener 208 f., 225 f., 447, 453 f., 457 f.
Auskunftsvertrag *siehe* Auskunftshaftung

Baustromverteiler-Fall 420 ff.
Beherrschung durch Schädiger 191, 382, 497 f.
Berufsehre *siehe auch* Kreditschutz
Berufsehre 172 ff., 499
Bestattungskosten 192 ff.
Bewegliches System 158, 162, 278 ff., 345, 494
Bruteier-Fall 92, 392, 399

Culpa in contrahendo 307 ff.

D&O-Versicherung *siehe* Haftpflichtversicherung
Dammbruch *siehe* flood-gate-Argument
Deutscher Rechtskreis 27 ff.
Diskriminierung reiner Vermögensschäden 502
Drittschadensliquidation 49 f., 367 ff., 390, 426

Eigeninteresse, wirtschaftliches 144, 211, 216, 232 f., 380, 460, 497
Eigentumsbeeinträchtigung *siehe* Gebrauchsbeeinträchtigung
Entgeltfortzahlung 50, 367 ff., 386
Expertenhaftung 377 f.

Fleet-Fall 401 ff., 416 ff.
flood-gate-Argument 110 ff., 198
Forderungsbeeinträchtigung 146 f.

Generalklausel
Gewerbebetrieb *siehe auch* Recht am eingerichteten und ausgeübten Gewerbebetrieb
Gutachterdritthaftung 12, 176, 230, 247 f., 252, 460 ff.

Haftpflichtversicherung
- D&O-Versicherung 36, 38, 139
- Pflichthaftpflichtversicherung 138
Handlungsfreiheit 129 ff.
Hebebühnen-Entscheidung 423
Hühnerpest-Fall 429

Insolvenz *siehe* Uneinbringbarkeit

Kabelbruch-Fall 11, 44, 47, 106, 123, 125, 143, 294, 342, 386 ff.
Kreditgefährdung *siehe* Berufsehre
Kryptografischer Schlüssel 199 ff.

Lebensführung, eigenwirtschaftliche 97, 175, 267, 297, 413, 498

Neues österreichisches Schadenersatzrecht 157 ff.
- Entwurf für ein neues österreichisches Schadenersatzrecht 158 ff.
- Gegenentwurf 160

OR 2020 155 ff.

Produkthaftung 125 f., 424 ff., 444
Prospekthaftung 236 ff.